KNAUR

Außerdem erschienen:
KONZ – 1000 ganz legale Steuertricks

Quellenhinweise
Dieses Werk soll dem Leser helfen, seine Steuererklärung für das Jahr 2017 zu erstellen. Demzufolge wurde die für das Jahr 2017 gültige Rechtslage zugrunde gelegt. Gültig sind das Einkommensteuergesetz 2017, die aktuellen amtlichen Richtlinien, die Schreiben des Bundesministers der Finanzen, die Rechtsprechung des Bundesfinanzhofs und der Finanzgerichte. Vorzugsweise wird auf Veröffentlichungen des Bundesfinanzhofs im »Bundessteuerblatt« (BStBl) und der Finanzgerichte in den »Entscheidungen der Finanzgerichte« (EFG), beide Stollfuß-Verlag Bonn, Bezug genommen. Dieses Buch wurde sorgfältig bearbeitet. Gleichwohl kann eine Garantie für die Ratschläge nicht übernommen werden. Eine Haftung der Autoren und des Verlags ist ausgeschlossen.

Steuerberater der geplagten Steuerbürger

Als Verfasser des millionenfach verkauften Werkes »KONZ – Das Arbeitsbuch zur Steuererklärung« galt Franz Konz (1926–2013) als Steuerberater der geplagten Steuerbürger. Zeile für Zeile gingen Franz Konz und Friedrich Borrosch für dieses Buch die aktuellen Steuerformulare durch und zeigten knallhart, was sich an Steuereinsparungen herauswirtschaften lässt. Seit 2013 führt Friedrich Borrosch diese Arbeit mit einem bewährten Expertenteam fort.

Dazu eine Leserzuschrift:
». . . Endlich ein Fachbuch, das verständlich geschrieben ist.«

Friedrich Borrosch
Dipl.-Finanzwirt/Steuerberater

KONZ

Das Arbeitsbuch zur Steuererklärung 2017/2018

Mit den Einkommensteuertabellen für 2017

27. Ausgabe

KNAUR

Dieses Werk entspricht dem ehemaligen *Kleinen Konz*.

Besuchen Sie uns im Internet:
www.knaur.de

Völlig überarbeitete Neuausgabe November 2017

Ein Imprint der Verlagsgruppe
Droemer Knaur GmbH & Co. KG, München.

Umschlaggestaltung: ZERO Werbeagentur, München
Satz: Vornehm Mediengestaltung GmbH, München
Druck und Bindung: CPI books GmbH, Leck

ISBN 978-3-426-78923-0

5 4 3 2 1

Steuervorschau und wichtige Nachrichten vorab

Letzte Steuernachrichten

Schenken Sie dem Fiskus nicht Ihr Steuergeld!

Vielen Steuerzahlern ist die Erstellung einer Steuererklärung ein Graus.
Belege, Nachweise, Quittungen suchen.
Sich durch unverständliche Formulare quälen.
Und schließlich das aussichtslose Unterfangen, die steuerlichen Regelungen auch noch verstehen zu wollen.
Da wundert es nicht, dass viele Steuerzahler erst gar keine Steuererklärung einreichen, wenn sie gesetzlich dazu nicht verpflichtet sind (mehr dazu unter ➤ Rz 27 dieses Ratgebers).
Auf diese Weise schenken wir dem Fiskus Jahr für Jahr Millionenbeträge. Ein schöner Nebeneffekt für Vater Staat, dank seines komplizierten Steuerrechts!
»Das Recht ist für die Wachen da!«, so sagt man. Dies gilt ganz besonders für das Steuerrecht. Schnell werden Sie beim Schmökern dieses Ratgebers eine Reihe von Tipps finden, die Sie direkt bei Ihrer nächsten Steuererklärung anwenden können. Sie werden sich wundern, wie rasch sich dabei mehrere Hundert Euro an Steuern sparen lassen.
Eine Reihe von Hinweisen bezieht sich auf die steuergünstige Gestaltung Ihrer persönlichen Verhältnisse. Auf diese Weise sparen Sie in kommenden Jahren so manchen Steuertaler.

Aber nun zur Sache. Hier die ersten Steuertipps zum Einstieg:

TIPP Ohne Beleg zum Steuerrabatt, so erstellt man die Steuererklärung heute

Das Finanzamt goes online ist kein Titel eines Zukunftsromans, sondern längst Realität. Steuererklärungen sollen elektronisch – möglichst via ELSTER – übertragen werden (mehr dazu unter ➤ Rz 6 ff. dieses Ratgebers). Die Rechner des Finanzamts prüfen und bearbeiten die Steuererklärungen vollautomatisch. Nur wenn die Plausibilitätsprüfungen des Finanzamts Alarm schlagen, werden die Angaben genauer geprüft. Da stören Papierbelege nur. Also heißt es iin der amtlichen Anleitung zur Steuererklärung nun:

Steuervorschau und wichtige Nachrichten vorab

Belege sind mit der Einkommensteuererklärung nur dann einzureichen,wenn in den Vordrucken / Anleitungen ausdrücklich darauf hingewiesen wird; im Übrigen sind diese aufzubewahren (Belegvorhaltepflicht) und nur auf Anforderung des Finanzamts einzureichen. Sie können also Werbungskosten, Spenden oder Kosten für Handwerker ohne Beleg steuerlich geltend machen, müssen aber damit rechnen, dass Nachweise vom Finanzamt angefordert werden. Wann dies der Fall ist, weiß nur der Rechner des Finanzamts. Anhaltspunkt dafür können allerdings die Nichtbeanstandungsgrenzen der Finanzverwaltung sein (siehe ➤ Rz 65f. dieses Ratgebers). Bleiben Ihre Eintragungen im Formular in diesem Rahmen, haben Sie gute Chancen ohne Steuerbeleg eine kräftigen Steuerrabatt zu bekommmen.

TIPP Firmenwagen: Zuzahlungen mindern die Steuerlast

Wer sich die Kosten des Firmenfahrzeugs mit dem Chef teilt, hat gute Chancen, seine Steuerlast zu senken.
Was bisher nur für pauschale Zuzahlungen des Arbeitnehmers galt, greift nun – nach einem Urteil des Bundesfinanzhofs vom November 2016 – auch für die Übernahme laufender Kosten für Benzin, Autopflege oder Reparaturen.
Diese vom Arbeitnehmer getragenen Kosten mindern den geldwerten Vorteil, bestenfalls bis auf 0 €.
Mehr zum Firmenwagen unter ➤ Rz 643ff. dieses Ratgebers.

TIPP Doppelter Arbeitszimmer-Kostenabzug für Ehegatten!

Nutzen beide Ehegatten ein und dasselbe Arbeitszimmer beruflich, kann nun jeder bis 1.250 € steuerlich als Werbungskosten in Ansatz bringen!
Der Arbeitszimmer-Höchstbetrag ist personenbezogen und gilt nicht für das Zimmer als solches, so der Bundesfinanzhof mit Urteil vom 30.11.2016.
Erfüllen beide Ehegatten die Voraussetzungen für den Abzug von Arbeitszimmerkosten, weil z. B. beide Lehrer sind oder für die berufliche Fortbildung kein anderer Arbeitsplatz zur Verfügung steht, können Sie nun insgesamt bis zu 2.500 € als Werbungskosten geltend machen. Was sonst noch beim Arbeitszimmer steuerlich rauszuholen ist, lesen Sie unter ➤ Rz 752ff.

Steuervorschau und wichtige Nachrichten vorab

TIPP Vermietungseinkünfte: Auch ohne Einnahmen Werbungskosten geltend machen!

Werbungskosten können Sie auch dann in die Anlage V (= Vermietungseinkünfte) eintragen, wenn Sie noch keine Einnahmen erzielen, sondern nur die Absicht haben.

- Sie haben ein Haus geerbt, renovieren es und wollen anschließend Vermietungseinkünfte erzielen?
- Das Grundstück haben Sie bereits gekauft. Sobald das nötige Eigenkapital vorhanden ist, soll darauf ein zu vermietendes Haus gebaut werden?

In diesen und vergleichbaren Fällen können Sie schon vor der ersten Mieteinnahme (vorweggenommene) Werbungskosten für Grundstück und/oder Haus steuerlich geltend machen (abgesegnet vom Bundesfinanzhof mit Urteil vom 1.12.2015 – Az. IX R 9/15).

Mehr dazu unter ➤ Rz 1013 ff.

Erst die Benutzerhinweise auf Seite 33 lesen:
So macht sich das Buch voll bezahlt

INHALT

Seite

6 Die Anlage AV (Altersvorsorgebeiträge – Riester-Sparen) 354

Vorwort

Liebe Leserinnen,
liebe Leser,

zwar hat sich die Finanzverwaltung die Gleichmäßigkeit der Besteuerung aller Steuerzahler auf ihre Fahnen geschrieben, doch sind die Bürger vor den Steuergesetzen denkbar ungleich!

Wer nur etwas mehr weiß als der andere, kann ungeahnte Vorteile erzielen. Und wer sich nur etwas dumm anstellt, bezahlt doppelt und dreifach. Deshalb sollte man bei den Steuergesetzen wissen, wo's langgeht.

Dazu gehört auch, seine Anträge in den Formularen richtig auf den Weg zu bringen. In diesem Arbeitsbuch finden Sie alle gängigen Tricks, wie die steuerlichen Verhältnisse günstig zu gestalten sind und wie Sie diese Tricks in der Steuererklärung unterbringen. Es ist also Steuerratgeber und Formularberater zugleich.

Wenn Sie lohnsteuerpflichtig sind, ist zwar nicht allzu viel beim Finanzamt zu ergattern, aber mit den Steuertricks und einer Reihe anderer guter Ratschläge, die in diesem Buch versammelt sind, können Sie – und natürlich auch Kapitalanleger, Rentner und Vermieter – dem Fiskus doch den ein oder anderen Euro abtrotzen.

Ihr Expertenteam

Abkürzungen

AfA	=	Absetzung für Abnutzung (Abschreibung)
AO	=	Abgabenordnung
BFH	=	Bundesfinanzhof
BFH/NV	=	nicht amtlich veröffentlichtes BFH-Urteil
BGB	=	Bürgerliches Gesetzbuch
BMF	=	Bundesministerium der Finanzen
BSG	=	Bundessozialgericht
BStBl	=	Bundessteuerblatt
BUKG	=	Bundesumzugskostengesetz
BV	=	II. Berechnungs-Verordnung
BVerfG	=	Bundesverfassungsgericht
EB-FAGO	=	Ergänzende Bestimmungen zur Finanzamts-Geschäftsordnung
EFG	=	Entscheidungen der Finanzgerichte
EStDV	=	Einkommensteuer-Durchführungsverordnung
EStG	=	Einkommensteuergesetz
EStH	=	Amtliche Einkommensteuer-Hinweise
EStR	=	Amtliche Einkommensteuer-Richtlinien
FG	=	Finanzgericht
HFR	=	Höchstrichterliche Finanzrechtsprechung
LStR	=	Lohnsteuer-Richtlinien
rk	=	rechtskräftiges Urteil
Rz	=	Randziffer
SolZ	=	Solidaritätszuschlag
UStG	=	Umsatzsteuergesetz
ZPO	=	Zivilprozessordnung
✎	=	**Für viele Steuerzahler besonders wichtig**
✎✎	=	**Verdient ganz besondere Beachtung**

Gute Ideen leben von
ihrer Verlässlichkeit.

1 Ein paar wichtige Worte vorab

In diesem Kapitel erfahren Sie, was Sie von dem Buch erwarten und 1
wie Sie es am besten nutzen können.

Dieses *Arbeitsbuch* hilft Ihnen, beim Ausfüllen der Steuerformulare alle 2
Möglichkeiten des Steuersparens aufzuspüren und den Rahmen der Gesetze trickreich auszuschöpfen. Außerdem können Sie doppelt sparen: die Steuer und das Steuerberaterhonorar. Denn mit dem *Arbeitsbuch* sind Sie von fremder Hilfe unabhängig. Aber erwarten Sie nicht das Schema F von mir. Auch ist einiges ungewöhnlich dargestellt, aber nur mit dem Ziel, Sie zum Nachdenken anzuregen, wo für Sie steuerlich ein Spielraum besteht.

Mit diesem Buch will ich Ihre steuerliche Phantasie anregen. Die steuer- 3
lichen Bestimmungen ändern sich fast täglich. Kaum ein Urteil ohne Gegenurteil. Selbst der Bundesfinanzhof (BFH) entscheidet mal so und mal so. Wo Ihr Sachbearbeiter in Ihrer Steuererklärung noch munter Posten gestrichen hat, setzt ein anderer Bearbeiter in der Einspruchstelle ein Okay-Häkchen – natürlich nur, wenn Sie auch Einspruch einlegen und sich nicht vorschnell ins Bockshorn jagen lassen. Das Wort »Steuerverkürzung« oder gar »-hinterziehung« sollte Sie nicht schrecken, solange Sie fein säuberlich alles vorlegen. Denn das Finanzamt kann ja entscheiden, ob es die »Steuerverkürzung« anerkennt oder nicht.

Benutzerhinweise – So macht sich das Buch voll bezahlt 4
Das Buch enthält genaue Anweisungen zum Ausfüllen der Steuerformulare – ob per Hand oder am Bildschirm. Sie gehen die Formulare Zeile für Zeile durch und lesen im *Arbeitsbuch* nach, was dazu geschrieben steht. Antworten zu bestimmten Fragen finden Sie am schnellsten über das Inhaltsverzeichnis oder das Stichwortregister.
Abschnitte, die mit gekennzeichnet sind, sind wichtig. Besondere Aufmerksamkeit verdienen Abschnitte mit . Hier versäumen Sie oft, Chancen zur Steuerersparnis wahrzunehmen.
Zur Orientierung: Ab ➤ Rz 77 wird das jeweilige Formular oben auf der Seite genannt. Ab ➤ Rz 84 steht die Nummer der Formularzeile im laufenden Text zwischen zwei Balken. Die nachfolgenden Tipps und Übersichten beziehen sich immer auf diese voranstehende Formularzeile.

1.1 So füllen Sie die Formulare aus

5 Es geht auf herkömmliche Art und Weise mit dem Kugelschreiber ➤ Rz 13 oder elektronisch am Bildschirm.

1.1.1 ElsterOnline – die »bürgerfreundliche« Steuererklärung

6 Der Fiskus preist uns die Online-Steuererklärung als »bürgerfreundlich« an, wo es ihm in Wirklichkeit nur darum geht, durch unsere Mithilfe die Steuern noch müheloser einzusammeln. Letztendlich sollte uns das egal sein, wenn auch wir Vorteile davon haben, als da wären:

7 **1. Der Fiskus verzichtet grundsätzlich auf Belege, soweit deren Vorlage nicht unumgänglich ist. Vorzulegen sind …**

zum Hauptvordruck (Mantelbogen):

- Zuwendungsnachweise wie z.B. Spendenbescheinigungen
- Nachweis der Behinderung im Erstjahr bzw. bei Änderung

zur Anlage N:

Nur wenn die Lohnsteuerbescheinigungsdaten ausnahmsweise nicht durch den Arbeitgeber elektronisch an das Finanzamt übermittelt wurden, soll der vom Arbeitgeber ausgehändigte Ausdruck der elektronischen Lohnsteuerbescheinigung eingereicht werden.

zur Anlage KAP:

- Steuerbescheinigung über anrechenbare Kapitalertragsteuer, wenn eine Überprüfung des Steuereinbehalts für bestimmte Kapitalerträge oder die Günstigerprüfung beantragt wird. Also immer!
- Steuerbescheinigung über Kapitalerträge, für die keine Kirchensteuer einbehalten wurde, obwohl eine Kirchensteuerpflicht besteht
- Bescheinigung über anrechenbare ausländische Steuern

zur Anlage VL:

- Bescheinigung über vermögenswirksame Leistungen

zur Anlage Unterhalt:

- Nachweise der Unterhaltsbedürftigkeit

Haushaltsnahe Dienstleistungen und Kinderbetreuungskosten

Voraussetzung für die Steuerermäßigung bei Inanspruchnahme haushaltsnaher Dienstleistungen und den Abzug von Kinderbetreuungskosten ist, dass Sie für die Aufwendungen eine Rechnung erhalten und diese durch Überweisung (bloß nicht bar!) beglichen haben.

Auch wenn das Gesetz die Vorlage der Rechnungen und Zahlungsnachweise seit Jahren nicht mehr zwingend vorsieht, sollten Sie beides Ihrer Steuererklärung beifügen. Sie vermeiden so unnötige Rückfragen und erhalten schneller Ihre Steuererstattung. Droht eine Rückzahlung, könnte eine Verzögerung in der Bearbeitung allerdings vorteilhaft sein …

Sonstige Belege
Belege über Arbeitsmittel, Nachweise über Beiträge an Berufsverbände oder zu Lebens- oder Haftpflichtversicherungen und der von Ihrem Arbeitgeber ausgehändigte Ausdruck der elektronischen Lohnsteuerbescheinigung müssen ebenfalls nicht eingereicht, aber bis zur Bestandskraft des Steuerbescheids aufbewahrt und dem Finanzamt auf Verlangen vorgelegt werden.

Wenn außergewöhnliche oder erstmalige Umstände die Höhe der Steuer beeinflussen, wird eine sofortige Belegeinreichung empfohlen. Dies ist beispielsweise bei beruflich bedingten Umzugsaufwendungen, der Begründung einer doppelten Haushaltsführung oder der Einrichtung eines häuslichen Arbeitszimmers der Fall.

2. **Sie können sicher sein, dass Ihre Daten bei der Nutzung von Elster-Online zutreffend übernommen werden;** Eingabefehler im Finanzamt gehören der Vergangenheit an.
3. **Die Daten werden automatisch auf Vollständigkeit und Plausibilität geprüft.** Gegebenenfalls ergeht ein Fehlerhinweis.
4. **Mancher Bearbeiter schaut nicht mehr so genau hin.** Er macht mit Ihrer Steuererklärung einen schnellen Punkt für seine Statistik, wenn er Ihre – durch das Elster-Programm – bereits auf Vollständigkeit geprüften Daten ruck, zuck übernimmt. Im Übrigen sind die Bearbeiter ohnehin angewiesen, die mit ElsterOnline abgegebenen Steuererklärungen *bevorzugt* zu bearbeiten – Sie kommen auf diese Weise also schneller zu Ihrer Erstattung!
5. **Sie erfahren sofort, wie hoch die Steuererstattung/Nachzahlung sein wird.** Im direkten Vergleich mit dem späteren Steuerbescheid haben Sie die 100 %ige Kontrolle, ob alles glatt über die Bühne gegangen ist.
6. **Das Programm Elster wird vom Fiskus kostenlos zur Verfügung gestellt,** Sie haben also keine Mehrausgaben.
7. **Mit der Datenübernahme aus dem Vorjahr haben Sie eine perfekte Vorlage.** Sie brauchen nur noch die Änderungen einzugeben.

Diese handfesten Vorteile sprechen für sich, oder? Also, dann nichts wie ran an die Elster-Steuererklärung!

Die Abgabe der Erklärung mit dem Elster-Steuerprogramm besteht 8

1. **in der Online-Datenübermittlung an das Finanzamt und**
2. **der postalischen Zustellung der von Ihnen ausgedruckten und unterschriebenen Erklärung nebst den notwendigen Belegen.**

So bekommen Sie das Elster-Programm:

1. Sie gehen auf die Website www.elster.de,
2. klicken »ElsterFormular« im Menü am oberen Seitenrand an,

3. dann »downloads« und
4. schließlich »ElsterFormular für Privatanwender«.
5. Das Installationsprogramm wird gestartet. Sie gehen entsprechend den Anweisungen am Bildschirm vor.

Alternativ können Sie sich das Elster-Programm über eine CD auf Ihren Computer laden. Lassen Sie sich von Ihrem Finanzamt eine zuschicken, kostenlos versteht sich, oder holen Sie sich eine ab, wenn Sie zufällig in der Nähe sind.
»Was haben die sich bloß dabei gedacht, ihr Programm nach der diebischen Elster zu benennen?«, sinnieren Sie. »Wo doch Diebstahl und Steuer so dicht beieinanderliegen.«

Wer dem Fiskus hier ein gehöriges Maß an Selbstironie zutraut, geht wohl doch etwas zu weit. Elster ist schlicht die Abkürzung für »**El**ektronische **St**euer**er**klärung«.

Erscheint das amtliche Formular auf dem Bildschirm, nehmen Sie sich ggf. die Vorjahreserklärung dazu (Datenübernahme aus dem Vorjahr über Auswahl »08« in der Kopfzeile) und gehen es Zeile für Zeile durch.

Mit der Auswahl »F 5« statt »F 9« unter »Eingabemodus« in der Kopfzeile werden Sie Schritt für Schritt systematisch durch die Formulare geführt und holen sich so knappe, aber hilfreiche Erläuterungen. Lesen Sie parallel dazu im *Arbeitsbuch* nach, ob sich an der jeweiligen Stelle etwas deichseln lässt.

Mit der Auswahl »Steuerberechnung« unter »Extras/Rechnersymbol« in der Kopfzeile wird die tarifliche Einkommensteuer berechnet. Im Fall einer Nachzahlung ist jetzt noch Zeit, an der Steuererklärung zu basteln. Zu Ihrer Beruhigung: Bei jedem Rechengang prüft das Programm, ob die Angaben in der Steuererklärung vollständig und in sich schlüssig sind. Andernfalls bekommen Sie einen Fehlerhinweis. Es wird also nur dann gerechnet, wenn die Erklärung zumindest formell in Ordnung ist.

Wie werden die Formulare abgeschickt?
Mit der Auswahl »Datenübermittlung« in der Kopfzeile bringen Sie Ihre Steuererklärung auf den Weg. Vor der Übertragung prüft das Programm blitzschnell, ob die Angaben vollständig und plausibel sind, und meldet Ihnen ggf. einen Fehler. Ist die Steuererklärung beim Finanzamt angekommen, wird sie automatisch bei Ihnen ausgedruckt, jedoch in »komprimierter« Form, d.h., es werden nur die Teile des Formulars ausgedruckt, die von Ihnen ausgefüllt wurden. Dadurch sparen Sie jede Menge Papier und Druckerfarbe.

9 Eigenhändig unterschreiben und ab zur Post
Die komprimierte Steuererklärung müssen Sie nun noch **unterschreiben.** Dann heißt es: **Steuererklärung (= ausgedruckte »Kurzerklärung«) nebst**

Anlagen (wie z.B. Anlage VL, Belege für Spenden, Steuerbescheinigungen) **eintüten und auf dem Postweg ab ans Finanzamt.**

Telenummer 10

Das Programm vergibt bei jeder Datenübermittlung eine gesonderte Telenummer. Sie steht auf Seite 2 der komprimierten Steuererklärung und erscheint auch später auf dem Steuerbescheid. Sie dient dazu, Verwechslungen zu vermeiden im Fall, dass die Steuererklärung berichtigt werden muss. Außerdem können Sie durch Vergleich der Telenummer in der Steuererklärung und im Steuerbescheid feststellen, ob die richtige Steuererklärung Grundlage des Steuerbescheids ist.

Mehr Durchblick mit automatischer Prüfung des Steuerbescheids 11

Haben Sie Ihren Steuerbescheid auf dem Postweg erhalten, können Sie die Daten auch online mit dem Elster-Programm abrufen. Im Anschluss an diesen Download werden die Bescheiddaten mit der Steuerberechnung verglichen und eventuelle Abweichungen am Bildschirm dargestellt.

Damit dieser automatische Vergleich glatt über die Bühne geht, wählen Sie, *bevor* Sie Ihre Steuererklärung an das Finanzamt übermitteln, im »Senden«-Dialog die Option, dass Sie die Abholung der Bescheiddaten nutzen wollen. Betätigen Sie dazu die Schaltfläche »Schlüssel zur Bescheiddatenabholung erzeugen bzw. einlesen«. Nach dem Erzeugen/Einlesen wird die Schaltfläche »Daten mit Möglichkeit der Bescheiddatenabholung übermitteln« aktiviert.

Auf diese Weise sichern Sie sich ab für den Fall, dass das Finanzamt klammheimlich von Ihren Angaben in der Steuererklärung abgewichen ist. Wie Sie sich gegen einen falschen Steuerbescheid zur Wehr setzen können, dazu mehr unter ➤ Rz 1134 ff.

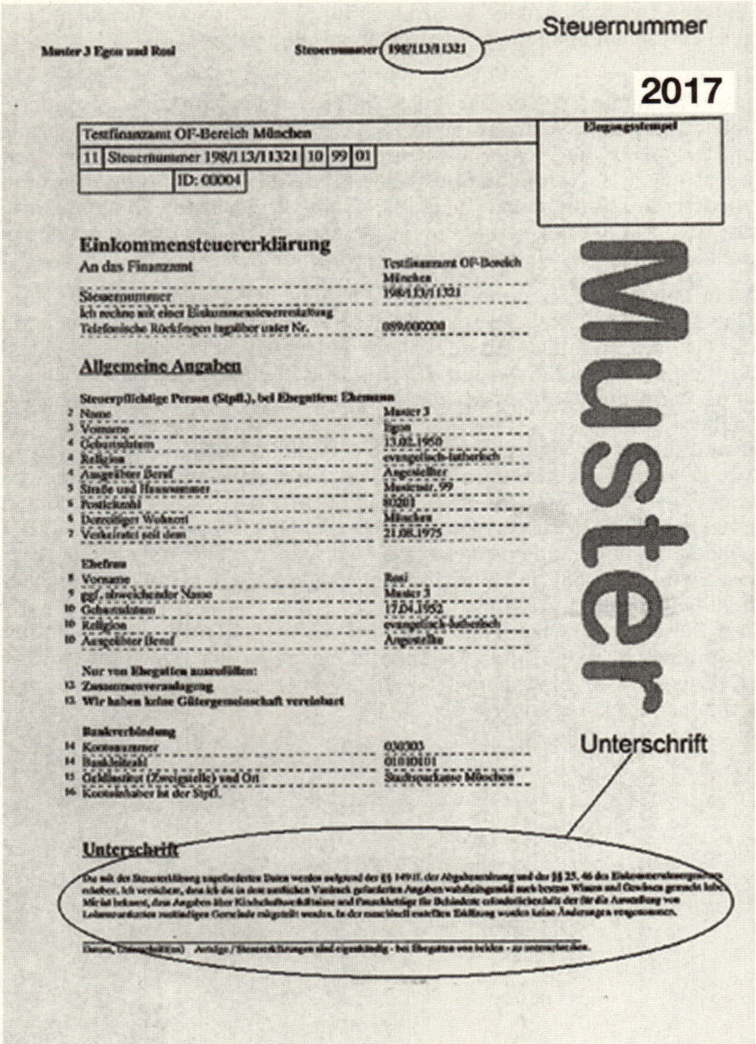

Muster 3 Egon und Rosi — Steuernummer 198/113/11321

Testfinanzamt OF-Bereich München	Eingangsstempel
11 Steuernummer 198/113/11321 10 99 01	
ID: 00004	

Einkommensteuererklärung

An das Finanzamt	Testfinanzamt OF-Bereich München
Steuernummer	198/113/11321
Ich rechne mit einer Einkommensteuererstattung	
Telefonische Rückfragen tagsüber unter Nr.	089/000000

Allgemeine Angaben

Steuerpflichtige Person (Stpfl.), bei Ehegatten: Ehemann

2	Name	Muster 3
3	Vorname	Egon
4	Geburtsdatum	13.02.1950
4	Religion	evangelisch-lutherisch
4	Ausgeübter Beruf	Angestellter
5	Straße und Hausnummer	Musterstr. 99
6	Postleitzahl	80203
6	Derzeitiger Wohnort	München
7	Verheiratet seit dem	21.08.1975

Ehefrau

8	Vorname	Rosi
9	ggf. abweichender Name	Muster 3
10	Geburtsdatum	17.04.1952
10	Religion	evangelisch-lutherisch
10	Ausgeübter Beruf	Angestellte

Nur von Ehegatten auszufüllen:

13 **Zusammenveranlagung**
13 **Wir haben keine Gütergemeinschaft vereinbart**

Bankverbindung

14	Kontonummer	030303
14	Bankleitzahl	01010101
15	Geldinstitut (Zweigstelle) und Ort	Stadtsparkasse München
16	Kontoinhaber ist der Stpfl.	

Unterschrift

Die mit der Steuererklärung angeforderten Daten werden aufgrund der §§ 149 ff. der Abgabenordnung und der §§ 25, 46 des Einkommensteuergesetzes erhoben. Ich versichere, dass ich die in dem amtlichen Vordruck geforderten Angaben wahrheitsgemäß nach bestem Wissen und Gewissen gemacht habe. Mir ist bekannt, dass Angaben über Kindschaftsverhältnisse und Pauschbeträge für Behinderte erforderlichenfalls der für die Ausstellung von Lohnsteuerkarten zuständigen Gemeinde mitgeteilt werden. In der maschinell erstellten Erklärung wurden keine Änderungen vorgenommen.

Datum, Unterschrift(en) — Anträge / Steuererklärungen sind eigenhändig - bei Ehegatten von beiden - zu unterschreiben.

Muster 3 Egon und Rosi | Steuernummer 198/113/11321 | 1999 Seite 2 von 5

Telenummer: JIY

Telenummer

Einkünfte im Kalenderjahr aus folgenden Einkunftsarten

31 Die Einnahmen aus Kapitalvermögen betragen nicht mehr als 6100 DM, bei Zusammenveranlagung 12200 DM. Zur Anrechnung von Steuerabzugsbeträgen und bei vergüteter Körperschaftsteuer bitte Anlage KSO abgeben.
33 Nichtselbständige Arbeit der steuerpflichtigen Person (bei Ehegatten: Ehemann)
33 Nichtselbständige Arbeit der Ehefrau

Angaben zu Kinder(n)

40 lt. Anlage(n) Kinder
40 Anzahl ------------------------------ 1 ----------------

Sonderausgaben

Arbeitnehmeranteil am Gesamtsozialversicherungsbeitrag und / oder befreiende Lebensversicherung sowie andere gleichgestellte Aufwendungen (ohne steuerfreie Zuschüsse des Arbeitgebers)

64 Stpfl. / Ehemann	12.235	99	82	30	12.235

Kranken- und Pflegeversicherung (abzüglich steuerfreie Zuschüsse, ohne Beträge in den Zeilen 64 und 65)

68 gezahlte Beträge im Veranlagungszeitraum	3.782		
68 gesamt	3.782	40	3.782

Haftpflichtversicherung (ohne Kasko-, Hausrat- und Rechtsschutzversicherung)

71 gezahlte Beträge im Veranlagungszeitraum	1.290		
71 minus erstattete Beträge im Veranlagungszeitraum	104		
71 gesamt	1.186	43	1.186

Kirchensteuer

77 in 1998 gezahlte Beträge	2.342	13	2.342

ANLAGE N (Steuerpflichtiger/Ehemann)

Einkünfte aus nichtselbständiger Arbeit

Angaben zum Arbeitslohn

Erste Lohnsteuerkarte

2 Bruttoarbeitslohn	67.543	99	47	10	67.543
3 Lohnsteuer	13.254,00			40	13.254,00
4 Solidaritätszuschlag	687,00			50	687,00
5 Kirchensteuer des Arbeitnehmers	1.099,00			42	1.099,00

Werbungskosten

Fahrten zwischen Wohnung und Arbeitsstätte

34 Arbeitstage je Woche ------------------------------ 5,0
34 Urlaubs- und Krankheitstage ------------------------------ 20

Aufwendungen für Fahrten mit eigenem oder zur Nutzung überlassenem
33 privaten Pkw
33 Letztes amtl. Kennzeichen ------------------------------ M - A 0000

Ganz ohne Papier geht es auch ...

12 Vorausgesetzt, Sie registrieren sich bei ElterOnline. Im Zuge der Registrierung erhalten Sie Ihr persönliches ELSTER-Zertifikat. Damit können elektronische Steuererklärungen völlig papierlos erledigt werden, da bei Verwendung dieses elektronischen Zertifikats auf Ihre Unterschrift verzichtet wird.

Die vorausgefüllte Steuererklärung: Mehr Schein als Sein!
Das Angebot der Steuerverwaltung klingt verlockend, ist aber irreführend, denn die Steuererklärung ist keineswegs bereits ausgefüllt. Die Steuerzahler können über das ElsterOnline-Portal lediglich übernehmen, was im Finanzamt unter ihrer Steuer- bzw. Identifikationsnummer gespeichert ist.

Das sind
- die persönlichen Stammdaten,
- die Religionszugehörigkeit,
- Daten der elektronischen Lohnsteuerbescheinigung,
- Angaben zu den Rentenbezügen des jeweiligen Veranlagungsjahres,
- Kranken- und Versicherungsbeiträge,
- Vorsorgebeiträge zur gesetzlichen Rentenversicherung,
- Riester- und Rürup-Vorsorgebeiträge.

Der Abruf der Daten ist erst ab dem 28.2. des folgenden Jahres möglich, weil dem Finanzamt frühestens dann die entsprechenden Informationen vorliegen.

Von Vorteil ist, dass die vorhandenen Daten nicht mehr eingegeben, sondern nur noch überprüft und ggf. ergänzt werden müssen. So können Fehler bei der Erfassung der Daten vermieden werden. Allerdings muss jeder Steuerzahler nach wie vor selbst seine absetzbaren Aufwendungen auflisten.

Schon bei der Anmeldung zur ElsterOnline-Steuererklärung wird es kniffelig. Zunächst muss sich der Steuerzahler registrieren, auch wenn er schon im Vorjahr seine Steuererklärung mit ElsterFormular abgegeben hat. Zur Registrierung braucht er ein elektronisches Zertifikat. Das Zertifikat mit Freischaltcode schickt ihm das Finanzamt nach der Registrierung per Post ins Haus. Wer dieses Procedere hinter sich hat, bekommt zum ersten Mal zu sehen, welche Daten bereits im Finanzamt vorliegen.

Wer die zur Verfügung gestellten Daten übernimmt, muss sie unbedingt prüfen, denn das Finanzamt haftet nicht für deren Richtigkeit. Es sind die Steuerzahler, die mit ihrer Unterschrift in der Verantwortung stehen. Und es gibt Fehlerquellen zuhauf: Die Lohnsteuerbescheinigung kann nicht korrekt übermittelt sein, mal hat der Krankenversicherer oder Rententräger die Angaben verdreht oder verbummelt. Es gilt also, alle Daten sorgfältig mit den eigenen Unterlagen abzugleichen. Das kostet Zeit.

Letztendlich stellt sich heraus: Zeit und Mühe spart weniger der Steuerzahler, sondern mehr das Finanzamt.

1.1.2 Ausfüllen der Formulare mit der Hand

> Steuerformulare erhalten Sie zum einen schnell und unkompliziert über 13
> das Internet, z. B. auf *www.bundesfinanzministerium.de* unter »Service« am linken Bildrand »Formulare A-Z«. Auf der folgenden Seite klicken Sie sodann auf »Formular-Management-System« und finden sämtliche Steuerformulare. Auch hat jedes Finanzamt seine eigene Internetseite, zu finden unter *www.finanzamt.de*. Hier sind ebenfalls die wichtigsten Steuerformulare abrufbar.
> Zum anderen sind die Formulare in Papierform bei jedem Finanzamt zu bekommen. Anruf genügt, und Ihr Finanzamt schickt Ihnen sicherlich einen kompletten Formularsatz zu.

Besorgen Sie sich zwei Formularsätze. Einen davon legen Sie erst mal auf die Seite. Der zweite ist sozusagen Ihre Ideenschmiede oder Spielwiese: Darauf fertigen Sie eine Probeerklärung an. Am besten mit Bleistift, so können Sie nach Belieben radieren, ändern, ergänzen. Sie grasen Zeile für Zeile ab: auf der einen Seite die Formulare – auf der anderen das *Arbeitsbuch* zum Nachlesen. Dadurch geht Ihnen nicht durch die Lappen, wo sich etwas deichseln lässt.
Füllen Sie nur die weißen Felder der Vordrucke aus. Wenn der Platz nicht ausreicht, machen Sie weitere Angaben auf einem gesonderten Blatt, das Sie als Anlage bezeichnen.
Sofern nicht im besonderen Fall Centbeträge verlangt werden, runden Sie Einnahmen ab und Ausgaben auf – also immer schön zu Ihren Gunsten.
Die endgültige Fassung übertragen Sie auf den unberührten Formularsatz, den Sie zu guter Letzt kopieren: Sie müssen schließlich nachprüfen können, was das Finanzamt von Ihren Angaben (un)freundlicherweise unter den Tisch hat fallen lassen. Vergessen Sie nicht, etwaige Bescheinigungen, Zusammenstellungen und Nachweise zu kopieren und auch Ihre Notizen zur Steuererklärung aufzubewahren.

Formularkopien genügen
Zu überzogenen Anforderungen der Finanzämter an die eingereichten Formulare sagt der Bundesfinanzhof: Alles Unsinn. Die Daten können ohne weiteres auch Kopien entnommen werden. Ebenso wenig darf sich das Finanzamt daran stören, wenn der Steuerzahler Vordrucke eines anderen Bundeslandes verwendet (BFH-Urt. v. 22.5.2006, Az VI R 15/02).

Und: Bloß keine Umstände beim Ausdruck von Formularen!

Das Steuerrecht ist schon kompliziert genug, da müssen Sie sich nicht noch damit herumquälen, Formulare (wie die Originale) doppelseitig auszudrucken. Denn der Bundesfinanzhof sagt: »Eine Einkommensteuererklärung ist auch dann ›nach amtlich vorgeschriebenem Vordruck‹ abgegeben, wenn ein – auch einseitig – privat gedruckter oder fotokopierter Vordruck verwendet wird, der dem amtlichen Muster entspricht« (BFH v. 22.5.2006, BStBl 2007 II S. 2). Recht so!

1.2 Der Umgang mit dem Finanzamt

14 Für Ihr Finanzamt sind Sie kein guter Kunde oder Geschäftspartner, sondern ein *Steuerpflichtiger,* und so werden Sie auch behandelt: Sie erhalten keine Briefe, sondern *Anhörungen, Verwaltungsakte* oder *Bescheide.* Das Finanzamt ist jedoch verpflichtet, Ihre Rechte zu achten, daher sollten Sie die wenigen Rechte, die Sie haben, kennen. Lesen Sie dazu Kapitel 15 – Umgang mit dem Finanzamt – ➤ Rz 1113 ff.

Denken Sie an Ihre Fahrtkosten?

15 **Wenn Sie diese Hinweise beachten, werden sich dieses Buch und Ihr Tüfteln in den Steuerformularen voll bezahlt machen. Das Buch selbst macht sich voll bezahlt, wenn Sie als Werbungskosten in Zeile > 46 – 48 der Anlage N nicht nur den Kaufpreis, sondern auch die Erwerbsnebenkosten ansetzen (etwa die Fahrtkosten zur – möglicherweise weit entfernten – Buchhandlung mit 0,30 € je gefahrenen Kilometer).**

Haben Ihnen die Steuerformulare einen ganzen Abend oder gar ein Wochenende verleidet, so mag Sie vielleicht trösten, dass 48 % der Deutschen ihre Steuererklärung allein ausfüllen, ohne steuerkundigen Beistand. Wenn Sie den Knüller gefunden haben, mit dem sich was deichseln lässt, dann lassen Sie nicht locker, bis der Fiskus einen gehörigen Abschlag vornimmt. Außerdem rate ich Ihnen:

16 **TIPP Stellen Sie sich dümmer, als Sie sind**

Sie brauchen sich dem Finanzamt gegenüber nicht als Steuerexperte zu erkennen geben, selbst wenn Sie einer sind. Je dümmer Sie sich stellen, umso weniger erwartet man von Ihnen. Anders gesagt: Je weniger Sie nach Meinung des Finanzamts vom Steuerrecht verstehen, desto weniger wird man es Ihnen anlasten, wenn Ihnen der eine oder andere Fehler unterläuft. Bedenken Sie: Sie unterschreiben die Steuererklärung mit der Versicherung, die Angaben nach bestem Wissen und Gewissen gemacht zu haben.

Aber aufgepasst bei den Einnahmen: Geben Sie bestimmte Einnahmen 17
nicht an, heißt das für das Finanzamt, dass Sie sie nicht bezogen haben. Das kann ins Auge gehen, ganz besonders, wenn Sie einem Bekannten oder Verwandten eine Quittung ausgestellt haben, die der seinem Finanzamt präsentiert. Über die tückischen »Kontrollmitteilungen«, die meistens Betriebsprüfer auf den Weg schicken, und zwar über alles, was ihnen bedeutsam erscheint, kann der Fiskalritter von den Einnahmen erfahren und ganz scheinheilig nach Nebenjobs als Gärtner, Hauswart oder als Hüter von Kindern fragen.
»Halb so schlimm, ich bin eben vergesslich«, sagen Sie, »dann kann mir keiner was wollen.«
In welchen Fällen eine Ausrede zieht, dazu mehr unter ➤ Rz 1137.

Das Gesetz regelt klipp und klar, was zu versteuern ist. Stammen die Ein- 18
nahmen aus einer der sieben im Gesetz genannten Einkunftsarten, setzt der Fiskus seine Schröpfköpfe an.
Bei den **Ausgaben** hingegen lässt Ihnen der Gesetzgeber etwas »Spielraum«, den Sie unbedingt nutzen sollten: Ausgaben sind nämlich dann absetzbar, wenn sie in Zusammenhang mit steuerpflichtigen Einnahmen stehen. Und ob dieser Zusammenhang gegeben ist, entscheiden zunächst einmal Sie selbst. Schöpfen Sie also bei den Aufwendungen aus dem Vollen, und machen Sie geltend, was nur eben geht. Das Finanzamt muss dann die Kosten prüfen und jede Streichung begründen. Und ob der Zusammenhang zwischen Einnahmen und Ausgaben für den steuerlichen Abzug der Kosten ausreicht, darüber kann man trefflich streiten. Da lässt der Bearbeiter schon mal lieber fünfe gerade sein.

Und außerdem:

Ein steuerlich Unbedarfter setzt oft ganz arglos und meistens mit Erfolg 19
Ausgaben an, die ein Steuerexperte erst überhaupt nicht als abzugsfähig in Erwägung zieht …

TIPP 20
Folgen Sie Ihrem gesunden Rechtsempfinden!

»Was ich nicht weiß, macht mich nicht heiß«, sagen Sie sich und setzen frechweg einfach alle Ausgaben an, die nach Ihrem natürlichen Empfinden absetzbar sind oder sein sollten. So weit, so gut, aber seien Sie so schlau und tun Sie es zunächst ohne jegliche Begründung. Schließlich wollen Sie ja nicht den Vordenker für den Fiskalritter spielen. Zieht der nicht mit und streicht Ihnen Kosten, muss er seinen Bescheid stichhaltig begründen. Sind Sie mit seiner Begründung nicht zufrieden, legen Sie vorsorglich Einspruch ein und bitten Sie um nähere Erläuterung. Dann muss er Farbe bekennen und die Gründe seiner Ablehnung offenlegen.

21 In besonderen Fällen kommen Sie nicht umhin, Gesetzestexte, Richtlinien und Urteile nachzulesen. Daher der folgende …

TIPP Steuergesetze sind im Internet kostenlos verfügbar

Das Bundesministerium der Justiz stellt das gesamte aktuelle Steuerrecht kostenlos im Internet bereit. Die Gesetze und Rechtsverordnungen können in ihrer geltenden Fassung abgerufen werden.
Den Text der Abgabenordnung finden Sie z. B. unter AO, den Text des Einkommensteuergesetzes unter EStG.
Fundstelle: www.gesetze-im-internet.de.

22 **Zu Ihrer Beruhigung**
Irren ist menschlich, und nur wer gar nichts tut, macht keinen Fehler. Auch keine Übertragungsfehler.
»Völlig unverständlich ist mir, wie es dazu gekommen ist, dass in meiner letzten Steuererklärung nur Mieteinnahmen in Höhe von 12.822 Euro stehen, wo doch laut Mietbuch die Mieten 21.822 Euro betragen haben. Da muss mir wohl ein Zahlendreher unterlaufen sein«, sagen Sie.
Dieses Versehen müssen Sie unverzüglich dem Finanzamt mitteilen, indem Sie eine berichtigte Steuererklärung abgeben. Das schreibt die Abgabenordnung für diesen Fall ausdrücklich vor.
»Und wenn ich den Irrtum gar nicht bemerke?«, fragen Sie.
Dann schlummert ein Fehler mehr in den Steuerakten. Vielleicht entdeckt ihn das Finanzamt später und berichtigt den Steuerbescheid, aber steuerstrafrechtlich sind Sie aus dem Schneider, denn, wie gesagt: Irren ist menschlich …

23 Übrigens: Um Zahlendreher oder andere Übertragungsfehler in Steuererklärungen aufzudecken, werden die Angaben vom Bearbeiter im Finanzamt zumindest stichprobenweise mit denen der Vorjahreserklärung verglichen. Denn auch der Fiskus weiß, wie leicht ein Irrtum möglich ist. Zur sog. Schlüssigkeit einer Steuererklärung mehr unter ➤ Rz 57.

Steuerersparnisse ergeben sich nur aufgrund steuergünstiger Verhält-
24 **nisse.** Sind Ihre Verhältnisse nicht steuergünstig, ändern Sie sie entsprechend. Beachten Sie: Eine Änderung kann sich nur für die Zukunft auswirken, weil der Fiskus Änderungen mit Wirkung auf die Vergangenheit nicht anerkennt. Sie müssen also schon im laufenden Jahr Ihre Verhältnisse anpassen, damit Sie in der nächsten Steuererklärung davon profitieren können.

Das Beste geben die Götter uns umsonst.
(Ernst Jünger)

2 Überblick

In diesem Kapitel zeige ich, welche Formulare Sie benötigen. Außerdem erkläre ich einige wichtige Begriffe aus dem Steuerrecht. 25

2.1 Diese Formulare benötigen Sie

Vorbemerkung 26
Eine Steuererklärung sollten Sie tunlichst nur dann abgeben, wenn Sie es entweder müssen (➤ Rz 27 ff.) oder wenn Sie mit einer Steuererstattung rechnen. Unter welchen Umständen ein freiwilliger Antrag auf Veranlagung Erfolg verspricht, also eine Steuererstattung zu erwarten ist, dazu mehr unter ➤ Rz 29 f.

Abgabefristen beachten!
Wer **gesetzlich verpflichtet** ist, eine Steuererklärung abzugeben, muss diese grundsätzlich bis Ende Mai des Folgejahres dem zuständigen Finanzamt zuleiten. Für die Steuererklärung 2017 bedeutet dies also spätester Abgabetermin Donnerstag, der 31. Mai 2018. Zur Verlängerung der Abgabefrist, insbesondere wenn eine Nachforderung des Finanzamts droht, mehr unter ➤ Rz 1122.

Wichtig zu wissen: künftig zwei Monate mehr Zeit für Steuererklärung!
2016 haben Bundestag und Bundesrat das Gesetz zur Modernisierung des Besteuerungsverfahrens beschlossen. Demnach wird die Steuererklärungsfrist um zwei Monate verlängert (= 31. Juli des Folgejahres statt bisher 31. Mai). Diese verlängerte Frist gilt grundsätzlich erstmals für die Steuererklärung 2018! **Wer allerdings die Steuererklärung auf elektronischem Weg authentifiziert übermittelt, kann sich in vielen Bundesländern bereits jetzt zwei Monate länger Zeit lassen. Viele Finanzministerien haben – im Vorgriff auf die gesetzliche Neuregelung – die Abgabefrist schon jetzt für all diejenigen, die sich im Internet unter www.elster.de registrieren, bis Ende Juli verlängert.**

Bei **freiwilliger** Abgabe einer Steuererklärung (z.B. zwecks Erstattung zu viel gezahlter Lohnsteuer) haben Sie mindestens vier Jahre Zeit. Die Steuererklärung für 2017 sollte demnach bis Ende des Jahres 2021 beim Finanzamt eingegangen sein.
Entsprechendes gilt, wenn zu Unrecht Abgeltungsteuer einbehalten wurde. Dazu mehr unter ➤ Rz 897 ff.

27 **Wann Sie zur Abgabe einer Steuererklärung verpflichtet sind**

Als Arbeitnehmer müssen Sie zumeist nicht Jahr für Jahr eine Steuererklärung abgeben, denn durch den monatlichen Abzug der Lohnsteuer haben Sie Ihren Obolus an Vater Staat bereits entrichtet. In manchen Fällen führt das System der Lohnsteuerberechnung allerdings zu falschen Ergebnissen, d.h., es wurde zu viel oder zu wenig Lohnsteuer einbehalten. Der Fiskus interessiert sich logischerweise nur für Fälle, in denen er womöglich zu wenig Lohnsteuer kassiert hat, und fordert daher eine Steuererklärung an (Quelle: § 46 EStG), wenn

- sonstige steuerpflichtige Einkünfte von mehr als 410 € jährlich (z.B. aus Vermittlungsgeschäften/Provisionen, Zinsen, Vermietung oder auch Renten) anfielen,
- Arbeitslohn von mehreren Arbeitgebern gleichzeitig bezogen wurde (eine Lohnsteuerkarte mit Steuerklasse VI),
- Ehegatten die Steuerklassen III/V statt IV/IV haben,
- ein Freibetrag auf der Lohnsteuerkarte eingetragen war oder
- ein Ausbildungsfreibetrag übertragen wurde.

28 Da Ihnen das Finanzamt erst dann eine Nachzahlung aufbrummen kann, wenn es Ihre Steuererklärung vorliegen hat, werden Sie diese möglichst spät abgeben. Dazu mehr unter ➤ Rz 1122 ff.

29 **Steuererstattungsfälle**

Im umgekehrten Fall, wenn also zu viel Lohnsteuer einbehalten wurde, müssen Sie selbst aktiv werden und mit Abgabe einer Steuererklärung einen Antrag auf Veranlagung stellen. Dies sind die wichtigsten Fälle, die zu einer **Steuererstattung** führen können:

- keine ununterbrochene Beschäftigung während des ganzen Jahres, bedingt z.B. durch Berufseinstieg oder -ausstieg oder Arbeitslosigkeit,
- Verluste aus einer anderen Einkunftsart, z.B. Vermietung,
- berufliche Ausgaben (Werbungskosten) von mehr als 1.000 € (➤ Rz 688 ff.),
- Eheschließung oder Familienzuwachs, sofern dies noch nicht auf der Lohnsteuerkarte eingetragen war,
- Lohnsteuerabzug bei Ehegatten, die beide Arbeitslohn bezogen haben, nach Lohnsteuerklasse IV/IV. Je höher der Unterschied im Bruttoverdienst, umso höher kann die Erstattung sein.

Egal, ob Sie Einkommensteuerzahler sind, also Vorauszahlungen auf die Steuer entrichten müssen, oder Ihre Steuer allein durch den monatlichen Lohnsteuerabzug erhoben wird, es wird immer nach demselben Schema gerechnet und dieselbe Steuertabelle angewendet. Das Schema finden Sie unter ➤ Rz 47, die Tabelle unter ➤ Rz 1144.

2.1.1 Formulare für die Einkommensteuererklärung 30

Das Hauptformular (➤ Rz 77 ff.)
Dieses vierseitige Formular ist für alle obligatorisch. Es fragt nach Ihren persönlichen Daten und erfordert Ihre Unterschrift. Hier beantragen Sie außerdem die persönlichen Steuerermäßigungen für

- Sonderausgaben (Kirchensteuern, Ausbildungskosten, Spenden … > Zeile 36–56),
- außergewöhnliche Belastungen (Behinderung, Pflegekosten, Krankheitskosten … > Zeile 61–70) und
- haushaltsnahe Beschäftigungsverhältnisse/Dienstleistungen, Pflege-, Betreuungs- sowie Handwerkerleistungen (> Zeile 71–79).

Die Anlage Vorsorgeaufwand (➤ Rz 283)
Vier Seiten Mantelbogen reichen für persönliche Daten und Pflichtbeiträge in die Sozialkassen nicht mehr aus – der stetigen Steuervereinfachung sei Dank! Daher haben sich die Finanzbürokraten eine weitere Anlage ausgedacht: die Anlage Vorsorgeaufwand. Hier sind Beiträge zur Renten-, Kranken-, Haftpflicht- und Lebensversicherung einzutragen.

Die Anlage AV – »Riester-Sparen« (➤ Rz 354 ff.)

Die **Anlage U** (➤ Rz 122 ff.) benötigen Sie für den Abzug von Unterhaltsleistungen an den geschiedenen oder dauernd getrennt lebenden Ehegatten als Sonderausgaben.
Für die Berücksichtigung von Unterhaltsleistungen an bedürftige Personen sind Angaben in der **Anlage Unterhalt** (➤ Rz 399 ff.) zu machen.
Zum Hauptformular gehören darüber hinaus zusätzliche Anlagen für

Eltern

Mit der **Anlage Kind** (➤ Rz 434 ff.) beantragen Sie den Kinderfreibetrag, den Entlastungsbetrag für Alleinerziehende, den Ausbildungsfreibetrag sowie den Abzug von Kinderbetreuungskosten
Die **Anlage K** (➤ Rz 483) dient der Übertragung des Kinderfreibetrags auf die Stief- oder Großeltern.

Arbeitnehmer/Pensionäre

Anlage N (➤ Rz 509)

Sparer

Grundsätzlich ist die Einkommensteuer auf Kapitalerträge durch den Steuerabzug abgegolten (= Abgeltungsteuer) und die Abgabe einer **Anlage KAP** (➤ Rz 886 ff.) entbehrlich. *Grundsätzlich* – wohlgemerkt! Denn die Abgabe einer Anlage KAP und damit die Zusammenstellung der Kapitalerträge bleibt Ihnen nicht erspart, wenn

- der Sparerpauschbetrag nicht bzw. nicht vollständig berücksichtigt wurde,

- Sie von der Günstigerprüfung Gebrauch machen möchten. Das Finanzamt prüft dann, ob sich eine niedrigere Besteuerung Ihrer Kapitalerträge ergibt und Ihr persönlicher Steuersatz weniger als 25 % beträgt.
- Kapitalerträge ausnahmsweise nicht dem Steuerabzug unterlegen haben (z.B. aus Darlehen an Arbeitgeber und Privatpersonen) oder
- anrechenbare Steuerbeträge anderen Einkunftsarten zuzurechnen sind (z.B. Zinsen aus der Instandhaltungsrücklage bei Wohneigentumsgemeinschaften).

Lesen Sie dazu ➤ Rz 896 ff.

Ausländische Zinsen, z.B. aus einer Beteiligung an einem Investmentfonds, müssen Sie zusätzlich in der **Anlage AUS** erklären.

Rentner

Anlage R (➤ Rz 940 ff.). »R« steht für Renteneinkünfte. Auf zwei Seiten wird hier nach gesetzlichen und privaten Renten gefragt. Auch Einnahmen aus Riester-Verträgen und der betrieblichen Altersversorgung gehören in das Formular.

Anleger/Immobilienbesitzer

Anlage SO (➤ Rz 996 ff.). SO steht für »Sonstige Einkünfte«. In dieses Formular sind u.a. Erträge aus Spekulationsgeschäften (»privaten Veräußerungsgeschäften«) einzutragen.

Vermieter

Anlage V (➤ Rz 1013 ff.)

Gewerbetreibende/Freiberufler

Mit der **Anlage G** bzw. **S** erklären Sie gewerbliche Einkünfte und Einkünfte aus selbständiger Arbeit. Diese Anlagen werden in diesem Buch allerdings nicht behandelt.

31 2.1.2 Die vereinfachte Steuererklärung für Arbeitnehmer

Eine große Zahl von Zeilen, Kennziffern und Fragen in den Steuerformularen ist für die meisten Steuerzahler gar nicht relevant. Daher haben die Fiskalbürokraten sie durchforstet und eine abgespeckte Version mit den Kennziffern zusammengestellt, die die meisten Arbeitnehmer benötigen. Das Ergebnis ist die vereinfachte Steuererklärung für Arbeitnehmer.

32 Den vereinfachten Erklärungsvordruck können nur verwenden:

- Ehepaare und Alleinstehende, die nur Arbeitslohn (ggf. Lohnersatzleistungen wie z.B. Arbeitslosengeld oder Mutterschaftsgeld) im Inland bezogen haben und

- die ausschließlich die im Formular bezeichneten Werbungskosten, Sonderausgaben und außergewöhnlichen Belastungen geltend machen.

Die Einfacherklärung scheidet für Sie aus, wenn Sie: 33

- Sparer, Rentner oder Vermieter sind,
- ausländische Einkünfte bezogen haben,
- geschieden sind und Unterhaltsleistungen Ihres Expartners versteuern müssen,
- Aufwendungen für ein häusliches Arbeitszimmer, doppelte Haushaltsführung oder Werbungskosten bei Einsatzwechsel- oder Fahrtätigkeit steuerlich geltend machen können,
- folgende Sonderausgaben oder außergewöhnliche Belastungen absetzen wollen: zusätzliche Beiträge zur Pflegeversicherung, Renten, dauernde Lasten, Unterhaltsleistungen an den geschiedenen/dauernd getrennt lebenden Ehegatten, Aufwendungen für die Berufsausbildung, Parteispenden, Kosten für eine Haushaltshilfe oder Heimunterbringung sowie Unterhalt an bedürftige Personen,
- einen Steuerbonus für Aufwendungen für haushaltsnahe Beschäftigungsverhältnisse beanspruchen möchten. Steuerermäßigungen für haushaltsnahe Dienstleistungen (Fensterputzer, Gärtner, Schornsteinfeger …) sowie für Handwerkerleistungen können hingegen auch mit der vereinfachten Erklärung geltend gemacht werden.

34

Wie Sie sehen, können Sie eine ganze Reihe von Steuervergünstigungen mit der vereinfachten Steuererklärung nicht geltend machen. Das erklärt, warum der Vordruck aus nur zwei Seiten besteht.

2017

1 Vereinfachte Einkommensteuererklärung für Arbeitnehmer | Antrag auf Festsetzung der Arbeitnehmer-Sparzulage | Eingangsstempel

2 Steuernummer

An das Finanzamt

3

Bei Wohnsitzwechsel: bisheriges Finanzamt

4

Allgemeine Angaben

5 *) Bitte Infoblatt beachten. Telefonische Rückfragen tagsüber unter Nr.

Steuerpflichtige Person (stpfl. Person), nur bei Zusammenveranlagung: Ehemann / Lebenspartner(in) A nach dem LPartG *)

6 Identifikationsnummer (IdNr.) Geburtsdatum T T M M J J J J

7 Name

Religionsschlüssel:
Evangelisch = EV
Römisch-Katholisch = RK
nicht kirchensteuerpflichtig = VD
Weitere siehe Anleitung

8 Vorname

9 Straße (derzeitige Adresse) Religion

10 Hausnummer Hausnummerzusatz Adressergänzung

11 Postleitzahl Wohnort

12 Ausgeübter Beruf

13 Verheiratet / Lebenspartnerschaft begründet seit dem T T M M J J J J | Verwitwet seit dem T T M M J J J J | Geschieden / Lebenspartnerschaft aufgehoben seit dem T T M M J J J J | Dauernd getrennt lebend seit dem T T M M J J J J

Nur bei Zusammenveranlagung: Ehefrau / Lebenspartner(in) B nach dem LPartG

14 IdNr. Geburtsdatum T T M M J J J J

15 Name

Religionsschlüssel:
Evangelisch = EV
Römisch-Katholisch = RK
nicht kirchensteuerpflichtig = VD
Weitere siehe Anleitung

16 Vorname

17 Straße (falls von Zeile 9 abweichend) Religion

18 Hausnummer Hausnummerzusatz Adressergänzung

19 Postleitzahl Wohnort (falls von Zeile 11 abweichend)

20 Ausgeübter Beruf

Bankverbindung – Bitte stets angeben –

21 IBAN

22 BIC

23 Kontoinhaber lt. Zeile 7 und 8 | lt. Zeile 15 und 16 oder: Name (im Fall der Abtretung bitte amtlichen Abtretungsvordruck einreichen)

Antrag auf Festsetzung der Arbeitnehmer-Sparzulage

15

24 Für alle vom Anbieter übermittelten elektronischen Vermögensbildungsbescheinigungen wird die Festsetzung der Arbeitnehmer-Sparzulage beantragt | stpfl. Person / Ehemann / Lebenspartner(in) A: 17 1 = Ja | Ehefrau / Lebenspartner(in) B: 18 1 = Ja

Einkünfte aus nichtselbständiger Arbeit

47 48

25 eTIN lt. Lohnsteuerbescheinigung (sofern vorhanden) stpfl. Person / Ehemann / Lebenspartner(in) A | eTIN lt. Lohnsteuerbescheinigung (sofern vorhanden) Ehefrau / Lebenspartner(in) B

18

26 **Lohn- / Entgeltersatzleistungen** (z. B. Arbeitslosengeld, Elterngeld, Insolvenzgeld, Krankengeld und Mutterschaftsgeld) – ohne Beträge lt. Nr. 15 der Lohnsteuerbescheinigung – | stpfl. Person / Ehemann / Lebenspartner(in) A EUR 120 ,– | Ehefrau / Lebenspartner(in) B EUR 121 ,–

27 Angaben über Zeiten und Gründe der Nichtbeschäftigung

2017ESt1V061 2017ESt1V061

Werbungskosten stpfl. Person / Ehemann / Lebenspartner(in) A

87

Angaben zur Ermittlung der Entfernungspauschale:
Erste Tätigkeitsstätte / Sammelpunkt / weiträumiges Tätigkeitsgebiet (PLZ, Ort und Straße) | Arbeitstage je Woche | Urlaubs- und Krankheitstage

31

aufgesucht an	einfache Entfernung von der Wohnung (auf volle Kilometer abgerundet)	davon mit eigenem oder zur Nutzung überlassenem Pkw zurückgelegt	davon mit Sammelbeförderung des Arbeitgebers zurückgelegt	davon mit öffentl. Verkehrsmitteln, Motorrad, Fahrrad o. Ä., als Fußgänger, als Mitfahrer einer Fahrgemeinschaft zurückgelegt	Behinderungsgrad mind. 70 oder mind. 50 und Merkzeichen „G"
32 110 Tagen	111 km	112 km	113 km	km	115 1 = Ja

33 Aufwendungen für Fahrten mit öffentlichen Verkehrsmitteln – ohne Flug- und Fährkosten – (Bitte stets die Zeile 32 ausfüllen.) 114 EUR ,–

34 Aufwendungen für Arbeitsmittel, Bewerbungskosten, Fortbildungskosten, Kontoführungsgebühren, Reisekosten bei Auswärtstätigkeiten, Flug- und Fährkosten, Beiträge zu Berufsverbänden – soweit nicht steuerfrei ersetzt – 380 ,–

Werbungskosten Ehefrau / Lebenspartner(in) B

88

Angaben zur Ermittlung der Entfernungspauschale:
Erste Tätigkeitsstätte / Sammelpunkt / weiträumiges Tätigkeitsgebiet (PLZ, Ort und Straße) | Arbeitstage je Woche | Urlaubs- und Krankheitstage

35

aufgesucht an	einfache Entfernung von der Wohnung (auf volle Kilometer abgerundet)	davon mit eigenem oder zur Nutzung überlassenem Pkw zurückgelegt	davon mit Sammelbeförderung des Arbeitgebers zurückgelegt	davon mit öffentl. Verkehrsmitteln, Motorrad, Fahrrad o. Ä., als Fußgänger, als Mitfahrer einer Fahrgemeinschaft zurückgelegt	Behinderungsgrad mind. 70 oder mind. 50 und Merkzeichen „G"
36 110 Tagen	111 km	112 km	113 km	km	115 1 = Ja

37 Aufwendungen für Fahrten mit öffentlichen Verkehrsmitteln – ohne Flug- und Fährkosten – (Bitte stets die Zeile 36 ausfüllen.) 114 EUR ,–

38 Aufwendungen für Arbeitsmittel, Bewerbungskosten, Fortbildungskosten, Kontoführungsgebühren, Reisekosten bei Auswärtstätigkeiten, Flug- und Fährkosten, Beiträge zu Berufsverbänden – soweit nicht steuerfrei ersetzt – 380 ,–

Sonderausgaben

52

	EUR 2017 gezahlt	EUR 2017 erstattet
39 **Kirchensteuer** (soweit diese nicht als Zuschlag zur Abgeltungsteuer einbehalten oder gezahlt wurde)	103 ,–	104 ,–
40 **Spenden und Mitgliedsbeiträge** zur Förderung steuerbegünstigter Zwecke (lt. Bestätigungen)	123 ,–	
	stpfl. Person / Ehemann / Lebenspartner(in) A EUR	Ehefrau / Lebenspartner(in) B EUR
41 **Spenden und Mitgliedsbeiträge** zur Förderung steuerbegünstigter Zwecke, bei denen die Daten elektronisch an die Finanzverwaltung übermittelt wurden	202 ,–	203 ,–

Außergewöhnliche Belastungen

53

42 stpfl. Person / Ehemann / Lebenspartner(in) A 105 Grad der Behinderung | 103 blind / ständig hilflos 1 = Ja | Ehefrau / Lebenspartner(in) B 155 Grad der Behinderung | 153 blind / ständig hilflos 1 = Ja

Fahrtkosten behinderter Menschen, Krankheitskosten, Kurkosten, Pflegekosten

Art der Belastung	Aufwendungen EUR	Erhaltene / Anspruch auf zu erwartende Versicherungsleistungen, Beihilfen, Unterstützungen usw. EUR
43	300 ,–	301 ,–

Haushaltsnahe Dienstleistungen und Handwerkerleistungen

18

Steuerermäßigung bei Aufwendungen für

	Aufwendungen (abzüglich Erstattungen) EUR
– sozialversicherungspflichtige Beschäftigung im Privathaushalt, haushaltsnahe Dienstleistungen, Hilfe im eigenen Haushalt, Pflege- und Betreuungsleistungen im Haushalt, in Heimunterbringungskosten enthaltene Aufwendungen für Dienstleistungen, die denen einer Haushaltshilfe vergleichbar sind (soweit nicht bereits in Zeile 43 berücksichtigt); das in Zeile 43 als Erstattung für häusliche Pflege- und Betreuungskosten berücksichtigte Pflegegeld (§ 37 SGB XI) / Pflegetagegeld	
44	212 ,–
– Handwerkerleistungen für Renovierungs-, Erhaltungs- und Modernisierungsmaßnahmen im eigenen Haushalt (ohne öffentlich geförderte Maßnahmen, für die zinsverbilligte Darlehen oder steuerfreie Zuschüsse in Anspruch genommen werden, z. B. KfW-Bank, landeseigener Förderbanken oder Gemeinden)	
45	214 ,–

46 **Nur bei Alleinstehenden und Eintragungen in den Zeilen 44 und 45:** Es bestand ganzjährig ein gemeinsamer Haushalt mit einer oder mehreren anderen alleinstehenden Person(en) 223 Anzahl der weiteren Personen | Name, Vorname, Geburtsdatum

Ergänzende Angaben zur Steuererklärung:

47 Über die Angaben in der Steuererklärung hinaus sind weitere oder abweichende Angaben oder Sachverhalte zu berücksichtigen. Diese ergeben sich aus der beigefügten Anlage, welche mit der Überschrift **„Ergänzende Angaben zur Steuererklärung"** gekennzeichnet ist. 175 1 = Ja

Unterschrift Die mit der Steuererklärung / dem Antrag angeforderten Daten werden aufgrund der §§ 149 und 150 der Abgabenordnung, der §§ 25 und 46 des Einkommensteuergesetzes sowie des § 14 Abs. 4 des Fünften Vermögensbildungsgesetzes erhoben. Ich versichere, **keine weiteren inländischen oder ausländischen Einkünfte** bezogen zu haben.

Bei der Anfertigung dieser Steuererklärung hat mitgewirkt:

X Empfangsvollmacht ist erteilt.

48 **Datum, Unterschrift(en)** **Steuererklärungen sind eigenhändig – bei Ehegatten / Lebenspartnern von beiden – zu unterschreiben.**

2017ESt1V062

2017ESt1V062

35 Auf folgende Punkte müssen Sie besonders achten, wenn Sie sich trotzdem für die vereinfachte Steuererklärung entscheiden:

- Eltern fügen dem Hauptformular für ihren Nachwuchs die Anlage/n Kind bei.
- Darüber hinaus ist die Anlage VL (vermögenswirksame Leistungen) und Vorsorgeaufwand (Riester-Sparvertrag) mit einzureichen.
- Eintragungen der Lohnsteuerbescheinigung müssen, mit Ausnahme der eTIN (➤ Rz 526), nicht in das Formular übertragen werden, sie werden automatisch vom Finanzamt berücksichtigt.

36 **Seite 1**

Allgemeine Angaben/Einkünfte aus nichtselbständiger Arbeit

Auf der ersten Seite tragen Sie Ihre persönlichen Daten ein, außerdem Ihre Bankverbindung.

Weitere Eintragungen auf Seite 1 der vereinfachten Steuererklärung sind:

> Zeile 25	eTIN lt. Lohnsteuerbescheinigungen Ehemann/Ehefrau/Lebenspartner/in. Anhand dieser eTIN ordnet das Finanzamt die Angaben der Lohnsteuerbescheinigung Ihrer Steuererklärung zu, weitere Eintragungen wie z. B. Arbeitslohn oder einbehaltene Steuerbeträge sind daher nicht erforderlich.
> Zeile 26 – 27	Angaben zu Lohnersatzleistungen wie z. B. Arbeitslosengeld, Kurzarbeitergeld, Krankengeld, Mutterschaftsgeld (siehe hierzu auch ➤ Rz 685 ff.)

37 **Seite 2**

Werbungskosten/Sonderausgaben/außergewöhnliche Belastungen/haushaltsnahe Dienstleistungen und Handwerkerleistungen

An Werbungskosten können ausschließlich eingetragen werden:
> Zeile 31–33 sowie > Zeile 35–37: Angaben zur Entfernungspauschale (Wege zwischen Wohnung und erster Tätigkeitsstätte, ➤ Rz 694 ff.)
> Zeile 34 und 38: Aufwendungen für Arbeitsmittel, Bewerbungen, Fortbildungen, Reisen, Kontoführung und Berufsverbände (➤ Rz 731 ff.)

38 Zu den **Sonderausgaben** zählen im Wesentlichen Versicherungsbeiträge, Unterhaltsleistungen an geschiedene Ehegatten, Kirchensteuerzahlungen, Aufwendungen für die Berufsausbildung und Spenden.

Versicherungsbeiträge tragen Sie bereits in die Anlage Vorsorgeaufwand ein. Kosten für Unterhalt und Berufsausbildung können Sie mit der vereinfachten Steuererklärung erst gar nicht geltend machen, dazu benötigen Sie das Hauptformular in seiner *Vollversion*. Verbleiben Kirchensteuerzahlungen (und -erstattungen) sowie Spenden, die in > Zeilen 39–41 der vereinfachten Erklärung eingetragen werden können.

In den > Zeilen 42–43 machen Sie den Behindertenpauschbetrag sowie übrige außergewöhnliche Belastungen wie Ehescheidungskosten, Fahrtkosten Behinderter, Krankheits-, Kur- und Pflegekosten geltend. Schließlich können noch Aufwendungen für haushaltsnahe Dienstleistungen und Handwerkerleistungen in > Zeilen 44–47 untergebracht werden.

Guter Rat 39

Mit der vereinfachten Steuererklärung können Sie Ihre Steuererklärung zwar schneller erledigen, haben aber weniger Möglichkeiten, Ihre Steuerlast zu senken. Pfeifen Sie also auf die vereinfachte Steuererklärung, und studieren Sie das *Arbeitsbuch* mit seinen zahlreichen Steuertipps. Ich bin sicher, Sie finden eine Reihe von Anregungen, die Ihnen bares Geld bringen und an die Sie bei Verwendung der vereinfachten Erklärungsvordrucke gar nicht erst gedacht hätten. **Natürlich können Sie dieses *Arbeitsbuch* aber auch beim Ausfüllen der vereinfachten Steuererklärung nutzen.**

Zu Formularen für die Lohnsteuerermäßigung siehe ➤ Rz 1102 ff. 40

Wer werben will, muss lächeln.
(Manager Schütte)

2.2 Allgemeines zur Lohn- und Einkommensteuer

2.2.1 Begriffe aus dem Steuerrecht

In diesem Buch werden Begriffe verwendet, die nicht allen Lesern geläu- 41
fig sind und deshalb der Erläuterung bedürfen:

Einkommensteuer	Steuer, die natürliche Personen (also Sie und ich) nach ihrem zu versteuernden Jahreseinkommen zu entrichten haben.
Körperschaftsteuer	Steuer, die juristische Personen (z.B. AG oder GmbH) nach ihrem zu versteuernden Jahreseinkommen zu entrichten haben.
Lebenspartner/in	Lebenspartner, die nach dem Lebenspartnerschaftsgesetz (LPartG) eine Lebenspartnerschaft begründet haben, können – wie Ehegatten – zusammen zur Einkommensteuer veranlagt werden.

Lohnsteuer	Die vom Arbeitslohn einbehaltene Einkommensteuer. Sie wird bei der Veranlagung zur Einkommensteuer angerechnet.
Kapitalertragsteuer	Die von Gewinnausschüttungen von Kapitalgesellschaften einbehaltene Einkommensteuer. Sie wird bei der Veranlagung zur Einkommensteuer angerechnet.
Abgeltungsteuer	Die Bank behält bei der Auszahlung von Zinsen eine Abgeltungsteuer ein, wenn Sie ihr keinen Freistellungsauftrag erteilt haben.
Werbungskosten	Alle Ausgaben, die im Zusammenhang mit steuerpflichtigen Einnahmen der folgenden Einkunftsarten 4–7 stehen.
Einkunftsarten	Das Einkommensteuergesetz kennt sieben Einkunftsarten: 1. Land- und Forstwirtschaft 2. Gewerbebetrieb 3. Selbständige Arbeit 4. Nichtselbständige Arbeit 5. Kapitalvermögen 6. Vermietung und Verpachtung 7. Sonstige Einkünfte (z.B. Renten oder private Veräußerungsgeschäfte)
Einkünfte	Einkünfte sind bei den Einkunftsarten 1–3 der Gewinn oder Verlust, bei den Einkunftsarten 4–7 der Überschuss der Einnahmen über die Werbungskosten oder Verlust.
Veranlagung	Festsetzung einer Steuer durch Steuerbescheid.
Lohnsteuerermäßigung	Freibetrag auf der Lohnsteuerkarte.
Steuersatz	Ihre Steuer in Prozent Ihres zu versteuernden Einkommens (➤ Rz 44).
Progressionsvorbehalt	Arbeitslosengeld, Elterngeld, Kurzarbeiter- und Schlechtwettergeld usw. sind zwar steuerfrei, werden aber bei der Ermittlung des Steuersatzes berücksichtigt.
Verheiratete	Eheleute, die nicht dauernd getrennt leben.
Alleinstehende	Unverheiratete; Ehegatten, die dauernd getrennt leben.

2.2.2 Steuerbelastung 2017

Hier finden Sie eine einfache, aber nützliche Tabelle, mit deren Hilfe Sie 42
leicht feststellen können, wie viel Steuerersparnis Ihnen eine Ausgabe bringt. Dazu müssen Sie nur in etwa die Höhe Ihres zu versteuernden Einkommens ausrechnen. Für die Berechnung verwenden Sie am besten das Schema unter ➤ Rz 47. Zugleich zeigt Ihnen die Tabelle in aller Deutlichkeit, wie unverschämt der Fiskus in Ihre Taschen langt und was Sie fordern müssen, wenn es um eine Gehaltserhöhung oder um den Lohn für eine Nebenbeschäftigung geht. Zur besseren Übersicht ist die Steuerbelastungstabelle in größeren Stufen aufgebaut, wobei die steuerliche Belastung der letzten 1.000 € des zu versteuernden Einkommens angegeben wird.

Mit Hilfe der Steuerbelastungstabelle können Sie schnell die steuerliche Belastung durch eine Einkommenserhöhung bzw. die Entlastung durch eine Einkommensminderung veranschlagen.

Beispiel 43

Durch zusätzliche Ausgaben wird sich Ihr zu versteuerndes Einkommen für 2017 von 46.000 € um 3.000 € auf 43.000 € verringern. Der Fiskus beteiligt sich an den

ersten 1.000 € mit	38,1 % =	381 €
zweiten 1.000 € mit	37,8 % =	378 €
dritten 1.000 € mit	37,2 % =	372 €
Insgesamt mit		1.131 €

Steuerbelastungstabelle 2017 für den Grundtarif (ohne KiSt und SolZ) 44

(geringfügige Abweichungen bleiben vorbehalten)

Zu versteuerndes Einkommen	Einkommensteuer insgesamt nach Grundtabelle		Belastung der letzten 1.000 €	Zu versteuerndes Einkommen	Einkommensteuer insgesamt nach Grundtabelle		Belastung der letzten 1.000 €
€	€	%	%	€	€	%	%
8.000	0	0,00	0,00	**44.000**	10.230	23,25	37,20
9.000	25	0,28	2,50	**45.000**	10.608	23,57	37,80
10.000	179	1,79	15,40	**46.000**	10.989	23,89	38,10
11.000	353	3,21	17,40	**47.000**	11.376	24,20	38,70
12.000	547	4,56	19,40	**48.000**	11.766	24,51	39,00
13.000	761	5,85	21,40	**49.000**	12.161	24,82	39,50

Zu versteuerndes Einkommen	Einkommensteuer insgesamt nach Grundtabelle		Belastung der letzten 1.000 €	Zu versteuerndes Einkommen	Einkommensteuer insgesamt nach Grundtabelle		Belastung der letzten 1.000 €
€	€	%	%	€	€	%	%
14.000	995	7,11	23,40	**50.000**	12.561	25,12	40,00
15.000	1.238	8,25	24,30	**51.000**	12.965	25,42	40,40
16.000	1.485	9,28	24,70	**52.000**	13.374	25,72	40,90
17.000	1.737	10,22	25,20	**53.000**	13.787	26,01	41,30
18.000	1.993	11,07	25,60	**54.000**	14.204	26,30	41,70
19.000	2.254	11,86	26,10	**55.000**	14.624	26,59	42,00
20.000	2.520	12,60	26,60	**56.000**	15.044	26,86	42,00
21.000	2.789	13,28	26,90	**57.000**	15.464	27,13	42,00
22.000	3.064	13,93	27,50	**58.000**	15.884	27,39	42,00
23.000	3.342	14,53	27,80	**59.000**	16.304	27,63	42,00
24.000	3.626	15,11	28,40	**60.000**	16.724	27,87	42,00
25.000	3.913	15,65	28,70	**61.000**	17.144	28,10	42,00
26.000	4.206	16,18	29,30	**62.000**	17.564	28,33	42,00
27.000	4.502	16,67	29,60	**63.000**	17.984	28,55	42,00
28.000	4.803	17,15	30,10	**64.000**	18.404	28,76	42,00
29.000	5.109	17,62	30,60	**65.000**	18.824	28,96	42,00
30.000	5.419	18,06	31,00	**66.000**	19.244	29,16	42,00
31.000	5.734	18,50	31,50	**67.000**	19.664	29,35	42,00
32.000	6.053	18,92	31,90	**68.000**	20.084	29,54	42,00
33.000	6.376	19,32	32,30	**69.000**	20.504	29,72	42,00
34.000	6.704	19,72	32,80	**70.000**	20.924	29,89	42,00
35.000	7.037	20,11	33,30	**71.000**	21.344	30,06	42,00
36.000	7.374	20,48	33,70	**72.000**	21.764	30,23	42,00
37.000	7.715	20,85	34,10	**73.000**	22.184	30,39	42,00
38.000	8.061	21,21	34,60	**74.000**	22.604	30,55	42,00
39.000	8.411	21,57	35,00	**75.000**	23.024	30,70	42,00
40.000	8.766	21,92	35,50	**80.000**	25.124	31,41	42,00
41.000	9.126	22,26	36,00	**90.000**	29.324	32,58	42,00
42.000	9.489	22,59	36,30	**100.000**	33.524	33,52	42,00
43.000	9.858	22,93	36,90	**110.000**	37.724	34,29	42,00

Liegt Ihr Einkommen als Alleinstehender **über 256.304 €**, so liegt die Belastung des darüber hinausgehenden Einkommens durchgehend bei 45 % – s. ➤ Rz 49.

Steuerbelastungstabelle 2017 für den Splittingtarif (ohne KiSt und SolZ)

(geringfügige Abweichungen bleiben vorbehalten)

Zu versteuerndes Einkommen	Einkommensteuer insgesamt nach Splittingtabelle		Belastung der letzten 1.000 €	Zu versteuerndes Einkommen	Einkommensteuer insgesamt nach Splittingtabelle		Belastung der letzten 1.000 €
€	€	%	%	€	€	%	%
15.000	0	0,00	0,00	**70.000**	14.074	20,11	33,40
16.000	0	0,00	0,00	**71.000**	14.410	20,30	33,60

Zu versteuern-des Einkommen	Einkommensteuer insgesamt nach Splittingtabelle		Belastung der letzten 1.000 €	Zu versteuern-des Einkommen	Einkommensteuer insgesamt nach Splittingtabelle		Belastung der letzten 1.000 €
€	€	%	%	€	€	%	%
17.000	0	0,00	0,00	**72.000**	14.748	20,48	33,80
18.000	50	0,28	5,00	**73.000**	15.088	20,67	34,00
19.000	198	1,04	14,80	**74.000**	15.430	20,85	34,20
20.000	358	1,79	16,00	**75.000**	15.776	21,03	34,60
21.000	526	2,50	16,80	**76.000**	16.122	21,21	34,60
22.000	706	3,21	18,00	**77.000**	16.472	21,39	35,00
23.000	894	3,89	18,80	**78.000**	16.822	21,57	35,00
24.000	1.094	4,56	20,00	**79.000**	17.176	21,74	35,40
25.000	1.302	5,21	20,80	**80.000**	17.532	21,92	35,60
26.000	1.522	5,85	22,00	**81.000**	17.890	22,09	35,80
27.000	1.750	6,48	22,80	**82.000**	18.252	22,26	36,20
28.000	1.990	7,11	24,00	**83.000**	18.614	22,43	36,20
29.000	2.230	7,69	24,00	**84.000**	18.978	22,59	36,40
30.000	2.476	8,25	24,60	**85.000**	19.346	22,76	36,80
31.000	2.722	8,78	24,60	**86.000**	19.716	22,93	37,00
32.000	2.970	9,28	24,80	**87.000**	20.086	23,09	37,00
33.000	3.220	9,76	25,00	**88.000**	20.460	23,25	37,40
34.000	3.474	10,22	25,40	**89.000**	20.836	23,41	37,60
35.000	3.730	10,66	25,60	**90.000**	21.216	23,57	38,00
36.000	3.986	11,07	25,60	**91.000**	21.596	23,73	38,00
37.000	4.246	11,48	26,00	**92.000**	21.978	23,89	38,20
38.000	4.508	11,86	26,20	**93.000**	22.364	24,05	38,60
39.000	4.772	12,24	26,40	**94.000**	22.752	24,20	38,80
40.000	5.040	12,60	26,80	**95.000**	23.140	24,36	38,80
41.000	5.308	12,95	26,80	**96.000**	23.532	24,51	39,20
42.000	5.578	13,28	27,00	**97.000**	23.926	24,67	39,40
43.000	5.852	13,61	27,40	**98.000**	24.322	24,82	39,60
44.000	6.128	13,93	27,60	**99.000**	24.722	24,97	40,00
45.000	6.404	14,23	27,60	**100.000**	25.122	25,12	40,00
46.000	6.684	14,53	28,00	**101.000**	25.524	25,27	40,20
47.000	6.966	14,82	28,20	**102.000**	25.930	25,42	40,60
48.000	7.252	15,11	28,60	**103.000**	26.338	25,57	40,80
49.000	7.538	15,38	28,60	**104.000**	26.748	25,72	41,00
50.000	7.826	15,65	28,80	**105.000**	27.158	25,86	41,00
51.000	8.118	15,92	29,20	**106.000**	27.574	26,01	41,60
52.000	8.412	16,18	29,40	**107.000**	27.990	26,16	41,60
53.000	8.706	16,43	29,40	**108.000**	28.408	26,30	41,80
54.000	9.004	16,67	29,80	**109.000**	28.828	26,45	42,00
55.000	9.304	16,92	30,00	**110.000**	29.248	26,59	42,00
56.000	9.606	17,15	30,20	**120.000**	33.448	27,87	42,00
57.000	9.912	17,39	30,60	**130.000**	37.648	28,96	42,00
58.000	10.218	17,62	30,60	**140.000**	41.848	29,89	42,00
59.000	10.528	17,84	31,00	**150.000**	46.048	30,70	42,00
60.000	10.838	18,06	31,00	**160.000**	50.248	31,41	42,00
61.000	11.152	18,28	31,40	**170.000**	54.448	32,03	42,00
62.000	11.468	18,50	31,60	**180.000**	58.648	32,58	42,00

Zu versteuerndes Einkommen	Einkommensteuer insgesamt nach Splittingtabelle		Belastung der letzten 1.000 €
€	€	%	%
63.000	11.786	18,71	31,80
64.000	12.106	18,92	32,00
65.000	12.428	19,12	32,20
66.000	12.752	19,32	32,40
67.000	13.080	19,52	32,80
68.000	13.408	19,72	32,80
69.000	13.740	19,91	33,20

Zu versteuerndes Einkommen	Einkommensteuer insgesamt nach Splittingtabelle		Belastung der letzten 1.000 €
€	€	%	%
190.000	62.848	33,08	42,00
200.000	67.048	33,52	42,00
210.000	71.248	33,93	42,00
220.000	75.448	34,29	42,00
230.000	79.648	34,63	42,00
240.000	83.848	34,94	42,00
250.000	88.048	35,22	42,00

Liegt Ihr Einkommen als Verheirateter **über 512.608 €,** so liegt die Belastung des darüber hinausgehenden Einkommens durchweg bei 45 % – s. ➤ Rz 49.

45 **Bis Mitte Juli arbeiten wir alle für Vater Staat!**

Bei diesen Zahlenkolonnen wird einem schon ganz schummrig. Fast schwarz vor Augen kann einem werden, wenn man sich die rechte Spalte »Belastung der letzten 1.000 €« näher ansieht. Steuerlast bis zu 42 %! Bei Arbeitnehmern kommen die Zwangsbeiträge zur Sozialversicherung noch obendrauf.

Kluge Köpfe haben ausgerechnet: Rund 53 % des sauer Verdienten gehen regelmäßig an Steuern und Abgaben drauf. Anders ausgedrückt: Mitte Juli ist »Steuerzahlergedenktag«, denn erst ab dann arbeiten Sie für das eigene Portemonnaie.

Wie Sie sich aus diesem staatlichen Würgegriff befreien, dazu mehr unter ➤ Rz 537.

46 Die Grenzbelastung im Einkommensteuertarif 2017

Für Ihre künftigen Planungen zeigt die Übersicht unter ➤ Rz 48 in graphischer Form die Einkommensteuerbelastung im Grenzbereich in Prozent für 2017.

Die Grenzbelastung ist für Fragen der Steuerersparnis maßgebend. Der Prozentsatz zeigt Ihnen:

1. In dieser Höhe wird jeder zusätzlich verdiente Euro besteuert.
2. In dieser Höhe beteiligt sich der Fiskus an jedem Euro, den Sie zusätzlich einkommensmindernd abziehen.

Die Durchschnittsbelastung ist indessen niedriger als die Grenzbelastung, weil sie den Grundfreibetrag und die Steuerprogression berücksichtigt. Für Fragen der Steuerplanung ist indessen nur die Grenzbelastung maßgebend.

2.2.3 Vereinfachtes Schema zur Selbstberechnung der Steuer für 2017

Hier können Sie sozusagen nach **Schema F** mit Bleistift und Papier ausrechnen, wie hoch Ihr Steuerobolus für 2017 sein wird. Am besten gehen Sie wie folgt vor: 47

- Zunächst ermitteln Sie Ihre Einkünfte, indem Sie von den jeweiligen Einnahmen die dazugehörigen Werbungskosten abziehen.
- Von der so berechneten Summe der Einkünfte sind Entlastungsbeträge für über 64-Jährige und Alleinerziehende abzuziehen; was verbleibt, ist der Gesamtbetrag der Einkünfte.
- Besonders kompliziert ist der Abzug der Sonderausgaben (insbesondere Versicherungsbeiträge), da diese vielfach nur im Rahmen von Höchstbeträgen abziehbar sind.

			Steuerpflichtiger (Euro)	Ehegatte (Euro)
1. Einkünfte aus Land- und Forstwirtschaft			+	+
2. Einkünfte aus Gewerbebetrieb			+	+
3. Einkünfte aus selbständiger Arbeit				
	Steuerpflichtiger (Euro)	**Ehegatte** (Euro)		
4. Einkünfte aus nichtselbständiger Arbeit				
Arbeitslohn *lt. Lohnsteuerbescheinigung*				
Werbungskosten (mindest. Pauschbetrag von 1 000 € pro Person)	-	-		
verbleiben				
Versorgungsbezüge				
Versorgungsfreibeträge (je nach Beginn der Versorgungsbezugs: bis 2005: 40%, max. 3 900 €, Beginn des Versorgungsbezugs 2017: 20,8%, max. 1 872 €)	-	-		
Werbungskosten (mindest. Pauschbetrag von 102 € pro Person)	-	-	►+	►+
5. Einkünfte aus Kapitalvermögen				
Einnahmen *lt. Jahresbescheinigung*				
Sparer-Pauschbetrag (801 € pro Person)	-	-	►+	►+
6. Einkünfte aus Vermietung und Verpachtung			+	+
7. Sonstige Einkünfte				
Einnahmen *(z.B. steuerpflichtiger Anteil der Rentenbezüge)*				
Rentenfreibetrag	-	-		
Werbungskosten (mindest. Pauschbetrag von 102 € pro Person)	-	-	►+	►+
Spekulationsgewinne *aus privaten Veräußerungsgeschäften (Freigrenze: 600 € pro Person)*			+	+
Zwischensumme				
				►+
Summe der Einkünfte				

	Steuerpflichtiger (Euro)	Ehegatte (Euro)	
Altersentlastungsbetrag für vor dem 2.1.1953 Geborene, max. 1 900 €			►-
Entlastungsbetrag für Alleinerziehende, max. 1 908 €			-
Freibetrag für Land- und Forstwirte (ggf. 900 €, bei Ehegatten 1 800 €)			-
Gesamtbetrag der Einkünfte			
Verlustabzug nach § 10d EStG			-
Sonderausgaben für Riester-Beiträge (§ 10 a EStG, wenn günstiger als Zulagen-Förderung)			-
Sonderausgaben für Vorsorgeaufwendungen			-
Übrige Sonderausgaben (Berufsausbildungskosten, Kirchensteuer, Spenden, ... mindestens 36 € pro Person)			-
Außergewöhnliche Belastungen (Krankheitskosten, Aufwendungen bei Behinderung, ...)			-
Einkommen			
Freibeträge für Kinder (Kinderfreibetrag, Betreuungsfreibetrag, sofern günstiger als Kindergeld)			-
Zu versteuerndes Einkommen			
Steuer 2017 nach Grund- bzw. Splittingtabelle			
Steuerermäßigungen z.B. für Parteispenden, haushaltsnahe Dienstleistung/Beschäftigung/Handwerkerleistungen			-
Kindergeld / Riester-Zulagen (wenn die Berücksichtigung von Freibeträgen günstiger ist)			+
Bereits gezahlte Steuer (Lohn-, Einkommen, Kapitalertragsteuer)			-
Erstattungsbetrag / Nachzahlung			

2.2.4 Steuerbelastung im Einkommensteuertarif 2017 48

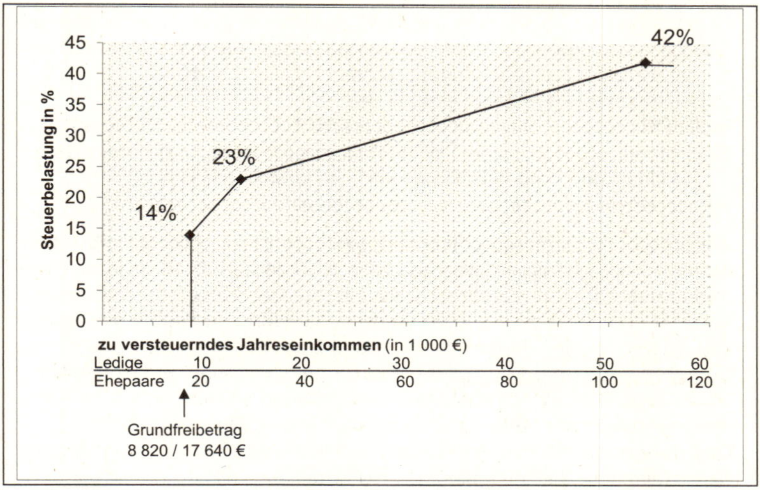

2.2.5 Aufbau des Einkommensteuertarifs 2017

Der Einkommensteuertarif 2017 unterteilt das zu versteuernde Einkommen in drei Zonen: 49

I. Steuerfreie Zone	II. Progressionszone	III. Proportionalzone
Steuersatz 0%	**Steuersatz 14 bis 42%**	**Steuersatz 42%**
Darunter fallen: Ledige bis 8 820 €	Darunter fallen: Ledige mit 8 821 bis 54 057 €	Darunter fallen: Ledige ab 54 058 €
Verheiratete bis 17 640 €	Verheiratete mit 17 641 bis 108 115 €	Verheiratete ab 108 116 €
Jahreseinkommen*	Jahreseinkommen*	Jahreseinkommen*

* nach Abzug aller Freibeträge und Pauschalen

Die Reichensteuer

Es gibt sogar eine weitere Zone – für **Spitzenverdiener.** Liegt das zu versteuernde Einkommen über 256.304 €/512.608 € (Alleinstehende/Ehegatten), beträgt der Steuersatz 45 statt 42 %.

50 **Spitzelsteuersatz nur 10 %!**

Steuersätze von 30, 42 oder gar 45 %, und die Kirchensteuer sowie der Soli-Zuschlag kommen noch obendrauf. Wem da nicht schwarz vor Augen wird, der hat wirklich gute Nerven.
Dabei könnte doch alles so einfach sein …
Stellen Sie sich vor, Sie zahlen pauschal 10 % Einkommensteuer auf Ihre Einnahmen, müssen keine Steuererklärung abgeben und haben daher auch keinen Ärger mit dem Finanzamt. Unvorstellbar? O nein!
Für verdeckte Ermittler der Nachrichtendienste ist das Realität!

Wie das Bundesfinanzministerium verlauten ließ, müssen die Informanten von Verfassungsschutz und BND lediglich 10 % ihrer Prämien an den Fiskus abführen. Begründung: Die Schlapphüte können ja keine Abendessen oder andere Werbungskosten von der Steuer absetzen. »Sonst ist die Tätigkeit ja nicht mehr geheim.«
So sollen von den 5 Mio. € für die berühmt-berüchtigte »Liechtenstein-DVD« 500.000 € Einkommensteuer einbehalten worden sein. Der »normale« Steuerzahler hätte dafür mehr als 2 Mio. € Steuern gezahlt!
Das nenne ich ein Reformmodell! Jeder Steuerzahler führt auf Antrag die pauschale »Spitzelsteuer« von 10 % der Einnahmen ab, streng geheim, versteht sich.

Die Wirkung der Steuerprogression

51 Schauen Sie sich an, wie Ihnen der Fiskus durch die Steuerprogression in die Tasche langt:

Steuerprogression 2017		
Einkommen	Steuer nach Grundtarif	durchschnittlicher Steuersatz
20.000 €	2.520 €	rd. 12,60 %
40.000 €	8.766 €	rd. 21,92 %
Also, bei doppelt hohem Einkommen beträgt die Steuer mehr als das Dreifache. Die ganze Misere wird erst so recht deutlich, wenn Sie sich die Steuerbelastung für die zweiten 20.000 € ansehen. Dafür bittet Sie der Fiskus mit sage und schreibe 6.246 € zur Kasse. Das sind schon gut 31 %!		

2.2.6 Zum Grundfreibetrag

52 Nach einem Machtwort des Bundesverfassungsgerichts in Karlsruhe darf das Existenzminimum nicht besteuert werden. Als Existenzminimum wird das angesehen, was Sozialhilfeempfängern auch ohne Beschäftigung steuerfrei zusteht. Die folgende Übersicht zeigt, wie hoch Ihr zu versteuerndes Einkommen sein darf, damit bei Ihnen keine Steuer anfällt:

Entwicklung des Grundfreibetrags und des Einkommensteuertarifs			
Jahr	Grundfreibetrag	Eingangssteuersatz	Spitzensteuersatz
2010–2012	8.004 €	14,0 %	42,0 % ab 52.882 € 45,0 % ab 250.731 €
2013	8.130 €	14,0 %	42,0 % ab 52.882 € 45,0 % ab 250.731 €
2014	8.354 €	14,0 %	42,0 % ab 52.882 € 45,0 % ab 250.730 €
2015	8.472 €	14,0 %	42,0 % ab 52.882 € 45,0 % ab 250.731 €
2016	8.652 €	14,0 %	42,0 % ab 53.666 € 45,0 % ab 254.447 €
2017	8.820 €	14,0 %	42,0 % ab 54.058 € 45,0 % ab 256.304 €

53

Die Grundfreibeträge sind in die Einkommensteuertabellen eingearbeitet (vgl. ➤ Rz 1145).

54

Welche Beträge beim monatlichen Lohnsteuerabzug steuerfrei bleiben

Auch in den für den monatlichen Lohnsteuerabzug maßgebenden Tabellen sind die Grundfreibeträge berücksichtigt. Ihr monatlicher Arbeitslohn muss demnach folgende Grenze überschreiten, damit Lohn- und Kirchensteuer sowie Soli-Zuschlag einbehalten werden:

Kalenderjahr 2017

Alleinstehender, Steuerklasse I	1.006 €
Alleinstehender (mit Kind), Steuerkl. II	1.201 €
Verheirateter, Steuerklasse III	1.907 €
Verheirateter, Steuerklasse IV	1.006 €
Verheirateter, Steuerklasse V	106 €

Die steuerfreien Beträge setzen sich zusammen aus dem monatlichen Grundfreibetrag, der anteiligen Vorsorgepauschale sowie dem Arbeitnehmerpauschbetrag (1.000 €).

Wir verstehen nur,
was wir selber machen.
(Kant)

3 Die ersten Schritte

Die Hinweise in diesem Kapitel sollten Sie beachten, bevor Sie mit dem Ausfüllen der Formulare beginnen. 55

3.1 Ordnen der Unterlagen

Die erste Steuererklärung ist immer die schwerste. Bei der zweiten können Sie nach dem Motto »Hoch lebe der Vorgang« arbeiten, d.h., die Vorjahreserklärung dient Ihnen als Vorlage. Hat sich bei Ihnen nichts geändert, tragen Sie ruck, zuck die aktuellen Zahlen in die entsprechenden Kästchen ein – und fertig ist die Steuererklärung! 56

Alles muss schlüssig sein 57

Die Vorjahreserklärung ist aber noch aus einem anderen Grund wichtig: Die diesjährige muss mit ihr **schlüssig** sein. Nehmen wir an, ein Mietnomade hat Sie um 5.000 € betrogen und Sie geben entsprechend weniger Mieteinnahmen als im Vorjahr an. Der Finanzer sieht sich auf jeden Fall Ihre Vorjahreserklärung an, vergleicht die Zahlen und fragt zuerst sich und später Sie, wie der Rückgang der Mieteinnahmen wohl zu erklären ist. Wollen Sie Rückfragen vermeiden, vermerken Sie am Rand: Mietausfall 5.000 €.

Oder Sie haben Geld ins Ausland verbracht und setzen deshalb keine Zinseinnahmen an. War es sehr viel Geld, können Sie nicht einfach sagen: »Hab ich für Reisen gebraucht.« Zu Auslandserträgen mehr unter ➤ Rz 911 ff. 58

Belege sortieren 59

Eine gewisses Maß an Ordnung ist angebracht, damit man sich nicht unnötig lange mit der Steuererklärung aufhalten muss.

Das Wichtigste ist die **Ablage der Unterlagen nach Kalenderjahren.** Denn die Einkommensteuer wird nach dem Einkommen erhoben, das der Steuerzahler in einem ganz bestimmten Kalenderjahr bezogen hat (§ 25 EStG). Am besten legen Sie für jedes Kalenderjahr einen eigenen Ordner an.

Sie können sich die Arbeit zusätzlich erleichtern, wenn Sie die Sortierung Ihrer Belege an den Formularen ausrichten.

✎ **Guter Rat**

Im Ordner für das betreffende Fiskaljahr legen Sie Fächer an für:

1. Hauptvordruck Seite 2 – Sonderausgaben: Spenden.
2. Hauptvordruck Seite 3 – Außergewöhnliche Belastungen: Krankheitskosten, Kosten einer Haushaltshilfe, Unterhaltsleistungen.
3. Anlage Vorsorgeaufwand und Anlage AV–Versicherungsbeiträge, Riester-Sparen: Beitragsrechnungen der Assekuranz werden üblicherweise in einem besonderen Ordner abgeheftet. Machen Sie dann für die Steuererklärung eine Kopie oder zumindest eine Notiz über die Beitragshöhe.
4. Anlage Kind: Angaben zur Berufsausbildung volljähriger Kinder, Kinderbetreuungskosten.
5. Anlage N: Gehaltsbezüge/berufliche Ausgaben: Lohnsteuerbescheinigung, Anlage VL (vermögenswirksame Leistungen), Reisekosten, Arbeitsmittel, Fachliteratur, Telefonkosten
6. Anlage KAP: Kapitaleinkünfte/Jahres- und Steuerbescheinigungen der Bank.
7. Anlage V: Erhaltungsaufwendungen, Zinsen.

Haben Sie noch Einkünfte aus anderen Einkunftsarten, gehen Sie entsprechend vor.

Meyn Geduld hat Ursach.
(Alter Wappenspruch)

60 »Welche Unterlagen sind für die Steuererklärung eigentlich von Bedeutung?«, fragen sich viele jedes Jahr aufs Neue. Bei Beantwortung dieser Frage hilft folgende

Checkliste

A. Allgemeine Angaben/Angaben zu Personen

I. Steuernummer, Identifikationsnummer, Finanzamt, Steuerbescheid des Vorjahres

II. Kinder

- Höhe des erhaltenen Kindergeldes (maßgeblich ist jedoch Anspruch)
- Wenn Kinder 18 Jahre oder älter und noch in der Ausbildung sind:

1. Schul- oder Studienbescheinigung bzw. Berufsausbildungsvertrag
2. ggf. Bescheinigung über Wehrdienst/Zivildienstzeit/Freiwilliges Soziales Jahr

- Zahlungen für die Betreuung oder Unterbringung des Kindes
- Anschrift und Aufwendungen bei auswärtiger Unterbringung
- ggf. Unterhaltszahlungen an Kinder

B. Versicherungen, Spenden, Krankheitskosten usw.

I. Versicherungen

- (Freiwillige) Beiträge zur Deutschen Rentenversicherung, zu Pensionskassen und Versorgungswerken, Lebens-, Kranken-, Unfall- und private Haftpflichtversicherungen einschließlich Kfz- und Grundbesitzerhaftpflicht sowie Bescheinigungen zur Riester-Rente

II. Spenden, Krankheitskosten, Unterhaltszahlungen, Steuerberatungskosten usw.

- Spenden an Vereine, politische Vereinigungen und Parteien usw.
- Kosten ärztlicher Behandlung, Kurkosten usw.
- Unterhaltszahlungen an getrennt lebende, geschiedene Ehepartner sowie an hilfsbedürftige Personen wie z. B. Eltern oder sonstige nahe Verwandte
- Steuerberatungskosten (wegen ggf. anteilig enthaltener Werbungskosten)
- Ausbildungskosten wie z. B. Studiengebühren usw.

C. Haushaltsnahe Beschäftigung/Dienstleistungen, Handwerkerleistungen

I. Haushaltsnahe Beschäftigung

- Belege über Ihre Aufwendungen/Arbeitsvertrag

II. Haushaltsnahe Dienstleistungen/Handwerkerleistungen

- Rechnung
- Nachweis der Zahlung auf das Konto des Unternehmers

D. Nichtselbständige Tätigkeit

I. Einnahmen

- Lohnsteuerbescheinigung
- Nachweis der Bundesagentur für Arbeit bzw. der Krankenkasse über den Bezug von Lohnersatzleistungen wie z. B. Arbeitslosengeld, Elterngeld, Krankengeld, Kurzarbeitergeld, Mutterschaftsgeld usw.

II. Werbungskosten

- Fahrten zwischen Wohnung und erster Tätigkeitsstätte:

1. Adresse der Tätigkeitsstätte
2. Anzahl der Kilometer (einfache Entfernung) zwischen Ihrer Wohnung und erster Tätigkeitsstätte
3. Anzahl der Arbeitstage (ohne Urlaubs- und Krankheitstage)
4. ggf. Unfallkosten bei Unfall auf einer Fahrt zwischen Wohnung und erster Tätigkeitsstätte

- Reisekosten/Einsatzwechseltätigkeit

1. Spesenabrechnungen/Erstattungen durch Arbeitgeber
2. Aufstellung über dienstliche Fahrten, wenn länger als acht Stunden von Betrieb oder Wohnung abwesend

   Mögliche Aufstellung:

   Datum Uhrzeit Abfahrt: Uhrzeit Rückkehr: Zielort/Grund der Reise

- Arbeitszimmer
- Wenn Sie ein Arbeitszimmer nutzen und es den Mittelpunkt der gesamten betrieblichen und beruflichen Betätigung bildet oder Ihnen (zumindest) für einen Teil Ihrer betrieblich beruflichen Tätigkeit kein anderer Arbeitsplatz zur Verfügung steht:

1. Angaben zur Gesamtwohnfläche und zur Größe des Arbeitszimmers
2. Angaben zu den angefallenen Kosten (Miete, Nebenkosten, Erhaltungskosten usw.)
3. Unterlagen über die Einrichtungsgegenstände des Arbeitszimmers, soweit diese neu angeschafft wurden oder zuvor privaten Zwecken dienten

- Doppelte Haushaltsführung
  Wenn Sie am Ort Ihrer Arbeitsstätte eine zusätzliche Wohnung unterhalten:

1. Adresse
2. Beginn der Wohnungsnutzung und ggf. angefallene Umzugskosten
3. Kosten für laufenden Unterhalt, wie Miete, Gas, Strom, Wasser usw.
4. Anzahl der Fahrten zu Ihrer Familienwohnung (Erstwohnung), Entfernungskilometer zwischen beiden Wohnungen

- Sonstige Werbungskosten
  Folgende Ausgaben sollten Sie zusammenstellen, soweit sie im Zusammenhang mit Ihrem Beschäftigungsverhältnis stehen:

1. Arbeitskleidung
2. Büromaterial, Fachliteratur

3. Fortbildungskosten (sofern nicht vom Arbeitgeber getragen/erstattet)
4. Bewerbungskosten
5. Umzugskosten, wenn Umzug beruflich bedingt war
6. Berufshaftpflicht, Beiträge zur Unfall-/Rechtschutzversicherung, die auch berufliche Risiken abdecken, Beiträge für Mitgliedschaften in Berufsverbänden oder Gewerkschaften
7. Aufwendungen für Computer, wenn dieser auch beruflich genutzt wird (bitte Bescheinigung des Arbeitgebers beifügen)

E. Kapitaleinkünfte

- Erträgnisaufstellungen, Depotauszüge, Jahresbescheinigungen, Steuerbescheinigungen Ihrer Bank bzw. Ihrer Banken

Des Weiteren sind folgende Unterlagen relevant:

- Zinseinnahmen aus Privatdarlehen
- Gewinnausschüttungen aus Anteilen an Kapitalgesellschaften, die nicht über ein Bankdepot geflossen sind
- Zinsen aus sonstigen Kapitalforderungen (z. B. Steuererstattungen)
- Zinsen aus Bausparguthaben

F. Renten, private Veräußerungsgeschäfte und sonstige Einkünfte

I. Private Veräußerungsgeschäfte

- Immobilien:

1. Verträge über An- und Verkauf
2. Zusammenstellungen der Anschaffungskosten/des Veräußerungserlöses
3. Zusammenstellungen der Veräußerungskosten (Kosten für Fahrten, Inserate, Makler, Notar ...)

II. Renteneinkünfte

- Rentenbescheid, Rentenanpassungsmitteilungen

III. Sonstige Einkünfte

Erforderlich sind Nachweise über

- gelegentliche Einnahmen, z. B. aus Provisionen für Vermittlungen
- Unterhaltszahlungen vom getrennt lebenden oder geschiedenen Ehepartner
- sonstige wiederkehrende Bezüge

G. Vermietung und Verpachtung

I. Allgemeines

- Separate Aufstellung sowie Belegsammlung je Objekt
- Im Fall der Neuanschaffung:

1. notarieller Kaufvertrag
2. Belege über Nebenkosten wie z. B. Grunderwerbsteuer, Landesjustizkasse, Notarkosten usw.
3. ggf. Darlehensvertrag über Finanzierung des Kaufpreises etc.

- Im Fall der Neuerrichtung:

1. notarieller Kaufvertrag für Grundstück
2. gesamte Herstellungskosten inkl. aller Nebenkosten, sonstige Nebenkosten
3. ggf. Darlehensvertrag über Finanzierung des Grundstückes bzw. der Herstellungskosten

II. Einnahmen

- Mieteinnahmen netto sowie vereinnahmte Umsatzsteuer bei umsatzsteuerpflichtiger Vermietung
- vereinnahmte Umlagen, erhaltene Nachzahlungen oder gezahlte Erstattungen
- Garagenmieten sowie sonstige Einnahmen, z. B. Zinsen aus Bausparguthaben in Zusammenhang mit einer Bausparfinanzierung

III. Werbungskosten

- Finanzierungskosten, insbesondere Bescheinigung über gezahlte Schuldzinsen
- Betriebskosten, z. B. Gas, Wasser, Strom, Grundsteuer, Kaminkehrer, Kanalgebühren etc.
- Erhaltungsaufwendungen wie z. B. Reparaturen
- Kosten Hausverwalter, allgemeine Verwaltungskosten, Gebäudeversicherungen, Kontogebühren
- Nebenkostenabrechnung
- Maklergebühren, Kosten für Zeitungsanzeigen
- Kosten für Inventar und Gartenanlagen

3.2 Erklärungsstrategie – so machen Sie es richtig

3.2.1 Beweise durch Belege

Eigentlich leben wir ja in einem Rechtsstaat, und da gelten einige eherne Regeln. Eine davon betrifft die Beweisfrage. Bei den Einnahmen trägt der Fiskus die Beweislast, bei den Ausgaben der Steuerzahler (§ 88 AO). Also lassen Sie sich bloß nicht in Beweisnot bringen, weil Ihnen ein Beleg fehlt. Deshalb: Alles aufbewahren. **61**

Ist Ihnen eine Rechnung abhanden gekommen, fertigen Sie einen Eigenbeleg, aus dem sich alles Notwendige ergibt. Haben Sie die Ausgabe unbar geleistet, verweisen Sie auf den entsprechenden Kontoauszug. Keine Belege? Lesen Sie dazu ➤ Rz 68 ff.

TIPP Ohne Beleg zum Steuerrabatt – so erstellt man die Steuererklärung heute **62**

Finanzamt goes online ist kein Titel eines Zukunftsromans, sondern längst Realität. Steuererklärungen sollen elektronisch – möglichst via ELSTER – übertragen werden (➤ Rz 6). Die Rechner des Finanzamts prüfen und bearbeiten die Steuererklärungen vollautomatisch. Nur wenn die Plausibilitätsprüfung Alarm schlägt, werden die Angaben genauer geprüft. Da stören Papierbelege nur. Daher heißt es in der amtlichen Anleitung zur Steuererklärung nun: »***Belege sind mit der Einkommensteuererklärung nur dann einzureichen,wenn in den Vordrucken/Anleitungen ausdrücklich darauf hingewiesen wird; im Übrigen sind diese aufzubewahren (Belegvorhaltepflicht) und nur auf Anforderung des Finanzamts einzureichen.***« Sie können also Werbungskosten, Spenden oder Kosten für Handwerker ohne Beleg steuerlich geltend machen, müssen aber damit rechnen, dass Nachweise vom Finanzamt angefordert werden. Wann dies der Fall ist, weiß nur der Rechner des Finanzamts. Anhaltspunkt dafür können allerdings die Nichtbeanstandungsgrenzen der Finanzverwaltung sein (➤ Rz 65 f.). Bleiben Ihre Eintragungen im Formular in diesem Rahmen, haben Sie gute Chancen, ohne Steuerbeleg eine kräftigen Steuerrabatt zu bekommen.

Aufbewahrungspflichten **63**

Als Privatperson sind Sie grundsätzlich nicht verpflichtet, einmal eingereichte Belege aufzubewahren. Das gilt auch für Belege im Zusammenhang mit vermietetem Grundbesitz. Denn: Der Sachbearbeiter im Finanzamt muss bereits bei der Veranlagung die Einkünfte so eingehend prüfen, dass eine erneute Vorlage von Unterlagen entbehrlich ist. Lediglich für Gewerbetreibende gelten andere Maßstäbe. Je nach Art der Unterlagen müssen diese bis zu zehn Jahren gehortet werden (§ 147 AO).

Sie könnten Ihre Belege nach Rückgabe durch das Finanzamt also getrost vernichten. Ich rate Ihnen jedoch, sie etwa zwei Jahre aufzubewahren, **64** denn auf der Ausgabenseite haben Sie ja die Beweislast. Und wenn das Finanzamt Ihre Ausgaben streicht und Sie den Bescheid später anfechten wollen, müssen Sie Ihre Kosten ggf. erneut nachweisen.

65 3.2.2 Manchmal geht es auch ganz ohne Belege

Das Finanzamt kann nicht alle Steuererklärungen intensiv überprüfen, das leuchtet ein. Daher werden sämtliche Steuerfälle vom Computer gefiltert. Nur wer auffällt, wird gesondert bearbeitet. Der Rest wird durchgewunken.

Nur, auf welche Sachverhalte springt der Rechner des Finanzamts denn an? Diese Frage ist leider nicht so leicht zu beantworten, da die Filter immer wieder überarbeitet und neu gesetzt werden. Einen Anhaltspunkt können die folgenden Grenzwerte geben, die einmal vom Bundesfinanzministerium als »Nichtbeanstandungsgrenzen« herausgegeben wurden.

66 **Außergewöhnliche Belastungen mit Einzelaufstellung (➤ Rz 180 ff.)**	
Krankheitskosten (selbst getragene) jährlich bis zu	2.050 €
Fahrtkosten Behinderter bis zu	900 €
Sonderausgaben mit Einzelaufstellung	
Versicherungsbeiträge (➤ Rz 283 ff.) jährlich bis zu	2.050 €
Spenden (➤ Rz 152 ff.) mit Einzelbeträgen unter 25 € jährlich bis zu insges.	200 €
Berufliche Werbungskosten (➤ Rz 688 ff.)	
Doppelte Haushaltsführung (➤ Rz 866 ff.) monatlich bis zu	100 €
Arbeitsmittel (➤ Rz 731 ff.)	
Fachliteratur jährlich bis zu	110 €
Berufskleidung (typische) jährlich bis zu	110 €
Berufskleidung bei Schmutzberufen jährlich bis zu	120 €
Werkzeug jährlich bis zu	100 €
Aktentasche jährlich bis zu	150 €
Kontoführungsgebühren jährlich bis zu	16 €
Beiträge an Berufsverbände jährlich bis zu	unbegrenzt
Telefonkosten jährlich bis zu	75 €
Andere berufliche Kosten mit Einzelaufstellung jährlich bis zu	500 €
Fahrten zur Arbeitsstätte (➤ Rz 694 ff.)	
Anzahl der Arbeitstage bei Fünftagewoche bis zu	230 Tage
Anzahl der Arbeitstage bei Sechstagewoche bis zu	285 Tage
Hausbesitz (➤ Rz 1013 ff.)	
Reparaturkosten lt. Einzelaufstellung jährlich bis zu	25.500 €

TIPP Decken Sie den Finanzer mit unverfänglichen Belegen ein!

Niemandem hat es bisher geschadet, wenn ihn der Fiskus als gewissenhaften 67
Menschen einstuft. Ein Zeichen für Gewissenhaftigkeit ist u. a., wenn der Steuerzahler möglichst viele Belege beifügt. Dem Fiskalritter macht das zusätzliche Arbeit und hält ihn zudem vielleicht davon ab, irgendwo nachzuhaken.

In der Fiskalpraxis sieht es doch so aus: Der Bearbeiter hat für 08/15-Steuererklärungen nur eine bestimmte Menge Zeit, sonst gerät er mit seiner Statistik in Rückstand. Diese vorgesehene Zeit nimmt er sich aber auch. Findet er keine Belege, fieselt er unruhig in der Erklärung herum und fordert womöglich nachträglich Belege an. Das sollten Sie nicht unnötig provozieren.

Hatten Sie Ausgaben, die Sie nicht belegen können oder die heikel sind, 68
machen Sie nur Beträge bis zu den o.g. Grenzen geltend. Notfalls müssen Eigenbelege herhalten, so z.B. für Trinkgelder, Parkgebühren, Telefonkosten oder Zahlungen an Handwerker, die keine Quittung ausschreiben wollen.
Darauf sollten Sie angeben, aus welchem Grund Sie wann an wen welchen Betrag gezahlt haben.

Besteht Ihr Fiskalritter hartnäckig auf Belegen für *alle* Ausgaben, antwor- 69
ten Sie ihm höflich: »Leider habe ich die Belege im letzten Jahr nicht alle aufbewahrt und kann nachträglich auch keine mehr herbeischaffen. Ich bin gern bereit, ab sofort für alle Posten die Unterlagen zu sammeln, in der Ihnen vorliegenden Steuererklärung habe ich aber durch meine Unterschrift versichert, dass alle Angaben vollständig und richtig sind. Ich bitte Sie daher, die Veranlagung erklärungsgemäß durchzuführen.« Und schon klappt der Laden.

Quittung aus Gefälligkeit? 70

Haben Sie andere für ihre Hilfe bezahlt, z.B. für Schreibarbeiten, Hüten der Kinder oder Reparaturen am Haus, will der Fiskalritter meistens eine unterschriebene Quittung sehen.

»Na gut, meine fleißigen Helfer unterschreiben notfalls alles«, sagen Sie.

Doch müssen Sie damit rechnen, dass der Fiskalritter eine Kontrollmittei- 71
lung für das Finanzamt Ihrer hilfsbereiten Freunde fertigt, wenn die Quittung nach Gefälligkeit riecht, denn ein alter Steuergrundsatz lautet: »Was der eine als Ausgabe absetzt, muss der andere als Einnahme versteuern.« Es sind wegen solcher Vorfälle schon langjährige Freundschaften in die Brüche gegangen (➤ Rz 17).

Sollte ein Bekannter Ihnen mit einem Schreiben seines Finanzamts vor der Nase wedeln, bewahren Sie ruhig Blut. Übersenden Sie dem Finanzamt eine Lohnsteueranmeldung über das Bare für die Freundschaftshilfe! Dann müssen Sie für die Aushilfe zwar 25 % dieses Betrags als pauschale Lohnsteuer bezahlen (➤ Rz 618, Fall Nr. 2), aber damit ist die Sache erledigt, und Sie können sich wieder an Ihrem Stammtisch blicken lassen. Die pauschale Lohnsteuer können Sie natürlich steuerlich absetzen.

72 Beim Hausbau besteht die Gefahr, dass der Fiskalritter dem Arbeitsamt und dieses der Berufsgenossenschaft Mitteilung macht. Dann muss u. U. der Bau nachversichert werden (§ 31a AO). Sie können solchem Ungemach vorbeugen, indem Sie nur Kumpels um Quittungen angehen, die Sozialhilfeempfänger oder arbeitslos sind. Die können dann sagen, sie hätten die Arbeit als Selbständige ausgeführt. Dazu vermerken sie auf der Quittung: »Die Arbeiten wurden von mir weder zeit- noch weisungsgebunden erledigt.« (➤ Rz 510)

73 Was die Aufwendungen für haushaltsnahe Dienstleistungen oder Handwerkerleistungen betrifft, genügen dem höchst misstrauischen Finanzamt einfache Barquittungen nicht. Da will es eindeutige Nachweise haben, dass Ihr Kumpel das Geld tatsächlich erhalten hat. Sie müssen also den Bankauszug vorlegen, aus dem die Überweisung des Geldes hervorgeht (➤ Rz 261 ff.).
»Und wenn ich einem angeblichen Helfer Geld überweise und es später von ihm zurückbekomme, weil er ja gar nicht für mich gearbeitet hat?«, fragen Sie.
Hm … Da würde ich lieber steuerehrlich bleiben.

TIPP Kopie genügt, denn sicher ist sicher

74 Normalerweise erhalten Sie Ihre Belege zurück, sobald der Bearbeiter sie durchgesehen hat. Um jedoch Ärger wegen verlorengegangener Unterlagen vorzubeugen, reichen Sie wichtige Dokumente wie z. B. Versicherungspolicen, einen Behinderten- oder Vertriebenenausweis nur als Kopie ein.

75 **Beim Porto gespart …**
Wie alle Behörden müssen die Finanzämter auch unfrankierte Post annehmen (§ 12 FAGO – sprich Finanzamtsgeschäftsordnung). Dann setzt es im Finanzamt gehörig Nachporto. So wandert Geld von einem Staatssäckel in den anderen, denn Vater Staat ist an der Post AG maßgeblich beteiligt. Humorlosen Postbeamten, die unfrankierte Briefe für Behörden an den Absender zurückschicken, begegnen clevere Absender, indem sie die Absenderangabe auf ihren Briefen vergessen …

Allerdings sind die Finanzämter vom Annahmezwang entbunden, wenn ein Steuerzahler diese Regelung bewusst ausnutzt (Erlass FinMin NRW v. 28.2.1963 – O 2160 – 19-IIC2).
»Ob jemand das ausnutzt, wissen die doch nur, wenn kein Absender draufsteht«, sinnieren Sie.
Richtig, deshalb lassen einige Finanzämter in Hessen auf Anweisung der OFD Frankfurt a.M. unfrankierte Post ohne Absenderangabe in einer Zentralstelle amtlich öffnen und den Absender feststellen, um das Porto nachträglich abkassieren zu können.
»Also muss ich wohl oder übel Terminsachen sicherheitshalber ordentlich frankieren. Ansonsten werde ich aber wie bisher bei Behördenpost meine einfache, ganz persönliche Gebührentabelle verwenden: pro Brief, egal wie schwer, 70 Cent …«

TIPP »Gehe nicht zu deinem Fürst …

… wenn du nicht gerufen wirst.« Wenn Sie glauben, es sei das Beste, Ihre Steuererklärung gleich an der Amtsstelle durchzusprechen, seien Sie gewarnt: Es kann Ihnen nämlich passieren, dass Sie dort sehr schnell ein dummes Gesicht machen, wenn man Ihnen Fragen stellt, auf die Sie nicht vorbereitet sind. Außerdem verlieren Sie leicht Ihr »Recht auf Gehör«. Was es damit auf sich hat, dazu mehr unter ➤ Rz 1115. 76
Das Beste ist also, die Erklärung postalisch zuzustellen oder einfach in den Hausbriefkasten des Finanzamts zu werfen.

4 Das Hauptformular für die Einkommensteuererklärung

Im Hauptformular machen Sie allgemeine Angaben zu Ihrer Person 77
und Ihren Familienangehörigen. Außerdem beantragen Sie hier persönliche Steuervergünstigungen (Sonderausgaben und außergewöhnliche Belastungen).

4.1 Formularkopf

78

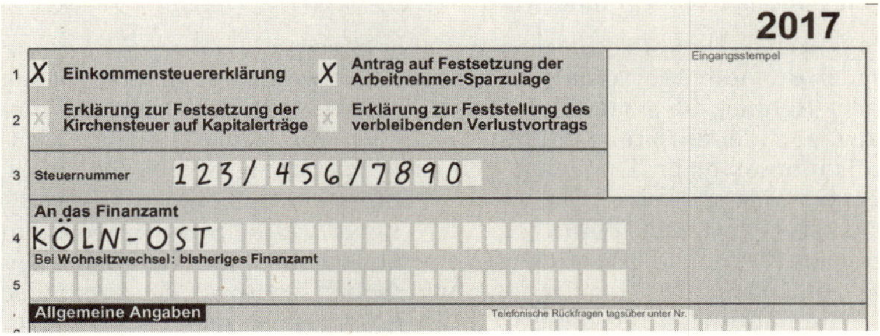
2017

1 X Einkommensteuererklärung X Antrag auf Festsetzung der Arbeitnehmer-Sparzulage

2 Erklärung zur Festsetzung der Kirchensteuer auf Kapitalerträge — Erklärung zur Feststellung des verbleibenden Verlustvortrags

3 Steuernummer 123/456/7890

Eingangsstempel

An das Finanzamt

4 KÖLN-OST

Bei Wohnsitzwechsel: bisheriges Finanzamt

5

Allgemeine Angaben — Telefonische Rückfragen tagsüber unter Nr.

Zunächst kreuzen Sie in > Zeile 1 und 2 an, dass Sie 79

- eine **Einkommensteuererklärung** abgeben.

Ferner können Sie vermerken, ob Sie

- die **Arbeitnehmersparzulage** beantragen,
- die **Kirchensteuer auf Kapitalerträge** festsetzen lassen müssen (erforderlich, wenn Sie der Bank keine Angaben zur Kirchensteuerpflicht gemacht haben)

und/oder

- einen **Verlustabzug** feststellen lassen möchten (Einzelheiten unter ➤ Rz 276ff.).

An das Finanzamt … 80

Für die Bearbeitung Ihrer Steuererklärung ist das Finanzamt zuständig, in dessen Bezirk Sie Ihren Wohnsitz haben. Sind Sie bereits finanzamtlich erfasst, wissen Sie ja, wohin Sie Ihre Steuererklärung senden müssen. Sind Sie umgezogen, könnte ein anderes Finanzamt für Sie zuständig sein.

Schicken Sie Ihre Steuererklärung trotzdem an das bisher zuständige Finanzamt. Es leitet sie nebst Steuerakten »zuständigkeitshalber« dem anderen Finanzamt zu, das sich dann bei Ihnen meldet. So geht alles schneller, und Sie kommen eher an Ihre Erstattung.
Die **Steuernummer** – aus dem Bescheid des Vorjahrs oder der Änderungsmitteilung des Finanzamts – tragen Sie ebenfalls im Kopf des Formulars ein.

81 **Die Identifikationsnummer (IdNr.) – der gläserne Steuerbürger ist längst Realität!**
Das Bundeszentralamt für Steuern hat Ihnen für steuerliche Zwecke eine Identifikationsnummer erteilt. Sie ist lebenslang gültig und daher mit dem Zuteilungsschreiben sorgfältig aufzubewahren, auch wenn Sie derzeit steuerlich nicht geführt werden (§ 139 b AO).

Was sagt die Identifikationsnummer über mich aus?
Jeder Bundesbürger kann genau identifiziert werden. Egal, ob Säugling oder Rentner, ob steuerpflichtig oder nicht, jede Person erhält zur eindeutigen Identifizierung im Besteuerungsverfahren eine 11-stellige Identifikationsnummer. Sie ändert sich auch bei Umzug oder Heirat nicht, enthält indessen keine persönlichen Informationen über Sie und das zuständige Finanzamt. Zusätzlich zur Nummer werden beim Bundeszentralamt für Steuern die wichtigsten persönlichen Daten wie Name, Anschrift, Geschlecht, Geburtsdatum und Geburtsort sowie das zuständige Finanzamt erfasst. Auf diese Weise ist sichergestellt, dass eine Nummer nicht mehrfach vergeben wird.
Ab welchem Kalenderjahr die Identifikationsnummer die Steuernummer komplett ersetzen wird, ist noch nicht entschieden.

So überwacht uns das Finanzamt
Mit Hilfe der Identifikationsnummer können die Ämter ihre Kontrollmöglichkeiten drastisch ausweiten. Über die Identifikationsnummer sammelt das Bundeszentralamt für Steuern die Daten bei Auszahlung von Löhnen/Gehältern, Renten und Kapitalerträgen und ordnet sie jedem Steuerzahler zu. Auf die Daten hat das zuständige Finanzamt uneingeschränkt Zugriff.

Arbeitseinkünfte
Schon 2013 wurde das lohnsteuerliche Ordnungsmerkmal eTIN durch die Identifikationsnummer ersetzt. Seitdem ist auch Schluss mit der Lohnsteuerkarte. Identifikationsnummer und Geburtsdatum des Arbeitnehmers genügen, um über eine Internet-Schnittstelle Löhne und Steuerabzugsbeträge beim Finanzamt anzumelden.

Renten/Beiträge zur Kranken- und Pflegeversicherung
Die Träger der Rentenversicherungen informieren die Finanzämter über den Bezug von gesetzlichen oder privaten Renten. Mit Hilfe der Identifikationsnummer können die Renten dem jeweiligen Bezieher zugeordnet werden (§ 22 a EStG). Ebenso läuft es mit Ihren Beiträgen zur Kranken- und Pflegeversicherung. Auch wenn Sie privat versichert sind, werden Ihre Beiträge automatisch dem Finanzamt gemeldet.

Kapitalerträge/Kontenabfrage
Banken und Versicherungen müssen die Zahlung von Kapitalerträgen nach amtlich vorgeschriebenem Muster bescheinigen (§ 32 d EStG). An das Bundeszentralamt für Steuern ergeht eine Mitteilung, in welcher Höhe jeweils Abgeltungsteuer einbehalten worden ist. Auf diese Weise wird kontrolliert, ob die evtl. über die Freistellungsaufträge hinausgehende Steuer einbehalten wurde (§ 45 d EStG). Über eine Kontenabfrage können sich die Finanzämter umfassend informieren. Dabei geht es nicht nur um die Festsetzung von Steuern: In Vollstreckungssachen oder bei Anträgen auf Steuerstundung prüft der Fiskus, ob der Insolvente nicht doch noch irgendwo Geld auf einem Konto hat.

Vorausgefüllte Steuererklärung – Mehr Schein als Sein!
Sie können die beim Finanzamt gespeicherten Steuerdaten wie z. B.

- die persönlichen Stammdaten,
- die Religionszugehörigkeit,
- Daten der elektronischen Lohnsteuerbescheinigung,
- Angaben zu den Rentenbezügen des jeweiligen Veranlagungsjahres,
- Kranken- und Versicherungsbeiträge,
- Vorsorgebeiträge zur gesetzlichen Rentenversicherung,
- Riester- und Rürup-Vorsorgebeiträge

elektronisch abrufen.

Damit ist jedoch die Steuererklärung noch nicht vorausgefüllt und schon gar nicht erstellt.
Mehr zu den Vor- und Nachteilen sowie zum Verfahren lesen Sie unter ➤ Rz 12.

Wer von seinem Leiden nichts weiß und auch keinerlei Beschwerden hat, ist nicht arbeitsunfähig.
(Management Wissen)

4.2 Der Mantelbogen zur Steuererklärung (Hauptformular)

82 **Wer eine Steuererklärung abgeben muss oder möchte, kommt um den vierseitigen Mantelbogen nicht herum. Auf den folgenden Seiten können Sie sich einen Überblick über das aktuelle Formular für die Steuererklärung 2017 verschaffen.**

EINKOMMENSTEUERERKLÄRUNG
Hauptformular

2018

2017

1 Einkommensteuererklärung — Antrag auf Festsetzung der Arbeitnehmer-Sparzulage — Eingangsstempel

2 Erklärung zur Festsetzung der Kirchensteuer auf Kapitalerträge — Erklärung zur Feststellung des verbleibenden Verlustvortrags

3 **Steuernummer**

An das Finanzamt

4

Bei Wohnsitzwechsel: bisheriges Finanzamt

5

Allgemeine Angaben

6 Telefonische Rückfragen tagsüber unter Nr.

Steuerpflichtige Person (**stpfl. Person**), nur bei Zusammenveranlagung: **Ehemann** oder **Person A** *) (Ehegatte A / Lebenspartner[in] A nach dem LPartG)

7 Identifikationsnummer (IdNr.) — *) Bitte Anleitung beachten.

8 Name — Geburtsdatum T T M M J J J J

9 Vorname — **Religionsschlüssel:** Evangelisch = EV, Römisch-Katholisch = RK, nicht kirchensteuerpflichtig = VD, Weitere siehe Anleitung

10 Titel, akademischer Grad

11 Straße (derzeitige Adresse) — Religion

12 Hausnummer — Hausnummerzusatz — Adressergänzung

13 Postleitzahl — Wohnort

14 Ausgeübter Beruf

15 Verheiratet / Lebenspartnerschaft begründet seit dem T T M M J J J J — Verwitwet seit dem T T M M J J J J — Geschieden / Lebenspartnerschaft aufgehoben seit dem T T M M J J J J — Dauernd getrennt lebend seit dem T T M M J J J J

Nur bei Zusammenveranlagung: **Ehefrau** oder **Person B** (Ehegatte B / Lebenspartner[in] B nach dem LPartG)

16 IdNr.

17 Name — Geburtsdatum T T M M J J J J

18 Vorname — **Religionsschlüssel:** Evangelisch = EV, Römisch-Katholisch = RK, nicht kirchensteuerpflichtig = VD, Weitere siehe Anleitung

19 Titel, akademischer Grad

20 Straße (falls von Zeile 11 abweichend) — Religion

21 Hausnummer — Hausnummerzusatz — Adressergänzung

22 Postleitzahl — Wohnort (falls von Zeile 13 abweichend)

23 Ausgeübter Beruf

Nur von Ehegatten / Lebenspartnern auszufüllen

24 Zusammenveranlagung — Einzelveranlagung von Ehegatten / Lebenspartnern — Wir haben Gütergemeinschaft vereinbart

Bankverbindung – Bitte stets angeben –

25 IBAN (inländisches Geldinstitut) D E

26 IBAN (ausländisches Geldinstitut)

27 BIC zu Zeile 26

28 **Kontoinhaber** lt. Zeile 8 und 9 — lt. Zeile 17 und 18 oder: Name (im Fall der Abtretung bitte amtlichen Abtretungsvordruck einreichen)

2017ESt1A011 — Juli 2017 — **2017ESt1A011**

EINKOMMENSTEUERERKLÄRUNG
Hauptformular

2018

Der Steuerbescheid soll nicht mir / uns zugesandt werden, sondern:

Zeile				
31	Name			
32	Vorname			
33	Straße			
34	Hausnummer	Hausnummerzusatz	Postfach	
35	Postleitzahl	Wohnort		

Sonderausgaben 52

Zeile					
	Gezahlte Versorgungsleistungen	Rechtsgrund, Datum des Vertrags	abziehbar		tatsächlich gezahlt EUR
36	Renten		102 %	101	,—
37	Dauernde Lasten	Rechtsgrund, Datum des Vertrags		100	,—
38	**Ausgleichszahlungen** im Rahmen des schuldrechtlichen Versorgungsausgleichs	Rechtsgrund, Datum der erstmaligen Zahlung		121	,—
39	**Ausgleichsleistungen** zur Vermeidung des Versorgungsausgleichs lt. **Anlage U**			131	,—
40	**Unterhaltsleistungen** lt. **Anlage U** an den – geschiedenen Ehegatten, Lebenspartner einer aufgehobenen Lebenspartnerschaft – dauernd getrennt lebenden Ehegatten / Lebenspartner	117 IdNr. der unterstützten Person		116	,—
41	In Zeile 40 enthaltene Beiträge (abzgl. Erstattungen und Zuschüsse) zur Basis-Kranken- und gesetzlichen Pflegeversicherung	118 EUR ,—	Davon entfallen auf Krankenversicherungsbeiträge mit Anspruch auf Krankengeld	119	,—
42	**Kirchensteuer** (soweit diese nicht als Zuschlag zur Abgeltungsteuer einbehalten oder gezahlt wurde)	103 2017 gezahlt EUR ,—		104 2017 erstattet EUR	,—

Zeile			
	Aufwendungen für die eigene **Berufsausbildung: stpfl. Person / Ehemann / Lebenspartner(in) A**		EUR
43	Bezeichnung der Ausbildung, Art und Höhe der Aufwendungen	200	,—
	Aufwendungen für die eigene **Berufsausbildung: Ehefrau / Lebenspartner(in) B**		
44	Bezeichnung der Ausbildung, Art und Höhe der Aufwendungen	201	,—

Zeile					
	Spenden und Mitgliedsbeiträge (ohne Beträge in den Zeilen 49 bis 56)		lt. Bestätigungen EUR		lt. Betriebsfinanzamt EUR
45	– zur Förderung steuerbegünstigter Zwecke	123	,—	124	,—
46	in Zeile 45 enthaltene Zuwendungen an Empfänger im EU- / EWR-Ausland	125	,—	126	,—
47	– an politische Parteien (§§ 34g, 10b EStG)	127	,—	128	,—
48	– an unabhängige Wählervereinigungen (§ 34g EStG)	129	,—	130	,—
	Spenden und Mitgliedsbeiträge, bei denen die Daten elektronisch an die Finanzverwaltung übermittelt wurden (ohne Beträge in den Zeilen 45 bis 48 und 52 bis 56)		stpfl. Person / Ehemann / Lebenspartner(in) A EUR		Ehefrau / Lebenspartner(in) B EUR
49	– zur Förderung steuerbegünstigter Zwecke	202	,—	203	,—
50	– an politische Parteien (§§ 34g, 10b EStG)	204	,—	205	,—
51	– an unabhängige Wählervereinigungen (§ 34g EStG)	206	,—	207	,—
	Spenden in das zu erhaltende Vermögen (Vermögensstock) einer Stiftung				
52	2017 geleistete Spenden (lt. Bestätigungen / lt. Betriebsfinanzamt)	208	,—	209	,—
53	2017 geleistete Spenden, bei denen die Daten elektronisch an die Finanzverwaltung übermittelt wurden (ohne Beträge in Zeile 52)	210	,—	211	,—
54	In Zeile 52 enthaltene Spenden an Empfänger im EU- / EWR-Ausland	218	,—	219	,—
55	Von den Spenden in Zeile 52 und 53 sollen 2017 berücksichtigt werden	212	,—	213	,—
56	2017 zu berücksichtigende Spenden aus Vorjahren in das zu erhaltende Vermögen (Vermögensstock) einer Stiftung, die bisher noch nicht berücksichtigt wurden	214	,—	215	,—

2017ESt1A012 **2017ESt1A012**

Außergewöhnliche Belastungen

53

Behinderte Menschen und Hinterbliebene

Ausweis / Rentenbescheid / Bescheinigung gültig von – bis; unbefristet gültig; Grad der Behinderung; Erstmalige Beantragung / Änderung (Nachweis ist einzureichen)

61 stpfl. Person / Ehemann / Lebenspartner(in) A 100 M M J J 101 M M J J 102 1 = Ja 105 X

62 hinterblieben 380 1 = Ja blind / ständig hilflos 103 1 = Ja geh- und stehbehindert 104 1 = Ja

Ausweis / Rentenbescheid / Bescheinigung gültig von – bis; unbefristet gültig; Grad der Behinderung; Erstmalige Beantragung / Änderung (Nachweis ist einzureichen)

63 Ehefrau / Lebenspartner(in) B 150 M M J J 151 M M J J 152 1 = Ja 155 X

64 hinterblieben 381 1 = Ja blind / ständig hilflos 153 1 = Ja geh- und stehbehindert 154 1 = Ja

Pflege-Pauschbetrag – bei erstmaliger Beantragung / Änderung bitte Nachweis einreichen –

65 Die **unentgeltliche** persönliche Pflege einer ständig hilflosen Person in ihrer oder in meiner Wohnung erfolgte durch 200 (1 = stpfl. Person / Ehemann / Lebenspartner(in) A; 2 = Ehefrau / Lebenspartner(in) B; 3 = beide Ehegatten / Lebenspartner)

Name, Anschrift und Verwandtschaftsverhältnis der hilflosen Person(en)

66 Anzahl weiterer Pflegepersonen 201

Andere außergewöhnliche Belastungen
(z. B. Fahrtkosten behinderter Menschen, Krankheitskosten, Kurkosten, Pflegekosten)

Art der Belastungen; Summe der Aufwendungen EUR; Erhaltene / Anspruch auf zu erwartende Versicherungsleistungen, Beihilfen, Unterstützungen; Wert des Nachlasses usw. EUR

67 300 ,– 301 ,–

Für die – wegen Abzugs der zumutbaren Belastung – nicht als außergewöhnliche Belastung abziehbaren Aufwendungen wird die Steuerermäßigung für haushaltsnahe Beschäftigungsverhältnisse / Dienstleistungen / Handwerkerleistungen beantragt (die Beträge sind nicht zusätzlich in den Zeilen 71 bis 73 einzutragen): Aufwendungen (abzüglich Erstattungen) EUR

68 Die in Zeile 67 enthaltenen Pflegeleistungen im Rahmen eines geringfügigen Beschäftigungsverhältnisses im Privathaushalt – sog. Minijob – betragen 370 ,–

69 Die in Zeile 67 enthaltenen übrigen haushaltsnahen Pflegeleistungen (ohne Minijob) betragen 371 ,–

70 Die in Zeile 67 enthaltenen Arbeitskosten für Handwerkerleistungen betragen 372 ,–

Haushaltsnahe Beschäftigungsverhältnisse, Dienstleistungen und Handwerkerleistungen

18

Steuerermäßigung bei Aufwendungen für

– geringfügige Beschäftigungen im Privathaushalt – sog. Minijobs – Aufwendungen (abzüglich Erstattungen) EUR

Art der Tätigkeit

71 202 ,–

– sozialversicherungspflichtige Beschäftigungen im Privathaushalt
– haushaltsnahe Dienstleistungen, Hilfe im eigenen Haushalt
– Pflege- und Betreuungsleistungen im Haushalt, in Heimunterbringungskosten enthaltene Aufwendungen für Dienstleistungen, die denen einer Haushaltshilfe vergleichbar sind; das in Zeile 67 als Erstattung für häusliche Pflege- und Betreuungskosten berücksichtigte Pflegegeld (§ 37 SGB XI) / Pflegetagegeld

Art der Tätigkeit / Aufwendungen

72 212 ,–

– Handwerkerleistungen für Renovierungs-, Erhaltungs- und Modernisierungsmaßnahmen im eigenen Haushalt (ohne öffentlich geförderte Maßnahmen, für die zinsverbilligte Darlehen oder steuerfreie Zuschüsse in Anspruch genommen werden, z. B. KfW-Bank, landeseigener Förderbanken oder Gemeinden)

Art der Aufwendungen

73 214 ,–

Nur bei Alleinstehenden und Eintragungen in den Zeilen 68 bis 73:

74 Es bestand ganzjährig ein gemeinsamer Haushalt mit einer oder mehreren anderen alleinstehenden Person(en) Anzahl der weiteren Personen 223

Name, Vorname, Geburtsdatum

75

Nur bei Alleinstehenden oder Einzelveranlagung von Ehegatten / Lebenspartnern und Eintragungen in den Zeilen 68 bis 73:

Laut einzureichendem gemeinsamen Antrag ist der Höchstbetrag für die Aufwendungen

76 – lt. den Zeilen 68 und 71 in einem anderen Verhältnis als je zur Hälfte aufzuteilen. Der bei mir zu berücksichtigende Anteil beträgt 224 %

77 – lt. den Zeilen 69 und 72 in einem anderen Verhältnis als je zur Hälfte aufzuteilen. Der bei mir zu berücksichtigende Anteil beträgt 225 %

78 – lt. den Zeilen 70 und 73 in einem anderen Verhältnis als je zur Hälfte aufzuteilen. Der bei mir zu berücksichtigende Anteil beträgt 226 %

Nur in Fällen der Zusammenveranlagung oder Einzelveranlagung von Ehegatten / Lebenspartnern und Eintragungen in den Zeilen 68 bis 73:

79 Es wurde 2017 ein gemeinsamer Haushalt begründet oder aufgelöst und für einen Teil des Kalenderjahres ein Einzelhaushalt geführt — stpfl. Person / Ehemann / Lebenspartner(in) A 219 1 = Ja — Ehefrau / Lebenspartner(in) B 220 1 = Ja

2017ESt1A013 2017ESt1A013

EINKOMMENSTEUERERKLÄRUNG
Hauptformular

2018

Antrag auf Festsetzung der Arbeitnehmer-Sparzulage

15

Zeile		stpfl. Person / Ehemann / Lebenspartner(in) A	Ehefrau / Lebenspartner(in) B
91	Für alle vom Anbieter übermittelten elektronischen Vermögensbildungsbescheinigungen wird die Festsetzung der Arbeitnehmer-Sparzulage beantragt	17 ☐ 1 = Ja	18 ☐ 1 = Ja

Steuerermäßigung bei Belastung mit Erbschaftsteuer

18

92 Ich beantrage eine Steuerermäßigung, weil in dieser Steuererklärung Einkünfte erklärt worden sind, die als Erwerb von Todes wegen ab 2013 der Erbschaftsteuer unterlegen haben (lt. gesonderter Aufstellung). 185 ☐ 1 = Ja

Steuerbegünstigung für schutzwürdige Kulturgüter

93 Steuerbegünstigung nach § 10g EStG für schutzwürdige Kulturgüter, die weder zur Einkunftserzielung noch zu eigenen Wohnzwecken genutzt werden — Abzugsbetrag EUR 151 ______ ,–

Verlustabzug / Spendenvortrag

94 Es wurde ein verbleibender Verlustvortrag nach § 10d EStG / Spendenvortrag nach § 10b EStG zum 31.12.2016 festgestellt für ☒ stpfl. Person / Ehemann / Lebenspartner(in) A ☒ Ehefrau / Lebenspartner(in) B

Antrag auf Beschränkung des Verlustrücktrags nach 2016

95 Von den nicht ausgeglichenen negativen Einkünften 2017 soll folgender Gesamtbetrag nach 2016 zurückgetragen werden — EUR ______ ,– EUR ______ ,–

Sonstige Angaben und Anträge

96 **Einkommensersatzleistungen,** die dem Progressionsvorbehalt unterliegen, z. B. Arbeitslosengeld, Elterngeld, Insolvenzgeld, Krankengeld, Mutterschaftsgeld und vergleichbare Leistungen aus einem EU- / EWR-Staat oder der Schweiz (ohne Beträge lt. Zeile 28 der Anlage N) — stpfl. Person / Ehemann / Lebenspartner(in) A EUR 120 ______ ,– Ehefrau / Lebenspartner(in) B EUR 121 ______ ,–

Nur bei Einzelveranlagung von Ehegatten / Lebenspartnern:

97 Laut übereinstimmendem Antrag sind die Sonderausgaben, außergewöhnlichen Belastungen sowie die Steuerermäßigung für haushaltsnahe Beschäftigungsverhältnisse, Dienstleistungen und Handwerkerleistungen je zur Hälfte aufzuteilen.
(Der Antrag auf Aufteilung
– des Freibetrages zur Abgeltung eines Sonderbedarfs bei Berufsausbildung eines volljährigen Kindes ist in Zeile 53 der Anlage Kind,
– bei Übertragung des Behinderten- oder Hinterbliebenen-Pauschbetrags in Zeile 66 der Anlage Kind
zu stellen.) 222 ☐ 1 = Ja

Ergänzende Angaben zur Steuererklärung:

98 Über die Angaben in der Steuererklärung hinaus sind weitere oder abweichende Angaben oder Sachverhalte zu berücksichtigen. Diese ergeben sich aus der beigefügten Anlage, welche mit der Überschrift **„Ergänzende Angaben zur Steuererklärung"** gekennzeichnet ist. 175 ☐ 1 = Ja

Hinweis: Wenn über die Angaben in der Steuererklärung hinaus weitere oder abweichende Angaben oder Sachverhalte berücksichtigt werden sollen, tragen Sie bitte eine „1" ein. Gleiches gilt, wenn bei den in der Steuererklärung erfassten Angaben bewusst eine von der Verwaltungsauffassung abweichende Rechtsauffassung zugrunde gelegt wurde. Falls Sie mit Abgabe der Steuererklärung Belege und Aufstellungen einreichen, ist keine Eintragung vorzunehmen.

Zeile		stpfl. Person / Ehemann / Lebenspartner(in) A	Ehefrau / Lebenspartner(in) B
99	Unterhalten Sie auf Dauer angelegte Geschäftsbeziehungen zu Finanzinstituten im Ausland?	116 ☐ 1 = Ja 2 = Nein	117 ☐ 1 = Ja 2 = Nein

Unterschrift

Die mit der Steuererklärung / dem Antrag angeforderten Daten werden aufgrund der §§ 149, 150 und 181 Abs. 2 der Abgabenordnung, der §§ 25, 46 und 51a Abs. 2d des Einkommensteuergesetzes sowie des § 14 Abs. 4 des Fünften Vermögensbildungsgesetzes erhoben.

100 Die Steuererklärung wurde unter Mitwirkung eines Angehörigen der steuerberatenden Berufe i. S. d. §§ 3 und 4 des Steuerberatungsgesetzes erstellt: ☐ 1 = Ja

101 Datum, Unterschrift(en) **Steuererklärungen sind eigenhändig – bei Ehegatten / Lebenspartnern von beiden – zu unterschreiben.**

Bei der Anfertigung dieser Steuererklärung hat mitgewirkt:

2017ESt1A014

2017ESt1A014

Das Joch des guten Willens
ist sanft, und seine Last ist leicht.
(Jesus von Nazareth)

4.3 Allgemeine Angaben – Zeile 6–35

◆ *Musterfall Familie Huber (Allgemeine Angaben)* 83
Sosehr wir die uns zustehenden Steuervergünstigungen mit allem Nachdruck verfechten, so sehr wollen wir dem Finanzamt aber auch helfen, dass es sich mit unserer Erklärung nicht allzu lange aufhalten muss.
Deshalb füllen wir die Formulare so musterhaft aus, wie es sich der Finanzminister in der amtlichen Anleitung für Familie Huber vorstellt.
Die Eheleute Huber wollen für 2017 eine Steuererstattung erreichen. Sie stellen deshalb einen Antrag auf Einkommensteuerveranlagung. Herr Huber kreuzt zunächst einmal das Kästchen auf Seite 1 ganz oben links an. Da für das Jahr 2016 ebenfalls eine Antragsveranlagung durchgeführt wurde, trägt er außerdem die Steuernummer aus dem Einkommensteuerbescheid 2016 ein.
Herr Huber ist Kraftfahrzeugschlosser. Er heißt mit Vornamen Heribert, ist am 18.10.1960 geboren und wohnt mit seiner Ehefrau Hannelore in Köln. Sie haben am 12.1.1986 geheiratet. Frau Huber ist am 17.10.1965 geboren; sie arbeitet in der Nähe ihrer Wohnung halbtags in einer Exportfirma als Buchhalterin.

EINKOMMENSTEUERERKLÄRUNG
Hauptformular

2018

2017

Zeile		
1	X Einkommensteuererklärung	X Antrag auf Festsetzung der Arbeitnehmer-Sparzulage
2	Erklärung zur Festsetzung der Kirchensteuer auf Kapitalerträge	Erklärung zur Feststellung des verbleibenden Verlustvortrags
3	Steuernummer 1234567890	

Eingangsstempel

An das Finanzamt

Zeile	
4	
5	Bei Wohnsitzwechsel: bisheriges Finanzamt: KOLN-OST

Allgemeine Angaben

Zeile	
6	Telefonische Rückfragen tagsüber unter Nr.
	Steuerpflichtige Person (stpfl. Person), nur bei Zusammenveranlagung: Ehemann / Lebenspartner(in) A nach dem LPartG *)
7	Identifikationsnummer (IdNr.) 52345678901 — *) Bitte Anleitung beachten.
8	Name HUBER — Geburtsdatum 18101960
9	Vorname HERIBERT — Religionsschlüssel: Evangelisch = EV, Römisch-Katholisch = RK, nicht kirchensteuerpflichtig = VD, Weitere siehe Anleitung
10	Titel, akademischer Grad
11	Straße (derzeitige Adresse) REMSCHEIDER STR. — Religion RK
12	Hausnummer 5 — Hausnummerzusatz A — Adressergänzung
13	Postleitzahl 51103 — Wohnort KÖLN
14	Ausgeübter Beruf KFZ-SCHLOSSER
15	Verheiratet / Lebenspartnerschaft begründet seit dem 12011986 — Verwitwet seit dem TTMMJJJJ — Geschieden / Lebenspartnerschaft aufgehoben seit dem TTMMJJJJ — Dauernd getrennt lebend seit dem TTMMJJJJ
	Nur bei Zusammenveranlagung: Ehefrau / Lebenspartner(in) B nach dem LPartG
16	IdNr. 63456789012
17	Name HUBER — Geburtsdatum 17101965
18	Vorname HANNELORE — Religionsschlüssel: Evangelisch = EV, Römisch-Katholisch = RK, nicht kirchensteuerpflichtig = VD, Weitere siehe Anleitung
19	Titel, akademischer Grad
20	Straße (falls von Zeile 11 abweichend) — Religion RK
21	Hausnummer — Hausnummerzusatz — Adressergänzung
22	Postleitzahl — Wohnort (falls von Zeile 13 abweichend)
23	Ausgeübter Beruf BUCHHALTERIN

Nur von Ehegatten / Lebenspartnern auszufüllen

Zeile			
24	Zusammenveranlagung	Einzelveranlagung von Ehegatten / Lebenspartnern	Wir haben Gütergemeinschaft vereinbart

Bankverbindung – Bitte stets angeben –

Zeile	
25	IBAN (inländisches Geldinstitut) DE
26	IBAN (ausländisches Geldinstitut)
27	BIC zu Zeile 26
28	X Kontoinhaber lt. Zeile 8 und 9 — lt. Zeile 17 und 18 oder: Name (im Fall der Abtretung bitte amtlichen Abtretungsvordruck einreichen)

2017ESt1A011 2017ESt1A011

Zeile 8 und 17 Geburtsdatum 84

Das Geburtsdatum hat für folgende Punkte Bedeutung:

a) Ab dem Jahr, in dem Sie 65 werden, wird automatisch ein Altersentlastungsbetrag berücksichtigt. Wer bereits im Jahr 2005 oder früher seinen 65. Geburtstag gefeiert hat (Jahrgänge 1940 und früher), erhält einen Freibetrag in Höhe von max. 1.900 €. Er berechnet sich wie folgt: **40 % des Arbeitslohns und der positiven Summe der übrigen Einkünfte – allerdings ohne Versorgungsbezüge und Renten.**
Ab dem Jahr 2005 fällt der Freibetrag von Jahr zu Jahr geringer aus. Wer im Jahr 2017 65 Jahre wird (Jahrgang 1952), erhält einen Freibetrag von 20,8 %, max. 988 €. Sie müssen allerdings nicht fürchten, dass Sie von Jahr zu Jahr einen geringeren Freibetrag erhalten. Ihr einmal errechneter Altersentlastungsbetrag bleibt Ihnen für die Zukunft erhalten. Die Absenkung von Prozentsatz und Höchstbetrag gilt stets für spätere Jahrgänge (§ 24a EStG, Schema ➤ Rz 47 und ➤ Rz 85).

b) Wenn Sie über 55 Jahre sind, steht Ihnen unter Umständen ein Freibetrag von 45.000 € für Gewinne aus dem Verkauf oder der Aufgabe eines Betriebs zu (Quelle: § 16 Abs. 4 EStG).

TIPP Wie Sie mit Ihrer besseren Hälfte Steuern sparen! 85

Halten Sie es traditionell? Der Mann sorgt für das Geld, die Frau für den Haushalt? Dann geht Ihnen vielleicht schon seit längerem ein zweiter Altersentlastungsbetrag durch die Lappen. Überträgt der Mann einen Teil von seinem Hab und Gut auf die Frau, so dass sie Einkünfte von 4.750 € hat, bekommt sie ebenfalls den vollen Altersentlastungsbetrag.

Berechnung des Höchstbetrags des Altersentlastungsbetrags:

- Geburtsjahrgang 1940 oder früher: Einkünfte 4.750 € × 40 % = 1.900 €
- Geburtsjahrgang 1941: Einkünfte 4.750 € × 38,4 % = 1.824 €
- Geburtsjahrgang 1942: Einkünfte 4.750 € × 36,8 % = 1.748 €
- Geburtsjahrgang 1943: Einkünfte 4.750 € × 35,2 % = 1.672 €
- Geburtsjahrgang 1944: Einkünfte 4.750 € × 33,6 % = 1.596 €
- Geburtsjahrgang 1945: Einkünfte 4.750 € × 32,0 % = 1.520 €
- Geburtsjahrgang 1946: Einkünfte 4.750 € × 30,4 % = 1.444 €
- Geburtsjahrgang 1947: Einkünfte 4.750 € × 28,8 % = 1.368 €
- Geburtsjahrgang 1948: Einkünfte 4.750 € × 27,2 % = 1.292 €
- Geburtsjahrgang 1949: Einkünfte 4.750 € × 25,6 % = 1.216 €
- Geburtsjahrgang 1950: Einkünfte 4.750 € × 24,0 % = 1.140 €
- Geburtsjahrgang 1951: Einkünfte 4.750 € × 22,4 % = 1.064 €
- Geburtsjahrgang 1952: Einkünfte 4.750 € × 20,8 % = 988 €

In Frage kommt z.B. eine vermietete Eigentumswohnung oder was sonst noch Geld bringt, das Sie bisher versteuern mussten. Also nicht nur die Übertragung auf Kinder kann lukrativ sein, auch den eigenen Ehepartner sollte man dafür einspannen.

86 Zeile 11–13 Anschrift

An die hier angegebene Anschrift geht der Bescheid des Finanzamts. Haben Sie zwei Anschriften, unter denen Sie amtlich gemeldet sind, überlegen Sie genau, welche Sie hier angeben, denn sie ist maßgebend für die Entfernungsangabe für Fahrten zwischen Wohnung und erster Tätigkeitsstätte in > Zeile 31–39 der Anlage N (➤ Rz 694 ff.).

87 Zeile 11 und 20 Religion

Zusätzlich zu den bekannten Kürzeln »EV« (evangelisch), »RK« (römisch-katholisch) oder »VD« (nicht kirchensteuerpflichtig) gibt es noch folgende Abkürzungen für Religionsgemeinschaften:

Religion	Schlüssel	Religion	Schlüssel
altkatholisch	AK	israelitische Kultussteuer Land Hessen	IL
freie Religionsgemeinschaft Alzey	FA	israelitische Kultussteuer Frankfurt	IS
freireligiös-badisch	FB	jüdische Kultussteuer (RP)	IS
freireligiös-PFALZ	FG	israelitisch-württembergisch	IW
freireligiös-MAINZ	FM	jüdische Kultussteuer (NRW)	JD
freireligiöse Gemeinde Offenbach/M.	FS	jüdische Kultussteuer (Hamburg)	JH
israelitisch-badisch	IB		

Kirchensteuerpflicht
Sind Sie Mitglied in einer Religionsgemeinschaft, welche eine Körperschaft des öffentlichen Rechts ist, sind Sie automatisch kirchensteuerpflichtig (Art. 140 GG). Die Kirchensteuerpflicht endet durch Tod, Kirchenaustritt oder Aufgabe des Wohnsitzes im Inland, und zwar mit Ablauf

des Monats, in den dieses Ereignis fällt. Der Hauptteil der Kirchensteuer stammt aus einem Zuschlag zur Einkommensteuer und Lohnsteuer in Form eines festen Prozentsatzes, erhoben von den Finanzbehörden. Deshalb wirkt sich jeder Steuerspartipp auch auf die Kirchensteuer aus.

Kirchenaustritt 88

Nach Austritt aus der Religionsgemeinschaft sind Sie von der Kirchensteuer befreit. Sind Sie in 2017 ausgetreten, weisen Sie durch entsprechende Angaben darauf hin, z.B. »ev. bis 31.3.2017«, und fügen als Nachweis eine Kopie der Austrittsbescheinigung bei. Die Befreiung von der Kirchensteuer wird mit Beginn des Folgemonats – im obigen Beispiel also ab April – wirksam.

Spende statt Kirchensteuer?

Wer aus der Kirche ausgetreten ist und seiner Kirchengemeinde Geld zuwenden möchte, kann dies mit steuerlicher Wirkung tun: in Form einer Spende (➤ Rz 164).

Aufgepasst:

1. Kirchensteuer und Kirchgeld sind Sonderausgaben. Vergessen Sie nicht, die entsprechenden Beträge in > Zeile 42 des Hauptformulars anzusetzen (➤ Rz 131).
2. Zum ärgerlichen Kirchgeld im Einzelnen siehe ➤ Rz 134.
3. Zur Berechnung der Kirchensteuer bei glaubensverschiedener Ehe siehe ➤ Rz 663.
4. Zur Lohnkirchensteuer siehe ➤ Rz 662 ff.

Zeile 14 und 23 Ausgeübter Beruf 89

Die Angabe des Berufs soll dem Bearbeiter beim Finanzamt helfen, die von Ihnen gemachten Angaben daraufhin zu prüfen, ob sie schlüssig sind. Dies gilt natürlich insbesondere für die geltend gemachten Aufwendungen wie z.B. Werbungskosten.

Zeile 15 Familienstand 90

Angaben zum Familienstand machen nur Verheiratete, Verwitwete oder Geschiedene. Als besonders heikel gilt die Frage »Dauernd getrennt lebend seit …« Die Angaben in dieser Zeile sind entscheidend dafür, ob die

Voraussetzungen für eine Zusammenveranlagung und damit für den günstigen Splittingtarif gegeben sind. Wer

- im Veranlagungsjahr verheiratet war,
- zu dieser Zeit nicht dauernd getrennt gelebt hat und
- in > Zeile 24 die Zusammenveranlagung wählt,

dem ist der günstige Splittingtarif sicher. Die > Zeile 15 und die > Zeile 24 sind also im Zusammenhang zu sehen.

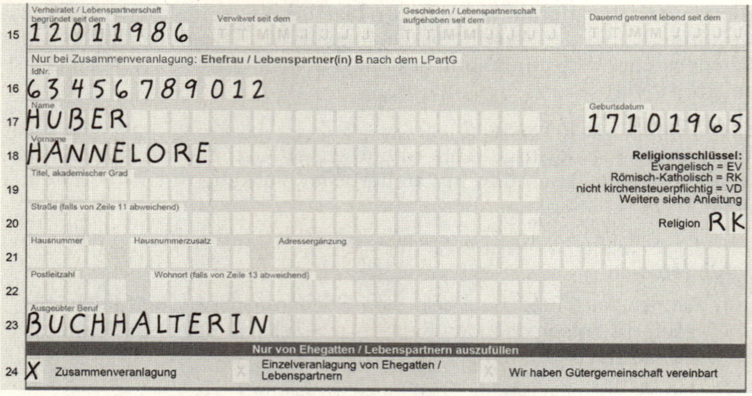
15 Verheiratet / Lebenspartnerschaft begründet seit dem 12011986 | Verwitwet seit dem | Geschieden / Lebenspartnerschaft aufgehoben seit dem | Dauernd getrennt lebend seit dem

Nur bei Zusammenveranlagung: Ehefrau / Lebenspartner(in) B nach dem LPartG

16 IdNr. 63456789012

17 Name HUBER | Geburtsdatum 17101965

18 Vorname HANNELORE

19 Titel, akademischer Grad

Religionsschlüssel:
Evangelisch = EV
Römisch-Katholisch = RK
nicht kirchensteuerpflichtig = VD
Weitere siehe Anleitung

20 Straße (falls von Zeile 11 abweichend) | Religion RK

21 Hausnummer | Hausnummerzusatz | Adressergänzung

22 Postleitzahl | Wohnort (falls von Zeile 13 abweichend)

23 Ausgeübter Beruf BUCHHALTERIN

Nur von Ehegatten / Lebenspartnern auszufüllen

24 X Zusammenveranlagung | Einzelveranlagung von Ehegatten / Lebenspartnern | Wir haben Gütergemeinschaft vereinbart

Verwitwet seit dem …

Bei verwitweten Personen wird auch im Jahr nach dem Tod des Ehegatten der günstige Splittingtarif angewendet (Witwensplitting). Die amtliche Begründung dazu lautet: Der Tod des Ehegatten ist ohnehin so schmerzlich, dass zusätzlich der Verlust des Splittingtarifs nicht zugemutet werden kann.

Prüfen Sie aber nach, ob der günstige Steuertarif tatsächlich berücksichtigt wurde, denn möglicherweise hat der Bearbeiter bei der Computereingabe statt einer 2 (für Splittingtarif) eine 1 (für Grundtarif) eingetippt.

Dauernd getrennt lebend seit dem …

Diese Frage gilt als besonders heikel, denn: Wer im Veranlagungsjahr zwar verheiratet war, aber bereits zu Beginn des Jahres dauernd getrennt gelebt hat, kann die Zusammenveranlagung und damit den günstigen Splittingtarif vergessen. Eine rein räumliche Trennung der Ehepartner (z. B. durch längeren Aufenthalt im Ausland oder gar im Gefängnis) spielt aber keine Rolle, sofern die »Lebensgemeinschaft«, wie das Gesetz sich ausdrückt, aufrechterhalten bleibt.

Mit nur einem Tag den Splittingtarif retten
Hat Ihr Ex-Partner erst am 2.1.2017 die gemeinsame Wohnung verlassen und sich von Ihnen dauerhaft getrennt, ist der Splittingtarif für 2017 noch gesichert. Dann tragen Sie ein:

	Verheiratet / Lebenspartnerschaft begründet seit dem	Verwitwet seit dem	Geschieden / Lebenspartnerschaft aufgehoben seit dem	Dauernd getrennt lebend seit dem
15				02012017

TIPP Als eingetragene Lebenspartner vom Splittingtarif profitieren 91

Auch eingetragene Lebenspartner haben Anspruch auf das Ehegattensplitting! So entschied das Bundesverfassungsgericht am 7.5.2013. Diese Regelung gilt für alle noch offenen Fälle, also auch rückwirkend!

Übrigens: Eingetragene Lebenspartner können auch bereits beim monatlichen Lohnsteuerabzug von der Rechtslage seit 2013 profitieren.

Stellen Sie einen Antrag auf Steuerklasse III und V, sofern sich das bei Ihnen anbietet, und kassieren Sie so jeden Monat mehr netto von brutto, statt über ein Jahr auf die Steuererstattung zu warten. Mehr dazu unter ➤ Rz 527 ff.

Übrigens: Kennen Sie den Unterschied zwischen Grundtabelle und Splittingtabelle?
Alleinstehende versteuern ihr Einkommen nach der Grundtabelle. Bei Verheirateten gilt die Splittingtabelle. Dafür werden gedanklich die Einkommen der Ehegatten zusammengerechnet, sodann durch zwei geteilt (gesplittet) und jede Hälfte nach der Grundtabelle versteuert. Die Steuerbeträge werden wiederum addiert und in einem Steuerbescheid zusammengefasst. Um die doppelte Rechnerei zu vermeiden, gibt es die Splittingtabelle. Die Folge des Splittens: Die Steuerprogression schlägt nur halb so brutal zu. Sie steigt pro 5.000 € Einkommen um ca. 1,5 %, beim Grundtarif dagegen um ca. 3 %.

Frage: Lohnt sich Heiraten wegen der Steuer? 92

Antwort: Ein steuerlicher Vorteil ist nur dann zu erwarten, wenn die Einkünfte beider Partner unterschiedlich hoch sind.
Beziehen beide ein etwa gleich hohes Einkommen, ist der Steuervorteil gleich null. Hat einer kein Einkommen, beträgt der Splittingvorteil im Höchstfall 8.476 €.

Berechnung:

Zu versteuerndes Einkommen	110.000 €
Steuer nach Grundtabelle	37.724 €
Steuer nach Splittingtabelle	29.248 €
Steuervorteil	8.476 €

Verheiratete erhalten den Splittingtarif auch dann, wenn sie in > Zeile 24 kein Kästchen ankreuzen, weil sie ohne besonderen Antrag automatisch zusammen veranlagt werden.
Haben Sie das ganze Jahr über getrennt gelebt oder sind schon geschieden, ist der Anspruch auf den Splittingtarif vertan.

93 Bei der Einzelveranlagung von Ehegatten – die extra beantragt werden muss – zahlt hingegen jeder Ehegatte für sich Steuern nach der Grundtabelle. Sehen Sie hierzu auch ➤ Rz 97 und ➤ Rz 102. Zum Tarif und zur Steuerprogression finden Sie mehr unter ➤ Rz 48 ff.

✎✎ **TIPP Schieben Sie als Allein- oder Hauptverdiener Ihre Scheidung so lange es geht hinaus**

94 … und profitieren Sie so weiter vom Splittingtarif. Sehen Sie selbst, was er Ihnen bringt:

Zu versteuerndes Einkommen z. B.	60.000 €
Einkommensteuer darauf nach Grundtarif 2017	16.724 €
Einkommensteuer darauf nach Splittingtarif 2017	10.838 €
Steuervorteil des Splittingtarifs – pro Jahr –	5.886 €

Im Klartext: Nach der Scheidung zahlen Sie monatlich rund 490 € mehr in die Staatskasse und dazu evtl. noch Unterhalt.

95 Zeile 24 Wahl der Veranlagungsform

Hier einen Überblick zu gewinnen ist nicht ganz einfach. Das Gesetz unterscheidet zunächst zwischen der Einzelveranlagung und der Ehegattenveranlagung.
Ehegatten, die im Veranlagungsjahr mindestens einen Tag im Inland zusammengelebt haben, können zwischen Zusammenveranlagung und Einzelveranlagung wählen.

96 **Zusammenveranlagung (§ 26b EStG)**
Die günstigste Veranlagungsform ist im Allgemeinen die Zusammenveranlagung. Der Splittingtarif wirkt sich besonders günstig aus, wenn die

Einkommen der Ehegatten unterschiedlich hoch sind. Dabei gilt: Je höher der Einkommensunterschied, umso höher der Splittingvorteil. Siehe auch ➤ Rz 92.

Einzelveranlagung von Ehegatten (§ 26a EStG) 97

Wenn es in der Ehe kriselt, wählen viele Eheleute die Einzelveranlagung, weil so jeder einen eigenen Steuerbescheid erhält. Allerdings zahlt dann jeder die für ihn festgesetzte Steuer nach der ungünstigen Grundtabelle. Getrennte Steuerbescheide lassen sich aber auch auf andere Art und Weise erreichen (➤ Rz 103).
In Ausnahmefällen kann die Einzelveranlagung von Ehegatten trotzdem günstiger sein, z.B. wenn

- einer von Ihnen negative Einkünfte hat, also Verluste, und der andere positive Einkünfte, also Überschüsse. Bei Zusammenveranlagung würden die negativen und die positiven Einkünfte miteinander verrechnet und es ergäbe sich vielleicht ein Nulleinkommen, also kein Verlustrücktrag. Bei der Einzelveranlagung ist aber ein Verlustrücktrag möglich, was günstiger sein kann. Zum Verlustabzug ➤ Rz 276;
- einer von Ihnen beiden gewerbliche Einkünfte hat, für die es einen günstigeren Tarif gibt. Dieser ermäßigte Steuersatz kann bei Zusammenveranlagung verlorengehen;
- einer von Ihnen Arbeitnehmer ist mit Anspruch auf die Vorsorgepauschale. Wenn der andere hohe Vorsorgeaufwendungen hat, kann eine Einzelveranlagung günstiger sein.

Ob für Sie die Einzelveranlagung besser ist, kann nur ein versierter Steuerfuchs ausbaldowern. »Ich gehe ins Finanzamt und lass mir ausrechnen, was günstiger ist«, sagen Sie. Gute Idee! …

TIPP Retten Sie mit einem gemeinsamen Wohnsitz den Splittingtarif! 98

Leben Sie schon das ganze Jahr über getrennt, weil Sie sich scheiden lassen wollen? Dann ist der Splittingtarif für Sie vertan, obwohl Sie noch verheiratet sind. Also fackeln Sie nicht lange, klemmen Sie sich eine Flasche Wein oder einen Blumenstrauß unter den Arm und machen Sie gutes Wetter bei Ihrem Nochgatten. Sie haben – steuerlich betrachtet – alles erreicht, wenn Sie bei ihm Ihren Hauptwohnsitz anmelden dürfen. Dann haben Sie eine gemeinsame Anschrift, und alles ist klar. Runzelt der Fiskalritter die Stirn, antworten Sie: »Keine dreisten Unterstellungen, bitte! Lesen Sie doch mal in den Einkommensteuerhinweisen 26 unter ›Getrenntleben‹ nach. Darin steht, dass das Finanzamt den Angaben der Ehegatten zu folgen hat.« Oder Sie sagen ihm: »Wir sind wieder zusammengezogen, um unsere Ehe zu retten. Meldebescheinigung anbei.« Das reicht aus, um den Splittingtarif zu erhalten, auch wenn Sie nach kurzer Zeit (frühestens einem Monat) wieder ausgezogen sind, weil es erneut gekracht hat (FG Nürnberg, Urteil v. 7.3.2005 – VI 160/2004).

Und jetzt alle, die sich scheiden lassen wollen, mal aufgepasst. Die Masche mit der gemeinsamen Wohnung läuft unter dem Begriff **»Versöhnungsversuch«**. Eherechtlich unterbricht ein Versöhnungsversuch nicht die Jahresfrist, vor deren Ablauf im Normalfall eine Scheidung nicht möglich ist (§ 1567 Abs. 2 BGB). Wenn Sie also partout nach einem Jahr Trennung geschieden werden wollen, steht ein zwischenzeitlicher Versöhnungsversuch dem nicht entgegen.

99

TIPP Einen Tag verheiratet reicht für den Splittingtarif

Der Splittingtarif steht Ihnen bereits zu, wenn Sie nur einen Tag im Kalenderjahr verheiratet waren.

»Wenn ich also am 31. 12. heirate, erhalte ich für das abgelaufene Jahr noch den Splittingtarif«, staunen Sie.

Ja, sicher. Genauso, wenn Sie z. B. im Monat Mai geschieden werden, aber zu Anfang des Jahres noch nicht getrennt gelebt haben. Beachten Sie: Die Angaben im Scheidungsprozess zum Getrenntleben sind steuerlich nicht maßgebend (BFH-Urt. v. 12.6.1991 – BStBl 1991 II S. 806). Erklären Sie also dem Finanzamt, dass die wirkliche Trennung erst nach Jahresbeginn stattgefunden hat – sofern das zutrifft.

100

TIPP Am Versorgungsausgleich verdienen

Im Scheidungsverfahren führt das Familiengericht den Versorgungsausgleich durch, sofern die Eheleute im Güterstand der Zugewinngemeinschaft gelebt haben (➤ Rz 104). Dabei wird die Altersversorgung untereinander aufgeteilt – also das Konto bei der Rentenversicherung oder Versorgungskasse halbiert. Wollen Sie Ihren Ruhegeldanspruch nicht gefährden, können Sie den Anspruch Ihres Ex-Partners in einem Schlag auszahlen.
»Woher nehmen, wenn nicht stehlen?«, fragen Sie.
Na, von der Bank, per Darlehen. Die Schuldzinsen setzen Sie als *vorweggenommene Werbungskosten* bei den sonstigen Einkünften an, da sie mit Ihren künftigen Rentenbezügen im Zusammenhang stehen. Sie tragen sie also in > Zeile 52 der Anlage R unter Werbungskosten ein, und schon sparen Sie

Steuern (BFH-Urt. v. 5.5.1993 – BStBl. 1993 II S. 867). Mehr dazu unter ➤ Rz 979 f. Wie sich in Zusammenhang mit dem Versorgungsausgleich darüber hinaus Steuern sparen lassen, dazu mehr unter ➤ Rz 121 f.

TIPP Einzelveranlagung von Ehegatten bei Kurzarbeit oder Arbeitslosigkeit 101

Wenn einer der Ehepartner arbeitslos oder in Kurzarbeit ist, könnte die Einzelveranlagung günstiger sein. Das Kurzarbeiter- oder Arbeitslosengeld ist zwar steuerfrei, wird aber bei der Berechnung des Steuersatzes berücksichtigt, d. h., es wirkt sich steuererhöhend aus (Progressionsvorbehalt; § 32b EStG). Dazu wird der Anlage N in > Zeile 28 nach der Höhe des Kurzarbeiter- und in > Zeile 96 des Hauptformulars nach der Höhe des Arbeitslosengelds gefragt (➤ Rz 686 f.). Durch den Progressionsvorbehalt kann der Vorteil des Splittingtarifs verlorengehen, sich sogar ins Gegenteil kehren. Doch aufgepasst: Es kommt immer darauf an, wie die Einkünfte zwischen Ihnen und Ihrem Ehepartner verteilt sind.

Ist das Kurzarbeiter-/Arbeitslosengeld relativ hoch und sind die steuerpflichtigen Einkünfte des anderen Ehepartners eher bescheiden, ist meistens die Einzelveranlagung günstiger.

TIPP Antrag auf Einzelveranlagung abschmettern 102

Für das Jahr der Trennung können Eheleute grundsätzlich die Zusammenveranlagung wählen, weil sie zu Beginn des Jahres – und das ist entscheidend – noch nicht getrennt gelebt haben. Allerdings muss das Finanzamt einzeln veranlagen, wenn **einer** der Ehegatten dies beantragt.

Der einseitige Antrag auf Einzelveranlagung ist jedoch unwirksam, wenn der Ex-Partner keine eigenen Einkünfte hat oder diese so gering sind, dass keine Einkommensteuer anfällt. Das wäre dann unerlaubte Schikane. Aber auch wenn diese Voraussetzungen nicht vorliegen, kann die Wahl der Einzelveranlagung unbillig sein. Hier hilft dann am besten eine Klage vor dem Zivilgericht auf Zustimmung zur Zusammenveranlagung mit Androhung von Schadenersatz.

TIPP Aufteilungsbescheid schafft klare Verhältnisse 103

Der Vorteil der Zusammenveranlagung liegt ganz klar im günstigen Ehegattentarif. Der Nachteil: Es gibt nur **einen** Steuerbescheid.

Möchten Sie festhalten, wie viel Steuer auf welchen Ehegatten entfällt, müssen Sie nicht zwangsläufig die Einzelveranlagung wählen und damit den ungünstigen Grundtarif in Kauf nehmen.

Denn: Getrennte Steuerbescheide lassen sich auch auf andere Art und Weise erreichen: mit einem Aufteilungsantrag gem. § 279 AO. Über den Aufteilungsantrag entscheidet das Finanzamt durch einen schriftlichen Aufteilungsbescheid. Der Bescheid ist nach § 122 AO beiden Ehegatten bekanntzugeben.

Sind die Voraussetzungen für eine Aufteilung erfüllt, besteht ein Rechtsanspruch auf Erteilung des Aufteilungsbescheids. Dessen Form und Inhalt sind in § 279 Abs. 2 AO geregelt. Dabei geht es im Wesentlichen um die Darstellung der Berechnungsgrundlagen für die Aufteilung. Dadurch wird den Beteiligten eine Überprüfung und ggf. die Anfechtung ermöglicht.

Winkt eine Erstattung, beantragen Sie, das Finanzamt möge diese anteilig vornehmen, unter Beachtung der von jedem Ehepartner geleisteten Vorauszahlungen und der einbehaltenen Lohn- und Kapitalertragsteuer (BFH-Urt. v. 19.10.1982 – BStBl 1983 II S. 162). Weil es in einer kriselnden Ehe vielfach auch wegen Geld zum Streit kommt, schafft ein Aufteilungsbescheid zumindest bei der Steuer klare Verhältnisse.

Guter Rat

Ein Aufteilungsantrag ist auch bei intakter Ehe nützlich

Ein Aufteilungsantrag schützt vor Haftungsansprüchen des Fiskus, wenn dieser einen der Ehepartner nach vorangegangener Zusammenveranlagung als Haftungsschuldner für die Einkommensteuerschulden des pleitegegangenen anderen Ehepartners in Anspruch nehmen will.

Mit dem Aufteilungsantrag kann es sogar glücken, dass das Finanzamt einem Ehepartner Lohnsteuer erstattet, während es dem bankrotten Ehepartner noch mehr Steuern aufbrummt, ihn aber mangels Masse in Ruhe lässt. Quelle: § 261 AO (Niederschlagung von Steueransprüchen).

104 Zeile 24 Angaben zum Güterstand der Gütergemeinschaft

Sie mögen es glauben oder nicht, auch der eheliche Güterstand hat steuerliche Auswirkung. Kennen Sie sich mit den Güterständen aus? Nicht so gut? Dann hören Sie:

Es gibt den gesetzlichen Güterstand der Zugewinngemeinschaft und zwei Wahlgüterstände: die Gütergemeinschaft und die Gütertrennung. Wählen Sie keinen besonderen Güterstand, sind Sie automatisch in der Zugewinngemeinschaft. Sie entspricht während der Ehe der Gütertrennung, d.h., jeder bezieht seine Einkünfte und verwaltet sein Vermögen selbst. Nach Auflösung der Ehe – durch Tod oder Scheidung – wird der während der Ehe erwirtschaftete Zugewinn allerdings geteilt. Wenn überhaupt, dann wird meistens Gütertrennung vereinbart, was bedeutet, dass der spätere Zugewinn nicht geteilt zu werden braucht.

Steuerliche Auswirkung haben alle Güterstände bei der Erbschaftsteuer, bei der Einkommensteuer nur die Gütergemeinschaft. Dazu Folgendes:

In ganz seltenen Fällen wählen Heiratslustige die Gütergemeinschaft. Auf diesen Güterstand richtet sich das Interesse des Fiskus, weil hier Arbeitsverträge zwischen den Ehegatten steuerlich nicht zulässig sind.

»Wird das Finanzamt nachprüfen, ob ich mich hier vertue und einen anderen Güterstand ankreuze, als ich tatsächlich habe?«, fragen Sie.

Da hätte es aber viel zu tun! Nein, so pingelig sind die Finanzämter Gott sei Dank nicht. Obschon sie genau wissen, dass es viele Steuerzahler gibt, die nicht wissen, welchem Güterstand sie angehören. Sie aber sollten schon genau hinsehen, wo Sie Ihr Kreuzchen machen – oder es einfach weglassen.

TIPP Mit modifizierter Zugewinngemeinschaft den Fiskus austricksen 105

Im Fall der Gütertrennung schlägt der Fiskus bei der Erbschaftsteuer erbarmungslos zu. Dagegen hilft die sog. modifizierte Zugewinngemeinschaft. Sie wählen dafür keinen besonderen Güterstand und landen damit automatisch in der Zugewinngemeinschaft, vereinbaren aber in einem Ehevertrag, dass im Fall einer Scheidung ein Zugewinnausgleich nicht stattfindet. Möglich ist auch, eine andere Ausgleichsquote als die Hälfte zu vereinbaren (Palandt zu § 1408 BGB).

Zeile 25–28 Bankverbindung 106

Erwarten Sie eine Steuererstattung, kommen Sie um die Angabe einer Bankverbindung nicht herum, denn die Finanzämter führen Steuererstattungen nur unbar aus. Hat sich Ihre Bankverbindung geändert, machen Sie sicherheitshalber einen dicken Vermerk!

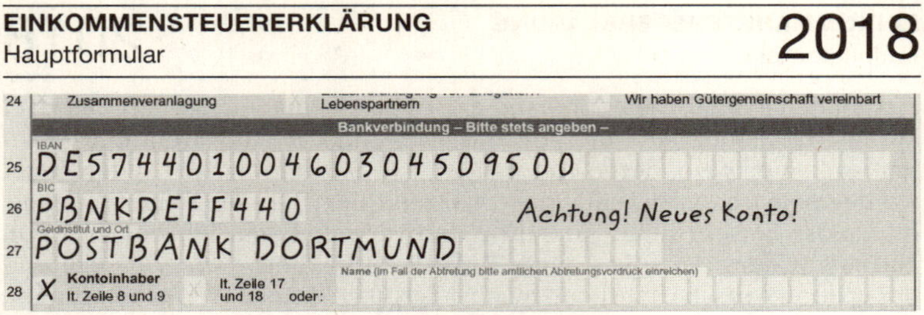
EINKOMMENSTEUERERKLÄRUNG
Hauptformular
2018

24 Zusammenveranlagung | Lebenspartnern | Wir haben Gütergemeinschaft vereinbart

Bankverbindung – Bitte stets angeben –

IBAN
25 DE57440100460304509500

BIC
26 PBNKDEFF440 Achtung! Neues Konto!

Geldinstitut und Ort
27 POSTBANK DORTMUND

28 X Kontoinhaber lt. Zeile 8 und 9 | lt. Zeile 17 und 18 oder: | Name (im Fall der Abtretung bitte amtlichen Abtretungsvordruck einreichen)

Gut zu wissen:
Bei einer inländischen Bankverbindung – IBAN beginnt mit DE – müssen Sie > Zeile 26 (BIC) nicht ausfüllen.

Keine Familie kann das Schild
»Hier ist alles in Ordnung«
vor die Tür hängen.
(Aus China)

Teilen Sie nie mit einem Kredithai!

107 Überlegen Sie gut, wenn Sie sich, vielleicht auf Anraten eines Lohnsteuerhilfevereins, den Erstattungsbetrag von einem Kredithai durch Abtretung an ihn vorfinanzieren lassen wollen (§ 46 AO). Das Finanzamt spielt mit, wenn Sie den dafür vorgesehenen Abtretungsvordruck beifügen. Der einbehaltene Abschlag für Zinsen und Gebühren beträgt aber mindestens 10 % der Steuererstattung.

108 Zeile 31–35 Empfangsvollmacht

Soll ein anderer als Sie den Steuerbescheid empfangen, erteilen Sie in > Zeile 31–35 eine entsprechende Empfangsvollmacht.

Die Eintragungen sind nicht zu verwechseln mit den Angaben zur > Zeile 101 »Mitwirkung bei Anfertigung der Steuererklärung«.

Dort können Sie eintragen, wer Ihnen geschäftsmäßig bei der Steuererklärung geholfen hat – für eventuelle Rückfragen des Finanzamts, die der Bearbeiter gern telefonisch erledigt. Nicht anzugeben brauchen Sie Angehörige (§ 6 StBerG) oder jemand anderen, der Ihnen aus Gefälligkeit oder bei Gelegenheit geholfen hat.

Wo man Eigennutz und Konkurrenz unterdrückt,
versinkt die Gesellschaft in Lethargie.
(Bernard de Mandeville)

4.4 Sonderausgaben – Zeile 36–56 109

Zeile 36-56 Übersicht 110

Steuern sind ein notwendiges Übel. Es lässt sich besser damit leben, wenn man seine Rechte gegenüber dem Staat wahrnimmt. Hier ist Gelegenheit dazu:

Zur Berechnung Ihres Einkommens können Sie eine Reihe privater Aufwendungen als Sonderausgaben geltend machen. Während nach § 12 EStG grundsätzlich private Ausgaben nicht abziehbar sind, sind davon die in §§ 10 ff. EStG genannten Sonderausgaben ausgenommen. Sonderausgaben sind also, wie der Name schon sagt, besondere private – steuerlich absetzbare – Ausgaben. Und davon gibt es eine ganze Reihe.

Bei den Sonderausgaben wird unterschieden zwischen

1. Vorsorgeaufwendungen und
2. übrige Sonderausgaben.

Zu den **Vorsorgeaufwendungen** zählen z.B. die Sozialversicherungsabgaben, Unfall-, Haftpflicht- und Lebensversicherungsbeiträge. Sie sind in die Anlage »Vorsorgeaufwand« einzutragen.

Auf Seite 2 des Mantelbogens zur Einkommensteuererklärung wird nur nach den **übrigen Sonderausgaben** gefragt, als da wären …

Art der Sonderausgaben	§ 10 Abs. 1 Rz	Absetzbar	
• Renten	Nr. 1a	➤ Rz 111	Ertragsanteil
• Dauernde Lasten	Nr. 1a	➤ Rz 111	in voller Höhe
• Ausgleichszahlungen (Versorgungsausgleich)	Nr. 1b	➤ Rz 121	in voller Höhe
• Unterhaltsleistungen	Nr. 1	➤ Rz 122	bis 13.805 €
• Kirchensteuer	Nr. 4	➤ Rz 131	in voller Höhe
• Kosten der eigenen Berufsausbildung	Nr. 7	➤ Rz 136	bis 6.000 €
• Spenden und Mitgliedsbeiträge	§ 10b	➤ Rz 152	unterschiedlich

Kinderbetreuungskosten zählen zwar ebenso zu den Sonderausgaben, sind jedoch in der **Anlage Kind** einzutragen (vgl. dazu ➤ Rz 494 ff.).

111 Zeile 36-37 Renten und dauernde Lasten

Zum Begriff »dauernde Lasten« fällt Ihnen sicher so manches ein. Die alljährliche Erstellung der Steuererklärung beispielsweise gehört für die meisten wahrscheinlich dazu. Gemeint ist hier aber Folgendes:

112 Im Zusammenhang mit der Übertragung von Vermögen – meist von Eltern auf die Kinder – wird oftmals die Zahlung wiederkehrender Leistungen vereinbart. Diese wiederkehrenden Leistungen sind bei den Kindern als Sonderausgaben abziehbar. Im Gegenzug müssen die Eltern die Einnahmen versteuern. Dieses Modell ist dann sinnvoll, wenn die Kinder ein hohes Einkommen versteuern und die Eltern kaum Steuern zahlen.

113 **Die > Zeilen 36–37 sind jedoch fast nur noch für diejenigen von Interesse, bei denen die Übertragung bis Ende 2007 über die Bühne gegangen ist. Seit 2008 können solche Versorgungsleistungen nämlich nur noch dann als Sonderausgabe abgezogen werden, wenn Betriebsvermögen übertragen wurde,** insbesondere ein

- Mitunternehmeranteil an einer Personengesellschaft,
- ein Betrieb oder Teilbetrieb,
- ein GmbH-Anteil von mindestens 50 %.

Die Versorgungsleistungen sind in diesen Fällen in voller Höhe abziehbar.

114 **Gut zu wissen: Altfälle weiterhin begünstigt!**
Wem bis Ende 2007 ein Mietwohnhaus oder eine selbstgenutzte Immobilie gegen Versorgungsleistungen übertragen wurde, der kann weiterhin seine Rentenzahlungen oder dauernden Lasten in > Zeile 36 bzw. 37 des Hauptformulars unterbringen.

115 **Renten** sind wiederkehrende Leistungen, die nicht abänderbar sind. **Dauernde Lasten** sind abänderbar, was im Vertrag durch den schlichten Hinweis auf § 323 ZPO dokumentiert wird. Nach § 323 ZPO ist es möglich, vom Vertrag abzuweichen und die vereinbarten wiederkehrenden Leistungen zu verändern, wenn sich die finanziellen Verhältnisse des Verpflichteten oder des Berechtigten gegenüber den Verhältnissen bei Vertragsabschluss geändert haben. So einfach ist das.
Nun zum Kern der Sache. Die Unterschiede in den steuerlichen Auswirkungen sind gewaltig: Renten kann der Verpflichtete nur mit ihrem sog. Ertragsanteil (➤ Rz 971) als Sonderausgaben abziehen, dauernde Lasten hingegen in voller Höhe. Im Gegenzug muss der Berechtigte Renten nur

mit dem Ertragsanteil versteuern, dauernde Lasten indessen in voller Höhe (§ 10 Abs. 1 Nr. 1a EStG, Anlage SO).

Pflegekosten als dauernde Last 116

Wenn Grundbesitz im Alter zur Last und deshalb vorzeitig übertragen wird, verpflichten sich Kinder als Erben oftmals, ihre Eltern zu pflegen. Die Aufwendungen dafür sind als dauernde Last und damit in vollem Umfang absetzbar (BFH-Urt. v. 24.4.1991 – BStBl 1991 II S. 794).
Werden die Eltern verpflegt, können dafür die amtlichen Sachbezugswerte als dauernde Last angesetzt werden (2017: 241 € pro Person und Monat). Die Übernahme sonstiger Aufwendungen wie z.B. für Heizung und Strom sind zusätzlich absetzbar (BFH-Urt. v. 27.8.1996 – BStBl. 1997 II S. 47). Zu Sachbezügen mehr unter ➤ Rz 638 ff.
Wenn vereinbart wurde, dass die Renovierungskosten für das übertragene Eigenheim zu übernehmen sind, können auch diese als dauernde Lasten angesetzt werden!

Was passiert bei Verkauf oder Weitergabe des übertragenen Vermögens?

Vor Jahren haben Sie ein Mietwohngrundstück oder Wertpapiervermö- 117
gen gegen Versorgungsleistungen erhalten und wollen dieses Vermögen nun weitergeben oder verkaufen. In diesem Fall stellt sich die Frage, ob die nach wie vor von Ihnen zu leistenden Versorgungszahlungen weiterhin als Sonderausgabe abzugsfähig sind.
»Grundsätzlich« soll der Sonderausgabenabzug mit einer Umschichtung des Vermögens (Weitergabe oder Verkauf) entfallen, so die Finanzbürokraten (Schreiben des Bundesfinanzministeriums v. 16.9.2004, BStBl 2004 I S. 922). Allerdings ahnen Sie schon, keine Regel ohne Ausnahme.
Der Sonderausgabenabzug bleibt nämlich dann erhalten, wenn

- das übernommene Vermögen im Wege der vorweggenommenen Erbfolge von Ihnen weiterübertragen wird,
- nur Teile des übernommenen Vermögens auf Dritte übertragen werden und die Versorgungsleistungen nach wie vor aus den Erträgen des verbleibenden Vermögens aufgebracht werden können oder
- die Versorgungsleistungen aus dem Verkaufserlös weiterhin gedeckt werden können (z.B. durch entsprechende Anlage des Geldes oder Investition in ein Mietwohngrundstück).

Gut zu wissen:

Dass nach einer Umschichtung die Versorgungsleistungen weiterhin aufgebracht werden können, davon kann ausgegangen werden, wenn die durchschnittlichen Erträge im Jahr der Umschichtung und den beiden Folgejahren dafür ausreichen.

118 ◆ *Musterfall Huckenbeck (Dauernde Lasten als Sonderausgaben)*
Vater Huckenbeck hat seinem Sohn Hans im Jahr 2006 im Rahmen der vorweggenommenen Erbfolge ein Mietwohngrundstück gegen lebenslang zu erbringende wiederkehrende Leistungen in Höhe von monatlich 1.000 € übertragen. Er selbst hatte das Haus 1995 gekauft. Sohn Hans kann die 12.000 € jährlich durch die Mieteinnahmen decken. Im Oktober 2016 veräußert Hans dieses Mietwohngrundstück für 400.000 €. Den Veräußerungserlös verwendet er im November 2017 vollständig zur Anschaffung eines Grundstücks mit neuerrichtetem Vierfamilienhaus. Die durchschnittlichen jährlichen Nettoerträge aus der Vermietung des Hauses belaufen sich auf 24.000 €.
Die wiederkehrenden Leistungen von monatlich 1.000 € sind auch nach der Veräußerung des Mietwohngrundstücks bei Hans als Sonderausgaben abziehbar, da er mit dem Verkaufserlös zeitnah eine existenzsichernde und ausreichend ertragbringende Wirtschaftseinheit, auf gut Deutsch das Vierfamilienhaus erworben hat.

Steuererklärung Sohn Hans Huckenbeck – Sonderausgaben

Sonderausgaben 52

Gezahlte Versorgungsleistungen

		Rechtsgrund, Datum des Vertrags		abziehbar		tatsächlich gezahlt EUR
36	Renten		102	%	101	,–
37	Dauernde Lasten	GrSt Übertragung, Vertrag vom 22/12 2006			100	12000,–

Vater Huckenbeck muss die wiederkehrenden Leistungen weiterhin als sonstige Einkünfte versteuern (Anlage SO, > Zeile 4).

Steuererklärung Vater Heinz Huckenbeck – Sonstige Einkünfte

1	Name / Gemeinschaft: HUCKENBECK	**Anlage SO**
2	Vorname: HEINZ	X zur Einkommensteuererklärung
3	Steuernummer	zur Feststellungserklärung

Sonstige Einkünfte (ohne Renten und ohne Leistungen aus Altersvorsorgeverträgen) 55

Wiederkehrende Bezüge

	Einnahmen aus		stpfl. Person / Ehemann / Gemeinschaft EUR		Ehefrau EUR
4	Versorgungslstg Grst Übertragung	158	12.000,–	159	,–

Vorsicht Spekulationsgewinn!

119 Mit einem formellen Übertragsvertrag haben Sie noch vor 2008 Ihr Elternhaus übernommen und zahlen Ihrer Mutter, die ihren Lebensabend

auf Mallorca verbringt, bis an ihr Lebensende monatlich 1.000 €. Darüber hinaus haben Sie ihr eine einmalige Abstandszahlung von 20.000 € zukommen lassen, denn sie wollte für den Notfall etwas Geld auf der hohen Kante haben. Dazu sollten Sie wissen: Die Zahlung von Gleichstellungsgeldern, Abstandszahlungen oder eine Schuldübernahme gilt als Kaufpreis (teilentgeltliche Veräußerung). Daher kann es bei einer Weiterveräußerung durch Sie zu Spekulationsgewinnen kommen. Mehr dazu unter ➤ Rz 1004.

TIPP Alles rückwärts, marsch, marsch! 120

Geht es in letzter Zeit mit Ihren Einkünften rapide bergab? Dann wirken sich die Versorgungsleistungen bei Ihnen nicht mehr steuermindernd aus, während Ihre Eltern sie aber weiterhin versteuern müssen.
Was tun? Anstatt die Motten zu kriegen und alles einfach weiterlaufen zu lassen, machen Sie einen rasanten Schlenker, indem Sie das von Ihren Eltern erhaltene existenzsichernde Vermögen verkaufen und den Erlös anderweitig anlegen. Sie schichten also nur um, Ihre Vermögenslage ändert sich dadurch nicht.
Eine derartige Umschichtung hat der Bundesfinanzhof in seinen Urteilen vom 17.6.1998 (X R 104/94 und X R 129/96) und der Bundesfinanzminister in seinem Schreiben vom 26.8.2002 (BStBl I 2002 S. 893, Tz 20 und 21) als schädlich für die Abziehbarkeit von dauernden Lasten angesehen. Allgemeiner Tenor: Die Abziehbarkeit von Versorgungsleistungen endet, wenn das übergebene existenzsichernde Vermögen durch Veräußerung und den Neuerwerb von anderem Vermögen umgeschichtet wird. Was vom Fiskus als Bestrafung gedacht ist, kommt Ihnen gut zupass. Und Ihren Eltern ebenfalls, denn sie brauchen keine Versorgungsleistungen mehr zu versteuern.
Wann eine Vermögensumschichtung für den Sonderausgabenabzug unschädlich ist, dazu mehr unter ➤ Rz 117.

Zeile 38–39 Ausgleichszahlungen im Rahmen des schuldrechtlichen Versorgungsausgleichs 121

Im Zuge der Scheidung kommt es regelmäßig zur Durchführung eines Versorgungsausgleichs. Auszugleichen sind Renten- und Versorgungsanrechte der Ehegatten aller Art, insbesondere Anrechte aus der gesetzlichen Rentenversicherung, der berufsständischen Versorgung, der betrieblichen Altersversorgung und aus privaten Rentenversicherungsverträgen.

Hälftig geteilt werden nur die in der Ehezeit erworbenen Ansprüche. Solche Ausgleichszahlungen können ggf. als Sonderausgaben abgezogen werden, vor allem in folgenden Fällen:

- Die Ehe wurde vor Einführung des Versorgungsausgleichsgesetzes zum 1.9.2009 geschieden,
- eine eingetragene Lebenspartnerschaft wurde vor dem 1.9.2009 aufgelöst,
- die Scheidung bzw. die Auflösung der eingetragenen Lebenspartnerschaft erfolgte zwar nach dem 1.9.2009, da aber die Altersbezüge (Pension, Rente, betriebl. Altersversorgung)

bereits gezahlt wurden, war eine interne oder externe Teilung der Versorgungsansprüche nicht mehr möglich.

Tragen Sie die Höhe der tatsächlich geleisteten Zahlungen in > Zeile 38 ein. Das Finanzamt berücksichtigt den abzugsfähigen Betrag.

38	**Ausgleichszahlungen** im Rahmen des schuldrechtlichen Versorgungsausgleichs	Rechtsgrund, Datum der erstmaligen Zahlung	121	,–

Machen Sie erstmals entsprechende Sonderausgaben geltend, fügen Sie bitte eine Kopie des Vertrags/der Versorgungsvereinbarung bei.

Seit 2015 sind Zahlungen zur Vermeidung des Versorgungsausgleichs – vergleichbar dem schuldrechtlichen Versorgungsausgleich – beim Zahlungsverpflichteten als Sonderausgaben absetzbar, während der Ausgleichsberechtigte die Einnahmen als sonstige Einkünfte versteuern muss.

Sonstige Einkünfte (ohne Renten und ohne Leistungen aus Altersvorsorgeverträgen) 55

			stpfl. Person / Ehemann / Lebenspartner(in) A / Gemeinschaft EUR		Ehefrau / Lebenspartner(in) B EUR
	Wiederkehrende Bezüge				
4	Einnahmen aus	158	,–	159	,–
	Ausgleichsleistungen zur Vermeidung des Versorgungsausgleichs		EUR		EUR
5	soweit sie vom Geber als Sonderausgaben abgezogen werden	144	,–	145	,–
	Unterhaltsleistungen		EUR		EUR
6	soweit sie vom Geber als Sonderausgaben abgezogen werden	146	,–	147	,–
	Werbungskosten		EUR		EUR
7	zu den Zeilen 4 bis 6	160	,–	161	,–
	Leistungen				

EINKOMMENSTEUERERKLÄRUNG
Hauptformular **2018**

Damit derjenige, der zur Zahlung im Rahmen eines Versorgungsausgleichs verpflichtet ist, seine »Ablösung« steuerlich unterbringen kann, sind ein Antrag (> Zeile 39) und eine Zustimmung des Ausgleichsberechtigten erforderlich (Anlage U).

39	**Ausgleichsleistungen** zur Vermeidung des Versorgungsausgleichs lt. **Anlage U**	131	,—

Finanzamt

Steuernummer
Identifikationsnummer

Bitte beachten Sie die Erläuterungen auf der letzten Seite.

Anlage U

für Unterhaltsleistungen und Ausgleichsleistungen zur Vermeidung des Versorgungsausgleichs an den geschiedenen Ehegatten / Lebenspartner einer aufgehobenen Lebenspartnerschaft oder dauernd getrennt lebenden Ehegatten / Lebenspartner

☐ **zum Lohnsteuer-Ermäßigungsantrag**
☐ **zur Einkommensteuererklärung**
☐ **zum Antrag auf Anpassung der Einkommensteuer-Vorauszahlungen** **20**___

A. Antrag auf Abzug von Unterhaltsleistungen und Ausgleichsleistungen zur Vermeidung des Versorgungsausgleichs als Sonderausgaben

Antragsteller

Name, Vorname	Geburtsdatum
Anschrift	

Ich beantrage, folgende Unterhaltsleistungen nach § 10 Abs. 1a Nr. 1 EStG und / oder Ausgleichsleistungen zur Vermeidung des Versorgungsausgleichs nach § 10 Abs. 1a Nr. 3 EStG an meinen in Abschnitt B genannten geschiedenen Ehegatten / Lebenspartner einer aufgehobenen Lebenspartnerschaft oder dauernd getrennt lebenden Ehegatten / Lebenspartner als Sonderausgaben abzuziehen.

Für die Zustimmung auf der Anlage U gelten im Grundsatz dieselben Spielregeln wie für die steuerliche Berücksichtigung von Unterhaltsleistungen an geschiedene Ehegatten (das sog. Realsplitting). Ausführliche Informationen dazu unter ➤ Rz 122ff.

So können beide genau festlegen, in welchem Umfang ein steuerlicher Abzug und damit korrespondierend die Besteuerung erfolgen sollen. Der Teil der Ausgleichszahlungen, der im Leistungsjahr nicht steuerlich geltend gemacht wird, kann in einem späteren Jahr nicht mehr abgesetzt werden.

Die Ausgleichsmöglichkeit besteht versorgungsrechtlich unabhängig davon, ob sie eine beamtenrechtliche, eine öffentlich-rechtliche, eine private, eine geförderte oder eine betriebliche Altersversorgung betrifft. Die Zahlungen sind einheitlich nur noch als Sonderausgaben absetzbar. Bisher konnten derartige Ausgleichszahlungen bei Beamten zur Vermeidung einer Kürzung ihrer Versorgungsbezüge als Werbungskosten abgezogen werden (z.B. BFH-Urt. v. 8.3.2006 – BStBl. 2006 II S. 446 und 448).

Zeile 40–41 Unterhaltsleistungen

122 Geht ein Großteil Ihres Einkommens in Form von Unterhalt an Ihren Ex-Partner, holen Sie sich einen Teil davon aus dem Staatssäckel zurück. Unterhaltsleistungen an Ihren Ex-Gatten sind bis zu **13.805 €** jährlich als Sonderausgaben **oder** bis zu **8.820 €** als außergewöhnliche Belastungen absetzbar. Der Sonderausgabenabzug ist hier in > Zeile 40, der Abzug als außergewöhnliche Belastungen in der Anlage Unterhalt geltend zu machen.

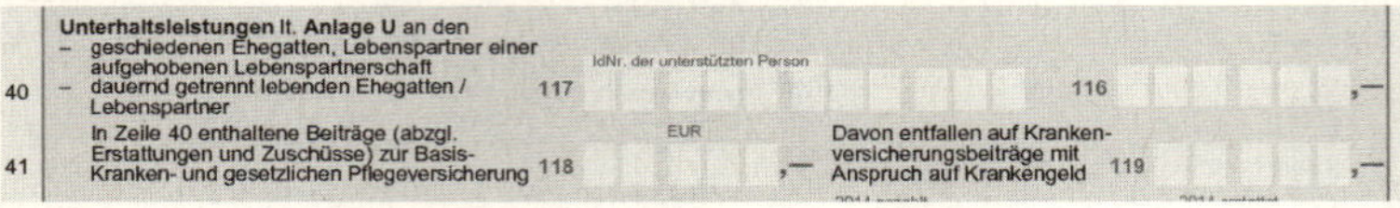
40 **Unterhaltsleistungen** lt. **Anlage U** an den
– geschiedenen Ehegatten, Lebenspartner einer aufgehobenen Lebenspartnerschaft
– dauernd getrennt lebenden Ehegatten / Lebenspartner
117 IdNr. der unterstützten Person
116 ,—

41 In Zeile 40 enthaltene Beiträge (abzgl. Erstattungen und Zuschüsse) zur Basis-Kranken- und gesetzlichen Pflegeversicherung
118 EUR ,—
Davon entfallen auf Krankenversicherungsbeiträge mit Anspruch auf Krankengeld
119 ,—

Schon während des Bestehens der Ehe sind Ehegatten gegenseitig zum Unterhalt verpflichtet, was steuerlich allerdings nicht von Belang ist, weil sie nach dem günstigen Splittingtarif besteuert werden. Voraussetzung für den Abzug von Unterhaltsleistungen ist deshalb, dass Sie bereits zu Beginn des Jahres geschieden waren oder dauernd getrennt gelebt haben und somit der Splittingtarif nicht in Betracht kommt.
Keine Frage, der Sonderausgabenabzug ist günstiger. Doch dafür benötigen Sie die Zustimmung Ihres Ex-Partners, dass er den Betrag, den Sie absetzen können, als sonstige Einkünfte versteuert (Anlage SO, > Zeile 5; mehr dazu unter ➤ Rz 1000).

Da die Steuerersparnis beim Zahlenden meistens höher ist als die Steuerbelastung beim Empfänger, ist es üblich, dass der Zahlende sich im Gegenzug für diese Zustimmung bereit erklärt, dem Empfänger die auf die Unterhaltsleistungen entfallenden Steuerbeträge zu erstatten.

123 Die Zustimmung zum Sonderausgabenabzug ist auf dem Vordruck der Anlage U zu erteilen und bis auf Widerruf wirksam.

Die Anlage U ist der ersten Steuererklärung, die Sie ohne Ihren Ex-Partner abgeben, beizufügen. Notfalls kann sie vor Rechtskraft des Steuerbescheids nachgereicht werden.

Will Ihr Ex-Partner Ihnen ordentlich eins auswischen, indem er die Unterschrift auf der Anlage U verweigert, sollten Sie wissen:

Haben Sie sich grundsätzlich bereit erklärt, die finanziellen Nachteile auszugleichen, die ihm durch das Realsplitting entstehen, haben Sie einen Rechtsanspruch auf seine Zustimmung.

Notfalls können Sie ihn beim Familiengericht auf Zustimmung verklagen (Urt. des BGH v. 23.3.1983 – NJW 1983 S. 1545). Die Zustimmung können Sie unter Berufung auf § 894 ZPO erzwingen, wenn Sie in einem Prozess gegen Ihren Ex-Partner obsiegt haben. Sie gilt grundsätzlich dann als abgegeben, wenn die Verurteilung dazu rechtskräftig geworden ist (Urt. des BFH v. 25.10.1988 - BStBl 1989 II S. 192). Schneller geht es aber, ihn durch eine Klage auf Schadenersatz zur Räson zu bringen (OLG Köln, FamRZ 1983 S. 440).
Lassen Sie sich auch nicht verunsichern, wenn Ihr Ex-Partner Ihnen die Rücknahme der Zustimmung ankündigen sollte. Denn die Rücknahme kann immer nur das nächste Kalenderjahr betreffen.

Der Sonderausgabenabzug beim Unterhaltsverpflichteten und die Ver- 124
steuerung beim Unterhaltsberechtigten wird als Realsplitting bezeichnet. Es nähert sich praktisch dem Splittingtarif, weil es die Unterschiede in der Steuerprogression der Beteiligten angleicht.

Beiträge zur Basiskranken- und Pflegepflichtversicherung (>Zeile 41)
Ist Ihr geschiedener oder dauernd getrennt lebender Ehegatte in Ihrer 125
Kranken- und Pflegeversicherung mit abgesichert, werden die von Ihnen geleisteten Beiträge als die Ihres Ex-Partners behandelt. Dem wird im Rahmen des Realsplittings nun dadurch Rechnung getragen, dass sich der Höchstbetrag von 13.805 € um denjenigen Betrag erhöht, den Sie für diese Absicherung aufgewandt haben.
Letztlich ist es daher ohne Bedeutung, ob der Unterhaltsberechtigte oder -verpflichtete Versicherungsnehmer ist. Der Erhöhungsbetrag wirkt sich natürlich nur aus, wenn die Unterhaltsaufwendungen den Betrag von 13.805 € übersteigen.

Beispiel
Sie unterstützen Ihre Ex-Ehefrau mit monatlich 1.000 € (= 12.000 € im Jahr). Zusätzlich zahlen Sie als Versicherungsnehmer für die in Ihrer Kranken- und Pflegeversicherung mitversicherte Ex-Frau monatliche Beiträge in Höhe von 220 € (= 2.640 € jährlich).

Steuerliche Beurteilung Ihrer Leistungen	**2017**
Unterhaltsleistungen	12.000 €
Beiträge zur Kranken- und Pflegeversicherung	2.640 €
Als Sonderausgabe abzugsfähig	**14.640 €**
Steuerliche Auswirkungen bei der Ex-Frau	
Zu versteuern	14.640 €
Als Sonderausgaben abziehbar	2.640 €

126 ♦ *Musterfall Backs*
(Unterhaltsleistungen an geschiedenen Ehegatten)

Herr Backs war bereits einmal verheiratet und hat jedes Jahr an seine Verflossene 6.000 € Unterhalt zu berappen. Nach langem Hin und Her hat er schließlich vor Gericht durchgesetzt, dass sie die Anlage U unterschreiben muss. Er kann daher seine Zahlungen als Sonderausgaben in > Zeile 40 eintragen.

40	**Unterhaltsleistungen** lt. **Anlage U** an den – geschiedenen Ehegatten, Lebenspartner einer aufgehobenen Lebenspartnerschaft – dauernd getrennt lebenden Ehegatten / Lebenspartner	117	IdNr. der unterstützten Person 34567890123	116	6000,–
41	In Zeile 40 enthaltene Beiträge (abzgl. Erstattungen und Zuschüsse) zur Basis-Kranken- und gesetzlichen Pflegeversicherung	118	EUR ,–	Davon entfallen auf Krankenversicherungsbeiträge mit Anspruch auf Krankengeld 119	,–

127 **Was das Realsplitting bringt**

Beispiel

Ihre »Erste Runde« kostet Sie monatlich:

Aufstockungsunterhalt an den Ex-Partner	500 €
Unterhalt für das Kind	340 €

Von Glück können Sie reden, dass Ihr Ex-Partner für 1.000 € brutto halbtags arbeitet, sonst wären Sie noch ärmer dran.

Den Aufstockungsunterhalt können Sie aufgrund der Unterschrift Ihres Ex-Gatten auf der Anlage U bei den Sonderausgaben absetzen. Ein Abzug alternativ als außergewöhnliche Belastung scheidet aus, weil die Einkünfte Ihres Ex-Partners auf den Höchstbetrag für außergewöhnliche Belastungen von 8.820 € angerechnet werden, so dass als Abzugsbetrag nichts mehr verbleibt (➤ Rz 420).

Für den Kindesunterhalt stehen Ihnen Kinderermäßigungen wie ggf. Kinder-, Betreuungsfreibetrag usw. zu (siehe ➤ Rz 434 ff.).

Steuervorteil bei Ihnen

Ihr zu verst. Einkommen beträgt bisher	30.000 €	
ESt darauf nach der Grundtabelle		5.419 €
./. Realsplitting (500 € × 12)	– 6.000 €	
Zu versteuerndes Einkommen neu	24.000 €	
ESt darauf nach der Grundtabelle		– 3.626 €
Steuervorteil bei Ihnen		1.793 €

Steuernachteil bei Ihrem Ex-Partner

zu verst. Einkommen Ihres Ex bisher	7.771 €	
ESt darauf nach der Grundtabelle		0 €

Realsplitting	6.000 €		
./. Werbungskostenpauschbetrag	– 102 €		
Sonstige Einkünfte	5.898 €	> 5.898 €	
Zu verst. Einkommen neu		13.669 €	
ESt darauf nach der Grundtabelle			915 €
Steuernachteil Ihres Ex-Partners			915 €

Gleichen Sie seinen Nachteil aus, bleiben Ihnen trotzdem (1.793 € – 915 € =) 878 € mehr in der Tasche.

Der Unterhaltsempfänger kann die Zustimmung auf einen festen Betrag 128
oder einen Teilbetrag der Zahlungen beschränken und so seine steuerliche Belastung in Grenzen halten. Zumal eine einmal erteilte Zustimmung auch dann gültig ist, wenn sich die Unterhaltsleistungen erhöhen. Sie kann zwar jederzeit widerrufen werden, aber nur mit Wirkung für das kommende Kalenderjahr.

Setzen Sie das Realsplitting auch durch! 129

Wenn Ihr Ex-Partner seine Zustimmung zum Realsplitting davon abhängig machen sollte, an Ihrem Steuervorteil beteiligt zu werden, verweisen Sie auf das bereits oben zitierte BGH-Urt. vom 23.3.1983 (NJW 1983 S. 1545). Danach ist eine derartige Bedingung unzulässig.
Außerdem sollten Sie wissen: Lehnt Ihr Ex-Partner die Zustimmung zum Realsplitting ab, obwohl die Unterhaltsleistungen bei ihm keine Steuerbelastung auslösen, so macht er sich ggf. schadenersatzpflichtig, weil er die Verpflichtung auf Zustimmung schuldhaft verletzt – Schikaneverbot (entspr. Anwendung des BGH-Urt. v. 13.10.1976 – HFR 1977, 297). Das Finanzamt kann in so einem Fall sogar von sich aus von einer Zustimmung ausgehen, weil das bestehende Wahlrecht des Unterhaltsberechtigten praktisch ins Leere geht (BFH-Urt. v. 12.8.1977 – BStBl 1977 II S. 870). Auch wird das Finanzamt ohne weiteres einem Zivilgericht folgen, welches Ihren Ex zur Zustimmung verdonnert hat, und erst gar nicht auf Vorlage der Anlage U bestehen. Vorlage des Urteils genügt (BFH-Urt. v. 25.10.1988 – BStBl 1989 II S. 192).

TIPP So sparen Sie beim Unterhalt doppelt Steuern 130

Sind Sie stolzer Eigentümer eines Mietshauses? Dann lassen Sie Ihren Ex-Partner nach Ihrer Scheidung doch da einziehen. Das gilt dann als Naturalunterhalt.

Vorteilsrechnung	ohne Wohnung	mit Wohnung
Unterhalt monatlich netto z. B.	900 €	900 €
./. Nutzungswert der Wohnung z. B.	– 0 €	– 500 €
Verbleiben	900 €	400 €
Steuerlast z. B. 30 % = monatlich	270 €	120 €
Unterschied = Steuerersparnis: jährlich	1.800 €	

Die Steuerersparnis ergibt sich dadurch, dass der Nutzungswert der Wohnung nicht besteuert werden darf (BFH-Urt. v. 17.3.1992 – BStBl 1992 II S. 1009). Also haben Sie nur den restlichen Barunterhalt aus versteuertem Einkommen aufzubringen. Bei Fremdvermietung müssten Sie 500 € monatlich (= 6.000 € jährlich) versteuern. Das ergibt bei einer Steuerbelastung von 30 % 1.800 € Steuern jährlich.

Aber Sie sollten gleich Nägel mit Köpfen machen und mit Ihrem Ex-Gatten einen Mietvertrag abschließen. Die Miete behalten Sie vom Barunterhalt ein. Nun haben Sie zwar steuerpflichtige Einnahmen aus Vermietung und Verpachtung, können aber im Gegenzug alle Hauskosten von A wie Abschreibung bis Z wie Zinsen als Werbungskosten absetzen und so vielleicht sogar einen Verlust herauswirtschaften, der Ihnen eine weitere Steuerersparnis beschert (so entschieden v. BFH im Urteil v. 16.1.1996 – BStBl. 2000 II S. 214). Auch wenn das Haus Ihnen gemeinsam gehört, klappt die Sache. In diesem Fall können Sie den Mietwert Ihres Miteigentumsanteils als Sonderausgabe absetzen. Übernehmen Sie auch verbrauchsunabhängige Kosten (wie z. B. Grundsteuer und Hausversicherungen) für Ihren Ex, zählen diese ebenfalls als Sonderausgaben (Quelle: BFH-Urteil v. 12.4.2000, BStBl 2002 II S. 130).

Gott gibt die Nüsse.
Aber er knackt sie nicht.
(Johann Wolfgang von Goethe)

Zeile 42 Kirchensteuer

131 Anzusetzen sind: gezahlte Kirchensteuer einschließlich der Vorauszahlungen. Die Lohnkirchensteuer können Sie der Lohnsteuerbescheinigung entnehmen.

Beispiel

a) Vom Betrieb bescheinigte Kirchensteuer

	vom - bis	
1. Bescheinigungszeitraum	01.01.-31.12.2017	
2. Zeiträume ohne Anspruch auf Arbeitslohn	Anzahl „U"	
Großbuchstaben (S, M, F, FR)		
	EUR	Ct
3. Bruttoarbeitslohn einschl. Sachbezüge ohne 9.und 10.	49.737	00
4. Einbehaltene Lohnsteuer von 3.	9.268	00
5. Einbehaltener Solidaritätszuschlag von 3.	509	74
6. Einbehaltene Kirchensteuer des Arbeitnehmers von 3.	834	12

b) So tragen Sie die Zahlen in die Anlage N ein:

Einkünfte aus nichtselbständiger Arbeit 4

	Angaben zum Arbeitslohn		Lohnsteuerbescheinigung(en) Steuerklasse 1 – 5		Lohnsteuerbescheinigung(en) Steuerklasse 6 oder einer Urlaubskasse
5		Steuerklasse 168	1		
			EUR / Ct		EUR / Ct
6	Bruttoarbeitslohn	110	49737,—	111	,—
7	Lohnsteuer	140	9268,00	141	,
8	Solidaritätszuschlag	150	509,74	151	,
9	Kirchensteuer des Arbeitnehmers	142	834,12	143	,
10	Nur bei konfessionsverschiedener Ehe: Kirchensteuer für den Ehegatten	144	,	145	,

c) Eintragung im Hauptformular

Bei der Veranlagung 2016 hat das Finanzamt im Jahr 2017 48 € Kirchensteuer erstattet. Im Hauptformular machen Sie als Sonderausgaben geltend:

			EUR		EUR
42	**Kirchensteuer** (soweit diese nicht als Zuschlag zur Abgeltungsteuer einbehalten oder gezahlt wurde)	103	834,–	104	48,–

Beachten Sie:

Freiwillige Zahlungen an öffentlich-rechtliche Religionsgemeinschaften gehören nicht in > Zeile 42, sondern als Spende in > Zeile 45.

			lt. Bestätigungen EUR		lt. Nachweis Betriebsfinanzamt EUR
	Spenden und Mitgliedsbeiträge (ohne Beträge in den Zeilen 49 bis 56)				
45	– zur Förderung steuerbegünstigter Zwecke	123	,–	124	,–
	in Zeile 45 enthaltene Zuwendungen an Empfänger				

132 Kirchensteuern sind von den kirchensteuerberechtigten Religionsgemeinschaften erhobene Abgaben. Sind Sie nicht sicher, ob Sie einer in der Bundesrepublik kirchensteuerberechtigten Kirche angehören, erkundigen Sie sich. Sie wären nicht der Erste, dem man jahrelang völlig unberechtigt Kirchensteuer abgeknöpft hat. Da wird z.B. einem in England getauften Anglikaner von der Gemeindeverwaltung einfach die Zugehörigkeit zur evangelischen Kirche unterstellt und auf der Lohnsteuerkarte die Abkürzung »ev« verpasst, obwohl die anglikanische Kirche in der Bundesrepublik nicht kirchensteuerberechtigt ist. Folge: Der Arbeitgeber behält Lohnkirchensteuer ein. Soll der Fiskus die kassierte Kirchensteuer bei der Veranlagung herausrücken, muss der Anglikaner zunächst in den ausgeprägten Tunnelblick des Bearbeiters eine Kurve mit Beleuchtung einbauen – was nicht immer ganz leicht ist. Er benötigt nämlich – im Normalfall – eine »Austrittsbescheinigung des Amtsgerichts«. Damit kann er aber nicht dienen, weil er nicht aus seiner Kirche ausgetreten ist. Da gilt es, dem Bearbeiter die Realitäten nahezubringen.

133 Kirchensteuer auf Kapitaleinkünfte

Auf alle Kapitalerträge werden 25 % Steuer direkt an der »Quelle«, also beispielsweise bei der Bank oder Sparkasse, einbehalten und an das Finanzamt abgeführt (Abgeltungsteuer).

Damit ist die Steuerpflicht für die inländischen Einkünfte aus Kapitalvermögen abgegolten. Allerdings werden auch auf den Betrag der Abgeltungsteuer ein pauschaler Solidaritätszuschlag und – bei Zugehörigkeit zu einer erhebungsberechtigten Kirche – eine pauschale Kirchensteuer erhoben. Dadurch erhöht sich der Gesamtabzugsbetrag im Fall der Kirchensteuerpflicht auf rund 28 %.

Bei der Kirchensteuer gibt es (oftmals) keine Steuerhinterziehung!

Wer der Bank gegenüber keine Angaben zur Kirchenzugehörigkeit macht, bleibt beim Steuerabzug auf Kapitalerträge von der Kirchensteuer verschont. Allerdings müssen dann alle Kapitalerträge in der Anlage KAP eingetragen werden, damit die Kirchensteuer auf Zinserträge nacherhoben werden kann. Wer sich daran nicht hält, hinterzieht Kirchensteuern und macht sich strafbar … sollte man meinen.

Dem ist allerdings nicht immer so, denn das Kirchensteuerrecht von Nordrhein-Westfalen z.B. kennt keine Steuerhinterziehung – das von Niedersachsen hingegen schon!

Doch aufgepasst: verschärfte Kontrollen seit 2015!
Für Kapitalerträge, die der Abgeltungsteuer unterliegen, wurde ein automatisches Verfahren für den Abzug der Kirchensteuer eingeführt. Banken, Versicherungen, Kapitalgesellschaften müssen nun einmal jährlich beim Bundeszentralamt für Steuern (BZSt) anhand der Steueridentnummer des Kapitalanlegers dessen Kirchensteuerpflicht abfragen und dann die Kirchensteuer automatisch einbehalten.

Beachten Sie: Ein Anleger kann beim BZSt der Übermittlung seiner Religionszugehörigkeit an die Banken widersprechen.

Kappung der Kirchensteuer

Ganz mechanisch berechnet das Finanzamt 8 oder 9 % der Einkommensteuer als Kirchensteuer, die somit ebenfalls der Progression unterliegt. Um die Progression herabzusetzen, wird der Kirchensteuerabzug von den meisten Religionsgemeinschaften gekappt, d.h. auf einen bestimmten Prozentsatz des zu versteuernden Einkommens begrenzt. In einigen Bundesländern erfolgt diese Kirchensteuerkappung von Amts wegen (z.B. auf 3 oder 4 % des zu versteuernden Einkommens), in anderen auf Antrag an die Diözese oder die Landeskirche. Auf die Kappung besteht sogar ein Rechtsanspruch (BVerwG-Urt. v. 21.5.2003 – 9 C 12.02).

Ärgerliches Kirchgeld 134

Tritt der Hauptverdiener aus der Kirche aus, während der andere Ehegatte, der keine oder nur sehr niedrige eigene Einkünfte hat, Kirchenmitglied bleibt, muss das Ehepaar keine Kirchensteuer zahlen, da dem kirchensteuerpflichtigen Ehegatten keine anteilige Bemessungsgrundlage zugeordnet werden kann. Die Kirchen haben jedoch die gesetzlich abgesicherte Möglichkeit, den kirchensteuerpflichtigen Ehegatten über das besondere Kirchgeld in glaubensverschiedener Ehe doch noch zur Kasse zu bitten. Es wird dann wie die »normale« Kirchensteuer im Einkommensteuerbescheid festgesetzt.

Davon zu unterscheiden ist das allgemeine **Kirchgeld** (Orts- oder Gemeindekirchgeld), das die Gemeindekirchen als Ersatz für entgangene Kirchensteuer aufgrund zu geringer Einkünfte eines Kirchenangehörigen erheben dürfen.

Grundlage für das besondere Kirchgeld ist das gemeinsame zu versteuernde Einkommen der Ehegatten; Kinderfreibeträge müssen abgezogen werden.

Stufe	Bemessungsgrundlage: gemeinsam zu versteuerndes Einkommen nach § 2 Abs. 5 EStG der Ehegatten in €	Kirchgeld jährlich in €
1	30.000 – 37.499	96
2	37.500 – 49.999	156
3	50.000 – 62.499	276
4	62.500 – 74.999	396
5	75.000 – 87.499	540
6	87.500 – 99.999	696
7	100.000 – 124.999	840
8	125.000 – 149.999	1.200
9	150.000 – 174.999	1.560
10	175.000 – 199.999	1.860
11	200.000 – 249.999	2.220
12	250.000 – 299.999	2.940
13	300.000 und mehr	3.600

Das besondere Kirchgeld gibt es in allen Bundesländern, ausgenommen in einigen Gemeinden und Bistümern.
Hat der kirchensteuerpflichtige Ehegatte Einkünfte über dem Grundfreibetrag, kann es sein, dass sowohl Kirchensteuer als auch besonderes Kirchgeld fällig werden. In diesem Fall erhebt die Kirche den höheren Betrag. Wird das besondere Kirchgeld erhoben, wird die bereits gezahlte Kirchensteuer darauf angerechnet.
Beiträge des nicht kirchensteuerpflichtigen Ehegatten an eine evangelisch-freikirchliche Gemeinde (Freikirche) sind auf das besondere Kirchgeld anzurechnen (so für Nordrhein-Westfalen BFH-Urt. v. 16.5.2007, I R 38/06, BStBl 2008 II S. 202), Spenden hingegen nicht, da sie an einen konkreten Zweck gebunden sind.
In zahlreichen gerichtlichen Auseinandersetzungen ist geklärt worden, dass das besondere Kirchgeld verfassungsgemäß ist (BVerfG, Beschluss v. 23.10.1986, 2 BvL 7, 8/84, NJW 1987 S. 943).

135 **TIPP**

So vermeiden Sie das Kirchgeld!

Das besondere Kirchgeld wird grundsätzlich nur dann festgesetzt, wenn eine Steuererklärung beim Finanzamt eingereicht wird. Sofern keine Steuererklärung eingereicht werden muss oder die Einzelveranlagung gewählt wird, ent-

fällt eine Veranlagung zum besonderen Kirchgeld. Beziehen Sie also das Kirchgeld in Ihre Berechnung ein (vgl. ➤ Rz 97). Vielleicht lohnt sich schon deshalb eine Einzelveranlagung oder Sie geben eine Steuererklärung erst gar nicht ab, wenn das Kirchgeld höher wäre als die zu erwartende Steuererstattung.
In Bayern, Berlin, Brandenburg, Hamburg, Hessen, Saarland und Schleswig-Holstein fällt kein besonderes Kirchgeld an, wenn das Nicht-Kirchenmitglied einer anderen weltanschaulichen Gemeinschaft angehört, die den Status einer Körperschaft des öffentlichen Rechts hat. Ob diese Gemeinschaft Mitgliedsbeiträge erhebt oder nicht, spielt keine Rolle. Eine solche Gemeinschaft wäre beispielsweise der Bund für Geistesfreiheit (bfg) in Bayern, der sich dem weltlichen Humanismus verbunden fühlt. Die Mitglieder können aber auch aus einem anderen Bundesland kommen. So kann z. B. ein Berliner Mitglied im bfg München K.d.ö.R. werden und ist dann nicht mehr verpflichtet, besonderes Kirchgeld in Berlin zu zahlen. Die jährlichen Mitgliedsbeiträge dieser Ortsgemeinschaften liegen in der Regel zwischen 40 und 60 €. Wer Mitglied im bfg Bayern werden will, sollte sich am besten direkt an den bfg Bayern wenden.

Zeile 43-44 Eigene Berufsausbildung

Auch unsere Politiker haben begriffen: Das meiste Kapital liegt in den Köpfen der Menschen. Und das gilt es zu mobilisieren. Deshalb sind die Kosten für die eigene Berufsausbildung bis zur Höhe von 6.000 € als Sonderausgaben abzugsfähig. Bei Verheirateten steht ggf. jedem Ehegatten der Höchstbetrag zu. 136
Begünstigt sind die Aufwendungen für Ihre **eigene erstmalige Berufsausbildung** oder ein **Erststudium**.

	Aufwendungen für die eigene **Berufsausbildung: stpfl. Person / Ehemann / Lebenspartner(in) A** Bezeichnung der Ausbildung, Art und Höhe der Aufwendungen		EUR
43		200	,–
	Aufwendungen für die eigene **Berufsausbildung: Ehefrau / Lebenspartner(in) B** Bezeichnung der Ausbildung, Art und Höhe der Aufwendungen		
44		201	,–

Zu den Ausbildungskosten gehören nicht nur Lehrgangs- und Studiengebühren sowie die Aufwendungen für Fachbücher und anderes Lernmaterial, sondern auch Unterkunftskosten und Verpflegungsmehraufwendungen bei einer auswärtigen Unterbringung. Für die Wege zwischen Wohnung und Ausbildungsstätte erhalten Sie eine Entfernungspauschale von 0,30 € für jeden vollen Entfernungskilometer.

Unabhängig davon erhalten Eltern für die von ihnen getragenen Ausbildungskosten ihrer Kinder die bisher übliche Förderung durch Kinderfreibetrag/-geld und Ausbildungsfreibetrag, soweit die Voraussetzungen dafür vorliegen (➤ Rz 434).

137 Der Fiskus unterscheidet höchst penibel zwischen **Berufsausbildung** und **Berufsfortbildung** (➤ Rz 784 ff.). Kosten für die Berufsausbildung sind bis zur Höhe von max. 6.000 € als Sonderausgaben abziehbar, Aufwendungen für die Berufsfortbildung indessen in voller Höhe als Werbungskosten. Letztere wirken sich – sofern keine anderen Werbungskosten anfallen – somit nur aus, soweit sie den Arbeitnehmerpauschbetrag von 1.000 € übersteigen (➤ Rz 688 ff.).

Nun hat der Fiskus aber das Problem, Berufsausbildung und Berufsfortbildung exakt voneinander abzugrenzen. Dies machen Sie sich zunutze und setzen frechweg die Kosten dort an, wo es für Sie am günstigsten ist. Wenn der Fiskalritter zunächst nicht mitzieht, können Sie immer noch unter den Tipps ➤ Rz 784 ff. eine plausible Begründung finden und nachreichen.

138 **Höhe der abziehbaren Kosten**

Bei den Ausbildungskosten gelten die entsprechenden Regelungen für Werbungskosten sinngemäß, so z. B.

- Fahrtkosten zur Ausbildungsstätte (Wege zwischen Wohnung und erster Tätigkeitsstätte) ➤ Rz 694 ff.,
- Fahrtkosten zur Berufsschule (wie Dienstreisen) ➤ Rz 789 ff.,
- Verpflegungsmehraufwendungen ➤ Rz 850 ff.,
- häusliches Arbeitszimmer ➤ Rz 752 ff.,
- Kosten für den Besuch einer Arbeitsgemeinschaft ➤ Rz 786,
- doppelte Haushaltsführung ➤ Rz 866 ff.

Darüber hinaus setzen Sie ab:

- Lehrgangs-, Schul- oder Studiengebühren,
- Arbeitsmittel (Computer, Schreibtisch, Regale …),
- Fachliteratur,
- Mehraufwendungen wegen auswärtiger Unterbringung usw.

139 **Kosten für einen geplanten Wiedereinstieg in den Beruf**

Die Gebühren für Lehrgänge zur Weiterbildung in moderner Bürotechnik, in Datenverarbeitung usw. und die Aufwendungen für Fachbücher, Schreibmaterial, Fahrten und Verpflegung gehören in > Zeile 43.

Beachten Sie:
Der Sonderausgabenabzug ist Ihnen nur dann sicher, wenn Sie Ihren Fiskalritter davon überzeugen können, dass Sie mit dem Erlernten tatsächlich einen Beruf ausüben und Geld verdienen möchten. Scheuen Sie sich also nicht, Ihre Zukunftspläne ausführlich zu schildern, denn Sie wissen ja: »Bescheidenheit ist eine Zier, doch weiter kommt man ohne ihr.«

Gelingt es Ihnen, einen Zusammenhang zwischen Ihrer Fortbildung und Ihrem jetzigen oder auch künftigen Job herzustellen, machen Sie Ihre Aufwendungen besser als **(vorweggenommene) Werbungskosten** geltend. Mehr dazu unter ➤ Rz 693. **140**

◆ *Musterfall Backs (Erststudium)* **141**

Weil sich Frau Backs zu Hause gelangweilt hat, seit die beiden älteren Kinder aus dem Gröbsten heraus sind, hat sie sich an der Uni eingeschrieben und studiert Geografie. Damit auch steuerlich etwas dabei herauskommt, bringt Herr Backs bei den Sonderausgaben folgende Kosten als »Aufwendungen für die eigene Berufsausbildung« in > Zeile 44 unter:

- *Studiengebühren (Sozialbeitrag) 2 × 450 € 900 €*
- *Fachliteratur, Büromaterial, Skripten ca. 100 €*
- *Fahrten zu Vorlesungen, Seminaren, Klausuren und Arbeitsgemeinschaften 2.400 km × 0,30 € 720 €*
- *Abschreibung Computer 500 €*

Studienkosten insgesamt 2.220 €

	Aufwendungen für die eigene **Berufsausbildung: stpfl. Person / Ehemann / Lebenspartner(in) A** Bezeichnung der Ausbildung, Art und Höhe der Aufwendungen		EUR
43		200	,–
	Aufwendungen für die eigene **Berufsausbildung: Ehefrau / Lebenspartner(in) B** Bezeichnung der Ausbildung, Art und Höhe der Aufwendungen		
44	Studium Geografie, Kosten lt. Aufstellung	201	2220,–

TIPP Setzen Sie die Kosten des häuslichen Arbeitszimmers als Ausbildungskosten ab! **142**

Aufwendungen für ein häusliches Arbeitszimmer kann kaum jemand steuerlich geltend machen. Voraussetzung für den Steuerabzug ist nämlich, dass das Arbeitszimmer den **Mittelpunkt der gesamten betrieblichen und beruflichen Tätigkeit** bildet oder aber **zumindest für einen Teil der beruflichen Tätigkeit kein anderer Arbeitsplatz zur Verfügung steht**. Arbeitnehmer erfüllen diese Voraussetzungen nur selten.

Wer sich allerdings in Berufsausbildung befindet, ohne nebenher betrieblich/beruflich tätig zu sein, der hat gute Karten, die Kosten des häuslichen Arbeitszimmers im Sonderausgabenabzug unterzubringen.
Mehr zum häuslichen Arbeitszimmer unter ➤ Rz 752 ff.

143 **Kinderermäßigung nicht vergessen!**
Ist es bei Ihnen ähnlich wie bei Familie Backs, Ihre Frau aber unter 25 (siehe hierzu ➤ Rz 461)? Dann können Ihre Schwiegereltern sogar eine Kinderermäßigung für ihre studierende Tochter geltend machen (➤ Rz 434 ff.).

144 **So knacken Sie die 6.000-€-Grenze**
Sie werden auf keinen Fall eine Gelegenheit auslassen, Ihre Steuerlast zu senken! Mit Ihren Kosten für Fachbücher, Fotokopien, Schreibblocks, Stifte etc. können Sie natürlich keinen Blumentopf gewinnen. Bei 6.000 € Höchstbetrag lohnen sich vor allem dicke Brocken, als da wären

145 **Fahrtkosten** zur Ausbildungsstelle, Uni etc.
Hier wird der Fiskus kleinlich. Obwohl die Uni ja eigentlich keine Arbeitsstätte im klassischen Sinn ist, gesteht Ihnen der Fiskus nur die Entfernungspauschale von 0,30 € pro Entfernungskilometer zu. Höhere tatsächliche Kosten anstelle der Pauschale können für die Benutzung von Bus und Bahn nicht angesetzt werden.
Im Gegenzug kontern Sie jedoch damit, dass Sie nicht nur die Fahrten während des Semesters absetzen. Denken Sie doch mal daran, dass Sie während der Semesterferien fast jeden Tag in die Unibibliothek zum Büffeln fahren. Und schon packen Sie dem Finanzamt bei einer Entfernung zur Uni von z.B. 10 km folgende Kosten auf die Rechnung:

240 Tage (Fahrten zur Uni, Bibliothek, zu Seminaren etc.)
× 10 km × 0,30 € = 720 €

146 Natürlich haben Sie sich einen **Computer** zugelegt, ohne geht es heute ja schließlich nicht. Vom Kaufpreis inkl. Zubehör von 1.500 € setzen Sie pro Jahr die Abschreibung mit $^1/_3$ ab. Und weil Sie nicht nur ehrlich, sondern auch nett zu dem Bearbeiter im Finanzamt sind, werden Sie die Computerkosten brav um einen Anteil von 20 % für private Nutzung kürzen.

1.500 € × ⅓ = 500 €, davon für Ausbildungszwecke 80 % = 400 €

147 Selbstverständlich benötigen Sie einen Raum, in dem Sie ungestört arbeiten können, ein richtiges **Arbeitszimmer.** Ein häusliches Arbeitszimmer

wird jedoch in der Regel nur Berufstätigen zuerkannt, deren gesamte Berufstätigkeit sich darin abspielt (vgl. dazu ➤ Rz 142).
Büromöbel etc. können Sie aber als Ausbildungskosten absetzen, in Einzelfällen nur die Abschreibung. Wie dabei gerechnet wird, dazu mehr unter ➤ Rz 734 ff.

Natürlich nutzen Sie Ihren **Internetanschluss** und Ihr **Telefon** auch für die 148
Uni oder Ihre sonstige Ausbildung, also werden Sie erst einmal z. B. 80 % Ihrer Kosten in der Aufstellung unterbringen.

Telefon- und Internetkosten 480 €, davon für Ausbildung 80 % = 384 €

Aufgepasst:
Unter 20 % der Kosten und max. 240 € lassen Sie sich auf keinen Fall herunterhandeln. Berufen Sie sich auf die analoge Anwendung der Vereinfachungsregelung bei Werbungskosten in R 9.1 Abs. 5 LStR.

Dann wären da noch die **Lerngemeinschaften** und die **Meetings zur Klau-** 149
survorbereitung mit Kollegen und/oder Kommilitonen:

25 Treffen à gefahrene 20 km × 0,30 € = 150 €

Wenn Sie für unter der Woche am Ausbildungsort ein Zimmer gemietet 150
haben, weil der tägliche Weg in Ihre Wohnung zu weit ist, können Sie die Kosten für **doppelte Haushaltsführung**, vor allem die Miete für das Zimmer und pauschal eine Familienheimfahrt pro Woche, absetzen. Haben Sie bislang keine eigene Wohnung gehabt, bleibt Ihnen zumindest die Entfernungspauschale für die Heimfahrten am Wochenende.

Beachten Sie:
Bei Familienheimfahrten wird die Entfernungspauschale wie für Wege Wohnung–Arbeitsstätte (➤ Rz 694) berücksichtigt.

40 Heimfahrten × 150 km × 0,30 € = 1.800 €

Vergessen Sie nicht die ganzen **Gebühren,** den **gebraucht gekauften Ta-** 151
schenrechner und, und, und …

Zeile 45–56 Spenden und Mitgliedsbeiträge 152

Leider hat der Fiskus seine Nachweisschikanen auch auf Spenden ausgedehnt. Machen Sie in > Zeile 45 Spenden für steuerbegünstigte Zwecke geltend, sind immer Spendenbescheinigungen (Zuwendungsbestätigungen/§ 50 EStDV) beizufügen. Nur in Sonderfällen (siehe ➤ Rz 162) reicht der Bareinzahlungsbeleg oder die Buchungsbestätigung (Kopie des Kontoauszugs) der Bank als vereinfachter Nachweis aus.

153 ◆ *Musterfall Backs (Spenden)*

Auch 2017 hatte ihn sein großes Herz dazu gebracht, für gute Zwecke ins Portemonnaie zu greifen. Seine Spenden für das DRK, die Kinderdörfer, die Caritas und die Malteser von insgesamt 190 € führt er in > Zeile 45 auf. Da er im Einzelfall jeweils unter 25 € und insgesamt unter der Nachweispflichtgrenze von 200 € liegt, fügt er keine Belege bei, da er die Nichtbeanstandungsgrenzen der Finanzverwaltung kennt (➤ Rz 65).

	Spenden und Mitgliedsbeiträge, bei denen die Daten elektronisch an die Finanzverwaltung übermittelt wurden (ohne Beträge in den Zeilen 45 bis 48 und 52 bis 56)		stpfl. Person / Ehemann / Lebenspartner(in) A EUR		Ehefrau / Lebenspartner(in) B EUR
49	– zur Förderung steuerbegünstigter Zwecke siehe Aufstellung	202	190,–	203	,–
50	– an politische Parteien (§§ 34g, 10b EStG)	204	,–	205	,–
51	– an unabhängige Wählervereinigungen (§ 34g EStG)	206	,–	207	,–

154 **TIPP** **Ohne Beleg zum Spendenabzug – vom Fiskus abgesegnet**

Das Finanzamt möchte Ihre Steuererklärung am liebsten online erhalten, denn so entfällt der Erfassungsaufwand in der Behörde und die Erklärung kann direkt computergestützt bearbeitet, gefiltert, ausgewertet und möglichst auch sofort freigegeben werden. Da stören unnötige Belege nur. Daher hat der Fiskus ein neues Zauberwort geschaffen: »Belegvorhaltepflicht«.

Was sich zunächst bedrohlich anhört, ist tatsächlich eine gute Sache. In der Anleitung zur Steuererklärung heißt es dazu: *»Belege sind mit der Einkommensteuererklärung nur dann einzureichen, wenn in den Vordrucken/Anleitungen ausdrücklich darauf hingewiesen wird; im Übrigen sind diese aufzubewahren (Belegvorhaltepflicht) und nur auf Anforderung des Finanzamts einzureichen.«*

Für Spenden heißt das konkret: Alle Spenden und Mitgliedsbeiträge für steuerbegünstigte Zwecke sind **nur auf Anforderung des Finanzamts** durch eine Bestätigung nachzuweisen.

»Und was bedeutet nun Belegvorhaltepflicht?«, fragen Sie sich?

Zuwendungsbestätigungen und Nachweise (Bareinzahlungsbeleg oder Buchungsbestätigung), die nicht vom Finanzamt angefordert worden sind und nicht elektronisch übermittelt wurden, sind von Ihnen **bis zum Ablauf eines Jahres** nach Bekanntgabe des Steuerbescheids **aufzubewahren.**

TIPP Setzen Sie Ihre Mitgliedsbeiträge als Spenden ab! 155

Mitgliedsbeiträge – und auch Umlagen und die Aufnahmegebühr – für einen Verein gehen als Spenden durch, wenn der Verein z. B. folgende Zwecke verfolgt: Naturschutz, Landschaftspflege, Umweltschutz, Entwicklungshilfe, Jugendhilfe, Brandschutz oder Gesundheitspflege. Sie müssen sich dafür nur eine Spendenquittung Ihres Vereins besorgen (Quelle: § 10b.1 EStG und §§ 52–54 Abgabenordnung).

Ziemlich in die Röhre schauen Sie mit Ihren Mitgliedsbeiträgen allerdings, wenn Sie in einem Verein sind, der sich z. B. die Förderung folgender Zwecke auf die Fahnen geschrieben hat:

- Sport,
- kulturelle Betätigungen (wie z. B. Gesang, Musik),
- Heimatpflege/-kunde
- Tierzucht,
- Pflanzenzucht,
- Kleingärtnerei,
- traditionelles Brauchtum einschließlich des Karnevals, der Fastnacht und des Faschings,
- Soldaten- und Reservistenbetreuung,
- Amateurfunken,
- Modellflug und
- Hundesport.

Da Ihre Mitgliedsbeiträge nur dann als Spenden durchgehen, wenn sie an Institutionen gezahlt werden, die nicht überwiegend Leistungen gegenüber ihren Mitgliedern erbringen oder in erster Linie der eigenen Freizeitgestaltung dienen, es also gemeinnützige Zwecke erster Klasse (mit Spendenabzug für Mitgliedsbeiträge) und zweiter Klasse (ohne Spendenabzug für Mitgliedsbeiträge) gibt, ist es wichtig, schon bei der Anerkennung der Gemeinnützigkeit des Vereins darauf zu achten, dass die richtigen Vereinszwecke zugrunde gelegt werden. »Förderung der Jugendhilfe« als Zweck ist da wesentlich günstiger als »Förderung des Sports auf dem Gebiet des Jugendfußballs«.

Zeile 45–56 Höchstbeträge für Spenden 156

Geht es um höhere Spendenbeträge, sollten Sie wissen:

- Spenden zur **Förderung steuerbegünstigter Zwecke** (> Zeile 45) werden bis zur Höhe von 20 % des Gesamtbetrags der Einkünfte berücksichtigt.

- Die **politischen Parteien** bereichern sich mit einer Superförderung der Mitgliedsbeiträge und Spenden: Von den ersten 1.650 €/3.300 € (Alleinstehende/Ehegatten) sind 50 % direkt bei der Steuer absetzbar (§ 34 g EStG), d.h., Sie erhalten sie in bar zurück. Der Rest wirkt sich als Sonderausgaben auf Ihre Steuerlast aus (> Zeile 47; Quelle: § 10b EStG).
- Bei Spenden und Mitgliedsbeiträgen an **unabhängige Wählervereinigungen** (> Zeile 48), die die gesetzlichen Voraussetzungen erfüllen, ermäßigt sich die Einkommensteuer um 50 % der Ausgaben, höchstens um 825 €/1.650 € (Alleinstehende/Ehegatten).
- Spenden in den **Vermögensstock einer Stiftung** sind bis 1 Mio € begünstigt (> Zeile 52–56).

157 Die Berechnung des abziehbaren Betrags ist aber komplizierter, als es zunächst den Anschein hat.

Beispiel

Sie haben einen Gesamtbetrag der Einkünfte (GdE) von 45.000 €. Ihre Spenden betragen insgesamt 7.000 €.

	Spenden und Mitgliedsbeiträge (ohne Beträge in den Zeilen 49 bis 56)		lt. Bestätigungen EUR		lt. Nachweis Betriebsfinanzamt EUR
45	– zur Förderung steuerbegünstigter Zwecke	123	3500,–	124	,–
46	in Zeile 45 enthaltene Zuwendungen an Empfänger im EU- / EWR-Ausland	125	,–	126	,–
47	– an politische Parteien (§§ 34g, 10b EStG)	127	3500,–	128	,–
48	– an unabhängige Wählervereinigungen (§ 34g EStG)	129	,–	130	,–

Davon wirken sich steuerlich aus:

Bei den Sonderausgaben

Spenden/Mitgliedsbeiträge zur Förderung steuerbegünstigter Zwecke, max. 20 % des GdE		3.500 €
Parteispende	3.500 €	
./. Verbrauch nach § 34 g EStG (verh.)	– 3.300 €	
Verbleiben	200 €	> 200 €
Summe		3.700 €

Direkt bei der Einkommensteuer

50 % von 3.300 € = 1.650 €

Dem Abrechnungsteil im Steuerbescheid können Sie entnehmen, ob die Steuerermäßigung tatsächlich berücksichtigt wurde.

158 Zeile 45–56 Nachweis von Zuwendungen

Voraussetzung für den Abzug von Spenden ist eine ordnungsgemäße **Spendenbescheinigung** nach folgendem Muster:

EINKOMMENSTEUERERKLÄRUNG
Hauptformular

2018

159

Aussteller (Bezeichnung und Anschrift der steuerbegünstigten Einrichtung)

Bestätigung über Geldzuwendungen/Mitgliedsbeitrag

im Sinne des § 10b des Einkommensteuergesetzes an eine der in § 5 Abs. 1 Nr. 9 des Körperschaftsteuergesetzes bezeichneten Körperschaften, Personenvereinigungen oder Vermögensmassen

Name und Anschrift des Zuwendenden

Betrag der Zuwendung - in Ziffern -	- in Buchstaben -	Tag der Zuwendung:

Es handelt sich um den Verzicht auf Erstattung von Aufwendungen Ja ☐ Nein ☐

☐ Wir sind wegen Förderung (Angabe des begünstigten Zwecks / der begünstigten Zwecke)

nach dem Freistellungsbescheid bzw. nach der Anlage zum Körperschaftsteuerbescheid des Finanzamtes StNr. vom für den letzten Veranlagungszeitraum nach § 5 Abs. 1 Nr. 9 des Körperschaftsteuergesetzes von der Körperschaftsteuer und nach § 3 Nr. 6 des Gewerbesteuergesetzes von der Gewerbesteuer befreit.

☐ Die Einhaltung der satzungsmäßigen Voraussetzungen nach den §§ 51, 59, 60 und 61 AO wurde vom Finanzamt StNr. mit Bescheid vom nach § 60a AO gesondert festgestellt. Wir fördern nach unserer Satzung (Angabe des begünstigten Zwecks / der begünstigten Zwecke)

Es wird bestätigt, dass die Zuwendung nur zur Förderung (Angabe des begünstigten Zwecks / der begünstigten Zwecke)

verwendet wird.

Nur für steuerbegünstigte Einrichtungen, bei denen die Mitgliedsbeiträge steuerlich nicht abziehbar sind

☐ Es wird bestätigt, dass es sich nicht um einen Mitgliedsbeitrag handelt, dessen Abzug nach § 10b Abs. 1 des Einkommensteuergesetzes ausgeschlossen ist.

(Ort, Datum und Unterschrift des Zuwendungsempfängers)

Hinweis:
Wer vorsätzlich oder grob fahrlässig eine unrichtige Zuwendungsbestätigung erstellt oder veranlasst, dass Zuwendungen nicht zu den in der Zuwendungsbestätigung angegebenen steuerbegünstigten Zwecken verwendet werden, haftet für die entgangene Steuer (§ 10b Abs. 4 EStG, § 9 Abs. 3 KStG, § 9 Nr. 5 GewStG).

Diese Bestätigung wird nicht als Nachweis für die steuerliche Berücksichtigung der Zuwendung anerkannt, wenn das Datum des Freistellungsbescheides länger als 5 Jahre bzw. das Datum der Feststellung der Einhaltung der satzungsmäßigen Voraussetzungen nach § 60a Abs. 1 AO länger als 3 Jahre seit Ausstellung des Bescheides zurückliegt (§ 63 Abs. 5 AO).

034122 Bestätigung über Geldzuwendung / steuerbegünstigte Einrichtung / Verein **(2013)**

TIPP Werfen Sie alte Kleidung nicht einfach in den Müll

160 Spenden können nicht nur Geldbeträge, sondern auch Sachen sein. Deshalb sollten Sie ausgemusterte Kleidungsstücke nicht einfach in den Müll werfen. Sie gegen eine Spendenbescheinigung in die Altkleidersammlung zu geben ist viel besser. Allerdings erlegt Ihnen der Fiskus die Beweislast für den Wert der alten Sachen auf. Also müssen Sie dafür sorgen, dass man Ihnen den Schätzwert nicht nur bescheinigt, sondern auch angibt, wie man dazu gekommen ist. Dazu gehören Angaben zum Neupreis, zum Alter und zum Erhaltungszustand eines jeden Kleidungsstücks (BFH-Urt. v. 22.5.1989 – BStBl 1989 II S. 879; EStH 10b.1). Die Folge: Viele gemeinnützige Vereine wie Caritas oder DRK lehnen es inzwischen ab, für Altkleidung überhaupt Spendenbescheinigungen mit Wertangaben zu erteilen.

»Das kann ich gut verstehen«, sagen Sie. »Woher sollen die denn wissen, wie teuer die Sachen mal waren und wie alt sie sind. Ich habe aus einem Nachlass 20 Anzüge und vier Mäntel abzugeben, alles Größe 54 und kaum gebraucht. Was soll ich tun?«

161 Sie fertigen selbst eine Aufstellung an, wenn Sie können, in etwa so:
Anlage zur Spendenbescheinigung vom …

Anlage zur Spendenbescheinigung vom …

	Erwerb in	Neupreis	Zustand	Wert
1 Anzug, grau	2013	400,-	neuw.	150,-
1 Mantel, braun	2014	350,-	neuw.	100,-
usw.				

Jetzt kann der Verein ruhigen Gewissens die Höhe der Spende bescheinigen, indem er Ihre Aufstellung an die Spendenbescheinigung heftet.

162 **Ausnahmsweise genügt anstelle einer Spendenbescheinigung der Zahlungsbeleg der Post oder einer Bank oder ein Lastschriftbeleg,**

- wenn ein Spendenbetrag *bis zu 200 €* an eine Religionsgemeinschaft, einen Spitzenverband der freien Wohlfahrtspflege, z.B. Caritas, Deutsches Rotes Kreuz, Diakonisches Werk, für den deutschen Sport, etwa an den Deutschen Sportbund, geleistet wurde oder an übrige gemeinnützige Vereine mit aufgedruckter Verwendungsbestätigung;
- wenn ein Betrag – in beliebiger Höhe – auf ein Sonderkonto zur Linderung der Not in Katastrophenfällen eingezahlt wurde. Der Inhaber des

Sonderkontos muss eine staatliche Stelle oder ein Spitzenverband der freien Wohlfahrtspflege sein.

Aus dem Beleg müssen Ihr Name und Ihre Kontonummer sowie die des Empfängers, der Betrag und der Buchungstag hervorgehen. Quelle: § 50 EStDV

Spenden bis 200 € sind ohne Belege absetzbar

Wenn die Einzelbeträge der Spenden 25 € und der Gesamtbetrag 200 € 163
nicht übersteigen, verlangt das Finanzamt meistens keine Belege. Damit aber nicht der Eindruck entsteht, Sie hätten gar nicht gespendet, verzichten Sie auf 10 € und tragen nur 190 € ein. Es genügt ein Hinweis in der Steuererklärung, wie sich der geltend gemachte Betrag zusammensetzt (z.B. »25 € Deutsches Rotes Kreuz, 20 € SOS-Kinderdorf, 25 € Caritas« usw.).

Besteht Ihr Sachbearbeiter auf Belegen, entgegnen Sie freundlich: »Leider habe ich die für letztes Jahr nicht mehr greifbar. In der nächsten Steuererklärung werde ich aber alle Belege vorlegen.« So können Sie sich für dieses Jahr noch einmal rauswinden.

TIPP 164

Kirchenkollekte mit Spendenquittung

Die Spende in den Klingelbeutel fällt bei vielen Menschen eher spärlich aus, vielleicht weil sie im Stillen geschieht. Der Volksmund sagt hingegen: Großzügig sein, es aber auch zeigen. Letzteres gelingt besser, wenn Sie dem Pfarrer den Schein direkt in die Hand drücken, z.B. für die Renovierung der Kirche oder für seelsorgerische Aktivitäten. In diesem Fall kann die Spende sogar etwas großzügiger ausfallen, weil Ihnen der Fiskus einen Teil davon erstattet, wenn er eine entsprechende Spendenquittung des Pfarrers sieht.

Besonderheiten rund um Vereine 165

a) Vereinsmitglieder sind wachsam!

Jeder gemeinnützige Sportverein kann für erhaltene Spenden eine Quittung ausstellen. Allerdings müssen besondere Aufzeichnungspflichten eingehalten werden. Name und Anschrift des Spenders, Tag der Zahlung, Nachweis über die Verwendung der Spende und Kopie oder Durchschrift der Spendenquittung gehören in die Vereinsbuchführung. Trotz genauer Aufzeichnung droht dem Spender finanzielles Ungemach, wenn auf dem Spendenquittungsvordruck unter »Verwendung« geschrieben steht: Finanzierung des Sommerfests. Denn ein Sommerfest gehört zwar zum Vereinsleben wie der Schaum zum Bier, nicht aber zu den gemeinnützigen Zwecken des Vereins, die es mit der Spende zu fördern gilt.

Übrigens: Bei illegalen Spendenquittungen haftet der Vereinsvorstand in Höhe des vermeintlichen Steuerausfalls von 30 % der falsch bescheinigten Beträge.

166 Wie bereits gesagt, sind Mitgliedsbeiträge keine Spenden, wenn der Verein dafür eine Gegenleistung erbringt. Aber mal angenommen, Sie fahren ständig die Jugendmannschaften Ihres Vereins mit Ihrem Auto durch die Gegend. Zwar macht Ihnen das nichts aus, aber trotzdem wär's schön, wenn sich der Fiskus an Ihren Benzinkosten beteiligen würde. Dazu gibt es eine ganz legale Gestaltung der Verhältnisse.

Vereinbaren Sie mit dem Kassierer, dass Ihnen Ihre Fahrtkosten ersetzt werden. Den erhaltenen Betrag spenden Sie dann Ihrem Verein.
»Das mache ich noch anders: Am Jahresanfang spende ich 500 € gegen Quittung. Und am Jahresende rechne ich mit unserem Kassenwart alle Aufwendungen ab. So gibt es keinen zeitlichen Zusammenhang, aus dem irgendjemand uns etwas stricken könnte. Und unser Vorstand braucht nicht zu zittern, ob ich vielleicht nicht zurückspende!«, sagen Sie. Klar, geht auch.

167 **b) Geld vom Fiskus für den Vereinsvorstand**
Die Spende kann auch darin bestehen, dass z.B. Vorstandsmitglieder die ihnen für den Verein entstehenden Kosten als Spenden geltend machen, wenn sich der Anspruch auf Kostenerstattung aus der Satzung ergibt (ein Anspruch, der oftmals nur »pro forma« in die Satzung aufgenommen, eben um den Spendenabzug zu ermöglichen, denn es wird mehr oder weniger erwartet, dass »zum Wohle des Vereins« auf eine Kostenerstattung verzichtet wird). Entscheidend ist, dass das Vereinsmitglied im Auftrag des Vereins für dessen satzungsmäßige Zwecke tätig wird und dabei eigenes Vermögen aufwendet (BFH-Urt. v. 24.9.1985 – BStBl 1986 II S. 726). Also holen Sie sich über den Spendenabzug einen Teil Ihrer Kosten vom Fiskus zurück.

Wichtig ist: Die Spendenbescheinigung muss ausführlich alle Aufwendungen enthalten, die Ihnen in Erfüllung der satzungsmäßigen Zwecke entstanden sind. Pauschale Beträge erkennt der Fiskus nicht an. So sind die Aufwendungen für das Arbeitszimmer und die Telefonkosten einzeln aufzulisten, alle Fahrten für den Verein einzeln abzurechnen (BFH-Urt. v. 29.11.1989 XR 5/89 – BFH/NV 215/91).

Dazu weiter: Benutzen Sie für Ihre ehrenamtliche Tätigkeit den eigenen Pkw, sind die Benzinkosten als Spende nach § 10b EStG abziehbar (BFH-Urt. v. 29.11.1989 – BStBl 1990 II S. 570). Wenden Sie doch die »Vorher/

Nachher-Technik« an: Tanken Sie vor der Fahrt und nach der Rückkehr Ihren Pkw voll. Die Tankquittungen sind ein super Beleg für die Spendenquittung. Voraussetzung ist aber eine Spendenbescheinigung mit Angaben über Zeit, Ort, Entfernung, Zweck der Fahrt und Typ des Pkws (BFH-Urt. v. 28.11.1990 XR 61/89 – BFH/NV 303/1991).

c) Füllen Sie mit Sponsorengeldern die Vereinskasse 168

Sicher gibt es bei Ihnen am Ort jede Menge Handwerksbetriebe, andere kleine Firmen, Banken, Sparkassen etc. Machen Sie denen schmackhaft, dass sie Ihren Verein kräftig mit Geld, Kleidung, Maschinen, vielleicht sogar einem neuen Transporter oder einem Anbau an Ihr Vereinsheim unterstützen.

Wichtig: Die edlen Gönner treten nicht als Spender, sondern als Sponsoren auf. Das setzt nur voraus, dass sie und Ihr Verein deutlich darauf hinweisen, von wem Ihr Verein gefördert wird (auf Prospekten, in Anzeigen, bei der Durchsage im Stadion etc.). Dann können die Firmen ihre Zuwendung voll als Betriebsausgabe absetzen, und weder sie noch Ihr Verein brauchen sich mit den kleinkarierten Spendenformalitäten herumzuschlagen. Schaut der Finanzritter daraufhin ungläubig, verweist ihn die edle Firma schnöde auf das BMF-Schreiben vom 18.2.1998 (BStBl I S. 212), wo genau das haarklein bestätigt wird.

Der Arzt behandelt,
die Natur aber heilt.
(Lateinische Weisheit)

Das Ehrenamt und die Steuer

Die wahren Helden unserer Gesellschaft sind diejenigen, die sich in ihrer 169
Freizeit in den Dienst einer guten Sache stellen. Sie helfen alten oder behinderten Mitbürgern, sind Mitglied der freiwilligen Feuerwehr oder engagieren sich im Sportverein und verbinden so das Nützliche mit dem Angenehmen.

Manchmal werden dafür Aufwandsentschädigungen, Sitzungsgelder und auch Ersatz des Verdienstausfalls gezahlt. Und schon stellen sich Fragen wie z. B.:

- Unterliegen diese Entschädigungen der Steuer?
- Wenn ja, was kann ich steuerlich absetzen, oder gibt es gar Freibeträge?
- Gibt es Steuervorteile für ein Ehrenamt, wenn man keine Einnahmen erhält?

Und, und, und.

Im Folgenden will ich Ihnen die steuerlichen Spielregeln im Zusammenhang mit Ehrenämtern aufzeigen.

170 **Entschädigungen für ehrenamtliche Tätigkeiten unterliegen der Einkommensteuer**

Dass eine Tätigkeit ehrenamtlich ausgeübt und nur eine Aufwandsentschädigung gezahlt wird, ist den Steuerbeamten herzlich egal. Auch Vergütungen für Ehrenämter unterwerfen sie der Einkommensteuer.

171 **TIPP**

Sich mit Liebhaberei aus der Steuerfalle befreien

Die Einnahmen aus dem Ehrenamt bleiben von der Steuer verschont, wenn Sie sagen können: »Mit meiner Tätigkeit verfolge ich keine Einkunftserzielungsabsicht. Die Einnahmen decken nicht einmal meinen Aufwand wie z. B. Fahrt- und Verpflegungskosten, Telefonkosten, Bürobedarf oder auch notwendige Ausgaben für spezielle Kleidung (Trainingsanzug des Sportvereins, Uniform …).«

Damit fällt dann keine Steuer auf die Einnahmen an, die Tätigkeit wird dem steuerlich irrelevanten Bereich, der sog. Liebhaberei, zugerechnet.

Wer so argumentieren will, sollte dem Finanzamt zumindest im ersten Jahr die Einnahmen und Ausgaben präsentieren.

Aufwandsentschädigung als Schriftführer des Heimatvereins			600 €
Portokosten lt. Beleg	90 €		
Fahrtkosten lt. Aufstellung (0,30 € je gefahrenen Kilometer)	288 €		
Büromaterial lt. Aufstellung und Beleg	240 €		
Telefonkosten pauschal	120 €		
Summe	738 €	>	– 738 €
Fehlbetrag			– 138 €

Mit gesondertem Schreiben zur Steuererklärung weisen Sie das Finanzamt auf Ihr ehrenamtliches Wirken hin und verzichten großzügig auf die steuerliche Berücksichtigung des Fehlbetrags. So können Sie sich in Folgejahren das lästige Sammeln der Belege ersparen und die Pauschale ohne schlechtes Gewissen und vor allem ohne Steuerlast kassieren.

»Die Quittungen kann ich ja später zu meinen übrigen Werbungskostenbelegen nehmen und dort steuerlich absetzen«, schalten Sie sofort.

Das wäre wohl nicht ganz korrekt, Sie müssen da schon trennen …

»Verflixt, ich komme nicht auf einen Verlust, sosehr ich mich auch bemühe. Es bleiben noch gut 150 € übrig«, ärgern Sie sich.

Kein Problem, da hilft die …

256-€-Vereinfachungsregelung 172

Lassen sich die Einnahmen aus dem Ehrenamt trotz viel Phantasie und guten Willens nicht auf null oder einen Minusbetrag drücken, hilft vielleicht die Vereinfachungsregel.
Danach führt Aufwendungsersatz an ehrenamtlich Tätige, der über die abziehbaren Beträge hinaus geleistet wird, nicht zu steuerpflichtigen Einkünften, wenn er im Kalenderjahr unter dem Betrag von 256 € bleibt.
Hierbei handelt es sich um eine Freigrenze, d.h.: Wird im Kalenderjahr Aufwendungsersatz über die abziehbaren Beträge hinaus von mindestens 256 € gewährt, ist der gesamte Betrag steuerpflichtig.

Beispiel
Der ehrenamtliche Feld- und Forsthüter erhält von der Stadt eine Aufwandsentschädigung von 1.080 € im Jahr. Seine jährlichen Aufwendungen für Arbeitskleidung, Fahrtkosten usw. betragen 840 €.
Die Einnahmen sind um lediglich 240 € (1.080 € – 840 €) höher als die Kosten. Da die Freigrenze von 256 € nicht überschritten wird, liegt keine einkommensteuerlich relevante Tätigkeit vor.

Gut zu wissen
Alle Aufwendungen, die mit dem Ehrenamt nur irgendwie in Zusammenhang stehen, können den Einnahmen gegengerechnet werden. Dabei gelten die gleichen Spielregeln wie beim Werbungskostenabzug (vgl. daher ➤ Rz 688 ff.).

Steuerliche Freibeträge für ehrenamtlich Tätige 173

Um das ehrenamtliche Wirken zu fördern, hat der Gesetzgeber für bestimmte nebenberufliche Tätigkeiten zwei wichtige Steuerbefreiungen geschaffen, und zwar

- die **Übungsleiterpauschale** (Steuerbefreiung nach § 3 Nr. 26 EStG) bis zur Höhe von insgesamt **2.400 €** im Jahr und
- die **Ehrenamtspauschale** (Steuerbefreiung nach § 3 Nr. 26a EStG) für Einnahmen bis zur Höhe von insgesamt **720 €** im Jahr.

1. Übungsleiterpauschale
Unter die Steuerbefreiung des § 3 Nr. 26 EStG fallen Einnahmen

- aus nebenberuflichen Tätigkeiten (der zeitliche Umfang darf nicht mehr als ein Drittel einer vollen Erwerbstätigkeit ausmachen)
- als Übungsleiter, Ausbilder, Erzieher, Betreuer oder aus vergleichbarer nebenberuflicher Tätigkeit, aus nebenberuflicher künstlerischer Tätigkeit oder der nebenberuflichen Pflege alter, kranker oder behinderter Menschen

- im Dienst oder im Auftrag einer inländischen juristischen Person des öffentlichen Rechts (z.B. Bund, Länder, Kommunen, bestimmte Religionsgemeinschaften) oder einer gemeinnützigen Körperschaft (z.B. Sportvereine, Umweltschutzorganisationen, DRK)
- zur Förderung gemeinnütziger, mildtätiger oder kirchlicher Zwecke.

Nicht unter die Steuerbefreiung fallen somit z.B. nebenberufliche Tätigkeiten in der Privatwirtschaft, für Gewerkschaften oder politische Parteien, da es hierbei an einem »begünstigten Auftraggeber« fehlt.
Zu den **begünstigten Tätigkeiten** gehören z.B.

- die Tätigkeit eines Sporttrainers oder Mannschaftsbetreuers,
- eines Chorleiters oder Orchesterdirigenten,
- die Lehr- und Vortragstätigkeit im Rahmen der allgemeinen Bildung und Ausbildung,
- Hilfsdienste durch ambulante Pflegedienste,
- Sofortmaßnahmen bei Schwerkranken und Verunglückten, z.B. durch Rettungssanitäter und Ersthelfer,
- Behindertentransporte,

nicht dagegen

- eine Tätigkeit als Vorstandsmitglied, als Vereinskassierer oder als Gerätewart bei einem Sportverein,
- Tätigkeiten, die in erster Linie die »Rechtsfürsorge« betreffen, wie z.B. die ehrenamtlichen Tätigkeiten der rechtlichen Betreuer nach § 1835a BGB sowie der sog. Versichertenältesten,
- hauswirtschaftliche Tätigkeiten in Krankenhäusern, Altenheimen usw.,
- »reine« Bereitschaftsdienste von Sanitätshelfern bei Großveranstaltungen usw.

Feuerwehrleute aufgepasst!

174 Die Übungsleiterpauschale (§ 3 Nr. 26 EStG) wird neben der Steuerbefreiung für eine Aufwandsentschädigung aus öffentlichen Kassen gewährt (§ 3 Nr. 12 Satz 2 EStG); von Bedeutung ist dies z.B. für die Funktionsträger in den freiwilligen Feuerwehren, die zumindest teilweise eine »ausbilderische Tätigkeit« im Sinne des § 3 Nr. 26 EStG ausüben.

Beispiel

Die Aufwandsentschädigung eines Kreisausbildungsleiters in der freiwilligen Feuerwehr beträgt jährlich 4.800 €. Davon entfallen 50 % auf eine Ausbildungstätigkeit im Sinne des § 3 Nr. 26 EStG.
In diesem Fall kommen sowohl die Steuerbefreiung für Aufwandsentschädigungen aus öffentlichen Kassen als auch die Übungsleiter-

pauschale zum Tragen. Damit bleiben die gesamten 4.800 € pauschal steuerfrei.

Mehr zu Steuervergünstigungen bei Mitgliedern der freiwilligen Feuerwehr unter ➤ Rz 179.

2. Ehrenamtspauschale 175

Einnahmen aus nebenberuflichen Tätigkeiten im gemeinnützigen, mildtätigen oder kirchlichen Bereich sind bis zur Höhe von 720 € im Jahr steuerfrei.

Mit dem Freibetrag soll der Aufwand, der den nebenberuflich Tätigen durch ihre Beschäftigung entsteht, pauschal abgegolten werden.

Unter die Steuerbefreiung fallen z.B.

- die nebenberufliche Tätigkeit von Vereinsvorsitzenden, Kassenwarten, Platzwarten, Zeugwarten usw. in gemeinnützigen Vereinen,
- die nebenberufliche Ausbildung von Rennpferden oder Diensthunden oder
- die ehrenamtliche Tätigkeit von sog. rechtlichen Betreuern nach § 1835a BGB.

Nicht dagegen z.B.

- die nebenberufliche Tätigkeit der sog. Versichertenältesten, da diese keine gemeinnützige Tätigkeit ausüben,
- die Sportler eines Vereins, da diese den gemeinnützigen Zweck des Vereins weder unmittelbar noch mittelbar fördern.

Beispiel

Ein ehrenamtlicher rechtlicher Betreuer nach § 1835a BGB erhält vom Amtsgericht für zwei Betreuungen pauschale Aufwandsentschädigungen von je 423 € im Jahr (Gesamteinnahmen somit 846 € im Jahr).

Die Steuerberechnung ist wie folgt vorzunehmen:

Gesamteinnahmen	846 €
./. Steuerfreibetrag nach § 3 Nr. 26a EStG	– 720 €
Verbleiben	126 €

Der nach Abzug der Ehrenamtspauschale verbleibende Betrag von 126 € liegt unterhalb der Freigrenze für die Besteuerung von Einkünften aus sonstigen Leistungen im Sinne des § 22 Nr. 3 EStG von 256 €, so dass keine Steuer auf die Einnahmen anfällt (➤ Rz 172).

Machen Sie dem Finanzamt eine solche Rechnung auf einer gesonderten Anlage auf, denn Sie wissen ja: »Meldung befreit.«

176 **Man kann nicht auf zwei Hochzeiten zugleich tanzen**

Im Unterschied zur Übungsleiterpauschale kommt die Ehrenamtspauschale nur dann zum Tragen, wenn für die Einnahmen – ganz oder teilweise – keine weitere Steuerbefreiung greift (z. B. für Aufwandsentschädigungen aus öffentlichen Kassen nach § 3 Nr. 12 EStG oder die Übungsleiterpauschale).

Beispiel

Ein nebenberuflich ehrenamtlich tätiger Naturschutzbeauftragter erhält nach der Satzung eine Aufwandsentschädigung von 3.324 € im Jahr, von der nach § 3 Nr. 12 EStG (= Aufwandsentschädigungen aus öffentlichen Kassen) pauschal 2.400 € steuerfrei bleiben.

Obwohl er eine gemeinnützige Tätigkeit für eine juristische Person des öffentlichen Rechts ausübt, kommt die Ehrenamtspauschale hier nicht zum Zuge, da sie nicht zusätzlich beansprucht werden kann. Es bleibt also beim Freibetrag von 2.400 €. Der Rest von 924 € muss versteuert werden (einzutragen in Anlage N, > Zeile 27).

177 **720 € Freibetrag, mehr geht nicht, oder?**

Die Ehrenamtspauschale wird nur einmal gewährt, selbst wenn mehrere begünstigte Tätigkeiten ausgeübt werden.

Beispiel

Sie sind im Fußballverein im Vorstand und im Tanzclub als Kassenwart tätig und erhalten dafür pauschale Aufwandsentschädigungen. Trotzdem erhalten Sie nur einmal die Ehrenamtspauschale von max. 720 €. Es spielt also keine Rolle, dass es sich um unterschiedliche Tätigkeiten handelt, die zudem in zwei verschiedenen Vereinen ausgeübt werden.

Da wäre es steuerlich geschickter, im Fußballverein unter »Übungsleiter« oder »Trainer« zu laufen …

3.120 € steuerfrei durch Ämtertrennung

Wer als engagierter Vorstand eine Entschädigung von 3.120 € jährlich bekommt, muss nach Abzug der Ehrenamtspauschale von 720 € noch 2.400 € versteuern (> Zeile 27 der Anlage N).

Sind Sie aber außerdem als Übungsleiter tätig, können sie zusätzlich die Übungsleiterpauschale von 2.400 € geltend machen, sprich beide Steuerbefreiungen abräumen.

Wichtig zu wissen:
Vergütungen an Vereinsvorstände müssen in der Satzung geregelt sein!

Die Vergütungen an den Vorstand müssen unbedingt in der Vereinssatzung geregelt sein, ansonsten droht die Aberkennung der Gemeinnützigkeit durch das Finanzamt.
Nach § 27 Abs. 3 BGB sind die Vorstandsmitglieder von Vereinen vom Grunde her unentgeltlich tätig. Sie können allerdings die tatsächlich entstandenen Aufwendungen ersetzt bekommen. Fährt der Vereinsvorstand z. B. die Jugendmannschaft zum Auswärtsspiel, kann ihm der Verein die Fahrtkosten erstatten. Erhalten Vorstandsmitglieder aber Vergütungen für ihre (Vorstands-)Tätigkeit, muss die Zahlung derartiger Vergütungen ausdrücklich in der Satzung der Vereins geregelt werden. Falls noch nicht geschehen, sollte Ihr Verein also in einer der nächsten Mitgliederversammlungen regeln, dass und in welcher Höhe den Vorstandsmitgliedern eine Aufwandsentschädigung gezahlt wird.
Die Bezahlung der Vergütungen sollte dabei natürlich nicht an die Verpflichtung geknüpft werden, sie als Spende zurückfließen zu lassen. Denn dann wäre die Spende nicht mehr freiwillig und könnte nicht von der Steuer abgesetzt werden.

Steuerbefreiung von Aufwandsentschädigungen aus öffentlichen Kassen 178

Unter diese Vorschrift fallen in der Praxis besonders die aus kommunalen Kassen gezahlten Aufwandsentschädigungen an Mitglieder kommunaler Volksvertretungen und der freiwilligen Feuerwehren sowie an sonstige ehrenamtlich Tätige (z.B. Landschaftswarte, Büchereileiter, Frauenbeauftragte). Entsprechendes gilt für die von den öffentlich-rechtlichen Religionsgemeinschaften gezahlten Aufwandsentschädigungen an ehrenamtlich Tätige (Lektoren und Prädikanten).
Nicht unter diese Steuerbefreiung fallen z.B. Tätigkeiten für Wohlfahrtsorganisationen (z.B. DRK, Caritas, AWO), die zwar gemeinnützig sind, aber privatrechtlich organisiert (es sind keine »öffentlichen Kassen«).
Steuerfrei sind bei allen ehrenamtlichen Tätigkeiten im kommunalen Bereich im Regelfall **mindestens 200 € monatlich bzw. 2.400 € im Jahr**.

Mitglieder freiwilliger Feuerwehren

Auch für sie gilt grundsätzlich die o.g. Steuerbefreiung (§ 3 Nr. 12 Satz 2 179
EStG), wonach mindestens 200 € monatlich steuerfrei bleiben.

Wird der Verdienstausfall für besondere Einsätze usw. gesondert erstattet, ist er grundsätzlich steuerpflichtig. Möglicherweise kommt aber die Übungsleiter- bzw. Ehrenamtspauschale in Betracht, wie folgendes Beispiel zeigt.

Beispiel
Als Stadtbrandmeister erhalten Sie **Aufwandsentschädigungen aus öffentlichen Kassen** von 170 € bzw. 2.040 € (Monat/Jahr) sowie für besondere Einsätze Ersatz des **Verdienstausfalls** in Höhe von 300 €.

Da die Aufwandsentschädigungen weniger als 2.400 € im Jahr ausmachen, bleiben sie in voller Höhe steuerfrei.

Für den Ersatz des Verdienstausfalls kann die Übungsleiterpauschale von max. 2.400 € beansprucht werden (§ 3 Nr. 26 EStG). Nach dem beispielsweise für Niedersachsen geltenden »pauschalen Aufteilungsschlüssel« übt der Stadtbrandmeister (zumindest) zu 60 % eine begünstigte Tätigkeit im Sinne des § 3 Nr. 26 EStG aus, so dass in diesem Umfang (60 % von 300 € = 180 €) auch der Ersatz des Verdienstausfalls steuerfrei bleibt.

4.5 Außergewöhnliche Belastungen – Zeile 61–70

180 Die Lohn- und Einkommensteuer soll sich – man höre und staune – an der Leistungsfähigkeit des Steuerzahlers orientieren, weshalb sie progressiv ansteigt. Andererseits muss dem Steuerzahler geholfen werden, wenn ihn persönliche Ausgaben außergewöhnlich belastet haben. So weit, so gut. Aber der Teufel steckt wieder mal im Detail, denn absetzbar sind die Kosten nur, wenn dem Steuerpflichtigen »zwangsläufig größere Aufwendungen als der überwiegenden Mehrzahl der Steuerpflichtigen gleicher Einkommens- und Vermögensverhältnisse« entstanden sind. Wie man sich denken kann, gehen da die Meinungen zwischen Steuerzahler und Fiskus oft weit auseinander.

181 Die meisten außergewöhnlichen Belastungen werden in den > Zeilen 61–66 eingetragen und in Form von Frei-, Höchst- oder Pauschbeträgen berücksichtigt:

> Zeile 61–64	Freibetrag für **Behinderungen**
> Zeile 65–66	**Pflegepauschbetrag**

(Quelle: §§ 33a und 33b EStG)

Aufwendungen für eine **Hilfe im Haushalt** sind in > Zeile 72 einzutragen. Alle anderen außergewöhnlichen Belastungen werden in den > Zeilen 67–68 angegeben und – nach Abzug eines Eigenanteils, den das Gesetz als »zumutbare Belastung« bezeichnet – in voller Höhe abgesetzt. Hierunter fallen insbesondere nicht anderweitig erstattete Kosten in Zusammenhang mit **Krankheit, Beerdigung, Scheidung, Wiederbeschaffung von Hausrat, Unterbringung im Pflegeheim als Alternative zum Pflegepauschbetrag** (Quelle: § 33 EStG).

Werden Sie hingegen aus Ihrer Wohnung verjagt, weil der Vermieter Eigenbedarf anmeldet oder eine Totalsanierung angesagt ist, und haben deswegen hohe Umzugskosten, können Sie nicht mit einer Steuerermäßigung rechnen. Und wenn Sie wegen Familienzuwachses eine größere Wohnung suchen und mit zusätzlichen Möbeln ausstatten müssen, zeigt Ihnen der Fiskus ebenfalls die Rote Karte.

Auch Sie sind außergewöhnlich belastet. Hapert es in diesem Jahr noch mit der Steuerermäßigung, dann **gestalten Sie Ihre Verhältnisse entsprechend,** damit es im nächsten Jahr klappt. 182

Zeile 61-64 Behinderte und Hinterbliebene 183

Behinderten Menschen will der Fiskus durch Abzüge bei der Steuer das Leben erleichtern. Die entsprechenden Anträge sind an unterschiedlicher Stelle in den Formularen geltend zu machen. Hier zunächst eine

Übersicht

1. Pauschbetrag für Behinderte (➤ Rz 184),
2. Pflegepauschbetrag (➤ Rz 196),
3. Pauschbetrag für Heimunterbringung (➤ Rz 268),
4. Abzüge für sonstige Kosten, insbesondere Fahrt- und Pflegeheimkosten (➤ Rz 233 ff.)
5. Abzug der tatsächlichen Fahrtkosten für Wege zwischen Wohnung und Arbeitsstätte (➤ Rz 724 ff.).

Zu Steuervergünstigungen für ein behindertes Kind mehr unter ➤ Rz 193. Zum Pauschbetrag für Hinterbliebene mehr unter ➤ Rz 195.

Als Behinderter haben Sie Anspruch auf einen pauschalen Freibetrag, 184
der bestimmte Erschwernisse ausgleichen soll, die Ihnen im Verhältnis zu Nichtbehinderten entstehen. Je nach Grad der Behinderung sieht das Gesetz unterschiedliche Pauschbeträge vor (§ 33b EStG). Die Behinderung muss mindestens 25 % betragen.

EINKOMMENSTEUERERKLÄRUNG
Hauptformular **2018**

Außergewöhnliche Belastungen 53

Behinderte Menschen und Hinterbliebene

		Ausweis / Rentenbescheid / Bescheinigung gültig von	bis	unbefristet gültig	Grad der Behinderung	Erstmalige Beantragung / Änderung (Nachweis ist einzureichen)
61	stpfl. Person / Ehemann / Lebenspartner(in) A	100 M M J J	101 M M J J	102 1 = Ja	105	X
62		hinterblieben 380 1 = Ja	blind / ständig hilflos 103 1 = Ja		geh- und stehbehindert 104 1 = Ja	
63	Ehefrau / Lebenspartner(in) B	150 M M J J	151 M M J J	152 1 = Ja	155	X
64		hinterblieben 381 1 = Ja	blind / ständig hilflos 153 1 = Ja		geh- und stehbehindert 154 1 = Ja	

Übersicht zur Höhe des Pauschbetrags:

Behinderungsgrad	Pauschbetrag
25–34 %	310 €
35–44 %	430 €
45–54 %	570 €
55–64 %	720 €
65–74 %	890 €
75–84 %	1.060 €
85–94 %	1.230 €
95–100 %	1.420 €
Blinde und Hilflose	3.700 €

185 **Blinde (Merkzeichen »Bl«) und Pflegebedürftige (Merkzeichen »H« für »Hilflos«) tragen in das Kästchen »Grad der Behinderung« die Zahl »300« ein und erhalten damit den erhöhten Pauschbetrag. Prüfen Sie aber den Steuerbescheid genau nach, ob dort auch wirklich 3.700 € und nicht bloß 1.420 € abgezogen wurden!**

Wie üblich hat der Fiskus einen steinigen Weg zum Pauschbetrag gewählt. Er unterscheidet zwischen Minderbehinderten und Schwerbehinderten.

✎ Minderbehinderte

186 Viele Menschen haben im Lauf ihres Lebens leicht Schaden genommen, durch Unfälle, übermäßigen Sport, Infektionen usw. Oder es liegt schon ab Geburt eine leichte Behinderung vor. Für die Steuer reicht eine Behinderung von 25 %, um einen Anspruch auf Steuerermäßigung zu begründen. Bis zu einem Behinderungsgrad von 50 % ist eine Steuerermäßigung allerdings nur möglich,

- wenn wegen der Behinderung ein Anspruch auf Rente besteht, z. B. aus der Berufsunfallversicherung,

- wenn die Behinderung – Schäden am Stütz- und Bewegungsapparat, z.B. durch Arthrose, verkürztes Bein, Erblindung eines Auges, Asthma – zu einer dauernden Einbuße der körperlichen Beweglichkeit geführt hat
- oder auf einer typischen Berufskrankheit beruht.

Als Nachweis benötigen Sie eine Bescheinigung des Versorgungsamts, oder Sie legen den Rentenbescheid vor, wenn Sie wegen der Behinderung Rente beziehen.

Schwerbehinderte 187
Behinderte mit einem Grad der Behinderung von mindestens 50 % erhalten den Pauschbetrag nach Vorlage ihres Schwerbehindertenausweises. Schicken Sie vor allem hier nur eine Kopie, denn wenn der Ausweis verlorengeht, haben Sie viel Rennerei, um Ersatz zu besorgen.

TIPP Freibetrag schon beim Lohnsteuerabzug berücksichtigen lassen 188

Dazu stellen Sie beim Finanzamt einen Antrag auf Lohnsteuerermäßigung und fügen den Nachweis für die Behinderung bei. Ab dem nächsten Jahr geht es dann ohne Formularkram, denn der Pauschbetrag wird gespeichert und automatisch beim Lohnsteuerabzug berücksichtigt. Aber auch hier gilt: Vertrauen ist gut, Kontrolle ist besser. In den Antrag auf Lohnsteuerermäßigung tragen Sie z. B. ein:

Ⓒ Unbeschränkt antragsfähige Ermäßigungsgründe									
I. Behinderte Menschen und Hinterbliebene (Bei Kindern auch **Abschnitt B** ausfüllen)				Nachweis ☐ ist beigefügt			☐ hat bereits vorgelegen		
Name	Ausweis/Rentenbescheid/Bescheinigung ausgestellt am	unbefristet gültig	gültig bis	hinterblieben	behindert	blind/ständig hilflos	geh- und steh-behindert	Grad der Behinderung	
Huber, Heribert	04.12.2016	☐	20.11.2019	☐	☒	☐	☐	70	

Der Arzt ist schlimmer
als die Krankheit.
(Alte Weisheit)

Leben Sie im Pflegeheim, kann es weitaus günstiger sein, anstelle des 189
Pauschbetrags Ihre tatsächlichen Pflegekosten als außergewöhnliche Belastung in > Zeile 67–68 anzusetzen. Wie das geht, dazu mehr unter ➤ Rz 235 ff.

Übrigens: Eine altersbedingte allgemeine Verminderung der körperlichen Leistungsfähigkeit wird nicht als Behinderung bescheinigt.

190 ♦ *Musterfall Huber (Behinderung)*
Herr Huber ist körperbehindert. Der Grad seiner Behinderung beträgt 70 %. Sein Behindertenausweis datiert vom 4.12.2016 und ist bis 2019 gültig. Dafür steht ihm ein Pauschbetrag von jährlich 890 € zu.

Außergewöhnliche Belastungen 53
Behinderte Menschen und Hinterbliebene

		Ausweis / Rentenbescheid / Bescheinigung gültig von	bis	unbefristet gültig	Grad der Behinderung	Erstmalige Beantragung / Änderung (Nachweis ist einzureichen)
61	stpfl. Person / Ehemann / Lebenspartner(in) A	100 1216	101 1119	102 1 = Ja	105 70	
62		hinterblieben 380 1 = Ja	blind / ständig hilflos 103 1 = Ja		geh- und stehbehindert 104 1 = Ja	

191 **Was ist sonst noch alles drin?**
Der Pauschbetrag wird ohne viel Federlesens angesetzt, wenn das Versorgungsamt die Behinderung anerkannt hat. Doch mit dem Pauschbetrag sind nur die typischen Mehraufwendungen abgedeckt, die durch die Behinderung entstehen, als da sind private und berufliche Fahrtkosten (➤ Rz 233, Rz 724), Pflegekosten (➤ Rz 235 ff.), Hilfe im Haushalt (➤ Rz 261 ff.). Obendrein werden Sie daher für bestimmte Kosten einen Einzelnachweis führen und folgende Kosten ansetzen:

- Aufwendungen für ein **behindertengerechtes Bad**/eine **behindertengerechte Dusche** (FG Baden-Württemberg v. 29.1.1987 – EFG 1987 S. 245; FG Baden-Württemberg v. 19.3.2014, Az. 1 K 3301/12),
- Aufwendungen für einen **Führerschein**, sofern Sie das Merkzeichen »aG« (»außergewöhnlich gehbehindert«) im Behindertenausweis haben. Denn der Pauschbetrag soll die laufenden Kosten der Behinderung abdecken. Weil Führerscheinkosten nicht laufend anfallen, sind sie zusätzlich absetzbar. Zeigt sich das Finanzamt zopfig, haben Sie den Bundesfinanzhof auf Ihrer Seite (BFH v. 26.3.1993 – BStBl 1993 II S. 749). Entsprechendes gilt, wenn Sie für Ihr behindertes Kind die Führerscheinkosten übernehmen, vorausgesetzt, Sie haben den Behindertenpauschbetrag auf sich übertragen lassen.
- Aufwendungen für behindertengerechte **Ausstattung des Pkw** (Niedersächsisches FG v. 6.11.1991 – EFG 1992 S. 341).

Gut zu wissen: Ist ein Fahrzeug auf einen Schwerbehinderten mit Merkzeichen »H« (= hilflos), »Bl« (= blind) oder »aG« (= außergewöhnlich gehbehindert) zugelassen, ist es von der Kraftfahrzeugsteuer befreit. Mit Merkzeichen »G« (= gehbehindert) ermäßigt sich die Kraftfahrzeugsteuer um 50 %.

- Aufwendungen für eine **Begleitperson** bei einer Urlaubsreise bei Merkzeichen »H« oder »aG« (BFH v. 4.7.2002 BStBl 2002 II S. 765),
- Schulgeld für die **Privatschule** Ihres behinderten Kindes (EStH 33.1–33.4).

TIPP War Ihr Vater jahrelang krank, bevor er starb? 192

Einen Antrag auf Körperbehinderung zu stellen ist ihm aber nie in den Sinn gekommen? Sie als sein Rechtsnachfolger und Erbe können nachholen, was er versäumt hat. Die Versorgungsämter sind nämlich angewiesen, auch für Verstorbene Feststellungen über eine Körperbehinderung zu treffen, soweit dies nach den vorhandenen Unterlagen möglich ist. Diese nachträgliche Feststellung beantragen Sie beim Finanzamt, wenn Sie die Steuererklärung Ihres Vaters abgeben. Das Finanzamt holt dann eine Stellungnahme des Versorgungsamts ein und muss den Pauschbetrag für Behinderte berücksichtigen. Für die Steuererstattung können Sie als Erbe Ihr Konto angeben (Quelle: § 65 Abs. 4 EStDV).

Einfacher geht's bei Pflegegrad 4 bis 5

Den Ansatz eines Pauschbetrags erreichen Sie schnell und einfach, wenn Sie nachweisen können, dass Ihr Vater Pflegegeld den Pflegegrad 4 oder 5 bekam. Denn dann war er hilflos, und das Finanzamt muss einen Pauschbetrag von 3.700 € berücksichtigen.

Steuervergünstigung für ein behindertes Kind

Bei Kindern wird eine Behinderung häufig erst spät erkannt. Deshalb ist 193
wichtig, dass das Versorgungsamt bescheinigt, seit wann die Behinderung vorliegt. So können z.B. die Eltern eines **mongoloiden Kindes** bei entsprechender Bescheinigung des Versorgungsamts für die Jahre seit Geburt des Kindes rückwirkend den Pauschbetrag beanspruchen.

Achtung: An Zuckerkrankheit leidenden Kindern wird meistens kein hoher Behinderungsgrad bescheinigt. Gleichwohl kann die Zuckerkrankheit eine so hohe Pflegebedürftigkeit mit sich bringen, dass sie »hilflos« im Sinne der Steuergesetze sind, d.h. im täglichen Leben ständig in erheblichem Umfang fremder Hilfe bedürfen. Sorgen Sie also dafür, dass das Versorgungsamt Ihrem zuckerkranken Kind »Hilflosigkeit« bescheinigt und einen Grad der Behinderung von mindestens 25 %.

Nimmt Ihr Kind wegen fehlender oder geringer Einkünfte den Pauschbe- 194
trag nicht selbst in Anspruch, können Sie ihn in Ihrer Steuererklärung ansetzen. Sie haben also die freie Wahl, den Pauschbetrag bei dem gel-

tend zu machen, bei dem er sich am günstigsten auswirkt. Außerdem können Sie wegen Ihres behinderten Kindes evtl. die Kosten für eine Haushaltshilfe (➤ Rz 261 ff.) und für Privatfahrten (➤ Rz 233) in Ihrer Steuererklärung unterbringen und den Pflegepauschbetrag beanspruchen (➤ Rz 196). Welche Kosten bei der Heimunterbringung eines behinderten Kindes abzugsfähig sind, dazu mehr unter ➤ Rz 242.

195 Zeile 61-64 Hinterbliebenenpauschbetrag

Werden Ihnen als Kriegerwitwe oder Waise Hinterbliebenenbezüge bewilligt, sei es aus der gesetzlichen Rentenversicherung, der gesetzlichen oder freiwilligen Unfallversicherung, nach dem Bundesversorgungs- oder einem anderen Gesetz, steht Ihnen ein **Pauschbetrag von 370 €** zu.
Sie beantragen ihn, indem Sie der Steuererklärung den Bescheid der Bewilligungsbehörde beifügen und in > Zeile 61 bzw. 64 die entsprechenden Angaben machen.

Der Hinterbliebenenpauschbetrag für Kinder kann auf die Eltern übertragen werden (Quelle: § 33b Abs. 5 EStG).

196 Zeile 65-66 Pflegepauschbetrag

Kümmern Sie sich unentgeltlich um jemanden, der hilflos ist (Merkzeichen »H« im Schwerbehindertenausweis bzw. Einstufung in Pflegegrad 4 bis 5), indem Sie die Pflege in Ihrer bzw. in der Wohnung der Pflegeperson selbst besorgen oder die Arbeit einer ambulanten Pflegekraft überwachen, haben Sie Anspruch auf den Pauschbetrag von 924 €. Auf die Höhe der Ihnen entstandenen Kosten kommt es dabei nicht an.
Den Pauschbetrag gibt es für jeden Pflegefall und steht Ihnen selbst dann in voller Höhe zu, wenn Sie nur während eines Teils des Jahres die Pflege besorgt oder überwacht haben. Sie werden ihn deshalb auch dann beantragen, wenn der Pflegebedürftige während der Woche in einem Heim lebt und nur am Wochenende nach Hause kommt oder wenn er im Lauf des Jahres verstorben ist. Diese steuerzahlerfreundliche Entscheidung hat zumindest das Finanzgericht München getroffen (EFG 1995 S. 722). Finanzbeamte versuchen oft, Ihnen den Pflegepauschbetrag zu versagen, wenn in irgendeiner Form Zahlungen an Sie erfolgen. Grund: Nach § 33b EStG geht der Anspruch auf den Pauschbetrag verloren, wenn für die Pflege »Einnahmen« erzielt werden. Dass die Finanzer diesen Begriff nicht überstrapazieren dürfen, beweist ein Urteil des Finanzgerichts Berlin (Az: 6 K 6175/00). Danach bleibt Ihnen die steuerliche Geltend-

machung als außergewöhnliche Belastung auch dann erhalten, wenn die Pflegeversicherung für Sie Rentenversicherungsbeiträge übernimmt (siehe hierzu ➤ Rz 200).
Teilen Sie sich die Pflege mit jemand anderem, erhält jeder 462 €, also Aufteilung nach Köpfen, nicht nach Arbeits- oder Zeitaufwand (Quelle: § 33b Abs. 6 EStG).

Guter Rat: Pflege des Ehegatten oder eines Kindes
Den Pflegepauschbetrag von 924 € beantragen Sie immer, wenn Ihr Ehegatte oder Ihr Kind hilflos ist. Er steht Ihnen auf jeden Fall zu, selbst dann, wenn Sie den Behindertenpauschbetrag von 3.700 € (➤ Rz 184) für den betreuten Angehörigen absetzen. Der Behindertenpauschbetrag für Ehegatten wird im Rahmen der Zusammenveranlagung abgesetzt. Den für das Kind können Sie als Eltern absetzen, wenn das Kind ihn mangels Einkünfte nicht selbst in Anspruch nehmen kann (➤ Rz 194).

◆ *Musterfall Familie Huber (Pflegepauschbetrag)* 197

Frau Huber betreut seit zwei Jahren die Schwester ihres Mannes, Hedwig Völler, die nach einer Gehirnblutung schwerbehindert ist (Merkzeichen »H« im Behindertenausweis). Dafür steht ihr der Pflegepauschbetrag von 924 € zu, den sie in > Zeile 65–66 beantragt.

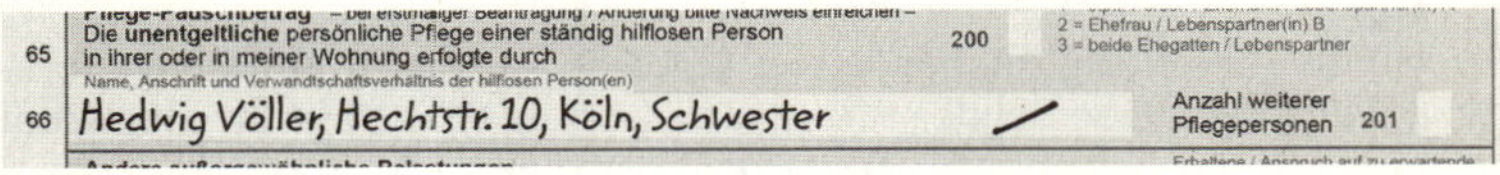
65 Die unentgeltliche persönliche Pflege einer ständig hilflosen Person in ihrer oder in meiner Wohnung erfolgte durch 200
2 = Ehefrau / Lebenspartner(in) B
3 = beide Ehegatten / Lebenspartner
Name, Anschrift und Verwandtschaftsverhältnis der hilflosen Person(en)
66 Hedwig Völler, Hechtstr. 10, Köln, Schwester
Anzahl weiterer Pflegepersonen 201

Übrigens

Pflegen Sie mehr als eine Person, machen Sie die erforderlichen Angaben zu den > Zeilen 65 und 66 bitte in einer formlosen Anlage mit der Überschrift »Ergänzende Angaben zur Steuererklärung« und tragen in > Zeile 98 des Hauptvordrucks eine »1« ein

Zeile 65 Leistungen aus der Pflegeversicherung 198

Dieses Buch soll sich für Sie bezahlt machen. Deshalb sehen Sie nach, ob Sie nicht zusätzlich zu der mickrigen Steuerersparnis aus dem Pflegepauschbetrag von 924 € bei Vater Staat die Hand aufhalten können.

Die Pflegeversicherung (Sozialgesetzbuch 11/SGB XI) soll mit ihren Leistungen vorrangig die häusliche Pflege und die Pflegebereitschaft von Angehörigen und Nachbarn stützen, so steht es wörtlich in § 3 SGB XI. Der Pflegebedürftige hat die Wahl zwischen einer Sach- und einer Geldleistung. Damit das schon mal klar ist: Die Leistungen jeglicher Art, ob Sach- oder Geldleistung, sind nach § 3 Nr. 1 a EStG für den Pflegebedürftigen steuerfrei. Pflegen Sie z. B. Ihren Vater, so hat dieser, weil er seine Betreuung durch Sie selbst organisiert, Anspruch auf das steuerfreie Pflegegeld. Was er damit anstellt und ob er Ihnen davon etwas abgibt, geht den Fiskus einen feuchten Kehricht an (FG Bremen v. 24.11.2004, EFG 2005 S. 365). Offiziell arbeiten Sie unentgeltlich.
Den Antrag auf Pflegegeld stellen Sie bzw. Ihr Vater bei der Pflegekasse, die bei der zuständigen Krankenkasse eingerichtet worden ist.

Folgende Neuregelungen sollten Sie kennen:
199 Am 1.1.2016 trat das Zweite Gesetz zur Stärkung der pflegerischen Versorgung und zur Änderung weiterer Vorschriften (Zweites Pflegestärkungsgesetz – PSG II) in Kraft. Das neue Begutachtungsverfahren und die Umstellung von Pflegestufe auf Pflegegrad wurden zum 1.1.2017 wirksam. Das Gesetz setzt den neuen Pflegebedürftigkeitsbegriff um. Damit erhalten erstmals alle Pflegedürftigen gleichberechtigten Zugang zu den Leistungen der Pflegeversicherung, unabhängig davon, ob sie von körperlichen oder psychischen Einschränkungen betroffen sind.

<u>Beratung</u>
Pflegende Angehörige haben einen eigenen Anspruch auf Pflegeberatung. Wer Leistungen bei der Pflegeversicherung beantragt, erhält zudem automatisch das Angebot für eine Pflegeberatung.

<u>Anpassung der Rahmenverträge</u>
Die beteiligten Partner der Selbstverwaltung müssen die Rahmenverträge über die pflegerische Versorgung in den Ländern an den neuen Pflegebedürftigkeitsbegriff anpassen. Dazu gehören auch die Vorgaben zur Personalausstattung.

<u>Pflegesätze und Personalschlüssel</u>
Vor Einführung der Pflegegrade mussten Träger der Pflegeeinrichtungen, Sozialhilfeträger und Pflegekassen die Personalstruktur und die Personalschlüssel der Einrichtungen prüfen und bei Bedarf anpassen. Bis zum 30.9.2016 mussten sie neue Pflegesätze für die Pflegeheime vereinbaren. Bis Mitte 2020 soll ein wissenschaftlich gesichertes Verfahren zur Personalbedarfsbemessung entwickelt werden.

Rund 2,7 Millionen Pflegebedürftige wurden zum 1.1.2017 automatisch in einen der neuen Pflegegrade übergeleitet. Menschen mit körperlichen Beeinträchtigungen wurden automatisch in den nächst höheren Pflegegrad eingestuft. Menschen, bei denen eine dauerhafte erhebliche Einschränkung der Alltagskompetenz festgestellt wurde, wurden in den übernächsten Pflegegrad überführt. Alle, die bereits Pflegeleistungen erhielten, erhalten diese daher mindestens in gleichem Umfang weiter, die allermeisten sogar mehr.

Auch in stationären Pflegeeinrichtungen gibt es Verbesserungen für alle Pflegebedürftigen. Seit 2017 gilt in jeder vollstationären Pflegeeinrichtung ein einheitlicher pflegebedingter Eigenanteil für die Pflegegrade 2 bis 5. Dieser steigt künftig nicht mehr mit zunehmender Pflegebedürftigkeit an. Zudem erhalten alle Pflegebedürftigen einen Anspruch auf zusätzliche Betreuungsangebote in voll- und teilstationären Pflegeeinrichtungen. Die Finanzierung erfolgt durch die soziale Pflegeversicherung.

Die soziale Absicherung von pflegenden Angehörigen wurde verbessert. Die Pflegeversicherung entrichtet nun für deutlich mehr pflegende Angehörige Rentenbeiträge. Dabei kommt es darauf an, in welchem Umfang die Pflege erbracht wird und in welchen Pflegegrad der Pflegebedürftige eingestuft ist. Auch im Bereich der Arbeitslosen- und der Unfallversicherung gibt es Verbesserungen.

<u>Pflegegrade und Leistungen seit dem 1.1.2017</u>

Körperliche, geistige und psychische Einschränkungen werden gleichermaßen erfasst und in die Einstufung einbezogen. Mit der Begutachtung wird der Grad der Selbständigkeit in sechs verschiedenen Bereichen gemessen und – mit unterschiedlicher Gewichtung – zu einer Gesamtbewertung zusammengeführt. Die sechs Bereiche sind:

1. Mobilität,
2. kognitive und kommunikative Fähigkeiten,
3. Verhaltensweisen und psychische Problemlagen,
4. Selbstversorgung,
5. Bewältigung von und selbständiger Umgang mit krankheits- oder therapiebedingten Anforderungen und Belastungen,
6. Gestaltung des Alltagslebens und sozialer Kontakte.

Vor den Erfolg haben die Götter
den Schweiß gesetzt.

Hauptleistungsbeträge in Euro

	Pflegegrad				
	1	**2**	**3**	**4**	**5**
Geldleistung ambulant		316	545	728	901
Sachleistung ambulant		689	1.298	1.612	1.995
Entlastungsbetrag ambulant (zweckgebunden)	125	125	125	125	125
Leistungsbetrag stationär	125	770	1.262	1.775	2.005
bundesdurchschnittlicher pflegebedingter Eigenanteil		580	580	580	580

Weitere ausführliche Informationen rund um die Pflegeversicherung finden Sie auf den Internetseiten des Bundesgesundheitsministeriums (www.bmg.bund.de).

200 **TIPP**

Später Rente für ehrenamtliche Pflege kassieren

Für die häusliche Pflege zahlt die Pflegeversicherung ihrer schwerstpflegebedürftigen Mutter das Pflegegeld für Pflegegrad 5 in Höhe von 901 € im Monat. Das Pflegegeld ist eine Entschädigung eigener Art und deswegen steuerfrei (§ 3 Nr. 1 a EStG).
Was in § 166 Sozialgesetzbuch sechs (SGB VI) in Verbindung mit § 3 SGB XI geschrieben steht, ist finanziell nicht minder interessant. Als anerkannte Pflegeperson sind Sie durch Einbeziehung in die gesetzliche Rentenversicherung für das Alter sozial abgesichert. Hierdurch steigt Ihre spätere Rente, es können sogar Rentenansprüche erst durch die Pflegeleistungen begründet werden. Denn Pflegezeiten sind vollwertige Rentenzeiten. Dabei ist wichtig zu wissen: Es fallen nur diejenigen Personen unter die Rentenregelung, die einen Pflegebedürftigen

- nicht erwerbsmäßig und
- wenigstens 14 Stunden wöchentlich pflegen.

Sie dürfen allerdings neben der Pflege keine andere Erwerbstätigkeit ausüben, die Sie mehr als 30 Stunden pro Woche in Anspruch nimmt.

Nun fragen Sie mich nicht, in welcher Höhe Sie später aus dieser Tätigkeit mit einer (zusätzlichen) Rente belohnt werden. Das wird Ihnen nur ein Rentenexperte sagen können. Auf jeden Fall zahlt die Pflegeversicherung nicht unerhebliche Beträge für Sie in die Rentenkasse ein, nachzulesen in § 166 SGB VI.

TIPP Kümmern Sie sich um eine einsame kranke Nachbarin? 201

Dann lassen Sie sich das von Vater Staat honorieren. Denn auch bei Nachbarschaftshilfe können Sie den Pflegepauschbetrag beanspruchen (Quelle: EStH 33b; sittliche Verpflichtung bei enger persönlicher Beziehung zur gepflegten Person).

Die Zwangsläufigkeit Ihres Bemühens können Sie dem Finanzamt problemlos dartun. Schließlich hat die Nachbarin früher, wenn Not am Mann war, Ihre Kinder gehütet und so manchen Abend den Babysitter gespielt, ohne mehr als ein Dankeschön zu verlangen. Und da sollen Sie sich jetzt nicht um sie kümmern?

Wichtig zu wissen: Kosten häuslicher Intensiv- und Behandlungspflege sind zusätzlich zum Pauschbetrag für Körperbehinderung steuerlich absetzbar. Dazu mehr unter ➤ Rz 239.

Zeile 67 Andere außergewöhnliche Belastungen

Neben den bisher behandelten Fällen können Sie noch andere außergewöhnliche Belastungen in der Steuererklärung unterbringen. Hauptsächlich kommen in Betracht Aufwendungen durch: 202

- Krankheit ➤ Rz 208 ff.,
- Ehescheidung ➤ Rz 227 ff.,
- Kuraufenthalt ➤ Rz 218 ff.,
- Aufwendungen behinderter Menschen ➤ Rz 232 ff.,
  - Fahrtkosten
  - Pflegeheim
- Wiederbeschaffung von Hausrat ➤ Rz 222 ff.,
- Begräbnis/Trauerfall ➤ Rz 220 f.,
- Umzug/Wohnungswechsel ➤ Rz 225 f.,
- sonstige außergewöhnliche Belastungen ➤ Rz 244.

	Andere außergewöhnliche Belastungen (z. B. Fahrtkosten behinderter Menschen, Krankheitskosten, Kurkosten, Pflegekosten) Art der Belastungen	Summe der Aufwendungen EUR	Erhaltene / Anspruch auf zu erwartende Versicherungsleistungen, Beihilfen, Unterstützungen; Wert des Nachlasses usw. EUR
67		300 ,—	301 ,—
	Für die – wegen Abzugs der zumutbaren Belastung – nicht als außergewöhnliche Belastung abziehbaren Aufwendungen wird die Steuerermäßigung für haushaltsnahe Beschäftigungsverhältnisse / Dienstleistungen / Handwerkerleistungen beantragt.		Aufwendungen (abzüglich Erstattungen) EUR

203 **Gleich vorweg die Ungerechtigkeit:**
Einen Teil der Belastung müssen Sie selbst tragen. Die Höhe der zumutbaren Belastung ist davon abhängig, wie hoch Ihre Einkünfte sind, ob Sie verheiratet sind und wie viele Kinder Sie haben. Es ist ein großes Unrecht, Ihnen – wenn Sie schon sehr belastet sind – auch noch zu sagen, dass ein Teil davon zumutbar sei!
Soweit Ihnen von dritter Seite Kosten ersetzt werden, müssen Sie sich diese Ersatzleistungen natürlich anrechnen lassen.

Belastungstabelle (§ 33b Abs. 3 EStG)

204

Zumutbare Belastung (in % des Gesamtbetrags der Einkünfte)				
Bei einem Gesamtbetrag der Einkünfte von	**Alleinstehende**	**Splittingberechtigte u. Verwitwete bis zum 2. Todesjahr**	**Personen mit steuerlich zu berücksichtigenden Kindern**	
			1–2 Kinder	**3 oder mehr Kinder**
15.340 €	**5**	**4**	**2**	**1**
15.341–51.130 €	**6**	**5**	**3**	**1**
über 51.130 €	**7**	**6**	**4**	**2**

So berechnen Sie die außergewöhnlichen Belastungen:
Aufwendungen (bezahlte Rechnungen) > Zeile 67 Spalte 1 ...... €
./. Erstattungen der Krankenkasse, aber ohne Krankengeld/Krankentagegeld, Zuschüsse des Arbeitgebers > Zeile 67 Spalte 2 – ...... €
Belastung ...... €
Das Finanzamt kürzt noch um die zumutbare Belastung.
Dieses Berechnungsschema gilt für alle Fälle außergewöhnlicher Belastung ab ➤ Rz 202.

Achtung: Die zumutbare Eigenbelastung wird jetzt neu berechnet!
Bisher ermittelten die Rechner des Finanzamts die zumutbare Belastung stumpf nach folgendem Schema:
Gesamtbetrag der Einkünfte z.B. 55.000 € × 4 % (Ehegatten mit einem Kind) ergibt eine zumutbare Belastung von (55.000 € × 4 % =) 2.200 €. Nur was an außergewöhnlichen Belastungen diesen Betrag überstieg, wurde steuerlich berücksichtigt. Basta!

Der Bundesfinanzhof erteilte den Fiskalbürokraten in 2017 Mathe-Nachhilfe und gab durch höchstrichterliches Urteil – hier bezogen auf o.g. Beispiel – folgenden Rechenweg vor:

Zumutbare Belastung bis 15.340 €: 2 %, ergibt	306,80 €
Zumutbare Belastung von 15.340 € bis 51.130 €: 3 %, ergibt	1.073,70 €
Zumutbare Belatung über 51.130 € hinaus: 4 %, ergibt	154,80 €
Zumutbare Belastung insgesamt daher	1.535,30 €

Damit fällt die zumutbare Belastung im obigen Beispiel um (2.200 € bis 1.535 € =) 665 € geringer aus. Bei einem Steuersatz von 35 % sind das immerhin rund 230 €.

»Das reicht für ein nettes Wochenende mit meinem Schatz«, rufen Sie verwundert.

Ganz recht. Achten Sie bloß darauf, dass das Finanzamt bei Ihnen – auch für die alten Jahre! – richtig rechnet. Vielleicht sind Ihre alten Steuerbescheide noch änderbar. Stellen Sie einfach einen Antrag auf Änderung bei Ihrem Finanzamt. Der Sachbearbeiter soll prüfen, ob eine Korrektur auch alter Jahre noch möglich ist.

◆ *Musterfall Backs (Beerdigungs- und Krankheitskosten)*

Freund Backs möchte das Jahr 2017 am liebsten ganz vergessen. Im Frühjahr verstarb seine alleinstehende Mutter. Von den 5.050 € Begräbniskosten trug 2.500 € die Sterbegeldversicherung, den Rest zahlte er selbst. 205

In den Begräbniskosten waren 830 € für die Bewirtung der Trauergäste enthalten. Backs weiß, dass er die Bewirtungskosten nicht absetzen kann. Deshalb trägt er nur 4.220 € in > Zeile 67 ein. Allerdings rechnet er die Bewirtungskosten mit dem Sterbegeld auf und setzt deshalb nur 1.670 € als Versicherungsleistung an.

Im Herbst war Backs einige Wochen gesundheitlich schwer angeschlagen. Ein Krankenhausaufenthalt hat insgesamt 4.600 € gekostet, davon hat die Krankenkasse als Abschlag in 2017 2.700 € gezahlt, 2018 einen Restbetrag von 700 €. Von seinem Arbeitgeber bekam Backs 2017 einen steuerfreien Zuschuss von 250 €.

	Andere außergewöhnliche Belastungen (z. B. Fahrtkosten behinderter Menschen, Krankheitskosten, Kurkosten, Pflegekosten) Art der Belastungen		Summe der Aufwendungen EUR		Erhaltene / Anspruch auf zu erwartende Versicherungsleistungen, Beihilfen, Unterstützungen, Wert des Nachlasses usw. EUR
67	Beerdigung/Krankheit	300	8820,–	301	5320,–
	Für die – wegen Abzugs der zumutbaren Belastung – nicht als außergewöhnliche Belastung abziehbaren Aufwendungen wird die Steuerermäßigung für haushaltsnahe Beschäftigungsverhältnisse / Dienstleistungen / Handwerkerleistungen beantragt.				Aufwendungen (abzüglich Erstattungen) EUR

Backs weiß, dass die verbleibenden Kosten nicht in voller Höhe berücksichtigt werden, sondern um die zumutbare Belastung gekürzt werden. Sein Gesamtbetrag der Einkünfte beträgt 52.000 €. Dies führt zu folgender Steuerermäßigung:

Begräbniskosten		*2.550 €*
Krankheitskosten		*950 €*
Summe		*3.500 €*
./. zumutbare Belastung		
15.340 € × 1 % =	*153,40 €*	
(51.130 € – 15.340 €) × 1 % =	*357,90 €*	
(52.000 € – 51.130 €) × 2 % =	*17,40 €*	
	528,70 €	*– 529,00 €*
Außergewöhnliche Belastungen	*2.971,00 €*	

Und so gehen Sie mit der zumutbaren Belastung richtig um:

206 **TIPP Mal kleckern, mal klotzen**

Die zumutbare Belastung wird Ihnen in jedem Jahr abgezogen. Auf diese raffinierte Weise erreicht der Fiskus, dass die meisten Aufwendungen unter den Tisch fallen. Wie können Sie dem begegnen?
Rechnen Sie sich zunächst Ihre zumutbare Belastung anhand der Übersicht unter ➤ Rz 204 aus. (Den Gesamtbetrag Ihrer Einkünfte können Sie sich vom Steuerprogramm Elster berechnen lassen, ➤ Rz 6.) Dann sehen Sie zu, dass Sie über diesen Betrag kommen, indem Sie Aufwendungen, die Sie eigentlich jetzt machen müssten, für das nächste Jahr aufheben, oder umgekehrt: Haben Sie in diesem Jahr unerwartete Belastungen, so ziehen Sie Ausgaben, die für nächstes Jahr geplant waren, vor. Die Devise lautet also: In einem Jahr kleckern, im anderen klotzen.

207 **Wenn es einmal ganz Dicke gekommen ist: Verteilung außergewöhnlicher Belastungen auf mehrere Jahre möglich!**

Die Beseitigung von Unwetterschäden (➤ Rz 222 ff.) oder auch ein behindertengerechter Umbau (➤ Rz 191) gehen ganz besonders ins Geld. Da kann es schon einmal passieren, dass die Kosten, obwohl sie um die zumutbare Eigenbelastung gekürzt werden, noch so hoch sind, dass der Grundfreibetrag unterschritten wird und sie sich steuerlich nicht voll und ganz auswirken.
In diesem Fall hilft ein Antrag beim Finanzamt, die Kosten im Billigkeitswege (§ 163 AO) auf mehrere Jahre zu verteilen. Helfen Sie Ihrem Fi-

nanzbeamten dabei mit Hinweis auf das FG-Urteil Düsseldorf vom 20.8.2014 (4 K 718/13) auf die Sprünge.

Zeile 67 Krankheitskosten 208

Aufwendungen für Heilen, Lindern oder Vorbeugen von Krankheiten sind steuerlich absetzbar.
Voraussetzung für die steuerliche Berücksichtigung der Aufwendungen ist, dass diese **zwangsläufig** entstanden sind. Nun sollte man meinen, Krankheitskosten entstünden stets zwangsläufig, denn wer sucht sich eine Krankheit schon aus? Dennoch wollen die misstrauischen Finanzbürokraten einen Nachweis der Zwangsläufigkeit in Form einer Verordnung des Arztes oder Heilpraktikers sehen.

Ohne Nachweis geht gar nichts!
Die Anerkennung Ihrer Kosten für Medikamente, Heil- und Hilfsmittel als außergewöhnliche Belastung hängt also davon ab, dass Sie deren Notwendigkeit nachweisen. Nach § 64 EStDV benötigen Sie dafür in jedem Fall das Rezept eines Arztes oder eines Heilpraktikers. Ob es sich dabei um ein Privat- oder ein Kassenrezept handelt, spielt keine Rolle.
Bei Medikamenten, die Sie dauernd oder über längere Zeit einnehmen müssen, genügt es, einmal eine ärztliche Dauerverordnung vorzulegen. Auch für Hilfsmittel wie Brillen benötigen Sie ein Rezept des Augenarztes. Die Bescheinigung des Optikers über die Veränderung Ihrer Sehstärke reicht nicht aus.
Erfreulich das BFH-Urteil vom 11.8.1991 (III R 70/88 – BFH/NV 385/1991), wonach nicht rezeptpflichtige Medikamente und allgemeine Stärkungsmittel steuerlich abziehbar sind, wenn sie – nach Gegenstand und Menge spezifiziert – ärztlich verordnet wurden und die Krankenkasse eine Erstattung der Kosten abgelehnt hat. Mit derselben Begründung können Sie auch die Zuzahlungen absetzen, die Sie leisten mussten, weil Sie lieber das erprobte teurere Markenmedikament genommen haben, statt sich mit einer unbekannten Ersatzpille zufriedenzugeben.
Genauso förmlich geht es mit den Nachweisen zu bei Heil- und Hilfsmitteln, die Gegenstände des täglichen Bedarfs ersetzen, z.B. Spezialbetten, orthopädische Schuhe, Stützstrümpfe, Spezialwäsche etc. Oder wenn bei Ihnen eine wissenschaftlich nicht anerkannte Behandlungsmethode wie Frischzellen- oder Trockenzellenbehandlung, Sauerstoff-, Chelat- oder Eigenbluttherapie angewendet wird. In diesen Fällen benötigen Sie ein **vor** dem Kauf des Hilfsmittels bzw. **vor** Beginn der Behandlung ausgestelltes Attest vom **Amtsarzt** oder vom **Medizinischen Dienst**.

209 **Keine Ausnahme von der Regel:** Die Ausnahmen, nach denen die medizinische Erforderlichkeit bestimmter Maßnahmen auch nachträglich durch den Amtsarzt bestätigt werden konnte, hat der Gesetzgeber mit Einführung des § 64 EStDV einkassiert.

Im Folgenden der Wortlaut der Schreckensvorschrift:
Den Nachweis der Zwangsläufigkeit von Aufwendungen im Krankheitsfall hat der Steuerpflichtige zu erbringen:

*1. durch eine **Verordnung eines Arztes oder Heilpraktikers** für Arznei-, Heil- und Hilfsmittel (§§ 2, 23, 31 bis 33 des Fünften Buches Sozialgesetzbuch);*

*2. durch ein **amtsärztliches Gutachten oder eine ärztliche Bescheinigung eines Medizinischen Dienstes der Krankenversicherung** (§ 275 des Fünften Buches Sozialgesetzbuch) für*

a) eine Bade- oder Heilkur; bei einer Vorsorgekur ist auch die Gefahr einer durch die Kur abzuwendenden Krankheit, bei einer Klimakur der medizinisch angezeigte Kurort und die voraussichtliche Kurdauer zu bescheinigen,
b) eine psychotherapeutische Behandlung; die Fortführung einer Behandlung nach Ablauf der Bezuschussung durch die Krankenversicherung steht einem Behandlungsbeginn gleich,
c) eine medizinisch erforderliche auswärtige Unterbringung eines an Legasthenie oder einer anderen Behinderung leidenden Kindes des Steuerpflichtigen,
d) die Notwendigkeit der Betreuung des Steuerpflichtigen durch eine Begleitperson, sofern sich diese nicht bereits aus dem Nachweis der Behinderung nach § 65 Absatz 1 Nummer 1 ergibt,
e) medizinische Hilfsmittel, die als allgemeine Gebrauchsgegenstände des täglichen Lebens im Sinne von § 33 Absatz 1 des Fünften Buches Sozialgesetzbuch anzusehen sind,
f) wissenschaftlich nicht anerkannte Behandlungsmethoden, wie z. B. Frisch- und Trockenzellenbehandlungen, Sauerstoff-, Chelat- und Eigenbluttherapie.
Der nach Satz 1 zu erbringende Nachweis muss vor Beginn der Heilmaßnahme oder dem Erwerb des medizinischen Hilfsmittels ausgestellt worden sein;

*3. durch eine **Bescheinigung des behandelnden Krankenhausarztes** für Besuchsfahrten zu einem für längere Zeit in einem Krankenhaus liegenden Ehegatten oder Kind des Steuerpflichtigen, in dem bestätigt wird, dass der Besuch des Steuerpflichtigen zur Heilung oder Linderung einer Krankheit entscheidend beitragen kann.*

TIPP Haben Sie Ihre Zahnreparatur selbst bezahlt? 210

Lassen Sie z. B. Ihre Amalgamfüllungen durch Goldinlays ersetzen, kostet Sie der Eigenanteil ein halbes Vermögen. Aber durch die Steuererstattung ist es nur halb so schlimm. Und: Lächeln ist die schönste Methode, Ihrem Fiskalritter die Zähne zu zeigen. Nehmen Sie für die Zahnarztrechnung einen Kredit auf, können Sie sogar die Zinsen nebst Bearbeitungsgebühr und Disagio absetzen.

Achten Sie aber wegen der zumutbaren Belastung darauf, die Zahnarztrechnung zusammen mit evtl. anderen außergewöhnlichen Ausgaben in einem Kalenderjahr zu bezahlen.

TIPP Beachten Sie die zumutbare Belastung der Sozialkassen 211

Was für die Steuer richtig ist – mal kleckern, mal klotzen (➤ Rz 206) –, das gilt ebenfalls für die Krankenversicherung. Denn auch die Sozialgesetzbücher muten Ihnen zu, einen Eigenanteil an Krankheitskosten bis zu 2 % (für chronisch Kranke bis zu 1 %) Ihrer Bruttoeinnahmen selbst zu tragen. Bis zu dieser Grenze sind Zuzahlungen zu entrichten.
Wird die Belastungsgrenze innerhalb eines Kalenderjahrs erreicht, hat die Krankenkasse eine Bescheinigung darüber zu erteilen, dass für den Rest des Kalenderjahres keine Zuzahlungen mehr zu leisten sind (§ 61 SGB V). Es gibt Kassen, die gegen eine Vorauszahlung in Höhe der Belastungsgrenze die Bescheinigung schon zu Beginn des Jahres ausstellen (z. B. Barmer Ersatzkasse). Bei der Ermittlung der Belastungsgrenze werden die Bruttoeinnahmen der Haushaltsangehörigen und die Zuzahlungen zusammengerechnet.

Dies bedeutet für Sie:

1. Sie müssen sich sämtliche Zuzahlungen bescheinigen lassen und die Bescheinigungen sammeln, damit Sie die Überschreitung der 2-%-Grenze gegenüber der Krankenkasse belegen können.
2. Sie sollten notwendige Heilbehandlungen, den Erwerb von Hilfsmitteln, Kuren etc. für Sie und Ihre Familie möglichst in einem Jahr bündeln. So kommen Sie am schnellsten über die Belastungsgrenze und machen sich so für weitere Kosten zuzahlungsfrei.

Berechnung der Belastungsgrenze 212

Von den jährlichen Bruttoeinnahmen werden Freibeträge abgezogen: 5.355 € für den Ehe- oder Lebenspartner. Für jedes Kind wird ein Betrag in Höhe der Freibeträge für Kinder von derzeit 7.356 € angesetzt. Alleinerziehende mit zwei Kindern erhalten so beispielsweise einen Freibetrag von 14.712 €.

Beispiel

Eltern mit einem Kind, Bruttoeinnahme zum Lebensunterhalt		= 40.000 €
./. Freibeträge		
Ehegatte	5.355 €	
Kind	7.356 €	
Summe	12.711 €	> – 12.711 €
Verbleiben		27.289 €
Davon 2 % = Belastungsgrenze		546 €

213 **Auszug aus dem Horrorkatalog für Zuzahlungen**

Arznei-, Verband- und Hilfsmittel:
Bei verschreibungspflichtigen Arznei-, Verband- und Hilfsmitteln (z.B. Einlagen) müssen Patienten 10 % der Kosten selbst tragen. Die Zuzahlung beträgt mindestens 5 €, höchstens jedoch 10 €.
Das bedeutet: Bei einem Medikament für 80 € zahlt der Patient 8 € zu. Bei einer Salbe für 7 € sind nicht etwa nur 0,70 € fällig, sondern satte 5 €. Hingegen ein sehr teures Medikament für 150 € kostet den Patienten statt 15 € nur 10 €.
Bei Hilfsmitteln, die zum Verbrauch bestimmt sind (z.B. Windeln bei Inkontinenz), ist die Zuzahlung auf 10 € je Indikation im Monat beschränkt.
Besonderheit: Für Arzneimittel, für die ein Festbetrag festgesetzt wurde, übernimmt die Krankenkasse nur die Kosten bis zur Höhe dieses Festbetrags. Liegt er unterhalb des Apothekenverkaufspreises, fallen daher weitere Zuzahlungen an.

Stationäre Behandlung/Anschlussrehabilitation:
Wer im Krankenhaus behandelt wird, muss pro Tag 10 € zuzahlen – begrenzt auf 28 Tage im Kalenderjahr. Das heißt: Niemand muss mehr als 280 € zuzahlen. Diese Regelung gilt auch für die Anschlussrehabilitation, wobei die Zuzahlungen zu den vorhergehenden Krankenhaustagen angerechnet werden.

Rehabilitation – ambulant und stationär:
Wer in einer Rehaklinik eine stationäre oder ambulante Rehabilitation macht, zahlt ohne zeitliche Begrenzung 10 € pro Tag zu.

Vorsorge – stationär:
Wer z.B. eine Mutter/Vater-Kind-Kur macht, zahlt ohne zeitliche Begrenzung 10 € pro Tag zu.

Heilmittel und häusliche Krankenpflege:
Bei Heilmitteln – wie Krankengymnastik, Ergotherapie, Logopädie oder Massage – müssen Patienten 10 % der Kosten selbst tragen. Hinzu kommen 10 € pro Rezept. Das heißt: Wer vom Arzt sechs Therapieeinheiten verordnet bekommt, zahlt 10 % der gesamten Behandlungskosten plus einmalig 10 €. Zu den Behandlungskosten zählen auch Kosten, die durch Hausbesuche bei Patienten entstehen.
Verordnungsgebühr und 10 % Zuzahlung gelten auch für die häusliche Krankenpflege, z. B., wenn ein Patient nach einer Operation zu Hause von einem Pflegedienst versorgt wird, damit er das Krankenhaus schneller verlassen kann. Bei der häuslichen Krankenpflege bleibt die Zuzahlung auf max. 28 Tage pro Kalenderjahr begrenzt.

Fahrtkosten:
Fahrten zu einer ambulanten Behandlung übernehmen die gesetzlichen Krankenkassen nur noch in Ausnahmefällen und nach vorheriger Genehmigung. Und selbst dann muss der Patient – ebenso wie bei Fahrten zur stationären Behandlung – 10 % zuzahlen, mindestens jedoch 5 € und höchstens 10 €.

Haushaltshilfen:
Familien mit Kindern, die eine Haushaltshilfe brauchen – z. B., weil die Mutter im Krankenhaus liegt –, müssen pro Tag 10 % der Kosten selbst übernehmen. Dabei beträgt die Zuzahlung wie bei Medikamenten mindestens 5 €, höchstens 10 €.

Zeile 67 Die Praxis-Checkliste

Hier eine Checkliste der Krankheitskosten, damit nichts vergessen wird: 214

Abzugsfähig sind Aufwendungen, soweit nicht erstattet, für	**Ja**	**Nein**
Arzt, Zahnarzt	x	
Bewegungsbad	x	
Bio-Schlafzimmer mit Attest vom Amtsarzt (EFG 1991 S. 194)	x	
Diätkosten Hinweis: Aufwendungen für ärztlich verordnete Vitamine und andere Mikronährstoffe zur Behandlung einer chronischen Stoffwechselstörung sind als außergewöhnliche Belastung abzugsfähig (BFH-Urt. v. 14.4.2015 – Az. VI R 89/13).		x
Eizellenspende im Ausland		x

Abzugsfähig sind Aufwendungen, soweit nicht erstattet, für	Ja	Nein
Entzugskur – Alkohol	x	
Erstlingsausstattung		x
Fahrten zum Arzt, Apotheke, Krankenhaus mit 0,30 € je km	x	
Fahrten zur logopädischen Betreuung des sprachgestörten Kindes (Kindergarten, Schule) mit 0,30 € je km (auch Leerfahrten) (FG Brandenburg vom 23.8.1995, Az 2 K 1126/94 E)	x	
Fahrten zur Selbsthilfegruppe, z.B. Anonyme Alkoholiker	x	
Fahrtkosten zur Gymnastik, Vorsorge, Fehlalarm	x	
Frischzellen mit amtsärztl. Attest	x	
Garage, verbreitert	x	
Gebäudeeinbauten, krankheitsbedingte		
Geburt, Arzt, Hebamme, Medikamente, Gymnastik	x	
Haartoupet mit amtsärztl. Attest	x	
Haartransplantation mit amtsärztl. Attest	x	
Haushaltshilfe nach der Geburt	x	
Haushaltshilfe nach Geburt von Drillingen	x	
Heileurythmische Behandlung (BFH vom 26.02.2014, Az. VI R 27/13)	X	
Heilpraktiker	x	
Hilfsmittel wie Rollstuhl, Brille, Haftschalen, Hörapparat, Einlagen usw.	x	
Homöopathie	x	
Kinder, Kosten der auswärtigen Unterbringung wegen Asthma, Neurodermitis oder Legasthenie (BStBl 1993 II S. 212)	x	
Krankenbesuche		
kranker Erwachsener mit schwerer Erkrankung	x	
kranker Erwachsener mit leichter Erkrankung		x
Krankenhaus		
krankes Kind	x	
Medikamente (nicht zugelassen, Wirksamkeit jedoch möglich bzw. nicht ausgeschlossen, Arznei nicht als bedenklich eingestuft; FG München v. 19.12.2001, Az 1 K 4737/00)	x	
Medikamente nach ärztl. Attest		
Medizinische Leistung		
Mittagsheimfahrten aus Gesundheitsgründen		x
Psychotherapie mit ärztl. Attest	x	

Abzugsfähig sind Aufwendungen, soweit nicht erstattet, für	Ja	Nein
Rezeptgebühr	x	
Saunabesuche		x
Schlichtungsverfahren (Bergschaden von Gebäude, Revision beim BFH anhängig unter Az. VI R 62/13)	x	
Schulmedizin	x	
Stärkungsmittel mit ärztl. Attest	x	
Treppenschräglift (EFG 1995 S. 264)	x	
Trinkgelder an Krankenhauspersonal		x
Unterbringung	x	
Verpflegung ohne Abzug der Haushaltsersparnis	x	
Vorsorgeuntersuchung	x	
Wunderheiler		x
Zahnarzt, Eigenanteil	x	

TIPP Pollenalarm – Der Fiskus hilft 215

Werden Sie im Frühjahr und Sommer von bestimmten Bäumen und Sträuchern in Ihrem Garten gequält, werden Sie nicht lange zögern, diese durch »freundliche« Gewächse zu ersetzen. Die Kosten für die Beseitigung der Störenfriede können als außergewöhnliche Belastungen berücksichtigt werden, vorausgesetzt, ein Amts- oder Vertrauensarzt bescheinigt Ihnen die medizinische Notwendigkeit des Kahlschlags (BFH-Urt. v. 15.3.2007, Az. III R 28/06).

TIPP Mit dem Werbungskostenabzug fahren Sie besser 216

Da sich wegen der zumutbaren Eigenbelastung (➤ Rz 203 ff.) die meisten Krankheitskosten steuerlich nicht auswirken, wäre es besser, wenn man sie in der Anlage N als Werbungskosten eintragen könnte. Hier gilt der sog. Veranlassungszusammenhang. Sind die Krankheitskosten beruflich bedingt, können sie als Werbungskosten abgesetzt werden. So entschied beispielsweise das Finanzgericht Rheinland-Pfalz, dass Kosten zur Behandlung einer physchischen Erkrankung Werbungskosten sind. Im Streitfall konnte ein eindeutiger Zusammenhang der Erkrankung mit Problemen mit dem Dienstvorgesetzten am Arbeitsplatz dargelegt werden (FG Rheinland-Pfalz v. 22.8.2012 – Az. 2 K 1152/12).

217 **TIPP**

Besorgen Sie sich im Krankheitsfall Hilfe im Haushalt

Muss die Hausfrau ins Krankenhaus oder zur Kur, übernimmt die Krankenkasse die Kosten für eine Haushaltshilfe. Schließlich sind die Kosten durch die Krankheit veranlasst (§ 38 SGB V). Entsprechendes gilt, wenn die Hausfrau ein krankes Kind im Krankenhaus als Begleitperson betreuen muss (BSG, Urt. v. 23.11.1995 1 RK 11/95).

218 Zeile 67 Kuraufenthalt

Viele haben es verdammt nötig, dann und wann ihre Gesundheit durch eine Heilkur aufzumöbeln. Die Aufwendungen dafür (Fahrtkosten und Verpflegungsmehraufwendungen) sind abziehbar, wenn und soweit

1. vor Antritt der Kur ein amtsärztliches Zeugnis oder eine ärztliche Bescheinigung des Medizinischen Dienstes der Krankenversicherung über die Bedürftigkeit eingeholt wird und
2. die Kur unter ärztlicher Aufsicht erfolgt.

Von einem amtsärztlichen Zeugnis kann regelmäßig abgesehen werden, wenn eine gesetzliche Krankenkasse einen Zuschuss zu den Fahrtkosten und Verpflegungsmehraufwendungen leistet.

Abzugsfähig sind, soweit nicht erstattet	Ja	Nein
Fahrtkosten zum Kurort und zurück in Höhe der Kosten für öffentliche Verkehrsmittel	x	
Übernachtungskosten	x	
Verpflegungskosten nach Abzug der Haushaltsersparnis (20 % der Aufwendungen)	x	
Übliche Kosten für Behandlungen und Anwendungen am Kurort	x	
Ortsübliche Nebenkosten für Trinkgelder, Parkgebühren	x	
Kosten der Besuchsfahrt des Ehegatten, sofern ärztliche Notwendigkeit bescheinigt wurde	x	
Kosten für Begleitperson wegen Alter oder Hilflosigkeit, sofern ein Attest dafür vorliegt	x	
Kosten einer Nachkur unter ärztlicher Aufsicht in einem Sanatorium	x	
Kosten einer Nachkur in einem typischen Erholungsgebiet mit Attest		x

Gut zu wissen: Wenn Sie beim Finanzamt mit dem Abzug der Fahrtkosten und der Verpflegungsmehraufwendungen auf Granit beißen sollten, sind zumindest die während der Kur entstandenen Kosten für Arztbesuche, Medikamente, therapeutische Maßnahmen wie Massagen, Bäder, Fango, Moor etc. als Krankheitskosten (➤ Rz 208) absetzbar.

TIPP Reise zur Klimakur ans Tote Meer 219

Bei einer Klimakur sagt der Fiskus sofort »Nix gibt's«, es sei denn, Sie leiden an Schuppenflechte oder Neurodermitis. Nun möchten Sie gern während der Kur Ihre Krankheit loswerden, aber dabei nicht unbedingt Trübsal blasen. Dann fahren Sie doch nach Davos/Schweiz oder besser noch in die Gegend um das Tote Meer/Israel. Vorher sollten Sie sich vom Amtsarzt die Notwendigkeit der Kur am Toten Meer bescheinigen lassen.

Sie können ihm ruhig sagen, dass Sie wegen der Steuer zu ihm gekommen sind! Er muss ja schließlich auch Steuern zahlen und tut das bestimmt nicht gern … Den Weg können Sie sich hingegen sparen, wenn sich die Kurbedürftigkeit schon aus einem Bewilligungsbescheid der Krankenkasse – oder bei Beamten der Beihilfestelle – ergibt (BFH-Urt. v. 30.6.1995 – BStBl 1995 II S. 614). Haben Sie den Gang zum Gesundheitsamt bzw. zur Kasse vergessen, werfen Sie nicht gleich die Flinte ins Korn! Berufen Sie sich – obwohl der BFH genau gegenteilig entschieden hat (Urt. v. 17.7.2003 – III R 5/02) – auf die Urteile der Finanzgerichte Rheinland-Pfalz (Urt. v. 18.5.1992 – EFG 1992 S. 465) und Düsseldorf (Urt. v. 20.12.1991 – EFG 1992 S. 341), wonach die Notwendigkeit der Kur auch nachträglich festgestellt werden kann.
Und lassen Sie nicht locker mit stets neuen Begründungen hier und auch bei allen anderen Ablehnungen. Machen Sie ihnen Arbeit – das hassen Bürokraten am meisten!

Zeile 67 Begräbnis, Trauerfall 220

Alle Kosten, die beim Tod eines Angehörigen entstehen, sind als außergewöhnliche Belastungen absetzbar, soweit sie den Wert des Nachlasses übersteigen. Zum Nachlass rechnen insbesondere: Ansprüche aus einer Lebens- oder Sterbeversicherung, Bankguthaben, Effekten. Nicht zum verrechnungspflichtigen Nachlass gehören persönliche Gegenstände wie Hausrat, privater Pkw usw.

Nun gibt es Begräbniskosten, die der Fiskus nicht so unbedingt als solche gelten lassen will. Dazu gehören die Kosten für die Fahrt zum Begräbnis, den sog. Leichenschmaus und eine zu aufwendige Grabstätte. Sie sind indessen mittelbar abzugsfähig, weil sie mit dem Geld aus einer Sterbeversicherung verrechnet werden können. Nur der Rest aus der Sterbegeldversicherung wird dann auf die eigentlichen Beerdigungskosten angerechnet (BFH v. 19.10.1990 – BStBl 1991 II S. 140).

Gut zu wissen: Auch Beerdigungskosten können nach Ansicht der Fiskalbürokraten unangemessen sein!
Aufwendungen für eine Bestattung sollen nur dann abzugsfähig sein, wenn sie den Umständen nach notwendig waren und einen angemessenen Betrag nicht übersteigen. Nach Ansicht der Oberfinanzdirektion Berlin sind Bestattungskosten bis 7.500 € (einschließlich Grabstein) angemessen (Verfügung der OFD Berlin v. 27.11.2003 – Az. St 177 – S 2284 – 1/90).

Abzugsfähig sind Aufwendungen für	Ja	Nein
Blumenschmuck	x	
Bewirtung der Trauergäste		x
Erwerb der Grabstätte	x	
Grabpflege		x
Grabstein	x	
Reise zum Begräbnis (BStBl 1994 II S. 754)		x
Sarg	x	
Trauerdrucksachen	x	
Trauerkleidung		x
Überführung	x	
Umbettung		x

Haben Sie Schulden des/der Verstorbenen übernommen?
Hat die/der Verstorbene Geld hinterlassen, ist es verständlich, wenn der Fiskus verlangt, zunächst dieses Geld für die Bestattung zu verwenden. Wie ist es aber, wenn der Verstorbene nur Schulden hinterlassen hat? Da sagt der Fiskus schnell: Die Übernahme der Schulden ist nicht zwangsläufig, weil ein Erbe die Möglichkeit hat, das Erbe auszuschlagen.

Der BFH sieht das aber anders. Wenn Sie als naher Angehöriger nicht umhinkonnten, Schulden zu begleichen, die auf täglichen Bedürfnissen des Verstorbenen oder im Zusammenhang mit dessen Tod beruhten, wie

z. B. offene Arztrechnungen, rückständige Miete, Aufwendungen für die Renovierung der Wohnung, Zahlungsrückstände für Strom, Gas, Telefon usw., dann sind diese Kosten den Bestattungskosten hinzuzurechnen (BFH-Urt. v. 24.7.1987 – III R 208/82).

TIPP 221

Bestattungskosten bündeln

Für nahezu jeden kommt einmal der Tag, an dem er einen nahen Angehörigen zu Grabe tragen muss. In dieser schweren Zeit denkt man nicht daran, das Finanzielle geschickt zu deichseln. Folge: Vielfach geht wegen der zumutbaren Belastung die Steuervergünstigung ins Leere.
Dies können Sie vermeiden, wenn Sie die Bestattungskosten möglichst in einem Jahr bündeln, indem Sie z. B. auf die im neuen Jahr anstehende Rechnung für den Grabstein noch vor Jahresablauf eine Abschlagszahlung leisten. Denn das sog. Abflussprinzip gilt auch bei außergewöhnlichen Belastungen. Dies bedeutet: Kosten werden in dem Jahr angesetzt, in dem sie bezahlt wurden.

Zeile 67 Wiederbeschaffung von Hausrat 222

Hausrat ist privat und dessen nimmt sich der Fiskus normalerweise nicht an. Haben Sie aber durch höhere Gewalt wie Feuer, Hochwasser, Unwetter, auch Diebstahl oder durch politische Verfolgung Hausrat und Bekleidung verloren, sind die Wiederbeschaffungs- und/oder Instandsetzungskosten als außergewöhnliche Belastung absetzbar, soweit nicht eine Versicherung für den Schaden aufkommt.

Aufgepasst: Wer keine Hausrat- oder Gebäudeversicherung abgeschlossen hat, schaut ganz in die Röhre. Dann sollen Wiederbeschaffungskosten überhaupt nicht abzugsfähig sein (BFH-Urt. v. 26.6.2003, BStBl 2004 II S. 47).

Es muss sich bei den verlorenen bzw. beschädigten Dingen um existenziell notwendige Gegenstände handeln. Ein Pkw gehört nicht dazu. Und es müssen Aufwendungen angefallen sein. Ein bloßer Schadenseintritt reicht nicht aus. Auch müssen Sie bekunden können, dass der Schaden ohne Ihr Verschulden eingetreten ist, dass Sie also zumutbare Schutzmaßnahmen nicht versäumt haben (EStR 33.2).

Die Finanzämter erkennen für die Wiederbeschaffung eines kompletten Haushalts im Allgemeinen als angemessen an:

Für das Familienoberhaupt	10.000 €
Für den Ehegatten	7.000 €
Für jede weitere im Haushalt lebende Person	3.000 €

Die Anerkennung eines höheren Schadens ist nicht ausgeschlossen.

Beachten Sie: Die gestohlenen oder zerstörten Gegenstände müssen innerhalb von drei Jahren wiederbeschafft bzw. die entstandenen Schäden innerhalb dieses Zeitraums behoben worden sein, ansonsten heißt es: Wer zu spät kommt, den bestraft St. Fiskus (Quelle: EStR 33.2).
Auch hier gilt: Wegen der zumutbaren Belastung lieber in einem Jahr klotzen statt in mehreren Jahren kleckern.

223 **TIPP**

Entschädigung für Ihre nassen Füße

Hat das Sauwetter Ihren Keller unter Wasser gesetzt? Und die Hausratversicherung zahlt nicht, weil die Fluten das Abwasserrohr in der falschen Richtung benutzt haben? Dann grämen Sie sich nicht, beteiligen Sie lieber das Finanzamt an den Renovierungskosten. Verwahren Sie aber den Ausschnitt aus Ihrer Lokalgazette über das Unwetter, und präsentieren Sie dem Fiskalritter fein säuberlich alle Quittungen über die neu beschafften Möbel für Ihren ruinierten Partyraum. Und schon erhalten Sie eine saftige Steuererstattung wegen außergewöhnlicher Belastung.

224 Sind Sie durch Zimmerbrand, Wasserschaden oder Diebstahl außergewöhnlich belastet, könnte Ihre Rechnung z. B. so aussehen:
Einbruchdiebstahl während der Urlaubsreise
Gestohlene Gegenstände:

Fernsehgerät	1.700 €	
Hi-Fi-Anlage einschl. Lautsprecher	2.400 €	
Kleidungsstücke lt. Aufstellung	2.300 €	
Münzsammlung	600 €	
Bilder	2.800 €	
Notgroschen (Bargeld)	300 €	
	10.100 €	> 10.100 €
Beschädigte Einrichtung (Reparatur-, Wiederbeschaffungskosten abzgl. Restwert, soweit unbrauchbar geworden): Haustür	500 €	
Beschädigungen Küchen-, Schlaf-, Wohnmöbel	2.100 €	> 2.650 €
		12.750 €
./. Erstattung von der Versicherung		– 8.500 €

Verbleibende Aufwendungen	4.250 €
./. zumutbare Belastung von z.B.	– 1.250 €
Verbleiben außergewöhnliche Belastungen von	3.000 €

Ergibt einen Zuschuss von St.Fiskus (Steuersatz z.B. 35 %) in Höhe von 1.050 €.

Zeile 67 Umzug 225

Soweit Umzugskosten nicht beruflich veranlasst sind, können sie als außergewöhnliche Belastung abziehbar sein, wenn der Umzug durch einen **persönlichen Wohnungsnotstand** veranlasst ist. Ein solcher ist gegeben, wenn die bisherige Wohnung gesundheitsschädlich oder eine Notunterkunft war oder krankheitsbedingt aufgegeben werden musste. So hat der BFH Umzugskosten als außergewöhnliche Belastung anerkannt, weil das Kind eines Steuerzahlers gelähmt war und deswegen eine Erdgeschosswohnung bezogen werden musste (Urt. v. 14.12.1965 – BStBl 1966 III S.113).

Der Fiskus muss Ihnen auch bei Familienzusammenführung unter die Arme greifen.

Umzug wegen Ehescheidung, Stadtsanierungsmaßnahmen oder Eigenbedarf des Vermieters wurden bisher nicht anerkannt. Umzüge aus diesen Gründen seien, so meinen die Fiskalhüter, keine außergewöhnlichen Ereignisse.

TIPP Umzugskosten sind immer abzugsfähig! 226

Auch wenn bei Ihnen nicht der Wohnungsnotstand ausgebrochen ist, haben Sie die Möglichkeit, Ihre Kosten steuerlich unterzubringen.

1. Erfolgt der Umzug aus beruflichen Gründen, handelt es sich um Werbungskosten (Anlage N, > Zeile 46–48; ➤ Rz 808 ff.).
2. Ein privat veranlasster Umzug führt als »haushaltsnahe Dienstleistung« zu einer Steuerermäßigung (Hauptformular, > Zeile 72; ➤ Rz 265).

Zeile 67 Ehescheidung 227

Auch wenn nicht die Fetzen fliegen, ist eine Scheidung wenig angenehm, da teuer. Die meisten Kosten sind allerdings steuerlich absetzbar: Anwalts- und Gerichtskosten, Fahrtkosten zum Gericht und zum Anwalt

(0,30 € je gefahrenen Kilometer), Recherchen/Detektiv (BFH-Urt. v. 21.2.1992 – BStBl 1992 II S. 795), Mediation (FM Niedersachsen v. 15.9.2000 – S. 2284 – 264 – 35).

Also heißt es wieder: »Klotzen statt kleckern«! (➤ Rz 206).

Prozesskosten wollen die Fiskalritter seit einer Änderung des § 33 EStG nur noch widerwillig anerkennen. Nachdem der Bundesfinanzhof für den Geschmack der Verwaltung zu steuerzahlerfreundlich nahezu alle Prozesskosten eifrig durchgewunken hat, sollten diese künftig nurmehr dann absetzbar sein, wenn sie zur ***Erhaltung der Existenzgrundlage notwendig*** seien. Die Finanzrichter sahen aber Ehescheidungskosten weiterhin als existenzsichernd an und ließen sie zum steuerlichen Abzug zu. Daher beschäftigt sich der Bundesfinanzhof erneut mit diesem Thema (Az. VI R 81/14, VI R 19/15). Für uns, die wir hier kaum den Überblick behalten können, heißt es also, weiterhin alle Prozesskosten steuerlich geltend zu machen.

228 **Trennungsunterhalt**
Trennungsunterhalt ist absetzbar, allerdings nicht im Trennungsjahr, weil dann noch die Zusammenveranlagung möglich ist und den Eheleuten damit der Splittingtarif zusteht. Mit dem Splittingtarif ist aber der Unterhalt für den Ehegatten abgegolten.

Im Folgejahr wird indessen jeder Ehegatte einzeln mit Grundtarif veranlagt. Nun können Sie den Fiskus an den Unterhaltsleistungen beteiligen. Wie das geht, dazu mehr unter ➤ Rz 122 ff.

229 **Verteilung der ehelichen Güter**
Alles, was die Verteilung der ehelichen Güter, sprich Zugewinn- und Versorgungsausgleich, anbetrifft, ist nicht absetzbar.

230 ♦ *Musterfall Herbert (Kosten der Ehescheidung)*
Als Herbert Ende Februar 2017 von einer längeren Dienstreise nach Hause kam, fand er die eheliche Wohnung ohne seine Hannelore vor. Und Hannelore war nicht gewillt, zu ihm zurückzukehren, forderte sogar Unterhalt. Wer geht, soll für sich selber sorgen, so beschied er Hannelore. Doch ihr Anwalt fackelte nicht lange. Er beantragte beim Familiengericht eine einstweilige Anordnung auf Zahlung von Trennungsunterhalt in Höhe von 50 % des bisherigen Einkommens, zugleich forderte er Prozesskostenvorschuss, da Hannelore mittellos sei. Da hatte Herbert den Salat. Nach langem Hin und Her zwischen den Anwälten und dem Familiengericht kam folgende Einigung zustande:

Trennungsunterhalt zunächst für die Monate Mai 2017 bis April 2018 = 12 × 1.200 € =		*14.400 €*

Herbert trägt die Kosten des Verfahrens in folgender Höhe:

Für Gegenanwalt		
Einstweilige Anordnung	*3.118 €*	
Prozesskostenvorschuss	*308 €*	
Hauptsacheverfahren Trennungsunterhalt	*902 €*	
Summe bezahlt Juli 2017	*4.328 €*	*> 4.328 €*

Für eigenen Anwalt		
Schriftsatz betr. Trennungsunterhalt	*405 €*	
Einstweilige Anordnung, Termingebühr, Einigungsgebühr	*3.118 €*	
Prozesskostenvorschuss	*308 €*	
Gebühr für Hauptsacheverfahren	*902 €*	
Summe bezahlt im August und Dezember 2017	*4.733 €*	*> 4.733 €*
Gerichtskosten bezahlt im März 2018		*340 €*

Auf Anraten seines Anwalts hatte Herbert möglichst viel der Kosten in 2017 beglichen, um die zumutbare Belastung auszutricksen. Er weiß auch, dass er den in 2017 geleisteten Trennungsunterhalt nicht absetzen kann, weil er für das Jahr 2017 noch durch Zusammenveranlagung mit Hannelore den Splittingtarif erhält.

In der gemeinsamen Steuererklärung 2017 werden angesetzt:

Anwaltskosten Hannelore	*4.328 €*
Anwaltskosten Herbert	*4.733 €*
Fahrtkosten mit Pkw (insgesamt 7 Fahrten zu den Anwälten und zum Gericht 551 km x 0,30 € =)	*166 €*
Summe	*9.227 €*

Andere außergewöhnliche Belastungen
(z. B. Fahrtkosten behinderter Menschen, Krankheitskosten, Kurkosten, Pflegekosten)

	Art der Belastungen		Summe der Aufwendungen EUR		Erhaltene / Anspruch auf zu erwartende Versicherungsleistungen, Beihilfen, Unterstützungen, Wert des Nachlasses usw. EUR
67	Kosten der Ehescheidung	300	9227,–	301	,–

Für die – wegen Abzugs der zumutbaren Belastung – nicht als außergewöhnliche Belastung abziehbaren Aufwendungen wird die Steuerermäßigung für haushaltsnahe Beschäftigungsverhältnisse / Dienstleistungen / Handwerkerleistungen beantragt. Aufwendungen (abzüglich Erstattungen) EUR

Der Gesamtbetrag der Einkünfte der Eheleute beträgt 42.000 €, die zumutbare Belastung (➤ Rz 204) beläuft sich auf 1.947 €. Es wirken sich also (9.227 € – 1.947 € =) 7.280 € steuerlich als außergewöhnliche Belastung aus.*
**Ermittlung der zumutbaren Belastung nach neuem Recht:*

15.340 € × 4 % =	*614 €*
(42.000 € – 15.340 €) × 5 % =	*1.333 €*
	1.947 €

231 **TIPP Machen Sie Scheidungskosten nachträglich geltend**

»Mit Ihren Scheidungskosten kommen Sie ein Jahr zu spät. Die hätten Sie in der vorigen Erklärung geltend machen müssen.« Mit diesen Worten können die Fiskalritter viele Steuerzahler schnell abfertigen.

Wer sich aber dumm stellt, kommt doch noch zum Zug. Legen Sie Einspruch ein, und beantragen Sie Wiedereinsetzung in den vorigen Stand. Begründen Sie Ihren Einspruch damit, dass das Steuerrecht zu kompliziert sei und Sie von der Abzugsmöglichkeit nichts gewusst hätten. Dabei haben Sie den BFH auf Ihrer Seite (Urt. v. 10.8.1988 – BStBl 1989 II S. 131). Dazu mehr im Tipp unter ➤ Rz 1137.

232 Zeile 67 Aufwendungen behinderter Menschen

Behinderten Menschen will der Fiskus durch Abzüge bei der Steuer das Leben erleichtern. Dies geschieht hauptsächlich durch Pauschbeträge (➤ Rz 184). Diese entsprechen aber nur den Mindestaufwendungen, die nach allgemeiner Lebenserfahrung entsprechend der Art und Schwere der Behinderung anfallen. Außergewöhnliche und untypische Mehraufwendungen – insbesondere **Fahrtkosten und Kosten für die Unterbringung im Pflegeheim** – sind damit nicht abgegolten.

Fahrtkosten behinderter Menschen

233 Die Fiskalvertreter sind angewiesen, Kraftfahrzeugkosten behinderter Menschen neben den Pauschbeträgen ohne Einzelnachweis wie folgt zu berücksichtigen (EStH 33.1 – 33.4):

Pauschale Beträge für Fahrtkosten

Grad der Behinderung mindestens 80 % oder 70 % plus Merkzeichen »G«	
3.000 km mit 0,30 € =	**900 €**
Grad der Behinderung mindestens 70 % plus Merkzeichen »aG«, »Bl« oder »H«	
15.000 km mit 0,30 € =	**4.500 €**

Sind auch mehr als 0,30 € je gefahrenem Kilometer drin?

Der Bundesfinanhof prüft derzeit in dem Verfahren mit dem Aktenzeichen VI R 28/16, unter welchen Voraussetzungen (»krasser Ausnahmefall«) die tatsächlichen Kfz-Kosten eines schwerbehinderten Steuerbürgers als außergewöhnliche Belastungen zu berücksichtigen sind, auch wenn sie 0,30 € je Kilometer übersteigen.
Wollen Sie von einem positiven Ausgang dieses Verfahrens profitieren, lesen Sie unter ➤ Rz 1141, was zu tun ist.

Die Kosten für die behindertengerechte Umrüstung des Fahrzeugs sind zusätzlich in voller Höhe als außergewöhnliche Belastung absetzbar.

Gut zu wissen: Wer ein behindertes Kind hat, kann Fahrtkosten in o.g. 234
Höhe in seiner Steuererklärung geltend machen, wenn der Behindertenpauschbetrag des Kindes mangels eigener Einkünfte desselben auf ihn übertragen wurde (Quelle: EStH 33.1–33.4).

Leben im Pflegeheim 235

Kaum jemand zieht freiwillig in ein Pflegeheim. Deshalb sind Pflegekosten als außergewöhnliche Belastung absetzbar (➤ Rz 202 ff.). Damit Ihnen der Fiskalvertreter Ihre Krankheit abnimmt und sie nicht als altersbedingten Zustand (➤ Rz 240) abtut, benötigen Sie einen Bescheid der Pflegeversicherung mit Pflegegrad 4 oder 5 oder einen Behindertenausweis mit Merkzeichen »H« für hilflos bzw. blind.

Nach Ansicht des FG Düsseldorf (Urt. v. 25.6.1999, EFG 1999 S. 960) genügt aber auch ein vor der Heimunterbringung erstelltes amts- oder vertrauensärztliches Attest, wonach die Unterbringung ausschließlich durch Krankheit (Pflegebedürftigkeit) veranlasst ist.

Die einzige Konstante
ist der ständige Wandel.
(Manager Schütte)

◆ *Musterfall Vater Meyer (Pflegeheim)*

Der alleinstehende 78-jährige Vater Meyer ist wegen Krankheit dauernd 236
pflegebedürftig (Pflegegrad 3) und in einem Pflegeheim untergebracht.
Die Pflegeheimkosten von 34.836 € abzgl. der Erstattung durch die Pflegeversicherung von 17.184 € im Jahr bestreitet Vater Meyer aus seinen Einkünften (Gesamtbetrag 40.000 €).
Er hat die Wahl, entweder in > Zeile 62 den erhöhten Behindertenpauschbetrag von 3.700 € zu beantragen (ständig hilflos, Grad der Behinderung 300 %) oder in > Zeile 67 die verbleibenden Pflegeheimkosten von 17.652 € anzusetzen. Für ihn keine Frage, wofür er sich entscheidet, auch wenn das

Finanzamt von den 17.652 € eine Haushaltsersparnis von jährlich 8.820 € abzieht (EStR 33.3).

Und so sieht das in seiner Steuererklärung aus:

	Andere außergewöhnliche Belastungen (z. B. Fahrtkosten behinderter Menschen, Krankheitskosten, Kurkosten, Pflegekosten) Art der Belastungen		Summe der Aufwendungen EUR		Erhaltene / Anspruch auf zu erwartende Versicherungsleistungen, Beihilfen, Unterstützungen; Wert des Nachlasses usw. EUR
67	Pflegeheimkosten	300	34836,–	301	17184,–
	Für die – wegen Abzugs der zumutbaren Belastung – nicht als außergewöhnliche Belastung abziehbaren Aufwendungen wird die Steuerermäßigung für haushaltsnahe Beschäftigungsverhältnisse / Dienstleistungen / Handwerkerleistungen beantragt.				Aufwendungen (abzüglich Erstattungen) EUR

Das Finanzamt rechnet:

Kosten des Pflegeheims		*34.836 €*
./. Erstattung durch die Pflegeversicherung		*– 17.184 €*
Verbleibende Pflegeheimkosten		*17.652 €*
./. Haushaltsersparnis		*– 8.820 €*
Verbleiben		*8.832 €*
./. zumutbare Belastung		
15.340 € × 5 % =	*767 €*	
(40.000 € – 15.340 €) × 6 % =	*1.480 €*	*– 2.247 €*
Absetzbar als außergewöhnliche Belastung		*6.585 €*

(Quelle: § 33 EStG; BFH, BStBl 1981 II S. 25)

237 **TIPP**

Pflegekosten auch bei Pflegegrad 1 absetzbar

Dem Pflegegrad 1 werden Heimbewohner zugeordnet, die zwar auf Pflegeleistungen angewiesen sind, deren Pflegebedürftigkeit aber (noch) nicht den für den Pflegegrad 2 festgelegten Umfang erreicht. Diese Pflegebedürftigen müssen die Pflegesätze des Pflegegrads 1 selbst tragen, sofern sie keinen Anspruch auf Sozialhilfe haben. Erst ab Pflegegrad 2 übernimmt die Kasse Kosten.

Pflegekosten sind wie Krankheitskosten. Wer darauf sitzenbleibt, muss sie folglich steuerlich absetzen können. So sieht es auch der Bundesfinanzhof, der mit Urteil vom 10.5.2007 (Az. III R 39/05) klarstellte: Wer in einem Wohn- und Pflegeheim untergebracht ist, kann die ihm gesondert in Rechnung gestellten Pflegesätze als außergewöhnliche Belastung abziehen (Hauptformular, > Zeile 67; Urteil ergangen zur damaligen Pflegestufe 0). Nicht abzugsfähig bleiben allerdings die Kosten für Unterkunft und Verpflegung.
Für die Abziehbarkeit dieser Pflegesätze ist kein besonderer Nachweis erforderlich, ein Attest des Arztes reicht aus.

TIPP Kosten häuslicher Pflege steuerlich unterbringen 238

Die häusliche Behandlungspflege (§ 37 Abs. 2 SGB V) ist Teil der Krankenpflege. Die Kosten können regelmäßig nicht über den Pauschbetrag bei Körperbehinderung (> Zeile 61–64) hinaus abgezogen werden. Anders sieht es jedoch bei der häuslichen Intensiv- und Behandlungspflege aus. Diese Kosten sind zusätzlich zum Pauschbetrag absetzbar und gehören daher in > Zeile 67 (Quelle: FinMin Schleswig-Holstein, Erlass v. 29.10.2014, VI 3012 – S 2284 – 197).

Übernommene Pflegekosten 239

Was ist, wenn das Geld für die Pflege nicht reicht? Dann sind Angehörige gefordert. Die **Übernahme von Pflegekosten durch nahe Angehörige (erwachsene Kinder oder Eltern) ist immer zwangsläufig,** weil eine gesetzliche Unterhaltspflicht besteht. Die Kosten sind also aus rechtlichen Gründen als außergewöhnliche Belastungen absetzbar (§ 33 EStG). Ist der Pflegebedürftige im Heim untergebracht, müssen Sie sich leider die Kürzung der übernommenen Kosten um die zumutbare Belastung gefallen lassen, wie die Berechnung unten zeigt.

An der Zwangsläufigkeit kann es fehlen, wenn die unterstützte Person in der Lage ist, die Pflegekosten selbst zu tragen. Ein Vermögen bis zu einem Verkehrswert von 15.500 € bleibt dabei außer Betracht.

Vermögen übertragen?

Hat der Pflegebedürftige nach Eintritt des Rentenalters (65 Jahre) Vermögen von mehr als **15.500 €** übertragen, unterstellt der Fiskus Gesichtspunkte der späteren Versorgung für den Fall der Pflegebedürftigkeit. Damit kann je nach Höhe des übertragenen Vermögens die Zwangsläufigkeit der übernommenen Pflegekosten ganz oder zum Teil nicht gegeben sein.

Wenig Chancen, von außergewöhnlicher Belastung zu profitieren, beste- 240
hen bei **Altenheimpflegekosten,** wenn der Aufenthalt dort altersbedingt ist. Ist die Heimunterbringung hingegen durch eine Krankheit veranlasst, sind die Pflegekosten abziehbar (BFH-Urt. v. 29.9.1989 – BStBl 1990 II S. 418).

Ich bin der Meinung, dass »altersbedingt« eine Frage der Anschauung ist. Der Dumme gibt an, dass die Mutter im Altenheim ist, weil sie sich alt und gebrechlich fühlt. Der Steuerfuchs erinnert sich an die Krankenstatis-

tiken, wonach 99,8 % aller über 60-Jährigen an einer oder mehreren Krankheiten leiden, kramt alte Operationsbelege, Laborbefunde usw. seiner Mutter raus, geht mit ihr zum Arzt und lässt bestätigen, was sie alles an Wehwehchen hat. Weshalb sie in ein Pflegeheim gehört.

241 ◆ *Musterfall Vater Schmidt (Kosten Pflegeheim, Unterstützung durch Angehörige)*

Der alleinstehende Vater Schmidt lebt wegen Pflegebedürftigkeit (Pflegegrad 2) in einem Pflegeheim.

Für Pflege, Unterkunft und Investitionen berechnet das Pflegeheim mtl. 2.493 € × 12 = Jahresbetrag		*32.916 €*
Vater Schmidt erhält aus der Pflegekasse 770 € × 12 Monate =	*9.240 €*	
Denselben Betrag noch einmal aus staatlicher Beihilfe (Beamter im Ruhestand)	*9.240 €*	
Summe	*18.480 € >*	*– 18.480 €*
Eigenanteil Heimkosten		*14.436 €*

Weil er aus seinen eigenen Einkünften in Höhe von 14.000 € nur 11.000 € für die Heimkosten aufbringen kann, trägt den Rest sein Sohn Hubert.

Steuererklärung Vater Schmidt

Vater Schmidt weiß, dass seine Aufwendungen im Pflegeheim wegen ständiger Pflegebedürftigkeit steuerlich als Krankheitskosten zu berücksichtigen sind. Die von ihm getragenen Heimkosten in Höhe von 11.000 € sind zunächst um die Haushaltsersparnis zu kürzen. Sie beträgt pauschal 8.820 €. In den Pflegeheimkosten sind zwar auch solche für hauswirtschaftliche Dienstleistungen enthalten, die er eigentlich in > Zeile 72 unterbringen könnte. Allerdings geht die Berücksichtigung als außergewöhnliche Belastungen vor (§ 35a Abs. 5 EStG). Also setzt er folgende Pflegekosten in > Zeile 67 als Krankheitskosten an:

Selbst getragene Kosten des Pflegeheims	*11.000 €*
./. Haushaltsersparnis	*– 8.820 €*
Verbleiben	*2.180 €*

Steuererklärung Sohn Hubert

Hubert kann in > Zeile 67 seiner Steuererklärung die von ihm übernommenen Heimkosten von 3.436 € als außergewöhnliche Belastung geltend machen. Sie wirken sich insoweit steuerlich aus, als die zumutbare Eigenbelastung überschritten wird.

Wichtig zu wissen:
Der durch den Ansatz der zumutbaren Belastung nicht als außergewöhnliche Belastung berücksichtigte Teil der Aufwendungen für die Unterbringung in einem Pflegeheim kann grundsätzlich nach § 35a EStG (haushaltsnahe Dienstleistung > Zeile 72) steuerlich berücksichtigt werden. Dies gilt nach dem Urteil des FG Baden-Württemberg vom 23.12.2014 jedoch nicht, wenn die Zahlung des Angehörigen aufgrund seiner Inanspruchnahme als Unterhaltsverpflichteter an die Stadtkämmerei und nicht unmittelbar an den Heimträger und Leistungserbringer erfolgt (Az. 6 K 2688/14).

Heimunterbringung eines behinderten Kindes 242

Die Heimunterbringung eines behinderten Kindes verursacht hohe Kosten. Da ist es nur gerecht, dass Sie diese in Ihrer Steuererklärung unterbringen können. Für Ihr behindertes Kind erhalten Sie Kinderermäßigungen (Kindergeld bzw. -freibeträge), so dass dessen Behindertenpauschbetrag auf Sie übertragen werden kann (Anlage Kind > Zeile 64–66).

Oftmals ist es aber weitaus günstiger, statt des Pauschbetrags die tatsächlichen Kosten in > Zeile 67 des Mantelbogens als außergewöhnliche Belastungen geltend zu machen, insbesondere:

- Aufwendungen für Fahrten zum Heim zur Betreuung oder Pflege Ihres Kindes. Gleiches gilt für Besuchsfahrten, wenn der behandelnde Arzt bestätigt, dass gerade der Besuch der Eltern zur Linderung oder Heilung bestimmter Erkrankungen des Kindes entscheidend beitragen kann. Abzugsfähig sind die tatsächlichen Kosten, bei Benutzung des Pkw können 0,30 € je gefahrenen Kilometer angesetzt werden.
- Kosten der Unterkunft der Eltern anlässlich anzuerkennender Besuchsfahrten.
- Anschaffungskosten besonderer Pflegevorrichtungen wie z.B. Spezialbett, Hebelift, besonderes Mobiliar. Gehen Sie auf Nummer sicher, indem Sie sich die Notwendigkeit und Angemessenheit Ihrer Aufwendungen vor dem Kauf durch ein amtsärztliches Attest bescheinigen lassen.
- Kosten externer Pflegedienste anlässlich von Besuchen des Kindes in der Wohnung der Eltern (Quelle: BMF-Schreiben v. 14.4.2003, IV C 4 – S.2284 – 45/03).

243 **TIPP**

Zusätzliche Steuerermäßigung für Heimbewohner

Der Wasserhahn tropft, die Tür klemmt, und der Fernseher flimmert. Handwerkerkosten entstehen auch Heimbewohnern. Für die Arbeitskosten sowie die Kosten für die Anfahrt (inkl. Umsatzsteuer) kann eine Steuerermäßigung in > Zeile 73 des Hauptformulars beantragt werden. Auf diese Weise mindert sich die Steuer um immerhin 20 % der Aufwendungen, max. 1.200 € pro Jahr. Voraussetzung ist:

- Der Heimbewohner hat ein eigenes Appartment, führt also einen eigenen Haushalt,
- die Kosten entstehen ausschließlich für die selbstgenutzten Räume (nicht Treppenhaus oder Gemeinschaftsräume) und
- die Aufwendungen sowie die Zahlung können anhand einer Rechnung nebst Überweisungsbeleg nachgewiesen werden.

Besonderheiten beim Heimvertrag

Besteht zwischen dem Bewohner und dem Heimbetreiber ein sog. Heimvertrag, werden die Leistungen in der Regel in einem Gesamtpaket abgerechnet. Für die im Gesamtentgelt enthaltenen Kosten für begünstigte Dienstleistungen (Handwerker-, haushaltsnahe Dienstleistungen) kann eine Steuerermäßigung beansprucht werden, wenn sie aus der Jahresabrechnung hervorgehen oder durch eine Bescheinigung des Heimbetreibers nachgewiesen werden.

Mehr zu haushaltsnahen Dienstleistungen oder Steuerermäßigungen für Handwerkerleistungen unter ➤ Rz 269 ff.

244 Zeile 67 Sonstige außergewöhnliche Belastungen

Wie wenig es dem Gesetzgeber gelungen ist, den § 33 EStG – außergewöhnliche Belastungen – klar und verständlich zu fassen, zeigen die vielen Urteile und die Menge an Verwaltungsvorschriften dazu.
Hier ergänzend einige Sonderfälle:

Abfindung an Vormieter bei krankheitsbedingtem Wohnungswechsel: absetzbar (BFH, BStBl 1966 III S. 113).

Abmagerung, neue Kleidung infolge einer Abmagerungskur: nicht absetzbar (BFH v. 17.7.1981 – VI R 105/78).

Alkoholiker, therapeutische Maßnahmen: absetzbar, wenn zuvor amtsärztliches Zeugnis eingeholt wird (BFH v. 13.12.1987 – III R 208/81).

Asbestsanierung: absetzbar, wenn ein Gutachten die Asbestbelastung bescheinigt (BFH v. 9.8.2001 – III R 6/01).

Baumaßnahmen, Aufwendungen für ein behindertengerechtes Bad, verbreiterte Türen, Rampen: absetzbar (FG Rheinland-Pfalz v. 27.11.2007 - 2 K 1917/06).

Besuchsfahrten zu erkrankten nahen Angehörigen: absetzbar, wenn medizinisch angezeigt. Bescheinigung des behandelnden Arztes notwendig (BFH v. 2.3.1984 – VI R 158/80).

Lösegeldzahlungen: absetzbar nach Lage des Falls (EFG 1962 S. 259).

Prozesskosten sollen nur dann steuerlich absetzbar sein, wenn sie in Zusammenhang mit der Abwendung einer Bedrohung der Existenz stehen. Wann dies der Fall ist, beurteilt wohl jeder unterschiedlich. Also heißt die Devise: Prozesskosten weiterhin steuerlich geltend machen. Abzusgfähig waren bisher z.B. Kosten …

- zur Strafverfolgung wegen ehrenrühriger Angriffe: absetzbar (BFH v. 15.11.1957 – VI 279/56 U),
- im Scheidungsfall ➤ Rz 227,
- in Zusammenhang mit einem **Prozess wegen magelhafter Bauleistungen am Eigenheim** (Steuerabzug bejaht durch das Thüringer FG mit Urteil v. 22.10.2014 – Az. 3 K 272/14).

Schadenersatz: absetzbar, wenn bei der Schädigung nicht vorsätzlich oder leichtfertig gehandelt wurde (BFH v. 3.6.1982 – VI R 41/79).

Wasserschaden

- Schaden an einem Einfamilienhaus durch erhöhtes Grundwasser: absetzbar (EStR 187 Abs. 1; BFH v. 6.5.1994 – BStBl 1995 II S. 104);
- Schaden an einem Einfamilienhaus durch Rückstau von Wasser in einer Dränageleitung: absetzbar (BFH v. 5.6.1994 – III R 27/92);
- Wiederbeschaffung von Hausrat und Kleidung nach Wasserschaden: nicht absetzbar. Der Geschädigte hätte eine übliche Versicherung abschließen können, um sich zu schützen (BFH v. 26.6.2003 – III R 36/01).

Zeile 68–70 In Zeile 67 enthaltene haushaltsnahe Pflege-/Handwerkerleistungen 245

Zu den steuerlich abzugsfähigen Pflegekosten haben Sie bereits in ➤ Rz 196 ff. sowie ➤ Rz 235 ff. einiges erfahren.

Hier geht es nochmals um den Ansatz tatsächlicher Pflegekosten (anstelle des Pauschbetrags nach > Zeile 65–66).

Für den Teil der Pflege-/Handwerkerkosten, der sich durch Ansatz der zumutbaren Eigenbelastung steuerlich nicht auswirkt, können Sie in

> Zeilen 68–70 (in Verbindung mit > Zeilen 71–73) eine Steuerermäßigung für haushaltsnahe Dienstleistungen beantragen. Der Grund ist: Zu den haushaltsnahen Dienstleistungen zählt auch die einer Hilfe im Haushalt vergleichbare Tätigkeit bei Unterbringung in einem Heim.
Sind demnach in der > Zeile 67 auch haushaltsnahe Pflege- oder Handwerkerleistungen enthalten, müssen diese in > Zeilen 68–70 nochmals angegeben werden, damit dafür bis zur Höhe der zumutbaren Belastung eine Steuerermäßigung beansprucht werden kann.

Folgende Berechnung soll die Eintragung verdeutlichen:
Eheleute Huber machen in > Zeile 67 Krankheitskosten in Höhe von 4.000 € und zusätzlich haushaltsnahe Pflegeleistungen von 6.000 € geltend. Die zumutbare Eigenbelastung soll 2.400 € betragen.

Als außergewöhnliche Belastungen werden berücksichtigt:

Krankheitskosten	4.000 €	
Pflegeleistungen	6.000 €	
Summe	10.000 €	> 10.000 €
./. zumutbare Belastung von z.B.		– 2.400 €
steuerlich abzugsfähig		7.600 €

Steuerermäßigung für haushaltsnahe Pflegeleistungen (> Zeile 72)

Anteil Pflegeleistungen in der zumutbaren Belastung (einzutragen in > Zeile 68)	2.400 €
Steuerermäßigung davon 20 %	480 €

Siehe dazu auch ➤ Rz 268.

4.6 Haushaltsnahe Beschäftigungsverhältnisse, Dienstleistungen und Handwerkerleistungen – Zeile 71–77

Zeile 71-79 Haushaltsnahe Beschäftigungsverhältnisse, Dienst- und Handwerkerleistungen

246 Mit haushaltsnahen Beschäftigungsverhältnissen und selbständigen haushaltsnahen Dienst- und Handwerkerleistungen lassen sich Arbeitsplätze schaffen. Deshalb sind für Aufwendungen in Deutschland und im gesamten EU-Wirtschaftsraum (also auch für Ihr Ferienhaus auf Mallorca)

Steuerermäßigungen vorgesehen, die direkt von der Steuer abgezogen werden (§ 35 a EStG).
Als eigener Haushalt gelten auch die selbstgenutzte Zweit-, Wochenend- oder Ferienwohnung. Ebenso eine Wohnung, die Sie Ihrem Kind unentgeltlich überlassen haben – sofern das Kind steuerlich zu berücksichtigen ist, Ihnen also Kindergeld oder ein Kinderfreibetrag zusteht.
Was genau ist absetzbar?

Übersicht

Art der Tätigkeit	**direkt von der Steuer absetzbar**
Haushaltsnahe geringfügige Beschäftigung (Minijob) > Zeile 71	20 % der Aufwendungen, max. 510 € jährlich
– Haushaltsnahe pflichtversicherte Beschäftigung > Zeile 72 – Haushaltsnahe (selbständige) Dienstleistungen/Haushaltshilfe > Zeile 72 – Pflege- und Betreuungsleistungen/Heimunterbringung > Zeile 72	insgesamt 20 % der Aufwendungen, max. 4.000 € jährlich
Handwerkerleistungen bei Renovierungs-, Erhaltungs- und Modernisierungsmaßnahmen > Zeile 73	20 % der Aufwendungen, max. 1.200 €

Haushaltsnahe Beschäftigungsverhältnisse, Dienstleistungen und Handwerkerleistungen 18

Steuerermäßigung bei Aufwendungen für
– geringfügige Beschäftigungen im Privathaushalt – sog. Minijobs –
Aufwendungen (abzüglich Erstattungen) EUR
Art der Tätigkeit
71 202 ,–
– sozialversicherungspflichtige Beschäftigungen im Privathaushalt
– haushaltsnahe Dienstleistungen, Hilfe im eigenen Haushalt
– Pflege- und Betreuungsleistungen im Haushalt, in Heimunterbringungskosten enthaltene Aufwendungen für Dienstleistungen, die denen einer Haushaltshilfe vergleichbar sind; das in Zeile 67 als Erstattung für häusliche Pflege- und Betreuungskosten berücksichtigte Pflegegeld (§ 37 SGB XI) / Pflegetagegeld
Art der Tätigkeit / Aufwendungen
72 212 ,–
– Handwerkerleistungen für Renovierungs-, Erhaltungs- und Modernisierungsmaßnahmen im eigenen Haushalt (ohne öffentlich geförderte Maßnahmen, für die zinsverbilligte Darlehen oder steuerfreie Zuschüsse in Anspruch genommen werden, z. B. KfW-Bank, landeseigener Förderbanken oder Gemeinden)
Art der Aufwendungen
73 214 ,–

Nur bei Alleinstehenden und Eintragungen in den Zeilen 68 bis 73:
Anzahl der weiteren Personen
74 Es bestand ganzjährig ein gemeinsamer Haushalt mit einer oder mehreren anderen alleinstehenden Person(en) 223
Name, Vorname, Geburtsdatum
75

Nur bei Alleinstehenden oder Einzelveranlagung von Ehegatten / Lebenspartnern und Eintragungen in den Zeilen 68 bis 73:
Laut einzureichendem gemeinsamen Antrag ist der Höchstbetrag für die Aufwendungen
76 – lt. den Zeilen 68 und 71 in einem anderen Verhältnis als je zur Hälfte aufzuteilen. Der bei mir zu berücksichtigende Anteil beträgt 224 %
77 – lt. den Zeilen 69 und 72 in einem anderen Verhältnis als je zur Hälfte aufzuteilen. Der bei mir zu berücksichtigende Anteil beträgt 225 %
78 – lt. den Zeilen 70 und 73 in einem anderen Verhältnis als je zur Hälfte aufzuteilen. Der bei mir zu berücksichtigende Anteil beträgt 226 %

Nur in Fällen der Zusammenveranlagung oder Einzelveranlagung von Ehegatten / Lebenspartnern und Eintragungen in den Zeilen 68 bis 73:
stpfl. Person / Ehemann / Lebenspartner(in) A — Ehefrau / Lebenspartner(in) B
79 Es wurde 2017 ein gemeinsamer Haushalt begründet oder aufgelöst und für einen Teil des Kalenderjahres ein Einzelhaushalt geführt 219 1 = Ja 220 1 = Ja

✎ **Tragen Sie Ihre Aufwendungen in die jeweilige Zeile ein. Die Steuerermäßigung wird – bis zu den Höchstbeträgen – direkt von der Steuer abgezogen.**

Wem steht die Steuerermäßigung zu?
Die Steuerermäßigung steht jeder Privatperson zu, die Arbeitgeber bei einem haushaltsnahen Minijob oder einem pflichtversicherten Beschäftigungsverhältnis bzw. Auftraggeber bei einer haushaltsnahen Dienst-, Pflege- oder Handwerkerleistung ist, egal ob Eigentümer oder Mieter. Siehe hierzu auch ➤ Rz 271.

Was heißt haushaltsnah?
Zu den haushaltsnahen Tätigkeiten gehören u.a. die Zubereitung von Mahlzeiten im jeweiligen Haushalt, die Reinigung der Wohnung, die Gartenpflege und die Pflege, Versorgung und Betreuung von Kindern und von kranken, alten oder pflegebedürftigen Personen. Die Erteilung von Unterricht (z.B. Sprachunterricht), die Vermittlung besonderer Fähigkeiten, sportliche und andere Freizeitbetätigungen fallen nicht darunter.

Haushaltsnähe trifft auch für Bewohner eines Alten- oder Pflegeheimes zu, wenn sie im Heim einen eigenständigen abgeschlossenen Haushalt führen. Das ist dann der Fall, wenn die Räumlichkeiten des Bewohners von ihrer Ausstattung für eine Haushaltsführung geeignet sind (Bad, Küche, Wohn- und Schlafbereich), individuell genutzt werden können (Abschließbarkeit) und eine eigene Wirtschaftsführung durch den Bewohner gegeben ist. Bei einer Wohnungseigentümergemeinschaft kann der einzelne Eigentümer die Steuerermäßigungen nach § 35a EStG beanspruchen. Das gilt auch, wenn nicht er selbst, sondern die Eigentümergemeinschaft (ggf. in Vertretung des Verwalters) Arbeitgeber bzw. Auftraggeber der Leistung ist. In diesen Fällen müssen in der Jahresabrechnung die begünstigten Aufwendungen gesondert ausgewiesen und die Anteile der einzelnen Wohnungseigentümer an den begünstigten Aufwendungen individuell errechnet werden.

Kein Entweder-oder
Sie können, wenn Sie unbedingt wollen, alle vier Steuervergünstigungen aus § 35 a EStG nebeneinander in Anspruch nehmen und entsprechen damit dem Idealbürger, der keine bürokratischen Hürden und Hemmnisse scheut, zur Ankurbelung des Arbeitsmarktes beizutragen.

Keine Zwölftelung
Die obigen Höchstbeträge für haushaltsnahe Beschäftigung sind Jahresbeträge. Die Voraussetzungen für die Steuerermäßigungen müssen daher nicht das ganze Jahr über vorgelegen haben.

Leben zwei Alleinstehende in einem Haushalt zusammen, können die Höchstbeträge jeweils nur einmal in Anspruch genommen werden (siehe ➤ Rz 273).

Schwarzgeld und Gefälligkeitsrechnungen
Ob haushaltsnahe Dienstleistung, Handwerker- oder Pflege- und Betreuungsleistungen: Die Steuerermäßigung ist davon abhängig, dass die Aufwendungen durch eine Rechnung und Zahlung via Bankkonto nachgewiesen werden können. Dadurch soll die Schwarzarbeit in Privathaushalten bekämpft werden. Unbare Zahlung ist selbst dann Voraussetzung, wenn der Steuerzahler kein Bankkonto hat oder der Handwerker wegen schlechter Erfahrungen mit der Zahlungsmoral der Kunden Barzahlung verlangt hat (BFH-Urt. Az. VI R 14/08 und 22/08).

Nachweise sind zwar nur auf Verlangen des Finanzamts vorzulegen, erfahrungsgemäß fordern die Finanzämtler die Belege aber an. Besser also, Sie fügen Ihrer Steuererklärung die Rechnungen gleich bei.

Guter Rat: Wenn Sie Ihre Steuerermäßigung für ein Jahr bereits voll ausgeschöpft haben, sollten Sie weitere Arbeiten erst im nächsten Jahr ausführen lassen oder aber die Zahlung auf das folgende Jahr verschieben!

247

Zeile 71-72 Haushaltsnahes Beschäftigungsverhältnis

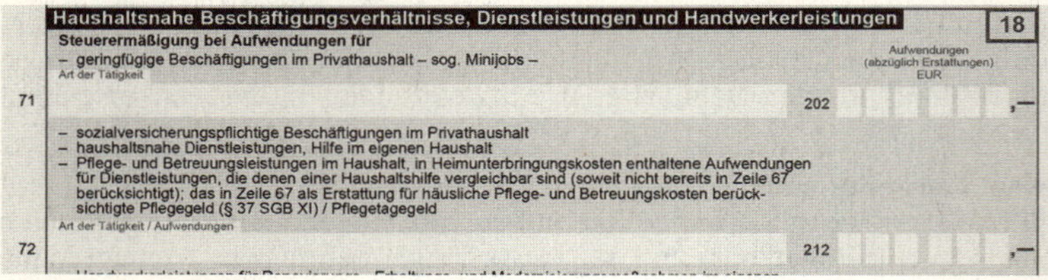
Haushaltsnahe Beschäftigungsverhältnisse, Dienstleistungen und Handwerkerleistungen 18

Steuerermäßigung bei Aufwendungen für
– geringfügige Beschäftigungen im Privathaushalt – sog. Minijobs –
Art der Tätigkeit

Aufwendungen (abzüglich Erstattungen) EUR

71 | 202 | ,–

– sozialversicherungspflichtige Beschäftigungen im Privathaushalt
– haushaltsnahe Dienstleistungen, Hilfe im eigenen Haushalt
– Pflege- und Betreuungsleistungen im Haushalt, in Heimunterbringungskosten enthaltene Aufwendungen für Dienstleistungen, die denen einer Haushaltshilfe vergleichbar sind (soweit nicht bereits in Zeile 67 berücksichtigt); das in Zeile 67 als Erstattung für häusliche Pflege- und Betreuungskosten berücksichtigte Pflegegeld (§ 37 SGB XI) / Pflegetagegeld
Art der Tätigkeit / Aufwendungen

72 | 212 | ,–

Wenn Sie in Ihrem Haushalt jemanden als Arbeitnehmer beschäftigen, gibt es folgende Steuerermäßigung:

1. bei **geringfügiger Beschäftigung (Minijob)** > Zeile 71
   20 % Ihrer Aufwendungen, höchstens 510 € im Jahr,
2. bei **sozialversicherungspflichtiger Beschäftigung** > Zeile 72
   20 % der Aufwendungen, höchstens 4.000 € im Jahr.

Das fiskalische Angebot, jemanden als Arbeitnehmer für haushaltsnahe Tätigkeiten (welche Tätigkeiten unter »haushaltsnah« fallen ➤ Rz 246) einzustellen, nehmen aber nur die ganz Ordentlichen an, bei denen alles legal sein soll. Die meisten beschäftigen ihre Perle weiterhin schwarz. Das ist für alle Beteiligten finanziell günstiger, wie der folgende Tipp zeigt.

248

TIPP Vermeiden Sie ein Hornberger Schießen!

Dieses Schießen hat ja bekanntlich zu keinem Ergebnis geführt. Entsprechendes könnte Ihnen widerfahren, wenn Sie nur deshalb mit jemandem ein haushaltsnahes Beschäftigungsverhältnis begründen, um die besagte Steuerermäßigung zu ergattern. Denn: Ist das Beschäftigungsverhältnis als Minijob ausgestaltet, zahlen Sie pauschal 14,8 % des ausgezahlten Lohns für Sozialabgaben, Steuern, Umlage Lohnfortzahlung sowie Beitrag zur gesetzlichen Unfallversicherung an die Bundesknappschaft (➤ Rz 615) und erhalten 20 %

über die Steuer zurück. Bei einem sozialversicherungspflichtigen Arbeitsverhältnis betragen allein die Sozialabgaben über 40 % (➤ Rz 517), bei gleicher Steuerermäßigung, also mickrigen 20 %.
Zudem warnt der Fiskus, dass ein Beschäftigungsverhältnis zwischen Eltern und den im Haushalt lebenden Kindern schon wegen § 1619 BGB (Pflicht zur Mithilfe im Haushalt) und eines mit dem Lebenspartner deswegen nicht anerkannt werde, weil dieser ja zugleich seinen eigenen Haushalt mitführe (BFM im Schreiben v. 1.11.2004 – BStBl I 2004 S. 958).

Wer mit seiner Haushaltshilfe ein offizielles Beschäftigungsverhältnis eingegangen ist, für den sind die folgenden Hinweise interessant:

Zeile 71 Geringfügige Beschäftigung/Minijob 249

Die Steuerermäßigung ist nur dann geritzt, wenn Sie jemanden im Minijob beschäftigen (§ 8a SGB IV) und am Haushaltsscheckverfahren teilnehmen. **Die Steuerermäßigung beträgt 20 % der Aufwendungen, höchstens 510 €.** Der Höchstbetrag wird nicht gezwölftelt. Beschäftigen Sie also seit März eine Haushaltshilfe als Minijobberin für 260 € monatlich, beträgt die Steuerermäßigung:

260 € × 10 Monate =	2.600 €
zzgl. Pauschalabgaben in Höhe von 14,8 % =	385 €
Aufwendungen 2017 insgesamt (einzutragen in > Zeile 71)	2.985 €
2.985 € × 20 % = 597 €, max. Steuerermäßigung	510 €

In > Zeile 71 tragen Sie »Reinigung der Wohnung« ein, sofern das zutrifft.

Steuerermäßigung für Kinderbetreuungskosten 250
»Das Recht ist für die Wachen da.« Dieser alte Grundsatz bestätigt sich gerade bei den vielen undurchsichtigen Gesetzesänderungen der letzten Jahre. Auch bei den Kinderbetreuungskosten blickt kaum einer mehr richtig durch. Das Gesetz sieht **zwei Möglichkeiten** vor, Kinderbetreuungskosten abzusetzen:

1. Hier in > Zeile 71–72 können Sie Kosten für die Betreuung und Versorgung Ihrer Kinder geltend machen, die im Rahmen eines haushaltsnahen Beschäftigungsverhältnisses oder als haushaltsnahe Dienstleistungen von Selbständigen angefallen sind (§ 35 a EStG).
2. Außerdem ist ein Abzug als Sonderausgaben möglich, der geltend zu machen ist in der Anlage Kind > Zeile 67–73.

Die Möglichkeit unter 1. ist weniger interessant (➤ Rz 248).

251 **TIPP** **Hilfe bei schwankendem Verdienst**

Dass Steuer- und Sozialgesetze unverständlich und lebensfremd sind, wissen wir schon lange und stört schon fast gar nicht mehr. Es ärgert uns aber, wegen der sturen Bürokratie Purzelbäume schlagen zu müssen.
»Worauf wollen Sie hinaus?«, fragen Sie interessiert.
Der durchschnittliche Verdienst darf 450 € im Monat nicht überschreiten. Angenommen, Sie zahlen in den Monaten Januar bis April und September bis Dezember monatlich 500 € und von Mai bis August nur 360 €. Schwupp, schon haben Sie im Jahresdurchschnitt (8 × 500 € + 4 × 360 € = 5.440 € ÷ 12 Monate =) 453,33 € pro Monat gezahlt und liegen über der 450-€-Grenze. Damit gelangen Sie in die nächste Kategorie (> Zeile 72), in der die Bedingungen weniger günstig sind (siehe dazu auch ➤ Rz 627). Also sollte Ihr Minijobber in den Monaten Mai bis August ein bisschen weniger arbeiten und Sie statt 360 € nur 340 € bezahlen.

»Wenn er nun aber unbedingt 360 € haben will, was mache ich dann? Doch nicht etwa 20 € schwarz auf die Hand?«

252 ♦ *Musterfall Hannelore (Haushaltsnahes Beschäftigungsverhältnis als Minijob)*

Hannelore und Peter leben in gutsituierten Verhältnissen, wie man so sagt. Damit Hannelore öfter ihre Freundinnen einladen und Tennis spielen kann, beschäftigt sie eine Haushaltshilfe auf 450-€-Basis.

Haushaltsnahe Beschäftigungsverhältnisse, Dienstleistungen und Handwerkerleistungen 18
Steuerermäßigung bei Aufwendungen für
– geringfügige Beschäftigungen im Privathaushalt – sog. Minijobs –
Art der Tätigkeit — Aufwendungen (abzüglich Erstattungen) EUR
71 Reinigung der Wohnung 202 2720,–

253 **Was kostet ein Minijob?**

Für geringfügig entlohnte Minijobs zahlen Arbeitgeber Pauschalbeiträge zur Renten- und Krankenversicherung, eine einheitliche Pauschsteuer (sofern nicht per Lohnsteuerkarte abgerechnet wird!) sowie Umlagen zum Ausgleich der Arbeitgeberaufwendungen bei Krankheit und Mutterschaft.

Minijobs in Privathaushalten sind eine spezielle Form der geringfügigen Beschäftigung und werden vom Gesetzgeber besonders gefördert, denn die Pauschalabgaben fallen geringer aus.

	Normaler Minijob	Minijob im Privathaushalt
Krankenversicherung	13 %	5 %
Rentenversicherung	15 %	5 %
pauschale Lohnsteuer	2 %	2 %
Umlagen zum Ausgleich der Arbeitgeberaufwendungen bei Krankheit und Mutterschaft	1,2 %	1,2 %
Beitrag zur gesetzlichen Unfallversicherung	individuelle Beiträge an den zuständigen Unfallversicherungsträger	1,6 %
	etwa 32,9 %	14,8 %

Die Pauschalabgaben trägt allein der Arbeitgeber, der Arbeitnehmer erhält seinen Lohn brutto für netto ausbezahlt. Er kann sogar mehrere Minijobs kombinieren, aber nicht bei demselben Arbeitgeber und nur bis zur Lohnobergrenze von insgesamt 450 € im Monat. Ein Minijob ist auch neben der Hauptbeschäftigung möglich, mit Betonung auf »ein«.

Beachten Sie:

- Für Minijobber, die privat versichert sind, zahlen Arbeitgeber keinen Pauschalbeitrag zur Krankenversicherung.
- Besteuerungsalternativen
- Die pauschale Lohnsteuer kann der Arbeitgeber sparen, wenn nach der Lohnsteuerklasse des Minijobbers abgerechnet werden kann. Ohne Kranken- und Rentenversicherung, weil der Minijobber z.B. Schüler oder Student ist, beträgt die pauschale Lohnsteuer 20 % plus Kirchensteuer und Soli-Zuschlag. Bei der Abrechnung nach Lohnsteuerklasse fallen oftmals überhaupt keine Abgaben an (bei Lohnsteuerklasse I bleiben monatlich 985 € steuerfrei).
- Die Regeln für die Beschäftigung von Minijobbern außerhalb eines Privathaushalts gelten entsprechend. Dazu mehr unter ➤ Rz 611 ff.

Die Minijob-Zentrale hat im Internet ein Muster für einen Arbeitsvertrag bereitgestellt (www.minijob-zentrale.de):

Arbeitsvertrag für geringfügig entlohnte Beschäftigte

(Bei Anwendung des Musters ist zu prüfen, welche Vertragsbestimmungen übernommen werden wollen. Gegebenenfalls sind Anpassungen und Ergänzungen zu empfehlen.)

Zwischen

Herrn/Frau ______________________, Anschrift: ______________________________________

- nachfolgend „Arbeitgeber" genannt -

und

Herrn/Frau ______________________, Anschrift: ______________________________________

- nachfolgend „Arbeitnehmer" genannt -

wird nachfolgender

Arbeitsvertrag

geschlossen:

§ 1 Beginn des Arbeitsverhältnisses

Das Arbeitsverhältnis beginnt am ____________________.

§ 2 Tätigkeit

(1) Der Arbeitnehmer wird als ____________________ eingestellt und vor allem mit folgenden Arbeiten beschäftigt:

(2) Der Arbeitgeber kann den dem Arbeitnehmer zugewiesenen Aufgabenbereich je nach den Erfordernissen ergänzen oder auch ändern. Der Anspruch des Arbeitnehmers auf die Vergütung nach Maßgabe des § 4 dieses Vertrages bleibt hiervon unberührt.

§ 3 Arbeitszeit

Die regelmäßige Arbeitszeit beträgt ________ Wochenstunden an ________ Tagen zu je ________ Stunden, und zwar

jeweils am ________________, am ________________ und am ________________.

1/3

§ 4 Vergütung

(1) Der Arbeitnehmer erhält eine monatliche Vergütung/einen Stundenlohn von ______________ Euro.

(2) Die Vergütung ist jeweils am Monatsende fällig und wird auf das vom Arbeitnehmer benannte Konto überwiesen.

Geldinstitut: ____

IBAN: ____

§ 5 Sonderzuwendungen

Der Arbeitgeber zahlt folgende Sonderzuwendungen (z. B. Urlaubsgeld, Weihnachtsgeld) in den Monaten

____________________________ in Höhe von ______________ Euro.

§ 6 Erholungsurlaub[1)]

(1) Der Arbeitnehmer hat Anspruch auf einen jährlichen Erholungsurlaub von _____ Arbeitstagen. Zeitpunkt und Dauer des Urlaubs richten sich nach den betrieblichen Notwendigkeiten und Möglichkeiten unter Berücksichtigung der Wünsche des Arbeitnehmers.

(2) Im Übrigen gelten ergänzend die Bestimmungen des Bundesurlaubsgesetzes in der jeweils geltenden Fassung.

1) Als Werktage gelten die Tage Montag bis Samstag. Bei Teilzeitarbeitnehmern, die nur einzelne Tage in der Woche arbeiten, werden die arbeitsfreien Tage bei der Feststellung des Urlaubsanspruchs mitgerechnet. Nimmt der Teilzeitarbeitnehmer nur einzelne Tage als Urlaub, wird der Urlaubsanspruch im gleichen Umfange gekürzt, wie die Arbeitszeit des Teilzeitarbeitnehmers gegenüber der Arbeitszeit einer Vollzeitkraft vermindert ist.

Beispiel: $$\frac{\text{2 (individuelle Arbeitstage pro Woche) x 24 (Urlaubsanspruch in Werktagen)}}{\text{6 (übliche Arbeitstage; Montag bis Samstag)}} = \text{8 Urlaubstage}$$

§ 7 Arbeitsverhinderung

(1) Der Arbeitnehmer verpflichtet sich, jede Arbeitsverhinderung unverzüglich - noch vor Dienstbeginn - dem Arbeitgeber unter Benennung der voraussichtlichen Verhinderungsdauer, ggf. telefonisch, mitzuteilen.

(2) Im Krankheitsfall hat der Arbeitnehmer unverzüglich, spätestens jedoch nach Ablauf des dritten Kalendertages, dem Arbeitgeber eine ärztlich erstellte Arbeitsunfähigkeitsbescheinigung vorzulegen, aus der sich die voraussichtliche Dauer der Krankheit ergibt. Dauert die Krankheit länger an als in der ärztlich erstellten Bescheinigung angegeben, so ist der Arbeitnehmer gleichfalls zur unverzüglichen Mitteilung und Vorlage einer weiteren Bescheinigung verpflichtet.

2/3

(3) Diese Nachweispflicht gilt auch nach Ablauf der sechs Wochen. Der Arbeitgeber ist berechtigt, die Vorlage der Arbeitsunfähigkeitsbescheinigung früher zu verlangen.

(4) Der Arbeitgeber zahlt im Falle einer unverschuldeten Arbeitsunfähigkeit infolge Krankheit für sechs Wochen das regelmäßige Arbeitsentgelt weiter (Entgeltfortzahlung im Krankheitsfall).

(5) Im Übrigen gelten für den Krankheitsfall die jeweils maßgeblichen gesetzlichen Bestimmungen.

§ 8 Verschwiegenheitspflicht

Der Arbeitnehmer hat über alle Angelegenheiten, die ihm im Rahmen oder aus Anlass seiner Tätigkeit im Privathaushalt bekannt geworden sind oder werden auch nach seinem Ausscheiden Stillschweigen zu bewahren.

§ 9 Weitere Beschäftigungen

Der Arbeitnehmer verpflichtet sich, jede Aufnahme einer weiteren Beschäftigung dem Arbeitgeber unverzüglich schriftlich mitzuteilen. Dies gilt für sämtliche Beschäftigungen, unabhängig von der Höhe des Verdienstes oder deren zeitlichem Umfang.

§ 10 Kündigungsfristen

(1) Das Arbeitsverhältnis wird auf unbestimmte Zeit eingegangen. Die ersten ________ Monate, also die Zeit bis zum __________________, gelten als Probezeit. Während dieser Zeit kann das Arbeitsverhältnis von beiden Seiten mit einer Frist von zwei Wochen (§ 622 Abs. 3 BGB) gekündigt werden.

(2) Nach Ablauf der Probezeit gelten die gesetzlichen Kündigungsfristen.

(3) Das Recht zur fristlosen Kündigung aus wichtigem Grund bleibt hiervon unberührt.

(4) Jede Kündigung hat schriftlich zu erfolgen.

(5) Der Arbeitgeber ist berechtigt, den Arbeitnehmer nach Ausspruch einer Kündigung unter Fortzahlung der Vergütung und Anrechnung auf Resturlaubsansprüche von der Arbeitsleistung freizustellen.

____________________________________, den ____________________

____
(Arbeitgeber)

____
(Unterschrift des Arbeitnehmers bzw. bei Minderjährigen Unterschrift des gesetzlichen Vertreters)

3/3

Können Sie Ihre Hand dafür ins Feuer legen, dass Ihre Putzhilfe keine weiteren Minijobs hat bzw. insgesamt offiziell nicht mehr als 450 € verdient? Wenn nicht, haben Sie ein Problem. Ist die 450-€-Grenze überschritten, fallen Sozialversicherungsbeiträge an. Damit Sie als Arbeitgeber nicht in die Beitragsfalle tappen, sollten Sie vor Vertragsabschluss folgende Checkliste gemeinsam mit Ihrem Minijobber ausfüllen (ebenfalls unter www.minijobzentrale.de abzurufen): 255

EINKOMMENSTEUERERKLÄRUNG
Hauptformular

2018

Checkliste*

für geringfügig entlohnte oder kurzfristig Beschäftigte

Bitte beachten Sie:
Die Checkliste dient als *interne* Arbeitshilfe für Unternehmen, um eine korrekte sozialversicherungsrechtliche Beurteilung der Beschäftigung vornehmen zu können. Zur Mitteilung der hierfür notwendigen Angaben sind Sie gesetzlich verpflichtet. Bitte reichen Sie die Checkliste deshalb ausgefüllt bei Ihrem Arbeitgeber ein. Bei Fragen zu den einzelnen Abfragefeldern wenden Sie sich bitte an Ihren Arbeitgeber. Grundsätzliche Fragen zur geringfügigen Beschäftigung beantwortet die Minijob-Zentrale.

1. Persönliche Angaben

Name, Vorname:

Anschrift:

Telefon:

Rentenversicherungsnummer:

Falls keine Rentenversicherungsnummer angegeben werden kann:

Geburtsname: Geburtsdatum, Geburtsort:

Geschlecht: ☐ weiblich ☐ männlich Staatsangehörigkeit:

2. Status bei Beginn der Beschäftigung

☐ Schüler(in)
☐ Student(in)
☐ Schulentlassene(r) mit Berufsausbildungsabsicht
☐ Arbeits-/Ausbildungssuchende(r)***
☐ Schulentlassene(r) mit Studienabsicht**
☐ Bundesfreiwilligendienst-/Freiwillige(r)/ Wehrdienstleistende(r)
☐ Praktikant(in)
☐ Selbständige(r)
☐ Beschäftigungslose(r)
☐ Arbeitnehmer(in) im unbezahlten Urlaub
☐ Arbeitnehmer(in)
☐ Rentner(in); Art der Rente:
☐ Arbeitnehmer(in) in der Elternzeit
☐ Beamtin/Beamter
☐ Sonstige:

Angaben über die Meldung als Arbeits- oder Ausbildungssuchender

Ist der Beschäftigte zu Beginn des Beschäftigungsverhältnisses beschäftigungslos und bei der Agentur für Arbeit arbeits- oder ausbildungssuchend gemeldet?

☐ ja, bei der Agentur für Arbeit in
  ☐ mit Leistungsbezug
  ☐ ohne Leistungsbezug
☐ nein

* Die erforderlichen Angaben können nach Aufruf des Dokuments am PC eingetragen, abgespeichert und ausgedruckt werden.
** zum nächstmöglichen Zeitpunkt
*** vgl. Bitte die Angaben über die Meldung als Arbeits- oder Ausbildungssuchender ausfüllen

3. Angaben zur gesetzlichen Krankenversicherung

Ich bin in der gesetzlichen Krankenversicherung versichert.

☐ nein

☐ ja, bei (Krankenkasse):

Art der Versicherung: ☐ Eigene Mitgliedschaft ☐ Familienversicherung

4. Weitere Beschäftigungen

a) für geringfügig entlohnte Beschäftigte (450-Euro-Minijobber):

Es besteht/ bestehen derzeit ein oder mehrere Beschäftigungsverhältnis(se) bei (einem) anderen Arbeitgeber(n)

☐ nein

☐ ja. Ich übe derzeit folgende Beschäftigungen aus:

Beschäftigungsbeginn	Arbeitgeber mit Adresse*	Die weitere Beschäftigung ist /war
1.		☐geringfügig entlohnt ☐ mit Eigenanteil zur RV ☐ ohne Eigenanteil zur RV ☐nicht geringfügig entlohnt
2.		☐geringfügig entlohnt ☐ mit Eigenanteil zur RV ☐ ohne Eigenanteil zur RV☐ nicht geringfügig entlohnt
3.		☐geringfügig entlohnt ☐ mit Eigenanteil zur RV ☐ ohne Eigenanteil zur RV☐ nicht geringfügig entlohnt

* Angabe freiwillig

Anmerkung: Eine geringfügig entlohnte Beschäftigung liegt vor, wenn das monatliche Arbeitsentgelt regelmäßig 450 € nicht übersteigt. Der Arbeitgeber einer geringfügig entlohnten Beschäftigung muss unter bestimmten Voraussetzungen Pauschalbeiträge zur Kranken- und Rentenversicherung bzw. gemeinsam mit dem Arbeitnehmer Pflichtbeiträge zur Rentenversicherung zahlen. (siehe 5.). Der Arbeitnehmer hat aber die Möglichkeit, gegenüber dem Arbeitgeber die Befreiung von der Versicherungspflicht in der Rentenversicherung zu beantragen und somit von der Zahlung des Eigenanteils zur Rentenversicherung Abstand zu nehmen. Sofern neben einer mehr als geringfügig entlohnten (Haupt-) Beschäftigung nur eine geringfügig entlohnte Beschäftigung ausgeübt wird, wird die (Haupt-) Beschäftigung nicht mit der geringfügig entlohnten Beschäftigung zusammengerechnet. In diesen Fällen ist die geringfügig entlohnte Beschäftigung in der Krankenversicherung versicherungsfrei und je nach Sachverhalt in der Rentenversicherung versicherungsfrei, versicherungspflichtig oder von der Versicherungspflicht befreit. Jede weitere geringfügig entlohnte Beschäftigung wird mit der Hauptbeschäftigung zusammengerechnet und ist nach den allgemeinen Regeln versicherungs- und beitragspflichtig in allen Zweigen der Sozialversicherung.

Wenn keine mehr als geringfügig entlohnte (Haupt-) Beschäftigung vorliegt, ergibt sich bei Addition der Bruttoarbeitsentgelte aus der/den bereits ausgeübten geringfügig entlohnten Beschäftigung(en) und der von diesem Fragebogen betroffenen (neuen) geringfügig entlohnten Beschäftigung ein Betrag, der regelmäßig 450 € im Monat übersteigt.

☐ nein

☐ ja

Anmerkung: Ergibt die Addition der Bruttoarbeitsentgelte, dass monatlich regelmäßig 450 € nicht überschritten werden, ist der Arbeitnehmer, sofern er von seinem Befreiungsrecht in der Rentenversicherung Gebrauch macht, beitragsfrei in allen Zweigen der Sozialversicherung.

b) für kurzfristig Beschäftigte:

Im laufenden Kalenderjahr habe ich bereits eine/mehrere befristete Beschäftigung(en) ausgeübt oder war als Beschäftigungslose(r) arbeits- bzw. ausbildungssuchend gemeldet (vgl. Anmerkung).

☐ nein

☐ ja:

Beginn und Ende der Beschäftigung / Meldung als Arbeits- bzw. Ausbildungssuchende(r)	Tatsächliche Arbeitstage in diesem Zeitraum	Arbeitgeber mit Adresse*
1.		
2.		
3.		

Anmerkung: Eine kurzfristige – für den Arbeitnehmer und Arbeitgeber sozialabgabenfreie – Beschäftigung liegt vor, wenn die Beschäftigung innerhalb eines Kalenderjahres auf zwei Monate oder 50 Arbeitstage nach ihrer Eigenart begrenzt zu sein pflegt oder im Voraus vertraglich begrenzt ist und nicht „berufsmäßig" (vgl. hierzu die Erläuterungen ab Seite 4) ausgeübt wird. Mehrere kurzfristige Beschäftigungen im laufenden Kalenderjahr sind zusammenzurechnen.

5. Befreiung von der Rentenversicherungspflicht

Der Arbeitnehmer einer geringfügig entlohnten Beschäftigung kann die Befreiung von der Versicherungspflicht in der gesetzlichen Rentenversicherung durch schriftliche Erklärung gegenüber dem Arbeitgeber beantragen. Ein Muster des Befreiungsantrages liegt als Anlage bei. In diesem Fall entrichtet allein der Arbeitgeber eine Pauschalabgabe zur Rentenversicherung. Achtung: Damit werden keine vollen Ansprüche in der Rentenversicherung erworben.

☐ Nein, ich möchte mich nicht von der Versicherungspflicht in der Rentenversicherung befreien lassen
Es handelt sich um eine „normale" geringfügige Beschäftigung. Der Arbeitgeber trägt die Pauschalabgabe zur Rentenversicher-ung. Der Arbeitnehmer trägt die Differenz zum vollen Beitragssatz in der Rentenversicherung (2013: 3,9 %). Den Arbeitnehmeranteil am Beitrag zur Rentenversicherung zieht der Arbeitgeber vom Arbeitsentgelt ab und leitet diesen mit den Pauschalabgaben an die Minijob-Zentrale weiter.

☐ Ja, ich beantrage die Befreiung von der Versicherungspflicht in der Rentenversicherung.
Der Arbeitgeber zahlt die Pauschalabgabe. Die einmal beantragte Befreiung von der Versicherungspflicht kann nicht rückgängig gemacht werden.

Ich versichere, dass die vorstehenden Angaben der Wahrheit entsprechen. Ich verpflichte mich, meinem Arbeitgeber alle Änderungen, insbesondere die Aufnahme weiterer Beschäftigungen, unverzüglich mitzuteilen."

____________________ ____________________

Ort, Datum Unterschrift

Der Arbeitgeber ist zur sozialversicherungsrechtlichen Einordnung des Arbeitnehmers verpflichtet. Der Arbeitnehmer muss dem Arbeitgeber die dazu erforderlichen Angaben machen und die entsprechenden Unterlagen vorlegen (§ 28o SGB IV). Erteilt der Arbeitnehmer diese Auskünfte nicht, nicht richtig oder nicht rechtzeitig oder legt er die entsprechenden Unterlagen nicht, nicht vollständig oder nicht rechtzeitig vor, begeht er eine bußgeldbewehrte Ordnungswidrigkeit (§ 111 Abs. 1 Nr. 4 SGB IV). Die Checkliste ist dem jeweiligen Arbeitgeber auszuhändigen. Alle Fragen zur Ausfüllung der Checkliste sind ausschließlich an den jeweiligen Arbeitgeber zu richten.

Erläuterungen

zur Checkliste für geringfügig entlohnte oder kurzfristig Beschäftigte

Allgemeines
Der Arbeitgeber ist dazu verpflichtet, jeden Arbeitnehmer bei der Einzugsstelle anzumelden und die Beiträge zur Sozialversicherung zu zahlen. Daraus ergibt sich für ihn die Pflicht, das Sozialversicherungsverhältnis des jeweiligen Arbeitnehmers zu beurteilen. Der Arbeitnehmer ist seinerseits dazu verpflichtet, dem Arbeitgeber die zur Durchführung des Meldeverfahrens und der Beitragszahlung erforderlichen Angaben zu machen und die entsprechenden Unterlagen vorzulegen (§ 28o SGB IV). Erteilt der Arbeitnehmer diese Auskünfte nicht, nicht richtig oder nicht rechtzeitig oder legt er die entsprechenden Unterlagen nicht, nicht vollständig oder nicht rechtzeitig vor, begeht er eine Ordnungswidrigkeit, die mit Bußgeld belegt werden kann (§ 111 Abs. 1 Nr. 4 SGB IV). Nimmt der Arbeitgeber eine falsche sozialversicherungsrechtliche Beurteilung vor, drohen unter Umständen Nachforderungen von Sozialversicherungsbeiträgen.

Um solche Nachforderungen zu vermeiden, muss der Arbeitgeber den Sachverhalt so aufklären, dass er eine korrekte Einordnung des Arbeitnehmers vornehmen kann. Dazu dient diese Checkliste. Sie ist ein Leitfaden zur Abfrage von Angaben, die die Feststellung von Versicherungspflicht bzw. Versicherungsfreiheit des Arbeitnehmers in der Sozialversicherung ermöglichen. **Dabei kann im Einzelfall die Angabe weiterer Kriterien erforderlich sein.** Die Checkliste erhebt keinen Anspruch auf Vollständigkeit. Damit die Angaben als Dokumentation i. S. d. Beitragsverfahrensverordnung gelten, müssen die Angaben des Arbeitnehmers durch entsprechende Nachweise (z. B. Immatrikulationsbescheinigung) belegt und durch seine Unterschrift bestätigt werden. Der Arbeitgeber ist nach der Beitragsverfahrensverordnung dazu verpflichtet, die Angaben zu den Entgeltunterlagen zu nehmen.

Die Checkliste ersetzt nicht die Anmeldung des geringfügig Beschäftigten oder den Arbeitsvertrag zwischen dem Arbeitgeber und dem geringfügig Beschäftigten. Die Anmeldung erfolgt durch die Meldung zur Sozialversicherung bei der Minijob-Zentrale der Deutschen Rentenversicherung Knappschaft-Bahn-See. Die Checkliste dient allein dem internen Gebrauch des Unternehmens bzw. als Nachweis des Unternehmens bei einer Überprüfung durch die Sozialversicherung (Betriebsprüfung).

zu 1
Der Arbeitgeber muss in der Meldung zur Sozialversicherung die Rentenversicherungsnummer des Arbeitnehmers angeben. Falls keine Rentenversicherungsnummer angegeben werden kann, sind die Angabe des Geburtsnamens, -datums, und -orts, des Geschlechts und der Staatsangehörigkeit des Arbeitnehmers erforderlich.

zu 2
Die unter Punkt 2 aufgeführten Kriterien sind für die sozialversicherungsrechtliche Beurteilung des Arbeitnehmers relevant:

1. Schüler sind grundsätzlich in der Arbeitslosenversicherung versicherungsfrei (§ 27 Abs. 4 Satz 1 Nr. 1 SGB III).
2. Bei Studenten bestehen Besonderheiten in der Kranken-, Pflege- und Arbeitslosenversicherung (§ 6 Abs. 1 Nr. 3 SGB V, § 27 Abs. 4 Satz 1 Nr. 1 SGB III)
3. Selbständige und Beamte sind sozialversicherungsrechtlich wie Personen ohne versicherungspflichtige Hauptbeschäftigung zu behandeln.
4. Bei einer **kurzfristigen Beschäftigung muss der Arbeitgeber prüfen, ob es sich um eine berufsmäßige Beschäftigung handelt, sofern das Arbeitsentgelt 450 € übersteigt.** Dabei gelten für die Prüfung von bestimmten Personengruppen bzw. Fallkonstellationen für die Prüfung der Berufsmäßigkeit folgende Grundsätze:

Berufsmäßigkeit liegt grundsätzlich nicht vor bei kurzfristigen Beschäftigungen

- zwischen Abitur und Studium,
- zwischen Abitur und Bundesfreiwilligendienst- oder Freiwilliger Wehrdienst, wenn die Aufnahme eines Studiums beabsichtigt ist.

Berufsmäßigkeit ist grundsätzlich anzunehmen bei kurzfristigen Beschäftigungen

- zwischen Schulentlassung bzw. Abschluss des Studiums und Eintritt in das Berufsleben,
- von ausbildungs- oder arbeitssuchenden Beschäftigungslosen, die bei der Arbeitsagentur gemeldet sind,
- während unentgeltlicher Beurlaubung im Rahmen einer Hauptbeschäftigung,
- während des Bundesfreiwilligendienstes- oder des Freiwilligen Wehrdienstes
- während einer im Rahmen einer Hauptbeschäftigung bestehenden Elternzeit.

Berufsmäßigkeit liegt auch vor, wenn die zu beurteilende Beschäftigung zusammen mit Vorbeschäftigungszeiten bzw. Zeiten der Meldung der Arbeits- bzw. Ausbildungssuche bei der Arbeitsagentur im laufenden Kalenderjahr die Grenze von zwei Monaten bzw. 50 Arbeitstagen übersteigt.

Zur **Berufsmäßigkeit** vgl. auch: Geringfügigkeits-Richtlinien der Spitzenorganisationen der Sozialversicherung vom xx.xx.xxxx und der Entscheidungshilfe zur Berufsmäßigkeit unter www.minijob-zentrale.de.

zu 3

Für einen geringfügig entlohnten Beschäftigten sind Pauschalbeiträge zur Krankenversicherung nur dann zu entrichten, wenn der Arbeitnehmer gesetzlich krankenversichert ist (Pflicht-, Familien- oder freiwillige Versicherung).

zu 4
Die Pflicht des Arbeitnehmers, dem Arbeitgeber alle erforderlichen Angaben zu machen, umfasst vor allem die Aufklärung über gleichzeitig ausgeübte weitere Beschäftigungen und Vorbeschäftigungen bei anderen Arbeitgebern. Stellt die Deutsche Rentenversicherung Knappschaft-Bahn-See oder ein anderer Träger der Rentenversicherung im Nachhinein fest, dass wegen einer notwendigen Zusammenrechnung der geringfügigen Beschäftigung mit weiteren (Vor)-Beschäftigungen Versicherungspflicht vorliegt, tritt diese mit dem Tage der Bekanntgabe dieser Feststellung durch die Deutsche Rentenversicherung Knappschaft-Bahn-See oder eines anderen Trägers der Rentenversicherung ein (§ 8 Abs. 2 Satz 3 SGB IV). Seit dem 1. April 2003 werden Beiträge zur Sozialversicherung im Falle notwendiger Additionen grundsätzlich nicht mehr rückwirkend nachgefordert. Eine Ausnahme von diesem Grundsatz gilt jedoch gemäß § 8 Abs. 2 Satz 4 SGB IV für den Fall, dass der Arbeitgeber es vorsätzlich oder grob fahrlässig versäumt hat, den Sachverhalt aufzuklären.

Die Checkliste dient zum einen dazu, dem Arbeitgeber die Feststellung weiterer Beschäftigungen und die entsprechende sozialversicherungsrechtliche Beurteilung des Arbeitnehmers zu erleichtern. Zum anderen kann sie im Nachhinein ein Indiz dafür sein, dass der Arbeitgeber bei der Sachverhaltsaufklärung weder vorsätzlich noch grob fahrlässig gehandelt hat. Beruht die falsche sozialversicherungsrechtliche Beurteilung beispielsweise darauf, dass der Arbeitnehmer eine weitere Beschäftigung verschwiegen hat und auf dem Fragebogen bei der Frage nach weiteren Beschäftigungen „nein" angekreuzt hat, so ist davon auszugehen, dass dem Arbeitgeber weder Vorsatz noch grobe Fahrlässigkeit vorgeworfen wird.

zu 5
Wirkung der Befreiung
Der geringfügig entlohnte Beschäftigte kann die Befreiung von der Versicherungspflicht in der Rentenversicherung beantragen (§ 6 Abs. 1b SGB VI). Der Antrag muss schriftlich gegenüber dem Arbeitgeber erfolgen. Ein gestellter Befreiungsantrag ist vom Arbeitgeber mit dem Tag des Eingangs bei ihm zu versehen. Der Antrag ist nicht an die Minijob-Zentrale weiterzuleiten, sondern verbleibt in den Entgeltunterlagen des Arbeitgebers.
Der Arbeitgeber meldet die Daten zum Antrag auf Befreiung von Rentenversicherungspflicht an die Minijob-Zentrale im Rahmen des DEÜV-Verfahrens. Sofern die Minijob-Zentrale dem Befreiungsantrag nicht innerhalb eines Monats widerspricht, wirkt die Befreiung grundsätzlich ab Beginn des Kalendermonats des Eingangs beim Arbeitgeber, frühestens ab Beschäftigungsbeginn. Voraussetzung ist, dass der Arbeitgeber der Minijob-Zentrale die Befreiung bis zur nächsten Entgeltabrechnung, spätestens innerhalb von 6 Wochen nach Eingang des Befreiungsantrages bei ihm meldet. Anderenfalls beginnt die Befreiung erst nach Ablauf des Kalendermonats, der dem Kalendermonat des Eingangs der Meldung bei der Minijob-Zentrale folgt.

Der Antrag auf Befreiung von der Rentenversicherungspflicht ist für die gesamte Dauer der Beschäftigung bindend und kann nicht widerrufen werden. Übt ein Arbeitnehmer nebeneinander mehrere geringfügige Beschäftigungen aus, die trotz Zusammenrechnung 450 € nicht überschreiten, kann der Arbeitnehmer nur einheitlich die Befreiung von der Rentenversicherungspflichtbeantragen. Die einem Arbeitgeber gegenüber beantragte Befreiung gilt zugleich für die weiteren geringfügig entlohnten Beschäftigungsverhältnisse. Der Arbeitnehmer muss die Arbeitgeber, bei denen er gleichzeitig beschäftigt ist, über den Befreiungsantrag informieren.

Übergangsrecht
Wird eine vor dem 01.01.2013 aufgenommene geringfügig entlohnte Beschäftigung gleichzeitig mit einer nach dem 31.12.2012 geringfügig entlohnten Beschäftigung ausgeübt, sind aufgrund der differenziert zu betrachtenden versicherungsrechtlichen Beurteilung die Ausführungen der Minijob-Zentrale unter www.minijob-zentrale.de zu beachten.

Merkblatt über die möglichen Folgen einer Befreiung von der Rentenversicherungspflicht

Allgemeines

Seit dem 1. Januar 2013 unterliegen Arbeitnehmer, die eine geringfügig entlohnte Beschäftigung (450-Euro-Minijob) ausüben, grundsätzlich der Versicherungs- und vollen Beitragspflicht in der gesetzlichen Rentenversicherung. Der vom Arbeitnehmer zu tragende Anteil am Rentenversicherungsbeitrag beläuft sich auf 3,9 Prozent (bzw. 13,9 Prozent bei geringfügig entlohnten Beschäftigungen in Privathaushalten) des Arbeitsentgelts. Er ergibt sich aus der Differenz zwischen dem Pauschalbeitrag des Arbeitgebers (15 Prozent bei geringfügig entlohnten Beschäftigungen im gewerblichen Bereich/ bzw. 5 Prozent bei solchen in Privathaushalten) und dem vollen Beitrag zur Rentenversicherung in Höhe von 18,9 Prozent. Zu beachten ist, dass der volle Rentenversicherungsbeitrag mindestens von einem Arbeitsentgelt in Höhe von 175 Euro zu zahlen ist.

Vorteile der vollen Beitragszahlung zur Rentenversicherung

Die Vorteile der Versicherungspflicht für den Arbeitnehmer ergeben sich aus dem Erwerb von Pflichtbeitragszeiten in der Rentenversicherung. Das bedeutet, dass die Beschäftigungszeit in vollem Umfang für die Erfüllung der verschiedenen Wartezeiten (Mindestversicherungszeiten) berücksichtigt wird. Pflichtbeitragszeiten sind beispielsweise Voraussetzung für

- einen früheren Rentenbeginn,
- Ansprüche auf Leistungen zur Rehabilitation (sowohl im medizinischen Bereich als auch im Arbeitsleben),
- den Anspruch auf Übergangsgeld bei Rehabilitationsmaßnahmen der gesetzlichen Rentenversicherung,
- die Begründung oder Aufrechterhaltung des Anspruchs auf eine Rente wegen Erwerbsminderung,
- den Anspruch auf Entgeltumwandlung für eine betriebliche Altersversorgung und
- die Erfüllung der Zugangsvoraussetzungen für eine private Altersvorsorge mit staatlicher Förderung (zum Beispiel die so genannte Riester-Rente) für den Arbeitnehmer und gegebenenfalls sogar den Ehepartner.

Darüber hinaus wird das Arbeitsentgelt nicht nur anteilig, sondern in voller Höhe bei der Berechnung der Rente berücksichtigt.

Antrag auf Befreiung von der Rentenversicherungspflicht

Ist die Versicherungspflicht nicht gewollt, kann sich der Arbeitnehmer von ihr befreien lassen. Hierzu muss er seinem Arbeitgeber - möglichst mit dem beiliegenden Formular - schriftlich mitteilen, dass er die Befreiung von der Versicherungspflicht in der Rentenversicherung wünscht. Übt der Arbeitnehmer mehrere geringfügig entlohnte Beschäftigungen aus, kann der Antrag auf Befreiung nur einheitlich für alle zeitgleich ausgeübten geringfügigen Beschäftigungen gestellt werden. Über den Befreiungsantrag hat der Arbeitnehmer alle weiteren - auch zukünftige - Arbeitgeber zu informieren, bei denen er eine geringfügig entlohnte Beschäftigung ausübt. Die Befreiung von der Versicherungspflicht ist für die Dauer der Beschäftigung(en) bindend; sie kann nicht widerrufen werden.

Die Befreiung wirkt grundsätzlich ab Beginn des Kalendermonats des Eingangs beim Arbeitgeber, frühestens ab Beschäftigungsbeginn. Voraussetzung ist, dass der Arbeitgeber der Minijob-Zentrale die Befreiung bis zur nächsten Entgeltabrechnung, spätestens innerhalb von 6 Wochen nach Eingang des Befreiungsantrages bei ihm meldet. Anderenfalls beginnt die Befreiung erst nach Ablauf des Kalendermonats, der dem Kalendermonat des Eingangs der Meldung bei der Minijob-Zentrale folgt.

Konsequenzen aus der Befreiung von der Rentenversicherungspflicht

Geringfügig entlohnt Beschäftigte, die die Befreiung von der Rentenversicherungspflicht beantragen, verzichten freiwillig auf die oben genannten Vorteile. Durch die Befreiung zahlt lediglich der Arbeitgeber den Pauschalbeitrag in Höhe von 15 Prozent (bzw. 5 Prozent bei Beschäftigungen in Privathaushalten) des Arbeitsentgelts. Die Zahlung eines Eigenanteils durch den Arbeitnehmer entfällt hierbei. Dies hat zur Folge, dass der Arbeitnehmer nur anteilig Monate für die Erfüllung der verschiedenen Wartezeiten erwirbt und auch das erzielte Arbeitsentgelt bei der Berechnung der Rente nur anteilig berücksichtigt wird.

Hinweis: Bevor sich ein Arbeitnehmer für die Befreiung von der Rentenversicherungspflicht entscheidet, wird eine individuelle Beratung bezüglich der rentenrechtlichen Auswirkungen der Befreiung bei einer Auskunfts- und Beratungsstelle der Deutschen Rentenversicherung empfohlen. Das Servicetelefon der Deutschen Rentenversicherung ist kostenlos unter der 0800 10004800 zu erreichen. Bitte nach Möglichkeit beim Anruf die Versicherungsnummer der Rentenversicherung bereithalten.

EINKOMMENSTEUERERKLÄRUNG
Hauptformular

2018

Anlage

Versicherungspflicht in der Rentenversicherung bei einer geringfügig entlohnten Beschäftigung nach § 6 Absatz 1b Sozialgesetzbuch Sechstes Buch (SGB VI)

Arbeitnehmer:

Name: ______________________________

Vorname: ______________________________

Rentenversicherungsnummer: |_|_|_|_|_|_|_|_|_|_|_|_|

Hiermit beantrage ich die Befreiung von der Versicherungspflicht in der Rentenversicherung im Rahmen meiner geringfügig entlohnten Beschäftigung und verzichte damit auf den Erwerb von Pflichtbeitragszeiten. Ich habe die Hinweise auf dem „Merkblatt über die möglichen Folgen einer Befreiung von der Rentenversicherungspflicht" zur Kenntnis genommen.

Mir ist bekannt, dass der Befreiungsantrag für alle von mir zeitgleich ausgeübten geringfügig entlohnten Beschäftigungen gilt und für die Dauer der Beschäftigungen bindend ist; eine Rücknahme ist nicht möglich. Ich verpflichte mich, alle weiteren Arbeitgeber, bei denen ich eine geringfügig entlohnte Beschäftigung ausübe, über diesen Befreiungsantrag zu informieren.

______________________ ______________________________
(Ort, Datum) (Unterschrift des Arbeitnehmers)

Arbeitgeber:

Name: ______________________________

Betriebsnummer: |_|_|_|_|_|_|_|_|

Der Befreiungsantrag ist am |_|_|_|_|_|_|_|_| bei mir eingegangen.
T T M M J J J J

Die Befreiung wirkt ab |_|_|_|_|_|_|_|_|.
T T M M J J J J

______________________ ______________________________
(Ort, Datum) (Unterschrift des Arbeitgebers)

Hinweis für den Arbeitgeber:

Der Befreiungsantrag ist nach § 8 Absatz 4a Beitragsverfahrensverordnung (BVV) zu den Entgeltunterlagen zu nehmen.

Die meisten Minijobber sind nicht an einer Anmeldung bei der Minijob-Zentrale interessiert, in erster Linie Sozialhilfeempfänger, Arbeitslose, Touristen ohne Arbeitserlaubnis in Deutschland etc. In den meisten Fällen haben Minijobber mehrere Minijobs, so dass die 450-€-Hürde fast immer gerissen wird. Ihnen entgeht aber einiges, wenn sie nicht angemeldet sind, denn ohne korrekte Anmeldung tun sie sich schwer, ihre Rechte durchzusetzen, wie z.B. Anspruch auf 256

- Lohnfortzahlung bis zu sechs Wochen bei Krankheit,
- bezahlten Erholungsurlaub von vier Wochen,
- Lohnzahlung, wenn an gesetzlichen Feiertagen die Arbeit ausfällt,
- Lohnzahlung bei persönlicher Verhinderung, z.B. Arztbesuch, Gerichtstermin, Krankheit eines Angehörigen.

Außerdem erwerben angemeldete Minijobber einen Anspruch auf Rente.

Wichtig zu wissen: Für geringfügig entlohnte Minijobs, die am 1.1.2013 oder später begannen, besteht **Versicherungspflicht in der Rentenversicherung.** Der volle Rentenversicherungsbeitrag ist mindestens von 175 € zu zahlen. Der Arbeitgeberanteil beträgt im Haushaltsscheck-Verfahren 5 % des tatsächlichen Arbeitsentgelts. Die Haushaltshilfe trägt die Differenz zwischen dem Arbeitgeberanteil und dem vollen Beitrag zur Rentenversicherung (13,7 %). Den Beitragsanteil des Arbeitnehmers behält der Arbeitgeber vom Arbeitsentgelt ein. Der Arbeitnehmer erhält dann anstatt 450 € nur 388,35 € ausbezahlt. Daraus ergibt sich eine Rentenanwartschaft von gut 4 € im Monat. **Minijobber haben die Möglichkeit, sich auf Antrag von der Versicherungspflicht in der Rentenversicherung befreien zu lassen.** Bei geringfügig Beschäftigten im Privathaushalt ist ein gesonderter Antrag nicht erforderlich, weil die relevanten Angaben auf dem Haushaltsscheck zu machen sind.

Zeile 72 Sozialversicherungspflichtige Beschäftigung 257

Diese Zeilen betreffen Aufwendungen für ein reguläres Arbeitsverhältnis, für das die üblichen Sozialabgaben und Lohnsteuern – nach Maßgabe der Lohnsteuerkarte – abzuführen sind. Die Steuerermäßigung beträgt 20 % der Aufwendungen, höchstens 4.000 € im Jahr.

Hier steckt im Verborgenen eine elegante Lösung, wenn eine Putzhilfe ihre 450 € im Monat schon voll ausgereizt hat. Nach den Bestimmungen für Niedriglohnbezieher wird bei Überschreiten der Minijobgrenze nicht 258 sofort der volle Arbeitnehmerbeitrag erhoben, vielmehr steigt der Beitragssatz gleitend an (➤ Rz 627).

Beispiel

Sie zahlen Ihrer Putzhilfe brutto	460,00 €
Arbeitgeberanteil Sozialversicherung rd, 19,5 %	89,70 €
Also kostet Sie die Putzhilfe	549,70 €
Über die Steuer kommen 20 % zurück =	– 109,94 €
Gesamtaufwendungen	439,76 €

Ihre Putzhilfe erhält brutto	460,00 €
./. Arbeitnehmeranteil Sozialversicherung* (Gleitzone)	– 47,76 €
Nettolohn	412,24 €

*ohne Aufstockung auf den vollen Rentenversicherungsbeitrag

Lohnsteuer können Sie vergessen, wenn die Putzfee über Lohnsteuerklasse I, II oder IV abgerechnet werden kann. Die Steuerfreibeträge liegen in diesen Steuerklassen über 1.006 € pro Monat (➤ Rz 54).

259 Generell ist die Versteuerung über die Lohnsteuerklasse des Minijobbers dann die beste Wahl, wenn der Lohn aus dem Arbeitsverhältnis bei der jährlichen Einkommensteuererklärung nicht zu einer Steuerbelastung führt. Dies trifft für die meisten Schüler, Studenten, alleinerziehenden Frauen und Rentner zu. Denn jeder Steuerzahler erhält einen Grundfreibetrag, der im Jahr 2017 immerhin 8.820 € beträgt. Hinzu kommen der Arbeitnehmerpauschbetrag von 1.000 € und andere Kleinbeträge (➤ Rz 52 ff.).

260 **Herrschaftliche Haushaltsführung oder was?**

Hier sind auch die mit von der Partie, die unbedingt ein Dienstmädchen, einen Chauffeur, Gärtner, Butler oder Koch benötigen, um mit den Beschwernissen des täglichen Lebens fertigzuwerden. Ein Antrag entfällt natürlich, wenn das Hauspersonal »der Einfachheit halber« in der betrieblichen Lohnkartei geführt wird. Siehe dazu auch ➤ Rz 262.

261 Zeile 72 Aufwendungen für haushaltsnahe Dienstleistungen, Hilfe im Haushalt

Sicherlich teurer als die Beschäftigung eines Arbeitnehmers ist die Inanspruchnahme eines selbständigen Dienstleisters (Gärtner, Fensterputzer,

Dienstleistungsagentur, Tagesmutter etc.). Die Steuerermäßigung beträgt 20 % der Aufwendungen, max. 4.000 €.
Zu den haushaltsnahen Dienstleistungen gehören alle Tätigkeiten, die eine im Haushalt angestellte Arbeitskraft steuerermäßigt ausführen könnte (➤ Rz 246).

Wichtig zu wissen: Auch hier führen nur Arbeiten auf Rechnung und Zahlung durch Überweisung zu einer Steuerermäßigung.

TIPP Hausgehilfin mit »Dreifachberücksichtigung« 262

Die sog. Dreifachberücksichtigung löst bei vielen Finanzbürokraten erhöhten Blutdruck aus. Sie kann eintreten, wenn eine Hausgehilfin sowohl im Betrieb als auch im Haushalt arbeitet. Dann ergeben sich folgende Möglichkeiten:

1. **Abzug von Betriebsausgaben** bei den Einkünften aus Gewerbebetrieb oder selbständiger Arbeit in Höhe der anteiligen Lohnkosten.
2. **Abzug von Kinderbetreuungskosten** bis zu 4.000 € je Kind (> Zeile 67 der Anlage Kind).
3. **Steuerermäßigung** für haushaltsnahe Beschäftigungsverhältnisse/ Dienstleistungen in Höhe von max. 4.000 € (§ 35a EStG, > Zeile 72 des Mantelbogens).

Lassen Sie mich im Amtsdeutsch weitererklären: Liegen die Voraussetzungen für die Berücksichtigung von Aufwendungen für eine Haushaltshilfe oder Hausgehilfin mehrfach vor – z. B. dreifach, wie hier beschrieben –, sind die Gesamtaufwendungen entsprechend der zeitlichen Beanspruchung durch die verschiedenen Arbeiten aufzuteilen.

Nahe Angehörige als Hausgehilfin 263

Auch das geht!! Sie müssen nur den Dienstleistungsauftrag zwischen Ihnen und Ihrer Mutter so gestalten, dass er auch zwischen Fremden möglich wäre. Und Ihre Mutter darf nicht zu Ihrem Haushalt gehören, muss körperlich fit genug sein, um die Arbeiten erledigen zu können, und muss zudem auf die Vergütung aus dem Dienstleistungsverhältnis angewiesen sein (BFH-Urt. v. 6.1.1961 – BStBl 1961 III S. 549). Entsprechendes gilt, wenn Ihre Tochter im Haushalt wie eine fremde Hausgehilfin mithilft und nachweislich eine anderenfalls erforderliche fremde Kraft ersetzt.

264 ◆ *Musterfall Meyer (Haushaltshilfe – Aufteilung der Kosten)*
Die Eheleute Hans und Gerda Meyer sind als Rechtsanwälte freiberuflich tätig. Mit im Haushalt lebt der 10-jährige Sohn Tobias. Das Ehepaar beschäftigt die Hausgehilfin Karin Hoppe. Die Lohnaufwendungen für sie betrugen im Kalenderjahr 7.200 €.
Die Hausgehilfin erledigt

1. Reinigung der Praxisräume, Zeitanteil 30 %;
2. Putzarbeiten im Haushalt, Zeitanteil 20 %;
3. Betreuung von Tobias, Zeitanteil 50 %.

Von den 7.200 € bringen die Eheleute Meyer in ihrer Steuererklärung unter:

1. In der Gewinnermittlung 30 % Betriebsausgaben =	*2.160 €*
2. Als Sonderausgaben »Kinderbetreuungskosten« in Höhe von ²/₃ der Aufwendungen (3.600 €)	*2.400 €*
Insgesamt steuerlich absetzbar	*4.560 €*
Schon bei einem Steuersatz von nur 30 % beträgt die jährliche Steuerersparnis =	*1.368 €*
3. Steuerermäßigung für haushaltsnahe Beschäftigung (➤ Rz 246)	
Aufwendungen insgesamt	*7.200 €*
./. Betriebs- bzw. Sonderausgaben	*– 5.760 €*
Verbleiben	*1.440 €*
Steuerermäßigung 20 %	*288 €*

Insgesamt erhalten Meyers mindestens (1.368 € + 288 € =) 1.656 € und damit rund 23 % ihrer Aufwendungen über die Steuer zurück.
Die Betriebsausgaben macht Meyer in seiner Gewinnermittlung geltend, die Sonderausgaben in > Zeile 67 ff. der Anlage Kind. In > Zeile 72 des Mantelbogens trägt er ein:

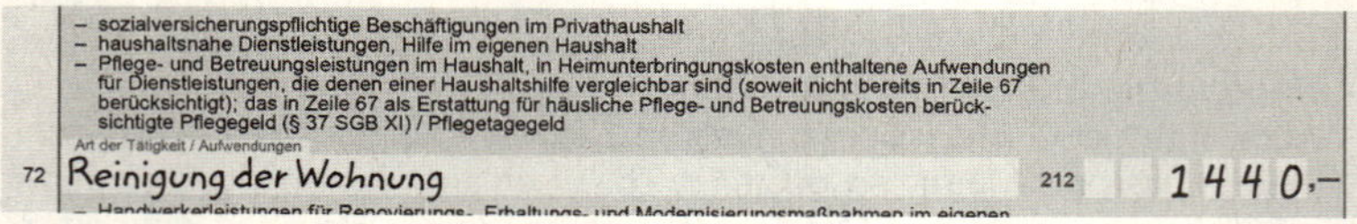
– sozialversicherungspflichtige Beschäftigungen im Privathaushalt
– haushaltsnahe Dienstleistungen, Hilfe im eigenen Haushalt
– Pflege- und Betreuungsleistungen im Haushalt, in Heimunterbringungskosten enthaltene Aufwendungen für Dienstleistungen, die denen einer Haushaltshilfe vergleichbar sind (soweit nicht bereits in Zeile 67 berücksichtigt); das in Zeile 67 als Erstattung für häusliche Pflege- und Betreuungskosten berücksichtigte Pflegegeld (§ 37 SGB XI) / Pflegetagegeld

Art der Tätigkeit / Aufwendungen

72 Reinigung der Wohnung 212 1440,–

– Handwerkerleistungen für Renovierungs-, Erhaltungs- und Modernisierungsmaßnahmen im eigenen

Du musst jeden Tag Deinen Feldzug
auch gegen Dich selber führen.
(Friedrich Nietzsche)

TIPP Steuerermäßigung für Umzugskosten 265

Von einem Umzugsunternehmen durchgeführte Umzüge für Privatpersonen gehören ebenfalls zu den haushaltsnahen Dienstleistungen. Wichtig ist, dass die Umzugsfirma eine Rechnung stellt und diese nicht bar bezahlt wird, sondern per Überweisung oder EC–Cash.
Über die Steuerermäßigung erhalten Sie 20 % Ihrer Aufwendungen zurück. Da Ihr Steuersatz aber sicher weit darüber liegt, fahren Sie steuerlich besser, wenn Sie die Umzugskosten als Werbungskosten geltend machen können. Wie das geht, dazu mehr unter ➤ Rz 808 ff.

TIPP Steuerermäßigung für den Stubentiger 266

Haustierbesitzer kennen das Problem: Vor dem Urlaub muss die Betreuung der Haustiere geregelt werden. Findet diese bei Ihnen zu Hause statt, handelt es sich insoweit um haushaltsnahe Dienstleistungen, für die Sie eine Steuerermäßigung in > Zeile 72 geltend machen können.
Insbesondere folgende Kosten kommen in Betracht:

- Versorgung der Katze (Fische, Reptilien, Vögel …) mit Futter und Wasser,
- Reinigung des Katzenklos (Aquariums, Terrariums, Vogelkäfigs …),
- Beschäftigung des Tieres.

Nicht begünstigt ist hingegen die Unterbringung Ihres Hundes/Ihrer Katze in einer Tierpension, denn die Versorgung, sprich Dienstleistung, muss *haushaltsnah,* also in Ihrem Haushalt erfolgen.

TIPP Winterdienst mit Steuerkick 267

Das Finanzamt nimmt es mitunter schon sehr genau, wenn es um die Gewährung einer Steuervergünstigung geht. In seinem Schreiben vom 10.1.2014 weist der Bundesfinanzminister seine Beamten daher an, die Kosten für den Winterdienst nur insoweit als hauhaltsnahe Dienstleistung in > Zeile 72 zu dulden, als diese anteilig auf den privaten Grund entfallen. Sofern der öffentliche Gehweg von Schnee und Eis befreit wird, soll keine Steuerermäßigung in Betracht kommen, da nicht haushaltsnah.
Dass diese Kleinkrämerei unsinnig ist, erkennen Sie sofort. Für die Finanzbeamten bedarf es dafür eines Urteils des Bundesfinanzhofs. Dieser entschied im März 2014, dass die Kosten für den Winterdienst in vollem Umfang zu einer Steuerermäßigung führen, egal ob im Vorgarten oder auf dem Gehweg (Az. VI R 55/12).

Und wie sieht es mit den Kosten für die Straßenreinigung aus, fragen Sie sich?
Für mich macht das keinen Unterschied. Diese Kosten gehören daher ebenfalls in > Zeile 72. Ein Urteil gibt es dazu allerdings bisher nicht.

268 Zeile 72 Pflege- und Betreuungsleistungen, Heimunterbringung

Die Steuerermäßigung kann auch für die Inanspruchnahme von Pflege- und Betreuungsleistungen beantragt werden. Gleiches gilt für Aufwendungen, die wegen der Unterbringung in einem Heim oder zur dauernden Pflege erwachsen, soweit darin Kosten für Dienstleistungen enthalten sind, die mit denen einer Hilfe im Haushalt vergleichbar sind.

Beispiel
Sie haben im Jahr 2017 Aufwendungen für Pflegeleistungen Ihrer pflegebedürftigen Mutter in Höhe von 6.000 € getragen – Erstattungen aus der Pflegeversicherung insoweit leider Fehlanzeige. Die Steuerermäßigung beträgt (6.000 € × 20 % =) 1.200 €.
Siehe hierzu auch die Hinweise zu > Zeile 68 unter ➤ Rz 245.

Zeile 73 Handwerkerleistungen für Renovierungs-, Erhaltungs- und Modernisierungsmaßnahmen

269 Für die Inanspruchnahme von Handwerkerleistungen für **Renovierungs-, Erhaltungs- und Modernisierungsmaßnahmen** in der selbstgenutzten inländischen Wohnung erhalten **Eigentümer und Mieter** einen Steuerabzug in Höhe von 20 % der Aufwendungen, höchstens 1.200 €. Zu den begünstigten handwerklichen Tätigkeiten rechnen insbesondere:

- Arbeiten an Innen- und Außenwänden,
- Arbeiten am Dach, an der Fassade, an Garagen o. Ä.,
- Reparatur oder Austausch von Fenstern und Türen,
- Streichen und Lackieren von Türen, Fenstern (innen und außen), Wandschränken, Heizkörpern und Heizrohren,
- Reparatur oder Austausch von Bodenbelägen (z. B. Teppichböden, Parkett und Fliesen),
- Reparatur, Wartung oder Austausch von Heizungsanlagen, Elektro-, Gas- und Wasserinstallationen,

- Modernisierung oder Austausch der Einbauküche,
- Modernisierung des Badezimmers,
- Reparatur und Wartung von Gegenständen im Haushalt, z. B. Waschmaschine, Geschirrspüler, Herd, Fernseher, Personalcomputer, sowie andere Gegenstände, die unter die Hausratversicherung fallen (wichtig ist dabei, dass auf der Rechnung steht: »Repariert an Ort und Stelle« … also in der Wohnung, nicht in der Werkstatt),
- Maßnahmen der Gartengestaltung,
- Pflasterarbeiten auf dem Wohngrundstück,
- Kontrollaufwendungen für die Kontrolle von Blitzschutzanlagen oder die Gebühr für den Schornsteinfeger.

Beachten Sie: Begünstigt sind nur die Arbeits- und Fahrtkosten, nicht allerdings die Kosten für Material. Und auch hier muss alles hochoffiziell laufen: Zum Antrag gehören die Rechnungen und entsprechende Zahlungsnachweise, sprich Kontoauszüge. Die Steuerermäßigung fällt flach, wenn Sie bar oder per Scheck bezahlt haben.

◆ *Musterfall Huber (Haushaltsnahe Dienstleistungen, Betreuungs- und Handwerkerleistungen)* 270

Die Hubers bewohnen ein Einfamilienhaus. Im Jahr 2017 haben sie für laufende Gartenpflegearbeiten 1.200 € ausgegeben. Für das Verlegen neuer Bodenbeläge (Parkett und Fliesen) stellte der Handwerker Arbeitskosten in Höhe von 1.800 € in Rechnung. Herrn Hubers Mutter, die auch in dem Einfamilienhaus lebt, bezieht Leistungen aus der Pflegeversicherung. Darüber hinaus sind den Hubers jedoch Aufwendungen für Pflegeleistungen in Höhe von 4.500 € entstanden.

Auf Seite 3 des Mantelbogens tragen die Hubers ein:

	– sozialversicherungspflichtige Beschäftigungen im Privathaushalt – haushaltsnahe Dienstleistungen, Hilfe im eigenen Haushalt – Pflege- und Betreuungsleistungen im Haushalt, in Heimunterbringungskosten enthaltene Aufwendungen für Dienstleistungen, die denen einer Haushaltshilfe vergleichbar sind (soweit nicht bereits in Zeile 67 berücksichtigt); das in Zeile 67 als Erstattung für häusliche Pflege- und Betreuungskosten berücksichtigte Pflegegeld (§ 37 SGB XI) / Pflegetagegeld Art der Tätigkeit / Aufwendungen		
72	Gartenarbeiten/Pflegeleistungen	212	5700,–
	– Handwerkerleistungen für Renovierungs-, Erhaltungs- und Modernisierungsmaßnahmen im eigenen Haushalt (ohne öffentlich geförderte Maßnahmen, für die zinsverbilligte Darlehen oder steuerfreie Zuschüsse in Anspruch genommen werden, z. B. KfW-Bank, landeseigener Förderbanken oder Gemeinden) Art der Aufwendungen		
73	Verlegen neuer Bodenbeläge (Parkett/Fliesen)	214	1800,–

Mit folgenden Steuerermäßigungen können sie rechnen:

Gartenpflegearbeiten = haushaltsnahe Dienstleistungen 1.200 € × 20 % =	*240 €*	
Pflegeleistungen für die Mutter von Herrn Huber 4.500 € × 20 % =	*900 €*	
Summe (max. abzugsfähig: 4.000 €):	*1.140 €*	*> 1.140 €*
Verlegen neuer Bodenbeläge = Handwerkerleistungen 1.800 € × 20 % (max. 1.200 €)=		*360 €*
Steuerermäßigung 2017 insgesamt:		*1.500 €*

TIPP Steuerrabatt für Handwerkerleistungen: Was heißt schon haushaltsnah?

Für zahllose Handwerkerleistungen (wie Maler-, Elektro- oder Sanitärarbeiten) oder auch haushaltsnahe Dienstleistungen (wie z. B. Raumausstatter, Gärtner, Fensterputzer …) können Sie eine Steuerermäßigung von 20 % der Kosten beanspruchen. Voraussetzung ist nur, dass die Arbeiten in oder an der selbst genutzten Wohnung, also haushaltsnah stattfinden. Nur was bedeutet »haushaltsnah« genau?

Die Rechtsprechung der Finanzgerichte geht mehr und mehr dazu über, die Nähe zum Haushalt räumlich-funktional auszulegen, so dass die Grenze des Haushalts nicht ausnahmslos durch die Grundstücksgrenze abgesteckt ist. Vielmehr kann auch die Inanspruchnahme von Handwerkerleistungen, die jenseits der Grundstücksgrenze auf fremdem, beispielsweise öffentlichem Grund erbracht werden, begünstigt sein.

So stellt der Austausch einer renovierungsbedürftigen Haustür, die in der Schreinerwerkstatt hergestellt, zum Haushalt geliefert und dort montiert wird, nach dem Urteil des Finanzgerichts München (Urt. v. 23.2.2015 – 7 K 1242/13) eine insgesamt begünstigte Renovierungsmaßnahme dar, weil es sich dabei um eine Leistung handelt, die in unmittelbarem Zusammenhang zum Haushalt durchgeführt wird und der zu eigenen Wohnzwecken genutzten Wohnung dient. Bei den Klägern waren somit die gesamten Lohnkosten in Höhe von 2.500 € zu berücksichtigen (Steuermäßigung 2.500 € × 20 % = 500 €).

Die Checkliste unter ➤ Rz 272 zeigt Ihnen, welche Kosten Sie in > Zeile 73 des Formulars unterbringen können.

271 **Wichtig zu wissen: Handwerkerleistungen bei Eigentumswohnungen**

Die Steuerermäßigung für Handwerkerleistungen können Sie als Eigentümer einer selbst genutzten Eigentumswohnung auch dann in Anspruch nehmen, wenn nicht Sie selbst, sondern die Eigentümergemeinschaft der Auftraggeber der Leistungen war (BMF-Schreiben v. 10.1.2014).

Alles, was Sie dafür brauchen, ist eine Bescheinigung des Verwalters über die anteilig auf Ihre Wohnung entfallenden Handwerkerkosten, die etwa wie folgt aussehen könnte:

--- --
--- --
--- --
(Name und Anschrift des Verwalters / Vermieters) (Name und Anschrift des Eigentümers / Mieters)

Anlage zur Jahresabrechnung für das Jahr / Wirtschaftsjahr ....
Ggf. Datum der Beschlussfassung der Jahresabrechnung: ....
In der Jahresabrechnung für das nachfolgende Objekt

(Ort, Straße, Hausnummer und ggf. genaue Lagebezeichnung der Wohnung)

sind Ausgaben i. S. d. § 35a Einkommensteuergesetz (EStG) enthalten, die wie folgt zu verteilen sind:

A) ***Aufwendungen für sozialversicherungspflichtige Beschäftigungen***
(§ 35a Abs. 2 Satz 1 Alt. 1 EStG, § 35a Abs. 1 Satz 1 Nr. 2 EStG a. F.)

Bezeichnung	**Gesamtbetrag (in Euro)**	**Anteil des Miteigentümers / des Mieters**

B) ***Aufwendungen für die Inanspruchnahme von haushaltsnahen Dienstleistungen***
(§ 35a Abs. 2 Satz 1 Alt. 2 EStG, § 35a Abs. 2 Satz 1, 1. Halbsatz EStG a. F.)

Bezeichnung	**Gesamtbetrag (in Euro)**	**nicht zu berücksichtigende Materialkosten (in Euro)**	**Aufwendungen bzw. Arbeitskosten (Rdnr. 35, 36) (in Euro)**	**Anteil des Miteigentümers / des Mieters**

C) ***Aufwendungen für die Inanspruchnahme von Handwerkerleistungen für Renovierungs-, Erhaltungs- und Modernisierungsmaßnahmen***
(§ 35a Abs. 3 EStG, § 35a Abs. 2 Satz 2 EStG a. F.)

Bezeichnung	**Gesamtbetrag (in Euro)**	**nicht zu berücksichtigende Materialkosten (in Euro)**	**Aufwendungen bzw. Arbeitskosten (Rdnr. 35, 36) (in Euro)**	**Anteil des Miteigentümers / des Mieters**

-- --
(Ort und Datum) (Unterschrift des Verwalters oder Vermieters)

Hinweis: Die Entscheidung darüber, welche Positionen im Rahmen der Einkommensteuererklärung berücksichtigt werden können, obliegt ausschließlich der zuständigen Finanzbehörde.

Auch der *Mieter einer Wohnung* kann die Steuerermäßigung nach § 35a EStG beanspruchen, wenn die von ihm zu zahlenden Nebenkosten Beträge umfassen, die für ein haushaltsnahes Beschäftigungsverhältnis, für haushaltsnahe Dienstleistungen oder für handwerkliche Tätigkeiten geschuldet werden, und sein Anteil an den vom Vermieter unbar gezahlten Aufwendungen entweder aus der Jahresabrechnung hervorgeht oder durch eine Bescheinigung des Vermieters oder seines Verwalters nachgewiesen wird.

In welchem Jahr werden die Aufwendungen berücksichtigt?
Aufwendungen für

- **regelmäßig wiederkehrende Dienstleistungen** (wie z. B. Reinigung des Treppenhauses, Gartenpflege, Hausmeister) werden grundsätzlich anhand der geleisteten Vorauszahlungen **im Jahr der Vorauszahlungen** berücksichtigt,
- **einmalige Aufwendungen** (wie z. B. Handwerkerrechnungen) dagegen erst **im Jahr der Genehmigung der Jahresabrechnung.**

Einfacher und genauso korrekt ist es, wenn Sie die gesamten Aufwendungen erst in dem Jahr geltend machen, in dem die Jahresabrechnung im Rahmen der Eigentümerversammlung genehmigt worden ist. Entsprechend kann der Mieter hinsichtlich seiner Nebenkostenabrechnung verfahren.

272 **Checkliste begünstigter/nicht begünstigter haushaltsnaher Dienstleistungen/Handwerkerleistungen**

Maßnahme	begünstigt	nicht begünstigt	Haushaltsnahe Dienstleistung	Handwerkerleistung
Abfallmanagement (»Vorsortierung«)	innerhalb des Grundstücks	alle Maßnahmen außerhalb des Grundstücks	X	
Abflussrohrreinigung	innerhalb des Grundstücks	außerhalb des Grundstücks, s. jedoch ➤ Rz 267		X
Ablesedienste und Abrechnung bei Verbrauchszählern (Strom, Gas, Wasser, Heizung usw.)		X		

Maßnahme	begünstigt	nicht begünstigt	Haushaltsnahe Dienstleistung	Handwerkerleistung
Abriss eines baufälligen Gebäudes mit anschließendem Neubau		X		
Abwasserentsorgung	Wartung und Reinigung innerhalb des Grundstücks	alle Maßnahmen außerhalb des Grundstücks (s. jedoch ➤ Rz 267)		X
Anliegerbeitrag		X		
Arbeiten 1. am Dach 2. an Bodenbelägen 3. an der Fassade 4. an Garagen 5. an Innen- und Außenwänden 6. an Zu- und Ableitungen	 X X X X X soweit innerhalb des Grundstücks	 alle Maßnahmen außerhalb des Grundstücks (s. jedoch ➤ Rz 267)		 X X X X X X
Architektenleistung		X		
Asbestsanierung	X			X
Aufstellen eines Baugerüstes	Arbeitskosten	Miete, Material		X
Aufzugnotruf		X		
Ausbau Gemeindestraße (vgl. FG Nürnberg v. 24.6.2015 – Az. 7 K 1356/14)	X			X
Außenanlagen, Errichtung von Außenanlagen, wie z.B. Wege, Zäune	Arbeitskosten für Maßnahmen auf privatem Grundstück	– auf öffentlichem Grundstück oder – im Rahmen einer Neubaumaßnahme (Rdnr. 21) – Materialkosten		X

Maßnahme	begünstigt	nicht begünstigt	Haushaltsnahe Dienstleistung	Handwerker-leistung
Austausch oder Modernisierung 1. der Einbauküche 2. von Bodenbelägen (z.B. Teppichboden, Parkett, Fliesen) 3. von Fenstern und Türen	 X X X			 X X X
Bereitschaft der Erbringung einer ansonsten begünstigten Leistung im Bedarfsfall	als Nebenleistung einer ansonsten begünstigten Hauptleistung	nur Bereitschaft	Abgrenzung im Einzelfall	Abgrenzung im Einzelfall
Brandschadensanierung	soweit nicht Versicherungsleistung	soweit Versicherungsleistung		X
Breitbandkabelnetz	Installation, Wartung und Reparatur innerhalb des Grundstücks	alle Maßnahmen außerhalb des Grundstücks (s. jedoch ➤ Rz 267)		X
Carport, Terrassenüberdachung	Arbeitskosten	– Materialkosten sowie – Errichtung im Rahmen einer Neubaumaßnahme (Rdnr. 21)		X
Chauffeur		X		
Dachgeschossausbau	Arbeitskosten	– Materialkosten sowie – Errichtung im Rahmen einer Neubaumaßnahme (Rdnr. 21)		X
Dachrinnenreinigung	X			X
Datenverbindungen	s. Hausanschlüsse	s. Hausanschlüsse		X
Deichabgaben		X		

Maßnahme	begünstigt	nicht begünstigt	Haushaltsnahe Dienstleistung	Handwerkerleistung
Dichtheitsprüfung von Abwasseranlagen	X			X (BFH-Urt. v. 6.11.2014, Az. VI R 1/13)
Elektroanlagen	Wartung und Reparatur			X
Energiepass		X		
Entsorgungsleistung	als Nebenleistung (z.B. Bauschutt, Fliesenabfuhr bei Neuverfliesung eines Bades, Grünschnittabfuhr bei Gartenpflege)	als Hauptleistung	Abgrenzung im Einzelfall	Abgrenzung im Einzelfall
Erhaltungsmaßnahmen	Arbeitskosten für Maßnahmen auf privatem Grundstück	– Materialkosten sowie – alle Maßnahmen außerhalb des Grundstücks	Abgrenzung im Einzelfall	Abgrenzung im Einzelfall
Erstellung oder Hilfe bei der Erstellung der Steuererklärung		X		
Fäkalienabfuhr		X		
Fahrstuhlkosten	Wartung und Reparatur	Betriebskosten		X
Fertiggaragen	Arbeitskosten	– Materialkosten sowie – Errichtung im Rahmen einer Neubaumaßnahme (Rdnr. 21)		
Feuerlöscher	Wartung			X
Feuerstättenschau – s. auch Schornsteinfeger		X		
Fitnesstrainer		X		

Maßnahme	begünstigt	nicht begünstigt	Haushaltsnahe Dienstleistung	Handwerkerleistung
Friseurleistungen	nur soweit sie zu den Pflege- und Betreuungsleistungen gehören, wenn sie im Leistungskatalog der Pflegeversicherung aufgeführt sind (und der Behinderten-Pauschbetrag nicht geltend gemacht wird; s. Rdnrn. 8, 10, 32, 33)	alle anderen Friseurleistungen	X	
Fußbodenheizung	Wartung, Spülung, Reparatur sowie nachträglicher Einbau	Materialkosten		X
Gärtner	innerhalb des Grundstücks	alle Maßnahmen außerhalb des Grundstücks	Abgrenzung im Einzelfall	Abgrenzung im Einzelfall
Gartengestaltung	Arbeitskosten	– Materialkosten sowie – Errichtung im Rahmen einer Neubaumaßnahme (Rdnr. 21)		X
Gartenpflegearbeiten (z.B. Rasenmähen, Hecken schneiden)	innerhalb des Grundstücks einschließlich Grünschnittentsorgung als Nebenleistung	alle Maßnahmen außerhalb des Grundstücks (siehe dazu jedoch ➤ Rz 267)	X	
Gemeinschaftsmaschinen bei Mietern (z.B. Waschmaschine, Trockner)	Reparatur und Wartung	Miete		X
Gewerbeabfallentsorgung		X		
Graffitibeseitigung	X			X
Gutachtertätigkeiten		X		

Maßnahme	begünstigt	nicht begünstigt	Haushaltsnahe Dienstleistung	Handwerker-leistung
Hand- und Fußpflege	nur soweit sie zu den Pflege- und Betreuungsleistungen gehören, wenn sie im Leistungskatalog der Pflegeversicherung aufgeführt sind (und der Behinderten-Pauschbetrag nicht geltend gemacht wird; s. Rdnrn. 8, 10, 32, 33)	alle anderen		X
Hausanschlüsse	z. B. für den Anschluss von Stromkabeln, für das Fernsehen, für Internet über Kabelfernsehen, Glasfaser oder per Sateliten-empfangsanlagen sowie Weiterführung der Anschlüsse jeweils innerhalb des Grundstücks	– Materialkosten sowie – erstmalige Anschlüsse im Rahmen einer Neubaumaßnahme (Rdnr. 21) und – alle Maßnahmen außerhalb des Grundstücks (s. jedoch ➤ Rz 267)		X
Hausarbeiten, wie reinigen, Fenster putzen, bügeln usw. (Rdnr. 1)	X		X	
Haushaltsauflösung		X		
Hauslehrer		X		
Hausmeister, Hauswart	X		X	
Hausreinigung	X		X	
Hausschwamm-beseitigung	X			X
Hausverwalterkosten oder -gebühren		X		

Maßnahme	begünstigt	nicht begünstigt	Haushaltsnahe Dienstleistung	Handwerker-leistung
Heizkosten: 1. Verbrauch 2. Gerätemiete für Zähler 3. Garantiewar-tungsgebühren 4. Heizungswartung und Reparatur 5. Austausch der Zähler nach dem Eichgesetz 6. Schornsteinfeger 7. Kosten des Ablesedienstes 8. Kosten der Abrechnung an sich	 X X X s. Schornsteinfe-ger	 X X s. Schorn-steinfeger X X		 X X X
Hilfe im Haushalt (Rdnrn. 11, 12, 14) – s. Hausarbeiten				
Insektenschutzgitter	Montage und Reparatur	Material		X
Kamin-Einbau	Arbeitskosten	– Materialkos-ten sowie – Errichtung im Rahmen einer Neu-baumaß-nahme (Rdnr. 21)		X
Kaminkehrer – s. Schornsteinfeger				
Kellerausbau	Arbeitskosten	– Materialkos-ten sowie – Errichtung im Rahmen einer Neu-baumaß-nahme (Rdnr. 21)		
Kellerschacht-abdeckungen	Montage und Reparatur	Material		X
Kfz. – s. Reparatur		X		

Maßnahme	begünstigt	nicht begünstigt	Haushaltsnahe Dienstleistung	Handwerker-leistung
Kinderbetreuungs-kosten	soweit sie nicht unter § 10 Absatz 1 Nummer 5 EStG (§ 9c EStG a. F.) fallen und für eine Leistung im Haushalt des Steuerpflichtigen anfallen	im Sinne von § 10 Absatz 1 Nummer 5 EStG (§ 9c EStG a. F.); s. auch Rdnr. 34	X	
Klavierstimmer	X			X
Kleidungs- und Wäschepflege und -reinigung	im Haushalt des Steuerpflichtigen		X	
Kontrollaufwendungen des TÜV, z. B. für den Fahrstuhl oder den Treppenlift		X		
Kosmetikleistungen	<u>nur</u> soweit sie zu den Pflege- und Betreuungsleistungen gehören, wenn sie im Leistungskatalog der Pflegeversicherung aufgeführt sind (und der Behinderten-Pauschbetrag nicht geltend gemacht wird; s. Rdnrn. 8, 10, 32, 33)	alle anderen	X	
Laubentfernung	auf privatem Grundstück	auf öffentlichem Grundstück (siehe dazu jedoch ➤ Rz 267)	Abgrenzung im Einzelfall	Abgrenzung im Einzelfall
Legionellenprüfung		X		
Leibwächter		X		

Maßnahme	begünstigt	nicht begünstigt	Haushaltsnahe Dienstleistung	Handwerker-leistung
Material und sonstige im Zusammenhang mit der Leistung gelieferte Waren einschließlich darauf entfallende Umsatzsteuer		Rdnr. 39 Bsp.: Farbe, Fliesen, Pflastersteine, Mörtel, Sand, Tapeten, Teppichboden und andere		
		Fußbodenbeläge, Waren, Stützstrümpfe usw.		
Mauerwerksanierung	X			X
Miete von Verbrauchszählern (Strom, Gas, Wasser, Heizung usw.)		X		
Modernisierungsmaßnahmen (z.B. Badezimmer, Küche)	innerhalb des Grundstücks	alle Maßnahmen außerhalb des Grundstücks		X
Montageleistung z.B. beim Erwerb neuer Möbel	X			X
Müllabfuhr		X		
Müllentsorgungsanlage (Müllschlucker)	Wartung und Reparatur			X
Müllschränke	Anlieferung und Aufstellen	Material		X
Nebenpflichten der Haushaltshilfe, wie kleine Botengänge oder Begleitung von Kindern, kranken, alten oder pflegebedürftigen Personen bei Einkäufen oder zum Arztbesuch	X		X	
Neubaumaßnahmen		Rdnr. 39		

Maßnahme	begünstigt	nicht begünstigt	Haushaltsnahe Dienstleistung	Handwerkerleistung
Notbereitschaft/ Notfalldienste	soweit es sich um eine nicht gesondert berechnete Nebenleistung z.B. im Rahmen eines Wartungsvertrages handelt	alle anderen reinen Bereitschaftsdienste	X	
Notrufsystem (Betreutes Wohnen/ Seniorenresidenz)	X		X	
Pflasterarbeiten	innerhalb des Grundstücks	– Materialkosten sowie – alle Maßnahmen außerhalb des Grundstücks		X
Pflegebett		X		
Pflege der Außenanlagen	innerhalb des Grundstücks	alle Maßnahmen außerhalb des Grundstücks	X	
Pilzbekämpfung	X			X
Prüfdienste/ Prüfleistung (z.B. bei Aufzügen)		X		
Rechtsberatung		X		
Reinigung	der Wohnung, des Trepenhauses und der Zubehörräume		X	

Maßnahme	begünstigt	nicht begünstigt	Haushaltsnahe Dienstleistung	Handwerkerleistung
Reparatur, Wartung und Pflege				
1. von Bodenbelägen (z.B. Teppichboden, Parkett, Fliesen)	X		Pflege	Reparatur und Wartung
2. von Fenstern und Türen (innen und außen)	X		Pflege	Reparatur und Wartung
3. von Gegenständen im Haushalt des Steuerpflichtigen (z.B. Waschmaschine, Geschirrspüler, Herd, Fernseher, Personalcomputer und andere)	soweit es sich um Gegenstände handelt, die in der Hausratversicherung mitversichert werden können	Arbeiten außerhalb des Grundstücks des Steuerpflichtigen	Pflege im Haushalt bzw. auf dem Grundstück des Steuerpflichtigen	Reparatur und Wartung im Haushalt bzw. auf dem Grundstück des Steuerpflichtigen
4. von Heizungsanlagen, Elektro-, Gas- und Wasserinstallationen	auf dem Grundstück des Steuerpflichtigen	außerhalb des Grundstücks des Steuerpflichtigen		X
5. von Kraftfahrzeugen (einschl. TÜV-Gebühren)		X		
6. von Wandschränken	X			X
Schadensfeststellung, Ursachenfeststellung (z.B. bei Wasserschaden, Rohrbruch usw.)		X		
Schadstoffsanierung	X			X
Schädlings- und Ungezieferbekämpfung	X		Abgrenzung im Einzelfall	Abgrenzung im Einzelfall
Schornsteinfeger				X
Sekretär; hierunter fallen auch Dienstleistungen in Form von Büroarbeiten (z.B. Ablageorganisation, Erledigung von Behördengängen, Stellen von Anträgen bei Versicherungen und Banken usw.)		X		
Sperrmüllabfuhr		X		

Maßnahme	begünstigt	nicht begünstigt	Haushaltsnahe Dienstleistung	Handwerker-leistung
Statikerleistung		X		
Straßenreinigung	auf privatem Grundstück	auf öffentlichem Grundstück (s. jedoch ➤ Rz 267)	X	
Tagesmutter bei Betreuung im Haushalt des Steuerpflichtigen	soweit es sich bei den Aufwendungen nicht um Kinderbetreuungskosten (Rdnr. 34) handelt	Kinderbetreuungskosten	X	
Taubenabwehr		X	Abgrenzung im Einzelfall	Abgrenzung im Einzelfall
Technische Prüfdienste (z. B. bei Aufzügen)		X		
Terrassenüberdachung	Arbeitskosten	– Materialkosten sowie – Errichtung im Rahmen einer Neubaumaßnahme (Rdnr. 21)		X
Trockeneisreinigung	X			X
Trockenlegung von Mauerwerk	Arbeiten mit Maschinen vor Ort	ausschließliche Maschinenanmietung		X
TÜV-Gebühren		X		
Überprüfung von Anlagen (z. B. Gebühr für den Schornsteinfeger oder für die Kontrolle von Blitzschutzanlagen)	s. Schornsteinfeger	TÜV-Gebühren; s. auch Schornsteinfeger		X
Umzäunung, Stützmauer o. Ä.	Arbeitskosten für Maßnahmen auf privatem Grundstück	– Materialkosten sowie – Errichtung im Rahmen einer Neubaumaßnahme (Rdnr. 21)		X

Maßnahme	begünstigt	nicht begünstigt	Haushaltsnahe Dienstleistung	Handwerkerleistung
Umzugsdienstleistungen	für Privatpersonen (Rdnrn. 19, 31)		Abgrenzung im Einzelfall	Abgrenzung im Einzelfall
Verarbeitung von Verbrauchsgütern im Haushalt des Steuerpflichtigen	X		X	
Verbrauchsmittel wie z. B. Schmier-, Reinigungs- oder Spülmittel sowie Streugut	X		als Nebenleistung (Rdnr. 39) – Abgrenzung im Einzelfall	als Nebenleistung (Rdnr. 39) – Abgrenzung im Einzelfall
Verwaltergebühr		X		
Wachdienst	innerhalb des Grundstücks	außerhalb des Grundstücks	X	
Wärmedämmmaßnahmen	X			X
Wartung 1. Aufzug 2. Heizung und Öltankanlagen (einschl. Tankreinigung) 3. Feuerlöscher 4. CO_2-Warngeräte 5. Pumpen 6. Abwasser-Rückstau-Sicherungen	 X X X X X X			 X X X X X X
Wasserschadensanierung	X	soweit Versicherungsleistung		X
Wasserversorgung	Wartung und Reparatur			X
Winterdienst	innerhalb des Grundstücks	alle Maßnahmen außerhalb des Grundstücks (s. jedoch ➤ Rz 267)	X	
Zubereitung von Mahlzeiten im Haushalt des Steuerpflichtigen	X		X	

Zeile 74–79 Gemeinsamer Haushalt alleinstehender Personen/Steuerermäßigung bei Ehegatten 273

Leben zwei Alleinstehende in einem Haushalt zusammen, können sie die Höchstbeträge für haushaltsnahe Beschäftigungsverhältnisse oder Dienstleistungen leider nur einmal in Anspruch nehmen (> Zeile 74).
Auch bei Ehegatten verdoppeln sich die Höchstbeträge nicht. Bei der Einzelveranlagung von Ehegatten steht die Steuerermäßigung dementsprechend jedem Ehegatten nur zur Hälfte zu; allerdings können zusammenwohnende Alleinstehende wie auch Eheleute eine andere als die hälftige Aufteilung wählen (> Zeile 76–78).
In > Zeile 79 hat das Finanzamt einen Fallstrick ausgelegt. Wird die Abfrage zum ganzjährigen Bestehen eines Haushalts mit einer oder mehreren anderen Personen mit »1 = JA« beantwortet, werden die Steuerermäßigungen erst einmal automatisch nur zur Hälfte angesetzt. Soll ein 100 %iger Abzug erfolgen, ist unbedingt in > Zeile 76–79 eine »100« einzutragen! Dass nun nach einem gemeinsamen Haushalt mit »einer oder mehreren anderen alleinstehenden Person(en)« gefragt.wird, hat seinen Grund darin, dass im Lauf eines Jahres verschiedene Konstellationen (z.B. Wohngemeinschaft) denkbar sind.
In der > Zeile 75 werden die Angaben der anderen Person(en) (Name, Vorname, Geburtsdatum) abgefragt.

4.7 Sonstige Angaben und Anträge, Unterschrift – Zeile 91–101

Hier werden von den Fiskalbürokraten gern Sonderfälle abgefragt, die 274
selten interessieren dürften – im Wesentlichen:

Zeile 91 Arbeitnehmer-Sparzulage 275

Für zulagebegünstigte vermögenswirksame Leistungen setzt das Finanzamt nach Ablauf des Kalenderjahres auf Antrag eine Arbeitnehmer-Sparzulage fest. Diesen Antrag stellen Sie durch Eintragung einer »1«.

	Antrag auf Festsetzung der Arbeitnehmer-Sparzulage	stpfl. Person / Ehemann / Lebenspartner(in) A	Ehefrau / Lebenspartner(in) B 15
91	Für alle vom Anbieter übermittelten elektronischen Vermögensbildungsbescheinigungen wird die Festsetzung der Arbeitnehmer-Sparzulage beantragt	17 1 = Ja	18 1 = Ja

Die notwendigen Daten (elektronische Vermögensbildungsbescheinigung) werden von Ihrem Anbieter elektronisch an das Finanzamt übermittelt.

Die bisherige Anlage VL wird seit 2017 nicht mehr ausgestellt.

Ein Anspruch auf Arbeitnehmer-Sparzulage besteht regelmäßig nur, wenn das zu versteuernde Einkommen 17.900 €, bei zusammen veranlagten Ehegatten/Lebenspartnern 35.800 € nicht übersteigt. Bei Vermögensbeteiligungen am Unternehmen des Arbeitgebers und Vermögensbeteiligungen an anderen Unternehmen besteht ein Anspruch auf Arbeitnehmer-Sparzulage, wenn das zu versteuernde Einkommen 20.000 €, bei zusammen veranlagten Ehegatten/Lebenspartnern 40.000 € nicht übersteigt.
Die Arbeitnehmer-Sparzulage wird in der Regel erst nach Ablauf der Sperrfrist ausgezahlt. Haben Sie vor Ablauf der Sperrfrist unschädlich über Ihren Vertrag verfügt (z.B. bei längerer Arbeitslosigkeit), wird Ihnen die Arbeitnehmer-Sparzulage vorzeitig ausgezahlt. Entsprechendes gilt, wenn ein Bausparvertrag zugeteilt wird. Bei einer Anlage zum Wohnungsbau (z.B. Grundstücksentschuldung) wird Ihnen die Arbeitnehmer-Sparzulage jährlich ausgezahlt.

276 Zeile 94–95 Verlustabzug

Verluste verringern Ihr Vermögen, das ist wahrlich kein Grund zum Jubeln. Steuerlich gesehen haben sie allerdings etwas Gutes, denn sie mindern die positiven Einkünfte und drücken damit Ihre Steuerlast. Hier das Grundsätzliche:

277 Es muss zwischen Verlustausgleich und Verlustabzug unterschieden werden. Unter **Verlustausgleich** versteht man den Ausgleich von positiven und negativen Einkünften innerhalb ein und desselben Jahres. **Verlustabzug** ist der Rücktrag nicht ausgeglichener Verluste in das Vorjahr oder der Vortrag ins folgende Jahr. Wobei die Reihenfolge »erst Rücktrag, dann Vortrag« einzuhalten ist.

Verlustabzug / Spendenvortrag

94 Es wurde ein verbleibender Verlustvortrag nach § 10d EStG / Spendenvortrag nach § 10b EStG zum 31.12.2016 festgestellt für — X stpfl. Person / Ehemann / Lebenspartner(in) A — X Ehefrau / Lebenspartner(in) B

Antrag auf Beschränkung des Verlustrücktrags nach 2016

95 Von den nicht ausgeglichenen negativen Einkünften 2017 soll folgender Gesamtbetrag nach 2016 zurückgetragen werden — EUR ,– — EUR ,–

Beispiel
Angenommen, Sie hatten in den Jahren 2016 und 2017 Einkünfte in folgender Höhe:

	2016	2017
Arbeitseinkünfte	40.000 €	42.000 €
Vermietungseinkünfte	– 24.000 €	– 60.000 €
Summe der Einkünfte	16.000 €	– 18.000 €

Der Vermietungsverlust kann 2017 durch die Arbeitseinkünfte nicht vollständig ausgeglichen werden. Der verbleibende Verlust in Höhe von 18.000 € wird also per Verlustabzug zunächst in das Vorjahr 2016 zurückgetragen. Es bleibt ein Restverlust in Höhe von (16.000 € – 18.000 € =) – 2.000 €. Dieser wird im Folgejahr berücksichtigt und mindert als Verlustvortrag die Einkommensteuer des Jahres 2018.
»Moment mal! Sie ziehen den Verlust des Jahres 2017 im Jahr 2016 so weit ab, dass ich auf null komme. Aber was ist mit meinem Grundfreibetrag? Es könnten doch in 2016 immerhin 8.652 € stehenbleiben, und dennoch würde ich keine Steuer bezahlen.«
Richtig. Damit das Finanzamt Sie nicht um Ihren Grundfreibetrag im Rücktragsjahr 2016 bringen kann, lesen Sie folgenden …

TIPP Mit spitzem Bleistift Geld verdienen 278

Der Fiskus zieht Verluste ab, bis sich für das Rücktragsjahr ein Einkommen von null ergibt, und das, obwohl in den Jahren 2010 bis 2016 Erwerbsbezüge in folgender Höhe steuerfrei waren:

2010–2012:	8.004/16.007 €*
2013:	8.130/16.260 €*
2014:	8.354/16.708 €*
2015:	8.472/16.944 €*
2016:	8.652/17.304 €*

* ledig/verheiratet

Damit das Finanzamt also nicht mehr Verluste im Rücktragsjahr abzieht, als Sie brauchen, um auf eine Steuer von null zu kommen, lassen Sie sich ausrechnen, wie hoch der Rücktrag sein muss, damit sich keine Steuer für Sie ergibt. Auf ebendiesen Betrag begrenzen Sie Ihren Verlustrücktrag, indem Sie ihn in die > Zeile 81 eintragen. Der Rest mindert als Verlustvortrag Ihre Steuerlast im folgenden Jahr. Soll der Verlust ausschließlich in Folgejahren berücksichtigt werden, tragen Sie »0« ein.

Schlechte Zeiten haben ihre Auslesefunktion.

279 Zeile 96 Einkommensersatzleistungen – Progressionsvorbehalt für Kranken-, Eltern-, Mutterschaftsgeld und anderes mehr

Sonstige Angaben und Anträge

		stpfl. Person / Ehemann / Lebenspartner(in) A EUR	Ehefrau / Lebenspartner(in) B EUR
96	**Einkommensersatzleistungen,** die dem Progressionsvorbehalt unterliegen, z. B. Arbeitslosengeld, Elterngeld, Insolvenzgeld, Krankengeld, Mutterschaftsgeld und vergleichbare Leistungen aus einem EU- / EWR-Staat oder der Schweiz (ohne Beträge lt. Zeile 28 der Anlage N)	120 ,—	121 ,—

Vom Fiskus gewährte Steuervorteile sollten Sie nicht unbedingt als endgültig betrachten, da ihm einige Gesetze eine Handhabe bieten, später nachzuhaken. So z.B. der § 32b EStG, der mit Progressionsvorbehalt überschrieben ist. Wenn Sie steuerfreies Arbeitslosen-, Kranken-, Eltern- oder Mutterschaftsgeld bezogen haben, müssen Sie damit rechnen, dass Ihre steuerpflichtigen Einkünfte deswegen höher besteuert werden. Vorbehalt zur progressiven Besteuerung heißt das Zauberwort, Sie nachträglich zur Kasse zu bitten. Wie dabei gerechnet wird, zeigt das Beispiel unter ➤ Rz 685.

Hier sind nur die folgenden Einkommensersatzleistungen einzutragen, die nicht vom Arbeitgeber gezahlt wurden:

- Insolvenzgeld (einschließlich vorfinanziertem);
- Arbeitslosengeld (ohne sog. Arbeitslosengeld II), Teilarbeitslosengeld, Zuschüsse zum Arbeitsentgelt, Übergangsgeld;
- Krankengeld, Mutterschaftsgeld, Verletztengeld, Übergangsgeld oder vergleichbare Einkommensersatzleistungen nach den sozialversicherungsrechtlichen Vorschriften;
- Mutterschaftsgeld, Zuschuss zum Mutterschaftsgeld, Sonderunterstützung nach dem Mutterschutzgesetz sowie der Zuschuss bei Beschäftigungsverboten für die Zeit vor oder nach einer Entbindung sowie für den Entbindungstag während einer Elternzeit nach beamtenrechtlichen Vorschriften;
- Arbeitslosenbeihilfe nach dem Soldatenversorgungsgesetz;
- Versorgungskrankengeld oder Übergangsgeld nach dem Bundesversorgungsgesetz;

- Verdienstausfallentschädigung nach dem Unterhaltssicherungsgesetz;
- aus dem Europäischen Sozialfonds finanziertes Unterhaltsgeld sowie Leistungen nach § 10 SGB III, die dem Lebensunterhalt dienen;
- Elterngeld nach dem Bundeselterngeld- und Elternzeitgesetz;
- vergleichbare Einkommensersatzleistungen aus einem EU-/EWR-Staat oder der Schweiz.

Gut zu wissen: Die Leistungsbeträge werden grundsätzlich elektronisch an die Finanzverwaltung übermittelt. Also: Vergesslichkeit macht sich hier nicht bezahlt.

Haben Sie 2017 von Ihrem Arbeitgeber
- Kurzarbeitergeld,
- einen Zuschuss zum Mutterschaftsgeld,
- eine Verdienstausfallentschädigung nach dem Infektionsschutzgesetz,
- Aufstockungsbeträge nach dem Altersteilzeitgesetz oder
- Altersteilzeitzuschläge aufgrund der Besoldungsgesetze des Bundes und der Länder

erhalten, ist die Summe der ausgezahlten Beträge in Ihrer Lohnsteuerbescheinigung unter Nummer 15 ausgewiesen. Sie gehört nicht hierher in > Zeile 96 des Hauptformulars, sondern – da vom Arbeitgeber gezahlt – in > Zeile 28–29 der Anlage N.

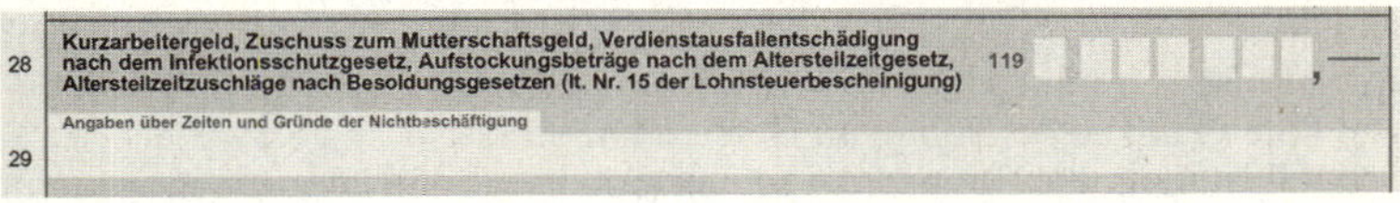
28 Kurzarbeitergeld, Zuschuss zum Mutterschaftsgeld, Verdienstausfallentschädigung nach dem Infektionsschutzgesetz, Aufstockungsbeträge nach dem Altersteilzeitgesetz, Altersteilzeitzuschläge nach Besoldungsgesetzen (lt. Nr. 15 der Lohnsteuerbescheinigung) 119 , —

Angaben über Zeiten und Gründe der Nichtbeschäftigung

29

Dein Handeln
sollte als allgemeines Gesetz
angesehen werden.
(Philosoph Immanuel Kant)

Zeile 97 Aufteilung von Kosten bei der Einzelveranlagung von Ehegatten 280

Haben Sie die Einzelveranlagung gewählt (➤ Rz 97 f.), werden Aufwendungen für haushaltsnahe Dienstleistungen, Handwerkerleistungen, Kinderbetreuungskosten und außergewöhnliche Belastungen wie bei der

Zusammenveranlagung ermittelt und sodann je zur Hälfte abgezogen. Mit einer »1« bestätigen Sie die hälftige Aufteilung. Auf gemeinsamen Antrag können Sie Aufwendungen für ein Kind aber auch beliebig untereinander aufteilen (> Zeile 53 und 73 in der Anlage Kind).

97	**Nur bei Einzelveranlagung von Ehegatten / Lebenspartnern:** Laut übereinstimmendem Antrag sind die Sonderausgaben, außergewöhnlichen Belastungen sowie die Steuerermäßigung für haushaltsnahe Beschäftigungsverhältnisse, Dienstleistungen und Handwerkerleistungen je zur Hälfte aufzuteilen. (Der Antrag auf Aufteilung – des Freibetrages zur Abgeltung eines Sonderbedarfs bei Berufsausbildung eines volljährigen Kindes ist in Zeile 53 der Anlage Kind, – bei Übertragung des Behinderten- oder Hinterbliebenen-Pauschbetrags in Zeile 66 der Anlage Kind zu stellen.)	222	1 = Ja

Günstiger ist eine andere als hälftige Aufteilung, wenn sich Abzugsbeträge bei einem Ehegatten wegen zu geringer Einkünfte nicht auswirken. Manchmal kann es das Beste sein, alles bei einem Ehegatten abzuziehen, wenn sich bei ihm die Abzugsbeträge wegen eines wesentlich höheren Steuersatzes stärker auswirken.

281 Zeile 98 Ergänzende Angaben zur Steuererklärung

»Steuerfuchs, pass auf!«
Das Finanzamt möchte Ihre Steuererklärung am liebsten online erhalten. Darüber hinaus sollen möglichst keine Belege mehr unaufgefordert eingereicht werden (siehe dazu die neue Belegvorhaltepflicht unter Steuervorschau und wichtige Nachrichten vorab in diesem Buch).
Nur was ist, wenn Sie anderer Meinung sind als das Finanzamt und beispielsweise ein häusliches Arbeitszimmer geltend machen möchten, obwohl Sie einen Arbeitsplatz im Betrieb haben.
Schnell ist dann die Grenze zur Steuerhinterztiehung überschritten, denn Ihre abweichende Auffassung von Recht und Gerechtigkeit war für das Finanzamt nicht erkennbar.
In diesen Fällen heißt es, > Zeile 98 mit einer 1 zu markieren und das Finanzamt auf Ihre abweichende Meinung aufmerksam zu machen.

98	**Ergänzende Angaben zur Steuererklärung:** Über die Angaben in der Steuererklärung hinaus sind weitere oder abweichende Angaben oder Sachverhalte zu berücksichtigen. Diese ergeben sich aus der beigefügten Anlage, welche mit der Überschrift **„Ergänzende Angaben zur Steuererklärung"** gekennzeichnet ist. **Hinweis:** Wenn über die Angaben in der Steuererklärung hinaus weitere oder abweichende Angaben oder Sachverhalte berücksichtigt werden sollen, tragen Sie bitte eine „1" ein. Gleiches gilt, wenn bei den in der Steuererklärung erfassten Angaben bewusst eine von der Verwaltungsauffassung abweichende Rechtsauffassung zugrunde gelegt wurde. Falls Sie mit Abgabe der Steuererklärung Belege und Aufstellungen einreichen, ist keine Eintragung vorzunehmen.	175	1 = Ja

Gleiches gilt, wenn Sie sich auf ein anhängiges Verfahren vpr dem Bundesfinanzhof berufen möchten. Dazu mehr unter ➤ Rz 1141.

Zeile 100 Unterschrift/Mitwirkung bei der Anfertigung der Steuererklärung 282

Ehegatten müssen das Hauptformular gemeinsam unterschreiben, auch wenn nur ein Ehegatte Einkünfte bezogen hat.
Wird die Unterschrift eines Ehegatten vergessen, muss das Finanzamt die Steuererklärung zurücksenden, damit die fehlende Unterschrift nachgeholt werden kann. Über diese Verzögerung ärgert sich das Finanzamt, wenn von Ihnen eine Steuernachzahlung zu erwarten ist …

Muss ein minderjähriges Kind wegen eigener Einkünfte eine Steuererklärung abgeben, unterschreiben die Eltern als dessen gesetzliche Vertreter.

Fehlerfrei bei jeder Fehlentscheidung.
(BFH)

5 Die Anlage Vorsorgeaufwand

Zeile 4-58 Übersicht 283

Bei der Berechnung des Einkommens können Sonderausgaben abgezogen werden. Das sind private Ausgaben, die nach den §§ 10 bis 10c EStG – zumeist aus sozial- oder steuerpolitischen Gründen – zum Abzug zugelassen sind. Der Abzug ist teilweise der Höhe nach begrenzt.

Hier ein grober Überblick:

Art der Sonderausgaben	**§ 10 Abs. 1**	**➤ Rz**	**Absetzbar**
• Basisversorgung im Alter			
gesetzl. Rentenversicherung etc.	Nr. 2a	➤ 289 ff.	Höchstbeträge
Berufsständische Rentenvers.	Nr. 2a	➤ 292 ff.	Höchstbeträge
private Rentenversicherung neuen Rechts (Abschluss nach 2004)	Nr. 2b	➤ 295 ff.	Höchstbeträge
• Sonstige Vorsorgeaufwendungen			
gesetzliche Kranken-, Pflege- u. Arbeitslosenversicherung	Nr. 3a	➤ 299 ff.	Höchstbeträge
Private Kranken- u. Pflegeversicherung	Nr. 3a	➤ 303 f.	Höchstbeträge
Erwerbs- u. Berufsunfähigkeitsversicherung	Nr. 3a	➤ 311	Höchstbeträge
Unfallversicherung	Nr. 3a	➤ 315	Höchstbeträge
Haftpflichtversicherung	Nr. 3a	➤ 316 ff.	Höchstbeträge
Risikolebensversicherung	Nr. 3a	➤ 319 ff.	Höchstbeträge
Kapitallebensversicherung alten Rechts (88 %)	Nr. 3b	➤ 319 ff.	Höchstbeträge

2017

Anlage Vorsorgeaufwand

1 Name

2 Vorname

3 **Steuernummer**

Angaben zu Vorsorgeaufwendungen

52

Beiträge zur Altersvorsorge

Zeile		Kz	stpfl. Person / Ehemann / Lebenspartner(in) A EUR	Kz	Ehefrau / Lebenspartner(in) B EUR
	Beiträge				
4	– lt. Nr. 23 a/b der Lohnsteuerbescheinigung (Arbeitnehmeranteil)	300	,—	400	,—
5	– zu landwirtschaftlichen Alterskassen; zu berufsständischen Versorgungseinrichtungen, die den gesetzlichen Rentenversicherungen vergleichbare Leistungen erbringen (abzüglich steuerfreier Zuschüsse lt. Nr. 22b der Lohnsteuerbescheinigung) – ohne Beiträge, die in Zeile 4 geltend gemacht werden –	301	,—	401	,—
6	– zu gesetzlichen Rentenversicherungen – ohne Beiträge, die in Zeile 4 geltend gemacht werden –	302	,—	402	,—
7	Erstattete Beiträge und / oder steuerfreie Zuschüsse zu den Zeilen 4 bis 6 (ohne Zuschüsse, die von den Beiträgen lt. Zeile 8 abzuziehen sind und ohne Zuschüsse lt. Zeile 9 und 10)	309	,—	409	,—
8	Beiträge zu zertifizierten Basisrentenverträgen (sog. Rürup-Verträge) mit Laufzeitbeginn nach dem 31.12.2004 (abzgl. steuerfreier Zuschüsse) – ohne Altersvorsorgebeiträge, die in der Anlage AV geltend gemacht werden –	303	,—	403	,—
9	Arbeitgeberanteil / -zuschuss lt. Nr. 22 a/b der Lohnsteuerbescheinigung	304	,—	404	,—
10	Arbeitgeberanteil zu gesetzlichen Rentenversicherungen im Rahmen einer pauschal besteuerten geringfügigen Beschäftigung (bitte Anleitung beachten)	306	,—	406	,—

Eine Eintragung ist stets vorzunehmen; bei Zusammenveranlagung von jedem Ehegatten / Lebenspartner:

Zeile		Kz	A	Kz	B
11	Haben Sie zu Ihrer Krankenversicherung oder Ihren Krankheitskosten Anspruch auf – steuerfreie Zuschüsse (z. B. Rentner aus der gesetzlichen Rentenversicherung) oder – steuerfreie Arbeitgeberbeiträge (z. B. sozialversicherungspfl. Arbeitnehmer und deren mitversicherter Ehegatte / Lebenspartner) oder – steuerfreie Beihilfen (z. B. Beamte oder Versorgungsempfänger und deren Ehegatten / Lebenspartner)?	307	1 = Ja 2 = Nein	407	1 = Ja 2 = Nein

Beiträge zur inländischen gesetzlichen Kranken- und Pflegeversicherung

Zeile		Kz	A EUR	Kz	B EUR
12	Arbeitnehmerbeiträge zu Krankenversicherungen lt. Nr. 25 der Lohnsteuerbescheinigung	320	,—	420	,—
13	In Zeile 12 enthaltene Beiträge, aus denen sich kein Anspruch auf Krankengeld ergibt	322	,—	422	,—
14	Arbeitnehmerbeiträge zu sozialen Pflegeversicherungen lt. Nr. 26 der Lohnsteuerbescheinigung	323	,—	423	,—
15	**Zu den Zeilen 12 bis 14:** Von der Kranken- und / oder sozialen Pflegeversicherung erstattete Beiträge	324	,—	424	,—
16	In Zeile 15 enthaltene Beiträge zur Krankenversicherung, aus denen sich kein Anspruch auf Krankengeld ergibt, und zur sozialen Pflegeversicherung	325	,—	425	,—
17	Beiträge zu Krankenversicherungen – ohne Beiträge, die in Zeile 12 geltend gemacht werden – (z. B. bei Rentnern; bei freiwillig gesetzlich versicherten Selbstzahlern, wenn in die Datenübermittlung eingewilligt oder dieser nicht widersprochen wurde)	326	,—	426	,—
18	In Zeile 17 enthaltene Beiträge zur Krankenversicherung, aus denen sich ein Anspruch auf Krankengeld ergibt	328	,—	428	,—
19	Beiträge zu sozialen Pflegeversicherungen – ohne Beiträge, die in Zeile 14 geltend gemacht werden – (z. B. bei Rentnern; bei freiwillig gesetzlich versicherten Selbstzahlern, wenn in die Datenübermittlung eingewilligt oder dieser nicht widersprochen wurde)	329	,—	429	,—
20	**Zu den Zeilen 17 bis 19:** Von der Kranken- und / oder sozialen Pflegeversicherung erstattete Beiträge	330	,—	430	,—
21	In Zeile 20 enthaltene Beiträge zur Krankenversicherung, aus denen sich ein Anspruch auf Krankengeld ergibt	331	,—	431	,—
22	Zuschuss zu den Beiträgen lt. Zeile 17 und / oder 19 – ohne Beträge lt. Zeile 37 und 39 – (z. B. von der Deutschen Rentenversicherung)	332	,—	432	,—
23	Über die Basisabsicherung hinausgehende Beiträge zu Krankenversicherungen (z. B. für Wahlleistungen, Zusatzversicherung) abzüglich erstatteter Beiträge	338	,—	438	,—

Beiträge zur inländischen privaten Kranken- und Pflegeversicherung

– Füllen Sie die Zeilen 24 bis 28 und 42 bis 45 nur aus, wenn Sie in die Datenübermittlung eingewilligt oder dieser nicht widersprochen haben. –

Zeile		Kz	A EUR	Kz	B EUR
24	Beiträge zu Krankenversicherungen (nur Basisabsicherung, keine Wahlleistungen)	350	,—	450	,—
25	Beiträge zu Pflege-Pflichtversicherungen	351	,—	451	,—
26	**Zu den Zeilen 24 und 25:** Von der privaten Kranken- und / oder Pflege-Pflichtversicherung erstattete Beiträge	352	,—	452	,—
27	Zuschuss von dritter Seite zu den Beiträgen lt. Zeile 24 und / oder 25 (z. B. von der Deutschen Rentenversicherung)	353	,—	453	,—
28	Über die Basisabsicherung hinausgehende Beiträge zu Krankenversicherungen (z. B. für Wahlleistungen, Zusatzversicherung) abzüglich erstatteter Beiträge	354	,—	454	,—
29	Beiträge (abzüglich erstatteter Beiträge) zu zusätzlichen Pflegeversicherungen (ohne Pflege-Pflichtversicherung)	355	,—	455	,—

2017AnlVor241 – April 2017 – 2017AnlVor241

Beiträge zur ausländischen gesetzlichen oder privaten Kranken- und Pflegeversicherung

Zeile			stpfl. Person / Ehemann / Lebenspartner(in) A EUR		Ehefrau / Lebenspartner(in) B EUR
31	Beiträge (abzüglich steuerfreier Zuschüsse – ohne Beträge lt. Zeile 37 –) zur Krankenversicherung, die mit einer inländischen Krankenversicherung vergleichbar ist (nur Basisabsicherung, keine Wahlleistungen)	333	,—	433	,—
32	In Zeile 31 enthaltene Beiträge zur Krankenversicherung, aus denen sich kein Anspruch auf Krankengeld ergibt	334	,—	434	,—
33	Beiträge (abzüglich steuerfreier Zuschüsse – ohne Beträge lt. Zeile 39 –) zur sozialen Pflegeversicherung / Pflege-Pflichtversicherung, die mit einer inländischen Pflegeversicherung vergleichbar ist	335	,—	435	,—
	Zu den Zeilen 31 bis 33:				
34	Von der Kranken- und / oder sozialen Pflegeversicherung / Pflege-Pflichtversicherung erstattete Beiträge	336	,—	436	,—
35	In Zeile 34 enthaltene Beiträge zur Krankenversicherung, aus denen sich kein Anspruch auf Krankengeld ergibt, und zur sozialen Pflegeversicherung	337	,—	437	,—
36	Über die Basisabsicherung hinausgehende Beiträge (abzüglich erstatteter Beiträge) zu Krankenversicherungen und zusätzlichen Pflegeversicherungen (z. B. für Wahlleistungen, Zusatzversicherung)	339	,—	439	,—

Steuerfreie Arbeitgeberzuschüsse

Steuerfreie Arbeitgeberzuschüsse zur

Zeile					
37	– gesetzlichen Krankenversicherung lt. Nr. 24 a der Lohnsteuerbescheinigung	360	,—	460	,—
38	– privaten Krankenversicherung lt. Nr. 24 b der Lohnsteuerbescheinigung	361	,—	461	,—
39	– gesetzlichen Pflegeversicherung lt. Nr. 24 c der Lohnsteuerbescheinigung	362	,—	462	,—

Als Versicherungsnehmer für andere Personen übernommene Kranken- und Pflegeversicherungsbeiträge

40 IdNr. der mitversicherten Person 600

„Andere Personen" sind z. B. Kinder, für die **kein** Anspruch auf Kindergeld / Kinderfreibetrag besteht (bei Anspruch auf Kindergeld / Kinderfreibetrag sind die Eintragungen in den Zeilen 31 bis 37 der Anlage Kind vorzunehmen).

41 Name, Vorname, Geburtsdatum der mitversicherten Person

Zeile			stpfl. Person / Ehegatten / Lebenspartner EUR
42	Beiträge (abzüglich steuerfreier Zuschüsse) zu privaten Krankenversicherungen (nur Basisabsicherung, keine Wahlleistungen)	601	,—
43	Beiträge (abzüglich steuerfreier Zuschüsse) zu Pflege-Pflichtversicherungen	602	,—
	Zu den Zeilen 42 bis 43:		
44	Von der privaten Kranken- und / oder Pflege-Pflichtversicherung erstattete Beiträge	603	,—
45	Beiträge (abzüglich erstatteter Beiträge) zu privaten Kranken- und / oder Pflegeversicherungen (ohne Basisabsicherung, z. B. für Wahlleistungen, Zusatzversicherung)	604	,—

Weitere sonstige Vorsorgeaufwendungen

Zeile			stpfl. Person / Ehemann / Lebenspartner(in) A EUR		Ehefrau / Lebenspartner(in) B EUR
46	Arbeitnehmerbeiträge zur Arbeitslosenversicherung lt. Nr. 27 der Lohnsteuerbescheinigung	370	,—	470	,—
	Beiträge (abzüglich steuerfreier Zuschüsse und erstatteter Beiträge) zu				
47	– Kranken- und Pflegeversicherungen (Gesamtbetrag) (nur einzutragen, wenn Sie nicht in die Datenübermittlung eingewilligt oder dieser widersprochen haben; Einträge zu zusätzlichen Pflegeversicherungen sind nur in Zeile 29 vorzunehmen)	371	,—	471	,—

Zeile			stpfl. Person / Ehegatten / Lebenspartner EUR
48	– Versicherungen gegen Arbeitslosigkeit – ohne Beiträge, die in Zeile 46 geltend gemacht werden –	500	,—
49	– freiwilligen eigenständigen Erwerbs- und Berufsunfähigkeitsversicherungen	501	,—
50	– Unfall- und Haftpflichtversicherungen sowie Risikoversicherungen, die nur für den Todesfall eine Leistung vorsehen	502	,—
51	– Rentenversicherungen mit Kapitalwahlrecht und / oder Kapitallebensversicherungen mit einer Laufzeit von mindestens 12 Jahren sowie einem Laufzeitbeginn und der ersten Beitragszahlung vor dem 1.1.2005	503	,—
52	– Rentenversicherungen ohne Kapitalwahlrecht mit Laufzeitbeginn und erster Beitragszahlung vor dem 1.1.2005 (auch steuerpflichtige Beiträge zu Versorgungs- und Pensionskassen) – ohne Altersvorsorgebeiträge, die in der Anlage AV geltend gemacht werden –	504	,—

Ergänzende Angaben zu Vorsorgeaufwendungen

Zeile			stpfl. Person / Ehemann / Lebenspartner(in) A		Ehefrau / Lebenspartner(in) B
	Es bestand 2017 keine gesetzliche Rentenversicherungspflicht aus dem **aktiven** Dienstverhältnis / aus der Tätigkeit				
53	– als Beamter / Beamtin	380	1 = Ja	480	1 = Ja
54	– als Vorstandsmitglied / GmbH-Gesellschafter-Geschäftsführer/in	381	1 = Ja	481	1 = Ja
55	– als (z. B. Praktikant/in, Student/in im Praktikum) Bezeichnung	382	1 = Ja	482	1 = Ja
56	Aufgrund des genannten Dienstverhältnisses / der Tätigkeit bestand hingegen eine Anwartschaft auf Altersversorgung	383	1 = Ja 2 = Nein	483	1 = Ja 2 = Nein
57	Die Anwartschaft auf Altersversorgung wurde ganz oder teilweise ohne eigene Beitragsleistungen erworben	384	1 = Ja 2 = Nein	484	1 = Ja 2 = Nein
58	Es wurde Arbeitslohn aus einem **nicht aktiven** Dienstverhältnis – insbesondere Betriebsrente / Werkspension – bezogen, bei dem es sich nicht um steuerbegünstigte Versorgungsbezüge (Zeilen 11 bis 16 der Anlage N) handelt. Bei Altersteilzeit ist hier keine Eintragung vorzunehmen.	385	1 = Ja	485	1 = Ja

2017AnlVor242 **2017AnlVor242**

284 Hinter den meisten Steuervergünstigungen steckt eine bestimmte Absicht des Gesetzgebers. Bei den als Sonderausgaben abziehbaren Vorsorgeaufwendungen ist sie offensichtlich: Der Staat bietet seinen Bürgern Hilfe bei der Vorsorge an, damit sie der Allgemeinheit nicht zur Last fallen, insbesondere im Alter, bei Krankheit oder in Haftungsfällen. Es wird dabei zwischen Beiträgen zugunsten einer **Basisversorgung im Alter (Rente)** und **sonstigen Vorsorgeaufwendungen** unterschieden.

Damit die Wohlbetuchten daraus nicht über die Maßen Vorteile herausschlagen, sind die Aufwendungen nur bis zu bestimmten **Höchstbeträgen** abziehbar; ausgenommen sind die Beiträge zur Kranken- und Pflegeversicherung. Diese sind in voller Höhe abzugsfähig, soweit es sich um die »Basisabsicherung« handelt (gesetzliche Absicherung ohne Beiträge für Krankengeldanspruch).

Damit wird beim Abzug von Vorsorgeaufwendungen zwischen drei grundsätzlichen Gruppen unterschieden:
- **Beiträge zur Altersvorsorge (Basisversorgungsbeiträge),**
- **Beiträge zu Kranken- und Pflegeversicherung (Basisabsicherung),**
- **Beiträge zu übrigen sonstigen Vorsorgeaufwendungen.**

285 **In welcher Höhe werden Sie steuerlich entlastet?**

Vorsorge für das Alter zu treffen, daran kommt niemand vorbei. Wer weiß denn schon, was unsere Rentenkassen in Zukunft hergeben?
Dennoch wird uns für die Altersvorsorge ein fürchterlich kompliziertes System aufgezwungen, angefangen von der gesetzlichen Rentenversicherung (➤ Rz 289) über die betriebliche Altersversorgung (➤ Rz 379 und ➤ Rz 630 ff.) bis hin zur »Rürup-« (➤ Rz 295) und der »Riester-Rente«. Wem diese Namen nicht viel sagen: Die Herren Rürup und Riester haben an den zugrundeliegenden Rentengesetzen maßgeblich mitgewirkt.
Die **Rürup-Rente** ist in erster Linie für Selbständige gedacht. Die Beiträge dafür sind als Vorsorgeaufwendungen im Rahmen von Höchstbeträgen abziehbar (➤ Rz 338 f.). Die **Riester-Rente** ist eine Zusatzrente ausschließlich für Arbeitnehmer, gefördert durch Zulagen und den Abzug als Sonderausgabe.
Der Fiskus unterstützt uns also mit steuerlichen Anreizen. Nur, wie hoch ist der Steuervorteil genau? Diese Frage zu beantworten ist wahrlich nicht einfach. Denn der Gesetzgeber hat mit Wirkung vom 1.1.2005 die Altersvorsorge völlig umgekrempelt, indem er die Renten »nachgelagert« besteuert, was bedeutet: Sie werden auf lange Sicht gesehen in vol-

ler Höhe steuerpflichtig, im Gegenzug sollen die dafür geleisteten Vorsorgeaufwendungen, also Ihre Beiträge in die Rentenkasse, in voller Höhe absetzbar sein.
Diese Umstellung ist nicht von heute auf morgen zu bewältigen, vielmehr bedarf es dazu Übergangsregelungen, die bis zum Jahr 2040 währen. Erst dann ist die Umstellung endgültig vollzogen. Bis dahin sind Vorsorgeaufwendungen nur im Rahmen bestimmter Höchstbeträge absetzbar.

Höchstbetragsberechnung mit Günstigerprüfung 286

Mit der Umstellung auf die nachgelagerte Besteuerung wurden **neue Höchstbeträge** eingeführt. Eine Höchstbetragsberechnung bewältigt ein Computer in Sekundenschnelle, wenn er entsprechend programmiert ist. Mit Bleistift und Papier dauert es wesentlich länger, und fast alle tun sich schwer, hier durchzublicken. Zumal es mit einer einzigen Höchstbetragsberechnung nicht getan ist, denn es ist immer eine zweite Berechnung anzustellen, die sog. Günstigerprüfung. Dabei wird geprüft, ob die Höchstbeträge nach altem (bis 2004 geltendem) Recht günstiger sind. Der günstigere Betrag ist anzusetzen.
Wie im Einzelnen gerechnet wird, dazu mehr unter ➤ Rz 338 ff.

Beamte am meisten begünstigt 287

Wie die Vergleichsberechnungen unter ➤ Rz 343 ff. zeigen, werden den pflichtversicherten Arbeitnehmern und den Beamten nach neuem Recht höhere Abzugsbeträge bei den Vorsorgeaufwendungen zugestanden. Verlierer sind die Selbständigen.

Wer hat zum Steuerbogenformular den Text erfunden?
Ob der in jenen Stunden, da er dies Wunderwirr gebar,
wohl ganz – oder total – war?
(Joachim Ringelnatz)

Zeile 4–10 Beiträge zur Altersvorsorge 288

Hier beantragen Sie Steuervergünstigungen für Beiträge zugunsten Ihrer **Basisversorgung im Alter**. Das sind Beiträge in

a) die gesetzliche Rentenversicherung, einzutragen in > Zeile 4, 6, 9 und 10 (zu entnehmen der Lohnsteuerbescheinigung Zeile 22 und 23),
b) landwirtschaftliche Alterskassen, einzutragen in > Zeile 5,
c) berufsständische Versorgungseinrichtungen, einzutragen in > Zeile 5 und 9,
d) in die kapitalgedeckte private Rentenversicherung (Rürup-Rente), einzutragen in > Zeile 8.

Beispiel

Der kaufmännische Angestellte Felix, verheiratet, hat in 2017 einen Bruttolohn von 40.000 € bezogen. Er hat geleistet:

Beiträge in die Rentenversicherung 9,35 % von 40.000 € =	3.740 €
Beiträge zur privaten Rentenversicherung (Rürup-Rente)	720 €

In die Anlage Vorsorgeaufwand trägt Felix ein:

	Beiträge zur Altersvorsorge		stpfl. Person / Ehemann / Lebenspartner(in) A EUR		Ehefrau / Lebenspartner(in) B EUR
	Beiträge				
4	– lt. Nr. 23 a/b der Lohnsteuerbescheinigung (Arbeitnehmeranteil)	300	3740,–	400	,–
5	– zu landwirtschaftlichen Alterskassen; zu berufsständischen Versorgungseinrichtungen, die den gesetzlichen Rentenversicherungen vergleichbare Leistungen erbringen (abzüglich steuerfreier Zuschüsse lt. Nr. 22b der Lohnsteuerbescheinigung) – ohne Beiträge, die in Zeile 4 geltend gemacht werden –	301	,–	401	,–
6	– zu gesetzlichen Rentenversicherungen – ohne Beiträge, die in Zeile 4 geltend gemacht werden –	302	,–	402	,–
7	Erstattete Beiträge und / oder steuerfreie Zuschüsse zu den Zeilen 4 bis 6 (ohne Zuschüsse, die von den Beiträgen lt. Zeile 8 abzuziehen sind und ohne Zuschüsse lt. Zeile 9 und 10)	309	720,–	409	,–
8	Beiträge zu zertifizierten Basisrentenverträgen (sog. Rürup-Verträge) mit Laufzeitbeginn nach dem 31.12.2004 (abzgl. steuerfreier Zuschüsse) – ohne Altersvorsorgebeiträge, die in der Anlage AV geltend gemacht werden –	303	3740,–	403	,–
9	Arbeitgeberanteil / -zuschuss lt. Nr. 22 a/b der Lohnsteuerbescheinigung	304	–	404	–

In welcher Höhe seine Beiträge abzugsfähig sind, dazu die Berechnungen unter ➤ Rz 344.

289 Zeile 4, 6–10 Gesetzliche Rentenversicherung

In > Zeile 4 tragen Sie die in Zeile 23 der Lohnsteuerbescheinigung aufgeführten Arbeitnehmeranteile zur gesetzlichen Rentenversicherung ein. Der Arbeitnehmeranteil ist Ihnen vom Lohn oder Gehalt abgezogen worden und beträgt 9,35 % des Arbeitslohns. Zusätzlich hat der Arbeitgeber Beiträge in derselben Höhe geleistet. Diese übertragen Sie von Zeile 22 der Lohnsteuerbescheinigung in > Zeile 9 des Steuerformulars.

22. Arbeitgeberanteil	a) zur gesetzlichen Rentenversicherung		
	b) an berufsständische Versorgungseinrichtungen		
23. Arbeitnehmeranteil	a) zur gesetzlichen Rentenversicherung		
	b) an berufsständische Versorgungseinrichtungen		
24. Steuerfreie Arbeitgeberzuschüsse zur			

Die Beiträge zur gesetzlichen Rentenversicherung werden durch sog. Beitragsbemessungsgrenzen eingeschränkt. Für das Jahr 2017 bleibt Arbeitslohn oberhalb von monatlich 6.350 €/5.700 € (West/Ost) rentenversicherungsfrei. Haben Sie darüber hinaus freiwillige Zahlungen an die Rentenversicherungsanstalt geleistet (Höherversicherung) oder sind Sie als Nichtarbeitnehmer freiwillig in der gesetzlichen Rentenversicherung, gehören diese Beiträge in die > Zeile 6. 290

Nachgelagerte Besteuerung – ein Skandal 291

Zwar können Sie in der Ansparphase Steuervorteile in Anspruch nehmen, dafür wird die Rentenzahlung später zum größten Teil, bei Inanspruchnahme der Renten ab 2040 sogar zu 100 % steuerpflichtig sein. Zur Steuerpflicht der Renten siehe ➤ Rz 940 ff.

»Wer hat sich diese Sauerei denn bloß ausgedacht?«, rufen Sie empört. »2017 wirken sich nur 84 % meiner Beiträge steuerlich aus, aber später soll ich 100 % meiner Rente versteuern!«

Traurig, aber wahr, und zudem vom Bundesfinanzhof abgesegnet. Die Münchener Robenträger entschieden am 18. November 2009 (Az X R 9/07): Die Regelungen durch das Alterseinkünftegesetz sind verfassungsgemäß.

Zeile 5 Landwirtschaftliche Alterskassen, berufsständische Versorgungseinrichtungen 292

Während Angestellte ihre Rentenversicherungsbeiträge aus der Lohnsteuerbescheinigung in > Zeile 4 des Formulars übertragen, gehören die Beiträge selbständig tätiger Landwirte und Freiberufler in > Zeile 5.

Angaben zu Vorsorgeaufwendungen

	Beiträge zur Altersvorsorge		stpfl. Person / Ehemann EUR		Ehefrau EUR 52
	Beiträge				
4	– lt. Nr. 23 a/b der Lohnsteuerbescheinigung (Arbeitnehmeranteil)	300	. ,–	400	. ,–
5	– zu landwirtschaftlichen Alterskassen sowie zu berufsständischen Versorgungseinrichtungen, die den gesetzlichen Rentenversicherungen vergleichbare Leistungen erbringen – ohne Beiträge, die in Zeile 4 geltend gemacht werden –	301	. ,–	401	. ,–

Diese Berufsgruppen nehmen eine Sonderstellung ein. Sie haben eigene Rentenversicherungen – landwirtschaftliche Alterskassen und berufsständische Versorgungswerke – gegründet und sorgen so weitgehend ohne staatliche Einmischung für die spätere Rente vor. Diese Institutio- 293 nen erwirtschaften oftmals weitaus höhere Renten als die gesetzliche Rentenversicherung.

294 **TIPP**

Mit Zusatzbeiträgen doppelt verdienen

Alterskassen und Versorgungswerke arbeiten in der Regel nicht nach dem Prinzip des Generationenvertrags, wonach die Beitragszahler die Rentenzahlungen von heute finanzieren. Vielmehr handelt es sich häufig um kapitalgedeckte Systeme, bei denen jeder Beitragszahler für seine eigene Altersvorsorge Gelder anspart. Je nach Alterskasse oder Versorgungswerk werden diese Gelder – für heutige Verhältnisse – üppig verzinst. Allein der Garantiezins liegt nicht selten noch über 2 %!

Sie sehen, hierin ist eine sichere Geldanlage mit ansehnlicher Verzinsung verborgen, die Sie für sich nutzen können. Denn zusätzlich zu den Pflichtbeiträgen können Sie oftmals bis zur Höhe eines Jahresbeitrags freiwillig Zahlungen erbringen. Neben der Garantieverzinsung lockt ein Steuerbonus, denn auch zusätzliche Beiträge drücken die Steuer. Beträgt Ihr Grenzsteuersatz (inkl. Kirchensteuer und Soli-Zuschlag) 35 %, beschert Ihnen ein Zusatzbeitrag von 5.000 € einen Steuerrabatt von (5.000 € × 80 % × 35 % =) 1.400 € (sage und schreibe 28 %!).

295 Zeile 8 Kapitalgedeckte private Rentenversicherung (Rürup-Versicherung)

Bei Kapitallebensversicherungen und Rentenversicherungen mit Kapitalwahlrecht wird zwischen Alt- und Neuverträgen unterschieden.

Lebensversicherungen alten Rechts, deren Laufzeit vor dem 1.1.2005 begonnen hat, sind steuerbegünstigt, wenn die Beiträge bis zu diesem Stichtag als Sonderausgaben abzugsfähig waren. Sie gehören zu den »weiteren sonstigen« Vorsorgeaufwendungen, einzutragen in > Zeile 51–52 (➤ Rz 307 ff.).

296 Die Lebensversicherungen neuen Rechts (> Zeile 8) sind steuerbegünstigt, wenn sie die vertraglich vereinbarte Auszahlung einer monatlichen, lebenslangen Rente nicht vor Vollendung des 60. Lebensjahrs (bei Neuverträgen seit 1.1.2012: 62 Jahre) beinhalten. Auch eine Versicherung gegen Berufsunfähigkeit muss auf Rentenbasis abgeschlossen sein. Zudem dürfen die Ansprüche aus den Versicherungen neuen Rechts weder vererblich, übertragbar, beleihbar, veräußerbar noch kapitalisierbar sein.

8	Beiträge zu zertifizierten Basisrentenverträgen (sog. Rürup-Verträge) mit Laufzeitbeginn nach dem 31.12.2004 (abzgl. steuerfreier Zuschüsse) – ohne Altersvorsorgebeiträge, die in der Anlage AV geltend gemacht werden –	303	,—	403	,—

Kennen Sie sich bei Ihren Versicherungen nicht so recht aus, sollten Sie 297
unbedingt Ihren Versicherungsvertreter fragen, denn **nur Leibrentenversicherungen, die Sie in > Zeile 8 eintragen können, bringen Ihnen echte Steuervorteile. Die Beiträge sind 2017 zu 84 % abzugsfähig**, wohingegen übrige private Rentenversicherungsverträge nur selten Steuervorteile bringen.

Übrigens: Mit Kapitaldeckung ist gemeint, dass Ihre Beiträge Ihre spätere Rente finanzieren, streng nach dem Motto: »Jeder für sich.« Sie ist das Gegenteil vom Umlageverfahren, das in der gesetzlichen Rentenversicherung gilt. Hier finanzieren die Beitragszahler die aktuelle Rentnergeneration, man spricht daher auch vom Generationenvertrag.

Zeile 10 Arbeitgeberanteil zur gesetzlichen Rentenversicherung bei geringfügig Beschäftigten (sog. Minijobs) 298

10	Arbeitgeberanteil zu gesetzlichen Rentenversicherungen im Rahmen einer pauschal besteuerten geringfügigen Beschäftigung (bitte Anleitung beachten)	306	,—	406	,—

Mit dieser Zeile im Formular hat die Steuerverwaltung für Sie einen **Fallstrick** ausgelegt, in dem Sie sich verfangen könnten.

Sind Sie im Rahmen eines Minijobs auf 450-€-Basis tätig, entrichtet Ihr Arbeitgeber Pauschalbeiträge zur Sozialversicherung sowie eine Pauschalsteuer in Höhe von insgesamt 30 % Ihres Arbeitslohns. Auf die Rentenversicherung entfällt dabei ein Beitrag in Höhe von 15 % Ihres Arbeitslohns. In > Zeile 10 sollen Sie nun diesen pauschalen Arbeitgeberanteil eintragen.

Warum das Finanzamt diese Angaben zum Minijob von Ihnen haben möchte, fragen Sie sich?

Rentenversicherungsbeiträge sind lediglich im Rahmen von Höchstbeträgen steuerlich abzugsfähig. Dabei werden (nach neuem Recht) insbesondere die Rentenversicherungsbeiträge, und zwar sowohl Ihre als auch die des Arbeitgebers angesetzt. Davon werden, bezogen auf das Jahr 2017, 84 % berücksichtigt; anschließend wird der steuerfreie Arbeitgeberanteil zur gesetzlichen Rentenversicherung wieder abgezogen. Und zum steuerfreien Arbeitgeberanteil gehört nun einmal auch der Pauschalbeitrag beim Minijob.

Im Ergebnis führt die Eintragung in > Zeile 10 damit zu einer **Kürzung abzugsfähiger Rentenversicherungsbeiträge**, wie folgende Berechnung zeigt:

Arbeitnehmeranteil zur gesetzlichen Rentenversicherung (Hauptbeschäftigung)	3.740 €
Arbeitgeberanteil zur gesetzlichen Rentenversicherung (Hauptbeschäftigung)	3.740 €
Arbeitgeberanteil zur gesetzlichen Rentenversicherung (Minijob)	810 €
Rentenversicherungsbeiträge insgesamt:	8.290 €
Davon 84 %	6.964 €
./. Arbeitgeberanteile zur gesetzlichen Rentenversicherung (3.740 € + 810 € =)	– 4.550 €
Steuerlich abzugsfähig	2.414 €

Ohne Berücksichtigung der Beiträge aus dem Minijob hätte sich ein abzugsfähiger Betrag in Höhe von 2.543 € ergeben!
»Das ist mir viel zu kompliziert«, wenden Sie sich ab. »Zeile 10 hab ich nicht verstanden, daher trage ich dort auch nichts ein.«
Steuerlich gesehen fahren Sie ohne Eintragung zwar günstiger, aber steuerehrlich ist das nicht …

299 Zeile 11 Zuschuss zur Krankenversicherung/Beihilfe

»Was hat es mit dieser Eintragung auf sich?«, werden Sie sich vielleicht fragen.
In die Anlage Vorsorgeaufwand tragen Sie eine Vielzahl von Versicherungsbeiträgen ein, doch nur einige davon wirken sich steuerlich tatsächlich aus. Von den Beiträgen in die Rentenkasse (> Zeilen 4–10) z.B. wird jeder Euro – wenn auch nicht in vollem Umfang – steuerlich berücksichtigt (mehr dazu unter ➤ Rz 338 ff.).
Dann sind da »übrige« Vorsorgeaufwendungen. Dazu zählen Kranken- und Pflegeversicherungsbeiträge (> Zeilen 12–45) sowie die »weiteren sonstigen« Beiträge zur Arbeitslosen-, Berufsunfähigkeits- und Haftpflichtversicherung sowie freiwillige Zusatzbeiträge zur Krankenversicherung oder Lebensversicherungsbeiträge (> Zeilen 46–52).
Diese werden grundsätzlich bis zur Höhe von 2.800 €/5.600 € (Alleinstehende/Ehegatten) steuerlich abgezogen. Beteiligt sich der Arbeitgeber durch steuerfreie Beihilfen an den Krankheitskosten oder durch den steuerfreien Arbeitgeberanteil an der Krankenversicherung, schmilzt der

Höchstbetrag jedoch auf 1.900 €/3.800 € zusammen. Um den maßgebenden Höchstbetrag zu ermitteln dient also die Eintragung in > Zeile 11.

11	**Eine Eintragung ist stets vorzunehmen; bei Zusammenveranlagung von jedem Ehegatten / Lebenspartner:** Haben Sie zu Ihrer Krankenversicherung oder Ihren Krankheitskosten Anspruch auf – steuerfreie Zuschüsse (z. B. Rentner aus der gesetzlichen Rentenversicherung) oder – steuerfreie Arbeitgeberbeiträge (z. B. sozialversicherungspfl. Arbeitnehmer und deren mitversicherter Ehegatte / Lebenspartner) oder – steuerfreie Beihilfen (z. B. Beamte oder Versorgungsempfänger und deren Ehegatten / Lebenspartner)?	307	1 = Ja 2 = Nein	407	1 = Ja 2 = Nein

Arbeitnehmer müssen in > Zeile 11 wohl oder übel eine »1« eintragen, denn in Zeile 24 der Lohnsteuerbescheinigung werden die Zuschüsse des Arbeitgebers zur Krankenversicherung hochoffiziell bescheinigt.

24. Steuerfreie Arbeitgeberzuschüsse	a) zur gesetzlichen Krankenversicherung		
	b) zur privaten Krankenversicherung		
	c) zur gesetzlichen Pflegeversicherung		

Auch Rentner, Beamte und Pensionäre müssen eine »1« eintragen. Die einen bekommen einen steuerfreien staatlichen Zuschuss zu ihren Krankenversicherungsbeiträgen, die anderen haben einen Beihilfeanspruch, der zumindest einen Teil der Krankheitskosten abdeckt.
Darüber hinaus ist der Zuschuss (betragsmäßig) auch in > Zeile 37–39 einzutragen.

	Steuerfreie Arbeitgeberzuschüsse Steuerfreie Arbeitgeberzuschüsse zur				
37	– gesetzlichen Krankenversicherung lt. Nr. 24a der Lohnsteuerbescheinigung	360	. ,—	460	. ,—
38	– privaten Krankenversicherung lt. Nr. 24b der Lohnsteuerbescheinigung	361	. ,—	461	. ,—
39	– gesetzlichen Pflegeversicherung lt. Nr. 24c der Lohnsteuerbescheinigung	362	. ,—	462	. ,—

Werden steuerfreie Zuschüsse, Arbeitgeberbeiträge oder Beihilfen für mindestens einen Teil des Jahres oder bei mehreren Einkünften für mindestens eine Einkunftsquelle erbracht, ist ebenfalls eine »1« einzutragen.

Beachten Sie:
Die Eintragung ist für jeden Ehegatten gesondert vorzunehmen. Denn der höchstmögliche Abzugsbetrag für die »weiteren sonstigen« Versicherungsbeiträge wird für jeden Ehegatten gesondert bestimmt. Ist die Ehefrau selbständig tätig und der Ehemann Arbeitnehmer, bedeutet dies: Eine »1« ist beim Ehemann, eine »2« bei der Ehefrau einzutragen.

Der Höchstbetrag für übrige Versicherungsbeiträge beträgt in diesem Fall 1.900 € + 2.800 € = 4.700 €.

11 **Eine Eintragung ist stets vorzunehmen; bei Zusammenveranlagung von jedem Ehegatten / Lebenspartner:**
Haben Sie zu Ihrer Krankenversicherung oder Ihren Krankheitskosten Anspruch auf
– steuerfreie Zuschüsse (z. B. Rentner aus der gesetzlichen Rentenversicherung) oder
– steuerfreie Arbeitgeberbeiträge (z. B. sozialversicherungspfl. Arbeitnehmer und deren mitversicherter Ehegatte / Lebenspartner) oder
– steuerfreie Beihilfen (z. B. Beamte oder Versorgungsempfänger und deren Ehegatten / Lebenspartner)?
307 1 (1 = Ja, 2 = Nein) 407 2 (1 = Ja, 2 = Nein)

Bei Ehegatten, die über ihren Ehepartner versichert sind (z. B. in der gesetzlichen Krankenversicherung), ist die Frage wie beim Ehepartner mit »Ja« bzw. einer »1« zu beantworten.

✎ **Bei geringfügig Beschäftigten ist die Frage mit »Nein« zu beantworten und eine »2« einzutragen, soweit keine unentgeltliche Familienversicherung beim Ehegatten vorliegt.**

Die Frage nach dem Höchstbetrag ist kaum mehr interessant. Denn Kranken- und Pflegeversicherungsbeiträge sind, soweit sie die sog. Basisabsicherung (➤ Rz 300) abdecken, in vollem Umfang steuerlich abzugsfähig, und die Höchstbeträge werden zunächst mit diesen Versicherungsbeiträgen verrechnet. **Haben Sie im Jahr 2017 also mehr als 2.800 €/5.600 € bzw. 1.900 €/3.800 € an Kranken- und Pflegeversicherungsbeiträgen gezahlt, werden diese zwar in vollem Umgang berücksichtigt, für den Ansatz weiterer Versicherungsbeiträge ist aber kein Raum mehr.**

Liegen die Kranken- und Pflegeversicherungsbeiträge unter den Höchstbeträgen, wirken sich weitere Versicherungsbeiträge aus > Zeilen 46–52 bis zur Höhe der Höchstbeträge steuerlich aus.

300 Zeile 12-45 Beiträge zur gesetzlichen/privaten Kranken- und Pflegeversicherung

Die tatsächlich geleisteten Beiträge zur privaten und gesetzlichen Krankenversicherung und zur gesetzlichen Pflegeversicherung (soziale Pflegeversicherung und private Pflegepflichtversicherung) werden in vollem Umfang steuerlich berücksichtigt. So weit, so gut. Doch wenn die Sache so einfach wäre, bräuchten wir nicht zig Formularzeilen und Eintragungsfelder, um unsere Beiträge in der Anlage Vorsorgeaufwand unterzubringen.
Warum der Aufwand?

Das Bundesverfassungsgericht sagt, was für die notwendige Absicherung gegen Krankheit und für den Fall der Pflege aufgewendet werden muss, steht dem Steuerzahler nicht – auch nicht für Steuerzahlungen – zur Verfügung. Diese Versicherungsbeiträge müssen daher in vollem Umfang steuerlich abzugsfähig sein.

Aber eben nur **diese**, hat sich die Finanzverwaltung gedacht, als sie dieses Formular zusammengehext hat. Denn unbegrenzt abzugsfähig sollen nur die Beiträge zur »Basisabsicherung« sein,

- keine »freiwilligen« Zusatzbeiträge für »Wahlleistungen«,
- keine Beiträge, die für den Anspruch auf Krankengeld aufgewendet werden.
- Erstattungen und Zuschüsse müssen abgezogen werden;
- ausländische Versicherungsbeiträge sollen nur zum Abzug kommen, wenn die Versicherung mit einer inländischen gesetzlichen Einrichtung vergleichbar ist,
- und, und, und …

Das Ende vom Lied: 33 Formularzeilen und sage und schreibe 60 Eintragungsfelder!

Na, dann heißt es: **»Jetzt erst recht!«** Die Eintragungen sind bei weitem nicht so aufwendig, wie es scheint, und die Mühe lohnt sich.

Es ist zwischen den Basiskranken- und Pflegepflichtversicherungsbeiträgen einerseits sowie weiteren sonstigen Vorsorgeaufwendungen (Beiträge zu Kranken- und Pflegeversicherungen, die über die Basisabsicherung hinausgehen, Beiträge zu Arbeitslosen-, Erwerbs- und Berufsunfähigkeitsversicherungen, zu Unfall- und Haftpflichtversicherungen sowie zu Renten- und Lebensversicherungen) andererseits zu unterscheiden.

Übersteigen die Beiträge für die Basisabsicherung (Basiskrankenversicherung und Pflegepflichtversicherung) den Höchstbetrag von 1.900 €/ 2.800 € pro Person, sind sie als Sonderausgaben zu berücksichtigen.

Eine betragsmäßige Deckelung auf den Höchstbetrag findet in diesen Fällen nicht statt. Ein zusätzlicher Abzug von Beiträgen, die über die Basisabsicherung hinausgehen, oder von weiteren sonstigen Vorsorgeaufwendungen (z.B. Arbeitslosen-, Unfall- oder Haftpflichtversicherungen) ist daneben nicht möglich.

Das Finanzamt nimmt zudem von Amts wegen eine Günstigerprüfung vor und prüft dabei, ob ggf. der Abzug der Vorsorgeaufwendungen nach der für das Kalenderjahr 2004 geltenden Regelung zur Berechnung

des Abzugs von Vorsorgeaufwendungen zu einem günstigeren Ergebnis führt.
Die in den > Zeilen 12–39 einzutragenden Beträge entnehmen Sie der Lohnsteuerbescheinigung, der Renten(anpassungs)mitteilung oder der Bescheinigung des Versicherungsunternehmens. Maßgebend sind die tatsächlichen Beitragszahlungen. Daher sind sowohl die im Jahr 2017 geleisteten als auch die in 2017 erstatteten Beiträge zur Basisabsicherung einzutragen.

Übrigens: Fallbeispiele mit der Berechnung abzugsfähiger Versicherungsbeiträge finden Sie unter ➤ Rz 343 ff.

Der Grund dafür, dass das Steuerformular zwischen Beiträgen zu inländischen und ausländischen Kranken- und Pflegeversicherungen unterscheidet, ist weniger die steuerliche Behandlung als der Nachweis der Beiträge. Inländische Krankenversicherungsunternehmen (gesetzlich oder privat) übermitteln die im Jahr 2017 geleisteten und erstatteten Beiträge bis Ende Februar 2018 elektronisch an die Finanzverwaltung, nicht so ausländische Versicherungsgesellschaften. Die Angaben in den > Zeilen 12–28 (Beiträge zu inländischen Versicherungen) kann das Finanzamt also mit den elektronisch übermittelten Daten abgleichen, die Angaben zu ausländischen Versicherungen (> Zeilen 31–36) muss es hingegen mittels beigefügter Nachweise und Belege selbst prüfen.

301 Zeile 12–23 Gesetzliche Kranken- und Pflegeversicherung (Inland)

Die Beiträge zur gesetzlichen Krankenversicherung sind mit Ausnahme der Beitragsanteile für Wahl- und Komfortleistungen oder einen Krankengeldanspruch in voller Höhe zu berücksichtigen.

ANLAGE VORSORGEAUFWAND
Renten-, Lebens- und (Sozial-)Versicherungsbeiträge **2018**

Zeile	Beiträge zur inländischen gesetzlichen Kranken- und Pflegeversicherung	Kz	Betrag	Kz	Betrag
12	Arbeitnehmerbeiträge zu Krankenversicherungen lt. Nr. 25 der Lohnsteuerbescheinigung	320	,–	420	,–
13	In Zeile 12 enthaltene Beiträge, aus denen sich kein Anspruch auf Krankengeld ergibt	322	,–	422	,–
14	Arbeitnehmerbeiträge zu sozialen Pflegeversicherungen lt. Nr. 26 der Lohnsteuerbescheinigung	323	,–	423	,–
15	Zu den Zeilen 12 bis 14: Von der Kranken- und / oder sozialen Pflegeversicherung erstattete Beiträge	324	,–	424	,–
16	In Zeile 15 enthaltene Beiträge zur Krankenversicherung, aus denen sich kein Anspruch auf Krankengeld ergibt, und zur sozialen Pflegeversicherung	325	,–	425	,–
17	Beiträge zu Krankenversicherungen – ohne Beiträge, die in Zeile 12 geltend gemacht werden – (z. B. bei Rentnern; bei freiwillig gesetzlich versicherten Selbstzahlern, wenn in die Datenübermittlung eingewilligt oder dieser nicht widersprochen wurde)	326	,–	426	,–
18	In Zeile 17 enthaltene Beiträge zur Krankenversicherung, aus denen sich ein Anspruch auf Krankengeld ergibt	328	,–	428	,–
19	Beiträge zu sozialen Pflegeversicherungen – ohne Beiträge, die in Zeile 14 geltend gemacht werden – (z. B. bei Rentnern; bei freiwillig gesetzlich versicherten Selbstzahlern, wenn in die Datenübermittlung eingewilligt oder dieser nicht widersprochen wurde)	329	,–	429	,–
20	Zu den Zeilen 17 bis 19: Von der Kranken- und / oder sozialen Pflegeversicherung erstattete Beiträge	330	,–	430	,–
21	In Zeile 20 enthaltene Beiträge zur Krankenversicherung, aus denen sich ein Anspruch auf Krankengeld ergibt	331	,–	431	,–
22	Zuschuss zu den Beiträgen lt. Zeile 17 und / oder 19 – ohne Beträge lt. Zeile 37 und 39 – (z. B. von der Deutschen Rentenversicherung)	332	,–	432	,–
23	Über die Basisabsicherung hinausgehende Beiträge zu Krankenversicherungen (z. B. für Wahlleistungen, Zusatzversicherung) abzüglich erstatteter	338	–	438	–

Sozialversicherungspflichtige Arbeitnehmer – Zeile 12–16
haben grundsätzlich **Anspruch auf Krankengeld**, sodass die Beiträge in > Zeile 12 **von Amts wegen** um 4 % gekürzt werden. Einzutragen sind hier daher die ungekürzten Beiträge. Wurden Basisversicherungsbeiträge gezahlt, aus denen sich **kein Krankengeldanspruch** ergibt, sind sie in > Zeile 13 einzutragen. Das ist z.B. der Fall, wenn der Arbeitgeber den verminderten Beitrag zur Krankenversicherung ohne Lohnfortzahlungsanspruch gezahlt hat. Beitragserstattungen müssen gesondert in > Zeile 15 (Erstattungen insgesamt) und ggf. zusätzlich in > Zeile 16 (davon ohne Krankengeldanspruch) eingetragen werden.

Beispiel
Die Eheleute Huber haben im Jahr 2017 zusätzlich zu den Beiträgen zur Altersvorsorge folgende Versicherungsbeiträge geleistet:

Arbeitnehmeranteil zur gesetzlichen Krankenversicherung:	3.600 €
Pflegeversicherungsbeiträge:	453 €
Beiträge zur Arbeitslosenversicherung:	658 €
Haftpflichtversicherung:	500 €

Zeile	Beiträge zur inländischen gesetzlichen Kranken- und Pflegeversicherung	Kz	Betrag	Kz	Betrag
12	Arbeitnehmerbeiträge zu Krankenversicherungen lt. Nr. 25 der Lohnsteuerbescheinigung	320	3600,–	420	,–
13	In Zeile 12 enthaltene Beiträge, aus denen sich kein Anspruch auf Krankengeld ergibt	322	,–	422	,–
14	Arbeitnehmerbeiträge zu sozialen Pflegeversicherungen lt. Nr. 26 der Lohnsteuerbescheinigung	323	453,–	423	,–
15	Zu den Zeilen 12 bis 14: Von der Kranken- und / oder sozialen Pflegeversicherung erstattete Beiträge	324	,–	424	,–
16	In Zeile 15 enthaltene Beiträge zur Krankenversicherung, aus denen sich kein Anspruch auf Krankengeld ergibt, und zur sozialen Pflegeversicherung	325	,–	425	,–

	Weitere sonstige Vorsorgeaufwendungen		stpfl. Person / Ehemann EUR		Ehefrau EUR
46	Arbeitnehmerbeiträge zur Arbeitslosenversicherung lt. Nr. 27 der Lohnsteuerbescheinigung	370	658,–	470	,–
	Beiträge (abzüglich steuerfreier Zuschüsse und erstatteter Beiträge) zu				
47	– Kranken- und Pflegeversicherungen (Gesamtbetrag) (nur einzutragen, wenn Sie der Datenübermittlung widersprochen haben; Einträge zu zusätzlichen Pflegeversicherungen sind nur in Zeile 36 vorzunehmen)	371	,–	471	,–
					stpfl. Person / Ehegatten EUR
48	– freiwilligen Versicherungen gegen Arbeitslosigkeit			500	,–
49	– freiwilligen eigenständigen Erwerbs- und Berufsunfähigkeitsversicherungen			501	,–
50	– Unfall- und Haftpflichtversicherungen sowie Risikoversicherungen, die nur für den Todesfall eine Leistung vorsehen			502	500,–
51	– Rentenversicherungen mit Kapitalwahlrecht und / oder Kapitallebensversicherungen mit einer Laufzeit von mindestens 12 Jahren sowie einem Laufzeitbeginn und der ersten Beitragszahlung vor dem 1.1.2005			503	,–
52	– Rentenversicherungen ohne Kapitalwahlrecht mit Laufzeitbeginn und erster Beitragszahlung vor dem 1.1.2005 (auch steuerpflichtige Beiträge zu Versorgungs- und Pensionskassen) – ohne Altersvorsorgebeiträge, die in der Anlage AV geltend gemacht werden –			504	,–

Rentner und freiwillig Versicherte – Zeile 17–22

haben in aller Regel **keinen Anspruch auf Krankengeld**, sodass die Beiträge in > Zeile 17 nicht von Amts wegen um 4 % gekürzt werden. Sollten in Ausnahmefällen Beiträge und Beitragserstattungen mit Anspruch auf Krankengeld vorliegen, sind diese in den > Zeilen 18 bzw. 21 einzutragen. Für diesen Beitragsteil erfolgt dann wiederum eine Kürzung.

Beispiel

Bernhard und Heidemarie Horstrup beziehen beide Renteneinkünfte. Folgende Versicherungsbeiträge sind im Jahr 2017 angefallen:

Beiträge zur gesetzlichen Krankenversicherung lt. Rentenbezugsmitteilung (Ehemann/Ehefrau):	1.580 €/1.185 €
Pflegeversicherungsbeiträge (Ehemann/Ehefrau):	390 €/293 €
Unfall- und Haftpflichtversicherung:	500 €

17	Beiträge zu Krankenversicherungen – ohne Beiträge, die in Zeile 12 geltend gemacht werden – (z. B. bei Rentnern; bei freiwillig gesetzlich versicherten Selbstzahlern, wenn in die Datenübermittlung eingewilligt oder dieser nicht widersprochen wurde)	326	1580,–	426	1185,–
18	In Zeile 17 enthaltene Beiträge zur Krankenversicherung, aus denen sich ein Anspruch auf Krankengeld ergibt	328	,–	428	,–
19	Beiträge zu sozialen Pflegeversicherungen – ohne Beiträge, die in Zeile 14 geltend gemacht werden – (z. B. bei Rentnern; bei freiwillig gesetzlich versicherten Selbstzahlern, wenn in die Datenübermittlung eingewilligt oder dieser nicht widersprochen wurde)	329	390,–	429	293,–
20	Zu den Zeilen 17 bis 19: Von der Kranken- und / oder sozialen Pflegeversicherung erstattete Beiträge	330	,–	430	,–
21	In Zeile 20 enthaltene Beiträge zur Krankenversicherung, aus denen sich ein Anspruch auf Krankengeld ergibt	331	,–	431	,–
22	Zuschuss zu den Beiträgen lt. Zeile 17 und / oder 19 – ohne Beträge lt. Zeile 37 und 39 – (z. B. von der Deutschen Rentenversicherung)	332	,–	432	,–

Zeile	Weitere sonstige Vorsorgeaufwendungen		stpfl. Person / Ehemann EUR		Ehefrau EUR
46	Arbeitnehmerbeiträge zur Arbeitslosenversicherung lt. Nr. 27 der Lohnsteuerbescheinigung	370	,–	470	,–
47	Beiträge (abzüglich steuerfreier Zuschüsse und erstatteter Beiträge) zu – Kranken- und Pflegeversicherungen (Gesamtbetrag) (nur einzutragen, wenn Sie der Datenübermittlung widersprochen haben; Einträge zu zusätzlichen Pflegeversicherungen sind nur in Zeile 36 vorzunehmen)	371	,–	471	,–
					stpfl. Person / Ehegatten EUR
48	– freiwilligen Versicherungen gegen Arbeitslosigkeit			500	,–
49	– freiwilligen eigenständigen Erwerbs- und Berufsunfähigkeitsversicherungen			501	,–
50	– Unfall- und Haftpflichtversicherungen sowie Risikoversicherungen, die nur für den Todesfall eine Leistung vorsehen			502	500,–
51	– Rentenversicherungen mit Kapitalwahlrecht und / oder Kapitallebensversicherungen mit einer Laufzeit von mindestens 12 Jahren sowie einem Laufzeitbeginn und der ersten Beitragszahlung vor dem 1.1.2005			503	,–
52	– Rentenversicherungen ohne Kapitalwahlrecht mit Laufzeitbeginn und erster Beitragszahlung vor dem 1.1.2005 (auch steuerpflichtige Beiträge zu Versorgungs- und Pensionskassen) – ohne Altersvorsorgebeiträge, die in der Anlage AV geltend gemacht werden –			504	,–

Wahlleistungen, Zusatzversicherungen – Zeile 23

In diese Kennziffern könnten Sie sicherlich so einige Beiträge eintragen. Auf Anhieb fallen Ihnen ein:

- Beiträge zu Auslandskrankenversicherungen,
- die Zahnzusatzversicherung oder
- die zusätzliche Versicherung für Krankenhauskosten.

23	Über die Basisabsicherung hinausgehende Beiträge zu Krankenversicherungen (z. B. für Wahlleistungen, Zusatzversicherung) abzüglich erstatteter Beiträge	338	,–	438	,–

Allerdings muss ich Sie hier bremsen, denn Ihre Mühe wird nicht belohnt. Die Eintragungen in > Zeile 23 wirken sich nur dann aus, wenn die Höchstbeträge von 2.800 €/5.600 € bzw. 1.900 €/3.800 € nicht bereits durch Basiskranken- und Pflegeversicherungsbeiträge überschritten werden. Und dies ist bei den meisten Arbeitnehmern der Fall.

TIPP 302

Ein Bonus der Versicherung ist keine Erstattung!

Seitdem Beiträge zur Basiskrankenversicherung in vollem Umfang steuerlich abzugsfähig sind, ist die Freude über Beitragserstattungen der Krankenversicherung getrübt. Soweit diese Erstattungen auf Basis-Krankenversicherungsbeiträge entfallen, mindern sie den Steuerabzug und erhöhen damit die Steuerlast (siehe > Zeile 15, 20, und 26). Damit sind sie quasi in vollem Umfang steuerpflichtig!

Der Bundesfinanzhof hat allerdings klargestellt: Bonuszahlungen der Krankenkassen sind keine Beitragsrückerstattungen (Urt. v. 1.6.2016 – Az. X R 17/15).

Erhalten Sie also Zuschüsse von Ihrer Kasse für die Teilnahme an besonderen Vorsorge- oder Gesundheitsprogrammen, sind diese nicht als Erstattung von Beiträgen in die Anlage Vorsorgeaufwand einzutragen!

303 Zeile 24-29 Private Kranken- und Pflegeversicherung (Inland)

Beiträge zu einer privaten Krankenversicherung sind als Sonderausgaben abziehbar, wenn sie auf Vertragsleistungen entfallen, die in Art, Umfang und Höhe auf dem Niveau der gesetzlichen Krankenversicherung liegen (Basisleistungen). Beitragsteile, die der Finanzierung von Wahl- und Komfortleistungen oder Krankengeld dienen, gehören nicht zur Basisabsicherung.
Die Aufteilung der Krankenversicherungsbeiträge erfolgt durch die Krankenversicherungsunternehmen in typisierender Form.
Beiträge zur gesetzlichen Pflegeversicherung führen in vollem Umfang zum Sonderausgabenabzug.
Wie bei den gesetzlichen Kranken- und Pflegeversicherungsbeiträgen sind auch hier verschiedene Eintragungsmöglichkeiten zu beachten:

- Beiträge zur Krankenversicherung (Basisabsicherung) – > Zeile 24,
- Beiträge zur Pflegepflichtversicherung – > Zeile 25,
- erstattete Beiträge – > Zeile 26,
- Zuschüsse zu Beiträgen lt. > Zeile 24 und 25 von dritter Seite – > Zeile 27,
- Beiträge (abzgl. steuerfreier Zuschüsse und Erstattungen) für Wahl- und Komfortleistungen – > Zeile 28,
- Beiträge (abzgl. steuerfreier Zuschüsse und Erstattungen) zu einer zusätzlichen Pflegeversicherung – > Zeile 29.

Beispiel
Willi Schaefers ist Beamter, seine Frau Nicole Hausfrau. Folgende Vorsorgeaufwendungen sind 2017 – zusätzlich zu den Beiträgen zur Altersvorsorge – angefallen:

Versicherungsbeiträge 2017	Ehemann	Ehefrau	Kind
Beiträge zur privaten Krankenversicherung (davon Komfort-/Wahlleistungen)	1.600 € (250 €)	1.900 € (380 €)	540 € (140 €)
Beiträge zur privaten Pflegeversicherung	125 €	125 €	55 €
Unfall- und Haftpflichtversicherungsbeiträge	900 €		

In die **Anlage Vorsorgeaufwand** tragen die Schaefers ein:

ANLAGE VORSORGEAUFWAND 2018
Renten-, Lebens- und (Sozial-)Versicherungsbeiträge

Beiträge zur inländischen privaten Kranken- und Pflegeversicherung

– Füllen Sie die Zeilen 24 bis 28 und 42 bis 45 nur aus, wenn Sie in die Datenübermittlung eingewilligt oder dieser nicht widersprochen haben. –

24	Beiträge zu Krankenversicherungen (nur Basisabsicherung, keine Wahlleistungen)	350	1350,–	450	1520,–
25	Beiträge zu Pflege-Pflichtversicherungen	351	125,–	451	125,–
	Zu den Zeilen 24 und 25:				
26	Von der privaten Kranken- und / oder Pflege-Pflichtversicherung erstattete Beiträge	352	,–	452	,–
27	Zuschuss von dritter Seite zu den Beiträgen lt. Zeile 24 und / oder 25 (z. B. von der Deutschen Rentenversicherung)	353	,–	453	,–
28	Über die Basisabsicherung hinausgehende Beiträge zu Krankenversicherungen (z. B. für Wahlleistungen, Zusatzversicherung) abzüglich erstatteter Beiträge	354	250,–	454	380,–
29	Beiträge (abzüglich erstatteter Beiträge) zu zusätzlichen Pflegeversicherungen (ohne Pflege-Pflichtversicherung)	355	,–	455	,–

Weitere sonstige Vorsorgeaufwendungen

			stpfl. Person / Ehemann EUR		Ehefrau EUR
46	Arbeitnehmerbeiträge zur Arbeitslosenversicherung lt. Nr. 27 der Lohnsteuerbescheinigung	370	. ,–	470	. ,–
	Beiträge (abzüglich steuerfreier Zuschüsse und erstatteter Beiträge) zu				
47	– Kranken- und Pflegeversicherungen (Gesamtbetrag) (nur einzutragen, wenn Sie der Datenübermittlung widersprochen haben; Einträge zu zusätzlichen Pflegeversicherungen sind nur in Zeile 36 vorzunehmen)	371	. ,–	471	. ,–
					stpfl. Person / Ehegatten EUR
48	– freiwilligen Versicherungen gegen Arbeitslosigkeit			500	. ,–
49	– freiwilligen eigenständigen Erwerbs- und Berufsunfähigkeitsversicherungen			501	. ,–
50	– Unfall- und Haftpflichtversicherungen sowie Risikoversicherungen, die nur für den Todesfall eine Leistung vorsehen			502	.900,–
51	– Rentenversicherungen mit Kapitalwahlrecht und / oder Kapitallebensversicherungen mit einer Laufzeit von mindestens 12 Jahren sowie einem Laufzeitbeginn und der ersten Beitragszahlung vor dem 1.1.2005			503	. ,–
52	– Rentenversicherungen ohne Kapitalwahlrecht mit Laufzeitbeginn und erster Beitragszahlung vor dem 1.1.2005 (auch steuerpflichtige Beiträge zu Versorgungs- und Pensionskassen) – ohne Altersvorsorgebeiträge, die in der Anlage AV geltend gemacht werden –			504	. ,–

Außerdem tragen Sie in den > Zeilen 31 – 36 der **Anlage Kind** ein:

Kranken- und Pflegeversicherung (Nicht in der Anlage Vorsorgeaufwand enthalten)

	– Füllen Sie die Zeilen 31 bis 37 nur aus, wenn der Datenübermittlung nicht widersprochen wurde. –		Aufwendungen von mir / uns als Versicherungsnehmer geschuldet EUR		Aufwendungen vom Kind als Versicherungsnehmer geschuldet EUR
31	Von mir / uns getragene Beiträge zu Krankenversicherungen (einschließlich Zusatzbeiträge) des Kindes (nur Basisabsicherung, keine Wahlleistungen)	66	.400,–	70	. ,–
32	In Zeile 31 enthaltene Beiträge, aus denen sich ein Anspruch auf Krankengeld ergibt			71	. ,–
33	Von mir / uns getragene Beiträge zur sozialen Pflegeversicherung und / oder zur privaten Pflege-Pflichtversicherung	67	. 55,–	72	. ,–
34	Von den Versicherungen lt. den Zeilen 31 bis 33 erstattete Beträge	68	. ,–	73	. ,–
35	In Zeile 34 enthaltene Beiträge, aus denen sich ein Anspruch auf Krankengeld ergibt			74	. ,–
36	Von mir / uns getragene Beiträge zur Kranken- und Pflegeversicherungen des Kindes (ohne Basisabsicherung, z. B. für Wahlleistungen, Zusatzversicherung)	69	.140,–		
37	**Nur bei getrennt veranlagten Eltern:** Die vom Kind als Versicherungsnehmer geschuldeten und von mir oder dem anderen Elternteil getragenen eigenen Beiträge des Kindes zu Krankenversicherungen (nur Basisabsicherung, keine Wahlleistungen) und zur gesetzlichen Pflegeversicherung sind aufzuteilen. Der bei mir zu berücksichtigende Anteil beträgt			64	%

TIPP Mit Beitragsvorauszahlungen Steuern sparen 304

Spargroschen bei der Bank verlieren seit Jahren an Wert, denn die Verzinsung ist niedriger als die Inflation. Da sind Alternativen gefragt. Eine könnte die Vorauszahlung von Krankenversicherungsbeiträgen sein. Dabei machen Sie sich folgende Rahmenbedingungen zunutze:

- Versicherungsbeiträge werden bei Zahlung steuerlich berücksichtigt.
- Basiskrankenversicherungsbeiträge sind zu 100 % steuerlich abzugsfähig.
- Bei Kranken- und Pflegeversicherungsbeiträgen von mehr als 5.600 € (Ehegatten) gehen sonstige Versicherungsbeiträge ins Leere (s. ➤ Rz 300).

Was Ihnen das bringen kann, zeigt folgendes Beispiel:
Ihr Grenzsteuersatz liegt bei 35 %. Jahr für Jahr zahlen Sie 6.000 € an Basis-Krankenversicherungsbeiträgen. Zusätzlich fallen 3.000 € an Beiträgen für Zusatz-, Haftpflicht- und Unfallversicherungen an. Steuerwirksam sind aber nur 6.000 €.
Würden Sie nun im Jahr 2018 den Jahresbeitrag für 2019 im Voraus entrichten, ergäbe sich folgende Berechnung:

2018: abzugsfähige Versicherungsbeiträge	12.000 €
2019: mangels Basis-Krankenversicherungsbeiträgen abzugsfähige übrige Versicherungsbeiträge	3.000 €

Der Steuervorteil liegt also zum einen darin, dass Sie mit der Steuerveranlagung für 2018 bereits 35 % der vorausgezahlten Beiträge zurückerhalten (2.100 €). Zum anderen wirken sich in 2019 die zusätzlichen Versicherungsbeiträge aus, die ansonsten ins Leere gingen (**Steuervorteil: 1.050 €!**).

Wichtig zu wissen: Auch dieser Steuerdreh hat seine Grenzen. Vorausgezahlte Kranken- und Pflegeversicherungsbeiträge werden maximal in Höhe des 2,5-Fachen des vertraglich geschuldeten Jahresbeitrags berücksichtigt, der auf die Basisabsicherung entfällt. Die Einhaltung dieser Regelung wird vom Finanzamt geprüft.

305 Zeile 31–36 Gesetzliche/Private Kranken- und Pflegeversicherung (Ausland)

Beiträge an Kranken- und Pflegeversicherungen im Ausland werden nicht automatisch an die deutsche Fiskalbürokratie gemeldet. Da ein automatischer Abgleich Ihrer Eintragungen in diesem Fall also nicht möglich ist, sind diese Beiträge in den > Zeilen 31–36 gesondert vorzunehmen.

ANLAGE VORSORGEAUFWAND **2018**
Renten-, Lebens- und (Sozial-)Versicherungsbeiträge

Beiträge zur ausländischen gesetzlichen oder privaten Kranken- und Pflegeversicherung

Zeile			stpfl. Person / Ehemann / Lebenspartner(in) A EUR		Ehefrau / Lebenspartner(in) B EUR
31	Beiträge (abzüglich steuerfreier Zuschüsse – ohne Beträge lt. Zeile 37 –) zur Krankenversicherung, die mit einer inländischen Krankenversicherung vergleichbar ist (nur Basisabsicherung, keine Wahlleistungen)	333	,—	433	,—
32	In Zeile 31 enthaltene Beiträge zur Krankenversicherung, aus denen sich kein Anspruch auf Krankengeld ergibt	334	,—	434	,—
33	Beiträge (abzüglich steuerfreier Zuschüsse – ohne Beträge lt. Zeile 39 –) zur sozialen Pflegeversicherung / Pflege-Pflichtversicherung, die mit einer inländischen Pflegeversicherung vergleichbar ist	335	,—	435	,—
34	Zu den Zeilen 31 bis 33: Von der Kranken- und / oder sozialen Pflegeversicherung / Pflege-Pflichtversicherung erstattete Beiträge	336	,—	436	,—
35	In Zeile 34 enthaltene Beiträge zur Krankenversicherung, aus denen sich kein Anspruch auf Krankengeld ergibt, und zur sozialen Pflegeversicherung	337	,—	437	,—
36	Über die Basisabsicherung hinausgehende Beiträge (abzüglich erstatteter Beiträge) zu Krankenversicherungen und zusätzlichen Pflegeversicherungen (z. B. für Wahlleistunen, Zusatzversicherung)	338	,—	438	,—

Liegen Ihnen Bescheinigungen über die geleisteten Beiträge vor, sind die Eintragungen schnell gemacht. Es gilt dasselbe Prinzip wie bei den Beiträgen zu inländischen Versicherungsgesellschaften.

Schwieriger wird es bei den sog. Globalbeiträgen zur Sozialversicherung, die in vielen Ländern erhoben werden. Hier ist der Arbeitgeber gefordert (da es sich ja um Sozialversicherungsbeiträge im Rahmen eines Arbeitsverhältnisses handelt). Er hat den Gesamtbeitrag zur Sozialversicherung auf Grundlage jährlich aktualisierter Aufteilungsmaßstäbe der Finanzverwaltung in Renten-, Kranken-, Pflegeversicherung und sonstige Vorsorgeaufwendungen aufzuteilen. Komplizierter geht es kaum …

Sie braucht das nicht weiter zu kümmern, denn das ist Aufgabe des Lohnbüros.

Zeile 40–45 Übernommene Kranken- und Pflegeversicherungsbeiträge für den eingetragenen Lebenspartner 306

Beiträge können grundsätzlich nur vom Versicherungsnehmer geltend gemacht werden. In den Fällen, in denen Sie als Versicherungsnehmer die Beiträge zur Kranken- und Pflegeversicherung (Basisabsicherung) des von Ihnen (mit)versicherten eingetragenen Lebenspartners leisten, können Sie die entsprechenden Eintragungen in > Zeile 40–45 vornehmen.

Als Versicherungsnehmer für andere Personen übernommene Kranken- und Pflegeversicherungsbeiträge

40	IdNr. der mitversicherten Person 600	„Andere Personen" sind z. B. Kinder, für die **kein** Anspruch auf Kindergeld / Kinderfreibetrag besteht (bei Anspruch auf Kindergeld / Kinderfreibetrag sind die Eintragungen in den Zeilen 31 bis 36 der Anlage Kind vorzunehmen), oder der / die eingetragene Lebenspartner/in.	
41	Name, Vorname, Geburtsdatum der mitversicherten Person		
			stpfl. Person / Ehegatten EUR
42	Beiträge (abzüglich steuerfreier Zuschüsse) zu privaten Krankenversicherungen (nur Basisabsicherung, keine Wahlleistungen)	601	,–
43	Beiträge (abzüglich steuerfreier Zuschüsse) zu Pflege-Pflichtversicherungen	602	,–
	Zu den Zeilen 42 bis 43:		
44	Von der privaten Kranken- und / oder Pflege-Pflichtversicherung erstattete Beiträge	603	,–
45	Beiträge (abzüglich erstatteter Beiträge) zu privaten Kranken- und / oder Pflegeversicherungen (ohne Basisabsicherung, z. B. für Wahlleistungen, Zusatzversicherung)	604	,–

Beachten Sie:

- Versicherungsbeiträge, die Sie für den Ex-Ehegatten übernehmen, gehören in **> Zeile 41 des Hauptformulars.**
- Zahlen Sie Kranken- und Pflegeversicherungsbeiträge für ein Kind, für das Kindergeld/Kinderfreibeträge gewährt werden, müssen Sie diese in den **> Zeilen 31–37 der Anlage Kind** eintragen.
- Übernehmen Sie zusätzlich zum Unterhalt für bedürftige Personen auch deren Kranken- und Pflegeversicherungsbeiträge, sind die **> Zeilen 11–16 der Anlage Unterhalt** für Sie relevant.

307 Zeile 46–52 Weitere sonstige Versicherungen/Vorsorgeaufwendungen

Zur sonstigen Lebensvorsorge gehören bestimmte Versicherungen, deren Beiträge – im Rahmen gewisser Höchstbeträge – steuerbegünstigt sind:

a) Kranken-, Arbeitslosen-, Erwerbs- und Berufsunfähigkeitsversicherung > Zeile 46–49
b) Unfall-, Haftpflicht-, Risikolebensversicherung > Zeile 50
c) Lebensversicherung alten Rechts (Abschluss vor dem 1.1.2005) – 88 % > Zeile 51–52

ANLAGE VORSORGEAUFWAND **2018**

Renten-, Lebens- und (Sozial-)Versicherungsbeiträge

	Weitere sonstige Vorsorgeaufwendungen		stpfl. Person / Ehemann EUR		Ehefrau EUR
46	Arbeitnehmerbeiträge zur Arbeitslosenversicherung lt. Nr. 27 der Lohnsteuerbescheinigung	370	. ,–	470	. ,–
47	Beiträge (abzüglich steuerfreier Zuschüsse und erstatteter Beiträge) zu – Kranken- und Pflegeversicherungen (Gesamtbetrag) (nur einzutragen, wenn Sie der Datenübermittlung widersprochen haben; Einträge zu zusätzlichen Pflegeversicherungen sind nur in Zeile 36 vorzunehmen)	371	. ,–	471	. ,–
					stpfl. Person / Ehegatten EUR
48	– freiwilligen Versicherungen gegen Arbeitslosigkeit			500	. ,–
49	– freiwilligen eigenständigen Erwerbs- und Berufsunfähigkeitsversicherungen			501	. ,–
50	– Unfall- und Haftpflichtversicherungen sowie Risikoversicherungen, die nur für den Todesfall eine Leistung vorsehen			502	. ,–
51	– Rentenversicherungen mit Kapitalwahlrecht und / oder Kapitallebensversicherungen mit einer Laufzeit von mindestens 12 Jahren sowie einem Laufzeitbeginn und der ersten Beitragszahlung vor dem 1.1.2005			503	. ,–
52	– Rentenversicherungen ohne Kapitalwahlrecht mit Laufzeitbeginn und erster Beitragszahlung vor dem 1.1.2005 (auch steuerpflichtige Beiträge zu Versorgungs- und Pensionskassen) – ohne Altersvorsorgebeiträge, die in der Anlage AV geltend gemacht werden –			504	. ,–

Aufwendungen hierfür können bis zum Höchstbetrag von 2.800 €/5.600 € (Alleinstehende/Ehegatten) geltend gemacht werden. Diesen Höchstbetrag können aber in aller Regel nur Selbständige, Gesellschafter-Geschäftsführer und nicht krankenversicherungspflichtige Vorstände abziehen, weil sie ihre Gesundheitsvorsorge komplett aus der eigenen Tasche finanzieren müssen. Wer entweder steuerfreie Zuschüsse zur Krankenversicherung erhält oder Anspruch auf Beihilfe bzw. freie Heilfürsorge hat, dem steht nur ein Höchstbetrag von 1.900 €/3.800 € zu.

Ergänzend zu dem Beispiel unter ➤ Rz 288: 308

Neben seinen Beiträgen zugunsten seiner Basisversorgung im Alter (Rente) hat Felix noch geleistet:

- *Arbeitslosen-, Kranken- und Pflegeversicherung (lt. Lohnsteuerbescheinigung):*

22. Arbeitgeberanteil	a) zur gesetzlichen Rentenversicherung	3.740	00
	b) an berufsständische Versorgungseinrichtungen		
23. Arbeitnehmeranteil	a) zur gesetzlichen Rentenversicherung	3.740	00
	b) an berufsständische Versorgungseinrichtungen		
24. Steuerfreie Arbeitgeberzuschüsse	a) zur gesetzlichen Krankenversicherung	2.920	00
	b) zur privaten Krankenversicherung		
	c) zur gesetzlichen Pflegeversicherung	470	00
25. Arbeitnehmerbeiträge zur gesetzlichen Krankenversicherung		3.280	00
26. Arbeitnehmerbeiträge zur sozialen Pflegeversicherung		510	00
27. Arbeitnehmerbeiträge zur Arbeitslosenversicherung		600	00

- *Privat- und Kfz-Haftpflichtversicherung:* *350 €*
- *Beiträge zur Kapitallebensversicherung (Vertragsabschluss vor 2005):* *1.200 €*

ANLAGE VORSORGEAUFWAND 2018
Renten-, Lebens- und (Sozial-)Versicherungsbeiträge

Angaben zu Vorsorgeaufwendungen 52

Zeile	**Beiträge zur Altersvorsorge**		stpfl. Person / Ehemann / Lebenspartner(in) A EUR		Ehefrau / Lebenspartner(in) B EUR
	Beiträge				
4	– lt. Nr. 23 a/b der Lohnsteuerbescheinigung (Arbeitnehmeranteil)	300	3740,–	400	,–
5	– zu landwirtschaftlichen Alterskassen sowie zu berufsständischen Versorgungseinrichtungen, die den gesetzlichen Rentenversicherungen vergleichbare Leistungen erbringen (abzgl. steuerfreier Zuschüsse) – ohne Beiträge, die in Zeile 4 geltend gemacht werden –	301	,–	401	,–
6	– zu gesetzlichen Rentenversicherungen – ohne Beiträge, die in Zeile 4 geltend gemacht werden –	302	,–	402	,–
7	– zu zertifizierten Basisrentenverträgen (sog. Rürup-Verträge) mit Laufzeitbeginn nach dem 31.12.2004 – ohne Altersvorsorgebeiträge, die in der Anlage AV geltend gemacht werden –	303	720,–	403	,–
8	Arbeitgeberanteil lt. Nr. 22 a/b der Lohnsteuerbescheinigung	304	3740,–	404	,–
9	Arbeitgeberanteil zu gesetzlichen Rentenversicherungen im Rahmen einer pauschal besteuerten geringfügigen Beschäftigung (bitte Anleitung beachten)	306	,–	406	,–
10	**Eine Eintragung ist stets vorzunehmen; bei Zusammenveranlagung von jedem Ehegatten / Lebenspartner:** Haben Sie zu Ihrer Krankenversicherung oder Ihren Krankheitskosten Anspruch auf – steuerfreie Zuschüsse (z. B. Rentner aus der gesetzlichen Rentenversicherung) oder – steuerfreie Arbeitgeberbeiträge (z. B. sozialversicherungspfl. Arbeitnehmer und deren mitversicherter Ehegatte / Lebenspartner) oder – steuerfreie Beihilfen (z. B. Beamte oder Versorgungsempfänger und deren Ehegatten / Lebenspartner)?	307	1 = Ja 2 = Nein	407	1 = Ja 2 = Nein
	Beiträge zur inländischen gesetzlichen Kranken- und Pflegeversicherung				
11	Arbeitnehmerbeiträge zu Krankenversicherungen lt. Nr. 25 der Lohnsteuerbescheinigung	320	3280,–	420	,–
12	In Zeile 11 enthaltene Beiträge, aus denen sich kein Anspruch auf Krankengeld ergibt	322	,–	422	,–
13	Arbeitnehmerbeiträge zu sozialen Pflegeversicherungen lt. Nr. 26 der Lohnsteuerbescheinigung	323	510,–	423	,–
14	Zu den Zeilen 11 bis 13: Von der Kranken- und / oder sozialen Pflegeversicherung erstattete Beiträge	324	,–	424	,–
15	In Zeile 14 enthaltene Beiträge zur Krankenversicherung, aus denen sich kein Anspruch auf Krankengeld ergibt, und zur sozialen Pflegeversicherung	325	,–	425	,–

Zeile	**Steuerfreie Arbeitgeberzuschüsse**				
	Steuerfreie Arbeitgeberzuschüsse zur				
37	– gesetzlichen Krankenversicherung lt. Nr. 24a der Lohnsteuerbescheinigung	360	2.920,–	460	,–
38	– privaten Krankenversicherung lt. Nr. 24b der Lohnsteuerbescheinigung	361	,–	461	,–
39	– gesetzlichen Pflegeversicherung lt. Nr. 24c der Lohnsteuerbescheinigung	362	,–	462	,–

Zeile	**Weitere sonstige Vorsorgeaufwendungen**		stpfl. Person / Ehemann EUR		Ehefrau EUR
46	Arbeitnehmerbeiträge zur Arbeitslosenversicherung lt. Nr. 27 der Lohnsteuerbescheinigung	370	600,–	470	,–
	Beiträge (abzüglich steuerfreier Zuschüsse und erstatteter Beiträge) zu				
47	– Kranken- und Pflegeversicherungen (Gesamtbetrag) (nur einzutragen, wenn Sie der Datenübermittlung widersprochen haben; Einträge zu zusätzlichen Pflegeversicherungen sind nur in Zeile 36 vorzunehmen)	371	,–	471	,–
					stpfl. Person / Ehegatten EUR
48	– freiwilligen Versicherungen gegen Arbeitslosigkeit			500	,–
49	– freiwilligen eigenständigen Erwerbs- und Berufsunfähigkeitsversicherungen			501	,–
50	– Unfall- und Haftpflichtversicherungen sowie Risikoversicherungen, die nur für den Todesfall eine Leistung vorsehen			502	350,–
51	– Rentenversicherungen mit Kapitalwahlrecht und / oder Kapitallebensversicherungen mit einer Laufzeit von mindestens 12 Jahren sowie einem Laufzeitbeginn und der ersten Beitragszahlung vor dem 1.1.2005			503	1.200,–
52	– Rentenversicherungen ohne Kapitalwahlrecht mit Laufzeitbeginn und erster Beitragszahlung vor dem 1.1.2005 (auch steuerpflichtige Beiträge zu Versorgungs- und Pensionskassen) – ohne Altersvorsorgebeiträge, die in der Anlage AV geltend gemacht werden –			504	,–

In welcher Höhe seine Beiträge abzugsfähig sind, dazu mehr unter ➤ *Rz 338ff.*

309 **Was von Versicherungen im Allgemeinen und im Besonderen zu halten ist:**

Die guten Versicherungen ins »Töpfchen« …
Wenn auch für Arbeitnehmer bei den Versicherungsbeiträgen nicht viel zu holen ist, so kann doch jeder aus den steuerlichen Bestimmungen einen gewissen Nutzen ziehen. Denn der Gesetzgeber hat bei der Auswahl der steuerlich abziehbaren Versicherungen eine glückliche Hand bewiesen, indem er nur Versicherungen steuerlich fördert, die für den Einzelnen wichtig sind. Somit haben Sie einen Anhaltspunkt, welche Versicherungen Sie abschließen sollten und welche Sie getrost vergessen können.

Die steuerlich geförderten Versicherungen sind deshalb wichtig, weil sie Sie vor Krankheitskosten, Armut im Alter und im Ernstfall vor massiven Schadenersatzforderungen schützen können. Für einzelne Risiken besteht sogar eine gesetzliche Versicherungspflicht.
Wenig beachtet wird das Risiko, in jungen Jahren, wenn noch keine ausreichende Alterssicherung besteht, durch Unfall erwerbsunfähig zu werden. Deshalb sollte eine Unfallversicherung bei jungen Menschen mit an erster Stelle stehen.

… die schlechten ins »Kröpfchen« 310
Alle oben nicht aufgeführten Versicherungen sind nicht abziehbar, weil sie Risiken betreffen, die nicht existenziell sind. Vergessen können Sie also alle Versicherungen, mit denen Sie Ihre Vermögenswerte gegen Beschädigung, Verlust oder Diebstahl versichern. Denn ein verlorengegangener Hausrat lässt sich durch Einschränkung verschmerzen bzw. bald ersetzen (beachte hierzu aber ➤ Rz 222). Auch eine Kaskoversicherung für das Auto wird steuerlich nicht gefördert. Notfalls kaufen Sie sich nach einem selbstverschuldeten Unfall billig eine alte Karre, die Sie auch überall hinbringt. Eine Reisegepäck- oder Reiseausfallversicherung und was es sonst noch alles gibt, was den Gesellschaften die Kassen füllt, beruhigt zwar Ihre Nerven, ist bei Ihrer Steuererklärung aber eine Nullnummer. Bei der Rechtsschutzversicherung scheint der Fiskus nach der Devise zu verfahren: »Wenn Sie gewinnen, haben Sie keine Kosten, weil Ihr Gegner zahlen muss. Wenn Sie verlieren, waren Sie im Unrecht und können ruhig steuerlich auf Ihren Kosten sitzenbleiben.«

Gut zu wissen: Eine Reisegepäckversicherung abzusetzen lässt sich vertreten, wenn Sie beruflich viel unterwegs sind und die Versicherung berufliche Risiken mit abdeckt. In diesem Fall können Sie den beruflichen Teil der Versicherungsprämie als Betriebsausgaben oder Werbungskosten geltend machen (BFH v. 19.2.1993 – BStBl 1993 II S. 519). Siehe hierzu auch ➤ Rz 804.

Vergnügen und Genuss ja, aber nur in dem Maße,
als es zur Erhaltung der Gesundheit ausreicht.
(Baruch de Spinoza, Philosoph)

311 Zeile 46–49 Arbeitslosen-, Erwerbs-/ Berufsunfähigkeits-, Kranken- und Pflegeversicherung

Maßgebend für > Zeile 46 ist der Betrag aus Zeile 27 der Lohnsteuerbescheinigung. Dieser Betrag enthält Ihren Arbeitnehmeranteil zur Arbeitslosenversicherung von 1,5 %.
Beiträge zu eigenen, freiwilligen Versicherungen gegen Arbeitslosigkeit tragen Sie bitte in > Zeile 48 sowie Beiträge zu eigenständigen Erwerbs- und Berufsunfähigkeitsversicherungen in > Zeile 49 ein.

312 Zeile 47 Kranken- und Pflegeversicherung (Datenübermittlung widersprochen)

Haben Sie der Datenübermittlung der Beiträge durch das Versicherungsunternehmen widersprochen, sind die Kranken- und Pflegeversicherungsbeiträge (abzgl. steuerfreier Zuschüsse und erstatteter Beiträge) hier einzutragen. Diese Beiträge dürfen nicht in den > Zeilen 12–36 enthalten sein.

Was bedeutet die Eintragung in > Zeile 47?
Die Beiträge zugunsten einer Kranken- und Pflegeversicherung werden nur dann in vollem Umfang (also auch über die Höchstbeträge hinaus) berücksichtigt, wenn Sie gegenüber dem Versicherungsunternehmen, dem Träger der gesetzlichen Kranken- und Pflegeversicherung oder der Künstlersozialkasse in eine Datenübermittlung eingewilligt haben. Andernfalls können sie nur im Rahmen des Höchstbetrags von 1.900 €/2.800 € abgezogen werden.
Die Einwilligung gilt als erteilt,

- wenn die Beiträge mit der elektronischen Lohnsteuerbescheinigung durch den Arbeitgeber oder bei Rentnern mit der Rentenbezugsmitteilung übermittelt werden. Gesetzlich Krankenversicherte Arbeitnehmer und Rentner müssen daher keine gesonderte Einwilligung zur Datenübermittlung erteilen;

- wenn bei privat Versicherten der Versicherungsvertrag bereits vor dem 1.1.2010 bestanden hat und die Versicherung den Versicherten schriftlich darauf hinweist, dass von der Einwilligung ausgegangen wird, die Beiträge elektronisch unter Verwendung der persönlichen ID-Nr. zu übermitteln. Der Versicherte kann der Übermittlung aber ausdrücklich widersprechen.

Unbedingt erforderlich ist dagegen die Einwilligung zur Datenübermittlung bei allen privat Krankenversicherten, die einen Versicherungsvertrag nach dem 31.12.2009 abgeschlossen haben. Davon betroffen sind z.B. Selbständige, beherrschende Gesellschafter-Geschäftsführer, Beamte oder Personen mit beamtenähnlichem Status.

Bei vorliegender Zustimmung übermitteln die Versicherungsträger bis zum 28. Februar des Folgejahres neben den Beiträgen zu zertifizierten Altersvorsorgeverträgen (Riester-Verträgen) inkl. Zertifizierungsnummer die im Beitragsjahr geleisteten Beiträge zur Kranken- und Pflegeversicherung (saldiert mit Beitragserstattungen). Die Datenübermittlung der Kranken- und Pflegeversicherungsbeiträge unterbleibt, wenn diese mit der Lohnsteuerbescheinigung des Arbeitgebers oder der Rentenbezugsmitteilung übermittelt werden.

Sie erhalten von der Versicherung eine Mitteilung über die an die Finanzverwaltung übermittelten Beiträge. Für den Fall fehlerhafter Übermittlung besteht eine Verpflichtung der Versicherungsträger zur Korrekturmeldung.

TIPP Vergessen Sie Ihre Reisekrankenversicherung nicht 313

Eine Auslandskrankenversicherung können Sie von der Steuer absetzen. Die Beiträge gehören deshalb unbedingt in > Zeile 23 (bei gesetzlich Krankenversicherten) bzw. in > Zeile 28 (wenn Sie privat krankenversichert sind).

TIPP Berufsunfähigkeit versichern: Schutz vor finanziellem Ruin 314

Gleich aus zwei guten Gründen ist der Abschluss einer Berufsunfähigkeitsversicherung eigentlich ein Muss:

1. Wer auf seine Arbeitskraft angewiesen ist, riskiert nach einer schweren Krankheit oder einem schlimmen Unfall den finanziellen Ruin. Denn seit 2001 gibt es keine gesetzliche Berufsunfähigkeitsrente mehr. Der Betroffene kann zwar noch mit einer Erwerbsminderungsrente rechnen, die beträgt aber je nach Dauer der Beschäftigung nur 20 bis 40 % des bisherigen Arbeitslohns. Besonders betroffen sind von dieser Neuregelung die nach 1960 Geborenen.

2. Die Berufsunfähigkeitsversicherung kann mit der privaten Leibrentenversicherung verbunden werden. Dann sind die Beiträge zu 84 % (Jahr 2017) steuerlich absetzbar (siehe ➤ Rz 319 ff., ➤ Rz 340). Aber auch hier gilt, kein Licht ohne Schatten: Während reine Berufsunfähigkeitsrenten nur mit einem günstigen Ertragsanteil besteuert werden (➤ Rz 971), unterliegen die Rentenbezüge aus diesen kombinierten Verträgen der vollen Besteuerung (➤ Rz 955 ff.).

315 Zeile 50 Unfallversicherung

Beiträge für eine private Unfallversicherung gehen steuerlich oft ins Leere, da durch die üppigen Beiträge zur Sozialversicherung die Höchstbeträge für Vorsorgeaufwendungen meistens schon ausgeschöpft sind. Wird von Ihrer Unfallversicherung hingegen auch ein berufliches Risiko, z. B. berufliche Fahrten, abgedeckt, **können Sie die anteiligen Beiträge als Werbungskosten absetzen** (> Zeile 46–48 der Anlage N). Als Faustregel gilt dabei: 50 % beruflich und 50 % privat (BMF-Schreiben v. 18.2.1997, BStBl 1997 I S. 278; ➤ Rz 804).

Versicherungsvertreter sehen in der Unfallversicherung nicht gerade ihr liebstes Kind, da wegen der relativ geringen Jahresprämie nicht viel Provision zu ergattern ist. Gerade jungen Menschen aber, die noch keine ausreichende Altersversorgung haben, ist der Abschluss einer Unfallversicherung dringend zu empfehlen. Wie schnell kann durch einen tragischen Unfall eine strahlende Zukunft dahin sein. Finanzielle Mittel können dann helfen, das Leben etwas erträglicher zu gestalten.

316 Zeile 50 Haftpflichtversicherung

Anzusetzen sind **Haftpflichtbeiträge jeglicher Art,** sofern sie keine Betriebsausgaben oder Werbungskosten sind, also die Beiträge für die allgemeine Privathaftpflicht, für die Pkw-Haftpflicht, auch für das Wohnmobil, das Segelboot oder Ihren Hund.

317 TIPP Kfz-Haftpflichtversicherung für Ihren Sprössling

Fühlen Sie sich verpflichtet, Ihrem Sprössling ein Auto und die Haftpflichtversicherung zu finanzieren, können Sie Geld sparen, indem Sie das Gefährt nicht auf seinen, sondern auf Ihren Namen anmelden. Dadurch umgehen Sie den happigen Anfängertarif und erhalten den Zweitwagentarif: Prämiensatz nur etwa 140 % (SF 1/2 statt SF 0 = 230 %). Einen weiteren Vorteil haben Sie bei der Einkommensteuer, denn Sie können als Besserverdienender die Haftpflichtprämie als Sonderausgaben geltend machen.

Aber Achtung: Übernimmt später einmal Ihr Sprössling die Zahlung der Haftpflichtprämien, ohne dass der Pkw auf ihn umgemeldet wird, geraten Sie in eine böse Steuerfalle. Denn nach BFH-Rechtsprechung ist zum Abzug von Versicherungsbeiträgen als Sonderausgaben grundsätzlich nur berechtigt, wer die Beiträge als Versicherungsnehmer schuldet und entrichtet (BFH-Urt. v. 8.3.1995 – BStBl 1995 II S. 637).

»Also muss er mir das Geld für die Haftpflicht geben, und ich zahle es anschließend als Versicherungsnehmer ein«, sagen Sie. Nicht »geben«, sondern »schenken«, dann klappt es.

TIPP Haftpflicht für Wohnungseigentum 318

Das Wohnen im eigenen Haus ist ein schönes, aber teures Vergnügen. Auch steuerlich ist hier nicht viel zu holen. Deshalb vergessen Sie nicht, wenigstens die Gebäudehaftpflicht in > Zeile 50 anzusetzen.
Für Ihre Eigentumswohnung soll Ihnen der Hausverwalter den Jahresbetrag nennen, der auf Ihre Wohnung entfällt. Als Selbstnutzer gehört der Betrag hier in > Zeile 50, als Vermieter bringen Sie ihn in der Anlage V als Werbungskosten unter (> Zeile 46).

Du musst losgehen,
wenn Du ankommen willst.
(Alter Spruch)

Zeile 50–52 Lebensversicherungen 319

Kaum einer blickt bei den Regelungen für Lebensversicherungen noch durch. Selbst die Vertreter der Versicherungsbranche reden lieber über Sicherheit und Rendite ihrer Produkte als über deren steuerliche Vorteile. Denn um diese konkret zu beziffern, müssen alle Zahlen auf den Tisch, d.h. alle sonstigen Versicherungen des Kunden sowie die Art und Höhe seiner Einkünfte.

Bevor wir in die Einzelheiten gehen, zunächst ein Blick auf die verschiedenen Arten der Lebensversicherung:

1. Risikolebensversicherungen > Zeile 50
Fällig bei Tod der versicherten Person.

Anwendungen insbesondere

1. Absicherung von Angehörigen,
2. Sicherung von Verbindlichkeiten.

2. Kapitallebensversicherung > Zeile 51 (Altvertrag vor 2005)
Fällig bei Tod der versicherten Person oder nach Ablauf der Versicherungsdauer.
Anwendungen insbesondere

1. Normale Kapitalanlage kombiniert mit Todesfallrisiko,
2. Darlehenssicherung bei Immobilienfinanzierung, Restschuldversicherung,
3. Ausbildungs-, Aussteuer-, Sterbegeldversicherung.

3. Rentenversicherung > Zeile 8 (Neuvertrag nach 2004), > Zeile 52 (Altvertrag vor 2005)
Zusätzliche Altersversorgung in Form einer privaten Rente, mögliche Zusatzabsicherung im Fall der **Berufsunfähigkeit.**

4. Fondsgebundene Lebensversicherung
Entspricht weitgehend der Kapitallebensversicherung, die Sparanteile werden aber ausschließlich in Investmentfonds angelegt, somit keine Zinsgarantie.

Für diese Art der Lebensversicherung sieht der Vordruck keinen Eintrag vor. Die Beitragszahlungen sind also nicht steuerbegünstigt.

320 **Die steuerliche Behandlung der Lebensversicherung**
Sie können es sehen, wie Sie wollen, aber der Gesetzgeber nimmt Sie an die Hand und führt Sie zu den Lebensversicherungen, die seiner Ansicht nach für Sie nützlich sind, weil sie Ihr Leben im Alter absichern. Die steuerliche Förderung dieser Versicherungen besteht erstens im Abzug der Beiträge als Sonderausgaben und zweitens in der steuerlichen Behandlung der Leistungen. Beides kann unterschiedlich hoch sein.

Auch müssen Sie unterscheiden zwischen Altverträgen (Abschluss vor 2005) und Neuverträgen (Abschluss nach 2004). Das Steuerprivileg für die klassische Kapitallebensversicherung und die Rentenversicherung mit Kapitalwahlrecht besteht nur für Altverträge.

Übersicht zur steuerlichen Behandlung von Lebensversicherungen		
	Steuerabzug der Beiträge	**steuerliche Behandlung der Auszahlung**
Risikolebensversicherung		
Altvertrag (vor 2005) und **Neuvertrag (nach 2004)**	> Zeile 50 abzugsfähig im Rahmen des Höchstbetrags von 1.900 €/3.800 € bei Arbeitnehmern, Rentnern, Pensionären und 2.800 €/ 5.600 € bei Selbständigen (§ 10 Abs. 1 Nr. 3, Abs.4 EStG)	Steuerfrei
Kapitallebensversicherung/Rentenversicherung mit Kapitalwahlrecht		
Altvertrag (vor 2005)	> Zeile 51 abzugsfähig im Rahmen des Höchstbetrags von 1.900 €/3.800 € bei Arbeitnehmern, Rentnern, Pensionären und 2.800 €/5.600 € bei Selbständigen (§ 10 Abs. 1 Nr. 3, Abs.4 EStG)	Kapitalauszahlung: steuerfrei, § 20 Abs. 1 Nr. 6 EStG (Vertragsdauer mindest. 12 Jahre) Auszahlung als Rente: > Zeile 14–20 Anlage R Besteuerung mit Ertragsanteil
Neuvertrag (nach 2004)	kein Sonderausgabenabzug	Kapitalauszahlung: Anlage KAP Differenz zwischen Auszahlung und eingezahlten Beiträgen steuerpflichtig (bei Auszahlung nach 60. bzw. bei Verträgen seit 1.1.2012 nach 62. Lebensjahr und Vertragsdauer mindest. 12 Jahre: Differenz zu 50 % steuerfrei) Auszahlung als Rente: > Zeile 14–20 Anlage R Besteuerung mit Ertragsanteil

Übersicht zur steuerlichen Behandlung von Lebensversicherungen		
	Steuerabzug der Beiträge	**steuerliche Behandlung der Auszahlung**
Fondsgebundene Lebensversicherung		
Altvertrag (vor 2005)	kein Sonderausgabenabzug	steuerfrei § 20 Abs. 1 Nr. 6 EStG (Vertragsdauer mindest. 12 Jahre)
Neuvertrag (nach 2004)	kein Sonderausgabenabzug	Kapitalauszahlung: Anlage KAP Differenz zwischen Auszahlung und eingezahlten Beiträgen steuerpflichtig (bei Auszahlung nach 60. bzw. bei Verträgen seit 1.1.2012 nach 62. Lebensjahr Lebensjahr und Vertragsdauer mindest. 12 Jahre: Differenz zu 50 % steuerfrei) Auszahlung als Rente: > Zeile 14–20 Anlage R Besteuerung mit Ertragsanteil
Leibrentenversicherung (Basisversorgung)		
Altvertrag (vor 2005)	> Zeile 52 abzugsfähig im Rahmen des Höchstbetrags von 1.900 €/3.800 € bei Arbeitnehmern, Rentnern, Pensionären und 2.800 €/ 5.600 € bei Selbständigen (§ 10 Abs. 1 Nr. 3, Abs.4 EStG)	> Zeile 14–20 Anlage R Besteuerung mit Ertragsanteil
Neuvertrag (nach 2004, Rürup-Vertrag)	> Zeile 8 84 % der Beiträge abzugsfähig im Rahmen des Höchstbetrags (= 19.624 €/ 39.248 €*)	> Zeile 4–10 Anlage R Rentenfreibetrag 26–50 %

* Alleinstehende/Ehegatte

»Mit der Übersicht sehe ich schon klarer«, sagen Sie. »Doch wie verhält es sich mit der alten Höchstbetragsberechnung? Und was versteht man unter dem Ertragsanteil für Renten?«

Die Günstigerprüfung für die Berechnung der Höchstbeträge 321

Mit den neuen Höchstbeträgen fährt nur derjenige steuerlich besser, der eine neue private Leibrentenversicherung abschließt. Aus Angst vor zahlreichen Klagen wegen dieser Benachteiligung haben die Fiskalbürokraten geregelt, dass parallel weiterhin die alten Höchstbeträge gelten. Sind diese günstiger, werden sie automatisch bei Ihrer Steuerberechnung berücksichtigt (sog. Günstigerprüfung, mehr dazu unter ➤ Rz 338).

Rentenfreibetrag oder Ertragsanteil 322

In dem redlichen Bemühen unserer Volksvertreter, das Erheben von Steuern zu vereinfachen, werden die Gesetze kurioserweise immer komplizierter. Wo früher eine Tabelle genügte, aus der sich der steuerpflichtige Anteil der Renten ergab, gibt es jetzt eine zweite mit einem Rentenfreibetrag .

1. Die **Tabelle mit Ertragsanteil** (➤ Rz 971) gilt, wenn die Rentenbezüge nicht aus steuerbegünstigten Verträgen stammen, wie z.B. aus einer Rentenversicherung mit Kapitalwahlrecht. Hier gilt die Devise: kein oder nur geringer Steuerabzug, dafür niedriger Ertragsanteil.
2. Die **Tabelle mit Rentenfreibetrag** (➤ Rz 954) ist anzuwenden für alle Rentenbezüge, die auf steuerbegünstigten Verträgen beruhen (Siehe > Zeile 4–11).

Zu den Lebensversicherungen im Sinne der > Zeile 51 gehören auch Pen- 323 sions-, Versorgungs- und Sterbekassen sowie Ausbildungs- und Aussteuerversicherungen. Auch eine Versicherung zur Deckung der zu erwartenden Erbschaftsteuer zählt dazu. Die Aufwendungen kann nur der **Versicherungsnehmer** geltend machen, also der unmittelbare Vertragspartner der Versicherungsgesellschaft. Gleichgültig ist, wer versichert ist und wem die Versicherungssumme letztendlich zufließt. Bei Kapitalversicherungen, bei denen im Gegensatz zu Risikoversicherungen auch im Erlebensfall die Versicherungssumme fällig wird, muss die **Vertragsdauer mindestens zwölf Jahre betragen**.

Beiträge zu den üblichen Kapitallebensversicherungen und zu Renten- 324 versicherungen mit Kapitalwahlrecht können nur zu 88 % als Sonderausgaben geltend gemacht werden. Was Sie aber nicht sonderlich beunruhigen sollte, denn …

325 **Lebensversicherung als Steuersparmodell**
Meistens sind die Höchstbeträge für den Sonderausgabenabzug schon durch die Sozialversicherungsbeiträge ausgeschöpft, so dass sich die Beiträge steuerlich nicht auswirken. Was für Verträge vor 2005 bleibt, sofern sie mindestens zwölf Jahre laufen, ist die Steuerfreiheit der Zinserträge (§ 20 Abs. 1 Nr. 6 EStG).

326 Für Verträge, die nach dem 31.12.2004 abgeschlossen wurden, wurde dieses sog. Steuerprivileg beschnitten. Deren Erträge sind nur noch **zur Hälfte steuerfrei,** und dies auch nur, wenn

1. **der Vertrag mindestens zwölf Jahre läuft und**
2. **die Ablaufleistung nach dem 60. bzw. bei Verträgen ab 1.1.2012 nach dem 62. Geburtstag des Versicherungsnehmers ausbezahlt wird.**

In allen anderen Fällen sind die Erträge der neuen Kapitalversicherungen voll steuerpflichtig.

327 **Lebensversicherung als Altersvorsorge?**
Eine Kapitallebensversicherung ist von Hause aus ein Zwitter. Sie kombiniert das Todesfallrisiko mit der Altersvorsorge, und kaum ein Versicherungshai wird Ihnen verraten – wenn er dazu überhaupt in der Lage ist –, wie viel von Ihren Beiträgen tatsächlich für Ihre Altersvorsorge angelegt und wie viel für Risikovorsorge vielfach unnötig verplempert wird.

Also prüfen Sie, bevor Sie sich binden, ob Sie nicht was Besseres finden und …

328 **TIPP**

Ziehen Sie Alternativen in Betracht

Eine Kapitallebensversicherung verfolgt eine doppelte Strategie: Sie soll erstens die Hinterbliebenen absichern, falls der Versicherte in jungen Jahren stirbt, und zweitens die Altersversorgung aufbessern. Sie haben also etwas zu vererben, wenn Sie vorzeitig sterben sollten. Was man bei den neuen Anlagen nach dem Altersvorsorgegesetz nicht behaupten kann.

Sie müssen aber wissen, dass der Fiskus womöglich Erbschaftsteuer auf die Versicherungsleistung einfordert. Das vermeiden Sie, wenn der Begünstigte, an dessen Versorgung Sie gedacht haben, selbst Anspruch auf die Versicherungsleistung hat. Dazu muss er Versicherungsnehmer sein, d. h.: Versichert ist Ihr Ableben, Versicherungsnehmer ist jedoch Ihr Lebenspartner oder Ihr Nachwuchs. So ist die Versicherungssumme später nicht Teil Ihres Nachlasses und bleibt von der Erbschaftsteuer verschont.

Haben Sie keine Angehörigen, die zu versorgen sind, oder ist Ihre Altersversorgung bereits anderweitig gesichert, rate ich Ihnen, Ihr Geld anders anzulegen. Vielleicht Risikovorsorge und Altersvorsorge zu trennen, indem Sie eine preiswerte Risikolebensversicherung abschließen und Ihre Altersversorgung auf andere Art und Weise aufbauen (➤ Rz 354). Beiträge zu einer Risikolebensversicherung tragen Sie in > Zeile 51 ein.

Langlebigkeit gehört zu den meist unterschätzten Risiken.
(Aus der Versicherungsbranche)

Die Rendite aus Kapitalversicherungen 329

Der Wegfall des uneingeschränkten Steuerprivilegs, wodurch sie ein gewichtiges Verkaufsargument verloren hat, trifft die Versicherungsbranche hart. Denn mehr als die Hälfte ihrer Prämieneinnahmen erzielt sie mit Lebensversicherungen, für die außerdem die höchsten Provisionen – 4 % bis 6 % – eingeheimst werden, natürlich zu Lasten der Versicherten. Außerdem hat ihr Zinsversprechen an Zugkraft verloren, da sie ihren Mindestzinssatz von ehemals 3,25 % mittlerweile auf magere 0,9 % (Stand 2017) zurücknehmen musste. Wobei nur wenige wissen, dass sich diese 0,9 % beileibe nicht auf die eingezahlten Bruttobeiträge beziehen. Da wird zunächst ein dicker Batzen von bis zu 20 % für die Risikovorsorge abgezweigt. Dann gehen weitere 12 % bis 16 % für Verwaltung und Vertreterprovision drauf. Es verbleibt ein verzinsliches Guthaben von lediglich 60 bis 75 % der Bruttoprämie. Darauf bezogen, beträgt die Mindestverzinsung damit gerade einmal rund 0,6 %, also weniger als die jährliche Preissteigerung. Im Ergebnis machen Sie Jahr für Jahr einen Verlust! Die künftige Besteuerung der Erträge zur Hälfte zehrt ebenfalls an der Rendite. Sie vermindert sich bei einem Steuersatz von 40 % um 15 %. Das bedeutet: Von einer angenommenen Bruttorendite von 3 % verbleiben nach Steuern lediglich 2,55 %.

♦ Musterfall Familie Huber (Sonderausgaben)

Herr Huber stellt fest, dass er folgende Sonderausgaben für sich und seine 330
Frau eintragen kann:

Von seinem und vom Arbeitslohn seiner Ehefrau wurden Sozialversicherungsbeiträge einbehalten, die die Arbeitgeber auf der jeweiligen Lohnsteuerbescheinigung ausgewiesen haben. Herr Huber übernimmt diese Beträge und trägt sie gesondert für sich und seine Ehefrau in > Zeile 4 und 10 ein. Entsprechendes gilt für die Beiträge zur Kranken-, Pflege- und Arbeitslo-

senversicherung (Nummer 22–27 der Lohnsteuerbescheinigung), die er in > Zeile 12, 15, 37 und 46 einträgt.

Herr Huber hat sowohl eine Insassen- als auch eine Freizeit-Unfallversicherung abgeschlossen. Für beide Versicherungen hat er 2017 insgesamt 118 € überwiesen. Die Kfz-Haftpflichtversicherung hat Herrn Huber 240 € an Beiträgen gekostet. Die Beträge für die Kasko-Versicherung sind hierin nicht enthalten. Außerdem hat er 49 € für eine private Haftpflichtversicherung gezahlt. Alle diese Beträge gehören in Zeile > 50.

Als Sterbekassenbeitrag hat Herr Huber 72 € gezahlt. Außerdem hat er für seinen Sohn Volker im Jahre 2004 eine Ausbildungsversicherung abgeschlossen, die ausbezahlt wird, wenn Volker sein 21. Lebensjahr vollendet. Hierfür sind jährlich 365 € zu entrichten. Herr Huber weiß, dass der Sterbekassenbeitrag als sog. Risikolebensversicherung ebenfalls in > Zeile 50 gehört, wohingegen der Betrag für die Ausbildungsversicherung (Kapitallebensversicherung) in > Zeile 51 einzutragen ist.

Wenn mehrere Einzelbeträge zusammenzufassen sind, fertigt Huber für sich und für das Finanzamt eine Zusammenstellung an. Die Zahlen aus dem Vorjahr dienen ihm als Vorlage.

Zusammenstellung	2016	2017	Zeile
Insassen- und Freizeit-Unfallversicherung	112 €	118 €	> 50
Kfz-Haftpflicht (ohne Kasko)	232 €	240 €	> 50
Privathaftpflicht	49 €	49 €	> 50
Sterbekassenbeitrag	72 €	72 €	> 50
Summe		479 €	
Ausbildungsversicherung	365 €	365 €	> 51

ANLAGE VORSORGEAUFWAND

Renten-, Lebens- und (Sozial-)Versicherungsbeiträge

2018

Angaben zu Vorsorgeaufwendungen

52

Beiträge zur Altersvorsorge

Zeile		Kz	stpfl. Person / Ehemann / Lebenspartner(in) A EUR	Kz	Ehefrau / Lebenspartner(in) B EUR
	Beiträge				
4	– lt. Nr. 23 a/b der Lohnsteuerbescheinigung (Arbeitnehmeranteil)	300	3900,–	400	2438,–
5	– zu landwirtschaftlichen Alterskassen; zu berufsständischen Versorgungseinrichtungen, die den gesetzlichen Rentenversicherungen vergleichbare Leistungen erbringen (abzüglich steuerfreier Zuschüsse lt. Nr. 22b der Lohnsteuerbescheinigung) – ohne Beiträge, die in Zeile 4 geltend gemacht werden –	301	,–	401	,–
6	– zu gesetzlichen Rentenversicherungen – ohne Beiträge, die in Zeile 4 geltend gemacht werden –	302	,–	402	,–
7	Erstattete Beiträge und / oder steuerfreie Zuschüsse zu den Zeilen 4 bis 6 (ohne Zuschüsse, die von den Beiträgen lt. Zeile 8 abzuziehen sind und ohne Zuschüsse lt. Zeile 9 und 10)	309	,–	409	,–
8	Beiträge zu zertifizierten Basisrentenverträgen (sog. Rürup-Verträge) mit Laufzeitbeginn nach dem 31.12.2004 (abzgl. steuerfreier Zuschüsse) – ohne Altersvorsorgebeiträge, die in der Anlage AV geltend gemacht werden –	303	,–	403	,–
9	Arbeitgeberanteil / -zuschuss lt. Nr. 22 a/b der Lohnsteuerbescheinigung	304	3900,–	404	2438,–
10	Arbeitgeberanteil zu gesetzlichen Rentenversicherungen im Rahmen einer pauschal besteuerten geringfügigen Beschäftigung (bitte Anleitung beachten)	306	,–	406	,–

Eine Eintragung ist stets vorzunehmen; bei Zusammenveranlagung von jedem Ehegatten / Lebenspartner:

Zeile		Kz	A	Kz	B
11	Haben Sie zu Ihrer Krankenversicherung oder Ihren Krankheitskosten Anspruch auf – steuerfreie Zuschüsse (z. B. Rentner aus der gesetzlichen Rentenversicherung) oder – steuerfreie Arbeitgeberbeiträge (z. B. sozialversicherungspfl. Arbeitnehmer und deren mitversicherter Ehegatte / Lebenspartner) oder – steuerfreie Beihilfen (z. B. Beamte oder Versorgungsempfänger und deren Ehegatten / Lebenspartner)?	307	1 = Ja 2 = Nein	407	1 = Ja 2 = Nein

Beiträge zur inländischen gesetzlichen Kranken- und Pflegeversicherung

Zeile		Kz	A	Kz	B
12	Arbeitnehmerbeiträge zu Krankenversicherungen lt. Nr. 25 der Lohnsteuerbescheinigung	320	3096,–	420	1936,–
13	In Zeile 12 enthaltene Beiträge, aus denen sich kein Anspruch auf Krankengeld ergibt	322	,–	422	,–
14	Arbeitnehmerbeiträge zu sozialen Pflegeversicherungen lt. Nr. 26 der Lohnsteuerbescheinigung	323	480,–	423	300,–
15	Zu den Zeilen 12 bis 14: Von der Kranken- und / oder sozialen Pflegeversicherung erstattete Beiträge	324	,–	424	,–
	In Zeile 15 enthaltene Beiträge zur Krankenversicherung, aus denen sich				

Steuerfreie Arbeitgeberzuschüsse

Zeile		Kz	A	Kz	B
	Steuerfreie Arbeitgeberzuschüsse zur				
37	– gesetzlichen Krankenversicherung lt. Nr. 24a der Lohnsteuerbescheinigung	360	2.756,–	460	1.723,–
38	– privaten Krankenversicherung lt. Nr. 24b der Lohnsteuerbescheinigung	361	.,–	461	.,–
39	– gesetzlichen Pflegeversicherung lt. Nr. 24c der Lohnsteuerbescheinigung	362	.,–	462	.,–

Weitere sonstige Vorsorgeaufwendungen

Zeile		Kz	stpfl. Person / Ehemann EUR	Kz	Ehefrau EUR
46	Arbeitnehmerbeiträge zur Arbeitslosenversicherung lt. Nr. 27 der Lohnsteuerbescheinigung	370	.549,–	470	.343,–
	Beiträge (abzüglich steuerfreier Zuschüsse und erstatteter Beiträge) zu				
47	– Kranken- und Pflegeversicherungen (Gesamtbetrag) (nur einzutragen, wenn Sie der Datenübermittlung widersprochen haben; Einträge zu zusätzlichen Pflegeversicherungen sind nur in Zeile 36 vorzunehmen)	371	.,–	471	.,–

Zeile		Kz	stpfl. Person / Ehegatten EUR
48	– freiwilligen Versicherungen gegen Arbeitslosigkeit	500	.,–
49	– freiwilligen eigenständigen Erwerbs- und Berufsunfähigkeitsversicherungen	501	.,–
50	– Unfall- und Haftpflichtversicherungen sowie Risikoversicherungen, die nur für den Todesfall eine Leistung vorsehen	502	.479,–
51	– Rentenversicherungen mit Kapitalwahlrecht und / oder Kapitallebensversicherungen mit einer Laufzeit von mindestens 12 Jahren sowie einem Laufzeitbeginn und der ersten Beitragszahlung vor dem 1.1.2005	503	.365,–
52	– Rentenversicherungen ohne Kapitalwahlrecht mit Laufzeitbeginn und erster Beitragszahlung vor dem 1.1.2005 (auch steuerpflichtige Beiträge zu Versorgungs- und Pensionskassen) – ohne Altersvorsorgebeiträge, die in der Anlage AV geltend gemacht werden –	504	.,–

331 **TIPP**

Direktversicherung: gut für Arbeitnehmer

Steuerlich besonders interessant ist die Lebensversicherung als sog. Direktversicherung. Dazu schließt der Betrieb eine Lebensversicherung für den Arbeitnehmer ab, aus der der Arbeitnehmer – direkt – bezugsberechtigt ist. Die Beiträge werden vom Bruttolohn abgezweigt und pauschal mit 20 % versteuert. Aus dem Unterschied zwischen Pauschalsteuersatz und normalem Steuersatz ergibt sich ein Steuervorteil. Außerdem unterliegt der Beitrag zur Direktversicherung nicht der Sozialversicherung, sofern er zusätzlich zum Gehalt gezahlt wird.
»Kann ich denn die Zahlungen in die Direktversicherung als Sonderausgaben absetzen?«, möchten Sie wissen. Dazu sagt der Fiskus: Die pauschale Versteuerung ist Vorteil genug. Mehr gibt es nicht. Zur Direktversicherung als Arbeitslohn ➤ Rz 630 ff.

Private Altersvorsorge ist kein Versicherungs-, sondern ein Anlageproblem.
(Lilo Blunk, BDV)

332 **TIPP**

Kapitallebensversicherung optimieren

Eine Kapitallebensversicherung ist immer noch die gängigste Form der Lebensversicherung – vor der Renten- und der Risikolebensversicherung –, obwohl sie durch Einschränkung des Steuerprivilegs nach dem 31.12.2004 einiges an Attraktivität verloren hat.

Das Zinsprivileg bleibt

Wie wir wissen, werden bei Fälligkeit des Vertrags die angesammelten Zinsen auf einen Schlag ausgeschüttet. Dies würde den Steuersatz unverhältnismäßig in die Höhe treiben, wenn der Fiskus hier nicht ein Einsehen hätte. Bei Altverträgen (Abschluss vor dem 1.1.2005, zwölf Jahre Mindestlaufzeit, Auszahlung ab 60 J. bzw. ab 62 J. bei Vertragsabschluss seit 1.1.2012) sind die Zinsen in voller Höhe steuerfrei, bei Neuverträgen zumindest zur Hälfte (Übersicht ➤ Rz 320).

Abzug als Sonderausgaben praktisch weggefallen

Bei Altverträgen gehören die Beiträge zu den »übrigen« Vorsorgeaufwendungen, sind also weiterhin als Sonderausgaben steuerbegünstigt, aber nur bis zum Höchstbetrag von 1.900 €/3.800 € (Alleinstehende/Ehegatten). Doch das bringt nichts, wenn der Höchstbetrag schon durch andere zwingende Versicherungsbeiträge voll ausgeschöpft ist (➤ Rz 338 ff.). Für Neuverträge ist der Sonderausgabenabzug ganz weggefallen.

Bewährtes bleibt
Im Vergleich zur Risikolebensversicherung zahlt der Kunde wesentlich höhere Beiträge, etwa das Siebenfache. Dafür wird beim Tod des Versicherten den Hinterbliebenen aber die volle Versicherungssumme plus Zinsen ausbezahlt, desgleichen bei Zeitablauf.
»Von Lebensversicherungen mag ich nichts mehr hören, die Rendite reicht mir nicht«, sagen Sie. »Da wird mein Geld in Protzbauten und hohen Monatsgehältern der dort Tätigen verplempert. Auch die Aktionäre wollen gut bedient sein. Mit dem Kauf von Investmentanteilen wäre ich besser gefahren.«

Den Vertrag optimieren
Recht haben Sie, doch vielleicht gelingt es Ihnen, Ihren Vertrag zu optimieren, so dass Sie wieder Freude daran haben. Versuchen Sie Änderungen durchzudrücken, wie z. B.:

- **Zahlung des Jahresbeitrags in einer Summe**
  Die Versicherer erheben bei monatlicher Zahlung einen Zuschlag von 5 %, bei vierteljährlicher Zahlung von 3 %. Wenn Sie stattdessen den Jahresbeitrag in einer Summe zahlen, erhöhen Sie die Ablaufrendite der Police beträchtlich. Denn der Zuschlag von 5 bzw. 3 % entspricht einem jährlichen Effektivzins von 11,6 % (Stiftung Warentest).
- **Verzicht auf Unfallzusatzversicherung**
  Haben Sie Anspruch auf die doppelte Versicherungssumme bei Unfall? Dieser Zusatzschutz ist sehr teuer und entbehrlich. Weg damit!
- **Verzicht auf Dynamik**
  Wird Ihre Kapitallebensversicherung jährlich den Lebenshaltungskosten angepasst? Dies ist teuer, denn bei jeder Erhöhung wird das jeweilige Eintrittsalter zugrunde gelegt.
- **Beitragsbefreiung für den Fall der Berufsunfähigkeit**
  Was ist, wenn Sie wegen Berufsunfähigkeit die Beiträge nicht mehr aufbringen können? Dann gibt es verschiedene Möglichkeiten, die Sie sehr viel Geld kosten können. Der sicherste Weg ist aber wohl der, im Vertrag zu vereinbaren, für diesen Fall von der Zahlung der Beiträge befreit zu sein.

Wie komme ich im Alter gut über die Runden? 333
Eine vernünftige Altersversorgung über die gesetzliche Altersrente wird schon bald kaum noch möglich sein. Deshalb wird sich jeder künftig eine zusätzliche Altersversorgung schaffen müssen.

Aktien scheinen – trotz der kürzlichen Finanzkrise – auf lange Sicht die 334
beste Kapitalanlage zu sein. Die gewerbliche Wirtschaft entwickelte sich bisher stetig weiter. Die Analysten sehen auch die Zukunft positiv. Welt-

kriege wie früher werde es nicht mehr geben, weshalb sich die Produktivkräfte ohne Vernichtung von Vermögen durch Kriege frei entfalten könnten. Der Konkurrenzkampf unter den Staaten finde nunmehr auf wirtschaftlichem Gebiet statt, und das führe zu Wohlstand und steigenden Einkünften weltweit.

Was allerdings in den Ländern passiert, in denen unkluge Politiker ihre Bürger durch ständig höhere Abgaben immer ärmer machen und damit den Konsum schwächen, ist nicht abzusehen.

335 **TIPP**

Den lachenden Erben alles überlassen?

Im Alter bescheiden von den Zinsen leben, dafür den Kindern ein Vermögen hinterlassen? Wenn Ihre Kinder eine gute Ausbildung bekommen haben und Sie somit ihnen gegenüber Ihre Pflicht erfüllt haben, sollte Ihre Vermögensplanung so aussehen, dass nach dem Tod des letztversterbenden Partners das Vermögen weitgehend aufgezehrt ist.

336 **Die Finanzwette auf ein langes Leben: Rentenversicherung**

Aus Ersparnissen und einer Lebensversicherung liegen 200.000 € auf Ihrem Konto, mit denen Sie Ihre Altersversorgung aufbessern könnten. Denn Ihre übrigen Einkünfte decken nicht ab, was Sie für die Lebenshaltung brauchen. Ihr Versicherungsberater empfiehlt Ihnen den Abschluss einer Rentenversicherung mit Sofortrente. Eine Rentenversicherung mit Sofortrente ist bei Licht besehen eine Finanzwette gegen die Versicherungsgesellschaft. Die Gesellschaft geht davon aus, dass Sie als Mittsechziger nach der Statistik noch 20 Lebensjahre vor sich haben. Leben Sie länger, zahlt die Gesellschaft drauf und Sie haben die Wette gewonnen. Sterben Sie früher, hat die Gesellschaft gewonnen.

Die Sofortrente aus Ihren 200.000 € beträgt monatlich 950 €, eine Verzinsung von 4 % vorausgesetzt. Die 200.000 € können Sie nur bis zu einem Höchstbetrag (➤ Rz 338 ff.) als Sonderausgaben ansetzen, wirken sich also steuerlich kaum aus. Von der monatlichen Rente sind 18 % steuerpflichtig, der Rest ist steuerfrei (§ 22 EStG; ➤ Rz 971). In den 20 statistischen Lebensjahren zahlt Ihnen die Gesellschaft (950 € × 12 × 20 =) 228.000 €.

Entscheiden Sie sich für eine Rentenversicherung, so bedenken Sie: Was nützt Ihnen eine anfänglich gute Zusatzrente, wenn Inflation kommt? Also sollten Sie über eine dynamische Rente nachdenken. Außerdem möchten Sie vielleicht, dass die Rente für eine bestimmte Zeit an Ihre Erben – hier denken Sie in erster Linie an Ihren Ehepartner – weitergezahlt werden soll, wenn Sie sehr früh sterben. Dann sollten Sie eine Mindestlaufzeit ins Kalkül ziehen. Haben Sie alle Eckpunkte beisammen, gehen Sie auch zur Konkurrenz und lassen sich ein entsprechendes Angebot machen. Erst dann können Sie vergleichen und erkennen, welche Gesellschaft mit Ihrem Geld am wirtschaftlichsten umgeht.

Sie könnten Ihre Altersversorgung aber auch in die eigenen Hände neh- 337
men. Wenn das Geld in einen Geldmarktfonds gesteckt wird und sich im Schnitt mit 4 % verzinst, haben Sie kapitalmäßig mehr erreicht, weil Sie unnötige Kosten vermeiden. Sie können 20 Jahre (200.000 € ÷ 20 Jahre ÷ 12 Monate =) ca. 850 € monatlich entnehmen. Auf Ihrem Konto werden in der Zeit rd. 100.000 € an Zinsen gutgeschrieben. Die Zinsen fließen z.T. als Steuern an den Fiskus. Dieser Nachteil ist aber gering und wird durch Flexibilität ausgeglichen: Sie können Ihr Geldmarktkonto beliebig anzapfen oder aufstocken.

Sterben Sie früher als statistisch vorausgesehen, geht der Rest in die Erbmasse, ist also nicht verloren.

Mathematik ist der natürliche Feind
eines jeden kreativen Menschen.
(Issigonis, Konstrukteur des Mini-Morris)

Zeile 4–58 Berechnung der Vorsorgehöchstbeträge (mit Günstigerprüfung) 338

Vorsorgeaufwendungen sind nur im Rahmen gewisser Höchstbeträge abziehbar. Wie viel sich steuerlich auswirkt, lässt sich nur anhand einer Höchstbetragsberechnung feststellen.

Zwei Höchstbeträge ausrechnen

Seit 2005 gelten neue Höchstbeträge. Vielfach sind die alten günstiger, und weil die steuerlichen Rahmenbedingungen, unter denen vor Jahren Versicherungsverträge abgeschlossen wurden, nicht zu Ungunsten der Steuerbürger geändert werden dürfen, prüft der Fiskus auch, was nach altem Recht abzugsfähig wäre. Es sind folglich immer zwei Höchstbetragsberechnungen vorzunehmen, eine nach neuem und eine nach altem Recht (➤ Rz 339 ff.). Der günstigere, sprich höhere Betrag wird vom Einkommen abgesetzt. Das Wort »Günstigerprüfung« ist also nicht allzu weit hergeholt.

Schätzwerte für Selbständige

Für Selbständige ist es schon schwieriger, ungefähre Werte zu bekommen.

- Was nach **neuem Recht** abzugsfähig ist, ist zwar auf einen Blick schnell erkennbar: Beiträge in neue Rentenversicherungen sind mit 84 %

absetzbar, und der Abzug der »übrigen« Vorsorgeaufwendungen ist auf 1.900 €/3.800 € (Alleinstehende/Ehegatten) begrenzt (Schema ➤ Rz 339).

- Die **Günstigerprüfung nach altem Recht** führt aber meistens zu höheren Beträgen. Siehe dazu das Berechnungsbeispiel unter ➤ Rz 352.

Es gelten unterschiedliche Berechnungsschemata.

339 **A. Berechnungen nach neuem Recht**

1. Höchstbetragsberechnung

Die Berechnung erfolgt in zwei Schritten:

1.1 Basisversorgung im Alter (Rente)

ArbN-Anteil zur gesetzlichen Rentenversicherung o. Ä. (Zeile 23 der Lohnsteuerbescheinigung)	.........€	
ArbG-Anteil zur gesetzlichen Rentenversicherung o. Ä. (Zeile 22 der Lohnsteuerbescheinigung)	.........€	
Beiträge in eine private Rentenversicherung (Neuvertrag ab 2005/Rürup-Rente)	.........€	
Summe (max. 23.362 €/46.724 €*)	.........€	
Beamte: Minderung um 18,7 % der Beamtenbezüge	.........€	
Verbleiben	.........€	
Davon 84 %	.........€	
./. ArbG-Anteil zur gesetzlichen Rentenversicherung	–.........€	
Verbleiben	.........€	>.......€

1.2 Sonstige Vorsorgeaufwendungen

ArbN-Anteil zur Krankenversicherung (Zeile 25 der Lohnsteuerbescheinigung)	.........€
Pauschaler Abzug von 4 % für Anspruch auf Krankengeld	–.........€
Verbleiben	.........€
ArbN-Anteil zur Pflegeversicherung (Zeile 26 der Lohnsteuerbescheinigung)	.........€
Mindestens abzugsfähiger Betrag	.........€

Sollte der Höchstbetrag von 1.900 €/3.800 €
noch nicht ausgeschöpft sein, sind bis zu
diesem Betrag noch abzugsfähig

Zusätzliche Beiträge zur Kranken-/Pflegeversicherung
(z.B. o.g. Kürzung um 4 % der Beiträge
zur gesetzlichen Krankenversicherung) ....€
Beiträge zu Unfall-, Haftpflicht-,
Risikolebensvers. ....€
Beiträge zur Kapitallebensvers.
(Abschluss vor 1.1.2005)
Ansatz mit 88 % = ...€
Summe ....€

Summe = Höchstbetrag
für Vorsorgeaufwendungen ....€

* Alleinstehende/Ehegatten

Erläuterungen 340

• **Höchstbeträge für Basisversorgung im Alter steigen jährlich um 2 %**
Begünstigt sind die vom Steuerzahler geleisteten Beiträge zur gesetzlichen und privaten Rentenversicherung sowie die steuerfreien Arbeitgeberbeiträge – vorerst allerdings nur zu einem bestimmten Prozentsatz, der bis zum Jahr 2025 Jahr für Jahr um zwei Prozentpunkte ansteigt.
Die Höchstbeträge berechnen sich wie folgt:
Höchstbeitrag zur knappschaftlichen Rentenversicherung
Wert 2017: 94.200 € × 24,8 % = 23.362 €
davon in 2017 max. zu berücksichtigen: 84 %
max. abzugsfähige Altersvorsorgeaufwendungen in 2017: 19.624 €
(Verheiratete: das Doppelte)

Bei der **Basisversorgung im Alter (Renten)** spielt steuerlich die Musik, insbesondere für die privaten Rentenversicherungen (Rürup-Rente). Wer es sich leisten kann, Geld in eine Rürup-Rente zu investieren, fährt steuerlich am besten. Der steuerlich abzugsfähige Anteil beträgt für 2017 bereits 84 %.

Höchstbeträge

Kj.	2014	2015	2016	2017
Höchstbeträge	15.600 €/ 31.200 €	17.737 €/ 35.474 €	18.668 €/ 37.336 €	19.624 €/ 39.248 €
Höchstbeträge in %	78	80	82	84

Nicht gut zu wissen: Die Höchstbeträge steigen zwar von Jahr zu Jahr um zwei Prozentpunkte an. Entsprechend steigt aber auch der steuerpflichtige Anteil an den Renten. Die »nachgelagerte Besteuerung« lässt grüßen (➤ Rz 291).

- **Abzug der Arbeitnehmerbeiträge zur Rentenversicherung steigt jährlich um 4 %**

Wie das Schema zeigt, wird am Schluss der Berechnung vom jeweiligen Höchstbetrag, der für das einzelne Kalenderjahr gültig ist, der Arbeitgeberanteil zur Rentenversicherung in voller Höhe abgezogen. Dies führt dazu, dass bis zum Jahr 2025 der Arbeitnehmerbeitrag nicht zu 100 % steuerbegünstigt ist. Bis dahin gelten geringere Prozentsätze, die aber von Jahr zu Jahr um 4 % ansteigen.

Zum Abzug gelangen

Kj.	2014	2015	2016	2017	2018	... 2025
	56 %	60 %	64 %	68 %	72 %	100 %

Zum Abzug der Arbeitnehmerbeiträge mehr im Beispiel unter ➤ Rz 344.
»Warum um Himmels willen muss das denn alles so vertrackt und kniffelig sein?«, fragen Sie.
Das ist Bürokratie.

Berechnung des Höchstbetrags für Beamte etc.
Steuerzahlern, denen eine Altersversorgung ohne oder weitgehend ohne eigene Beitragsleistungen zugesagt worden ist (das sind alle Beamten, aber auch Richter, Berufssoldaten, Polizisten etc.), wird der Höchstbetrag von 23.362 €/46.724 € um einen fiktiven Gesamtbeitrag zur gesetzlichen Rentenversicherung gekürzt. Dieser fiktive Gesamtbeitrag umfasst den Arbeitnehmer- und Arbeitgeberanteil und beträgt somit 18,7 % (Wert für 2016).

Innerhalb der Arbeitnehmerschaft werden somit pflichtversicherte Arbeitnehmer einerseits und Beamte etc. andererseits unterschiedlich begünstigt.

Abschließende Übersicht für pflichtversicherte Arbeitnehmer
Sie können sich die komplizierte Höchstbetragsberechnung ersparen, wenn Sie schlichtweg nur die Prozentsätze für den Abzug zugrunde legen. Sie betragen

Kj.	2015	2016	2017	2018	... 2025
Gesetzliche Rentenvers. (ArbN-Anteil)	60 %	64 %	68 %	72 %	100 %
Private Rentenvers.	80 %	82 %	84 %	86 %	100 %

B. Berechnungen nach altem Recht (Günstigerprüfung) 341

Die nachfolgenden Schemata erleichtern Ihnen die Berechnung. Ziel der Vergleichsberechnungen ist, dass alle Personengruppen (Selbständige, Rentner, Pensionäre und pflichtversicherte Arbeitnehmer) von den neuen Steuervorteilen, die mit der »Rürup-Rente« verbunden sind, profitieren.

Die erste Günstigerprüfung – mit Mindestbetrag – zu a) wird wie bisher nach altem Recht durchgeführt. Dabei werden grundsätzlich alle begünstigten Beiträge (Basisversorgung, Rürup-Rente, sonstige Vorsorgeaufwendungen) in die Berechnung einbezogen. Die zweite Günstigerprüfung – mit Erhöhungsbetrag – zu b) wird zunächst ohne Rürup-Beiträge durchgeführt. Zusätzlich zu dem sich daraus ergebenden Höchstbetrag werden die Rürup-Beiträge berücksichtigt.

1. Höchstbetragsberechnung (Günstigerprüfung) für pflichtversicherte Arbeitnehmer und Beamte

Als Arbeitnehmer oder Beamter müssen Sie einen Abschlag vom Vorwegabzug in Höhe von 16 % des Bruttolohns hinnehmen, weil der Betrieb mit lohnsteuerfreien Leistungen zu Ihrer Alters- und Krankenversorgung beiträgt. Der Vorwegabzug wird folglich mit steigendem Arbeitslohn immer niedriger und damit auch der Höchstbetrag.

a) Günstigerprüfung mit Mindestbetrag

Versicherungsbeiträge insgesamt	......				
Davon vorweg höchstens 900 €/1.800 €*	......				
Kürzung um 16 % des Arbeitslohns	–				
Rest (nicht negativ)	......	>	–	>	......
Verbleiben			......		
./. Grundhöchstbetrag 1.334/2.668 €*			–	>	......
Verbleiben			......		
Davon die Hälfte, höchstens 50 % des Grundhöchstbetrags			......	>	......
Summe = Vorsorgehöchstbetrag					......

*Alleinstehende/Ehegatten

b) Günstigerprüfung mit Erhöhungsbetrag

Versicherungsbeiträge insgesamt, aber ohne Rürup-Beiträge		......	
Davon vorweg höchstens 900 €/1.800 €*	......		
Kürzung um 16 % des Arbeitslohns	–		
Rest (nicht negativ)	......	> –	> ......
Verbleiben		......	
./. Grundhöchstbetrag 1.334/2.668 €*		–	> ......
Verbleiben		......	
Davon die Hälfte, höchstens 50 % des Grundhöchstbetrags		......	> ......
Summe = Vorsorgehöchstbetrag ohne Rürup-Beiträge			......
Erhöhungsbetrag max. 23.362 €/46.724 €*	......		
./. Basisversorgung inkl. ArbG-Beiträge	......		
Restvolumen für Erhöhungsbetrag	......		
Rürup-Beiträge	......		
Vom geringeren Betrag	......	× 84 % =	......
Summe = Vorsorgehöchstbetrag mit Erhöhungsbetrag			......

*Alleinstehende/Ehegatten

342 **2. Höchstbetragsberechnung (Günstigerprüfung) für Selbständige, Rentner und Pensionäre**

Es sind auch hier zwei unterschiedliche Berechnungen durchzuführen. Das höhere Ergebnis gilt.

a) Günstigerprüfung mit Mindestbetrag

Versicherungsbeiträge insgesamt	....	
Davon vorweg max. 900 €/1.800 €*	–	> ....
Rest (nicht negativ)	....	
./. Grundhöchstbetrag 1.334 €/2.668 €*	–	> ....
Verbleiben	....	
Davon die Hälfte, max. 50 % des Grundhöchstbetrags	....	> ....
Summe = Vorsorgehöchstbetrag		....

b) Günstigerprüfung mit Erhöhungsbetrag

Versicherungsbeiträge insgesamt, aber ohne Rürup-Beiträge		....	
Davon vorweg höchstens 900 €/1.800 €*	–	>	
Rest (nicht negativ)	....		
./. Grundhöchstbetrag 1.334 €/2.668 €*		–	> ....
Verbleiben	....		
Davon die Hälfte, max. 50 % des Grundhöchstbetrags	....	>	
Summe = Vorsorgehöchstbetrag ohne Rürup-Beiträge		....	
Erhöhungsbetrag max. 23.362 €/46.724 €*	....		
./. Basisversorgung	–		
Verbleiben	....		
Restvolumen für Erhöhungsbetrag	....		
Rürup-Beiträge		....	
vom geringeren Betrag	.... × 84 %	=	....
Summe = Vorsorgehöchstbetrag			....

*) Alleinstehende/Ehegatten

Zeile 4–52 Berechnung des Vorsorgehöchstbetrags an praktischen Fällen 343

Alle Theorie ist grau, am besten ist immer ein praktischer Fall. Sehen Sie nach, ob einer der Fälle auf Sie zutrifft.

Fall 1 (kaufm. Angestellter Felix ➤ Rz 288**; Höchstbetrag für pflichtversicherte Arbeitnehmer)** 344

Sachverhalt:
Der kaufmännische Angestellte Felix, verheiratet, hat in 2017 einen Bruttolohn von 40.000 € bezogen.

Basisversorgung im Alter (Vorsorgeaufwendungen)

Rentenversicherung 9,35 % von 40.000 €	3.740 €
Private Rentenversicherung (Rürup-Rente)	720 €

Sonstige Vorsorgeaufwendungen (➤ Rz 308)

Krankenversicherung	2.920 €
Pflegeversicherung	470 €
Arbeitslosenversicherung	600 €
Haftpflichtversicherungen	350 €
Kapitallebensversicherung (Abschluss vor 2005)	1.200 €
Versicherungsbeiträge insgesamt	10.000 €

Und so wird gerechnet. Der höchste sich ergebende Betrag wird bei der Einkommensberechnung abgezogen.

345 **1. Höchstbetrag nach neuem Recht** (Schema ➤ Rz 339)

1.1 Basisversorgung im Alter (Rente)

ArbN-Anteil zur gesetzl.Rentenversicherung	3.740 €	
+ ArbG-Anteil zur gesetzl. Rentenversicherung	3.740 €	
+ Beitrag zur priv. Rentenvers. (Rürup-Rente)	720 €	
Summe	8.200 €	
Davon 84 %, max. 19.624 €/ 39.248 € (➤ Rz 340)	6.888 €	
./. ArbG-Anteil zur Rentenversicherung	– 3.740 €	
Verbleiben	3.148 €	> 3.148 €

1.2 Sonstige Vorsorgeaufwendungen

ArbN-Anteil zur Krankenversicherung	2.920 €	
./. 4 % (Beitragsanteil Krankengeld)	– 117 €	
Verbleiben	2.803 €	
ArbN-Anteil zur Pflegeversicherung	470 €	
Summe (mindestens abziehbar)	3.273 €	> 3.273 €
Vom Höchstbetrag 1.900 €/3.800 €* verbleiben damit	527 €	
Zusätzliche Krankenversicherungsbeiträge (Beitragsanteil Krankengeld 4 %)	117 €	

ArbN-Anteil zur Arbeitslosenversicherung	600 €	
Beiträge zur Unfall-, Haftpflicht-, Risikolebensvers.	350 €	
Beiträge zur Kapitallebensvers. (Abschluss vor 1.1.2005)		
Ansatz mit 88 % =	1.056 €	
Summe	2.123 €	
Verbleibender Höchstbetrag	527 €	> 527 €
Summe = Höchstbetrag für Vorsorgeaufwendungen		6.948 €

* Alleinstehende/Ehegatten

2. Höchstbetragsberechnung nach altem Recht/Günstigerprüfung 346

(Schema ➤ Rz 341)

2.1 Günstigerprüfung mit Mindestbetrag

Versicherungsbeiträge insgesamt		10.000 €	
Davon vorweg max. 900 €/1.800 €*	1.800 €		
Kürzung um 16 % des Arbeitslohns	> 6.400 €		
Rest (nicht negativ)	0 €	> 0 €	> 0 €
Verbleiben		10.000 €	
./. Grundhöchstbetrag 1.334 €/2.668 €*		– 2.668 €	> 2.668 €
Verbleiben		7.332 €	
Davon die Hälfte, max. 50 % des Grundhöchstbetrags		1.334 €	> 1.334 €
Summe = Vorsorgehöchstbetrag			4.002 €

* Alleinstehende/Ehegatten

2.2 Günstigerprüfung mit Erhöhungsbetrag

Versicherungsbeiträge insgesamt, aber ohne Rürup-Beiträge		9.280 €	
Davon vorweg max. 900 €/1.800 €*	1.800 €		
Kürzung um 16 % des Arbeitslohns	– 6.400 €		
Rest (nicht negativ)	0 €	> 0 €	> 0 €
Verbleiben		9.280 €	
./. Grundhöchstbetrag 1.334 €/2.668 €*		– 2.668 €	> 2.668 €
Verbleiben		6.612 €	
Davon die Hälfte, max. 50 % des Grundhöchstbetrags		1.334 €	> 1.334 €

Summe = Vorsorgehöchstbetrag ohne Rürup-Beiträge		4.002 €
Erhöhungsbetrag, max. 23.362 €/46.724 €*	46.724 €	
./. Basisversorgung inkl. ArbG-Beiträge	– 7.480 €	
Verbleiben	39.244 €	
Rürup-Beiträge	720 €	
Vom geringeren Betrag 84 % =		605 €
Summe = Vorsorgehöchstbetrag (mit Erhöhungsbetrag)		4.607 €

* Alleinstehende/Ehegatten

Berücksichtigt wird demnach der Abzugsbetrag nach neuem Recht in Höhe von 6.948 € (➤ Rz 345).

347 **Fall 2 (Höchstbetrag für Beamte, Richter, Berufssoldaten u. Ä.)**

Sachverhalt:

Der verheiratete Forstbeamte Gunter zahlte im Jahr 2017 Beitrag in private **Basisrentenversicherung** (Rürup-Rente)	3.600 €

Sonstige Vorsorgeaufwendungen

Beiträge in private Krankenkasse (nur Basisabsicherung, ohne Wahlleistungen) insgesamt	3.500 €
Haftpflicht, Unfallversicherung etc. insgesamt	600 €
Versicherungsbeiträge insgesamt	7.700 €

Sein Bruttogehalt betrug in 2017 = 40.000 €.

348 **1. Höchstbetrag nach neuem Recht** (Schema ➤ Rz 339)
Der Vorsorgehöchstbetrag von 23.362 €/46.724 € **wird um einen fiktiven Beitrag zur gesetzlichen Rentenversicherung in Höhe von derzeit 18,7 % des Bruttoarbeitslohns gekürzt.**

Basisversorgung im Alter (Rente)

Beiträge in eine private Rentenversicherung (Neuvertrag ab 2005/Rürup-Rente)	3.600 €	
max. 46.724 € – 18,7 % der Beamtenbezüge = 38.052 €		
Davon 84 %		3.024 €

Sonstige Vorsorgeaufwendungen

Krankenversicherung (Basisabsicherung; mindestens abziehbar)	3.500 €	>	3.500 €
Vom Höchstbetrag 1.900 €/3.800 €* verbleiben damit	300 €		
Beiträge zur Unfall-, Haftpflichtvers.	600 €		
Verbleibender Höchstbetrag	300 €	>	300 €
Summe = Höchstbetrag für Vorsorgeaufwendungen			6.824 €

2. Höchstbetrag nach altem Recht (Schema ➤ Rz 341) 349

Es sind zwei unterschiedliche Berechnungen durchzuführen. Das höhere Ergebnis gilt.

2.1 Günstigerprüfung mit Mindestbetrag

Versicherungsbeiträge insgesamt			7.700 €		
Davon vorweg max. 900 €/1.800 €*	1.800 €				
Kürzung um 16 % des Arbeitslohns	– 6.400 €				
Rest (nicht negativ)	0 €	>	0 €	>	0 €
Verbleiben			7.700 €		
./. Grundhöchstbetrag 1.334 €/2.668 €*			– 2.668 €	>	2.668 €
Verbleiben			5.032 €		
Davon die Hälfte, max. 50 % des Grundhöchstbetrags			1.334 €	>	1.334 €
Summe = Vorsorgehöchstbetrag					4.002 €

* Alleinstehende/Ehegatten

2.2 Günstigerprüfung mit Erhöhungsbetrag

Versicherungsbeiträge insgesamt, aber ohne Rürup-Beiträge			4.100 €		
Davon vorweg max. 900 €/1.800 €*	1.800 €				
Kürzung um 16 % des Arbeitslohns	– 6.400 €				
Rest (nicht negativ)	0 €	>	0 €	>	0 €
Verbleiben			4.100 €		
./. Grundhöchstbetrag 1.334 €/2.668 €*			– 2.668 €	>	2.668 €
Verbleiben			1.432 €		
Davon die Hälfte, max. 50 % des Grundhöchstbetrags			716 €	>	716 €
Summe = Vorsorgehöchstbetrag ohne Rürup-Beiträge					3.384 €

Erhöhungsbetrag, max. 23.362 €/46.724 €*	46.724 €	
./. Basisversorgung inkl. ArbG-Beiträge	– 7.480 €	
Verbleiben	39.244 €	
»Rürup-Beiträge«	3.600 €	
Vom geringeren Betrag 84 % =		3.024 €
Summe = Vorsorgehöchstbetrag (mit Erhöhungsbetrag)		6.408 €

* Alleinstehende/Ehegatten

Berücksichtigt wird demnach der Abzugsbetrag nach neuem Recht in Höhe von 6.824 € (➤ Rz 348).

350 **Fall 3 (Höchstbetrag für Selbständige)**

Sachverhalt:
Karl-Heinz ist verheiratet und selbständiger Handelsvertreter. Er zahlte in 2017 folgende Beiträge:

Lebensversicherungen

in eine private Rentenversicherung (Rürup-Rente)		1.200 €
Sonstige Vorsorgeaufwendungen		
in eine freiwillige Krankenversicherung (nur Basisabsicherung)	6.300 €	
in eine private Unfallversicherung	68 €	
in private Haftpflicht- und Kfz-Haftpflichtversicherung	463 €	
Zwischensumme	6.831 €	
in Kapitallebensversicherung (Abschluss vor 2005)	3.100 €	
Summe	9.931 €	> 9.931 €
		11.131 €

Hier wird nur in zwei Stufen gerechnet.

351 **1. Höchstbetrag nach neuem Recht** (Schema ➤ Rz 339)
Die Berechnung erfolgt in zwei Schritten

Basisversorgung im Alter (Rente)

Beiträge in eine private Rentenversicherung (Rürup-Rente)	1.200 €	
Davon 84 %, max. 19.624 €/ 39.248 €		1.008 €

Sonstige Vorsorgeaufwendungen

Beiträge zur privaten Kranken- und Pflegeversicherung (mindestens abzugsfähig)	6.300 €	>	6.300 €
vom Höchstbetrag (2.800 €/5.600 €*) verbleiben	0 €		
Summe = Höchstbetrag nach neuem Recht			7.308 €

* Alleinstehende/Ehegatten

Abzugsfähig sind im Rahmen sonstiger Vorsorgeaufwendungen mindestens die tatsächlich geleisteten Beiträge zur Kranken- und Pflegeversicherung (Basisabsicherung), unabhängig von der Höhe etwaiger »Höchstbeträge«. Nur wenn diese Höchstbeträge von 1.900 €/3.800 € bzw. 2.800 €/5.600 € durch die Kranken- und Pflegeversicherungsbeiträge noch nicht ausgeschöpft sein sollten, kommen sie für die übrigen Versicherungsbeiträge (Zusatztarife zur Krankenversicherung, Haftpflicht-, Unfall-, Risikolebensversicherung …) zum Tragen.

2. Höchstbetrag nach altem Recht (Schema ➤ Rz 341) 352

2.1 Günstigerprüfung mit Mindestbetrag

Versicherungsbeiträge insgesamt	11.131 €		
Davon vorweg max. 900 €/1.800 €*	– 1.800 €	>	1.800 €
Rest (nicht negativ)	9.331 €		
./. Grundhöchstbetrag 1.334 €/2.668 €*	– 2.668 €	>	2.668 €
Verbleiben	6.663 €		
Davon die Hälfte, max. 50 % des Grundhöchstbetrags	1.334 €	>	1.334 €
Summe = Vorsorgehöchstbetrag			5.802 €

* Alleinstehende/Ehegatten

2.2 Günstigerprüfung mit Erhöhungsbetrag

Versicherungsbeiträge insgesamt, aber ohne Rürup-Beiträge	9.931 €		
Davon vorweg max. 900 €/1.800 €*	– 1.800 €	>	1.800 €
Rest (nicht negativ)	8.131 €		
./. Grundhöchstbetrag 1.334 €/2.668 €*	– 2.668 €	>	2.668 €
Verbleiben	5.463 €		

Davon die Hälfte, max. 50 % des Grundhöchstbetrags	1.334 €	>	1.334 €
Summe = Vorsorgehöchstbetrag ohne Rürup-Beiträge			5.802 €
Erhöhungsbetrag, max. 23.362 €/46.724 €*	46.724 €		
./. Basisversorgung	– . . . . . 0 €		
Verbleiben	46.724 €		
Rürup-Beiträge	1.200 €		
Vom geringeren Betrag 84 % =			1.008 €
Summe = Vorsorgehöchstbetrag (mit Erhöhungsbetrag)			6.810 €

* Alleinstehende/Ehegatten

Absetzbar ist der Höchstbetrag nach neuem Recht = 7.308 €.

353 Zeile 53–58 Ergänzende Angaben zu den Vorsorgeaufwendungen

Ergänzende Angaben sind immer verdächtig, zumal wenn man nicht weiß, wozu sie benötigt werden. Man könnte sich auch in Widersprüche verwickeln.

Der offizielle Begleittext zu den > Zeilen 53–58 klingt zunächst harmlos: *Diese Zeilen sind von Arbeitnehmern auszufüllen, die während des ganzen oder eines Teils des Kalenderjahrs 2017 nicht rentenversicherungspflichtig waren.* Hierzu gehören insbesondere

- Beamte, Richter, Berufssoldaten, Beamtenpensionäre und ihre Hinterbliebenen,
- weiterbeschäftigte Altersrentner, Werkspensionäre mit Altersrente,
- Geistliche und andere Personen mit beamtenähnlichen Versorgungsansprüchen,
- Vorstandsmitglieder von Aktiengesellschaften und GmbH-Gesellschafter-Geschäftsführer, die nicht in der gesetzlichen Rentenversicherung versichert sind.

Die Angaben werden zur Berechnung der Höhe der abziehbaren Vorsorgeaufwendungen benötigt.

> Die Angaben zu den Vorsorgeaufwendungen müssen für jeden Ehegatten gesondert eingetragen werden.

Abziehbare Vorsorgeaufwendungen

Der behördliche Rechner muss wissen, ob Sie zum obigen Personenkreis gehören. In diesem Fall kürzt er den Vorsorgehöchstbetrag um 18,7 % der Bezüge (➤ Rz 339).

So füllen Beamte mit aktiven Bezügen die > Zeilen 53–58 aus:

Ergänzende Angaben zu Vorsorgeaufwendungen

Zeile		stpfl. Person / Ehemann / Lebenspartner(in) A			Ehefrau / Lebenspartner(in) B	
	Es bestand 2015 keine gesetzliche Rentenversicherungspflicht aus dem **aktiven** Dienstverhältnis / aus der Tätigkeit					
53	– als Beamter / Beamtin	380	1	1 = Ja	480	1 = Ja
54	– als Vorstandsmitglied / GmbH-Gesellschafter-Geschäftsführer/in	381		1 = Ja	481	1 = Ja
	– als (z. B. Praktikant/in, Student/in im Praktikum)					
55	Bezeichnung	382		1 = Ja	482	1 = Ja
56	Aufgrund des genannten Dienstverhältnisses / der Tätigkeit bestand hingegen eine Anwartschaft auf Altersversorgung	383	1	1 = Ja 2 = Nein	483	1 = Ja 2 = Nein
57	Die Anwartschaft auf Altersversorgung wurde ganz oder teilweise ohne eigene Beitragsleistungen erworben (Bei Vorstandsmitgliedern / GmbH-Gesellschafter-Geschäftsführern: Falls nein, bitte geeignete Unterlagen einreichen.)	384	1	1 = Ja 2 = Nein	484	1 = Ja 2 = Nein
58	Es wurde Arbeitslohn aus einem **nicht aktiven** Dienstverhältnis – insbesondere Betriebsrente / Werkspension – bezogen, bei dem es sich nicht um steuerbegünstigte Versorgungsbezüge (Zeilen 11 bis 16 der Anlage N) handelt. Bei Altersteilzeit ist hier keine Eintragung vorzunehmen.	385		1 = Ja	485	1 = Ja

♦ *Musterfall Neureich (Ergänzende Angaben zu den Vorsorgeaufwendungen)*

Neureich ist zu 60 % Anteilseigner der Neureich u. Co. GmbH und gleichzeitig ihr Geschäftsführer. Da die Firma noch nicht auf Rosen gebettet ist, muss Neureich für seine Altersversorgung selbst sorgen. Er überweist jeden Monat von seinem Gehalt freiwillige Beiträge zur Rentenversicherung an die BfA.

Ergänzende Angaben zu Vorsorgeaufwendungen

Zeile		stpfl. Person / Ehemann / Lebenspartner(in) A			Ehefrau / Lebenspartner(in) B	
	Es bestand 2015 keine gesetzliche Rentenversicherungspflicht aus dem **aktiven** Dienstverhältnis / aus der Tätigkeit					
53	– als Beamter / Beamtin	380		1 = Ja	480	1 = Ja
54	– als Vorstandsmitglied / GmbH-Gesellschafter-Geschäftsführer/in	381	1	1 = Ja	481	1 = Ja
	– als (z. B. Praktikant/in, Student/in im Praktikum)					
55	Bezeichnung	382		1 = Ja	482	1 = Ja
56	Aufgrund des genannten Dienstverhältnisses / der Tätigkeit bestand hingegen eine Anwartschaft auf Altersversorgung	383	2	1 = Ja 2 = Nein	483	1 = Ja 2 = Nein
57	Die Anwartschaft auf Altersversorgung wurde ganz oder teilweise ohne eigene Beitragsleistungen erworben (Bei Vorstandsmitgliedern / GmbH-Gesellschafter-Geschäftsführern: Falls nein, bitte geeignete Unterlagen einreichen.)	384	2	1 = Ja 2 = Nein	484	1 = Ja 2 = Nein
58	Es wurde Arbeitslohn aus einem **nicht aktiven** Dienstverhältnis – insbesondere Betriebsrente / Werkspension – bezogen, bei dem es sich nicht um steuerbegünstigte Versorgungsbezüge (Zeilen 11 bis 16 der Anlage N) handelt. Bei Altersteilzeit ist hier keine Eintragung vorzunehmen.	385		1 = Ja	485	1 = Ja

6 Die Anlage AV

Altersvorsorgebeiträge – Riester-Sparen

Der Aufbau einer freiwilligen privaten Altersvorsorge oder betrieblichen Altersversorgung wird durch steuerliche Maßnahmen gefördert (sog. Riester-Rente). 354

Für Ihre Beiträge zu einem zertifizierten Altersvorsorgevertrag können Sie eine Altersvorsorgezulage bei Ihrem Anbieter beantragen. Außerdem können Sie zusammen mit Ihrer Einkommensteuererklärung eine Anlage AV einreichen; dann prüft das Finanzamt, ob zusätzlich eine steuerliche Förderung in Form eines Sonderausgabenabzugs in Betracht kommt.

Stellt sich heraus, dass der Sonderausgabenabzug günstiger ist, werden Ihre gesamten Aufwendungen einschließlich Ihres Anspruchs auf Zulage bis zum Höchstbetrag von 2.100 € steuerlich berücksichtigt. Um eine Doppelförderung zu vermeiden, wird die festgesetzte Einkommensteuer um den Zulageanspruch erhöht, unabhängig davon, ob tatsächlich eine Zulage gewährt wurde.

Sofern Sie die Altersvorsorgezulage nicht beantragen und den zusätzlichen Sonderausgabenabzug nicht geltend machen, besteht die Möglichkeit, bestimmte Altersvorsorgebeiträge im Rahmen von Höchstbeträgen zu berücksichtigen (> Zeilen 51–52 der Anlage Vorsorgeaufwand).

Bei der Zusammenveranlagung von Ehegatten, die beide zum unmittelbar begünstigten Personenkreis gehören (➤ Rz 380 ff.), steht der Sonderausgabenabzug jedem Ehegatten gesondert zu. Es ist nicht möglich, den von einem Ehegatten nicht ausgeschöpften Sonderausgaben-Höchstbetrag auf den anderen Ehegatten zu übertragen.

Gehört hingegen nur ein Ehegatte zum begünstigten Personenkreis und ist der andere Ehegatte nur mittelbar begünstigt, können die Altersvorsorgebeiträge des mittelbar begünstigten insoweit berücksichtigt werden, als der Sonderausgaben-Höchstbetrag durch den unmittelbar begünstigten Ehegatten nicht ausgeschöpft wird (➤ Rz 365).

2017

1	Name	**Anlage AV**
2	Vorname	
3	**Steuernummer**	

Angaben zu Altersvorsorgebeiträgen (sog. Riester-Verträge)

Altersvorsorgebeiträge 39

Zeile			stpfl. Person / Ehemann / Lebenspartner(in) A		Ehefrau / Lebenspartner(in) B
4	Sozialversicherungsnummer / Zulagenummer	107		307	
5	Mitgliedsnummer der landwirtschaftlichen Alterskasse	112		312	

Für alle vom Anbieter übermittelten Altersvorsorgebeiträge wird ein zusätzlicher Sonderausgabenabzug geltend gemacht.

Zeile			stpfl. Person / Ehemann / Lebenspartner(in) A		Ehefrau / Lebenspartner(in) B
6	Anzahl der Riester-Verträge, für die vom Anbieter Altersvorsorgebeiträge übermittelt werden	201		401	
7	Zu den in Zeile 6 angegebenen Verträgen geleistete Altersvorsorgebeiträge (Beiträge und Tilgungsleistungen ohne Nachzahlungen für Vorjahre)	202	EUR ,–	402	EUR ,–
8	Haben sich die Vertragsdaten (Vertrags-, Zertifizierungs- oder Anbieternummer) eines in Zeile 6 angegebenen Vertrages gegenüber der Einkommensteuererklärung 2016 geändert?	203	1 = Ja 2 = Nein	403	1 = Ja 2 = Nein

– Bei Zusammenveranlagung: Bitte die Art der Begünstigung (unmittelbar / mittelbar) beider Ehegatten / Lebenspartner angeben. –

Zeile			A		B
9	**Ich bin für das Jahr 2017 unmittelbar begünstigt.** (Bitte die Zeilen 10 bis 18 ausfüllen.)	106	1 = Ja	306	1 = Ja
			EUR		EUR
10	Beitragspflichtige Einnahmen i. S. d. inländischen gesetzlichen Rentenversicherung **2016**	100	,–	300	,–
11	Inländische Besoldung, Amtsbezüge und Einnahmen beurlaubter Beamter **2016** (Ein Eintrag ist nur erforderlich, wenn Sie eine Einwilligung gegenüber der zuständigen Stelle abgegeben haben.)	101	,–	301	,–
12	Entgeltersatzleistungen **2016**	104	,–	304	,–
13	Tatsächliches Entgelt **2016**	102	,–	302	,–
14	Jahres(brutto)betrag der Rente wegen voller Erwerbsminderung oder Erwerbsunfähigkeit in der inländischen gesetzlichen Rentenversicherung **2016**	109	,–	309	,–
15	Inländische Versorgungsbezüge wegen Dienstunfähigkeit **2016** (Ein Eintrag ist nur erforderlich, wenn Sie eine Einwilligung gegenüber der zuständigen Stelle abgegeben haben.)	113	,–	313	,–
16	Einkünfte aus Land- und Forstwirtschaft **2015**	103	,–	303	,–
17	Jahres(brutto)betrag der Rente wegen voller Erwerbsminderung oder Erwerbsunfähigkeit nach dem Gesetz über die Alterssicherung der Landwirte **2016**	111	,–	311	,–
18	Einnahmen aus einer Beschäftigung, die einer ausländischen gesetzlichen Rentenversicherungspflicht unterlag und / oder Jahres(brutto)betrag der Rente wegen voller Erwerbsminderung oder Erwerbsunfähigkeit aus einer ausländischen gesetzlichen Rentenversicherung **2016**	114	,–	314	,–
19	**Ich bin für das Jahr 2017 mittelbar begünstigt.** (Bei Einzelveranlagung von Ehegatten / Lebenspartnern: Die Angaben zu den Altersvorsorgebeiträgen werden bei der Einkommensteuerveranlagung des anderen Ehegatten / Lebenspartners berücksichtigt.)	106	2 = Ja	306	2 = Ja

Angaben zu Kindern

Zeile			Geboren vor dem 1.1.2008 Anzahl der Kinder		Geboren nach dem 31.12.2007 Anzahl der Kinder
	Nur bei Eltern, die miteinander verheiratet sind oder miteinander eine Lebenspartnerschaft führen und 2017 nicht dauernd getrennt gelebt haben: Anzahl der Kinder, für die uns für **2017** Kindergeld ausgezahlt worden ist und				
20	– die der Mutter / Lebenspartner(in) B zugeordnet werden oder von Lebenspartner(in) A auf Lebenspartner(in) B übertragen wurden	305		315	
21	– für die die Kinderzulage von der Mutter auf den Vater / von Lebenspartner(in) B auf Lebenspartner(in) A übertragen wurde oder Lebenspartner(in) A zugeordnet werden	105		115	
	Bei allen anderen Kindergeldberechtigten: Anzahl der Kinder, für die für den ersten Anspruchszeitraum **2017** Kindergeld ausgezahlt worden ist (Diese Kinder dürfen nicht in den Zeilen 20 und 21 enthalten sein.)				
22	– an stpfl. Person / Ehemann / Lebenspartner(in) A	205		215	
23	– an Ehefrau / Lebenspartner(in) B	405		415	

2017AnlAV041 **2017AnlAV041**

Die Kehrseite der Medaille
Da die Sparbeiträge in einen Riester-Vertrag steuerlich gefördert werden, unterliegen die späteren Leistungen aus der Altersvorsorge in vollem Umfang der Besteuerung. Vom Staat gibt es eben nur selten etwas geschenkt.

Das Wichtigste vorab
Gerade als Werktätigem mit kleinem oder mittlerem Einkommen und vor allem mit Kindern wird Ihnen das Riester-Sparen leicht gemacht. Sie profitieren von den Zulagen am meisten (Tipps unter ➤ Rz 370 ff.). Riester-Sparer sind zudem gesetzlich geschützt, so z. B. vor dem Zugriff von Gläubigern (➤ Rz 390). Riester-Sparer können auch eine falsche Wahl korrigieren, indem sie in eine andere Sparform wechseln, z. B. von einem Fonds- in einen Banksparplan.
Mittlerweile gibt es mehr Sparmodelle, als ein Hund Flöhe hat. Jedoch sind nicht alle Riester-Produkte auch empfehlenswert. Riester-Rentenversicherungen und -Fondssparpläne sind mit hohen Verwaltungskosten belastet, welche die Rendite und damit die spätere Rente schmälern können. Ein Banksparplan ist deshalb keine schlechte Wahl (➤ Rz 388).

Wichtige Wahrheiten in ein angemessenes Gewand stecken.
(Adolf Freiherr von Knigge)

Zeile 1–23 Altersvorsorgebeiträge (Riester-Rente) 355

In diesen Zeilen können Sie den über die Riester-Zulage hinausgehenden Sonderausgabenabzug beantragen.

Die Sparförderung im Überblick 356
Die Aufwendungen für die Riester-Rente werden im Rahmen eines Kombimodells gefördert. Der Sparer kann zwischen einer steuerfreien Zulage (§§ 79 ff. EStG) und dem Abzug als Sonderausgaben (§ 10 a EStG) wählen. Weil vorausgesetzt werden kann, dass sich der Sparer immer für die finanziell günstigste Lösung entscheidet, nimmt ihm sein Finanzamt die Rechenarbeit ab und führt bei der Einkommensteuerveranlagung eine Günstigerprüfung durch, die der Computer mit links bewältigt.

357 **Antrag auf Abzug von Sonderausgaben**
Vorausgesetzt, Sie haben einen zertifizierten Altersvorsorgevertrag abgeschlossen, stellen Sie hier in > Zeile 1–23 den Antrag auf Abzug Ihrer Beiträge als Sonderausgaben und fügen die Bescheinigung des Anbieters über die Höhe der geleisteten Sparbeiträge bei.
Für den Sonderausgabenabzug ist in § 10 a EStG ein jährlicher Höchstbetrag von 2.100 € festgelegt.

358 **Weniger Formularkram durch Dauerzulageantrag**
Mit dem Antrag auf die Zulage haben Sie nichts zu tun, den stellt der Anbieter, und zwar bei der **Zulagestelle für Altersvermögen (ZfA),** wo auch das Konto Ihres Anlagevertrags geführt wird. Der Anbieter stellt den Antrag Jahr für Jahr automatisch, sofern Sie ihm entsprechende Vollmacht erteilen. Im Bürokratendeutsch heißt das Dauerzulageantrag.

Gleiches gilt für den Sonderausgabenabzug. Haben Sie keine Bescheinigung erhalten, kein Problem. Der Anbieter Ihres Riester-Vertrages übermittelt die entsprechenden Daten ohnehin automatisch an das Finanzamt.

359 Zeile 4–23 In welcher Höhe wird die Zulage gewährt?

360 **Mindesteigenbeitrag für die Zulage (§ 86 EStG)**
Die Altersvorsorgezulage wird nur dann in voller Höhe gewährt, wenn der Sparer einen bestimmten Mindesteigenbeitrag erbringt. Dieser bemisst sich nach dem Bruttolohn des Vorjahrs und beträgt 4 %.
Warum die Erfinder der Riester-Rente nicht den Bruttolohn des aktuellen Jahres als Grundlage genommen haben, bleibt wohl deren Geheimnis. Auf jeden Fall haben sie dafür gesorgt, dass der Sparer seinen Vertrag auch in schlechteren Zeiten ausreichend bedienen kann, denn wenn der Lohn mal spärlicher fließen sollte, wird auch der Sparbeitrag geringer. Riester ist also flexibel. Selbst wenn Sie arbeitslos werden sollten, können Sie sich weiterhin Riester leisten. Für die Berechnung des Mindesteigenbeitrags ist dann der tatsächliche Zahlbetrag des Arbeitslosengelds maßgebend.

361 Es kommt aber noch besser: Der Mindestbeitrag wird um die gewährte Zulage gekürzt! Nur den Rest müssen Sie aus eigener Tasche aufbringen. Und wenn Ihnen das nicht in voller Höhe gelingt, erhalten Sie immer noch eine anteilig gekürzte Zulage (§ 86 EStG). Dazu mehr unter ➤ Rz 370.

Obergrenze 362
Gefördert werden Altersvorsorgebeiträge bis zu einer bestimmten Obergrenze (§§ 10a und 82 EStG; siehe Übersicht unten). Höhere Sparbeiträge sind zwar möglich, werden zivilrechtlich aber nicht geschuldet und dürfen deshalb vom Anbieter nicht als Altersvorsorgebeiträge bescheinigt werden (§ 10a Abs. 5 EStG). Denn der Sparer kann diese Beträge vorzeitig zurückverlangen, was nicht dem Sinn des Gesetzes entspricht: für das Alter vorzusorgen. Der Höchstbetrag für den Sonderausgabenabzug und diese Obergrenze sind deshalb identisch.

Übersicht 363

Mindesteigenbeitrag des Bruttolohns	4 %
Obergrenze	2.100 €
Mindestbeitrag als Sockel	60 €
Grundzulage für den Sparer	154 €
Zulage je vor/nach 2007 geborenem Kind	185/300 €

Beispiel 364
Ein Alleinstehender hat in 2017 einen Riester-Vertrag abgeschlossen. Im Jahr 2015 betrug sein Bruttolohn 24.000 €.

Mindesteigenbeitrag 4 % von 24.000 € =	960 €
./. Grundzulage	– 154 €
Mindestens aus eigener Tasche zu leisten	806 €

Ehegatten-/Partnerzulage 365
Für Eheleute sowie Lebenspartner einer sog. eingetragenen Lebenspartnerschaft sieht das Gesetz einige Besonderheiten vor, die man getrost als Privilegien bezeichnen kann. Der amtliche Text dazu lautet etwa so:
Ist nur einer der Ehegatten/Lebenspartner unmittelbar zulageberechtigt, hat der andere (mittelbar) einen »abgeleiteten« Zulageanspruch, sofern er einen auf seinen Namen lautenden Altersvorsorgevertrag abgeschlossen hat (§ 79 Satz 2 EStG). Siehe hierzu ➤ Rz 372.

Wichtig zu wissen: Wählt ein Ehegatte/Partner die **Einzelveranlagung** (➤ Rz 97), kommt ein Sonderausgabenabzug beim mittelbar begünstigten Ehegatten nicht in Betracht. Beantragt der mittelbar begünstigte Ehegatte den zusätzlichen Sonderausgabenabzug, werden seine geleisteten Altersvorsorgebeiträge im Rahmen der gesetzlichen Höchstbeträge nur bei der Einkommensteuerveranlagung des unmittelbar begünstigten Ehegatten/Partners berücksichtigt. Die späteren Leistungen aus der Altersvorsorge an den mittelbar begünstigten Ehegatten/Partner unterliegen bei diesem in vollem Umfang der Besteuerung.

366 **Kinderzulage (§ 85 EStG)**
Die Kinderzulage wird für jedes Kind gewährt, für das der Steuerzahler Kindergeld erhält. Es genügt der Kindergeldbezug für einen Monat im Kalenderjahr, um die volle Kinderzulage zu erhalten.
Haben beide Eltern einen Altersvorsorgevertrag abgeschlossen, gibt es trotzdem nur eine Kinderzulage je Kind. Vorrangig bekommt sie die Mutter, und zwar für sämtliche Kinder. Im Fall der Zusammenveranlagung kann der Vater die Kinderzulage erhalten, wenn die Eltern dies gemeinsam beantragen.

367 Bei Alleinerziehenden kann nur derjenige Elternteil die Zulage beanspruchen, der das Kindergeld erhält.

368 ♦ *Musterfall Finke (Zusätzliche Altersvorsorge)*
Volker Finke hat 2017 in seinen Altersvorsorgevertrag 1.560 € eingezahlt. Er hat sich ausgerechnet, dass er bei einem Jahresgehalt von 40.000 € und einem Steuersatz in der Spitze von 30 % neben der Zulage obendrein mit einer Steuererstattung rechnen kann.

369 *Finke fügt seiner Steuererklärung die Bescheinigung des Anbieters für 2017 bei, sofern er sie erhalten hat. Da die Daten ohnehin elektronisch an die Finanzverwaltung übermittelt werden, ist die Bescheinigung auch entbehrlich. Hier ein Muster:*

ANLAGE AV

Altersvorsorge – Riester-Sparen

2018

(Bezeichnung und Anschrift des Anbieters)

9	9	3	9

Ausstellungsdatum

(Bitte achtstellig im Format TT.MM.JJJJ eintragen.)

(Bekanntgabeadressat)

Wichtiger Hinweis:
Diese Bescheinigung benötigen Sie, wenn Sie den Abzug der Altersvorsorgebeiträge als Sonderausgaben beantragen wollen. In diesem Fall fügen Sie bitte die Bescheinigung Ihrer Einkommensteuererklärung bei.

Bescheinigung nach § 10a Abs. 5 EStG zur Vorlage beim Finanzamt

für

1	Name, Vorname	geboren am
2	Straße, Hausnummer	
3	Postleitzahl, Wohnort	

Folgende Altersvorsorgebeiträge (Beiträge (a) und Tilgungsleistungen (b) ohne Zulage) wurden geleistet für das Kalenderjahr (Beitragsjahr)

	Anbieternummer	Zertifizierungsnummer	Vertragsnummer	Euro	Cent
4	0	1	2	3 (a)	
				5 (b)	
5	0	1	2	3 (a)	
				5 (b)	
6	0	1	2	3 (a)	
				5 (b)	

Diese Bescheinigung ist maschinell erstellt und daher nicht unterschrieben.

Vom Steuerpflichtigen auszufüllen, sofern die Eintragung nicht vom Anbieter durch Übernahme aus seinem Datenbestand vorgenommen wurde.

7	Steuernummer (wenn vorhanden)		
8	Sozialversicherungsnummer / Zulagenummer	0 7	(Bitte zwölfstellig eintragen.)
9	steuerliche Identifikationsnummer (wenn vorhanden)		(Bitte elfstellig eintragen.)
10	Mitgliedsnummer der landwirtschaftlichen Alterskasse bzw. der Alterskasse für den Gartenbau (wenn vorhanden)		(Bitte elfstellig eintragen.)

ZfA - 3
Vers. 024 - Stand 26.08.2009

370 **TIPP**

Schon der Sockel- ist ein Mindesteigenbeitrag

Ist Ihr Lohn bescheiden, genügt der sog. Sockelbetrag von 60 € – das entspricht gerade mal 5 € im Monat –, um die Riester-Zulage zu erhalten.

Wie sich das auswirkt, sehen Sie an folgendem Beispiel:
Ein Alleinstehender mit einem 2005 geborenem Kind hatte

	Fall 1	**Fall 2**
Bruttolohn 2016	5.300 €	53.000 €
Sparbeiträge in 2017	80 €	800 €
Die Riester-Zulage für 2017 beträgt:		
4 % vom Bruttolohn 2016	212 €	2.120 €
Obergrenze 2017	2.100 €	2.100 €
Maßgebend (§ 86 Abs. 1 EStG)	212 €	2.100 €
./. Riester-Zulage (154 € + 185 € =)	– 339 €	– 339 €
Verbleiben	0 €	1.761 €
Mindesteigenbeitrag/Sockel	**60 €**	**1.761 €**
Tatsächlich geleistet	**80 €**	**800 €**
Sparzulage für 2017	**339 €**	**154 €**

Im Fall 1 hat der Sparer den Mindesteigenbeitrag (mind. in Höhe des Sockelbetrags) geleistet. Deshalb steht ihm die Sparzulage in voller Höhe zu.

Im Fall 2 hat er den Mindesteigenbeitrag nicht aufgebracht. Deshalb wird die Zulage gekürzt auf (800 ÷ 1.761 × 100 =) 45,43 % von 339 € = rd. 154 €.

371 **TIPP**

Familienförderung wahr gemacht

Dadurch, dass die Zulagen von der geforderten Eigenleistung abgezogen werden, sind Eltern mit geringem Einkommen und mehreren Kindern besonders im Vorteil, denn ihr Eigenbeitrag geht schnell gegen null. Sie wären schön dumm, keinen Vorsorgevertrag abzuschließen.

Beispiel
Eine alleinerziehende berufstätige Frau mit drei vor 2008 geborenen Kindern hatte im Jahr 2016 einen Bruttolohn von 20.000 €. Sie schließt im Juni 2017 einen Vorsorgevertrag ab und hat als Eigenbeitrag aufzubringen:

Jahresbruttolohn im Vorjahr 20.000 €			
Davon 4 % Eigenleistung			800 €
Grundzulage	154 €		
Kinderzulage 185 € × 3 =	555 €		
Summe Zulagen	709 €	>	– 709 €
Verbleibender Eigenbeitrag			91 €
Eigenbeitrag ab Juli 2017 monatlich (91 € ÷ 6 Monate) =			16 €

TIPP Mit nur 60 € Eigenbeitrag die volle Grundzulage kassieren 372

Ist nur ein Ehepartner unmittelbar begünstigt (z. B. rentenversicherungspflichtig beschäftigt, arbeitslos oder im Beamtenverhältnis), kann auch der andere einen Vorsorgevertrag abschließen. Um die volle Zulage zu erhalten, muss er lediglich einen Mindesteigenbeitrag von 60 € im Jahr aufbringen.

Beispiel
Ehepaar mit einem vor 2008 geborenen Kind, nur der Mann ist berufstätig mit einem Jahresbruttolohn von 40.000 €. Das Ehepaar schließt einen Ehepartnervertrag ab, der für Mann und Frau jeweils einen eigenen Vertrag beinhaltet. Dabei geht die Kinderzulage automatisch auf das Vertragskonto der Frau. Die Frau will auf ihren Vertrag möglichst wenig einzahlen.
Das Ehepaar hat für 2017 als Eigenleistung aufzubringen:

4 % von 40.000 € =			1.600 €
Grundzulage 2 × 154 € =	308 €		
Kinderzulage	185 €		
Summe der Zulagen	493 €	>	– 493 €
Verbleibt als Eigenbeitrag im Jahr 2017			1.107 €
Eigenbeitrag pro Monat 1.107 € ÷ 12 Monate =			93 €

Dem Konto des Mannes werden für 2017 gutgeschrieben:

Eigenbeitrag	1.116 €
Grundzulage	154 €
Eigenleistung	1.270 €

Dem Konto der Frau werden für 2017 gutgeschrieben:

(Mindest)Eigenbeitrag	60 €
Grundzulage	154 €
Kinderzulage	185 €
Insgesamt	399 €

373 **TIPP** **Nur bei vollem Sparprogramm dicke Zusatzrente**

Wollen Sie später, wenn Sie in Rente sind, viel reisen oder Ihre Briefmarkensammlung komplettieren? Dafür brauchen Sie zusätzlich Geld.

Und nun rate ich Ihnen: Als Mittdreißiger haben Sie noch genügend Zeit, Ansprüche auf eine erkleckliche Zusatzrente zu erwerben. Fahren Sie dabei zweigleisig, mit einem privaten Altersvorsorgevertrag (➤ Rz 377) und mit einem Bausparvertrag – auch wenn Sie nicht bauen wollen. Das Bausparen bringt von allen staatlichen Sparprogrammen – wegen der Arbeitnehmersparzulage und der Wohnungsbauprämie – die höchste Rendite. Nach sieben Jahren können Sie frei über das Geld verfügen und es in einen neuen Bausparvertrag oder anderweitig langfristig anlegen.

374 **TIPP** **Lebensabend im Ausland? Finger weg von Riester!**

Haben Sie die feste Absicht, Ihren Wohnsitz im Alter ins Ausland zu verlegen, rate ich Ihnen von Riester ab! Denn Sie müssen dann alle staatlichen Zulagen zurückzahlen. Das hat damit zu tun, dass Sie die Riester-Rente in Deutschland versteuern sollen, also die Zulagen, die angesparten Zinsen und auch Ihre Sparbeiträge. Die nachgelagerte Besteuerung lässt grüßen.

Dieses Mobilitätshindernis und die Versteuerung der aus dem Nettolohn erbrachten Sparbeiträge hat schon erhebliche Kritik hervorgerufen. Beides ist eine Unverschämtheit und eine Zumutung für uns Bürger.

375 ◆ *Musterfall Finke (Günstigerprüfung – Fortsetzung von ➤ Rz 368)*

Volker Finke ist alleinstehend. Er hat im Jahr 2017 auf seinen zertifizierten Altersvorsorgevertrag insgesamt 1.560 € eingezahlt. Finke weiß, dass er für die volle Zulage einen Mindesteigenbeitrag in Höhe von 4 % seines Bruttogehalts vom Vorjahr leisten muss, vermindert um den Zulageanspruch von 154 €. Er berechnet den Mindesteigenbeitrag auf (Bruttogehalt Vorjahr

40.000 € × 4 % = 1.600 € – 154 € =) 1.446 €. Finke hat also genügend eingezahlt, um die volle Zulage zu erhalten. Zum Mindesteigenbeitrag mehr unter ➤ Rz 360 ff.
Seine Steuererklärung hat Finke mit ElsterOnline abgegeben (➤ Rz 5 ff.). Dabei hat er sofort gesehen, dass sein zu versteuerndes Einkommen für 2017 = 33.500 € beträgt, ohne den zusätzlichen Sonderausgabenabzug aus dem Riester-Vertrag. Nach Abzug dieser zusätzlichen Sonderausgaben kann Finke mit einer Steuerersparnis rechnen.

Berechnung

Zu versteuerndes Einkommen 2017	*33.500 €*	
Steuer nach Grundtarif		*6.540 €*
Günstigerprüfung		
Zu versteuerndes Einkommen 2017	*33.500 €*	
./. Altersvorsorgebeiträge 1.560 € (Obergrenze 2.100 € ➤ Rz 363),	*– 1.560 €*	
Verbleiben	*31.940 €*	
Steuer nach Grundtarif		*– 6.033 €*
Differenz (zu viel bezahlt)		*507 €*

Ergebnis:
Nach Abzug der Zulage in Höhe von 154 € rechnet Finke mit einer Steuererstattung von (507 € – 154 € =) 353 €. Die Zulage selbst ist zweckgebunden und verbleibt auf dem Konto seines Riester-Vertrags.

Zeile 6–8 Welche Altersvorsorgeverträge sind begünstigt? 376

Fördern und fordern, so will es das Gesetz. Wer die Zulage erhalten will, muss Sparbeiträge zugunsten eines auf seinen Namen lautenden Vertrags leisten. Die Vertragsform muss zertifiziert sein, d.h., sie muss ein »Gütesiegel« haben (§ 82 EStG), das vom Bundesaufsichtsamt für das Versicherungswesen vergeben wird. Einzelheiten regelt das Altersvorsorge-Zertifizierungsgesetz (AltZertG), das in das Einkommensteuergesetz eingebunden ist.
Es unterscheidet zwischen Beiträgen zu

- einem privaten Altersvorsorgevertrag (§ 82 Abs. 1 EStG) und
- einer betrieblichen Altersversorgung (§ 82 Abs. 2 EStG), speziell in
  - einen Pensionsfonds,
  - eine Pensionskasse,
  - eine Direktversicherung.

377 **A. Der private Altersvorsorgevertrag**
Mit dem Gütesiegel bestätigt das Bundesaufsichtsamt nur, dass die Produkte bestimmte Voraussetzungen und Sicherheitsaspekte erfüllen. Über die Rendite ist damit nichts gesagt. Selbst ein Produkt, bei dem Sie nach vielen Jahren nur Ihre Beiträge und die Zulagen zurückerhalten würden, könnte ein Gütesiegel erhalten.

378 Die einzelnen Anlageprodukte sind untereinander sehr verschieden, lassen sich aber auf vier Grundformen zurückführen:

- **Rentenversicherungen,**
- **Banksparpläne,**
- **Fondssparpläne,**
- **Riester-Bausparverträge (sowie Wohn-Riester).**

Vor Beginn der Auszahlungsphase kann der Sparer einen Bank- oder einen Fondssparplan immer noch in eine Rentenversicherung umwandeln.

379 **B. Betriebliche Altersversorgung als Riester-Rente nur in Ausnahmefällen**
Die betriebliche Altersversorgung im Rahmen eines Pensionsfonds, einer Pensionskasse oder einer Rentenversicherung kommt als Riester-Rente nur in Ausnahmefällen in Betracht. Denn es gibt hierfür bessere Förderwege über die Lohnsteuer. Eine Förderung über die Lohnsteuer schließt aber die Förderung durch eine Zulage aus.
Beiträge in einen Pensionsfonds, in eine Pensionskasse oder in eine Direktversicherung sind bis zu 4 % der Beitragsbemessungsgrenze (West) steuerfrei. Das sind (6.350 € × 12 Monate × 4 % =) 3.048 € im Jahr. Beiträge in eine Direktversicherung oder Pensionskasse können als weitere Alternative bis zu 1.800 € im Jahr mit 20 % pauschal versteuert werden (§ 40 b EStG). Deshalb bieten die Arbeitgeber eine Förderung über Zulagen praktisch nicht an.
Es erübrigt sich deswegen, hier näher darauf einzugehen. Zur betrieblichen Altersversorgung mehr unter ➤ Rz 630 ff.

380 Zeile 9–19 Welcher Personenkreis hat Anspruch auf die Zulage?

Hier die ganze Liste der Begünstigten mit Einzelheiten

- **Arbeitnehmer.** Dazu gehören auch berufstätige Studenten, Auszubildende und Behinderte in anerkannten Werkstätten. Die Versicherungspflicht besteht während des Bezugs von Kurzarbeiter- oder Winterausfallgeld nach dem SGB III fort;

- **Beamte** des Bundes, der Länder, der Gemeinden, der Gemeindeverbände sowie der sonstigen Körperschaften, Anstalten und Stiftungen des öffentlichen Rechts;
- **Richter** des Bundes und der Länder, ausgenommen ehrenamtliche;
- **Berufssoldaten** und **Soldaten auf Zeit;**
- **Mitglieder der Regierung des Bundes und der Länder sowie die Parlamentarischen Staatssekretäre auf Bundes- und Landesebene;**
- **bestimmte Selbständige.** Hierunter fallen z.B. Handwerker, die in die Handwerksrolle eingetragen sind, soweit sie sich nicht von der Versicherungspflicht haben befreien lassen, Hausgewerbetreibende, selbständige Lehrer und Erzieher, selbständige Künstler und Publizisten, die nach dem Künstlersozialversicherungsgesetz pflichtversichert sind;
- **Wehr- und Zivildienstleistende** sowie Personen, die ein freiwilliges soziales oder ökologisches Jahr ableisten;
- **Bezieher von Lohnersatzleistungen,** z.B. Krankengeld, Arbeitslosengeld und -hilfe;
- **Arbeitslose,** die bei einer inländischen Agentur für Arbeit als Arbeitssuchende gemeldet sind, aber wegen eigenen Einkommens und Vermögens nicht versicherungspflichtig sind und keine Arbeitslosenhilfe nach dem SGB II erhalten;
- **Personen, die Vorruhestandsgeld beziehen;**
- **nicht erwerbstätige Pflegepersonen** mit einem Pflegeeinsatz von mindestens 14 Wochenstunden;
- **Kindererziehende ohne Einkommen** während der Kindererziehungszeiten;
- **geringfügig Beschäftigte** i. S. des § 8 Abs. 1 SGB VI, die auf die Versicherungsfreiheit verzichtet haben: Minijobber, wenn sie den Arbeitgeberbeitrag zur Rentenversicherung von 15 % auf 18,7 % aufstocken (➤ Rz 620) oder wenn sie ein Arbeitsentgelt in der sog. Gleitzone zwischen 450,01 € bis 850 € monatlich beziehen (➤ Rz 627);
- **Landwirte,** die nach dem Gesetz über die Alterssicherung der Landwirte pflichtversichert sind;
- Pflichtversicherte in einer **ausländischen Rentenversicherung**, die im Inland ihren Wohnsitz haben und als Grenzgänger im Ausland einer Beschäftigung nachgehen.

Höchstalter 57 Jahre 381

»Ich bin mit 50 schon viel zu alt, um eine Zusatzrente anzusparen«, wenden Sie sich ab.
Irrtum, 57 Jahre ist das Limit für einen Vertragsabschluss. Das ergibt sich indirekt aus dem Zertifizierungsgesetz, das besagt: Die Zusatzrente kann

bei Verträgen ab 2012 frühestens mit 62 Jahren (bei Verträgen vor 2012 frühestens mit 60 Jahren) zu laufen beginnen, und die Abschluss- und Vertriebskosten für den Vertrag müssen auf mindestens fünf Jahre verteilt werden, also: 62 – 5 = 57.
»Na gut, aber ich habe zum Sparen zu wenig Geld und auch zu wenig Geduld.«
Beides stimmt nicht. Geduld ist fast allen Menschen angeboren, etwas Geld werden Sie schon aufbringen wollen, um im Alter abgesichert zu sein. Bereits 5 € im Monat genügen oft schon als Sockelbetrag für die volle Riester-Zulage (➤ Rz 370).

382 **Besonderheiten für Eheleute**
Jeder Ehegatte muss für sich einen Vertrag abschließen, wenn er eine Zulage haben will. Sind beide Ehegatten pflichtversichert, muss auch jeder für sich den Mindestbeitrag zahlen.

383 **Ehepartner abgesichert**
Bei Tod des Sparers vor Rentenbeginn ist der überlebende Ehegatte insofern abgesichert, als das angesparte Kapital und die Zulagen auf ihn übertragen werden können, vorausgesetzt, er ist selbst »riesterberechtigt«. Falls nicht, fließt das angesparte Kapital – ohne Zulagen – in die Erbmasse.
Beachten Sie: Die Übertragung auf ein Kind ist hingegen förderschädlich.

384 **Gleichgeschlechtliche Paare**
Diese Besonderheiten gelten nicht für gleichgeschlechtliche Paare, da sie keine Ehegatten im Sinne des § 79 EStG sind.

385 **Vorteile für nicht berufstätige Eltern(teile)**
Kindererziehungszeiten sind Pflichtzeiten in der gesetzlichen Rentenversicherung. Dies gilt für 36 Monate ab der Geburt des Kindes. Besteht ein Altersvorsorgevertrag, können Mutter oder Vater während dieser Zeit eine Zulage für sich und für das Kind beanspruchen, wenn mindestens eine Eigenleistung in Höhe des Sockelbetrags von 60 € aufgebracht wird.

386 Zeile 4–23 Welche Riester-Sparform ist die beste für mich?

387 **Die Rentenversicherung**
Unter den Riester-Produkten hat die Rentenversicherung mit 60 % aller Verträge den größten Zulauf.
Zur Rendite einer Rentenversicherung lassen sich keine zuverlässigen Aussagen machen. Lediglich der Rechnungszins mit 0,9 % (Stand 2017)

ist einigermaßen sicher. Abschluss-, Vertriebs- und Verwaltungskosten lassen sich in etwa beziffern, doch aufgepasst: Diese Zusatzkosten sind bei den einzelnen Anbietern unterschiedlich hoch.
Die spätere Rente hängt zu einem Gutteil von der statistischen Lebenserwartung der Versicherten bei Beginn der Auszahlungsphase ab. Sie erfahren also erst in 20 oder gar 40 Jahren, wie hoch Ihre Rente sein wird.
Eine Rentenversicherung ist somit immer eine Finanzwette zwischen dem Kunden und dem Anbieter: Lebt der Kunde länger als der Durchschnitt der Versicherten, hat er gewonnen, andernfalls verloren.
Stirbt der Berechtigte, wenn die Rente bereits zu laufen begonnen hat, ist sie futsch. Dagegen hilft eine Rentengarantiezeit. Üblich sind mindestens fünf und höchstens 14 Jahre. Eine solche Rentengarantie schlägt allerdings auf die Rendite. Stirbt der Berechtigte vor Rentenbeginn, erhalten die Erben die eingezahlten Beträge plus Zinsen ausbezahlt, nicht aber die Zulagen. Siehe auch ➤ Rz 383.

Ergebnis: Eine Rentenversicherung ist schwer kalkulierbar. Relativ hohe Abschluss- und Vertriebskosten belasten die Rendite. Die Kosten schlagen besonders bei kurzer Vertragslaufzeit zu Buche. Deshalb ist eine Rentenversicherung nichts für Ältere. Wer 90 wird, hat eine gute Rendite zu erwarten. Kerngesunde jüngere Singles sollten nicht zögern, eine Rentenversicherung abzuschließen.

Der Banksparplan **388**
Ein Banksparplan ist gut kalkulierbar. Er garantiert ebenso wie eine Rentenversicherung lebenslange Einnahmen für die Auszahlungsphase, indem bis zum Alter von 85 das Sparkapital in gleichbleibenden oder steigenden Raten und danach als lebenslange Rente ausbezahlt wird. Zur Sicherung der Rente wird ein Teilbetrag des Endguthabens in eine Rentenversicherung eingebracht.

Die Bank erhebt keine Abschluss-, Vertriebs- und Verwaltungskosten. Erben erhalten immer das vorhandene Sparkapital plus Zinsen ausbezahlt.

Die angesparten Altersvorsorgebeiträge werden variabel verzinst. Der Zinssatz wird regelmäßig an einen Referenzzinssatz angepasst, z.B. an die »Umlaufrendite börsennotierter Bundeswertpapiere mit einer Restlaufzeit von zehn Jahren«, gerechnet mit einem festgelegten Abschlag. Zusätzlich werden Bonuszinsen in Aussicht gestellt.

Die Sparkassen ködern die Kunden mit einem Renditeversprechen von mehr als 4 % und machen im konkreten Fall folgende Rechnung auf:

Eigenleistung nach 20 Jahren und 5 Monaten	9.833,17 €
Zulagen, alleinstehend mit 1 vor 2008 geborenen Kind	4.529,02 €
Zinserträge	7.546,87 €
Endguthaben mit Alter 65	21.909,06 €

Ergebnis: Ein Banksparplan eignet sich besonders für ältere Sparer, weil keine Abschluss- und Vertriebskosten anfallen. Das Risiko ist gleich null und die Rendite gut. Was vom Kapital nicht entnommen ist, fällt an die Hinterbliebenen. So ist auch der Ehepartner abgesichert.

389 **Der Fondssparplan**

Ein Fondssparplan beinhaltet die größten Ertragschancen, indem die Sparbeiträge in einem Investmentfonds angelegt werden. Bei Wiederanlage der Erträge wächst das Kapital schnell in erfreuliche Höhen – wenn alles gutgeht. In Depotauszügen wird der Sparer über die Entwicklung seines Fonds informiert.

Das Risiko eines Totalverlusts ist praktisch ausgeschlossen, denn der Aktienbesitz wird über das Investment breit gestreut. Zudem muss die Fondsgesellschaft zu Beginn der Auszahlungsphase mindestens ein Kapital in Höhe der eingezahlten Beträge plus Zulagen bereitstellen. Ein Fondssparplan hat also einen Risikopuffer nach unten.

Steht der Rentenbeginn in wenigen Jahren bevor, kann der Sparer sein Aktienkapital auf die sichere Seite bringen, indem er in einen Fonds mit festverzinslichen Wertpapieren umschichtet. Dies muss die Fondsgesellschaft kostenlos abwickeln.

Wie bei einem Banksparplan werden in der Auszahlungsphase bis zum 85. Lebensjahr gleichbleibende oder steigende Raten nach einem vorgegebenen Entnahmeplan ausgezahlt, danach wird eine Teilkapitalverrentung auf Lebenszeit vorgenommen.

Ergebnis: Ein Fondssparplan eignet sich besonders für Jüngere, die auf hohen Ertrag setzen und ein kleines Risiko nicht scheuen.

390 **Gut zu wissen:** Altersvorsorgeverträge haben Pfändungs- und Anrechnungsschutz

Altersvorsorgevermögen kann nicht übertragen werden (§ 97 EStG). Deshalb ist dieses Vermögen unpfändbar. Dies gilt aber nicht für die an den Vertragsinhaber fließenden Beträge in der Auszahlungsphase.

Altersvorsorgevermögen wird geschont
Bei Arbeitslosigkeit oder im Sozialfall wird das Guthaben in einem Riester-Vertrag als sog. Schonvermögen behandelt und bleibt bei der Berechnung des Arbeitslosengeldes oder der Sozialhilfe unberücksichtigt.

Hauskauf mit der Riester-Rente: Wohn-Riester

»Wohn-Riester« sagen die meisten zu der Vorsorgeform, die Riester-Sparern die eigenen vier Wände schmackhaft machen soll. 391
Damit wird der Bau und der Kauf von selbstgenutztem Wohneigentum staatlich gefördert. Wer etwa eine Wohnung oder ein Haus kaufen will oder ein Objekt entschulden muss, darf dafür sein angespartes Riester-Kapital antasten. Gleichzeitig helfen die Riester-Zulagen, einen laufenden Immobilienkredit zu tilgen.
Und das kann sich rechnen. Sparer, die 4 % ihres beitragspflichtigen Vorjahreseinkommens in die Altersvorsorge stecken, erhalten 154 € Grundzulage, und für jedes kindergeldberechtigte Kind fließen 185 € oder sogar 300 €. So erhält eine Familie mit zwei vor 2008 geborenen Kindern und einem nach 2007 geborenem Nachzügler max. 978 €. Geld, das Bauherren und Immobilienkäufer nach Wegfall der Eigenheimzulage gut gebrauchen können.
Berufseinsteiger bis zum 25. Lebensjahr bekommen einen einmaligen Zuschuss von 200 € vom Staat, wenn sie einen Riester-Vertrag abschließen.

Wofür kann ich Wohn-Riester einsetzen? 392

Das Riester-Kapital kann für die Finanzierung einer selbstgenutzten Wohnung verwendet werden. Darunter ist ein Haus, eine Eigentumswohnung oder eine Genossenschaftswohnung einer eingetragenen Genossenschaft zu verstehen. Auch ein Dauerwohnrecht ist »riester-fähig«.
Nicht begünstigt sind: Umbauten, Renovierungen und Ferienwohnungen.

Riester-Vermögen als Eigenkapital bei der Baufinanzierung 393

Das in einem Riester-Vertrag deponierte Geld akzeptieren Banken und Kreditanbieter als Eigenmittel und beziehen es in die Berechnung des Schuldzinses für das Darlehen ein. In diesem Fall wird nicht mehr der Riester-Vertrag weiter bespart, sondern das Geld wandert als Tilgungsrate in einen Darlehensvertrag. Der Staat bezuschusst dann nicht mehr die Sparrate, sondern zahlt den Riester-Bonus auf die Tilgung.

Beispiel
Bei einem Alleinstehenden sind max. 2.100 € im Jahr zuschussfähig. Daraus ergibt sich eine Riester-Zulage von 154 €. Bei der Rückzahlung eines

Immobiliendarlehens würde dieser Betrag als Sondertilgung angerechnet.

Wichtig daher: Die Option Wohn-Riester sollte vor Vertragsschluss vereinbart werden, denn Sondertilgungen sind nicht immer ohne weiteres möglich.

394 **Der Riester-Bausparvertrag**

Bausparkassen und Wohnungsgenossenschaften dürfen nunmehr ein neues, zertifiziertes Riester-Produkt anbieten, das Bausparen und Riester-Förderung kombiniert.

395 **Was passiert mit der Wohnungsbauprämie?**

Die staatliche Wohnungsbauprämie von bis zu 45 € pro Jahr bleibt unabhängig von der Riester-Förderung erhalten. Sie fließt allerdings nur, wenn »das Kapital in Wohnimmobilien investiert wird«, so das Bundesfinanzministerium. Bislang konnte das Geld auch für andere Zwecke verwendet werden, wenn die siebenjährige Sperrfrist abgelaufen war.

396 **Was passiert mit dem Riester-Produkt, wenn das angesparte Kapital entnommen wird?**

Der Riester-Vertrag läuft weiter. Selbstverständlich lässt sich das bisherige Riester-Produkt weiter besparen, meist ohne Zulagen. Die werden in die Tilgung der Kreditraten fließen.

Stoppt der Sparer seine Einzahlungen, verwalten Versicherung, Fondsanbieter oder Bank unter Umständen jahrelang ein Riester-Depot ohne Kapital. Klar ist, die daraus fließende Riester-Rente dürfte wohl eher mickrig ausfallen.

397 **Muss Wohn-Riester versteuert werden?**

Ja. Wer vor der Rente steuerfrei anspart, muss mit Renteneintritt die Auszahlung versteuern. Für klassische Riester-Produkte heißt das: Die Rente, die aus Riester-Versicherung, -Fonds oder -Banksparplan fließt, muss der Sparer im Ruhestand versteuern. Bei Wohn-Riester gibt es natürlich keine monatliche Rente, die besteuert werden könnte. Daher wird ein fiktives Konto, das »Wohnförderkonto«, gebildet, auf dem die staatliche Förderung sowie die Tilgungsraten fürs Haus mit jährlich 2 % registriert werden. Auf diese Summe zahlt der Ruheständler dann Steuern. Der Sparer wird so behandelt, als erhielte er eine monatliche Rente.

Dabei soll der Ruheständler wählen können, ob er die Steuer auf einen Schlag zahlt, dann gewährt ihm der Fiskus einen Rabatt von 30 % – nur 70 % des Kapitals auf dem Wohnförderkonto werden versteuert. Im Gegenzug verpflichtet sich der Rentner, 20 Jahre lang den Immobilienbesitz zu halten. Als zweite Möglichkeit kann der Rentner die auf sein Riester-Vermögen entfallende Steuer 25 Jahre lang abstottern – ohne Abschlag.

Beispiel
Ein 42-jähriger Riester-Sparer nimmt im Jahr 2020 exakt 20.000 € aus seinem Vertrag. Mit 62 Jahren, also im Jahr 2040, muss er das Geld zzgl. 2 % Zinsen versteuern. Sein Einkommen 2040 beträgt 50.000 €. Versteuert er die Summe (abzgl. 30 % Nachlass) sofort, kostet ihn das knapp 10.000 € zusätzliche Abgaben. Stottert er die Steuer ab, macht sie insgesamt fast 15.500 € mehr aus.

Ist man an ein Riester-finanziertes Haus gebunden, oder darf man es verkaufen? 398

Nur wer rechtzeitig ein neues Objekt erwirbt, darf die staatlichen Zulagen behalten. Umstritten ist, wie schnell eine neue Immobilie gefunden werden muss: Im Gespräch sind ein Jahr, aber auch vier Jahre nach dem Verkauf.

7 Die Anlage Unterhalt

Wenn man jemanden finanziell unterstützt, dann sicherlich nicht, um dessen Faulheit zu stärken. Meistens ist die unterstützte Person krank, nicht (mehr) erwerbsfähig, durch widrige Umstände aus der Bahn geworfen oder durch Kinder am Erwerb gehindert. 399

7.1 Was man wissen muss, wenn man jemanden unterstützt 400

Für Ihre Aufwendungen können Sie eine Steuerermäßigung bis zu 8.820 € beanspruchen (§ 33 a EStG). Dazu muss die unterstützte Person Ihnen gegenüber gesetzlich unterhaltsberechtigt sein. Gesetzlich unterhaltsberechtigt sind insbesondere Verwandte in gerader Linie (Großeltern, Eltern, Kinder bzw. Enkel), auch Partner einer eingetragenen Lebenspartnerschaft, nicht dagegen Verwandte in der Seitenlinie (Geschwister und Verschwägerte). Auch für Unterhaltskosten an den geschiedenen oder getrennt lebenden Ehepartner steht die Steuervergünstigung zu, alternativ zum Abzug als Sonderausgaben (Hauptformular > Zeile 40–41).

So viel können Sie absetzen

Für Ihre Aufwendungen hat der Gesetzgeber pro Person einen Höchstbetrag von 8.820 € vorgesehen. Auf diesen Höchstbetrag werden eigene Einkünfte und Bezüge der unterhaltenen Person angerechnet, jedoch nur, soweit sie 624 € jährlich übersteigen. Daraus folgt: Hat die unterstützte Person mehr als (8.820 € + 624 € =) 9.444 € im Jahr zur Verfügung, geht der Höchstbetrag auf null. Auf den Monat gerechnet sind das (9.444 € ÷ 12 =) 787 €. Außerdem vermindert sich der Höchstbetrag stets um Ausbildungshilfen aus öffentlichen Mitteln (BAföG).

Hier die ganz einfache Berechnung, bezogen auf Jahresbeträge:

Unterhaltshöchstbetrag			8.820 €
Eigene Einkünfte und Bezüge	9.444 €		
./. anrechnungsfreier Betrag	– 624 €		
Schädliche Einkünfte und Bezüge	8.820 €	>	– 8.820 €
abzugsfähiger Jahresfreibetrag			0 €

(Quelle: § 33a Abs. 1 EStG)

Bedürftig in diesem Sinne sind vielfach:

- Hartz-IV-Empfänger, Empfänger von Sozialhilfe,
- Eltern mit Grundrente,
- geschiedene/getrennt lebende Ehegatten,

- nicht verheiratete Kindesmutter,
- mittelloser Lebenspartner,
- Kinder,
  - die Wehr- oder Ersatzdienst leisten
  - oder über 25 Jahre sind und sich noch in Ausbildung befinden.

Abziehbar sind alle typischen Unterhaltskosten, insbesondere für Ernährung, Kleidung und Wohnung.

Kindergeld futsch? Dafür Unterhalt absetzen!
Die Unterstützung eigener Kinder ist nicht begünstigt, solange jemand für sie Kindergeld oder einen Kinderfreibetrag erhält, da der Gesetzgeber meint, damit sei von staatlicher Seite jedwede Unterstützung ausreichend abgegolten. Mit dem Wegfall von Kindergeld/-freibetrag können Eltern die Unterstützung ihrer Kinder allerdings als außergewöhnliche Belastung in der Anlage Unterhalt geltend machen. Diese Voraussetzung ist gegeben bei Kindern über 18, wenn sie nicht mehr in der Berufsausbildung sind. Bei Kindern in Berufsausbildung liegt die Altersgrenze bei 25 Jahren.

Gut zu wissen: Hat das Sozialamt von Ihnen Unterhaltsleistungen für einen Angehörigen angefordert, sind diese immer abziehbar, anzusetzen in > Zeile 7.

Für den Fiskus ist die beste Steuererklärung die, in welcher der Steuerzahler nichts geltend macht. Tun Sie ihm diesen Gefallen nicht, und gestalten Sie Ihre Verhältnisse schon im Lauf des Kalenderjahres so, dass sich Ihre Arbeit an der Steuererklärung bezahlt macht.

401 **Was hat es mit der »Opfergrenze« auf sich?**
Der Fiskus macht sich zunutze, dass es eine gewisse Schmerzgrenze gibt, über die hinaus niemand gefordert ist, ein finanzielles Opfer zu bringen. Lediglich gegenüber dem Ehegatten und minderjährigen Kindern besteht die Pflicht, auch über diese Opfergrenze hinauszugehen (§§ 1360, 1603 Abs. 2 BGB).

Nur bis zu dieser »Opfergrenze« werden Ihre Unterhaltsleistungen steuerlich berücksichtigt. Sie ist bestimmt durch einen bestimmten Prozentsatz eines besonders definierten Nettoeinkommens, zu dem auch Steuererstattungen zählen, und beträgt 1 % je 500 €, aber max. 50 % dieses Nettoeinkommens. Davon abgezogen werden je fünf Prozentpunkte für den Ehegatten und jedes Kind, insgesamt max. 25 Prozentpunkte. Kompliziert, daher hier ein

Beispiel
Nettoeinkommen 12.000 € ÷ 500 € = 24 = 24 % von 12.000 € = Opfergrenze 2.880 €.
Aufwendungen werden nur bis zu dieser Höhe anerkannt.

Der Fiskus berechnet die Opfergrenze klammheimlich im Programm, ohne dass er besonders danach fragt, weil ihm alle Daten dafür bekannt sind. Es kann also sein, dass der Fiskus Ihnen den vollen Höchstbetrag nicht zubilligt, weil Ihre Aufwendungen die Opfergrenze überschritten haben.

2017

1 Name

2 Vorname

3 Steuernummer | lfd. Nr. der Anlage

Anlage Unterhalt

Für jeden unterstützten Haushalt bitte eine eigene Anlage Unterhalt abgeben.

Angaben zu Unterhaltsleistungen an bedürftige Personen

Haushalt, in dem die unterstützte(n) Person(en) lebte(n) 53

4 Anschrift dieses Haushaltes

5 Wohnsitzstaat, wenn Ausland

Die Eintragungen in den Zeilen 6 bis 10 und 17 bis 26 sind nur in der ersten Anlage Unterhalt je Haushalt erforderlich.

6 Anzahl der Personen, die in dem Haushalt lt. Zeile 4 lebten — Anzahl

Aufwendungen für den Unterhalt

		vom	bis	Gesamtaufwendungen EUR
7	Erster Unterstützungszeitraum, für den Unterhalt geleistet wurde, und Höhe der Aufwendungen (einschließlich von mir getragener Beträge lt. den Zeilen 11 bis 25)	T T M M	T T M M	,—
8	Zeitpunkt der ersten Unterhaltsleistung für den ersten Unterstützungszeitraum im Kalenderjahr	T T M M J J J J		
9	Zweiter Unterstützungszeitraum, für den Unterhalt geleistet wurde, und Höhe der Aufwendungen (einschließlich von mir getragener Beträge lt. den Zeilen 11 bis 25)	T T M M	T T M M	,—
10	Zeitpunkt der ersten Unterhaltsleistung für den zweiten Unterstützungszeitraum im Kalenderjahr	T T M M J J J J		

	Beiträge zu Basis-Kranken- und gesetzlichen Pflegeversicherungen, die von der / den unterstützten Person(en) als Versicherungsnehmer geschuldet wurden.	Auf den ersten Unterstützungszeitraum entfallen EUR	Auf den zweiten Unterstützungszeitraum entfallen EUR
11	Basis-Kranken- und gesetzliche Pflegeversicherungsbeiträge (abzüglich steuerfreier Zuschüsse und erstatteter Beiträge) für die unterstützte Person lt. Zeile 32	,—	,—
12	in Zeile 11 enthaltene Beiträge, aus denen sich ein Anspruch auf Krankengeld ergibt	,—	,—
13	Basis-Kranken- und gesetzliche Pflegeversicherungsbeiträge (abzüglich steuerfreier Zuschüsse und erstatteter Beiträge) für die unterstützte Person lt. Zeile 62	,—	,—
14	In Zeile 13 enthaltene Beiträge, aus denen sich ein Anspruch auf Krankengeld ergibt	,—	,—
15	Basis-Kranken- und gesetzliche Pflegeversicherungsbeiträge (abzüglich steuerfreier Zuschüsse und erstatteter Beiträge) für die unterstützte Person lt. Zeile 92	,—	,—
16	In Zeile 15 enthaltene Beiträge, aus denen sich ein Anspruch auf Krankengeld ergibt	,—	,—

Unterhaltsleistungen an im Ausland lebende Personen

		Einreisedatum	Übergabedatum	EUR
17	X Unterhaltszahlungen durch Bank- oder Postüberweisung (Bitte Nachweise einreichen.)			,—
18	X Unterhaltszahlungen durch Übergabe von Bargeld (Bitte Abhebungsnachweise der Bank, Nachweise über die Durchführung der Reise und detaillierte Empfängerbestätigung der unterstützten Person einreichen.)			
19	Mitgenommene Beträge	T T M M J J J J	T T M M J J J J	,—
20		T T M M J J J J	T T M M J J J J	,—
21	X Unterhaltszahlungen im Rahmen von Familienheimfahrten zum Ehegatten / Lebenspartner (Die Durchführung der Reise ist nachzuweisen.)			
22		T T M M J J J J	T T M M J J J J	,—
23		T T M M J J J J	T T M M J J J J	,—
24		T T M M J J J J	T T M M J J J J	,—
25		T T M M J J J J	T T M M J J J J	,—
26	Nettomonatslohn der unterstützenden stpfl. Person			,—

2017AnlUnterhalt191 2017AnlUnterhalt191

Allgemeine Angaben zur unterstützten Person

31 Identifikationsnummer — lfd. Nr.

32 Name, Vorname — Geburtsdatum T T M M J J J J — wenn 2017 verstorben — Sterbedatum T T M M J J J J

33 Beruf, Familienstand — Verwandtschaftsverhältnis zur unterstützenden Person

34 **Bei Unterhaltsempfängern im Ausland:** Von der Heimatbehörde und der unterstützten Person bestätigte Unterhaltserklärung über die Bedürftigkeit ist beigefügt. 1 = Ja 2 = Nein

35 Name, Vorname des im selben Haushalt lebenden Ehegatten / Lebenspartners — Name, Vorname

36 Die unterstützte Person lebte in meinem inländischen Haushalt. 1 = Ja 2 = Nein — Falls ja (wenn nicht ganzjährig) vom T T M M bis T T M M

37 Hatte jemand für diese Person Anspruch auf Kindergeld oder Freibeträge für Kinder? 1 = Ja 2 = Nein — Falls ja (wenn nicht ganzjährig) T T M M T T M M

38 Die unterstützte Person ist mein
- geschiedener Ehegatte
- Lebenspartner einer aufgehobenen Lebenspartnerschaft
- dauernd getrennt lebender Ehegatte / Lebenspartner

(kein Abzug von Sonderausgaben nach § 10 Abs. 1a Nr. 1 EStG, keine Zusammenveranlagung). 1 = Ja 2 = Nein

39 Die unterstützte Person ist mein nicht dauernd getrennt lebender und nicht unbeschränkt einkommensteuerpflichtiger Ehegatte / Lebenspartner 1 = Ja 2 = Nein

40 Die unterstützte Person ist als Kindesmutter / Kindesvater gesetzlich unterhaltsberechtigt. 1 = Ja 2 = Nein — Falls ja (wenn nicht ganzjährig) T T M M T T M M

41 Die unterstützte Person ist nicht unterhaltsberechtigt, jedoch wurden oder würden bei ihr wegen der Unterhaltszahlungen öffentliche Mittel gekürzt oder nicht gewährt. (Bitte Nachweis der Sozialbehörden, der Agentur für Arbeit oder schriftliche Versicherung der unterstützten Person einreichen.) 1 = Ja 2 = Nein — Falls ja (wenn nicht ganzjährig) T T M M T T M M

42 Gesamtwert des Vermögens der unterstützten Person — EUR ,—

Zum Unterhalt der bedürftigen Person haben auch beigetragen (Name, Anschrift)

43

44 vom T T M M bis T T M M — Betrag EUR ,—

Einkünfte und Bezüge der unterstützten Person

Diese Person hatte

	vom	bis	Bruttoarbeitslohn EUR	darauf entfallende Werbungskosten (ohne Werbungskosten zu Versorgungsbezügen) EUR	Versorgungsbezüge – im Arbeitslohn enthalten – EUR	Bemessungsgrundlage für den Versorgungsfreibetrag EUR	Werbungskosten zu Versorgungsbezügen EUR
45	T T M M	T T M M					
46	T T M M	T T M M					

	maßgebendes Kalenderjahr des Versorgungsbeginns Jahr	vom	bis	Renten EUR	steuerpflichtiger Teil der Rente EUR	Werbungskosten zu Renten EUR
47		T T M M	T T M M			
48		T T M M	T T M M			

	vom	bis	Einkünfte aus Kapitalvermögen (tarifliche Einkommensteuer) EUR	vom	bis	Übrige Einkünfte EUR
49	T T M M	T T M M		T T M M	T T M M	
50	T T M M	T T M M		T T M M	T T M M	

	vom	bis	Erträge aus Kapitalvermögen (Abgeltungsteuer) EUR	vom	bis	Sozialleistungen / übrige Bezüge (z. B. aus Minijobs) EUR
51	T T M M	T T M M		T T M M	T T M M	
52	T T M M	T T M M		T T M M	T T M M	

	vom	bis	Kosten zu allen Bezügen EUR	vom	bis	Öffentliche Ausbildungshilfen EUR
53	T T M M	T T M M		T T M M	T T M M	
54	T T M M	T T M M		T T M M	T T M M	

2017AnlUnterhalt192 2017AnlUnterhalt192

Gesundheit ist nicht alles,
aber ohne Gesundheit ist alles nichts.

402 ◆ *Musterfall Familie Huber (Unterstützung des Vaters)*
Der Vater von Herrn Huber ist verwitwet. Er lebt in Hamburg in seiner eigenen Wohnung und bezieht seit dem Jahr 2000 eine Rente aus der gesetzlichen Rentenversicherung. Im Jahr 2017 hat er daraus 6.600 € erhalten. Herr Huber hat deshalb seinen Vater das ganze Jahr über mit monatlich 170 €, übers Jahr gesehen mit 2.040 € unterstützt und beantragt hierfür eine Steuervergünstigung, indem er die Anlage Unterhalt beifügt.

	Aufwendungen für den Unterhalt	vom	bis	Gesamtaufwendungen EUR
7	Erster Unterstützungszeitraum, für den Unterhalt geleistet wurde, und Höhe der Aufwendungen (einschließlich Beträge lt. den Zeilen 11 bis 25) – Bitte Nachweise einreichen. –	0101	3112	2040,–
8	Zeitpunkt der ersten Unterhaltsleistung für den ersten Unterstützungszeitraum im Kalenderjahr	02012017		

Huber weiß, dass Renten, die vor dem Jahr 2005 zu laufen begonnen haben (Altrenten), mit einem Anteil von 50 % steuerpflichtig sind (➤ Rz 954). Deshalb trägt er in > Zeile 47 der Anlage Unterhalt als steuerpflichtigen Teil der Rente den Betrag von 3.300 € ein.

Das bringt für 2017 an außergewöhnlicher Belastung:

Aufwendungen			2.040 €
Unterhaltshöchstbetrag			8.820 €
./. Kürzung wegen eigener Einkünfte und Bezüge des Vaters:			
Rente	6.600 €		
*./. pauschal 102 € + 180 €**	– 282 €		
Einkünfte und Bezüge	6.318 €		
./. anrechnungsfreier Betrag	– 624 €		
Schädliche Einkünfte	5.694 €	>	– 5.694 €
Gekürzter Unterhaltshöchstbetrag			3.126 €

** Werbungskostenpauschbetrag und Kostenpauschale*

ANLAGE UNTERHALT

Unterhalt für bedürftige Personen **2018**

Allgemeine Angaben zur unterstützten Person

31 Identifikationsnummer: 12345678901 — lfd. Nr. 1

32 Name, Vorname: Huber, Fritz — Geburtsdatum: 07071935 — wenn 2017 verstorben: Sterbedatum T T M M J J J J

33 Beruf, Familienstand: Rentner, verwitwet — Verwandtschaftsverhältnis zur unterstützenden Person: Vater

34 **Bei Unterhaltsempfängern im Ausland:** Von der Heimatbehörde und der unterstützten Person bestätigte Unterhaltserklärung über die Bedürftigkeit ist beigefügt. (1 = Ja, 2 = Nein)

35 Name, Vorname des im selben Haushalt lebenden Ehegatten / Lebenspartners — Name, Vorname

		Antwort		Falls ja (wenn nicht ganzjährig) vom	bis
36	Die unterstützte Person lebte in meinem inländischen Haushalt.	2	1 = Ja, 2 = Nein	T T M M	T T M M
37	Hatte jemand für diese Person Anspruch auf Kindergeld oder Freibeträge für Kinder?	2	1 = Ja, 2 = Nein	T T M M	T T M M
38	Die unterstützte Person ist mein – geschiedener Ehegatte – Lebenspartner einer aufgehobenen Lebenspartnerschaft – dauernd getrennt lebender Ehegatte / Lebenspartner (kein Abzug von Sonderausgaben nach § 10 Abs. 1a Nr. 1 EStG, keine Zusammenveranlagung).	2	1 = Ja, 2 = Nein		
39	Die unterstützte Person ist mein nicht dauernd getrennt lebender und nicht unbeschränkt einkommensteuerpflichtiger Ehegatte / Lebenspartner	2	1 = Ja, 2 = Nein		
40	Die unterstützte Person ist als Kindesmutter / Kindesvater gesetzlich unterhaltsberechtigt.	2	1 = Ja, 2 = Nein	T T M M	T T M M
41	Die unterstützte Person ist nicht unterhaltsberechtigt, jedoch wurden oder würden bei ihr wegen der Unterhaltszahlungen öffentliche Mittel gekürzt oder nicht gewährt. (Bitte Nachweis der Sozialbehörden, der Agentur für Arbeit oder schriftliche Versicherung der unterstützten Person einreichen.)	2	1 = Ja, 2 = Nein	T T M M	T T M M

42 Gesamtwert des Vermögens der unterstützten Person — EUR 0,–

Zum Unterhalt der bedürftigen Person haben auch beigetragen (Name, Anschrift)

43 ———

44 vom T T M M bis T T M M — Betrag EUR ,–

Einkünfte und Bezüge der unterstützten Person

	Diese Person hatte vom	bis	Bruttoarbeitslohn EUR	darauf entfallende Werbungskosten (ohne Werbungskosten zu Versorgungsbezügen) EUR	Versorgungsbezüge – im Arbeitslohn enthalten – EUR	Bemessungsgrundlage für den Versorgungsfreibetrag EUR	Werbungskosten zu Versorgungsbezügen EUR
45	T T M M	T T M M					
46	T T M M	T T M M					

	maßgebendes Kalenderjahr des Versorgungsbeginns Jahr	vom	bis	Renten EUR	steuerpflichtiger Teil der Rente EUR	Werbungskosten zu Renten EUR
47		0101	3112	6600	3300	
48		T T M M	T T M M			

Einkünfte aus Kapitalvermögen (tarifliche … — Übrige Einkünfte

»Bei mir liegen die Verhältnisse aber ganz anders«, maulen Sie. Dann lassen Sie mich erklären, welche Fallstricke auf Sie warten.

403

TIPP So ergattern Sie den doppelten Höchstbetrag!

»Ich gebe meinen Eltern jeden Monat 750 €, damit sie ordentlich über die Runden kommen«, so erklären Sie. Wichtig ist, Ihre Aufwendungen in der Anlage Unterhalt so unterzubringen, dass der Unterhaltshöchstbetrag für zwei Personen, also doppelt gewährt wird.

Sehen Sie, was das bringt:

Ihre Aufwendungen betragen 750 € × 12 Monate = 9.000 €		
Unterhaltshöchstbetrag 8.820 € für 2 Personen		17.640 €
Kürzung wegen eigener Einkünfte und Bezüge Ihrer Eltern:		
Rente Ihres Vaters	8.400 €	
./. pauschal 102 € + 180 €	– 282 €	
Einkünfte und Bezüge	8.118 €	
./. anrechnungsfreier Betrag (624 € × 2)	– 1.248 €	
Schädliche Einkünfte	6.870 €	> – 6.870 €
Gekürzter Unterhaltshöchstbetrag		10.770 €

Zeile				
	Haushalt, in dem die unterstützte(n) Person(en) lebte(n)			53
4	Anschrift dieses Haushaltes: Gartenstr. 13, Münchhausen			
5	Wohnsitzstaat, wenn Ausland			
	Die Eintragungen in den Zeilen 6 bis 10 und 17 bis 26 sind nur in der ersten Anlage Unterhalt je Haushalt erforderlich.			
6	Anzahl der Personen, die in dem Haushalt lt. Zeile 4 lebten	Anzahl: 2		
	Aufwendungen für den Unterhalt			
7	Erster Unterstützungszeitraum, für den Unterhalt geleistet wurde, und Höhe der Aufwendungen (einschließlich Beträge lt. den Zeilen 11 bis 25) – Bitte Nachweise einreichen. –	vom 0101	bis 3112	Gesamtaufwendungen EUR 9000,–
8	Zeitpunkt der ersten Unterhaltsleistung für den ersten Unterstützungszeitraum im Kalenderjahr	15012017		Gesamtaufwendungen

ANLAGE UNTERHALT

Unterhalt für bedürftige Personen

2018

Allgemeine Angaben zur unterstützten Person

31 Identifikationsnummer **34567890123** lfd. Nr. **1**

32 Name, Vorname **Freitag, Alfons** Geburtsdatum **23061933** wenn 2017 verstorben Sterbedatum T T M M J J J J

33 Beruf, Familienstand **Rentner, verheiratet** Verwandtschaftsverhältnis zur unterstützenden Person **Vater**

34 **Bei Unterhaltsempfängern im Ausland:** Von der Heimatbehörde und der unterstützten Person bestätigte Unterhaltserklärung über die Bedürftigkeit ist beigefügt. 1 = Ja 2 = Nein

35 Name, Vorname des im selben Haushalt lebenden Ehegatten / Lebenspartners — Name, Vorname **Freitag, Hannelore**

36 Die unterstützte Person lebte in meinem inländischen Haushalt. **2** (1 = Ja 2 = Nein) Falls ja (wenn nicht ganzjährig) vom T T M M bis T T M M

37 Hatte jemand für diese Person Anspruch auf Kindergeld oder Freibeträge für Kinder? **2** (1 = Ja 2 = Nein) Falls ja (wenn nicht ganzjährig) T T M M T T M M

38 Die unterstützte Person ist mein
- geschiedener Ehegatte
- Lebenspartner einer aufgehobenen Lebenspartnerschaft
- dauernd getrennt lebender Ehegatte / Lebenspartner

(kein Abzug von Sonderausgaben nach § 10 Abs. 1a Nr. 1 EStG, keine Zusammenveranlagung). **2** (1 = Ja 2 = Nein)

39 Die unterstützte Person ist mein nicht dauernd getrennt lebender und nicht unbeschränkt einkommensteuerpflichtiger Ehegatte / Lebenspartner **2** (1 = Ja 2 = Nein)

40 Die unterstützte Person ist als Kindesmutter / Kindesvater gesetzlich unterhaltsberechtigt. **2** (1 = Ja 2 = Nein) Falls ja (wenn nicht ganzjährig) T T M M T T M M

41 Die unterstützte Person ist nicht unterhaltsberechtigt, jedoch wurden oder würden bei ihr wegen der Unterhaltszahlungen öffentliche Mittel gekürzt oder nicht gewährt. (Bitte Nachweis der Sozialbehörden, der Agentur für Arbeit oder schriftliche Versicherung der unterstützten Person einreichen.) **2** (1 = Ja 2 = Nein) Falls ja (wenn nicht ganzjährig) T T M M T T M M

42 Gesamtwert des Vermögens der unterstützten Person EUR **0,–**

Zum Unterhalt der bedürftigen Person haben auch beigetragen (Name, Anschrift)

43 ———

44 vom T T M M bis T T M M Betrag EUR ,–

Einkünfte und Bezüge der unterstützten Person

Diese Person hatte		Bruttoarbeitslohn	darauf entfallende Werbungskosten (ohne Werbungskosten zu Versorgungsbezügen)	Versorgungsbezüge – im Arbeitslohn enthalten –	Bemessungsgrundlage für den Versorgungsfreibetrag	Werbungskosten zu Versorgungsbezügen
vom	bis	EUR	EUR	EUR	EUR	EUR
45 T T M M	T T M M					
46 T T M M	T T M M					

maßgebendes Kalenderjahr des Versorgungsbeginns	vom	bis	Renten	steuerpflichtiger Teil der Rente	Werbungskosten zu Renten
Jahr			EUR	EUR	EUR
47	**0101**	**3112**	**8400**	**4200**	
48	T T M M	T T M M			

Einkünfte aus Kapitalvermögen (tarifliche … Übrige Einkünfte

ANLAGE UNTERHALT
Unterhalt für bedürftige Personen **2018**

Allgemeine Angaben zur unterstützten Person

Zeile	Angaben		
31	Identifikationsnummer: 34567890123		lfd. Nr. 1
32	Name, Vorname: Freitag, Hannelore	Geburtsdatum: 28051935	wenn 2017 verstorben – Sterbedatum: T T M M J J J J
33	Beruf, Familienstand: Hausfrau, verheiratet		Verwandtschaftsverhältnis zur unterstützenden Person: Mutter
34	**Bei Unterhaltsempfängern im Ausland:** Von der Heimatbehörde und der unterstützten Person bestätigte Unterhaltserklärung über die Bedürftigkeit ist beigefügt.		1 = Ja 2 = Nein
35	Name, Vorname des im selben Haushalt lebenden Ehegatten / Lebenspartners	Name, Vorname: Freitag, Alfons	
36	Die unterstützte Person lebte in meinem inländischen Haushalt.	2 (1 = Ja 2 = Nein)	Falls ja (wenn nicht ganzjährig) vom T T M M bis T T M M
37	Hatte jemand für diese Person Anspruch auf Kindergeld oder Freibeträge für Kinder?	2 (1 = Ja 2 = Nein)	Falls ja (wenn nicht ganzjährig) T T M M T T M M
38	Die unterstützte Person ist mein – geschiedener Ehegatte – Lebenspartner einer aufgehobenen Lebenspartnerschaft – dauernd getrennt lebender Ehegatte / Lebenspartner (kein Abzug von Sonderausgaben nach § 10 Abs. 1a Nr. 1 EStG, keine Zusammenveranlagung).	2 (1 = Ja 2 = Nein)	
39	Die unterstützte Person ist mein nicht dauernd getrennt lebender und nicht unbeschränkt einkommensteuerpflichtiger Ehegatte / Lebenspartner	2 (1 = Ja 2 = Nein)	
40	Die unterstützte Person ist als Kindesmutter / Kindesvater gesetzlich unterhaltsberechtigt.	2 (1 = Ja 2 = Nein)	Falls ja (wenn nicht ganzjährig) T T M M T T M M
41	Die unterstützte Person ist nicht unterhaltsberechtigt, jedoch wurden oder würden bei ihr wegen der Unterhaltszahlungen öffentliche Mittel gekürzt oder nicht gewährt. (Bitte Nachweis der Sozialbehörden, der Agentur für Arbeit oder schriftliche Versicherung der unterstützten Person einreichen.)	2 (1 = Ja 2 = Nein)	Falls ja (wenn nicht ganzjährig) T T M M T T M M
42	Gesamtwert des Vermögens der unterstützten Person		EUR 0,–
43	Zum Unterhalt der bedürftigen Person haben auch beigetragen (Name, Anschrift): —		
44	vom T T M M bis T T M M	Betrag	EUR ,–

Hätten Sie lediglich Ihren Vater eingetragen, würde der auf ihn entfallende Höchstbetrag durch seine Rente nahezu verbraucht und es wäre ein Abzugsbetrag von nur 1.950 € verblieben. Weil Sie aber beide Elternteile als unterstützte Personen eingetragen haben (Anzahl 2 in > Zeile 6), ergattern Sie einen Abzugsbetrag von immerhin 10.777 €, der Ihnen bei einem Steuersatz von 35 % eine satte Steuererstattung von rund 3.772 € beschert.

404 7.2 Haushalt, in dem die unterstützte(n) Person(en) lebte(n) – Zeile 4–6

Es macht einen Unterschied, ob die unterstützte Person in Ihrem Haushalt lebt oder einen eigenen Haushalt unterhält, in dem möglicherweise noch andere Personen leben.

Zeile 4-6 Haushalt, in dem die unterstützte(n) Person(en) lebte(n)

Anschrift des Haushalts/Ort > Zeile 4
In der Anlage Unterhalt ist vorgesehen, dass Sie für bis zu drei im selben Haushalt lebende Unterhaltsempfänger – auf den Seiten 2 bis 4 – Eintragungen vornehmen können.

Es wird also nach Haushaltszugehörigkeit unterschieden. Unterstützen Sie zwei Personen, die in getrennten Haushalten leben, ist für jede Person eine gesonderte Anlage Unterhalt abzugeben.

Wohnsitzstaat im Ausland > Zeile 5
Lebt die unterstützte Person nicht in Deutschland, können Aufwendungen nur abgezogen werden, soweit sie nach den Verhältnissen des Wohnsitzstaats der unterhaltenen Person notwendig und angemessen sind. Die ausländischen Staaten werden in Ländergruppen eingeteilt, für die gekürzte Höchstbeträge gelten (BMF v. 17.11.2003, IV C 4 – S 2285 – 54/03).

Höchstbetrag für Unterhalt	Anrechnungsfrei	Land
€	€	
8.820	624	**Ländergruppe 1:** Andorra; Australien; Belgien; Bermuda; Brunei Darussalam; Dänemark; Färöer; Finnland; Frankreich; Grönland; Hongkong; Insel Man; Irland; Island; Israel; Italien; Japan; Kaiman-Inseln; Kanada; Kanalinseln; Katar; Kuwait; Liechtenstein; Luxemburg; Macau; Monaco; Neukaledonien; Neuseeland; Niederlande; Norwegen; Österreich; Palästinensische Gebiete; San Marino; Schweden; Schweiz; Singapur; Spanien; Vatikanstadt; Vereinigte Arabische Emirate; Vereinigte Staaten; Vereinigtes Königreich
6.615	468	**Ländergruppe 2 (Kürzung 1/4):** Aruba; Bahamas; Bahrain; Barbados; Chile; Cookinseln; Curaçao; Estland; Französisch-Polynesien; Griechenland; Korea, Republik; Lettland; Litauen; Malta; Nauru; Oman; Portugal; Puerto Rico; Saudi-Arabien; Slowakei; Slowenien; St. Kitts und Nevis; St. Martin (niederländischer Teil); Taiwan; Trinidad und Tobago; Tschechische Republik; Turks- und Caicos-Inseln; Uruguay; Zypern

4.410	312	**Ländergruppe 3 (Kürzung $^1/_2$):** Algerien; Amerikanisch-Samoa; Angola; Antigua und Barbuda; Äquatorialguinea; Argentinien; Aserbaidschan; Bosnien und Herzegowina; Botsuana; Brasilien; Bulgarien; China; Costa Rica; Dominica; Dominikanische Republik; Ecuador; Fidschi; Gabun; Grenada; Irak; Iran, Islamische Republik; Jamaika; Jordanien; Kasachstan; Kolumbien; Kroatien; Kuba; Libanon; Libyen; Malaysia; Malediven; Mauritius; Mazedonien, ehemalige jugoslawische Republik; Mexiko; Montenegro; Namibia; Niue; Palau; Panama; Peru; Polen; Rumänien; Russische Föderation; Serbien; Seychellen; St. Lucia; St. Vincent und die Grenadinen; Südafrika; Suriname; Thailand; Türkei; Turkmenistan; Tuvalu; Ungarn; Venezuela, Bolivarische Republik; Weißrussland/Belarus
2.205	156	**Ländergruppe 4 (Kürzung $^3/_4$):** alle übrigen Länder

Unterstützen Sie jemanden, der im Ausland wohnt, haben Sie eine **erhöhte Nachweispflicht**. Mehr dazu unter ➤ Rz 408.

Anzahl der Personen > Zeile 6
Machen Sie Angaben zu einer weiteren Person, können Sie unter Umständen den doppelten Höchstbetrag beanspruchen (➤ Rz 403). Allerdings wird das Finanzamt dann wissen wollen, ob die unterhaltene Person nicht vorrangig andere gesetzliche Unterhaltsansprüche gegenüber Dritten (Ehe- oder Lebenspartner, Eltern) hat, die mit ihr in demselben Haushalt leben. Tragen Sie in > Zeile 6 also eine »2« ein, verlangt der behördliche Computer weitere Angaben auf Seite 2 des Formulars.

405 7.3 Aufwendungen für den Unterhalt – Zeile 7–16

Zeile 7–16 Aufwendungen für den Unterhalt (Zeitraum)

Der Höchstbetrag von 8.820 € wird für jeden Monat, in dem keine Unterstützung geleistet wird, um $^1/_{12}$ gekürzt. Tragen Sie also ein, sofern das zutrifft: 1.1.–31.12.

Basiskranken- und Pflegepflichtversicherungsbeiträge für die unterstützte Person
Zusätzlich zum Höchstbetrag von 8.820 € können die zugunsten der unterstützten Person übernommenen Beiträge zur Basiskranken- und Pflegeversicherung abgezogen werden. Der Abzug als außergewöhnliche Belastung kommt allerdings nicht in Betracht, wenn Sie selbst Versicherungsnehmer sind und die Beiträge als Sonderausgaben abziehen können (vgl. Anlage Vorsorgeaufwand).

Da der Unterhaltshöchstbetrag personenbezogen zu ermitteln ist, sind getrennte Angaben hinsichtlich der Kranken- und Pflegeversicherung für die jeweils unterstützte Person in > Zeilen 11, 13 und 15 erforderlich. Berücksichtigt werden nur Beiträge zur Basisversicherung – d.h. ohne Wahlleistungen –, die auf den Unterstützungszeitraum entfallen.
Ergeben sich aus den Beiträgen Ansprüche auf Krankengeld oder vergleichbare Leistungen, sind die Basiskrankenversicherungsbeiträge um 4 % zu kürzen. In diesen Fällen ist der Beitrag, aus dem sich der Krankengeldanspruch ergibt, noch einmal ergänzend in den > Zeilen 12, 14 und 16 anzugeben.

TIPP Verteilen Sie die Unterhaltszahlungen günstig 406

Wenn Sie nicht regelmäßig monatliche Zahlungen leisten, achten Sie darauf, dass Sie zumindest im Januar eine Zahlung leisten und ansonsten in jedem Vierteljahr. Nur unter dieser Voraussetzung können Sie einen Unterstützungszeitraum von 1. 1. bis 31. 12. angeben.
Beginnen Sie z. B. erst im Mai mit Ihren Zuwendungen von insgesamt 8.200 €, rechnet das Finanzamt so:

Unterhaltsleistungen Mai bis Dezember 8.200 €, höchstens $^8/_{12}$ von 8.820 € =	5.880 €

Sie bekommen nur 5.880 € angerechnet.

Wenn Sie den Unterhalt günstig verteilen, indem Sie vierteljährlich 2.050 € zahlen, rechnet das Finanzamt:

Unterhaltsleistungen Januar bis Dezember 8.200 €, max.	8.820 €
Es werden also (8.200 € – 5.880 € =) 2.320 € mehr berücksichtigt.	
Steuerersparnis bei 30 % Steuerbelastung =	696 €

Zeile 7–16 Aufwendungen für den Unterhalt (Höhe) 407

Hier sind die von Ihnen geleisteten Zahlungen einzutragen.
Gehört die unterstützte Person zu Ihrem Haushalt, wird davon ausgegangen, dass Ihnen Unterhaltsaufwendungen in Höhe des Höchstbetrags von 8.820 € im Jahr = 735 € im Monat entstehen. In diesem Fall tragen Sie in > Zeile 7 den Höchstbetrag von 8.820 € ein.
Neben Barzahlungen gehören zu den Unterhaltsleistungen auch alle typischen Aufwendungen für den laufenden Lebensunterhalt, wie für Ernäh-

rung, Wohnung, Heizung, Kleidung. Der Unterhalt kann also auch darin bestehen, dass Sie dem Bedürftigen eine Wohnung überlassen oder Sachwerte wie z.B. einen Mantel schenken.

Der Höchstbetrag für Unterhaltsleistungen erhöht sich um die Beiträge zur (Basis)Kranken- und Pflegeversicherung, die Sie für die unterhaltene Person aufgewendet haben (> Zeile 11–16).

Tragen Sie daher den Gesamtbetrag der Aufwendungen ein, die Sie im Kalenderjahr 2017 geleistet haben.

TIPP **Geben Sie sich nicht mit den Sätzen des Finanzamts zufrieden!**

Wer will behaupten, dass der Höchstbetrag von 8.820 €, den das Finanzamt für Unterhalt anrechnet, auch für besondere zusätzliche Kosten angemessen sei? So dürfen Sie sich nicht genieren, neben dem Unterhalt die anderen Kosten anzugeben (BFH in HFR 1963 S. 395 und FG Düsseldorf – EFG 1978 S. 544), als da sind

- Versicherungsbeiträge zur Lebensversicherung usw. (falls Sie nicht vorziehen, diese auf Sie umschreiben zu lassen),
- zusätzliche Lebensmittel und Obst nach einer Operation oder einer Krankenhausbehandlung sowie Stärkungsmittel aufgrund ärztlicher Atteste,
- zusätzliche Bettwäsche und deren Wäschekosten usw., wenn diese besonders nötig sind,
- übernommene Operations- oder Krankenhauskosten bei Nichtversicherten. Beachten Sie aber: Wenn Sie den Unterhaltshöchstbetrag z. B. für Ihre Oma noch nicht ausgeschöpft haben, sollten Sie alle Ihre Zuwendungen als Unterhalt deklarieren. Statt die Krankheitskosten und die Medikamente für Oma zu bezahlen, drücken Sie ihr lieber einen Hunderter mehr in die Hand. In diesem Fall fahren Sie nämlich mit Unterhaltsleistungen besser, weil sie nicht um die zumutbare Belastung gekürzt werden und Sie sie deshalb bis zum Höchstbetrag in voller Höhe absetzen können.

Übrigens, Sie unterstützen nur, weil der Bedürftige von seinem bisschen Rente nicht leben kann. Raten Sie ihm doch mal, einen Antrag auf Mietbeihilfe oder Wohngeld zu stellen.

408 Zeile 17–26 Unterhaltsleistungen an im Ausland lebende Personen

Auch Zahlungen an Unterhaltsempfänger im Ausland sind steuerlich begünstigt. Da jedoch das Finanzamt Angaben in Verbindung mit Auslandssachverhalten, hier beispielsweise die Bedürftigkeit der unterstützten Person oder den Empfang der Zahlungen, nur eingeschränkt überprüfen kann, trifft den Steuerbürger eine »erhöhte Mitwirkungspflicht«(BMF-Schreiben v. 9.2.2006).

Voraussetzung für den Abzug der Unterhaltsleistungen ist zunächst der **Nachweis der Unterhaltsbedürftigkeit** der unterhaltenen Person (vgl. > Zeile 34) durch detaillierte Angaben in amtlichen Bescheinigungen der Heimatbehörden mit deutscher Übersetzung durch einen amtlich zugelassenen Dolmetscher, ein Konsulat oder eine sonstige zuständige (ausländische) Dienststelle. Diese Bescheinigungen (oftmals gibt es hierfür Vordrucke) müssen enthalten:

1. Namen, Alter, ausgeübten Beruf und Anschrift der unterhaltenen Person sowie das Verwandtschaftsverhältnis zu Ihnen als Unterhaltszahler,
2. Angaben über Art und Umfang der Einnahmen im Kalenderjahr und des Vermögens des Unterhaltsempfängers,
3. Angaben darüber, ob noch andere Personen unterhaltspflichtig waren, welche Unterhaltsbeiträge diese ggf. geleistet haben und ab wann und aus welchen Gründen der Unterhaltsempfänger nicht selbst für seinen Lebensunterhalt aufkommen konnte.

Unterhaltszahlungen sind grundsätzlich durch **Post- oder Bankbelege** (Buchungsbestätigung oder Kontoauszüge) nachzuweisen, **die die unterhaltene Person als Empfänger ausweisen** (> Zeile 17). Anderenfalls muss damit gerechnet werden, dass das Finanzamt eine Bescheinigung der ausländischen Bank über die Kontovollmacht der unterhaltenen Person und über Zeitpunkt, Höhe und Empfänger der Auszahlung fordert. Werden mehrere Personen (Eltern, Ehefrau), die in einem gemeinsamen Haushalt oder im selben Ort leben, unterhalten, genügt es, wenn die Überweisungsbelege auf den Namen einer dieser Personen lauten.

Barzahlungen im Rahmen von Familienheimfahrten

Bei Familienheimfahrten gelten Erleichterungen. Eine Familienheimfahrt liegt nur vor, wenn der Steuerpflichtige seinen im Ausland lebenden Ehegatten besucht, der dort weiter den Familienhaushalt aufrechterhält (BFH-Urt. v. 19.5.2004 – BStBl 2005 II S. 24).

Der Fiskus geht davon aus, dass Sie je Familienheimfahrt höchstens einen Nettomonatslohn – einzutragen in > Zeile 26 – für den Unterhalt des Ehegatten, der Kinder und anderer am Ort des Familienhaushalts lebender Angehöriger mitnehmen. Anderweitige Zahlungen werden darauf angerechnet. Die Beweiserleichterung gilt für bis zu vier im Kalenderjahr nachweislich durchgeführte Familienheimfahrten.

Trotz dieser sog. Beweiserleichterung will der Fiskus Abhebungsnachweise und detaillierte Empfängerbestätigungen sehen, darf zwischen Abhebung und Geldübergabe ein Zeitraum von höchstens zwei Wochen liegen und ist die Durchführung der Reise durch Vorlage von Fahrkarten, Tankquittungen, Grenzübertrittsvermerken, Flugscheinen, Visa usw. nachzuweisen.

Beispiel
Emilio Muster hat seinen Familienhaushalt (mit Ehefrau, minderjährigem Kind, verwitweter Mutter) in Spanien (Ländergruppe 1). Er hat im Jahr 2017 nachweislich zwei Heimfahrten unternommen (April und Dezember) und macht die Mitnahme von Bargeld im Wert von je 1.500 € geltend, ohne dies jedoch belegen zu können. Für Januar, Juli und Oktober kann er je eine Zahlung in Höhe von 1.450 € durch Bankbelege nachweisen. Sein Nettomonatslohn beläuft sich auf 1.312 €.

Aufwendungen für den Unterhalt:	
Mitnahme von je 1.500 € Bargeld bei 2 Familienheimfahrten	3.000 €
3 Überweisungen à 1.450 € =	4.350 €
Summe	7.350 €
Das Finanzamt rechnet so:	
2 Familienheimfahrten (= 2 × Nettomonatslohn)	
+ 2 Überweisungen in Höhe des Nettomonatslohns	
= 4 (= jährlich höchstens anzusetzen im Rahmen	
der Beweiserleichterung) × 1.312 €	5.248 €
./. anderweitig nachgewiesene Zahlungen (3 × 1.450 €) =	– 4.350 €
Verbleibender Betrag	898 €
Anzusetzende Unterhaltsaufwendungen (4.350 € + 898 €) =	5.248 €

409 7.4 Allgemeine Angaben zur unterstützten Person – Zeile 31–44

Es ist schon erstaunlich, welche Nachweisschikanen dem Fiskus einfallen, um die Steuerzahler davon abzuschrecken, ihre Rechte geltend zu machen. Doch Sie husten ihm was und füllen geduldig das vertrackte Formular aus.

410 Zeile 32 Geburtsdatum

Ihre Aufwendungen für den Unterhalt erwachsen Ihnen nur dann zwangsläufig, wenn der Unterhaltsempfänger alle ihm zur Verfügung stehenden

Quellen ausschöpft. Dazu gehört eigentlich auch seine Arbeitskraft, daher die Frage nach dem Geburtsdatum.
Nach einer Verwaltungsverfügung sollen die Fiskalbürokraten allerdings nicht prüfen, ob die unterhaltene Person ihre Arbeitskraft nun eingesetzt hat oder nicht. Liegen die übrigen Voraussetzungen wie z.B. Verwandtschaft in gerader Linie, kein Anspruch auf Kinderermäßgung und keine oder nur geringe eigene Einkünfte und Bezüge vor, ist die steuerliche Abzugsfähigkeit der Unterhaltsleistungen geritzt (R 33a.1 Abs. 1 Satz 4 EStR).
Anders, wenn die unterhaltene Person im Ausland lebt. Dann soll es darauf ankommen, ob sie ihre Arbeitskraft einsetzt.

Zeile 32 Sterbedatum 411

Bei den Unterhaltsleistungen wird gezwölftelt! Ist also die unterstützte Person im Lauf des Jahres verstorben, wird der Höchstbetrag von 8.820 € entsprechend gekürzt.

Zeile 33 Beruf 412

Mit der Frage nach dem Beruf der von Ihnen unterstützten Person will der Fiskalritter Ihre Angaben in > Zeile 45–54 auf Plausibilität prüfen. Dort tragen Sie nämlich die Einkünfte und Bezüge der unterhaltenen Person ein, und die sollten zum eingetragenen Beruf passen.

Zeile 33 Familienstand 413

Ist die von Ihnen unterstützte Person verheiratet, kann das dazu führen, dass das Finanzamt Ihre Unterhaltszahlungen als nicht zwangsläufig, d.h. als nicht notwendig, ansieht, da Unterhaltsanspruch gegenüber dem Ehegatten besteht.

Zeile 33 Verwandtschaftsverhältnis 414

Vorrangig ist einzutragen ein Verwandtschaftsverhältnis in gerader Linie – Vater, Mutter, Sohn, Tochter, Großvater, Großmutter, weil hier gesetzliche Unterhaltspflicht besteht.

- Verwandte in der Seitenlinie und Verschwägerte
  Wenn Sie ein Verwandtschaftsverhältnis angeben, bei dem keine gesetzliche Unterhaltspflicht besteht, wie z.B. bei Verwandten in der Seitenlinie (Bruder, Schwester oder Verschwägerte), müssen Sie mit Nachfragen rechnen. Der Unterhalt dieser Personen ist aber begünstigt,

sofern Sie mit ihnen in Haushaltsgemeinschaft leben und ihnen aus diesem Grund Ansprüche auf Sozial- oder Arbeitslosenhilfe gekürzt oder versagt werden (§ 122 Satz 1 BSHG, § 193 Abs. 2, § 194 Abs.1 SGB III). An einen entsprechenden Bescheid der Sozialbehörde ist die Finanzverwaltung gebunden.

- Nicht verheiratete Mutter
  Die nicht verheiratete Mutter eines Kindes ist bis zur Vollendung des dritten Lebensjahres des Kindes gegenüber dessen Vater gesetzlich unterhaltsberechtigt. In dem Fall tragen Sie ein: Mutter meines Kindes. Auch der Vater kann einen entsprechenden Unterhaltsanspruch gegenüber der Mutter haben, wenn er das Kind betreut (Betreuungsunterhalt nach § 1615 I BGB).
- Lebenspartnerschaft
  Der gesetzlich unterhaltsberechtigten Person gleichgestellt ist der Partner einer eingetragenen eheähnlichen Gemeinschaft. Geben Sie also ggf. »eingetragene Lebenspartnerschaft« an.

Gut zu wissen: Viele zieren sich, die Sozialämter aufzusuchen. Kann deshalb keine Bescheinigung vom Sozial-/Arbeitsamt vorgelegt werden, sind die Finanzämter angewiesen, zumindest bei eheähnlichen Gemeinschaften (Lebenspartnerschaften) grundsätzlich davon auszugehen, dass bei der unterstützten Person dennoch die Voraussetzungen des § 33 a Abs. 1 EStG vorliegen. Entsprechendes gilt bei einer Haushaltsgemeinschaft mit Verwandten und Verschwägerten, allerdings nur nach Vorlage einer entsprechenden Erklärung der unterstützten Person (BMF-Schreiben v. 28.3.2003 – BStBl 2003 I S. 243). Dazu mehr unter ➤ Rz 422.

Zeitraum
Als Zeitraum tragen Sie ein »01.01.-31.12«, sofern das zutrifft. Wurde z.B. die Lebenspartnerschaft erst im Lauf des Jahres begründet, tragen Sie den entsprechend kürzeren Zeitraum ein.

415 Zeile 34 Unterhaltsempfänger im Ausland: Unterhaltserklärung der Heimatbehörde

Wer hier eine »2« eintragen muss, hat bei der steuerlichen Berücksichtigung seiner Aufwendungen schlechte Karten. Mehr zu amtlichen Bescheinigungen der Heimatbehörde unter ➤ Rz 408.
Unterhaltserklärungen in mehreren Sprachen finden Sie im Internet unter www.formulare-bfinv.de.

Zeile 35 Im Haushalt des Unterhaltsempfängers lebender Ehegatte/Lebenspartner 416

Tragen Sie hier Namen und Vornamen des im Haushalt des Unterhaltsempfängers lebenden Ehegatten/Lebenspartners ein, sollten Sie prüfen, ob Sie in > Zeile 6 des Formulars mindestens eine »2« eingetragen haben. Die Eintragung in > Zeile 35 ist kein Problem, wenn Sie beide Ehegatten finanziell unterstützt haben (wie im Beispiel unter ➤ Rz 403). Ist das nicht der Fall, heißt es aufgepasst. Ist nämlich der Ehegatte der von Ihnen unterstützten Person nicht auf Unterhalt angewiesen, ergibt sich in der Regel eine Unterhaltsverpflichtung der Ehegatten untereinander, so dass der Empfänger Ihrer Aufwendungen gar nicht unterhaltsbedürftig ist.

Zeile 36 Haushaltszugehörigkeit 417

Lebt die unterstützte Person in Ihrem Haushalt, gewähren Sie Naturalunterhalt, der mit dem Höchstbetrag von 8.820 € pro Jahr zu veranschlagen ist (EStR 33a.1 Abs. 1). Lebt die unterstützte Person in einem eigenen Haushalt, ist dies ebenfalls unverfänglich. Anders jedoch, wenn sie mit Angehörigen oder mit dem Ehe- oder Lebenspartner in einem gemeinsamen Haushalt lebt. In diesem Fall hat der Bearbeiter das Recht, deren bzw. dessen Einkünfte als eigene Einkünfte der unterstützten Person zu berücksichtigen. Dies führt zu einer Kürzung des Höchstbetrags.

Gut zu wissen: Auf die Meldung kommt es an

Die Haushaltszugeröhigkeit richtet sich nach den Daten, die beim Einwohnermelderamt, gespeichert sind.
Möchten Sie den Höchstbetrag beispielsweise für ein noch studierendes Kind beantragen, für das Sie weder Kindergeld noch Kinderfreibetrag erhalten? Die Sache geht glatt durch, wenn das Kind noch bei Ihnen gemeldet ist. Dass es vielleicht am Studienort ein Appartement bewohnt, spielt dabei keine Rolle, so der Bundesfinanzhof mit Urteil vom 5.2.2015 (Az. III R 9/13).

418 Zeile 37 Anspruch auf Kindergeld oder -freibetrag

Hier hält der Fiskus ein Idiotenkästchen bereit, denn Kinderermäßigungen schließen die Berücksichtigung von Unterhalt als außergewöhnliche Belastung aus.

419 Zeile 38–41 Unterhaltsberechtigung/ öffentliche Mittel

Ihre Unterhaltsleistungen sind steuerlich abzugsfähig, wenn Sie zur Unterhaltszahlung verpflichtet sind. Damit der Finanzbeamte beruhigt einen Haken machen kann, tragen Sie den Grund Ihrer Unterhaltszahlungen in die > Zeilen 38–41 des Formulars ein. In Frage kommt die Unterstützung

> Zeile 38	des geschiedenen/dauernd getrennt lebenden Ehegatten,
> Zeile 39	des im Ausland lebenden Ehegatten,
> Zeile 40	der unterhaltsberechtigten Kindesmutter (bzw. des Vaters),
> Zeile 41	aufgrund der Kürzung oder Streichung öffentlicher Mittel.

Hinweis zu > Zeile 39:
Lebt einer der Ehegatten im Ausland, entfällt in der Regel die Zusammenveranlagung und damit der günstige Splittingtarif. Im Gegenzug können Unterhaltszahlungen steuerlich geltend gemacht werden (siehe dazu auch ➤ Rz 122).

420 **Unterhalt an den Ex-Partner**
Es gibt zwei Wege, den Fiskus an den Unterhaltskosten zu beteiligen:

1. als außergewöhnliche Belastung in der Anlage Unterhalt,
2. als Sonderausgabe in > Zeilen 40–41 des Hauptformulars.

Den Abzug als **außergewöhnliche Belastung** können Sie gleich vergessen, wenn die unterstützte Person eigene Einkünfte hat. Denn diese werden auf den Höchstbetrag angerechnet, soweit sie 624 € übersteigen. Schon ein Jahresbruttolohn von 10.444 € bringt den Höchstbetrag von 8.820 € auf null:

Unterhaltshöchstbetrag		8.820 €
Eigene Einkünfte und Bezüge der unterhaltenen Person, z.B. Bruttoarbeitslohn	10.444 €	
./. Arbeitnehmerpauschbetrag	– 1.000 €	

Einkünfte aus nichtselbständiger Arbeit	9.444 €		
./. anrechnungsfreier Betrag	– 624 €		
Schädliche Einkünfte und Bezüge	8.820 €	>	– 8.820 €
abzugsfähiger Freibetrag			0 €

Der Abzugsbetrag als **Sonderausgaben** beläuft sich hingegen auf max. 13.805 €, aber Ihr Ex-Partner muss den Betrag, den Sie als Sonderausgaben abziehen wollen, versteuern. Mehr dazu unter ➤ Rz 122 ff.

TIPP Sie haben Nachwuchs bekommen? Setzen Sie den Unterhalt an Ihren Lebenspartner ab! 421

Eine Schwangerschaft ist für viele Paare kein Grund, vor den Traualtar zu treten, zumal Kinder von Eltern ohne Trauschein per Gesetz die gleichen Rechte genießen wie eheliche Kinder.
Für die Zeit des Mutterschutzes (sechs Wochen vor und acht Wochen nach der Geburt des Kindes) ist der Vater zur Unterhaltszahlung an die Mutter verpflichtet. Auch danach muss er kraft Gesetz für Mutter und Kind aufkommen, wenn sie sich um den Sprössling kümmert und daher eine Arbeitspause (von bis zu drei Jahren nach der Geburt) einlegt. Nimmt er selbst die Erziehungszeit in Anspruch, ist die Mutter des Kindes unterhaltspflichtig. Denn unterhaltspflichtig ist derjenige, der die Haushaltskasse füllt, versteht sich.
Für diesen Zeitraum besteht also eine gesetzliche Unterhaltspflicht, so dass der Höchstbetrag von 8.820 € für Unterhaltsleistungen geltend gemacht werden kann (Quelle: § 1615 L BGB).

Die Kosten brauchen Sie nicht nachzuweisen, denn da Sie in einem gemeinsamen Haushalt leben, wird schlichtweg unterstellt, dass Sie Aufwendungen in dieser Höhe hatten (EStR 33a.1 Abs. 1).

Gemeinschaftsbedingte Unterhaltspflicht 422

Leben Sie mit Ihrem Partner in ein und demselben Haushalt, wird bei der Gewährung öffentlicher Mittel stets Ihrer beider Einkommen berücksichtigt. So kann es kommen, dass Ihrem Partner das BAföG gekürzt oder das Wohngeld gestrichen wird, weil Sie ein paar Euro verdienen, und das, obwohl Sie nicht verheiratet sind. In diesem Fall können Sie Unterhaltsleistungen nach > Zeile 41 steuerlich geltend machen.

Wichtig zu wissen: Ihr Partner sollte auch dann öffentliche Leistungen beantragen, wenn von vornherein feststeht, dass der Antrag abgelehnt wird. Denn ohne den Ablehnungsbescheid können Sie dem Finanzamt nur schwer klarmachen, dass Sie für Vater Staat in die Bresche springen und Ihrem Partner unter die Arme greifen mussten.

Die Höhe der Unterhaltsleistungen ist nicht auf die Kürzung der Mittel aus öffentlichen Kassen beschränkt. Sie machen also den Höchstbetrag von 8.820 € geltend, auch wenn BAföG, Stütze oder Arbeitslosengeld nur um 2.000 € gekürzt wurde.

Hat Ihr Partner keinen Antrag auf staatliche Unterstützung gestellt, so beherzigen Sie folgenden …

423 **TIPP** **Ergattern Sie mit einem Eigenbeleg den Höchstbetrag!**

Dieser Tipp gilt für alle, die in freier Lebenspartnerschaft oder mit Verwandten oder Verschwägerten in Haushaltsgemeinschaft zusammenleben und die Haushaltskosten allein tragen: Als allein erwerbstätiger Partner bzw. Angehöriger können Sie diese Aufwendungen als Unterhaltsleistungen absetzen – und zwar für jede mit Ihnen zusammenlebende Person den Höchstbetrag von 8.820 €. Alles, was Sie dafür brauchen, ist eine Bestätigung, die so oder ähnlich abzugeben ist:

Bestätigung im Sinne des § 33a Abs. 2 EStG (BMF-Schreiben v. 28.3.2003 – BStBl 2003 I S. 243)

Hiermit bestätige ich, dass

- ich für das Jahr 2017 keine zum Unterhalt bestimmten Mittel aus inländischen öffentlichen Kassen erhalten und auch keinen entsprechenden Antrag gestellt habe,*
- eine Lebenspartnerschaft in Haushaltsgemeinschaft mit (Name der unterstützenden Person) besteht bzw. ich mit (Name der unterstützenden Person) verwandt/verschwägert bin und wir eine Haushaltsgemeinschaft bilden,*
- ich über folgende/keine Einkünfte und Bezüge sowie über folgendes/kein Vermögen verfüge.*

. . . .

Ort/Datum Unterschrift

*Unzutreffendes streichen

Und so könnte die Berechnung des Abzugsbetrags für Sie aussehen: Sie haben einen Bruttoarbeitslohn von 25.000 €. Ihr Lohnsteuerabzug beträgt 4.500 €, Ihre Sozialversicherungsbeiträge liegen bei 5.210 €. In 2017 haben Sie für das Jahr 2016 dank des Arbeitsbuches eine Steuererstattung von 1.000 € herausschlagen können. Ihrer Freundin wurde das BAföG aufgrund Ihrer Haushaltsgemeinschaft auf 4.000 € gekürzt.

Unterhaltshöchstbetrag			8.820 €
Eigene Einkünfte und Bezüge Ihrer Freundin	4.000 €		
./. Kostenpauschale	– 180 €		
./. anrechnungsfreier Betrag	– 624 €		
Anrechenbare Bezüge	3.196 €	>	– 3.196 €
Möglicher Abzugsbetrag			5.624 €
Berechnung der Opfergrenze (➤ Rz 401)			
Arbeitslohn	25.000 €		
Steuererstattung	1.000 €		
	26.000 €		
./. Lohnsteuer	– 4.500 €		
./. Sozialversicherung	– 5.210 €		
./. Arbeitnehmerpauschbetrag	– 1.000 €		
Nettoeinkommen	15.290 €		
Opfergrenze = max. abzugsfähiger Betrag			
(1 % je volle 500 €, damit 30 % von 15.290 € =)			4.587 €

Die Unterhaltsleistungen sind damit bis zur Höhe der Opfergrenze von 4.587 € steuerlich abzugsfähig.

Zeile 42 Vermögen der unterhaltenen Person 424

Hat jemand Vermögen, hält der Fiskus eine Unterstützung nicht für erforderlich. Erst muss dieses Vermögen bis auf einen »geringfügigen« Rest von 15.500 € (EStR 33a.1) aufgezehrt werden.

Bei der Berechnung der 15.500-€-Grenze bleiben außen vor:

- Gegenstände, die einen besonderen persönlichen Wert für den Unterhaltsempfänger haben (z.B. Familienschmuck),
- der Hausrat,
- angemessenes selbstgenutztes Wohneigentum.

425 **TIPP Sag dem Fiskus leise servus …**

… indem Sie sich von einigen steuerpflichtigen Einnahmen verabschieden und sie Ihrem Lebenspartner zuschustern, bei dem sie – weil unterhalb des Grundfreibetrags (➤ Rz 53) – nicht steuerpflichtig sind. Das ist die Revanche, wenn der Fiskus es ablehnt, die Unterhaltszahlungen an Ihren Lebenspartner als außergewöhnliche Belastung abzuziehen, nur weil dieser eine kleine Lebensversicherung sein Eigen nennt, deren Wert 15.500 € übersteigt.

Die Revanche könnte so aussehen: Sie besitzen eine kleine Wohnung, die vermietet ist. Da sie weitgehend abgeschrieben und lastenfrei ist, haben Sie kaum noch abziehbare Kosten. Diese Wohnung vermieten Sie für 1 € pro Monat an Ihren Lebenspartner, und der vermietet sie zur regulären Marktmiete von 300 € weiter. So landen pro Monat 299 € steuerpflichtige Einnahmen bei Ihrem Lebenspartner statt bei Ihnen.
Ihr Lebenspartner bringt nun 299 € in die gemeinsame Haushaltskasse ein, und Sie sparen die Steuern auf die Mieteinnahmen.

426 Zeile 43–44 Zum Unterhalt beigetragen

Hat Ihr Schützling außer Ihnen noch einen anderen Wohltäter, müssen Sie sich den Freibetrag mit diesem teilen. Die Aufteilung erfolgt im Verhältnis Ihrer Unterstützungsleistungen. Der Fiskus verlangt daher in > Zeile 43–44 Angaben zu Unterstützungsleistungen anderer Personen.

Natürlich können Sie nur dann Angaben dazu machen, wenn Sie von dem anderen Wohltäter Kenntnis haben …

427 Zeile 45–54 Einkünfte und Bezüge der unterstützten Person

Eigene Einkünfte und Bezüge der unterstützten Person von mehr als 624 € mindern wie schon erwähnt den abzugsfähigen Unterhaltshöchstbetrag. Zu den schädlichen Einkünften und Bezügen zählen insbesondere Arbeitseinkünfte (Bruttoarbeitslohn), Ausbildungsbeihilfen wie z.B. BAföG und Renten, aber auch Zinseinkünfte, Vermietungseinkünfte oder Wehrsold.

Der Gedanke, der hinter dieser Regelung steht, ist einleuchtend. Je höher die eigenen Einkünfte und Bezüge der unterhaltenen Person sind, umso weniger ist ihre Unterstützung notwendig und damit zwangsläufig. Gottlob wird bei den Einnahmen nicht brutto für netto gerechnet. So zieht der finanzamtliche Computer vom Bruttoarbeitslohn den Arbeitnehmerpauschbetrag von 1.000 € ab, wenn nicht höhere Werbungskosten zu berücksichtigen sind (»darauf entfallende Werbungskosten«). Von den Rentenbezügen werden »von Amts wegen« der Werbungskostenpauschbetrag von 102 € und die Kostenpauschale von 180 € abgezogen. Als Rentenbezug gilt die Bruttorente, also die Rente vor Abzug der Krankenversicherungsbeiträge.

Nicht angerechnet werden folgende Bezüge:

- Aufwandsentschädigungen aus Bundes- oder Landeskassen,
- Aufwandsentschädigungen für nebenberufliche Tätigkeiten als Übungsleiter, Ausbilder oder Erzieher bis zu insgesamt 2.400 € im Jahr,
- Eingliederungsbeihilfe,
- Erziehungsgeld,
- Leistungen einer Pflegeversicherung.

(Quelle: EStH 32.10)

Lohn aus Minijobs sind Bezüge 428

Hier hat der Fiskus ein Problem. Er lebt nach dem Motto: Schlechtes Steuerrecht ist kompliziert, einfaches ist ungerecht. Inzwischen stranguliert sich das »schlechte Steuerrecht« aber selbst, wie Sie hier sehen werden. Tragen Sie nämlich den Arbeitslohn Ihres Schützlings in > Zeile 45 ein, zieht der finanzamtliche Computer davon den Arbeitnehmerpauschbetrag von 1.000 € ab, der aber bei Lohn aus Minijobs nicht abgezogen werden darf. Doch woher sollen Sie als schlichter Steuerzahler wissen, dass der Lohn aus Minijobs kein Bruttoarbeitslohn ist, sondern zu den Bezügen gehört?
»Wie soll ich den pauschalierten Arbeitslohn meines Schützlings überhaupt herausfinden? Wahrscheinlich arbeitet er ohnehin ohne Lohnsteuerkarte, weil er sonst keine Sozialhilfeleistung bzw. Arbeitslosenhilfe bekäme«, sagen Sie.
Sie können ihn danach fragen. Mehr können Sie nicht tun.
Anders sieht es natürlich aus, wenn Ihr Schützling mit einer Lohnsteuerbescheinigung zum Finanzamt geht und selbst einen Steuererstattungsantrag stellt. Dann wäre Schummeln regelrecht gefährlich.

Renten, übrige Bezüge 429

Der Gesamtbetrag der Rente soll in zwei Zeilen eingetragen werden. Die > Zeilen 47 und 49 sind also im Zusammenhang zu sehen. In > Zeile 47 tragen Sie den steuerpflichtigen Ertragsanteil ein. Je nach Art der Rente

ist er den Tabellen 1 und 2 in § 22 EStG oder der Tabelle 3 in § 55 EStDV zu entnehmen (➤ Rz 954 und ➤ Rz 971). In > Zeile 49 tragen Sie den steuerfreien Rest ein. Der behördliche Computer verlangt die Aufteilung, weil der steuerpflichtige Ertragsanteil um den Pauschbetrag von 102 € und der steuerfreie Rest um den Abzugsbetrag von 180 € gekürzt wird. Letztendlich ist es egal, wie viel Sie als steuerpflichtig und steuerfrei eintragen. Sofern Sie den Ertragsanteil nicht genau angeben können, tragen Sie der Einfachheit halber in > Zeile 47 50 % oder 52 % der gesamten Rente ein und in > Zeile 49 den Rest.
Das Kästchen für Werbungskosten lassen Sie offen. Werbungskosten für Renten gibt es so gut wie nie. Wie dabei gerechnet wird, zeigt dieses

Beispiel
Sie unterstützen Ihre Mutter, die eine Jahresrente von 7.560 € bezieht, mit monatlich 250 €, macht im Jahr 3.000 €. Wäre die Rente Ihrer Mutter niedriger und würde durch staatliche Grundsicherung bis zum Betrag von insgesamt 8.354 € aufgestockt, würde ähnlich gerechnet.

So rechnet der Fiskus:

Unterhaltshöchstbetrag			8.820 €
Eigene Einkünfte und Bezüge der Mutter			
Renteneinkünfte 50 % von 7.560 € =	3.780 €		
./. Werbungskostenpauschbetrag	– 102 €		
Renteneinkünfte	3.678 €	> 3.678 €	
Bezüge (steuerfreier Rest)	3.780 €		
./. Pflichtbeiträge zur Krankenversicherung			
mit Zuschlag 14,6 % von 7.560 €* =	– 1.104 €		
./. Pflichtbeiträge zur Pflegeversicherung			
2,55 % von 7.560 €	– 193 €		
Verbleiben	2.483 €		
./. Kostenpauschale	– 180 €		
Bezüge	2.303 €	> 2.303 €	
Einkünfte und Bezüge insgesamt		5.981 €	
./. anrechnungsfreier Betrag		– 624 €	
Schädliche Einkünfte und Bezüge		5.357 €	> – 5.357 €
Gekürzter Unterhaltshöchstbetrag			3.463 €

*BMF-Schreiben vom 18.11.2005 (BStBl 2005 I S. 1027) betreffend Pflichtbeiträge zur Berechnung von Kindeseinkünften.

Die 3.000 €, die Sie Ihrer Mutter zukommen lassen, können Sie also in voller Höhe als Unterhalt geltend machen. Einzutragen sind:

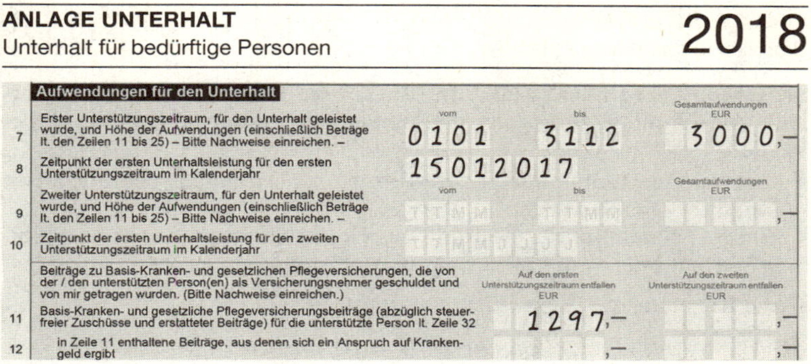

ANLAGE UNTERHALT
Unterhalt für bedürftige Personen **2018**

Aufwendungen für den Unterhalt

Zeile		vom	bis	Gesamtaufwendungen EUR
7	Erster Unterstützungszeitraum, für den Unterhalt geleistet wurde, und Höhe der Aufwendungen (einschließlich Beträge lt. den Zeilen 11 bis 25) – Bitte Nachweise einreichen. –	0101	3112	3000,–
8	Zeitpunkt der ersten Unterhaltsleistung für den ersten Unterstützungszeitraum im Kalenderjahr	15012017		
9	Zweiter Unterstützungszeitraum, für den Unterhalt geleistet wurde, und Höhe der Aufwendungen (einschließlich Beträge lt. den Zeilen 11 bis 25) – Bitte Nachweise einreichen. –	TTMM	TTMM	,–
10	Zeitpunkt der ersten Unterhaltsleistung für den zweiten Unterstützungszeitraum im Kalenderjahr	TTMMJJJJ		

Zeile	Beiträge zu Basis-Kranken- und gesetzlichen Pflegeversicherungen, die von der / den unterstützten Person(en) als Versicherungsnehmer geschuldet und von mir getragen wurden. (Bitte Nachweise einreichen.)	Auf den ersten Unterstützungszeitraum entfallen EUR	Auf den zweiten Unterstützungszeitraum entfallen EUR
11	Basis-Kranken- und gesetzliche Pflegeversicherungsbeiträge (abzüglich steuerfreier Zuschüsse und erstatteter Beiträge) für die unterstützte Person lt. Zeile 32	1297,–	,–
12	in Zeile 11 enthaltene Beiträge, aus denen sich ein Anspruch auf Krankengeld ergibt	,–	,–

Einnahmen aus Kapitalvermögen, übrige Einkünfte 430

Wenn Sie hier Eintragungen von Bedeutung vornehmen, war Ihre bisherige Arbeit an der Anlage Unterhalt für die Katz. Denn zunächst muss der Unterhaltsempfänger seine eigenen Mittel aufbrauchen. Übrige Einkünfte könnten Mieterträge sein.

Ausbildungsbeihilfen 431

Der Höchstbetrag von 8.820 € vermindert sich stets um Ausbildungshilfen aus öffentlichen Mitteln (BAföG). Als Darlehen gewährte Leistungen werden nicht angerechnet. Hier ist es besonders wichtig, Ausbildungskosten geltend zu machen, welche die anrechenbaren Einkünfte mindern. Was hier alles möglich ist, dazu mehr unter ➤ Rz 138.

Beispiel

Ihre Tochter Anika ist Studentin, über 25 Jahre alt und hat kein Einkommen. Anspruch auf BAföG besteht nicht. Sie als Eltern bekommen seit 2017 kein Kindergeld mehr und tragen alle Kosten in Form von monatlich 375 € Miete und 400 € für den weiteren Lebensunterhalt.
Für Ihre Steuererklärung haben Sie sich von Anika schriftlich Höhe und Zeitraum der Unterhaltszahlungen bestätigen lassen. Außerdem fügen Sie Kontoauszüge, die Studienbescheinigung und den Ablehnungsbescheid über BAföG bei.
Ihre Aufwendungen in Höhe von (375 € + 400 € = 775 € × 12 Monate =) 9.300 € werden mit dem Höchstbetrag von 8.820 € berücksichtigt.

Zeile 45–54 Einkünfte und Bezüge außerhalb des Unterstützungszeitraums 432

Haben Sie nur während eines Teils des Jahres Ihren Schützling finanziell unterstützt, weil er in der übrigen Zeit eigene Einkünfte hatte, werden diese Einkünfte nicht auf den Freibetrag angerechnet.

Sie sollten aber wissen: Einkünfte, die sowohl innerhalb als auch außerhalb des Unterstützungszeitraums zufließen, werden aufgeteilt. Dabei werden

- Arbeitslohn, Renten und andere Bezüge den Monaten zugerechnet, in denen sie gezahlt werden;
- Zinsen, Mieteinkünfte, Gewinne aus Gewerbebetrieb oder selbständiger Arbeit mit $^1/_{12}$ des Jahresbetrags pro Monat angesetzt.

Diese Regelung gilt es geschickt auszunutzen.

433 ◆ *Musterfall Backs (Eigene Einkünfte und Bezüge)*

Freund Backs lässt seine Tochter Julia aus erster Ehe, inzwischen 31 Jahre alt und alleinerziehend, nicht im Stich. Als Julia in den Monaten Januar bis September und im Dezember ohne Beschäftigung war, hat Backs ihr monatlich 380 € zugesteckt. Hierfür rechnet er mit einer Steuererstattung.
Höchst peinlich war es Backs, sich für seine Steuererklärung bei Julia nach deren Einkünften und Bezügen erkundigen zu müssen, was seine ohnehin vorhandene Wut auf den Fiskus nicht gerade besänftigen konnte.
Julia hat ihm auf seine Fragen hin offenbart, dass sie von Januar bis September monatlich Sozialhilfe in Höhe von 286 € und 307 € Erziehungsgeld erhalten hat. Ihre Anstellung als Schmuckverkäuferin in einem Kaufhaus ab Anfang Oktober konnte sie nicht halten und wurde zum 30. November gekündigt. Ihre Lohnsteuerbescheinigung weist für diesen Zeitraum einen Bruttolohn von 4.000 € aus. Ab Anfang Dezember lebte Julia wieder von der Sozialhilfe, jetzt in Höhe von monatlich 486 €. In seine Steuererklärung trägt Backs ein:

Zeile	Haushalt, in dem die unterstützte(n) Person(en) lebte(n)			53
4	Anschrift dieses Haushaltes: Bauernkamp 10, Dortmund			
5	Wohnsitzstaat, wenn Ausland			
	Die Eintragungen in den Zeilen 6 bis 10 und 17 bis 26 sind nur in der ersten Anlage Unterhalt je Haushalt erforderlich.			
6	Anzahl der Personen, die in dem Haushalt lt. Zeile 4 lebten	Anzahl: 2		
	Aufwendungen für den Unterhalt	vom	bis	Gesamtaufwendungen EUR
7	Erster Unterstützungszeitraum, für den Unterhalt geleistet wurde, und Höhe der Aufwendungen (einschließlich Beträge lt. den Zeilen 11 bis 25) – Bitte Nachweise einreichen. –	0101	3009	3420,–
8	Zeitpunkt der ersten Unterhaltsleistung für den ersten Unterstützungszeitraum im Kalenderjahr	02012017		
		vom	bis	Gesamtaufwendungen EUR
9	Zweiter Unterstützungszeitraum, für den Unterhalt geleistet wurde, und Höhe der Aufwendungen (einschließlich Beträge lt. den Zeilen 11 bis 25) – Bitte Nachweise einreichen. –	0112	3112	380,–
10	Zeitpunkt der ersten Unterhaltsleistung für den zweiten Unterstützungszeitraum im Kalenderjahr	01122017		

ANLAGE UNTERHALT

Unterhalt für bedürftige Personen

2018

Allgemeine Angaben zur unterstützten Person

31 Identifikationsnummer: 34567890123 — lfd. Nr. 1

32 Name, Vorname: Backs, Julia — Geburtsdatum: 17011986 — wenn 2017 verstorben: Sterbedatum T T M M J J J J

33 Beruf, Familienstand: arbeitslos, ledig — Verwandtschaftsverhältnis zur unterstützenden Person: Tochter

34 **Bei Unterhaltsempfängern im Ausland:** Von der Heimatbehörde und der unterstützten Person bestätigte Unterhaltserklärung über die Bedürftigkeit ist beigefügt. (1 = Ja, 2 = Nein)

35 Name, Vorname des im selben Haushalt lebenden Ehegatten / Lebenspartners: Name, Vorname

36 Die unterstützte Person lebte in meinem inländischen Haushalt. **2** (1 = Ja, 2 = Nein) Falls ja (wenn nicht ganzjährig) vom T T M M bis T T M M

37 Hatte jemand für diese Person Anspruch auf Kindergeld oder Freibeträge für Kinder? **2** (1 = Ja, 2 = Nein) Falls ja (wenn nicht ganzjährig) T T M M – T T M M

38 Die unterstützte Person ist mein
- geschiedener Ehegatte
- Lebenspartner einer aufgehobenen Lebenspartnerschaft
- dauernd getrennt lebender Ehegatte / Lebenspartner

(kein Abzug von Sonderausgaben nach § 10 Abs. 1a Nr. 1 EStG, keine Zusammenveranlagung). **2** (1 = Ja, 2 = Nein)

39 Die unterstützte Person ist mein nicht dauernd getrennt lebender und nicht unbeschränkt einkommensteuerpflichtiger Ehegatte / Lebenspartner **2** (1 = Ja, 2 = Nein)

40 Die unterstützte Person ist als Kindesmutter / Kindesvater gesetzlich unterhaltsberechtigt. **2** (1 = Ja, 2 = Nein) Falls ja (wenn nicht ganzjährig) T T M M – T T M M

41 Die unterstützte Person ist nicht unterhaltsberechtigt, jedoch wurden oder würden bei ihr wegen der Unterhaltszahlungen öffentliche Mittel gekürzt oder nicht gewährt. (Bitte Nachweis der Sozialbehörden, der Agentur für Arbeit oder schriftliche Versicherung der unterstützten Person einreichen.) **2** (1 = Ja, 2 = Nein) Falls ja (wenn nicht ganzjährig) T T M M – T T M M

42 Gesamtwert des Vermögens der unterstützten Person — EUR 0,–

Zum Unterhalt der bedürftigen Person haben auch beigetragen (Name, Anschrift)

43 —

44 vom T T M M bis T T M M — Betrag EUR ,–

Einkünfte und Bezüge der unterstützten Person

Diese Person hatte

	vom	bis	Bruttoarbeitslohn EUR	darauf entfallende Werbungskosten (ohne Werbungskosten zu Versorgungsbezügen) EUR	Versorgungsbezüge – im Arbeitslohn enthalten – EUR	Bemessungsgrundlage für den Versorgungsfreibetrag EUR	Werbungskosten zu Versorgungsbezügen EUR
45	0110	3011	4000				
46	T T M M	T T M M					

	maßgebendes Kalenderjahr des Versorgungsbeginns Jahr	vom	bis	Renten EUR	steuerpflichtiger Teil der Rente EUR	Werbungskosten zu Renten EUR
47		T T M M	T T M M			
48		T T M M	T T M M			

	vom	bis	Einkünfte aus Kapitalvermögen (tarifliche Einkommensteuer) EUR	vom	bis	Übrige Einkünfte EUR
49	T T M M	T T M M		T T M M	T T M M	
50	T T M M	T T M M		T T M M	T T M M	

	vom	bis	Erträge aus Kapitalvermögen (Abgeltungsteuer) EUR	vom	bis	Sozialleistungen / übrige Bezüge (z. B. aus Minijobs) EUR
51	T T M M	T T M M		0101	3009	2574
52	T T M M	T T M M		0112	3112	486

Das Finanzamt rechnet so:

Unterstützung für insgesamt 10 Monate (380 € × 10 Monate =)		*3.800 €*
Unterhaltshöchstbetrag für 10 Monate (8.820 € × $^{10}/_{12}$ =)		*7.350 €*
Eigene Einkünfte und Bezüge		
Erziehungsgeld wird nicht angerechnet		
Sozialhilfe (286 € × 9 Monate + 486 € =)	*3.060 €*	
./. Kostenpauschale	*– 180 €*	
	2.880 €	
./. anrechnungsfreier Betrag (624 € × $^{10}/_{12}$ =)	*– 520 €*	
Schädliche Einkünfte und Bezüge	*2.360 €*	*> – 2.360 €*
Gekürzter Höchstbetrag		*4.990 €*
Abzugsfähig sind max. die entstandenen Unterhaltsaufwendungen von		*3.800 €*

Hätte Backs seine Tochter ganzjährig unterstützt, würde sich folgende Berechnung ergeben:

Unterstützung für 12 Monate (380 € × 12 Monate =)		*4.560 €*
Unterhaltshöchstbetrag		*8.820 €*
Eigene Einkünfte und Bezüge		
Arbeitslohn	*4.000 €*	
./. Arbeitnehmerpauschbetrag	*– 1.000 €*	
Verbleiben	*3.000 €*	
Sozialhilfe (286 € × 9 Monate + 486 € =)	*3.060 €*	
./. Kostenpauschale	*– 180 €*	
	5.880 €	
./. anrechnungsfreier Betrag	*– 624 €*	
Schädliche Einkünfte und Bezüge	*5.256 €*	*> – 5.256 €*
Gekürzter Höchstbetrag = Abzugsbetrag		*3.564 €*

8 Die Anlage Kind 434

Die Steuerermäßigung für Kinder ist Teil des sog. Familienleistungsausgleichs. Dieser umfasst den Kinderfreibetrag, den Freibetrag für Betreuungs-, Erziehungs- oder Ausbildungsbedarf – im Folgenden kurz Betreuungsfreibetrag genannt – nebst weiteren vier Steuervergünstigungen und das Kindergeld. Kein Wunder, dass der Familienleistungsausgleich zu den kompliziertesten Regelungen gehört, die unser Steuerrecht zu bieten hat.

Vergünstigungen für Kinder in 2017				
Kindergeld jährlich			Steuerfreibeträge jährlich	
1. bis 2. Kind	3. Kind	ab 4. Kind	Kinderfreibetrag	Betreuungsfreibetrag
2.304 €	2.376 €	2.676 €	2.358/4.716 €*	1.320/2.640 €*

Unabhängig davon, welche Steuerermäßigung bei Ihnen zum Zug kommt, ob Kindergeld oder Freibeträge, beantragen Sie zusätzlich

• Entlastungsfreibetrag für Alleinerziehende (§ 24b EStG; ➤ Rz 484)	1.908 €
Für jedes weitere Kind erhöht sich der Freibetrag um	240 €
• Ausbildungsfreibetrag (§ 33a Abs. 2 EStG; ➤ Rz 487)	924 €
• Kinderbetreuungskosten (➤ Rz 494 ff.) Höchstbetrag	4.000 €

*Alleinstehende/Ehegatten

8.1 Der Familienleistungsausgleich im Überblick

Im Familienleistungsausgleich werden diejenigen entlastet, die Kinder zu versorgen haben. 435

Der Grundsatz ist leicht verständlich: Es gibt entweder Kindergeld (§ 62 EStG) oder Steuerermäßigung durch Kinderfreibetrag und Betreuungsfreibetrag (§§ 31 und 32 EStG). Was davon günstiger ist, stellt sich erst bei der Veranlagung zur Einkommensteuer heraus.

Kindergeld wird für Kinder gezahlt, die in Deutschland oder in einem anderen EU-Staat wohnen, und dies unabhängig von ihrer Staatsangehörigkeit. Es kommt besonders Familien zugute, deren Einkommen weniger üppig ist. Bei vier Sprösslingen werden im Monat immerhin insgesamt 805 € überwiesen.

Automatische Günstigerprüfung 436

Die Freibeträge wirken sich auf die Einkommensteuer nur aus, wenn die Steuerersparnis höher ist als das Kindergeld. Deshalb beziehen alle Eltern zunächst Kindergeld. Bei der Steuerveranlagung prüft dann das

Finanzamt, ob die Steuerermäßigung durch Kinder- und Betreuungsfreibeträge oder das bereits bezogene Kindergeld günstiger ist.

Einen Antrag brauchen Sie dazu nicht zu stellen: Die Günstigerprüfung erfolgt automatisch, sobald Sie eine Anlage Kind abgeben. Ist die Steuerermäßigung höher – also für Sie günstiger –, rechnet das Finanzamt das im Veranlagungsjahr erhaltene Kindergeld der tariflichen Einkommensteuer hinzu (§ 31 EStG). So wird vermieden, dass sowohl Steuerermäßigung als auch Kindergeld in Anspruch genommen werden.

437 **Wann ist die Steuerermäßigung höher als das Kindergeld?**
Für 2017 ergibt sich folgende Übersicht:

	Einkunfts-grenze	Grenzsteuer-satz	Steuer-ersparnis	Kinder-geld
1. und 2. Kind	32.000 €/64.000 €	31,9 %	2.346 €	2.304 €
3. Kind	34.000 €/68.000 €	32,8 %	2.377 €	2.376 €
ab 4. Kind	44.000 €/88.000 €	37,2 %	2.696 €	2.676 €

Probe für das 1. und 2. Kind: Kinderfreibetrag 4.716 € plus Betreuungsfreibetrag 2.640 € = 7.356 €, davon 31,9 % = 2.346 €, also 42 € im Jahr mehr, als das Kindergeld (12 × 192 €) ausmacht.

Die Höhe der Einkünfte volljähriger Kinder ist nicht relevant.
438 Steuerermäßigung oder Kindergeld gibt es ohne besondere Voraussetzungen

- für Kinder unter 18 Jahren;
- für Kinder zwischen 18 und 25 Jahren, wenn sich das Kind z.B. noch in der Berufsausbildung befindet, arbeitslos ist oder sich aufgrund einer Behinderung finanziell nicht selbst unterhalten kann. Bei Kindern zwischen 18 und 25 Jahren in Berufsausbildung sind Kindergeld/-freibeträge daher nur dann verloren, wenn das Kind einer Vollzeiterwerbstätigkeit nachgeht. Unschädlich sind demnach (unabhängig von der Höhe der Einkünfte/Bezüge):

– Erwerbstätigkeiten, bei denen die regelmäßige wöchentliche Arbeitszeit nicht mehr als 20 Stunden beträgt,
– ein geringfügiges Beschäftigungsverhältnis oder
– ein Ausbildungsdienstverhältnis.

Mehr dazu unter ➤ Rz 479 ff.

Antrag auf Kindergeld 439

Nach § 67 Satz 1 EStG ist der Antrag auf Kindergeld schriftlich bei der sog. Familienkasse zu stellen. Familienkassen sind offiziell Behörden des Fiskus, weil das Kindergeld eine Steuervergütung darstellt (§ 31 EStG), und unterstehen deshalb der Fachaufsicht des Bundesamts für Finanzen. Ihren Sitz haben sie jedoch bei der Agentur für Arbeit. Dort erhalten Sie auch das Formular für den Antrag – oder im Internet unter www.familienkasse.de, wo Sie es gleich am Bildschirm ausfüllen können. Haben sich Änderungen in den Verhältnissen Ihres Kindes ergeben, zu denen Sie in Ihrem Kindergeldantrag Angaben gemacht haben, beachten Sie unbedingt folgenden …

TIPP 440

Wie beim Militär: Nur rechtzeitige Meldung macht frei

Wer gegenüber der Familienkasse nicht spurt, hat keinerlei Nachsicht zu erwarten. Im Antrag auf Kindergeld haben Sie sich verpflichtet, Änderungen unverzüglich zu melden (§ 68 EStG). Wenn Sie gegen diese Meldepflicht verstoßen, haben Sie eine Straftat oder wenigstens eine Ordnungswidrigkeit begangen (DA-FamEStG Tz. 68.1).

Auf keinen Fall dürfen Sie eigenmächtig entscheiden, ob die Voraussetzungen für Kindergeld noch gegeben sind, wenn der ursprüngliche Rechtsgrund weggefallen, dafür aber ein anderer entstanden ist. Also immer schön Meldung machen.

Was da passieren kann? Ein einfacher Fall: Ihr Sprössling bricht die Lehre ab und findet drei Monate später, also innerhalb der Übergangszeit von höchstens vier Monaten (§ 32 Abs. 4 Nr. 2b EStG), eine neue Ausbildungsstelle. Ist doch alles paletti, denken Sie, was gibt es da zu melden? Es liegen ununterbrochen die Voraussetzungen für Kindergeld vor! Im Grunde haben Sie recht, trotzdem hätten Sie den Abbruch der Ausbildung melden müssen (§ 70 Abs.2 EStG). Was im Einzelnen zu melden ist, entnehmen Sie dem Merkblatt zum Kindergeld, zu finden unter www.familienkasse.de, wo Sie auch weitere Informationen erhalten.

Gut zu wissen:

Haben Sie versäumt, Kindergeld zu beantragen, so ist das kein Beinbruch. 441 Kindergeldansprüche verjähren erst nach vier Jahren. Die Festsetzungsfrist beträgt vier Jahre (§ 169 Abs. 2 Satz 2 Nr. 1 AO) und beginnt mit Ablauf des Kalenderjahres, für das der Kindergeldanspruch besteht (§ 170 Abs.1 AO). Dabei ist es unerheblich, auf welchen einzelnen Kalendermonat sich der Kindergeldanspruch bezieht.

Name und Vorname des/der Kindergeldberechtigten

Kindergeld-Nr. F K

Steuerliche Identifikationsnummer des/der Kindergeldberechtigten (zwingend ausfüllen)

Familienkasse

Telefonische Rückfrage tagsüber unter Nr.:

Veränderungsmitteilung

☐ Meine **Anschrift** hat sich wie folgt geändert:

(Straße, Hausnummer)

(Postleitzahl, Wohnort) (Wohnland)

gültig seit/ab:

☐ Auf **folgendes Konto** soll das Kindergeld und ggf. der Kinderzuschlag künftig überwiesen werden:

IBAN

BIC

Bank, Finanzinstitut (ggf. auch Zweigstelle)

Kontoinhaber/in ist

☐ Kindergeldberechtige/r

☐ nicht Kindergeldberechtige/r, sondern:

Name, Vorname

gültig ab:

☐ Mein **Familienstand** hat sich geändert; ich bin seit dem

☐ verheiratet ☐ in Lebenspartnerschaft lebend
☐ geschieden ☐ dauernd getrennt lebend ☐ verwitwet

☐ Die **Anzahl der in meinem Haushalt lebenden Kinder** hat sich geändert:

☐ Für das Kind geb. am
das seit in meinem Haushalt lebt, beantrage ich Kindergeld.

☐ Das Kind geb. am
lebt seit nicht mehr in meinem Haushalt, sondern bei:

(Name, Vorname und Anschrift)

☐ **Beschäftigung im Ausland** bzw. Entsendung ins Ausland

☐ Ich habe
☐ Mein Ehegatte/Meine Ehegattin bzw. Lebenspartner/in hat
☐ Der andere Elternteil hat
(Name, Vorname, Geburtsdatum)

☐ eine unselbständige Beschäftigung
☐ eine selbständige Beschäftigung
im Ausland aufgenommen.

Name und Anschrift des Arbeitgebers bzw. des Betriebes:

gültig seit/ab:

KG 45 – 01.16 – Stand September 2016

Fortsetzung auf nächster Seite ➔

☐ Für mein **Kind** .... wird seit ....
eine andere kindbezogene Leistung (z. B. ausländische Familienleistung) gezahlt.
beziehende Person: ....
(Name, Vorname)

Art der Leistung: .... Betrag monatlich: ....
auszahlende Stelle: ....
(Bezeichnung)

....
(Anschrift)

☐ Mein **über 18 Jahre altes Kind** ....

☐ hat ein(e) Schul-/Berufsausbildung/Studium am ....
- ☐ aufgenommen.
- ☐ unterbrochen.
- ☐ aufgegeben.
- ☐ beendet. Berufsabschluss/Studienabschluss (mit Angabe des Fachs): ....

Berufsziel, falls dieses vom o. g. Abschluss abweicht: ....

☐ war/ist erwerbstätig bzw. wird erwerbstätig sein.

Tätigkeit:	ab/von	bis
☐ eine oder mehrere geringfügige Beschäftigung(en) im Sinne der §§ 8, 8a SGB IV (sog. Minijob)	....	....
☐ andere Erwerbstätigkeiten (bei mehreren Beschäftigungen Angaben auf gesondertem Blatt)	....	....

Insgesamt (vereinbarte) regelmäßige wöchentliche Arbeitszeit: .... Stunden

Dienstherr bzw. Arbeitgeber: ....
(Name)

....
(Anschrift)

☐ Ich teile **sonstige Veränderungen** im Sinne des Merkblattes über Kindergeld mit, nämlich:

....

....

....

☐ Die erforderlichen **Nachweise** ☐ sind beigefügt.
☐ reiche ich nach.

Zu den angekreuzten Veränderungen möchte ich noch **Folgendes ergänzend** bemerken:
(z.B. Gründe für verspätete Mitteilung trotz unverzüglicher Anzeigepflicht)

....

....

....

Hinweis nach dem Bundesdatenschutzgesetz: Die Daten werden aufgrund und zum Zweck der §§ 31, 62 bis 78 Einkommensteuergesetz und der Regelungen der Abgabenordnung bzw. aufgrund des Bundeskindergeldgesetzes und des Sozialgesetzbuches erhoben, verarbeitet und genutzt.

Ich versichere, dass ich alle Angaben vollständig und wahrheitsgetreu gemacht habe. Mir ist bekannt, dass ich alle Änderungen, die für den Anspruch auf Kindergeld von Bedeutung sind, unverzüglich der Familienkasse mitzuteilen habe. Das Merkblatt über Kindergeld habe ich bereits erhalten und von seinem Inhalt Kenntnis genommen.

....
(Datum) (Unterschrift des/der Kindergeldberechtigten)

442 **Zusätzliche Freibeträge**
Neben Kindergeld oder Kinder-/Betreuungsfreibetrag gibt es unter besonderen Voraussetzungen zusätzliche Freibeträge, als da sind:

- **Entlastungsbetrag für Alleinerziehende** (➤ Rz 484)

Zum Familienleistungsausgleich gehört der Entlastungsbetrag für Alleinerziehende in Höhe von 1.908 €. Er ist nur für Alleinstehende vorgesehen, zu deren Haushalt ein Kind gehört, für das ihnen ein Kinderfreibetrag oder Kindergeld zusteht (§ 24b EStG).
Für jedes weitere im Haushalt lebende Kind erhöht sich der Freibetrag um 240 €.

- **Ausbildungsfreibetrag/Kinderbetreuungskosten** (➤ Rz 487 und ➤ Rz 494)

Der Familienleistungsausgleich wird ergänzt durch den Ausbildungsfreibetrag und den Abzug von Kinderbetreuungskosten. Der **Ausbildungsfreibetrag** beträgt 924 € im Jahr und wird für volljährige, auswärtig untergebrachte Kinder gewährt (§ 33 a Abs. 2 EStG).
Als **Kinderbetreuungskosten** können Eltern den Aufwand für die Betreuung ihres Nachwuchses bis zum 14. und bei Behinderung steuerlich mit ⅔ der Aufwendungen – bis max. 4.000 € pro Kind und Jahr – als Sonderausgaben geltend machen (§ 10 Abs. 1 Nr. 5 EStG).
Steuerermäßigung für Kinderbetreuung (➤ Rz 261 ff.)
Falls bei Ihnen der Abzug von Kinderbetreuungskosten nicht zum Zug kommt, können Sie für die Aufsicht Ihres Sprösslings eine Steuerermäßigung für haushaltsnahe Beschäftigung (§ 35 a EStG) beanspruchen.

443 **Steuerchaos sondergleichen**
Kindergeld und Kinderermäßigung sind an unterschiedliche Bedingungen geknüpft, was die Übersicht erschwert.

- **Halbfamilien**

Das Steuerchaos zeigt sich besonders bei Eltern, die nicht oder nicht mehr miteinander verheiratet sind oder getrennt leben. Beiden Elternteilen steht jeweils die Hälfte der Steuerfreibeträge zu, also jedem im Jahr 3.678 € (= der halbe Kinderfreibetrag 2.358 € + der halbe Betreuungsfreibetrag 1.320 €). Aber nur ein Elternteil erhält Kindergeld, das im Gegensatz zu den Steuerfreibeträgen nicht geteilt ausgezahlt werden kann. Anspruch auf das Kindergeld hat derjenige, der das Kind in seinem Haushalt erzieht. Das ist meistens die Mutter. Das Finanzamt prüft auch hier automatisch bei der Veranlagung jedes Elternteils, was günstiger ist: Kinderfreibetrag oder Kindergeld. Wenn günstiger, wird bei dem, der kein Kindergeld bezogen hat, ein steuerlicher Kinderfreibetrag abgesetzt und fiktiv das halbe Kindergeld dagegen aufgerechnet.

In der Anlage Kind werden dazu Angaben in den > Zeilen 11 – 14 (»Kindschaftsverhältnis zu anderen Personen«) verlangt.

TIPP **Zahlväter aufgepasst: 96 € weniger Unterhalt** 444

Der unterhaltsverpflichtete Elternteil erhält seinen Kindergeldanteil auf einem Umweg, indem sich seine Unterhaltsverpflichtung verringert, und zwar in Höhe von 50 % des Kindergelds. Er braucht also (192 € ÷ 2 =) 96 € im Monat weniger Unterhalt zu zahlen.

Kommt die Steuerermäßigung zum Zug, wird es kompliziert: Zieht das Finanzamt bei der Einkommensteuerveranlagung einen halben Kinderfreibetrag ab, weil das für Sie günstiger ist, wird im Gegenzug Kindergeld in halber Höhe auf Ihre Steuerschuld aufgeschlagen.

Ist das halbe Kindergeld bei der Unterhaltsregelung unbeachtet geblieben, können Sie nicht einfach damit argumentieren, dass es vergessen wurde. Achten Sie also beim Aushandeln des Unterhalts darauf, dass diese Gegenrechnung für Sie nicht unter den Tisch fällt.

- **Enkelkinder** 445

Großeltern können ohne weiteres für ein Enkelkind Kindergeld erhalten (§ 63 Abs. 1 Nr. 3 EStG). Eine Steuerermäßigung erhalten Großeltern aber nur, wenn das Enkelkind zugleich die Voraussetzungen für ein Pflegekind erfüllt (§ 32 Abs. 1 Nr. 2 EStG). Auch hier ist also der Anspruch unterschiedlich geregelt. Dazu mehr im Tipp unter ➤ Rz 454.

8.2 Wie wird die Anlage Kind ausgefüllt?

Wenn bei Ihrer Veranlagung zur Einkommensteuer Kinderermäßigung berücksichtigt werden soll, müssen Sie – für jedes Kind – eine Anlage Kind abgeben. 446

Was nicht gerecht ist,
kann nicht Gesetz sein.
(Jefferson Davis)

447 **Das vertrackte Formular**

So kompliziert der Familienleistungsausgleich, so vertrackt auch das Formular. Der Fiskus muss für jedes Kind den maßgeblichen »Sachverhalt« feststellen.

- Wie alt ist das Kind (➤ Rz 449)?
- Zu welchen Personen besteht ein Kindschaftsverhältnis (➤ Rz 453)?
- Befindet sich Ihr volljähriges Kind noch in Berufsausbildung (➤ Rz 462)?
- Geht Ihr volljähriges Kind einer Erwerbstätigkeit nach (➤ Rz 479)?

Der Fiskus hat aber noch mehr im Blick:

Den vollen Kinder- und den vollen Betreuungsfreibetrag darf er für jedes Kind nur einmal gewähren, wobei die Freibeträge dem Grundsatz nach bei jedem Elternteil zur Hälfte abgezogen werden. Zu den Ausnahmen siehe ➤ Rz 481.

Quelle: § 32 Abs. 6 Sätze 1 bis 3 EStG).

2017

Anlage Kind

Für jedes Kind bitte eine eigene Anlage Kind abgeben.

1 Name

2 Vorname

3 **Steuernummer** lfd. Nr. der Anlage

Angaben zum Kind

3

4 **Identifikationsnummer** 01

5 Vorname | ggf. abweichender Familienname

6 Geburtsdatum 16 | Anspruch auf Kindergeld oder vergleichbare Leistungen für 2017 15 EUR ,—

7 Für die Kindergeldfestsetzung zuständige Familienkasse

8 Wohnsitz im Inland 00 vom bis | Wohnsitz im Ausland 07 vom bis

9 ggf. abweichende Adresse (bei Wohnsitz im Ausland bitte auch den Staat angeben) (Kz 14)

Kindschaftsverhältnis zur stpfl. Person / Ehemann / Person A | Kindschaftsverhältnis zur Ehefrau / Person B

10 02 1 = leibliches Kind / Adoptivkind 2 = Pflegekind 3 = Enkelkind / Stiefkind | 03 1 = leibliches Kind / Adoptivkind 2 = Pflegekind 3 = Enkelkind / Stiefkind

Kindschaftsverhältnis zu einer anderen Person

11 Name, Vorname | Geburtsdatum dieser Person | 04 Dauer des Kindschaftsverhältnisses vom bis

12 Letzte bekannte Adresse | Art des Kindschaftsverhältnisses 1 = leibliches Kind / Adoptivkind 2 = Pflegekind

13 Der andere Elternteil lebte im Ausland 37

14 Das Kindschaftsverhältnis zum anderen Elternteil ist durch dessen Tod erloschen am 06

15 Der Wohnsitz oder gewöhnliche Aufenthalt des anderen Elternteiles ist nicht zu ermitteln oder der Vater des Kindes ist amtlich nicht feststellbar 05 1 = Ja

Angaben für ein volljähriges Kind

Das Kind

- befand sich in einer Schul-, Hochschul- oder Berufsausbildung,
- befand sich in einer Übergangszeit von höchstens vier Monaten (z. B. zwischen zwei Ausbildungsabschnitten),
- konnte eine Berufsausbildung mangels Ausbildungsplatzes nicht beginnen oder fortsetzen und / oder
- hat ein freiwilliges soziales oder ökologisches Jahr (Jugendfreiwilligendienstegesetz), einen europäischen / entwicklungspolitischen Freiwilligendienst, einen Freiwilligendienst aller Generationen (§ 2 Abs. 1a SGB VII), einen Internationalen Jugendfreiwilligendienst, Bundesfreiwilligendienst oder einen Anderen Dienst im Ausland (§ 5 Bundesfreiwilligendienstgesetz) geleistet.

(Folgen diese Abschnitte unmittelbar aufeinander, sind sie zu einem Zeitraum zusammenzufassen.)

1. Zeitraum vom bis | 2. Zeitraum vom bis

16 80 | 81

17 Bezeichnung der Schul-, Hochschul- oder Berufsausbildung

18 Das Kind war ohne Beschäftigung und bei einer Agentur für Arbeit als arbeitsuchend gemeldet 82

19 Das Kind war wegen einer vor Vollendung des 25. Lebensjahres eingetretenen Behinderung außerstande, sich selbst finanziell zu unterhalten (Bitte Anleitung beachten.) 83

20 Das Kind hat den gesetzlichen Grundwehr- / Zivildienst oder einen davon befreienden Dienst geleistet, der vor dem 1.7.2011 begonnen hat

Angaben zur Erwerbstätigkeit eines volljährigen Kindes (nur bei Eintragungen in Zeile 16)

21 Das Kind hat bereits eine erstmalige Berufsausbildung oder ein Erststudium abgeschlossen 84 1 = Ja 2 = Nein

Falls Zeile 21 mit „Ja" beantwortet wurde:

22 Das Kind war erwerbstätig (kein Ausbildungsdienstverhältnis) 1 = Ja 2 = Nein

Falls Zeile 22 mit „Ja" beantwortet wurde:

23 Das Kind übte eine / mehrere geringfügige Beschäftigung(en) im Sinne der §§ 8, 8a SGB IV (sog. Minijob) aus 1 = Ja 2 = Nein Beschäftigungszeitraum vom bis

24 Das Kind übte andere Erwerbstätigkeiten aus (bei mehreren Erwerbstätigkeiten bitte Angaben lt. gesonderter Aufstellung) 1 = Ja 2 = Nein Erwerbszeitraum

25 (Vereinbarte) regelmäßige wöchentliche Arbeitszeit der Tätigkeit(en) lt. Zeile 23 Stunden lt. Zeile 24 Stunden

2017AnlKind021 – Juli 2017 – **2017AnlKind021**

Kranken- und Pflegeversicherung

(Nicht in der Anlage Vorsorgeaufwand enthalten)

– Füllen Sie die Zeilen 31 bis 37 nur aus, wenn Sie in die Datenübermittlung eingewilligt oder dieser nicht widersprochen haben. –

Zeile		Aufwendungen von mir / uns als Versicherungsnehmer geschuldet EUR	Aufwendungen vom Kind als Versicherungsnehmer geschuldet EUR
31	Von mir / uns getragene Beiträge zu Krankenversicherungen (einschließlich Zusatzbeiträge) des Kindes (nur Basisabsicherung, keine Wahlleistungen)	66 ,—	70 ,—
32	In Zeile 31 enthaltene Beiträge, aus denen sich ein Anspruch auf Krankengeld ergibt		71 ,—
33	Von mir / uns getragene Beiträge zur sozialen Pflegeversicherung und / oder zur privaten Pflege-Pflichtversicherung	67 ,—	72 ,—
34	Von den Versicherungen lt. den Zeilen 31 bis 33 erstattete Beiträge	68 ,—	73 ,—
35	In Zeile 34 enthaltene Beiträge, aus denen sich ein Anspruch auf Krankengeld ergibt		74 ,—
36	Zuschuss von dritter Seite zu den Beiträgen lt. den Zeilen 31 bis 33 (z. B. nach § 13a BAföG)		75 ,—
37	Von mir / uns getragene Beiträge zu Kranken- und Pflegeversicherungen des Kindes (ohne Basisabsicherung, z. B. für Wahlleistungen, Zusatzversicherung)	69 ,—	

Übertragung des Kinderfreibetrags / des Freibetrags für den Betreuungs- und Erziehungs- oder Ausbildungsbedarf

Ich beantrage den vollen Kinderfreibetrag und den vollen Freibetrag für den Betreuungs- und Erziehungs- oder Ausbildungsbedarf, weil der andere Elternteil

38 – seiner Unterhaltsverpflichtung nicht zu mindestens 75% nachkommt oder
– mangels Leistungsfähigkeit nicht unterhaltspflichtig ist — 36 1 = Ja

39 Falls die Frage in Zeile 38 mit Ja beantwortet wurde: Es wurden Unterhaltsleistungen nach dem Unterhaltsvorschussgesetz gezahlt für den Zeitraum — 38 vom T T M M bis T T M M

40 Ich beantrage den vollen Freibetrag für den Betreuungs- und Erziehungs- oder Ausbildungsbedarf, weil das minderjährige Kind bei dem anderen Elternteil nicht gemeldet war. — 39 1 = Ja — 43 T T M M T T M M

41 Der Übertragung des Kinderfreibetrags und des Freibetrags für den Betreuungs- und Erziehungs- oder Ausbildungsbedarf auf den Stief- / Großelternteil wurde lt. **Anlage K** zugestimmt. — 40 1 = Ja

42 Nur beim Stief- / Großelternteil: Der Kinderfreibetrag und der Freibetrag für den Betreuungs- und Erziehungs- oder Ausbildungsbedarf sind lt. **Anlage K** zu übertragen. — 41 1 = Ja

43 Nur beim Stief- / Großelternteil: Ich / wir beantrage(n) die Übertragung des Kinderfreibetrags und des Freibetrags für den Betreuungs- und Erziehungs- oder Ausbildungsbedarf, weil ich / wir das Kind in meinem / unserem Haushalt aufgenommen habe(n) oder ich / wir als Großelternteil gegenüber dem Kind unterhaltspflichtig bin / sind. — 76 1 = Ja — 77 Zeitraum der Haushaltszugehörigkeit / Unterhaltsverpflichtung vom T T M M bis T T M M

Entlastungsbetrag für Alleinerziehende

Zeile				vom	bis
44	Das Kind war mit mir in der gemeinsamen Wohnung gemeldet		42	T T M M	T T M M
45	Für das Kind wurde mir Kindergeld ausgezahlt		44	T T M M	T T M M
46	Außer mir war(en) in der gemeinsamen Wohnung eine / mehrere volljährige Person(en) gemeldet, für die (zeitweise) kein Anspruch auf Kindergeld oder Freibeträge für Kinder bestand.	46 1 = Ja 2 = Nein	Falls ja 47	T T M M	T T M M
47	Es bestand eine Haushaltsgemeinschaft mit mindestens einer weiteren volljährigen Person, für die (zeitweise) kein Anspruch auf Kindergeld oder Freibeträge für Kinder bestand.	49 1 = Ja 2 = Nein	Falls ja 50	T T M M	T T M M

48 Name, Vorname (weitere Personen bitte in einer gesonderten Aufstellung angeben)

49 Verwandtschaftsverhältnis — Beschäftigung / Tätigkeit

Freibetrag zur Abgeltung eines Sonderbedarfs bei Berufsausbildung eines volljährigen Kindes

Zeile		1. Zeitraum vom	bis		2. Zeitraum vom	bis
50	Das Kind war auswärtig untergebracht 85	T T M M	T T M M	86	T T M M	T T M M

51 Es handelte sich zumindest zeitweise um eine auswärtige Unterbringung im Ausland — 87 1 = Ja

52 Anschrift(en), Staat(en) – falls im Ausland

Nur bei nicht zusammen veranlagten Eltern:

53 Laut gesondertem gemeinsamen Antrag ist der Freibetrag zur Abgeltung eines Sonderbedarfs bei Berufsausbildung in einem anderen Verhältnis als je zur Hälfte aufzuteilen. Der bei mir zu berücksichtigende Anteil beträgt — 88 %

2017AnlKind022 2017AnlKind022

Schulgeld

für den Besuch einer Privatschule (Bezeichnung der Schule oder deren Träger) — Gesamtaufwendungen der Eltern EUR

61 — 24 ,–

Nur bei nicht zusammen veranlagten Eltern:

62 Das von mir übernommene Schulgeld beträgt — 56 ,–

63 Laut gesondertem gemeinsamen Antrag ist für das Kind der Höchstbetrag für das Schulgeld in einem anderen Verhältnis als je zur Hälfte aufzuteilen. Der bei mir zu berücksichtigende Anteil beträgt — 57 %

Übertragung des Behinderten- oder Hinterbliebenen-Pauschbetrags

Die Übertragung des Behinderten- / Hinterbliebenen-Pauschbetrags wird beantragt:

Das Kind ist

64 hinterblieben 26 1 = Ja — behindert 1 = Ja — blind / ständig hilflos 55 1 = Ja — geh- und stehbehindert 1 = Ja — Grad der Behinderung 25

65 Ausweis / Rentenbescheid / Bescheinigung gültig — von M M J J — bis M M J J — unbefristet gültig X — Erstmalige Beantragung / Änderung (Nachweis ist einzureichen) X

Nur bei nicht zusammen veranlagten Eltern:

66 Laut gesondertem gemeinsamen Antrag sind die für das Kind zu gewährenden Pauschbeträge für Behinderte / Hinterbliebene in einem anderen Verhältnis als je zur Hälfte aufzuteilen. Der bei mir zu berücksichtigende Anteil beträgt — 28 %

Kinderbetreuungskosten

Art der Dienstleistung, Name und Anschrift des Dienstleisters — vom — bis — Gesamtaufwendungen der Eltern EUR

67 — T T M M — T T M M — 51 ,–

68 Steuerfreier Ersatz (z. B. vom Arbeitgeber), Erstattungen — T T M M — T T M M — 79 ,–

Nur bei nicht zusammen veranlagten Eltern: — Aufwendungen

69 Ich habe Kinderbetreuungskosten in folgender Höhe getragen — T T M M — T T M M — ,–

	vom	bis		vom	bis
70 Es bestand ein **gemeinsamer** Haushalt der Elternteile	T T M M	T T M M	Das Kind gehörte zu unserem Haushalt	T T M M	T T M M
71 Es bestand **kein gemeinsamer** Haushalt der Elternteile	T T M M	T T M M	Das Kind gehörte zu meinem Haushalt	T T M M	T T M M
72			Das Kind gehörte zum Haushalt des anderen Elternteils	T T M M	T T M M

Nur bei nicht zusammen veranlagten Eltern:

73 Laut übereinstimmendem Antrag ist für das Kind der Höchstbetrag für die Kinderbetreuung in einem anderen Verhältnis als je zur Hälfte aufzuteilen. Der bei mir zu berücksichtigende Anteil beträgt — %

2017AnlKind023 2017AnlKind023

448 8.2.1 Angaben zum Kind – Zeile 4–9

449 Zeile 6 Geburtsdatum

Sofort geht der Fiskus einen entscheidenden Punkt an und fragt nach dem Geburtsdatum. Hat Ihr Kind in 2017 das 18. Lebensjahr noch nicht vollendet (war also unter 18), besteht Anspruch auf Familienleistungsausgleich ohne besondere Voraussetzungen.
War es hingegen bereits 18 Jahre oder älter, stehen die Kinderermäßigungen nur unter bestimmten Voraussetzungen und vielleicht nur für einzelne Monate zu (➤ Rz 461 ff.); bei einem Alter über 25 Jahren nur in Ausnahmefällen (➤ Rz 474 ff.). Hier gibt es nichts zu tricksen, denn das Geburtsdatum steht nun mal fest.

450 Zeile 6 Anspruch auf Kindergeld oder vergleichbare Leistungen für 2017

Hier tragen Sie das erhaltene Kindergeld ein, damit das Finanzamt die Günstigerprüfung vornehmen kann (➤ Rz 436 f.).
Hat eine andere Person das Kindergeld bezogen, müssen Sie es gleichwohl als fiktives Kindergeld hier angeben. Dazu mehr unter ➤ Rz 443 f.

451 **TIPP** **Patchwork-Familien aufgepasst: Mehr Kindergeld durch Zählkinder**

Für das dritte Kind beträgt das monatliche Kindergeld bereits 198 € statt der 192 € für die Kinder 1 und 2.
Deshalb empfiehlt es sich, **denjenigen zum Kindergeldberechtigten zu bestimmen, der schon Kinder in die Ehe eingebracht hat.**

Beispiel
Ein Ehepaar hat zwei gemeinsame Kinder. Ein älteres eigenes Kind des Ehemannes lebt bei der leiblichen Mutter, an die auch das Kindergeld für dieses Kind gezahlt wird.
Bei der Ehefrau zählen nur die zwei gemeinsamen Kinder als erstes und zweites Kind. Sie könnte Kindergeld in Höhe von 2 × 192 € = 384 € monatlich erhalten.
Beim Ehemann zählt das eigene Kind als erstes Kind (Zählkind), die zwei gemeinsamen jüngeren Kinder zählen als zweites und drittes Kind. Als Kindergeldberechtigter kann er für die gemeinsamen Kinder (1 × 192 €) + (1 × 198 €) = 390 € monatlich erhalten, also 6 € mehr.

Zeile 8–9 Wohnort im Inland/Ausland 452

Steuerlich ist es ohne Bedeutung, ob Ihr Kind im In- oder im Ausland wohnt. Die Kinderermäßigung steht Ihnen so oder so zu.
Jetzt kommt der Haken: Die Kinderermäßigung für Auslandskinder wird nur insoweit abgezogen, als sie nach den Verhältnissen des Wohnsitzstaats des Kindes angemessen ist. Dies bedeutet, dass sie bis zu drei Viertel gekürzt werden kann. Die Kürzung wird programmgesteuert vorgenommen, und zwar nach der Ländergruppeneinteilung, die auch für die Unterstützung von Personen im Ausland gilt (➤ Rz 404).

Guter Rat:
Ist eine Kürzung zu befürchten, sind Sie fein heraus, wenn Ihr vielleicht im Ausland studierendes Kind weiterhin in Deutschland mit Wohnsitz gemeldet ist und dort sein Zuhause hat.

8.2.2 Kindschaftsverhältnis zu Steuerpflichtigem/Ehemann/Ehefrau/Lebenspartner/anderen Personen – Zeile 10–15 453

Zeile 10 Leibliches Kind/Adoptivkind, Pflegekind

Dem natürlichen Empfinden der Menschen entspricht es, jedem Steuerzahler, der ein Kind fürsorglich betreut, eine Kinderermäßigung zukommen zu lassen. Der Fiskus hingegen gewährt sie nur für bestimmte Kinder, nämlich für

- leibliche und Adoptivkinder
- und Pflegekinder.

Nur zu diesen Kindern besteht ein sog. Kindschaftsverhältnis, das steuerlich maßgebend sein soll.

Leibliche Kinder/Adoptivkinder
Das sind im 1. Grad verwandte Kinder, also eheliche und nichteheliche Kinder (leibliche Kinder/§ 1586 BGB), für ehelich erklärte Kinder (§ 1672 BGB), ferner Adoptivkinder. Mit der Adoption eines minderjährigen Kindes erlischt das Verwandtschaftsverhältnis zu seinen leiblichen Eltern. Ein Adoptivkind ist also vorrangig bei den Adoptiveltern zu berücksichtigen (§ 32 Abs. 2 Satz 1 EStG). Den leiblichen Eltern steht nach der Freigabe zur Adoption kein Kinderfreibetrag mehr zu.

Pflegekinder
Nach § 32 Abs. 2 Satz 2 EStG ist ein Pflegekind vorrangig bei den Pflegeeltern zu berücksichtigen. Den leiblichen Eltern steht demzufolge kein Kinderfreibetrag mehr zu. Ein Wahlrecht, bei wem die Kinderermäßigung berücksichtigt werden soll, gibt es nicht.

Was ist ein Pflegekind? Es muss mit den Pflegeeltern durch ein familienähnliches, auf längere Dauer angelegtes Band verbunden und außerdem in ihren Haushalt aufgenommen sein. Weitere Voraussetzung ist, dass das Obhuts- und Pflegeverhältnis zu den leiblichen Eltern nicht mehr besteht. Besonders im ersten Jahr müssen Sie zusätzliche Nachweise erbringen: Der Bearbeiter möchte wissen, ob Ihr Pflegekind wirklich in Ihrem Haushalt sein Zuhause hat, also auf Dauer bei Ihnen bleiben wird, und ob der Kontakt zu den leiblichen Eltern weitgehend unterbrochen ist. Gelegentliche Besuche der Eltern – bis zu viermal im Jahr – sind aber erlaubt. Außerdem müssen Sie als Pflegeperson das Kind mindestens zu einem nicht unwesentlichen Teil auf Ihre Kosten unterhalten. Unterhalt von dritter Seite (z.B. von den leiblichen Eltern) ist – bis zur Höhe der Pflegesätze des Jugendamts – erlaubt.

Enkelkinder/Stiefkinder
Ein Enkelkind wird bei den Großeltern vorrangig berücksichtigt, wenn es wie ein Pflegekind in ihrem Haushalt aufgenommen ist. Die Großeltern erhalten Kindergeld nur, wenn die leiblichen Eltern auf das Kindergeld verzichten (§ 64 Abs. 2 Satz 5 EStG).
Stiefkinder sind Kinder des anderen Ehegatten, die aus einer früheren Ehe stammen und im Haushalt des Berechtigten leben. Das Stiefkindverhältnis bleibt auch bestehen, wenn die Ehe, durch die es begründet wurde, durch Tod oder Scheidung aufgelöst wird oder die Eheleute getrennt leben und das Kind im Haushalt der Stiefmutter/des Stiefvaters lebt. Dann ist das Kindschaftsverhältnis zum leiblichen Elternteil erloschen und das Kind ohne weitere Prüfung vorrangig bei der Stiefmutter/dem Stiefvater »als Pflegekind« zu berücksichtigen (Ziff. 63.2.3 Abs. 2 DA – FamEStG).

454 **TIPP**

Machen Sie Ihr Enkelchen zum Pflegekind

Lebt Ihr Enkelchen in Ihrem Haushalt? Dann überlegen Sie mal mit Ihrer Tochter, wo das Kind gemeldet sein soll und was Sie dem Finanzamt antworten, wenn Sie nach der Zahl der jährlichen Besuche gefragt werden. Dabei gilt: Je weniger sich die Tochter um ihr Kind kümmern kann, umso eher wird es als

Ihr Pflegekind anerkannt. Der Fiskalritter sieht die Grenze bei weniger als fünf Besuchen der Mutter im Jahr. Der Bundesfinanzhof ist großzügiger und meint, wenn die Mutter weniger als zwölfmal im Jahr ihr Kind besuche, sei das Kind ein Pflegekind der Großeltern. Das gelte zumindest für noch nicht schulpflichtige Kinder (BFH-Urt. v. 20.1.1995 – BStBl 1995 II S. 582).
Liegen diese Voraussetzungen vor, haben Sie Anspruch auf die Kinderermäßigung. Nach dem Gesetz muss das Pflegekind auf Dauer bei den Pflegeeltern untergebracht sein. Dazu meint der BFH, bei nicht schulpflichtigen Kindern sei das bereits bei einer Aufnahme im Haushalt von mindestens zwei Jahren der Fall. (Zur Übertragung des Kinderfreibetrags vgl. ➤ Rz 483.)
Die Veranlagung ist grundsätzlich unter Berücksichtigung des Anspruchs auf Kindergeld durchzuführen (EStR 31 Abs. 4). Weil die Mutter das Kindergeld erhält, wird es bei der Veranlagung der Großeltern fiktiv mit der Kinderermäßigung aufgerechnet. Also müssen Sie es in > Zeile 6 angeben. Aber es geht auch anders:

Bis zu 372 € im Jahr mehr Kindergeld kassieren?
Wie den Kinderfreibetrag können Sie auch das Kindergeld auf sich übertragen lassen. Vor allem, wenn die junge Mutter selbst noch die Füße unter Ihren Tisch stellt. Wenn das Enkelkind dann zum vierten Kind in Ihrem Haushalt wird, gibt es pro Monat 31 € Kindergeld mehr, als wenn es die Mutter kassiert.

Weitere Fälle von Pflegekindern 455

- Kind aus einer geschiedenen Ehe, das bei seiner Tante lebt, als Pflegekind der Tante anerkannt durch FG Hessen vom 19.12.1983 (EFG 1984 S. 349).
- Vollwaise, die bei ihrem Bruder lebt, als Pflegekind des Bruders anerkannt durch BFH-Urt. vom 5.8.1977 (BStBl 1977 II S. 832).

In einem solchen Fall könnten Sie sich ggf. sogar den Pauschbetrag für Behinderte übertragen lassen.

TIPP Kostkinder auf Kosten des Finanzamts 456

Nicht als Pflegekinder gelten **Kostkinder.** Als Tagesmutter haben Sie folgende Möglichkeiten:

- Sie rücken eine Lohnsteuerkarte heraus; dann müssen Sie Ihrer Steuererklärung die Anlage N beifügen.
- Ihr Auftraggeber versteuert (ohne Lohnsteuerkarte) Ihren Lohn pauschal – fragen Sie ihn, ob das der Fall ist! –, so dass Sie steuerlich gesehen nichts mehr zu tun brauchen. Zur pauschalen Versteuerung ➤ Rz 602 ff.

- Sie unterschreiben eine Quittung und versteuern die Einnahmen, genauer gesagt Ihren Gewinn, selbst.

Die Einnahmen werden unterschieden nach:
steuerpflichtigen Einnahmen:

- Pflegegeld
  - vom Jugendamt,
  - von der Gemeinde,
  - von den Eltern des betreuten Kindes.
- steuerfreien Einnahmen:
- 100 % der Beitragserstattungen zur
  - Unfallversicherung,
  - Alterssicherung,
  - angemessenen Kranken- und Pflegeversicherung.

Die steuerpflichtigen Einnahmen können Sie durch Betriebsausgaben mindern. Hierzu haben Sie zwei Möglichkeiten:

1. **Pauschalmethode:**
   Bei einer Betreuung von mindestens 40 Wochenstunden (8 Std./Tag), die in eigenen oder angemieteten Räumen stattfindet, ist eine Betriebskostenpauschale von monatlich 300 € pro Kind abzugsfähig – bei geringerer Stundenzahl entsprechend weniger, bei z.B. 4 Std/Tag also 150 €. Eine Vollzeitpflege ist in Höhe der im Pflegegeld enthaltenen Erstattung der materiellen Aufwendungen sowie einmaliger Beihilfen und Zuschüsse abzugsfähig. Die Pauschale kann nur bis zur Höhe der Einnahmen abgezogen werden, somit kann kein Verlust entstehen.
2. **Einzelnachweis:**
   Sie ermitteln Ihre tatsächlichen Ausgaben durch Einzelaufstellung. Abziehbar sind dann beispielsweise Aufwendungen für Spiel- und Bastelmaterial, Nahrungsmittel und Fachliteratur. Dies bietet sich an, wenn die tatsächlichen Ausgaben monatlich 300 € pro Kind übersteigen. Der Einzelnachweis kann zu einem Verlust führen. Trotzdem lassen Sie den Einzelnachweis besser sein, sonst müssen Sie dem Finanzamt jede einzelne Wurstscheibe vorrechnen.

Bei Anwendung des Einzelnachweises darf nicht zusätzlich die Pauschale abgezogen werden.
Quelle: BMF, Schreiben vom 17.12.2008, IV C 3 – S 2342/07/0001

Gewinnberechnung

Einnahmen lt. quittiertem Betrag, z. B.	2.000 €
./. Betriebsausgabenpauschale (12 Monate × z. B. 300 € =) 3.600 €, max. in Höhe der Betriebseinnahmen	– 2.000 €
Ergibt	0 €

Die schwarze Null tragen Sie auf der Anlage G ein, > Zeile 4. Die Finanzer wollen dann nichts mehr von Ihnen sehen.

◆ *Musterfall Familie Meyer (Pflegekind)* 457

Das Ehepaar Meyer aus Dortmund hat den am 10.11.2010 geborenen Tobias als Pflegekind aufgenommen. Es erhält von der ledigen Mutter Martha Schulz 110 € Unterhalt im Monat. Der amtliche Pflegesatz des Jugendamts beträgt 490 €. Tobias wird bei den Meyers als Kind berücksichtigt.

Und so sieht das dann in Meyers Steuererklärung aus:

Angaben zum Kind 3

4 Identifikationsnummer 01 12345678901

Vorname: ggf. abweichender Familienname

5 TOBIAS

Geburtsdatum

6 16 10112010 — Anspruch auf Kindergeld oder vergleichbare Leistungen für 2017 — 15 EUR 2304,–

Für die Kindergeldfestsetzung zuständige Familienkasse

7 DORTMUND

8 Wohnsitz im Inland 00 vom 0101 bis 3112 — Wohnsitz im Ausland 07 vom T T M M bis T T M M

9 ggf. abweichende Adresse (bei Wohnsitz im Ausland bitte auch den Staat angeben) (Kz 14)

Kindschaftsverhältnis zur stpfl. Person / Ehemann / Person A — **Kindschaftsverhältnis zur Ehefrau / Person B**

10 02 2 — 1 = leibliches Kind / Adoptivkind — 2 = Pflegekind — 3 = Enkelkind / Stiefkind — 03 2 — 1 = leibliches Kind / Adoptivkind — 2 = Pflegekind — 3 = Enkelkind / Stiefkind

Kindschaftsverhältnis zu einer anderen Person

Name, Vorname — Geburtsdatum dieser Person — Dauer des Kindschaftsverhältnisses vom / bis

11 Schulz, Martha — 05081977 — 04 0101 3112

Letzte bekannte Adresse — Art des Kindschaftsverhältnisses

12 Gehweg 22, Lünen — 1 — 1 = leibliches Kind / Adoptivkind, 2 = Pflegekind

Zeile 11–15 Kindschaftsverhältnis zu anderen Personen 458

Ist das Kindschaftsverhältnis zwischen Ihnen und Ihrem leiblichen Kind vor dem 1.1.2017 durch Adoption erloschen, dürfen Sie dieses Kind nicht mehr angeben. Wurde Ihr leibliches Kind im Lauf des Jahres 2017 bei einer anderen steuerpflichtigen Person Pflege- oder Adoptivkind, teilen Sie dem Finanzamt das Datum mit. Entsprechendes gilt, wenn Sie ein Kind im Lauf des Jahres 2017 angenommen haben.

Miteinander verheiratete Eltern erhalten für ihr gemeinsames Kind die volle Kinderermäßigung, desgleichen ein alleinstehender Elternteil, wenn der andere Elternteil im Ausland lebt (> Zeile 13) oder verstorben ist (> Zeile 14). Entsprechendes gilt für eine alleinstehende Mutter, die den

Vater des Kindes nicht benennt, oder wenn der Wohnsitz des anderen Elternteils nicht ermittelt werden kann (> Zeile 15).

✎ ◆ *Musterfall Familie Huber (Volle und halbe Kinderermäßigung)*

459 *Hubers haben ein gemeinsames Kind: Sohn Volker, geboren am 20.8.2001. Herr Huber hat aus erster Ehe Sohn Wolfgang und Tochter Claudia. Wolfgang ist am 3.1.1993 geboren und studiert in Hannover; er lebt bei seiner Mutter, Erika Huber-Schmidt. Herr Huber zahlt für Wolfgang Unterhalt. Claudia ist am 12.4.1994 geboren und studiert in Bonn. An vielen Wochenenden ist Claudia bei den Hubers, bei denen sie auch ihren Wohnsitz gemeldet hat. Bei ihrer Mutter hält sich Claudia nur besuchsweise auf. Die Mutter trägt einen Teil der Unterhaltskosten für Claudia.*

Den Eheleuten Huber stehen zu:

Für Volker: voller Kinder- sowie Betreuungsfreibetrag, falls günstiger als Kindergeld.

Für Claudia: halber Kinder- und Betreuungsfreibetrag, falls günstiger als Kindergeld, sowie halber Ausbildungsfreibetrag.

Für Wolfgang: halber Kinder- und Betreuungsfreibetrag, falls günstiger als Kindergeld.

460 **TIPP**

Alleinerziehende aufgepasst!

Obwohl Sie allein für das Kind sorgen, erhält der andere Elternteil die Hälfte der Kinderermäßigung? Nein, sagen Sie, nicht mit mir. Sie beantragen beim Finanzamt die volle Kinderermäßigung, da der andere Elternteil seiner Unterhaltspflicht dem Kind gegenüber nicht nachkommt. Aber Obacht! Damit ja keiner zu viel von der Steuer absetzen kann, wird Ihr Finanzamt dem des anderen Elternteils ein Kontrollmitteilung schicken. Wollen Sie nicht, dass er Ihre aktuelle Adresse erfährt, hüten Sie sich, seinen Namen und seine Anschrift in > Zeile 11–12 anzugeben. Besteht das Finanzamt auf diesen Angaben, kontern Sie mit einer Entscheidung des Finanzgerichts Düsseldorf, wonach ein Elternteil auch dann Anrecht auf den vollen Kinderfreibetrag habe, wenn er den anderen Elternteil des Kindes verschweige. (FG Düsseldorf v. 4.1.1993 – EFG 1993 S. 519)

✎ 8.2.3 Angaben für ein volljähriges Kind – Zeile 16–20

461 Für Kinder im Alter über 18 Jahre steht Ihnen die Steuerermäßigung nur unter bestimmten Voraussetzungen zu. Diese werden in den > Zeilen 16–20 abgefragt. Hier geht es um Berufsausbildung, Arbeitslosigkeit oder Behinderung des Kindes.

Achtung, der Fiskus darf »zwölfteln«
Den vollen Jahresbetrag der Kinderermäßigung erhalten Sie für Ihr volljähriges Kind nur, wenn Sie in den folgenden Zeilen den Zeitraum »01.01.« bis »31.12.« eintragen. Fehlen Monate, wird gezwölftelt.

Kinderermäßigung auch für verheiratete Kinder!
Auch wenn Ihr Kind verheiratet ist, können Sie unter den weiteren Voraussetzungen wie unter 25 Jahre – Erstausbildung, arbeitssuchend ... – Kindergeld oder Kinderfreibeträge beanspruchen. Grund dafür ist, dass eigene Einkünfte und Bezüge volljähriger Kinder keine Rolle spielen. Dementsprechend dürfen auch Unterhaltsleistungen vom Ehegatten nicht zur Versagung der Kinderermäßigungen führen, so der BFH mit Urteil vom 17.10.2013 (Az. III R 22/13).

Altersgrenze 25 Jahre
Kindergeld und Kinderermäßigung erhalten Eltern nur bis zum 25. Lebensjahr des Sprößlings. Doch keine Regel ohne Ausnahmen ➤ Rz 478.

Neu seit 2017: Nachweise nur auf Anforderung des Finanzamts einreichen!
Das Finanzamt möchte seine Abläufe automatisieren und am liebsten alles vom Steuerzahler nur noch online erhalten. Daher verzichtet es neuerdings in vielen Bereichen auf die Zusendung von Belegen. Schul- oder Studienbescheinigungen, Ausbildungsveträge oder -bescheinigungen müssen daher nicht eingereicht werden, sollten aber bei Anforderung durch das Finanzamt verfügbar sein.

Zeile 16–17 Kind in Schul-, Hochschul- oder Berufsausbildung 462

Solange sich ein Kind in der Berufsausbildung befindet, sind die Eltern in aller Regel gesetzlich verpflichtet, sowohl dessen allgemeinen Unterhalt (Wohnung, Nahrung etc.) zu bestreiten als auch für die speziellen Ausbildungskosten aufzukommen.

Als – wenn auch nur kleinen – Ausgleich dafür erhalten sie weiterhin (bis zum 25. Lebensjahr des Kindes) Kindergeld bzw. Steuermäßigungen. Damit es beim Finanzamt nicht zu lästigen Nachfragen kommt, fügen Sie der Steuererklärung entsprechende Bescheinigungen bei (➤ Rz 464). So sieht der Bearbeiter auf Anhieb, dass in Ihrer Steuererklärung alles »sauber« ist.

Bei einem flüchtigen Blick auf das Steuerformular machen Sie die > Zeilen 21–25 stutzig. Und das zu Recht! Denn bei volljährigen Kindern sind Kindergeld bzw. steuerliche Freibeträge nur dann gesichert, wenn das Kind keiner **eigenen Erwerbstätigkeit** nachgeht, wie es im »Steuerdeutsch« so schön heißt. Dazu mehr unter ➤ Rz 479 ff.

Wenn man die Erziehung
seiner Kinder verpfuscht,
zählt alles andere, was man tut,
nicht mehr.
(Jacky Kennedy)

463 ◆ *Musterfall Backs (Kinder in Berufsausbildung)*
Die Familie Backs hat drei Kinder und wohnt in Arnsberg. Der älteste Sohn Klaus ist am 15.5.1995 geboren und studiert Maschinenbau in Aachen. In den Semesterferien hat er durch Aushilfsjobs 3.500 € verdient. Tochter Claudia ist am 5.3.1998 geboren und absolviert eine Lehre als Bürokauffrau in Arnsberg. Die Ausbildungsvergütung beträgt monatlich 750 €. Nesthäkchen Ingo ist am 25.8.2004 geboren und geht noch zur Schule. Für jedes Kind steht Kinderermäßigung zu.

2017

Anlage Kind
Für jedes Kind bitte eine eigene Anlage Kind abgeben.

1 Name: BACKS
2 Vorname: KARL
3 **Steuernummer** 123/4567/8901 lfd. Nr. der Anlage 1

Angaben zum Kind 3

4 **Identifikationsnummer** 01 87463792073
5 Vorname: KLAUS — ggf. abweichender Familienname
6 Geburtsdatum 16 15051995 — Anspruch auf Kindergeld oder vergleichbare Leistungen für 2017 15 EUR 2304,–
7 Für die Kindergeldfestsetzung zuständige Familienkasse
8 Wohnsitz im Inland 00 vom 0101 bis 3112 — Wohnsitz im Ausland 07 vom T T M M bis T T M M
9 ggf. abweichende Adresse (bei Wohnsitz im Ausland bitte auch den Staat angeben) (Kz 14) Aachen, Studentengasse 3a

Kindschaftsverhältnis zur stpfl. Person / Ehemann / Person A — **Kindschaftsverhältnis zur Ehefrau / Person B**

10 02 1 — 1 = leibliches Kind / Adoptivkind 2 = Pflegekind 3 = Enkelkind / Stiefkind — 03 1 — 1 = leibliches Kind / Adoptivkind 2 = Pflegekind 3 = Enkelkind / Stiefkind

Kindschaftsverhältnis zu einer anderen Person

11 Name, Vorname — Geburtsdatum dieser Person T T M M J J J J — 04 Dauer des Kindschaftsverhältnisses vom T T M M bis T T M M
12 Letzte bekannte Adresse — Art des Kindschaftsverhältnisses 1 = leibliches Kind / Adoptivkind 2 = Pflegekind
13 Der andere Elternteil lebte im Ausland 37 T T M M T T M M
14 Das Kindschaftsverhältnis zum anderen Elternteil ist durch dessen Tod erloschen am 06 T T M M J J J J
15 Der Wohnsitz oder gewöhnliche Aufenthalt des anderen Elternteiles ist nicht zu ermitteln oder der Vater des Kindes ist amtlich nicht feststellbar 05 1 = Ja

Angaben für ein volljähriges Kind

Das Kind
- befand sich in einer Schul-, Hochschul- oder Berufsausbildung,
- befand sich in einer Übergangszeit von höchstens vier Monaten (z. B. zwischen zwei Ausbildungsabschnitten),
- konnte eine Berufsausbildung mangels Ausbildungsplatzes nicht beginnen oder fortsetzen und / oder
- hat ein freiwilliges soziales oder ökologisches Jahr (Jugendfreiwilligendienstegesetz), einen europäischen / entwicklungspolitischen Freiwilligendienst, einen Freiwilligendienst aller Generationen (§ 2 Abs. 1a SGB VII), einen Internationalen Jugendfreiwilligendienst, Bundesfreiwilligendienst oder einen Anderen Dienst im Ausland (§ 5 Bundesfreiwilligendienstgesetz) geleistet.

(Folgen diese Abschnitte unmittelbar aufeinander, sind sie zu einem Zeitraum zusammenzufassen.)

16 1. Zeitraum 80 vom 01012017 bis 31122017 — 2. Zeitraum 81 vom T T M M J J J J bis T T M M J J J J
17 Bezeichnung der Schul-, Hochschul- oder Berufsausbildung: Studium
18 Das Kind war ohne Beschäftigung und bei einer Agentur für Arbeit als arbeitsuchend gemeldet 82 T T M M J J J J T T M M J J J J
19 Das Kind war wegen einer vor Vollendung des 25. Lebensjahres eingetretenen Behinderung außerstande, sich selbst finanziell zu unterhalten (Bitte Anleitung beachten.) 83 T T M M J J J J T T M M J J J J
20 Das Kind hat den gesetzlichen Grundwehr- / Zivildienst oder einen davon befreienden Dienst geleistet, der vor dem 1.7.2011 begonnen hat T T M M J J J J T T M M J J J J

Angaben zur Erwerbstätigkeit eines volljährigen Kindes (nur bei Eintragungen in Zeile 16)

21 Das Kind hat bereits eine erstmalige Berufsausbildung oder ein Erststudium abgeschlossen 84 2 — 1 = Ja 2 = Nein
22 Falls Zeile 21 mit „Ja" beantwortet wurde: Das Kind war erwerbstätig (kein Ausbildungsdienstverhältnis) 1 = Ja 2 = Nein
23 Falls Zeile 22 mit „Ja" beantwortet wurde: Das Kind übte eine / mehrere geringfügige Beschäftigung(en) im Sinne der §§ 8, 8a SGB IV (sog. Minijob) aus 1 = Ja 2 = Nein — Beschäftigungszeitraum vom T T M M bis T T M M
24 Das Kind übte andere Erwerbstätigkeiten aus (bei mehreren Erwerbstätigkeiten bitte Angaben lt. gesonderter Aufstellung) 1 = Ja 2 = Nein — Erwerbszeitraum T T M M T T M M
25 (Vereinbarte) regelmäßige wöchentliche Arbeitszeit der Tätigkeit(en) lt. Zeile 23 Stunden lt. Zeile 24 Stunden

2017AnlKind021 — Juli 2017 — 2017AnlKind021

2017

1 Name: BACKS

Anlage Kind
Für jedes Kind bitte eine eigene Anlage Kind abgeben.

2 Vorname: KARL

3 **Steuernummer** 123/4567/8901 lfd. Nr. der Anlage 2

Angaben zum Kind 3

4 **Identifikationsnummer** 01 87463571088

Vorname — ggf. abweichender Familienname

5 CLAUDIA

Geburtsdatum — Anspruch auf Kindergeld oder vergleichbare Leistungen für 2017 — EUR

6 16 05031998 — 15 2304,–

Für die Kindergeldfestsetzung zuständige Familienkasse

7

8 Wohnsitz im Inland 00 vom 0101 bis 3112 — Wohnsitz im Ausland 07 vom T T M M bis T T M M

ggf. abweichende Adresse (bei Wohnsitz im Ausland bitte auch den Staat angeben) (Kz 14)

9

Kindschaftsverhältnis zur stpfl. Person / Ehemann / Person A — **Kindschaftsverhältnis zur Ehefrau / Person B**

10 02 1 — 1 = leibliches Kind / Adoptivkind — 2 = Pflegekind — 3 = Enkelkind / Stiefkind — 03 1 — 1 = leibliches Kind / Adoptivkind — 2 = Pflegekind — 3 = Enkelkind / Stiefkind

Kindschaftsverhältnis zu einer anderen Person

Name, Vorname — Geburtsdatum dieser Person — Dauer des Kindschaftsverhältnisses vom bis

11 T T M M J J J J — 04 T T M M — T T M M

Letzte bekannte Adresse — Art des Kindschaftsverhältnisses

12 1 = leibliches Kind / Adoptivkind — 2 = Pflegekind

13 Der andere Elternteil lebte im Ausland — 37 T T M M — T T M M

14 Das Kindschaftsverhältnis zum anderen Elternteil ist durch dessen Tod erloschen am — 06 T T M M J J J J

15 Der Wohnsitz oder gewöhnliche Aufenthalt des anderen Elternteiles ist nicht zu ermitteln oder der Vater des Kindes ist amtlich nicht feststellbar — 05 — 1 = Ja

Angaben für ein volljähriges Kind

Das Kind

- befand sich in einer Schul-, Hochschul- oder Berufsausbildung,
- befand sich in einer Übergangszeit von höchstens vier Monaten (z. B. zwischen zwei Ausbildungsabschnitten),
- konnte eine Berufsausbildung mangels Ausbildungsplatzes nicht beginnen oder fortsetzen und / oder
- hat ein freiwilliges soziales oder ökologisches Jahr (Jugendfreiwilligendienstegesetz), einen europäischen / entwicklungspolitischen Freiwilligendienst, einen Freiwilligendienst aller Generationen (§ 2 Abs. 1a SGB VII), einen Internationalen Jugendfreiwilligendienst, Bundesfreiwilligendienst oder einen Anderen Dienst im Ausland (§ 5 Bundesfreiwilligendienstgesetz) geleistet.

(Folgen diese Abschnitte unmittelbar aufeinander, sind sie zu einem Zeitraum zusammenzufassen.)

1. Zeitraum vom bis — 2. Zeitraum vom bis

16 80 01012017 31122017 — 81 T T M M J J J J T T M M J J J J

17 Bezeichnung der Schul-, Hochschul- oder Berufsausbildung: Berufsausbildung

18 Das Kind war ohne Beschäftigung und bei einer Agentur für Arbeit als arbeitsuchend gemeldet — 82 T T M M J J J J T T M M J J J J

19 Das Kind war wegen einer vor Vollendung des 25. Lebensjahres eingetretenen Behinderung außerstande, sich selbst finanziell zu unterhalten (Bitte Anleitung beachten.) — 83 T T M M J J J J T T M M J J J J

20 Das Kind hat den gesetzlichen Grundwehr- / Zivildienst oder einen davon befreienden Dienst geleistet, der vor dem 1.7.2011 begonnen hat — T T M M J J J J T T M M J J J J

Angaben zur Erwerbstätigkeit eines volljährigen Kindes (nur bei Eintragungen in Zeile 16)

21 Das Kind hat bereits eine erstmalige Berufsausbildung oder ein Erststudium abgeschlossen — 84 2 — 1 = Ja 2 = Nein

Falls Zeile 21 mit „Ja" beantwortet wurde:

22 Das Kind war erwerbstätig (kein Ausbildungsdienstverhältnis) — 1 = Ja 2 = Nein

Falls Zeile 22 mit „Ja" beantwortet wurde:

23 Das Kind übte eine / mehrere geringfügige Beschäftigung(en) im Sinne der §§ 8, 8a SGB IV (sog. Minijob) aus — 1 = Ja 2 = Nein — Beschäftigungszeitraum vom T T M M bis T T M M

24 Das Kind übte andere Erwerbstätigkeiten aus (bei mehreren Erwerbstätigkeiten bitte Angaben lt. gesonderter Aufstellung) — 1 = Ja 2 = Nein — Erwerbszeitraum T T M M — T T M M

25 (Vereinbarte) regelmäßige wöchentliche Arbeitszeit der Tätigkeit(en) lt. Zeile 23 Stunden — lt. Zeile 24 Stunden

2017AnlKind021 — Juli 2017 — 2017AnlKind021

2017

Anlage Kind
Für jedes Kind bitte eine eigene Anlage Kind abgeben.

1 Name: BACKS
2 Vorname: KARL
3 Steuernummer: 123 / 4567 / 8901 — lfd. Nr. der Anlage: 3

Angaben zum Kind [3]

4 Identifikationsnummer 01: 87463013591
5 Vorname: INGO — ggf. abweichender Familienname
6 Geburtsdatum 16: 25082004 — Anspruch auf Kindergeld oder vergleichbare Leistungen für 2017 15: 2376,– EUR
7 Für die Kindergeldfestsetzung zuständige Familienkasse
8 Wohnsitz im Inland 00 vom 0101 bis 3112 — Wohnsitz im Ausland 07 vom T T M M bis T T M M
9 ggf. abweichende Adresse (bei Wohnsitz im Ausland bitte auch den Staat angeben) (Kz 14)

Kindschaftsverhältnis zur stpfl. Person / Ehemann / Person A — **Kindschaftsverhältnis zur Ehefrau / Person B**

10 02: 1 (1 = leibliches Kind / Adoptivkind, 2 = Pflegekind, 3 = Enkelkind / Stiefkind) — 03: 1 (1 = leibliches Kind / Adoptivkind, 2 = Pflegekind, 3 = Enkelkind / Stiefkind)

Kindschaftsverhältnis zu einer anderen Person

11 Name, Vorname — Geburtsdatum dieser Person T T M M J J J J — 04 Dauer des Kindschaftsverhältnisses vom T T M M bis T T M M
12 Letzte bekannte Adresse — Art des Kindschaftsverhältnisses: 1 = leibliches Kind / Adoptivkind, 2 = Pflegekind
13 Der andere Elternteil lebte im Ausland — 37 T T M M T T M M
14 Das Kindschaftsverhältnis zum anderen Elternteil ist durch dessen Tod erloschen am — 06 T T M M J J J J
15 Der Wohnsitz oder gewöhnliche Aufenthalt des anderen Elternteiles ist nicht zu ermitteln oder der Vater des Kindes ist amtlich nicht feststellbar — 05 1 = Ja

Angaben für ein volljähriges Kind

Das Kind
- befand sich in einer Schul-, Hochschul- oder Berufsausbildung,
- befand sich in einer Übergangszeit von höchstens vier Monaten (z. B. zwischen zwei Ausbildungsabschnitten),
- konnte eine Berufsausbildung mangels Ausbildungsplatzes nicht beginnen oder fortsetzen und / oder
- hat ein freiwilliges soziales oder ökologisches Jahr (Jugendfreiwilligendienstegesetz), einen europäischen / entwicklungspolitischen Freiwilligendienst, einen Freiwilligendienst aller Generationen (§ 2 Abs. 1a SGB VII), einen Internationalen Jugendfreiwilligendienst, Bundesfreiwilligendienst oder einen Anderen Dienst im Ausland (§ 5 Bundesfreiwilligendienstgesetz) geleistet.

(Folgen diese Abschnitte unmittelbar aufeinander, sind sie zu einem Zeitraum zusammenzufassen.)

16 1. Zeitraum: 80 vom T T M M J J J J bis T T M M J J J J — 2. Zeitraum: 81 vom T T M M J J J J bis T T M M J J J J
17 Bezeichnung der Schul-, Hochschul- oder Berufsausbildung
18 Das Kind war ohne Beschäftigung und bei einer Agentur für Arbeit als arbeitsuchend gemeldet — 82 T T M M J J J J T T M M J J J J
19 Das Kind war wegen einer vor Vollendung des 25. Lebensjahres eingetretenen Behinderung außerstande, sich selbst finanziell zu unterhalten (Bitte Anleitung beachten.) — 83 T T M M J J J J T T M M J J J J
20 Das Kind hat den gesetzlichen Grundwehr- / Zivildienst oder einen davon befreienden Dienst geleistet, der vor dem 1.7.2011 begonnen hat — T T M M J J J J T T M M J J J J

Angaben zur Erwerbstätigkeit eines volljährigen Kindes (nur bei Eintragungen in Zeile 16)

21 Das Kind hat bereits eine erstmalige Berufsausbildung oder ein Erststudium abgeschlossen — 84 (1 = Ja, 2 = Nein)

Falls Zeile 21 mit „Ja" beantwortet wurde:

22 Das Kind war erwerbstätig (kein Ausbildungsdienstverhältnis) (1 = Ja, 2 = Nein)

Falls Zeile 22 mit „Ja" beantwortet wurde:

23 Das Kind übte eine / mehrere geringfügige Beschäftigung(en) im Sinne der §§ 8, 8a SGB IV (sog. Minijob) aus (1 = Ja, 2 = Nein) — Beschäftigungszeitraum vom T T M M bis T T M M
24 Das Kind übte andere Erwerbstätigkeiten aus (bei mehreren Erwerbstätigkeiten bitte Angaben lt. gesonderter Aufstellung) (1 = Ja, 2 = Nein) — Erwerbszeitraum T T M M T T M M
25 (Vereinbarte) regelmäßige wöchentliche Arbeitszeit der Tätigkeit(en) lt. Zeile 23 — Stunden — lt. Zeile 24 — Stunden

2017AnlKind021 – Juli 2017 – 2017AnlKind021

464 **Was ist Berufsausbildung?**
Eine Berufsausbildung vermittelt in einem geordneten Ausbildungsgang fachliche Kenntnisse und Fertigkeiten zur Ausübung eines künftigen Berufs, so lautet die Definition. Gottlob ist diese Definition sehr weit auszulegen. Zur Berufsausbildung gehören die Ausbildung in einem handwerklichen, kaufmännischen, technischen oder wissenschaftlichen Beruf, Umschulungsmaßnahmen, der Besuch einer Realschule, eines Gymnasiums (auch Abendgymnasium), einer Fachhochschule oder Universität. Auch ein Kind, das, obwohl bereits volljährig, einen Schulabschluss nachholt, befindet sich in Berufsausbildung.
Ebenso gilt die Teilnahme an einem Abiturfernlehrgang als Berufsausbildung mit der Folge, dass die Eltern Anspruch auf Kindergeld haben. Dabei ist unerheblich, ob die Teilnahme zum angestrebten Erfolg geführt hat (FG Baden-Württemberg 4.5.2001 – EFG 2001 S. 1299 – und v. 26.2.2002 – EFG 2002 S. 771).

Wann endet die Berufsausbildung?
Die Berufsausbildung ist mit einer Abschlussprüfung (z. B. Laufbahnprüfung, Staatsexamen oder Gesellenprüfung) nicht unbedingt beendet – so werden die Fiskalbürokraten in den Einkommensteuer-Hinweisen 32.5 belehrt. Setzt Ihr Kind seine Ausbildung fort, z. B. durch ein Studium an der Bundeswehrhochschule, eine Referendarausbildung wie bei angehenden Lehrern oder Juristen, durch eine Ausbildung für einen gehobenen oder einen andersartigen Beruf oder sofort nach der Gesellenprüfung durch Besuch der Meisterschule, ohne weiter als Geselle zu arbeiten, steht Ihnen weiterhin die Kinderermäßigung zu.

Beispiel
Ihr Michael ist von September 2017 bis Juli 2017 auf der Meisterschule und arbeitet nebenbei weniger als 20 Stunden pro Woche. Er zahlt das Schulgeld, die Bücher und die Fahrtkosten, gibt aber für diese Zeit kein Kostgeld ab. Also beantragen Sie für das erste und zweite Jahr zeitanteilig ($^{4}/_{12}$ bzw. $^{7}/_{12}$) die Kinderermäßigung und den Ausbildungsfreibetrag – vorausgesetzt, Michael ist jeweils unter 25. Zugleich soll Michael seine Ausgaben in der Anlage N als Werbungskosten ansetzen. Siehe dazu ➤ Rz 693.

Berufsbegleitende Ausbildung
In der Berufsausbildung befindet sich aus fiskalischer Sicht nicht mehr, wer sich zwar auf ein Berufsziel vorbereitet, aber zugleich einen Beruf ausübt, der von vielen Arbeitnehmern unter denselben Bedingungen als Dauerberuf ausgeübt wird (BFH v. 2.7.1993 – BStBl 1994 S. 101). Unter Hinweis auf dieses Urteil versagen viele Finanzämter den Eltern die

Steuerermäßigung für Kinder, die berufsbegleitende Lehrgänge besuchen, erkennen dafür aber bei den Kindern selbst die Lehrgangskosten als Werbungskosten an (BFH-Urt. v. 15.12.1989 – BStBl 1990 II S. 692 betr. Aufwendungen für die Meisterprüfung). Diese wirken sich aber wegen des Arbeitnehmerpauschbetrags von 1.000 € meistens steuerlich nicht aus.

Nachweise

Für ein Kind in Schul- oder Berufsausbildung oder im Studium fügen Sie der Steuererklärung eine Bescheinigung der Schule oder Hochschule bei. Die Fortdauer eines Studiums ist jedes Jahr, und zwar spätestens im Oktober, nachzuweisen. Ergibt sich aus der Immatrikulationsbescheinigung für das laufende Semester, dass auch das vorangegangene Semester belegt war (ersichtlich aus der Anzahl der Fachsemester), ist für dieses kein gesonderter Nachweis erforderlich. Für ein Kind in betrieblicher Berufsausbildung ist eine Ausbildungsbescheinigung beizufügen.

Duales Studium gilt als Erstausbildung!

Im Rahmen eines dualen Studiums wird oftmals eine Abschlussprüfung in einem Ausbildungsberuf noch während des Studiums abgelegt. Diese Prüfung beendet jedoch die Erstausbildung und damit den Bezug des Kindergeldes nicht, so der Bundesfinanzhof mit Urteil vom 3.7.2014 (Az. III R 52/13).

Die Kinderermäßigungen bleiben demnach bis zum Abschluss des Bachelorstudiums erhalten, denn Ausbildung und Studium sind Teile einer einheitlichen Erstausbildung. Unschädlich ist demnach auch, wenn während des Studiums mehr als 20 Wochenstunden im Betrieb gearbeitet wird.

TIPP Ausbildungs-/Studienkosten unbedingt steuerlich geltend machen! 465

Zwar hat dieser Tipp nicht unbedingt mit der Anlage Kind zu tun, gehört aber zur Sache selbst.

Der BFH ist der Meinung, dass der Fiskus nicht so mir nichts, dir nichts die Kosten für eine erstmalige Berufsausbildung oder für ein Erststudium vom Werbungskostenabzug ausschließen kann. Solche Kosten sind originäre Erwerbskosten, die Sie nur deshalb auf sich nehmen, weil Ihre Kinder mit der Ausbildung oder dem Studium die Grundlagen für ihren späteren Beruf legen, aus dem sie dann ihr Einkommen erzielen. Ein Einkommen übrigens, bei dem der Fiskus nicht die geringsten Skrupel hat, mit der Steuer kräftig hinzulangen.

Da der BFH selbst keine Gesetze für verfassungswidrig erklären kann, hat er seine Meinung in zwei sog. Vorlagebeschlüssen an das Bundesverfassungsgericht kundgetan und die höchsten Richter in Karlsruhe gebeten, die Nichtabzugsfähigkeit solcher Kosten auf den Prüfstand zu stellen (BFH v. 17.7.2014 – VI R 2/12 und VI R 8/12).

✎ **Vor diesem Hintergrund sollten Ihre Kinder bei einer erstmaligen Ausbildung oder einem Erststudium die anfallenden Kosten unbedingt als (vorweggenommene) Werbungskosten geltend machen** (siehe dazu auch ➤ Rz 136 ff. und ➤ Rz 784 ff.). Ihre Kinder sollten eine entsprechende Steuererklärung auch dann abgeben, wenn sie z. B. als Student noch gar nicht über ein Einkommen verfügen, bei dem sich der Kostenabzug unmittelbar steuermindernd auswirkt. Aufgrund der Steuererklärung wird jedoch in Höhe der Kosten ein Verlust errechnet und für die Zukunft vorgetragen (vgl. dazu auch ➤ Rz 693 und ➤ Rz 276 f.).

Hinweis

Auch wenn der Fiskus im Moment ihren Antrag noch ablehnen wird, bleiben ihre Chancen auf den Werbungskostenabzug und die Feststellung eventueller Verluste für die Zukunft gewahrt. Das BMF hat nämlich angeordnet, dass die Finanzämter ablehnende Bescheide bzgl. des Abzugs von Erstausbildungskosten als Werbungskosten nach § 165 AO vorläufig erlassen muss (BMF-Schreiben v. 20.2.2015 – V A 3, S 0338/07/10010-04). Sollte das Bundesverfassungsgericht positiv entscheiden, sind ihren Kindern die Steuervorteile also sicher.

✎ Der Vollständigkeit halber:

Kosten in Zusammenhang mit einem weiterführenden Masterstudium können Ihre Kinder in vollem Umfang als vorweggenommene Werbungskosten geltend machen (➤ Rz 693). Hier ist Gegenwind vom Finanzamt nicht zu erwarten.

Bei gleicher Umgebung lebt jeder
in seiner eigenen Welt.
(Schopenhauer)

466 **Ausbildungsdienstverhältnis**

Dieses sonderbare Wort stammt aus der Ministerialbürokratie. In einem Ausbildungsdienstverhältnis befindet sich, wem steuerpflichtiger Arbeitslohn zufließt, obwohl das Dienstverhältnis zum Zweck der Ausbildung eingegangen wurde.

Ein Ausbildungsdienstverhältnis zählt nicht als Erwerbstätigkeit. Also bleiben auch bei 1.000 € Arbeitslohn monatlich Kindergeld/kindbedingte Freibeträge erhalten.

Sonderbarerweise fällt ein Ausbildungsdienstverhältnis in die Kategorie Fortbildung, d.h.: Ihr Sprössling kann alle Kosten, die ihm im Zusammenhang mit seiner Ausbildung entstehen (für Lehrmaterial, Bücher, Besuch von Seminaren, Lehrgängen und Arbeitsgemeinschaften, für Fahrten zur Berufsschule, Verpflegungsmehraufwendungen, auch für doppelte Haushaltsführung), als Werbungskosten absetzen (LStH 9.2).
Vielleicht gelingt es ihm, möglichst viele der Kosten in das Jahr zu verlagern, in dem er seine Ausbildung beendet. Dadurch hat er einen doppelten Vorteil: Er nimmt leichter die Hürde des Arbeitnehmerpauschbetrags von 1.000 €, und die Werbungskosten wirken sich stärker aus, weil er in dem Jahr schon gut verdient.
Wie Auszubildende ihr Finanzamt auf die Palme bringen: ➤ Rz 789.

TIPP Die Masche mit dem Ausbildungsdienstvertrag 467

Grundsätzlich gehören die Aufwendungen für die Ausbildung der Kinder zu den nicht abziehbaren Kosten der Lebenshaltung. Anders dagegen, wenn die Ausbildung betrieblich veranlasst ist. Und das ist sie nach dem Urteil des Bundesfinanzhofs vom 14.12.1990 (BStBl 1991 II S. 305), wenn ein Handwerksbetrieb Kosten aufwendet, um einen betrieblichen Nachfolger auszubilden.

Besonders wichtig ist hier der sog. Fremdvergleich. Die Tatsache, dass Ihr Kind den Betrieb übernehmen soll, darf nicht im Vordergrund stehen. Es kommt vielmehr darauf an, dass es aufgrund seines beruflichen Werdegangs, seines Alters und der Dauer seiner Betriebszugehörigkeit am besten geeignet ist, Ihre Nachfolge anzutreten, und Sie einen Angestellten bei gleicher Qualifikation ebenso gefördert hätten (BFH-Urt. v. 29.10.1997 – BStBl 1998 II S. 149).

Weisen Sie also – wenn es zutrifft – ruhig darauf hin, dass Ihr Sprössling bereits von Jugend an in den Ferien bei Ihnen gejobbt hat. Und: Da er den festen Wunsch hat, das Geschäft als Ihr Nachfolger fortzuführen bzw. in der Leitung Ihrer Firma mitzuarbeiten, haben Sie ihn schon seit Jahren in die Geschäftsführung eingebunden, so dass er die besten Voraussetzungen mitbringt.

Also, Ihr Meisterväter und -mütter: Die Kosten für die Ausbildung zum Handwerksmeister trägt der Betrieb, wenn Sie es richtig anpacken. Und außerdem steht Ihnen Kinderermäßigung zu, sofern ein Ausbildungsdienstverhältnis gegeben ist oder aber die Wochenarbeitszeit unter 20 Stunden bleibt.

468 »Mein Sohn Peter will noch studieren, bevor er die Firma übernimmt«, sagen Sie. Auch gut, aber schließen Sie vorher mit ihm einen Vertrag – und zwar einen, wie er auch zwischen fremden Personen möglich wäre. Etwa so:

Ausbildungsdienstvertrag

Zwischen der Firma Walter Holzauge, Holzleimbaubetrieb, in 12345 Neuhausen, und Peter Holzauge, wohnhaft ebendort, wird folgender Ausbildungsdienstvertrag geschlossen:
Peter Holzauge wird ab 1.2.20.. an der Fachhochschule für Holzwesen in Rosenheim studieren, um dort die Prüfung als Ingenieur Holzfachwirt grad. abzulegen. Danach wird er als solcher in der Firma Walter Holzauge tätig sein. Die Firma ist auf eine jüngere Fachkraft angewiesen und deshalb bereit, die Kosten der Ausbildung zu übernehmen. Übernommen werden: die Kosten der Unterkunft in Rosenheim (zu 50%), die Semestergebühren und die Aufwendungen für Lehrmaterial. Außerdem wird das Gehalt von derzeit 1.500 € mtl. in Höhe von 50% bis zum Ablauf der Regelstudienzeit weitergezahlt. Der planmäßige Verlauf des Studiums wird durch Scheine und Testate nachgewiesen, die der Firma Walter Holzauge in Kopie zu überlassen sind. Bei Abbruch des Studiums sind die bis dahin erhaltenen Gehälter zurückzuzahlen.
Das bereits bestehende Dienstverhältnis wird ab 1.2.20.. in ein Ausbildungsdienstverhältnis umgewandelt. Peter Holzauge verpflichtet sich, nach Ablegung des Ingenieurexamens in der Firma Walter Holzauge als Führungskraft tätig zu sein. Kündigt Peter Holzauge vor Ablauf von zehn Jahren, sind die von der Firma getragenen Kosten und die Gehaltsbezüge für jedes ausstehende Jahr in Höhe von einem Zehntel zurückzuzahlen.

Neuhausen, den . . . .

. . . .

Unterschrift
Walter Holzauge

Unterschrift
Peter Holzauge

Peter muss sein Gehalt versteuern, kann aber seine Aufwendungen für die Ausbildung als Werbungskosten absetzen (BFH-Urt. v. 28.9.1984 – BStBl 1985 II S. 87). Das sind aufs Jahr gerechnet:

Verpflegungsmehraufwendungen (für die ersten drei Monate)	
84 Tage × 24 € =	2.016 €
Fahrtkosten 48 Heimfahrten × 120 km (gefahren) × 0,30 € =	1.728 €
Kosten der Unterkunft 300 € × 12 Monate =	3.600 €
Summe	7.344 €
./. steuerfreie Erstattung der Unterkunft	– 1.800 €
Als Werbungskosten abziehbar	5.544 €

Mehr zum Werbungskostenabzug unter ➤ Rz 784 ff.

Zeile 16 Kind in Übergangszeit 469

Zwischen einzelnen Ausbildungsabschnitten, wie z.B. dem Ende der Schulzeit und dem Beginn des Studiums, lassen sich sog. Übergangszeiten oft nicht vermeiden. Auch in dieser Zeit stehen Ihnen Kindergeld bzw. -freibeträge zu. Die Übergangszeit darf nur nicht vier Monate überschreiten. Endet demnach ein Ausbildungsabschnitt im Juli, muss der nächste spätestens im Dezember beginnen. Erst für die Zeit danach müssen Sie die Bemühungen Ihres Sprösslings um einen Ausbildungsplatz lückenlos belegen.
Übrigens: Kann Ihre Tochter ihre Ausbildung aufgrund der gesetzlichen Mutterschutzfristen nicht beginnen oder fortsetzen, steht Ihnen ebenfalls die Kinderermäßigung zu.

Gut zu wissen: Der Kniff mit der Übergangszeit von bis zu vier Monaten soll auch dann greifen, wenn Ihr Sprössling auf den Antritt des freiwilligen Wehrdienstes wartet (so das FG Schleswig-Holstein mit Urt. v. 28.1.2017 – Az. 2 K 39/14).
Gleiches gilt für Schulabgänger, die innerhalb von vier Monaten eine Tätigkeit im Rahmen eines Freiwilligen Sozialen-, Ökologischen- oder Kulturellen Jahres aufnehmen. Auch wer innerhalb dieser Zeit seinen Freiwilligendienst antritt, kann getrost die > Zeile 16 ausfüllen.

Zeile 16 Kind ohne Ausbildungsplatz 470

Wenn Ihr Kind momentan mangels Ausbildungsplatz die Ausbildung nicht beginnen kann, ist für das Kindergeld und die übrigen Steuervergünstigungen nichts verloren, denn sie stehen auch für die Zeiträume zu, in denen das Kind auf einen Ausbildungsplatz wartet (BFH v. 7.8.1992 – BStBl 1993 II S.103). Kontert das Finanzamt, jeder bekomme einen Ausbildungsplatz, wenn er sich nur nachhaltig bemühe, beweisen Sie durch Vorlage von Bewerbungsschreiben oder der Bescheinigung des Arbeitsamts über die Meldung des Kindes als Bewerber um eine berufliche Ausbildungsstelle das Gegenteil.

1-€-Job schadet nicht

Ihr Filius kann beim besten Willen keinen Ausbildungsplatz finden und wird von der Arbeitsagentur schon mit 1-€-Jobs beschäftigt? Für ihn sicher nicht angenehm, für Ihr Kindergeld oder die Kinderfreibeträge jedoch kein Beinbruch. Diese Jobs sollen ja gerade die Aussichten Arbeitssuchender verbessern, so jedenfalls sagt es das Sozialgesetzbuch. Damit steht Ihr Sprößling in der Warteschleife für einen Ausbildungsplatz, und die Voraussetzungen für > Zeile 16 der Anlage Kind sind erfüllt.

471 **TIPP Der Numerus clausus sichert Kindergeld und Steuervergünstigungen**

Helga hat im Mai 2017 ihr Abitur geschafft und seitdem Bock auf nichts, gammelt nur herum. Damit ihre Eltern weiterhin Kindergeld erhalten, bewirbt sie sich pro forma im Juni um einen Studienplatz für Medizin. Sie weiß im Voraus, dass sie mit der Abi-Note 3,0 eine Absage erhalten wird, was auch prompt im September eintritt. Nun hat sie Zeit bis Juni 2018, wenn das nächste Zulassungsverfahren zum Wintersemester anläuft. In der Steuererklärung für 2017 können ihre Eltern in > Zeile 16 eintragen: 1.6.2017 bis 31.12.2017. (Quelle: DA-FamEStG v. 15.3.2002 – Nr. 63.3.4)
Peter war nicht so schlau. Er hat im Mai 2017 sein Fachabitur geschafft und die Schule satt. Er weiß noch nicht recht, was er machen will. Schließlich bewirbt er sich im Dezember um einen Ausbildungsplatz in der Versicherungsbranche und erhält im Januar 2018 eine Zusage zu August 2018. Pech für die Eltern von Peter, denn sie erhalten für die Monate Juni bis November kein Kindergeld. Erst ab Dezember, also mit Beginn der ersten Bemühungen um einen Ausbildungsplatz, stehen wieder Kindergeld und Steuervergünstigungen für Peter zu.

Sorgen Sie also dafür, dass sich Ihr Kind möglichst früh um einen Ausbildungsplatz bewirbt. Denn die erste Bewerbung ist der Startschuss für die Fortzahlung von Kindergeld. Außerdem müssen Sie als Berechtigter gegenüber der Familienkasse mit geeigneten Unterlagen aufwarten können, aus denen sich die Bemühungen Ihres Sprösslings um einen Ausbildungsplatz ergeben.

Wie Sie sich aus dieser Klemme befreien können, lesen Sie unter ➤ Rz 469 »Kind in Übergangszeit«.

Sich regen bringt Segen
(alter Spruch)

Zeile 16 Kind hat freiwilliges soziales/ökologisches Jahr/Freiwilligendienst/ Dienst im Ausland abgeleistet 472

Ein volljähriges Kind kann hinsichtlich Kindergeld und -freibeträgen auch dann berücksichtigt werden, wenn es

- ein freiwilliges soziales oder ein freiwilliges ökologisches Jahr im Sinne des Jugendfreiwilligendienstegesetzes ableistet (ggf. auch im Ausland, wenn der Träger seinen Hauptsitz in Deutschland hat),
- am Aktionsprogramm »Jugend in Aktion« der EU teilnimmt (Berücksichtigung bis zur Dauer von zwölf Monaten),
- Dienst nach § 14b des Zivildienstgesetzes im Ausland leistet,
- einen entwicklungspolitischen Freiwilligendienst »weltwärts« im Sinne der Richtlinie des Bundesministeriums für wirtschaftliche Zusammenarbeit und Entwicklung (BMZ) leistet oder aber
- Freiwilligendienst aller Generationen (§ 2 Abs. 1a SGB VII), einen Internationalen Jugendfreiwilligendienst (Richtlinie des Bundesministeriums für Familie, Senioren, Frauen und Jugend) oder einen Bundesfreiwilligendienst im Sinne des Bundesfreiwilligendienstgesetzes leistet.

Zeile 18 Kind ohne Beschäftigung/Arbeit suchend gemeldet 473

Steht Ihr Kind nach der Lehre auf der Straße, können Sie bis zu seinem 21. Lebensjahr die Kinderermäßigung beanspruchen. Den Nachweis der Arbeitslosigkeit führen Sie durch Vorlage der Besucherkarte des Arbeitsamts.
Wie Ihr Sprössling trotz Arbeitslosigkeit Steuern sparen kann, dazu lesen Sie ➤ Rz 693.

Zeile 19 Behindertes Kind 474

Behinderte Kinder werden ohne Altersbeschränkung berücksichtigt, wenn die Behinderung vor Vollendung des 25. Lebensjahres eingetreten ist und sie sich finanziell nicht selbst unterhalten können (siehe ➤ Rz 475 f.).

Außerdem sollten Sie wissen: Ist Ihr Kind über 25 Jahre alt und findet wegen der Behinderung keinen Arbeitsplatz oder hat seine Schul- oder Berufsausbildung noch nicht beendet, muss das Finanzamt auf weitere Prüfungen verzichten und die Kinderermäßigung anerkennen (EStR 32.9).

TIPP Kann sich Ihr Kind selbst unterhalten?

475 Tragen Sie Ihr behindertes Kind, auch wenn es berufstätig ist, immer in > Zeile 1–19 ein, und fügen Sie auf alle Fälle eine Kopie des Schwerbehindertenausweises bei. Wenn der Finanzbeamte dort »Grad der Behinderung 100 %« liest, muss er schon zur ganz abgebrühten Sorte gehören, wenn er trotzdem die fast peinliche Frage stellt, ob sich Ihr schwerbehindertes Kind nicht vielleicht doch selbst unterhalten kann.
Diese Frage ist allerdings fast unvermeidlich, wenn Sie vergessen haben, Angaben zur Erwerbstätigkeit in > Zeile 21–25 zu machen.

476 Der Fiskus meint, Ihr Kind könne sich finanziell selbst unterhalten, wenn es aus eigenen finanziellen Mitteln seinen Lebensbedarf decken kann. Dieser setzt sich zusammen aus dem Grundbedarf, den auch ein gesundes Kind hat, und dem behinderungsbedingten Mehrbedarf. Der Grundbedarf entspricht dem Existenzminimum eines Alleinstehenden von 8.820 €. Der »typische« behinderungsbedingte Mehrbedarf kann mangels anderer Anhaltspunkte mit dem Pauschbetrag für Behinderte (➤ Rz 184) angesetzt werden. Hat Ihr Kind z.B. das Merkzeichen H, beträgt der Pauschbetrag 3.700 €. Die eigenen Einkünfte und Bezüge des Kindes dürfen also in diesem Fall 12.520 € nicht übersteigen.
Folgende Aufwendungen gelten darüber hinaus als »behinderungsbedingter Mehrbedarf« und erhöhen die Einkommensgrenze:

- Pflegeaufwand in Höhe des gezahlten Pflegegelds,
- pauschale Fahrtkosten mit 3.000 bzw. 15.000 km × 0,30 € (je nach Grad der Behinderung; vgl. ➤ Rz 233),
- persönliche, amtsärztlich bestätigte Betreuungsleistungen der Eltern (Stundensatz in Höhe des Mindestlohns von 8,84 €).

Eigenes Vermögen schadet nicht
Bei der Beurteilung der Frage, ob sich das volljährige behinderte Kind finanziell selbst unterhalten kann, bleibt eigenes Vermögen des Kindes unberücksichtigt (BFH-Urt. v. 19.8.2002, BStBl 2003 II S. 88).

Der Wohlstand ist das Durchgangsstadium von der Armut zur Unzufriedenheit.
(Paul Spree)

TIPP Behindert, weil drogenabhängig 477

Als Behinderung kommen auch Suchtkrankheiten in Betracht. Wer ein Kind hat, das aufgrund seiner Drogenabhängigkeit die Ausbildung geschmissen hat und sich auch nicht selbst unterhalten kann, sollte Kindergeld beantragen und das Kind in der Steuererklärung geltend machen. Nach dem Urteil des FG Rheinland-Pfalz vom 26.11.2001 (rechtskräftig – EFG 2002 S. 558) kann das Finanzamt den Grad der Behinderung ohne weiteres mit mindestens 50 % feststellen, ohne dass ein Schwerbehindertenausweis vorgelegt wird.
Nun gibt es in jedem Finanzamt welche von der hartgesottenen Sorte, die sich trotz unbestrittener Drogenabhängigkeit auf ihre Dienstanweisungen »FamEStG« und EStR 32.9 berufen und einen Ausweis nach dem Schwerbehindertengesetz verlangen. Berufen Sie sich in einem solchen Fall auf das Urteil des Bundesfinanzhofs vom 16.4.2002 (BFH/NV 2002 S. 1091), wonach die Dienstanweisungen in diesem Punkt nicht einschlägig sind. Denn im Gesetz ist der zu erbringende Nachweis der Behinderung nicht geregelt und kann auch auf andere Art als durch einen Schwerbehindertenausweis erbracht werden. Führen Sie den Nachweis z. B. durch ein ärztliches Gutachten oder durch Zeugnis der behandelnden Ärzte. Wichtig ist, dass aus den Bescheinigungen Beginn, Grad und Folgen der Drogensucht, sprich der Behinderung, hervorgehen.

Beispiel: Steuerermäßigung für schwerbehindertes Kind

Angaben zum Kind 3

4 Identifikationsnummer 01 32123567908

Vorname — ggf. abweichender Familienname

5 FABIAN

Geburtsdatum — Anspruch auf Kindergeld oder vergleichbare Leistungen für 2017 (EUR)

6 16 05031996 — 15 2304,–

Für die Kindergeldfestsetzung zuständige Familienkasse

7

8 Wohnsitz im Inland 00 vom 0101 bis 3112 — Wohnsitz im Ausland 07 vom T T M M bis T T M M

9 ggf. abweichende Adresse (bei Wohnsitz im Ausland bitte auch den Staat angeben) (Kz 14)

Kindschaftsverhältnis zur stpfl. Person / Ehemann / Person A — **Kindschaftsverhältnis zur Ehefrau / Person B**

10 02 1 — 1 = leibliches Kind / Adoptivkind 2 = Pflegekind 3 = Enkelkind / Stiefkind — 03 1 — 1 = leibliches Kind / Adoptivkind 2 = Pflegekind 3 = Enkelkind / Stiefkind

Kindschaftsverhältnis zu einer anderen Person

Name, Vorname — Geburtsdatum dieser Person — Dauer des Kindschaftsverhältnisses vom bis

11 T T M M J J J J 04 T T M M T T M M

Letzte bekannte Adresse — Art des Kindschaftsverhältnisses 1 = leibliches Kind / Adoptivkind 2 = Pflegekind

12

13 Der andere Elternteil lebte im Ausland 37 T T M M T T M M

14 Das Kindschaftsverhältnis zum anderen Elternteil ist durch dessen Tod erloschen am 06 T T M M J J J J

15 Der Wohnsitz oder gewöhnliche Aufenthalt des anderen Elternteiles ist nicht zu ermitteln oder der Vater des Kindes ist amtlich nicht feststellbar 05 1 = Ja

Angaben für ein volljähriges Kind

Das Kind
- befand sich in einer Schul-, Hochschul- oder Berufsausbildung,
- befand sich in einer Übergangszeit von höchstens vier Monaten (z. B. zwischen zwei Ausbildungsabschnitten),
- konnte eine Berufsausbildung mangels Ausbildungsplatzes nicht beginnen oder fortsetzen und / oder
- hat ein freiwilliges soziales oder ökologisches Jahr (Jugendfreiwilligendienstegesetz), einen europäischen / entwicklungspolitischen Freiwilligendienst, einen Freiwilligendienst aller Generationen (§ 2 Abs. 1a SGB VII), einen Internationalen Jugendfreiwilligendienst, Bundesfreiwilligendienst oder einen Anderen Dienst im Ausland (§ 5 Bundesfreiwilligendienstgesetz) geleistet.

(Folgen diese Abschnitte unmittelbar aufeinander, sind sie zu einem Zeitraum zusammenzufassen.)

1. Zeitraum vom bis — 2. Zeitraum vom bis

16 80 T T M M J J J J T T M M J J J J 81 T T M M J J J J T T M M J J J J

17 Bezeichnung der Schul-, Hochschul- oder Berufsausbildung

18 Das Kind war ohne Beschäftigung und bei einer Agentur für Arbeit als arbeitsuchend gemeldet 82 T T M M J J J J T T M M J J J J

100 %

19 Das Kind war wegen einer vor Vollendung des 25. Lebensjahres eingetretenen Behinderung außerstande, sich selbst finanziell zu unterhalten (Bitte Anleitung beachten.) 83 01012017 31122017

Das Kind hat den gesetzlichen Grundwehr- / Zivildienst oder einen

478 **Zeile 20 Grundwehr-/Zivildienst**

Hat Ihr Kind vor der Aussetzung Mitte 2011 Grundwehr- oder Zivildienst geleistet, verschiebt sich die Altersgrenze von 25 Jahren um die Dauer des gesetzlichen Grundwehr- bzw. Zivildiensts.

Dabei gilt das Monatsprinzip: Ist Ihr studierender Sohn im Juli 2017 26 geworden und hat vor dem Studium neun Monate Grundwehrdienst geleistet, erhalten Sie im Kalenderjahr 2017 für Januar bis April einen Kinder- und Betreuungsfreibetrag oder Kindergeld. Ab Mai können Sie lediglich Unterhaltszahlungen geltend machen (vgl. ➤ Rz 399 ff.) Auch der Ansatz eines Ausbildungsfreibetrags ist nur bis einschließlich April möglich ➤ Rz 487.

Einfacher ist es, so zu rechnen:

Alter des Kindes in 2017	......
./. Dauer des Wehr- oder Zivildienstes	– ......
Alter in 2017 rechnerisch	......

Solange das Alter in 2017 rechnerisch unter 25 Jahren liegt, steht Ihnen die Kinderermäßigung zu.

8.2.4 Angaben zur Erwerbstätigkeit eines volljährigen Kindes – Zeile 21–25

Das Wichtigste gleich vorweg: 479

Die > Zeilen 21–25 sind für Sie nur dann von Interesse, wenn Ihr Kind eine **weitere Berufsausbildung** oder ein **weiteres Studium** absolviert. Geht Ihr volljähriges Kind noch zur Schule, befindet es sich in (erstmaliger) Berufsausbildung oder absolviert es ein (Erst-)Studium, spielen Art und Umfang eigener Einkünfte und Bezüge oder (Neben-)Jobs keine Rolle.

	Angaben zur Erwerbstätigkeit eines volljährigen Kindes (nur bei Eintragungen in Zeile 16)					
21	Das Kind hat bereits eine erstmalige Berufsausbildung oder ein Erststudium abgeschlossen	84	1 = Ja 2 = Nein			
	Falls Zeile 21 mit „Ja" beantwortet wurde:					
22	Das Kind war erwerbstätig (kein Ausbildungsdienstverhältnis)		1 = Ja 2 = Nein			
	Falls Zeile 22 mit „Ja" beantwortet wurde:				vom	bis
23	Das Kind übte eine / mehrere geringfügige Beschäftigung(en) im Sinne der §§ 8, 8a SGB IV (sog. Minijob) aus		1 = Ja 2 = Nein	Beschäftigungszeitraum	T T M M	T T M M
24	Das Kind übte andere Erwerbstätigkeiten aus (bei mehreren Erwerbstätigkeiten bitte Angaben lt. gesonderter Aufstellung)		1 = Ja 2 = Nein	Erwerbszeitraum	T T M M	T T M M
25	(Vereinbarte) regelmäßige wöchentliche Arbeitszeit der Tätigkeit(en)		lt. Zeile 23	Stunden	lt. Zeile 24	Stunden

Nur bei einer weiteren Berufsausbildung oder einem weiteren Studium sind Kindergeld oder Kinderfreibeträge verloren, wenn das Kind einer Erwerbstätigkeit nachgeht. Erwerbstätigkeiten können beispielsweise sein:

- Tätigkeit als Arbeitnehmer oder
- land- und forstwirtschaftliche, gewerbliche oder selbständige Tätigkeiten.

Unschädliche (Neben-)Jobs sind hingegen:

- ein Ausbildungsdienstverhältnis,
- ein geringfügiges Beschäftigungsverhältnis (= 450-€-Job) oder

- eine Berufstätigkeit mit bis zu 20 Stunden vertraglich vereinbarter regelmäßiger Wochenarbeitszeit.

Können Sie in > Zeile 22 mit »2« bestätigen, dass sich Ihr Sprössling in einem Ausbildungsdienstverhältnis befand, und bestand dieses das ganze Jahr (»01.01.« – »31.12.«), sind die Kinderermäßigungen gerettet.

Bei Kindergeld und Kinderfreibeträgen wird monatsweise gerechnet!
Beginnt oder endet ein (weiteres) Ausbildungsdienstverhältnis im Lauf des Jahres oder wird aus einem 15-Stunden-Job eine Erwerbstätigkeit von mehr als 20 Stunden wöchentlich, werden Kindergeld und kindbedigte Freibeträge nur für den Zeitraum gewährt, in dem die Voraussetzungen vorlagen.

»Warum wird in > Zeile 23 nach mehreren Minijobs gefragt, wenn geringfügige Beschäftigungen doch nicht als Erwerbstätigkeit gelten?«, könnten Sie sich wundern.

Das liegt daran, dass eine geringfügige Beschäftigung neben einer Erwerbstätigkeit nur dann unschädlich ausgeübt werden kann, wenn dadurch die 20-Stunden-Grenze nicht überschritten wird.

> Die Verwaltung eigenen Vermögens ist keine Erwerbstätigkeit in diesem Sinne, so dass Kapital- oder Vermietungseinkünfte des Kindes nicht in > Zeile 21–25 gehören.

480

8.2.5 Übernommene Kranken- und Pflegeversicherung – Zeile 31–37

Beiträge zur Kranken- und Pflegeversicherung wirken sich in vollem Umfang steuerlich aus. Im Normalfall, d.h., wenn Sie als Versicherungsnehmer für Ihre bei Ihnen steuerlich zu berücksichtigenden Kinder die Beiträge zahlen, werden sie in der Anlage Vorsorgeaufwand erklärt.

Ist jedoch Ihr Kind – für das Sie weiterhin Anspruch auf kindbedingte Freibeträge bzw. Kindergeld haben – selbst Versicherungsnehmer und übernehmen Sie im Rahmen Ihrer Unterhaltsverpflichtung seine Beiträge für die sog. Basisabsicherung, sieht das Gesetz eine Sonderregelung vor: Sie können diese Beiträge hier als Sonderausgaben ansetzen.

	Kranken- und Pflegeversicherung (Nicht in der Anlage Vorsorgeaufwand enthalten) – Füllen Sie die Zeilen 31 bis 37 nur aus, wenn der Datenübermittlung nicht widersprochen wurde. –		Aufwendungen von mir / uns als Versicherungsnehmer geschuldet EUR		Aufwendungen vom Kind als Versicherungsnehmer geschuldet EUR
31	Von mir / uns getragene Beiträge zu Krankenversicherungen (einschließlich Zusatzbeiträge) des Kindes (nur Basisabsicherung, keine Wahlleistungen)	66	,—	70	,—
32	In Zeile 31 enthaltene Beiträge, aus denen sich ein Anspruch auf Krankengeld ergibt			71	,—
33	Von mir / uns getragene Beiträge zur sozialen Pflegeversicherung und / oder zur privaten Pflege-Pflichtversicherung	67	,—	72	,—
34	Von den Versicherungen lt. den Zeilen 31 bis 33 erstattete Beträge	68	,—	73	,—
35	In Zeile 34 enthaltene Beiträge, aus denen sich ein Anspruch auf Krankengeld ergibt			74	,—
36	Zuschuss von dritter Seite zu den Beiträgen lt. den Zeilen 31 bis 33 (z. B. nach § 13a BAföG)			75	,—
37	Von mir / uns getragene Beiträge zu Kranken- und Pflegeversicherungen des Kindes (ohne Basisabsicherung, z. B. für Wahlleistungen, Zusatzversicherung)	69	,—		

Was bedeutet »Basisabsicherung«?
Nur der Basiskranken- und Pflegepflichtversicherungsschutz – egal ob in einer gesetzlichen oder einer privaten Krankenversicherung – soll steuerlich unbegrenzt berücksichtigt werden. Beiträge für eine darüber hinausgehende Versorgung – z.B. Chefarztbehandlung, Einbettzimmer – sowie zur Finanzierung eines Kranken(tage)geldes (> Zeile 32) gehören nicht dazu.

8.2.6 Übertragung des Kinder- und Betreuungsfreibetrags – Zeile 38–43 481

Vorab noch einmal das Prinzip: Im Gegensatz zum Kindergeld, das immer nur einer Person gezahlt wird, stehen die Freibeträge für Kinder grundsätzlich jedem Elternteil zur Hälfte zu; zusammen veranlagten Eltern werden die vollen Freibeträge gewährt.
Die vollen Freibeträge werden aber auch dann gewährt, wenn

- der andere Elternteil im Ausland lebt (> Zeile 13),
- der andere Elternteil verstorben ist (> Zeile 14),
- der Aufenthalt des anderen Elternteils nicht zu ermitteln ist (> Zeile 15),
- der Vater des Kindes amtlich nicht feststellbar ist (> Zeile 15) oder
- Sie das Kind allein angenommen haben oder es nur zu Ihnen in einem Pflegekindschaftsverhältnis steht (§ 32 Abs. 6 EStG).

Nicht miteinander verheiratete oder getrennt lebende Eltern erhalten also jeder den halben Kinder- und Betreuungsfreibetrag von (2.304 € + 1.320 € =) insgesamt 3.624 €. In diesen Fällen kann ein Elternteil beantragen, dass dem anderen Elternteil zwangsweise die halben Freibeträge entzogen und ihm selbst übertragen werden (§ 32 Abs. 6 EStG). Dies unter folgenden Voraussetzungen:

- Der Unterhalt wird nicht ausreichend erfüllt (> Zeile 38, siehe unten) oder
- das minderjährige Kind ist nicht beim anderen Elternteil gemeldet (> Zeile 40). Dies gilt allerdings nur in Bezug auf den Betreuungsfreibetrag von 1.320 €.

Übertragung des Kinderfreibetrags / des Freibetrags für den Betreuungs- und Erziehungs- oder Ausbildungsbedarf

Zeile					vom	bis
	Ich beantrage den vollen Kinderfreibetrag und den vollen Freibetrag für den Betreuungs- und Erziehungs- oder Ausbildungsbedarf, weil der andere Elternteil					
38	– seiner Unterhaltsverpflichtung nicht zu mindestens 75% nachkommt oder – mangels Leistungsfähigkeit nicht unterhaltspflichtig ist			36		1 = Ja
39	Falls die Frage in Zeile 38 mit Ja beantwortet wurde: Es wurden Unterhaltsleistungen nach dem Unterhaltsvorschussgesetz gezahlt für den Zeitraum			38	T T M M	T T M M
40	Ich beantrage den vollen Freibetrag für den Betreuungs- und Erziehungs- oder Ausbildungsbedarf, weil das minderjährige Kind bei dem anderen Elternteil nicht gemeldet war.	39	1 = Ja	43	T T M M	T T M M
41	Der Übertragung des Kinderfreibetrags und des Freibetrags für den Betreuungs- und Erziehungs- oder Ausbildungsbedarf auf den Stief- / Großelternteil wurde lt. **Anlage K** zugestimmt.			40		1 = Ja
42	Nur beim Stief- / Großelternteil: Der Kinderfreibetrag und der Freibetrag für den Betreuungs- und Erziehungs- oder Ausbildungsbedarf sind lt. **Anlage K** zu übertragen.			41		1 = Ja
43	Nur beim Stief- / Großelternteil: Ich / wir beantrage(n) die Übertragung des Kinderfreibetrags und des Freibetrags für den Betreuungs- und Erziehungs- oder Ausbildungsbedarf, weil ich / wir das Kind in meinem / unserem Haushalt aufgenommen habe(n) oder ich / wir als Großelternteil gegenüber dem Kind unterhaltspflichtig bin / sind.	76	1 = Ja	77	Zeitraum der Haushaltszugehörigkeit / Unterhaltsverpflichtung vom T T M M	bis T T M M

482

Zeile 38–39 Unterhaltspflicht nicht ausreichend erfüllt

Wenn der andere Elternteil beim Unterhalt kneift, kann ihm zwangsweise der halbe Kinderfreibetrag entzogen werden. Dies führt auch zum Entzug des Betreuungsfreibetrags. Kneifen bedeutet hier, dass die Unterhaltsverpflichtung gegenüber dem Kind nicht zu mindestens 75 % erfüllt wird.
Bei der Prüfung ist zwischen Betreuungs- und Barunterhalt zu unterscheiden. Hierbei profitieren besonders Elternteile, in deren Haushalt die Kinder leben, weil sie ihrer Unterhaltsverpflichtung bereits durch Pflege und Erziehung zu 100 % nachkommen und Kosten nicht nachzuweisen brauchen.
Trifft dies auf Sie zu, stellen Sie den Antrag auf Übertragung der beiden »vollen« Freibeträge für Kinder, indem Sie in das Kästchen in > Zeile 38 eine »1« eintragen. In diesem Fall müssen Sie sich aber auch in > Zeile 6 das volle Kindergeld anrechnen lassen.
Ist der andere Elternteil notorisch klamm und daher nicht unterhaltspflichtig, stehen Ihnen die vollen Kinderfreibeträge ebenfalls zu. Vorausgesetzt, Sie haben keine Unterhaltsvorschüsse nach dem Unterhaltsgesetz erhalten (> Zeile 39).

Die konkrete Höhe der Unterhaltsverpflichtung des anderen Elternteils sowie seine tatsächlichen Unterhaltsleistungen sind nachzuweisen (z.B. durch Scheidungsurteil, Zahlungsbelege). Ist jedoch ein Elternteil, z.B. mangels ausreichender eigener finanzieller Mittel, nicht zur Leistung von Unterhalt verpflichtet, kann der ihm zustehende Kinderfreibetrag nicht übertragen werden (BFH v. 25.7.1997 – BStBl 1998 II S. 329). Eine einvernehmliche Übertragung ist ebenfalls nicht möglich.
Soweit die Höhe des Unterhalts nicht durch Unterhaltsurteil, Verpflichtungserklärung oder Vergleich festgelegt ist, können dafür im Zweifel die von den Gerichten aufgestellten Unterhaltstabellen, z.B. die »Düsseldorfer Tabelle«, einen Anhalt geben.

Kindesunterhalt						
Nettoeinkommen des Barunterhaltspflichtigen in €	Altersstufen in Jahren (§ 1612a Abs. 1 BGB)				Prozentsatz	Bedarfskontrollbetrag
	0–5	6–11	12–17	ab 18		
	€	€	€	€		
1. bis 1.500	342	393	460	527	100	880/1080
2. 1.501–1.900	360	413	483	554	105	1.180
3. 1.901–2.300	377	433	506	580	110	1.280
4. 2.301–2.700	394	452	529	607	115	1.380
5. 2.701–3.100	411	472	552	633	120	1.480
6. 3.101–3.500	438	504	589	675	128	1.580
7. 3.501–3.900	466	535	626	717	136	1.680
8. 3.901–4.300	493	566	663	759	144	1.780
9. 4.301–4.700	520	598	700	802	152	1.880
10. 4.701–5.100	548	629	736	844	160	1.980
ab 5.101	nach den Umständen des Falles					

So beantragen Sie den vollen Kinder- und Betreuungsfreibetrag:

3

Angaben zum Kind

4 Identifikationsnummer 01 47354101732

Vorname / ggf. abweichender Familienname

5 FABIAN

Geburtsdatum / Anspruch auf Kindergeld oder vergleichbare Leistungen für 2017 (EUR)

6 16 05032002 / 15 2304,–

Für die Kindergeldfestsetzung zuständige Familienkasse

7

8 Wohnort im Inland 00 vom 0101 bis 3112 — Wohnort im Ausland 07 vom T T M M bis T T M M

9 ggf. abweichende Adresse (bei Wohnort im Ausland bitte auch den Staat angeben) (Kz 14)

Kindschaftsverhältnis zur stpfl. Person / Ehemann / Lebenspartner(in) A — Kindschaftsverhältnis zur Ehefrau / Lebenspartner(in) B

10 02 1 — 1 = leibliches Kind / Adoptivkind — 2 = Pflegekind — 3 = Enkelkind / Stiefkind — 03 — 1 = leibliches Kind / Adoptivkind — 2 = Pflegekind — 3 = Enkelkind / Stiefkind

Kindschaftsverhältnis zu einer anderen Person

Name, Vorname / Geburtsdatum dieser Person / Dauer des Kindschaftsverhältnisses

11 Werner Fiesling — T T M M J J J J — 04 vom 0101 bis 3112

Letzte bekannte Adresse / Art des Kindschaftsverhältnisses

12 Bremen, Feigenweg 12 — 1 = leibliches Kind / Adoptivkind — 2 = Pflegekind

13 Der andere Elternteil lebte im Ausland 37 T T M M — T T M M

14 Das Kindschaftsverhältnis zum anderen Elternteil ist durch dessen Tod erloschen am 06 T T M M J J J J

Übertragung des Kinderfreibetrags / des Freibetrags für den Betreuungs- und Erziehungs- oder Ausbildungsbedarf

Ich beantrage den vollen Kinderfreibetrag und den vollen Freibetrag für den Betreuungs- und Erziehungs- oder Ausbildungsbedarf, weil der andere Elternteil

38
- seiner Unterhaltsverpflichtung nicht zu mindestens 75% nachkommt oder
- mangels Leistungsfähigkeit nicht unterhaltspflichtig ist

36 1 — 1 = Ja

39 Falls die Frage in Zeile 38 mit Ja beantwortet wurde: Es wurden Unterhaltsleistungen nach dem Unterhaltsvorschussgesetz gezahlt für den Zeitraum 38 vom T T M M bis T T M M

40 Ich beantrage den vollen Freibetrag für den Betreuungs- und Erziehungs- oder Ausbildungsbedarf, weil das minderjährige Kind bei dem anderen Elternteil nicht gemeldet war. 39 — 1 = Ja — 43 T T M M — T T M M

41 Der Übertragung des Kinderfreibetrags und des Freibetrags für den Betreuungs- und Erziehungs- oder Ausbildungsbedarf auf den Stief- / Großelternteil wurde lt. **Anlage K** zugestimmt. 40 — 1 = Ja

42 Nur beim Stief- / Großelternteil: Der Kinderfreibetrag und der Freibetrag für den Betreuungs- und Erziehungs- oder Ausbildungsbedarf sind lt. **Anlage K** zu übertragen. 41 — 1 = Ja

43 Nur beim Stief- / Großelternteil: Ich / wir beantrage(n) die Übertragung des Kinderfreibetrags und des Freibetrags für den Betreuungs- und Erziehungs- oder Ausbildungsbedarf, weil ich / wir das Kind in meinem / unserem Haushalt aufgenommen habe(n) oder ich / wir als Großelternteil gegenüber dem Kind unterhaltspflichtig bin / sind. 76 — 1 = Ja — 77 Zeitraum der Haushaltszugehörigkeit / Unterhaltsverpflichtung vom T T M M bis T T M M

Entlastungsbetrag für Alleinerziehende

44 Das Kind war mit mir in der gemeinsamen Wohnung gemeldet 42 vom 0101 bis 3112

45 Für das Kind wurde mir Kindergeld ausgezahlt 44 0101 — 3112

46 Außer mir war(en) in der gemeinsamen Wohnung eine / mehrere volljährige Person(en) gemeldet, für die (zeitweise) kein Anspruch auf Kindergeld oder Freibeträge für Kinder bestand. 46 2 — 1 = Ja, 2 = Nein — Falls ja 47 T T M M — T T M M

47 Es bestand eine Haushaltsgemeinschaft mit mindestens einer weiteren volljährigen Person, für die (zeitweise) kein Anspruch auf Kindergeld oder Freibeträge für Kinder bestand. 49 2 — 1 = Ja, 2 = Nein — Falls ja 50 T T M M — T T M M

Name, Vorname (weitere Personen bitte in einer gesonderten Aufstellung angeben)

48 —

Verwandtschaftsverhältnis / Beschäftigung / Tätigkeit

49 — / —

Zeile 40 Minderjähriges Kind nicht beim anderen Elternteil gemeldet 483

Ist bei geschiedenen oder dauernd getrennt lebenden Eltern sowie bei Eltern nichtehelicher Kinder das Kind nur bei einem Elternteil gemeldet, steht diesem der volle Betreuungsfreibetrag von 2.640 € zu. Den Antrag auf dessen Übertragung stellen Sie in > Zeile 40.
Dies ist sozusagen die »kleine Lösung«, denn den Kinderfreibetrag müssen Sie sich mit dem anderen Elternteil teilen.

Zeile 41–43 Übertragung des Kinderfreibetrags auf die Groß-/Stiefeltern

Lebt ein Enkelkind bei Ihnen, z. B. weil Ihre alleinerziehende Tochter auswärtig tätig ist, haben Sie zunächst Anspruch auf Kindergeld. Sind die Freibeträge für Sie günstiger, dann bitten Sie Ihre Tochter, diese auf Sie zu übertragen. Dafür benötigen Sie die Anlage K.
In > Zeile 41 geben Sie an, dass Ihre Tochter der Übertragung des Kinderfreibetrags auf Sie in der Anlage K zugestimmt hat.
In > Zeilen 42–43 beantragen Sie selbst als Groß-/Stiefeltern die Übertragung des Kinderfreibetrags und fügen die Anlage K bei.

8.2.7 Entlastungsbetrag für Alleinerziehende – Zeile 44–49 484

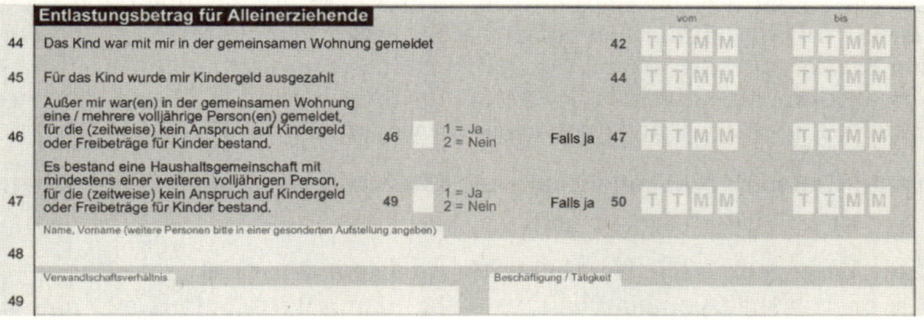

Zeile	Entlastungsbetrag für Alleinerziehende					vom	bis
44	Das Kind war mit mir in der gemeinsamen Wohnung gemeldet				42	T T M M	T T M M
45	Für das Kind wurde mir Kindergeld ausgezahlt				44	T T M M	T T M M
46	Außer mir war(en) in der gemeinsamen Wohnung eine / mehrere volljährige Person(en) gemeldet, für die (zeitweise) kein Anspruch auf Kindergeld oder Freibeträge für Kinder bestand.	46	1 = Ja 2 = Nein	Falls ja	47	T T M M	T T M M
47	Es bestand eine Haushaltsgemeinschaft mit mindestens einer weiteren volljährigen Person, für die (zeitweise) kein Anspruch auf Kindergeld oder Freibeträge für Kinder bestand.	49	1 = Ja 2 = Nein	Falls ja	50	T T M M	T T M M
48	Name, Vorname (weitere Personen bitte in einer gesonderten Aufstellung angeben)						
49	Verwandtschaftsverhältnis			Beschäftigung / Tätigkeit			

Mit einem jährlichen Abzugsbetrag von 1.908 € soll einem alleinstehenden Elternteil geholfen werden, besser über die Runden zu kommen. Einzige Voraussetzung dafür ist, dass mindestens ein Kind, für das ihm Kindergeld oder der Kinderfreibetrag zusteht, zu seinem Haushalt gehört

(§ 24b EStG). Als alleinstehend gilt, wer nicht die Voraussetzungen für den Splittingtarif erfüllt (➤ Rz 90 ff.).
Leben mehrere Kinder in dem Haushalt, erhöht sich der Freibetrag um 240 € je weiterem Kind.

Gut zu wissen: Auf die Meldung kommt es an!
Ob ein Kind zum Haushalt gehört oder nicht, richtet sich nach der Meldung. Lebt das Töchterchen beispielsweise in einer eigenen Wohnung, ist aber beim alleinstehenden Papa gemeldet, kann dieser den Entlastungsbetrag beanspruchen; so entschieden vom BFH mit Urteil vom 5.2.2015 (Az. III R 9/13).

Knickerig, wie der Fiskus nun einmal ist, kürzt er den Abzugsbetrag um ein Zwölftel für jeden Monat, in dem die Voraussetzungen für den Abzugsbetrag nicht vorgelegen haben. Gekürzt wird somit um die Monate des Kalenderjahrs vor der Geburt des Kindes oder nach Wegfall des Kindergelds, desgleichen um die Monate des Kalenderjahrs, bevor es seinen Wohnsitz im Haushalt des alleinstehenden Elternteils begründet oder nachdem es diesen aufgegeben hat (> Zeilen 44–45).
So weit, so gut. Der Pferdefuß bei dieser Regelung ist, dass der alleinstehende Elternteil nicht mit einer anderen volljährigen Person in Haushaltsgemeinschaft leben darf (> Zeile 46–49). Dies bedeutet im Klartext: Einen evtl. Lebenspartner in Ihrem Haushalt müssten Sie gegenüber dem Fiskus verleugnen.
Diese Regelung gilt selbst für Ihre eigenen Kinder! Leben Sie als Alleinstehender mit Ihrer minderjährigen Tochter und Ihrem volljährigen Sohn in einem Haushalt *und* haben Sie für Ihren Sohn keinen Anspruch mehr auf Kindergeld bzw. -freibetrag, geht der Entlastungsbetrag für Ihre Tochter verloren. Also muss Ihr Sohn raus aus Ihrer Wohnung. Oder Sie versuchen es mit einem Untermietverhältnis wie im Tipp ➤ Rz 486.

Somit sind nur »echt« alleinstehende Elternteile abzugsberechtigt. Aber:

485 **Eine Wohngemeinschaft ist keine Haushaltsgemeinschaft**
Unter Haushaltsgemeinschaft versteht man »Wirtschaften aus einem Topf«. Hat aber jeder seine eigene Haushaltskasse und seinen eigenen Kühlschrank, besteht eine Wohngemeinschaft (> Zeile 46), und diese steht dem Abzug des Entlastungsbetrags nicht entgegen. In diesem Fall füllen Sie die > Zeile 46 aus und tragen in > Zeile 47 eine »2« in das Kästchen ein (= keine Haushaltsgemeinschaft).

ANLAGE KIND
Kinderermäßigungen **2018**

46	Außer mir war(en) in der gemeinsamen Wohnung eine / mehrere volljährige Person(en) gemeldet, für die keine Anlage(n) Kind beigefügt ist / sind	46 — 1 = Ja 2 = Nein	Falls ja 47 T T M M – T T M M
47	Es bestand eine Haushaltsgemeinschaft mit mindestens einer weiteren volljährigen Person, für die keine Anlage(n) Kind beigefügt ist / sind	49 — 1 = Ja 2 = Nein	Falls ja 50 T T M M – T T M M
48	Name, Vorname (weitere Personen bitte in einer gesonderten Aufstellung angeben)		
49	Verwandtschaftsverhältnis	Beschäftigung / Tätigkeit	

Mit einem Partner in eheähnlicher Gemeinschaft oder in eingetragener Lebenspartnerschaft wird eine Wohngemeinschaft leider nicht anerkannt (§ 24b Abs. 2 EStG).

TIPP Machen Sie Ihren »Schatz« zum Untermieter 486

Die längst überholten Moralvorstellungen unserer Altvorderen funken immer noch in das Steuerrecht hinein. So werden z. B. nicht miteinander verheiratete Eltern benachteiligt, indem ihnen der Splittingtarif vorenthalten wird. Leben sie in Haushaltsgemeinschaft, bleibt ihnen auch der Entlastungsbetrag für Alleinerziehende versagt. Da darf sich der Fiskus nicht wundern, wenn sie den steuerlichen Sachverhalt so deichseln, dass zumindest der Entlastungsbetrag zum Abzug kommt.
Weil nun das Gesetz verlangt, dass der Antragsteller für den Entlastungsbetrag keine Haushaltsgemeinschaft mit einer anderen volljährigen Person – außer seinem Kind, sofern ihm dafür Kindergeld oder -freibetrag zusteht – bilden darf, sollte die andere Person formell schlichtweg aus dem Haushalt verschwinden. Machen Sie dazu Ihren »Schatz« zum Wohngemeinschaftler oder noch besser gleich zum Untermieter. Wie das mit dem Untermietverhältnis klappt, dazu mehr unter ➤ Rz 1029.

Vorteilhaft für Sie ist, wenn Sie nachweisen können, dass das Untermietverhältnis zeitgleich mit der Anmeldung eines Wohnsitzes unter Ihrer Adresse begründet wurde.

»Mein früherer Verlobter und ich haben viel zu spät erkannt, dass wir nicht zueinander passen. Zuerst lebten wir zusammen, nachdem es aber mehrfach gekracht hat, leben wir praktisch getrennt von Tisch und Bett. Er ist jetzt mein Untermieter und zahlt Miete«, sagen Sie.
Auch nicht schlecht. Allerdings müssen Sie dennoch > Zeile 46–49 ausfüllen. Sie können sicher sein, dass Ihren Bearbeiter im Finanzamt die Sache interessiert. Argwöhnt er doch gleich, Sie seien gar nicht alleinstehend. Vorsorglich sollten Sie daher die Verhältnisse in einem besonderen Schreiben darstellen, denn …

Kommt Ihr Fiskalritter zu dem Schluss, Sie stünden mit Ihrem Mitbewohner in einem eheähnlichen Verhältnis, darf er vermuten, dass Sie mit ihm gemeinsam wirtschaften. Diese Vermutung ist nicht widerlegbar, so steht es ausdrücklich im Gesetz (§ 24b Abs. 2 EStG). Anders sieht die Sache aus, wenn Sie dartun können, es bestehe kein eheähnliches Verhältnis mit diesem Dritten, vielmehr ein Untermietverhältnis, für dessen Begründung sowohl wirtschaftliche als auch freundschaftliche – evtl. rein platonische – Gründe maßgebend gewesen seien. Wenn dies zutrifft, kann der Fiskalritter nichts anderes tun, als den Entlastungsbetrag zu gewähren.

Das einzig Farbige im Leben ist die Sünde.
(Oscar Wilde)

8.2.8 Freibetrag zur Abgeltung eines Sonderbedarfs bei Berufsausbildung eines volljährigen Kindes (Ausbildungsfreibetrag) – Zeile 50–53

487 Ist Ihr Kind

- volljährig,
- auswärtig untergebracht und
- in Berufsausbildung, so dass Sie weiterhin Kindergeld bzw. Kinderfreibeträge erhalten?

Dann steht Ihnen ein besonderer Ausbildungsfreibetrag in Höhe von 924 € zu.

	Freibetrag zur Abgeltung eines Sonderbedarfs bei Berufsausbildung eines volljährigen Kindes						
			1. Zeitraum vom	bis		2. Zeitraum vom	bis
50	Das Kind war auswärtig untergebracht	85	T T M M	T T M M	86	T T M M	T T M M
51	Es handelte sich zumindest zeitweise um eine auswärtige Unterbringung im Ausland				87	1 = Ja	
52	Anschrift						
53	**Nur bei nicht zusammen veranlagten Eltern:** Laut gesondertem gemeinsamen Antrag ist der Freibetrag zur Abgeltung eines Sonderbedarfs bei Berufsausbildung in einem anderen Verhältnis als je zur Hälfte aufzuteilen. Der bei mir zu berücksichtigende Anteil beträgt				88	%	

Tragen Sie in > Zeile 50 die Dauer der auswärtigen Unterbringung und in > Zeile 52 die auswärtige Adresse (z. B. Studentenwohnheim xyz in .....) ein.

Bei geschiedenen oder dauernd getrennt lebenden Eltern oder bei Eltern nichtehelicher Kinder wird der Freibetrag zur Abgeltung eines Sonderbedarfs bei Berufsausbildung grundsätzlich je zur Hälfte auf die Eltern aufgeteilt. Auf gemeinsamen Antrag der Eltern ist eine andere Aufteilung möglich. Geben Sie in > Zeile 53 den Prozentsatz des Freibetrags an, der bei Ihnen zugrunde gelegt werden soll. Die vorstehenden Ausführungen gelten für Großeltern sinngemäß. Eine abweichende Aufteilung des Ausbildungsfreibetrags kann z.B. sinnvoll sein, wenn ein Elternteil

- deutlich höhere Einkünfte erzielt als der andere, sich der Freibetrag damit ungleich stärker auf die Steuerlast auswirkt, oder
- aufgrund geringer oder gar keiner Einkünfte überhaupt keine Steuer zu zahlen hat.

◆ *Musterfall Familie Huber (Ausbildungsfreibetrag)* 488
Tochter Claudia aus erster Ehe studiert in Bonn, wo sie auch wohnt. Sie hat 2017 1.400 € Arbeitslohn bezogen. Herr Huber hat sie zusätzlich unterstützt. In > Zeile 21 trägt er »2« (= Nein) ein, da es sich um das Erststudium seiner Tochter handelt. In > Zeile 50–53 beantragt Huber einen Ausbildungsfreibetrag. Diesen erhalten er und seine geschiedene Frau je zur Hälfte.

Freibetrag zur Abgeltung eines Sonderbedarfs bei Berufsausbildung eines volljährigen Kindes

1. Zeitraum (vom / bis) — 2. Zeitraum (vom / bis)

50 Das Kind war auswärtig untergebracht 85 0101 3112 86 T T M M T T M M

51 Es handelte sich zumindest zeitweise um eine auswärtige Unterbringung im Ausland 87 1 = Ja

52 Anschrift: Studentenwohnheim Bonn

53 **Nur bei nicht zusammen veranlagten Eltern:** Laut gesondertem gemeinsamen Antrag ist der Freibetrag zur Abgeltung eines Sonderbedarfs bei Berufsausbildung in einem anderen Verhältnis als je zur Hälfte aufzuteilen. Der bei mir zu berücksichtigende Anteil beträgt 88 %

Das Finanzamt rechnet so:

Ausbildungsfreibetrag	*924 €*
Davon die Hälfte für Vater Huber	*462 €*

Übrigens ...
Für im Ausland lebende Kinder wird der Freibetrag ggf. gekürzt (vgl. die Tabelle unter ➤ Rz 404), daher hier die Frage in > Zeile 51.

Zeile 50 Auswärtige Unterbringung vom ... bis ... 489

Es gilt die zeitanteilige Regelung.

Beispiel

Zu Hause untergebracht bis 30. 6.	0 €
Auswärts untergebracht 1. 7. – 31. 12. = 6/12 von 924 €	462 €
Jahresfreibetrag	462 €

»Auswärtige Unterbringung« setzt eine räumliche und hauswirtschaftliche Selbständigkeit des Kindes während einer gewissen Dauer – mehr als sechs Wochen – voraus, z.B. während des Besuchs eines längeren Lehrgangs an einem auswärtigen Unterrichtsort. Wohnt Ihr Kind statt bei Ihnen drei Straßen weiter bei Tante Olga, ist die auswärtige Unterbringung schon geritzt. Einer Begründung dafür bedarf es nicht.
Ihr Kind ist auch dann auswärts untergebracht, wenn es zwar im selben Mietshaus wie Sie, aber in einer anderen Wohnung wohnt (Urt. des FG Hamburg v. 27.10.1981 – EFG 1982 S.248) oder verheiratet ist und mit seinem Ehepartner eine eigene Wohnung bezogen hat (BFH-Urt. v. 8.2.1974 – BStBl 1974 II S.299).

490 **TIPP**

Auswärtige Unterbringung im eigenen Haus

Eine auswärtige Unterbringung ist sogar dann anzunehmen, wenn Ihr Kind im Elternhaus z.B. in einer Mansarde einen eigenen Haushalt führt. Wie Sie dabei außerdem zu Vermietungsverlusten gelangen, die Ihnen eine weitere Steuerersparnis bescheren, dazu mehr unter ➤ Rz 1025 ff.

491 **Ausbildungsfreibetrag nachträglich beanspruchen**

Immer rein in den Staatssäckel, auch wenn das Geld dem Bürger gehört. Nach dieser Devise arbeiten die meisten Finanzämter und übervorteilen uns Steuerzahler kaltschnäuzig, sobald uns der kleinste formelle Fehler unterläuft. Doch der BFH hält dagegen. In seinem Urteil vom 30.10.2003 (BStBl 2004 II S.394) hat er einem Elternpaar nachträglich den Ausbildungsfreibetrag zuerkannt, obwohl die beiden vergessen hatten, die Dauer der auswärtigen Unterbringung ihres Kindes anzugeben.
Diese Angaben waren nach Auffassung des Finanzamts erforderlich, um den Ausbildungsfreibetrag zu erhalten. Der BFH meinte aber, durch die erforderlichen Angaben wie Geburtsdaten, Zeiten der Berufsausbildung und auswärtige Anschrift im Vordruck sei der Antrag schlüssig gestellt. Deshalb können Eltern den Ausbildungsfreibetrag nachträglich beanspruchen, selbst wenn der Bescheid schon rechtskräftig ist. Dazu müssen sie innerhalb einer **Frist von zwölf Monaten** »Wiedereinsetzung in den vorigen Stand« beantragen. Mehr zu Einspruch und Wiedereinsetzung unter ➤ Rz 1134 ff.

492 8.2.9 Schulgeld – Zeile 61–63

Wer seinen Nachwuchs auf eine private Schule (innerhalb der EU) schickt, wird hierfür ein Entgelt zahlen müssen. Davon sind nach § 10

Abs. 1 Nr. 9 EStG 30 %, höchstens 5.000 € als Sonderausgabe absetzbar. Um den Höchstbetrag zu erreichen, müssen Sie im Jahr also mindestens 16.666 € Schulgeld gezahlt haben.
Voraussetzung ist, dass die Schule nach Art. 7 GG staatlich genehmigt oder eine nach Landesrecht erlaubte Ergänzungs- oder Ersatzschule ist. Als Ersatzschulen gelten solche, die den staatlichen Schulen gleichstehen. Gute Chancen, Schulgeld abzusetzen, haben Sie, wenn die Schule Ihres Kindes in kirchlicher Trägerschaft steht, eine Waldorfschule ist oder zum Rudolf-Steiner-Schulverein gehört.

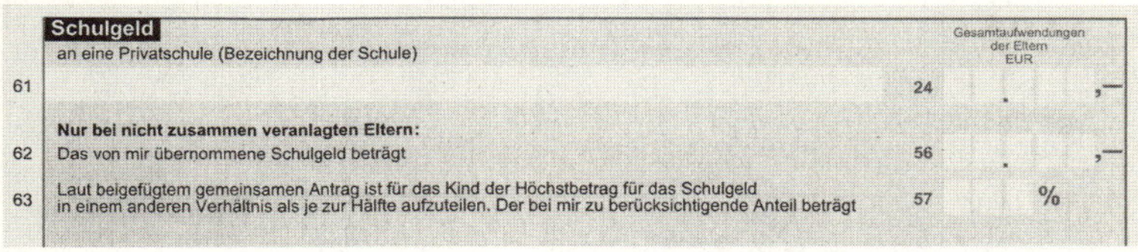

	Schulgeld an eine Privatschule (Bezeichnung der Schule)		Gesamtaufwendungen der Eltern EUR
61		24	,—
	Nur bei nicht zusammen veranlagten Eltern:		
62	Das von mir übernommene Schulgeld beträgt	56	,—
63	Laut beigefügtem gemeinsamen Antrag ist für das Kind der Höchstbetrag für das Schulgeld in einem anderen Verhältnis als je zur Hälfte aufzuteilen. Der bei mir zu berücksichtigende Anteil beträgt	57	%

Gehört die von Ihrem Kind besuchte Schule zu den begünstigten, stellt sie Ihnen eine Quittung aus, der die Fiskalbürokraten zweifelsfrei entnehmen können, dass sie die gesetzlichen Voraussetzungen für den Steuerabzug erfüllt und welcher Anteil Ihrer Zahlungen steuerlich wirksam ist. Denn Kosten für Unterkunft, Betreuung und Verpflegung Ihres Sprösslings können Sie nicht absetzen.

Neu ist seit 2017, dass diese Belege der Steuererklärung nicht von vornherein beizufügen sind, sondern lediglich auf Anforderung eingereicht werden sollen.

In > Zeile 61 tragen Sie den Namen der Schule und den gesamten von der Schule bescheinigten Schulgeldbetrag ein. Die Kürzung um 70 % wird das Finanzamt schon ganz von allein vornehmen, darauf können Sie sich verlassen.

Die > Zeilen 62 und 63 sind für nicht zusammen veranlagte Eltern von Interesse. Zunächst ist anzugeben, wie viel des insgesamt bescheinigten Schulgelds von einem selbst getragen wurde (> Zeile 62). Denn nur für diesen Anteil kann jeder Elternteil den steuerlichen Abzug beantragen.

Manchmal kann es sinnvoll sein, den insgesamt zustehenden Höchstbetrag von 5.000 € nicht fifty-fifty aufzuteilen. Zahlt einer deutlich mehr als der andere, weichen die Steuersätze beider erheblich voneinander ab oder zahlt ein Elternteil vielleicht überhaupt keine Steuern, ist eine abweichende Aufteilung angezeigt (> Zeile 63).

Das Schulgeld können Sie auch als Freibetrag zum Lohnsteuerabzug eintragen lassen. Dazu mehr unter ➤ Rz 1102.

493 8.2.10 Übertragung des Behinderten- oder Hinterbliebenenpauschbetrags Zeile 64–66

Übertragung des Behinderten- oder Hinterbliebenen-Pauschbetrags

Die Übertragung des Behinderten- / Hinterbliebenen-Pauschbetrags wird beantragt:
Das Kind ist

64	hinterblieben	26	1 = Ja	behindert	1 = Ja	blind / ständig hilflos	55	1 = Ja	geh- und stehbehindert	1 = Ja	Grad der Behinderung	25			

	Ausweis / Rentenbescheid / Bescheinigung		von	bis	unbefristet gültig	Erstmalige Beantragung / Änderung (Nachweis ist einzureichen)
65	ausgestellt am	T T M M J J gültig	M M J J	M M J J	X	X

Nur bei nicht zusammen veranlagten Eltern:

66 Laut gesondertem gemeinsamen Antrag sind die für das Kind zu gewährenden Pauschbeträge für Behinderte / Hinterbliebene in einem anderen Verhältnis als je zur Hälfte aufzuteilen. Der bei mir zu berücksichtigende Anteil beträgt 28 %

Bei Ihrem Sprössling wirkt sich ein Behinderten- oder Hinterbliebenenpauschbetrag steuerlich zumeist nicht aus, da er entweder überhaupt keine oder so geringe Einkünfte hat, dass keine Steuer anfällt. Damit die Freibeträge nicht ungenutzt bleiben, können Sie diese auf sich übertragen lassen. Dazu müssen Sie nur die > Zeilen 64–66 ausfüllen und den Bescheid vom Versorgungsamt oder andere Nachweise beifügen.
Geschiedene oder getrennt lebende Eltern erhalten je 50 % des Pauschbetrags, auf gemeinsamen Antrag aber auch eine abweichende Verteilung (> Zeile 66).

Welche Steuervorteile Sie im Einzelnen in diesem Zusammenhang geltend machen können, dazu mehr unter ➤ Rz 183 **ff.**

494 8.2.11 Kinderbetreuungskosten – Zeile 67–73

Sie können **2/3 der Kosten** für Dienstleistungen zur Kinderbetreuung absetzen, jedoch höchstens 4.000 € je Kind und Kalenderjahr.

Voraussetzungen sind, dass

1. tatsächlich Kosten zur Kinderbetreuung angefallen sind und
2. das betreute Kind zu Ihrem Haushalt gehört und das 14. Lebensjahr noch nicht vollendet hat bzw. aufgrund einer (vor dem 25. Lebensjahr eingetretenen) Behinderung außerstande ist, sich selbst zu unterhalten.

ANLAGE KIND
Kinderermäßigungen **2018**

	Kinderbetreuungskosten	vom	bis		Gesamtaufwendungen der Eltern EUR
	Art der Dienstleistung, Name und Anschrift des Dienstleisters				
67		T T M M	T T M M	51	,–
68	Steuerfreier Ersatz (z. B. vom Arbeitgeber), Erstattungen	T T M M	T T M M	79	,–
	Nur bei nicht zusammen veranlagten Eltern:				Aufwendungen
69	Ich habe Kinderbetreuungskosten in folgender Höhe getragen	T T M M	T T M M		,–

		vom	bis		vom	bis
70	Es bestand ein **gemeinsamer** Haushalt der Elternteile	T T M M	T T M M	Das Kind gehörte zu unserem Haushalt	T T M M	T T M M
71	Es bestand **kein gemeinsamer** Haushalt der Elternteile	T T M M	T T M M	Das Kind gehörte zu meinem Haushalt	T T M M	T T M M
72				Das Kind gehörte zum Haushalt des anderen Elternteils	T T M M	T T M M

	Nur bei nicht zusammen veranlagten Eltern:	
73	Laut übereinstimmendem Antrag ist für das Kind der Höchstbetrag für die Kinderbetreuung in einem anderen Verhältnis als je zur Hälfte aufzuteilen. Der bei mir zu berücksichtigende Anteil beträgt	%

Gut zu wissen: Die Bezahlung der Kinderbetreuungskosten muss grundsätzlich durch Rechnung und Überweisung nachgewiesen werden (§ 10 Abs. 1 Nr. 5 EStG).

Zeile 67–68 Art der Dienstleistung und Höhe der Aufwendungen 495

Als Kinderbetreuungskosten kommen insbesondere in Betracht:
Aufwendungen für Kindergarten, -tagesstätte, -hort, -heim oder -krippe, für Kinderpflegerin, Tages- oder Wochenmutter, Ganztagspflegestelle, Erzieherin, Hausgehilfin, Kinderaufsicht, Unterbringung im Internat sowie Fahrtkosten der Betreuungsperson.

Nicht abzugsfähig sind:
Verpflegungskosten des Kindes, Aufwendungen für Unterricht jeglicher Art, weder für Nachhilfe noch für Sport oder Musik.
Also werden Sie nicht so dumm sein, sich »Musikunterricht« quittieren zu lassen. Die Aufsicht bei Schulaufgaben wird leicht als Nachhilfeunterricht ausgelegt. Achten Sie also darauf, dass auf der Quittung »Beaufsichtigung des Kindes …« steht, falls das zutrifft.
Wie Sie Kinderbetreuungskosten mit den Kosten Ihrer Haushaltshilfe kombinieren, siehe ➤ Rz 262.

Wichtig zu wissen: Da es keinen Pauschbetrag gibt, müssen alle Ausgaben 496
nachgewiesen werden. Also Rechnungen sammeln und die Beträge nicht

bar zahlen, sondern überweisen. Dies gilt auch und insbesondere dann, wenn die Betreuungsperson ein Angehöriger ist, etwa die Oma, Geschwister oder der Lebensgefährte. **Rechnungen und Kontobelege müssen nicht der Einkommensteuererklärung beigefügt werden, das Finanzamt kann sie aber im Einzelfall anfordern. Deshalb bewahren Sie die Belege auf.**

497

TIPP Oma ist die beste Tagesmutter

»Meine Schwiegermutter ist jetzt in Rente und kümmert sich halbtags um unsere Tochter. Da ist wohl nichts zu machen, oder?«

Das KONZ-Arbeitsbuch hat auch hier einen passenden Tipp für Sie parat. Sie müssen keine fremde Person für die Kinderbetreuung engagieren. Stecken Sie etwa Angehörigen wie der Oma des Kindes oder auch mal der Cousine für die Beaufsichtigung/Betreuung Ihres Kindes etwas Geld zu, sind auch diese Zahlungen steuerlich abzugsfähig.

Wie bei Verträgen mit Angehörigen auch sonst üblich, schaut der Fiskus allerdings besonders kritisch darauf, dass alles zwischen Ihnen genauso geregelt und abgewickelt wird wie zwischen Fremden. Also schließen Sie auf jeden Fall eine schriftliche Vereinbarung, und sorgen Sie für vertragsgemäße Zahlungen.

Schlechte Karten, die Kinderbetreuungskosten unterzubringen, haben Sie aber, wenn folgende Personen die Betreuung übernehmen:

- Ihre Lebenspartnerin und Mutter des Kindes, die zusammen mit Ihnen und dem gemeinsamen Kind lebt;
- Ihr Partner einer eheähnlichen Lebensgemeinschaft oder einer Lebenspartnerschaft, auch wenn er kein Elternteil des Kindes ist;
- jemand, der für das betreute Kind Anspruch auf Kindergeld, einen Kinder- oder Betreuungsfreibetrag hat.

Aufgepasst:
Gegen Oma als Kinderbetreuerin ist also nichts einzuwenden. Aber: Um den Höchstbetrag für Ihr Kind abzusetzen ($^2/_3$ der Kosten, max. 4.000 €), müssen Sie mindestens 6.000 € im Jahr zahlen. Bei zwei Kindern reden wir schon von bis zu 12.000 € Betreuungskosten. Denken Sie daran, dass die Zahlungen bei Ihrer Mutter oder Schwiegermutter zu steuerpflichtigen Einkünften führen und eventuell Steuern auslösen können, selbst wenn sie nur eine kleine Rente hat. Dass sollten Sie unbedingt bedenken, nicht dass der Haussegen schiefhängt, wenn der Oma dann ein Steuerbescheid ins Haus flattert.

»Oma möchte partout kein Geld für die Beaufsichtigung unserer kleinen Tochter annehmen. Stattdessen übernehme ich die Kosten für den Bus, das geht für sie in Ordnung.«

Auch gut. Selbst diese Kosten können steuerlich geltend gemacht werden! Lesen Sie dazu folgenden …

TIPP Fahrtkosten als Kinderbetreuungskosten geltend machen 498

Fahrtkosten in Zusammenhang mit unentgeltlicher Kinderbetreuung können in Höhe von $^2/_3$ der Aufwendungen als Kinderbetreuungskosten steuerlich abzugsfähig sein, so das Finanzgericht Baden-Württemberg mit Urteil vom 9.5.2012 (Az 4 K 3278/11).

Im Streitfall haben die beiden Großmütter ihr Enkelkind an einzelnen Tagen in der Woche unentgeltlich im Haushalt der Eltern des Kindes betreut, damit diese arbeiten konnten. Nur die Fahrtkosten erhielten sie von den Eltern des Kindes aufgrund schriftlicher Verträge erstattet. Das Finanzamt erkannte die Fahrtkosten nicht an, weil es der Meinung war, es handele sich um familieninterne Gefälligkeiten.

Die Finanzrichter allerdings stellten fest, die Betreuungsleistungen der Großmütter seien Dienstleistungen zur Kinderbetreuung, auch wenn sie unentgeltlich erbracht wurden. Es komme nur darauf an, ob die getroffene Vereinbarung zwischen den Eltern des Kindes und deren Müttern (= Großmütter des Kindes) über den Fahrtkostenersatz auch zwischen fremden Dritten so üblich wäre. Diese Frage hat das Finanzgericht bejaht. Nach Auffassung der Richter ist es unerheblich, ob eine fremde Betreuungsperson für die Betreuungsleistung selbst ein Honorar gefordert hätte.

◆ *Musterfall Meier (Betreuungskosten für Kindergartenkinder)* 499
Die Eheleute Meier wohnen mit ihrer Tochter Hannah (fünf Jahre) in München. Beide Eltern sind berufstätig. Tochter Hannah besucht vormittags den städtischen Kindergarten, wofür die Eltern monatlich 150 € aufwenden. Was können die Eltern als Kinderbetreuungskosten absetzen?

Aufwendungen Kindergarten Hannah:
150 € × 12 Monate = 1.800 €; davon $^2/_3$ = 1.200 €

ANLAGE KIND
Kinderermäßigungen **2018**

Kinderbetreuungskosten

	Art der Dienstleistung, Name und Anschrift des Dienstleisters	vom	bis		Gesamtaufwendungen der Eltern EUR
67	Kindergarten St. Marien München	0101	3112	51	1800,–
68	Steuerfreier Ersatz (z. B. vom Arbeitgeber), Erstattungen			79	,–
	Nur bei nicht zusammen veranlagten Eltern:				Aufwendungen
69	Ich habe Kinderbetreuungskosten in folgender Höhe getragen				,–

		vom	bis		vom	bis
70	Es bestand ein **gemeinsamer** Haushalt der Elternteile	0101	3112	Das Kind gehörte zu unserem Haushalt	0101	3112
71	Es bestand **kein gemeinsamer** Haushalt der Elternteile			Das Kind gehörte zu meinem Haushalt		
72				Das Kind gehörte zum Haushalt des anderen Elternteils		

Nur bei nicht zusammen veranlagten Eltern:

73 Laut übereinstimmendem Antrag ist für das Kind der Höchstbetrag für die Kinderbetreuung in einem anderen Verhältnis als je zur Hälfte aufzuteilen. Der bei mir zu berücksichtigende Anteil beträgt %

500 Zeile 69, 73 Ich habe Kinderbetreuungskosten in folgender Höhe getragen …

Grundsätzlich gilt: Wer die Kosten getragen hat, setzt sie bei seinen Einkünften an. Bei Doppelverdienereltern mit Zusammenveranlagung spielt das keine Rolle, im Fall der getrennten Veranlagung und bei nicht verheirateten Eltern müssen die Kinderbetreuungskosten jedoch dem Elternteil zugeordnet werden, der sie getragen hat und zu dessen Haushalt das Kind gehört.

Aufgepasst beim Höchstbetrag
Bei nicht zusammen veranlagten Eltern wird der Höchstbetrag der Kinderbetreuungskosten von 4.000 € grundsätzlich jedem Elternteil zur Hälfte zugerechnet. Dumm nur, wenn einer die Kosten allein getragen hat und diese mehr als 3.000 € betragen. In diesem Fall würde gerechnet: Kinderbetreuungskosten von z. B. 3.600 € × $^2/_3$ = 2.400 €; max. abzugsfähig ist jedoch nur der hälftige Höchstbetrag in Höhe von 2.000 €.
In > Zeile 73 können Sie in einem solchen Fall eine abweichende Aufteilung des Höchstbetrags beantragen.

501 Zeile 70-72 Haushaltszugehörigkeit

Damit Ihnen das Finanzamt beim Abzug der Kinderbetreuungskosten keinen Strich durch die Rechnung macht, muss das Kind zu Ihrem Haushalt gehören.

Gut zu wissen: Ein Kind gehört steuerlich auch dann zu Ihrem Haushalt, wenn es sich mit Ihrer Einwilligung vorübergehend woanders aufhält. Besucht Ihr Sprössling ein Internat oder ist unter der Woche z.B. bei der Oma untergebracht, können Sie trotzdem in > Zeile 70 »1. 1.–31. 12.« eintragen.

> **Das Beste zum Schluss**
> Statt sich Jahr für Jahr bei Erstellung der Steuererklärung durch die > Zeilen 67–73 der Anlage Kind zu arbeiten, schlagen Sie Ihrem Chef bei den nächsten Gehaltsverhandlungen doch einmal vor: »Statt brutto einen Hunderter mehr hätte ich gern einen Zuschuss zu meinen Kinderbetreuungskosten.« Dieser Zuschuss ist nämlich steuer- und zudem sozialversicherungsfrei (mehr dazu unter ➤ Rz 590 f.). Außerdem lassen sich mit etwas Verhandlungsgeschick aus 100 € Gehaltserhöhung vielleicht sogar 120 € Kinderbetreuungszuschuss machen, denn auch der Chef spart Sozialversicherungsbeiträge bei diesem Dreh.

8.3 Goldene Steuertipps für betuchte Eltern

Sie können Ihre Steuerlast auf einfache Weise mindern, indem Sie Ein- **502**
künfte auf Ihre Kinder verlagern. Angenommen, Ihre Einkünfte gehen dadurch von 75.000 auf 70.000 € runter, dann sparen Sie pro Jahr glatt 1.702 € oder rund 34 %!

»Nicht schlecht«, sagen Sie, »aber was zahlen meine Kinder?«

Bei Ihren Kindern sind die Einkünfte bis zur Höhe des Grundfreibetrags von 8.820 € steuerfrei. Hinzu kommen je nach Einkunftsart weitere steuerfreie Beträge, z.B. der Sparerpauschbetrag oder die Werbungskostenpauschale.

Aber Obacht: Sie müssen sich etwas einfallen lassen, damit bei der Verlagerung von Einkünften alles anstandslos durchgeht, denn die Fiskalritter werden nicht müde, Paragraphen wie Stolperfallen auszustreuen, um die Tricks der Steuerzahler scheitern zu lassen. Leider gibt es kein einheitliches Rezept, das ich Ihnen anbieten könnte, denn die Verhältnisse liegen in jeder Familie anders.

503 **TIPP Aufgepasst, Eltern, die Sie selbständig sind!**

Beschäftigen Sie Ihr Kind als Arbeitnehmer, denn in Ihrem Betrieb ist doch immer was zu tun. Dann können Sie ihm das Taschengeld als Arbeitslohn auszahlen und sparen gleichzeitig Steuern. Aber behalten Sie das mit dem Sparen für sich, sonst will es womöglich mehr Geld …

504 **Arbeitsvertrag zwischen Eltern und Kindern**

Soll ein Arbeitsvertrag zwischen Ihnen und Ihrem Kind steuerlich wirksam sein, müssen Sie einige Spielregeln beachten. Da hier der Fiskus schnell Mauschelei wittert, nämlich ein fiktives Arbeitsverhältnis, ist es wichtig, dem Prüfer ggf. geeignete Unterlagen unter die Nase halten zu können. Dazu gehört zunächst ein schriftlicher Arbeitsvertrag, in dem alle Umstände des Arbeitsverhältnisses wie Zeit, Ort, Entgelt und insbesondere Art und Umfang der Leistung genau beschrieben sind. Ein Vertragsmuster finden Sie unter ➤ Rz 513. Dem Prüfer ist klar, dass sich nach einigen Monaten nicht mehr genau feststellen lässt, ob Leistung und Lohn im Einklang stehen. Umso mehr versteift er sich darauf festzustellen, ob das Kind im Betrieb wie ein fremder Arbeitnehmer geführt wurde, d.h., ob die Folgerungen aus dem Arbeitsverhältnis gezogen wurden. Dies betrifft insbesondere die pünktliche Auszahlung des Lohns, möglichst unbar, und die Einbehaltung und Abführung von Lohnsteuer und Sozialabgaben. Dazu unten mehr.

Für die Wirksamkeit eines Arbeits- oder Ausbildungsvertrags mit einem minderjährigen Kind ist kein Ergänzungspfleger erforderlich. Jedoch verstoßen Arbeitsverhältnisse mit einem Kind unter 14 Jahren gegen das Jugendarbeitsschutzgesetz und werden nicht anerkannt (R 4.8 Abs. 3 EStR).
Die Art der Tätigkeiten richtet sich danach, wo Sie den Arbeitslohn steuerlich unterbringen wollen. Wollen Sie eine Haushaltshilfe absetzen, vereinbaren Sie Hilfeleistungen im Haushalt. Bei Vermietungseinkünften kann Ihr Filius Hauswarttätigkeiten wie Rasenmähen übernehmen Haben Sie einen Gewerbebetrieb, sind Mitarbeit im Büro wie Schreib- oder Ablagedienste, Kraftfahrer- oder Telefondienste usw. möglich. Achten Sie darauf, dass Ihr Kind sich wirklich nützlich macht und dass Arbeitszeit, Tätigkeit und Lohn zueinander passen. Also kein Superstundenlohn für Hilfsarbeiten. Bei einem festen Arbeitsverhältnis können Sie das Festgehalt aber mit Extras garnieren, z.B. Personalrabatt bis 1.080 € (➤ Rz 556). Auch ein zinsloses Arbeitgeberdarlehen ist drin (➤ Rz 599).

Die Tätigkeit darf nicht ganz geringfügig sein und muss wie der gesamte Arbeitsvertrag einem sog. Fremdvergleich, also einem Vertrag mit einem fremden Dritten, standhalten, zumindest theoretisch. Dazu meint der BFH: Zwei Stunden pro Woche Praxiswäsche waschen und bügeln macht man gegen Stundenlohn und nicht gegen Gehalt (Urt. v. 9.12.1993 – BStBl 1994 II S. 298).

Und weiter: Die Arbeitszeit muss das Kind auch tatsächlich neben Schule, Ausbildung oder Studium erbringen können. Vereinbaren Sie daher am besten einen Teilzeitjob.

Als Arbeitgeber müssen Sie für die korrekte Einbehaltung der Lohnsteuer sorgen. Sie haben zwei Möglichkeiten:

1. Ihr Kind arbeitet auf Lohnsteuerkarte. Bei Steuerklasse I brauchen Sie bei einem Arbeitslohn bis 1.006 € monatlich keine Lohnsteuer einzubehalten. Nach Ablauf des Jahres übermitteln Sie die wichtigen Lohndaten an die Steuerverwaltung – und schon ist alles geritzt, wenn Sie auch an die Sozialversicherung denken (➤ Rz 995).
2. Oder Sie versteuern den Arbeitslohn pauschal. Dann brauchen Sie keine Eintragungen auf der Lohnsteuerkarte vorzunehmen. Sie überweisen dem Finanzamt die pauschale Lohnsteuer, nachdem Sie eine Lohnsteueranmeldung eingereicht haben. Das entsprechende Formular lassen Sie sich vom Finanzamt zuschicken. Schauen Sie in der Tabelle in ➤ Rz 604 nach, welcher Prozentsatz für Sie gilt.

»Mein Sohn Frank ist ein Computer-Freak! Er hilft mir, wenn der Drucker spinnt, installiert neue Programme und hilft mir bei den alten«, sagen Sie. Na bestens. Dann brauchen Sie keinen Arbeitsvertrag. Frank kann diese Arbeiten auch als Selbständiger erledigen. Ab und an schreibt er Ihnen eine saftige Rechnung und kümmert sich um die Versteuerung selbst …

TIPP Für Eltern mit größerem Gewerbe: Geld hin und zurück 505

Statt den Kindern Geld zu geben, können Sie sie an Ihrem Unternehmen als stille Gesellschafter beteiligen.

Um Sie auf den Geschmack zu bringen, lassen Sie mich von einem Unternehmer berichten, der Folgendes getan hat (BFH-Urt. v. 21.2.1991 – BStBl 1995 II S. 449). Er ist Gesellschafter einer Kraftfahrzeughandel-KG und räumte seinen zwei Kindern im Alter von vier und sieben Jahren je eine typisch stille Unterbeteiligung von 25.000 € ein. Das Geld dafür erhielten die Kinder zuvor von ihm geschenkt. Als Gewinnbeteiligung wurden 20 % – höchstens aber

15 % von 25.000 € – vereinbart, also für jedes Kind pro Jahr max. 3.750 €, die das Einkommen des Vaters mindern und bei den Kindern wegen Sparer- und Grundfreibetrag steuerfrei sind.
»Typisch stille Unterbeteiligung, das hört sich ziemlich kompliziert an«, sagen Sie.
Ist es aber nicht! »Stille Beteiligung« bedeutet, der Beteiligte ist nur Geldgeber, nicht im Betrieb tätig. »Typisch still beteiligt« heißt, er ist nicht an Gewinnen aus dem Verkauf von Anlagevermögen beteiligt. Nur so haben die Kinder Gewinnanteile, die der Fiskus als Kapitalerträge einstuft und bis zu 801 € steuerfrei lässt.
(Quelle: § 20 Abs. 1 Nr. 4 EStG)

506 **TIPP**

Für Eltern, die Mietshäuser besitzen

Schanzen Sie Ihrem Kind Mieteinnahmen zu, indem Sie ihm ein Nießbrauchsrecht einräumen oder Grundbesitz ganz oder anteilig übertragen (➤ Rz 1024). Oder Sie senken Ihre Mieteinkünfte, indem Sie Ihrem Kind, wenn es schon Einkommen hat, eine Wohnung verbilligt überlassen (➤ Rz 1025).

Vorsicht: Schanzen Sie Ihren Kindern Einkünfte zu, können Sie leicht in die Beitragsfalle der gesetzlichen Krankenkasse tappen. Sie wissen: Ihre Kinder sind bis 25 Jahre in der gesetzlichen Krankenversicherung beitragsfrei mitversichert. Aber nur, wenn ihr **Gesamteinkommen** monatlich 415 € nicht übersteigt. Stammt das Einkommen aus einem Minijob, gilt eine Grenze von 450 € monatlich.
Werden diese Einkommensgrenzen überschritten, müssen sich die Kinder selbst versichern. Fragen Sie vorher bei Ihrer Krankenkasse nach, was das kosten würde, und rechnen Sie nach, ob sich das Ganze für Sie noch lohnt.
Gesamteinkommen nach dem Sozialgesetzbuch ist die Summe der Einkünfte i. S. des Einkommensteuergesetzes. Dabei gelten für die Berechnung folgende Besonderheiten: Bei Arbeitseinkünften des Kindes dürfen vom Bruttolohn die beruflich veranlassten Ausgaben, mindestens aber der Arbeitnehmerpauschbetrag (Jahresbetrag 1.000 €, Monatsbetrag 83 €) abgezogen werden. Bei Zinseinkünften des Kindes sind die Zinseinnahmen maßgebend. Der Sparerfreibetrag darf als sog. Steuervergünstigung nicht berücksichtigt werden. Bei Mieteinnahmen des Kindes sind die vereinnahmten Bruttomieten abzgl. der mit dem Haus oder der Wohnung verbundenen Kosten maßgebend. Abschreibungen bleiben unberücksichtigt.

8.4 Goldener Steuertipp für betuchte Kinder

Ihre Eltern haben Ihnen eine gute Ausbildung mit auf den Lebensweg gegeben. Nun sind Sie ziemlich weit oben. Vielleicht können Ihre Eltern Ihnen nun auch noch helfen, Steuern zu sparen. 507

TIPP Renovieren Sie Ihr Elternhaus 508

Schon längst hätte Ihr Elternhaus mal gründlich renoviert werden müssen. Doch leider sind die Renovierungskosten im selbstgenutzten Haus nicht absetzbar. Jedenfalls nicht so ohne weiteres. Also kaufen Sie Ihren Eltern das Haus zu einem vernünftigen Preis ab. Dabei ermitteln Sie den Kaufpreis so, als würden Ihre Eltern das Haus an einen Fremden verkaufen. Anschließend vermieten Sie es an Ihre Eltern, vielleicht sogar mit verbilligter Miete (➤ Rz 1025).

Auf diese Weise können Sie alle Ausgaben für das Haus, angefangen von A wie Abschreibung, über R wie Renovierungskosten bis hin zu Z wie Zinsen als Werbungskosten absetzen. Der Vermietungsverlust bringt Ihnen Jahr für Jahr einen schönen Steuerrabatt. Ach übrigens, den Kaufpreis lassen Ihnen Ihre Eltern über die Miete ratenweise wieder zukommen, den Rest können sie Ihnen beizeiten schenken. Die Schenkungsteuer bleibt Ihnen bei einem Betrag bis zu 400.000 € erspart.

9 Die Anlage N

In diesem Kapitel geht es um die Höhe Ihrer Arbeitseinkünfte. Sie werden nach folgendem Schema berechnet: 509

Arbeitnehmer

Steuerpflichtiger Bruttoarbeitslohn (§ 19 Abs. 1 Nr. 1 EStG)	*..... €*
./. Werbungskosten, mind. Pauschbetrag von 1.000 €	*– ..... €*
Einkünfte aus nichtselbständiger Arbeit (aus aktiver Tätigkeit als Arbeitnehmer)	*..... €*

Pensionäre

Versorgungsbezüge (§ 19 Abs. 1 Nr. 2 EStG)	*..... €*
./. Versorgungsfreibetrag 20,8–40 % der Versorgungsbezüge, max. 3.000 €	*– ..... €*
./. Zuschlag zum Versorgungsfreibetrag, max. 900 €	*– ..... €*
Verbleiben	*..... €*
./. Werbungskosten, mindestens Pauschbetrag von 102 €	*– ..... €*
Einkünfte aus nichtselbständiger Arbeit (aus ehemaliger Tätigkeit als Arbeitnehmer)	*..... €*

Zeile 1–96 Arbeitnehmer oder Selbständiger? 510

Die meisten in einem Betrieb tätigen Personen sind Arbeitnehmer. Feste Arbeitszeiten, bezahlter Urlaub und Lohnfortzahlung im Krankheitsfall sind Merkmale für ein Arbeitsverhältnis. Folge: Auszahlung der Bezüge erst nach Abzug von Steuer und Sozialversicherung.

Arbeiten Sie hingegen auf eigene Rechnung – und eigenes Risiko –, ohne Urlaubsanspruch und ohne Bezahlung im Krankheitsfall, sind Sie selbständig tätig und haben daraus Einkünfte aus Gewerbebetrieb oder freiberuflicher Tätigkeit. Folge: Sie müssen von diesen Einkünften Einkommensteuer bezahlen, evtl. sogar Umsatzsteuer (ab 17.500 € Jahresumsatz) und Gewerbesteuer (ab 24.500 € Jahresgewinn).

Sie aber erhalten Ihren Arbeitslohn nach Abzug der Lohn- und Kirchensteuer ausgezahlt und sind bei den Sozialkassen angemeldet. Also sind Sie Arbeitnehmer. Zu Ihrer Steuererklärung gehört daher die Anlage N.

✎ Zeile 1-96 Arbeitsverträge zwischen nahen Angehörigen

511 Bei Verträgen zwischen Fremden ist der Fiskus schnell dabei, ein Arbeitsverhältnis anzunehmen. Dann kann er nämlich die Mühen der **Steuererhebung** auf einen Dritten – den Arbeitgeber – abwälzen. Wohingegen es bei einem Arbeitsverhältnis zwischen Angehörigen, z.B. zwischen Ehegatten oder zwischen Eltern und Kindern, gern **argwöhnt, es könnte fingiert sein, um Steuern zu sparen. Der steuerliche Vorteil besteht darin, dass der Zahlende wesentlich mehr absetzen kann, als der Empfänger des Arbeitslohns versteuert – insbesondere durch:**

Arbeitnehmerpauschbetrag; steuerfreie Arbeitgeberanteile zur Sozialversicherung; Leistungen in eine Direktversicherung; Überlassung von Vermögensbeteiligungen und vieles mehr.

Erledige das Schwierige zuerst.
(Walter Scheel)

512 Ob z.B. Ihr Ehegatte tatsächlich in Ihrem Betrieb gearbeitet hat, kann im Nachhinein niemand mehr überprüfen. Deshalb prüft der Fiskus nur die Formalitäten, und wenn da etwas nicht stimmt, setzt er den Rotstift an.
Achtung, Fremdvergleich! Je mehr Sie mit Grundgehalt und Nebenleistungen in die Vollen gehen und alle Möglichkeiten in Anspruch nehmen, umso genauer wird der Fiskus das Arbeitsverhältnis auf seine Angemessenheit hin untersuchen. Maßstab für die Anerkennung bildet der Fremdvergleich. Dies bedeutet: Betrieblich veranlasst sind die Aufwendungen nur, wenn und soweit mit hoher Wahrscheinlichkeit vergleichbare Regelungen auch mit einem familienfremden Arbeitnehmer getroffen worden wären. Das gilt ebenso für die Abwicklung. Es muss alles ganz normal ablaufen.
Also seien Sie auf der Hut und bauen Sie vor, indem Sie selbst die kleinste Förmlichkeit beachten. Dazu gehören: schriftlicher Arbeitsvertrag, in dem genau festgelegt ist, worin die Arbeit besteht, wie hoch der Lohn samt Nebenleistungen ist, wie Arbeitszeit und Urlaub geregelt sind. Sozialversicherung. Lohnsteuer. Regelmäßige Auszahlung des Lohnes wie vereinbart. Angemessenheit des Arbeitslohns (seit 2017 mindestens 8,84 € Stundenlohn!). Und schon ist alles paletti (Quelle: EStH 19).
Übrigens: Leben Sie ohne Trauschein zusammen, kann der Fiskalritter seinen Fremdvergleich vergessen. Hier geht der Grundsatz der Vertragsfreiheit vor (BFH, Beschluss v. 27.11.1980 – BStBl 1990 II S.160).

Muster für einen Arbeitsvertrag 513

Arbeitsvertrag

Zwischen Frau/Herrn . . . . (Arbeitgeber) und Frau/Herrn . . . . (Arbeitnehmer) wird folgender Arbeitsvertrag geschlossen:

§ 1 Beginn
Der Arbeitnehmer wird mit Wirkung vom . . . . . . als . . . . . . eingestellt. Der Aufgabenbereich ist im Einzelnen in der als Anlage beigefügten Stellenbeschreibung geregelt.

§ 2 Kündigungsfristen
Die Kündigungsfrist beträgt . . Wochen zum Quartalsende. Verlängert oder verkürzt sich die Kündigungsfrist für den Arbeitgeber aus gesetzlichen oder tariflichen Gründen, gilt diese Veränderung auch für den Arbeitnehmer.

§ 3 Arbeitsvergütung
Der monatliche Bruttolohn beträgt . . . €. Als Weihnachtsgeld wird ein halber Monatslohn zusätzlich gezahlt. Die Vergütung wird jeweils zum 15. eines jeden Monats fällig. Die Zahlung erfolgt bargeldlos auf das Konto des Arbeitnehmers IBAN . ., BIC . ., bei der . . . . .

§ 4 Arbeitszeit
Die Arbeitszeit beträgt bei fünf Arbeitstagen in der Woche 36 Stunden ohne Berücksichtigung der Pausen. Die Arbeit beginnt um . . Uhr.

§ 5 Urlaub
Der Arbeitnehmer erhält . . . Werktage Urlaub. Urlaubsjahr ist das Kalenderjahr. Der Urlaub ist betriebsintern abzustimmen.

§ 6 Arbeitsverhinderung
Ist der Arbeitnehmer wegen Erkrankung oder aus anderem wichtigen Grund an der Arbeit verhindert, ist der Betrieb umgehend zu benachrichtigen. Bei Erkrankung ist spätestens am 3. Tag eine Arbeitsunfähigkeitsbescheinigung des behandelnden Arztes vorzulegen.

§ 7 Beendigung des Arbeitsverhältnisses im Rentenfall
Wird dieser Vertrag nicht vorher durch Kündigung oder gegenseitiges Einvernehmen gelöst, gilt der Vertrag ab Beginn der Rentenzahlung als beendet.

```
§ 8 Nebenabreden
Sie bedürfen zu ihrer Rechtsgültigkeit der Schriftform. Eine et-
waige Ungültigkeit einzelner Vertragsbestimmungen berührt die
Wirksamkeit der übrigen Bestimmungen nicht.

Ort . . . . Datum . . .                  Ort . . . . Datum . . .

. . . . . . . . . . .                    . . . . . . . . . . . .
Arbeitnehmer                             Arbeitgeber
```

Beachten Sie: Formlose Änderung des Arbeitsvertrags schadet nicht. Arbeitsverträge mit Ehegatten oder Kindern bleiben auch dann wirksam, wenn Gehaltserhöhungen, anders als im Arbeitsvertrag vorgesehen, mündlich vereinbart werden, so die Richter des Bundesfinanzhofs im Urteil vom 20.4.1999 (BFH/NV 1999 S. 1457), denn Angehörige können den vereinbarten Formzwang jederzeit aufheben, ebenfalls formlos.

514 **TIPP** **So drücken Sie jeden Ehegatten-Arbeitsvertrag beim Finanzamt durch**

Die obersten Robenträger aus München hatten schon oft ein Einsehen mit den gebeutelten Steuerzahlern. Auch in Sachen Fremdvergleich beim Ehegatten-Arbeitsvertrag haben sie die Fiskalbürokraten zurückgepfiffen und klargestellt: Die Prüfung von Angehörigenverträgen muss insbesondere auch *anlassbezogen* erfolgen (BFH-Urt. v. 17.7.2013 – Az. X R 31/12).
Heißt konkret: Hätten Sie im Fall der Nichtbeschäftigung eines Angehörigen einen fremden Dritten einstellen müssen, ist der Fremdvergleich weniger strikt durchzuführen, als wenn der Angehörige für Tätigkeiten eingestellt wurde, die üblicherweise von Ihnen selbst oder unentgeltlich von Familienmitgliedern erledigt werden.
»Damit lässt sich arbeiten!«, rufen Sie spontan. Das will ich meinen. Auch wenn es hier und da beim Fremdvergleich hapert.

Wichtig zu wissen: Mit seinem Urteil vom 17.7.2013 (Az. X R 31/12) hat der BFH darüber hinaus klargestellt, dass folgende Punkte nicht automatisch zur Ablehnung eines Arbeitsverhältnisses mit Angehörigen führen:

- **Mehrarbeit ohne Zeitausgleich oder Vergütung**,
- **fehlende Zeitnachweise** (wenn die Aufgaben im Arbeitsvertrag fest umrissen sind).

»Mir als Arbeitnehmer bringt ein Arbeitsvertrag mit meiner Frau nichts«, maulen Sie. 515
Warum denn nicht? Ihre Frau kann Ihnen als leitendem Angestellten im Verkauf die Auftragsbestätigungen und Berichte schreiben, den Schriftverkehr mit Kunden erledigen, die Spesenabrechnungen machen und die ganze Ablage! Rückendeckung haben Sie vom FG Niedersachsen mit Urteil vom 4.5.1982 rk (EFG 1982 S.616) und vom FG Bremen im Urteil vom 21.2.1991 (EFG 1991 S.314), die ein sog. Unterarbeitsverhältnis anerkannt haben.

Ihr Vorteil: Sie können den Arbeitslohn Ihrer Frau und die Nebenabgaben als Werbungskosten absetzen!

Doch beachten Sie: Das FG Münster hält die Übertragung von Hauptpflichten aus dem Arbeitsvertrag nach § 613 BGB für unzulässig (Urt. v. 7.8.1990 – EFG 1991 S.246).
Seien Sie also clever, und übertragen Sie Ihrer Frau nur Arbeiten, die Sie zusätzlich zu Ihrem Arbeitsvertrag erbringen.
Ein Unterarbeitsverhältnis zwischen einer Lehrerin und ihrer studierenden Tochter hat der BFH abgelehnt mit der Begründung, ein solches Arbeitsverhältnis sei zwischen Fremden nicht üblich. Ein beamteter Lehrer müsse die Klassenarbeiten schon selbst korrigieren (BFH-Urt. v. 6.3.1995 – BStBl 1995 II S.394).
Schließen Sie also keinen Vertrag über Arbeitsleistungen, die angesichts 516
ihrer Geringfügigkeit oder Eigenart üblicherweise nicht aufgrund eines Arbeitsvertrags erbracht werden. Dazu zwei Beispiele:

Beispiel 1
Ein Arzt hatte mit seiner 15-jährigen Tochter einen Arbeitsvertrag abgeschlossen, der sie für eine monatliche Vergütung von rund 200 € zu bestimmten Zeiten (Wochenendbereitschaft) zum Telefondienst in der Wohnung verpflichtete. Auch sollte sie die Praxiswäsche waschen und bügeln. Der Bundesfinanzhof lehnte die Anerkennung dieses Arbeitsvertrags ab, da insbesondere der Telefondienst im Rahmen normaler Lebensführung miterledigt werde, somit nicht Gegenstand eines gesonderten Arbeitsvertrags sein könne (BFH-Urt. v. 9.12.1993 – BStBl 1994 II S.298).

Beispiel 2
Ein Lebensmittelhändler hat mit seinen beiden volljährigen Töchtern einen Arbeitsvertrag als Verkaufshilfe bzw. Buchhalterin abgeschlossen. Die Verträge hat der Bundesfinanzhof abgenickt, weil die Kinder Arbei-

ten übernommen haben, die häufig von Schülern, Studenten oder Hausfrauen gegen entsprechende Bezahlung ausgeführt werden (BFH-Urt. v. 25.1.1989 – BStBl II S. 453).
Wie Sie mit Hilfe des Ehegattenarbeitsvertrags zum vollen Werbungskostenabzug beim häuslichen Arbeitszimmer kommen, dazu mehr unter ➤ Rz 774.

Das Geld, das man besitzt,
ist das Instrument der Freiheit.
Das Geld, dem man nachjagt,
ist das Instrument der Knechtschaft.
(Rousseau)

517 Zeile 1-96 Die Lohnabrechnung für 2017

»Gut und gern könnte meine Erna bei mir mit Lohnsteuerabzug arbeiten, wo sie doch sowieso jeden Tag mithilft«, sagen Sie.
Na also. Und die Lohnabrechnung schaffen Sie auch ohne Steuerberater. Über www.elster.de (»ElsterOnline«) holen Sie sich online die Lohnsteuerabzugsmerkmale, und Sie melden sie bei der Krankenkasse an. Bei der Berechnung der steuerlichen Abzugsbeträge hilft sogar das Bundesfinanzministerium unter www-bmf-steuerrechner.de.

Monatslohn brutto		2.850,00 €
./. Lohnsteuer StKl III	–	159,66 €
./. Soli-Zuschlag 5,5 % der Lohnsteuer	–	0,00 €
./. Kirchensteuer 9 % der Lohnsteuer	–	14,36 €
./. Sozialversicherungen, ArbN-Anteil (Berechnung unten)	–	592,10 €
Monatslohn netto		2.083,88 €

Berechnung der Sozialversicherungsbeiträge

Steuerpflichtiger Monatslohn 2.850,00 €	
Rentenversicherung 18,7 %	532,96 €
Krankenversicherung 14,6 %	416,10 €
Arbeitslosenversicherung 3,0 %	85,50 €
Pflegeversicherung 2,55 %	72,68 €
Summe der Sozialversicherungsbeiträge	1.107,24 €
ArbN-Anteil 50 %	553,62 €
Zusatzbeitrag zur Krankenversicherung 1,1 %*	31,35 €
Zuschlag für Kinderlose zur Pflegeversicherung 0,25 %**	7,13 €
ArbN-Anteil insgesamt	592,10 €

***Zusätzlicher Beitragssatz in der Krankenversicherung** 518

Mit Wirkung ab 2015 hat der Gesetzgeber einen einheitlichen Beitragssatz zur Krankenversicherung von 14,6 % festgelegt. Diesen müssen Arbeitgeber und Arbeitnehmer je zur Hälfte aufbringen.
Darüber hinaus kann jede Krankenkasse, je nach Finanzbedarf, einen prozentualen Zusatzbeitragssatz von ihren Mitgliedern erheben. Diesen Sonderbeitrag muss der Arbeitnehmer allein tragen. Im Jahr 2017 betrug der Zusatzbeitrag im Bundesdurchschnitt 1,1 %.

Gut zu wissen: Erhebt eine Kasse einen solchen Zusatzbeitrag erstmalig oder erhöht ihn, gilt ein Sonderkündigungsrecht für die Versicherten.

****Zuschlag zur Pflegeversicherung** 519

Kinderlose Arbeitnehmer müssen ab dem 23. Lebensjahr einen Zuschlag in Höhe von 0,25 % des Monatslohns berappen. Für sie erhöht sich der Beitrag zur Pflegeversicherung damit von 1,275 auf 1,525 %. Der Arbeitgeberanteil bleibt unverändert bei 1,275 %.
Sie vermeiden diesen Zusatzbeitrag, wenn Sie Ihrem Arbeitgeber nachweisen, dass Sie mindestens ein Kind haben. Dazu legen Sie ihm z.B. eine Geburts- oder Abstammungsurkunde, eine beglaubigte Abschrift aus dem Geburtenbuch des Standesamts oder einen Auszug aus dem Familienbuch vor. Das Alter des Kindes oder die Höhe seiner Einkünfte und Bezüge sind hier völlig egal.

Vermögenswirksame Leistungen 520

Vermögenswirksame Leistungen (VL) zählen mit zum steuerpflichtigen Arbeitslohn und werden deshalb normal lohnversteuert und sozialversichert. Den VL-Betrag von max. 39 € monatlich ziehen Sie als Arbeitgeber vom Nettolohn ab und überweisen ihn an die Bausparkasse oder Bank.
Übrigens: Die vermögenswirksamen Leistungen können auch auf Ihren Sparvertrag oder auf einen gemeinsamen Vertrag eingezahlt werden.

Fahrtkostenzuschuss 521

»Und wenn ich Erna einen Fahrtkostenzuschuss von z.B. 30 € monatlich für die Fahrten zum Büro zahle, das auswärts liegt?«, möchten Sie wissen.
Der Fahrtkostenzuschuss gehört nicht zum normalen steuerpflichtigen Arbeitslohn und wird nicht sozialversichert. Sie können ihn deswegen einfach auf den Nettolohn draufschlagen und mit auszahlen. Sie müssen ihn allerdings pauschal versteuern und die Pauschalsteuer zusammen mit der normalen Lohnsteuer abführen (➤ Rz 604).

Pauschale LSt 15 % von 30,00 €	4,50 €
Pauschaler Soli-Zuschlag 5,5 % von 4,50 €	0,25 €
Pauschale Kirchensteuer 7 % von 4,50 €	0,32 €
Summe	5,07 €

522 **Vorteilsrechnung**

Zugegeben, die Lohnabrechnung bringt viel Schreibkram mit sich, macht sich aber bezahlt.

1. Einkommensteuer

Das Gehalt mindert auf der einen Seite Ihren Gewinn aus Gewerbebetrieb, muss aber auf der anderen Seite vom Ehe- oder Lebenspartner versteuert werden – jedoch nach Abzug des Werbungskostenpauschbetrags von 1.000 Euro. Bei einem Steuersatz von 35 % beträgt die Ersparnis daraus immerhin (35 % von 1.000 €) = 350 €.

2. Renten-, Kranken- und Pflegeversicherung

Durch das Arbeitsverhältnis ist der Ehe- oder Lebenspartner sozialversichert. Der Arbeitgeberanteil ist betrieblich absetzbar. Bezogen auf den obigen Fall beträgt er 19,43 % von 34.200 € = 6.645 €, davon Ersparnis an Einkommensteuer 35 % = 2.326 €.

3. Pauschalversteuerte Direktversicherung

Zur Ergänzung der gesetzlichen Altersversorgung können Sie für Ihre bessere Hälfte eine Direktversicherung mit einem Jahreshöchstbetrag von 1.752 € abschließen. Die Versteuerung wird pauschal mit 20 % vorgenommen. Dadurch sparen Sie

Einkommensteuer	35 %		
./. Pauschalsteuer	– 20 %		
Verbleiben	15 %	von 1.752 € =	263 €

Beachten Sie: Beiträge zur Direktversicherung können sogar steuerfrei gezahlt werden. Der Pferdefuß dabei ist, dass in diesem Fall die Rentenzahlungen aus der Direktversicherung später in vollem Umfang besteuert werden. Mehr zur Direktversicherung unter ➤ Rz 630.

4. Pensionszusage

Mit einer Pensionszusage können Sie Ihre Altersversorgung über die Steuer aufpäppeln. Pensionszusage heißt: Der mitarbeitende Ehe- oder Lebenspartner erhält später aus betrieblichen Mitteln eine angemessene Pension. Der Vorteil besteht darin, dass sie durch Bildung einer entsprechenden Rückstellung den betrieblichen Gewinn mindert (EStR 6a

Abs. 10), beim Begünstigten aber zunächst keine steuerliche Auswirkung eintritt. Erst bei Fälligkeit ist die Pension als nachträglicher Arbeitslohn zu versteuern.

Berechnung der Pensionsrückstellung

Alter 40 J., weiblich, Jahrespension ab 60 J.	3.000 €
Rückstellung ca.	12.500 €
Ersparnis an Einkommensteuer ca.	35 %
Steuerersparnis	4.375 €

Zur Frage der Überversorgung siehe ➤ Rz 633.

Probeerklärung 523

Bei der Anlage N ist es besonders zu empfehlen, erst einmal auf einem Zweitsatz der Formulare eine Probeerklärung anzufertigen, in der Sie frei wegstreichen und verbessern können.

2017

1 Name

2 Vorname

Anlage N
Jeder Ehegatte / Lebenspartner mit Einkünften aus nichtselbständiger Arbeit hat eine eigene Anlage N abzugeben.

3 **Steuernummer** — stpfl. Person / Ehemann / Person A

4 eTIN lt. Lohnsteuerbescheinigung(en), sofern vorhanden — eTIN lt. weiterer Lohnsteuerbescheinigung(en), sofern vorhanden — Ehefrau / Person B

Einkünfte aus nichtselbständiger Arbeit [4]

Angaben zum Arbeitslohn

Zeile		Lohnsteuerbescheinigung(en) Steuerklasse 1 – 5	EUR / Ct	Lohnsteuerbescheinigung(en) Steuerklasse 6 oder einer Urlaubskasse	EUR / Ct
5	**Steuerklasse**	168			
6	Bruttoarbeitslohn	110	, —	111	, —
7	Lohnsteuer	140	,	141	,
8	Solidaritätszuschlag	150	,	151	,
9	Kirchensteuer des Arbeitnehmers	142	,	143	,
10	**Nur bei Konfessionsverschiedenheit:** Kirchensteuer für den Ehegatten / Lebenspartner	144	,	145	,

Zeile		1. Versorgungsbezug		2. Versorgungsbezug	
11	**Steuerbegünstigte Versorgungsbezüge** (in Zeile 6 enthalten)	200	, —	210	, —
12	Bemessungsgrundlage für den Versorgungsfreibetrag lt. Nr. 29 der Lohnsteuerbescheinigung	201	, —	211	, —
13	Maßgebendes Kalenderjahr des Versorgungsbeginns lt. Nr. 30 der Lohnsteuerbescheinigung	206	J J J J	216	J J J J
14	Bei unterjähriger Zahlung: Erster und letzter Monat, für den Versorgungsbezüge gezahlt wurden, lt. Nr. 31 der Lohnsteuerbescheinigung	202 Monat M M – 203 Monat M M		212 Monat M M – 213 Monat M M	
15	Sterbegeld, Kapitalauszahlungen / Abfindungen und Nachzahlungen von Versorgungsbezügen lt. Nr. 32 der Lohnsteuerbescheinigung (in den Zeilen 6 und 11 enthalten)	204	, —	214	, —
16	Ermäßigt zu besteuernde Versorgungsbezüge für mehrere Jahre lt. Nr. 9 der Lohnsteuerbescheinigung	205	, —	215	, —
17	**Ermäßigt besteuerte Entschädigungen / Arbeitslohn für mehrere Jahre** lt. Nr. 10 der Lohnsteuerbescheinigung			166	, —
18	**Entschädigungen / Arbeitslohn für mehrere Jahre** – ggf. lt. Nr. 19 der Lohnsteuerbescheinigung – vom Arbeitgeber nicht ermäßigt besteuert			165	, —
19	Steuerabzugsbeträge zu den Zeilen 16 und 17 – Lohnsteuer	146	,	Solidaritätszuschlag 152	,
20	Kirchensteuer Arbeitnehmer	148	,	Kirchensteuer Ehegatte / Lebenspartner 149	,
21	Steuerpflichtiger Arbeitslohn, von dem kein Steuerabzug vorgenommen worden ist (soweit nicht in der Lohnsteuerbescheinigung enthalten)			115	, —
22	Steuerfreier Arbeitslohn nach Doppelbesteuerungsabkommen / Auslandstätigkeitserlass / sonstigen zwischenstaatlichen Übereinkommen (Übertrag aus den Zeilen 52, 70 und / oder 81 der ersten **Anlage N-AUS**)			139	, —
23	Steuerfreier Arbeitslohn nach Auslandstätigkeitserlass (Übertrag aus Zeile 66 der ersten **Anlage N-AUS**)			136	, —
24	Steuerfreie Einkünfte (Besondere Lohnbestandteile) nach Doppelbesteuerungsabkommen / sonstigen zwischenstaatlichen Übereinkommen / Auslandstätigkeitserlass (Übertrag aus Zeile 80 der ersten **Anlage N-AUS**)			178	, —
25	Beigefügte **Anlage(n) N-AUS**			Anzahl	
26	Grenzgänger nach 117 (2 = Frankreich, 3 = Schweiz, 4 = Österreich)	116 Arbeitslohn in EUR / CHF	, —	135 Schweizerische Abzugsteuer in CHF	,
27	Steuerfrei erhaltene Aufwandsentschädigungen / Einnahmen – aus der Tätigkeit als			118 EUR	, —
28	**Kurzarbeitergeld, Zuschuss zum Mutterschaftsgeld, Verdienstausfallentschädigung nach dem Infektionsschutzgesetz, Aufstockungsbeträge nach dem Altersteilzeitgesetz, Altersteilzeitzuschläge nach Besoldungsgesetzen (lt. Nr. 15 der Lohnsteuerbescheinigung)**			119	, —
29	**Angaben über Zeiten und Gründe der Nichtbeschäftigung**				

2017AnlN031 – Juli 2017 – **2017AnlN031**

Werbungskosten – ohne Beträge lt. Zeile 91 bis 94 – 8

Wege zwischen Wohnung und erster Tätigkeitsstätte / Sammelpunkt / weiträumigem Tätigkeitsgebiet (Entfernungspauschale)

Zeile	Erste Tätigkeitsstätte in (PLZ, Ort und Straße)	vom	bis	Arbeitstage je Woche	Urlaubs- und Krankheitstage
31		T T M M	T T M M		
32		T T M M	T T M M		

Zeile	Sammelpunkt / nächstgelegener Zugang zum weiträumigen Tätigkeitsgebiet (PLZ, Ort und Straße)	vom	bis	Arbeitstage je Woche	Urlaubs- und Krankheitstage
33		T T M M	T T M M		
34		T T M M	T T M M		

Zeile	Ort lt. Zeile	aufgesucht an Tagen	einfache Entfernung (auf volle Kilometer abgerundet)	davon mit eigenem oder zur Nutzung überlassenem Pkw zurückgelegt	davon mit Sammelbeförderung des Arbeitgebers zurückgelegt	davon mit öffentl. Verkehrsmitteln, Motorrad, Fahrrad o. Ä., als Fußgänger, als Mitfahrer einer Fahrgemeinschaft zurückgelegt	Aufwendungen für Fahrten mit öffentlichen Verkehrsmitteln (ohne Flug- und Fährkosten) EUR	Behinderungsgrad mind. 70 oder mind. 50 und Merkzeichen „G"
35	110		111 km	112 km	113 km	km	114 ,—	115 1 = Ja
36	130		131 km	132 km	133 km	km	134 ,—	135 1 = Ja
37	150		151 km	152 km	153 km	km	154 ,—	155 1 = Ja
38	170		171 km	172 km	173 km	km	174 ,—	175 1 = Ja

39 Arbeitgeberleistungen lt. Nr. 17 und 18 der Lohnsteuerbescheinigung und von der Agentur für Arbeit gezahlte Fahrtkostenzuschüsse — steuerfrei ersetzt 290 EUR ,— pauschal besteuert 295 EUR ,—

Beiträge zu Berufsverbänden (Bezeichnung der Verbände)

40 310 ,—

Aufwendungen für Arbeitsmittel – soweit nicht steuerfrei ersetzt – (Art der Arbeitsmittel bitte einzeln angeben.)

41 EUR ,—

42 + ,— ▶ 320 ,—

Aufwendungen für ein häusliches Arbeitszimmer

43 325 ,—

Fortbildungskosten – soweit nicht steuerfrei ersetzt –

44 330 ,—

Weitere Werbungskosten – soweit nicht steuerfrei ersetzt –

Flug- und Fährkosten bei Wegen zwischen Wohnung und erster Tätigkeitsstätte / Sammelpunkt / weiträumigem Tätigkeitsgebiet

45 ,—

Sonstiges (z. B. Bewerbungskosten, Kontoführungsgebühren)

46 + ,—

47 + ,—

48 + ,— ▶ 380 ,—

Reisekosten bei beruflich veranlassten Auswärtstätigkeiten

49 Die Fahrten wurden ganz oder teilweise mit einem Firmenwagen oder im Rahmen einer unentgeltlichen Sammelbeförderung des Arbeitgebers durchgeführt 401 1 = Ja 2 = Nein

– Falls „Ja": Für die Fahrten mit Firmenwagen oder Sammelbeförderung dürfen mangels Aufwands keine Eintragungen zu Fahrtkosten in Zeile 50 vorgenommen werden. –

Fahrt- und Übernachtungskosten, Reisenebenkosten

50 410 ,—

51 **Vom Arbeitgeber steuerfrei ersetzt** 420 ,—

Pauschbeträge für Mehraufwendungen für Verpflegung

Bei einer Auswärtstätigkeit im Inland:

52 Abwesenheit von mehr als 8 Stunden (bei Auswärtstätigkeit ohne Übernachtung) 470 Anzahl der Tage

53 An- und Abreisetage (bei einer mehrtägigen Auswärtstätigkeit mit Übernachtung) 471 Anzahl der Tage

54 Abwesenheit von 24 Stunden 472 Anzahl der Tage

55 Kürzungsbeträge wegen Mahlzeitengestellung (eigene Zuzahlungen sind ggf. gegenzurechnen) 473 ,—

56 Bei einer Auswärtstätigkeit im Ausland (Berechnung bitte in einer gesonderten Aufstellung): 474 ,—

57 **Vom Arbeitgeber steuerfrei ersetzt** 490 ,—

2017AnlN032 2017AnlN032

Mehraufwendungen für doppelte Haushaltsführung

Allgemeine Angaben

61 Der doppelte Haushalt wurde aus beruflichem Anlass begründet — 501 — am T T M M J J J J

Grund

62

63 Der doppelte Haushalt hat seitdem ununterbrochen bestanden — 502 — bis T T M M 2017

Beschäftigungsort (PLZ, Ort, Staat – falls im Ausland und abweichend vom Staat, in dem der doppelte Haushalt liegt –)

64

65 Der doppelte Haushalt liegt im Ausland — 507 — 1 = Ja — Staat

66 Es liegt ein **eigener Hausstand** am Lebensmittelpunkt vor — 503 — 1 = Ja, 2 = Nein

– Wird die Zeile 66 mit „Nein" beantwortet, sind Eintragungen in den Zeilen 67 bis 85 nicht vorzunehmen. –

PLZ, Ort des eigenen Hausstandes

67 — 504 — seit T T M M J J J J

68 Der Begründung des doppelten Haushalts ist eine Auswärtstätigkeit am selben Beschäftigungsort unmittelbar vorausgegangen — 505 — 1 = Ja

69 Anstelle der Mehraufwendungen für doppelte Haushaltsführung werden in den Zeilen 31 bis 39 Fahrtkosten für **mehr** als eine Heimfahrt wöchentlich geltend gemacht — 506 — 1 = Ja

– Wird die Zeile 69 mit „Ja" beantwortet, sind Eintragungen in den Zeilen 70 bis 85 nicht vorzunehmen. –

Fahrtkosten

70 Die Fahrten wurden mit einem **Firmenwagen** oder im Rahmen einer unentgeltlichen **Sammelbeförderung** des Arbeitgebers durchgeführt — 510 — 1 = Ja, insgesamt, 2 = Nein, 3 = Ja, teilweise

– Soweit die Zeile 70 mit „Ja, insgesamt" beantwortet wird, sind Eintragungen in den Zeilen 71, 72, 74 und 76 nicht vorzunehmen. Bei „Ja, teilweise" sind Eintragungen in diesen Zeilen nur für die mit dem eigenen oder zur Nutzung überlassenen privaten Fahrzeug durchgeführten Fahrten vorzunehmen. –

Erste Fahrt zum Ort der ersten Tätigkeitsstätte und letzte Fahrt zum eigenen Hausstand

71 mit privatem Kfz — 511 — gefahrene km — Kilometersatz bei Einzelnachweis (Berechnung bitte in einer gesonderten Aufstellung) — 512 — EUR Ct

72 mit privatem Motorrad / Motorroller — 522 — gefahrene km — Kilometersatz bei Einzelnachweis (Berechnung bitte in einer gesonderten Aufstellung) — 523 — EUR Ct

73 mit öffentlichen Verkehrsmitteln oder entgeltlicher Sammelbeförderung — 513 — EUR ,—

Wöchentliche Heimfahrten

74 einfache Entfernung (ohne Flugstrecken) — 514 — km — 515 — Anzahl

75 Kosten für öffentliche Verkehrsmittel (ohne Flug- und Fährkosten) — 516 — EUR ,—

Nur bei Behinderungsgrad von mindestens 70 oder mindestens 50 und Merkzeichen „G"

76 einfache Entfernung (ohne Flugstrecken) — 524 — km — davon mit privatem Kfz zurückgelegt — 517 — km — 518 — Anzahl — Kilometersatz bei Einzelnachweis (Berechnung bitte in einer gesonderten Aufstellung) — 519 — EUR Ct

77 Kosten für öffentliche Verkehrsmittel (ohne Flug- und Fährkosten) — 520 — EUR ,—

78 Flug- und Fährkosten (zu den Zeilen 74 bis 77) oder Kosten für entgeltliche Sammelbeförderung für Heimfahrten — 521 — ,—

Kosten der Unterkunft am Ort der ersten Tätigkeitsstätte

79 Aufwendungen (z. B. Miete einschließlich Stellplatz- / Garagenkosten, Nebenkosten, Abschreibungen und Ausstattungskosten) — 530 — ,—

80 Größe der Zweitwohnung des doppelten Haushalts im Ausland — 531 — m^2

Pauschbeträge für Mehraufwendungen für Verpflegung

Die Verpflegungsmehraufwendungen lt. Zeilen 81 bis 84 können nur für einen Zeitraum von 3 Monaten nach Bezug der Unterkunft am Ort der ersten Tätigkeitsstätte geltend gemacht werden; geht der doppelten Haushaltsführung eine Auswärtstätigkeit voraus, ist dieser Zeitraum auf den Dreimonatszeitraum anzurechnen.

Bei einer doppelten Haushaltsführung im Inland:

81 An- und Abreisetage — 541 — Anzahl der Tage

82 Abwesenheit von 24 Stunden — 542 — Anzahl der Tage

83 Kürzungsbetrag wegen Mahlzeitengestellung (eigene Zuzahlungen sind ggf. gegenzurechnen) — 544 — EUR ,—

84 Bei einer doppelten Haushaltsführung im Ausland (Berechnung bitte in einer gesonderten Aufstellung) — 543 — ,—

Sonstige Aufwendungen (z. B. Kosten für den Umzug, jedoch ohne Kosten der Unterkunft)

85 — 550 — ,—

86 Summe der Mehraufwendungen für **weitere** doppelte Haushaltsführungen (Berechnung bitte in einer gesonderten Aufstellung) — 551 — ,—

87 **Vom Arbeitgeber / von der Agentur für Arbeit insgesamt steuerfrei ersetzt** — 590 — ,—

2017AnlN033 **2017AnlN033**

Werbungskosten in Sonderfällen

– Die in den Zeilen 91 bis 94 erklärten Werbungskosten dürfen nicht in den Zeilen 31 bis 87 enthalten sein –

Werbungskosten zu steuerbegünstigten Versorgungsbezügen lt. Zeile 11

			EUR
91	Art der Aufwendungen	682	,—

Werbungskosten zu steuerbegünstigten Versorgungsbezügen für mehrere Jahre lt. Zeile 16

92	Art der Aufwendungen	659	,—

Werbungskosten zu Entschädigungen / Arbeitslohn für mehrere Jahre lt. Zeile 17 und / oder 18

93	Art der Aufwendungen	660	,—
94	Werbungskosten zu steuerfreiem Arbeitslohn lt. Zeile 22 und 23 **(Übertrag** aus den Zeilen 75 und 82 der ersten Anlage N-AUS)	657	,—

Werbungskosten zu steuerpflichtigem Arbeitslohn, von dem kein Steuerabzug vorgenommen worden ist lt. Zeile 21 – in den Zeilen 31 bis 87 enthalten –

95	Art der Aufwendungen	656	,—
96	Werbungskosten zu Arbeitslohn für eine Tätigkeit im Inland, wenn ein weiterer Wohnsitz in Belgien vorhanden ist – in den Zeilen 31 bis 87 enthalten –	675	,—

2017AnlN034 2017AnlN034

ANLAGE N
Einkünfte aus nichtselbständiger Tätigkeit **2018**

Erkenntnis hilft wenig,
wenn keine Entscheidung folgt.
(Hubert Markl)

9.1 Formularkopf

524 Unter Name und Vorname gehört die Steuernummer, damit die Anlage N, wenn sie im Finanzamt mal verkramt werden sollte, wieder richtig einsortiert werden kann.

Name
1 HUBER
Vorname
2 HERIBERT
3 Steuernummer 123 / 456 / 7890
eTIN lt. Lohnsteuerbescheinigung(en), sofern vorhanden
eTIN lt. weiterer Lohnsteuerbescheinigung(en), sofern vorhanden
4 HBREHRBR67618K
Einkünfte aus nichtselbständiger Arbeit
Anlage N
Jeder Ehegatte / Lebenspartner mit Einkünften aus nichtselbständiger Arbeit hat eine eigene Anlage N abzugeben.
X stpfl. Person / Ehemann / Lebenspartner(in) A
Ehefrau / Lebenspartner(in) B
4
Angaben zum Arbeitslohn
Lohnsteuerbescheinigung(en) Steuerklasse 1 – 5
Lohnsteuerbescheinigung(en) Steuerklasse 6

525 Zeile 5-29 Lohnsteuerbescheinigung

Die elektronischen Lohnsteuerabzugsmerkmale (ELStAM) versetzen den Arbeitgeber in den Stand, die Lohnsteuer zutreffend – nach der Höhe des Arbeitslohns und den persönlichen Merkmalen des Arbeitnehmers – festzustellen. Bis Ende Februar des Folgejahrs übermittelt er alle wichtigen Lohndaten unmittelbar an die Steuerverwaltung. Der Arbeitnehmer erhält eine Lohnsteuerbescheinigung, auf der steht, was das Finanzamt schon weiß.

526 Nummer zur Identifikation

Die »eTIN« auf der Lohnsteuerbescheinigung hat ausgedient. Sie musste der allgemeinen Steuer-Identifikationsnummer weichen, die über kurz oder lang auch die gute alte Steuernummer ersetzen wird. Mehr dazu unter ➤ Rz 81.

527 Steuerklassen

Auf der Lohnsteuerbescheinigung steht Ihre Steuerklasse.
Einkünfte von Ehegatten werden in aller Regel gemeinsam besteuert, weil dies günstiger ist. Sind beide Ehegatten werktätig, wird aber zunächst

der Lohnsteuerabzug getrennt bei jedem einzelnen Ehegatten vorgenommen. Nach Ablauf des Jahres werden die Einkünfte bei der Veranlagung zusammengerechnet, und erst dann ergibt sich die endgültige Steuer. Es ist also kaum zu vermeiden, dass zunächst entweder zu viel oder zu wenig Lohnsteuer abgezogen wird.

Durch die richtige Steuerklassenkombination (III/V oder IV/IV) sollten Sie versuchen, der endgültigen Jahressteuer möglichst nahe zu kommen. Dazu mehr unter ➤ Rz 530.

Personenkreis	StKl.	steuerfrei bis monatlich
Alleinstehende	I	1.006 €
Alleinstehende mit Kind (Entlastungsbetrag)	II	1.201 €
Verheiratete (nur einer ist Arbeitnehmer)	III	1.907 €
Verheiratete (beide sind Arbeitnehmer)		
entweder beide	IV	1.006 €
oder einer	III	1.907 €
und der andere	V	106 €
Alle für das 2. und jedes weitere Arbeitsverhältnis	VI	0 €

Faktorverfahren statt Steuerklasse III/V
Den Nachteil bei der Steuerklassenkombination III/V trägt vor allem der Ehepartner, der in Steuerklasse V eingereiht wird. Weil praktisch alle Frei- und Pauschbeträge für Ehegatten in der Steuerklasse III zusammengefasst sind, zahlt er überproportional viel Lohnsteuer. Wählen die Ehepartner dagegen die Steuerklasse IV/IV, zahlt der Besserverdienende erheblich höhere Steuern als eigentlich notwendig. Diesem vermeintlichen Problem will der Fiskus mit dem sog. **Faktorverfahren** begegnen. Alternativ zur Steuerklassenkombination III/V können die Ehegatten sich vom Finanzamt jeweils »ihren« **Faktor** auf der Lohnsteuerkarte eintragen lassen. Dieser ergibt sich aus dem Verhältnis der voraussichtlichen gemeinsamen Einkommensteuer zur gemeinsamen Lohnsteuer, berechnet nach der Steuerklasse IV. Der Arbeitgeber ermittelt dann mit Hilfe des Faktors den Steueranteil.

Beispiel
Bei einem Ehepaar verdient die Ehefrau 30.000 € und der Ehemann 10.000 € im Jahr. Die gemeinsame Einkommensteuer nach dem Splittingtarif beträgt ohne weitere besondere absetzbare Kosten ca. 3.450 €. An

Lohnsteuer nach der Steuerklasse IV würden für sie 3.790 € anfallen, für ihn 0 €, zusammen also 3.790 €. Wie Sie sehen, würde das Ehepaar allein wegen der Steuerklassenkombination IV/IV 340 € Steuern zu viel zahlen. Hinzu kämen die Kirchensteuer und der Solidaritätszuschlag.
Das Finanzamt rechnet nun das Verhältnis zwischen 3.450 € Einkommensteuer und 3.790 € Lohnsteuer aus. Daraus ergibt sich der Faktor 0,91, der auf den Lohnsteuerkarten beider Ehepartner eingetragen wird.
Die Arbeitgeber der Eheleute rechnen die Lohnsteuer nun so aus:

Ehefrau: Lohn 30.000 € = Lohnsteuer IV = 3.790 € × 0,91 =	3.449 €
Ehemann: Lohn 10.000 € = Lohnsteuer IV = 0 € × 0,91 =	0 €

Damit beträgt der Lohnsteuerabzug insgesamt nur noch 3.449 € statt 3.790 €.

528 TIPP Besser Steuerklasse III/V statt Faktorverfahren wählen!

Liebe Leser, lassen Sie sich nicht auf den Arm nehmen. Das Faktorverfahren wird von Politikern gern als Segen für teilzeitbeschäftigte Ehefrauen verkauft, die wegen der hohen Abzüge in der Steuerklasse V angeblich in Scharen in nicht rentenversicherungspflichtige Minijobs flüchten. Statt den Finanzpolitikern zu vertrauen und auf das Faktorverfahren hereinzufallen, sollten Sie die Sache besser einmal durchrechnen.
Entscheidend ist schließlich, was insgesamt auf dem Familienkonto landet, und nicht, ob der eine ein wenig mehr und der andere etwas weniger Steuern zahlt. Deshalb würde ich Ihnen im obigen Beispiel raten, die Finger vom Faktorverfahren zu lassen. Hätte das Ehepaar nämlich die Steuerklasse III/V gewählt, wären an Lohnsteuer im Lauf des Jahres bei ihr (30.000 € Lohn) 1.104 € und bei ihm (10.000 € Lohn) 997 €, also insgesamt nur 2.101 € angefallen. Das sind stolze 1.348 € weniger als beim Anteils- bzw. Faktorverfahren.
Richtig ist zwar, dass unser Musterehepaar diese 1.348 € über die Einkommensteuererklärung nachzahlen müsste, aber es hätte ein schönes zinsloses Steuerdarlehen.

529 Kinderfreibeträge bei Lohnsteuerabzug

Neben der Steuerklasse wird beim monatlichen Lohnsteuerabzug auch die Zahl der Kinderfreibeträge berücksichtigt. Für Kinder unter 18 Jahren, die bei den Eltern gemeldet sind, werden sie durch die Gemeinde übermittelt, für Kinder über 18 müssen Sie einen Antrag auf Berücksichtigung beim Finanzamt stellen. Grundsätzlich ist für jedes Kind 0,5 = halber Kinderfreibetrag einzutragen, für zwei Kinder also 1,0. Beispiel:

Eine berufstätige alleinstehende Mutter mit einem Kind, das bei ihr wohnt, erhält die Steuerklasse II mit 0,5 Kinderfreibeträge. Als Kinderermäßigung steht ihr zu:

Halber Kinderfreibetrag monatlich	196,50 €
Halber Betreuungsfreibetrag monatlich	110,00 €
Entlastungsbetrag für Alleinerziehende jährlich	1.908,00 €

Der Vater dieses Kindes erhält die Steuerklasse I mit Kinderfreibetragszahl 0,5.
Die Kinderfreibetragszahl 1,0 für ein Kind mit vollem Kinderfreibetrag von monatlich 393 € + Betreuungsfreibetrag von 220 € erhalten Eheleute für ein gemeinsames Kind in der Steuerklasse III.

Kinder- und Betreuungsfreibeträge haben im Lohnsteuerverfahren nur für die Zuschlagsteuern (Soli- und Kirchensteuerzuschlag) Bedeutung.

TIPP 530

Steuerklassenwechsel bei Ehegatten

In der Steuerklasse III sind die Vorteile bei den Freibeträgen und beim Tarif am größten, in der Steuerklasse V am geringsten. Verdient also ein Ehegatte wesentlich mehr als der andere, d.h. mehr als 60 % des gemeinsamen Bruttoverdiensts, nimmt er Steuerklasse III, der andere V. Geht ein Ehegatte in Rente, in Mutterschutz oder wird arbeitslos, sollte der weiterhin berufstätige Ehegatte also die Steuerklasse III wählen. Ist der Verdienst in etwa gleich hoch, empfiehlt sich die Kombination IV/IV. Dadurch sind die Steuervorteile gleichmäßig verteilt.

Anträge auf Steuerklassenwechsel im Lauf des Jahres sind beim Finanzamt zu stellen. Letzter Termin für einen Wechsel ist der 30. 11. des laufenden Jahres. Grundsätzlich ist ein Steuerklassenwechsel nur einmal im Jahr möglich. Einen weiteren Wechsel genehmigt der Fiskus aber nach Tod eines Ehegatten oder nach Beginn oder Ende von Arbeitslosigkeit.

Und so sieht ein Antrag auf Änderung der Lohnsteuerkarte aus. Sie finden ihn unter www.elster.de -> Die elektronische Lohnsteuerkarte.

Antrag auf Steuerklassenwechsel bei Ehegatten/Lebenspartnern
(Bitte Erläuterungen auf der Rückseite beachten)

Eingangsstempel

Zeile		
1	Steuernummer	123/456/7890
2	Identifikationsnummer	Ehemann/Lebenspartner(in) A: 23 456 789 012 — Ehefrau/Lebenspartner(in) B: 45 678 901 234
3	An das Finanzamt	Münster-Außenstadt
4	Bei Wohnsitzwechsel: bisheriges Finanzamt	

(A) Angaben zur Person

Zeile		
5	Ehemann/Lebenspartner(in) A – Name	Steuerkötter
	Geburtsdatum	18.07.1967
6	Vorname	Heinz
7	Straße, Hausnummer	Zur Walbeke 23
8	Postleitzahl, Wohnort	48167 Münster
9	Verheiratet/Lebensp. begründet seit	13.05.1994
	Verwitwet seit	
	Geschieden/Lebensp. aufgehoben seit	
	Dauernd getrennt lebend seit	
10	Ehefrau/Lebenspartner(in) B – Name	Steuerkötter
	Geburtsdatum	06.08.1969
11	Vorname	Helga
12	Straße, Hausnummer *(falls abweichend)*	
13	Postleitzahl, Wohnort *(falls abweichend)*	
14	Telefon: Vorwahl / Rufnummer	

(B) Steuerklassenwechsel

Zeile		drei / fünf	vier / vier	fünf / drei	vier / Faktor
15	Bisherige Steuerklassenkombination (Ehemann/Ehefrau; Lebenspartner(in) A/B)	X	vier / vier[1]		
16	Wir beantragen die Steuerklassenkombination (Ehemann/Ehefrau; Lebenspartner(in) A/B)		X		(Bitte auch Abschnitt C ausfüllen)

17 Für ein Kalenderjahr kann grundsätzlich nur ein Antrag auf Steuerklassenwechsel gestellt werden. Es kommt jedoch ein weiterer Steuerklassenwechsel für dieses Kalenderjahr in Betracht, weil

18 ☐ ein Ehegatte/Lebenspartner keinen steuerpflichtigen Arbeitslohn mehr bezieht.

19 ☐ ein Dienstverhältnis wieder aufgenommen wird (z.B. nach einer Arbeitslosigkeit oder einer Elternzeit)

20 ☐ wir uns auf Dauer getrennt haben.

21 ☐ der vorherige Steuerklassenwechsel auf Grund der Eheschließung/Begründung einer Lebenspartnerschaft beantragt wurde.

22

23 [1] Bei Eheschließung wird die Steuerklassenkombination vier/vier automatisiert gebildet.

24

2014StKlWe601 – März 2014 – **2014StKlWe601**

Wie Sie durch geschickte Steuerklassenwahl einen guten Schnitt machen können, zeigt folgender …

TIPP Höheres Mutterschafts- und Elterngeld durch Steuerklassenwechsel 531

Kündigt sich Nachwuchs an, kann ein vorübergehender Wechsel der Steuerklassenkombination von III/V nach IV/IV ein höheres Mutterschafts- und Elterngeld bringen, vorausgesetzt, die Mutter hat Steuerklasse V und damit die höheren Abzüge. Denn die Höhe der finanziellen Förderung ist abhängig vom zuvor erzielten Nettolohn. Je höher der Steuerabzug vorher war, desto geringer wird also das Mutterschafts- bzw. Elterngeld ausfallen. Ist der Nachwuchs da, werden Sie wieder die Steuerklassen III und V eintragen lassen.
»Moment mal, da muss ich aber doch mehr Steuern berappen als bei Steuerklasse III.« Richtig, aber nur für eine Übergangszeit, und bei Ihrer nächsten Steuererklärung wird Ihr jeweiliges Einkommen ja ohnehin zusammengerechnet und der Splittingtabelle unterworfen. Die Steuerklassen spielen für die endgültige Jahressteuer somit überhaupt keine Rolle.

Wichtig: Wer zu spät kommt …
Bei Ermittlung des Elterngeldes wird die Steuerklasse zugrunde gelegt, die in der überwiegenden Zeit des Jahres gegolten hat. Da dabei ein Zeitraum von zwölf Monaten vor der Geburt betrachtet wird, sollten Sie den **Steuerklassenwechsel spätestens sieben Monate vor Geburt des Kindes über die Bühne bringen!**

**Gut zu wissen:
Familienförderung durch Mutterschafts- und Elterngeld**

Zusätzlich zu Kindergeld bzw. Steuerfreibeträgen werden junge Mütter bzw. Eltern durch das Mutterschafts- und Elterngeld finanziell unterstützt.

Mutterschaftsgeld wird von den gesetzlichen Krankenkassen während der Schutzfristen vor und nach der Entbindung sowie für den Entbindungstag gezahlt. Es erhalten nur Frauen, die freiwillig oder pflichtversicherte Mitglieder einer gesetzlichen Krankenkasse sind mit Anspruch auf Zahlung von Krankengeld. Außerdem müssen weitere Voraussetzungen erfüllt sein, die hier im Überblick genannt werden.
Mutterschaftsgeld erhalten Frauen,

- die in einem Arbeits- oder Heimarbeitsverhältnis stehen,
- deren Arbeitgeber das Arbeitsverhältnis während der Schwangerschaft zulässig gekündigt hat,
- deren Arbeitsverhältnis erst nach Beginn der Schutzfrist beginnt. Sie haben Anspruch auf Mutterschaftsgeld ab dem Beginn des Arbeitsverhältnisses, wenn sie bei dessen Beginn Mitglied einer gesetzlichen Krankenkasse sind;
- die bei Beginn der Schutzfrist in keinem Arbeitsverhältnis stehen, jedoch bei einer gesetzlichen Krankenkasse mit Anspruch auf Krankengeld versichert sind. Sie erhalten Mutterschaftsgeld in Höhe des Krankengeldes.

Steht die Frau in einem Arbeitsverhältnis, richtet sich die Höhe des Mutterschaftsgeldes nach dem um die gesetzlichen Abzüge verminderten durchschnittlichen Arbeitsentgelt der letzten drei vollständig abgerechneten Kalendermonate, bei wöchentlicher Abrechnung der letzten 13 Wochen vor Beginn der Schutzfrist vor der Entbindung. Das Mutterschaftsgeld beträgt höchstens 210 € für den gesamten Zeitraum des Mutterschutzes. Übersteigt der durchschnittliche kalendertägliche Nettolohn diesen Betrag (= bei einem monatlichen Nettolohn ab 390 €), ist die Arbeitgeberseite verpflichtet, die Differenz als Zuschuss zum Mutterschaftsgeld zu zahlen.

Das **Elterngeld** soll Einkommenseinbußen im ersten Elternzeitjahr auffangen. Es beträgt 67 % des durchschnittlichen (monatlichen) Erwerbseinkommens vor der Geburt (nach Abzug von Steuern, Sozialabgaben und Werbungskosten), 65 % bei einem Nettoeinkommen von mehr als 1.200 €, höchstens jedoch 1.800 € und mindestens 300 €. Nicht erwerbstätige Elternteile erhalten den Mindestbetrag zusätzlich zum bisherigen Familieneinkommen.
Das Elterngeld wird an Vater und Mutter für max. 14 Monate gezahlt; beide können den Zeitraum frei untereinander aufteilen. Ein Elternteil kann dabei höchstens zwölf Monate für sich in Anspruch nehmen, zwei weitere Monate gibt es, wenn in dieser Zeit beim Partner Erwerbseinkommen wegfällt, weil er die Betreuung des Kindes übernimmt. Alleinerziehende können aufgrund des fehlenden Partners die vollen 14 Monate Elterngeld in Anspruch nehmen.
Eltern von Kindern, die ab dem 1.7.2015 geboren werden, können zwischen dem bisherigen Elterngeld (Basiselterngeld; s. o.) und ElterngeldPlus wählen oder beides kombinieren. Mit dem neuen ElterngeldPlus haben Mütter und Väter die Möglichkeit, länger als bisher Elterngeld in

Anspruch zu nehmen. Aus einem bisherigen Elterngeldmonat werden zwei ElterngeldPlus-Monate, so dass die Eltern doppelt so lange Elterngeld (in maximal halber Höhe) bekommen und so ihr Elterngeldbudget besser ausschöpfen können. Wenn sich Mutter und Vater entscheiden, gleichzeitig für vier Monate jeweils 25 bis 30 Stunden in der Woche teilzeit zu arbeiten und sich somit die Zeit mit ihrem Nachwuchs zu teilen, gibt es einen zusätzlichen Partnerschaftsbonus in Form von vier zusätzlichen ElterngeldPlus-Monaten pro Elternteil.
In der Höhe orientiert sich das Elterngeld am laufenden durchschnittlich monatlich verfügbaren Erwerbseinkommen, welches der betreuende Elternteil im Jahr vor der Geburt hatte. Es beträgt im ElterngeldPlus-Bezug mindestens 150 € und höchstens 900 € monatlich.

Pferdefuß beim Mutterschafts- und Elterngeld!
So groß die Freude über die Zuschüsse in die Familienkasse auch ist, so tief sitzt der Schock bei der ersten Steuererklärung danach. Denn Mutterschafts- und Elterngeld sind zwar steuerfrei, wirken sich aber auf den Steuersatz aus (siehe dazu ➤ Rz 279 und ➤ Rz 685). Damit fällt unterm Strich also doch Steuer auf diese Einnahmen an, und das führt häufig zu einer saftigen Steuernachzahlung.

Weitere Informationen rund um das Mutterschafts- bzw. das Elterngeld finden Sie im Internet auf den Seiten des Bundesministeriums für Familie, Senioren, Frauen und Jugend unter www.bmfsfj.de. Dort sind auch die zuständigen Anlaufstellen genannt, bei denen Sie Auskünfte und Antragsformulare bekommen können.

Übrigens: Auch beim **Arbeitslosengeld** ist das letzte Nettoentgelt maßgebend, so dass sich bei absehbarer Arbeitslosigkeit ein rechtzeitiger Steuerklassenwechsel in barer Münze auszahlen kann. **532**

Doch aufgepasst: Ein Steuerklassenwechsel gilt als Rechtsmissbrauch, wenn er nur dem Ziel dient, höhere Sozialleistungen zu kassieren, so das Bundesarbeitsgericht mit Urt. vom 18.9.1991. Das soll insbesondere gelten, wenn die Kombination der Steuerklassen offensichtlich nicht dem Verhältnis der monatlichen Arbeitslöhne entspricht, wenn also der besser Verdienende die ungünstige Steuerklasse V und der andere die Steuerklasse III wählt. Ein Steuerklassenwechsel muss also anders begründet sein.

Hatten Sie hingegen zuvor die Steuerklassen III und V, können Sie nun jeder die Steuerklasse IV wählen, um die Steuerlast auf diese Weise gerecht zu verteilen. Mit dem Wechsel von der ungünstigen Klasse V zur Steuerklasse IV haben Sie Ihr monatliches Netto und damit die Grundlage für die Berechnung der Sozialleistungen erhöht.

Wir verlieren nur Mitarbeiter,
die wir nicht gebrauchen können.
(Manager Geier)

9.2 Angaben zum Arbeitslohn – Zeile 6–29

533 Zeile 6 Bruttoarbeitslohn

Den Bruttoarbeitslohn aus Zeile 3 Ihrer Lohnsteuerbescheinigung tragen Sie in > Zeile 6 der Anlage N ein. Wenn Sie den Arbeitgeber im Lauf des Jahres gewechselt haben, müssen Sie die Beträge zunächst addieren und die Summe in die erste Spalte übertragen. Haben Sie noch eine zweite Lohnsteuerkarte, tragen Sie den darin bescheinigten Arbeitslohn daneben ein.

Der Bruttoarbeitslohn ist der Ausgangspunkt für die Berechnung der Einkünfte aus nichtselbständiger Arbeit. Der Arbeitslohn ist die ergiebigste Steuerquelle überhaupt und bringt dem Fiskus Kohle ohne Ende. Letztes Aufkommen an Lohnsteuer etwa

185 Milliarden € = rd. 26,2 % aller Steuereinnahmen.

Zum Vergleich: Die Umsatzsteuer bringt ihm 217 Milliarden, die Einkommensteuer nur 54 Milliarden.

Damit dem Fiskus auch ja nichts durch die Lappen geht, sind Lohnsteueraußenprüfer unterwegs, den Milliardenstrom zu kontrollieren. Sie prüfen, ob die Betriebe

- den steuerpflichtigen Arbeitslohn richtig festgestellt und
- die Lohnsteuer – nach den Angaben auf den Lohnsteuerkarten der Arbeitnehmer – richtig berechnet und an die Betriebsfinanzämter abgeführt haben.

Zum Arbeitslohn gehören nach § 2 der Lohnsteuer-Durchführungsverordnung *alle Einnahmen in Geld und Geldeswert (Sachbezüge), die dem Arbeitnehmer aus dem Arbeitsverhältnis zufließen, wobei es nach dem Ge-*

setz gleichgültig ist, ob der Arbeitslohn laufend oder einmalig gezahlt wird, ob ein Rechtsanspruch darauf besteht oder nicht und unter welcher Bezeichnung er gewährt wird.

Was hier juristisch verklausuliert beschrieben ist, erfährt das Lohnbüro, wenn der Lohnsteueraußenprüfer bei ihm aufkreuzt. Er fahndet nach Sachbezügen in Form von Kost und Wohnung oder Firmenwagen, überhöhten Spesenabrechnungen, Personalrabatten, unüblich teuren Betriebsausflügen, Geldgeschenken, Tantiemen usw. Alle diese Zuwendungen aus dem Arbeitsverhältnis sind der Lohnsteuer unterworfen.

TIPP Bitten Sie Ihren Chef um eine Gehaltsminderung 534

Ja, Sie hören richtig. Was nützt Ihnen ein gutes Gehalt, wenn Ihnen beim Bau Ihres Häuschens Tausende durch die Lappen gehen, nur weil Sie keine Zeit haben, sich darum zu kümmern. Und diese Tausende könnten Sie netto verdienen, Sie müssten sie aber brutto bezahlen!!

Also sagen Sie Ihrem Chef: Hören Sie, ich will im nächsten Jahr etwas kürzer treten, muss mich um meinen Bau kümmern. Geben Sie mir künftig 250 Euro weniger, und ich gehe dafür jeden Tag zwei Stunden früher nach Hause.
»Die Idee ist pfundig, obwohl ich mir gerade kein Haus bauen will«, so sagen Sie. »Ich will aber im nächsten Sommer in die Sahara und muss mir dazu vorher noch ein Reisemobil ausbauen. Aber sagen Sie mir, wieso ich dabei die Steuer austrickse? Immerhin verdiene ich 250 Euro weniger!«

Das will ich Ihnen vorrechnen: Angenommen, Ihr Einkommen liegt bei 30.000 €. Dann beträgt Ihre Steuerbelastung – siehe Steuerbelastungstabelle unter ➤ Rz 44 – als Alleinstehender in der Spitze rd. 31 % Einkommensteuer zzgl. zusammen rd. 5 % Soli-Zuschlag und Kirchensteuer.

Steuerbelastung insgesamt rd.	36 %
Ihr Anteil an den Sozialabgaben rd.	21 %
Abgaben insgesamt	57 %
Von 250 € Bruttoarbeitslohn bleiben Ihnen netto 43 %	108 €

Sie verzichten also auf 108 € netto und erhalten dafür 40 Stunden mehr Freizeit. Also kostet Sie jede Stunde Freizeit (108 € ÷ 40 Stunden =) 2,70 €. Einem Handwerker, der Ihnen das Reisemobil ausbaut, müssten Sie für seine Arbeitsstunde aber ein Vielfaches davon geben.

Übrigens: Auch als Beamter wird Ihnen – unter Verzicht auf einen Teil Ihres Gehalts – Teilzeitarbeit genehmigt, und Sie können sich alles so einrichten, wie Sie es brauchen, z. B. Teilzeitarbeit mit 30 Wochenstunden für zunächst zwei Jahre.

535 **TIPP**

Weniger Lohn jetzt, mehr Geld im Alter

Verzichten Sie auf einen Teil Ihrer Gehaltsbezüge, z. B. auf 3.000 € brutto jährlich, und lassen Sie sich dafür eine Pensionszusage geben, die bei Eintritt in den Ruhestand, frühestens ab dem 62. Lebensjahr, oder bei Invalidität fällig wird.

Die Vorteile liegen auf der Hand: Sie sparen Lohnsteuer in Höhe des Grenzsteuersatzes (➤ Rz 46), mindern damit außerdem die Steuerprogression (➤ Rz 51), ferner sparen Sie Solidaritätszuschlag und ggf. Kirchensteuer, und es fallen für 3.000 € keine Beiträge zur Sozialversicherung an (➤ Rz 995). Erst bei Auszahlung der Pension wird Lohnsteuer usw. fällig, es werden aber der Versorgungsfreibetrag nebst Zuschlag und Werbungskostenpauschbetrag abgezogen (➤ Rz 666). Und darüber hinaus werden die Steuersätze künftig sinken, so dass Sie in mehrfacher Hinsicht auf der Gewinnerseite stehen, wenn Sie Einkünfte in spätere Jahre verlagern können.
Für den Betrieb ist diese Regelung kostenneutral, denn anstelle der Lohnkosten zahlt er meistens in eine Rückdeckungsversicherung. Tut er das nicht, wird er in der Bilanz eine gewinnmindernde Rückstellung bilden und hat dann sogar zusätzlich Geld flüssig, weil er Sie später bezahlt (Quelle: § 6a EStG).

536 ♦ *Musterfall Huber (Lohnsteuerbescheinigung, Arbeitslosengeld)*
Heribert Huber war vom 1. 2. bis 31. 12. als Autoschlosser tätig. Die Beträge zu > Zeile 5–20 der Anlage N entnimmt er seiner Lohnsteuerbescheinigung. In > Zeile 96 des Hauptformulars trägt er sein Arbeitslosengeld für Januar 2017 ein (siehe dazu ➤ Rz 279). Der Betrag ergibt sich aus einer Bescheinigung, die ihm die Agentur für Arbeit ohne Aufforderung zugeschickt hat und die er der Erklärung beifügt. Für Frau Huber muss eine eigene Anlage N ausgefüllt werden.

ANLAGE N
Einkünfte aus nichtselbständiger Tätigkeit **2018**

Lohnsteuerbescheinigung des Herrn Huber

1. Dauer des Dienstverhältnisses		vom – bis 1.2. - 31.12.	
2. Zeiträume ohne Anspruch auf Arbeitslohn	Großbuchstaben (S, B, V, F)	Anzahl „U“:	
		EUR	Ct.
3. Bruttoarbeitslohn einschl. Sachbezüge ohne 9. und 10.		30.792	00
4. Einbehaltene Lohnsteuer von 3.		1.812	00
5. Einbehaltener Solidaritätszuschlag von 3.		0	00
6. Einbehaltene Kirchensteuer des Arbeitnehmers von 3.		163	08
7. Einbehaltene Kirchensteuer des Ehegatten von 3. (nur bei konfessionsverschiedener Ehe)			
8. In 3. enthaltene steuerbegünstigte Versorgungsbezüge			
9. Steuerbegünstigte Versorgungsbezüge für mehrere Kalenderjahre			
10. Ermäßigt besteuerter Arbeitslohn für mehrere Kalenderjahre (ohne 9.) und ermäßigt besteuerte Entschädigungen			
11. Einbehaltene Lohnsteuer von 9. und 10.			
12. Einbehaltener Solidaritätszuschlag von 9. und 10.			
13. Einbehaltene Kirchensteuer des Arbeitnehmers von 9. und 10.			
14. Einbehaltene Kirchensteuer des Ehegatten von 9. und 10. (nur bei konfessionsverschiedener Ehe)			
15. Kurzarbeitergeld, Winterausfallgeld, Zuschuss zum Mutterschaftsgeld, Verdienstausfallentschädigung (Infektionsschutzgesetz), Aufstockungsbetrag und Altersteilzeitzuschlag		377	00
	Doppelbesteue-		

ANLAGE N
Einkünfte aus nichtselbständiger Tätigkeit **2018**

Huber trägt in der Anlage N ein:

28	Kurzarbeitergeld, Zuschuss zum Mutterschaftsgeld, Verdienstausfallentschädigung nach dem Infektionsschutzgesetz, Aufstockungsbeträge nach dem Altersteilzeitgesetz, Altersteilzeitzuschläge nach Besoldungsgesetzen (lt. Nr. 15 der Lohnsteuerbescheinigung)	119	377,–
	Angaben über Zeiten und Gründe der Nichtbeschäftigung		
29	1.1.–31.1. arbeitslos/Bescheinigung anbei		

Eintragung auf Seite 4 des Hauptformulars:

Sonstige Angaben und Anträge

			stpfl. Person / Ehemann / Lebenspartner(in) A EUR		Ehefrau / Lebenspartner(in) B EUR
96	**Einkommensersatzleistungen,** die dem Progressionsvorbehalt unterliegen, z. B. Arbeitslosengeld, Elterngeld, Insolvenzgeld, Krankengeld, Mutterschaftsgeld und vergleichbare Leistungen aus einem EU- / EWR-Staat oder der Schweiz (ohne Beträge lt. Zeile 28 der Anlage N)	120	1.445,–	121	,–

9.2.1 Steuerfreier Arbeitslohn – Zeile 6

537 **Bei steuerfreiem Arbeitslohn kommt wahre Freude auf, denn er erscheint weder auf der Lohnsteuerbescheinigung noch in der Steuererklärung. Außerdem unterliegt er nicht der Sozialversicherung.**
Gut möglich, dass in den folgenden Punkten etwas für Sie dabei ist. Sprechen Sie doch bei nächster Gelegenheit mal mit Ihrem Chef, ob Sie den Fiskus nicht mal außen vor lassen können.

Zeile 6 Annehmlichkeiten

538 Ihr Betrieb kann Ihnen durchaus Annehmlichkeiten bereiten, und die sind für Sie steuerfrei, etwa:

- betriebseigene Dusch- und Badeanlagen (Hinweise zur LStR 19.3),
- Betriebskindergärten, Zuschüsse zu betriebsfremden Kindergärten (§ 3 Nr. 33 EStG),
- Beihilfen in Krankheits-, Geburts- oder Todesfällen, mindestens bis zu 600 € im Kalenderjahr (LStR 3.11),
- Abschluss einer **Unfallversicherung** zur Abdeckung beruflicher Risiken. Umfasst sie auch den privaten Bereich, ist die darauf entfallende Versicherungsprämie steuerpflichtig (BFH-Urt. v. 22.6.1990 – BStBl 1990 II S. 901). Zur Gruppenunfallversicherung siehe ➤ Rz 541.

Zeile 6 Aufmerksamkeiten, Geschenke

539 Kleine Geschenke, z.B. ein Blumenstrauß, Genussmittel (Süßigkeiten, Getränke), ein Buch oder eine CD, gehören zum guten Ton und sind deswegen als Aufmerksamkeiten steuerfrei – aber nur bis zu einem Wert von 60 €. **Achtung:** Geldgeschenke sind generell steuerpflichtig.

Als Anlass für Aufmerksamkeiten gelten persönliche Ereignisse wie z.B. eine bestandene Prüfung, Eintritt in den Ruhestand, ein Krankenhausaufenthalt, silberne oder goldene Hochzeit, Kommunion, Konfirmation oder Schulentlassung von Kindern des Arbeitnehmers (LStR 19.1 Abs. 1). Auch kann der Chef anlässlich und während eines außergewöhnlichen Arbeitseinsatzes für jeden Essen und Trinken bis zu 60 € spendieren (Quelle: LStR 19.6 Abs.2) oder wenn jemand als Jubilar geehrt, ehrend verabschiedet oder in ein höheres Amt eingeführt wird (LStR 19.3 Abs.2). Wie Sie sehen, gibt es viele günstige Gelegenheiten. Geburtstage sind für den Fiskus allerdings keine besonderen persönlichen Ereignisse, auch nicht, wenn sie »rund« sind.

Mancher Chef ist aber ein richtiger Stiesel, der in dieser Richtung keine Antenne hat. Geben Sie ihm einen Tipp, und er freut sich bestimmt, wenn er etwas fürs Betriebsklima tun kann.

TIPP Kleine Aufmerksamkeit, große Wirkung … 540

Um elf Uhr spendiert der Betrieb Kaffee und Tee, frisch aus der Büroküche, dazu Kekse – alles steuerfreie Genussmittel. Nahrungsmittel spendiert er nicht, denn, so die spitzfindige Begründung des Fiskus, von denen kann man sich nämlich im Gegensatz zu Genussmitteln dauerhaft ernähren, und das wäre dann steuerpflichtiger Lohn.
»Ist unser Elf-Uhr-Zug etwa auch steuerfrei?«, möchten Sie wissen. Elf-Uhr-Zug, was ist das? »Jeden Tag um elf Uhr spendiert der Betrieb Apfelkorn, der schön hintereinander aufgereiht im Sekretariat bereitsteht. Das ist unser Elf-Uhr-Zug«, so klären Sie mich auf.
Apfelkorn ist wohl mehr ein Genuss- als ein Nahrungsmittel, also als Aufmerksamkeit steuerfrei (LStR 19.6). Das Gleiche gilt natürlich für die Weihnachtspäckchen mit Plätzchen und Lebkuchen.

Zeile 6 Sachzuwendungen (Kleinvieh macht auch Mist) 541

Wenn dem Fiskus bei Lohnsteuerprüfungen das Aufgreifen von Lappalien nicht zu aufwendig wäre, würde er auch diese besteuern. Zwar sollten Sie Lappalien nicht unbedingt hinterherlaufen, doch summa summarum kann es sich lohnen, sie mitzunehmen. Als steuerfreie Lappalien gelten Sachzuwendungen, sofern ihr Wert nicht insgesamt mehr als 44 € im Monat beträgt (§ 8 Abs. 2 Satz 9 EStG). Dies ist eine sog. Freigrenze, die nicht überschritten werden darf, sonst ist alles steuerpflichtig.

Zu den steuerfreien Sachzuwendungen gehören u.a.:

- Geschäftsleitungs-/Belohnungsessen.
  Kantinenmahlzeiten und freie Verpflegung bei Lehrgängen o. Ä. fallen aber nicht darunter. Sie sind in Höhe der Sachwertbezugswerte steuerpflichtig (➤ Rz 639 ff.),
- Mietvorteile bei Werkswohnungen,
- betriebliche Gruppenunfallversicherung.

Versuchen Sie Ihrem Chef diese steuerfreien Zugaben schmackhaft zu machen. Bleibt er auf diesem Ohr taub, ist er möglicherweise für Benzingutscheine zu haben.

542 **TIPP Benzingutscheine/Tankkarte als steuerfreie Sachzuwendung**

Ein Benzingutschein im Wert von bis zu 44 € ist als Sachbezug steuerfrei. Die Gutscheine können Sie als Vordruck vorbereiten und brauchen sie nur von der Tankstelle abstempeln zu lassen. Da viele Tankstellen nicht mehr bereit sind, Benzingutscheine anzunehmen und mit dem Arbeitgeber abzurechnen, werden sie nicht sehr häufig ausgegeben.

Benzingutschein der Firma .... in .... für Herrn/Frau .... über 20 Liter Superbenzin.

Stempel der Tankstelle

Ein auf einen Geldbetrag lautender Benzingutschein berechtigt nach neuer Rechtsprechung ebenfalls zur Inanspruchnahme der 44-€-Freigrenze.

543 Zeile 6 und 27 Aufwandsentschädigung für Nebentätigkeit (Übungsleiterfreibetrag)

Sind Sie nebenbei in Ihrem **Verein als Übungsleiter oder Trainer** tätig, arbeiten Sie als Erzieher oder Gesundheitsausbilder in einem gemeinnützigen Vollwert- oder Rohkostverein, als Naturlehrer für Mitglieder eines Umweltschutzvereins oder für einen öffentlich-rechtlichen Brötchengeber (z.B. Volkshochschule) als **Musiker,** Lehrer oder **Prüfer,** dürfen die Einnahmen daraus bis zu 2.400 € jährlich nicht auf der Lohnsteuerkarte erscheinen, denn sie sind steuerfrei (§ 3 Nr. 26 EStG).

Dieser Freibetrag soll alle Ausgaben abgelten, die Ihnen im Zusammenhang mit der Nebentätigkeit entstehen. **Dazu sollten Sie wissen: Sinnigerweise setzt eine nebenberufliche Tätigkeit steuerlich keine hauptberufliche voraus.** Wichtig ist nur, dass sie nicht mehr als ein Drittel des Pensums einer Vollzeitkraft in Anspruch nimmt. (Quelle: BFH-Urt. v. 30.3.1990 – BStBl 1990 II S. 854, eine Lehrerin betreffend, die ca. 130 Stunden im Jahr für einen Verein Unterricht erteilte, übrigens in demselben Fach wie in ihrem beamteten Hauptberuf)
Der Beamte im Finanzamt möchte die steuerfreie Aufwandsentschädigung in > Zeile 27 der Anlage N (➤ Rz 684) abhaken.

Mehr zum Thema »Ehrenamt und Steuern« finden Sie unter ➤ Rz 169 ff.

Lebe in Übereinstimmung mit der eigenen Natur.
(Spinoza)

TIPP Ausbilderfreibetrag: 2.400 € sind nicht das Ende der Fahnenstange 544

Sind Sie nebenbei als Ausbilder für eine öffentlich-rechtliche Institution tätig, wie z. B. die IHK oder eine andere Kammer, eine Sparkasse oder eine Behörde? Dann vereinbaren Sie, dass Ihnen die Reisekosten extra bezahlt werden. Reisekosten aus öffentlichen Kassen haben nämlich den Vorzug, steuerfrei zu sein (§ 3 Nr. 13 EStG). Zahlen Sie die Kosten dagegen aus Ihrer Tätigkeitsvergütung, können Sie sie nur absetzen, wenn sie den Betrag von 2.400 € übersteigen.

TIPP Sie sind doch als Ausbilder selbständig, oder? 545

Stehen Ihnen in Ihrem Nebenjob (z. B. bei der Volkshochschule oder als Übungsleiter im Sportverein) bezahlter Urlaub und Lohnfortzahlung im Krankheitsfall zu? Nein? Dann arbeiten Sie auf eigenes Risiko und sind freiberuflich tätig. Keine Sorge, der Freibetrag nach § 3 Nr. 26 EStG ist Ihnen gleichwohl sicher, und außerdem können Sie Ihre Honorare zeitlich so in Rechnung stellen, dass Sie Jahr für Jahr den Freibetrag voll ausschöpfen.

Beachten Sie: Sind Ihre nebenberuflichen Einnahmen nicht nach § 3 546
Nr. 26 EStG begünstigt – weil Ihr Brötchengeber z. B. ein gewerbliches Unternehmen ist –, nehmen Sie wenigstens den Betriebsausgabenpausch-

betrag von 25 % Ihrer Einnahmen, höchstens 614 € jährlich, mit (LfSt Bayern, 31.10.2005, S 2144 – 8 St 32/St 33). Der steht Ihnen auch dann zu, wenn Sie steuerfreie Aufwandsentschädigungen (z.B. Auslagenersatz, Erstattung von Reisekosten etc.) haben.

547 TIPP Machen Sie aus Ihrem 450-€-Job einen steuerfreien 650-€-Job

Bekommen Sie monatlich 450 € von einem Verein oder einer Wohlfahrtsorganisation brutto gleich netto ausbezahlt und Ihr Arbeitgeber zahlt eine Pauschalabgabe von 30 % Ihres Arbeitslohns, dann ergibt sich – man höre und staune – folgende Möglichkeit: Mit der Steuerbefreiung für Nebenberufler können Sie Ihren Monatslohn auf 650 € ausdehnen, ohne dass Sie oder Ihr Arbeitgeber auch nur einen Euro zusätzliche Abgaben haben.
So wird gerechnet:

Monatslohn	650 €
./. steuerfreier Betrag nach § 3 Nr. 26 EStG (2.400 € ÷ 12 Monate)	– 200 €
Verbleibender Arbeitslohn	450 €

Da nur der verbleibende Betrag für die Steuer und die Sozialversicherungen interessant ist, erfüllen Sie wie bisher die Bedingungen für einen begünstigten 450-€-Job, und Ihr Arbeitgeber wird weiterhin nur mit 30 % Pauschalabgabe auf 450 € zur Kasse gebeten. Mehr zu den Steuerregeln für Minijobs siehe unter ➤ Rz 611 ff.

548 TIPP Zubrot bis 410 € ist steuerfrei

Bleiben unter dem Strich aus Ihrer Nebentätigkeit weniger als 410 € im Jahr übrig, will sich das Finanzamt mit Ihnen nicht befassen, dann sollen Sie erst gar keine Steuererklärung abgeben (§ 46 Abs. 3 EStG). Es reicht dem Fiskus, dass Sie Lohnsteuer gezahlt haben, basta.
Als Übungsleiter im Tennisverein könnten Sie so rechnen:

Einnahmen	2.800 €
./. Freibetrag nach § 3 Nr. 26 EStG	– 2.400 €
Gewinn = steuerfrei	400 €

»Verflixt, in diesem Jahr komme ich auf 2.900 € Einnahmen«, ärgern Sie sich. Dann verlagern Sie einen Teil der Einnahmen ins nächste Jahr. Oder: Geben Sie die 2.900 € Einnahmen an und beanspruchen Sie die sog. Härteregelung, die eine volle Versteuerung von Nebeneinkünften erst ab 820 € Gewinn vorsieht (§ 70 EStDV). Das Finanzamt muss dann rechnen:

ANLAGE N
Einkünfte aus nichtselbständiger Tätigkeit **2018**

Einnahmen			2.900 €
./. Freibetrag nach § 3 Nr. 26 EStG			– 2.400 €
Gewinn			500 €
Härtegrenze	820 €		
./. Gewinn	– 500 €		
Freibetrag	320 €	>	– 320 €
Steuerpflichtiger Gewinn			180 €

Zeile 6 Auslagenersatz, durchlaufende Gelder 549

Geldbeträge für dienstliche Telefongespräche, zum Betanken oder zur Reparatur eines Betriebsfahrzeugs oder Verwaltungsgebühren (§ 3 Nr. 50 EStG), die Sie für den Betrieb verauslagt haben und zurückerhalten, lassen Sie sich auf keinen Fall als Arbeitslohn bescheinigen, das ist wohl klar. Denn es verbleibt Ihnen ja kein Überschuss.

Zeile 6 Betriebsausflüge, Weihnachtsfeiern

Der Fiskus erkennt nur Ausgaben für **übliche** Betriebsausflüge und Weih- 550
nachtsfeiern als steuerfrei an und misst auch noch mit seiner viel zu kurzen Bürokratenelle, was üblich und was unüblich ist.

Unüblich ist: »zu oft und zu teuer«. »Zu oft« heißt mehr als zweimal im Jahr, »zu teuer« heißt mehr als 110 € Kosten pro teilnehmendem Arbeitnehmer im Durchschnitt, alles inkl., also einschließlich der Kosten für den äußeren Rahmen. Liegt der Durchschnitt über 110 €, ist nur der übersteigende Betrag steuerpflichtig (§ 19 Abs. 1 Nr. 1a EStG).

Übliche Zuwendungen bei einer Betriebsveranstaltung sind insbesondere

- Speisen, Getränke, Tabakwaren und Süßigkeiten,
- die Übernahme von Übernachtungs- und Fahrtkosten, auch wenn die Fahrt als solche schon einen Erlebniswert hat,
- Eintrittskarten für kulturelle und sportliche Veranstaltungen, wenn sich die Betriebsveranstaltung nicht in deren Besuch erschöpft,

- Geschenke. Üblich ist auch die nachträgliche Überreichung an Arbeitnehmer, die aus betrieblichen oder persönlichen Gründen nicht an der Betriebsveranstaltung teilnehmen konnten, nicht aber eine deswegen gewährte Barzuwendung,
- Aufwendungen für den äußeren Rahmen, z.B. für Räume, Musik, Kegelbahn und für künstlerische und artistische Darbietungen, wenn diese nicht der wesentliche Zweck der Betriebsveranstaltung sind.

Also muss der Betrieb rechnen:

Essen und Trinken	...... €
Nebenkosten (Fahrt, Saalmiete, Musiker usw.)	...... €
Gesamtkosten einschließlich Mehrwertsteuer	...... €
Geteilt durch Anzahl teilnehmender ArbN = z.B.	105 €

Also unter 110 €, alles paletti.
Kommen Sie mit Anhang, müssen Sie sich 2 × 105 € = 210 € anrechnen lassen. Steuerfrei sind 110 €, bleiben zu versteuern: 100 €.

Wichtig für das Lohnbüro!
Statt die 100 € über die Lohnabrechnung individuell zu versteuern, kann der Arbeitgeber die Pauschalsteuer in Höhe von 25 % wählen (§ 40 Abs. 2 Nr. 2 EStG). Diese ist immer günstiger, denn pauschal besteuerter Arbeitslohn unterliegt nicht der Sozialversicherung! Und das Beste für Sie: Die Pauschalsteuer hat der Arbeitgeber zu übernehmen (§ 40 Abs. 3 EStG) – aber das wird ihn nicht besonders jucken, denn auch er spart ja Sozialabgaben.
»Na, dann schmeckt das Bier auf dem Sommerfest noch mal so gut«, sagen Sie.

Einigen Teilnehmern der Veranstaltung darf sogar eine Extrawurst in Form von zusätzlichen kleinen Geschenken gebraten werden, wenn sie im Rahmen der Betriebsveranstaltung eine besondere Ehrung erfahren, wie z.B. Jubilare, Jungvermählte usw. Dazu mehr unter Aufmerksamkeiten (➤ Rz 539, Quelle: LStR 19.5).

551 **Steuerbonus für Außendienstler**
Müssen Sie als Außendienstler oder als Beschäftigter einer Zweigstelle zur Betriebsfeier anreisen, geht der steuerfreie Fahrtkostenersatz nicht in den 110-€-Freibetrag ein, denn Reisekosten gehen extra.

TIPP Betriebsausflug mit BAT 552

Wie wär's mit einem Betriebsausflug mal auf die ganz andere Art, ohne Sauferei und Völlerei: mit dem Fahrrad ins Grüne und mit einem gesunden Mittagessen in einem Landgasthof? Das kostet den Betrieb nicht viel, und den Rest gibt es BAT: bar auf Tatze.

Und so wird dem Fiskus die Rechnung aufgemacht:

Essen und Trinken pro Teilnehmer, z. B.	25 €
Barzuschuss	80 €
Summe	105 €

Unter 110 €, alles okay.

TIPP Zum Oktoberfest nach München 553

Ein ganz heißer Tipp für den Betriebsrat: Betriebsausflug mit einem Charterflugzeug nach München zum Oktoberfest, Übernachtung im Hotel. Dazu sagt aber meistens die Geschäftsleitung: »Das geht nicht wegen der Steuer.«

Es geht aber doch. Ein solcher Betriebsausflug fällt zwar aus dem üblichen Rahmen und muss deshalb versteuert werden, doch kann die Firma die anfallende Steuer pauschal mit 25 % übernehmen (§ 40 Abs. 2 EStG). Sozialabgaben fallen bei der Pauschalbesteuerung überhaupt keine an.

Zeile 6 Fortbildung

Steuerfrei sind Aufwendungen des Betriebs für Ihre berufliche Fortbil- 554
dung, auch in außerbetrieblichen Lehrgängen. Sie sind selbst dann steuerfrei, wenn die Veranstaltung, ohne Anrechnung auf die Arbeitszeit, nach Dienstschluss oder am Wochenende durchgeführt wird.

Raffiniert, oder? Da wirft der Fiskus mit der Wurst nach der Speckseite, denn er weiß: Wer sich beruflich fortbildet, wird später möglicherweise mehr verdienen, sprich mehr Steuern zahlen. Deshalb sind auch Fortbildungsmaßnahmen begünstigt, die zu einer Funktionsänderung und zum Aufstieg führen können, wie z.B. vom Meister zum Dipl.-Ing. grad., vom Bilanzbuchhalter zum Steuerberater oder vom Operator zum Programmierer (Quelle: LStR 19.7). Zum Abzug selbst getragener Fortbildungskosten siehe ➤ Rz 784 ff.

✎ Zeile 6 und 17 Jubiläumsgeld

555 Geld- und Sachgeschenke an Arbeitnehmer aus Anlass eines Arbeitnehmer- oder Firmenjubiläums sind zwar nicht steuerfrei, aber das Steuerrecht hält ein kleines Trostpflaster für Sie bereit: Erhalten Sie z.B. alle fünf Jahre Jubelgeld zur Anerkennung Ihrer treuen Dienste, handelt es sich um **Arbeitslohn für mehrere Jahre,** der nur ermäßigt besteuert wird, einzutragen in > Zeile 17 der Anlage N. Mehr hierzu unter ➤ Rz 672 ff.

✎ Zeile 6 Personalrabatte

556 Statt ein langes Gesicht zu ziehen, weil sich Steuer und Sozialversicherung den größten Teil der Gehaltserhöhung unter den Nagel reißen, gehen Sie rechtzeitig zu Ihrem Chef und drängen darauf, dass er Ihnen statt mehr Gehalt Rabatt für Sachen oder Dienstleistungen aus dem Betrieb gewährt.
Denn Sie sollten wissen: Der Fiskus rechnet zwar den Rabatt, den Sie auf Sachen (Lebensmittel, Kleidung, Autos, Strom, Gas, Wasser usw.) oder Dienstleistungen (Reise, Beförderung, Beratung, Versicherung, Kontoführung usw.) erhalten, mit zum Arbeitslohn – als »geldwerten Vorteil« aus dem Arbeitsverhältnis –, doch sind bis zu **1.080 € jährlich steuerfrei** (§ 8 Abs. 3 EStG). Ausgangswert für die Berechnung des Rabatts ist der um 4 % geminderte reguläre Ladenpreis. Also nicht der evtl. überhöhte Listenpreis, sondern der durchschnittliche Verkaufspreis der Händler in Ihrer Gegend (BFH-Urt. v. 4.6.1993 – BStBl 1993 II S. 687).
So wird z.B. gerechnet, wenn Sie sich als Automobilwerker einen Jahreswagen holen:

Listenpreis 17.000 €, Hauspreis (Ladenpreis) z.B.	16.500 €
./. Abschlag 4 %	– 660 €
Ausgangspreis	15.840 €
Werksabgabepreis	– 13.600 €
Rabatt = Arbeitslohn	2.240 €
Davon lohnsteuerfrei (Rabattfreibetrag)	– 1.080 €
Lohnsteuerpflichtig	1.160 €

»Leider bin ich kein Automobilwerker, sondern arbeite in einem Lebensmittelladen«, sagen Sie.
Mensch, haben Sie Glück. Lassen Sie sich doch jeden Monat einen Teil Ihres **Arbeitslohns in Naturalien** aushändigen. Dadurch ist Ihr Lohn sogar **bis zu 1.125 € jährlich steuerfrei.**

Zur Kontrolle:

Ladenpreis	1.125 €
./. Abschlag 4 %	– 45 €
Naturallohn	1.080 €
Davon lohnsteuerfrei (Rabattfreibetrag)	– 1.080 €
Lohnsteuerpflichtig	0 €

Achtung, aufgepasst! 557

Für Banker und Hauswarte gut zu wissen: Ist Ihr Brötchengeber eine Bank, Sparkasse oder eine Versicherung und haben Sie von ihm ein zinsgünstiges Darlehen erhalten, brauchen Sie den Zinsvorteil bis 1.080 € jährlich nicht zu versteuern.

Bei **Arbeitgeberdarlehen** bemisst sich der geldwerte Vorteil nach dem Unterschiedsbetrag zwischen dem marktüblichen Zins und dem Zins, den Sie als Arbeitnehmer konkret zu zahlen haben.

Für die Feststellung des marktüblichen Zinssatzes können die bei Vertragsabschluss von der Deutschen Bundesbank zuletzt veröffentlichten Effektivzinssätze – also die gewichteten Durchschnittszinssätze – herangezogen werden (www.bundesbank.de/statistik/statistik_zinsen_tabellen.php unter der Rubrik »MFI-Zinsstatistik/Bestände, Neugeschäft«). Dabei sind die Effektivzinssätze unter »Neugeschäft« maßgeblich.

Von dem sich danach ergebenden Effektivzinssatz kann ein Abschlag von 4 % vorgenommen werden. Aus der Differenz zwischen diesem Maßstabszinssatz und dem Effektivzinssatz des Arbeitgeberdarlehens sind die Zinsverbilligung und der geldwerte Vorteil zu berechnen.

So weit das Bundesfinanzministerium. Einfacher und meist auch günstiger ist es jedoch, Sie holen sich aktuelle Angebote insbesondere von Direktbanken ein und vergleichen Ihren Zinssatz mit dem niedrigsten Wert. Und so wird gerechnet …

Beispiel

Sie erhalten im Mai 2017 ein Arbeitgeberdarlehen von 16.000 € zu einem Effektivzins von 2 % jährlich (Laufzeit vier Jahre). Der bei Vertragsabschluss von einer Direktbank angebotene Zinssatz liegt bei 4,45 %. Nach Abzug eines Abschlags von 4 % ergibt sich ein Maßstabszinssatz von 4,27 %. Die Zinsverbilligung beträgt somit (4,27 % – 2 % =) 2,27 %. Danach ergibt sich ein monatlicher Zinsvorteil von (2,27 % von 16.000 € × $^1/_{12}$ =) 30,27 €. Dieser Vorteil ist nicht lohnsteuerpflichtig, da unter der 44-€-Freigrenze (Quelle: BMF-Schreiben v. 19.5.2015 – Az. IV C 5, S 2334/07/0009); siehe auch ➤ Rz 599 ff.

Dasselbe gilt für Hauswarte eines Wohnungsunternehmens, die verbilligt wohnen, oder Angestellte einer Leihwagenfirma, die ein Auto günstig fahren dürfen. Die Regelung zum Rabattfreibetrag ist nämlich nicht eng auszulegen, so der BFH im Urteil vom 4.11.1994 (BStBl 1995 II S. 338). Der Rabattfreibetrag umfasst die gesamte Liefer- und Leistungspalette Ihres Brötchengebers.

Gut zu wissen: Zinsvorteile aus Arbeitgeberdarlehen bis 2.600 € bleiben steuerfrei! Zinsvorteile, die der Arbeitnehmer durch Arbeitgeberdarlehen erhält, sind als solche nur zu versteuern, wenn die Summe der noch nicht getilgten Darlehen am Ende des Lohnzahlungszeitraums 2.600 € übersteigt.

Beispiel
Ein Arbeitgeber gewährt seinem Arbeitnehmer ein zinsloses Darlehen in Form eines Gehaltsvorschusses in Höhe von 2.000 €. Die daraus resultierenden Zinsvorteile sind nicht als Arbeitslohn zu versteuern, da der Darlehensbetrag am Ende des Lohnzahlungszeitraums die Freigrenze von 2.600 € nicht übersteigt.

558 Wie viel Sie im Betrieb einkaufen können, ohne dass das Finanzamt die Hand aufhält

Bei einem Rabatt von 1 bis 4 % fällt niemals Lohnsteuer an, denn ein Abschlag bis zu 4 % ist immer steuerfrei. Bei einem Rabatt über 4 % können Sie rechnen:

Rabatt z.B.	25 %
./. Abschlag	– 4 %
Verbleiben	21 %

Der Rabattfreibetrag ist also 21 % der Ware, die Sie einkaufen können, ohne dass das Finanzamt die Hand aufhält = 5.142 € (1080 ÷ 21 × 100).
Probe:

Einkauf	5.142 €
Rabatt darauf 21 % =	1.080 €
./. Rabattfreibetrag	– 1.080 €
Arbeitslohn	0 €

Die Klugheit ist sehr geeignet zu bewahren,
was man besitzt, doch allein
die Kühnheit versteht zu erwerben.
(Friedrich II., König von Preußen)

TIPP Doppelter Rabattfreibetrag 559

Doppelt können Sie den Rabattfreibetrag kassieren, wenn Sie jemanden in Ihrer Firma gut kennen, der seinen Rabattfreibetrag nicht nutzt. Doppelt läuft es auch in dem Jahr, in dem Sie die Firma wechseln. Denn in jeder Firma steht Ihnen der volle Rabattfreibetrag zu.

Personalrabatt auch ohne Steuer 560

Unter Personalrabatte fallen auch Preisnachlässe von dritter Seite, wenn diese wirtschaftlich mit Ihrer Firma liiert ist, z.B. im Konzern.
Keine Steuer fällt an, wenn

- Ihr Arbeitgeber den verbilligten Verkauf an Sie lediglich duldet,
- er Ihnen nur Ihre Betriebszugehörigkeit bescheinigt,
- Sie sich zu einer Sammelbesteller- oder Großabnehmervereinigung zusammengeschlossen haben oder
- der Billigkauf vom Betriebsrat organisiert wird.

Was die steuerpflichtigen Rabattkäufe angeht, müssen Sie Ihrem Arbeitgeber eine Aufstellung aller Ihrer Einkäufe präsentieren – für das Lohnkonto. Verführerisch, hier vergesslich zu sein (Quelle: BMF-Schreiben v. 27.9.1993 – BStBl 1993 I S.814).

TIPP Rabattfreibetrag auch für Ruheständler 561

Einmal Werksangehöriger, immer Werksangehöriger. Viele Abeitgeber gewähren ihren Mitarbeitern auch nach deren aktiver Zeit im Betrieb weiterhin Personalrabatte.
Gut zu wissen, dass auch hier der Abschlag von 4 % vorzunehmen ist und darüber hinaus der Rabattfreibetrag von 1.080 € gilt (BFH-Urt. v. 26.7.2014 – Az. VI R 41/13).

TIPP Steuerrabatt auch für Bahnpensionäre! 562

Ruhestandsbeamte der ehemaligen Bundesbahn oder des Bundeseisenbahnvermögens profitieren immer noch von einem Vorteil aus aktiven Tagen: Sie können Freifahrten mit der Bahn nutzen.
Zunächst die schlechte Nachricht: Diese Freifahrten sind als geldwerte Vorteile zu versteuern.
In der Praxis wird der Vorteilsbetrag häufig den Versorgungsbezügen hinzugerechnet und damit – nach Abzug des Versorgungsfreibetrags sowie des Zuschlags zum Versorgungsfreibetrag – voll versteuert.

Die gute Nachricht:
Der Bundesfinanzhof hat mit Urteil vom 26.6.2014 (Az. VI R 41/13) entschieden, dass auf die geldwerten Vorteile aufgrund der Freifahrten der Rabattfreibetrag von 1.080 € anwendbar ist. Und so wird gerechnet:

Freifahrten als Arbeitslohn z. B.	1.450 €
./. Bewertungsabschlag 4 %	– 58 €
./. Personalfreibetrag, max 1.080 €	– 1.080 €
verbleibt ein steuerpflichtiger Arbeitslohn	312 €
./. Arbeitnehmerpauschbetrag von max. 1.000 €	– 312 €
Verbleiben zu versteuern	0 €

Wenn das Personalbüro schon nicht mitspielt, sollten Sie dem Finanzamt diese Rechnung mit der Steuererklärung aufmachen und eine Korrektur der bescheinigten Versorgungsbezüge laut > Zeile 11 mit einer gesonderten Anlage zur Steuererklärung geltend machen.

563 Zeile 6 Trennungsentschädigungen, Auslösungen

Vom Betrieb gezahlte Trennungsentschädigungen, auch als Auslösungen bezeichnet, sind steuerfrei, soweit sie beim Empfänger Werbungskosten wären. Dies trifft bei doppelter Haushaltsführung zu (§ 3 Nr. 13 und 16 EStG) und ist ein weiterer Grund für den Betrieb, Ihnen dafür eine Entschädigung zuzubilligen. Allerdings wird die Trennungsentschädigung auf die absetzbaren Werbungskosten angerechnet. Achtung: Sie erscheint in Zeile 20 und 21 der LSt-Bescheinigung. Was bei doppelter Haushaltsführung als Werbungskosten absetzbar ist, dazu mehr unter ➤ Rz 866 ff.

564 Zeile 6 Kostenersatz für Außendienst

Sind Sie für Ihre Firma auswärts tätig, werden Ihnen meistens die entstandenen Auslagen ersetzt – und zwar steuerfrei, denn Ihnen bleibt ja kein Überschuss. Für steuerfreie Spesen müssen Sie allerdings Nachweise erbringen.
Zahlt Ihnen die Firma hingegen pauschal einen festen »Spesensatz«, dann ist dieser steuerpflichtig. Dafür können Sie Ihre Auslagen als Werbungskosten absetzen.
Womit auch schon geklärt ist, wie der Hase läuft: Was der Chef an Spesen steuerfrei zahlen kann, entspricht weitgehend den Beträgen, die Sie als Werbungskosten absetzen könnten (➤ Rz 823 ff.).

Es gilt also das Prinzip: entweder steuerfreier Kostenersatz oder Abzug als Werbungskosten.
Sie wollen aber auf steuerfreie Spesen hinaus, denn die sind außerdem sozialversicherungsfrei. Dazu sollten Sie wissen: Dies ist ein beliebtes Jagdrevier für den Lohnsteueraußenprüfer, in dem er erfahrungsgemäß oft zum Zuge kommt. Damit Sie vorbeugen und notfalls gegenhalten können, machen Sie sich mit dem Grundsätzlichen vertraut:

Der Fiskus spricht nur von **Auswärtstätigkeit** und meint damit:

1. Dienstreisen: beruflich veranlasste auswärtige Tätigkeiten außerhalb der Wohnung und der regelmäßigen Arbeitsstätte.
2. Fahrtätigkeit: Sie übt aus, wer seinen Arbeitsplatz in bzw. auf einem Fahrzeug hat, insbesondere Berufskraftfahrer, Beifahrer, Müllfahrzeugführer, Beton- und Kiesfahrer, Lokführer und Zugbegleitpersonal, Linienbus- und Straßenbahnführer, Taxifahrer.
3. Einsatzwechseltätigkeit: Sie wird angenommen, wenn Sie an ständig wechselnden Einsatzstellen tätig sind und somit ebenfalls keine regelmäßige Arbeitsstätte haben, z.B. als Bau- und Montagearbeiter, Mitglied einer Betriebsreserve etc.

Bei Beurteilung einer Auswärtstätigkeit kommt der Frage der **ersten Tätigkeitsstätte** besondere Bedeutung zu. Jeder Arbeitnehmer kann – wenn überhaupt – nur *eine* erste Tätigkeitsstätte haben.

Allein der Umstand, dass der Arbeitnehmer eine Tätigkeitsstätte im zeitlichen Abstand immer wieder aufsucht, reicht nicht aus. Eine regelmäßige Arbeitsstätte als ortsgebundener Mittelpunkt der dauerhaft angelegten beruflichen Tätigkeit erfordert vielmehr eine zentrale Bedeutung gegenüber den weiteren Tätigkeitsorten. Hat keine der Tätigkeitsstätten eine zentrale Bedeutung – wie z.B. bei einer für mehrere Filialen einer Supermarktkette zuständigen Bezirksleiterin –, kann mangels regelmäßiger Arbeitsstätte eine reine Auswärtstätigkeit gegeben sein.

Außendienstler und Monteure aufgepasst:
Diese Zunft ist in aller Regel an ständig wechselnden Einsatzstellen tätig. Das regelmäßige Aufsuchen des Betriebssitzes, um z.B. Aufträge und Material abzuholen oder Stundenzettel abzugeben, ändert daran nichts.

Reisekosten ist eine zusammenfassende Bezeichnung für Verpflegungs-, Fahrt-, Übernachtungs- und Nebenkosten. 565

Im Grundsatz gilt: Der Betrieb kann Reisekosten in der Höhe steuerfrei erstatten, in der die Beträge bei Ihnen als Werbungskosten abzugsfähig wären (§ 3 Nr. 13 und 16 EStG). Sie müssen dem Betrieb die Voraussetzungen für die Steuerfreiheit durch entsprechende Unterlagen nachweisen. Zu den Regelungen des Werbungskostenabzugs lesen Sie ➤ Rz 823.

566 **Reisekosten bei Auswärtstätigkeit können in folgender Höhe steuerfrei erstattet werden:**

Verpflegungskosten	bei 1-tägiger Auswärtstätigkeit und mehr als 8 Stunden Abwesenheit: Pauschale 12 € bei mehrtägiger Auswärtstätigkeit für An- und Abreisetag jeweils: Pauschale 12 € für Zwischentage (24 Stunden Abwesenheit): Pauschale 24 € Bei Auslandsreisen gelten entsprechend höhere Tagesgelder (➤ Rz 857). *Werden Mahlzeiten vom Arbeitgeber gestellt (z. B. Übernachtung mit Frühstück, Mittagessen während des Seminars …), kommt ggf. eine Kürzung der Pauschalen in Betracht.* *Bei ein und derselben Auswärtstätigkeit können Verpflegungskosten nur für die Dauer von drei Monaten berücksichtigt werden.*
Fahrtkosten	Benutzung öffentlicher Verkehrsmittel: tatsächliche Aufwendungen (einschl. Zuschläge) ArbN-Fahrzeug: 1. tatsächliche Kosten durch Ermittlung eines individuellen Kilometersatzes *(jährliche Gesamtkosten = lfd. Betriebskosten, Wartungs- und Reparaturkosten, Garage am Wohnort, Kfz-Steuer, Versicherungen, Zinsen für Anschaffungsdarlehen, Leasingkosten oder Abschreibung über 6 Jahre;* ***Nachweis für das Lohnkonto erforderlich!****)* oder
	2. pauschal mit 0,30 € pro gefahrenen Kilometer (für jedes andere motorbetriebene Fahrzeug: 0,20 €) *Für jede Person, die bei einer Dienstreise mitgenommen wird, erhöht sich der Kilometersatz um 0,02 € (Kraftwagen) bzw. 0,01 € (Motorrad).* Firmenwagen: keine Werbungskosten und damit auch keine (weitere) Kostenerstattung

Übernachtungskosten	tatsächliche Aufwendungen oder pauschal 20 € je Übernachtung Weist die Hotelrechnung einen Gesamtpreis für Unterkunft und Verpflegung aus, wird der Betrag um 20 % der maßgebenden Verpflegungspauschale für das Frühstück und um jeweils 40 % für Mittag- und Abendessen gekürzt. Bei Auslandsreisen gelten entsprechend höhere Übernachtungsgelder (➤ Rz 857).

Zufriedenheit: ein reiches Leben,
aber mit einfachen Mitteln.
(Arne Naes, Philosoph)

Höhere steuerfreie Auslösungen für Bau- und Montagearbeiter 567

Auch wenn Sie in der Nähe Ihrer Einsatzstelle übernachten, kann Ihnen der Betrieb für die ersten drei Monate der Abwesenheit von der Hauptwohnung einheitliche Pauschbeträge für die Verpflegungskosten steuerfrei auszahlen, im Normalfall 24 € pro Tag. Außerdem Ihre Kosten für Unterkunft und eine Heimfahrt pro Woche (0,30 € pro Entfernungskilometer). Alles, was er darüber hinaus zahlt, ist über die Lohnabrechnung zu versteuern.

Aber: Der Betrieb darf bei Auswärtstätigkeiten von ihm gezahlte Verpflegungskosten über die steuerfreien Pauschalen hinaus pauschal versteuern (➤ Rz 570). Was das bedeutet, zeigt folgendes

Beispiel

Sie erhalten für jeden Arbeitstag für Verpflegungskosten und Übernachtung eine

Auslösung von	60 €
Davon sind steuerfrei	
./. Pauschbetrag für Verpflegungskosten	– 24 €
./. Pauschbetrag für Übernachtungskosten	– 20 €
Steuerpflichtiger Arbeitslohn	16 €

Der Betrieb kann je nach Abwesenheitsdauer von Ihrer Unterkunft unterschiedlich hohe Beträge, hier die gesamten 16 €, mit 25 % pauschal versteuern und damit für Sie praktisch steuerfrei auszahlen. Er hat zwar die Pauschalsteuer zu tragen, ist dafür aber von der Sozialversicherung (rd. 21 %) freigestellt.

568 **TIPP**

So kassieren Sie Reisekostenersatz steuerfrei

»Auslösungen, Reisekostenersatz, Spesen, davon kann ich nur träumen. Dafür bekomme ich mein Gehalt, meint mein Chef, da sei alles drin.« Das ist ja wohl …, aber warten Sie. Wenn Sie Ihre Reisekosten schon nicht zusätzlich abrechnen können, sagen Sie einfach, Ihr Chef soll Ihnen die steuerfreie Erstattung vom Lohn abziehen. Damit sparen Sie immerhin Lohn- und Kirchensteuer, Soli-Zuschlag und Beiträge zur Sozialversicherung, denn Reisekostenersatz ist wie gesagt steuerfrei (Quelle: § 3 Nr. 16 EStG; Thüringer Finanzgericht, Urt. v. 23.10.1996 – EFG 1997 S. 596).
Auch Ihr Chef wird begeistert sein, denn er spart durch Umwandlung Ihres steuerpflichtigen Gehalts in steuerfreie Reisekostenerstattung die Beiträge zur Sozialversicherung.

✎ Zeile 6 Erstattung von Verpflegungskosten

569 Der Betrieb kann Verpflegungskosten in dem Umfang steuerfrei erstatten, in dem sie beim Arbeitnehmer als Werbungskosten abziehbar wären (➤ Rz 566).
Grundsätzlich können Sie also nur feste Pauschbeträge steuerfrei kassieren oder als Werbungskosten absetzen, auch wenn Sie tatsächlich höhere Kosten durch Belege nachweisen können.
Verpflegungssätze für Tätigkeiten im Ausland unter ➤ Rz 857.

570 **Beachten Sie aber:** Bekommen Sie mehr von Ihrem Chef erstattet als die mickrigen Pauschbeträge, kann er Ihnen bis zum Doppelten der Pauschbeträge sozialversicherungsfrei auszahlen. Die eine Hälfte, also der gesetzliche Pauschbetrag, ist zudem steuerfrei, die andere versteuert er pauschal mit 25 % (§ 40 Abs. 2 EStG).

Beispiel
Während einer Dienstreise waren Sie 15 Stunden vom Betrieb und von Ihrer Wohnung abwesend.

Ihr Arbeitgeber zahlt Ihnen als Verpflegungskosten	davon bleiben steuerfrei	zusätzlich können mit 25 % pauschal versteuert werden	verbleiben als steuerpflichtiger Arbeitslohn
10 €	10 €	–	–
15 €	12 €	3 €	–
20 €	12 €	8 €	–
30 €	12 €	12 €	6 €

Obwohl der Betrieb die Pauschalsteuer übernehmen muss, trifft ihn das kaum, denn er spart rund 19 % Arbeitgeberanteil zur Sozialversicherung. Für den Betrieb geht die Rechnung also auf. Und Sie haben auf diese Weise den doppelten Betrag der Verpflegungspauschalen brutto gleich netto in der Tasche.
Wegen der weiteren Einzelheiten hier noch zwei Beispiele:

Beispiel 1
Ein ArbN erhält bei zehnstündiger Abwesenheit vom Betrieb einen tarifvertraglich gesicherten Spesenbetrag von 15 €. Der Unterschied zum steuerlich zulässigen Pauschbetrag beträgt (15 € – 12 € =) 3 € und ist steuerpflichtiger Arbeitslohn, den der Betrieb mit 25 % pauschal versteuern kann.

Beispiel 2
Ein ArbN kann Kosten für das Mittagessen während einer Dienstreise in tatsächlicher Höhe lt. Beleg abrechnen. Nach einer neunstündigen Dienstreise legt er einen Restaurantbeleg in Höhe von 30 € vor. Der Unterschied zum steuerlich zulässigen Pauschbetrag beträgt (30 € – 12 € =) 18 € und ist zu versteuern, wovon 12 € pauschal versteuert werden können.

TIPP Dienstreise von nur 7½ Stunden Dauer – Pech gehabt? 571

Mindestens acht Stunden müssen zusammenkommen, um Verpflegungskosten gleich steuerfrei kassieren oder später als Werbungskosten geltend machen zu können, das wissen Sie ja. Statt nun aber bei einer Dienstreise über vielleicht 7½ Stunden einfach eine halbe Stunde draufzuschlagen, können Sie auch auf ganz legale Weise zum Ziel kommen. Für die Dauer der Abwesenheit kommt es nämlich nicht auf die einzelne Auswärtstätigkeit an, vielmehr werden, wenn Sie mehrmals am Tag unterwegs waren, die Abwesenheitszeiten zusammengerechnet (LStR 9.6 Abs. 1). Dies machen Sie sich zunutze und schreiben die 40 Minuten auf, die Sie gebraucht haben, um die Post zu holen.

Wenn Sie mit dem Chef essen gehen 572

Wird vom Betrieb unentgeltlich oder teilentgeltlich Verpflegung gestellt, ist sie nur mit den maßgebenden Sachbezugswerten zu versteuern (LStR 8.1). Das gilt auch, wenn Ihnen Ihr Chef während einer Dienstreise ein Essen spendiert. Trotzdem kann er Ihnen zusätzlich die Verpflegungspauschale steuerfrei zahlen.

Als Sachbezug haben Sie im Jahr 2017 für das Essen mit dem Chef zu versteuern:

für Mittag- oder Abendessen je	3,17 €
für Frühstück	1,70 €

Zum Sachbezug siehe ➤ Rz 639.
Entsprechend läuft der Hase, wenn Sie sich ohne Chef bewirten lassen, der Betrieb aber im Restaurant einen Tisch für Sie reserviert und die kulinarischen Genüsse bestellt. Auch in diesen Fällen haben Sie für jede Mahlzeit nur 3,17 € zu versteuern und kann Ihnen der Betrieb die Verpflegungspauschale steuerfrei auszahlen.
Weil bei den Reisekosten ansonsten nicht viel zu deichseln ist, wird von dieser Möglichkeit fleißig Gebrauch gemacht, weshalb die Fiskalhüter bemüht sind, dieses Schlupfloch dicht zu machen. Sie ordnen an: … Der Arbeitgeber muss Tag und Ort der Mahlzeit bestimmt haben. Diese Entscheidung muss der Arbeitgeber für den Arbeitnehmer vor Beginn der jeweiligen Auswärtstätigkeit getroffen haben … Dies ist durch eine entsprechende schriftliche Vereinbarung mit dem auswärtigen Hotel oder der Gaststätte nachzuweisen (BMF-Schreiben v. 5.6.1996 – BStBl 1996 I S.656). Fehlt diese, müssen Sie statt des Sachbezugswerts die weitaus höheren tatsächlichen Aufwendungen versteuern.
Wer so etwas hört, dem wird sofort klar, warum der Standort Deutschland im Gespräch ist. Es sind die Bürokraten, die Deutschland kaputt machen. Folgerichtig wäre die Anordnung, dass der Betrieb die Restaurantrechnung begleichen muss. Dem ist aber nicht so.

Vielmehr räumen die Fiskalritter ein: Sind die Voraussetzungen für die unentgeltliche Mahlzeitengestellung erfüllt, ist es unerheblich, wie die Hotel- oder Gaststättenrechnung beglichen wird. Es ist dann gleichgültig, ob dies durch den Arbeitnehmer unmittelbar, aufgrund einer Firmenkreditkarte, oder durch Banküberweisung des Arbeitgebers geschieht.
»Ja, wenn das so ist«, sagen Sie. »Planung heißt die Devise.«

573 Mit guten Kunden zum Essen gehen

Laden Sie im Auftrag und auf Kosten des Betriebs gute Kunden zum Essen ein, ist die Erstattung der Bewirtungskosten als Auslagenersatz steuerfrei. Auf diese Weise verbinden Sie das Angenehme mit dem Nützlichen, denn bei Tisch lassen sich gute Geschäfte machen (LStR 8.1 Abs. 8 Nr. 1).
»Das lässt sich einrichten. Und Zusatzspesen hole ich mir über die Korrekturtaste der Kasse. Ein paar Euro auf die Hand des Kellners, und schon kommt die Rechnung wie gewünscht, in jeder beliebigen Höhe.«
Das ist …, mein Lieber.

Übrigens: Wurden Sie vom Kunden eingeladen, zählt das selbstverständlich nicht zum Arbeitslohn, ist wohl klar. Darüber hinaus können Sie die Verpflegungspauschale geltend machen.

Zeile 6 Erstattung von Übernachtungskosten 574

Übernachtungskosten kann der Betrieb nur in der Höhe steuerfrei erstatten, in der sie durch entsprechende Rechnungen nachgewiesen werden. Ohne Nachweis darf der Betrieb einen Pauschbetrag von 20 € für Inlandsreisen steuerfrei zahlen. Für Reisen ins Ausland gelten die höheren Pauschalen unter ➤ Rz 857.

TIPP 575

Hotelrechnung: Frühstück inklusive?

Die Kosten für das Frühstück sind mit der Verpflegungspauschale von 24 € abgegolten. Berechnet das Hotel einen Gesamtpreis für Übernachtung und Frühstück, werden daraus (24 € × 20 % =) 4,80 € für das Frühstück herausgerechnet. Der Betrieb kann Ihnen somit nur den so gekürzten Betrag als Übernachtungskosten steuerfrei erstatten (LStR 9.7 Abs. 1).
Für ein Mittag- bzw. Abendessen werden noch einmal jeweils (24 € × 40 % =) 9,60 € abgezogen, sofern im Übernachtungspreis enthalten und in der Rechnung nicht gesondert ausgewiesen.
»Und wenn nur ›Übernachtung‹ berechnet wird?«, fragen Sie scheinheilig. Dann könnten Sie auf das Frühstück im Hotel verzichtet haben und der Rechnungsbetrag könnte ungekürzt erstattet werden.
Meistens kostet das Frühstück mehr als 4,80 €. Wenn Übernachtung und Frühstück getrennt berechnet werden, achten Sie darauf, dass beides auf der Rechnung steht.

Kostenerstattungen für Unterkunft werden nach 48 Monaten gedeckelt!
Sind Sie für einen längeren Zeitraum außerhalb Ihrer ersten Tätigkeitsstätte eingesetzt, können die Kosten der Unterkunft nur für die ersten 48 Monate in unbegrenzter – aber angemessener – Höhe steuerfrei erstattet werden. Danach ist die Höhe der steuerfreien Arbeitgebererstattung – sowie auch die Höhe des möglichen Werbungskostenabzugs beim Arbeitnehmer – auf max. 1.000 € monatlich begrenzt.

Zeile 6 Fahrtkostenersatz bei Dienstreisen 576

Benutzen Sie öffentliche Verkehrsmittel, kann der verauslagte Fahrpreis steuerfrei ersetzt werden, auch mit Zuschlag für erste Klasse und ICE.

Benutzen Sie ein privates Fahrzeug, hat Ihr Betrieb die Wahl:

- Entweder erstattet er – steuerfrei – den von Ihnen errechneten durchschnittlichen Kilometersatz (➤ Rz 830). Bei der Berechnung ist von den Gesamtkosten für das Fahrzeug über einen Zeitraum von zwölf Monaten auszugehen, geteilt durch die Jahresfahrleistung. Diesen Satz können Sie so lange verwenden, wie sich die Verhältnisse nicht wesentlich ändern, z.B. durch den Kauf eines Neuwagens (LStR 9.5 Abs. 1). Wenn Sie nach dieser Methode abrechnen, achtet ein Lohnsteuerprüfer darauf, ob die von Ihnen aufgestellte Berechnung des Kilometersatzes dem Lohnkonto als Beleg beigefügt ist.
- Oder Ihr Betrieb legt den pauschalen amtlichen Kilometersatz zugrunde. Dabei kann Ihnen die Firma für jeden Fahrkilometer folgende Beträge pauschal erstatten:

Fahrzeug	**Kraftwagen**	**Motorrad/Moped/Roller**	**Fahrrad**
	0,30 €	0,20 €	–

Der zusätzliche Ersatz von Unfallkosten und Parkgebühren ist ebenfalls steuerfrei (LStH 9.5).

577 Dienstreisekosten untereinander verrechnen

Im Grunde genommen ist es völlig egal, unter welcher Bezeichnung Reisekosten erstattet werden. Vom Lohnbüro wird lediglich der insgesamt gezahlte Betrag mit den max. steuerfreien oder pauschal versteuerten Fahrt-, Verpflegungs-, Übernachtungs- und Nebenkosten verglichen.

Beispiel

Sie bekommen eine Fahrtkostenerstattung von 0,35 €/km und eine Verpflegungspauschale in Höhe der steuerlichen Pauschbeträge. Für eine Dienstreise mit 15-stündiger Abwesenheit und 200 km Fahrtstrecke wird gerechnet:

Fahrtkostenerstattung 200 km × 0,35 € =	70 €
Verpflegungskosten pauschal über 8 Std.	12 €
Auszahlungsbetrag	82 €
Davon steuerfrei	
Fahrtkostenersatz 200 km × 0,30 € =	– 60 €
Verpflegungskostenpauschbetrag über 8 Std.	– 12 €
Verpflegungspauschale, die der Betrieb mit 25 % pauschal versteuert	– 10 €
Über die Lohnabrechnung zu versteuern	0 €

Der Betrieb ist meistens geneigt, die Pauschsteuer für den Erhöhungsbetrag der Verpflegungspauschale zu übernehmen, da er sich dadurch die Sozialversicherung auf diese Beträge spart ➤ Rz 569 ff.

Zeile 6 Fahrtkostenersatz bei Fahrtätigkeit 578

Die Fahrten mit dem eigenen Pkw zum Betrieb oder zum Standort des Fahrzeugs werden regelmäßig wie Fahrten zwischen Wohnung und Arbeitsstätte angesehen. Denn Betriebshof oder Busdepot werden in den allermeisten Fällen mindestens einmal wöchentlich aufgesucht, so dass die Voraussetzungen für eine »regelmäßige Arbeitsstätte« erfüllt sind (➤ Rz 564).
Ein Fahrtkostenzuschuss des Betriebs ist steuerpflichtig, kann aber bis zu 0,30 € je Entfernungskilometer vom Betrieb mit 15 % pauschal versteuert werden.

TIPP 579

Vergessen Sie die Reisenebenkosten nicht

Auch die Reisenebenkosten – z. B. für **Schließfach, Ferngespräche, öffentliche Nahverkehrsmittel, Parkplatz, Stadtplan, Trinkgelder oder Reisegepäckversicherung** – kann der Betrieb steuerfrei ersetzen. Ebenso Verluste an mitgeführten Gegenständen. Lesen Sie dazu ➤ Rz 848. (Quelle: LStR 9.8)

Zeile 6 Außerdem sind steuerfrei …

Noch sind wir nicht am Ende der Fahnenstange. Außerdem steuerfrei: 580

- Beihilfen und Unterstützungen ➤ Rz 581
- Berufskleidung oder Barablösung dafür ➤ Rz 583
- Betriebliche Gesundheitsförderung ➤ Rz 584
- Bildschirmbrille ➤ Rz 585
- Diebstahlsverluste ➤ Rz 587
- Fehlgeldentschädigung ➤ Rz 588
- Firmencomputer für daheim ➤ Rz 586
- Garagengeld ➤ Rz 589
- Kinderbetreuungszuschuss ➤ Rz 590
- Parkplatz ➤ Rz 592 Rückenschule ➤ Rz 593
- Telefonkostenersatz ➤ Rz 594
- Trinkgelder ➤ Rz 595
- Umzugskostenvergütungen ➤ Rz 596
- Vermögensbeteiligung ➤ Rz 597

- Werkzeuggeld ➤ Rz 598
- Zinsersparnisse ➤ Rz 599
- Zuschläge für Sonntags-, Feiertags- und Nachtarbeit ➤ Rz 600.

581 **Beihilfen und Unterstützungen**

Beihilfen sind bis zu 600 € jährlich steuerfrei, wenn sie aus besonderen Anlässen gezahlt werden (z.B. in Krankheits- oder Unglücksfällen). Sind im Betrieb mehr als vier Leute beschäftigt, muss die Beihilfe oder Unterstützung aus Mitteln einer Hilfskasse unter Einschaltung des Betriebsrats oder sonstiger Vertreter der Arbeitnehmer gezahlt werden. In besonderen Notfällen kann der Betrag höher sein (§ 3 Nr. 11 EStG, LStR 3.11).

582 **TIPP Finanzieren Sie die Selbstbeteiligung an Krankheitskosten über steuerfreie Beihilfe**

Als Besserverdienender haben Sie sich für die private Krankenversicherung entschieden, die meistens billiger ist als die gesetzliche, zumal Ihr Brötchengeber sich auch hier mit 50 % bis zum gesetzlichen Höchstbeitrag beteiligt. Noch günstiger wird die private Krankenkasse, wenn Sie sich für einen Sondertarif entscheiden, bei dem die ersten 600 € Krankheitskosten im Jahr nicht erstattet werden. Diese Eigenbeteiligung kann Ihnen Ihr Arbeitgeber steuerfrei ersetzen. Mit dieser Kombination drücken Sie die viel zu hohen Lohnnebenkosten.

583 **Berufskleidung**

Steuerfrei ist die typische Berufskleidung, die der Betrieb den Arbeitnehmern unentgeltlich oder verbilligt überlässt. Was gemeinhin als typische Berufskleidung gilt, ist unter ➤ Rz 742 aufgeführt. Was indessen nur wenigen bekannt ist, obwohl im Gesetz unter § 3 Nr. 31 ESG ausdrücklich genannt: Pauschale Barablösungen sind ebenfalls steuerfrei, soweit sie die regelmäßigen Absetzungen für Abnutzung und die üblichen Instandhaltungs- und Instandsetzungskosten typischer Berufskleidung abgelten.
Aufwendungen für die Reinigung gehören jedoch nicht zu den Instandhaltungs- und Instandsetzungskosten.
Eine Uniform oder typische Berufskleidung kann aber ein steuerpflichtiger Sachbezug sein, wenn die Kleidung auch als sog. bürgerliche Kleidung getragen werden kann. Dies gilt selbst dann, wenn sie in einheitlicher Kluft verordnet wird (Finanzgericht Düsseldorf v. 12.12.2000 – EFG 2001 S. 3629). So weit, so schlecht!

Der Bundesfinanzhof kam aber zu einer ganz anderen Erkenntnis (BFH-Urt. v. 22.6.2006, Az VI R 21/05): Wenn ein Unternehmen seine Mitarbeiter mit einheitlicher Kleidung ausstatte, die während der Arbeit getragen werden müsse, liege dies im Interesse des Unternehmens, weil die Einheitskluft ein besseres Erscheinungsbild für den Kunden abgebe. Der Wert einer solchen einheitlichen Kleidung, sprich Dienstkleidung, sei steuerfrei, auch wenn sie kein Firmenlogo enthalte. Im Urteilsfall ging es um blaue Pullunder und Pullover, weiße Hemden, einheitliche Krawatten und Halstücher. Das hört sich doch schon besser an, oder?
»Wenn wir eine solche Dienstkleidung bekämen, wäre das für mich wie ein kleiner Lottogewinn«, sagen Sie begeistert. »Erstens würde ich viel weniger Geld für private Klamotten ausgeben und brauchte mir zweitens nicht jeden Morgen zu überlegen, was ich anziehen soll.« Na, vielleicht können Sie Ihren Chef ja für die Idee einer einheitlichen Kleidung für das Personal begeistern.

Betriebliche Gesundheitsförderung 584

Erbringt ein Arbeitgeber zusätzlich zum ohnehin geschuldeten Arbeitslohn Leistungen

- zur betrieblichen Gesundheitsförderung,
- zur Verbesserung des allgemeinen Gesundheitszustandes und/oder der betrieblichen Gesundheitsförderung,

sind diese für die Arbeitnehmer bis zu einem Betrag von 500 € im Kalenderjahr steuerfrei.

Was fällt unter betriebliche Gesundheitsförderung?

Unter die Regelung fallen z.B.

- gesundheitsgerechte betriebliche Gemeinschaftsverpflegung,
- Maßnahmen zur Haltungsverbesserung (Rückenschule u. Ä.),
- Maßnahmen zur Stressbewältigung,
- Suchtprävention.

Die Leistungen müssen zweckgebunden sein. Auch eine Barauszahlung ist möglich, wenn Sie dem Chef eine Rechnung über den Besuch eines Stressbewältigungskurses vorlegen.

Fallen Beiträge für Fitnessstudios und Sportvereine unter die Steuerfreiheit?

Die Übernahme bzw. Bezuschussung von Mitgliedsbeiträgen in Sportvereinen, Fitnessstudios und ähnlichen Einrichtungen ist nur in Ausnahmefällen steuerfrei möglich. Wie bisher kann der Arbeitgeber seinen Mitarbeitern aber z.B. einen Fitnessstudio-Gutschein anbieten, der bis zu einem Betrag von 44 € pro Monat steuerfrei wäre (vgl. ➤ Rz 541). Alternativ kann der Arbeitgeber einen Rahmenvertrag mit einem Fitnessstudio schließen und den Beitragsanteil von max. 44 € pro Monat und Mitarbeiter direkt an das Studio zahlen. Steuerrechtlicher Hintergrund ist, dass die 44-€-Freigrenze nur für sog. Sachzuwendungen gilt.

585 Bildschirmbrille

Was hat sich der Fiskus wohl dabei gedacht, als er ausdrücklich in der LStR 19.3 Abs. 2 Nr. 2 die vom Arbeitgeber übernommenen angemessenen Kosten für eine Sehhilfe am Bildschirmarbeitsplatz für steuerfrei erklärte? Dies ist eine der wenigen großzügigen Gesten in einer Zeit, in der die Krankenkassen bei der Kostenerstattung von gesundheitlichen Hilfsmitteln nicht gerade spendabel sind. Die Bescheinigung einer fachkundigen Person im Sinne von § 6 BildscharbV, dass Ihre normale Brille für einen Bildschirmarbeitsplatz nicht ausreicht, genügt.

586 Diebstahlsverluste

Erstattungen des Arbeitgebers für **Diebstahlsverluste** während einer Geschäftsreise sind steuerfrei (§ 3 Nr. 16 EStG in Verbindung mit LStH 9.8). Dies gilt jedoch nur für Gegenstände, die Sie mitgenommen haben, weil Sie sie auf der Dienstreise brauchten (Kleidung, Aktentasche, nicht: Geld oder Schmuck), und wenn Sie den Verlust polizeilich gemeldet haben. Lesen Sie auch ➤ Rz 849.

587 Fehlgeldentschädigungen

pauschal bis zu 16 € im Monat für Arbeitnehmer mit Kassierertätigkeit sind steuerfrei (R 19.3 Abs. 1 Nr. 4 LStR).

588 Firmencomputer daheim

Gemeinhin gehört alles, was dem Arbeitnehmer aus dem Dienstverhältnis zufließt, zu seinem Arbeitslohn. Das gilt auch für Vorteile, insbesondere durch die Überlassung von Gegenständen zur privaten Nutzung. So ist z.B. die Überlassung eines Firmenwagens zur privaten Nutzung bekanntlich mit monatlich 1 % des Listenpreises zu versteuern.
Für andere Fälle enthält § 3 Nr. 45 EStG indessen eine überaus günstige Regelung: Sie stellt die Vorteile aus der privaten Nutzung von betrieblichen Computern und Telekommunikationsgeräten völlig steuerfrei. Und das gilt nicht nur am Arbeitsplatz, sondern ebenso, wenn der Arbeitnehmer zu Hause davon Gebrauch macht. Eine berufliche Mitbenutzung wird dabei nicht vorausgesetzt. Den PC kann der Arbeitnehmer später, wenn er

abgeschrieben ist, gegen einen symbolischen Betrag in sein Eigentum übernehmen. Durch diese Regelung lässt sich im Handumdrehen ein Tausender verdienen. Und das geht so: Statt einer Sonderzahlung (z.B. Urlaubsgeld) spendiert der Arbeitgeber einen Betriebscomputer für daheim.

Die Vorteilsrechnung sieht dann so aus:

Urlaubsgeld brutto angenommen	1.000 €
./. für Steuer (ca. 30 %) und Sozialversicherung (ca. 21 %)	– 510 €
Bleiben vom Urlaubsgeld netto	490 €
Alternativ PC	1.000 €
Mehrwertsteuer 19 %	190 €
PC brutto	1.190 €

Auf diese Weise kann der Arbeitnehmer einen Computer im Wert von 1.190 € privat nutzen, hat aber selbst nur 490 € (sein Urlaubsgeld netto) aufgewendet.
Wie man sieht, kann der Betrieb ein Gerät spendieren, dessen Bruttopreis um 190 € höher ist als das Urlaubsgeld, weil der Betrieb die Mehrwertsteuer vom Finanzamt als Vorsteuer erstattet erhält. Der Betrieb könnte sogar noch gut 20 % des Urlaubsgelds drauflegen, weil er den Arbeitgeberanteil zur Sozialversicherung einspart.

Garagengeld 589

Haben Sie sich als Geschäftsführer einen noblen Firmenwagen genehmigt oder gehören Sie zu den Glücklichen, denen der Chef einen zur Verfügung stellt, und steht dieser Firmenwagen in Ihrer Privatgarage, dann stellen Sie dafür Miete in Rechnung. Das Garagengeld können Sie als Auslagenersatz steuerfrei kassieren, da mit der 1-%-Regelung (➤ Rz 643 ff.) die Privatnutzung des Firmenwagens abgegolten ist (BFH-Urteil v. 7.6.2002 – BStBl 2002 II S. 829).

Kinderbetreuungszuschuss für nicht schulpflichtige Kinder (§ 3 Nr. 33 EStG) 590

Steuerfrei ist der Zuschuss, wenn die Kleinen in einem Kindergarten oder einer **vergleichbaren Einrichtung** (Kindertagesstätte, Kinderkrippe, Ganztagspflegestelle oder bei einer Tagesmutter) gehütet werden, nicht aber bei Betreuung im eigenen Haushalt durch Kinderpflegerinnen, Hausgehilfinnen oder Familienangehörige (LStR 3.33).

Wichtig ist, dass der Zuschuss **zusätzlich** zum Arbeitslohn gezahlt wird. Egal ist hingegen, wer den Kindergartenbeitrag letztlich entrichtet. Die

Steuerfreiheit steht Ihnen auch dann zu, wenn Sie den Zuschuss bekommen, aber Ihr Ehepartner die Beiträge zahlt.
Zahlt der Chef Ihnen anstelle einer Gratifikation oder einer Gehaltserhöhung Monat für Monat 200 € unter der Bezeichnung »Zuschuss zur Kinderbetreuung«, bleiben Ihnen im Jahr (12 × 200 € =) 2.400 € steuer- und sozialabgabenfrei. Das bringt eine Ersparnis von mindestens 40 % = 960 €.

591 **TIPP**

Kinderfrau als »vergleichbare Einrichtung«

Das klappt, wenn Sie sie dazu bewegen können, die Kinder bei sich zu Hause statt in Ihrer Wohnung zu behüten. Dadurch wird die Tagesmutter nämlich zu einer »vergleichbaren Einrichtung«. Damit Ihr Chef Ihnen den Zuschuss steuerfrei auszahlen kann, legen Sie ihm folgende Bescheinigung der Tagesmutter vor:

```
Ich bestätige hiermit Herrn/Frau . . . . . . . ., dass
ich die Kinder . . . . . . . . . . . . . . . . . in mei-
ner Wohnung betreue. Für die Kinderbetreuung erhalte
ich monatlich 200 €.
Name . . . . . . . . .  Anschrift . . . . . . . . . . . .

. . . . . . . . . .              . . . . . . . . . . . .
(Datum)                                  (Unterschrift)
```

592 **Parkplatz**

Siehe ➤ Rz 698.

593 **Rückenschule**

Übernimmt der Arbeitgeber die Kosten für ein Rückentrainingsprogramm seiner Mitarbeiter, liegt insoweit kein steuerpflichtiger Arbeitslohn vor. Grund: Der Arbeitgeber hat ein gesteigertes Interesse daran, dass seine Arbeitnehmer gesund und munter sind. Das eigenbetriebliche Interesse, den Belastungen der Arbeit am Bildschirm entgegenzuwirken, überlagert damit einen etwaigen Vorteil, den die Arbeitnehmer durch die Rückenschule haben (BFH v. 4.7.2007, Az VI B 78/06).

Siehe hierzu auch ➤ Rz 584.

Telefonkostenersatz 594

Die Erstattung beruflich veranlasster Gespräche von Ihrem Privatapparat aus ist steuerfrei, sofern Sie dem Betrieb die Kosten in Rechnung stellen (§ 3 Nr. 50 EStG, LStR 3.50). Außerdem verlangt das Finanzamt, dass Sie für einen Zeitraum von mindestens drei Monaten den Umfang der beruflichen Telefonate glaubhaft machen, indem Sie eine Strichliste (➤ Rz 799) führen. Ohne Strichliste müssen Sie sich mit einer steuerfreien Pauschale zufriedengeben. Zu deren Höhe siehe ➤ Rz 796 ff.

Oder: Der Betrieb lässt in Ihrer Wohnung für berufliche Gespräche einen Zweitanschluss installieren. Dann kann er sämtliche Kosten dafür übernehmen, ohne dass sie in Ihrem Lohnkonto auftauchen. Übrigens: Erlaubt der Betrieb **private** Telefonate vom **betrieblichen** Telefon, sind diese ganz steuerfrei (§ 3 Nr. 45 EStG).

Haben Sie zusätzlich ein Autotelefon oder ein Handy, kann der Betrieb die Kosten in vollem Umfang steuerfrei übernehmen (Quelle: § 3 Nr. 45 EStG). **Wichtig dabei:** Der Vertrag muss über den Betrieb laufen!
Zu Telefonkosten mehr unter ➤ Rz 795 ff.

Trinkgelder 595

bleiben vollständig von der Steuer verschont (§ 3 Nr. 51 EStG).

Umzugskostenvergütungen 596

bis zur Höhe der Beträge, die als Werbungskosten abziehbar wären (§ 3 Nr. 16 EStG, R 9.9 LStR). Dazu mehr unter ➤ Rz 808 ff.

Vermögensbeteiligung 597

Beteiligt der Chef seine Mitarbeiter am Unternehmen, indem er z. B. Aktien verbilligt oder gar unentgeltlich überlässt, ist dieser »geldwerte Vorteil« bis zur Höhe von 360 € im Jahr steuer- und sozialversicherungsfrei (§ 3 Nr. 39 EStG). Voraussetzung ist, dass die Vermögensbeteiligung zusätzlich zu ohnehin geschuldeten Leistungen gewährt wird, also nicht auf bestehende oder künftige Lohnansprüche angerechnet wird.

Maßgebend für die Bewertung dieses »Vorteils« ist der Börsenkurs am Tag vor der Depoteinbuchung.

§ 3 Nr. 39 ist nicht auf herkömmliche Aktien- oder Mischfonds anzuwenden, für die es vermögenswirksame Leistungen (VL) gibt. Abgestellt wird auf die Beteiligung am Unternehmen. Eine Alternative sind **Mitarbeiter-**

beteiligungsfonds. Diese Fonds unterscheiden sich von herkömmlichen Investmentfonds erheblich. Statt weltweit in Aktien oder Anleihen investieren sie mindestens 60 % ihrer Mittel in nicht börsennotierte und meist kleinere deutsche Unternehmen, die ihren Mitarbeitern freiwillige Leistungen zum Erwerb solcher Anteile anbieten.

Gut zu wissen: Die Steuerfreiheit kann bei unterjährigem Arbeitgeberwechsel oder bei parallelen Arbeitsverhältnissen mehrfach in Anspruch genommen werden.

598 **Werkzeuggeld**

für Ihre eigenen im Betrieb eingesetzten Werkzeuge (§ 3 Nr. 30 EStG, LStR 3.30), als da sind Hammer, Zange, Säge u. Ä.
Nicht gut zu wissen: Schreibmaschine, PC und Musikinstrumente gehören nach Meinung des Fiskus nicht dazu.

599 **Zinsersparnisse – Günstiges Darlehen vom Chef**

Zinsvorteile aus Arbeitgeberdarlehen müssen versteuert werden, wenn der Zinssatz niedriger ist als am Markt gerade üblich. Grund: Der Zinsvorteil bei einem Arbeitgeberdarlehen gilt als geldwerter Vorteil und ist damit Arbeitslohn.

Doch wie wird der »marktübliche Zins« ermittelt? Das hängt davon ab, ob Ihr Arbeitgeber im Kreditgeschäft tätig ist oder nicht. Arbeiten Sie z. B. bei einer Bank, gilt der Zinssatz, den Ihr Arbeitgeber seinen Kunden für vergleichbare Darlehen berechnet. Ist Ihr Arbeitgeber nicht im Kreditgeschäft tätig, greifen die Finanzämter auf die Bundesbankstatistik zurück. Auf seiner Internetseite veröffentlicht das Institut die aktuellen Effektivzinssätze in der Rubrik »EWU-Zinsstatistik«.

In beiden Fällen dürfen Sie vom marktüblichen Zins einen Abschlag von 4 % vornehmen (Abschlag = Zinssatz × 4 %).

Gut zu wissen:
- Mitarbeiter von Kreditinstituten profitieren vom Rabattfreibetrag. Bis zu 1.080 € im Jahr ist für sie der Zinsvorteil steuerfrei.
- Zinsvorteile aus Arbeitgeberdarlehen bis 2.600 € bleiben steuerfrei!

Weitere Hinweise zum Arbeitgeberdarlehen nebst Berechnung des geldwerten Vorteils finden Sie unter ➤ Rz 557.

Zuschläge für Sonntags-, Feiertags- oder Nachtarbeit (Quelle: § 3b EStG) 600

Arbeitszeit	0.00 bis 4.00	0.00 bis 4.00	4.00 bis 6.00	6.00 bis 14.00	14.00 bis 20.00	20.00 bis 24.00
	Arbeitsbeginn am Vortag	Arbeitsbeginn nach 0.00 Uhr				
Nachtzuschlag	40 %	25 %	25 %	–	–	25 %
Sonntagszuschlag	90 %	75 %	75 %	50 %	50 %	75 %
Feiertagszuschlag	165 %	150 %	150 %	125 %	125 %	150 %
Silvesterzuschlag (Werktag)	40 %	25 %	25 %	–	125 %	150 %
Silvesterzuschlag (Sonntag)	90 %	75 %	75 %	50 %	125 %	150 %
Zuschlag 1. Mai	190 %	175 %	175 %	150 %	150 %	175 %
Weihnachtszuschlag	190 %	175 %	175 %	150 %	150 %	175 %
Heiligabendzuschlag (Werktag)	40 %	25 %	25 %	–	150 %	175 %
Heiligabendzuschlag (Sonntag)	90 %	75 %	75 %	50 %	150 %	175 %

Wenn später der Lohnsteuerprüfer kommt, muss klar sein, wer wann und wo Dienst geschoben hat und ob die steuerfreie Auszahlung von Zuschlägen gerechtfertigt war. Deshalb verlangt der Fiskus einen schriftlichen Nachweis darüber, wann und wie lange Sie sonntags, feiertags oder nachts gearbeitet haben. Sind alte Stempelkarten oder Schichtpläne vorhanden, reichen die aus. Andernfalls müssen Sie Stundenzettel fertigen und darauf Ihre Eintragungen machen. Notfalls genügen Zeugenaussagen von Kollegen (BFH-Urt. v. 28.11.1990 – BStBl 1991 II S. 298).

Achtung Gutverdiener: Sonn-, Feiertags- und Nachtzuschläge sind nicht sozialversicherungsfrei, wenn sie auf einem Entgelt von mehr als 25 € pro Stunde beruhen. Dabei wird nicht nur der über 25 € hinausgehende Teil, sondern der gesamte Zuschlag beitragspflichtig.

TIPP Rechnen Sie Zuschläge steuerfrei ab! 601

Jeder Schichtarbeiter, ob Krankenpfleger, Monteur oder Feuerwehrmann, weiß: Zuschläge für ungünstige Arbeitszeiten sind ganz oder teilweise steuerfrei. **Dies gilt aber auch für alle, die entweder im Betrieb oder zu Hause wichtige Arbeiten erledigen und dafür einen Zuschlag auf ihre Überstunden erhalten.** Voraussetzung ist: Die Zuschläge müssen sowohl dem Grund als auch der Höhe nach vertraglich vereinbart sein, so dass Grundlohn und Zuschlag einwandfrei voneinander getrennt werden können.

»Wenn ich für wichtige Angebote abends und am Wochenende haufenweise Überstunden mit Lohnzuschlag mache, habe ich das nie besonders geltend gemacht«, so sagen Sie.

Ihr Pech. Aber jetzt wissen Sie ja, wie Ihre Überstundenabrechnung aussehen könnte, nämlich so:

Monatsgehalt bei 38-Stunden-Woche	3.000 €
Vermögenswirksame Leistungen	40 €
Monatlicher Grundlohn	3.040 €

Arbeitszeit pro Monat (38 Std. × Faktor 4,35 =) 165,3 Std.

Stundengrundlohn (3.040 € ÷ 165,3 Std. =)	18,39 €

In dem nach § 3b EStG festgelegten Rahmen (➤ Rz 600) könnten Sie sich Zuschläge auf diesen Stundengrundlohn steuerfrei auszahlen lassen, z. B. für jede Stunde Sonntagsarbeit 50 % von 18,39 € = 9,20 €.

9.2.2 Pauschal versteuerter Arbeitslohn – Zeile 6

602 **»Pauschalieren« bedeutet »vereinfachen«, und weil Vereinfachungsregelungen gegenüber einer genauen Berechnung nicht zu Belastungen führen dürfen, können Sie daraus Vorteile ergattern.**
Bei der Lohnsteuer gibt es besonders viele Pauschalregelungen, um den Fiskalprüfern vor Ort kniffelige Arbeit zu ersparen.

Grundsätzliches zur Pauschalierung

Die Pauschalversteuerung erstreckt sich an dieser Stelle auf zwei Bereiche:

1. den zusätzlichen Arbeitslohn im Rahmen eines regulären Arbeitsverhältnisses (➤ Rz 604, Rz 644),
2. den gesamten Lohn aus Teilzeitarbeit (➤ Rz 611 ff.).

In beiden Fällen trägt der Betrieb die Pauschalsteuer. Für Sie als Arbeitnehmer sind pauschal versteuerte Löhne somit praktisch steuerfrei. Für den Betrieb tritt durch die Übernahme der Pauschalsteuer aber keine zusätzliche Belastung ein, denn er spart die sonst anfallenden Sozialbeiträge. Deshalb sind Betriebe meistens nicht abgeneigt, Arbeitslohn pauschal zu versteuern.

603 **Wichtig zu wissen:** Bei Teilzeitarbeit bringt Ihnen die pauschale Versteuerung nur dann Vorteile, wenn Sie keine anderen Einkünfte zu versteuern

haben, weil Sie z.B. alleinstehend und noch in der Ausbildung sind. Legen Sie Ihrem Brötchengeber in so einem Fall von Anfang an eine Lohnsteuerkarte vor. Mit Steuerklasse I wird bis 1.006 € Monatslohn keine Lohnsteuer erhoben. In der Steuerklasse II ist der steuerfreie Monatslohn noch höher (➤ Rz 54).

Am meisten kommt es zur pauschalierten Besteuerung bei

- Zuschüssen für Wege zwischen Wohnung und Arbeitsstätte (§ 40 Abs. 2 EStG),
- Teilzeitarbeit (§ 40a EStG),
- Leistungen für eine Direktversicherung (§ 40b EStG).

Näheres zur Direktversicherung (➤ Rz 630).

Pauschalierung von zusätzlichem Arbeitslohn	Steuersatz	Soz.-Vers.	604
1. Pauschalierung von Teilarbeitslohn (§§ 40 Abs. 2 u. 40b EStG)			
Unentgeltliche oder verbilligte Mahlzeiten im Betrieb oder entsprechende Barzuschüsse	25 %	nein	
Arbeitslohn durch unübliche Betriebsveranstaltungen	25 %	nein	
Erholungsbeihilfen je Kalenderjahr			
– für den Arbeitnehmer bis zu 156 €	25 %	nein	
– für dessen Ehegatten bis zu 104 €	25 %	nein	
– für jedes Kind bis zu 52 €	25 %	nein	
Ersatz von Verpflegungsmehraufwendungen (Reisekosten), soweit diese die Pauschalen um nicht mehr als 100 % übersteigen	25 %	nein	
Arbeitgeber schenkt Mitarbeiter PC, Zubehör, Internetzugang oder übernimmt Internetkosten	25 %	nein	
Fahrtkostenersatz für Fahrten zwischen Wohnung und Arbeitsstätte bis 0,30 € pro Entfernungskilometer	15 %	nein	
Direktversicherung des Arbeitnehmers bis zu 1.752 € im Kalenderjahr	20 %	nein	
Gruppenunfallversicherung	20 %	nein	
Steuerpflichtige Erstattung von Verpflegungskosten	25 %	nein	
2. Pauschalierung von Lohn aus Teilzeitarbeit (§ 40a EStG)			
Kurzfristige vorübergehende Beschäftigung	25 %	nein[1]	

Pauschalierung von zusätzlichem Arbeitslohn	Steuersatz	Soz.-Vers.
Voraussetzungen: Dauer bis zu viermal im Kj. bis zu je 18 Tagen, durchschnittlicher Stundenlohn bis zu 12 €, durchschnittlicher Tageslohn bis zu 62 €		
Dauernde Beschäftigung, aber in geringem Umfang und gegen geringen Lohn		
Voraussetzungen: Arbeitslohn im Monat bis zu 450 €, Stundenlohn bis zu 12 €		
– Geringfügige Beschäftigung, für die Pauschalbeiträge zur Sozialversicherung entrichtet werden (sog. Minijobs)	2 %	ja[2]
– Geringfügige Beschäftigung, für die keine Pauschalbeiträge zur Sozialversicherung entrichtet werden, da sozialversicherungspflichtiges Arbeitsverhältnis	20 %	ja

[1] Sozialversicherungsfrei, wenn die Beschäftigungsdauer im Kj. drei Monate oder insgesamt 70 Tage nicht übersteigt.
[2] Pauschale Beiträge zur Rentenversicherung in Höhe von 15 % und zur Krankenversicherung in Höhe von 13 % des Arbeitslohns.

Alles zu geringfügigen Beschäftigungsverhältnissen finden Sie unter ➤ Rz 611 ff.

Arbeit ist der Fluch
der trinkenden Klasse.
(Oscar Wilde)

Zeile 6 Fahrtkostenerstattung pauschal versteuern

605 Schön, wenn Ihnen Ihr Chef die Fahrtkosten zur Arbeit erstattet. Das Dumme ist nur, dass das steuerpflichtiger Arbeitslohn ist, egal, ob Sie mit öffentlichen Verkehrsmitteln oder mit dem Auto fahren. Bei der Versteuerung gibt es zwei Möglichkeiten: Entweder werden die erstatteten Beträge regulär über die Lohnsteuerkarte als Arbeitslohn versteuert oder, wenn Ihr Chef kulant ist, pauschal mit 15 % (§ 40 Abs. 2 EStG).

Achtung: Pauschal besteuerte Fahrgelder werden voll auf die Entfernungspauschale angerechnet (➤ Rz 694 ff.). Damit dem Fiskus hier auch ja nichts durch die Lappen geht, muss der Betrieb die pauschal versteuerten Fahrgelder bescheinigen (Zeile 17 und 18 der Lohnsteuerbescheinigung, > Zeile 39 Anlage N).

39	Arbeitgeberleistungen lt. Nr. 17 und 18 der Lohnsteuerbescheinigung und von der Agentur für Arbeit gezahlte Fahrtkostenzuschüsse	steuerfrei ersetzt 290 EUR ,—	pauschal besteuert 295 ,—	

Wichtig zu wissen: Bei Benutzung eines Pkw darf Fahrtkostenersatz max. bis zur Höhe der gesetzlichen Entfernungspauschale pauschal versteuert werden.

Pauschalgrenzen, zugleich Entfernungspauschale 606

<table>
<tr><th>Nichtbehinderte Arbeitnehmer</th><th colspan="2">Behinderte*
Grad der Behinderung mind. 70 % oder 50 % + »G«
(= schwere Gehbehinderung)</th></tr>
<tr><td rowspan="3">0,30 € je Entfernungskilometer, unabhängig vom benutzten Verkehrsmittel, max. grundsätzlich 4.500 €/Jahr Ausnahme: Pkw-Nutzung</td><td>Bus, Bahn, Taxi, Flugzeug, Fähre, Schiff:</td><td>tatsächliche Kosten</td></tr>
<tr><td>Pkw, Kombi, Kleinbus, Wohnmobil:</td><td>0,60 €</td></tr>
<tr><td>Motorrad, Motorroller, Moped oder Mofa:</td><td>0,40 €</td></tr>
</table>

* Statt der pauschalen Kilometersätze können Sie als Behinderter auch die tatsächlichen nachgewiesenen Kosten ansetzen, Berechnungsschema ➤ Rz 830 ff.

Sie können sich für die Fahrten zur Arbeit schon im laufenden Jahr einen 607
Freibetrag auf der Lohnsteuerkarte eintragen lassen und damit Ihre monatliche Steuerbelastung drücken. So weit, so gut. Doch versteuert der Betrieb den Fahrtkostenersatz pauschal, droht eine Nachzahlung, weil die Werbungskosten durch Kürzung um den pauschal versteuerten Arbeitslohn niedriger sein können als der eingetragene Freibetrag.

Wollen Sie mit dem **Parkplatz** Steuern sparen, lesen Sie ➤ Rz 698. 608

TIPP Sparen Sie Steuern, schonen Sie die Umwelt und Ihre Nerven 609

… indem Sie öffentliche Verkehrsmittel benutzen. Busse und Bahnen sind »die grüne Welle der Vernunft«, auch für die Steuer. Ihr Chef kann nämlich die Kosten für Fahrscheine oder ein Jobticket mit 15 % pauschal versteuern. Für eine Bahncard gilt dasselbe, wenn Sie sie für Fahrten zum Betrieb oder für Dienstreisen benutzen.

Und so wird gerechnet:

Die Firma zahlt einen mtl. Fahrtkostenzuschuss von	90,00 €
Pauschale Lohnsteuer 15 % von 90 €	13,50 €
Kirchensteuer 7 % von 13,50 €	0,95 €
Solidaritätszuschlag 5,5 % von 13,50 €	0,74 €

Werbungskosten entstehen Ihnen nicht mehr, denn die sind durch die Pauschalversteuerung abgegolten. Trotzdem ist sie ein gutes Geschäft, denn Ihnen bleibt der Arbeitnehmerpauschbetrag voll erhalten, und außerdem sparen Sie und die Firma insgesamt rd. 40 % Sozialversicherung.

Wichtig zu wissen: Die Pauschalierung des Fahrtkostenzuschusses ist auf den Betrag begrenzt, der vom Arbeitnehmer als Werbungskosten abgesetzt werden könnte. Dies sind arbeitstäglich 0,30 € je Entfernungskilometer. Im Beispiel oben müsste die Entfernung zur Arbeit demnach mindestens 16 Kilometer betragen.
Probe: 230 Arbeitstage × 0,30 € × 16 km = 1.104 €
Der Fahrtkostenzuschuss beträgt monatlich 90 €, damit 1.080 € im Jahr. Dieser Betrag übersteigt nicht die ansonsten als Werbungskosten abzugsfähige Entfernungspauschale von 1.104 € und kann demnach in vollem Umfang pauschal versteuert werden.

Behinderte Arbeitnehmer (mindestens 70 % bzw. 50 % mit Gehbehinderung) können 0,60 € je Entfernungskilometer als Werbungskosten abziehen oder aber pauschal versteuert als Fahrtkostenzuschuss erhalten.

610

TIPP Teilweise steuerfreie Fahrgelder

Es ist nicht nur Ihr Recht, sondern sogar Ihre Pflicht und Schuldigkeit, der Wahnsinnssteuerschraube gegenzuhalten, indem Sie jede Chance wahrnehmen, die Steuerlast zu drücken. Also sagen Sie Ihrem Chef: »In jedem Monat kommt es mindestens ein Dutzend Mal vor, dass jemand bei der Firma Müller in Krückeberg was abliefern muss. Das liegt halbwegs auf dem Weg zu mir nach Hause. Wie wär's, wenn ich diese Fahrten übernehme, und Sie zahlen mir dafür Fahrtkosten?«

Macht Ihr Chef mit, sind diese Fahrtkosten bis 0,30 € je gefahrenen Kilometer steuerfrei, denn durch die Fahrt zum Kunden hat Ihre Heimfahrt das »Gepräge einer Dienstreise«, meint wenigstens der BFH (Urt. v. 12.10.1990 – BStBl 1991 II S. 134). Macht Ihr Chef nicht mit und erledigen Sie die Auslieferungen trotzdem, setzen Sie in Ihrer Steuererklärung 0,30 € je gefahrenen Kilometer als Werbungskosten an.

Zeile 6 Teilzeitarbeit

Gehören Sie zu denen, die sich nebenbei ein Zubrot verdienen, so sollten Sie wissen: Für den Betrieb sind Sie eine wertvolle Kraft. Denn Sie leisten in derselben Zeit etwa 20 % mehr als Vollzeitkräfte – so die Statistik. Der Grund liegt auf der Hand: Sie werden nur dann gerufen, wenn wirklich etwas zu tun ist. Auch freut sich der Chef, weil die Stundenlöhne für Teilzeitarbeit oft niedriger sind als die für vergleichbare Vollzeitarbeit. 611

Teilzeitarbeit ist unterschiedlich geregelt, je nachdem, ob es sich um eine kurzfristige Beschäftigung (Kurzjob) handelt oder um eine langfristige, aber geringfügige (Minijob).

Regeln für Kurzjobs (Saison-, Aushilfsarbeit) 612

Ist das Beschäftigungsverhältnis auf drei Monate oder höchstens 70 Arbeitstage im Jahr begrenzt, fallen keine Sozialversicherungsbeiträge an. Die Lohnsteuer wird mit 25 % pauschal erhoben zzgl. Kirchensteuer nach Landesrecht (meistens 7 % der Lohnsteuer) und 5,5 % der Lohnsteuer als Soli-Zuschlag.

Die pauschale Besteuerung der Kurzjobber setzt voraus, dass

- der Arbeitnehmer nur gelegentlich, nicht regelmäßig wiederkehrend bei ein und demselben Arbeitgeber beschäftigt ist,
- die Beschäftigung nicht mehr als 18 zusammenhängende Arbeitstage andauert,
- der durchschnittliche Stundenlohn nicht mehr als 12 € beträgt und
- der Arbeitslohn während der Beschäftigungsdauer 62 € durchschnittlich je Arbeitstag nicht übersteigt.

Regeln für Minijobs (langfristige geringfügige Beschäftigung) 613

Übersicht

Arbeitsentgelt	begrenzt bis mtl. 450 €	
Arbeitszeit	unbegrenzt möglich	
Abgaben durch ArbG	Krankenversicherung	13,0 %
	Rentenversicherung	15,0 %
	Lohnsteuer	2,0 %
	Beiträge zur gesetzl. Unfallversicherung	1,6 %

	Umlagen zum Ausgleich der Arbeitgeberaufwendungen bei Krankheit und Mutterschaft	1,2 %
	Insolvenzgeldumlage	0,09 %
	Insgesamt	32,89 %
Einzugsstelle	Knappschaft Bahn See (www.minijob-zentrale.de)	

Melde- und Beitragspflicht zur gesetzlichen Unfallversicherung
Neben der Meldepflicht bei der Minijob-Zentrale als einheitliche Einzugsstelle besteht auch eine Melde- und Beitragspflicht zur **gesetzlichen Unfallversicherung.** Die Unfallversicherung kommt für die Folgen von Arbeitsunfällen oder Berufskrankheiten auf und wird nicht automatisch über die Minijob-Zentrale abgedeckt.
Die Berufsgenossenschaften sind nach Branchen, teilweise auch regional gegliedert. Eine Übersicht findet sich auf der Homepage der Deutschen Gesetzlichen Unfallversicherung (www.dguv.de; Telefon: 0800/605 04 04).

Wahlmöglichkeiten

- Der geringfügig Beschäftigte kann den Rentenversicherungsbeitrag auf den vollen Beitrag von 18,7 % aufstocken. Hierdurch können fehlende Zeiten für Rentenansprüche ausgeglichen werden, z.B. für die erforderlichen 60 Monate Beitragspflicht. Darüber hinaus kann er dann die Riester-Förderung in Form von Zulagen und zusätzlichem Sonderausgabenabzug in Anspruch nehmen.

  Wichtig: Wer seit 2013 einen Minijob beginnt, dem wird unterstellt, dass er den Rentenversicherungsbeitrag aus eigener Tasche aufstocken will. Zumindest so lange, bis er sich von der Versicherungspflicht in der Rentenversicherung befreien lässt. Mehr dazu unter ➤ Rz 256 und ➤ Rz 620.
- Ist der geringfügig Beschäftigte nicht zur Kranken- und Rentenversicherung anzumelden, weil er z.B. Schüler ist, beträgt die pauschale Lohnsteuer 20 % zzgl. Kirchensteuer nach Landesrecht und Soli-Zuschlag.
- Anstelle der pauschalen Lohnsteuer von 20 % kann die Lohnsteuer nach Maßgabe der vorgelegten Lohnsteuerkarte erhoben werden.

Für den Arbeitgeber kommt es finanziell aufs Gleiche heraus, ob er nun einen kurzfristig oder einen langfristig geringfügig Beschäftigten einstellt, wie die folgende Vergleichsberechnung zeigt:

	Minijob	Kurzjob	614
Arbeitslohn	300 €	300 €	
Krankenversicherung 13 %	39 €		
Rentenversicherung 15 %	45 €		
Lohnsteuer 2 %	6 €		
Pauschale Lohnsteuer 25 %		75 €	
Pauschale Kirchensteuer 7 %		5 €	
Soli-Zuschlag 5,5 %		4 €	
Arbeitgeberkosten	390 €	384 €	

Jeweils zzgl. Umlagen Krankheit/Mutterschaft (1,2 %) sowie Beitrag zur Unfallversicherung.

Minijobs in Privathaushalten 615

Wird eine geringfügige Beschäftigung ausschließlich in Privathaushalten ausgeübt und vom privaten Haushalt begründet, setzt sich die Pauschalabgabe wie folgt zusammen:

Pauschaler Krankenversicherungsbeitrag	5 %
Pauschaler Rentenversicherungsbeitrag	5 %
Pauschsteuer (einschließlich Kirchensteuer und Soli-Zuschlag)	2 %
Umlagen zum Ausgleich der Arbeitgeberaufwendungen bei Krankheit und Mutterschaft	1,2 %
Pauschaler Beitrag zur gesetzlichen Unfallversicherung	1,6 %
Summe	14,8 %

Dabei dürfen nur Arbeiten ausgeführt werden, die sonst gewöhnlich durch Mitglieder des privaten Haushalts erledigt werden, insbesondere

- Reinigung der Wohnung,
- Gartenpflege,
- Betreuungsleistungen.

Zur haushaltsnahen Beschäftigung im Privathaushalt siehe unbedingt ➤ Rz 246 ff.

Aufgepasst, wenn der Minijob während des Monats beginnt oder endet 616

Beginnt oder endet die Beschäftigung im Lauf eines Kalendermonats, ist von einem anteiligen Monatswert auszugehen. Je Tag der Beschäftigung liegt die Entgeltgrenze bei (450 € ÷ 30 =) 15 €. Hat also der Minijob in einem Monat nur für 18 Tage bestanden, liegt die Entgeltgrenze bei (18 Tage × 15 € =) 270 €.

617 **Nicht gut zu wissen:** Ein Minijob in ein und demselben Betrieb zusammen mit dem Hauptjob wird steuerlich nicht anerkannt (BFH-Urt. v. 20.12.2000 – Az XI R 32/00). Mit einem besonderen Dreh lässt sich das aber doch lukrativ deichseln. Dazu mehr unter ➤ Rz 629.

618 Mehrfachbeschäftigung bei verschiedenen Arbeitgebern

Welche Regelungen bei Mehrfachbeschäftigung gelten, zeigt folgende Übersicht:

Fall Nr.	Fallkonstellation		Abgabenbelastung der zweiten Beschäftigung			
	Erste Beschäftigung	zweite Beschäftigung	RV	KV	AV	Einkommensteuer
1	–	Dauerhaft geringfügiger Minijob bis 450 € mtl.	Vers.frei; 15 % pauschal; in Privathaushalt 5 %	Vers.frei; 13 % pauschal; in Privathaushalt 5 %; kein Beitrag bei privater KV	Vers.frei	Pauschalsteuer 2 % oder Lohnsteuerkarte
2	–	kurzfristige Beschäftigung	Vers.frei, wenn nicht mehr als 3 Monate oder 70 Arbeitstage innerhalb eines Kalenderjahres, nicht berufsmäßig			Pauschalsteuer 25 % oder Lohnsteuerkarte
3	Vers. pflichtige Hauptbeschäftigung	Minijob bis 450 € mtl.	Vers.frei; 15 % pauschal; in Privathaushalt 5 %	Vers.frei; 13 % pauschal; in Privathaushalt 5 %; kein Beitrag bei privater KV	Vers.frei	Pauschalsteuer 2 % oder Lohnsteuerkarte
			Zu beachten: Die Möglichkeit, Pauschalbeiträge in Höhe von 30 % zu leisten, ist auf **einen** Minijob zusätzlich zu einer versicherungspflichtigen Hauptbeschäftigung beschränkt. Wird eine weitere geringfügige Beschäftigung ausgeübt, so ist diese zusammen mit der versicherungspflichtigen Hauptbeschäftigung in vollem Umfang sozialversicherungspflichtig. Die Lohnsteuer kann ggf. pauschal mit 20 % berechnet werden (§ 40a Abs. 2a EStG).			
4	Vers. pflichtige Hauptbeschäftigung		Vers.frei, wenn nicht mehr als 3 Monate oder 70 Arbeitstage innerhalb eines Kalenderjahres, nicht berufsmäßig			Pauschalsteuer 25 % oder Lohnsteuerkarte

Fall Nr.	Fallkonstellation		Abgabenbelastung der zweiten Beschäftigung			
	Erste Beschäftigung	zweite Beschäftigung	RV	KV	AV	Einkommensteuer
5	Minijob 300 € mtl.	Minijob 150 € mtl.	Vers.frei; 15 % pauschal; in Privathaushalt 5 %	Vers.frei; 13 % pauschal; in Privathaushalt 5 %; kein Beitrag bei privater KV	Vers.frei	Pauschalsteuer 2 % oder Lohnsteuerkarte
6	Minijob 300 € mtl.	Minijob 200 € mtl.	Vers. pflichtig	Vers.pflichtig	Vers.frei	Pauschalsteuer 25 % oder Lohnsteuerkarte
7	Minijob bis 450 € mtl.	kurzfristige Beschäftigung	Vers.frei, wenn nicht mehr als 3 Monate oder 70 Arbeitstage innerhalb eines Kalenderjahres, nicht berufsmäßig			Pauschalsteuer 25 % oder Lohnsteuerkarte
8	kurzfristige Beschäftigung	Minijob bis 450 € mtl.	Vers.frei; 15 % pauschal; in Privathaushalt 5 %	Vers.frei; 13 % pauschal; in Privathaushalt 5 %	Vers.frei	Pauschalsteuer 2 % oder Lohnsteuerkarte

Pauschale Beiträge in die Renten- und Krankenkasse 619

Kaum zu glauben, aber wahr: Die Tätigkeit im Minijob ist grundsätzlich sozialversicherungsfrei. Trotzdem fallen für diese Tätigkeit Beiträge an. Vom Arbeitgeber sind 15 % in die Rentenversicherung und 13 % in die Krankenversicherung abzuführen. Rentenansprüche werden dadurch nicht erworben, zumindest keine vollwertigen. Auch ist der Arbeitnehmer nicht eigenständig krankenversichert.

Einzelheiten zur Rentenversicherung 620

Wie schon gesagt, werden im Minijob nur geringfügige Rentenansprüche erworben. Für ein ganzes Jahr Tätigkeit im Minijob mit monatlich 450 € wird der Rentenanspruch lediglich um monatlich 4 € aufgestockt. Dementsprechend beträgt die Anrechnung auf die Wartezeit von 60 Monaten nur 1,4 Monate. Um durch einen Minijob einen Grundrentenanspruch zu erwerben, müssten Sie also (60 Monate ÷ 1,4 =) 42 Jahre und neun Monate arbeiten. Ihre Rente daraus betrüge (42,9 Jahre × 4 € =) knapp 180 €.

Befreiung von der Rentenversicherungspflicht

Versicherungspflicht in der Rentenversicherung besteht

- für eine geringfügig entlohnte Beschäftigung, die nach dem 1.1.2013 aufgenommen wurde, und
- für eine bereits vor dem 1.1.2013 aufgenommene geringfügig entlohnte Beschäftigung, wenn das monatliche Arbeitsentgelt auf einen Betrag von 400,01 € bis max. 450,00 € angehoben wird.

Der Arbeitgeber entrichtet einen Pauschalbeitrag zur Rentenversicherung in Höhe von 15 % bzw. 5 % (bei Minijobs in Privathaushalten). Der Minijobber hat den Differenzbetrag zum allgemeinen Beitragssatz der gesetzlichen Rentenversicherung von derzeit 18,7 % zu tragen, also einen Eigenanteil in Höhe von 3,7 % bzw. 13,7 % zu leisten.

Minijobber, die nicht der Versicherungspflicht in der Rentenversicherung unterliegen möchten, können sich jederzeit – auch während des laufenden Beschäftigungsverhältnisses – davon befreien lassen. Ausgenommen von dieser Möglichkeit sind Minijobber, die bereits vor dem 1. Januar 2013 die Rentenversicherungsbeiträge aufgestockt haben. Ihnen steht kein Befreiungsrecht zu, d.h., sie bleiben weiterhin versicherungspflichtig.

Die Befreiung von der Rentenversicherungspflicht ist vom Beschäftigten schriftlich beim Arbeitgeber zu beantragen. Der Arbeitgeber zahlt dann weiterhin den Pauschalbeitrag zur Rentenversicherung in Höhe von 15 % bzw. 5 %. Der Eigenanteil des Minijobbers fällt mit der Befreiung von der Rentenversicherungspflicht weg. Der Minijobber erhält dann nur anteilige Beitragsmonate für die Erfüllung der verschiedenen Wartezeiten, und auch das erzielte Arbeitsentgelt wird bei der Berechnung der Rente nur anteilig berücksichtigt.

Wichtig zu wissen: Falls Sie sich für die Aufstockung entscheiden, können Sie Ihre Beiträge in > Zeile 10 der »Anlage Vorsorgeaufwand« geltend machen. Und: Sie haben Anspruch auf die volle Riester-Förderung in Form von Zulagen und zusätzlichem Sonderausgabenabzug.

Was in Sachen Riester so alles zu holen ist, dazu mehr unter ➤ Rz 354 ff.

621 Einzelheiten zur Krankenversicherung

Der Minijobber ist durch seine Tätigkeit nicht eigenständig krankenversichert. Anders als den Rentenversicherungsbeitrag muss der Arbeitgeber nur dann den pauschalen Satz von 13 % zahlen, wenn der Arbeitnehmer bereits entweder selbst oder als Familienmitglied in der gesetzlichen Krankenversicherung versichert ist.

Damit entfallen die pauschalen Beiträge zur Krankenversicherung für

- privat krankenversicherte Arbeitnehmer und deren Familienangehörige,
- Selbständige,
- Beamte und deren Familienangehörige,
- Pensionäre.

Der gläserne Minijobber – schummeln zwecklos 622

Ohne Computer wäre die Einhaltung der vertrakten Regeln zu den Minijobs nicht zu überwachen, das ist klar. So aber brauchen die Anmeldungen zu den Minijobs nur an einer bestimmten Stelle zusammenzulaufen, und schon ist die Kontrolle perfekt. Diese Stelle ist die **Knappschaft Bahn See**, die bundesweit auch als Inkassostelle der Pauschbeträge fungiert. Wenn durch Zusammenrechnung mehrerer Arbeitsverhältnisse die 450-€-Grenze überschritten wird, informiert die Knappschaft die Arbeitgeber und fordert sie auf, statt der Pausch- die vollen Regelbeiträge abzuführen. Auch werden die Finanzämter informiert, wenn ein als Minijob eingestuftes Arbeitsverhältnis nicht die Kriterien dafür erfüllt. Dann haben Sie den Salat, heißt: Sie müssen Ihren Arbeitslohn regulär versteuern.

450 € im Monat – aber mit Zugaben 623

Steuerfreie Einnahmen fallen bei der Prüfung der 450-€-Grenze unter den Tisch. Der Betrieb kann Ihnen also z.B. zusätzlich einen Reisekostenersatz zahlen. Weiterhin kann er zusätzlich Kostenersatz für die täglichen Fahrten zur Arbeit leisten, wenn er die darauf entfallende Lohnsteuer pauschal übernimmt (§ 40 Abs. 2 EStG).

Achtung, Fangeisen! Dasselbe müsste, so sollte man meinen, für zusätzliche Leistungen des Betriebs in eine Direktversicherung gelten, wenn sie nach § 40b EStG pauschaliert besteuert werden. Doch weit gefehlt. Aufgrund tieferer Einsicht der höchstrichterlichen Fiskalhüter vom BFH in München sind Leistungen in die Direktversicherung mit zu berücksichtigen, wenn es darum geht, ob die Grenze von 450 € überschritten ist (Urt. v. 13.1.1989 – BStBl 1989 II S. 1030).

TIPP Mehr kassieren, als der Stundenlohn hergibt 624

Bei Minijobs muss der Arbeitgeber Pauschalbeiträge von insgesamt 30 % des Arbeitslohns berappen. Sind Sie jedoch privat krankenversichert, spart er den pauschalen Krankenversicherungsbeitrag von 13 %. An diesem Vorteil sollten Sie sich beteiligen lassen, z. B. durch verkürzte Arbeitszeiten, einen höheren Stundenlohn oder steuerfreie bzw. pauschal versteuerte Zusatzvergütungen wie einen Personalrabatt (➤ Rz 556) oder Fahrtkostenerstattung (➤ Rz 605 f.).

Sind Sie nicht privat versichert, sondern in der gesetzlichen Krankenversicherung, argumentieren Sie so: Als Minijobber haben Sie wie alle anderen Arbeitnehmer Anspruch auf Lohnfortzahlung im Krankheitsfall (bis zu sechs Wochen), außerdem auf bezahlten Mindesturlaub von drei Wochen, im Osten sogar von vier Wochen (§ 616 BGB). Gegen 1 € Stundenlohn mehr verzichten Sie auf Lohnfortzahlung und bezahlten Urlaub. Ich wette, diese Karte sticht.

»Mir als Teilzeitkraft zahlt der Betrieb kein Weihnachtsgeld, weil ich sonst im Jahresschnitt auf über 450 € komme«, beklagen Sie sich. Dann lassen Sie sich stattdessen doch auch eine Fahrtkostenerstattung geben (siehe oben).

625 Abfindungen steuerfrei kassieren

Will Ihr Chef Ihnen den Minijob kündigen, sollten Sie zum Abschied eine angemessene Abfindung aushandeln. Sprechen Sie von Kündigungsschutz und -fristen, der Dauer Ihrer Betriebszugehörigkeit, Ihrem Alter und Ihrer Schwerbehinderung. Wenn er Ihnen daraufhin die Kündigung mit einer Abfindung schmackhaft machen will, lenken Sie ein. Dann ist es Zeit, den Steuerjoker zu ziehen und Ihrem Chef klarzumachen: Entlassungsentschädigungen sind kein Arbeitsentgelt und damit sozialversicherungsfrei (Urt. des Bundessozialgerichts v. 21.2.1990, Az 12 RK 20/88). Bei Minijobs bestimmt sich die Bemessungsgrundlage beim Pauschsteuersatz von 2 % nach dem Arbeitsentgelt im Sinn der Sozialversicherung (LStR 128a S. 3 und 4). Entlassungsabfindungen sind sozialversicherungsrechtlich kein Arbeitslohn und bleiben damit auch bei der Lohnsteuerpauschalierung außer Ansatz.

Ihr Chef ist baff, und Sie kassieren die Abfindung brutto für netto. Wenn das kein gelungener Abgang ist.

Konflikte gehen einher
mit gestörter Kommunikation.
(Rupert Lay)

626 Mehr Lohn steuerfrei

Oft entstehen durch Krankheit oder Urlaub Engpässe. Dann sagen Sie Ihrem Chef: Hören Sie, die Arbeit von Heinz übernehme ich gern zusätzlich.

Dazu sollten Sie wissen: Ihr regelmäßiger Monatslohn als Minijobber darf im Jahresdurchschnitt nicht mehr als 450 € betragen. Schwankt Ihr Monatslohn, darf er übers Kalenderjahr gerechnet nicht über 5.400 € liegen. Aber: In zwei Monaten im Jahr dürfen Sie unbegrenzt hinzuverdienen, wenn der zusätzliche Arbeitseinsatz unverhofft und ungeplant notwendig ist. Dabei ist es unerheblich, ob die Grenze von 450 € bzw. 5.400 € überschritten wird.

Die Sache mit der Gleitzone 627

Haben Sie regelmäßig mehr als 450 € bezogen, beginnt der Amtsschimmel zu wiehern, denn er kann jetzt regulär abzocken. Als Erstes muss eine Lohnsteuerkarte her, für das zweite und jedes weitere Arbeitsverhältnis eine mit Steuerklasse VI. Entsprechend den Eintragungen wird dann Lohnsteuer einbehalten. Für die Sozialversicherung beginnt eine Gleitzone. Der Arbeitnehmeranteil steigt ab einem monatlichen Arbeitsentgelt von mehr als 450 €, also ab 450,01 €, langsam an. Ab einem monatlichen Bruttoentgelt von mehr als 850 € wird der volle Beitragssatz kassiert.

Folgende Tabelle zeigt die Belastung mit Sozialversicherungsbeiträgen:

Bruttogehalt	Sozialversicherung		Nettogehalt	
	Anteil Arbeitgeber	Anteil Arbeitnehmer	Steuerklasse 1–4	Steuerklasse 5
500,00	96	73	426	376
550,00	106	88	461	404
600,00	115	103	496	433
650,00	125	118	531	462
700,00	134	133	566	490
750,00	144	148	601	519
800,00	154	163	636	548
850,00	163	173	676	580

Der Arbeitgeber zahlt jeweils den regulären Beitragssatz in Höhe von (Krankenversicherung 14,6 % + Pflegeversicherung 2,55 % + Rentenversicherung 18,7 % + Arbeitslosenversicherung 3 % = 38,85 % × 0,5 =) 19,43 %. Die obige Tabelle zeigt ca-Werte an, die die Auswirkungen in der Tendenz deutlich machen. Tarifänderungen können zu Rundungsdifferenzen führen.

Knappschaft kontrolliert 628

Werden der Knappschaft unter demselben Namen zwei Minijobs gemeldet mit einem Arbeitslohn von insgesamt mehr als 450 €, geht dort die rote Lampe an. Dann wird es für Ihre Brötchengeber teuer, weil beide Jobs versicherungspflichtig sind (Fall Nr. 6 in der Übersicht ➤ Rz 618). Wahrscheinliche Folge: Kündigung. Geben Sie einen der beiden Minijobs auf, ist die Kuh vom Eis, doch damit ist Ihnen finanziell nicht geholfen. Es gibt eine bessere Lösung. Wenn es Ihnen gelingt, mit einem der beiden Minijobs über die 450-€-Grenze zu kommen – 1 € mehr genügt –, ist dieser Job kein Minijob mehr (Fall Nr. 3 in der Übersicht ➤ Rz 618).

»Schön und gut, doch ich blicke nicht durch, wie sich das im Einzelnen finanziell auswirkt«, sagen Sie. Lassen Sie uns rechnen:

	Fall Nr. 6: Minijob 450,00 € Minijob 150,00 €	**Fall Nr. 3: Hauptjob 451,00 € Minijob 150,00 €**
Ihr Arbeitslohn insgesamt	600,00 €	601,00 €
./. Lohnsteuer Hauptjob 451,00 €		– 39,41 €
./. Soli-Zuschlag 5,5 % frei		– 0,00 €
./. Kirchensteuer 9 %		– 3,54 €
./. Sozialversicherung ArbN Gleitzone	– 96,50 €	– 48,73 €
Ausbezahlter Nettolohn	503,50 €	509,32 €
Ihre Brötchengeber zahlen	600,00 €	601,00 €
Pauschale Lohnsteuer 20 %	120,00 €	
Soli-Zuschlag 5,5 %	6,60 €	
Pauschale Kirchensteuer 7 %	8,40 €	
Sozialversicherung	116,55 €	
Pauschalabgabe Minijob 30 %	–	45,00 €
ArbG-Anteil Sozialvers. Hauptjob	–	87,61 €
Arbeitskosten insgesamt	851,55 €	733,61 €

Ihnen bringt der Trick zwar kaum etwas, Ihren beiden Chefs aber eine Kostenersparnis von (851,55 € – 733,61 € =) 117,94 €. Damit haben Sie vielleicht nicht nur Ihre Jobs gerettet, sondern sogar schlagkräftige Argumente für eine kleine Gehaltserhöhung.

629 **TIPP** Kloppen Sie als Minijob-Leiharbeiter Überstunden im Hauptjob

Auch eine auf den ersten Blick völlig beknackte Idee kann durchaus etwas einbringen. So kann es sich lohnen, wenn Ihr Chef Sie zur Ableistung von Überstunden als Leiharbeiter anheuert.

Ein Minijob in ein und demselben Betrieb neben dem Hauptjob wird nicht anerkannt, das wissen Sie. Indessen darf jedermann, der einen Hauptjob hat,

sich nebenbei bei einer Leiharbeitsfirma als Minijobber verdingen. Wenn Ihr Chef nun bei einer Leiharbeitsfirma Personal anheuert, weil die eigenen Leute die Arbeit nicht bewältigen können, und Sie »zufällig« dort als Leiharbeiter zur Verfügung stehen, warum um Himmels willen sollte er Sie dann nicht nehmen wollen, wo er Sie doch als gute Arbeitskraft kennt? Auf diese Weise erledigen Sie dieselbe Arbeit, für die Sie im Hauptjob Überstunden machen müssten, als Leiharbeiter. Mit diesem kleinen Kniff werden Ihr Haupt- und Ihr Minijob auf dem Papier arbeits- und steuerrechtlich sauber voneinander getrennt.
»Und was bringt das ein?«, fragen Sie verblüfft.
Eine knifflige Rechnerei können wir uns sparen, denn dazu müsste ich wissen, wie hoch Ihr Stundensatz ist und wie viel die Leiharbeitsfirma für ihre Vermittlung verlangt.
Aber ein grober Überblick zeigt: Der Kniff lohnt sich.

Berechnung
Ihr Bruttolohn für die Überstunden ist regulär mit folgenden Abgaben belastet:

Sozialabgaben	
Arbeitgeberanteil (➤ Rz 517)	19 %
Arbeitnehmeranteil (➤ Rz 517)	21 %
Steuerliche Abgaben geschätzt	30 %
Insgesamt	70 %

Werden die Überstunden im Minijob als Leiharbeiter abgeleistet, fallen folgende Kosten an:

Rentenversicherung (➤ Rz 614)	15 %
Krankenversicherung (➤ Rz 614)	13 %
Pauschalsteuer (➤ Rz 614)	2 %
Zwischensumme	30 %
Gebührensatz der Leiharbeitsfirma – geschätzt	20 %
Insgesamt	50 %

Das bedeutet: Eingespart werden (70 % – 50 % =) 20 %. Bezogen auf angenommen 400 € Überstundenlohn im Monat sind das immerhin 80 €, die Sie im Monat mehr auf Ihrem Konto hätten.

Zeile 6 Direktversicherung 630

Bei einer Direktversicherung schließt Ihre Firma für Sie eine Lebensversicherung ab, aus der Sie unmittelbar, d.h. direkt bezugsberechtigt sind und die Ihre Altersversorgung ergänzen soll. Deshalb kann die Versicherungssumme erst nach Ihrem 60. Lebensjahr ausgezahlt werden.

»Wenn ich an die Protzbauten der Versicherungsgesellschaften denke, möchte ich am liebsten alle meine Versicherungen loswerden, aber keine neue dazuhaben«, wenden Sie sich ab. Verständlich. Doch eine Direktversicherung können Sie Ihrer Firma leicht als Zusatzvergütung abkungeln, sie wird Sie also nicht viel Geld kosten. Auch zählt sie nicht zu den unnützen Vorsorgeversicherungen, die sich bei Arbeitnehmern steuerlich meist überhaupt nicht auswirken (siehe ➤ Rz 309 ff.).
Vereinbaren Sie mit Ihrer Firma, Ihre nächste Gehaltserhöhung in eine Lebensversicherung einzuzahlen. Die Beträge werden nicht über die Lohnsteuerkarte versteuert, sondern außerhalb derselben (bis zu höchstens 1.752 € jährlich) mit einem Pauschalsteuersatz von nur 20 %. Zeigt sich Ihre Firma großzügig und übernimmt die Pauschalsteuer, sind für Sie die Zahlungen steuerfrei. Für die Firma verringert sich die Steuerlast auf rd. 6,5 %, weil sie die Pauschalsteuer als Betriebsausgabe absetzen kann. Zahlungen in die Direktlebensversicherung sind zudem sozialversicherungsfrei, wenn sie nicht aus dem laufenden Arbeitslohn stammen, sondern aus zusätzlichen Leistungen.
Sehen Sie selbst, was bei einer Direktversicherung herausspringen kann, wenn 1.752 € eingezahlt werden:

	Bruttolohn	**Lohnsteuer**
Ohne Direktversicherung	65.000 €	9.458 €
./. Zahlung in die Direktversicherung	– 1.752 €	
Mit Direktversicherung	63.248 €	8.966 €
Ersparnis an Lohnsteuer		492 €
Ersparnis an KiSt + SolZ		71 €
Ersparnis an Sozialversicherung (Arbeitnehmeranteil 21 % von 1.752 €)		368 €
Ersparnis insgesamt		931 €

Altes Recht – neues Recht: Stetig ist der Wechsel
Beiträge, die Ihr Arbeitgeber für Sie in eine Direktversicherung einzahlt, waren bis 2005 grundsätzlich lohnsteuerpflichtig – bis zu einem jährlichen Betrag von 1.752 € pauschal mit 20 % – und sozialversicherungsfrei.
Seit 2005 muss danach unterschieden werden, ob die Leistungen der Direktversicherung als Rentenzahlungen oder als Kapitalauszahlung erfolgen und ob der Versicherungsvertrag vor 2005 oder nach 2004 abgeschlossen wurde.

631 Direktversicherung mit Kapitalauszahlung

Bei Altverträgen (Vertragsabschluss vor 2005) mit Auszahlung des angesparten Kapitals im Versicherungsfall oder nach Vertragsablauf in einem

Einmalbetrag bleibt alles beim Alten. Ihr Chef kann weiterhin die Beiträge bis zu jährlich 1.752 € pauschal versteuern. Der große Vorteil dieser Versicherung: Zusätzlich zur günstigen Pauschalversteuerung und zur Sozialversicherungsfreiheit bleibt die Auszahlung später grundsätzlich steuerfrei.
Diese Versicherung ist seit 2005 leider so gut wie tot. Denn Versicherungsbeiträge zu Neuverträgen (Vertragsabschluss nach 2004) sind in vollem Umfang steuer- und sozialversicherungspflichtig. Und nicht nur das. Auch die Auszahlung unterliegt später in vollem Umfang der Einkommensteuer.

Direktversicherung mit Rentenzahlungen 632

Sieht der Versicherungsvertrag lebenslange Rentenzahlungen oder Zahlungen gemäß einem Auszahlungsplan vor, sind die Versicherungsbeiträge ab 2005 in Höhe von 4 % der Beitragsbemessungsgrenze in der gesetzlichen Rentenversicherung steuerfrei, egal ob Alt- oder Neuvertrag. Für 2017 sind das 3.048 € pro Jahr.
Bei Neuverträgen kommt ein weiterer steuerfreier Betrag von 1.800 € hinzu.
Die Besteuerung der künftigen Rentenzahlungen aus der Direktversicherung ist davon abhängig, wie die Beitragszahlungen steuerlich behandelt wurden. Waren diese steuerfrei, sind die Rentenleistungen in vollem Umfang einkommensteuerpflichtig. Unterlagen die Beiträge der Pauschalbesteuerung oder der Besteuerung mit dem individuellen Einkommensteuersatz, sind die Rentenleistungen nur in Höhe des günstigen Ertragsanteils der Einkommensteuer zu unterwerfen.

Pauschalsteuer ist besser als Steuerfreiheit der Beiträge!
Auch bei Altverträgen mit Rentenauszahlung lockt Sie der Fiskus mit der Steuerfreiheit der Beiträge. Aber, wie gesagt, Steuerfreiheit in der Ansparphase bedeutet volle Steuerpflicht bei Rentenauszahlung. Bestehen Sie besser auf weiterer Pauschalbesteuerung durch den Arbeitgeber.

TIPP Direktversicherung für Lebenspartner 633

Arbeitet Ihr Lebenspartner in Ihrem Unternehmen mit, werden Sie die Ausgaben für seine zusätzliche Altersversorgung, z. B. in Form einer Direktversicherung, über den Betrieb absetzen. Eine Direktversicherung geht aber nur glatt durch, wenn sie »angemessen« ist, d. h., wenn die Ausgaben für die gesamte Altersversorgung des mitarbeitenden Ehegatten 30 % des steuerpflichtigen Arbeitslohns nicht übersteigen (BFH-Urt. v. 16.5.1995 – BStBl 1995 II S. 873).

Beispiel

Jahresarbeitslohn für Ihren Ehegatten	12.000 €
Gesetzliche Rentenversicherung 18,7 %	2.244 €
Rest 11,3 % für Direktversicherung	1.356 €

Richtig, mehr als 1.356 € pro Jahr dürfen Sie für die Direktversicherung Ihrer besseren Hälfte nicht ausgeben. Was darüber liegt, wird nicht anerkannt. »Dann erhöhe ich einfach ihr Gehalt und kann mehr in die Direktversicherung einzahlen«, reagieren Sie blitzschnell.

634 TIPP Teilzeitlohn plus Direktversicherung für den Ehepartner

Eine Direktversicherung bei Teilzeitarbeit heißt doppelt pauschalieren. Wer das sausen lässt, ist selbst schuld.
Vereinbaren Sie mit Ihrem Ehegatten in einem sauberen Arbeitsvertrag eine wöchentliche Mitarbeit von acht Stunden und einen Monatslohn von 250 €, für den pauschale Sozialversicherung fällig wird. Nach einer Einarbeitungszeit von drei Monaten wird der Monatslohn auf 350 € erhöht. Nun besteht die Möglichkeit, den Mehrbetrag von 100 € als Jahresbeitrag von 1.200 € in eine Direktversicherung einzuzahlen, die Ihrer besseren Hälfte – bei einem Eintrittsalter von 35 Jahren – nach 25 Jahren eine Versicherungssumme von 39.000 € beschert. Die Beiträge zur Direktversicherung betragen nicht mehr als 30 % des maßgeblichen Arbeitslohns, also keine Überversorgung.

Probe

Teilzeitlohn im Jahr 250 € × 12 =	3.000 €
Hälfte der Direktversicherung, da nicht rentenversichert	600 €
Maßgeblicher Arbeitslohn	3.600 €
Davon 30 % = (unter 1.200 €)	1.080 €

(Quelle: BFH-Urt. v. 16.5.1995 – BStBl 1995 II S. 873.)

Die Beiträge in die Direktversicherung können pauschal versteuert werden.

635 Wenn Sie die Pauschalsteuer selbst zahlen müssen

In diesem Fall mindert sich Ihr Vorteil um die zu übernehmende Pauschalsteuer, wie das folgende Beispiel zeigt:
Monatliche Gehaltsabrechnung (Steuerklasse III/2,0):

	Gehalts-erhöhung	Direkt-versicherung
Gehalt	2.920,00 €	2.920,00 €
Gehaltserhöhung 5 %	146,00 €	

Direktversicherung		146,00 €
Bruttogehalt	3.066,00 €	3.066,00 €
./. steuerrechtliche Abzüge	– 203,66 €	– 173,83 €
./. sozialversicherungsrechtliche Abzüge	– 636,97 €	– 606,63 €
./. Nettoabzug Direktversicherung		– 146,00 €
./. Pauschalsteuer auf Direktversicherung		– 32,85 €
Auszahlungsbetrag	2.225,37 €	2.106,69 €

Sie sehen, bei Abschluss einer Direktversicherung statt Gehaltserhöhung bleibt durch Abzug der Versicherungsprämie netto zwar weniger übrig, doch mindert sich Ihre Abgabenlast zunächst um 60,17 € monatlich. Durch die Pauschalsteuer von 32,85 € schmilzt dieser Vorteil allerdings auf 27,32 € zusammen.

Wenn Sie diese 32,85 € Pauschalsteuer ohnehin berappen müssen, dann bitten Sie doch Ihren Chef, Ihr Gehalt um diesen Betrag zu kürzen und dafür die Pauschalsteuer zu übernehmen. Ihr Chef spart Beiträge zur Sozialversicherung, und Sie sparen zusätzlich Steuern.

Gehalt	2.920,00 €
./. Kürzung	– 32,85 €
Direktversicherung	146,00 €
Bruttogehalt	3033,15 €
./. steuerrechtliche Abzüge	– 167,16 €
./. sozialversicherungsrechtliche Abzüge	– 599,81 €
./. Nettoabzug Direktversicherung	– 146,00 €
Auszahlungsbetrag	2.120,18 €

Dadurch bleiben Ihnen monatlich 13,49 € mehr im Portemonnaie.

Wird Ihre Direktversicherung durch Umwandlung Ihres laufenden Gehalts finanziert, werden also die Prämien nicht zusätzlich zum Arbeitslohn (etwa anlässlich einer Gehaltserhöhung oder aus Einmalzahlungen, z. B. Gratifikationen) gezahlt, sind Ihre Beiträge nicht von der Sozialversicherung befreit. **636**

637 Zeile 6 Kirchensteuer und Solidaritätszuschlag bei Pauschalierung

Ärgerlich, dass zusätzlich zur pauschalen Lohnsteuer 7 % als Kirchensteuer und 5,5 % als Solidaritätszuschlag abzuführen sind.
Insgesamt beträgt die Pauschalsteuer

Lohnsteuer	20,00 %	25,00 %
Davon 7 % KiSt	1,40 %	1,75 %
Davon 5,5 % Soli-Zuschlag	1,10 %	1,38 %
Pauschalsteuer insgesamt	22,50 %	28,13 %

Bei der Lohnsteuerpauschalierung in Höhe von 2 % bei Minijobs fallen keine Kirchensteuer und kein Soli-Zuschlag extra an.

Achtung: Die pauschale Kirchensteuer entfällt, wenn Sie keiner steuererhebungsberechtigten Kirche angehören und dies Ihrem Brötchengeber schriftlich versichern (BMF-Schreiben v. 21.12.1990 – BStBl 1992 I S. 45).

9.2.3 Sachbezüge – Zeile 6

638 Besteht Arbeitslohn nicht aus Geld, ist er als Sachbezug steuerpflichtig.

639 Zeile 6 Freie Kost und Wohnung

Besteht Ihr Arbeitslohn z.T. aus freier Kost und Wohnung, ziehen Sie daraus steuerliche Vorteile. Der steuerliche – und für Sie recht günstige – Wert dieses Arbeitslohns ist der amtlichen Sachbezugsverordnung zu entnehmen.

Aus der Sachbezugsverordnung 2016/2017	**in €**	
	2016	**2017**
Unterkunft	223,00	223,00
Wohnung	ortsübliche Miete	
Verpflegung (insgesamt)	236,00	241,00
– Frühstück	50,00	51,00
– Mittagessen	93,00	95,00
– Abendessen	93,00	95,00
Kantinenmahlzeiten bei pauschaler Besteuerung		
– Frühstück	1,67	1,70
– Mittagessen	3,10	3,17
– Abendessen	3,10	3,17

Mahlzeiten im Betrieb 640

Sie haben Glück, wenn sich der Betrieb um Ihr leibliches Wohl kümmert und unentgeltlich Kantinenmahlzeiten oder Essensmarken für eine Gaststätte ausgibt. Die Mahlzeiten gehören zwar als Sachbezug zum Arbeitslohn, der steuerliche Wert ist aber sehr gering. Hinzu kommt, dass der Sachbezug pauschal versteuert werden kann und meistens der Betrieb die Pauschalsteuer von 25 % (§ 40 Abs. 2 EStG) übernimmt. Dazu mehr unter ➤ Rz 602 ff.

TIPP Schöpfen Sie die Sachbezugswerte voll aus 641

Zahlen Sie für die Mahlzeit im Betrieb weniger als 3,17 €, ist die Differenz als Sachbezug zu versteuern, zahlen Sie mindestens 3,17 €, ist nichts zu versteuern, so lautet die Regel. Nun hat der Fiskus trotz seiner allgemeinen Regulierungswut schlichtweg vergessen, wie denn eine Mahlzeit im Betrieb auszusehen hat, ob Getränke dazugehören oder nicht. Dies können Sie ausnutzen, wenn die reguläre Kantinenmahlzeit in Ihrem Betrieb weniger als 3,17 € und Getränke extra kosten: Sie stellen eine Tasse Kaffee als krönenden Abschluss mit aufs Tablett. Und so wird dann gerechnet:

Gericht I	2,60 €
Tasse Kaffee	0,60 €
Summe	3,20 €

Klasse, nichts zu versteuern. Ohne den Kaffee hätten Sie 0,57 € als Sachbezug versteuern müssen.

Arbeitsessen – hier hat der Fiskus Verständnis 642

Von einem Arbeitsessen profitiert hauptsächlich der Betrieb, denn es verlängert die produktive Arbeitszeit. Deshalb sind Arbeitsessen für Sie steuerfrei. Sie können also unbesorgt zubeißen. Anlässe können sein:

- eine Betriebsveranstaltung (Betriebsausflug, Weihnachtsfeier, Jubiläum),
- eine außergewöhnliche Besprechung oder ein Arbeitseinsatz, verbunden mit Überstunden. Hier darf aber der Wert der Mahlzeit 40 € je Arbeitnehmer nicht übersteigen (LStR 19.6 Abs. 2),
- ein Essen zusammen mit einem Kunden (LStR 8.1 Abs. 8 Nr. 1).

Für den Betrieb nicht gut zu wissen: Der auf die Bewirtung des Kunden entfallende Rechnungsbetrag ist über das Bewirtungskonto zu buchen. In Höhe von 30 % des Rechnungsbetrags liegen nichtabzugsfähige Betriebsausgaben vor (§ 4 Abs. 5 Nr. 2 EStG).

Weil der Fiskus aber argwöhnt, Arbeitsessen seien nur als solche deklariert, sollten Sie Ihren Chef veranlassen, auf dem Essensbeleg die betriebliche Angelegenheit, die besprochen wurde, festzuhalten und außerdem die Dauer des Arbeitsessens zu notieren. Denn ein richtiges Arbeitsessen ist zeitlich so bemessen, dass genügend Zeit zum Reden übers Geschäft bleibt.
Ihr Chef darf natürlich nicht einfach schreiben: »Dienstbesprechung«. Etwas genauer muss es schon sein: »Produkteinführung des XTR 17« oder »Abbau der Kundenbeschwerden«, dann klappt der Laden (BFH-Urt. v. 4.8.1994 – BStBl 1995 II S. 559). Es reicht auch aus, wenn er schreibt: »Info-Seminar für Mitarbeiter zu ...« (BFH-Urt. v. 5.5.1995 – BStBl 1994 II S. 771).

Was lehrt uns das? Bei jeder Besprechung sollten auf Kosten der Firma belegte Brote und Kuchen auf den Tisch.

Unendliches Wachstum passt
nicht in eine endliche Welt.
(Erich Fromm)

✎ Zeile 6 Firmenwagen

643 Hat Ihr Chef Ihnen einen Firmenwagen genehmigt, passen Sie auf, dass Ihnen der Fiskus dafür nicht allzu tief in die Tasche greift. Privatfahrten mit dem Firmenwagen und auch die Fahrten zwischen Wohnung und Arbeitsstätte gehören als geldwerter Vorteil zum Arbeitslohn und sind deswegen zu versteuern. Sie haben dabei zwei Möglichkeiten: Pauschalversteuerung oder Nachweis Ihrer Privatfahrten per Fahrtenbuch und Versteuerung über die Lohnsteuerkarte.

644 1. Möglichkeit: Pauschalmethode

Hier spielen die tatsächlichen Kosten keine Rolle.
Für **Privatfahrten** beträgt der Sachbezug pro Monat pauschal 1 % des Fahrzeuglistenpreises inkl. Umsatzsteuer. Aufs Kalenderjahr gerechnet wird somit ein geldwerter Vorteil in Höhe von 12 % angesetzt.

Für **Fahrten zwischen Wohnung und Arbeitsstätte** werden zusätzlich pro Monat 0,03 % des Fahrzeuglistenpreises pro Entfernungskilometer angesetzt. Im Gegenzug wird bei der Einkommensteuerveranlagung die Entfernungspauschale in Höhe von 0,30 € als Werbungskosten abgezogen. Der Betrieb kann die Fahrten zur Arbeit auf der Grundlage von 0,30 € je Entfernungskilometer und 15 Arbeitstagen pro Monat mit 15 % pauschal versteuern.

Beispiel

1. Pauschalierter Sachbezug für Privatfahrten			
Fahrzeuglistenpreis z.B. 18.000 €, davon 12 % =			2.160 €
2. Zuschlag für Fahrten zur Arbeit (Entfernung 35 km)			
18.000 € × 0,03 % × 12 Mon. × 35 km =	2.268 €		
Davon versteuert der Betrieb pauschal			
mit 15 %: 35 km × 180 Tage × 0,30 € =	– 1.890 €		
Verbleiben	378 €	>	378 €
Insgesamt über die Lohnabrechnung zu versteuern			
(Sachbezug)			2.538 €

3. Als Werbungskosten absetzbar

35 Entfernungskilometer × 230 Tage × 0,30 € =	2.415 €
./. vom Betrieb pauschal versteuert	– 1.890 €
Absetzbare Werbungskosten	525 €

Sie machen also ein kleines Geschäft, weil Sie 230 Fahrten im Jahr als Werbungskosten absetzen können, der Fiskus aber für die Steuer des Sachbezugs nur von 180 Fahrten ausgeht. Außerdem müssen die Entfernungskilometer für den Sachbezug und den Werbungskostenabzug nicht identisch sein. Bei der Entfernungspauschale können Sie auch eine längere Fahrtstrecke ansetzen, wenn diese verkehrsgünstiger ist (siehe dazu auch ➤ Rz 648).

Und so sieht der Fall formularmäßig aus:

1. Dauer des Dienstverhältnisses		vom - bis 01.01. - 31.12.	
2. Zeiträume ohne Anspruch auf Arbeitslohn	Großbuchstaben (S, B, V, F)	Anzahl „U"	
3. Bruttoarbeitslohn einschl.		EUR	Ct

17. [illegible] zwischen Wohnung und Arbeitsstätte		
18. Pauschalbesteuerte Arbeitgeberleistungen für Fahrten zwischen Wohnung und Arbeitsstätte	1.890	00
19. Steuerpflichtige Entschädigungen und Arbeitslohn für mehrere Kalenderjahre, die		

In der Anlage N:

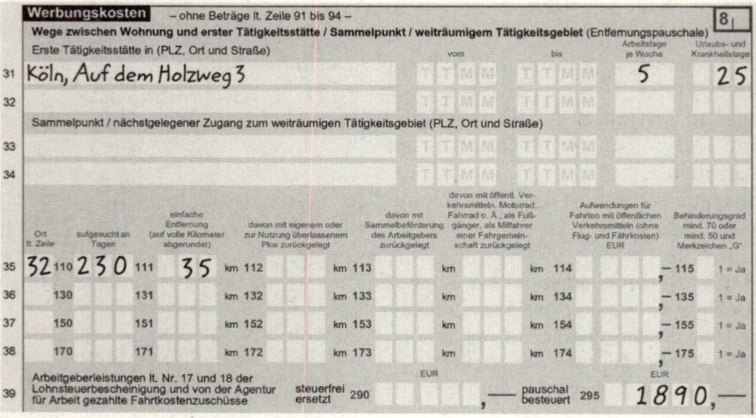

Werbungskosten – ohne Beträge lt. Zeile 91 bis 94 –

Wege zwischen Wohnung und erster Tätigkeitsstätte / Sammelpunkt / weiträumigem Tätigkeitsgebiet (Entfernungspauschale) 8

	Erste Tätigkeitsstätte in (PLZ, Ort und Straße)	vom	bis	Arbeitstage je Woche	Urlaubs- und Krankheitstage
31	Köln, Auf dem Holzweg 3	T T M M	T T M M	5	25
32		T T M M	T T M M		

Sammelpunkt / nächstgelegener Zugang zum weiträumigen Tätigkeitsgebiet (PLZ, Ort und Straße)

33		T T M M	T T M M		
34		T T M M	T T M M		

	Ort lt. Zeile	aufgesucht an Tagen	einfache Entfernung (auf volle Kilometer abgerundet)	davon mit eigenem oder zur Nutzung überlassenem Pkw zurückgelegt	davon mit Sammelbeförderung des Arbeitgebers zurückgelegt	davon mit öffentl. Verkehrsmitteln, Motorrad, Fahrrad o. Ä., als Fußgänger, als Mitfahrer einer Fahrgemeinschaft zurückgelegt	Aufwendungen für Fahrten mit öffentlichen Verkehrsmitteln (ohne Flug- und Fährkosten) EUR	Behinderungsgrad mind. 70 oder mind. 50 und Merkzeichen „G"
35	32	110 230	111 35 km	112 km	113 km	km	114 ,—	115 1 = Ja
36		130	131 km	132 km	133 km	km	134 ,—	135 1 = Ja
37		150	151 km	152 km	153 km	km	154 ,—	155 1 = Ja
38		170	171 km	172 km	173 km	km	174 ,—	175 1 = Ja

39 Arbeitgeberleistungen lt. Nr. 17 und 18 der Lohnsteuerbescheinigung und von der Agentur für Arbeit gezahlte Fahrtkostenzuschüsse – steuerfrei ersetzt 290 EUR ,— – pauschal besteuert 295 EUR 1890,—

Beachten Sie: Falls Sie in > Zeile 49 »Firmenwagen« angeben, kann es Ihnen passieren, dass das Finanzamt scheinheilig nach Angaben zur > Zeile 39 fragt. Der Eurobetrag ist der Lohnsteuerbescheinigung zu entnehmen.

Reisekosten bei beruflich veranlassten Auswärtstätigkeiten

49 Die Fahrten wurden ganz oder teilweise mit einem Firmenwagen oder im Rahmen einer unentgeltlichen Sammelbeförderung des Arbeitgebers durchgeführt 401 1 = Ja 2 = Nein

– Falls „Ja": Für die Fahrten mit Firmenwagen oder Sammelbeförderung dürfen mangels Aufwands keine Eintragungen zu Fahrtkosten in Zeile 50 vorgenommen werden. –

Außerdem sollten Sie wissen: Wenn Ihnen während Ihres Jahresurlaubs, einer längeren Krankheit oder einer Montage im Ausland der Firmenwagen für einen vollen Kalendermonat nicht zur Verfügung steht, ist für diesen Monat kein Privatanteil anzusetzen (BMF-Schreiben v. 28.5.1996 – BStBl 1996 Teil I S. 654). Oder andersherum: Ein einziger Tag privater Nutzung genügt, damit der ganze Monat versteuert werden muss (LStR 8.1 Abs. 9 Nr. 1). Sagen Sie im Lohnbüro Bescheid, wenn für einen Monat ein Zuschlag für den Firmenwagen zu unterbleiben hat.

645 **TIPP**

Kein geldwerter Vorteil beim Werkstattwagen

Firmenwagen, die aufgrund ihrer objektiven Beschaffenheit und Einrichtung typischerweise nur zur Beförderung von Waren, Gütern oder Material und Werkzeug bestimmt sind, fallen nicht unter die pauschale 1-%-Regelung. Gemeint sind damit typische Transportfahrzeuge wie Pritschen- oder Werkstattwagen. Der Bundesfinanzhof hat hier wieder einmal dem Fiskus auf die Finger geklopft und den allzu unverschämten Griff in die Geldbörse der Steuerzahler unterbunden (BFH v. 18.12.2008 – BFH/NV 2009 S. 481).

Der BFH geht davon aus, dass Fahrzeuge dieser Art allenfalls gelegentlich und nur ausnahmsweise für private Zwecke eingesetzt werden, weil sie dafür denkbar ungeeignet sind. Das Finanzamt darf deshalb nicht mehr einfach unterstellen, dass Sie Ihren Werkstattwagen auch für private Zwecke nutzen, sondern muss es beweisen. Und selbst wenn eine Privatnutzung gelegentlich der Fall sein sollte, darf das Finanzamt nicht pauschal die 1-%-Regelung ansetzen. Der Nutzungsvorteil muss nach Auffassung des BFH für jede einzelne Fahrt mit dem dafür üblichen Preis bewertet werden. Er dürfte sich somit auf die anteiligen Kilometerkosten für die privat gefahrenen Kilometer zzgl. der Gewinnmarge der Firma beschränken.

Diese günstige Rechtsprechung betrifft leider nicht die Fahrten zwischen Wohnung und Arbeitsstätte, die weiterhin nach der sog. 0,03-%-Regelung zu bewerten sind (lesen Sie dazu aber unbedingt ➤ Rz 647).

Auch für Fahrschulfahrzeuge oder ein Taxi können Sie sich nicht auf die Werkstattwagenregelung des BFH berufen. Bei einem Fahrschulfahrzeug handelt es sich nach Auffassung des FG München gerade nicht um ein Fahrzeug, das nach seiner Bauart und Einrichtung ausschließlich oder vorwiegend zur Beförderung von Gütern und nicht von Menschen bestimmt ist (FG München v. 29.9.2014 – 7 K 1861/13).

Wollen Sie verhindern, dass das Finanzamt so einfach nolens volens eine Versteuerung für die private Nutzung eines solchen Fahrzeugs vornimmt? Da hilft ein Nutzungsverbot, mit dem Ihr Arbeitgeber Ihnen die private Benutzung des Firmenautos verbietet und z. B. nur erlaubt, dass Sie morgens und abends damit zwischen Betrieb und Wohnung pendeln (s. auch ➤ Rz 651).

TIPP Bei Elektrofahrzeugen einen Steuerbonus kassieren 646

Wenn Sie als Firmenwagen ein Elektrokraftfahrzeug nutzen, sind Sie benachteiligt, weil dessen Listenpreis derzeit höher ist als bei einem herkömmlich angetriebenen Fahrzeug. Damit Elektrofahrzeuge trotzdem als Firmenwagen konkurrenzfähig sind, wird die Berechnungsgrundlage für die Besteuerung pauschal gekürzt. Davon können auch Sie profitieren.

Von dieser Regelung begünstigt sind Fahrzeuge, die ausschließlich durch Elektromotoren angetrieben oder ganz oder überwiegend aus mechanischen oder elektrochemischen Energiespeichern gespeist werden (z. B. Brennstoffzellen).

Allerdings hat der Fiskus die Ermäßigung unnötig verkompliziert, indem die Kürzung des Listenpreises Jahr für Jahr reduziert wird. Wurde Ihr Firmenwagen 2013 oder früher angeschafft, beträgt die Kürzung 500 €/kWh, max. 10.000 €. Für jedes Jahr, das das Fahrzeug später zugelassen wird, reduziert sich der Betrag je kWh um jährlich 50 € und der Maximalbetrag um 500 €. Kaufte Ihr Brötchengeber also einen Firmenwagen in 2017, beträgt die Kürzung nur noch 300 €/kWh und der Maximalbetrag 8.000 €.

Beispiel
Ihr Arbeitgeber hatte am 1.10.2017 einen neuen Firmenwagen mit Hybridantrieb gekauft. Die Batteriekapazität beträgt 30 kWh. Der Listenpreis des Wagens beläuft sich auf 45.000 € inkl. USt.
Der monatliche Nutzungsvorteil für private Fahrten wird wie folgt berechnet:

Bruttolistenneupreis	45.000,00 €
./. pauschale Kürzung 30 kWh × 300,00 € (= 9.000,00 €), max. aber 8.000 €	– 8.000,00 €
Bemessungsgrundlage	37.000,00 €

Der monatliche private Nutzungsanteil würde in diesem Fall mit 1 % von 37.000 € = 370,00 € berechnet.

647 **Kein geldwerter Vorteil für Außendienstler und Monteure!**

Überlässt der Arbeitgeber seinen Außendienstlern oder Monteuren ein Fahrzeug für deren Fahrten zwischen Wohnung und Betrieb bzw. wechselnden Einsatzstellen, führt dies nicht zu einem Lohnzufluss. Folge: **Kein Ansatz der 0,03 % des Fahrzeuglistenpreises pro Entfernungskilometer.** Das gilt immer dann, wenn die Arbeitnehmer auf diesen Vorteil nicht verzichten können. Dann **überwiegt das eigenbetriebliche Interesse** an der Fahrzeuggestellung insbesondere unter dem Aspekt, dass sich der Arbeitgeber dadurch erhebliche Kosten spart.
Das ist z.B. der Fall, wenn

- sich die Nettoarbeitszeit der Monteure erhöht,
- keine zusätzlichen Parkplätze benötigt werden oder
- die Organisation für die Ausgabe und Rücknahme der Fahrzeuge für die jeweiligen Montagefahrten entfällt.

Wird den Arbeitnehmern darüber hinaus auch die Privatnutzung der Firmenfahrzeuge in der Freizeit gestattet, führt dies nicht automatisch zur Annahme eines steuerpflichtigen Vorteils hinsichtlich der Fahrten zwischen Wohnung und Betrieb. Beide Vorgänge sind getrennt zu beurteilen, so dass Lohnsteuer nur auf die reinen Privatfahrten anfällt (FG Brandenburg 12.9.07, 12 K 7078/05 B).

Mal weniger, mal mehr Kilometer 648

Wenn es darum geht, im Lohnbüro den Sachbezug (Zuschlag) von 0,03 % pro Kilometer für die Fahrten zwischen Wohnung und Arbeitsstätte zu berechnen, geben Sie eine Entfernung von z.B. 35 Kilometer an. Das akzeptiert das Lohnbüro ohne Wenn und Aber und später wohl auch der Lohnsteueraußenprüfer. Bei der Abgabe der Steuererklärung haben Sie diese Entfernungsangabe längst wieder vergessen und setzen »wie bisher« für die Werbungskosten 40 Kilometer an.
Obwohl Sie im Umgang mit dem Finanzamt nicht gerade zimperlich sind, plagt Sie deswegen das schlechte Gewissen. Völlig ohne Grund. Nach dem Urteil des FG Köln vom 22.5.2003 (EFG 2003 S.1229) können für die Berechnung des Sachbezugs im Lohnbüro und für die Berechnung der Entfernungspauschale im Finanzamt durchaus unterschiedliche Kilometerangaben gemacht werden. Für den Sachbezug darf die kürzeste Straßenverbindung (§ 4 Abs.5 Nr. 6 EStG), für die Entfernungspauschale hingegen eine längere Fahrtstrecke angegeben werden, wenn diese verkehrsgünstiger ist (§ 9 Abs.1 Nr. 4 EStG).

Kostenbeteiligung 649

Wie bei allen anderen Sachbezügen müssen Sie nur den Teil des Vorteils aus der Nutzung des Firmenwagens versteuern, für den Sie Ihrem Arbeitgeber nichts bezahlt haben. Es werden also die von Ihnen an Ihren Brötchengeber geleisteten Zahlungen von den zu versteuernden Vorteilen abgezogen.
Für eine optimale Gestaltung der Zuzahlung haben Sie folgende Möglichkeiten:

- pauschale monatliche Zuzahlungen, z.B. 250 €/Monat,
- kilometerabhängige Zahlung, z.B. 0,20 € je privat gefahrenen Kilometer,
- Übernahme laufender Fahrzeugkosten,
- Übernahme der Leasingraten ganz oder zum Teil und
- Übernahme eines Teils vom Kaufpreis des Firmenwagens.

Beispiel
Sie nutzen einen Firmenwagen mit einem Listenpreis von 30.000 € privat. Dafür behält Ihr Arbeitgeber von Ihrem Nettogehalt jeden Monat 100 € ein.

Geldwerter Vorteil 30.000 € × 1 %	300 €
./. Zuzahlung	– 100 €
Monatlicher Arbeitslohn	200 €

Aufs Jahr gesehen ist der Arbeitslohn um 1.200 € geringer. Bei einem Steuersatz von 35 % sparen Sie dadurch etwa 480 € an Steuern und zusätzlich ca. 250 € an Sozialversicherung. Unter dem Strich trägt Vater Staat also über 60 % Ihrer Zahlungen an den Arbeitgeber.

Neu ist, dass Sie Ihren geldwerten Vorteil auch durch die Übernahme laufender Kosten z.B. für den Sprit oder die Versicherung drücken können (BFH-Urt. v. 30.11.2016 – Az. VI R 2/15). Lesen Sie dazu auch ➤ Rz 659.

650 **TIPP** **Mit Zubehör die Steuern drücken!**

Viele Unternehmen haben Dienstwagenverordnungen, die den Preis des Dienstwagens auf eine bestimmte Obergrenze beschränken. Angenommen, Ihr Arbeitgeber limitiert den Preis auf 30.000 €. Mit dem Sonderzubehör, das Sie gern hätten, käme der Wagen aber auf 33.000 €. Ihr Boss hat bestimmt nichts dagegen einzuwenden, dass Sie die Differenz von 3.000 € aus der eigenen Tasche bezahlen.
Für den im Oktober 2017 ausgelieferten Wagen ergibt sich nun folgende Rechnung:

Geldwerter Vorteil 2017	
30.000 € × 1 % = 300 € × 3 Monate	900 €
./. Zuzahlung 3.000 €, max. aber geldwerter Vorteil	– 900 €
Daraus Arbeitslohn 2017	0 €
Geldwerter Vorteil 2018	
30.000 € × 1 % = 300 € × 12 Monate	3.600 €
./. restliche Zuzahlung aus 2017 (3.000 € – 900 €)	– 2.100 €
Daraus Arbeitslohn 2018	1.500 €

Wie Sie sehen, kommt es nicht darauf an, wann Sie den Kaufpreisanteil zahlen. Können Sie die Zuzahlung im ersten Jahr nicht voll verrechnen, lässt das Finanzamt zu, dass Sie den Rest in den nächsten Jahren abziehen, und zwar bis die Zuzahlung voll verrechnet ist (LStR 8.1 Abs. 9 Nr. 4 Sätze 3 u. 4).

Wer die Pflicht hat, Steuern zu zahlen,
hat das Recht, Steuern zu sparen.
(Helmut Schmidt, Bundeskanzler a.D.)

651 Nutzungsverbot

Ist Ihnen der Privatgebrauch des Firmenwagens untersagt, darf man Ihnen natürlich keinen Sachbezug für private Nutzung anhängen. Das

Nutzungsverbot vereinbaren Sie am besten schriftlich, und Ihr Chef nimmt die Vereinbarung zum Lohnkonto. So kann er sie dem Finanzbeamten bei der nächsten Lohnsteuerprüfung unter die Nase halten, wenn der von einer Privatnutzung faselt. Wichtig ist, dass der Arbeitgeber das Nutzungsverbot auch überwacht. Wird das Fahrzeug außerhalb der Arbeitszeit auf dem Betriebsgelände abgestellt und geben Sie die Autoschlüssel ab, haben Sie keine Versteuerung des Sachbezugs zu befürchten (BMF-Schreiben v. 28.5.1996 – BStBl 1996 I S. 654).

Nutzen mehrere Arbeitnehmer denselben betrieblichen Pkw, wird der pauschal ermittelte Privatanteil entsprechend der Zahl der Nutzungsberechtigten aufgeteilt (BFH-Urt. v. 16.5.2002 – BStBl 2003 II S. 311). 652

Begrenzung des pauschalen Nutzungswerts 653

Bei einem bereits abgeschriebenen Fahrzeug, das zudem wenig genutzt wurde, kann der pauschale Nutzungswert die dem Arbeitgeber entstandenen Kosten übersteigen. In diesem Fall ist der Nutzungswert höchstens mit den tatsächlichen Gesamtkosten anzusetzen (LStH 8.1 Abs. 9–10).

2. Möglichkeit: Fahrtenbuchmethode 654

Anstelle der 1-%-Methode kann der Sachbezug für den Firmenwagen anhand der privat gefahrenen Kilometer und der tatsächlichen Fahrzeugkosten besteuert werden. Dazu muss ein Fahrtenbuch geführt werden.

Fahrtenbuch oder Lügenbuch?
Sicherlich gehören Sie nicht zu den Hallodris, die ein weites Gewissen haben und ihr Fahrtenbuch im Stillen Lügenbuch nennen. Diese scheuen sich nicht, fingierte Berufsfahrten einzutragen, die ihnen Spielraum für schwarze Privatfahrten schaffen, oder bei einem Werkstattbesuch darauf zu pochen, dass der Meister nicht den tatsächlichen Kilometerstand aufschreibt, sondern den, der sich aus ihrem Lügenbuch ergibt, um verräterische Spuren zu verwischen.

Beispiel bei Führen eines Fahrtenbuchs
Anhand von 28.000 km Jahresfahrleistung und 8.960 € Gesamtkosten pro Jahr ergibt sich ein Kilometerpreis von 0,32 €. Nach den Aufzeichnungen im Fahrtenbuch wurde das Fahrzeug 5.600 km privat genutzt und 16.100 km für Fahrten zur Arbeit. Auch hier soll angenommen werden, dass der Betrieb die vorteilhafte pauschale Besteuerung der Fahrten zur Arbeit (Entfernung 35 km) übernimmt.

Berechnung des Sachbezugs

Sachbezug für Privatfahrten 5.600 km × 0,32 € =			1.792 €
Sachbezug für Fahrten zur Arbeit			
16.100 km × 0,32 € =	5.152 €		
Davon versteuert der Betrieb pauschal:			
35 km × 180 Tage × 0,30 € =	– 1.890 €		
Verbleiben	3.262 €	>	3.262 €
Insgesamt über die Lohnabrechnung zu versteuern			5.054 €

Die Fahrzeugkosten einschließlich Abschreibung fordern Sie von der Buchhaltung an. Zeigt die sich zickig, setzen Sie pauschal 0,30 € je gefahrenen Kilometer an. Dies ist die Alternative zum Einzelnachweis von Fahrzeugkosten.

Wenn alle Stricke reißen, versuchen Sie das Fahrtenbuch nachträglich auf Vordermann zu bringen. Der BFH hat nämlich entschieden, dass ein nachträglich erstelltes Fahrtenbuch vom Finanzamt nicht so einfach für null und nichtig erklärt werden kann (BFH v. 24.2.2000 – IV B 83/99, BFH/NV 2000 S. 807).

655 Fahrtenbücher sind in vielen Buchhandlungen erhältlich. Wichtig sind nach LStR 8.1 Abs. 9 folgende Eintragungen:

- Datum und Kilometerstand zu Beginn und am Ende einer jeden beruflichen Fahrt,
- Reiseziel und bei Umwegen auch die Reiseroute,
- Reisezweck und aufgesuchte Kunden und Geschäftspartner.

Für Privatfahrten genügen jeweils Kilometerangaben, für Fahrten zur Arbeit genügt ein kurzer Vermerk.

Gehören Sie zu den Vielfahrern, sind Sie z. B. Handelsreisender, sind Angaben zur Reiseroute nur bei Umwegkilometern erforderlich. Haben Sie einen festen Kundenkreis, reicht es aus, im Fahrtenbuch auf die Kundennummer zu verweisen und Datum sowie Kilometerstände einzutragen. Das Kundenverzeichnis mit Kundennummern fügen Sie Ihrem Fahrtenbuch bei.

Muster für Fahrtenbuch							
Datum	km-Stand		Fahrtziel	Abfahrt	Rückkehr	km	
	Beginn	Ende				Berufl.	Privat
1. 3.	61.210	–	Firma	6.30	16.15	–	24
	–	61.275	Kunde Müller	11.00	12.30	41	–
2. 3.	61.275	–	Firma	6.30		–	12
	–	61.555	Messebesuch	7.10	21.00	268	–
3. 3.	61.555	–	Firma	6.30		–	12
	–	61.731	St. Pauli	16.00	23.15	–	164
...	61.731		...	...	...	...	...
...	...		...	...	...	...	...
...	...		...	...	...	...	...

Ein **elektronisches Fahrtenbuch** kann Ihnen die lästige Schreiberei erleichtern. Es gibt sie als Programme für Computer, Laptop oder Smartphone. Das Finanzamt erkennt das elektronische Fahrtenbuch an, wenn es alle erforderlichen Angaben enthält und nachträgliche Veränderungen technisch ausgeschlossen sind bzw. besonders dokumentiert werden.

Nichts ist so unglaubwürdig
wie die Wirklichkeit.
(Dostojewski)

Das Fahrtenbuch in der Hinterhand 656

Was günstiger ist, 1-%-Methode oder Fahrtenbuch, stellt sich vielfach erst im Nachhinein heraus. Denn keiner weiß im Voraus, in welchem Umfang er den Firmenwagen tatsächlich für Privatfahrten nutzt.
Wenn Sie zum ersten Mal einen Firmenwagen bekommen, soll das Lohnbüro zunächst die private Nutzung nach der 1-%-Methode berechnen und versteuern. Nebenbei führen Sie ein Fahrtenbuch. Am Ende des Jahres können Sie dann genau beurteilen, mit welcher Methode Sie am günstigsten fahren.

Lassen Sie uns einen Fall durchrechnen: Ihr Firmenwagen hat neu z.B. 30.000 € gekostet. Die Buchhaltung lässt die Betriebskosten über die Firma laufen und erfasst sie buchhalterisch. Das Lohnbüro berechnet den Sachbezug für die private Nutzung zunächst nach der 1-%-Methode wie folgt:

Pauschalierter Sachbezug für Privatfahrten

Fahrzeuglistenpreis 30.000 € × 1 % =			300 €
Zuschlag für Fahrten zur Arbeit			
30.000 € × 0,03 % × 20 km =	180 €		
./. Pauschalversteuerung des Sachbezugs für Fahrten zur Arbeit:			
20 km × 15 Tage × 0,30 € =	– 90 €		
Verbleiben	90 €	>	90 €
Monatlicher Sachbezug			390 €
Jährlicher Sachbezug (390 € × 12) =			4.680 €

Nach den Eintragungen im Fahrtenbuch haben Sie mit dem Fahrzeug insgesamt 29.804 km abgespult. Nun lassen Sie sich aus der Buchhaltung die Betriebskosten für das Fahrzeug angeben und rechnen die Jahresabschreibung hinzu (17 % der Anschaffungskosten). Die Gesamtkosten betragen einschließlich Abschreibung 7.600 €. Ergebnis: Fahrtkosten pro Kilometer (7.600 € ÷ 29.804 km) = 0,25 €.

Ihre Privatrechnung

Nach den Aufzeichnungen im Fahrtenbuch wurde das Fahrzeug genutzt:

Private Nutzung 7.605 km × 0,25 € =			1.901 €
Fahrten zur Arbeit 9.200 km × 0,25 € =	2.300 €		
./. bereits pauschal versteuert	– 1.080 €		
Verbleiben	1.220 €	>	1.220 €
Sachbezug nach der Fahrtenbuchmethode			3.121 €

Aber hallo, (4.680 € - 3.121 € =) 1.559 € zu viel versteuert. Jetzt haben Sie zwei Möglichkeiten:

1. Sie traben gleich zu Jahresbeginn ins Lohnbüro, legen das Fahrtenbuch mit der Berechnung der Fahrtkosten vor und bitten um entsprechende Kürzung des geldwerten Vorteils.
2. Spielt das Lohnbüro nicht mit, können Sie in der Steuererklärung Anlage N > Zeile 6 einen entsprechend niedrigeren Jahresbruttolohn ansetzen, als die Lohnsteuerbescheinigung ausweist. Die Kürzung begründen Sie damit, dass die vom Betrieb angewandte 1-%-Methode zu einem falschen geldwerten Vorteil führt. Die Fahrtenbuchmethode ist für Sie günstiger und soll daher zugrunde gelegt werden. (Quelle: LStR 31 Abs. 9 Nr. 3 Satz 4: Bei der Veranlagung zur Einkommensteuer ist der Arbeitnehmer nicht an das für die Erhebung der Lohnsteuer gewählte Verfahren gebunden.)

Und noch etwas: Ist Ihr Firmenwagen älter als sechs Jahre, wird Ihre Firma ihn schon zu 100 % abgeschrieben haben. Bei einem hohen Listenpreis kann es sein, dass Ihr Privatanteil die tatsächlichen Fahrzeugkosten übersteigt. In diesem Fall darf höchstens der Aufwand der Firma als Privatanteil angesetzt werden (BMF-Schreiben v. 28.5.1996 – BStBl 1996 Teil I S. 654).

TIPP Firmenwagen gegen Gehaltsverzicht 657

Ihr altes Schätzchen springt kaum noch an, der Rost nagt am Blech, und der nächste TÜV-Termin bringt Sie um den Schlaf. Da hilft nur eines: Ein neues Auto muss her. Bevor Sie nun zum Händler eilen und Ihr neues Vehikel über Leasing oder Bank finanzieren, verzichten Sie besser auf einen Teil Ihres Gehalts. Im Gegenzug spendiert Ihnen Ihr Chef einen Firmenwagen, den er sich durch Leasing beschafft.

»Unsinn«, tönen Sie, »das macht der nie.« Warten Sie ab, denn dieser Tipp lohnt sich für Sie beide. Sie rechnen wie folgt:

	Mit Firmenwagen	ohne Firmenwagen
Jahresbrutto (vorher)	40.000 €	40.000 €
Gehaltsverzicht		
./. Leasingraten	– 4.500 €	
./. übernommene Fahrzeugkosten	– 1.500 €	
Zwischensumme	34.000 €	
Sachbezug Firmenwagen (Listenpreis 25.000 €)		
Privatfahrten 25.000 € × 12 %	3.000 €	
Fahrten Wohnung – Arbeitsstätte		
25.000 € × 0,03 % × 12 Monate × 10 km	900 €	
Jahresbrutto (nachher)	37.900 €	40.000 €
Lohnsteuer 2017 (Steuerklasse III/0)	2.674 €	3.112 €
Kirchensteuer + Soli-Zuschlag	386 €	451 €
Sozialversicherung	7.873 €	8.310 €
Abzüge insgesamt	10.933 €	11.873 €

Wie Sie sehen, ergibt sich in meiner Beispielrechnung für Sie eine Ersparnis von 940 €. Müssen Sie die Leasingsonderzahlung von vielleicht 3.000 € berappen, mindert diese Ihren Sachbezug und damit Ihre Steuerlast.

Für Ihren Chef sieht die Rechnung so aus: Seine Leasingraten und Nebenkosten und Ihr Gehaltsverzicht heben sich plus/minus null auf. Sein Gewinn besteht in der Ersparnis von Sozialversicherung in Höhe von (7.770 € - 7.362 €) = 408 €.

658 TIPP Die schlitzohrige Variante eines Juniorchefs

»Ich pfeife auf einen Firmenwagen. Ich fahre mit meinem Privatauto auch für den Betrieb, und der zahlt mir für jeden Kilometer 0,30 €, steuerfrei als Reisekostenersatz.
Und so rechne ich:

Privat angeschaffter Audi Diesel kostet	rd. 30.000 €
Mit dem Betrieb abgerechnete Fahrtkosten pro Jahr:	
gefahrene km rd. 40.000 × 0,30 € =	12.000 €

In drei Jahren habe ich den Kaufpreis für den Audi reingefahren, weil ich kaum Kosten habe. Denn Reparaturen gehen in dieser Zeit über Garantie oder Kulanz, den Diesel tanke ich gratis aus unserer Firmenzapfsäule. Und wenn ich das Auto nach drei Jahren verkaufe, ist der Erlös – anders als bei einem abgeschriebenen Firmenwagen – völlig steuerfrei.«
Nicht schlecht, mein Lieber. Aber rechnen Sie damit, dass der Lohnsteuerprüfer, wenn er denn je kommt, Ihnen den Diesel von der Firmenzapfsäule als lohnsteuerpflichtigen Sachbezug aufbrummt.

659 TIPP Benzinkosten zu Ihren Lasten, so ergattern Sie schneller einen Firmenwagen!

So richtig vorteilhaft ist ein Firmenwagen für alle Innendienstler, weil sie das Fahrzeug nur für Privatfahrten und Fahrten zur Arbeitsstelle nutzen. Um trotzdem hier ins Spiel zu kommen, sagen Sie Ihrem Boss bei passender Gelegenheit: »Würde mich freuen, wenn Sie auch für mich einen Firmenwagen mitbestellen. Die Benzinkosten übernehme ich voll und ganz und das Thema ›Anpassung der Bezüge‹ ist vom Tisch.«
Ihr Boss ist einer von der schnellen Sorte und sagt: »Einverstanden, aber von Kleinkram will ich nichts sehen. Also übernehmen Sie auch die Pflegekosten nebst Kosten für Garage.«
Ihnen ist klar: Sie müssen 12 % vom Neupreis als Lohn versteuern, können aber die Kosten für Benzin, Pflege und Garage gegenrechnen. Haben Sie einige Tankquittungen verkramt, dürfen Sie die Benzinkosten schätzen nach Durchschnittsverbrauch und Durchschnittspreis (➤ Rz 830). Steht Ihr Firmenwagen nachts in Ihrer Privatgarage, setzen Sie auch den Wert für die Garagennutzung als Gegenkosten an.

Unterstützung vom Bundesfinanzhof!
Mit Urteil vom 30.11.2016 (Az. VI R 2/15) segnete der Bundesfinanzhof auch diese Variante ab. In seinem Urteil führt er aus: Leistet der Arbeitnehmer an

den Arbeitgeber für die außerdienstliche Nutzung, d.h. für die Nutzung zu privaten Fahrten und zu Fahrten zwischen Wohnung und regelmäßiger Arbeitsstätte, eines betrieblichen Kfzs ein Nutzungsentgelt, mindert dies den geldwerten Vorteil aus der Nutzungsüberlassung.
Nichts anderes gilt, wenn der Arbeitnehmer im Rahmen der privaten Nutzung einzelne (individuelle) Kosten (hier: Kraftstoffkosten) des betrieblichen Pkws trägt. Der Umstand, dass der geldwerte Vorteil aus der Kfz-Überlassung nach der 1-%-Regelung ermittelt worden ist, steht dem nicht entgegen.
Eine vorteilsmindernde Berücksichtigung der für den betrieblichen Pkw getragenen Aufwendungen beim Arbeitnehmer kommt allerdings nur in Betracht, wenn er den geltend gemachten Aufwand im Einzelnen umfassend darlegt und belastbar nachweist.

Legen Sie mit Ihrem Chef die richtige Strategie fest 660

Bei einem Neuwagen kommen Sie mit der 1-%-Methode meistens günstiger davon. Denn die Abschreibung treibt in den ersten Jahren die Autokosten in die Höhe. Bei einem Fahrzeug der Mittelklasse beträgt sie trotz einer beachtlichen Fahrleistung von 28.000 km im ersten Jahr 0,19 € je gefahrenen Kilometer, wie das folgende Beispiel zeigt:
Wie sich die Abschreibung entwickelt:

VW-Passat, Anschaffungskosten (ohne MwSt.)	27.000 €
Abschreibung degressiv im ersten Jahr: 20 % von 27.000 € =	– 5.400 €
Restbuchwert im ersten Jahr	21.600 €
Abschreibung degressiv im zweiten Jahr: 20 % von 21.600 € =	– 4.320 €
Restbuchwert im zweiten Jahr	17.280 €
Abschreibung degressiv im dritten Jahr: 20 % von 17.280 € =	– 3.456 €
Restbuchwert im dritten Jahr	13.824 €
Abschreibung degressiv im vierten Jahr: 20 % von 13.824 € =	– 2.765 €

usw.

Die Abschreibung vermindert sich also von Jahr zu Jahr rapide. Schon im vierten Jahr kann es günstiger sein, Privatfahrten nach der Fahrtenbuchmethode zu versteuern.

Aufgepasst beim Firmenfahrrad 661

Überlässt Ihnen der Chef ein Firmenfahrrad auch zum privaten Gebrauch, muss regelmäßig ein geldwerter Vorteil von 1 % des Neupreises versteuert werden. Für Fahrten zwischen Wohnung und Arbeitsstätte ist bei den meisten Rädern (und auch E-Bikes) kein gesonderter Ansatz – wie etwa beim Firmenwagen – erforderlich.

Eine Reihe von Unternehmen bietet Leasingmodelle zu Firmenrädern an, bei denen die Nutzung und ein späterer Erwerb durch Gehaltsumwandlung und Einsparungen von Steuern und Sozialabgaben schöngerechnet wird. Was ist davon zu halten? Während der Laufzeit dieser Verträge von zumeist 36 Monaten geht die Rechnung regelmäßig auf. Im Vergleich zum Erwerb des Rads spart der Arbeitnehmer nicht selten 30 %. Ein Problem entsteht allerdings, wenn der Arbeitnehmer das Rad bei Ablauf der Leasingzeit erwirbt. Die Leasinggesellschaft weist häufig einen Restwert von 10 % als Kaufpreis aus. Die Finanzverwaltung geht allerdings von einem Restwert von 40 % aus und nimmt in den restlichen 30 % einen weiteren steuerpflichtigen geldwerten Vorteil an. Damit kippt der finanzielle Steuer- und Sozialversicherungsvorteil.
Also: Nachrechnen lohnt sich!

9.3 Einbehaltene Lohnsteuer und Kirchensteuer – Zeile 7–10

662 Lohn-, Kirchensteuer und Solidaritätszuschlag aus > Zeile 4–7 Ihrer Lohnsteuerbescheinigung tragen Sie in > Zeile 7–10 der Anlage N ein. Passen Sie aber auf, dass Ihnen kein Zahlendreher zu Ihren Ungunsten unterläuft. Denn die einbehaltene Lohn- und Kirchensteuer rechnet Ihnen das Finanzamt bei der Veranlagung in voller Höhe auf Ihre Jahressteuer an. Zur Anrechnung siehe Veranlagungsschema unter ➤ Rz 47.

663 Zeile 9–10 Kirchensteuer bei konfessionsverschiedener Ehe

Das hört sich teuflisch kompliziert an und ist es auch. Dabei erscheint der Fall zunächst recht einfach: Eine konfessionsverschiedene Ehe führen Ehegatten, die gegenüber verschiedenen Kirchen steuerpflichtig sind, weil der eine z.B. römisch-katholisch und der andere evangelisch ist. Auf der Lohnsteuerkarte eines Alleinverdieners steht dann: Kirchensteuerabzug Arbeitnehmer: rk, Ehegatte: ev.
In diesem Fall erscheint die Kirchensteuer (8 oder 9 % der Lohnsteuer) in Zeile 7 der Lohnsteuerbescheinigung. Die evangelische Kirche freut sich, denn sie profitiert in Höhe von 50 % von der Kirchensteuer des – katholischen – Arbeitnehmers (unfaire Halbteilung). Jetzt passen Sie aber auf!!
Zunächst noch einfacher erscheint es, wenn nur ein Ehegatte kirchen-

steuerpflichtig ist. Dann sind die Ehegatten glaubensverschieden, was immer das auch heißen mag. Angenommen, der Ehemann ist werktätig und gehört keiner Kirche an. Dann steht auf seiner Lohnsteuerkarte unter Kirchensteuerabzug: vd oder – . In diesem Fall darf ihm keine Kirchensteuer abgezogen werden.

Hat der Ehepartner, der einer Kirche angehört, keine Einkünfte, ist bei diesem Ehepaar für die Kirche nichts zu holen. Hat er dagegen Einkünfte, wird für ihn Kirchensteuer nur nach dem Verhältnis der auf ihn entfallenden Einkommen- oder Lohnsteuer gesondert festgesetzt. Immer wieder kommt es aber vor, dass die Finanzämter in solchen Fällen die volle Kirchensteuer festsetzen. Prüfen Sie deshalb bei glaubensverschiedener Ehe den Steuerbescheid unbedingt auf richtige Berechnung der Kirchensteuer.

Beispiel
Beide Eheleute haben Einkünfte und es ist ein Kind zu berücksichtigen:

	Ehemann		Ehefrau
Konfession	–		ev
Summe der Einkünfte z.B.	20.000 €		10.000 €
Lohnsteuer nach Grundtabelle	2.520 €		179 €
Summe = Verteilungsmaßstab		2.699 €	
Anteilig	93,37 %		6,63 %
Gemeinsame Einkommensteuer lt. Einkommensteuerbescheid		2.476 €	
Davon entfallen auf den kirchenangehörigen Ehegatten 6,63 % = (gerundet)		164 €	
Davon Kirchensteuer 9 %		15 €	

Ärgerliches Kirchgeld 664
Sofern für den kirchensteuerpflichtigen Ehegatten nur eine geringe oder keine Kirchensteuer nach Maßgabe seines Einkommens entsteht, dürfen die Kirchen Kirchensteuer in Form des **besonderen Kirchgelds** erheben – eine eigenständige Steuer, die auf einem kircheneigenen Steuertarif beruht. **Mehr zum Kirchgeld unter ➤ Rz 134 f.**

TIPP 665
Die Kirchensteuer ist eine Sonderausgabe
Vergessen Sie nicht, die Kirchensteuer und das Kirchgeld in > Zeile 42 des Hauptformulars als Sonderausgaben anzusetzen.

Nichtstun ist immer die teuerste Lösung.
(Erkenntnis eines Gesundbeters)

9.4 Versorgungsbezüge – Zeile 11–15

666 **Was sind Versorgungsbezüge?**
Versorgungsbezüge sind Arbeitslohn aus einem früheren Dienstverhältnis. Stammt Ihre Altersversorgung also nicht aus der gesetzlichen Rentenversicherung oder einer betrieblichen Zusatzversicherung, sondern als Staats-, Dienst- oder Firmenpension von Ihrem früheren Arbeitgeber, müssen Sie diese Bezüge als nachträglichen Arbeitslohn versteuern.
Versorgungsbezüge beziehen auch Arbeitnehmer, die vorzeitig aus dem Erwerbsleben ausscheiden und hierfür von ihrem Betrieb für eine Übergangszeit Vorruhestandsgeld erhalten.
Versorgungsbezüge sind in Höhe des Versorgungsfreibetrags steuerfrei.

Versorgungsfreibetrag (§ 19 Abs. 2 EStG)
Der Versorgungsfreibetrag beträgt für diejenigen, die bereits vor 2005 eine Pension bezogen haben, 40 % der Versorgungsbezüge, max. 3.000 €. Von den verbleibenden Versorgungsbezügen wird dann noch ein Zuschlag zum Versorgungsfreibetrag von max. 900 € abgezogen.
Es wird also gerechnet:

Versorgungsbezüge	36.000 €
./. Versorgungsfreibetrag	
36.000 € × 40 % = 14.400 €, max.	– 3.000 €
./. Zuschlag zum Versorgungsfreibetrag, max.	– 900 €
Verbleiben	32.100 €
./. Werbungskosten, mind. Pauschbetrag	– 102 €
Einkünfte	31.998 €

Versorgungsbezüge (Beginn nach 2005)
Der Versorgungsfreibetrag nebst Zuschlag wird bis zum Jahr 2040 schrittweise – bis 2020 um 1,6, ab 2021 um 0,8 Prozentpunkte je Jahr – abgeschmolzen: Neupensionäre des Jahres 2017 erhalten einen Versorgungsfreibetrag von 20,8 %, max. 1.560 €, sowie einen Zuschlag von höchstens 468 €. Wer erstmals im Jahr 2018 Versorgungsbezüge erhält, kann einen Versorgungsfreibetrag von 19,2 %, max. 1.440 €, geltend machen. Der Zuschlag mindert sich auf 432 €. Außerdem werden der Höchstbetrag und der Zuschlag im ersten Jahr gezwölftelt.

Beispiel

Versorgungsbezüge ab Mai 2017	24.000 €
./. Versorgungsfreibetrag	
Jahrespension 36.000 € × 20,8 % = 7.488 €, max. 1.560 € × $^{8}/_{12}$ =	– 1.040 €
./. Zuschlag zum Versorgungsfreibetrag, max. 468 € × $^{8}/_{12}$ =	– 312 €
Verbleiben	22.648 €
./. Werbungskosten, mind. Pauschbetrag	– 102 €
Einkünfte 2017	22.546 €

(zur Bemessungsgrundlage des Versorgungsfreibetrags siehe ➤ Rz 668)

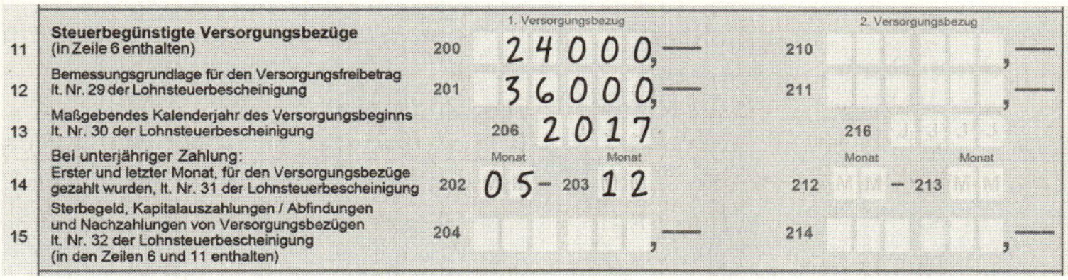

			1. Versorgungsbezug		2. Versorgungsbezug
11	**Steuerbegünstigte Versorgungsbezüge** (in Zeile 6 enthalten)	200	24000,—	210	,—
12	Bemessungsgrundlage für den Versorgungsfreibetrag lt. Nr. 29 der Lohnsteuerbescheinigung	201	36000,—	211	,—
13	Maßgebendes Kalenderjahr des Versorgungsbeginns lt. Nr. 30 der Lohnsteuerbescheinigung	206	2017	216	
14	Bei unterjähriger Zahlung: Erster und letzter Monat, für den Versorgungsbezüge gezahlt wurden, lt. Nr. 31 der Lohnsteuerbescheinigung	202	Monat 05 – 203 Monat 12	212	Monat – 213 Monat
15	Sterbegeld, Kapitalauszahlungen / Abfindungen und Nachzahlungen von Versorgungsbezügen lt. Nr. 32 der Lohnsteuerbescheinigung (in den Zeilen 6 und 11 enthalten)	204	,—	214	,—

Ein Blick in die ferne Zukunft

So wie die Renten aus der gesetzlichen Rentenversicherung ab 2040 in voller Höhe steuerpflichtig sein werden, gehören die Versorgungsfreibeträge für Neupensionäre ab dem Jahr 2040 gänzlich der Vergangenheit an.

Tabelle für den Versorgungsfreibetrag (aus § 19 Abs. 2 EStG)

Der maßgebende Prozentsatz, der Höchstbetrag des Versorgungsfreibetrags und der Zuschlag zum Versorgungsfreibetrag sind der nachstehenden Tabelle zu entnehmen:

Jahr des Versorgungsbeginns	Versorgungsfreibetrag		Zuschlag zum Versorgungs-freibetrag
	... % der Versorgungs-bezüge	maximal	
		€	€
bis 2005	40,0	3.000	900
ab 2006	38,4	2.880	864
2007	36,8	2.760	828
2008	35,2	2.640	792
2009	33,6	2.520	756
2010	32,0	2.400	720
2011	30,4	2.280	684
2012	28,8	2.160	648
2013	27,2	2.040	612
2014	25,6	1.920	576
2015	24,0	1.800	540
2017	22,4	1.680	504
2017	20,8	1.560	468
2018	19,2	1.440	432
...			
2037	2,4	180	54
2038	1,6	120	36
2039	0,8	60	18
2040	0,0	0	0

Altersentlastungsbetrag (§ 24 a EStG)

Neben dem Versorgungsfreibetrag können Sie einen Altersentlastungsbetrag in Anspruch nehmen. Das ist ein bestimmter Prozentsatz der positiven Summe der Einkünfte (ohne Renten und Versorgungsbezüge). Voraussetzung ist, dass Sie vor Beginn des Kalenderjahres Ihr 64. Lebensjahr vollendet haben. Das ist der Fall, wenn Sie spätestens am 1.1. des Veranlagungsjahres Ihren 64. Geburtstag feiern. Für 2017 können also alle Steuerzahler den Altersentlastungsbetrag beanspruchen, die am 1.1.1953 oder früher geboren sind. Mehr zum Altersentlastungsbetrag unter ➤ Rz 947.

Werbungskosten in Sonderfällen

Werbungskosten, die ausschließlich den Versorgungsbezügen zuzuordnen sind, wirken sich schon dann steuerlich aus, wenn der Pauschbetrag von 102 € überschritten wird, während bei den Werbungskosten zu den Einnahmen aus aktiver Beschäftigung der Arbeitnehmerpauschbetrag von 1.000 € gerissen werden muss.
Angesichts dessen ist es sinnvoll, zwischen beiden zu unterscheiden, was durch Einführung der neuen > Zeile 91 nun möglich ist.

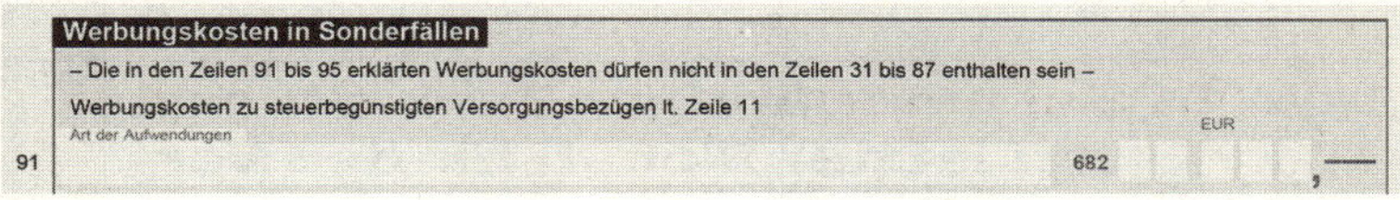
Werbungskosten in Sonderfällen
– Die in den Zeilen 91 bis 95 erklärten Werbungskosten dürfen nicht in den Zeilen 31 bis 87 enthalten sein –
Werbungskosten zu steuerbegünstigten Versorgungsbezügen lt. Zeile 11
Art der Aufwendungen
EUR
91 682 ,—

Zeile 11 Versorgungsbezüge 667

Die Höhe der Versorgungsbezüge ist in Zeile 8 der Lohnsteuerbescheinigung gesondert ausgewiesen.

Zeile 12 Bemessungsgrundlage für den Versorgungsfreibetrag 668

Im Prinzip ist die Bemessungsgrundlage für den Versorgungsfreibetrag der Versorgungsbezug des ersten Monats, in dem Sie Versorgungsbezüge erhalten haben, hochgerechnet auf ein Jahr. Deshalb hat der Arbeitgeber in Zeile 29 der Lohnsteuerbescheinigung die Bemessungsgrundlage ausgewiesen. Sie übernehmen den Betrag in > Zeile 12 der Anlage N und fertig.

Sie können die Bemessungsgrundlage für den Versorgungsfreibetrag kontrollieren.

Sie ist

- bei Versorgungsbeginn vor 2005 das Zwölffache des Versorgungsbezugs für Januar 2005,
- bei Versorgungsbeginn ab 2005 das Zwölffache des Versorgungsbezugs für den ersten vollen Monat,

jeweils zzgl. voraussichtlicher Sonderzahlungen im Kalenderjahr wie z.B. Weihnachtsgeld, auf die zu diesem Zeitpunkt ein Rechtsanspruch besteht.

669 **Zeile 13 Maßgebendes Kalenderjahr des Versorgungsbeginns**

Dazu sollten Sie wissen: Prozentsatz, Höchstbetrag und Zuschlag des Versorgungsfreibetrags richten sich nach dem Jahr des Versorgungsbeginns. Die Werte bleiben über die gesamte Laufzeit der Pension unverändert, sind quasi festgeschrieben.
Sie übernehmen das Kalenderjahr schlichtweg aus Zeile 30 der Lohnsteuerbescheinigung.

670 **Zeile 14 Bei unterjähriger Zahlung: erster und letzter Monat, für den Versorgungsbezüge gezahlt wurden**

Für jeden vollen Kalendermonat, für den keine Versorgungsbezüge gezahlt werden, ermäßigen sich der Versorgungsfreibetrag und der Zuschlag zu diesem um je ein Zwölftel (vgl. Zeile 31 der Lohnsteuerbescheinigung).

671 **Zeile 15 Sterbegeld, Kapitalauszahlungen/ Abfindungen und Nachzahlungen**

Diese besonderen Versorgungsbezüge entnehmen Sie der Zeile 32 der Lohnsteuerbescheinigung. Für diese Zahlungen werden ebenfalls ein Versorgungsfreibetrag sowie ein Zuschlag dazu berechnet.

Gemeinsam mit den Freibeträgen zu den Bezügen laut > Zeile 11–14 können aber die max. abzugsfähigen Beträge von bis zu 3.000 € bzw. 900 € nicht überschritten werden.

Ich bin der Geist, der nichts verneint.
(Frei nach Goethe)

9.5 Versorgungsbezüge bzw. Arbeitslohn für mehrere Jahre – Entschädigungen – Zeile 16–20

672 Eine Wohltat kommt selten allein, sagt man. Haben Sie mal durch eine **Nach- oder Vorauszahlung, eine Jubiläumszuwendung, Entschädigung, Abfindung o. Ä.** außerordentlich abkassiert, zeigt sich der Fiskus vernünftig und nimmt nicht die volle Steuer, sondern gewährt in Form der

sog. Fünftelregelung Nachlass. Und der ist durchaus geboten, weil normalerweise durch zusätzliche steuerpflichtige Einnahmen die Steuerprogression steil ansteigt, was zu einer unerträglichen Belastung führen könnte.

Die Fünftelregelung: Die Steuer für außerordentliche Einnahmen wird zunächst aus einem Fünftel des nachgezahlten Betrags berechnet und sodann verfünffacht. (Quelle: § 3 Nr. 9 und § 34 EStG)

Zeile 16–18 Versorgungsbezüge/Arbeitslohn für mehrere Jahre, Entschädigungen 673

Da Zahlungen für mehrere Kalenderjahre und Entschädigungen ermäßigt besteuert werden, müssen sie getrennt vom übrigen Arbeitslohn oder den übrigen Versorgungsbezügen in die > Zeilen 16–18 eintragen.

16	Ermäßigt zu besteuernde Versorgungsbezüge für mehrere Jahre lt. Nr. 9 der Lohnsteuerbescheinigung	205	,—	215	,—
17	**Ermäßigt besteuerte Entschädigungen / Arbeitslohn für mehrere Jahre** lt. Nr. 10 der Lohnsteuerbescheinigung			166	,—
18	**Entschädigungen / Arbeitslohn für mehrere Jahre** – ggf. lt. Nr. 19 der Lohnsteuerbescheinigung – vom Arbeitgeber nicht ermäßigt besteuert			165	,—
19	Steuerabzugsbeträge zu den Zeilen 16 und 17 – Lohnsteuer	146	,	Solidaritätszuschlag 152	,
20	Kirchensteuer Arbeitnehmer	148	,	Kirchensteuer Ehegatte / 149	,

Die entsprechenden Beträge entnehmen Sie den Zeilen 9, 10 und 19 der Lohnsteuerbescheinigung:

9. Steuerbegünstigte Versorgungsbezüge für mehrere Kalenderjahre		
10. Ermäßigt besteuerter Arbeitslohn für mehrere Kalenderjahre (ohne 9) und ermäßigt besteuerte Entschädigungen		
11. Einbehaltene Lohnsteuer von 9 und 10		
12. Einbehaltene Solidaritätssteuer von 9 und 10		
13. Einbehaltene Kirchensteuer des Arbeitnehmers von 9 und 10		
14. Einbehaltene Kirchensteuer des Ehegatten von 9 und 10 (nur bei konfessionsverschiedner Ehe)		
15. Kurzarbeitergeld, Zuschuss zum Mutterschaftsgeld		

ANLAGE N
Einkünfte aus nichtselbständiger Tätigkeit **2018**

Fahrten zwischen Wohnung und Arbeitsstätte		
19. Steuerpflichtige Entschädigungen und Arbeitslohn für mehrere Kalenderjahre, die nicht ermäßigt besteuert wurden – in 3. enthalten		
20. Steuerfreie Verpflegungszuschüsse bei Auswärtstätigkeit		

674 **Steuerbonus sichern und Doppelbesteuerung vermeiden!**
Nicht immer läuft im Lohnbüro alles rund. Darum prüfen Sie die Eintragungen auf der Lohnsteuerbescheinigung genau, wenn Sie eine Entschädigung oder Arbeitslohn/Versorgungsbezüge für mehrere Jahre erhalten haben. Fehlen entsprechende Eintragungen in den Zeilen 9, 10 oder 19, geht Ihnen die ermäßigte Besteuerung dafür durch die Lappen.

Eine Eintragung in Zeile 19 der Lohnsteuerbescheinigung bedeutet, das Lohnbüro hat die Steuervergünstigung bei Auszahlung von Jubiläumsgeld oder Entschädigung nicht berücksichtigt. In diesem Fall ist die Gefahr groß, dass das Finanzamt die Sonderzahlung doppelt besteuert: unter > Zeile 6 und ein weiteres Mal unter > Zeile 18. Prüfen Sie also Ihren Steuerbescheid genau, in welcher Höhe Bruttoarbeitslohn insgesamt angesetzt wurde.

675 **Abfindungen sind Quasientschädigungen, die der Arbeitnehmer als Ausgleich für die mit der Auflösung des Dienstverhältnisses verbundenen Nachteile erhält**, insbesondere für den Verlust des Arbeitsplatzes. Eine Abfindung ist steuerpflichtiger Arbeitslohn, kann jedoch nach der sog. Fünftelregelung (s.o.) ermäßigt besteuert werden, wenn sie zu außerordentlichen Einkünften führt (§ 34 EStG).

Welche Abfindung ist außerordentlich?
Außerordentlich bezieht sich auf den Umstand, dass sich Einkünfte in ein und demselben Kalenderjahr »ballen«, was die Progression anheizt. Als außerordentlich gilt deshalb nur, wenn der Abfindungsbetrag in einer Summe zufließt (BFH v. 4.5.2003 – BStBl 2003 II S. 881). Ausnahme: Die Abfindung verteilt sich auf zwei Kalenderjahre unter der Voraussetzung, dass die Zahlung von vornherein in einer Summe vorgesehen war und nur wegen ihrer ungewöhnlichen Höhe und der besonderen Verhältnisse des Zahlungspflichtigen auf zwei Jahre verteilt wurde oder wenn der Entschädigungsempfänger – bar aller Existenzmittel – dringend auf den baldigen Bezug einer Vorauszahlung angewiesen war (BFH v. 2.9.1992 – BStBl 1993 II S. 831).

Wichtig zu wissen:
Wird die Abfindung in zwei Teilbeträgen in verschiedenen Jahren ausgezahlt, riskieren Sie die ermäßigte Besteuerung, wenn beide Teilleistungen mehr als 10 % der Hauptabfindung ausmachen (Schreiben des Bundesfinanzministeriums vom 4.3.2017 –Az. IV C 4 – S 2290/07/10007). Also:

Abfindung	40.000 €
1. Teilzahlung Ende 2018 max. 10 % =	4.000 €
2. Teilzahlung in 2019	36.000 €

und die ermäßigte Besteuerung bleibt erhalten.

Gefährliches Fangeisen:
Eine Abfindung in Kombination mit – selbst geringen – laufenden Zahlungen oder Sachzuwendungen schließt den ermäßigten Steuersatz aus, obwohl dies im Zuflussjahr zu einer hohen Progression führt (FG Baden-Württemberg v. 11.10.2001 – EFG 2002 S. 265 und die dort aufgeführte Rechtsprechung). Das wird oft übersehen, wenn weiterhin Sachzuwendungen in Form eines **Dienstwagens**, einer **Dienstwohnung** oder des Rechts auf **verbilligten Einkauf** im Betrieb gewährt werden. Ein gefundenes Fressen für den Lohnsteueraußenprüfer.

Ganz anders sieht die Sache aus, wenn die laufenden Zahlungen z. B. ein bereits im Arbeitsvertrag geregeltes Wettbewerbsverbot betreffen oder der Dienstwagen oder die Dienstwohnung schon im Arbeitsvertrag für den Fall seiner Aufhebung versprochen wurden. Dann sind sie nicht Teil der Abfindung (BFH-Urt. v. 16.3.1993 – BStBl 1993 II S. 497) und handelt es sich um selbständige Sachverhalte. Die Abfindung ist dann steuerbegünstigt.

Wenn Sie so etwas nicht vorbringen können, versuchen Sie mit Ihrem alten Betrieb eine neue geringfügige Tätigkeit zu vereinbaren, die mit dem Dienstwagen, der Dienstwohnung oder den weiteren laufenden Zahlungen honoriert wird. Gelingt Ihnen das nicht, dann überlegen Sie, ob Sie nicht günstiger fahren, wenn Sie auf diese Extras verzichten und dafür den günstigen Steuersatz für die Abfindung bekommen.

♦ *Musterfall Herbert (Abfindung)* 676

Herbert glaubte endlich die Sonne zu sehen, als er mit knapp über 50 in einer anderen Firma den Posten des Verkaufsleiters mit 5.000 € Monatsgehalt erhielt. Doch die Chefetage machte enormen Druck, forderte immer höhere Umsätze. 55.000 € als Abfindung und den Geschäftswagen als Zu-

gabe konnte Herbert aushandeln, als er nur ein Jahr später die Konsequenzen zog und zum 30.6. aus der Firma ausschied. Immerhin ein schönes Polster, 60.000 €, wenn man den Geschäftswagen auf 5.000 € taxiert. Die Abfindung trägt er in > Zeile 17 der Anlage N ein.

16	Ermäßigt zu besteuernde Versorgungsbezüge für mehrere Jahre lt. Nr. 9 der Lohnsteuerbescheinigung	205	,—		215	,—
17	**Ermäßigt besteuerte Entschädigungen / Arbeitslohn für mehrere Jahre** lt. Nr. 10 der Lohnsteuerbescheinigung				166	60000,—
18	**Entschädigungen / Arbeitslohn für mehrere Jahre** – ggf. lt. Nr. 19 der Lohnsteuerbescheinigung – vom Arbeitgeber nicht ermäßigt besteuert				165	,—
19	Steuerabzugsbeträge zu den Zeilen 16 und 17	Lohnsteuer 146	12170,00	Solidaritätszuschlag	152	669,35
20		Kirchensteuer Arbeitnehmer 148	1095,30	Kirchensteuer Ehegatte /	149	,

Das Finanzamt besteuert Herberts Abfindung von insgesamt 60.000 € nach der Fünftel-Regelung wie folgt:

	Arbeitslohn (III/0)	Lohnsteuer
Jahresarbeitslohn ohne Abfindung(für 6 Monate)	*30.000 €*	*1.104 €*
1/5 der Abfindung	*12.000 €*	
	42.000 €	*3.538 €*
Differenz		*2.434 €*

Auf die Abfindung entfällt eine Lohnsteuer in Höhe von 12.170 € (2.434 € × 5). Zusammen mit der Kirchensteuer und dem Soli-Zuschlag ergibt sich eine Steuerbelastung von insgesamt 13.935 €.

Ohne den ermäßigten Steuersatz würde sich – bezogen allein auf die Abfindung von 60.000 € – eine Steuerbelastung von 18.442 € ergeben. Also 4.507 € gespart.

Werbungskosten in Sonderfällen

In > Zeile 92–93 halten die Fiskalbürokraten zwei Dummenkästchen für Sie bereit. Wenn man es ganz genau nimmt, ist die Fünftel-Regelung nicht auf die gesamte Abfindung anzuwenden, sondern auf die außerordentlichen Einkünfte (= Abfindung abzgl. diesbezüglich entstandener Werbungskosten wie z.B. Anwaltskosten).

»Moment, das mindert den Betrag für die Fünftel-Regelung und damit meinen Steuervorteil«, erkennen Sie sofort messerscharf.

Stimmt genau, und so will es das Finanzamt …

»Da trage ich meine Werbungskosten lieber weiter auf Seite 2 der Anlage N ein«, sagen Sie trotzig.

Steuerlich günstiger wäre das zwar, aber korrekt ist es nicht …

	Werbungskosten zu steuerbegünstigten Versorgungsbezügen lt. Zeile 11 Art der Aufwendungen		EUR
91		682	,—
	Werbungskosten zu steuerbegünstigten Versorgungsbezügen für mehrere Jahre lt. Zeile 16 Art der Aufwendungen		
92		659	,—
	Werbungskosten zu Entschädigungen / Arbeitslohn für mehrere Jahre lt. Zeile 17 Art der Aufwendungen		
93		660	,—

TIPP Regeln Sie auch den Abflug steuergünstig! 677

Beachten Sie: Sie können nur dann Steuern sparen, wenn zusätzliche Freibeträge oder Steuervergünstigungen zu ergattern sind. Also werden Sie bei Aufhebung des Arbeitsverhältnisses auf eine Abfindung hinwirken.

Die maßgebende Textpassage im Aufhebungsvertrag lautet: »... wird vereinbart, das Arbeitsverhältnis einvernehmlich auf Veranlassung der Firma aufzuheben ...«

Sodann machen Sie Ihrem Chef einen Vorschlag: »Hören Sie, mein Gehalt, das nach meinem Ausscheiden aus dem Betrieb ja noch zwei Monate weiterlaufen soll, möchte ich als Abfindung erhalten. Können wir nicht den Kündigungstermin zwei Monate vorverlegen? Denn alles, was danach gezahlt wird, gilt als steuerbegünstigte Abfindung.«

Melden Sie sich anschließend arbeitslos, haben Sie weitere Vorteile: Das Arbeitsamt löhnt ab sofort und nicht erst nach einer Karenzzeit von drei Monaten. Denn schließlich hat die Firma Ihnen gekündigt. Abends beim Bierchen denken Sie zurück an die vielen Jahre, in denen Sie für die Firma geschuftet und manches krumme Ding still mitgemacht haben. Und da kommt Ihnen noch eine andere Idee.

TIPP Frustabfindung statt Blumen 678

Sie haben sich jahrelang für die Firma kaputt geschuftet und viel zu wenig verdient. Um den ganzen Frust vergessen zu können, möchten Sie zum Abschied eine zusätzliche Abfindung. Wenn sich Ihr Chef über Ihre Forderung empört, dann empören Sie sich auch ...

- ... über die Schlammgrube, die seit Jahren nur bei Nacht und Nebel entsorgt wird, was Ihnen als umweltbewusstem Menschen so manche schlaflose Nacht einbrachte,

- … über das Geschäft mit dem damaligen Jugoslawien, von dem plötzlich alle Unterlagen fehlten,
- … und über verschiedene andere Gelegenheiten, wo nicht alles sauber gelaufen ist …

Erst gibt es vielleicht Zoff, aber nach ein paar Tagen, wenn er sich hat gut beraten lassen, kommt bestimmt das erste gütliche Angebot. Dann dürfen Sie aber nicht allzu zimperlich sein!

679 **Abfindungen sind von der Sozialversicherung befreit!**
Wenn Sie mit Ihrem Arbeitgeber die Höhe Ihrer Abfindung aushandeln, sollten Sie noch Folgendes wissen: Entlassungsentschädigungen gehören nicht zum sozialversicherungspflichtigen Arbeitsentgelt (Urt. des Bundessozialgerichts v. 21.2.1990, Az. 12 RK 20/88).

680 **TIPP**

Himmlische Vergünstigung: Erlass der Kirchensteuer

Zusätzlich zur Einkommensteuer und zum Soli-Zuschlag müssen Sie als Kirchenmitglied Kirchensteuer auf die Abfindung zahlen – traurig, aber wahr. Was die Kirchen nicht an die große Glocke hängen: Sie können auf diese Kirchensteuer einen Erlass von 50 % ergattern.

»Mensch, prima, was muss ich dafür tun?«, rufen Sie begeistert.

Ganz einfach. Wenn Sie Ihren Steuerbescheid vom Finanzamt bekommen haben, stellen Sie bei der Diözese (für Katholiken) bzw. der Landeskirche (für Protestanten) einen formlosen Antrag auf Teilerlass der Kirchensteuer, die auf die Abfindung entfällt (Quelle: FG Nürnberg v. 2.2.1995, rkr, EFG 1995, S. 691). Das Finanzamt hat mit dieser Sache nichts am Hut. An wen Sie sich wenden müssen, steht auf Ihrem Steuerbescheid unter der Überschrift Rechtsbehelfsbelehrung. Dem Antrag fügen Sie eine Kopie des Steuerbescheids und der betreffenden Gehaltsabrechnung bei.

Stöhnen ist halbe Arbeit.
(Sprichwort)

So könnte Ihr Schreiben aussehen:

An das
Landeskirchenamt
Altstädter Kirchplatz 5
33602 Bielefeld

Münster, den . . .

Teilerlass der Kirchensteuer: Abfindungszahlung

Sehr geehrte Damen und Herren,
anlässlich der Auflösung des Arbeitsverhältnisses habe ich im Jahr 2017 von meinem Arbeitgeber eine Abfindungszahlung erhalten. Hiermit bitte ich um Erlass der darauf entfallenden Kirchensteuer in Höhe von 50%. Meinen Steuerbescheid für 2017 sowie eine Kopie der entsprechenden Gehaltsabrechnung füge ich diesem Schreiben bei.
Mit der Bitte um wohlwollende Prüfung meines Antrags

. . . .

9.6 Steuerabzug – Steuerfreiheit – Doppelbesteuerungsabkommen – Zeile 21–29

Zeile 21 Steuerpflichtiger Arbeitslohn ohne Steuerabzug 681

21	Steuerpflichtiger Arbeitslohn, von dem kein Steuerabzug vorgenommen worden ist (soweit nicht in der Lohnsteuerbescheinigung enthalten)	115	,—

Hier wird Ihre Steuerehrlichkeit auf eine harte Probe gestellt, weil dieser Arbeitslohn nicht in der Lohnsteuerbescheinigung auftaucht. Zum steuerpflichtigen Arbeitslohn, von dem kein Steuerabzug vorgenommen worden ist, gehören z.B.

- Arbeitslohn von einem ausländischen Arbeitgeber, von Dritten gezahlter Arbeitslohn, Verdienstausfallentschädigungen,

- nach dem Gesetz zur Förderung der Einstellung der landwirtschaftlichen Erwerbstätigkeit von öffentlichen Kassen geleistete Beiträge zur gesetzlichen Rentenversicherung und zu den Arbeitgeberanteilen an den Krankenkassenbeiträgen sowie steuerpflichtige Teile der Ausgleichsleistungen.

682 Zeile 22–25 Steuerfreier Arbeitslohn bei Auslandstätigkeit

Sind Mitarbeiter im Ausland tätig, nimmt der Fiskus diesen Bereich neuerdings bei Lohnsteuerprüfungen stärker ins Visier, locken doch hohe Nachzahlungen, sprich Mehrergebnisse. Dieser Bereich nennt sich »Internationales Steuerrecht«, und darin kennen sich nur wenige aus. Zudem gilt er, wie man hört, als fehleranfällig.
Im Normalfall ist der Lohn bei Tätigkeit im Ausland steuerfrei, entweder nach einem **Doppelbesteuerungsabkommen** oder nach dem sog. **Auslandstätigkeitserlass.** Allerdings setzt der Fiskus unter dem Vorwand einer gerechten Besteuerung seine Schröpfköpfe an, indem er die im Ausland erzielten Einnahmen zur Erhöhung des Steuersatzes missbraucht (Progressionsvorbehalt nach § 32b EStG). In der Methode also identisch wie beim Arbeitslosengeld unter ➤ Rz 685 ff.

22	Steuerfreier Arbeitslohn nach Doppelbesteuerungsabkommen / Auslandstätigkeitserlass / sonstigen zwischenstaatlichen Übereinkommen (Übertrag aus den Zeilen 52, 70 und / oder 81 der ersten **Anlage N-AUS**)	139	, —
23	Steuerfreier Arbeitslohn nach Auslandstätigkeitserlass (Übertrag aus Zeile 66 der ersten **Anlage N-AUS**)	136	, —
24	Steuerfreie Einkünfte (Besondere Lohnbestandteile) nach Doppelbesteuerungsabkommen / sonstigen zwischenstaatlichen Übereinkommen / Auslandstätigkeitserlass (Übertrag aus Zeile 80 der ersten **Anlage N-AUS**)	178	, —
25	Beigefügte **Anlage(n) N-AUS**		Anzahl

Werbungskosten in Sonderfällen bei Auslandstätigkeit
Machen Sie hierzu Angaben unter > Zeile 31–87 bzw. > Zeile 94–96. Die Ausgaben wirken sich für Sie über den Progressionsvorbehalt steuergünstig aus.

> Zeile 22 Steuerfreier Arbeitslohn nach Doppelbesteuerungsabkommen
Kurz gesagt sind Doppelbesteuerungsabkommen (DBA) internationale Verträge, die den Zweck haben, eine doppelte Besteuerung – sowohl im Inland wie auch im Ausland – zu vermeiden (§ 2 AO). Die Einkünfte werden nur in einem Staat besteuert (bei Arbeitnehmern im Tätigkeitsstaat) und bleiben in dem anderen Staat (dem Wohnsitzstaat) steuerfrei. Eine Liste der DBA zwischen Deutschland und anderen Staaten (91 an der Zahl) enthält das BMF-Schreiben vom 25.1.2008 (BStBl 2008 I S. 310).

Der steuerfreie Arbeitslohn nach DBA wird nicht vom Arbeitgeber bescheinigt und muss deshalb von Ihnen selbst ermittelt und in > Zeile 22 eingetragen werden. Wie bereits gesagt, hat die Eintragung Auswirkungen in Form einer höheren Steuerprogression (Progressionsvorbehalt ➤ Rz 685 ff.)

Nicht gut zu wissen: Dauert die Auslandstätigkeit nicht länger als ein halbes Jahr bzw. 183 Tage, verbleibt das Besteuerungsrecht – entgegen der allgemeinen Regelung – häufig beim Wohnsitzstaat, z.B. nach DBA Österreich.

Achtung: Ist evtl. Auslandslohn im Bruttolohn lt. LSt-Bescheinigung Zeile 3 enthalten? **Herausrechnen!**

> Zeile 23 Steuerfreier Arbeitslohn nach Auslandstätigkeitserlass
Sofern mit dem Tätigkeitsstaat kein Doppelbesteuerungsabkommen vorliegt (wie z.B. mit Libyen, Liechtenstein, Nigeria oder Saudi-Arabien), kann der Lohn nach dem Auslandstätigkeitserlass steuerfrei sein. Demnach sind begünstigt:

- Planung, Errichtung, Überwachung und Wartung von Anlagen;
- Gewinnung von Bodenschätzen;
- Beratung ausländischer Auftraggeber beim Anlagenbau und bei der Gewinnung von Bodenschätzen.

Ferner ist die öffentliche Entwicklungshilfe begünstigt.

Der Weg zur Steuerbefreiung: Das Betriebsfinanzamt erteilt auf Antrag Ihrem inländischen Arbeitgeber eine Freistellungsbescheinigung für Sie, und der Betrieb trägt den Arbeitslohn in Zeile 16 – unten – der Lohnsteuerbescheinigung ein. Aber auch dieser steuerfreie Arbeitslohn unterliegt dem sog. Progressionsvorbehalt und muss in die > Zeile 23 der Anlage N übernommen werden.

Hat Ihr Arbeitgeber den Arbeitslohn besteuert, obwohl er nach dem Auslandstätigkeitserlass steuerfrei ist, können Sie bei Ihrem Finanzamt die Steuerfreiheit beantragen.

683 Zeile 26 Grenzgänger

Grenzgänger und Pendler haben ihren Arbeitsplatz im Ausland, kehren aber täglich zu ihrem inländischen Wohnsitz zurück. Für sie gibt es Sonderregelungen.

Da im Grundsatz das »Arbeitsortprinzip«, also Besteuerung der Einkünfte im Tätigkeitsstaat gilt, kann es sein, dass Grenzgänger ihre Einkünfte – abweichend vom Grundsatz – im Wohnsitzstaat versteuern.

Grenzgängerregelungen finden sich in den DBA mit Frankreich, Österreich und der Schweiz.

Weil Sie genauso ehrlich wie fleißig sind, tragen Sie Ihre Auslandsbezüge in der Währung des Auslands in > Zeile 26 ein, zumal die Finanzämter einen regen Auskunftsverkehr mit ihren ausländischen Kollegen pflegen. Außerdem fügen Sie die beim Finanzamt erhältliche Anlage N-Gre bei.

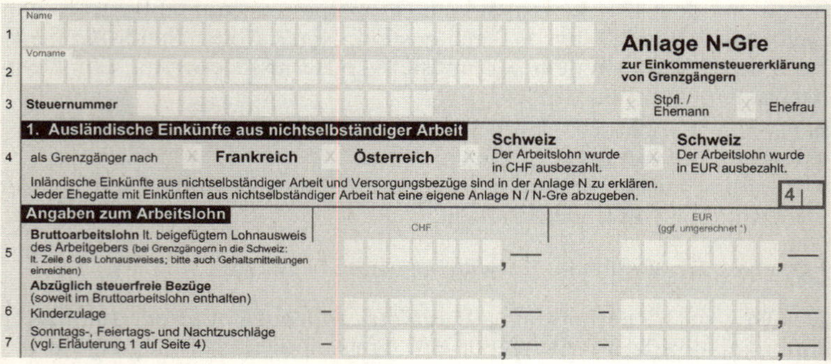

Anlage N-Gre
zur Einkommensteuererklärung von Grenzgängern

1 Name
2 Vorname
3 Steuernummer — Stpfl. / Ehemann — Ehefrau

1. Ausländische Einkünfte aus nichtselbständiger Arbeit

4 als Grenzgänger nach — Frankreich — Österreich — Schweiz: Der Arbeitslohn wurde in CHF ausbezahlt. — Schweiz: Der Arbeitslohn wurde in EUR ausbezahlt.

Inländische Einkünfte aus nichtselbständiger Arbeit und Versorgungsbezüge sind in der Anlage N zu erklären. Jeder Ehegatte mit Einkünften aus nichtselbständiger Arbeit hat eine eigene Anlage N / N-Gre abzugeben. 4

Angaben zum Arbeitslohn

		CHF	EUR (ggf. umgerechnet *)
5	**Bruttoarbeitslohn** lt. beigefügtem Lohnausweis des Arbeitgebers (bei Grenzgängern in die Schweiz: lt. Zeile 8 des Lohnausweises; bitte auch Gehaltsmitteilungen einreichen)	,—	,—
	Abzüglich steuerfreie Bezüge (soweit im Bruttoarbeitslohn enthalten)		
6	Kinderzulage	– ,—	– ,—
7	Sonntags-, Feiertags- und Nachtzuschläge (vgl. Erläuterung 1 auf Seite 4)	– ,—	– ,—

684 Zeile 27 Aufwandsentschädigungen

Aufwandsentschädigungen aus öffentlichen Kassen sind steuerfrei, weil sie, wenn auch pauschal, Auslagen abgelten sollen (§ 3 Nr. 12 EStG). Zu diesen Aufwandsentschädigungen zählen insbesondere Einnahmen

- als nebenberuflicher Übungsleiter, Ausbilder, Erzieher, Betreuer oder aus einer vergleichbaren Tätigkeit,
- aus einer nebenberuflichen künstlerischen Tätigkeit oder
- aus der nebenberuflichen Pflege alter, kranker oder behinderter Menschen.

Sie gehören im Grunde gar nicht in die Steuererklärung, jedoch nimmt der Fiskus ein gewisses Kontrollrecht in Anspruch.

27	Steuerfrei erhaltene Aufwandsentschädigungen / Einnahmen	aus der Tätigkeit als	118	EUR ,—

Andere Zahlungen aus öffentlichen Kassen, die in erster Linie Zeitaufwand abgelten, so z.B. die Vergütung für die Korrektur von Prüfungsaufgaben, sind nach Abzug des sog. **Übungsleiterfreibetrags von 2.400 €** (§ 3 Nr. 26 EStG) steuerpflichtige Einkünfte aus selbständiger Arbeit.

Ausführliche Hinweise zum Thema »Ehrenamt und Steuern« finden Sie unter ➤ Rz 169 ff. und unter ➤ Rz 543 ff. (Übungsleiterfreibetrag).

Das Beste, was du wissen kannst,
darfst du dem Buben doch nicht sagen.
(Goethes Faust)

9.7 Lohnersatzleistungen – Zeile 28–29 685

28	Kurzarbeitergeld, Zuschuss zum Mutterschaftsgeld, Verdienstausfallentschädigung nach dem Infektionsschutzgesetz, Aufstockungsbeträge nach dem Altersteilzeitgesetz, Altersteilzeitzuschläge nach Besoldungsgesetzen (lt. Nr. 15 der Lohnsteuerbescheinigung)	119	,—
29	Angaben über Zeiten und Gründe der Nichtbeschäftigung		

Lohnersatzleistungen sind steuerfreie Einnahmen nach dem Arbeitsförderungsgesetz aufgrund von Krankheit, Arbeitslosigkeit oder Insolvenz (§ 3 Nr. 2 EStG). Zwar steuerfrei, unterliegen sie dem Progressionsvorbehalt (nach § 32b EStG), gehen also in die Berechnung des Steuersatzes der übrigen – steuerpflichtigen – Einkünfte ein, die dadurch höher besteuert werden. Eine Besteuerung *von hinten durch die Brust über das Knie ins Auge*. Wie dabei gerechnet wird, dazu unten mehr.
Es reicht Vater Staat also nicht, von den Erwerbstätigen Steuern zu kassieren. Nein, auch denen, die arbeitslos oder länger krank sind – und deswegen ohnehin Flaute in der Kasse haben –, presst er Geld ab. Merkwürdig: Die Agentur für Arbeit zahlt aus, das Finanzamt kassiert's wieder ein.

Wie funktioniert der Progressionsvorbehalt?
Nehmen wir mal an, Sie waren ein Vierteljahr krank und haben Krankengeld erhalten. Bei einem zu versteuernden Einkommen von z.B. 25.000 €

zahlen Sie nach der Grundtabelle 3.913 € Steuer, etwa 16 %. Das Finanzamt lotst nun die 5.000 € Krankengeld mit folgendem Steuertrick – ja, richtig, das hat auch seine Tricks! – in Ihren Steuerbescheid: Es schlägt das Krankengeld dem zu versteuernden Einkommen zu. Für die dann insgesamt 30.000 € müssten Sie eigentlich 5.419 € Steuer zahlen, also etwa 18,1 % – wenn das Krankengeld steuerpflichtig wäre. Ist es aber nicht! Trotzdem zahlen Sie nun mehr. Denn das Finanzamt kassiert von Ihnen 18,1 % von 25.000 €, also 4.525 €.

»Dann kostet mich das Krankengeld also 612 € Steuern extra plus Kirchensteuer und Soli-Zuschlag. So eine Schweinerei! Aber wie wollen die denn überhaupt wissen, dass ich Krankengeld bekommen habe?«, sinnieren Sie.

Obacht! Auf Ihrer Lohnsteuerbescheinigung steht genau, von wann bis wann Sie gearbeitet haben. Und haben Sie länger als fünf Arbeitstage keinen Lohn von Ihrem Brötchengeber bekommen, muss er unter »U«, soll heißen »Unterbrechung«, eine Eintragung machen. Das Finanzamt weiß dann sofort: »Aha, da wurde Krankengeld gezahlt.« Darüber hinaus werden dem Finanzamt Lohnersatzleistungen seit einiger Zeit von den Krankenkassen und den Arbeitsagenturen online übermittelt. Schummeln also zwecklos.

Gewohnheiten sind Vorgesetzte,
die man nicht bemerkt.
(Hannes Messemer)

686 Zeile 28 Kurzarbeiter-, Schlechtwettergeld usw.

Haben Sie 2017 von Ihrem Arbeitgeber
- Kurzarbeitergeld,
- einen Zuschuss zum Mutterschaftsgeld,
- Verdienstausfallentschädigung nach dem Infektionsschutzgesetz,
- Aufstockungsbeträge nach dem Altersteilzeitgesetz oder
- Altersteilzeitzuschläge aufgrund der Besoldungsgesetze des Bundes und der Länder

erhalten, ist die Summe der ausgezahlten Beträge in Zeile 15 Ihrer Lohnsteuerbescheinigung ausgewiesen.

ANLAGE N Einkünfte aus nichtselbständiger Tätigkeit		2018
15. Kurzarbeitergeld, Zuschuss zum Mutterschaftsgeld, Verdienstausfallentschädigung (Infektionsschutzgesetz). Aufstockungsbetrag und Altersteizeitzuschlag	4.175	
Doppelbesteuerungsabkommen		

Genau diese Beträge gehören in > Zeile 28 der Anlage N.

28	**Kurzarbeitergeld, Zuschuss zum Mutterschaftsgeld, Verdienstausfallentschädigung nach dem Infektionsschutzgesetz, Aufstockungsbeträge nach dem Altersteilzeitgesetz, Altersteilzeitzuschläge nach Besoldungsgesetzen (lt. Nr. 15 der Lohnsteuerbescheinigung)**	119	,—

Nicht vom Arbeitgeber gezahlte Lohn-/Entgeltersatzleistungen (z.B. Arbeitslosengeld, Elterngeld) sollen in > Zeile 96 des Hauptvordrucks eingetragen werden.

Sonstige Angaben und Anträge

		stpfl. Person / Ehemann / Lebenspartner(in) A EUR	Ehefrau / Lebenspartner(in) B EUR
96	**Einkommensersatzleistungen,** die dem Progressionsvorbehalt unterliegen, z. B. Arbeitslosengeld, Elterngeld, Insolvenzgeld, Krankengeld, Mutterschaftsgeld und vergleichbare Leistungen aus einem EU- / EWR-Staat oder der Schweiz (ohne Beträge lt. Zeile 28 der Anlage N)	120 ,—	121 ,—

Die Leistungsbeträge werden grundsätzlich elektronisch an die Finanzverwaltung übermittelt. Lesen Sie dazu auch ➤ Rz 279.

Zeile 29 Angaben über Zeiten und Gründe der Nichtbeschäftigung 687

Hier sollen Sie Angaben machen, wenn Sie in 2017 zeitweise nicht in einem Arbeitsverhältnis gestanden haben.
Wenn die Zeiten der Nichtbeschäftigung lückenlos zu den Zeiten der Beschäftigung passen, macht der Fiskalvertreter schnell einen Haken dran. Um ihn zu beruhigen, geben Sie also an, wie lange und warum (z.B. Arbeitslosigkeit, Schulausbildung, Studienzeit) Sie nicht gearbeitet haben. Fügen Sie – ggf. neben der Bescheinigung über Lohn-/Entgeltersatzleistungen – Belege bei (Studienbescheinigung usw.). Krankheitszeiten brauchen Sie nicht anzugeben, wenn das Arbeitsverhältnis während der Erkrankung fortbestanden hat.

Um Rückfragen zu vermeiden, geben Sie auch die Zeiten an, in denen Sie pauschal besteuerten Arbeitslohn (z.B. Minijob) bezogen haben.

Seid voll Freude, meine Brüder,
wenn ihr in mancherlei Versuchungen geratet.
(Jakobus 1,2)

9.8 Werbungskosten (aus aktivem Arbeitsverhältnis) – Zeile 31–87

688 Zur Ermittlung der Arbeitseinkünfte zieht das Finanzamt vom Bruttolohn beruflich veranlasste Aufwendungen (= Werbungskosten) ab. Beruflich veranlasst sind praktisch alle Kosten, die Ihr Beruf mit sich bringt.

Arbeitnehmerpauschbetrag
Berufliche Kosten bis 1.000 € sind bei Arbeitnehmern in einem »aktiven Dienstverhältnis« durch den Arbeitnehmerpauschbetrag abgegolten und fallen daher sang- und klanglos unter den Tisch (§ 9 a EStG). Dem begegnen Sie am besten, indem Sie mal kleckern und mal klotzen. Dazu der Tipp unter ➤ Rz 691. Empfänger von Versorgungsbezügen/Pensionen stehen in einem »passiven Dienstverhältnis«. Sie erhalten nur einen Pauschbetrag von 102 €.

Bei den Werbungskosten spielt die Musik
Am Bruttoarbeitslohn können Sie kaum noch etwas zu Ihren Gunsten drehen, wenn das Arbeitsjahr abgelaufen ist und der Betrieb Ihr Gehalt auf der Lohnsteuerkarte bescheinigt hat. Bei den Werbungskosten liegt es aber an Ihnen, den weiten Spielraum voll auszunutzen.

Das Wort »Werbungskosten« klingt unverständlich, ist aber wohl als Eselsbrücke gedacht. In § 9 EStG werden sie nämlich als Kosten zur

Erwerbung, Sicherung und Erhaltung von Einnahmen
bezeichnet. Darunter fällt also alles, was Sie Geld gekostet hat und im weitesten Sinn mit Ihrem Beruf zusammenhängt. Außer den reinen Geldausgaben sind auch Abschreibungen auf Arbeitsmittel absetzbar. Auf der Suche nach Werbungskosten lohnt es, die steuerliche Phantasie schweifen zu lassen, wie Sie noch sehen werden. Viele Möglichkeiten zur Steuerersparnis sind zu wenig bekannt, insbesondere bei den sog. gemischten – d.h. sowohl beruflich als auch privat veranlassten – Aufwendungen.

689 Gemischte Aufwendungen: für den Fiskus ein rotes Tuch

Bei gemischten Aufwendungen argwöhnt der Fiskus, Sie könnten versuchen, ihm den privaten Anteil mit aufs Auge zu drücken. Deshalb lehnt er sie rundweg als nicht abzugsfähig ab, erkennt also auch den beruflichen Anteil nicht an. Allerdings macht er Ausnahmen:

Wenn eine Aufteilung der Aufwendungen in privaten und beruflichen Anteil leicht und einwandfrei möglich ist, lässt er Letzteren zum Abzug zu (EStR 12.1).

So werden – weil angeblich nicht aufteilbar – Aufwendungen für Kleidung und Schuhe, die Sie bei der Arbeit verschleißen, nicht anerkannt. Der beruflich veranlasste Anteil der Kosten für **Auto, Telefon, häusliches Arbeitszimmer, Verpflegung, Computer etc.** ist hingegen abzugsfähig, weil er sich, so die Begründung, leicht und einwandfrei vom privaten Anteil trennen lasse. **Weil das aber glatter Unfug ist, denn auch hier ist eine Trennung keineswegs leicht und einwandfrei, eröffnet sich Ihnen ein weites Feld, das gründlich zu beackern Sie nicht versäumen sollten.**

Nichtbeanstandungsgrenze

Da jeder Arbeitnehmer beruflich veranlasste Ausgaben hat, verzichten 690
die Finanzämter aufgrund interner Dienstanweisungen ganz auf Belege und Quittungen, wenn Sie nicht mehr als 2.500 € als Werbungskosten geltend machen – Kosten für Fahrten zur Arbeit gehen dabei extra –, nur müssen Sie Ihre Aufwendungen im Einzelnen aufschlüsseln, also auf der Anlage N oder einem eigenen Blatt eine genaue Aufstellung fertigen.

TIPP Bei Werbungskosten mal kleckern, mal klotzen 691

Haben Sie überhaupt keine beruflichen Aufwendungen, sind Sie fein heraus, denn den Pauschbetrag erhalten Sie trotzdem. Sind Ihnen dagegen Aufwendungen entstanden, müssen Sie sie bis 1.000 € steuerlich in den Wind schreiben. Es sei denn, Sie sind in der Lage, Ihre Ausgaben so zu steuern, dass Sie in einem Jahr den Pauschbetrag locker überspringen, dafür im nächsten Jahr möglichst keine Werbungskosten haben und nur den Pauschbetrag mitnehmen.

Ein bisschen Luxus ist erlaubt 692

Sie können bei den beruflichen Aufwendungen grundsätzlich selbst bestimmen, ob und in welcher Höhe Sie sie tätigen. Der Fiskus kann nicht entscheiden, ob Werbungskosten notwendig oder angemessen sind. Grenzwerte sind lediglich gesetzt bei

- Fahrten zwischen Wohnung und erster Tätigkeitsstätte (➤ Rz 694 ff.),
- häuslichem Arbeitszimmer (➤ Rz 752 ff.),
- Verpflegungsmehraufwendungen (➤ Rz 825),
- doppelter Haushaltsführung (➤ Rz 866).

Was dem Menschen sein Schatten,
ist der Steuer die Hinterziehung.
(Georges Pompidou)

693 **TIPP Keine Einnahmen, nur Ausgaben? Übertragen Sie Ihre Ausgaben in Folgejahre!**

Wer keine Einnahmen hat, kann auch nichts absetzen, so lautet die herkömmliche Devise. Dem ist aber nicht so. Waren Sie z. B. **arbeitslos** oder befanden sich in **Fortbildung** und hatten deswegen keine Einkünfte, sollten Sie trotzdem eine Steuererklärung abgeben, um sich den Ausgabenabzug zu sichern.
»Wie soll ich als Arbeitsloser Ausgaben geltend machen, wenn ich keine Einnahmen habe und deshalb auch keine Steuern zahlen muss?«, fragen Sie.
Dies gelingt Ihnen über den sog. **Verlustvortrag.** Auch ohne Einkünfte können Sie beruflich veranlasste Ausgaben für Bewerbungen, Fachliteratur oder auch Arbeitsmittel in der Anlage N geltend machen. Dieser Verlust wirkt sich über den sog. Verlustabzug (➤ Rz 276 f.) wahlweise im Vorjahr oder in künftigen Jahren aus.
Hauptsache ist, dass das Finanzamt Ihren Verlust zur Kenntnis nimmt, ihn amtlicherseits feststellt und in einem Steuerbescheid bescheinigt. Dieser Vorgang ist für sich genommen schon ein wichtiger Grund für die Abgabe einer Steuererklärung. Auf Seite 1 des Mantelbogens gibt es dafür oben extra ein Kästchen: »Erklärung zur Feststellung des verbleibenden Verlustvortrags«. In > Zeile 81 des Hauptvordrucks können Sie den Verlustabzug der Höhe nach beschränken.

Dies bedeutet: All diejenigen, die arbeitslos waren oder wegen einer längeren Fortbildung nicht arbeiten konnten, können die Kosten für einen Lehrgang, Arbeitsmittel, Dienstreisen, Arbeitszimmer usw. als sog. **vorweggenommene Werbungskosten** geltend machen und den Verlust später absetzen. Wichtig ist dabei, dass Fortbildung und Stellensuche nahtlos ineinander übergehen, damit der zeitliche Zusammenhang gewahrt ist.
Beispielhaft ist der »Maurer-Fall« (BFH-Urt. v. 18.4.1996 – BStBl 1996 II S. 529). Der arbeitslose Maurer belegte einen viermonatigen Meisterkurs und fand danach eine Stelle als Bauleiter. Der Bundesfinanzhof hat die Fortbildungskosten als vorweggenommene Werbungskosten anerkannt. Ebenso haben die Finanzrichter bei einem Arbeitslosen entschieden und Aufwendungen für Fachliteratur und Arbeitsmittel anerkannt (BFH-Urt. v. 13.6.1996 – BHF/NV 1997 S. 98).

Kein Chef ist dazu da,
seine Mitarbeiter glücklich zu machen.
(Manager Schütte)

9.8.1 Wege zwischen Wohnung und erster Tätigkeitsstätte (Entfernungspauschale) – Zeile 31 – 39

Für die Wege zwischen Wohnung und Arbeitsstätte können Sie – egal, welches Verkehrsmittel Sie benutzen – eine Entfernungspauschale geltend machen (§ 9 Abs. 2 EStG). Ungeachtet der ständig steigenden Kosten beträgt diese seit vielen Jahren nur **0,30 € für jeden Entfernungskilometer**. Dies zeigt wieder einmal, wie sich die öffentliche Hand auf Kosten der Werktätigen zu sanieren versucht. 694

Die Entfernungspauschale findet keine Anwendung bei Flügen (> Zeile 45) und bei steuerfreier Sammelbeförderung (➤ Rz 721), so § 9 Abs. 2 Satz 3 EStG.

Mit der Entfernungspauschale von 0,30 € je Entfernungskilometer sind sämtliche Fahrtkosten abgegolten. Das gilt sowohl für die Kraftfahrzeugaufwendungen (Abschreibung, Kosten für Treibstoff, Öl, Inspektionen, TÜV, übliche auf Verschleiß beruhende Reparaturen, Kfz-Steuer, Prämien für Haftpflicht- und Vollkaskoversicherung, nicht aber Unfallkosten) als auch für die Kosten durch öffentliche Verkehrsmittel.
Auch wenn Sie bei Nutzung eines privaten Kfz höhere Kosten nachweisen, ist gleichwohl nur die Entfernungspauschale von 0,30 € absetzbar.

Werbungskostenpauschbetrag entspricht einer Fahrtstrecke von 15 km 695
Als Werbungskosten wird mindestens ein Pauschbetrag von 1.000 € abgezogen, ohne dass Sie tatsächlich entstandene Aufwendungen nachweisen müssen.
Beträgt die Entfernung zur Tätigkeitsstätte nun mindestens 15 km, ist der Pauschbetrag schon geknackt.
Probe:

230 Fahrten × 15 km × 0,30 € =	1.035 €

Für jeden weiteren Euro, den Sie absetzen können, klingelt allerdings die Steuerkasse.

Beträgt Ihre Entfernung zur Arbeitsstätte weniger als 15 km? Wie wäre es mit steuerfreien Benzingutscheinen statt Werbungskostenabzug? Lesen Sie dazu ➤ Rz 542.

696 Entfernungspauschale bei Nutzung öffentlicher Verkehrsmittel

Interessanterweise wird die Entfernungspauschale nach der Straßenentfernung berechnet, auch wenn Sie öffentliche Verkehrsmittel benutzen.

Beispiel

Heribert Muster wohnt in Münster und arbeitet in Dortmund. Für die Fahrten zur Arbeit benutzt er nur öffentliche Verkehrsmittel.

Werbungskosten – ohne Beträge lt. Zeile 91 bis 94 – 8

Wege zwischen Wohnung und erster Tätigkeitsstätte / Sammelpunkt / weiträumigem Tätigkeitsgebiet (Entfernungspauschale)

Zeile	Erste Tätigkeitsstätte in (PLZ, Ort und Straße)	vom	bis	Arbeitstage je Woche	Urlaubs- und Krankheitstage
31	Dortmund, Westfalengasse 3	T T M M	T T M M	5	25
32		T T M M	T T M M		
	Sammelpunkt / nächstgelegener Zugang zum weiträumigen Tätigkeitsgebiet (PLZ, Ort und Straße)				
33		T T M M	T T M M		
34		T T M M	T T M M		

Zeile	Ort lt. Zeile		aufgesucht an Tagen		einfache Entfernung (auf volle Kilometer abgerundet)		davon mit eigenem oder zur Nutzung überlassenem Pkw zurückgelegt		davon mit Sammelbeförderung des Arbeitgebers zurückgelegt	davon mit öffentl. Verkehrsmitteln, Motorrad, Fahrrad o. Ä., als Fußgänger, als Mitfahrer einer Fahrgemeinschaft zurückgelegt		Aufwendungen für Fahrten mit öffentlichen Verkehrsmitteln (ohne Flug- und Fährkosten) EUR		Behinderungsgrad mind. 70 oder mind. 50 und Merkzeichen „G"
35	31	110	250	111	75 km	112	km	113	km	75 km	114	2043,–	115	1 = Ja
36		130		131	km	132	km	133	km	km	134	,–	135	1 = Ja
37		150		151	km	152	km	153	km	km	154	,–	155	1 = Ja
38		170		171	km	172	km	173	km	km	174	,–	175	1 = Ja

39 Arbeitgeberleistungen lt. Nr. 17 und 18 der Lohnsteuerbescheinigung und von der Agentur für Arbeit gezahlte Fahrtkostenzuschüsse – steuerfrei ersetzt 290 EUR ,— pauschal besteuert 295 EUR ,—

Die Entfernungspauschale beträgt bei 250 Fahrten × 75 km × 0,30 € = 5.625 €, höchstens 4.500 €.

> Sie können auch die tatsächlichen Kosten für die Benutzung öffentlicher Verkehrsmittel geltend machen, wenn sie den Betrag von 4.500 € übersteigen.

697 Entfernungspauschale bei Nutzung eines Kraftfahrzeugs

Wenn Sie ein privates Kraftfahrzeug oder einen Firmenwagen benutzen, sind die Kosten in unbegrenzter Höhe absetzbar.

Beispiel

Heribert Muster aus dem vorherigen Beispiel benutzt für die Fahrten zur Arbeit seinen privaten Pkw.

ANLAGE N
Einkünfte aus nichtselbständiger Tätigkeit **2018**

Werbungskosten – ohne Beträge lt. Zeile 91 bis 94 – 8

Wege zwischen Wohnung und erster Tätigkeitsstätte / Sammelpunkt / weiträumigem Tätigkeitsgebiet (Entfernungspauschale)

	Erste Tätigkeitsstätte in (PLZ, Ort und Straße)	vom	bis	Arbeitstage je Woche	Urlaubs- und Krankheitstage
31	Dortmund, Westfalengasse 3	T T M M	T T M M	5	25
32		T T M M	T T M M		
	Sammelpunkt / nächstgelegener Zugang zum weiträumigen Tätigkeitsgebiet (PLZ, Ort und Straße)				
33		T T M M	T T M M		
34		T T M M	T T M M		

	Ort lt. Zeile	aufgesucht an Tagen	einfache Entfernung (auf volle Kilometer abgerundet)	davon mit eigenem oder zur Nutzung überlassenem Pkw zurückgelegt	davon mit Sammelbeförderung des Arbeitgebers zurückgelegt	davon mit öffentl. Verkehrsmitteln, Motorrad, Fahrrad o. Ä., als Fußgänger, als Mitfahrer einer Fahrgemeinschaft zurückgelegt	Aufwendungen für Fahrten mit öffentlichen Verkehrsmitteln (ohne Flug- und Fährkosten) EUR	Behinderungsgrad mind. 70 oder mind. 50 und Merkzeichen „G"
35	31	110 250	111 75 km	112 75 km	113 km	km	114 ,—	115 1 = Ja
36		130	131 km	132 km	133 km	km	134 ,—	135 1 = Ja
37		150	151 km	152 km	153 km	km	154 ,—	155 1 = Ja
38		170	171 km	172 km	173 km	km	174 ,—	175 1 = Ja

39 Arbeitgeberleistungen lt. Nr. 17 und 18 der Lohnsteuerbescheinigung und von der Agentur für Arbeit gezahlte Fahrtkostenzuschüsse — steuerfrei ersetzt 290 EUR ,— — pauschal besteuert 295 EUR ,—

Die Entfernungspauschale beträgt bei 250 Fahrten × 75 km × 0,30 € = 5.625 €.

> Kosten aus einem Unfall auf der Fahrt zur Arbeit können zusätzlich zur Entfernungspauschale abgesetzt werden!

Welche Besonderheiten gibt es für Behinderte?
Wer behindert ist (mindestens 70 % oder 50 % plus Merkzeichen G oder aG), muss sich nicht mit der Pauschale von 0,30 € je Entfernungskilometer abspeisen lassen. Ihm steht die doppelte Entfernungspauschale von **0,60 € je Entfernungskilometer** zu. Dazu ist das entsprechende Kästchen in den > Zeilen 35–38 mit einer »1« für »Ja« auszufüllen.

Es geht für Behinderte aber noch weiter: Sie können sogar die tatsächlichen Kfz-Kosten (Abschreibung, Treibstoff, Inspektionen, Garage etc.) absetzen. Dazu müssen Sie der Steuererklärung eine Kostenaufstellung beifügen. Zu den tatsächlichen Kosten gehören neben Unfallkosten auch die Parkgebühren am Arbeitsort.

Bevor Sie die tatsächlichen Kosten geltend machen, stellen Sie am besten eine Vergleichsberechnung an und wählen die Methode, mit der Sie am günstigsten davonkommen.

698 **TIPP**

Sparen Sie mit einem Parkplatz Steuern!

»Ich arbeite mitten in der City. Der Stellplatz im Parkhaus kostet mich sage und schreibe einen Braunen im Monat«, stöhnen Sie.
Ja, mein Lieber: Pech gehabt. Parkgebühren, und seien sie noch so hoch, sind durch die mickrige Pauschale von 0,30 € abgedeckt. Soll heißen: Die Parkgebühren können Sie nicht extra absetzen.
»Aber mein Boss kann sie mir doch ersetzen?«
Klar kann er. Aber für Sie wäre das steuerpflichtiger Arbeitslohn. Was tun? Ihre Firma mietet selbst den Platz im Parkhaus an. Und lässt Sie dort unentgeltlich parken. Ihnen ist dann kein Arbeitslohn zuzurechnen, und Ihr Chef kann die Parkgebühren als Betriebsausgaben absetzen.
»Toller Trick!«, staunen Sie.

699 Zeile 31 Wohnung

Hinterhältig, wie der Fiskus nun einmal ist, lässt er die wichtige Frage nach Ihrer Wohnung einfach aus. Angaben dazu haben Sie nämlich bereits auf dem Mantelbogen in > Zeile 11–13 (➤ Rz 86) gemacht, und die sind auch hier – zunächst – maßgebend.
Im Prinzip kommt als Ausgangspunkt jede Wohnung in Betracht, die der Arbeitnehmer regelmäßig zur Übernachtung nutzt und von der aus er seine regelmäßige Arbeitsstätte aufsucht.
Hören Sie, was der Fiskus selbst dazu sagt: Als **Wohnung** ist z.B. auch ein möbliertes Zimmer, eine Schiffskajüte, ein Gartenhaus, ein auf eine gewisse Dauer abgestellter Wohnwagen oder ein Schlafplatz in einer Massenunterkunft anzusehen (LStR 9.10 Abs. 1 Satz 2).
»Meistens fahre ich von meiner Freundin aus zur Arbeit«, sagen Sie. »Deren Wohnung ist viel weiter entfernt als meine.«

700 Arbeitnehmer mit zwei Wohnungen

Treten Sie Ihre Fahrten zur Arbeit von verschiedenen Wohnungen (oder Unterkünften) aus an, werden zunächst nur die Fahrten von der näher gelegenen berücksichtigt. Es sei denn, die weiter entfernt liegende wird von Ihnen mit einer gewissen Regelmäßigkeit aufgesucht. Beim Fiskus spricht man vom »Mittelpunkt der Lebensinteressen« und unterscheidet zwischen Verheirateten und Alleinstehenden (LStR 9.10 Abs. 1).
Der Mittelpunkt der Lebensinteressen befindet sich bei einem verheirateten Arbeitnehmer in der Regel am Wohnort seiner Familie. Die Wohnung kann aber nur dann ohne nähere Prüfung berücksichtigt werden,

wenn sie der Arbeitnehmer mindestens sechsmal im Kalenderjahr aufsucht. Bei anderen Arbeitnehmern befindet sich der Mittelpunkt der Lebensinteressen an dem Wohnort, zu dem die engeren persönlichen Beziehungen bestehen. Das kann seinen Ausdruck besonders in Bindungen an Personen, z.B. Eltern, Verlobte, Freundes- und Bekanntenkreis, finden, aber auch in Vereinszugehörigkeiten und anderen Aktivitäten. Sucht der Arbeitnehmer diesen Wohnort im Durchschnitt mindestens zweimal monatlich auf, ist davon auszugehen, dass sich dort der Mittelpunkt seiner Lebensinteressen befindet (LStR 9.10).

»Ich konnte voriges Jahr meine damalige Verlobte keinen Tag allein lassen, da lief noch was nebenher.«

Das war sicherlich für Sie Grund genug, nach Hause zu fahren. Für die Fiskalritter aber vielleicht nicht so einleuchtend, weshalb Sie den wahren Grund nicht preisgeben sollten. Besser, Sie sprechen von Krankheiten, Haustieren und Ihren Ehrenämtern in Vereinen, von Übungsleitertätigkeit usw. Sagen Sie dem Fiskalritter, die Unterkunft in der Nähe der Arbeitsstätte hätten Sie nur angemietet für den Fall, dass wegen Schnee oder Nebel oder wegen Überstunden bis in den späten Abend eine Fahrt nach Hause nicht möglich ist. Das sei aber selten vorgekommen. Angenommen, Sie haben eine Wohnung 15 km von Ihrer Arbeitsstätte entfernt. Von dort sind Sie 40-mal zur Arbeit gefahren. Ihre Freundin wohnt 60 km von Ihrer Arbeitsstätte entfernt. Von dort sind Sie 190-mal zur Arbeit gefahren.

Und so bringen Sie die Fahrten in den Vordruck:

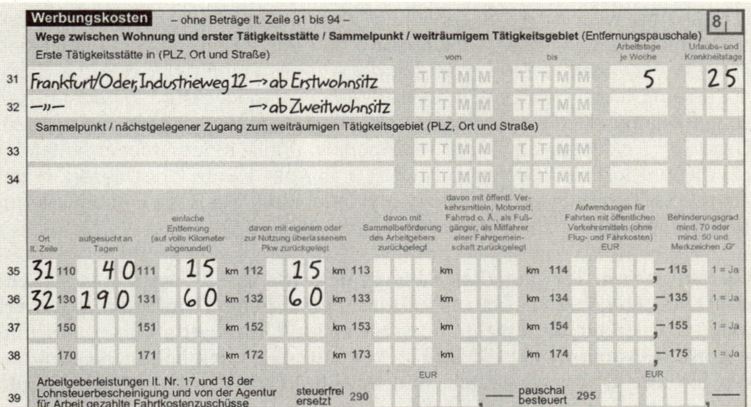

Werbungskosten – ohne Beträge lt. Zeile 91 bis 94 – 8

Wege zwischen Wohnung und erster Tätigkeitsstätte / Sammelpunkt / weiträumigem Tätigkeitsgebiet (Entfernungspauschale)

	Erste Tätigkeitsstätte in (PLZ, Ort und Straße)	vom	bis	Arbeitstage je Woche	Urlaubs- und Krankheitstage
31	Frankfurt/Oder, Industrieweg 12 → ab Erstwohnsitz	TTMM	TTMM	5	25
32	–"– → ab Zweitwohnsitz	TTMM	TTMM		
	Sammelpunkt / nächstgelegener Zugang zum weiträumigen Tätigkeitsgebiet (PLZ, Ort und Straße)				
33		TTMM	TTMM		
34		TTMM	TTMM		

	Ort lt. Zeile	aufgesucht an Tagen	einfache Entfernung (auf volle Kilometer abgerundet)	davon mit eigenem oder zur Nutzung überlassenem Pkw zurückgelegt	davon mit Sammelbeförderung des Arbeitgebers zurückgelegt	davon mit öffentl. Verkehrsmitteln, Motorrad, Fahrrad o. Ä., als Fußgänger, als Mitfahrer einer Fahrgemeinschaft zurückgelegt	Aufwendungen für Fahrten mit öffentlichen Verkehrsmitteln (ohne Flug- und Fährkosten) EUR	Behinderungsgrad mind. 70 oder mind. 50 und Merkzeichen „G"
35	31	110 40	111 15 km	112 15 km	113 km	km	114 ,–	115 1 = Ja
36	32	130 190	131 60 km	132 60 km	133 km	km	134 ,–	135 1 = Ja
37		150	151 km	152 km	153 km	km	154 ,–	155 1 = Ja
38		170	171 km	172 km	173 km	km	174 ,–	175 1 = Ja

39 Arbeitgeberleistungen lt. Nr. 17 und 18 der Lohnsteuerbescheinigung und von der Agentur für Arbeit gezahlte Fahrtkostenzuschüsse — steuerfrei ersetzt 290 EUR ,— pauschal besteuert 295 EUR ,—

Das ergibt Werbungskosten von:

40 Fahrten × 15 km × 0,30 € =	180 €
190 Fahrten × 60 km × 0,30 € =	3.420 €
Entfernungspauschale insgesamt:	3.600 €

Jeder will zurück zur Natur, nur nicht zu Fuß.
(Erkenntnis der Grünen)

701 **Guter Rat**

Zur Beweisvorsorge sollten Sie die Fahrten von der weiter entfernt liegenden Wohnung im Terminkalender notieren. Sie werden die Fahrten umso eher anerkannt bekommen, je öfter Sie gefahren sind.

»Das kommt mir gerade recht, umso mehr kann ich ja absetzen«, sagen Sie.

Außerdem: Das Finanzamt verlangt zwar keinen Nachweis für die entstandenen Fahrtkosten, als Beweisvorlage sollten Sie aber genügend Benzinquittungen und, wenn möglich, Inspektionsrechnungen vorlegen können.

»Ich benutze verschiedene Autos, mein eigenes, das meiner Verlobten und das von meinem Vater«, sagen Sie. Die Karte sticht nicht (➤ Rz 841).

TIPP Fahren Sie vom weit entfernten Campingplatz zur Arbeit?

702 Dieser Tipp wird all diejenigen unter Ihnen interessieren, die dem unbeschwerten Campingleben zugetan sind und neben ihrer festen Behausung einen Wohnwagen ihr Eigen nennen, der – zumindest für eine gewisse Zeit – auf einem Campingplatz steht. Dieser Wohnwagen kann für die Fahrten zwischen Wohnung und Arbeitsstätte als Ausgangspunkt angegeben werden. Gerät der Fiskalritter ob dieses Ansinnens in ungläubiges Staunen, möge er die diesbezügliche Anweisung in LStR 9.10 Abs. 1 Satz 2 nachlesen, in der ausdrücklich von einem Wohnwagen als Wohnung die Rede ist, wenn er für eine gewisse Dauer zur Übernachtung genutzt wird.

703 **Gut zu wissen: Ihr Notizkalender, in dem Sie die Übernachtungen auf dem Campingplatz, im Gartenhaus oder eben in der Schiffskajüte notiert haben, ist später die einzige beweiskräftige Unterlage dafür, wann und wie oft Sie von dort berufliche Fahrten unternommen haben. Also notieren Sie alle Übernachtungen, und bewahren Sie das Notizbuch für die spätere Steuererklärung gut auf.**

So bringen Sie als Steuerzahler aus Bielefeld Ihre Fahrten vom Campingplatz Dümmer/Lohausen in der Steuererklärung unter:

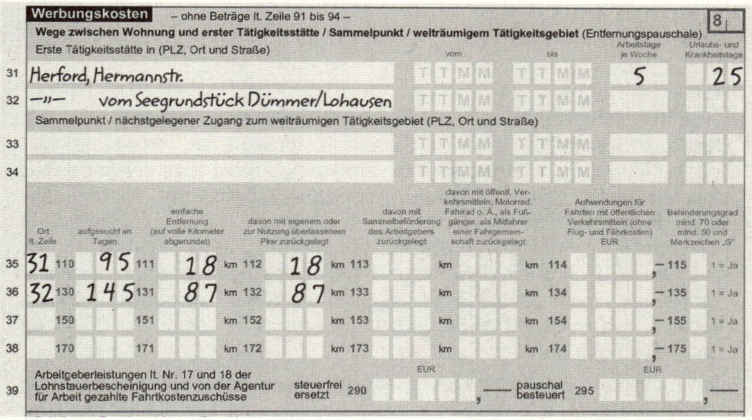

Werbungskosten – ohne Beträge lt. Zeile 91 bis 94 – 8

Wege zwischen Wohnung und erster Tätigkeitsstätte / Sammelpunkt / weiträumigem Tätigkeitsgebiet (Entfernungspauschale)

Zeile	Erste Tätigkeitsstätte in (PLZ, Ort und Straße)	vom	bis	Arbeitstage je Woche	Urlaubs- und Krankheitstage
31	Herford, Hermannstr.	T T M M	T T M M	5	25
32	–"– vom Seegrundstück Dümmer/Lohausen	T T M M	T T M M		
	Sammelpunkt / nächstgelegener Zugang zum weiträumigen Tätigkeitsgebiet (PLZ, Ort und Straße)				
33		T T M M	T T M M		
34		T T M M	T T M M		

Zeile	Ort lt. Zeile	aufgesucht an Tagen	einfache Entfernung (auf volle Kilometer abgerundet)	davon mit eigenem oder zur Nutzung überlassenem Pkw zurückgelegt	davon mit Sammelbeförderung des Arbeitgebers zurückgelegt	davon mit öffentl. Verkehrsmitteln, Motorrad, Fahrrad o. Ä., als Fußgänger, als Mitfahrer einer Fahrgemeinschaft zurückgelegt	Aufwendungen für Fahrten mit öffentlichen Verkehrsmitteln (ohne Flug- und Fährkosten) EUR	Behinderungsgrad mind. 70 oder mind. 50 und Merkzeichen „G"
35	31	110 95	111 18 km	112 18 km	113 km	km	114 ,–	115 1 = Ja
36	32	130 145	131 87 km	132 87 km	133 km	km	134 ,–	135 1 = Ja
37		150	151 km	152 km	153 km	km	154 ,–	155 1 = Ja
38		170	171 km	172 km	173 km	km	174 ,–	175 1 = Ja

39 Arbeitgeberleistungen lt. Nr. 17 und 18 der Lohnsteuerbescheinigung und von der Agentur für Arbeit gezahlte Fahrtkostenzuschüsse — steuerfrei ersetzt 290 EUR ,— pauschal besteuert 295 EUR ,—

Sie müssen dem Fiskalritter nur klarmachen, dass Ihr in Dümmer/Lohausen abgestellter Wohnwagen oder Ihr Mobilheim – zumindest für die Sommermonate – der Mittelpunkt Ihrer Lebensinteressen ist. Weisen Sie darauf hin, dass Sie sich im dortigen Segelclub engagieren, sofern das zutrifft. Sie dürfen aber nicht ein minderjähriges Kind oder Haustiere, die versorgt werden müssen, in der Stadtwohnung zurücklassen, so das FG Rheinland-Pfalz (Urt. v. 16.3.1994 EFG 1994 S. 784 und weitere Urteile zu Campingplatz als Mittelpunkt der Lebensinteressen). Ergo: Bello muss mit!

Das ergibt an Werbungskosten:

95 Tage × 18 km × 0,30 €	513 €
145 Tage × 87 km × 0,30 €	3.785 €
Entfernungspauschale insgesamt	4.298 €

Aber halt, Sie haben vergessen, in > Zeile 35 und 36 das Kästchen »Behinderungsgrad mindestens 70« anzukreuzen, denn Sie sind doch zu mind. 70 % behindert. Als so stark Behinderter können Sie nämlich die tatsächlichen Fahrtkosten ansetzen. Mangels Einzelnachweis der Fahrzeugkosten stehen Ihnen pauschal 0,30 € für jeden **gefahrenen** Kilometer zu (Werte für Dienstreisen nach LStH 9.5), also 0,60 € je Entfernungskilometer.

Das ergibt an Werbungskosten:

95 Tage × 18 km × 0,60 €	1.026 €
145 Tage × 87 km × 0,60 €	7.569 €
Summe	8.595 €

704 **Für verheiratete ausländische Arbeitnehmer gut zu wissen**

Dass der Besuch der eigenen Familie im fernen Land eine Fahrt zwischen Wohnung und Arbeitsstätte sein kann, auf die Idee kommt selten einer der vielen verheirateten ausländischen Arbeitnehmer in Deutschland. Und doch sind die Fahrten berufsbedingt, wenn er mindestens sechsmal im Jahr eine solche Fahrt unternimmt. Sechs Fahrten im Jahr sind für den Fiskus ein Beweisanzeichen, dass der Arbeitnehmer seine Familie noch nicht ganz und gar vergessen hat, die Familienwohnung im Ausland also noch »Mittelpunkt seiner Lebensinteressen« ist (LStR 42 Abs. 1 Satz 5).

Nun meint der Bundesfinanzhof, auch weniger als sechs Fahrten – im Urteilsfall waren es fünf – können ausreichend sein, um ein Interesse an der im Ausland wohnenden Familie zu bekunden (Urt. v. 26.11.2003 – BStBl 2004 II S. 233). Je weiter der Weg, umso weniger oft muss gefahren werden.

Kennen Sie jemanden, auf den dies zutrifft, dann geben Sie ihm diesen Tipp für seine Steuererklärung Anlage N > Zeile 31 f.

705 **TIPP**

Ehrlich währt am längsten, oder?

»Eine Kollegin von mir lacht sich immer halb tot, wenn sie hört, dass ich nichts vom Finanzamt zurückbekomme. Dabei sind wir beide gleichgestellt und wohnen beide hier in Köln in derselben Straße. Wie schafft die das bloß, Steuern zurückzukriegen?«, so fragen Sie. »Gibt die vielleicht beim Finanzamt die Wohnung ihrer Eltern in Düsseldorf als Hauptwohnung an und macht tägliche Fahrten zwischen Düsseldorf und Köln als Werbungskosten geltend?«

Das wäre glatte Steuerhinterziehung, wenn sie nicht wirklich täglich fährt. Aber mal angenommen, alles passte gut zusammen, dann ginge so was beim Finanzamt unerkannt durch. Ist Düsseldorf der Hauptwohnsitz, müsste die Lohnsteuerkarte von der Stadtverwaltung Düsseldorf ausgestellt sein (§ 39 Abs. 2 EStG). Auch müsste die Kollegin so konsequent sein, ihren Antrag auf Veranlagung beim Finanzamt Düsseldorf zu stellen (§ 19 AO). Doch ärgern Sie sich nicht über die Steuerhinterziehung anderer. Das sind doch kleine Fische. Die Wut sollte Sie nur packen, wenn Sie von den weitaus größeren Steuergelderhinterziehungen der Staatsbürokraten hören. Aber Sie bleiben ehrlich!

Zeile 31–34 Tätigkeitsstätte 706

Bei den meisten ist die Eintragung in > Zeile 31–34 der Anlage N rasch erledigt. Sie tragen schlichtweg die Anschrift ihres Brötchengebers ein.

Wer allerdings nicht Tag für Tag in den Betrieb fährt, sollte hier weiterlesen:

- Arbeitnehmer können nur ***eine*** **erste Tätigkeitsstätte** haben.
  Und:
- Eine betriebliche Einrichtung wird nicht bereits deshalb erste Tätigkeitsstätte, weil sie regelmäßig aufgesucht wird. Sie muss den inhaltlichen Schwerpunkt der Tätigkeit bilden. Ist ein solcher inhaltlicher Schwerpunkt nicht gegeben, hat der Arbeitnehmer eben keine erste Tätigkeitsstätte.

Die erste Tätigkeitsstätte ist der ortsgebundene Mittelpunkt Ihrer dauerhaft angelegten beruflichen Tätigkeit. Um eine erste Tätigkeitsstätte zu haben, müssen Sie dieser zugeordnet sein, dort auch Ihrer beruflichen Tätigkeit schwerpunktmäßig nachgehen.

TIPP So bestimmen Sie Ihre erste Tätigkeitsstätte selbst 707

Wo Ihre erste Tätigkeitsstätte ist, bestimmt in erster Linie Ihr Chef. Wie Ihr Arbeitsort bezeichnet wird, spielt dabei keine Rolle. Der Arbeitgeber muss also nicht zwingend den Begriff »erste Tätigkeitsstätte« verwenden, er kann sie auch »Hauptarbeitsstätte«, »zentrale Arbeitsstätte«, »Haupteinsatzort«, »Stammdienststelle« etc. nennen.

Die Arbeit, die Sie dort ausüben, muss keinen bestimmten zeitlichen Mindestumfang haben. Auch bei nur geringem Arbeitsumfang an diesem Ort muss das Finanzamt der Arbeitgeberfestlegung folgen, wenn eine solche vorliegt und eindeutig ist. Die Art der dort ausgeübten Arbeiten spielt ebenfalls keine Rolle.

Der Arbeitgeber kann – **muss aber nicht** – z.B. folgende Festlegungen treffen, mit der Folge, dass der betreffende Ort die erste Tätigkeitsstätte ist:

- Bei einem Rechtsanwalt- und Notargehilfen wird die Kanzlei als erste Tätigkeitsstätte festgelegt.
- Bei einem Kraftfahrer legt der Arbeitgeber den Betrieb als erste Tätigkeitsstätte fest.
- Ein Verkehrsunternehmen bestimmt das Busdepot als erste Tätigkeitsstätte.
- Für einen Außendienstmitarbeiter wird die Firmenzentrale als erste Tätigkeitsstätte festgelegt, obwohl er dort nur sporadisch tätig wird.

Erst in zweiter Linie kommt es auf den Zeitumfang der Arbeit an. Auf dieses Kriterium zur Bestimmung der ersten Tätigkeitsstätte wird aber erst zurückgegriffen, wenn der Arbeitgeber nicht selbst etwas in der Richtung festlegt oder seine Festlegungen nicht eindeutig sind. Eine erste Tätigkeitsstätte hat der Arbeitnehmer dann an dem Ort, an dem er

- typischerweise an jedem Arbeitstag
- oder je Arbeitswoche zwei volle Arbeitstage
- oder mindestens ein Drittel seiner vereinbarten regelmäßigen Arbeitszeit

tätig ist.

»Das lässt sich hören«, rufen Sie gleich. »Erste Arbeitsstätte ist ab sofort mein Arbeitszimmer und alle Fahrten für den Betrieb sind Reisekosten mit vollem Kostenabzug!«

Gute Idee, klappt aber nicht. Bei einer Arbeitsstätte muss es sich um eine betriebliche Einrichtung des Arbeitgebers handeln. Ein häusliches Arbeitszimmer gehört leider nicht dazu.

»Dann bestimmen wir die Filiale um die Ecke zur ersten Tätigkeitsstätte. Alle Fahrten zu Filialen im Umkreis, zu denen ich viel häufiger unterwegs bin, sind dann Dienstfahrten.« Genau, so klappt der Laden.

Fahren Sie als Arbeitnehmer mit Einsatzwechsel- oder Fahrtätigkeit morgens immer erst zum Betrieb und von dort weiter zur Baustelle oder übernehmen im Betrieb Ihren Bus oder Lkw, haben Sie im Betrieb keine erste Tätigkeitsstätte, da sich dort nicht der Schwerpunkt Ihrer beruflichen Tätigkeit befindet. Dies gilt auch, wenn Sie z.B. einmal in der Woche für einige Minuten den Betrieb Ihres Arbeitgebers aufsuchen, um Material, Aufträge oder Arbeitskollegen abzuholen oder um Arbeitsnachweise abzuliefern.

Außendienstler, Monteure und auch Postboten haben keine erste Tätigkeitsstätte im Betrieb, mit der Folge, dass

- **Fahrten zum Betrieb als Reisekosten mit den tatsächlichen Aufwendungen berücksichtigt werden und**

- **bei der Ermittlung abzugsfähiger Verpflegungskosten bei Auswärtstätigkeiten allein die Abwesenheit von der Wohnung zu berücksichtigen ist.**

(Quelle: Für Postboten zuletzt entschieden durch das FG München am 19.1.2015 – Az. 6 K 806/14)

Wichtig zu wissen: Fahrten zur Berufsschule gehören nicht in > Zeile 31–39, denn sie gelten als Dienstreise (> Zeile 50).

TIPP Vermeiden Sie eine erste Tätigkeitsstätte 708

Nach dem Reisekostenrecht hat eine erste Tätigkeitsstätte fast nur Nachteile:

1. Die Fahrtkosten zur ersten Tätigkeitsstätte können nur mit der Entfernungspauschale angesetzt werden.
2. Wenn Sie ein Firmenfahrzeug nutzen, müssen Sie den Nutzungsvorteil für Fahrten zwischen Wohnung und Tätigkeitsstätte selbst dann voll versteuern, wenn Sie nur einmal pro Woche im Betrieb auftauchen.
3. Die Abwesenheitszeit für die Berechnung der Verpflegungspauschalen beginnt anders als bisher erst ab Verlassen der ersten Tätigkeitsstätte (Betrieb) zu laufen.

Sie werden also in Absprache mit Ihrem Arbeitgeber eine erste Tätigkeitsstätte tunlichst vermeiden und haben nach der neuen Rechtsprechung des Bundesfinanzhofs dabei auch gute Karten. Das Einzige, was Sie tun müssen, ist, den Kern Ihrer beruflichen Tätigkeit zu beschreiben und dabei deutlich zu machen, dass Sie diese Arbeit nicht beim Arbeitgeber, sondern »auf Achse«, also bei Kunden, Mandanten, in verschiedenen Filialen …, erbringen.

Ohne erste Tätigkeitsstätte setzen Sie praktisch zeitlich unbegrenzt alle Fahrten – auch die gelegentlichen zum Betrieb – als Reisekosten mit 0,30 € je gefahrenen Kilometer ab.

Zeile 31–34 Arbeitstage je Woche … Urlaubs- und Krankheitstage 709

Von der Anzahl der Arbeitstage je Woche und der Dauer des Urlaubs hängt es ab, wie viele berufliche Fahrten zur Arbeitsstelle im Jahr der Fiskus ohne Wenn und Aber zugesteht:

Das sind bei

Fünftagewoche und drei Wochen Urlaub	230 Fahrten
Fünf- bis Sechstagewoche und drei Wochen Urlaub	260 Fahrten
Sechstagewoche und drei Wochen Urlaub	285 Fahrten

abzgl. der Krankheitstage.

710 **Guter Rat**

Autofahrer, die den täglichen Weg zur Arbeit mit dem eigenen oder einem überlassenen Pkw zurücklegen, können ihre Fahrtkosten über den allgemeinen Höchstbetrag von 4.500 € hinaus absetzen. Rechnen Sie aber damit, dass man von Ihnen Nachweise verlangt, wenn dieser allgemeine Höchstbetrag durch mehr als übliche Fahrten oder eine lange Wegstrecke überschritten wird. Also tunlichst Tankquittungen und Werkstattrechnungen aufbewahren.

Die Deckelung greift damit insbesondere in folgenden Fällen:

- wenn der Weg zur Arbeit (und zurück) mit anderen Verkehrsmitteln, z. B. dem Motorrad, Motorroller oder mit Bus oder Bahn zurückgelegt wird,
- für Teilnehmer einer Fahrgemeinschaft, und zwar bezogen auf die Tage, an denen sie nicht selbst gefahren, sondern mitgefahren sind.

(Quelle: BMF-Schreiben v. 11.12.2001 – BStBl I 2001, S. 994)

711 Zeile 35–38 Aufgesucht an ... Tagen

Auch wenn sich Ihr Fiskalritter wegen Ihrer zahlreichen Arbeitstage noch so lange verwundert die Augen reiben sollte, Sie lassen sich nicht beirren und beharren auf z.B. 243 Arbeitstagen, die glaubhaft zu machen Ihnen nicht schwerfallen dürfte.

TIPP Sie können auch mehr als 230 Fahrten im Jahr ansetzen!

712 Bei 230 Fahrten im Jahr ist für die meisten Fiskalritter in den Finanzämtern das Ende der Fahnenstange erreicht. Seien Sie trotzdem nicht zu bange, mehr Fahrten anzugeben, wenn Sie z. B. an freien Wochenenden in die Firma mussten. Etwa wegen einer Betriebsstörung, bei Dienst mit Abrufbereitschaft (BFH-Urt. v. 20.3.1992 – BStBl 1992 II S. 835), oder auch nur, weil Sie Unterlagen geholt haben, die Sie am Wochenende bearbeiten wollten. Denn die

Entfernungspauschale ist für jeden Arbeitstag anzusetzen, an dem Sie die Arbeitsstätte aufsuchen.

Beachten Sie: Zusätzliche Fahrten an ein und demselben Tag, z. B. außerhalb der regelmäßigen Arbeitszeit oder weil die Arbeitszeit um mehr als vier Stunden unterbrochen war, können nicht berücksichtigt werden. Eine Fahrt täglich, und damit basta, so sieht es St. Fiskus.

Das ergibt an Werbungskosten:

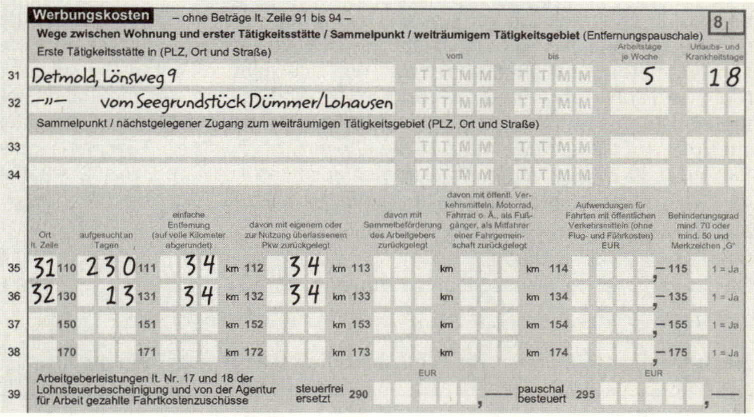

Werbungskosten – ohne Beträge lt. Zeile 91 bis 94 – 8

Wege zwischen Wohnung und erster Tätigkeitsstätte / Sammelpunkt / weiträumigem Tätigkeitsgebiet (Entfernungspauschale)

	Erste Tätigkeitsstätte in (PLZ, Ort und Straße)	vom	bis	Arbeitstage je Woche	Urlaubs- und Krankheitstage
31	Detmold, Lönsweg 9	T T M M	T T M M	5	18
32	–"– vom Seegrundstück Dümmer/Lohausen	T T M M	T T M M		
	Sammelpunkt / nächstgelegener Zugang zum weiträumigen Tätigkeitsgebiet (PLZ, Ort und Straße)				
33		T T M M	T T M M		
34		T T M M	T T M M		

	Ort lt. Zeile	aufgesucht an Tagen	einfache Entfernung (auf volle Kilometer abgerundet)	davon mit eigenem oder zur Nutzung überlassenem Pkw zurückgelegt	davon mit Sammelbeförderung des Arbeitgebers zurückgelegt	davon mit öffentl. Verkehrsmitteln, Motorrad, Fahrrad o. Ä., als Fußgänger, als Mitfahrer einer Fahrgemeinschaft zurückgelegt	Aufwendungen für Fahrten mit öffentlichen Verkehrsmitteln (ohne Flug- und Fährkosten) EUR	Behinderungsgrad mind. 70 oder mind. 50 und Merkzeichen „G"
35	31	110 230	111 34 km	112 34 km	113 km	km	114 ,–	115 1 = Ja
36	32	130 13	131 34 km	132 34 km	133 km	km	134 ,–	135 1 = Ja
37		150	151 km	152 km	153 km	km	154 ,–	155 1 = Ja
38		170	171 km	172 km	173 km	km	174 ,–	175 1 = Ja

39 Arbeitgeberleistungen lt. Nr. 17 und 18 der Lohnsteuerbescheinigung und von der Agentur für Arbeit gezahlte Fahrtkostenzuschüsse — steuerfrei ersetzt 290 EUR ,— — pauschal besteuert 295 EUR ,—

243 Tage × 34 km × 0,30 € = 2.479 €

Damit alles klappt, fügen Sie am besten eine Arbeitgeberbescheinigung nach folgendem Muster bei:

```
ARBEITGEBERBESCHEINIGUNG 20..
Herr/Frau . . . . . . . . wohnhaft in . . . ist bei uns
als . . . . . . beschäftigt. An folgenden Tagen hat er/
sie zusätzlich an Feiertagen/samstags/sonntags gearbei-
tet: . . . ., . . . ., . . . ., . . . ., usw.

. . . . . . . . . . .                    . . . . . . . .
Stempel des Arbeitgebers                 Unterschrift
```

Können Sie mit einer solchen Bescheinigung nicht aufwarten, klappt es vielleicht so:

713 **TIPP Nutzen Sie die Mittagsheimfahrten als Dienstreisen**

Die Entfernungspauschale kann für Wege zu derselben Arbeitsstätte für jeden Arbeitstag nur einmal angesetzt werden, selbst wenn Sie den Weg mehrmals pro Tag zurücklegen.

Die arbeitstäglichen Mittagsheimfahrten sind für den Fiskus privat veranlasst und bleiben somit bei den begünstigten Fahrten zwischen Wohnung und Arbeitsstätte unberücksichtigt. Weil Sie das ärgert, drehen Sie den Spieß um und machen aus den Mittagsheimfahrten Dienstreisen. Nun sind die gefahrenen Kilometer mit 0,30 € absetzbar. Wie das geht, möchten Sie wissen? Nichts einfacher als das. Sie verbinden die Mittagsheimfahrt mit einem Botengang für den Betrieb und fahren zunächst zu einem Kunden, zur Bank oder zur Post. Auf diese Weise machen Sie nun eine hochoffizielle Dienstreise, die Sie mit 0,30 € je gefahrenen Kilometer absetzen können. Bei 100 solcher Fahrten im Kalenderjahr ergibt sich daraus für Sie z. B. folgende Rechnung:

Fahrtkosten für Dienstreisen zu Post, Bank …	
100 Tage × 20 km × 0,30 €	600 €
Steuerersparnis bei einem Steuersatz von ca. 30 %	180 €

Auch hierfür stellt Ihnen Ihr Chef sicherlich eine Bescheinigung aus.

714 Zeile 35–38 Einfache Entfernung

Hier fragt der Fiskus scheinbar arglos nach der einfachen Entfernung, obwohl im Gesetz etwas ganz anderes steht. Dort ist zwar zunächst die Rede von der kürzesten Straßenverbindung zwischen Wohnung und Arbeitsstätte, im gleichen Atemzug wird aber gesagt, dass eine längere anzusetzen ist, wenn diese offensichtlich verkehrsgünstiger ist (§ 9 Abs. 1 Nr. 4 EStG).

»Wenn ich die kürzere Strecke fahre, aber die längere angebe, dann spare ich doppelt, Sprit und Steuern«, sagen Sie.

715 **TIPP Die verkehrsgünstigere Strecke ist maßgebend, nicht die kürzeste**

Die Bundesfinanzrichter haben hat glasklar entschieden: Für die Frage, ob eine Strecke offensichtlich verkehrsgünstiger ist, kann nicht eine Zeitersparnis von mindestens 20 Minuten verlangt werden. Eine solche absolute Zeitgrenze ergibt sich nicht aus dem Gesetz. ***Die Fahrzeitersparnis darf nur im Verhältnis zur Gesamtfahrzeit nicht von untergeordneter Bedeutung***

sein. Probleme könnte es damit geben, wenn die Zeitersparnis durch die längere verkehrsgünstigere Strecke unter 10 % liegt. Andererseits können auch Kriterien wie Verkehrssicherheit, Streckenführung oder Ampelschaltungen eine längere Strecke als verkehrsgünstig rechtfertigen, selbst wenn sich keine signifikante Fahrzeitersparnis ergibt (BFH v. 16.11.2011 – VI R 46/10, BFH/NV 2012 S. 505 und BFH v. 16.11.2011 – VI R 19/11, BFH/NV 2012 S. 508). Deshalb kann z. B. in den Wintermonaten eine schon morgens gut gestreute längere Strecke über eine Hauptverkehrsstraße maßgebend sein, wenn eine kürzere Nebenstrecke nicht zuverlässig von Schnee und Eis befreit ist.
Sie müssen sich vor allem mit Ihrem Finanzamt nicht mehr auf Diskussionen einlassen, ob es statt der von Ihnen tatsächlich benutzten Strecke eine andere Alternative zur kürzesten Fahrstrecke gibt, die noch schneller ist. Entscheidend ist nur, dass Ihre Strecke günstiger ist als die kürzeste Verbindung.

Übrigens:
Interessanterweise wird Ihre Entfernungspauschale auch dann nach der Straßenentfernung berechnet, wenn Sie mit öffentlichen Verkehrsmitteln zur Arbeit fahren. Angenommen, Sie fahren mit der Bahn zur Arbeit. Die Tarifentfernung der Bahn beträgt 38 km; zusätzlich legen Sie am Wohnort und am Arbeitsort noch jeweils 1 km zu Fuß zurück. Die kürzeste Straßenverbindung von Ihrer Wohnung zum Arbeitsplatz beträgt aber 45 km. Ihre Werbungskosten belaufen sich also auf:
45 km × 0,30 € × 220 Arbeitstage = 2.970 €

Zeile 35–38 ... davon mit Pkw zurückgelegt ... Sammelbeförderung, öffentliche Verkehrsmittel, Fahrgemeinschaft 716

Die Entfernungspauschale ist zwar grundsätzlich für alle Verkehrsmittel gleich hoch, und deshalb sollte es den Fiskus eigentlich nicht interessieren, welches Verkehrsmittel Sie zur Arbeit bringt. Die Fahrt mit dem eigenen oder einem überlassenen Pkw – z. B. Firmenwagen – ist indessen insoweit begünstigt, als es bei den Kosten nach oben keine Begrenzung gibt. Der Höchstbetrag von 4.500 € im Kalenderjahr gilt hier nicht.

Park and ride 717

Soweit für die Wege zwischen Wohnung und Arbeitsstätte sowohl ein Pkw als auch öffentliche Verkehrsmittel benutzt werden (sog. Park and ride), gilt die Begrenzung von 4.500 € nur für die auf öffentliche Verkehrsmittel entfallende Strecke. Deshalb wird die Entfernung jeweils gesondert abgefragt.

718 ♦ *Musterfall Udo Gaul (Park and ride)*

Gaul schwört auf die Bahn, doch leider liegt der Bahnhof nicht vor seiner Haustür. Deshalb kommt er nicht umhin, zunächst die 30 km bis zum nächsten Bahnhof mit seinem Pkw abzuspulen. Von dort geht es mit der Bahn weiter. Am Zielbahnhof angekommen, nimmt er die U-Bahn bis zu seiner Arbeitsstätte. Die kürzeste Straßenverbindung beträgt 100 km. An Aufwendungen für die Bahnfahrten kann Gaul insgesamt 1.600 € belegen.

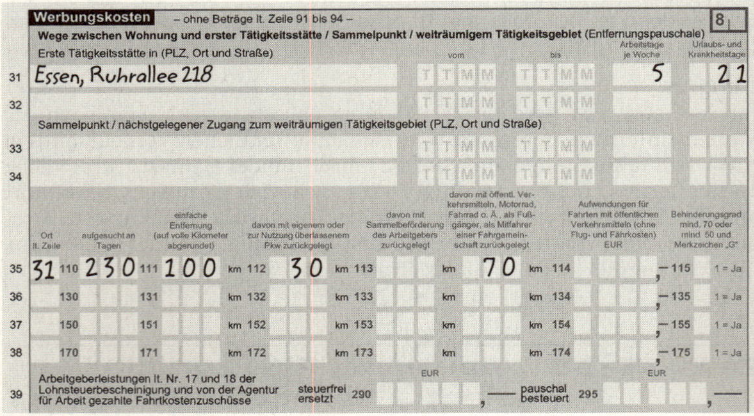

Werbungskosten – ohne Beträge lt. Zeile 91 bis 94 – 8

Wege zwischen Wohnung und erster Tätigkeitsstätte / Sammelpunkt / weiträumigem Tätigkeitsgebiet (Entfernungspauschale)

	Erste Tätigkeitsstätte in (PLZ, Ort und Straße)	vom	bis	Arbeitstage je Woche	Urlaubs- und Krankheitstage
31	Essen, Ruhrallee 218	TTMM	TTMM	5	21
32		TTMM	TTMM		
	Sammelpunkt / nächstgelegener Zugang zum weiträumigen Tätigkeitsgebiet (PLZ, Ort und Straße)				
33		TTMM	TTMM		
34		TTMM	TTMM		

	Ort lt. Zeile	aufgesucht an Tagen	einfache Entfernung (auf volle Kilometer abgerundet)	davon mit eigenem oder zur Nutzung überlassenem Pkw zurückgelegt	davon mit Sammelbeförderung des Arbeitgebers zurückgelegt	davon mit öffentl. Verkehrsmitteln, Motorrad, Fahrrad o. Ä., als Fußgänger, als Mitfahrer einer Fahrgemeinschaft zurückgelegt	Aufwendungen für Fahrten mit öffentlichen Verkehrsmitteln (ohne Flug- und Fährkosten) EUR	Behinderungsgrad mind. 70 oder mind. 50 und Merkzeichen „G"
35	31	110 230	111 100 km	112 30 km	113 km	70 km	114 ,–	115 1 = Ja
36		130	131 km	132 km	133 km	km	134 ,–	135 1 = Ja
37		150	151 km	152 km	153 km	km	154 ,–	155 1 = Ja
38		170	171 km	172 km	173 km	km	174 ,–	175 1 = Ja

39 Arbeitgeberleistungen lt. Nr. 17 und 18 der Lohnsteuerbescheinigung und von der Agentur für Arbeit gezahlte Fahrtkostenzuschüsse — steuerfrei ersetzt 290 EUR ,— — pauschal besteuert 295 EUR ,—

Und so rechnet das Finanzamt:

Für die Teilstrecke mit dem ***eigenen Pkw*** *von 30 km wird gerechnet: 230 Arbeitstage × 30 km × 0,30 € = 2.070 €.*

Für die verbleibende Teilstrecke mit der ***Bahn*** *von (100 km – 30 km =) 70 km: 230 Arbeitstage × 70 km × 0,30 € = 4.830 €. Hierfür ist der Höchstbetrag von 4.500 € anzusetzen, so dass sich insgesamt Werbungskosten von 6.570 € ergeben.*

719 Fahrgemeinschaften

Möglicherweise kommen Sie hier ins Grübeln, ob Sie dem Fiskus auf die Nase binden sollen, Teilnehmer einer Fahrgemeinschaft zu sein.

> Vorab gut zu wissen: Der Ansatz der Entfernungspauschale setzt nicht voraus, dass Ihnen tatsächlich Kosten entstehen. Sie könnten sie also selbst dann in Anspruch nehmen, wenn Sie zu Fuß zur Arbeit gingen. Deshalb steht bei Fahrgemeinschaften die Entfernungspauschale sowohl dem Fahrer als auch jedem Mitfahrer zu.

Fahrgemeinschaften sind öffentlichen Verkehrsmitteln gleichgestellt. Der absetzbare Betrag wird deshalb für Mitfahrer grundsätzlich auf den Höchstbetrag von 4.500 € pro Kalenderjahr begrenzt. Diese Begrenzung greift jedoch nicht für die Tage, an denen Sie selbst der Fahrer waren (Ihr eigenes Fahrzeug eingesetzt haben). Dazu unten mehr. **Machen Sie deshalb die entsprechenden Angaben in einer der > Zeilen 35–38 für die Tage, an denen Sie mit dem eigenen Fahrzeug gefahren sind, und in einer weiteren Zeile für die Tage, an denen Sie mitgenommen wurden.**

Für die Entfernungsermittlung gilt Folgendes: Jeder Teilnehmer der Fahrgemeinschaft trägt als Entfernung zwischen Wohnung und Arbeitsstätte die kürzeste benutzbare Straßenverbindung ein, Umwegstrecken zum Abholen der Mitfahrer werden nicht berücksichtigt.

Beispiel
Sie haben das Glück, mit zwei netten Kolleginnen eine wechselseitige Fahrgemeinschaft zu bilden. Die Entfernung zwischen Wohnung und Arbeitsstätte beträgt für jeden 100 km. Bei insgesamt 241 Arbeitstagen haben Sie an 51 Arbeitstagen mit Ihrem Pkw den Chauffeur gespielt. Der Fiskus rechnet:

Fahrten mit eigenem Pkw, unbegrenzt absetzbar

51 Tage × 100 km × 0,30 € =	1.530 €

Fahrten in Fahrgemeinschaft, begrenzt absetzbar bis 4.500 €

190 Tage × 100 km × 0,30 € = 5.700 €, max. 4.500 €	4.500 €
Insgesamt absetzbar	6.030 €

Und so bringen Sie Ihre Ansprüche in der Anlage N unter:

	Ort lt. Zeile	aufgesucht an Tagen	einfache Entfernung	davon mit eigenem oder zur Nutzung überlassenem Pkw zurückgelegt	davon mit Sammelbeförderung des Arbeitgebers zurückgelegt	davon mit öffentl. Verkehrsmitteln, Motorrad, Fahrrad o. Ä., als Fußgänger, als Mitfahrer einer Fahrgemeinschaft zurückgelegt	Aufwendungen für Fahrten mit öffentlichen Verkehrsmitteln (ohne Flug- und Fährkosten) EUR	Behinderungsgrad mind. 70 oder mind. 50 und Merkzeichen „G“
35	32	110 51	111 100 km	112 100 km	113 km	km	114 ,–	115 1 = Ja
36	32	130 190	131 100 km	132 km	133 km	100 km	134 ,–	135 1 = Ja

720 Einseitige Fahrgemeinschaft

Spielen bei einer Fahrgemeinschaft Sie allein den Chauffeur, weil Ihr Mitfahrer – z.B. wegen einer kleinen Sehschwäche – nicht gern Auto fährt, kommt Ihnen das durchaus gelegen. Schließlich wollen Sie nicht im Straßenverkehr einer Sehschwäche zum Opfer fallen. Sollte sich der Mitfahrer mit einer Benzinkostenbeteiligung erkenntlich zeigen wollen, haben Sie ein steuerliches Problem.
»Nanu, wieso das?«, fragen Sie erschrocken.
Diese Benzinkostenbeteiligung müssen Sie als »sonstige Einkünfte« versteuern, einzutragen in Anlage SO, > Zeile 7.
»Da stelle ich mich dumm, davon weiß ich nichts«, sagen Sie trotzig.

Aber, aber, so geht das nicht. Doch ich habe eine Lösung für Sie. Sie können gegen die Benzinkostenbeteiligung Ihre höheren Kosten aufrechnen, die Ihnen durch die Mitnahme des netten Nachbarn theoretisch entstanden sind:

Beispiel

Einfache Entfernung für > Zeile 35 z.B.	38 km
Die Umwegkilometer von z.B. 12	
werden in > Zeile 11 der Anlage SO geltend gemacht:	
12 Umwegkilometer × 0,30 € =	3,60 €
Mitnahmekosten 3,60 € × 230 Tage =	828 €
./. Benzinkostenbeteiligung	– 600 €
Verlust für > Zeile 12 Anlage SO	228 €

Zwar bringt Ihnen der Verlust keine zusätzliche Steuerersparnis, denn er ist nicht mit Ihren übrigen Einkünften ausgleichsfähig (Verlustausgleich nur innerhalb der gleichen Einkunftsart »sonstige Einkünfte« > Zeile 12 möglich). Aber Sie können immerhin die Benzinkostenbeteiligung steuerfrei kassieren.

721 Sammelbeförderung – Steuerfuchs, pass auf!

Sammelbeförderung hat nichts mit der Benutzung überfüllter öffentlicher Verkehrsmittel und nur ganz entfernt etwas mit Fahrgemeinschaften zu tun.
Unter Sammelbeförderung versteht man, wenn der Arbeitgeber den Transport seiner Belegschaft von der Wohnung zur Arbeitsstätte übernimmt. Da der Arbeitnehmer nicht selbst fahren muss, stellt die Sammelbeförderung einen sog. geldwerten Vorteil dar, der allerdings steuerfrei bleibt (§ 3 Nr. 32 EStG). **Im Gegenzug soll der Arbeitnehmer keine Wer-**

bungskosten für Wege zur Arbeitsstätte geltend machen können, daher die Frage zur Sammelbeförderung.

Doch Achtung: Wer denkt, mit steuerfreier Sammelbeförderung will ich mein Finanzamt nicht irritieren, der muss wissen: Auf der Lohnsteuerbescheinigung ist dafür der Buchstabe F eingetragen. Schummeln ist also zwecklos. Wenn der Arbeitgeber sich die Sammelbeförderung von Ihnen jedoch bezahlen lässt, tragen Sie Ihre Kosten in > Zeile 46–48 des Formulars ein.

TIPP Freie Fahrt zur Arbeit – mit öffentlichen Verkehrsmitteln 722

Egal, welches Verkehrsmittel Sie benutzen, die Entfernungspauschale ist immer gleich hoch. Finanziell gesehen fahren Sie mit öffentlichen Verkehrsmitteln in der Regel jedoch am günstigsten. Vielfach halten sich Fahrtkosten und Steuernachlass aber auch die Waage mit der Folge: Freie Fahrt zur Arbeit, wie es sich eigentlich gehört.

Angenommen, für die monatliche Bahnfahrkarte zahlen Sie 125 €, und Ihr Arbeitsweg beträgt 75 Kilometer. Das Bahnfahren kostet Sie also 1.500 € im Jahr, steuerlich absetzen können Sie aber:

230 Tage × 75 km × 0,30 € = 5.175 €, max.	4.500 €
Steuerersparnis	
Einkommen-/Lohnsteuer bei einem Steuersatz von 35 % =	1.575 €
Soli-Zuschlag und Kirchensteuer etwa	228 €
Steuerersparnis insgesamt	1.803 €

Bahnfahren kostet in diesem Beispiel um rund 300 € weniger, als die Steuerersparnis aus der Entfernungspauschale einbringt. Also rate ich Ihnen: Fahren Sie mit der Bahn oder mit einem anderen ebenso günstigen Verkehrsmittel, dann tun Sie Gutes für die Umwelt und für Ihren Geldbeutel.

TIPP Lassen Sie den Fiskus auch mal richtig zur Ader! 723

Haben Sie mit Ihrem Pkw eine weite Anfahrt von z. B. 20 km zum Betrieb, entstehen Ihnen pro Jahr berufliche Kosten von mindestens:

40 km × 0,30 € × 230 Tage =	2.760 €
Davon wirken sich steuerlich aus	
20 km × 0,30 € × 230 Tage =	1.380 €
./. Arbeitnehmerpauschbetrag	– 1.000 €
Steuerliche Auswirkung	380 €

Wenn demnächst eine Gehaltserhöhung ansteht, zeigen Sie Ihrem Chef diese Berechnung und sagen Sie ihm: »Hören Sie, wie wäre es, wenn Sie mir von der Gehaltserhöhung 100 € als Fahrtkostenersatz zahlen? Wenn Sie die Pauschalsteuer von 15 % übernehmen, wäre ich mit einem Fahrtkostenersatz von 85 € einverstanden. Zusammen sind das auch rd. 100 € Kosten für Sie, und Sie sparen zusätzlich den Arbeitgeberanteil zur Sozialversicherung von rd. 19 %.« Die 85 € entsprechen in etwa dem, was Sie andernfalls übers Jahr gerechnet als Werbungskosten ansetzen könnten, und bis zu diesem Betrag ist eine Pauschalversteuerung möglich. Wenn Ihr Chef darauf eingeht, machen Sie ein Bombengeschäft, wie die nachfolgende Vorteilsrechnung zeigt:

Berechnung des Nettolohns ohne Fahrtkostenregelung:

Bruttomonatslohn bisher z. B.			3.000,00 €
zzgl. Gehaltserhöhung			100,00 €
Bruttolohn neu			3.100,00 €
./. Lohnsteuer StKl I	457,25 €		
Lohnkirchensteuer 9 %	41,15 €		
Solidaritätszuschlag 5,5 %	25,14 €		
Sozialvers. Arbn.-Anteil	644,03 €		
Summe	1.167,57 €	>	– 1.167,57 €
Nettolohn			1.932,43 €

Berechnung des Nettolohns mit Fahrtkostenregelung:

Bruttomonatslohn wie bisher			3.000,00 €
./. Lohnsteuer StKl I	431,16 €		
Lohnkirchensteuer 9 %	38,80 €		
Solidaritätszuschlag 5,5 %	23,71 €		
Sozialvers. Arbn.-Anteil	623,25 €		
Summe	1.116,92 €	>	– 1.116,92 €
Verbleiben			1.883,08 €
Fahrtkostenersatz			85,00 €
Nettolohn			1.968,08 €

Wie Sie sehen, haben Sie durch den pauschal versteuerten Fahrtkostenersatz monatlich netto rund 36 € mehr auf dem Konto. Leider darf nach dem BMF-Schreiben BStBl 1990 I S. 112 pauschal versteuerter Fahrtkostenersatz nur zusätzlich zum regulären Gehalt bis zur Höhe der als Werbungskosten abzugsfähigen Beträge gezahlt werden. Eine Gehaltsumwandlung von steuerpflichtigem Lohn in Fahrtkostenersatz ist nicht zulässig. Daher klappt der Trick nur bei Gehaltserhöhungen.

Zeile 35-38 Behinderte 724

Allen Behinderten ab einem Behinderungsgrad von 70 % oder aber 50 % mit Merkzeichen »G« werden für Fahrten zwischen Wohnung und Arbeitsstätte steuerlich die **tatsächlichen Fahrtkosten** zugestanden. Diese machen Sie durch eine »1« in den > Zeilen 35–38 geltend. Von Amts wegen wird zunächst von folgenden Beträgen ausgegangen:

Benutztes Verkehrsmittel	tatsächliche Kosten €
Taxi, Flugzeug, Fähre, Schiff	
Pkw, Kombi, Kleinbus, Wohnmobil	0,60
Motorrad, Motorroller, Moped oder Mofa	0,40

Diese Beträge sind aber nicht das Ende der Fahnenstange. Sind die tatsächlich entstandenen Kosten höher und können Sie sie nachweisen, sollten Sie diese geltend machen. Welche Berechnung man dafür anstellt, dazu mehr unter ➤ Rz 830.

Beispiel
In der Anlage N haben Sie zunächst in > Zeile 35 unter Behinderungsgrad 70 % bzw. 50 % plus »G« eine »1« eingetragen. Mit diesem Antrag werden Ihnen von Amts wegen für jeden Entfernungskilometer 0,60 € Fahrtkosten zugebilligt, also 0,30 € pro gefahrenen Kilometer. Nach Ihrer Fahrtkostenberechnung nach dem Schema unter ➤ Rz 830 betragen die tatsächlich entstandenen Fahrtkosten jedoch 0,45 € pro gefahrenen Kilometer. Also fertigen Sie eine

Anlage zur Anlage N > Zeile 35
Für meine Fahrten zwischen Wohnung und Tätigkeitsstätte bitte ich einen Kilometersatz von 0,90 € je Entfernungskilometer zugrunde zu legen. Eine Berechnung der Fahrtkosten nebst Belege füge ich bei.

Wenn Sie den Steuerbescheid erhalten, rechnen Sie nach, ob der Fiskalritter Ihrem Antrag auch entsprochen hat. Andernfalls müssen Sie mit Einspruch um Nachbesserung bitten. Mehr zum Einspruch unter ➤ Rz 1134 ff.

725 Zeile 35–38 Aufwendungen für Fahrten mit öffentlichen Verkehrsmitteln

Hier bietet der Fiskus behinderten Arbeitnehmern eine sog. Günstigerprüfung an: Wenn die Fahrtkosten mit öffentlichen Verkehrsmitteln höher sein sollten, als die Entfernungspauschale nach > Zeile 35–38 ausmacht, wird er den höheren Betrag ansetzen.

726 ♦ *Musterfall Winter (Entfernungspauschale)*
Vor einigen Jahren hatte Willi Winter beim Skifahren einen schweren Unfall. Seitdem ist er zu 50 % behindert, außerdem bescheinigt ihm das Versorgungsamt eine erhebliche Gehbehinderung (Merkzeichen »G«). Willi wohnt in einem Vorort und fährt täglich zunächst mit der Regionalbahn und dann mit dem Stadtbus zur Arbeit. Die Entfernung beträgt 16 km, die Monatskarte »Bus&Bahn« kostet 195 €. Die Entfernungspauschale beträgt:

230 Arbeitstage × 16 km × 0,60 €	*2.208 €*
Die tatsächlichen Kosten belaufen sich auf:	
195 € × 12 Monate	*2.340 €*

Willi setzt also in > Zeile 35 den höheren Betrag = 2.340 € als Werbungskosten für Fahrten zwischen Wohnung und Arbeitsstätte an.

727 Sie können zwischen Entfernungspauschale und tatsächlichen Kosten wechseln!

Sind Sie nur gelegentlich mit öffentlichen Verkehrsmitteln und sonst mit dem Pkw zur Arbeit gefahren, setzen Sie für die Fahrten mit Bus und Bahn die tatsächlichen Kosten an, wenn diese höher waren als die Entfernungspauschale. Für die Tage, an denen Sie mit dem Auto gefahren sind, rechnen Sie pauschal mit 0,60 € je Entfernungskilometer.

Die Entfernungspauschale machen Sie in > Zeile 35–38 geltend. **Die zusätzlich anzusetzenden Kosten für die Benutzung öffentlicher Verkehrsmittel gehören in > Zeile 48.**

728 Zeile 39 Arbeitgeberleistungen/ Fahrtkostenzuschüsse

Fahrtkostenzuschüsse sind steuerpflichtig, können jedoch nach § 40 Abs. 2 Satz 2 EStG mit 15 % pauschal versteuert werden.

Steuerfreie Arbeitgeberleistungen (in Einzelfällen) für Fahrten zwischen Wohnung und Arbeitsstätte oder pauschal versteuerte Beträge sind in > Zeile 39 einzutragen.

Die steuerfreien und die pauschal versteuerten Fahrtkostenzuschüsse werden leider auf die Entfernungspauschale angerechnet.

Zeile 48 Weitere Werbungskosten – bei Unfallschaden 729

Der gesunde Menschenverstand sagt uns: Hat es auf dem Weg zur Arbeit gekracht, sind die Unfallkosten beruflich veranlasst und damit Werbungskosten.

TIPP Unfallschaden und keine Zeugen

Sie sitzen vor der Anlage N und grübeln über Unfallkosten nach. Endlich fällt der Groschen: Voriges Jahr Ende Februar, da war was. Sie finden die Reparaturrechnung: vordere Stoßstange ersetzt, ferner eine Lampe, Lackierarbeiten am Kotflügel vorn rechts, machte insgesamt 2.880 €. Jetzt fällt auch der zweite Groschen. Der Unfall geschah an dem Abend, als Sie erst spät von Ihrer Arbeitsstelle nach Hause kamen. Der Tag hatte Sie echt geschafft. In der Hofeinfahrt stand die nicht weggeräumte Mülltonne. An der wollten Sie vorbei, aber es war zu knapp. Zu allem Überfluss sind dabei noch das Tor zur Einfahrt und der Zaun zu Ihrem Einfamilienhaus zu Bruch gegangen. Beides haben Sie im Juni reparieren lassen, Kostenpunkt 1.490 €.

Die Unfallkosten bringen Sie in > Zeile 48 »weitere Werbungskosten« unter.

Auf einem Begleitzettel vermerken Sie: Der Unfall geschah am 22. Februar gegen 18.15 Uhr auf der Heimfahrt von meiner Arbeitsstelle. Dabei habe ich auch das Gartentor und den Zaun zu meinem Einfamilienhaus beschädigt. Rechnungskopien anbei.

Ihre Elly will's mal wieder besser wissen und meint, der Unfall sei auf der Rückfahrt von der Geburtstagsfeier Ihres Bruders passiert. Doch Sie wissen ganz genau, es war eine berufliche Fahrt, und weil Sie nun mal die Verantwortung für Ihre Familie tragen, werden Sie nichts tun, was zu deren Ungunsten ausfiele, und einsetzen, was Sie für wahr halten.

	Weitere Werbungskosten – soweit nicht steuerfrei ersetzt –				
	Flug- und Fährkosten bei Wegen zwischen Wohnung und erster Tätigkeitsstätte / Sammelpunkt / weiträumigem Tätigkeitsgebiet				
45			,—		
	Sonstiges (z. B. Bewerbungskosten, Kontoführungsgebühren)				
46		+	16,—		
47	Bürobedarf 120,–/Telefonkosten 240,–	+	360,—		
48	Unfall auf beruflicher Fahrt	+	4370,—	380	4746,—

Welche Kosten in diesen Fällen im Einzelnen abzugsfähig sind, dazu mehr unter ➤ Rz 834 ff.

9.8.2 Beiträge zu Berufsverbänden – Zeile 40

730 Hier setzen Sie Beiträge zur Gewerkschaft, zum Beamtenbund oder zu einzelnen Berufsverbänden wie Verband Deutscher Ingenieure, Kraftfahrerschutz- oder Journalistenverband an. Seien Sie dem Finanzamt auch mal gut, und bezeichnen Sie den Verband namentlich, damit der Bearbeiter einen Haken machen kann. Wenn Sie keinen Beleg beifügen, vermerken Sie: wie bisher. Oft werden Beiträge bis zu 150 € pro Jahr ohne Nachweis anerkannt.

Nicht vergessen: Haben Sie an einer Tagung Ihres Berufsverbands oder an einem Streik teilgenommen, setzen Sie die entstandenen Fahrtkosten und Verpflegungsmehraufwendungen zusätzlich an.

9.8.3 Aufwendungen für Arbeitsmittel – Zeile 41–42

731 Arbeitsmittel sind Hilfsmittel, die Arbeitnehmer einsetzen, um ihre Arbeit zu bewältigen. Die Aufwendungen dafür sind uneingeschränkt absetzbar. Werkzeuge und typische Berufskleidung werden in § 9 Abs. 1 Nr. 6 EStG nur beispielhaft genannt. Absetzbar sind nicht nur die Anschaffung, sondern auch Reparaturen und Reinigung.

Die 90-%-Regel
Als Arbeitsmittel gelten nur Gegenstände, die Sie ausschließlich oder zumindest weitaus überwiegend beruflich nutzen. Eine private Mitbenutzung von untergeordneter Bedeutung – bis zu 10 % – ist unschädlich. Hieraus ergibt sich die sog. 90-%-Regel.
Handwerkszeug, typische Berufs- und Schutzkleidung, Fachzeitschriften und -bücher sind ohne Wenn und Aber absetzbar, des Weiteren Computer, Mobiliar für Ihr Arbeitszimmer u. v. m. Ein Abc der Arbeitsmittel finden Sie unter ➤ Rz 733.

Geringwertige Arbeitsmittel
Arbeitsmittel, die nicht mehr als 487,90 € brutto (= 410 € netto plus 19 %) gekostet haben, können Sie unabhängig von der Nutzungsdauer im Jahr der Bezahlung voll absetzen. Haben die Anschaffungskosten mehr als 487,90 € brutto betragen, sind sie auf die Jahre der Nutzung zu verteilen. Dazu mehr unter ➤ Rz 734.

Neu ab 2018: Sofortabschreibung bis zu 952 € je Arbeitsmittel!
Die Grenze für geringwertige Wirtschaftsgüter beträgt ab 2018 stolze 800 € netto. Damit können in der Steuererklärung 2018 Arbeitsmittel bis zu Anschaffungskosten von 952 € (brutto) sofort steuerlich geltend gemacht werden – ohne lästige Abschreibung über drei oder gar mehr Jahre.

Nachweise
Achten Sie darauf, dass Sie eine wasserdichte Rechnung erhalten. »Arbeitsschuhe« hört sich besser an als »Schuhe«, »Aktentasche« besser als »Ledertasche«, »Büromaterial« oder »Fachbuch« besser als »Papierwaren« oder »Buch«. Übrigens: Bei Fachzeitschriften und Fachliteratur empfiehlt es sich, auf der Quittung auch Autor und Titel zu vermerken.

Gut zu wissen: Arbeitsmittel zum Geburtstag absetzen
Wenn Sie sich das Arbeitsmittel nicht selbst gekauft haben, sondern Ihre Lieben Ihnen den teuren Aktenkoffer für 450 € zum Geburtstag geschenkt oder unter den Weihnachtsbaum gelegt haben: Tragen Sie ihn beruhigt und ohne schlechtes Gewissen in Ihre Steuererklärung ein (BFH-Urt. v. 16.2.1990 – BStBl 1990 II S. 883). Das gilt natürlich auch für ein Schreibset und jegliche (z. B. ererbte) Büroausstattung.

Absetzen und später steuerfrei verkaufen
Wird das Arbeitsmittel später verkauft, ist der Veräußerungserlös – anders als bei Landwirten, Gewerbetreibenden und Freiberuflern – nicht steuerpflichtig. Das bedeutet: Wenn Sie ein Arbeitsmittel nach gegebener Zeit verkaufen, haben Sie vielleicht schon die Anschaffungskosten voll abgesetzt, können aber den Erlös steuerfrei einstreichen (Quelle: LStR 9.12).

Welcher Aufwand ist angemessen?
Wenn sich der Fiskus an den Kosten beteiligt, darf der Preis durchaus etwas höher sein, das ist schon richtig, doch sollte man die Kirche im Dorf lassen. Denn nach § 9 Abs. 5 EStG kann (nicht »muss«) das Finanzamt die Angemessenheit der Aufwendungen prüfen und im Einzelfall die Kosten

auf eine angemessene Höhe zusammenstreichen. Natürlich passt zu einem Mercedes Coupé für 80.000 €, den sich ein Bezirksleiter – aus gesundheitlichen Gründen, wegen seines Rückenleidens – für Dienstreisen angeschafft hatte, nur eine Aktentasche für 1.100 € aus feinstem Leder mit Goldbeschlägen. Doch beides stieß beim Fiskalritter auf Unverständnis. Kann man verstehen, oder?

Andererseits können auch ungewöhnlich hohe Aufwendungen für ein Arbeitsmittel abgesetzt werden, wenn sie in Bezug auf berufliche Stellung und Höhe der Einnahmen angemessen sind, so z.B. für den Flügel einer Musiklehrerin (BFH, 1989 II S. 356).

Sie können aber nicht nur bestimmen, welche Gegenstände Sie sich überhaupt kaufen, sondern auch, wie viele. So hatte ein Lehrer jahrelang für zahlreiche Bücher zig Euro hingeblättert und als berufliche Ausgaben geltend gemacht. »Kein Problem!«, sagte das FG Niedersachsen (Az. II 342/93, nv), solange nur jedes einzelne Buch einen beruflichen Bezug hat, und sei es nur auf einer Seite.

Angemessenheitsprüfung durch das Finanzamt? Alles Quatsch, sagt der Bundesfinanzhof!

Darf ein Laptop 1.700 € kosten, oder wird das Finanzamt nur das Gerät aus dem Sonderangebot für 299 € anerkennen? Ist ein Farb-Laser-Drucker für 1.200 € unangemessen, wo es auch ein Tintenstrahldrucker für 79 € tut?

Dass Ihr Sachbearbeiter im Finanzamt prüfen dürfen soll, was angemessen ist, kommt Ihnen seltsam vor – und das völlig zu Recht! Der Bundesfinanzhof hat mit Urteil vom 12. Januar 1990 (BStBl 1990 II Seite 423) nämlich entschieden: »Die Vorschrift des § 4 Abs. 5 Nr. 7 EStG, wonach Aufwendungen, die die Lebensführung des Steuerpflichtigen berühren, nicht als Betriebsausgaben den Gewinn mindern dürfen, soweit sie nach allgemeiner Verkehrsauffassung als unangemessen anzusehen sind, gilt nicht für den Bereich der Werbungskosten (Änderung der Rechtsprechung).«

… oder verständlich ausgedrückt:

Das Finanzamt hat die Angemessenheit Ihrer als Werbungskosten geltend gemachten Ausgaben nicht zu prüfen.

In den Verwaltungsanweisungen des Finanzamts ist dieses Urteil nicht zu finden. Allerdings heißt es dort:

Werbungskosten, die die Lebensführung des Arbeitnehmers oder anderer Personen berühren, sind … insoweit nicht abziehbar, als sie nach der allgemeinen Verkehrsauffassung als unangemessen anzusehen sind. ***Dieses Abzugsverbot betrifft nur seltene Ausnahmefälle****; die Werbungskosten müssen erhebliches Gewicht haben und die Grenze der Angemessenheit erheblich überschreiten, wie z. B. Aufwendungen für die Nutzung eines Privatflugzeugs zu einer Auswärtstätigkeit (Richtlinie 9.1 Abs. 1 der Lohnstreuer-Richtlinien).*

Die Richtlinien sind für die Finanzbeamten bindend. Darauf können Sie sich getrost berufen.

Zeile 41-42 Arbeitsmittel-Abc 732

Bei Gegenständen, die auch privat nutzbar sind, wie Lexika, Musikinstrumente, stellen sich viele Fiskalvertreter zopfig an. Wird doch von einem Arbeitsmittel verlangt, dass es zu mehr als 90 % beruflich genutzt wird. Anderenfalls gehört nämlich der gesamte Betrag zu den nicht abziehbaren Kosten der Lebensführung (§ 12 Nr. 1 EStG), was übrigens bei bürgerlicher Kleidung und Schuhen immer der Fall ist (Quelle: LStR 33 Abs.2).

733

Arbeitsmittel-Abc		
Bezeichnung	Anerkannt	
	ja	nein
Aktentasche (EFG 1979 S. 225)	x	
Berufskleidung = uniformartige oder Schutzkleidung, die nahezu ausschließlich für die berufliche Verwendung bestimmt ist und wegen der Eigenart des Berufs benötigt wird (BFH, BStBl 1979 II S. 519; BStBl 1980 II S. 73; BStBl 1991 II S. 348):		
Monteuranzug, Robe des Richters, Frack des Kellners oder Orchestermusikers, mit Posthorn versehene Dienstkleidung der Postler (EFG 1991 S. 118), Arztkittel, weiße Hose aus dem Fachhandel (BStBl 1991 II S. 348), Cut eines Empfangschefs, Frack, schwarzer Anzug bzw. schwarze Hose und weiße Jacke eines Kellners, schwarzer Anzug eines Leichenbestatters und eines Geistlichen, Sportbekleidung von Polizeibeamten für Dienstsport (Tennissport – FG Saarland – EFG 1991 S. 377)	x	

Arbeitsmittel-Abc		
Bezeichnung	Anerkannt	
	ja	nein
Sportanzug eines Offiziers mit aufgenähtem Balken, schwarze Hose zur Ausgehuniform (EFG 1992 S. 735)	x	
Berufskleidung reinigen und ausbessern	x	
Bücherregal	x	
sofern ausschließlich oder ganz überwiegend zur Unterbringung von Fachbüchern genutzt. Es braucht nicht in einem Arbeitszimmer zu stehen		
Computer	x	
sofern ausschließlich oder ganz überwiegend beruflich genutzt. Nachweis: Das Gerät steht am Arbeitsplatz, oder der Arbeitnehmer benötigt es für die berufliche Fortbildung. Ein Laptop wird allgemein als beruflich genutzt angesehen		
Diktiergerät	x	
Enzyklopädie des Tierreichs, mehrbändig	x	
berufliche Nutzung bei einem Biolehrer		
Fachbücher, Fachzeitschriften	x	
dazu gehören auch Sachbücher, die sich an einen breiten Leserkreis wenden, aber berufsbezogene Themen des Arbeitnehmers behandeln		
Im Einzelnen		
Allgemeine Nachschlagewerke, auch bei Lehrern		x
Tages- oder Wochenzeitungen		x
Capital, Wirtschaftswoche, Impulse, Managementwissen, manager magazin (FG Köln – EFG 1991 S. 21)		x
Handelsblatt	x	
»Grzimeks Tierleben« bei Biolehrern		x
Kleidung, bürgerliche		x
auch wenn sie ausschließlich am Arbeitsplatz getragen wird (BStBl 1980 II S. 75)		
Koffer für Reisenden (EFG 1972 S. 329)		x
Kunstgegenstände im Arbeitszimmer (Bilder, Skulpturen)		x

Arbeitsmittel-Abc		
Bezeichnung	Anerkannt	
	ja	nein
Kunstgegenstände im Arbeitszimmer, das auf Besucher repräsentativ wirken muss (BStBl 1991 II S. 340)	x	
Mobiliar im Arbeitszimmer, auch antikes Musikinstrument	x	
Konzertpianistin	x	
Kirchenmusiker	x	
Musiklehrer; hier ist die Rechtsprechung nicht einheitlich (abgelehnt v. BFH – BStBl 1978 II S. 459, anerkannt FG Niedersachsen EFG 1982 S. 561)		x
Nachschlagewerke		
in englischer Sprache für Englischlehrer	x	
Brockhaus für Lehrer	x	
Duden für Deutschlehrer	x	
Reiseutensilien für Dienstreisen (EFG 1988 S. 67)		x
Schreibmaschine		
Prüfer (BStBl 1963 III S. 299)	x	
Referendar (EFG 1969 S. 399, EFG 1988 S. 116)	x	
Richter (BStBl 1971 II S. 327)	x	
Schreibtisch in der Privatwohnung		
zusammen mit Stuhl, Lampe und Papierkorb		
Lehrer (BStBl 1977 II S. 464)	x	
Bauingenieur (BFH v. 28.11.1980, nicht veröff.)		x
Sportgeräte, Sportkleidung		
Sportlehrer, wenn ausschließlich beruflich genutzt	x	
Sportlehrer, wenn auch privat genutzt		x
(dazu BStBl 1987 II S. 262 bei einem privaten Nutzungsanteil von nur 15,5 %)		
Telefon in der Wohnung	x	
Teppich im Arbeitszimmer, auch antik oder Orientteppich	x	
(FG Niedersachsen, EFG 1992 S. 65 und 1994 S. 236)		
Wachhund		
Ärztin (BStBl 1979 II S. 512)		x

Arbeitsmittel-Abc		
Bezeichnung	Anerkannt	
	ja	nein
Forstbediensteter	x	
Hausmeister (EFG 1989 S. 228 rk)	x	
Wachmann (BStBl 1960 III S. 163)	x	
Waffen		
Richter (EFG 1979 S. 546)		x
Forstbeamter (Jagdwaffe)	x	
Zeitung für berufliche Informationen, wenn Zweitabo (FG Köln, EFG 1994 S. 199)	x	

734 Zeile 41-42 Absetzung für Abnutzung

Die Anschaffungskosten von Arbeitsmitteln können Sie in voller Höhe als Werbungskosten absetzen, wenn sie für das einzelne Arbeitsmittel 487,90 € brutto nicht übersteigen (geringwertige Arbeitsmittel bzw. geringwertige Wirtschaftsgüter = GWG). Liegen die Anschaffungskosten über diesem Betrag und beträgt die Nutzungsdauer erfahrungsgemäß mehr als ein Jahr, sind sie gleichmäßig auf die Nutzungsdauer des Arbeitsmittels zu verteilen und in jedem Jahr nur anteilig absetzbar (§ 9 Abs. 1 Nr. 7 EStG). Siehe dazu Musterfall Backs unter ➤ Rz 736.
Der Begriff »Absetzung für Abnutzung« (AfA) stammt aus der Buchhaltersprache und beschreibt den Wertverzehr, den jedes Wirtschaftsgut durch Abnutzung erleidet. Die Nutzungsdauer kann bei einem Panzerschrank bis zu 23 Jahre betragen. Dann liegt die jährliche AfA bei (100 ÷ 23 =) 4,35 % des Kaufpreises.
Anhaltspunkte für die Nutzungsdauer ergeben sich aus einer Tabelle, die der Fiskus in regelmäßigen Abständen anpasst und veröffentlicht. Hier eine Übersicht über die Nutzungsdauer einzelner Gegenstände, die der Fiskus momentan ohne Wenn und Aber anerkennt.

Abschreibungstabelle für Arbeitsmittel		
	Nutzungsdauer	AfA-Satz
Autotelefon	5 Jahre	20 %
Büromöbel	13 Jahre	7,69 %
Diktiergerät	6 Jahre	16,67 %
Drucker	3 Jahre	33,33 %

Abschreibungstabelle für Arbeitsmittel		
Fotokopiergerät	7 Jahre	14,29 %
Frankiermaschine	8 Jahre	12,50 %
Funktelefon	5 Jahre	20,00 %
Panzerschrank	23 Jahre	4,35 %
Perserteppich	15 Jahre	6,67 %
Personalcomputer/Notebooks	3 Jahre	33,33 %
Pkw	6 Jahre	16,67 %
Telefaxgerät	6 Jahre	16,67 %

Ein Perserteppich im Arbeitszimmer? Dies sei für einen Studienrat ein alltäglicher normaler Ausstattungsgegenstand, so das FG Rheinland-Pfalz (v. 15.11.1993 – EFG 1994 S. 236). Und ist steuerlich eine gute Wahl. Er behält seinen Wert und kann trotzdem über Jahre abgeschrieben werden. Dasselbe gilt für antikes Mobilar (BHF – BStBl 1986 II S. 355).

Man kommt schneller runter
als wieder rauf.
(Oskar Lafontaine)

Geringwertige Arbeitsmittel als »einheitliches Ganzes«? 735

Die Möglichkeit, geringwertige Arbeitsmittel sofort in voller Höhe abzuschreiben, gilt nur, wenn sie selbständig nutzungsfähig sind – im Unterschied zu Gegenständen, die in Kombination mit anderen als »Sachgesamtheit« anzusehen und nur in dieser Verbindung nutzbar sind.
Letzteres gilt nach der Rechtsprechung aber nur bei technisch aufeinander abgestimmten Gegenständen, z.B. den **Einzelteilen einer Computeranlage mit Rechner, Monitor, Drucker, Tastatur, Maus und Kabel.** Dabei beruft sich der Fiskus auf das BFH-Urteil vom 25.11.1999 (BStBl 2002 II S. 233).
Aus der Klemme kommen Sie mit einem Kombigerät aus Drucker, Fax- und Kopiergerät, weil Fax und Kopierer nicht unbedingt zu einer Computeranlage gehören. Ein solches Kombigerät ist deshalb selbständig nutzungsfähig. Folge: Es kann sofort abgeschrieben werden, sofern die Anschaffungskosten 487,90 € brutto bzw. ab 2018 952 € brutto nicht übersteigen.

Selbständig nutzungsfähig und damit getrennt abzuschreiben sind:
Einrichtungsgegenstände (Mobiliar) wie Aktenschrank, Schreibtisch, Stuhl, Papierkorb, Lampen (BFH v. 20.2.1997 – BStBl 1997 II S. 360), Küchenanbaumöbel, auch als Küchenblock (BFH v. 20.12.2003 – BFH/NV

2004 S. 370) nebst Kaffeeautomat (FG Thüringen v. 30.9.1993 – EFG 1994 S. 360).

◆ *Musterfall Backs (Arbeitsmittel, Abschreibung)*

736 *Erika Backs ist Lehrerin und hat am 10. 12. ihre häusliche Arbeitsecke neu ausgestattet. Sie weiß, dass der Kaufpreis für das Mobiliar auf die übliche Nutzungsdauer von 13 Jahren abzuschreiben ist. Da der Schreibtisch und der Bürosessel erst im Dezember 2017 angeschafft wurden, kann Erika Backs für 2017 lediglich $^{1}/_{12}$ der Jahresabschreibung ansetzen. Geringwertige Wirtschaftsgüter (bis 487,90 €) setzt sie in voller Höhe ab. Aus der Anschaffung eines Computers vor drei Jahren ist noch ein Restwert vorhanden. Frau Backs fügt folgendes Einrichtungsverzeichnis für > Zeile 42 Anlage N bei:*

Arbeitsmittel	angeschafft	Kaufpreis brutto €	AfA-Satz %	AfA 2017 €	Restwert €
Computer	12/2015	1.663	33,33	555	507
Schreibtisch	12/2017	2.250	7,69	14	2.236
Bürosessel	12/2017	1.150	7,69	8	1.142
Geringwertige WG					
Schreibtischlampe	12/2017	215	100	215	0
Regal	12/2017	460	100	460	0
Computertisch	12/2017	415	100	415	0
Summe der Abschreibung				1.667	3.885

Der Restwert zeigt ihr, was sie in den kommenden Jahren noch abschreiben kann. Die Abschreibung und andere Werbungskosten bringt sie sodann in der Anlage N unter.

Zeile				
	Beiträge zu Berufsverbänden (Bezeichnung der Verbände)			
40	Beamtenbund		310	174,—
	Aufwendungen für Arbeitsmittel – soweit nicht steuerfrei ersetzt – (Art der Arbeitsmittel bitte einzeln angeben.)	EUR		
41	Fachliteratur	120,—		
42	Arbeitsmittel lt. Anlage	+ 1667,—	▸ 320	1787,—

737 **TIPP** **Vergessen Sie privat erworbene Arbeitsmittel nicht!**

Das vor zwei Jahren privat angeschaffte Bücherregal passt vorzüglich in Ihr neues Arbeitszimmer? Na wunderbar, dann setzen Sie aber auch die Abschreibung dafür als Werbungskosten an. Maßgebend dafür sind die ursprünglichen Anschaffungskosten und die Gesamtnutzungsdauer. Die Zeit der privaten Nutzung ist für die berufliche Abschreibung verloren (LStH 9.12 > Absetzung für Abnutzung).

Und so wird bei einer Nutzungsdauer von 13 Jahren gerechnet:

Anschaffung 1/2015	850 €
./. Abschreibung 2015 und 2016 je 7,69 % privat (verloren)	– 130 €
Verbleiben als Werbungskosten	720 €
./. Abschreibung 2017	– 65 €
Restwert 31.12.2017	655 €
Werbungskosten in > Zeile 42 der Anlage N =	65 €

Beachten Sie: Für diesen Tipp brauchen Sie kein häusliches Arbeitszimmer. Sie müssen nur Dinge, die Sie privat gekauft haben, nunmehr ausschließlich beruflich nutzen.

TIPP Verlängerte Nutzungsdauer 738

Auch den alten Schreibtisch Ihres Vaters können Sie im Arbeitszimmer gut gebrauchen. Leider ist das gute Stück schon 13 Jahre alt, und damit ist eigentlich seine steuerliche Gesamtnutzungsdauer abgelaufen, d.h., die mögliche Abschreibung gilt als im privaten Bereich abgesetzt (fiktive Abschreibung nach LStH 9.12).

Doch nicht mit Ihnen. Denn die jetzige berufliche Nutzung beweist ja gerade, dass die Gesamtnutzungsdauer des Schreibtischs noch nicht abgelaufen ist. Also verlängern Sie die Nutzungsdauer auf 20 Jahre und setzen von den ursprünglichen Anschaffungskosten von 1.500 € jährlich 5 % = 75 € als Werbungskosten ab (BFH-Urt. v. 16.2.1990 – BStBl 1990 II S. 883).

»Wenn ich von meinem Freund ein altes Bücherregal kaufe, und er kauft eins von mir, dann können wir doch beide die Abschreibung ansetzen?«, fragen Sie.

Das ist eine glatte Umgehung und ein Missbrauch rechtlicher Gestaltungsmöglichkeiten. So steht es in § 42 AO. Wenn das Finanzamt dahinterkommt, wird es die Abschreibung nicht anerkennen …

Zeile 41–42 Computer 739

Seit geraumer Zeit läuft beim Fiskus die weiche Welle, wenn es sich um Computer handelt. So ist die private Nutzung betrieblicher Computer steuerfrei (3 Nr. 45 EStG). Leider geht die Großzügigkeit nicht so weit, dass Sie auch Aufwendungen für die private Nutzung absetzen könnten. Sie können die Aufwendungen aber selbst im Schätzungsweg pauschal in privat und beruflich aufteilen und dann zumindest die auf den beruflichen Anteil entfallenden Kosten als Werbungskosten absetzen. Allerdings wird von Ihnen erwartet, dass Sie den Umfang der beruflichen Nutzung auf Anfrage zumindest glaubhaft machen können (Erlass FinMin NRW v. 8.12.2000 – S.2354 – 1 – VB 3).

Computer als Arbeitsmittel

Ihr Interesse geht dahin, dem Fiskus die gesamten Kosten an die Backe zu kleben, versteht sich. Dazu muss Ihr Computer Arbeitsmittel sein. In diesem Fall setzen Sie 100 % der Kosten ab. Auf Anfrage erklären Sie: »Der am … 2017 angeschaffte Computer wird ausschließlich beruflich genutzt und steht in einer besonderen Arbeitsecke. Für private Arbeiten am PC nutze ich den Computer meines Ehegatten oder den meiner Tochter mit Internetanschluss, die einen solchen für ihre Schulaufgaben benötigt.«

Wenn nötig, gehen Sie in die Einzelheiten. Wenn Sie für Ihren Betrieb zu Hause Vordrucke entwerfen, in Ruhe Präsentationsgrafiken gestalten oder als Außendienstler Abrechnungen vornehmen oder wenn Sie als Lehrer oder Ausbilder für den Unterricht Arbeitsblätter o. Ä. erstellen, sind Sie bereits im Rennen. Ebenso glatt geht ein PC für die berufliche Fortbildung auf der Technikerschule, im Meisterkurs oder mit beruflichen Lernprogrammen, etwa für Wirtschaftsenglisch, durch.

Am besten fügen Sie Ihren Erläuterungen zur Steuererklärung gleich Muster Ihrer Arbeitsergebnisse bei oder, noch besser, eine

ARBEITGEBERBESCHEINIGUNG

Herr/Frau . . . . . ., wohnhaft in . . . .
ist bei uns als . . . . beschäftigt.

Es ist uns bekannt, dass der Arbeitnehmer als Arbeitsmittel einen Computer angeschafft hat, um sich daran zu Hause weiterzubilden und betriebliche Arbeitsvorgänge zu entwickeln bzw. vorzubereiten.

Wir begrüßen dies im Interesse unseres Betriebes und halten es für erforderlich.

Eine besondere Vergütung wird dafür nicht gezahlt. Wir halten die diesbezüglichen Aufwendungen mit der Höhe des Gehalts für abgegolten.

. . . .
Stempel Unterschrift

Als Nutzungsdauer des Computers setzen Sie drei Jahre an (FG Niedersachsen v. 21.3.1991 – EFG 1992 S. 167, FG Rheinland-Pfalz v. 17.7.1995 – EFG 1996 S. 851).

◆ *Musterfall Backs (PC als Arbeitsmittel)*

Die Lehrerin Erika Backs kaufte sich im August 2017 für ihren Beruf einen PC mit Textverarbeitungsprogramm, Maus und Drucker und zahlte dafür insgesamt 1.975 €. Sie hat eine Rechnung erhalten, in der das Textverarbeitungsprogramm mit 460 € gesondert ausgewiesen ist. Im Dezember 2017 musste der Rechner komplett neu installiert werden, Kostenpunkt für den Techniker 180 €. Für Papier, Druckertinte, Computerzeitung, CDs usw. sind 2017 rd. 100 € angefallen. 740

Das Textverarbeitungsprogramm kann sie voll absetzen, da es als selbständig nutzbares Wirtschaftsgut zählt und die Anschaffungskosten unter der Grenze von 410 € netto lagen. Den PC muss sie über die Nutzungsdauer von drei Jahren mit jährlich 505 € abschreiben. Für 2017 kann sie jedoch nur anteilig $^{5}/_{12}$ von 505 € = 210 € ansetzen, da sie das Gerät erst im August gekauft hat. Die Kosten für den Techniker sowie für das Verbrauchsmaterial sind in 2017 sofort in voller Höhe abzugsfähig. Also kann sie in > Zeile 42 eintragen: 950 €.

Dazu fertigt sie folgende Aufstellung:

Textverarbeitungsprogramm Word	*460 €*
Abschreibung PC ein Drittel von 1.515 € × $^{5}/_{12}$	*210 €*
Reparatur EDV-System	*180 €*
Verbrauchsmaterial	*100 €*
Summe	*950 €*

Ihr Chef soll es deichseln 741

Mancher Chef weiß nicht, wie er seinen Leuten Gutes tun kann. Fragen Sie doch mal an, vielleicht stellt er Ihnen einen betrieblichen Computer für zu Hause zur Verfügung – dies wäre ein **steuerfreier Sachbezug** nach § 3 Nr. 45 EStG. Dazu mehr unter ➤ Rz 586. Noch besser, er schenkt Ihnen einen, über den Sie dann frei verfügen können – das ist dann allerdings **steuerpflichtiger Sachbezug**. Vielleicht legt Ihr Chef aber noch etwas drauf und übernimmt die Lohnsteuer pauschal mit 25 % (§ 40 Abs. 2 Nr. 5 EStG), siehe Aufstellung unter ➤ Rz 604. Damit wäre die Besteuerung pauschal abgegolten. Doch es geht auch anders:

Guter Rat: Ohne pauschale Lohnsteuer kommen Sie davon, wenn Sie vermeiden, dass Ihnen das Eigentum an dem PC – wenn auch nur wirtschaftlich – zugerechnet wird. Wirtschaftliches Eigentum erlangen Sie, wenn der Chef Ihnen den PC ohne weitere Bedingungen für mindestens drei Jahre überlässt. Weil drei Jahre der allgemeinen Nutzungsdauer entsprechen, wird Ihnen der PC praktisch geschenkt. Dem können Sie begegnen, indem Sie schriftlich vereinbaren, dass Ihr Chef das Risiko des zufälligen Untergangs des PC trägt, das heißt, Sie bekommen in diesem Fall von ihm Ersatz. So klappt der Laden.

742 Zeile 41-42 Berufskleidung

Der Fiskus ist sich nicht zu schade, auch Selbstverständlichkeiten in Gesetzesform zu verlautbaren: Die vom Betrieb gestellte typische Berufskleidung sei steuerfrei (§ 3 Nr. 31 EStG), die Aufwendungen für selbst beschaffte seien als Werbungskosten absetzbar (§ 9 Abs. 1 Nr. 6 EStG). **Typische Berufskleidung** sind Kleidungsstücke, die auf die jeweilige Berufstätigkeit zugeschnitten sind (Helm, Schutzanzug, Kittel, Arbeitsstiefel, Arbeitshandschuhe) oder ihrer Beschaffenheit nach nahezu ausschließlich für die berufliche Verwendung bestimmt und geeignet und außerdem wegen der Eigenart des Berufs notwendig sind (Arztkittel, Künstlerkleidung usw.). Eine private Nutzung muss ausgeschlossen sein.

743 TIPP Reinigungskosten für Berufskleidung steuerlich absetzen!

Bei jedem Waschgang können Sie Steuern sparen. Indem Sie Ihre Arbeitskleidung in die eigene Waschmaschine stecken. Es kommt ganz schön was zusammen, wenn man jeden Tag einen frisch gewaschenen Kittel, Monteuranzug oder unter der Uniform ein frisches Oberhemd braucht. Was in > Zeile 42 dafür anzusetzen ist, muss geschätzt werden. Der BFH meint, Sie könnten die Erfahrungswerte übernehmen, die einige Verbraucherverbände herausgefunden haben (BFH-Urt. v. 29.6.1993 – BStBl 1993 II S. 837 und 838). Dazu die folgende Übersicht:

Man erkauft nicht, was keinen Preis hat: Zuneigung.
(Goethe, Wilhelm Meister)

Gesamtkosten für ein Kilogramm Wäsche

	1-Personen-Haushalt	2-Personen-Haushalt	3-Personen-Haushalt	4-Personen-Haushalt
Wäsche waschen	€	€	€	€
Kochwäsche 90°C	0,77	0,50	0,43	0,37
Buntwäsche 60°C	0,76	0,48	0,41	0,35
Pflegeleicht	0,88	0,60	0,53	0,47
Wäsche trocknen				
Ablufttrockner	0,41	0,26	0,23	0,19
Kondensattrockner	0,55	0,34	0,29	0,24
Bügeln				
Dampfbügeleisen	0,07	0,05	0,05	0,05

(Quelle: Verbraucherzentrale Bundesverband, Stand Dezember 2002, noch aktuell)

Enthalten sind die Kosten für Strom, Wasser und Waschpulver sowie Abschreibung. Haben Sie als Handwerker in einem 3-Personen-Haushalt pro Woche für Arbeitskleidung vier kg Kochwäsche, setzen Sie als Reinigungskosten an:

4 kg × 0,77 € (Kochwäsche 0,43 € + Kondenstrockner 0,29 € +
Bügeln 0,05 €) × 48 Arbeitswochen = 148 €

Reparatur der Waschmaschine
Zu den Reinigungskosten gehören auch die Kosten für Reparatur und Wartung der Waschmaschine. Die Aufwendungen können ggf. geschätzt werden.

Machen Sie z.B. geltend:

```
Reparatur lt. Rechnung vom . . . . 210 €, davon beruflicher
Anteil 40% = 84 €.
```

Den Rest in Höhe von 126 € bringen Sie als Handwerkerkosten in > Zeile 73 des Mantelbogens unter und kassieren eine Steuerermäßigung in Höhe von 20 % (= Steuerminus von 25,20 €).

Mal hingefallen? 744

Seien Sie nicht bange, die Kosten für Flickschneiderei und Reinigung **normaler Kleidung** in > Zeile 48 anzusetzen. Der Verschleiß normaler Kleidung im Beruf ist für den Fiskus zwar kein Grund, Ihnen die Steuer zu ermäßigen, ist Ihnen aber ein Malheur passiert, haben Sie ein gutes Teil verschmutzt oder beschädigt, können Sie die Reparatur- oder Reinigungskosten absetzen. Sie müssen nur darlegen, welche konkreten Schäden durch welches Ereignis eingetreten sind (FG Saarland, Urt. v. 26.7.1989, 1 K 151/88), z.B.: im Büro oder auf dem Weg nach Hause hingefallen (ABC-Führer Lohnsteuer Hartz-Meeßen-Wolf, Berufskleidung). Mehr dazu unter ➤ Rz 802 ff.

745 ♦ *Musterfall Huber (Berufskleidung, Reinigungskosten)*
Im April und im September hat Huber jeweils einen Monteuranzug für 45 € gekauft. Für Flicken und Reinigung sind 22 € angefallen. Die Quittungen hat Huber aufbewahrt. Beide Posten trägt er zusammen unter Arbeitsmittel in > Zeile 42 ein. Zusammen mit 136 € Gewerkschaftsbeiträgen kommt er auf stolze 248 € Werbungskosten.

	Beiträge zu Berufsverbänden (Bezeichnung der Verbände)			
40	Gewerkschaft		310	136,—
	Aufwendungen für Arbeitsmittel – soweit nicht steuerfrei ersetzt – (Art der Arbeitsmittel bitte einzeln angeben.)	EUR		
41	Arbeitskleidung – Monteuranzug	25,—		
42	– Reinigung	+ 22,—	▸ 320	47,—

746 Berufskleidung der Sportlehrer

Als Sportlehrer haben Sie gute Chancen, Sportkleidung von der Steuer abzusetzen. Zeigt sich der Fiskalritter zopfig, halten Sie ihm das Urteil des FG Münster vom 12.11.1996 (EFG 1997 S. 334) unter die Nase: Ein Sportlehrer mit z.B. elf Stunden Sportunterricht in der Woche, der außerdem an Weiterbildungsmaßnahmen im Fach Sport teilnehme, habe kein Bedürfnis, seine Gelenke auch noch in der Freizeit zu strapazieren. Eine private Nutzung der Sportkleidung scheide also aus, so die Finanzrichter. Den letzten Wind nehmen Sie dem Fiskalritter aus den Segeln, wenn Sie sagen können, die Sportkleidung bewahren Sie in einem abschließbaren Schrank in der Schule auf, damit Sie sich jeweils den Witterungsbedingungen entsprechend anziehen können. Notfalls lassen Sie sich eine Bescheinigung vom Rektor ausstellen.

747 **TIPP** **Setzen Sie den neuen Zwirn von der Steuer ab!**

»… Ich bin in einem Laboratorium tätig, wo trotz Kittel Kleidung und Schuhe durch Chemikalien und Farbe regelmäßig so verschmutzt werden, dass sie selbst nach der Reinigung nicht mehr getragen werden können … und mache

hiermit Ausgaben geltend für durch Farbspritzer unbrauchbar gewordene Kleidung (Hosen) und Schuhe 436 €.«
Der Fiskalritter guckt auch auf den letzten Cent und schreibt: »… und kann als Werbungskosten nur den Zeitwert der Kleidungsstücke und der Schuhe vor der Beschädigung anerkennen. Da Sie die Zeitwerte nicht nachgewiesen haben, schätze ich den absetzbaren Betrag auf 220 €.« Na bitte …

Zeile 41-42 Nichtbeanstandungsgrenzen des Finanzamts 748

Anstelle der leichten Klimmzüge, die Huber unternimmt (nach dem Motto: Sicher ist sicher), denkt Ferdinand Lässig an die Nichtbeanstandungsgrenzen des Finanzamts und setzt Arbeitsmittel einfach ohne Belege an:

◆ *Musterfall Ferdinand Lässig (Arbeitsmittel)*
Allerdings macht Lässig sich die Mühe, eine Einzelaufstellung für den Betrag Fachliteratur, Berufskleidung und Werkzeuge anzufertigen und der Erklärung beizufügen. 749

Zeile		EUR	Kz	EUR
	Beiträge zu Berufsverbänden (Bezeichnung der Verbände)			
40	Gewerkschaft		310	136,—
	Aufwendungen für Arbeitsmittel – soweit nicht steuerfrei ersetzt – (Art der Arbeitsmittel bitte einzeln angeben.)			
41	Fachliteratur (63 €), Berufsbekleidung (67 €)	,—		
42	Werkzeug (45 €)	+ ,—	▸ 320	175,—
	Aufwendungen für ein häusliches Arbeitszimmer			
43			325	,—
	Fortbildungskosten – soweit nicht steuerfrei ersetzt –			
44			330	,—
	Weitere Werbungskosten – soweit nicht steuerfrei ersetzt – Flug- und Fährkosten bei Wegen zwischen Wohnung und erster Tätigkeitsstätte / Sammelpunkt / weiträumigem Tätigkeitsgebiet			
45		,—		
	Sonstiges (z. B. Bewerbungskosten, Kontoführungsgebühren)			
46		+ 16,—		
47		+ ,—		
48	Bürobedarf – pauschal –	+ 120,—	▸ 380	136,—

Lesen Sie unbedingt unter ➤ Rz 65 f., was Sie dank der Nichtbeanstandungsgrenzen ohne Nachweise absetzen können!

TIPP TAZ, FAZ oder WAZ – doppelt informiert ist besser 750

Tageszeitungen sollen grundsätzlich nicht abgesetzt werden können. Halten Sie sich aber neben der Lokalzeitung ein überregionales Blatt, das Sie für berufliche Informationen benötigen, können Sie Vater Staat an den Kosten für diese Zweitzeitung beteiligen. Setzen Sie deswegen die Abo-Kosten nebst Neujährchen für den Austräger als Werbungskosten ab (FG Köln im Urt. v. 7.7.1993 – EFG 1994 S. 199). Den Bezug der Zweitzeitung begründen Sie damit, dass es Ihnen ausschließlich um Informationen aus dem Wirtschaftsteil und um Stellenanzeigen geht.

»Ich habe da eine noch bessere Idee. Im Betrieb liegt das *Handelsblatt* aus. Da schneide ich jeden Tag den Streifen mit Datum und Preis ab, das sind dann meine Belege für die Steuererklärung«, sagen Sie. Das ist, gelinde gesagt … nicht schön. Die Streifen gelten auch nicht als Zahlungsbelege.

Es wird immer kurioser:
Die BFH-Richter haben sogar Kulturkritikern und Journalisten den Abzug von Aufwendungen für überregionale Tageszeitungen verwehrt, obwohl dieser Personenkreis Zeitungen meist ausschließlich aus beruflichen Gründen liest (BFH v. 7.9.1989 – BStBl 1990 II S. 19). Ein Abzug sei zumindest dann nicht möglich, wenn nur eine Zeitung abonniert werde, räumt das Hessische FG ein (Urt. v. 8.5.2008 – 13 K 3379/07).

Die Übergänge zur Fachliteratur können indessen fließend sein. So wurde das *Handelsblatt* einmal wie eine Fachzeitschrift behandelt und die Kosten als abziehbar angesehen (BFH v. 12.11.1982 – VI R 183/79), ein andermal aber abgelehnt (BFH-Beschluss v. 22. 6 .2006 – VI R 65/02). Letzteres Urteil wurde nicht veröffentlicht, was bedeutet, man will es nicht an die große Glocke hängen. Schämt man sich dafür? Die Kumpanei des Bundesfinanzhofs mit dem Fiskus ist unerträglich.

Anerkannt als Werbungskosten wurden Aufwendungen eines Physikers für die Zeitschrift *Spektrum der Wissenschaft* (Niedersächsisches FG v. 16.3.1989 – III 489/88).

751 **TIPP** **Romane und Krimis absetzen? Lassen Sie sich schätzen!**

Lehrer setzen allgemeinbildende oder schöngeistige Literatur, also Romane und Krimis ab, indem sie zu jedem einzelnen Buch angeben, in welcher Zeit und in welcher Klasse sie es zu Unterrichtszwecken benutzt haben, indem sie z. B. Ausschnitte für einen Arbeitsbogen oder zur Interpretation o. Ä. kopiert haben. Dann handelt es sich zwar nicht um Fachliteratur, aber um ein Arbeitsmittel, und schon klappt der Laden (BFH-Urt. v. 2.2.1990 – BFH/NV 1990 S. 564).

Geht das bei Ihnen nicht, muss das Finanzamt zumindest den größten Teil der Kosten im Wege der griffweisen Schätzung anerkennen, je nach Umständen 80, 70 oder 60 % (BFH-Urt. v. 21.5.1992 - BStBl 1992 II. S. 1015). Das lässt sich hören, oder?

Ich kämpfe um mein Recht,
so zu sein, wie ich bin.
(Marquis de Sade)

9.8.4 Aufwendungen für ein häusliches Arbeitszimmer – Zeile 43

Zeile 43 Aufwendungen für ein häusliches Arbeitszimmer 752

Hört her, Ihr Lehrer, Richter, Journalisten, Vertreter und Außenprüfer, leitende Angestellte, Sich-Fortbildende und andere mehr!

Weil Sie beruflich zu Hause arbeiten und dafür ein Zimmer benötigen, können Sie die anteiligen Wohnungs-/Hauskosten sowie die Aufwendungen für die fachgerechte Ausstattung in der Steuererklärung unterbringen.

Hier zunächst ein Überblick, was Ihnen das Gesetz zubilligt. 753

Es sind folgende Fälle zu unterscheiden:

- **Abzug der Arbeitszimmerkosten in unbegrenzter Höhe,** wenn das häusliche Arbeitszimmer die **Hauptarbeitsstätte** – für die gesamte berufliche Tätigkeit – bildet.
- **Abzug der Arbeitszimmerkosten begrenzt auf den Höchstbetrag von 1.250 € jährlich,** wenn das häusliche Arbeitszimmer **nicht Hauptarbeitsstätte** ist, aber für die berufliche Tätigkeit **kein anderer Arbeitsplatz** zur Verfügung steht.

Checkliste für das häusliche Arbeitszimmer 754

Werden Arbeitszimmerkosten geltend gemacht, geht der Fiskalritter gründlich zu Werk, indem er anhand einer Checkliste systematisch die Voraussetzungen überprüft. Natürlich ist diese Checkliste inzwischen auch bei den Steuerzahlern bekannt und kann Ihnen nützliche Dienste leisten, indem Sie zumindest auf dem Papier alles das erfüllen, was der Fiskalritter für die Steuerminderung erwartet.

Frage 1: Reicht die Größe der Restwohnung für den normalen Wohnbedarf aus?

Frage 2: Wird das Arbeitszimmer ausschließlich oder nahezu ausschließlich für berufliche Zwecke genutzt?

Frage 3: Ist die Einrichtung berufsbezogen und funktionell?

Frage 4: Ist das Arbeitszimmer zwingend notwendig?

Was bezweckt der Fiskalritter mit seinen Fragen?

Zu Frage 1:

Reicht die Größe der Restwohnung für den normalen Wohnbedarf nicht aus, besteht die Vermutung, dass der Steuerzahler das Arbeitszimmer auch privat nutzt. Folge: Es wird kein Arbeitszimmer anerkannt.

Zu Frage 2:

Ganz oder gar nicht, so lautet die Devise

Auch beim häuslichen Arbeitszimmer geht es um das leidige Thema der gemischten Aufwendungen. Da eine Trennung in beruflich und privat veranlasste Aufwendungen bei einem einzelnen Raum aber nicht leicht und einwandfrei möglich ist, lässt der Fiskus überhaupt nichts zum Abzug zu und rechnet alle Aufwendungen zu den nicht abziehbaren Kosten der privaten Lebensführung (§ 12 EStG).

Eine Zeit lang sah es so aus, als würde diese hartleibige Sichtweise der Finanzverwaltung nicht mehr lange Bestand haben, denn Finanzgerichte wollten einen Anteil der Arbeitszimmerkosten für die berufliche Nutzung als Werbungskosten anerkennen, wenn der Raum neben der unzweifelhaften beruflichen Nutzung in nicht nur untergeordnetem Umfang auch privat genutzt wird. Leider hat der Große Senat des BFH diese Hoffnung komplett zunichte gemacht (BFH-Beschluss v. 27.7.2015 GrS 1/14 – BStBl 2017 II S. 265). **Der BFH hat letztlich zu 100 % die Auffassung des Fiskus bestätigt, dass ein Werbungskostenabzug die ausschließliche oder nahezu ausschließliche Nutzung des Raumes für berufliche Zwecke voraussetzt** und somit einer Aufteilung und der Berücksichtigung des beruflichen Nutzungsanteils eine klare Absage erteilt.

Damit ist wohl nicht nur der Fall gestorben, dass ein Raum zu 60 % beruflich und zu 40 % privat genutzt wird. Geklärt ist damit auch, dass Aufwendungen für nicht abgeschlossene Räume in der Wohnung keine Arbeitszimmerkosten sind. In folgenden Fällen können Sie also auch künftig *keine* Werbungskosten abziehen:

- sowohl privat als auch beruflich genutzter Büroraum,
- Arbeitsecke in einem ansonsten privat genutzten Raum (BFH-Urt. v. 17.2.2017 – X R 32/11),
- Arbeitszimmer auf einer Galerie,
- Arbeitszimmer, das als Durchgangszimmer genutzt wird.

Zu Frage 3:

Ist das Arbeitszimmer berufsbezogen und funktionell eingerichtet, spricht das eindeutig für eine berufliche Nutzung. Dabei ist Luxus durchaus erlaubt. Es sollten also im Arbeitszimmer möglichst nur Arbeitsmittel vorhanden sein, d.h. nur Gegenstände, die ausschließlich oder doch weitaus überwiegend beruflich verwendet werden. Eine Stereoanlage z.B., ein Fernseher, private Bücher oder die Aufbewahrung selten getragener Kleidung lassen aus fiskalischer Sicht auf eine private Nutzung des Zimmers schließen. Allerdings, je intensiver ein Arbeitszimmer beruflich genutzt wird, umso weniger Bedeutung haben private Gegenstände (so der BFH im nicht veröffentlichten Urteil v. 16.2.1990 – VI R 144/86). Auch das FG Berlin hielt in seinem Urteil vom 16.8.1988 (rk – EFG 1989 S.17) eine unbedeutende private Nutzung für erlaubt, z.B., wenn in seltenen Fällen ein Besucher dort auf der Liege oder Klappcouch übernachtet. Und das Niedersächsische Finanzgericht urteilte am 19. und 30.9.1991 (EFG 1992 S.325), dass ein Kleiderschrank oder private Bücher und Unterlagen im häuslichen Arbeitszimmer unschädlich sein können, sofern die berufliche Nutzung erheblich ist (mehr als zwölf Stunden wöchentlich).

Übrigens gelten Liege und Klappcouch, ja sogar ein Schaukelstuhl als Arbeitsmittel. Sie sind als »Entspannungsmittel« anerkannt und somit für das Arbeitszimmer unschädlich. So setzte ein gewitzter Professor die Kosten für seinen Schaukelstuhl als Werbungskosten ab und kam damit durch (BFH-Urt. v. 28.9.1990 – BFH/NV 1991 S.298). Es sei dem Arbeitnehmer unbenommen, so der BFH, statt am Schreibtisch sitzend sich im Liegen oder im Schaukelstuhl auf seine Arbeit zu konzentrieren oder Fachliteratur zu lesen.

Zu Frage 4:

Das Arbeitszimmer wird nur dann als zwingend notwendig angesehen, wenn es Mittelpunkt der gesamten beruflichen und betrieblichen Tätigkeit, also **Hauptarbeitsstätte** ist oder aber kein »anderer« Arbeitsplatz zur Verfügung steht (Lehrer, freie Mitarbeiter, Außendienstmitarbeiter,

Azubi, Bereitschaftsdienstler, Meisterschüler, nebenberufliche Tätigkeit etc.).

Gut zu wissen: Dies bedeutet keinesfalls, dass Ihnen überhaupt kein Arbeitsplatz zur Verfügung stehen darf, vielmehr nur, *dass für die im Arbeitszimmer verrichteten Arbeiten kein anderer Arbeitsplatz* vorhanden ist. Dies gilt besonders für Lehrer, die zwar ihren Unterricht in der Schule halten, dort aber für die Vorbereitung des Unterrichts und Korrekturarbeiten keinen Arbeitsplatz haben. Und was bei den Lehrern recht ist, kann Ihnen nur billig sein.

Poolarbeitsplatz zählt nicht!

Ein Poolarbeitsplatz, bei dem sich acht Großbetriebsprüfer drei Arbeitsplätze für die vor- und nachbereitenden Arbeiten der Prüfungen teilen, steht nicht als »anderer« Arbeitsplatz zur Verfügung, wenn er zur Erledigung der Innendienstarbeiten nicht im erforderlichen Umfang genutzt werden kann (BFH-Urt. v. 26.2.2014 – Az. VI R 37/13).

755 Zeile 43 Häusliches Arbeitszimmer als Hauptarbeitsstätte

Ein Arbeitszimmer als Hauptarbeitsstätte beschert Ihnen den unbegrenzten Abzug der Kosten. Das Arbeitszimmer ist Hauptarbeitsstätte, wenn dort die »wesentlich prägenden Handlungen« ausgeführt werden, wie sich der Fiskus ausdrückt. Das heißt auf Deutsch: Arbeiten, die das meiste Geld einbringen. Wie lange dort gearbeitet wird, ist nicht wichtig. Das zeitliche Überwiegen der außerhäuslichen Tätigkeit schließt den unbegrenzten Abzug der Kosten für das häusliche Arbeitszimmer nicht aus (BMF-Schreiben v. 7.1.2004, Tz 8).
Nun gleicht keine Tätigkeit wie ein Ei dem anderen. Es kommt immer auf die besonderen Umstände im Einzelfall an. Viele Fälle hat der Bundesfinanzhof schon in letzter Instanz entschieden. Sehen Sie nach, ob Ihr Fall dabei ist:

Wichtige Urteile zur Frage der Hauptarbeitsstätte 756

Berufliche Tätigkeit	Hauptarbeitsstätte	
	Ja	Nein
Ingenieur Erarbeitung komplexer Problemlösungen im Arbeitszimmer (BFH v. 13.11.2002 – BStBl 2004 II S. 59)	X	
Unternehmensberater/Praxis-Consultant Beratung von Freiberuflern in betriebswirtschaftlichen Fragen, Erstellung von Analysen und Auswertungen im Arbeitszimmer (BFH v. 29.4.2003 – BStBl 2004 II S. 76)	X	
Verkaufsleiter tlw. Außendiensttätigkeit bei Überwachung von Mitarbeitern und Betreuung von Großkunden. Wesentliche Leistungen wie Organisation der Betriebsabläufe werden im Arbeitszimmer erbracht (BFH v. 13.11.2002 – BStBl 2004 II S. 65)	X	
Handelsvertreter/Vertriebsleiter berufliche Tätigkeit ist im Wesentlichen durch Außendiensttätigkeit geprägt (BFH v. 26.2.2003 BStBl 2004 II S. 69)		X
Lehrer Unterrichtsleistungen werden nicht im Arbeitszimmer erbracht (BFH v. 26.2.2003 – BStBl 2004 II S. 72)		X
Nebenberufliche Tätigkeit Hauptarbeitsstätte ist Mittelpunkt der gesamten betrieblichen und beruflichen Tätigkeit; Mittelpunkt einer von mehreren beruflichen Tätigkeiten reicht nicht aus (BFH v. 23.9.1999 – BStBl 2000 II S. 7), siehe auch ➤ Rz 758		X
Produkt- und Fachberater/in berufliche Tätigkeit ist im Wesentlichen durch Außendiensttätigkeit geprägt (BFH v. 13.11.2002 – BStBl 2004 II S. 62)		X

757 **Gut zu wissen für Telearbeiter**
Wer als Telearbeiter nur zu Hause arbeitet, also außerhalb des Arbeitszimmers nicht dauerhaft beschäftigt ist, für den ist der unbegrenzte Abzug der Arbeitszimmerkosten geritzt. Wichtig ist nachzuweisen: Im Betrieb steht kein Arbeitsplatz zur Verfügung. Anwesenheitszeiten im Betrieb sind nicht vorgeschrieben.

758 Selbständig im Nebenberuf

Wer meint, er wäre beim Arbeitszimmer aus dem Schneider, weil er nebenbei noch selbständig ist und dafür ein Arbeitszimmer benötigt, den muss ich enttäuschen. Der Mittelpunkt der beruflichen Tätigkeit wird nicht für jede Einkunftsart getrennt beurteilt, vielmehr sind sämtliche Tätigkeiten des Steuerzahlers zusammenzufassen (BFH-Urt. v. 23.9.1999 – BStBl 2000 II S. 7).
Auch wenn es mit der Hauptarbeitsstätte und damit dem unbegrenzten Abzug der Arbeitszimmerkosten nicht klappt, bleibt doch zumindest der auf 1.250 € begrenzte Kostenabzug, wie die folgenden Randziffern zeigen.

759 Zeile 43 Häusliches Arbeitszimmer nicht erste Tätigkeitsstätte

Gehören Sie zu denen, die auf ihr Arbeitszimmer angewiesen sind, weil der Arbeitgeber **keinen Arbeitsplatz zur Verfügung** stellt (➤ Rz 754), oder sind Sie im Hauptberuf Arbeitnehmer und nebenberuflich als Schriftsteller von Kriminalromanen tätig oder erstellen als Krankenhausarzt in Ihrer Freizeit nebenberuflich medizinische Gutachten etc., gehen Sie also einer Nebentätigkeit nach, die vom Brötchengeber Ihres Hauptjobs eigentlich genehmigt werden müsste? Dann benötigen Sie Ihr Arbeitszimmer sicher in erster Linie für Ihre (neben-)beruflichen Aktivitäten.
In all diesen Fällen gesteht Ihnen der Fiskus den Abzug von Arbeitszimmerkosten – bis zu 1.250 € – zu.

760 TIPP Aufgepasst: Kosten für Arbeitsmittel wie Schreibtisch, Leselampe und Regal gehören in > Zeile 41 – 42 des Formulars

Der Bundesfinanzhof hatte ein Einsehen und geurteilt, dass der Abzug von Arbeitsmitteln Vorrang vor den Abzugsbeschränkungen für die Arbeitszimmerkosten hat (BFH v. 21.11.1997 – BStBl 1998 II S. 351). Im Klartext bedeutet das, dass alle Kosten für Arbeitsmittel, die auch ohne ein Arbeitszimmer durchgehen würden, unabhängig davon, wie die eigentlichen Arbeitszimmerkosten steuerlich behandelt werden, steuerlich absetzbar sind. Dieser Entscheidung hat sich die Finanzverwaltung gebeugt und sie mit dem BMF-Schreiben vom 16.6.1998 (BStBl 1998 I S. 863) für verbindlich erklärt. Das heißt: Auch wenn Sie Ihr Arbeitszimmer nicht absetzen können oder der Höchstbetrag von 1.250 € greift, können Sie zumindest Ihre Arbeitsmittel in vollem Umfang absetzen.

Dazu müssen Sie unterscheiden zwischen den Kosten für die Raumausstattung des Arbeitszimmers einerseits und für Arbeitsmittel im engeren Sinne andererseits.

Unmittelbare Arbeitszimmerkosten/Raumausstattung (> Zeile 43)
(nur bei Arbeitszimmern absetzbar)

- Miete,
- Heizung, Strom, Wasser,
- Müllabfuhr, Kaminkehrer, Abwasser,
- Grundsteuer, Gebäudeversicherung,
- Hauswart etc.,
- Gebäudeabschreibung,
- Zinsen,
- Reinigung,
- Gebäudereparatur,
- Renovierung,
- Tapeten, Teppichböden, Vorhänge,
- fest eingebaute Lampen.

Auch ohne Arbeitszimmer absetzbare Arbeitsmittel (> Zeilen 41–42)

- Computer und Zubehör,
- Telefon, Fax, Anrufbeantworter,
- Taschenrechner, Rechenmaschine,
- typische Arbeitsmittel je nach Beruf (z.B. Musikinstrumente, Maschinen etc.),
- Einrichtungsgegenstände
  - Schreibtisch,
  - Stühle,
  - Bücherregale,
  - Schränke,
  - Bürocontainer,
  - sonstige berufliche Einrichtung,

- Schreibtischlampe,
- Papierkorb,
- Wand- oder sonstige Uhr, Pinnwand etc.

Einzelheiten zur Berechnung der Kosten, insbesondere der Abschreibungen, vgl. ➤ Rz 731 ff.
Kunstgegenstände wie Bilder und Skulpturen gehören grundsätzlich zur Arbeitszimmerausstattung. Sie werden Ihnen aber nur ausnahmsweise steuerlich anerkannt, wenn Sie glaubhaft machen, dass Sie sie aus Repräsentationsgründen benötigen, weil Sie des Öfteren geschäftlichen Besuch im Arbeitszimmer empfangen. Andernfalls fallen sie dem Rotstift zum Opfer, wie die Aufwendungen für ein Gobelinbild (BFH-Urt. v. 30.10.1990 – BStBl 1991 II S. 340). Auch Geweihe und Jagdwaffen als Schmuck hat der BFH nicht mit steuerlicher Wirkung zugelassen (BFH v. 18.3.1988 – BFH/NV 1988 S. 556).

✎ Fiskalischer Spontanbesuch: Nicht bei Ihnen!

761 Sollte dem Paragraphenritter die abstruse Idee kommen, Ihr Arbeitszimmer persönlich in Augenschein zu nehmen, muss er sich vorher anmelden. Bei einem Spontanbesuch können Sie ihm den Zutritt verweigern, ohne dass er daraus negative Schlüsse ziehen darf (anderer Ansicht FG Düsseldorf v. 19.10.1992 – EFG 1993 S. 64, wenn der Besuch während der normalen Geschäfts- und Arbeitszeit erfolgt).
Vor dem Besuch des Prüfers bleibt eigentlich immer noch Zeit, den Bestimmungen widersprechende Möbelstücke in ein anderes Zimmer zu schieben. Der *Spiegel* berichtet von einer solchen »Schiebung« in Hamburg, bei der sogar der Steuerprüfer mithalf, nachdem er ein Klavier im Arbeitszimmer bemerkt hatte.
Damit kam der Prüfer wohlwissend dem entscheidenden Einwand des Steuerzahlers zuvor: Im letzten Jahr (und nur um das geht es) stand das Klavier nicht hier. Manchmal bittet der Prüfer darum, auch die Wohnräume besichtigen zu dürfen, vielleicht in der Hoffnung, eine »Schiebung aus dem Arbeitszimmer« aufzuspüren. Dazu können Sie aber mit Recht »nein« sagen (§ 99 AO).
Für den Fall, dass der Prüfer trotz Ihrer Vorsorge private Gegenstände entdeckt, siehe ➤ Rz 754.

762 TIPP Ein Steuerprüfer hat sich angesagt: Wimmeln Sie ihn ab!

Hat der Fiskalritter schriftlich mitgeteilt, dass er das Arbeitszimmer besichtigen möchte, schreiben Sie ihm höflich zurück:

»Selbstverständlich können Sie mein Arbeitszimmer besichtigen. Da ich allerdings – genau wie Sie – berufstätig bin und mir extra einen Tag Urlaub nehmen müsste, möchte ich gern vorher wissen, warum der Besuch notwendig ist. Eine Skizze von Wohnung und Arbeitszimmer liegt Ihnen vor, ebenso alle Belege für die entstandenen Kosten. Da ich nicht davon ausgehe, dass Sie mir als einem ehrlichen Bürger misstrauen und meine Angaben zur Ausstattung des Arbeitszimmers anzweifeln, bitte ich Sie, mir die noch offenen Fragen mitzuteilen, damit diese möglicherweise einfacher auf schriftlichem Wege beantwortet werden können.«
Oder Sie bitten ihn, abends gegen 19 Uhr die Besichtigung vorzunehmen. Vielleicht kommen Sie auf diese Weise noch mal davon.

Friedfertigkeit verlängert die Lebensdauer.
(Im Wolfsrudel)

Berufliche Nutzung: Sie tragen die Beweislast

Bei den Einnahmen trägt der Fiskus die Beweislast, bei den Ausgaben der 763
Steuerzahler, so einfach ist das. Wollen Sie Ausgaben in Ihrer Steuererklärung unterbringen, müssen Sie also beweisen, dass Sie die Ausgaben auch tatsächlich hatten. Insbesondere beim Arbeitszimmer sollten Sie deshalb die Gesamtumstände vollständig offenlegen und alle möglichen Zweifel an der ausschließlich beruflichen Nutzung des Arbeitszimmers beseitigen. Bleiben nämlich Zweifel, sagt der Paragraphenritter »nein« und verweist ganz lapidar auf die bei Ihnen liegende Beweislast.
Auch als Single mit kleiner Zweizimmerwohnung können Sie einen Raum zum Arbeitszimmer erklären. Dafür muss aber der andere Raum zum Wohn-/Schlafraum umfunktioniert werden. Das bedeutet: Ein herkömmliches Bett in Ihrem Arbeitszimmer macht diesem den Garaus.

Im Keller haben Sie himmlische Ruhe 764

Ist in Ihrer Wohnung zu wenig Platz, können Sie auch einen Kellerraum als Arbeitszimmer einrichten. Diese Möglichkeit kommt insbesondere für Einfamilienhausbesitzer und Besitzer einer Eigentumswohnung im Erdgeschoss in Betracht, wenn sie den Kellerraum durch entsprechende Baumaßnahmen (Heizung, Elektroinstallation, Verputz) von einem Nebenraum zu einem Hauptraum machen (BFH-Urt. v. 11.11.2014 – Az. VIII R 3/12). Die Kosten des Ausbaus sind abziehbare Werbungskosten. Die anteiligen Aufwendungen sind dann aus dem Verhältnis der Arbeitszimmerfläche zur Gesamtfläche einschließlich Arbeitszimmer (aber ohne

Einbeziehung der übrigen Kellerräume!) zu berechnen. Noch ein Vorteil: Im Keller haben Sie himmlische Ruhe!!
Übrigens ist der Werbungskostenabzug nicht auf einen Raum begrenzt. Ist wegen des Umfangs Ihrer Arbeiten zu Hause ein weiterer Raum erforderlich, z.B. für ein Archiv, so bietet sich hierfür auch ein Kellerraum an. (Flächenberechnung Keller FG Köln v. 26.1.1995, EFG 1995 S. 830).

765 Arbeitsplatz + Wand = Arbeitsecke

Ist Ihre Wohnung nicht groß genug und fällt ein Kellerraum als Alternative aus, bleibt oft nur eine Arbeitsecke. Dann sind zwar nicht die anteiligen Raumkosten abziehbar, wohl aber Ihre Aufwendungen für beruflich eingesetzte Arbeitsmittel wie Schreibtisch, Stuhl, Papierkorb, Regale, Lampen.
Eine zum privaten Wohnbereich offene Galerie stuft der BFH ebenfalls lediglich als Arbeitsecke ein (Urt. v. 6.12.1991 – BStBl 1992 II S. 304). Da nützt auch ein einfacher Raumteiler nichts, die Galerie bleibt Arbeitsecke. Trennen Sie aber die Galerie durch eine feste Wand vom Wohnteil ab – Gipskarton reicht auch –, klappt der Laden.
Die Kosten für den Einbau der Trennwand sind allerdings nicht sofort abzugsfähig, meint das Finanzgericht von Baden-Württemberg (EFG 1995 S. 915), sondern müssen auf die Nutzungsdauer des Arbeitszimmers von ungefähr zehn Jahren verteilt werden.

TIPP Sprechen Sie nicht von »häuslich« – auf die richtige Bezeichnung kommt es an

766 Seit der Gesetzgeber den Abzug von Aufwendungen für ein »häusliches Arbeitszimmer« eingeschränkt hat, darf der beruflich genutzte Raum alles andere sein, nur nicht »häuslich«. Es kommt hier einfach auf die richtige Bezeichnung an. Besser ist es, Sie sprechen von Praxisraum, Kanzlei, Lager oder Werkstatt, wo auch Mandanten oder Kunden empfangen werden. Dann haben Sie gute Chancen, Ihre Kosten uneingeschränkt abziehen zu können (BFH-Urt. v. 5.12.2002 – IV R 7/01 betr. Notfallpraxis eines selbständigen Arztes; BFH-Urt. v. 21.3.1995 – BFH/NV 1995 S. 875 betr. Praxis einer Sprachpädagogin).
Voll absetzbar sind die Kosten auch dann, wenn ein Lager- oder Werkstattraum mit einer Arbeitsecke in der Wohnung kombiniert wird. Deshalb rate ich allen Lehrern und Richtern, die zwangsläufig einen Arbeitsplatz zu Hause benötigen, dem Finanzamt zu erklären:
»Ich arbeite für mein Amt nur am Schreibtisch im Wohnzimmer. Zusätzlich habe ich einen Raum, der als Arbeitsraum ungeeignet ist (weil zu laut, zu klein, zu dunkel, kein Telefon). In dem Raum steht ein Kopierer, außerdem la-

gern dort vertrauliche Unterlagen, Akten und Aufzeichnungen. Ferner habe ich dort mein Archiv, werden dort Fachbücher und -zeitschriften aufbewahrt. Auch schließe ich dort meinen Laptop ein. Denn auf der Festplatte sind vertrauliche Texte abgelegt, und meine Kinder sollen den Laptop nicht privat benutzen.«

Wenn das so ist, haben Sie gar kein Arbeitszimmer, können also die Kosten für den Sicherheits- und Lagerraum uneingeschränkt absetzen. Siehe auch ➤ Rz 772.

TIPP Doppelter Arbeitszimmer-Kostenabzug für Ehegatten!

Erfüllen beide Ehegatten die Voraussetzungen für den Abzug von Arbeitszimmerkosten, weil beide Lehrer sind oder für die berufliche Fortbildung kein anderer Arbeitsplatz zur Verfügung steht, verdoppelt sich der Arbeitszimmer-Höchstbetrag von 1.250 €. 767

Die 1.250-€-Grenze ist personenbezogen zu verstehen, so der Bundesfinanzhof mit Urteil vom 15.12.2016 (Az. VI R 53/12).

Damit können die Kosten für ein – von beiden – genutztes Arbeitszimmer bis zur Höhe von insgesamt 2.500 € steuerlich abgesetzt werden!

Wirre Rechtsprechung gefällig? 768

Der BFH hat einen ganzen Schwung von Fällen zum häuslichen Arbeitszimmer verabschiedet. Zu allen Urteilen darf man getrost bemerken: Auf See und vor Gericht ist man in Gottes Hand. Denn die Urteile sind unverständlich.

So hatte eine Steuerfachfrau Erfolg beim BFH. Sie hatte sich zwei zusammenhängende Räume im Keller des Mehrfamilienhauses, in dem sie wohnte, geschickterweise von einem anderen Mieter zur Verfügung stellen lassen. Deshalb waren diese Räume keine Zubehörräume ihrer Wohnung. Sie besaß nämlich einen eigenen Abstellraum (BFH v. 26.2.2003 – Az VI R 160/99, BFH/NV 2003 S.985). Also voller Abzug der Kosten. Weniger Erfolg hatte ein Studienrat aus Köln, der mit Gattin und drei Kindern in einer gemieteten Fünfzimmerwohnung lebte und bei passender Gelegenheit die direkt gegenüber liegende Zweizimmerwohnung angemietet hatte. Diese nutzte der Pädagoge für berufliche Arbeiten und zur Verwaltung seiner Immobilien und Kapitalanlagen. Ein Abzug der Mietkosten sei unzulässig, befanden die Richter. Denn der Unterschied zwischen einem innerhalb der eigenen Wohnung gelegenen Zimmer und einer direkt gegenüberliegenden ganzen Wohnung sei »nur geringfügig«

(BFH v. 26.2.2003 – Az VI R 125/01, BFH/NV 2003 S. 988).
Dasselbe musste sich – wieder vom VI. Senat – ein Vertriebsleiter aus Münster sagen lassen, der im Dachgeschoss eines Mehrfamilienhauses lebte und ein kleines Appartement unter dem Dachfirst für seine Aktenbearbeitung vor allem am Wochenende mitgemietet hatte. Dass beide Wohnungen nicht unmittelbar miteinander verbunden seien, sei nicht entscheidend (BFH v. 26.2.2003 – Az VI R 124/01, BFH/NV 2003 S. 986). Also kein voller Abzug der Kosten.

769 **TIPP Raus aus dem Pantoffelbereich: Arbeitszimmer bei Tante Olga**

Ist Ihre Wohnung zu klein? Dann fragen Sie doch mal Tante Olga. Ihre Wohnung ist für sie als alleinstehende Witwe doch viel zu groß. Bestimmt vermietet sie Ihnen ein Zimmer, das Sie als Arbeitszimmer angeben können. Dort haben Sie Ruhe, und Sie können alle Kosten als Werbungskosten abziehen, denn schließlich ist dieses Arbeitszimmer ein Büro und schon gar nicht »häuslich«. Nur: Schließen Sie einen schriftlichen Vertrag, in dem die genaue Miethöhe festgelegt ist. Die Mietzahlung müssen Sie nachweisen können, z. B. durch Quittungen von Tante Olga. Oder ist sie so froh, Ihnen helfen zu können, dass sie gar kein Geld von Ihnen will? Dann lassen Sie sich was einfallen …, denn für die Steuer muss Geld geflossen sein. Will der Fiskalritter nicht mitziehen, halten Sie ihm das BFH-Urteil vom 28.8.1991 (BFH/NV 1992 S. 166) unter die Nase.

Auch die Fahrtkosten zum außerhäuslichen Arbeitszimmer sind unbegrenzt absetzbar, mit 0,30 € pro gefahrenen Kilometer.

770 **In folgenden Fällen haben Sie gute Karten, die Kosten für das Arbeitszimmer steuerlich unterzubringen!**

1. Arbeitszimmer/Büro mit separatem Eingang
Wenn das Arbeitszimmer nicht »häuslich« ist, also nicht zum Wohnbereich gehört, kommt der Fiskus mit seinen pingeligen Vorschriften nicht zum Zuge. Fein sind Sie raus, wenn Ihr Arbeitszimmer einen – von der Wohnung – separaten Eingang hat, was bei vielen Einliegerwohnungen der Fall ist. Folge: Der volle Abzug der Kosten ist geritzt.

771 **Gut zu wissen:** Das Arbeitszimmer im ausgebauten Dachgeschoss Ihres Hauses gehört aus fiskalischer Sicht zum »Pantoffelbereich« und gilt damit als »häuslich«. Dies mag für ein Einfamilienhaus zutreffen, nicht indessen für ein Zweifamilienhaus oder gar für ein Mietwohnhaus (FG

Münster v. 13.3.2001, EFG 2001 S. 964). Der Kläger hatte in einem Mietwohnhaus im Erdgeschoss ein Büro und darüber eine Wohnung gemietet. Die Finanzrichter meinten, das Büro im Erdgeschoss sei kein häusliches Arbeitszimmer, und ließen sämtliche Kosten zum Abzug zu.

Ebenso hat der Bundesfinanzhof mit Urteil vom 26.2.2003 (BFH/NV 2003 S. 985) bei einem Arbeitnehmer entschieden, der in dem Mehrfamilienhaus, in dem er als Mieter eine Dreizimmerwohnung nutzte, zusätzlich Kellerräume angemietet hatte. Das Finanzgericht ließ die Aufwendungen für die zusätzlichen, beruflich genutzten Kellerräume ohne Abzugsbeschränkungen als Werbungskosten zu, da es sich insoweit nicht um ein häusliches Arbeitszimmer handele (ebenso entschied das FG Köln in einem gleichgelagerten Fall mit Urteil v. 29.8.2007, Az 10 K 839/04). Recht so!

2. Lagerraum in der Wohnung kein häusliches Arbeitszimmer 772

Ein häusliches Arbeitszimmer setzt voraus, dass dort für eine gewisse Zeit Arbeit verrichtet wird. Deshalb sind Lagerraumkosten ohne Wenn und Aber und in voller Höhe als Werbungskosten abziehbar, weil dort nicht gearbeitet wird. So urteilten das Finanzgericht Düsseldorf am 19.10.2000 (EFG 2001 S. 814) und das Finanzgericht Baden-Württemberg am 14.2.2001 (EFG 2001 S. 677). Die Anweisung im BMF-Schreiben vom 16.6.1998 (BStBl 1998 I S. 863 RndNr. 7), wonach auch ein Lagerraum unter den Begriff des häuslichen Arbeitszimmers fällt, halten die Finanzrichter nicht für rechtens. In den Urteilsfällen hatten Außendienstmitarbeiter (Pharmareferenten) in einem Kellerraum Werbematerial und Ware gelagert.

3. Archivraum kein häusliches Arbeitszimmer 773

Was für Lagerräume gilt, gilt auch für Archivräume. Wer dort Fachbücher, Aktenordner und andere Arbeitsmittel lagert, kann die Raumkosten in voller Höhe als Werbungskosten abziehen (FG Berlin v. 23.4.2001 – EFG 2001 S. 887). Im Urteilsfall liegt der 9 qm große Archivraum im Keller eines Einfamilienhauses. Der Raum ist ausschließlich mit Regalen und einem Ablagetisch möbliert, Sitzgelegenheiten sind nicht vorhanden.

TIPP Mietvertrag mit dem Arbeitgeber über das häusliche Arbeitszimmer 774

Sie haben einen Arbeitsplatz beim Arbeitgeber und können deshalb Ihren beruflich genutzten Büroraum daheim steuerlich nicht geltend machen? Sie sind Außendienstler, und Ihr Finanzamt will nicht einsehen, dass Ihr Büroraum Ihre

Hauptarbeitsstätte ist?
Geschickt können Sie die nervenden Diskussionen mit Ihrem Fiskalritter umgehen, wenn Ihr Arbeitgeber von Ihnen das häusliche Büro anmietet.

Der Bundesfinanzhof hatte über einen Fall zu entscheiden, in dem der Arbeitgeber von einem Außendienstmitarbeiter einen Büroraum mit ca. 35 qm Nutzfläche angemietet hatte. Die vereinbarte Miete belief sich auf rund 100 € monatlich. Der Arbeitgeber stattete den Büroraum mit der erforderlichen »Technik« (PC, Drucker, Fax, ISDN-Telefonanlage, Rechenmaschine) aus. In dem Büroraum wurden u. a. berufliche Unterlagen aufbewahrt. Die berufliche Nutzung des Büroraums durch den Mitarbeiter betrug vom zeitlichen Umfang mehr als 50 % seiner gesamten beruflichen Tätigkeit.

In seiner Einkommensteuererklärung setzte der Arbeitnehmer die vom Arbeitgeber vereinnahmte Miete von insgesamt 1.200 € als Einnahmen bei seinen Einkünften aus Vermietung und Verpachtung an. Die Werbungskosten betrugen 4.110 €, so dass sich der auf den Büroraum entfallende Werbungskostenüberschuss auf 2.910 € belief. Der Bundesfinanzhof segnete diese Gestaltung mit Urteil vom 20.3.2003 (Az VI R 147/00, BFH/NV 2003 S. 857) ab, denn der Mietvertrag war anzuerkennen und die Miete angemessen (mindestens 66 % der üblichen Marktmiete).

Ihr Arbeitgeber wird begeistert sein, wenn Sie ihm eine vergleichbare Regelung vorschlagen. Sie schaffen sich Anerkennung für Ihren Einfallsreichtum und helfen Ihrem Chef auch noch, Beiträge zur Sozialversicherung zu sparen. Statt einer sozialversicherungspflichtigen Lohnerhöhung kann er Ihnen sozialversicherungsfrei eine monatliche Miete für das häusliche Büro überweisen und diese als Betriebsausgaben geltend machen.

775 Arbeitszimmer bei Arbeitslosigkeit, Erziehungsurlaub, Auslandsaufenthalt etc.

Wer in solchen Fällen im Hinblick auf die spätere Wiederaufnahme seiner beruflichen Tätigkeit sein bis dahin anerkanntes Arbeitszimmer weiter vorhält, dem muss das Finanzamt die Kosten als Werbungskosten anerkennen (BFH-Urt. v. 18.4.1996 – BStBl. 1996 II S.482 betr. Arbeitslosigkeit; Urt. FG Münster v. 13.2.1998 – EFG 1998 S.939 und Urt. FG Niedersachsen v. 21.2.2001 – EFG 2001 S.812 betr. Erziehungsurlaub). Hier handelt es sich um Ausgaben, die vor der Erzielung von Einnahmen entstehen und deshalb als vorab entstandene Werbungskosten abziehbar sind. Mit dem Stichwort **»vorweggenommene Werbungs-**

kosten« zeigen Sie dem Fiskalritter, wo es langgeht.

Wichtig zu wissen: 776

- Auf den Nachweis des Zusammenhangs mit künftigen Einnahmen kommt es an. Um diesen Zusammenhang glaubhaft zu machen, könnten Sie beispielsweise von folgenden Arbeiten berichten, die Sie Woche für Woche im Arbeitszimmer erledigt haben …
  - Studium einschlägiger (aktueller) Fachzeitschriften, die (möglicherweise) im Abonnement bestellt sind,
  - Lektüre aus erworbenen Fachbüchern,
  - Studium von Literatur und Zeitschriften aus der Bibliothek,
  - Umarbeiten von Unterrichts-/Geschäftsideen,
  - Erstellung themenbezogener Arbeitsaufträge,
  - Erfahrungsaustausch mit Kollegen,
  - Vor- bzw. Nachbereitung von Fort- und Weiterbildungsveranstaltungen,
  - Archivierungsarbeiten …
- Die gesetzlichen Abzugsbeschränkungen für Arbeitszimmer sollen auch dann zu beachten sein, wenn die Aufwendungen als vorab entstandene Werbungskosten geltend gemacht werden (BFH-Urt. v. 2.12.2005 – Az. VI R 63/03). Bedeutet: Wer auch bei aktivem Beschäftigungsverhältnis kein Arbeitszimmer geltend machen kann (z.B. da Arbeitsplatz beim Arbeitgeber vorhanden), soll auch während der Arbeitslosigkeit oder der Elternzeit keine Kosten geltend machen können.

TIPP Rechnen Sie die Renovierungskosten für den Flur anteilig dem Arbeitszimmer zu 777

Nicht nur die allein auf das Arbeitszimmer entfallenden Kosten sind abzugsfähig. Setzen Sie auch die Renovierungskosten für den Flur anteilig als Werbungskosten an. Schließlich können Sie das Arbeitszimmer nur über den Flur erreichen. Ebenso sind die Kosten für eine Dachreparatur oder eine neue Haustür bei der Berechnung der Arbeitszimmerkosten flächenanteilig zu berücksichtigen.

Zeigt sich das Finanzamt unwillig, weisen Sie auf das Urteil des Finanzgerichts Saarland vom 3.12.1991 (Az 1 K 197/91) hin.

Oder Sie legen gleich noch eine Schippe drauf und beherzigen folgenden …

778 **TIPP** **Duschen auf Kosten des Fiskus**

Mit Urteil vom 18.3.2015 (Az. 11 K 829/14 E) hat das Finanzgericht Münster entschieden, dass Aufwendungen für die Modernisierung des Badezimmers anteilig zu den Aufwendungen für ein häusliches Arbeitszimmer gehören, wenn sie wesentlich sind und den Wert des gesamten Wohnhauses erhöhen (Revision beim BFH anhängig unter Az. VIII R 16/15).

779 **Anbau verschwiegen?**

Haben Sie Ihr Wohnzimmer durch Anbau eines Wintergartens vergrößert? Dann hat sich die Wohnfläche geändert und damit der prozentuale Anteil der Kosten für das Arbeitszimmer an den gesamten Hauskosten. Diese Minderung der Arbeitszimmerkosten lässt sich allerdings leicht dadurch ausbügeln, dass Sie Zinsaufwendungen für Ihren Anbau in die Gesamtkosten einbeziehen und somit anteilig auch dem Arbeitszimmer zurechnen. Dass die Zinsen mit dem Arbeitszimmer nichts zu tun haben, hat den BFH nicht gestört (Urt. v. 21.8.1995 – BStBl 1995 II S. 729).

780 **Berechnung der Raumkosten**

Die Raumkosten sind anteilig zu berücksichtigen. Ihr Anteil richtet sich nach dem Verhältnis der Größe (Fläche) der Wohneinheit einschließlich Arbeitszimmer zur Größe des Arbeitszimmers. Nebenräume wie Keller, Waschküche, Abstellräume außerhalb der Wohnung, Dachböden, Trockenräume, Schuppen und Garagen bleiben außen vor. Umfasst die Wohnung z.B. 100 qm und das darin enthaltene Arbeitszimmer 14 qm, so betragen die anteiligen Kosten für das Arbeitszimmer 14 % der Gesamtkosten. Die Gesamtkosten ergeben sich im Einzelnen aus:

Mietwohnung	**Eigene Wohnung**
Miete	Abschreibung Gebäude
Heizkosten	Heizkosten
Stromkosten	Stromkosten
Hausratversicherung	Hausratversicherung
Umlagen	Gebäudeversicherung
Schönheitsreparaturen	Erhaltungsaufwendungen
Putzmittel	Gemeindeabgaben
Reinigungslohn	Putzmittel
	Reinigungslohn

Finanzierungskosten

Nebenkosten des Arbeitszimmers 781

In Betracht kommen: Malerarbeiten, Fußbodenbelag, Teppich, Gardinen und Lampen.

Beispiel
Einfamilienhaus, berufliche Nutzung durch Arbeitszimmer = 15 %

1. Anteilig abziehbare Aufwendungen	
Jährliche Aufwendungen für Heizung und Elektrizität	1.210 €
Jahresbetrag für die Hausratversicherung	40 €
Jährliche Schuldzinsen	6.000 €
Jährliche Grundsteuer, Gebäudeversicherung	470 €
Jährliche Abgaben für Wasser, Abwasser, Müllabfuhr, Straßenreinigung	350 €
Reparaturaufwendungen am Dach	930 €
Gebäudeabschreibung	
Herstellungskosten vor 10 Jahren 150.000 €	
Davon 2 % Abschreibung =	3.000 €
Summe	12.000 €
Anteilig auf das Arbeitszimmer entfallen 15 % =	1.800 €
2. In voller Höhe abziehbare Aufwendungen	
Schönheitsreparaturen im Arbeitszimmer	480 €
Reinigungskosten	180 €
Summe	660 €
Insgesamt (1.800 € + 660 €) =	2.460 €

zzgl. Arbeitsmittel wie z.B. Abschreibung der Büroeinrichtung.

Arbeitszimmer als Spekulationsobjekt? 782

Heutzutage wird alles Mögliche mit Steuern belegt, auch ein Überschuss aus dem Verkauf von Privatvermögen, wenn Kauf und Verkauf nicht mindestens ein Jahr, bei Grundstücken zehn Jahre auseinanderliegen. Das Gesetz spricht von privater Veräußerung, meint aber Spekulation. Ausgenommen von der Spekulationssteuer ist der Verkauf der zu eigenen Wohnzwecken genutzten Wohnung (§ 23 EStG). Wenn sich allerdings in der Wohnung ein Arbeitszimmer befunden hat, ist dieses ja nicht zu Wohnzwecken genutzt worden und somit nicht steuerbefreit. Sie ahnen bereits, was jetzt kommt: Sie müssen einen etwaigen Überschuss aus dem

Verkauf der Wohnung, soweit er auf das Arbeitszimmer entfällt, der Steuer melden.

»Mein lieber Scholli. Nächstes Jahr will ich mein Haus verkaufen. Hätte ich doch bloß nicht dieses vermaledeite Buch in die Hand genommen. Dann hätte ich davon nichts gewusst«, rufen Sie verärgert.

Regen Sie sich nicht auf, vielleicht haben Sie bis dahin diese Regelung schon längst wieder vergessen. Siehe dazu auch ➤ Rz 1004 ff.

783 ◆ *Musterfall Backs (Arbeitszimmer in der Mietwohnung)*

Frau Monika Backs arbeitet bei einer großen Versicherungsgesellschaft. Da sie alleinerziehend ist, kam ihr das Angebot ihres Chefs, ein »Homeoffice« einzurichten, gerade recht. Im Dezember hat ihr ihr Arbeitgeber ein häusliches Arbeitszimmer eingerichtet. Frau Backs weiß, dass das Finanzamt im ersten Jahr besonders genau prüft, ob die Aufwendungen für das Arbeitszimmer als Werbungskosten abziehbar sind. Sie fügt deshalb der Anlage N einen Grundriss ihrer Wohnung mit Kennzeichnung und Ausstattung des Arbeitszimmers bei.

Außerdem fertigt sie nach vorgegebenem Schema eine Aufstellung der Kosten.

Name: Backs, Monika; Steuer-Nr.: 135/2092/0881

Anlage Nr. 1 zur Anlage N

Aufwendungen für das häusliche Arbeitszimmer in der Mietwohnung (ab 1. 12.)

I. Unmittelbare Aufwendungen für das Arbeitszimmer

1. Einrichtungsgegenstände

Einrichtungsverzeichnis für > Zeile 42 Anlage N

	angeschafft	Kaufpreis brutto €	AfA-satz %	AfA 2017 €	Restwert €
Schreibtisch	12/2017	2.250	7,69	14	2.236
Bürosessel	12/2017	1.150	7,69	8	1.142
Geringwertige WG					
Schreibtischlampe	12/2017	215	100	215	0
Regal	12/2017	460	100	460	0
Computertisch	12/2017	415	100	415	0
Summe der Abschreibung				1.112	3.378

2. Renovierung des Arbeitszimmers (Malerarbeiten, Teppichboden), Gesamtaufwendungen lt. beigefügter Aufstellung 1.437 €

3. Sonstige direkt zurechenbare Aufwendungen, Zwei neue schalldichte Türen je 387 € 774 €

II. Anteilige Aufwendungen für das Arbeitszimmer

Gesamtwohnfläche der Wohnung 83,00 qm,
davon Fläche des Arbeitszimmers 10,46 qm
Anteil des Arbeitszimmers in % = 13%

Laufende Kosten der Wohnung		
Miete (12 × 420 €)		5.040 €
Nebenkosten im Jahr		
Heizung	720 €	
Strom	600 €	
Wasser	270 €	
Müllabfuhr	192 €	
Schornsteinfeger	18 €	
Reinigung	227 €	
Sonstiges	108 €	
Summe	2.135 € >	2.135 €

Hausratversicherung	57 €	
Gesamtkosten	7.232 €	
Davon 13% Anteil Arbeitszimmer =	940 €	
Zeitanteilig für Dezember 1/12 =	78 €	

III. Zusammenstellung der Aufwendungen

1. Abschreibungen von Arbeitsmitteln		1.112 €
2. Renovierung des Arbeitszimmers	1.437 €	
3. Sonstige direkte Aufwendungen	774 €	
4. Anteilige Aufwendungen	78 €	
Summe 2–4:	2.289 €>	2.289 €
Gesamtbetrag der Werbungskosten für das Arbeitszimmer =		3.401 €

Name: Backs, Monika
Steuer-Nr. 135/2092/0881
Anlage Nr. 2 zur Anlage N

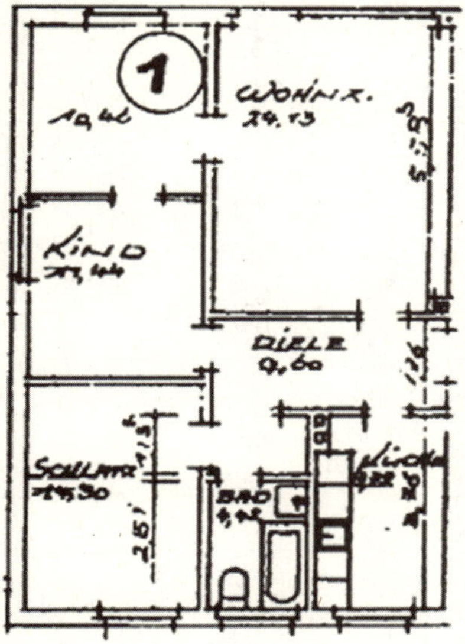

Grundriß der gesamten Wohnung.
Raum 1 = Arbeitszimmer
Gesamtwohnfläche 83,07 qm

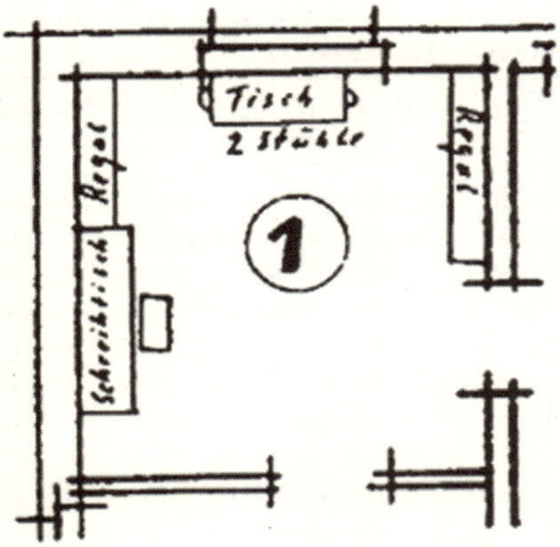

Grundriß des Arbeitszimmers
10,46 qm = 13 v. H.

In Anlage N trägt sie ein:

Zeile	Eintrag	EUR	Kz	EUR
	Beiträge zu Berufsverbänden (Bezeichnung der Verbände)			
40	Verdi		310	176,—
	Aufwendungen für Arbeitsmittel – soweit nicht steuerfrei ersetzt – (Art der Arbeitsmittel bitte einzeln angeben.)			
41	Arbeitsmittel lt. Anlage	1112,—		
42	Fachliteratur (120 €), Bürobedarf (74 €) +	194,—	▸ 320	1306,—
	Aufwendungen für ein häusliches Arbeitszimmer			
43	lt. Aufstellung		325	2289,—
	Fortbildungskosten – soweit nicht steuerfrei ersetzt –			
44			330	,—
	Weitere Werbungskosten – soweit nicht steuerfrei ersetzt – Flug- und Fährkosten bei Wegen zwischen Wohnung und erster Tätigkeitsstätte / Sammelpunkt / weiträumigem Tätigkeitsgebiet			
45		,—		
	Sonstiges (z. B. Bewerbungskosten, Kontoführungsgebühren)			
46	+	16,—		
47	Telefonkosten – pauschal – +	240,—		
48	+	,—	▸ 380	256,—

Über Nacht wird man
nur berühmt, wenn man tagsüber
gearbeitet hat.
(Howard Carpendale)

9.8.5 Fortbildung, weitere Werbungskosten – Zeile 44–48

784 Zeile 44 Fortbildungskosten

Aufwendungen für beruflich veranlasste Fortbildung erkennt der Fiskus ohne Wenn und Aber als Werbungskosten an.

Die Fiskalbürokraten unterscheiden indessen höchst penibel zwischen Fortbildung und Ausbildung. Ausbildungskosten und somit Sonderausgaben sind Aufwendungen für den erstmaligen Erwerb von Kenntnissen, die zur Aufnahme eines Berufs befähigen, bzw. für ein Erststudium (auch ein berufsbegleitendes) und gehören in den Bereich der allgemeinen Lebensplanung (Sonderausgabenabzug > Zeile 43–44 des Mantelbogens). Dazu mehr unter ➤ Rz 136 ff. Fortbildungskosten und damit Werbungskosten liegen dagegen vor bei

- einer erstmaligen Berufsausbildung oder einem Erststudium im Rahmen eines Dienstverhältnisses (Ausbildungsdienstverhältnisses),

- einer Fortbildung im bereits erlernten Beruf,
- Umschulungsmaßnahmen, die einen Berufswechsel vorbereiten,
- einem Zweitstudium, wenn Sie einen Zusammenhang mit der angestrebten beruflichen Tätigkeit aufzeigen können.

Beispiele für berufliche Fortbildung

- Ingenieur wird Wirtschaftsingenieur
- Grundschul- wird Realschullehrer
- Wissenschaftlicher Assistent wird Professor
- Aufbaustudium eines Kirchenmusikers
- Diplompsychologe wird Psychoanalytiker
- Flugingenieur wird (Co-)Pilot
- Arzt wird Zahnarzt oder Kieferchirurg
- Sparkassenbetriebswirt wird Dipl.-Betriebswirt (FH)
- Handwerksgeselle wird Meister
- Fotolaborant wird Fotograf
- Studium mit Abschluss »Master of Business Administration«
- Diplomgeograph wird Abfallwirtschaftsberater
- Aufbaustudium zum Tonmeister (nach Studium der Musiktheorie)
- Altenpfleger wird Sozialarbeiter
- Aufbaustudium nach Kindererziehungszeiten.

Auch Aufwendungen für einen **Aufstieg im Beruf** sind als Fortbildungskosten abziehbar. So hat das FG Köln einem angestellten Kirchenmusiker mit B-Examen die Aufwendungen für ein Aufbaustudium an einer staatlichen Musikhochschule, das mit dem A-Examen endet, als Fortbildungskosten anerkannt (EFG 1990 S. 573 n. rk). Entsprechend erging es einem Lehrer mit der Lehrbefähigung an der Sekundarstufe I für ein Studium zur Erlangung der Lehrbefähigung an der Sekundarstufe II (FG Münster v. 19.12.1989 – EFG 1990 S. 465 n. rk).

Gut zu wissen: Trägt der Betrieb die Kosten der Fortbildung oder Ausbildung, fällt dies nicht unter steuerpflichtigen Arbeitslohn (➤ Rz 554).

♦ *Musterfall Heidi Goldstein (Fortbildungskosten)* 785

Heidi ist als Zahnarzthelferin in der 58 km von ihrem Wohnort entfernten Großstadt Dortmund tätig. Zusammen mit ihrem Bruder, der in einem Steuerbüro arbeitet, hat sie ihre Fortbildungs- und andere Werbungskosten zusammengestellt. Sie hält sich nicht streng an das Formular Anlage N, sondern fertigt eine Zusammenstellung der gesamten Werbungskosten an und trägt die Endsumme in > Zeile 44 ein.

ANLAGE N
Einkünfte aus nichtselbständiger Tätigkeit **2018**

Zeile	Ort lt. Zeile	aufgesucht an Tagen	einfache Entfernung	davon mit eigenem oder zur Nutzung überlassenem Pkw zurückgelegt	davon mit Sammelbeförderung des Arbeitgebers zurückgelegt	davon mit öffentl. Verkehrsmitteln, Motorrad, Fahrrad o. Ä., als Fußgänger, als Mitfahrer einer Fahrgemeinschaft zurückgelegt	Aufwendungen für Fahrten mit öffentlichen Verkehrsmitteln (ohne Flug- und Fährkosten) EUR	Behinderungsgrad mind. 70 oder mind. 50 und Merkzeichen „G"
35	32	110 220	111 58 km	112 58 km	113 km	km	114 ,—	115 1 = Ja
36		130	131 km	132 km	133 km	km	134 ,—	135 1 = Ja
37		150	151 km	152 km	153 km	km	154 ,—	155 1 = Ja
38		170	171 km	172 km	173 km	km	174 ,—	175 1 = Ja

Zeile				EUR
39	Arbeitgeberleistungen lt. Nr. 17 und 18 der Lohnsteuerbescheinigung und von der Agentur für Arbeit gezahlte Fahrtkostenzuschüsse	steuerfrei ersetzt 290 ,—	pauschal besteuert	295 ,—
40	**Beiträge zu Berufsverbänden** (Bezeichnung der Verbände)			310 ,—
	Aufwendungen für Arbeitsmittel – soweit nicht steuerfrei ersetzt – (Art der Arbeitsmittel bitte einzeln angeben.)	EUR		
41	lt. Aufstellung	746,—		
42	Berufskleidung	+ 215,—	▸	320 961,—
	Aufwendungen für ein häusliches Arbeitszimmer			
43				325 ,—
	Fortbildungskosten – soweit nicht steuerfrei ersetzt –			
44	lt. Aufstellung			330 4127,—
	Weitere Werbungskosten – soweit nicht steuerfrei ersetzt – Flug- und Fährkosten bei Wegen zwischen Wohnung und erster Tätigkeitsstätte / Sammelpunkt / weiträumigem Tätigkeitsgebiet			
45		,—		
	Sonstiges (z. B. Bewerbungskosten, ~~Kontoführungsgebühren~~)			
46		+ 16,—		
47	Berufshaftpflicht	+ 36,—		
48		+ ,—	▸	380 52,—

Anlage zur Anlage N:

ZUSAMMENSTELLUNG DER WERBUNGSKOSTEN

1. Fahrten zur Arbeitsstätte 220 Tage x 58 km x 0,30 € = 3.828 €
2. Berufshaftpflicht 36 €
3. Berufsbekleidung lt. beigefügter Belege 215 €
4. Kontoführungsgebühr 16 €
5. Fortbildungskosten (Lehrgang in Detmold zum Thema: Wie rechne ich zahnärztliche Leistungen richtig ab?)

   Teilnahmegebühr (Beleg anbei) 1.600 €
   Dienstreisen zum Lehrgangsort
   Fahrtkosten mit eigenem Pkw
   36 Fahrten × 232 km × 0,30 € = 2.506 €
   Reparatur nach Unfall (Blechschaden)

	lt. Rechnung	1.302 €		
	./. Erstattung	–		
	Verbleiben	1.302 €	> 1.302 €	
	Mehraufwendungen für Verpflegung			
	36 Tage über 8 Stunden × 12 € =		432 €	
	Dienstreisen zur Arbeitsgemeinschaft in Hagen			
	Fahrtkosten			
	22 Fahrten × 56 km × 0,30 € =		370 €	
	Mehraufwendungen für Verpflegung			
	22 Tage über 8 Stunden × 12 € =		264 €	
	Bestätigung der Kollegin Reiz über die Arbeitsgemeinschaften anbei			
	Fachliteratur lt. beigefügter Belege		403 €	
	Summe der Fortbildungskosten		6.871 €	
	./. steuerfreier ArbG-Zuschuss		– 2.750 €	
	Verbleiben		4.127 €	> 4.127 €
6.	Arbeitsmittel (Belege anbei)			
	1 Schreibtisch		408 €	
	1 Stuhl		215 €	
	1 Lampe		123 €	
	Die Anschaffungen waren im Zusammenhang mit dem Lehrgang in Detmold notwendig.		746 €	> 746 €
	Summe der Werbungskosten			8.968 €

»Diese Werbungskosten werden alle anerkannt?«, fragen Sie ungläubig. Ja, selbstverständlich, es ist doch alles korrekt belegt und begründet.

Arbeitsgemeinschaften

Nicht jede Feier mit Kollegen lässt sich als Arbeitsgemeinschaft absetzen. 786 Denn eine Arbeitsgemeinschaft wird nur anerkannt, wenn das Treffen ausschließlich aus beruflichen Gründen erfolgt. Die gibt es allerdings zuhauf:

- gemeinsame Prüfungsvorbereitung
- Vertiefung des Lehrstoffs
- allgemeiner Erfahrungsaustausch
- Hausaufgaben.

Studenten setzen die Kosten für Arbeitsgemeinschaften bei den Sonderausgaben ab (➤ Rz 136), Auszubildende mit Ausbildungsvergütung hin-

gegen hier bei den Werbungskosten, desgleichen alle, die Fortbildungslehrgänge besuchen.
Steuerlich gesehen ist die Teilnahme an einer Arbeitsgemeinschaft eine Dienstreise (FG Köln v. 28.10.1993 – EFG 1994 S.290), und als solche rechnen Sie sie mit dem Finanzamt ab, also mit Fahrtkosten (0,30 € je km) und ggf. Verpflegungsmehraufwand.

Ein wasserdichter Nachweis muss her!
Schnell kommt der Fiskalritter mit der Behauptung angewackelt, die Lerngemeinschaft sei zum Teil auch privat veranlasst, und streicht Ihnen alle Kosten. Deshalb machen Sie Nägel mit Köpfen und sagen: Die Lerngemeinschaft fand nicht im häuslichen Bereich statt, sondern an der Arbeitsstätte. Außerdem fertigen Sie über jeden Treff ein Protokoll, in dem genau steht, welche berufliche Frage bzw. welches Prüfungsthema erörtert wurde (BFH, BFH/NV 1993 S.533; FG Münster v. 23.6.1994, EFG 1995 S.7). Und sagen Sie dem Fiskalritter bloß nicht, Sie hätten auch privat Freude aneinander gefunden, was sich Altvater Goethe immer wünschte, wenn er in Gesellschaft war …

Arbeitsgemeinschaften zwecks Fortbildung
Arbeitsgemeinschaften sind indessen kein Vorrecht von Studenten, Auszubildenden und Teilnehmern an Fortbildungslehrgängen. Jeder muss heute sehen, wie er am Ball bleibt. Wenn Sie sich also mit Kollegen zusammensetzen und mit ihnen über berufliche Neuerungen sprechen, lässt sich das als Arbeitsgemeinschaften absetzen. Will Ihnen das Finanzamt die Kosten streichen, kontern Sie mit dem Urt. des FG Köln (v. 28.10.1993 – EFG 1994 S.290): Selbst wenn die Verpflegungspauschalen zu sehr günstigen Ergebnissen für Sie führen, ist das unbeachtlich. Denn die hat ja die Finanzverwaltung selbst erfunden, sagt das Finanzgericht.

787 Gute Chancen für Fortbildungskosten

Gut zu wissen, was alles unter Fortbildung beim Fiskus glatt durchgeht: Fachlehrgänge jeglicher Art, wie z.B. zum Bilanzbuchhalter, zum Steuerfachwirt, für Datenverarbeitung, Bürotechnik, die Meisterprüfung, Sprachkurse, Skilehrerlehrgang für Sportlehrer (BFH – BStBl 1989 II S.91), Lehrgang für Steuerberaterprüfung eines Dipl.-Kfm. (BFH v. 19.1.1990 – BStBl 1990 II S.572), eines Steuerfachangestellten (Nds. FG v. 15.6.1989 – EFG 1990 S.172), eines Finanzbeamten (BFH-Urt. v. 6.11.1992 – BStBl 1993 II S.108), Lehrgang eines Sportlehrers zum Erwerb des Diploms eines Windsurfing-Instruktors (FG Hamburg v. 23.3.1989 – EFG 1990 S.55), Studium eines Sozialarbeiters (grad.) zur

Diplom-Pädagogik/Erziehungswissenschaften (EFG 1989 S. 628) bzw. zum Psychologen (EFG 1982 S. 238), Zweitstudium eines Arztes zum Psychotherapeuten (EFG 1989 S. 105), Lehrgang zum Erwerb der Fluglizenz durch Flugingenieur (BFH/NV 1993 S. 87), Umschulung eines Bundeswehrpiloten auf Linienflüge (BFH – BStBl 1997 II S. 337), Besuch eines Kaufmannsgehilfen der Wirtschaftsoberschule (EFG 1967 S. 503).

Sprachkurse
Zu Sprachkursen lesen Sie auch ➤ Rz 861, zu den abziehbaren Reisekosten bei Teilnahme an auswärtigen Lehrgängen siehe unter ➤ Rz 858 ff. Wie Sie als Arbeitsloser Kosten für eine Fortbildung absetzen, die Ihre Chancen auf dem Arbeitsmarkt verbessern soll, lesen Sie ➤ Rz 693.

Ausbildungsdienstverhältnis

Werden Sie für einen Beruf ausgebildet? Sind Sie Beamtenanwärter, Referendar, Lehramtsanwärter? Weil Ihre Unterhaltszuschüsse steuerpflichtig sind, muss der Fiskus logischerweise alle Aufwendungen, die mit Ihrer Ausbildung im Zusammenhang stehen, als Werbungskosten anerkennen. 788
Zu den Werbungskosten gehören die Aufwendungen für Fachliteratur, Reisekosten durch Besuch der Berufsschule, von Kursen, Repetitorien, Arbeitsgemeinschaften, ferner die Seminar- und Lehrgangsgebühren. Bei den Fiskalbürokraten machen Sie sich verständig, indem Sie das Wort »Ausbildungsdienstverhältnis« erwähnen (Quelle: LStH 9.2).

Finanziert die Bundeswehr Ihr Studium, sind Sie noch besser dran. Denn neben fürstlichen Bezügen als Offizier – die Ihnen im Rahmen eines Ausbildungsdienstverhältnisses zukommen – können Sie die Studienkosten als Werbungskosten abziehen (BFH v. 2.7.1993 – BStBl 1994 II S. 102). Dasselbe gilt für Postler, wenn ihnen ihre Behörde ein Studium zum Dipl.- Ing. (FH) spendiert (FG Rheinland-Pfalz v. 26.2.1992 – EFG 1992 S. 733).

Aufwendungen eines Soldaten zur Vorbereitung des Übergangs in einen zivilen Beruf sind Fortbildungskosten, wenn die künftige zivile Tätigkeit mit der Tätigkeit bei der Bundeswehr im Zusammenhang steht (BFH-Urt. v. 9.3.1979 – BStBl 1979 II S. 337 f.).

Ich weiß, wovor ich flüchte,
aber ich weiß nicht, was mich erwartet.
(Michel de Montaigne)

789 Wie Auszubildende ihr Finanzamt mit Reisekosten auf die Palme bringen

Im letzten Ausbildungsjahr kommt für viele das böse Erwachen. Nicht nur, weil sie erkennen, dass sie für die Abschlussprüfung schon vorher mehr hätten tun müssen, sondern weil sie am eigenen Geldbeutel spüren, wie sich Vater Staat am sauer Verdienten schadlos hält. Die Freude am großen Geld nach Ende der Ausbildung wird getrübt durch die bittere Realität, dass nur etwa 2/3 des Bruttos unterm Strich übrig bleiben. Da können monatlich schnell mehr als 150 € allein an Steuern fällig werden, macht im letzten Ausbildungsjahr (volles Gehalt ab Juli) gut und gern 900 €.
»Das ist echt ätzend! 900 € sind glatt drei Wochen Urlaub auf Mallorca«, sagen Sie. Dann versuchen Sie doch, sie sich zurückzuholen! Machen Sie die Kosten für Ihre ständigen Fahrten zu allen möglichen Ausbildungs-, Schulungs- oder Trainingsstellen steuerlich als Reisekosten geltend. Das klappt immer dann, wenn Sie eine Hauptausbildungsstelle hatten und vorübergehend woanders waren, z.B. an einer Berufsakademie o. Ä. *Vorübergehend* heißt hier max. drei Monate. Danach gilt die Berufsakademie als neue regelmäßige Arbeitsstätte (BFH-Urt. v. 4.5.1990 – BStBl 1990 II S. 859). Mussten Sie für einen Lehrgang längere Zeit auswärtig übernachten (z.B. bei internatsähnlicher Unterbringung), lesen Sie ➤ Rz 847!
Reisekosten setzen sich bei Ihnen aus Fahrtkosten, z.B. mit eigenem Pkw (➤ Rz 824), und Verpflegungspauschalen (➤ Rz 850 ff.) zusammen. Also fertigen Sie folgende

Zusammenstellung der Reisekosten für > Zeile 44 der Anlage N

Auswärtstätigkeit von bis	Filiale	Fahrtkosten Fahrten × km × €		Verpfl.-Pauschale Tage × Pauschale	
2. 1.–25. 1.	Hensenstr.		18 × 62 × 0,30 = 335 €		18 × 12 € = 216 €
1. 2.–13. 3.	Albersloh		32 × 84 × 0,30 = 807 €		32 × 12 € = 384 €
18. 4.– 6. 5.	Hadorf		14 × 76 × 0,30 = 320 €		14 × 12 € = 168 €
Summe		64 Fahrten	1.462 €	64 Tage	768 €

Die Tätigkeit in den Filialen ist Einsatzwechseltätigkeit.

Reisekosten insgesamt

Fahrtkosten	1.462 €
Verpflegungspauschale	768 €
Summe	2.230 €

Der Besuch der Berufsschule ist ebenfalls Dienstreise (= Auswärtstätigkeit). Fahrten dorthin werden mit den tatsächlichen Kosten (= 0,30 € für den **gefahrenen** Kilometer) abgesetzt. Eine Verpflegungspauschale entfällt, da die Abwesenheit nicht mehr als acht Stunden beträgt. An den übrigen Arbeitstagen erfolgte die Ausbildung in der Hauptstelle. Die Fahrten dorthin werden als Fahrten zwischen Wohnung und erster Tätigkeitsstätte in den > Zeilen 31 ff. geltend gemacht. Sie bringen Ihnen weitere 1.479 € (176 Fahrten × 28 km × 0,30 €). Vergessen Sie nicht, zusätzlich in > Zeile 47 mindestens 120 € für Fachliteratur und in > Zeile 48 für Kontoführung 16 € anzusetzen ➤ Rz 66).

Studium an einer Berufsakademie: Dabei bleibt der Betrieb regelmäßige Arbeitsstätte mit der Folge, dass die Fahrten zur Berufsakademie in den ersten drei Monaten eines Studienabschnitts Dienstreisen sind (Urt. des FG Baden-Württemberg v. 15.6.1988 – EFG 1989 S. 19; OFD Karlsruhe v. 3.6.1992 S. 2353 A). 790

TIPP Fortbildung häppchenweise? 791

Einzelne Vortragsveranstaltungen, die Ihren Beruf betreffen, nehmen Sie sozusagen häppchenweise immer mal mit. Sie setzen an:

8 Fahrten zur Uni Bonn je 15 km =	120 km
3 Fahrten zur Uni Köln je 35 km =	105 km
3 Fahrten zur Uni Düsseldorf je 85 km =	255 km
Zusammen	480 km

Fahrtkosten 480 km × 0,30 € =	144 €
Eintrittsgelder 14 × 5 € =	70 €
Porto, Telefon für Beschaffung von Informationsmaterial	35 €
Verpflegungsmehraufwand (Pauschale mehr als 8 Stunden) 14 × 12 € =	168 €
Zusammen in > Zeile 44	417 €

Sicherheitshalber bewahren Sie auf: Eintrittskarten, Programmhefte, Vortragsverzeichnisse.

Promotionskosten 792

Gehören Sie zu den vielen jungen Wissenschaftlern, die in Deutschland von staatlichen Stellen mit Zeitverträgen beschäftigt werden? Und arbeiten Sie auch unter der oftmals vom Geldgeber, z.B. der Deutschen Forschungsgemeinschaft, diktierten Auflage, dass nichtpromovierten Stelleninhabern nur das halbe Gehalt zusteht?

Dann haben Sie gute Chancen, die Promotionskosten voll als Werbungskosten abzusetzen, denn diese sind nach dem Wortlaut des Gesetzes Aufwendungen zur »Erwerbung, Sicherung und Erhaltung von Einnahmen«. Sie stehen also in einem sog. Promotionsdienstverhältnis, weil die Promotion ausschließlicher oder wesentlicher Vertragsgegenstand ist (BFH-Urt. v. 9.10.1992 – BStBl 1993 II S. 115, einen Veterinär am Schlachthof betreffend, der seinen »doctor med. vet.« machen musste, um weiterhin im Staatsdienst beschäftigt zu werden).

Geldverdienen und Promovieren an einem Projekt?
Glück gehabt: Geltend gemachte Aufwendungen können in einem solchen Fall nicht isoliert teilweise dem Promotionsvorhaben zugeordnet werden. Sie sind deshalb insgesamt zum Werbungskostenabzug zuzulassen, so das FG Köln im Urteil vom 22.11.1994 (EFG 1995 S. 510).

Das Recht ist für die Wachen da.
(Juristenweisheit)

✎ Zeile 46-48 Bewerbungskosten

793 Sind Sie zum Abflug bereit und halten Ausschau nach einem guten Landeplatz? Dann schlagen Fahrtkosten und Spesen zu Vorstellungsgesprächen mächtig zu Buche. Und vergessen Sie nicht, gehörig Porto und Fotokopierkosten anzusetzen, denn Kleinvieh macht auch Mist, so sagt man. Als Arbeitsloser haben Sie vielleicht überhaupt keine steuerpflichtigen Einnahmen. Dann geben Sie trotzdem eine Steuererklärung ab zur Feststellung eines Verlusts in Höhe Ihrer Bewerbungskosten. So sichern Sie sich den Abzug Ihrer Bewerbungskosten für das nächste Jahr. Sie kreuzen dann auf der ersten Seite des Hauptformulars oben »Erklärung zur Feststellung des verbleibenden Verlustabzugs« an. Dazu mehr unter ➤ Rz 276 ff. und ➤ Rz 693.

Die Zusammenstellung von Fahrtkosten und Spesen fertigen Sie nach dem Muster unter ➤ Rz 833. Zusätzlich setzen Sie **pauschal 10 bis 20 € je Bewerbung** für Porto, Fotos und Kopien an. Als Nachweis dienen Ihnen die Antwortschreiben der Firmen oder die Einladungen zu einem Vorstellungsgespräch.

Zeile 46–48 Kontoführungsgebühren 794

Ersetzt Ihnen der Betrieb die Kontoführungsgebühren, weil unbare Auszahlung des Lohns angesagt ist, gehören sie gleichwohl zum steuerpflichtigen Lohn. Sie können sie aber auf jeden Fall bis zu **16 € pro Jahr** als Werbungskosten hier in > Zeile 46–48 ansetzen (BFH-Urt. v. 9.5.1984 – BStBl 1984 II S. 560).

Zeile 46–48 Telefon- und Internetkosten 795

Beruflich veranlasste Telefon- und Internetkosten gehören selbstverständlich in die Steuererklärung, wenn die Gespräche vom privaten Anschluss–Festnetzanschluss, Handy oder Autotelefon – geführt oder private Internetverbindungen genutzt werden.
»Weist der Arbeitnehmer den Anteil der beruflich veranlassten Aufwendungen an den Gesamtaufwendungen für einen repräsentativen Zeitraum von drei Monaten im Einzelnen nach, kann dieser berufliche Anteil für den gesamten Veranlagungszeitraum zugrunde gelegt werden. Dabei können die Aufwendungen für das Nutzungsentgelt der Telefonanlage sowie für den Grundpreis der Anschlüsse entsprechend dem beruflichen Anteil der Verbindungsentgelte an den gesamten Verbindungsentgelten (Telefon und Internet) abgezogen werden. Fallen erfahrungsgemäß beruflich veranlasste Telekommunikationsaufwendungen an, können aus Vereinfachungsgründen ohne Einzelnachweis bis zu 20 % des Rechnungsbetrags, jedoch höchstens 20 € monatlich, als Werbungskosten anerkannt werden. Zur weiteren Vereinfachung kann der monatliche Durchschnittsbetrag, der sich aus den Rechnungsbeträgen für einen repräsentativen Zeitraum von drei Monaten ergibt, für den gesamten Veranlagungszeitraum zugrunde gelegt werden.« (LStR 9.1 Abs. 5)
Da sich manche Fiskalritter trotzdem etwas zopfig anstellen, bitten Sie Ihren Chef um eine

Arbeitgeberbescheinigung

Herr/Frau .... ist bei uns als .... beschäftigt. Aufgrund dieser Tätigkeit ist es unumgänglich, dass er/sie auch außerhalb der Dienstzeit von zu Hause Ferngespräche mit Kunden und Lieferanten führt. Gegenstand der Gespräche sind ....

```
Darüber hinaus entstehen Onlinegebühren für die Nutzung
des firmeneigenen Intranets und Kosten für beruflich
veranlasste Recherchen im Internet (Marktbeobachtung,
Preisvergleiche ........................).

Die dadurch entstehenden Kosten sind mit dem Gehalt ab-
gegolten. Steuerfreie Arbeitgebererstattungen werden
diesbezüglich nicht gezahlt.


....................        ......................
Stempel                                Unterschrift
```

Zur steuerfreien Erstattung von Telefonkosten ➤ Rz 594.

Übrigens: Die private Nutzung betrieblicher Computer oder auch Surfen im Internet auf Kosten des Betriebs sind steuerfrei (Quelle: § 3 Nr. 45 EStG).

Wir alle sind Heilige, Clowns
und Gauner gleichzeitig.
(Boltanski)

✎ Die Kostenpauschale ist meistens günstiger als ein Einzelnachweis

796 Gehören Sie zu den Vieltelefonierern oder Online-Jobbern, sind Sie also z. B. **Verkaufsberater, Handelsreisender, Kundendienstmonteur, Revisor, Journalist, Arbeitnehmer mit Abrufbereitschaft oder einfach leitender Angestellter**, billigt Ihnen der Fiskus ohne weiteres einen Anteil der Kosten für Ihren privaten Telefon- und Internetanschluss als Werbungskosten zu, wenn Sie angeben können, für welche Geschäftskontakte Sie ihn nutzen. Fehlen Ihnen geeignete Aufzeichnungen über den Umfang der beruflich veranlassten Kosten, so setzen Sie aus Vereinfachungsgründen die Pauschale an (LStR 9.1 Abs. 5):

Sie können 20 %, höchstens jedoch 20 € monatlich, des Rechnungsbetrags für Telefon und Internet als Werbungskosten absetzen. Zum Nachweis der Höhe Ihrer Kosten reichen Rechnungen für einen Zeitraum von drei Monaten aus. Die durchschnittliche Gebühr daraus kann für den gesamten Veranlagungszeitraum zugrunde gelegt werden. Den max. Werbungskostenabzug von (12 × 20 € =) 240 € pro Jahr haben Sie sich gesichert, wenn Sie drei Telefon- bzw. Internetrechnungen über mehr als 100 € vorlegen können. Nun werden Sie sich vielleicht fragen: »Müssen es Abrechnungen von drei aufeinanderfolgenden Monaten sein?« Ich denke nein, denn von einem zusammenhängenden Zeitraum von drei Monaten ist in der Richtlinie nicht die Rede.

Als beruflicher Vieltelefonierer haben Sie wahrscheinlich ohnehin ein Geschäftshandy, von dem aus Sie die meisten beruflichen Telefonate führen. Außerdem sind die Internetkosten in den letzten Jahren rapide gesunken. Daher sind Sie mit der Pauschale wahrscheinlich am besten bedient – und sparen sich im Unterschied zum Einzelnachweis ➤ Rz 799 jede Menge Arbeit.

Anschaffungs-, Anschluss- und Einbaukosten nicht vergessen! 797

Haben Sie ein Telefon gekauft, egal ob für daheim, für Ihr Auto oder ein Mobiltelefon, vergessen Sie nicht Ihre Anschaffungskosten und ggf. die Kosten für Einbau und Anschluss mit anzusetzen. Diese Aufwendungen sind Teil Ihrer Telefonkosten und helfen Ihnen, den Höchstbetrag von 240 € auszuschöpfen. Dabei rechnen Sie dem Finanzamt vor:

Monat	Telefon	Internet	gesamt	
Januar	60 €	28 €	88 €	
März	68 €	30 €	98 €	
Dezember	62 €	25 €	87 €	
Durchschnittliche laufende Kosten			273 € ÷ 3 = 91 €	
Abzugsfähige laufende Kosten 91 € × 20 % × 12 Monate =				219 €
Anteilige Anschaffungskosten Telefon 150 € × 20 % =				30 €
Berufliche Telefon- und Internetkosten insgesamt				249 €
Höchstens als Werbungskosten abzugsfähig				240 €

»Was mache ich, wenn ich den Höchstbetrag von 240 € in diesem Jahr durch laufende Kosten schon ausgeschöpft habe?«, wollen Sie wissen. Verteilen Sie die Anschaffungskosten für das Telefon gleichmäßig auf vier Jahre, dann können Sie die Abschreibung von 25 % in den folgenden Jahren anteilig Ihren Telefonkosten hinzurechnen.

Übrigens: Die Abschreibung über vier Jahre ist Pflicht, wenn Ihr Telefon zzgl. Einbau und Anschluss mehr als 487,90 € (inkl. MwSt.) gekostet hat (Quelle: § 6 Abs. 2 EStG). Zur Absetzbarkeit Ihres Computers siehe ➤ Rz 739 ff.

798 **TIPP Mobiltelefon: 75 % sind durch eine Bescheinigung vom Chef beruflich drin**

Der Fiskus meint, Sie würden mit einem Handy auch Privatgespräche führen, und kürzt daher die Kosten wegen privater Nutzung. Schützenhilfe leistet das FG Rheinland-Pfalz (Urt. v. 28.11.1997 – 4 K 1694/96), das 75 % der Kosten steuerlich anerkennt, dies aber nur dann, wenn Sie eine Bescheinigung des Arbeitgebers vorlegen können, dass Sie Ihr Mobiltelefon zu 100 % beruflich nutzen.

»Und was ist mit den restlichen 25 %?«, fragen Sie verwundert. Man könnte es wohl Sicherheitsabschlag nennen. Bestehen Sie auf vollem Kostenabzug, müssen Sie mittels Einzelverbindungsnachweis die 100 %ige berufliche Nutzung belegen.

799 **Telefonkostennachweis durch eine Strichliste**

Wollen Sie mehr als die Telefonkostenpauschale, liegt es an Ihnen, höhere Beträge anhand geeigneter Aufzeichnungen glaubhaft zu machen. Zum Nachweis des beruflichen Anteils und der Höhe der Telefonkosten benötigen Sie einen Einzelverbindungsnachweis Ihrer Telefongesellschaft mit folgenden Angaben:

- Datum der Einzelverbindung,
- Zielrufnummer (einschließlich Ortsnetzvorwahl),
- Entgelt für die Einzelverbindung.

Ihre privaten Telefonate können Sie natürlich unkenntlich machen. Zum Nachweis des beruflichen Anteils und der Höhe Ihrer Internetkosten müssen Sie eine Art »Fahrtenbuch« führen mit Angaben zu

- Datum, Uhrzeit und Dauer der beruflichen Nutzung;
- konkreter Veranlassung und Internetadresse.

Weil eine dauernde Aufzeichnung nicht zumutbar ist, begnügt sich der Fiskus mit einem Nachweis für drei Monate, der dann auch für die Zukunft gültig ist.

Anhand der Strichliste werden die Gebühren aufgeteilt in beruflich und privat, wobei für die Aufteilung der Grundgebühr auch die ankommenden Gespräche einzubeziehen sind.

Übersicht: Nachweis der Telefonkosten						
Aufteilung der Telefonkosten (Muster)						
Tag	Zeit	Teilnehmer	abgehend		ankommend	
			beruflich	privat	beruflich	privat
Auswertung nach 3 Monaten:						
Anzahl der Gespräche			280	192	235	110
Anteile in % für Grundgebühr			34,3	23,5	28,7	13,5
Anzahl der Gesprächseinheiten			510	350		
Anteile in % für Gesprächsgebühr			60	40		

Als Werbungskosten sind abziehbar:
Von der Jahresgrundgebühr (34,3 % + 28,7 %) = 63,0 %
Von den Jahresgesprächsgebühren = 60,0 %

Diese Zahlen muss der Fiskalritter ohne Stirnrunzeln akzeptieren, denn er war ja bei den Telefonaten nicht dabei und darf Sie nicht so ohne weiteres der Unredlichkeit bezichtigen, indem er Ihre Aufzeichnungen anzweifelt …

Vergessen Sie nicht, die Kosten für den Kauf einer Telefonanlage oder eines Anrufbeantworters entsprechend dem prozentualen Anteil der beruflichen Nutzung als Werbungskosten abzusetzen. 800

Zeile 46–48 Fahrten zum Mittagstisch 801

Mittagsheimfahrten zum Essen im Kreis der Lieben oder einem Nickerchen sind steuerlich gesehen schlichte Privatfahrten. Denn das Gesetz lässt pro Arbeitstag nur eine Fahrt zwischen Wohnung und Arbeitsstätte als beruflich veranlasst zu (➤ Rz 694 ff.). Doch aufgepasst!
Wer in einer Arbeitspause zu einer nahe gelegenen Gaststätte fährt, um dort zu essen, weil es auf der Arbeitsstelle keine Kantine gibt, kann die Fahrtkosten absetzen.
Kommt Ihr Fiskalritter mit der Einrede angetanzt, Mahlzeiten seien grundsätzlich privat veranlasst und deshalb seien Fahrten zur Essensaufnahme privater Natur, halten Sie ihm das BFH-Urteil vom 18.12.1981 (BStBl 1982 II S.261) unter die Nase: »Der Weg zur Nahrungsaufnahme … gehört, jedenfalls wenn er nur … zu einer nahe gelegenen und

zumutbaren Gaststätte führt, zu den Verrichtungen, die in notwendigem Zusammenhang mit diesem beruflichen Aufenthalt stehen.« Wobei der Aufenthaltsort im Urteilsfall als regelmäßige Arbeitsstätte anzusehen war. Wohlgemerkt: Es ging nicht um die Essenskosten – denn Magenfüllen ist privat –, sondern um die Fahrt zur Gaststätte. Will Ihr Fiskalritter dennoch keinen Haken an die Fahrtkosten machen (LStR 9.1 Abs. 2 Nr. 4), reden Sie von »Einspruch« und kämpfen Sie für Ihr Recht. Auf jeden Fall sind nach dem genannten BFH-Urteil Unfallkosten absetzbar, wenn ein Unfall auf der Fahrt zum Mittagstisch passierte. Und da Unfallkosten nur bei beruflicher Veranlassung absetzbar sind, muss die Fahrt selbst eine berufliche gewesen sein, logo.

Dasselbe erreichen Sie, wenn Sie sagen können, dass Ihnen das Kantinenessen nicht schmeckt.

Also setzen Sie z. B. an:

105 Fahrten zum Gasthof »Alter Fritz« je 12 km =	1.260 km
Fahrtkosten 1.260 km × 0,30 € =	378 €

✎ Zeile 46–48 Diebstahl, Reinigung, Flickschneiderei

802 **Diebstahlverluste**

Haben Langfinger Ihren Laptop oder anderes wertvolles Arbeitsgerät mitgehen lassen und kommt keine Versicherung dafür auf, können Sie das Finanzamt zur Kasse bitten, indem Sie den Wertverlust als Werbungskosten absetzen. Als Wertverlust gelten die Erwerbskosten abzgl. der bereits angefallenen Abschreibungen (BFH-Urt. v. 29.4.1983 – BStBl 1983 II S. 586). Bei Diebstahl von Gegenständen am Arbeitsplatz, die keine Arbeitsmittel sind, wie z. B. Geld, Kleidung oder Schmuck, zeigt sich der Fiskus hingegen zopfig. Solche Verluste stehen aus fiskalischer Sicht nicht mit dem Beruf im Zusammenhang und sind deshalb Privatsache (BFH-Urt. v. 4.7.1986 – BStBl 1986 II S. 771).

Doch man höre und staune: Ihr teils beruflich, teils privat genutzter Pkw ist zwar kein Arbeitsmittel, kommt er Ihnen jedoch während einer Dienstreise oder während der Parkzeit am Arbeitsplatz abhanden, lässt der Fiskus den Zeitwert zum Abzug zu – unter Anrechnung von Versicherungsleistungen, versteht sich (BFH-Urt. v. 25.5.1992 – BStBl 1993 II S. 44).

Und außerdem: Im Außendienst geklaute Privatsachen sind als Reisenebenkosten absetzbar, wenn Sie den Schaden nachweisen können (am besten sofort bei der örtlichen Polizei Anzeige erstatten) und alle zumutbaren Sicherheitsvorkehrungen gegen einen Diebstahl getroffen haben. Siehe auch ➤ Rz 849.

Kleiderreinigung und Flickschneiderei 803

Kosten für die Reinigung von Berufskleidung sind abziehbar, das sieht selbst der bornierteste Fiskalritter ein. Geben Sie Sachen in eine Fremdreinigung, setzen Sie Ihre Ausgaben ab. Landen die Sachen in Ihrer Waschmaschine, können Sie ebenfalls Werbungskosten absetzen (➤ Rz 743).
Wie sieht es aber bei Berufen aus, denen der Fiskus keine Arbeitskleidung zubilligt? Müssen die Arbeitnehmer die Reinigung ihrer Kleidungsstücke wegen Tee- oder Kaffeeflecken, Flecken vom Toner des Kopierers, Verschmutzung durch Kugelschreiber oder Tinte, Farbbänder, Stempelkissen usw. aus eigener Tasche bezahlen? Keineswegs! Denn die Ursache liegt in der Berufssphäre des Arbeitnehmers begründet, und somit sind die Reinigungskosten als Werbungskosten zu berücksichtigen, so der BFH. Mehr dazu unter ➤ Rz 744.
Dasselbe gilt, wenn Kleidung während der Arbeitszeit oder auf dem Weg von oder zur Arbeit beschädigt wird. Ausgerutscht und hingefallen, in Eile an der Türklinke hängengeblieben, wie oft passiert das. Kann der Schaden vom Flickschneider nicht mehr behoben werden, etwa bei einer Laufmasche, muss ein neues Kleidungsstück her, natürlich unter Beteiligung Ihres stillen Teilhabers. In diesem Fall fertigen Sie einen:

Eigenbeleg

Verlust eines Sakkos, Neupreis	320 €
Abschreibung für altes Sakko 1 Jahr	64 €
Zeitwert	256 €

Beim Sturz auf dem Weg zum Arbeitsplatz im Firmengebäude am . . . . Ärmel durchgeschlagen.

Seien Sie nicht bange, diese Kosten geltend zu machen, auch wenn Sie keinen Zeugen benennen können. Richtig ist zwar: Sie als Steuerzahler müssen grundsätzlich alles beweisen, was zu einer Steuerminderung führt. Für nicht beweisbare Vorgänge gilt aber der sog. Beweis des ersten Anscheins. Und der spricht dafür, dass Ihnen dann und wann im Büro durchaus ein kleines Malheur passieren kann. Hauptsache, Sie haben Zahlungsbelege …

804 Zeile 46–48 Versicherungsbeiträge

Soweit Versicherungsbeiträge berufliche Risiken wie einen Unfall, insbesondere im Straßenverkehr, oder einen Gerichtsprozess abdecken, sind sie ohne Wenn und Aber absetzbar. **Folglich sind berufliche Unfall- und auch Rechtsschutzversicherungen als Werbungskosten absetzbar.** Deckt die Versicherung sowohl berufliche als auch private Risiken ab, ist nur der berufliche Anteil der Beiträge absetzbar. Aufgeteilt wird, als wenn der berufliche und der private Bereich jeweils getrennt versichert wären, wobei bei einer gemischten Unfallversicherung der berufliche Anteil mit 50 % angesetzt werden kann (BMF-Schreiben v. 17.7.2000 – BStBl 2000 I S. 1204).

Und so wird gerechnet:

Anteile in %		beruflich	privat
Unfall	Jahresbeitrag z. B. 104 €	50 %	50 %
Rechtsschutz	Jahresbeitrag z. B. 181 €	50 %	50 %

Also können Sie hier absetzen:

Unfallversicherung, beruflicher Anteil 50 %	52 €
Rechtsschutzversicherung, beruflicher Anteil 50 %	91 €
Insgesamt für > Zeile 46–48	143 €

Vergessen Sie nicht, den privaten Anteil der Unfallversicherung in > Zeile 50 der Anlage Vorsorgeaufwand einzutragen.

805 Zeile 46–48 Bewirtungskosten und Geschenke

Wenn der Betrieb die Kosten für Kundenbewirtung nicht trägt, können Sie sie unter Bewirtungskosten absetzen. Absetzbar sind 70 % der als angemessen geltenden Kosten.

Als Nachweis dienen

- Spesenquittung, in der maschinell ausgedruckt sein muss (EStR 4.10):
  1. Name und Anschrift des Restaurants
  2. Tag der Bewirtung
  3. Auflistung der einzelnen Speisen und Getränke mit Preisen
  4. Gesamtpreis, ab 150 € mit Mehrwertsteuer, sonst 19 %
- Namen der Teilnehmer und Angaben zum Anlass der Bewirtung.

TIPP … für die Feier mit Kollegen 806

Eine Feier aus Anlass Ihres Geburtstags, die Sie für Familie und Freunde ausrichten, ist natürlich nicht abzugsfähig. Wenn Sie dagegen ausschließlich Arbeitskollegen und Mitarbeiter einladen, können auch die Kosten einer Geburtstagsfeier zu abzugsfähigen Werbungskosten führen (FG Rheinland-Pfalz v. 12.11.2015 – 6 K 1868/13). Findet die Feier zudem in den Räumen Ihres Brötchengebers statt und das möglicherweise noch während der Arbeitszeit, erhöht sich die Wahrscheinlichkeit, dass der Fiskus Ihre Kosten als Werbungskosten akzeptiert, ganz erheblich. Sollte das Finanzamt nicht mitspielen wollen, legen Sie auf jeden Fall Einspruch ein, denn in dieser Frage ist ein Verfahren beim Bundesfinanzhof anhängig (Az. VI R 7/16). Bis zu dessen abschließender Entscheidung kann Ihr Einspruch ruhen.

TIPP Die Gästeliste bestimmt die Höhe der Werbungskosten! 807

Gute Nachrichten gibt es vom BFH auch für den Fall, dass Sie neben Gästen aus Ihrem beruflichen Umfeld noch Personen aus Ihrem privaten Kreis eingeladen haben. Das Finanzamt kommt Ihnen hier möglicherweise mit dem Argument, es würden gemischte Aufwendungen vorliegen, für die insgesamt ein Abzugsverbot greift. Das werden Sie natürlich nicht so ohne Weiteres akzeptieren. Gemischte Aufwendungen hin oder her: Der Kostenanteil für Ihre beruflichen Gäste ist durch Ihren Job veranlasst und stellt folglich Werbungskosten dar. Wenn das Finanzamt sich querstellt, weisen Sie es einfach darauf hin, dass sogar der BFH in diesem Fall den ganz einfachen Dreisatz ins Spiel bringt, die Kosten nach Teilnehmerköpfen jeweils Ihrem Beruf (Mitarbeiter, Kollegen, Kunden, Geschäftsfreunde) und Ihrem Privatleben (Familie, Verwandte, Nachbarn, Freunde, Bekannte) zurechnet und somit zumindest teilweise den Werbungskostenabzug zulässt (BFH v. 8.7.2015 – VI R 46/14, BStBl 2015 II S. 1013).

Die Bewirtungskosten können Sie auch absetzen, wenn Sie als Abteilungsleiter Ihre Mitarbeiter z. B. zu einem Weihnachtsessen einladen (BFH-Urt. v. 19.6.2008 – BStBl 2009 II S. 11), als Behördenleiter mit Ihrer Belegschaft und anderen Personen aus Ihrem beruflichen Umfeld Ihr fünfjähriges Jubiläum feiern (BFH v. 6.3.2008 – VI R 68/06, HFR 2008 S. 928) oder als Chefarzt die Krankenschwestern und Ärzte Ihrer Abteilung einladen (BFH v. 10.7.2008 – VI R 26/07, BFH/NV 2008 S. 1831).

Wichtig zu wissen:
Die Abzugsbeschränkung auf 70 % der Kosten des § 4 Abs. 5 Satz 1 Nr. 2 EStG greift nicht für die Bewirtung von Mitarbeitern. Das gilt vor allem für solche Mitarbeiter, die Ihnen unterstellt sind und die durch ihre Zu- und Mitarbeit unmittelbaren Einfluss auf Ihre Karriere haben. Deshalb sind auch die strengen formalen Anforderungen nicht anwendbar.

Auch eine Feier zu Ihrem Abschied aus der Firma oder von der Dienststelle, an der vor allem Mitarbeiter, Geschäftsfreunde und Personen des öffentlichen Lebens teilnehmen, mit denen Sie beruflich zu tun hatten, können Sie als Werbungskosten absetzen, wenn Sie sie aus der eigenen Tasche gesponsert haben. Was bei einem Bundeswehrgeneral anlässlich seiner Verabschiedung in den Ruhestand recht war (BFH v. 11.1.2007 – BStBl 2007 II S. 317), sollte bei Ihnen als leitendem Angestellten, Behördenleiter oder leitendem Mitarbeiter einer Dienststelle billig sein. In aller Regel sind Sie nicht von der Kürzung des Abzugs Ihrer Kosten auf 70 % betroffen. Stellen Sie sich auf den Standpunkt, dass Ihre Einladung an die Teilnehmer nicht aus geschäftlichem Anlass erfolgte, sondern aus allgemeinem beruflichem Interesse. Letzteres geht immer durch, wenn die Feier von Ihrem Dienstherrn oder Arbeitgeber veranstaltet wird und Sie einen Obolus beisteuern, z. B. um die Feier etwas üppiger gestalten zu können, oder Sie nur Ihnen unterstellte Mitarbeiter oder lediglich Personal aus Ihrer Firma bzw. Behörde einladen (OFD Niedersachsen v. 29.11.2011 – S 2350 – 32 – St 215). In dasselbe Horn bläst das Finanzgericht Münster: Kosten für eine Abschiedsfeier, die Sie anlässlich eines Arbeitgeberwechsels oder bei Ihrer Verabschiedung in den Ruhestand veranstalten, können grundsätzlich als Werbungskosten abgezogen werden (FG Münster v. 29.5.2015 – 4 K 3236/12 E). Wichtig ist, dass das Finanzgericht hier keine Revision zugelassen hat, weil seiner Meinung nach diese Rechtslage völlig klar ist.

✎ Zeile 46–48 Umzugskosten

808 Umzugskosten sind grundsätzlich nachzuweisen. Lediglich bei den »sonstigen Umzugsauslagen« besteht die Alternative, einen Pauschbetrag anzusetzen (siehe ➤ Rz 809). Der Fiskus erkennt laut LStR 9.9 Abs. 2 bei einem beruflich veranlassten Umzug die nachgewiesenen Umzugskos-

ten – allerdings nur bis zu der Höhe, in der sie nach dem Bundesumzugskostengesetz einem öffentlich Bediensteten gezahlt werden können – **ohne besondere Prüfung** an.
Es besteht aber keine Bindung an diese Vorschrift, insbesondere wenn für die sonstigen Umzugsauslagen anstelle der Pauschsätze der Einzelnachweis gewählt wird. Dann prüft das Finanzamt sehr wohl, ob und inwieweit die Aufwendungen als Werbungskosten abziehbar oder der allgemeinen Lebensführung zuzurechnen sind. Werden z.B. die Aufwendungen eines öffentlich Bediensteten für neue Einrichtungsgegenstände wie Kochherd, Gardinen usw. steuerfrei erstattet, beruht dies angeblich auf fürsorgerechtlichen Vorschriften, die auf das Steuerrecht nicht übertragbar sind. So müssen Sie damit rechnen, dass der Fiskalritter die Kosten für einen neuen Fußbodenbelag (FG Saarland v. 6.12.1984 – EFG 1985 S. 232), desgleichen für Anschaffung und Montage von Küchenmöbeln (FG Rheinland-Pfalz v. 20.1.1981 – EFG 1981 S. 500) oder für neue Gardinen (FG Saarbrücken v. 29.8.2001 – EFG 2001 S. 1491) streicht. Was als beruflich veranlasster Umzug gilt, ist vielfach Ermessenssache. Schnell argwöhnt der Fiskalritter, es könnten (auch) private Gründe den Umzug veranlasst haben. In diesem Fall bietet ihm § 12 EStG die Handhabe, die gesamten Umzugskosten der allgemeinen Lebensführung zuzuweisen und damit als nicht abziehbar zu erklären.

Seien Sie also auf der Hut, wenn Sie der Fiskalritter nach den Gründen für den Umzug fragen sollte.
Der Fiskus erkennt einen Wohnungswechsel als beruflich veranlasst an bei

1. **Wechsel des Arbeitsplatzes**, egal aus welchem Grund.
   Schmerzlich war die Erkenntnis, dass die Urlaubsschöne in Düsseldorf wohnt und Sie in Hannover. Noch schmerzlicher war der Abschied nach wundervollen Urlaubstagen. Und als Sie zu Hause – so aus reiner Neugierde – die Stellenanzeigen aus Düsseldorf studierten und auf Ihre Bewerbungen sogar günstige Angebote kamen, da hatten Sie doppelte Veranlassung, nach Düsseldorf umzuziehen. Die Umzugskosten gingen völlig problemlos beim Fiskus durch, denn Sie hatten ja schließlich Ihren Arbeitsplatz gewechselt.
   In diesem Fall ist steuerlich ohne Bedeutung, dass auch private Gründe den Wechsel des Arbeitsplatzes veranlasst haben (FG Rheinland-Pfalz v. 29.8.1986 – EFG 1989 S. 18).
   Dazu sollten Sie wissen: Vorsicht ist geboten bei Versetzung auf eigenen Wunsch aus persönlichen Gründen, also ganz ohne berufliche Veranlassung (FG Köln v. 19.4.1988 – EFG 1988 S. 467). Sie können also

Ihrem Fiskalritter brühwarm und genauestens darlegen, warum Sie versetzt wurden. Oder Sie lassen es bleiben …;

2. **erstmaliger Aufnahme einer Tätigkeit;**
3. **kürzerer Fahrt zum Betrieb.**
   Beispiele: Wohnungswechsel in einem Verkehrsballungsgebiet, wodurch sich die Entfernung zum Betrieb von 17 auf 7 km und die Fahrzeit um 30 Minuten verringerte (FG Düsseldorf v. 10.2.1989 – EFG 1989 S. 404). Heftige Kollegenschelte übten andere Finanzrichter in Düsseldorf deswegen und meinten, eine Verkürzung der Fahrtstrecke um nur 10 km reiche nicht aus, erst recht nicht eine Zeitersparnis von arbeitstäglich 30 Minuten. Einen Schluss auf berufliche Veranlassung könne nur eine Zeitersparnis von arbeitstäglich etwa einer Stunde erlauben (Urt. v. 15.12.1994 – EFG 1995 S. 514). Besser kam ein Steuerzahler im FG Rheinland-Pfalz zurecht. Der hatte die alte Fahrtstrecke richtig madig gemacht, von vielen Ampeln, verkehrsberuhigenden Hindernissen, Fahrbahnverengungen und starkem Berufsverkehr gesprochen. Das habe an seinen Nerven gezehrt und ihn zum Umzug veranlasst. Bei einer Zeitersparnis von 50 Minuten war dann alles paletti (Urt. v. 25.1.1995 – EFG 1995 S. 515). Wenn Sie als Eheleute beide arbeitstäglich 30 Minuten eingesparen, nutzt das leider nichts, denn die Fahrzeitersparnis darf nach Auffassung des Bundesfinanzhofs nicht zusammengerechnet werden.
   Ein Wohnungswechsel, durch den der Arbeitsplatz zu Fuß erreichbar und somit ein Verkehrsmittel entbehrlich ist, ist hingegen beruflich veranlasst und steuerlich ansetzbar (FG Baden-Württemberg v. 6.4.1990 – EFG 1990 S. 627 sowie FG Köln v. 24.2.2017 – 3 K 3502/13);
4. **Einzug in eine Dienstwohnung** auf Veranlassung des Arbeitgebers oder aus überwiegend beruflichen Gründen (Gleiches gilt für den Auszug bei Beendigung des Arbeitsverhältnisses);
5. **Beginn und Ende einer doppelten Haushaltsführung;**
6. **einem Rückumzug.**
   Dies gilt aber nicht generell. So hat der BFH einem Arbeitnehmer den Abzug der Kosten für den Umzug an den alten Familienwohnsitz bei Eintritt in den Ruhestand verwehrt (BFH v. 8.11.1996 – BStBl 1997 II S. 207). Gute Karten im Steuerpoker haben Sie indessen, wenn Sie a) Ihre Zweitwohnung am Ort der Arbeitsstätte aufgegeben haben, weil Sie es vorziehen, jeden Tag zur Arbeit zu fahren (BFH v. 29.4.1992 – BStBl 1992 II S. 667); b) von vornherein für eine bestimmte Zeit an einen auswärtigen Arbeitsort versetzt wurden (BFH v. 4.12.1992 – BStBl 1993 II S. 722).

Aufstellung der Umzugskosten 809

Damit Ihnen kein Euro durch die Lappen geht, orientieren Sie sich am besten an der folgenden Übersicht:

1. **Beförderungsauslagen** durch den Spediteur ...... €
Trinkgelder gehören aber zu den »sonstigen Umzugsauslagen«.
2. **Erstattung der Reisekosten**
Reisekosten zur Vorbereitung des Umzugs
(für höchstens zwei Reisen) ...... €
Pauschale für Verpflegungsmehraufwand ...... €
Fahrtkosten ...... €
Reisekosten zur Durchführung des Umzugs
Pauschale für Verpflegungsmehraufwand
(für zwei Reisetage) ...... €
Fahrtkosten für die gesamte Familie ...... €
Übernachtungskosten, wenn außerhalb neuer Wohnung ...... €
3. **Mietentschädigung**
Miete für die bisherige Wohnung, wenn für dieselbe Zeit
Miete für die neue Wohnung gezahlt wird oder umgekehrt
bis sechs Monate ...... €
4. **Maklergebühren** (nur bei Mietwohnung) ...... €
5. **Entschädigung für notwendige Geräte,** Anschaffungskosten
Kochherd von Gas auf Strom oder umgekehrt bis 230 € ...... €
Öfen oder Zentralheizung bis 164 € je Zimmer ...... €
6. **Nachhilfeunterricht** für Kinder: max. 1.926 €
je Kind ...... €
7. **Sonstige Umzugsauslagen**
Hier besteht ein Wahlrecht auf Pauschvergütung oder Einzelnachweis

a) Pauschvergütung

Zahl der Kinder	0	1	2	3
Alleinstehende	764 €	1.101 €	1.438 €	1.775 €
Verheiratete	1.528 €	1.865 €	2.202 €	2.539 €

Häufigkeitszuschlag

Ist innerhalb der letzten fünf Jahre bereits ein Umzug vorausgegangen, sind die Pauschbeträge um 50 % zu erhöhen.

b) Einzelnachweis der sonstigen Umzugsauslagen

Anzeigen und amtliche Gebühren ...... €
Trinkgelder ...... €

Aufwendungen für das Anschaffen, Ändern, Abnehmen und Anbringen von Vorhängen, Rollos, Vorhangstangen	...... €
Elektrokochgeschirr bei Umstellung von Gas auf Strom (⅔ der Aufwendungen, höchstens 20 € je haushaltszugehörige Person)	...... €
Aufwendungen für Abbau und Neuanschluss Elektro- und Heizgeräte, Antenne, Wasserenthärter, Telefonanschluss	...... €
Gebühren beim Einwohnermeldeamt für neuen Personalausweis	...... €
Gebühren für das Umschreiben von Fahrzeugen	...... €
Aufwendungen für Schönheitsreparaturen in der bisherigen Wohnung	...... €
Gebühren für Kabelanschluss	...... €
Häufigkeitszuschlag 50 % der maßgebenden Pauschale zu den sonstigen Umzugsauslagen, wenn in den letzten fünf Jahren ein Umzug vorausgegangen ist	...... €
Summe der gesamten Umzugskosten	...... €
./. steuerfrei erstattete Umzugskosten des Arbeitgebers	...... €
Abziehbar als Werbungskosten	...... €

810 **Gretchenfrage: Einzelnachweis ja oder nein?**

Wählen Sie für die sonstigen Umzugsauslagen anstelle der Pauschvergütung den Einzelnachweis, weil dieser in der Summe höher ausfällt, dann sollten Sie bedenken: Der Fiskalritter könnte prüfen, ob einzelne Aufwendungen der allgemeinen Lebensführung zuzurechnen und deshalb nicht abziehbar sind (siehe ➤ Rz 808). Wird er fündig, könnte der Einzelnachweis in der Summe niedriger ausfallen als die Pauschvergütung. Doch die Pauschvergütung ist dann verbaut. Also wählen Sie im Zweifel von vornherein die Pauschvergütung, dann sind Sie auf der sicheren Seite.

811 ◆ *Musterfall Dr. Maus (Umzugskosten)*

Dr. Maus hat es von Bielefeld, wo er Redakteur bei der Freien Presse war, nach Münster verschlagen. Er will sich dort beim Westdeutschen Rundfunk versuchen. Dr. Maus ist verheiratet und hat zwei Kinder.

Die Umzugskosten stellt er auf einer besonderen Anlage zusammen und trägt den Gesamtbetrag von 4.079 € in > Zeile 48 der Anlage N ein.

ANLAGE N
Einkünfte aus nichtselbständiger Tätigkeit **2018**

Zeile					
	Aufwendungen für Arbeitsmittel – soweit nicht steuerfrei ersetzt – (Art der Arbeitsmittel bitte einzeln angeben.)		EUR		
41			,—		
42	pauschaler Ansatz	+	,—	▸ 320	120,—
	Aufwendungen für ein häusliches Arbeitszimmer				
43				325	,—
	Fortbildungskosten – soweit nicht steuerfrei ersetzt –				
44				330	,—
	Weitere Werbungskosten – soweit nicht steuerfrei ersetzt – Flug- und Fährkosten bei Wegen zwischen Wohnung und erster Tätigkeitsstätte / Sammelpunkt / weiträumigem Tätigkeitsgebiet				
45			,—		
	Sonstiges (z. B. Bewerbungskosten, Kontoführungsgebühren)				
46	Kontoführung	+	16,—		
47	Telefonkosten (pauschaler Ansatz)	+	240,—		
48	Umzugskosten lt. Anlage	+	4079,—	▸ 380	4335,—

Anlage

Umzugskosten (Umzug am 12.09.
von Bielefeld nach Münster)

Spedition Zapf	411,00 €
Kartonbenutzung	84,00 €
Transportversicherung	57,50 €
Reisekosten zur Vorbereitung des Umzugs	
02.08.; 09.08.; 16.08.; 23.08.; 06.09.	
Fahrtkosten (höchstens 2 Fahrten)	
138 km × 2 Fahrten × 0,30 € =	82,80 €
Verpflegungsmehraufwand × 2 Tage × 12 € =	24,00 €
Reisekosten am Umzugstag	
Fahrtkosten 69 km × 0,30 € =	20,70 €
Verpflegungsmehraufwand	
für 2 Personen × 2 Tage × 24 € =	96,00 €
Pauschalen nach § 9 BUKG Abs. 1 u. 2	2.202,00 €
nach Abs. 6 (Zuschlag 50 % – 2. Umzug)	1.101,00 €
Summe der Umzugskosten	4.079,00 €

»Ich hätte die Fahrtkosten für fünf Tage angesetzt und außerdem das Metergeld für die Packer, obwohl es mit der Pauschale abgegolten ist«, sagen Sie. Um dem Fiskaljünger einen Beanstandungsknochen hinzuwerfen, an dem er sich verbeißen kann, ist das gar nicht so übel.

812 **Sind Ihnen wegen doppelter Haushaltsführung Kosten für den Umzug in eine Zweitwohnung am Beschäftigungsort entstanden, beteiligen Sie den Fiskus an den Anschaffungskosten für zusätzliches Mobiliar (➤ Rz 882).**

813 Die Sache mit der Zwischenlösung

Es ist nicht so einfach, am neuen Arbeitsort gleich eine passende Wohnung zu finden, das weiß jeder. Entscheiden Sie sich für eine »Zwischenlösung«, bis Sie eine passende Wohnung gefunden haben, können Sie in dieser Zeit Ihre Wohnung am bisherigen Wohnort beibehalten und doppelte Haushaltsführung geltend machen (FG München v. 24.4.1990 – EFG 1990 S.627).

Denken Sie daran: Sie können nicht nur den Umzug vom bisherigen Wohnort in die endgültige Wohnung am neuen Arbeitsort absetzen, sondern auch die Auflösung der Zweitwohnung, die als Zwischenlösung diente.

Allerdings darf die Zwischenlösung nur ein wirkliches Provisorium sein. Denn die Möglichkeiten, hier etwas zu deichseln, haben sich verschlechtert, seit der BFH sich in dieser Sache geräuspert hat (Urt. v. 21.9.2000 – BStBl 2001 II S.70). Er ist der Auffassung, dass in der Regel mit dem Einzug in die erste Wohnung am neuen Arbeitsort die berufliche Veranlassung eines Umzugs endet.

Zur Vermeidung steuerlicher Nachteile sollten Sie also auf eine Zwischenlösung verzichten und erst dann einen Umzug an den neuen Beschäftigungsort vornehmen, wenn die endgültige »Bleibe« feststeht.

814 **TIPP**

Freunde und Bekannte als Umzugshelfer

»Dreimal umgezogen ist wie einmal abgebrannt« heißt: Jeder Umzug geht mächtig ins Geld. Da ist es gut, wenn Freunde und Bekannte den Möbelspediteur ersetzen. Trotzdem haben Sie Kosten, so z.B. für die Helferparty im Restaurant um die Ecke. Diese Aufwendungen sind vergleichbar den Handgeldern, die der Fahrer und die Packer der Spedition von Ihnen erwarten und die ohne weiteres als Werbungskosten abziehbar sind.

»Mein Freund Peter bot mir an, eine Quittung zu unterschreiben. Er meinte, jeder könne bis zu 410 € quittieren, ohne selbst darauf Steuern zahlen zu müssen.«

Mit den 410 € hat er recht (Quelle: §46 Abs. 2 EStG; ➤ Rz 548), doch das Geld muss er auch wirklich bekommen haben, das ist doch wohl klar …

Zeile 46–48 Sonstige Werbungskosten

Gern übersehen Fiskalritter in § 9 EStG das Wörtchen »auch«. Denn 815
die dortige Aufzählung beginnt mit den Worten »Werbungskosten sind auch …«.

Also lassen Sie uns nachsehen, was noch für Sie drin ist:

Bürgschafts- und Darlehensverluste 816

Haben Sie für Ihren Brötchengeber gebürgt, um ihm die Aufnahme von Bankkrediten zu ermöglichen, sind Aufwendungen hierfür absetzbar (BFH-Urt. v. 29.2.1980 – BStBl 1980 II S. 395). Das FG Münster hielt auch die Ausgaben aus der Bürgschaft eines Gesellschafter-Geschäftsführers für seine GmbH für absetzbar (Urt. v. 15.7.1987 – EFG 1988 S. 169). Desgleichen können Sie den Verlust einer Darlehensforderung gegen Ihren Arbeitgeber steuerlich geltend machen, wenn Zweck des Darlehens war, dem Chef unter die Arme zu greifen und damit Ihre Einnahmen zu sichern (LStH 9.1).

Krankheitskosten 817

Psychische Erkrankungen sind mittlerweile die zweithäufigste Ursache für Fehlzeiten am Arbeitsplatz. Nicht selten sind diese Erkrankungen zudem hausgemacht. Mobbing am Arbeitsplatz oder fortwährende Attacken von Vorgesetzten bleiben auf Dauer nicht ohne Auswirkung auf das Nervenkostüm. Da ist es nur gerecht, wenn diesbezüglich entstandene Krankheitskosten als Werbungskosten steuerlich abzugsfähig sind (siehe dazu auch ➤ Rz 216).

Prozesskosten 818

Im Lauf eines längeren Berufslebens bleibt es nicht aus, seine Rechte notfalls im Streit ausfechten zu müssen. Die dabei entstehenden Kosten sind beruflich veranlasst und somit absetzbar (BFH-Urt. v. 13.12.1994 – BStBl 1995 II S. 457, einen Beamten betreffend, dem im Rahmen eines Disziplinarverfahrens das Gehalt gekürzt werden sollte). Entsprechendes gilt für Strafprozesskosten (auch mit Schuldspruch), wenn der Schuldvorwurf berufliches Verhalten betrifft (BFH-Urt. v. 19.2.1982 – BStBl 1982 II S. 467, einen Ingenieur betreffend, der bei Versuchsarbeiten im Betrieb seine Aufsichtspflicht verletzt hatte; BFH-Urt. v. 22.7.1996 – BStBl 1996 II S. 845, einen Geschäftsführer betreffend, der des Subventionsbetrugs angeklagt war).

819 Steuerberatungskosten

Ihre Steuerberatungskosten können Sie als Werbungskosten abziehen, wenn oder soweit sie mit steuerpflichtigen Einkünften in Zusammenhang stehen. Als Arbeitnehmer haben Sie gute Chancen, in > Zeile 46–48 die Kosten unterzubringen für

- steuerliche Fachliteratur wie »KONZ. Das Arbeitsbuch zur Steuererklärung«,
- Steuertabellen und ein steuerrechtliches Wörterbuch,
- die Beschaffung von Informationen aus dem Internet, z.B. Internetgebühren, Kosten für den Download,
- die KONZ Steuer-Software, mit der die Steuererklärung erstellt wird,
- den Steuerberater, die Anlage N betreffend,
- den Mitgliedsbeitrag an den Lohnsteuerhilfeverein,
- die Fahrten (0,30 € je gefahrenen Kilometer) zum Steuerberater, Lohnsteuerhilfeverein,
- Porto für Briefe an den Steuerberater und fürs Telefonieren. Das Finanzgericht Niedersachsen hat umgerechnet pauschal 8 € für Telefonkosten, Porto, Kopien und Schreibwaren anerkannt (Urt. v. 14.8.1989 – VI 654/88),
- Teilnahmegebühren plus Fahrtkosten für Steuerrechtslehrgang an der Volkshochschule. Oder war Ihr Vereins- oder Verbandsvorsitzender so clever, Sie mit einem Steuerreferenten in die Hauptversammlung zu locken? Dann soll er Ihnen sofort nach der Versammlung einen Beleg über die Teilnahme – mit Themenangabe – in die Hand drücken.

Der Bundesfinanzminister wies seine Steuerbeamten mit Schreiben vom 21.12.2007 an, sog. »gemischte«, also nicht direkt einer bestimmten Einkunftsart zuzuordnende Steuerberatungskosten bis zu einem Betrag von 100 € als Werbungskosten durchzuwinken. Allerdings handelt es sich nicht um eine Pauschale. Die Kosten müssen schon belegt oder zumindest glaubhaft gemacht werden. Notfalls muss ein Eigenbeleg herhalten (➤ Rz 68).

Solange wir nicht frei sind,
gehören wir
unter das Gesetz.
(Johannes Müller)

TIPP Setzen Sie den Weg zum Finanzamt ab! 820

Wenn es auf dem Weg zum Steuerberater oder zum Kauf von Fachliteratur gekracht hat, können Sie dem Finanzamt zusätzlich zu den **Fahrtkosten** von 0,30 € je gefahrenen Kilometer die **Unfallkosten**, die Ihnen nicht ersetzt werden, als Steuerberatungskosten aufs Auge drücken. Das gilt auch für die Fahrt zum Finanzamt, wenn Sie sagen können: Wollte mir bei meinem Sachbearbeiter einen steuerlichen Rat holen, offene Fragen klären oder Formulare besorgen (FG München, Urt. v. 5.12.1991 – EFG 1992 S. 257).

»In Zukunft war ich auf dem Weg zum Finanzamt, wenn's gekracht hat«, sagen Sie listig.

TIPP Vom Bürgen zum stillen Gesellschafter 821

Haben Sie für Ihren Ehepartner eine Bürgschaftserklärung unterzeichnet und steht der Crash seines Betriebs kurz bevor, sollten Sie etwas tun, bevor es zu spät ist. Denn in diesem Fall sind Ihre Zahlungen nicht absetzbar, da Privatvergnügen. Bevor Ihnen also die Bank die Daumenschrauben anlegt, sollten Sie ihr anbieten, Sie aus der Bürgschaft zu entlassen, nachdem Sie die Bankschulden in Höhe der Bürgschaftssumme beglichen haben.

Wenn das klappt, haben Sie eine solide Forderung, mit der Sie sich als atypisch stiller Gesellschafter in den Betrieb einkaufen können. Das bedeutet, Sie sind an Gewinn, Verlust und den stillen Reserven beteiligt. Auf diese Weise erzielen Sie Einkünfte aus Gewerbebetrieb, und die Beteiligung gehört zu Ihrem Betriebsvermögen. Wenn dann der Crash kommt, setzen Sie die stille Beteiligung einkommensmindernd ab. So halten Sie den Schaden in Grenzen.

9.8.6 Reisekosten – Zeile 49–57

Zeile 49–57 Reisekosten 822

Ihr Nachteil gegenüber Innendienstlern: Weil Sie unterwegs sind, haben Sie ständig das Portemonnaie in der Hand. Deswegen sollten Sie aufpassen, dass Sie letzten Endes nicht draufzahlen.

Wichtig: Zur Steuerfreiheit von Reisekosten beachten Sie unbedingt ➤ Rz 564ff.

Sie sollten sich Gewissheit darüber verschaffen, was Sie der Außendienst wirklich kostet. Zahlt Ihre Firma pauschalen Reisekostenersatz, genügen ihr meistens Angaben über Ihre Abwesenheitszeiten und die gefahrenen Kilometer. Mit genauen Zahlen können Sie aber ggf. eine Anhebung des Auslagenersatzes begründen.

Reisekosten, die Ihnen nicht erstattet wurden, weil Ihre Firma entweder gar keinen oder einen zu geringen Kostenersatz gewährt, können Sie steuerlich als Werbungskosten absetzen. Und auch hierüber sind Aufzeichnungen erforderlich. Zwingende Angaben: Tag, Zielort, Zweck der Reise, Uhrzeit, Kilometerstand vorher und nachher. Sie können sich ja eines der vielen Vordruckbücher kaufen. Damit geht Ihnen garantiert nichts durch die Lappen. Ein genauer Reisekostennachweis macht sich also doppelt bezahlt: gegenüber Ihrer Firma als Abrechnungsunterlage für Reisekostenersatz und gegenüber dem Fiskus als Nachweis für die Werbungskosten.

Beachten Sie außerdem: Zahlt Ihre Firma als Spesenersatz einen festen Betrag, zählt dieser zum steuerpflichtigen Arbeitslohn. Sie können in dem Fall aber Ihre nachgewiesenen Reisekosten in voller Höhe als Werbungskosten absetzen. Hierfür benötigen Sie ebenfalls konkrete Zahlen.
Eine detaillierte Übersicht der Reisekosten finden Sie unter ➤ Rz 566.

Auch wer sich auskennt,
zahlt drauf,
nur etwas weniger.
(Außendienst in Deutschland)

	Reisekosten bei beruflich veranlassten Auswärtstätigkeiten			
49	Die Fahrten wurden ganz oder teilweise mit einem Firmenwagen oder im Rahmen einer unentgeltlichen Sammelbeförderung des Arbeitgebers durchgeführt	401		1 = Ja 2 = Nein
	– Falls „Ja“: Für die Fahrten mit Firmenwagen oder Sammelbeförderung dürfen mangels Aufwands keine Eintragungen zu Fahrtkosten in Zeile 50 vorgenommen werden. –			
50	Fahrt- und Übernachtungskosten, Reisenebenkosten	410	, —	
51	**Vom Arbeitgeber steuerfrei ersetzt**	420	, —	
	Pauschbeträge für Mehraufwendungen für Verpflegung			
	Bei einer Auswärtstätigkeit im Inland:			
52	Abwesenheit von mehr als 8 Stunden	470		Anzahl der Tage
53	An- und Abreisetage (bei einer mehrtägigen Auswärtstätigkeit mit Übernachtung)	471		Anzahl der Tage
54	Abwesenheit von 24 Stunden	472		Anzahl der Tage
55	Kürzungsbetrag wegen Mahlzeitengestellung (eigene Zuzahlungen sind ggf. gegenzurechnen)	473	, —	
56	Bei einer Auswärtstätigkeit im Ausland (Berechnung bitte in einer gesonderten Aufstellung):	474	, —	
57	**Vom Arbeitgeber steuerfrei ersetzt**	490	, —	

Zeile 49-57 Auswärtstätigkeit 823

Sie wissen bereits aus ➤ Rz 564 ff., dass »Reisekosten« die zusammenfassende Bezeichnung für Fahrt-, Übernachtungs-, Reisenebenkosten und Verpflegungsmehraufwendungen bei Auswärtstätigkeiten ist. Unter Auswärtstätigkeiten versteht man

- Dienstreisen,
- Fahrtätigkeiten,
- Einsatzwechseltätigkeiten,

wobei der Frage der ersten Tätigkeitsstätte entscheidende Bedeutung zukommt: Die erste Tätigkeitsstätte ist der Mittelpunkt der dauerhaft angelegten Tätigkeit, z. B. der Betrieb oder ein Zweigbetrieb.

Haben Sie eine erste Tätigkeitsstätte, ist jede Tätigkeit außerhalb derselben eine Auswärtstätigkeit.

- Fahrtätigkeit bedeutet: Der Arbeitnehmer hat seinen Arbeitsplatz auf bzw. in einem Fahrzeug.
- Einsatzwechseltätigkeit bedeutet: Der Arbeitnehmer ist ausschließlich an ständig wechselnden Tätigkeitsstätten eingesetzt, z. B. als Bau- oder Montagearbeiter oder als Springer für Filialen.

Die Reisekosten werden unabhängig von der Art der Auswärtstätigkeit abgerechnet:

1. Fahrtkosten mit eigenem Pkw 824

Absetzbar sind entweder die nachgewiesenen Pkw-Kosten oder eine Pauschale von 0,30 € je km (➤ Rz 829).

Wenn Sie heute im Beruf etwas werden wollen, müssen Sie möglichst mobil sein. Wenn Ihnen Ihre Firma aus Kostengründen keinen Pkw zur Verfügung stellt, wird von Ihnen meist erwartet, dass Sie Ihren eigenen fahrbaren Untersatz einsetzen. Es macht sich in den Augen Ihres Chefs sicher nicht gut, wenn er von Ihnen dauernd zu hören bekommt: »Den Termin beim Kunden XY oder die außerordentliche Besprechung um 20.00 Uhr kann ich leider nicht wahrnehmen, weil mein Zug/mein Bus zu der Zeit nicht fährt.« Also werden Sie die dienstlichen Fahrten mit Ihrem privaten Pkw absolvieren.

Natürlich können Sie solche Fahrten als Werbungskosten absetzen. Viel besser fahren Sie allerdings, wenn Ihnen Ihr Chef – und das ist ja eigentlich recht und billig – die Kosten für die Benutzung Ihres Autos erstattet. Mehr dazu finden Sie unter ➤ Rz 564 ff.

Auch hier gilt die Devise, dass Sie am besten abschneiden, wenn Ihnen Ihr Chef so viel wie möglich steuerfrei erstattet. Über den Werbungskostenabzug und die daraus resultierende Steuerersparnis (inkl. Kirchensteuer und Solidaritätszuschlag) bekommen Sie nämlich max. ca. 48 % Ihrer Kosten heraus und verlieren zudem den Vorteil aus dem Arbeitnehmerpauschbetrag. Den aber können Sie bei steuerfreien Erstattungen zusätzlich absetzen.

825 **2. Verpflegungskosten**

Hier gibt es einheitliche Pauschbeträge, die für alle Arten der Auswärtstätigkeit gelten, wobei es bei Dienstreisen auf die Dauer der Abwesenheit von der Wohnung und dem Betrieb ankommt und bei Einsatzwechsel- oder Fahrtätigkeit ausschließlich die Abwesenheit von der Wohnung maßgebend ist.

Bei derselben Auswärtstätigkeit können Verpflegungskosten nur für die Dauer von 3 Monaten berücksichtigt werden.

Pauschbeträge für Verpflegungskosten im Inland

1-tägige Auswärtstätigkeit (ohne Übernachtung)	
Abwesenheit mind. 8 Std. =	12 €
Diese Pauschale wird auch dann angesetzt, wenn die auswärtige berufliche Tätigkeit über Nacht ausgeübt wurde (also an zwei Kalendertagen ohne Übernachtung).	
mehrtätige Auswärtstätigkeit (mit Übernachtung)	
An- und Abreisetag jeweils	12 €
übrige Tage (Abwesenheit mind. 24 Std. =)	24 €

Im Ausland gelten von Land zu Land unterschiedliche Pauschbeträge (➤ Rz 857).

Eine weitere größere Übersicht siehe unter steuerfreiem Reisekostenersatz ➤ Rz 564 ff.

Kürzung bei Mahlzeitengestellung!

Wurde Ihnen von Ihrem Arbeitgeber oder auf dessen Veranlassung von einem Dritten für eine Auswärtstätigkeit eine Mahlzeit zur Verfügung gestellt, ist der Werbungskostenabzug tageweise zu kürzen, und zwar für ein zur Verfügung gestelltes

- Frühstück um 4,80 € (= 20 % von 24 €),
- Mittagessen um 9,60 € (= 40 % von 24 €),
- Abendessen um 9,60 € (= 40 % von 24 €).

Je Kalendertag erfolgt eine Kürzung der Verpflegungspauschale auf maximal 0 €. Im Gegenzug wird Ihnen zu Ihrem Lohn kein Sachbezug für die Mahlzeiten angerechnet (➤ Rz 639), den Sie versteuern müssten.

Haben Sie für eine zur Verfügung gestellte Mahlzeit ein Entgelt gezahlt, mindert dieser Betrag die Kürzung der Verpflegungspauschale.

3. Übernachtungskosten 826

Die geltend gemachten Kosten (> Zeile 50) müssen Sie nachweisen, egal ob es sich um eine Reise im In- oder im Ausland handelt. Die Auslandspauschalen in der Übersicht unter ➤ Rz 857 haben nur Bedeutung für den steuerfreien Kostenersatz des Arbeitgebers, der sich an ebendiesen Übernachtungsgeldern orientieren kann (➤ Rz 574).
Weist die Hotelrechnung einen Gesamtpreis für Unterkunft und Verpflegung aus, wird der Betrag um 20 % der maßgebenden Verpflegungspauschale für das Frühstück und jeweils 40 % für Mittag- und Abendessen gekürzt (siehe auch ➤ Rz 575).

Nachweis 827

Damit Sie der Fiskalritter nicht mit seiner Streichwut überrollt, sollten Sie Ihre Auswärtstätigkeit anhand eines ordentlichen Fahrtenbuchs nachweisen können (vgl. ➤ Rz 655). Aber auch ohne Fahrtenbuch müssen Sie sich nicht über den Tisch ziehen lassen. Denn sind Sie beispielsweise angestellter Versicherungsvertreter, muss auch dem Fiskaljünger einleuchten, dass Sie Aufwendungen für Auswärtstätigkeiten hatten. Sie können sie notfalls sogar schätzen (FG Saarland v. 27.2.1996, 1 K 42/95, geschätzter Aufwand eines angestellten Versicherungsvertreters: 12.000 € jährlich).

Zeile 49 Privater Pkw oder Firmenwagen 828

Hier hat der Fiskus eine ganz raffinierte Fangfrage eingebaut. Sie betrifft den Firmenwagen. Für den Anspruch auf die Entfernungspauschale ist es ganz egal, ob Sie mit einem privaten Pkw oder mit einem Firmenwagen zur Arbeit fahren. Wenn Sie aber das Kreuzchen beim Firmenwagen machen und der Bearbeiter dies in den finanzamtlichen Computer eingibt, geht bei diesem die rote Lampe an. Der Bearbeiter muss jetzt prüfen:

- **Ist der geldwerte Vorteil versteuert, der darin besteht, dass Sie mit dem Firmenwagen zur Arbeit fahren?** Ein Blick in die Lohnsteuerbescheinigung gibt ihm darüber Gewissheit (➤ Rz 644). Hat der Arbeitgeber den geldwerten Vorteil pauschal versteuert, muss in > Zeile 39 der Anlage N ein entsprechender Betrag ausgewiesen sein.

- **Werden als Werbungskosten in > Zeile 50 der Anlage N Reisekosten mit pauschalen Kilometersätzen** (➤ Rz 829) **geltend gemacht?** Bei Dienstreisen mit dem Firmenwagen wäre das ein dicker Hund!!

Wenn Sie also bei Firmenwagen eine »1« eintragen, denken Sie an die Reaktion, die das beim finanzamtlichen Computer auslöst!!

✎ Zeile 50 Fahrtkosten bei Auswärtstätigkeit

829 Fahrtkosten sind die Aufwendungen, die Ihnen durch die Benutzung eines Beförderungsmittels entstehen. Bei öffentlichen Verkehrsmitteln ist das der Fahrpreis. Benutzen Sie einen Firmenwagen, haben Sie natürlich keine Fahrtkosten. Benutzen Sie ein privates Fahrzeug, können Sie für jeden gefahrenen Kilometer pauschale Kosten ansetzen:

Pkw	Motorrad, Moped
0,30 €	**0,20 €**

Bei vielen Fahrzeugen liegen die tatsächlichen Kosten aber deutlich höher. Dann ist es sinnvoll, über einen Zeitraum von zwölf Monaten den durchschnittlichen tatsächlichen Kostensatz zu ermitteln, den Sie anschließend so lange ansetzen können, bis sich die Verhältnisse wesentlich ändern, z.B. nach Ablauf des Abschreibungszeitraums für das Fahrzeug (LStR 9.5 Abs. 1).

830 Berechnung der durchschnittlichen Fahrzeugkosten (Nachweis für das Lohnkonto erforderlich!)

```
1.   Berechnung der Gesamtkosten für 12 Monate
1.1  Fahrzeugaufwendungen einschließlich Umsatzsteuer,
     Treibstoffkosten lt. Belegen oder geschätzt
Wartung und Pflege                                  . . . . €
Reparatur (ohne Unfall)                             . . . . €
Garagenkosten                                       . . . . €
Kraftfahrzeugsteuer und -versicherung               . . . . €
Zinsen für Anschaffungsdarlehen, ADAC               . . . . €
```

Abschreibung	
Anschaffungskosten	
(Kaufpreis und Nebenkosten)	. . . . €
davon $^{1}/_{72}$ = . . . € × 12 Monate =	. . . . €
Dies entspricht einer Nutzungsdauer von sechs Jahren.	
Bei einem Leasingfahrzeug werden abgesetzt:	
Leasinggebühren	. . . . €
Sonderzahlung (BStBl 1994 II S. 643)	. . . . €
Gesamtkosten in 12 Monaten, z. B.	6.996 €
2. Berechnung des Kilometersatzes	
2.1 Gesamtfahrleistung in 12 Monaten (Differenz Tachostand)	21.200 km
2.2 Gesamtkosten in 12 Monaten	6.996 €
2.3 Durchschnittlicher Kilometersatz (6.996 € ÷ 21.200 km)	0,33 €

Als Werbungskosten machen Sie geltend:

Gefahren bei Dienstreisen z. B.		8.400 km
Nachgewiesener Kilometersatz wie oben		0,33 €
Gesamtkosten demnach 8.400 km × 0,33 € =		2.772 €
./. steuerfreier Fahrtkostenersatz der Firma, z. B.		–2.436 €
Steuerlich abziehbar		336 €
Unfallkosten		
Reparatur	1.475 €	
Wertminderung geschätzt	750 €	2.225 €
Werbungskosten		2.561 €

Ist es jetzt schon so weit gekommen, dass Sie wie ein Hauptbuchhalter die Fahrzeugkosten genau ausrechnen müssen, soll der Fiskus auch bei jedem Kilometer, der nicht privat ist, mitfahren und mitzahlen. Also fertigen Sie eine Aufteilung der Gesamtkilometer: **831**

Anlass der Fahrten/km	km-Satz		Gesamt-kosten
Zeile 50 Anlage N			
Dienstreisen aus Hauptberuf	8.400	0,33 €	2.772 €
Dienstreisen aus Fortbildung	1.200	0,33 €	396 €
Zeile 45 Anlage N			
Sonstige berufliche Fahrten (Arbeitsmittel, Fachliteratur, Kopien, Umzug)	490	0,33 €	162 €
Zeile 46–48 Anlage N			
Fahrt zum Finanzamt			
Steuerratgeber gekauft	126	0,33 €	42 €
Zeile 44 Hauptformular			
Ausbildung Ehegatte	338	0,33 €	112 €
Zeile 31ff. Anlage N			
Fahrten Wohnung–Betrieb*	5.980	0,33 €	1.973 €
Privatfahrten	4.666	0,33 €	1.539 €
Summe	21.200	0,33 €	6.996 €

* Sie wissen inzwischen, dass sich diese Fahrten nur mit 0,15 € pro gefahrenen Kilometer auswirken.

»Ich habe gebaut und war dafür oft unterwegs«, sagen Sie. »Geht da was?« Na klar, setzen Sie die Fahrten als Baukosten an (➤ Rz 1055).

832 Treibstoffkosten

Sie können die Treibstoffkosten entweder anhand von Belegen nachweisen oder durch Schätzung ermitteln, indem Sie rechnen: Gesamtfahrleistung × Literverbrauch pro 100 km × Literpreis ÷ 100 (BFH-Urt. v. 7.4.1992 – BStBl 1992 II S. 854). Den Benzinpreis können Sie der Internetseite des Mineralölverbands entnehmen (www.mwv.de).

833 TIPP Zwischenheimfahrten: Nur wer die Sehnsucht kennt …

Zieht es Sie bei längeren Dienstreisen zwischendurch nach Hause, können Sie diese Fahrten ebenfalls absetzen, das ist doch wohl klar. Zur Abwechslung kann Sie aber auch Ihre bessere Hälfte besuchen kommen. Den Besuch setzen Sie anstelle Ihrer Zwischenheimfahrt als Werbungskosten ab (Fahrtkosten plus Spesen für Partner und Kinder). Begründung gegenüber dem Fiskus, sofern es zutrifft: Sie seien beruflich nicht abkömmlich gewesen … Verzichten Sie auf die Heimreise, dann ziehen Sie die Kosten für Telefongespräche ab.

Am Schluss der Rechnerei fertigen Sie diese Zusammenstellung der Dienstreisekosten für > Zeile 50 an:

```
Fahrtkosten
– öffentliche Verkehrsmittel
(Bus, Zug, Taxi, Flugzeug)                        . . . . €
– eigenes Fahrzeug, gefahrene km × 0,30 €
bzw. höherer Pauschsatz                           . . . . €
Verpflegungsmehraufwendungen
– Verpflegungspauschale je nach Dauer
12 bis 24 €                                       . . . . €

Übernachtungskosten
lt. Belegen                                       . . . . €

Nebenkosten                                       . . . . €
Summe der Reisekosten                             . . . . €
./. Kostenerstattung durch ArbG                 – . . . . €
Abzugsfähige Werbungskosten                     – . . . . €
```

Unfallkosten 834

TIPP Wenn es mal gekracht hat – listen Sie die Unfallschäden vollständig auf!

Die Kosten durch Unfallschaden können Sie zusätzlich zu den Kilometerpauschalen geltend machen, wenn die Fahrt beruflich veranlasst war. Sie machen sie in einer Summe geltend, zusammengestellt auf einem Extrablatt:

ANLAGE N **2018**
Einkünfte aus nichtselbständiger Tätigkeit

```
Zusammenstellung der Unfallkosten für > Zeile 50

Der Unfallschaden ereignete sich am . . . . anlässlich
einer Dienstreise.
Unfallschilderung: . . . . . . . . . . . . . . . . . . . . . .

Unfallkosten:
1. Reparatur (Rechnungen anbei)                   . . . . €
2. Gericht, Rechtsanwalt                          . . . . €
3. Fahrten . . . km × 0,30 € =                    . . . . €
4. Schadenersatz an Dritte unter
   Verzicht auf Inanspruchnahme
   der eigenen Haftpflicht                        . . . . €
5. Nebenkosten (Abschleppen,
   Gutachter, Kleiderreinigung)                   . . . . €
6. Wertminderung des Fahrzeugs
   (siehe unten)                                  . . . . €
7. Totalschaden:
   Zeitwert vor dem Unfall               . . . €
   ./. Schrottwert                     – . . . €
   Verbleiben                            . . . €> . . . . €
Summe                                             . . . . €
./. Erstattungen von dritter Seite              – . . . . €
Gesamtkosten für das Kj. 20..                     . . . . €
```

Mit dieser Aufstellung gehen Sie ins Gefecht. Weil es hier um höhere Beträge geht, rechnen Sie mit schwerem Säbel statt Florett.

835 Wertminderung/Totalschaden

Die Zeitwertrechnung (siehe unten) wird zwar noch weitestgehend praktiziert (FG Münster v. 26.1.1988 – EFG 1988 S. 558), doch sieht der Fiskus bei diesen Aufwendungen Chancen, seine Streichgelüste austoben zu können. So könnte er Ihnen mit einem ganz verrückten BFH-Urteil in die Parade fahren, das besagt: »Wird ein privates Fahrzeug bei einer beruflich veranlassten Fahrt beschädigt und nicht repariert, so richtet sich die dadurch bedingte außergewöhnliche Abschreibung nach den ursprünglichen Anschaffungskosten abzgl. der normalen Abschreibung ... Als Nutzungsdauer bei einem Pkw wird bei einer Jahresfahrleistung bis zu

15.000 km ein Zeitraum von sechs Jahren zugrunde gelegt, bei höherer Fahrleistung ein kürzerer Zeitraum.«

Dies bedeutet: Es wird gegenübergestellt der rechnerische Buchwert vor dem Unfall (Anschaffungskosten abzgl. jährliche Abschreibung), also nicht der Zeitwert, und der Wert nach dem Unfall. Eine Wertminderung durch Unfall ist also nur möglich, wenn der Wert nach dem Unfall unter den rechnerischen (fiktiven) Buchwert des Fahrzeugs vor dem Unfall gefallen ist. Ist die Nutzungsdauer abgelaufen und der rechnerische Buchwert gleich null, kann nichts mehr abgesetzt werden, so LStH 42 und BFH, zuletzt im Urteil vom 24.11.1994 (BStBl 1995 II S. 318). Andernfalls würde ein und derselbe Steuerzahler ein bereits abgeschriebenes Auto nochmals absetzen können, so die Begründung.

Dasselbe sagte das FG Münster am 18.10.1993 (EFG 1994 S. 472): Keine Werbungskosten bei Totalschaden eines Pkw nach Ablauf der Nutzungsdauer, hier von sechs Jahren.

Natürlich ist es völlig absurd, auf der Grundlage fiktiver Abschreibungen für ein Privatfahrzeug eine Verlustrechnung aufzumachen, wenn dieses aus beruflichem Anlass im Wert gemindert wurde. Deshalb müssen Sie deutlich machen, dass die Nutzungsdauer von sechs Jahren eine fiskalische Nutzungsdauer ist und Sie privat mit einer längeren Nutzungsdauer rechnen.

»Mein Audi war sechs Jahre alt und hatte noch keinen Stipper Rost«, sagen Sie. »Wieso sollte der wertlos gewesen sein?«

Eben. Also kämpfen Sie notfalls um Ihr Recht. Berufen Sie sich zunächst auf den BFH, der in seinem Urteil 24.11.1994 (s. o.) von einer Nutzungsdauer von acht Jahren und somit von einem Abschreibungssatz von 12,5 % ausgeht. Beanspruchen Sie aber aufgrund einer »verlängerten Nutzungsdauer« von zwölf Jahren einen Abschreibungssatz von $8\frac{1}{3}$ %.

Und so wird gerechnet, wenn Sie ein fünf Jahre altes Auto auf einer Berufsfahrt zu Schrott gefahren haben:

Anschaffungskosten des Autos vor fünf Jahren	30.000 €
./. Abschreibung $8\frac{1}{3}$ % × 5 Jahre = $41\frac{2}{3}$ %	– 12.500 €
Fiktiver Buchwert zur Zeit des Unfalls = Werbungskosten für > Zeile 50	17.500 €

TIPP Setzen Sie nach dem Unfall einen merkantilen Minderwert an! 836

Lassen Sie das Fahrzeug reparieren, setzen Sie zusätzlich zu den Instandsetzungskosten den Unterschied zwischen dem Zeitwert des Fahrzeugs vor dem Unfall und nach erfolgter Instandsetzung als Werbungskosten an mit der

Begründung: Wertminderung, da Unfallwagen. Doch aufgepasst: War die Reparatur technisch einwandfrei, soll keine Wertminderung vorliegen. Also werden Sie gehörig darauf hinweisen, dass Sie aus Kostengründen auf eine technisch einwandfreie Reparatur verzichtet haben – falls das zutrifft – oder dass eine solche gar nicht möglich war: Kleine Farbunterschiede im Lack sind ja immer da!

Sie reiten also darauf herum, dass »die Reparatur den Schaden nur teilweise behoben hat und eine auf technischen Mängeln beruhende erhebliche Wertminderung fortbesteht«, so der BFH im Urteil vom 27.8.1993 (BStBl 1994 II S. 235). Und schon können Sie problemlos einen zusätzlichen Minderwert geltend machen.

Beachten Sie: Die Wertminderung muss bereits im Jahr des Schadeneintritts, also im Unfalljahr, geltend gemacht werden (BFH-Urt. v. 13.3.1998, BStBl 1998 II S. 443).

Versicherungsleistungen müssen Sie sich auf die Wertminderung anrechnen lassen. Ist Ihre olle Kiste schon etwas angejahrt? Siehe ➤ Rz 835: Wertminderung/Totalschaden.

837 **Hier noch einige Unfall-Urteile: Als beruflich veranlasst gelten u.a.**

- Umwegfahrt zum Betanken des Fahrzeugs (BFH – BStBl 1985 II S. 10).
- Fahrt zur nahe gelegenen Gaststätte, um dort eine Mittagsmahlzeit einzunehmen (BFH – BStBl 1993 II S. 518).
- Dienstreise (BFH – 1974 II S. 186).
- Unfallnebenkosten – Prozess, Porto, Telefon, Taxi (FG Düsseldorf – EFG 1979 S. 440).
- Zahlung an die eigene Versicherung bei eigenem Verschulden zur Erhaltung des Schadensfreiheitsrabatts (FG Köln – EFG 1981 S. 623) oder direkt an den Geschädigten (BFH – BStBl 1986 II S. 866).
- Fahrt zu einer Betriebsveranstaltung.

838 **Alkohol am Steuer**

Wenn Sie meinen, Sie könnten sich erst einen kräftig hinter die Binde gießen und sich anschließend ans Steuer setzen, so sollten Sie wissen: Sie werden bei einem Unfall doppelt bestraft, wenn er auf einer beruflichen Fahrt passiert ist: vom Fiskus, der die Unfallkosten nicht anerkennt, und von der Justiz, die Ihnen eine Strafe aufbrummt (BFH – BStBl 1984 II S. 434).

Dieses Buch soll sich für Sie bezahlt machen, und weil für viele bei der Steuer nicht das meiste zu holen ist, hier noch zwei Tipps, wenn's mal gekracht hat: 839

1. Als Verursacher des Unfalls werden Sie in der **Haftpflicht** zurückgestuft. Das ist für die Versicherung oft ein sattes Geschäft. Sie zahlt z.B. für den Schaden 250 € und hält sich bei Ihnen mit einer Mehrprämie von vielleicht 750 € schadlos. So müssen Sie rechnen: Sind Sie in der Schadensklasse F1 = 100 %, werden Sie nach einem Unfall in die Schadensklasse F1/2 = 125 % zurückgestuft. Ohne den Unfall wären Sie in F2 = 85 % gekommen. Der Schaden kostet Sie also im nächsten Jahr 40 % der Basisprämie, im darauffolgenden Jahr 30 % usw. Schon bei einer Basisprämie von 500 € zahlen Sie im Lauf der nächsten Jahre 775 € Mehrprämie. Also: Zahlen Sie den Unfallschaden lieber selbst, und vermasseln Sie damit der Versicherung ihr Geschäft.

Oder noch besser … 840

2. Haben Sie Ihr Wägelchen während einer Dienstfahrt beschädigt, muss Ihr Arbeitgeber den Unfallschaden ersetzen, so das Bundesarbeitsgericht mit Urteil vom 14.12.1995 (Az 8 AZR 875/94).
   »Bisher ist bei uns noch nicht darüber gesprochen worden, wer das Unfallrisiko trägt. Aber das werde ich klären. Denn bei Dienstfahrten mit Firmenwagen trägt ja auch der Betrieb das Unfallrisiko. Das muss dann ebenso für Dienstfahrten mit Privatwagen gelten. Künftig werde ich Dienstfahrten mit eigenem Auto ablehnen, wenn ich das Unfallrisiko tragen muss. Denn in dem pauschalen Kilometersatz von 0,30 €, den das Finanzamt anerkennt, sind ja außergewöhnliche Kosten wie Unfallkosten nicht mit abgegolten«, so sagen Sie.
   Richtig, und noch etwas: Sind Dienstfahrten für Sie an der Tagesordnung, so dass Ihr Auto stets sprungbereit auf dem Hof stehen muss? In diesem Fall muss Ihr Arbeitgeber auch dann seine Geldbörse zücken, wenn Ihr Auto auf dem Parkplatz beschädigt wurde.
   »Und was sagt das Finanzamt dazu?«, fragen Sie.
   Dem ist die Erstattung durch Ihren Arbeitgeber schnuppe, denn Reisekostenersatz ist steuerfrei (Quelle: § 3 Nr. 16 EStG).

TIPP Sie haben ein fremdes Auto zu Schrott gefahren? Für die Steuer halb so schlimm 841

Es ist im Grunde genommen egal, wessen Auto Sie benutzen. Sie können auch ein Auto angeben, das Sie geleast oder z.B. von Ihrer Freundin oder Ihren Eltern geliehen haben – sofern Sie bestimmte Dinge beachten.

Es war Winter, ätzend kalt, und Ihr Auto sprang nicht an. Sie hatten einen wichtigen Auswärtstermin. Also rein in das Auto Ihres Partners, glatte Straße, schon nach zwei Kilometern hat es gekracht, Totalschaden.
Nun wollen Sie den Vermögensschaden geltend machen, der durch den Unfall entstanden ist. Doch aufgepasst! Schnell könnte der Fiskalritter mit der Begründung angetanzt kommen, Sie hätten gar keinen Schaden erlitten, da das Auto nicht Ihnen gehöre. Der Aufwand sei also Drittaufwand und damit bei Ihnen nicht abzugsfähig (FG Niedersachsen v. 19.1.1994 – EFG 1994 S. 785 rkr). Dem beugen Sie vor, indem Sie klare Verhältnisse schaffen und Ihrem Partner den Schaden ersetzen (FG Hessen v. 26.5.1993 – EFG 1993 S. 647 rkr).
Für das Finanzamt fertigen Sie ein Schreiben, das so aussehen könnte:

Außergerichtliche Vereinbarung

Für den von mir auf einer Dienstreise am . . . . . . (Datum) verursachten Totalschaden am Fahrzeug . . . . . ., polizeiliches Kennzeichen . . . . . ., leiste ich Schadenersatz in Höhe des Fahrzeugwerts vor dem Unfall von . . . . . . €. Der Fahrzeugwert wurde anhand der Schwacke-Liste unter Berücksichtigung des Gesamtzustandes des Fahrzeugs ermittelt.

Datum . . . . . .   Unterschrift . . . .

Ähnlich muss die Vereinbarung aussehen, wenn der Unfall glimpflicher abgelaufen ist und das Fahrzeug repariert wurde.
Damit alles wasserdicht ist, werden Sie den Betrag, für den Sie einzustehen haben, auf das Konto Ihres Partners überweisen. Dann klappt der Laden. Am besten Einzahlungsbeleg beifügen.

Man soll den Tag
nicht vor dem Abend loben.
(Schiller)

842 Leasingfahrzeug

Im ersten Jahr können Sie die einmalige Leasingsonderzahlung und zusätzlich die Leasingraten ansetzen (BFH-Urt. v. 5.5.1994 – BStBl 1994 II S. 643). Da Sie damit stets über 0,30 € je Kilometer kommen, lohnt sich immer der Einzelnachweis der Fahrtkosten (➤ Rz 845). In den Jahren

darauf, wenn nur noch die laufenden Raten zu zahlen sind, bringen Sie die Pauschale zum Ansatz (➤ Rz 829).
Sie müssen aber darauf achten, dass Sie vom Finanzamt nicht als »wirtschaftlicher Eigentümer« des Pkw angesehen werden. Aber keine Angst: Sie brauchen nicht tagelang dicke Erlasse zu wälzen, die Leasingfirma weiß Bescheid. Sorgen Sie nur dafür, dass in Ihrem Vertrag der Satz steht: »Der Leasingnehmer ist nach den Vorschriften der Finanzverwaltung nicht wirtschaftlicher Eigentümer des Leasinggegenstands.« Und schon ist alles geritzt (FG Baden-Württemberg v. 3.9.1993 – EFG 1994 S. 242).

Der Leasingerlass

Zum Leasing gibt es einen aberwitzigen Erlass vom 19.4.1971 (BStBl 1971 I S. 264), der immer noch gültig ist. Darin wird geregelt, wem der Leasinggegenstand steuerlich zugerechnet wird.

Wird der Gegenstand, z. B. ein Pkw, steuerlich dem Leasingnehmer zugerechnet, gehen die steuerlichen Vorteile aus dem Leasingvertrag verloren. Denn der Leasingnehmer wird in diesem Fall wie ein Eigentümer des geleasten Gegenstands behandelt und kann nur die normale Abschreibung und die in den Leasingraten enthaltenen Zinsanteile und Verwaltungskosten absetzen.

Für die Zurechnung des Gegenstands spielt die Kaufoption nach Ablauf der Grundmietzeit eine besondere Rolle. Leasingverträge ohne Kaufoption werden vom Fiskus anstandslos anerkannt. Bei Verträgen mit Kaufoption kommt es auf die Höhe des Optionspreises an. Liegt er unter dem Preis, den der Leasingnehmer für den Erwerb eines gleichen Objekts am Markt zahlen müsste, dem sog. gemeinen Wert, sieht der Fiskalritter Chancen, den Leasingnehmer als – wirtschaftlichen – Eigentümer einzustufen. Dem liegt der Gedanke zugrunde, dass in der Sonderzahlung und in den Raten versteckte Anzahlungen auf den Kaufpreis enthalten sind.

Da der gemeine Wert am Ende der Grundmietzeit aber nicht vorher bekannt ist, wird aus Vereinfachungsgründen angenommen, dass er dem **Buchwert zum Zeitpunkt der Option** entspricht. Wobei der Buchwert unter Anwendung des linearen Abschreibungssatzes nach der amtlichen Abschreibungstabelle berechnet wird.

Da die amtliche Abschreibungstabelle für Pkw eine Nutzungsdauer von sechs Jahren vorsieht, darf der Optionspreis nach drei Jahren Mietzeit nicht weniger als 50 % des Neuwerts betragen.

Da Autohändler wie Pferdehändler sind, d.h. man gut mit ihnen feilschen kann, werden Sie einen Leasingvertrag aushandeln, der eine hohe Sonderzahlung, hohe Raten und einen Restwert von etwa 50 % des Neuwerts beinhaltet. Verkaufen Sie das Fahrzeug nach Ende des Leasingvertrags weiter, streichen Sie den Gewinn unversteuert ein.

843 Den Pkw optimal abschreiben

Der Kaufpreis des Pkw ist gleichmäßig auf die Nutzungsdauer zu verteilen. Nach dem BMF-Schreiben vom 15.12.2000 (BStBl 2000 I S.1532) ist ein beruflich genutztes Fahrzeug innerhalb von 72 Monaten abzuschreiben, was nach Adam Riese einer Nutzungsdauer von sechs Jahren entspricht. Haben Sie sich einen Gebrauchten zugelegt, können Sie den Kaufpreis auf die Restnutzungsdauer verteilt abschreiben (BMF-Schreiben v. 28.5.1993 – BStBl 1993 I S.483). Die kann bei einem fünf Jahre alten Gebrauchten durchaus noch drei bis vier Jahre betragen. Sie können aber auch sagen: Da die steuerliche Nutzungsdauer mit höchstens sechs Jahren anzunehmen ist, setze ich den Kaufpreis im ersten Jahr voll ab.

Beachten Sie: Die Finanzrichter wollen Ihnen bei einem Unfall keine Wertminderung mehr zuerkennen, wenn der Unfallwagen sechs Jahre alt und somit abgeschrieben war (➤ Rz 835ff.).

844 Mit dem Wohnmobil auf Dienstreise

Zunehmend sind Wohnmobile auf Dienstreisen im Einsatz, insbesondere die kleineren Fahrzeuge, weil man mit ihnen auch schnell vorankommt. Die Vorteile liegen auf der Hand:

- Man ist flexibler, von Hotels unabhängig, braucht nicht vorzubuchen.
- Man hat bessere Transportmöglichkeiten als im Pkw.
- Ein Wohnwagen ist ideal für vertrauliche Besprechungen mit Kunden und Mitarbeitern.
- Man reist kostengünstig, da man keine Hotel- und kaum Verpflegungskosten hat.
- Bei Bedarf ist Diätverpflegung möglich.

Und nicht zu vergessen: Wer ohnehin eine Schwäche für das mobile Umherziehen hat, was er dem Fiskus ja nicht unbedingt offenbaren muss, kann sich ein Wohnmobil aus beruflichen Gründen anschaffen und die Kosten in der Steuererklärung geltend machen.

Man erkauft nicht,
was keinen Preis hat.
(Goethe)

TIPP Bleiben Sie beim Einzelnachweis ehrlich 845

Zugegeben, von einem »Konz« erwarten Sie Tipps, die sich bezahlt machen, und keinen erhobenen Zeigefinger. Doch aufgepasst: Den Einzelnachweis erbringen Sie gegenüber dem Fiskus jeweils für ein ganz bestimmtes Fahrzeug. Die Kosten für den Wagen Ihres Ehegatten müssen da schon unberücksichtigt bleiben. Benötigt das Zweitauto z. B. eine andere Spritsorte, werden Sie die Tankquittungen später leicht auseinandersortieren können.
Lassen Sie sich vom Kfz-Meister Ihrer Autowerkstatt nicht dazu verführen, die Rechnung für die Reparatur oder die Lackierung des Zweitwagens auf Ihr beruflich genutztes Fahrzeug auszustellen. Das wäre nämlich Steuerhinterziehung. Und wenn der Tankwart Ihnen als Stammkunden ohne weiteres die Flasche »Mariacron« als Schmiermittel in Rechnung stellt, ist das steuerlich ebenfalls absolut unkorrekt. Denken Sie auch daran, dass Unfallkosten um Schadenersatz von dritter Seite zu mindern sind und der Ritter vom Paragraphenfels sie ganz streicht, wenn er erfährt, dass Ihnen der Unfall passiert ist, als nicht nur die Landschaft, durch die Sie gefahren sind, benebelt war, sondern leider auch Ihr Geist (BFH-Urt. v. 6.4.1984 – BStBl 1984 II S. 434 betr. Fahrt eines Arbeitnehmers unter Alkoholeinfluss).

Die Berufsschule ist keine erste Tätigkeitsstätte

Also sind Ihre Fahrten zur Berufsschule keine Fahrten zwischen Wohnung und erster Tätigkeitsstätte, vielmehr eine vorübergehende Auswärtstätigkeit (➤ Rz 823 ff.). Dies bedeutet: Sie können die Fahrtkosten zur Berufsschule als Reisekosten abziehen (➤ Rz 829 ff.), wodurch Sie höhere Werbungskosten und eine höhere Steuererstattung erzielen als mit dem Abzug der schlichten Entfernungspauschale (➤ Rz 694 ff.). 846
Schießt ein kniffliger Federfuchser im Finanzamt quer, verweisen Sie ihn auf LStR 9.2 Abs. 2 und die BFH-Urteile vom 9.2.2012 (Az. VI R 44/10 sowie VI R 42/11). Der Besuch der Berufsschule, einer Bildungseinrichtung oder der Universität stellt demnach stets eine Dienstreise dar.

Zeile 50 Übernachtungskosten bei Auswärtstätigkeit 847

Die Übernachtung im Heuschober bringt steuerlich überhaupt nichts, denn der Fiskus will Belege sehen. Der Betrieb kann Ihnen aber ohne Nachweis irgendwelcher Übernachtungskosten bis zu 20 € steuerfrei auszahlen (LStR 9.7 Abs. 3).

Das Frühstück im Hotel gehört nicht zu den Kosten der Übernachtung. Gibt Ihre Rechnung nur einen Gesamtpreis für Unterkunft und Verpflegung her (z.B. Tagungspauschale), wird dieser wie folgt gekürzt:

1. **für Frühstück um 20 %,**
2. **für Mittag- und Abendessen um jeweils 40 %**

des für den Unterkunftsort maßgebenden Pauschbetrags für Verpflegungsmehraufwendungen bei einer Auswärtstätigkeit mit einer Abwesenheitsdauer von mindestens 24 Stunden. Damit beträgt die Kürzung im Inland beispielsweise 4,80 € für das Frühstück und 9,60 € für Mittag- bzw. Abendessen.
Auf diese Weise soll vermieden werden, dass – quasi verdeckt – doppelt Verpflegungskosten abgezogen werden, zum einen über die Pauschale und zum anderen über die Hotelrechnung.
Haben Sie einzelne Übernachtungsbelege verkramt, setzen Sie Schätzbeträge an und machen irgendwie glaubhaft, dass Sie tatsächlich an den einzelnen Tagen auswärts übernachtet haben und der Betrieb keine freie Unterkunft gestellt hat (BFH-Urt. v. 17.7.1980 – BStBl 1981 II S.14).

848 Zeile 50 Reisenebenkosten bei Auswärtstätigkeit

Kleinvieh macht auch Mist, sagt man, und das trifft besonders für Nebenkosten bei Auswärtstätigkeiten zu. Rücktritts- oder Gepäckversicherung, Trinkgelder, Telefonate, Telegramme, Telefax, Porto, Gepäckaufbewahrung, Parkgebühren, Straßenkarten, Stadtpläne usw. gehen ins Geld. Auch für diese Kleinstbeträge möchte der Fiskus gern Belege sehen. **Doch alte Parkuhren und Trinkgeldempfänger stellen nun mal keine Belege aus. Gleichwohl sind die Aufwendungen absetzbar. Dabei hilft eine detaillierte Aufstellung, in der alle Nebenkosten der Art und Höhe nach aufgeführt und so weit als möglich belegt sind (LStR 9.8).**

849 Geklaute Privatsachen sind ebenfalls absetzbar

Pech hatte ein Angestellter, der zu einer Messe nach Paris gefahren war. Auf einem bewachten Parkplatz wurde sein Auto aufgebrochen und sein Mantel gestohlen. Diesen Schaden hätte er ohne seinen Beruf mit Sicherheit nicht gehabt, urteilten die Finanzrichter messerscharf und ließen den Wertverlust zum Abzug zu (BFH-Urt. v. 30.6.1995 – BStBl 1995 II S.744). Gottlob hatte der Bestohlene den Verlust bei der Polizei gemeldet und konnte so Nachweise erbringen. Auch konnte er beweisen, wie teuer und

wie alt das gute Stück gewesen war (700 € und zwei Jahre alt). Nun galt es, die Höhe des Schadens festzulegen, also den Wert des Mantels zu bestimmen.
Und so rechnet der Fiskus: Nutzungsdauer des Mantels z.B. fünf Jahre macht 700 € ÷ 5 = 140 € Abnutzung pro Jahr. Also betrug der Wert des Mantels, als er gestohlen wurde: 700 € – 280 € = 420 €.
»Unverschämtheit, eine Nutzungsdauer von nur fünf Jahren anzunehmen, ein Mantel ist bei mir eine Anschaffung fürs ganze Leben«, entrüsten Sie sich. »Ich hätte auf einer Nutzungsdauer von 20 Jahren bestanden.«

Gut zu wissen: Der Fiskus muss den Verlust privater Sachen wie z.B. Kleidung, Tasche, Laptop (nicht aber von Schmuck und Geld) mittragen. Allerdings tragen Sie die Beweislast für Ihren Verlust. Folglich: Polizei hinzuziehen, Zeugen notieren, Schadensmeldung an die Versicherung aufbewahren.

Zeile 52–55 Verpflegungskosten bei Auswärtstätigkeit 850

Die Art der Auswärtstätigkeit – Dienstreise, Fahr- oder Einsatzwechseltätigkeit – spielt hier keine Rolle.
Die Verpflegungskosten können nur mit Pauschbeträgen berücksichtigt werden (➤ Rz 825). Ein Absetzen Ihrer tatsächlichen Kosten durch Einzelnachweis ist also nicht möglich. Für die Höhe der Pauschbeträge ist die Dauer der Auswärtstätigkeit am einzelnen Kalendertag maßgebend. Einzelne Kurzreisen am selben Tag dürfen zusammengerechnet werden. Für die Dauer der Auswärtstätigkeit kommt es bei Dienstreisen auf die Abwesenheit von der Wohnung und der – regelmäßigen – Arbeitsstätte an. Bei Fahr- oder Einsatzwechseltätigkeit ist ausschließlich die Abwesenheit von der Wohnung maßgebend, da eine regelmäßige Arbeitsstätte hier nicht denkbar ist.

Zur Veranschaulichung hier einige Beispiele:

Beispiel 1
Ein Arbeitnehmer verlässt um 7:00 Uhr seine Wohnung und fährt ins Büro. Um 8:00 Uhr tritt er von dort eine Dienstreise an. Über die Mittagszeit von 13:00 bis 14:00 Uhr hält er sich im Büro auf. Anschließend besucht er einen weiteren Kunden. Um 18:00 Uhr trifft er in seiner Wohnung ein. Die Abwesenheitsdauer von der Arbeitsstätte beträgt morgens fünf und nachmittags vier Stunden, insgesamt also neun Stunden. Der Verpflegungspauschbetrag beträgt 12 €.

Beispiel 2
Ein Arbeitnehmer ist Kraftfahrer oder Arbeiter auf einer Baustelle (ohne ortsgebundene, regelmäßige Arbeitsstätte). Er verlässt um 7:00 Uhr seine Wohnung und kehrt um 17:30 Uhr dorthin zurück. In der Mittagszeit von 13:00 bis 14:00 Uhr hat er den Betrieb zum Betanken eines Fahrzeugs aufgesucht. Wegen 10½-stündiger Abwesenheit von der Wohnung steht ihm ein Verpflegungspauschbetrag von 12 € zu.

Beispiel 3
Ein Arbeitnehmer ist Bauleiter auf einer Großbaustelle. Wegen häufiger Bürotätigkeit am Betriebssitz hat er dort seine regelmäßige Arbeitsstätte. Die Fahrten zur Baustelle sind Dienstreisen, für die ihm Verpflegungspauschbeträge zustehen. Nach Ablauf von drei Monaten wird die Baustelle seine regelmäßige Arbeitsstätte, so dass die Fahrten dorthin keine Dienstreisen mehr sind.

Beispiel 4
Als Taxifahrer (Fahrtätigkeit) müssen Sie gelegentlich auch nachts arbeiten. Hierfür können Sie ab acht Stunden Abwesenheit von der Wohnung 12 € Verpflegungskosten geltend machen. Grundsätzlich ist auch hier die Dauer der Abwesenheit je Kalendertag maßgebend. Bei einer Nachtschicht, die vor 24 Uhr beginnt, würden Sie daher nicht nur müde, sondern auch alt aussehen. Der Fiskus hatte jedoch ein Einsehen und Ihren Fall wie folgt geregelt: Eine Tätigkeit, die nach 16 Uhr begonnen und vor acht Uhr des nachfolgenden Kalendertags beendet wird, ohne dass eine Übernachtung stattfindet, ist mit der gesamten Abwesenheitsdauer dem Kalendertag der überwiegenden Abwesenheit zuzurechnen. Also: Dienst am Mittwoch um 17:45 Uhr begonnen; Feierabend am Donnerstag um 2:45 Uhr; ergibt eine Abwesenheit von insgesamt neun Stunden, die dem Mittwoch zugerechnet wird und Ihnen 12 € Verpflegungspauschale bringt.

851 **TIPP**

Kohldampf schieben oder lieber tricksen?

Die Pauschale für ganztägige Auswärtstätigkeit (mindestens 8 Stunden!) beträgt gerade mal 12 €. Statt wegen dieses Minibetrags die Motten zu kriegen, sollten Sie so lange feilen, bis alles im Lot ist. Dies gelingt Ihnen am besten mit Spesenersatz. So können Sie das Angenehme mit dem Nützlichen verbinden und gute Kunden zum Essen einladen. Die Erstattung der Bewirtungskosten ist als Auslagenersatz steuerfrei (➤ Rz 573).
Haben Sie einen festen Bezirk und dort Stammlokale, in denen Sie regelmäßig einkehren, so lesen Sie ➤ Rz 572.

TIPP Setzen Sie Ihren Kostenbeitrag zur Verpflegung ab! 852

Eine Besonderheit gilt, wenn Sie dem Arbeitgeber für die Verpflegung einen Obolus beisteuern müssen. Dieser wird auf die Kürzungsbeträge angerechnet.

Beispiel
Sie sind für Ihren Arbeitgeber von Montag bis Freitag auf einer Messe. Ihr Boss hat für Sie ein Hotel gebucht, in dem Sie jeweils ein Frühstück und ein Abendessen auf Rechnung Ihrer Firma erhalten. Das Mittagessen müssen Sie aus der eigenen Kasse bezahlen. Außerdem knöpft Ihnen Ihre Firma für jedes Frühstück 4 € und für jedes Abendessen 6 € ab.
Sie können in diesem Fall folgende Verpflegungspauschalen absetzen:

Mo =		12,00 €
Di, Mi, Do je 24 € =		72,00 €
Fr =		12,00 €
Verpflegungspauschalen		96,00 €
Kürzung um		
Abendessen Mo	9,60 €	
Frühstück, Abendessen Di–Do 3 × 14,40 €	43,20 €	
Frühstück Freitag	4,80 €	
Kürzung der Werbungskosten um	57,60 €	
Minderung der Kürzung um Zuzahlungen		
4 × 4 € (Frühstück) + 4 × 6 € (Abendessen)	– 40,00 €	
Verbleibende Kürzung	17,60 €	> – 17,60 €
Abzugsfähig als Werbungskosten		78,40 €

Viele Betriebe zahlen ihrem Außendienst mehr, als der Fiskus steuerfrei erlaubt. Der Mehrbetrag ist steuerpflichtiger Arbeitslohn, das ist klar. Der Betrieb kann jedoch die Versteuerung mit 25 % pauschal übernehmen – allerdings nur bis zur Höhe des jeweils gültigen Pauschbetrags (§ 40 Abs. 2 EStG). Steuerfrei können Sie also max. den doppelten Pauschbetrag bekommen.
»Mein Chef zahlt für jede eintägige Dienstreise eine Auslösung von 30 €«, sagen Sie. »Was muss ich versteuern?«

Bei einer Dienstreise von unter acht Stunden Dauer ist die Auslösung in voller Höhe über die Lohnsteuerkarte zu versteuern, da hierfür kein Pauschbetrag vorgesehen ist.

Bei einer Dienstreise von neun Stunden Dauer wird gerechnet:

Auslösung	30 €
Davon steuerfrei als Pauschbetrag	– 12 €
Rest steuerpflichtig	18 €
Davon pauschalierungsfähig mit 25 % bis 12 €	– 12 €
Rest über die Lohnabrechnung zu versteuern	6 €

853 **Dreimonatsfrist beachten!**
Erstreckt sich Ihre Auswärtstätigkeit über einen längeren Zeitraum, beschränkt sich der Abzug der Verpflegungsmehraufwendungen auf die ersten drei Monate. Der Fiskus unterstellt, dass Sie sich nach drei Monaten am selben Dienstreiseort dort genauso günstig verpflegen können wie zu Hause.

Gut zu wissen:
Für den Abzug Ihrer Fahrt- und Übernachtungskosten gilt die Dreimonatsfrist nicht.
Zudem gilt sie auch nicht für die Verpflegungspauschalen bei Fahrtätigkeit, so der BFH mit Urteil vom 24.2.2011 (Az. VI R 66/10).

854 **TIPP** **So befreien Sie sich aus der Dreimonatsfalle!**

Mit der richtigen Begründung sind Sie von der Dreimonatsfrist nicht betroffen. Gute Karten haben Sie, wenn Sie sagen können, dass Sie sich an dem jeweiligen auswärtigen Tätigkeitsort pro Woche nicht mehr als ein bis zwei Tage aufhalten. Wenn Sie den Rest der Woche im Betrieb oder bei anderen Kunden sind, greift die Dreimonatsfrist nicht (BMF v. 24.10.2014 – Az. IV C 5, S 2353/14/10002, Rz. 52 ff.). Dann bleibt dem Finanzamt nichts anderes übrig, als Ihnen auch für die Fahrten im vierten, fünften und sechsten Monat die Verpflegungspauschalen zuzugestehen.

Also nichts wie ran ans Werk, Architekten, Bauleiter, beratende Ingenieure, Kundendienstmonteure, Software-Entwickler und alle diejenigen, die trotz längerer Auswärtstätigkeit am selben Ort zwischendurch ständig auch in der Firma wesentliche Dingen zu erledigen haben.

TIPP Mit einem ausgedehnten Urlaub die Dreimonatsfrist neu in Gang setzen 855

Eine mindestens vier Wochen dauernde Unterbrechung der beruflichen Tätigkeit an derselben Tätigkeitsstätte führt zu einem Neubeginn der Dreimonatsfrist (§ 9 Absatz 4a Satz 7 EStG). Der Grund der Unterbrechung (das kann auch Urlaub oder Krankheit sein) ist unerheblich; es zählt nur die Unterbrechungsdauer.

Zeile 56 Auswärtstätigkeit im Ausland 856

Reisen ins Ausland, die unmittelbar beruflich veranlasst sind, z.B. zu Besprechungen mit Geschäftsfreunden, für ein Praktikum oder eine Schulung, zum Halten eines Vortrags usw., gehen beim Fiskus als Auswärtstätigkeiten glatt durch.

Besteht der unmittelbare Anlass einer Auslandsreise aber z.B. darin, für ein Buch Material zu sammeln, sind die Reisekosten nur dann abziehbar, wenn die Reisetage wie Arbeitstage mit beruflicher Tätigkeit ausgefüllt waren (BFH-Urt. v. 18.10.1990 – BStBl 1991 II S. 92). Hier gilt also, notfalls einen Arbeitsnachweis bereitzuhaben.
Bei Reisen ins Ausland ohne unmittelbaren beruflichen Anlass, z.B. bei einer Informations- oder Studienreise oder einer Reise zu einem Fachkongress, gehört ein mehr oder weniger ausgeprägtes Stirnrunzeln des Fiskalritters zu seinem üblichen Arbeitsritual. Dazu mehr unter ➤ Rz 862 ff.
Für Verpflegungskosten gelten Pauschbeträge (Auslandstagegelder), die länderweise unterschiedlich sind. Bei Übernachtungen sind die entstandenen Übernachtungskosten absetzbar. Stattdessen können aber auch Pauschbeträge (Übernachtungsgelder) abgesetzt werden.

857 Auslandsreisepauschalen 2017

(Änderungen gegenüber 2016 in Fettdruck)

Land	Pauschbeträge für Verpflegungsmehraufwendungen		Pauschbetrag für Übernachtungskosten
	bei einer Abwesenheitsdauer von mindestens 24 Stunden je Kalendertag	für den An- und Abreisetag sowie bei einer Abwesenheitsdauer von mehr als 8 Stunden je Kalendertag	
	€	€	€
Afghanistan	30	20	95
Ägypten	40	27	113
Äthiopien	27	18	86
Äquatorialguinea	36	24	166
Albanien	29	20	**113**
Algerien	**51**	**34**	**173**
Andorra	34	23	45
Angola	77	52	265
Antigua und Barbuda	53	36	117
Argentinien	34	23	144
Armenien	23	16	63
Aserbaidschan	**30**	**20**	**72**
Australien			
– Canberra	58	39	158
– Sydney	59	40	186
– im übrigen Land	56	37	133
Bahrain	45	30	180
Bangladesch	30	20	111
Barbados	58	39	179
Belgien	41	28	135
Benin	40	27	101
Bolivien	**30**	**20**	**93**
Bosnien und Herzegowina	18	12	73
Botsuana	40	27	102
Brasilien			

Land	Pauschbeträge für Verpflegungsmehraufwendungen		Pauschbetrag für Übernachtungskosten
	bei einer Abwesenheitsdauer von mindestens 24 Stunden je Kalendertag	für den An- und Abreisetag sowie bei einer Abwesenheitsdauer von mehr als 8 Stunden je Kalendertag	
	€	€	€
– Brasilia	53	36	160
– Rio de Janeiro	47	32	145
– Sao Paulo	53	36	120
– im übrigen Land	54	36	110
Brunei	48	32	106
Bulgarien	22	15	90
Burkina Faso	44	29	84
Burundi	47	32	98
Chile	40	27	130
China			
– Chengdu	35	24	105
– Hongkong	74	49	145
– Peking	46	31	142
– Kanton	**40**	**27**	**113**
– Shanghai	50	33	128
– im übrigen Land	**50**	**33**	**78**
Costa Rica	**46**	**31**	**93**
Côte d'Ivoire	51	34	146
Dänemark	60	40	150
Dominica	40	27	94
Dominikanische Republik	40	27	71
Dschibuti	48	32	160
Ecuador	**44**	**29**	**97**
El Salvador	44	29	119
Eritrea	46	31	81
Estland	27	18	71
Fidschi	**34**	**23**	**69**

Land	Pauschbeträge für Verpflegungsmehraufwendungen		Pauschbetrag für Übernachtungskosten
	bei einer Abwesenheitsdauer von mindestens 24 Stunden je Kalendertag	für den An- und Abreisetag sowie bei einer Abwesenheitsdauer von mehr als 8 Stunden je Kalendertag	
	€	€	€
Finnland	39	26	136
Frankreich			
– Lyon	53	36	83
– Marseille	51	34	86
– Paris[1])	58	39	135
– Straßburg	48	32	89
– im übrigen Land	44	29	81
Gabun	62	41	278
Gambia	30	20	125
Georgien	30	20	80
Ghana	46	31	174
Grenada	51	34	121
Griechenland			
– Athen	**46**	**31**	**132**
– im übrigen Land	**36**	**24**	**89**
Guatemala	28	19	96
Guinea	38	25	110
Guinea-Bissau	24	16	86
Guyana	41	28	81
Haiti	50	33	111
Honduras	**48**	**32**	**101**
Indien			
– Chennai	34	23	87
– Kalkutta	41	28	117
– Mumbai	32	21	125
– Neu Delhi	50	33	144
– im übrigen Land	36	24	145

Land	Pauschbeträge für Verpflegungsmehraufwendungen		Pauschbetrag für Übernachtungskosten
	bei einer Abwesenheitsdauer von mindestens 24 Stunden je Kalendertag	für den An- und Abreisetag sowie bei einer Abwesenheitsdauer von mehr als 8 Stunden je Kalendertag	
	€	€	€
1) sowie die Departements 92 (Haute-de-Seine), 93 (Seine-Saint-Denis) und 94 (Val-de-Marne)			
Indonesien	38	25	130
Iran	28	19	84
Irland	44	29	92
Island	47	32	108
Israel	56	37	191
Italien			
– Rom	52	35	160
– im übrigen Land	34	23	126
Jamaika	54	36	135
Japan			
– Tokio	53	36	153
– im übrigen Land	51	34	156
Jemen	24	16	95
Jordanien	**46**	**31**	**126**
Kambodscha	**39**	**26**	**94**
Kamerun	**50**	**33**	**180**
Kanada			
– Ottawa	35	24	110
– Toronto	52	35	142
– Vancouver	48	32	106
– im übrigen Land	44	29	111
Kap Verde	30	20	55
Kasachstan	39	26	109
Katar	56	37	170
Kenia	42	28	223
Kirgisistan	29	20	91

Land	Pauschbeträge für Verpflegungsmehraufwendungen		Pauschbetrag für Übernachtungskosten
	bei einer Abwesenheitsdauer von mindestens 24 Stunden je Kalendertag	für den An- und Abreisetag sowie bei einer Abwesenheitsdauer von mehr als 8 Stunden je Kalendertag	
	€	€	€
Kolumbien	41	28	126
Kongo, Republik	50	33	200
Kongo, Demokratische Republik	68	45	171
Korea, Demokratische Volksrepublik	66	44	180
Korea, Republik	58	39	112
Kosovo	**23**	**16**	**57**
Kroatien	28	19	75
Kuba	50	33	85
Kuwait	42	28	185
Laos	33	22	67
Lesotho	24	16	103
Lettland	30	20	80
Libanon	44	29	120
Libyen	45	30	100
Liechtenstein	53	36	180
Litauen	24	16	68
Luxemburg	47	32	102
Madagaskar	38	25	83
Malawi	39	26	110
Malaysia	**34**	**23**	**88**
Malediven	38	25	93
Mali	41	28	122
Malta	45	30	112
Marokko	42	28	105
Marshall Inseln	63	42	70

Land	Pauschbeträge für Verpflegungsmehraufwendungen		Pauschbetrag für Übernachtungskosten
	bei einer Abwesenheitsdauer von mindestens 24 Stunden je Kalendertag	für den An- und Abreisetag sowie bei einer Abwesenheitsdauer von mehr als 8 Stunden je Kalendertag	
	€	€	€
Mauretanien	39	26	105
Mauritius	48	32	140
Mazedonien	24	16	95
Mexiko	41	28	141
Mikronesien	56	37	74
Moldau, Republik	**24**	**16**	**88**
Monaco	**42**	28	**180**
Mongolei	29	20	84
Montenegro	29	20	**94**
Mosambik	42	28	147
Myanmar	**35**	**24**	**155**
Namibia	23	16	77
Nepal	28	19	86
Neuseeland	47	32	98
Nicaragua	36	24	81
Niederlande	46	31	119
Niger	36	24	70
Nigeria	63	42	255
Norwegen	64	43	182
Österreich	36	24	104
Oman	**60**	**40**	**200**
Pakistan			
– Islamabad	30	20	165
– im übrigen Land	27	18	68
Palau	51	34	166
Panama	**39**	**26**	**111**
Papua-Neuguinea	**60**	**40**	**234**

Land	Pauschbeträge für Verpflegungsmehraufwendungen: bei einer Abwesenheitsdauer von mindestens 24 Stunden je Kalendertag	Pauschbeträge für Verpflegungsmehraufwendungen: für den An- und Abreisetag sowie bei einer Abwesenheitsdauer von mehr als 8 Stunden je Kalendertag	Pauschbetrag für Übernachtungskosten
	€	€	€
Paraguay	36	24	61
Peru	30	20	93
Philippinen	30	20	107
Polen			
– Breslau	33	22	92
– Danzig	29	20	77
– Krakau	28	19	88
– Warschau	30	20	105
– im übrigen Land	27	18	50
Portugal	36	24	92
Ruanda	46	31	141
Rumänien			
– Bukarest	**32**	**21**	100
– im übrigen Land	**26**	**17**	**62**
Russische Föderation			
– Jekatarinenburg	**28**	**19**	**84**
– Moskau	30	20	118
– St. Petersburg	**26**	**17**	**114**
– im übrigen Land	**24**	**16**	**58**
Sambia	36	24	95
Samoa	29	20	**85**
São Tomé – Príncipe	**47**	**32**	**80**
San Marino	**34**	**23**	**75**
Saudi-Arabien			
– Djidda	38	25	234
– Riad	48	32	179
– im übrigen Land	48	32	80

Land	Pauschbeträge für Verpflegungsmehraufwendungen		Pauschbetrag für Übernachtungskosten
	bei einer Abwesenheitsdauer von mindestens 24 Stunden je Kalendertag	für den An- und Abreisetag sowie bei einer Abwesenheitsdauer von mehr als 8 Stunden je Kalendertag	
	€	€	€
Schweden	50	33	168
Schweiz			
– Genf	64	43	195
– im übrigen Land	62	41	169
Senegal	45	30	128
Serbien	**20**	**13**	**74**
Sierra Leone	39	26	82
Simbabwe	45	30	103
Singapur	53	36	188
Slowakische Republik	24	16	**85**
Slowenien	**33**	**22**	95
Spanien			
– Barcelona	32	21	118
– Kanarische Inseln	32	21	98
– Madrid	41	28	113
– Palma de Mallorca	32	21	110
– im übrigen Land	29	20	88
Sri Lanka	40	27	118
St. Kitts und Nevis	45	30	99
St. Lucia	54	36	129
St. Vincent und die Grenadinen	52	35	121
Sudan	35	24	115
Südafrika			
– Kapstadt	27	18	112
– Johannisburg	29	20	124
– im übrigen Land	29	20	124
Südsudan	**34**	**23**	**150**

Land	Pauschbeträge für Verpflegungsmehraufwendungen		Pauschbetrag für Übernachtungskosten
	bei einer Abwesenheitsdauer von mindestens 24 Stunden je Kalendertag	für den An- und Abreisetag sowie bei einer Abwesenheitsdauer von mehr als 8 Stunden je Kalendertag	
	€	€	€
Suriname	41	28	108
Syrien	38	25	140
Tadschikistan	26	17	67
Taiwan	**51**	**34**	**126**
Tansania	47	32	201
Thailand	32	21	**118**
Togo	35	24	108
Tonga	32	21	36
Trinidad und Tobago	54	36	164
Tschad	47	32	151
Tschechische Republik	**35**	**24**	**94**
Türkei			
– Istanbul	35	24	104
– Izmir	42	28	80
– im übrigen Land	40	27	78
Tunesien	33	22	80
Turkmenistan	33	22	108
Uganda	35	24	129
Ukraine	**32**	**21**	**98**
Ungarn	**22**	**15**	**63**
Uruguay	44	29	109
Usbekistan	34	23	123
Vatikanstaat	52	35	160
Venezuela	48	32	207
Vereinigte Arabische Emirate	45	30	155
Vereinigte Staaten von Amerika			

Land	Pauschbeträge für Verpflegungsmehraufwendungen		Pauschbetrag für Übernachtungskosten
	bei einer Abwesenheitsdauer von mindestens 24 Stunden je Kalendertag	für den An- und Abreisetag sowie bei einer Abwesenheitsdauer von mehr als 8 Stunden je Kalendertag	
	€	€	€
– Atlanta	**62**	**41**	**175**
– Boston	**58**	**39**	**265**
– Chicago	**54**	**36**	**209**
– Houston	**63**	**42**	**138**
– Los Angeles	**56**	**37**	**274**
– Miami	**64**	**43**	**151**
– New York City	**58**	**39**	**282**
– San Francisco	**51**	**34**	**314**
– Washington, D. C.	**62**	**41**	**276**
– im übrigen Land	**51**	**34**	**138**
Vereinigtes Königreich von Großbritannien und Nordirland			
– London	62	41	224
– im übrigen Land	45	30	115
Vietnam	38	25	86
Weißrussland	27	18	109
Zentralafrikanische Republik	**46**	**31**	**74**
Zypern	**45**	**30**	**116**

Zeile 49–57 Reisekosten beim Besuch von auswärtigen Lehrgängen 858

Gratuliere, Sie haben es geschafft und sind nun Bank- oder Versicherungsfachwirt! Oder Offizier? Rechtspfleger? Elektromeister? Alles gleich gut. Nur vergessen Sie aber nicht, die Kosten dafür in Ihrer Steuererklärung unterzubringen, insbesondere die Lehrgangsgebühren.
»Wieso das? Die hat doch mein Brötchengeber bezahlt«, sagen Sie. Dann ist ja alles paletti. Und wie sieht es mit den Reisekosten aus?

Sie können den Besuch des Lehrgangs steuerlich wie eine Auswärtstätigkeit abrechnen.
Ich möchte Ihnen mal vorrechnen, was ein fünfmonatiger Lehrgang alles an Werbungskosten bringen kann, auch wenn für Sie keine Lehrgangsgebühren angefallen sind und außerdem Verpflegung und Unterkunft frei waren.

Fahrtkosten mit eigenem Pkw		
An- und Rückreise, Zwischenheimfahrten		
28 Fahrten × 170 km (gefahren) × 0,30 € =		1.428 €
Verpflegungsmehraufwand		
(für die ersten drei Monate, abzugsfähig trotz		
unentgeltlicher Gestellung)	82 Tage mit je 24 € =	1.968 €
Reisekosten		3.396 €

Wegen unentgeltlicher Mahlzeiten während einer Dienstreise ist jedoch die Verpflegungspauschale wie folgt zu kürzen: für ein zur Verfügung gestelltes

- Frühstück um 4,80 € (= 20 % von 24 €),
- Mittagessen um 9,60 € (= 40 % von 24 €),
- Abendessen um 9,60 € (= 40 % von 24 €).

Damit geht die Verpflegungspauschale von 1.968 € verloren.

859 Auf gratis oder verbilligt gestellte Unterkunft und Verpflegung sollten Sie ausdrücklich verzichten. Denn sonst geht Ihnen der entsprechende Werbungskostenabzug verloren. Haben Sie das versäumt, ziehen Sie Ihren Kopf so aus der Schlinge: »Angeboten« heißt nicht »angenommen«. Wenn Sie also nicht mitgegessen haben und Ihr Zimmer nach dem Unterricht lediglich zum Lernen, also als Arbeitszimmer, jedenfalls nicht zum Übernachten genutzt haben, ist nichts zum Kürzen da.

Übrigens: Vergessen Sie nicht, für die vielen Telefonate mit Ihrem Ausbilder im Betrieb oder in der Behörde über fachliche Fragen, die Sie hatten, die entsprechenden Kosten anzusetzen.

860 **Eigenanteil bei Gemeinschaftsverpflegung**
Müssen Sie als Soldat, Beamtenanwärter, Azubi oder Student während eines auswärtigen Lehrgangs mit Gemeinschaftsverpflegung in der Kantine oder Mensa zusätzlich etwas berappen, müssen Sie den o.g. Kürzungsbetrag um Ihren Eigenanteil von z.B. 10 € mindern.

In > Zeile 50 der Anlage N tragen Sie ein:
Dienstreise wegen Teilnahme am Lehrgang in …

Verpflegungspauschale für 27 Tage à 24 € =	648 €
Kürzung wegen Vollpflegung	
24 € – 10 € Eigenanteil = 14 € × 27 Tage =	378 €

TIPP Fit für eine Sause nach Bangkok 861

Sprachkenntnisse sind allemal von Vorteil. Besonders in Englisch. Ob im Urlaub oder um auf der Messe den Dolmetscher zu sparen. Jedenfalls können Sie die Kursgebühren für einen Sprachkurs immer in der Steuererklärung unterbringen. Beim Finanzamt begründen Sie sie z. B. so: »Um in meinem alten Beruf wieder Tritt zu fassen, ist es unbedingt erforderlich, dass ich Sprachkenntnisse erwerbe. Der von mir besuchte Kurs war dazu gedacht, meine Einstellungschancen zu erhöhen. Der Besuch des Sprachkurses diente allein dem Zweck, Einnahmen zu erwerben. Die Kosten sind deshalb als Werbungskosten anzusehen.«

Fügen Sie eine entsprechende Bescheinigung Ihrer Firma bei oder Stellenanzeigen, die detaillierte Sprachkenntnisse verlangen, klappt der Laden (BFH-Urt. v. 26.11.1993 – BStBl 1994 II S. 248).

Siehe hierzu auch ➤ Rz 693. Ausländern gibt das FG Bremen grünes Licht für den Abzug von Aufwendungen für einen Deutschkurs (EFG 1995 S. 19).

Bei Sprachkursen im Ausland argwöhnt der Fiskus leicht, Sie möchten ihm Ihre Urlaubsreise unterjubeln, und verlangt von Ihnen für jeden Tag Anwesenheitstestate. Ferner ein Kursprogramm, das auf Ihre beruflichen Belange ausgerichtet ist. Außerdem muss praktisch die ganze Zeit mit Sprachstudien ausgefüllt sein – im Lehrgangsprospekt darf also nicht stehen »Freizeit«, sondern »praktische Übungen«. Und: Es muss sich um einen Fortgeschrittenenkurs handeln, denn einen Grundkurs für Anfänger ohne Vorkenntnisse könnten Sie ja auch bei der VHS um die Ecke buchen, sagt der BFH (Urt. v. 4.3.1993 – BStBl II 1993, S. 787).

Als Englischlehrer haben Sie bei Sprachreisen nach England steuerlich keine Probleme, insbesondere wenn Ihnen der Schulrat dafür Sonderurlaub und einen Reisekostenabschlag zugesteckt hat (FG Baden-Württemberg v. 31.7.1991 – 2 K 77/88).
Zeigt Ihnen das Finanzamt beim Auslandssprachkurs die rote Karte nur deshalb, weil der Kurs im Ausland stattgefunden hat, haben Sie mit einem Urteil

des Bundesfinanzhofs zumindest dann einen Trumpf in der Hand, wenn der Lehrgangsort in einem EU-Land oder in der Schweiz liegt. Solche Abgrenzungskriterien seien ein Verstoß gegen Gemeinschaftsrecht und Freizügigkeit, so die Richter. Das Urteil betraf zwar einen Sprachkurs, die Entscheidung ist aber auf alle anderen Kursinhalte ebenso anzuwenden (Quelle: OFD Karlsruhe v. 11.2.2003, S 2270 A 27 – St 322).

862 Zeile 49–57 Studienreisen, Fachkongresse

Reisen in die weite Welt als Auswärtstätigkeiten geltend machen, da kommt Freude auf! Studienreisen, Fachtagungen und Kongresse, sie machen es möglich, steuerliche Vorteile mit beruflichen und privaten Interessen zu verbinden. Wen wundert es, wenn der Fiskus da nicht immer ohne weiteres mitmacht.

Studienreisen, Fachtagungen und Kongresse werden steuerlich nur anerkannt, wenn sie so gut wie ausschließlich dem Ziel dienen, die beruflichen Kenntnisse zu erweitern. Dient eine Reise zugleich privaten Interessen, der Erholung oder der allgemeinen Information über geographische oder kulturelle Besonderheiten des besuchten Landes, liegt keine ausschließlich berufliche Veranlassung vor (EStR 12.2). Steuerlich gesehen können Sie Ihre Studienreise oder eine Fachtagung vergessen, wenn der Veranstaltungsprospekt in blumigen Worten auf die vielfältigen Möglichkeiten zur Freizeitgestaltung hinweist. So wurde einem Zahnarzt zum Verhängnis, dass er als Teilnehmer eines mehrtägigen Fachkongresses in Davos täglich während der viereinhalbstündigen Mittagspause die Möglichkeit hatte, auf der Skipiste Sauerstoff zu tanken (BFH – BStBl 1990 II S. 1059). Auch eine Kongressreise, die auf einem Fährschiff stattfindet und bei der die Teilnehmer ausreichend Zeit haben, von den an Bord gebotenen Freizeitmöglichkeiten Gebrauch zu machen, wird vom Fiskus als Privatvergnügen angesehen (BFH – BStBl 1989 II S. 19).

Bevor Sie sich für eine Studienreise oder einen Kongress entscheiden, sollten Sie also den Veranstaltungsprospekt mit Hilfe der Checkliste des Fiskus auf steuerliche Schwachstellen abklopfen:

- **Gegen berufsbedingte Aufwendungen sprechen:** Besuch bevorzugter Ziele des Tourismus; häufige Ortswechsel; entspannende oder kostspielige Beförderung, z. B. Schiffsreise; Mitnahme des Ehegatten oder naher Angehöriger.
- **Für berufsbedingte Aufwendungen sprechen:** Die Teilnehmer haben durchweg gleiche oder ähnliche Berufe; straffe und lehrgangsmäßige Organisation, die wenig Raum für Privatinteressen lässt; Gewährung von Dienstbefreiung oder Sonderurlaub; Zuschüsse des Arbeitgebers.

Notfalls werden Sie dem Finanzamt später nur das eigentliche Kursprogramm vorlegen …

Bewahren Sie in jedem Fall alle Unterlagen (Arbeitsunterlagen, Skripte, Stundenpläne und Ihre eigenen Aufzeichnungen) auf, um sie notfalls dem Fiskalritter vorlegen zu können. Denn Sie tragen die Beweislast, dass die Aufwendungen für die Studienreise beruflich veranlasst waren. Der Fiskus erkennt die Kosten ohne weiteres an, wenn per Stempel und Unterschrift jeder Tag vom Tagungsleiter testiert wird und aus dem Testat eine mindestens fünfstündige Anwesenheit ersichtlich ist, die sich zudem nicht auf einen halben Tag beschränken darf (FG des Saarlands v. 14.7.1992 – EFG 1992 S.727). Diesen überzogenen Nachweispflichten können Sie aber manchmal gar nicht nachkommen, weil der Veranstalter nicht mitspielt. Dann können Ihre Unterlagen als Nachweis herhalten (BFH-Urt. v. 13.2.1980 – BStBl 1980 II S.386).

TIPP Bügeln Sie die Schwachstellen im Veranstaltungsprospekt aus 863

Freizeiten im Terminplan einer Studien- oder Kongressreise lassen Rückschlüsse auf private Interessen zu, sofern sie nicht durch Arbeitsgemeinschaften ausgefüllt wurden. Lassen Sie sich also von anderen Teilnehmern die Dauer der Arbeitsgemeinschaften bestätigen.

TIPP Ein Teilbetrag der Reisekosten ist das Mindeste 864

Lassen Sie sich nicht kirre machen, wenn der Bearbeiter die berufliche Veranlassung der Studienreise anzweifelt, weil der Veranstaltungsort im Ausland liegt und außerdem ein beliebter Urlaubsort ist. Bei internationalen Tagungen mit ausländischen Fachleuten und Dozenten ist das so üblich.

Können Sie außerdem angeben, Sie hätten neben dieser Reise ja auch Urlaub genommen, sind Sie meistens schon aus dem Schneider (BFH-Urt. v. 18.10.1990 – BStBl 1991 II S. 92). Bekommen Sie die Gesamtreise steuerlich nicht durch, sind zumindest die Teilnahmegebühren für die Fachveranstaltung und die Verpflegungs- und Übernachtungspauschalen für die Veranstaltungstage steuerlich abziehbar (BFH v. 5.9.2006 – Az VI 49/05 oder BFH – BStBl 1971 II S. 524, eine Schiffsreise zu einem Kongress nach Malta betreffend; die Kongressgebühr und die Verpflegungs- und Übernachtungskosten für die 4½ Tage Aufenthalt in Malta während des Kongresses erkannte der BFH steuerlich an, die 16-tägige Schiffsreise nicht).

865 Zeile 51 und 57 Vom Arbeitgeber steuerfrei ersetzt

Diese Zeilen könnte man glatt übersehen …

Da ist es nur gut, dass St. Bürokratius an alles gedacht hat und den Arbeitgeber verpflichtet, Reisekostenersatz in Zeile 20 der Lohnsteuerbescheinigung einzutragen. Damit wird die steuerfreie Erstattung gleich automatisch via »ELSTER-Lohn« dem Finanzamt gemeldet.

Zeigen Sie Ihrem Bearbeiter im Finanzamt also, wie sorgfältig Sie Ihre Steuererklärung erstellt haben, und tragen Sie steuerfreie Erstattungen des Arbeitgebers in > Zeile 51 bzw. 57 ein. Er merkt sogleich, bei Ihnen ist alles in bester Ordnung, und winkt Ihre Steuererklärung ohne weitere Prüfung durch …

Was der Arbeitgeber so alles steuerfrei erstatten kann, dazu mehr unter ➤ Rz 564.

9.8.7 Doppelte Haushaltsführung – Zeile 61–87

866 Viele Werktätige müssen einen doppelten Haushalt führen, weil sie auswärts arbeiten und nicht täglich zu ihrer Hauptwohnung zurückkehren können. Die Aufwendungen für die Wohnung am Arbeitsort, für Fahrten und für Mehrkosten an Verpflegung sind als Werbungskosten absetzbar (§ 9 Abs. 1 Nr. 5 EStG):

Doppelte Haushaltsführung – Übersicht	
Heimfahrten	Eine Heimfahrt pro Woche, bei Pkw-Nutzung 0,30 € (als Schwerbehinderter 0,60 €) je Entfernungskilometer
Verpflegung	Pauschal 24 € pro Tag (An-/Abreisetag jeweils 12 €), begrenzt auf drei Monate
Zweitwohnung	Tatsächliche Kosten

Der Fiskus achtet peinlich darauf, dass Sie tatsächlich **zwei** Haushalte führen. Wenn Sie noch im Haushalt Ihrer Eltern wohnen, können Sie Ihre Miete und Verpflegungsmehraufwendungen folglich nicht von der Steuer absetzen. Besonders hart trifft das natürlich all diejenigen, die während der Ausbildung, wenn das Geld ohnehin knapp ist, am Arbeitsort ein Zimmer oder eine Wohnung anmieten müssen. Lesen Sie aber hierzu auch die Tipps zum »Mehrgenerationenhaushalt« in ➤ Rz 874 f.

Wichtig: Sie können nur eine Heimfahrt wöchentlich absetzen. Lassen Sie sich auch unter der Woche zu Hause blicken, können Sie statt doppelter Haushaltsführung Fahrten zwischen Wohnung und Arbeitsstätte absetzen.

TIPP Manchmal ist die Entfernungspauschale günstiger 867

Wenn Sie als Lediger ohne eigenen Hausstand nach Hause zu Ihren Eltern fahren, sind das keine privaten Besuchsfahrten, sondern Fahrten zwischen Wohnung und Tätigkeitsstätte. Dazu genügt es, dass der »Mittelpunkt Ihrer Lebensinteressen« – was für ein schreckliches Amtsdeutsch – im Wohnort Ihrer Eltern liegt. Wenn das ein Fiskalritter anzweifelt, werden Sie ihm blumig schildern, dass Ihre Freundin dort wohnt, Sie im örtlichen Sport- und Schützenverein stark engagiert sind und Ihre Eltern sowie Ihre sämtlichen anderen Verwandten, Freunde und Bekannten dort leben.

Für jede Fahrt in Ihren Heimatort setzen Sie die Entfernungspauschale von 0,30 € je Entfernungskilometer ab. Zum Ausgleich dafür, dass Ihnen die Miete steuerlich durch die Lappen geht, setzen Sie natürlich nicht nur die Fahrt am Wochenende an, sondern selbstverständlich auch die zusätzlichen Fahrten unter der Woche. Ob es Sie zwischendurch vor Sehnsucht zu Ihrem Schatz zieht, Sie an einem wichtigen Meisterschaftsspiel Ihrer Sportmannschaft teilnehmen wollen oder Tante Ernas Geburtstag zu feiern ist, spielt dabei keine Rolle. Schließlich machen Sie ja keine Familienheimfahrten, von denen nur eine pro Woche anerkannt wird, sondern Fahrten zwischen Wohnung und Tätigkeitsstätte. Auf die Entfernung kommt es dabei nicht an (BFH-Urt. v. 13.12.1985 – BStBl 1986 II S. 221).

So könnte die Rechnung für Sie aussehen:

	mit doppelter Haushaltsführung	**ohne** doppelte Haushaltsführung
Monatsmiete für Ihr Zimmer 12 × 150 €	1.800 €	–
Heimfahrten pro Woche		
46 Wochen à 200 km × 0,30 €	2.760 €	–
46 Fahrten à 200 km × 0,30 €		2.760 €
60 zusätzliche Fahrten à 200 km × 0,30 €		3.600 €
Werbungskosten insgesamt	4.560 €	6.360 €

Wie Sie sehen, können Sie durch die in höherer Zahl absetzbaren Fahrten zwischen Wohnung und Arbeitsplatz den Nachteil, keine doppelte Haushaltsführung ansetzen zu können, mehr als wettmachen.
Dieser Trick funtioniert auch, wenn es Sie häufiger als einmal in der Woche zu den Lieben zieht. Dann haben Sie die Möglichkeit, statt der doppelten Haushaltsführung alle Heimfahrten als *Fahrten zwischen Wohnung und Tätigkeitsstätte* abzusetzen, wenn das für Sie günstiger ist (BFH-Urt. v. 9.6.1988 – BStBl 1988 II S. 990; R 9.11 Abs.5 S. 2 LStR).
Natürlich können Sie nur die tatsächlich durchgeführten Fahrten ansetzen. Weil das Finanzamt meist Unrat wittert, wenn jemand eine Vergünstigung völlig legal für sich beansprucht, kann es passieren, dass es einen Nachweis über die Fahrleistung Ihres Pkws verlangt. Ist diese geringer als das, was Sie als Werbungskosten angegeben haben, versucht es Ihnen in die Suppe zu spucken und übersieht dabei möglicherweise, dass Sie ja einen Teil der Fahrten mit dem Wagen Ihrer Frau unternommen haben, weil Ihre Mühle in der Werkstatt war oder einfach nur geschont werden sollte, damit bei einem späteren Verkauf der Käufer nicht wegen der hohen Fahrleistung den Kaufpreis drückt.

868 Zeile 61-62 Berufliche Veranlassung (Grund)

Die doppelte Haushaltsführung ist ohne Wenn und Aber beruflich veranlasst bei

- Arbeitgeberwechsel,
- Versetzung,
- erstmaliger Aufnahme einer Tätigkeit.

Ein beruflicher Anlass ist auch dann gegeben, wenn Sie nach längerer Zeit die tägliche Fahrerei leid sind und am Beschäftigungsort eine Unterkunft nehmen (BFH – BStBl 1979 II S. 520).

Mehraufwendungen für doppelte Haushaltsführung
Allgemeine Angaben
61 Der doppelte Haushalt wurde aus beruflichem Anlass begründet 501 am
Grund
62
bis

869 **Wichtig zu wissen:**
Gern greifen die Mitarbeiter des Fiskus gleich zum Rotstift, wenn Sie sich neben der Wohnung am Beschäftigungsort einen zusätzlichen privaten Wohnort zulegten. »Es liegt kein beruflich begründeter doppelter Haus-

halt vor, weil die Verlagerung des Hauptwohnsitzes in die neue Wohnung privat veranlasst ist«, ist die hierfür schnell gefundene Begründung. Schützenhilfe für alle Betroffenen leistet der BFH. Warum eine andere Wohnung zusätzlich bezogen wird, soll völlig unerheblich sein. Private Gründe hin oder her, entscheidend ist, dass Sie Ihre bisherige Wohnung am Arbeitsort weiter nutzen. Dieses Beibehalten der Wohnung ist der berufliche Anlass, der die Kosten abzugsfähig macht.

Ihre doppelte Haushaltsführung wird demnach problemlos anerkannt, wenn

- Sie mit Ihrer Familie umziehen, Ihren Job und die alte Wohnung aber behalten (sog. **Wegverlegungsfall**, BFH v. 8.10.2014 – Az. VI R 7/13),
- Sie als Lediger z.B. mit Freund oder Freundin zusammenziehen, ohne Job und bisherige Wohnung aufzugeben.

Wenn das Finanzamt nicht mitspielen will, verhelfen Sie ihm mit einem Hinweis auf folgende Urteile zu einer unschlagbaren Entscheidungshilfe (BFH v. 5.3.2009 – VI R 58/06 und BFH v. 5.3.2009 – VI R 23/07).

TIPP Holen Sie mit einem kurzen Job des Ehepartners doppelte Haushaltsführung heraus 870

Einen Umzug abzusetzen kommt nicht von ungefähr, manchmal muss man nachhelfen. Wollen Sie raus aus der Stadt, ist der Umzug beruflich veranlasst, wenn einer von Ihnen, z. B. Ihr Ehegatte, vorher am neuen Wohnort einen Job annimmt. Behalten Sie die Stadtwohnung bei, weil Sie weiterhin in der Stadt arbeiten, können Sie doppelte Haushaltsführung geltend machen, d. h., Miete der alten Stadtwohnung plus Verpflegung plus Familienheimfahrten sind dann absetzbar (BFH-Urt. v. 2.10.1987 – BStBl 1987 II S. 852).

Der Bundesfinanzhof hat zum Glück nicht gesagt, wie lange man einem Job nachgehen muss, für den man den Wohnsitz verlegt und dafür Umzugskosten abgesetzt hat. Es reicht aus, wenn bei Beginn der doppelten Haushaltsführung ein beruflicher Grund vorliegt.

Zeile 66–67 Wer kann doppelte Haushaltsführung absetzen? 871

Jeder, der außerhalb des Orts, in dem er einen eigenen Hausstand unterhält, beschäftigt ist und am Beschäftigungsort eine Zweitwohnung unterhält, kann doppelte Haushaltsführung beanspruchen. Als Beweis für einen eigenen Hausstand will der Fiskalritter Papierchen (z.B. Mietvertrag) sehen, aus denen sich ergibt, dass Sie an einem anderen Ort als dem der Beschäftigung eine eingerichtete Wohnung unterhalten, die Sie »aus eigenem Recht«, z.B. als Eigentümer oder Mieter/Untermieter nutzen und die Ihren Lebensmittelpunkt darstellt (Erlass v. 8.3.1995 – BStBl 1995 I S.168).

Wohnen Sie noch bei Ihren Eltern, wollen die Fiskalritter keinen eigenen Hausstand gelten lassen, auch wenn Sie formell Untermieter werden und auf eigener Kochplatte Süppchen warm machen und einen Geschirrschrank Ihr Eigen nennen.

Sind Sie alleinstehend, als Zeitsoldat in Bremen stationiert und haben eine Wohnung in Köln? Schwupp, ist die doppelte Haushaltsführung geritzt. Verheiratete können sogar beide doppelte Haushaltsführung geltend machen.

»Wie soll das denn gehen?«, fragen Sie ungläubig.

Ganz einfach: Sie haben eine gemeinsame Hauptwohnung und jeder für sich eine Unterkunft am Arbeitsort. Und der BFH gibt grünes Licht für zweifache doppelte Haushaltsführung (Urt. v. 6.10.1994 – BStBl 1995 II S.184). »Zweifach doppelt ist doch eigentlich vierfach«, wenden Sie ein. Richtig, aber nicht beim Fiskus, da nennt man so etwas nämlich auch »dreifache Haushaltsführung«!

66	Es liegt ein **eigener Hausstand** am Lebensmittelpunkt vor – Wird die Zeile 66 mit „Nein" beantwortet, sind Eintragungen in den Zeilen 67 bis 85 nicht vorzunehmen. –	503	1 = Ja 2 = Nein
67	PLZ, Ort des eigenen Hausstandes	504	seit T T M M J J J J

872 Jungvermählt in der elterlichen Wohnung

Manchmal müssen Jungvermählte einige Zeit bei den Eltern von einem der beiden wohnen, weil sie keine Wohnung finden oder bezahlen können. Das ruft meistens den Fiskalritter auf den Plan. »Hausstand der Eltern ist nicht eigener Hausstand«, so sein Argument.

Aber das ist Schnee von gestern, denn seit Jahren genügt ein mit eigenen Möbeln ausgestattetes Zimmer in der Wohnung der Eltern, wenn im Übrigen Jung und Alt sozusagen als Großfamilie zusammenleben und sich Küche und Bad teilen (BFH-Urt. v. 27.7.1990 – BStBl 1990 II S.985). Hauptsache, Sie beide sind in ein und derselben Wohnung gemeldet. Der Steuererklärung fügen Sie sicherheitshalber bei:

BESTÄTIGUNG

```
Wir bestätigen, dass unsere Tochter . . . . . . . . . .
und ihr Ehemann . . . . . . . . . . in zwei Räumen unse-
rer Wohnung einen eigenen Hausstand mit eigenen Möbeln
und eigener Kochgelegenheit führen.

. . . . . .                              . . . . . . . . . . . . .
Datum                                        Unterschriften
```

Auch Lebenspartnerschaft bringt doppelte Haushaltsführung 873

Der Fiskus erkennt nicht so ohne weiteres eine doppelte Haushaltsführung an, wenn als Hauptwohnsitz die Wohnung des Lebenspartners angegeben wird. Wenn Sie sich aber finanziell maßgeblich am Haushalt Ihres Lebenspartners beteiligen, muss der Fiskus doppelte Haushaltsführung gelten lassen (BFH-Urt. v. 12.9.2000 – BStBl 2001 II S. 29).

TIPP Mit dem »Mehrgenerationenhaushalt« zur doppelten Haushaltsführung 874

Damit Ihre »Hauptwohnung« bei den Eltern als eigener Hausstand durchgeht, müssen Sie nicht unbedingt eine astrein abgeschlossene, komplett ausgestattete Wohnung und einen Mietvertrag mit den Eltern haben. Wichtig ist nur, dass Sie dort allein oder gemeinschaftlich mit Ihren Eltern wirtschaften und nicht mehr die Füße im Hotel Mama unter den Tisch stellen. Berufen Sie sich im Zweifel darauf, dass Sie zusammen mit Ihren Eltern einen **Mehrgenerationenhaushalt** führen, in dem Sie über eigene, nach Ihren Bedürfnissen eingerichtete Wohnräume verfügen. Der BFH hat in diesem Fall seinen Segen zur Anerkennung einer doppelten Haushaltsführung gegeben (BFH v. 26.7.2012 – VI R 10/12, BStBl 2013 II S. 208). Wenn Sie sich also das Bad oder die Küche mit Ihren Eltern teilen, ist längst nicht Hopfen und Malz verloren. Ganz im Gegenteil. Der BFH hat sogar einem Steuerzahler, der mit seinem Vater in einem Haus wohnte, dort für sich allein nur ein ca. 12 qm großes Zimmer hatte und sich die übrigen Räume mit dem Vater teilte, einen eigenen Hausstand anerkannt. Weil der Vater schon recht betagt, der Sohn finanziell völlig eigenständig war, sind die Richter quasi von einer Wohngemeinschaft von Vater und Sohn ausgegangen. Und schon war die doppelte Haushaltsführung anerkannt (BFH v. 14.11.2013 – VI R 10/13, BFH/NV 2014 S. 507).

Der BFH lässt sich bei seinen Entscheidungen wohl von folgender Grundüberlegung leiten: Ein 18-jähriger Auszubildender, der am Arbeitsort ein Zimmer oder ein Appartement bewohnt, hat in der Regel bei den Eltern keinen eigenen Hausstand, ist vielmehr in den elterlichen Haushalt eingegliedert. Ein 45-jähriger Sohn hingegen, der voll im Berufsleben steht, über ein entsprechendes Einkommen verfügt und mit den Eltern zusammen in deren Haus oder Wohnung wohnt, führt mit diesen zusammen einen gemeinsamen Hausstand, den er maßgeblich mit beeinflusst. Dessen Zweitwohnung am Arbeitsort geht regelmäßig als doppelte Haushaltsführung durch.

875 **TIPP Werbungskostenabzug nur bei *finanzieller Beteiligung***

Ohne eigenen finanziellen Beitrag zum Haupthausstand läuft nichts mehr, heißt: eine rein persönliche Beteiligung reicht nicht. Egal ob Sie mit einem (nicht eingetragenen) Lebenspartner zusammenleben oder in einem Mehrgenerationenhaushalt mit den Eltern: Die Wohnung wird Ihnen nur dann als eigener Hausstand anerkannt, wenn Sie mehr als 10 % der für den Haushalt anfallenden Kosten nachweislich aus der eigenen Tasche bezahlen (BMF v. 30.9.2013 – BStBl 2013 I S. 1279). Zu diesen Kosten gehören neben der Miete oder den Hausunkosten die Nebenkosten und auch die Kosten für Lebensmittel und andere Dinge des täglichen Bedarfs. Um allen Problemen aus dem Weg zu gehen, überweisen Sie monatlich einen ausreichenden Betrag auf das Konto des Wohnungsinhabers unter dem Vermerk »Kostenbeteiligung am gemeinsamen Haushalt«. Alternativ sollten Sie die Belege über die Einkäufe, die Sie für den gemeinsamen Hausstand tätigen, sammeln. Deren Nachweiskraft steigt natürlich rapide, wenn Sie die Beträge mit Ihrer EC- oder Kreditkarte bezahlen.

Dasselbe gilt z. B. auch, wenn Sie sich einen Haushalt mit Ihrem Bruder oder Ihrer Schwester teilen. Auch das spricht noch nicht gegen einen eigenen Hausstand. Machen Sie es so wie die Geschwister im BFH-Urteil vom 14.10.2004 (BStBl II 2005 S. 98). Die haben sich auf dem Hof der Eltern ein älteres Haus geteilt. Der Bruder wohnte im Obergeschoss in zwei Zimmern mit Kochnische, die Schwester bewohnte im Erdgeschoss zwei Zimmer mit Küche. Bad und Toilette nutzten die beiden gemeinsam. Mit einem astreinen Mietvertrag für das Haus und regelmäßigen Mietzahlungen haben sich die Steuerrichter überzeugen lassen. Dass der Hausstand keine Wohnung im steuertechnischen Sinn war, hat sie dabei nicht interessiert.

Ein paar Kellerräume, die keine abgeschlossene Wohnung darstellen und für die darüber hinaus kein Mietvertrag vorliegt, werden vor den strengen Augen des Fiskus wohl nach wie vor nicht als eigener Hausstand durchgehen (BFH v. 5.7.2007 – BFH/NV 2007 S. 1878).

TIPP Sorgen Sie treu für Ihre Eltern und lassen Sie sie bei Ihnen wohnen 876

Ihr Leben lang haben Sie bei Vater und Mutter gewohnt und sich von ihnen umsorgen lassen. Deshalb ist es höchste Zeit, sich zu revanchieren: Sie übernehmen die elterliche Wohnung und schließen als neuer Großverdiener der Familie den Mietvertrag mit dem Hauswirt ab. Selbstverständlich verlangt niemand, dass Sie Ihre Altvorderen vor die Tür setzen. Als dankbare(r) Sohn/Tochter lassen Sie sie in Ihrem Haushalt leben. Dass sie Ihnen dafür einen Zuschuss zu Ihren Miet- und Haushaltskosten zahlen, ist ja wohl selbstverständlich – schließlich haben Sie von Ihrem Verdienst früher ja auch ein monatliches Kostgeld abgedrückt.

Jetzt leben also nicht mehr Sie im Haushalt Ihrer Eltern, sondern Ihre Eltern in Ihrem! So können Sie guten Gewissens sagen: »Ich unterhalte in einer von mir angemieteten Wohnung einen eigenen Hausstand. Zu diesem Hausstand gehören außer mir noch zwei Angehörige, die sich lediglich im Rahmen ihrer Möglichkeiten an den Miet- und Haushaltskosten beteiligen.«

Wenn Ihnen Ihre Eltern zum Geburtstag oder zu Weihnachten großzügig ein paar Scheine als Geschenk zukommen lassen, brauchen Sie das natürlich nicht mit zur Kostenbeteiligung zu zählen.

Zeile 70–78 Fahrtkosten 877

Zu Beginn und am Ende der doppelten Haushaltsführung liegt ein Bonbon bereit: Die erste Fahrt hin zum Beschäftigungsort und die letzte Fahrt zurück zum Hauptwohnort können Sie als Auswärtstätigkeit mit den höheren Pauschalen für Fahrten mit eigenem Fahrzeug (0,30 € je gefahrenen Kilometer) und Verpflegung abrechnen. Zu Auswärtstätigkeiten mehr unter ➤ Rz 823 ff.

Für die wöchentliche Familienheimfahrt können Sie hingegen nur 0,30 € je Entfernungskilometer abziehen (> Zeile 74). Ausnahme: Schwerbehinderte können 0,60 € je Entfernungskilometer oder aber ihre tatsächlichen Kosten absetzen (> Zeile 76).

ANLAGE N
Einkünfte aus nichtselbständiger Tätigkeit **2018**

Fahrtkosten

Zeile						
70	Die Fahrten wurden insgesamt mit einem **Firmenwagen** oder im Rahmen einer unentgeltlichen **Sammelbeförderung** des Arbeitgebers durchgeführt				510	1 = Ja 2 = Nein
	– Soweit die Zeile 70 mit „Ja" beantwortet wird, sind Eintragungen in den Zeilen 71, 72, 74 und 76 nicht vorzunehmen. –					
	Erste Fahrt zum Beschäftigungsort und letzte Fahrt zum eigenen Hausstand					
71	mit privatem Kfz	511	gefahrene km	Kilometersatz bei Einzelnachweis (Berechnung bitte in einer gesonderten Aufstellung)	512	EUR , Ct
72	mit privatem Motorrad / Motorroller	522	gefahrene km	Kilometersatz bei Einzelnachweis (Berechnung bitte in einer gesonderten Aufstellung)	523	EUR , Ct
73	mit öffentlichen Verkehrsmitteln oder entgeltlicher Sammelbeförderung (lt. Nachweis)				513	EUR ,—
	Wöchentliche Heimfahrten					
74	einfache Entfernung (ohne Flugstrecken)	514	km	515 Anzahl		
75	Kosten für öffentliche Verkehrsmittel (lt. Nachweis – ohne Flug- und Fährkosten)				516	EUR ,—
	Nur bei Behinderungsgrad von mindestens 70 oder mindestens 50 und Merkzeichen „G"					
76	einfache Entfernung (ohne Flugstrecken)	524 km	davon mit privatem Kfz zurückgelegt 517 km	518 Anzahl	Kilometersatz bei Einzelnachweis (Berechnung bitte in einer gesonderten Aufstellung) 519	EUR , Ct
77	Kosten für öffentliche Verkehrsmittel (lt. Nachweis – ohne Flug- und Fährkosten)				520	EUR ,—
78	Flug- und Fährkosten (zu den Zeilen 74 bis 77) oder Kosten für entgeltliche Sammelbeförderung für Heimfahrten (lt. Nachweis)				521	,—

Natürlich vergessen Sie nicht, die Fahrten vom Zweitwohnsitz zur Arbeitsstelle in > Zeile 31–39 einzutragen. Einzelheiten dazu unter ➤ Rz 694 ff.

878 Wenn die wöchentliche Heimfahrt ausfallen muss, lässt der Fiskus stattdessen die Kosten für ein Telefonat von 15 Minuten Dauer zum Abzug zu (LStH 9.11 > Telefonkosten). Den Gesprächsgebühren, übrigens zum Mondscheintarif, sind die anteiligen Grundgebühren hinzuzurechnen (BFH-Urt. v. 8.3.1988 – BStBl 1988 II S. 988). Doch was sind schon 15 Minuten, wenn Sie die ganze Woche nicht zu Hause gewesen sind. Das sagte sich auch das Niedersächsische FG (Urt. v. 22.2.1996 – EFG 1996 S. 1156) und stellte die angemessene Gesprächsdauer auf die persönliche Situation der Familie ab. Zum Glück konnte der streitbare Steuerzahler Aufzeichnungen über die Telefonate vorlegen. Ihm wurden vom Finanzgericht 600 € Telefonkosten für 25 Telefonate anerkannt.
»Dann hat der Schussel 25 Familienheimfahrten ausfallen lassen«, sagen Sie entgeistert. »Er hätte doch einfach die Telefonate unter den Teppich kehren können und stattdessen …« Obendrein musste er sein gutes Recht im Klageverfahren erstreiten. Die Ehrlichen sind halt wirklich die Dummen.

Auch das sollten Sie wissen: Umgekehrte Heimfahrten sind nicht abzugsfähig!

Tatsächlich ist es nicht gleichgültig, wer sich bei einer Familienheimfahrt auf den Weg macht. Der Bundesfinanzhof meinte mit Urteil vom 22.10.2015 (Az. VI R 22/14): Aufwendungen für Bescuhsfahrten eines Ehepartners zur auswärtigen Tätigkeitsstätte des anderen Ehegatten seien auch bei einer längerfristigen Auswärtstätigkeit grundsätzlich nicht als Werbungskosten absetzbar.

Die zweite Ehe ist der Triumph
der Hoffnung über die Erfahrung.
(Johnson)

Zeile 79–80 Unterkunft am Beschäftigungsort 879

Anzusetzen sind die gezahlten Mieten für die Unterkunft (Hotel, Zimmer, Wohnung) einschließlich Umlagen. Haben Sie sich als Krösus gleich eine Eigentumswohnung zugelegt, siehe ➤ Rz 883.

	Kosten der Unterkunft am Beschäftigungsort		
79	Aufwendungen lt. Nachweis (z. B. Miete einschließlich Stellplatz- / Garagenkosten, Nebenkosten, Abschreibungen und Ausstattungskosten)	530	, —
80	Größe der Zweitwohnung des doppelten Haushalts im Ausland	531	m^2

Als Unterkunftskosten für eine doppelte Haushaltsführung im Inland werden Ihnen die tatsächlich entstandenen Aufwendungen für die Nutzung der Wohnung oder Unterkunft – **jedoch höchstens bis zu einem nachgewiesenen Betrag von 1.000 € im Monat** – anerkannt, und das ohne Prüfung der Notwendigkeit und Angemessenheit; auch auf die Zahl der Wohnungsbenutzer (Angehörige) kommt es nicht an.

Für Wohnungen im Ausland spielt die Angemessenheit hingegen sehr wohl eine Rolle! Wenn Sie zu den etwas besser betuchten Steuerzahlern gehören und sich bei der Wahl Ihrer beruflichen Zweitwohnung mehr gönnen als ein mickriges Apartment, kann es passieren, dass Ihnen ein staatlich besoldeter Geizkragen einen Teil Ihrer Wohnungskosten nicht anerkennen will. Der Bundesfinanzhof hat kurz und knapp entschieden, dass höchstens eine 60 qm große Wohnung als angemessen gilt. Auch bei der Höhe der Miete haben die BFH-Richter den Rotstift angesetzt. Angemessen soll nur der Mittelwert des örtlichen Mietspiegels sein (BFH v. 9.8.2007 – BStBl 2007 II S. 820). Ist Ihre Wohnung größer, können Sie in der Regel nur die anteilig auf 60 qm entfallenden Kosten absetzen. Diese Kürzung wird auch dann vorgenommen, wenn Sie im Rahmen Ihrer doppelten Haushaltsführung eine Eigentumswohnung oder ein Eigenheim nutzen (FG Hessen v. 25.8.2005 – 13 K 11/05).

880 Zeile 81-84 Verpflegungsmehraufwendungen

Hier zeigt sich der Fiskus mal großzügig, indem er Ihnen trotz eigener Wohnung am Arbeitsort für die ersten drei Monate Verpflegungskosten wie bei Dienstreisen anerkennt. Das sind täglich 24 €. Bei Heimfahrten wird Ihnen für das Wochenende in der Familienwohnung kein Verpflegungsmehraufwand zugestanden, das ist klar. Dies bedeutet knifflige Rechnerei für die Tage, an denen Sie nicht volle 24 Stunden von Ihrer Familienwohnung abwesend waren, denn da steht Ihnen nur eine Pauschale in Höhe von 12 € zu.

Pauschbeträge für Mehraufwendungen für Verpflegung

Die Verpflegungsmehraufwendungen lt. Zeilen 81 bis 84 können nur für einen Zeitraum von 3 Monaten nach Bezug der Unterkunft am Beschäftigungsort geltend gemacht werden; geht der doppelten Haushaltsführung eine Auswärtstätigkeit voraus, ist dieser Zeitraum auf den Dreimonatszeitraum anzurechnen. In sog. Wegverlegungsfällen ist der vorangegangene Aufenthalt am Beschäftigungsort auf den Dreimonatszeitraum anzurechnen.

Bei einer doppelten Haushaltsführung im Inland:

81	An- und Abreisetage	541	Anzahl der Tage
82	Abwesenheit von 24 Stunden	542	Anzahl der Tage
			EUR
83	Kürzungsbetrag wegen Mahlzeitengestellung (eigene Zuzahlungen sind ggf. gegenzurechnen)	544	,—
84	Bei einer doppelten Haushaltsführung im Ausland (Berechnung bitte in einer gesonderten Aufstellung)	543	,—

881 Zeile 85 Sonstige Aufwendungen – Umzugskosten, Schönheitsreparaturen ...

Zu guter Letzt entstehen zu Beginn und am Ende einer doppelten Haushaltsführung Kosten, z.B. für Schönheitsreparaturen und durch Umzug. Auch diese sind absetzbar (FG München v. 6.11.1991 – EFG 1992 S. 1274). Auch dann, wenn sie statt der Zweit- die Hauptwohnung auflösen.
Zu den Umzugskosten siehe ➤ Rz 808 ff.

882 Möbelkauf aus Steuermitteln

Müssen Sie sich die Zweitwohnung am Arbeitsplatz erst einrichten, setzen Sie die Ausgaben als Werbungskosten an. Denn schließlich können

Sie ja nicht zwischen nackten Wänden aus dem Koffer leben. Zur »notwendigen« Einrichtung gehören neben Möbeln und Lampen natürlich Herd, Spüle, Kühlschrank und Radio, auch Geschirr und Bettwäsche, des weiteren Gardinen und Vorhänge bis zu den Höchstsätzen nach dem Bundesumzugskostengesetz. Fein, wenn Sie diese Sachen später zur Komplettierung Ihrer Hauptwohnung gut gebrauchen können.

Orientteppiche, Lautsprecherboxen und Stiche alter Meister gehören nicht zur »notwendigen« Ausstattung. »Diese Sachen bringt das Möbelhaus locker im Preis für die notwendige Ausstattung unter«, winken Sie ab (FG Köln v. 5.2.1992 rk – EFG 1993 S. 144).

Betragen die Anschaffungskosten für den einzelnen Einrichtungsgegenstand mehr als 487,90 € (inkl. MwSt.), ist nur die jährliche Abschreibung absetzbar (BFH-Urt. v. 3.12.1982 – BStBl 1983 II S. 467). Über welchen Zeitraum abgeschrieben wird, dazu mehr unter ➤ Rz 734 ff.

TIPP Zweiter Herd ist Goldes wert 883

Wohnungsnot überall, da ist natürlich eine preiswerte Unterkunft schwer zu finden. Eine Alternative wäre eine Wohngemeinschaft mit Kollegen, eine andere der Kauf einer kleinen Eigentumswohnung. Ist Ihr auswärtiger Einsatz irgendwann einmal beendet, können Sie sie ja wieder verkaufen oder – noch besser – vermieten. Und bis dahin mit doppelter Haushaltsführung saftig Steuern sparen. Sie können nämlich alle Kosten, die für die Wohnung anfallen, einschließlich Abschreibung und Schuldzinsen, Reparaturen und die Nebenkosten für Grundsteuer, Versicherung, Gas, Strom, Wasser, Entsorgung usw., als Unterkunftskosten absetzen.

»Moment mal, ist da auch kein Haken dran?«, fragen Sie zweifelnd.

Klar, sonst wäre es ja auch zu einfach. Ihr Fiskalritter möchte natürlich zu gern in Ihrer Kostenaufstellung ein Streichkonzert veranstalten. Er schreibt Ihnen: »Unterkunftskosten können nur bis zur Höhe der ortsüblichen Vergleichsmiete abgezogen werden« (LStR 9.11 Abs. 8), und verweist auf das diesbezügliche BFH-Urteil (v. 27.7.1995 – BStBl 1995 II S. 841). Sie legen Einspruch ein, besorgen sich die Samstagszeitung mit den Vermietungsanzeigen und schreiben zurück: »Zum einen war leider für den von Ihnen zugrunde gelegten Mietwert keine Wohnung zu bekommen. Auch bei höheren Mieten gestaltete sich die Suche schwierig. Siehe beiliegende Zeitungsausschnitte. Da ich unter Zeitdruck stand – schließlich musste ich ja auch arbeiten –, habe ich mich für den Erwerb der Eigentumswohnung entschieden und auf diese Weise sogar den Wohnungsmarkt entlastet. Dafür darf ich nicht steuerlich bestraft werden. Außerdem müssen Sie zur reinen Miete ja die üblicherweise umgelegten Nebenkosten für Wasser, Strom, Müllabfuhr usw. hinzurechnen.« Und schon sind Sie im Rennen.

Eine Aufzählung der umlagefähigen Betriebskosten finden Sie unter ➤ Rz 1031.

884 ◆ *Musterfall Huber (Doppelte Haushaltsführung)*

Nach längerer Arbeitslosigkeit fand Heribert Huber zum 1.2.2017 eine Stelle als Kfz-Schlosser bei VW-Fleischmann in Montabaur. Seinen Familienwohnsitz in Köln behält er bei. Huber weiß, dass er in > Zeile 71 für die erste Fahrt nach Montabaur, das 98 km von Köln entfernt ist, 0,30 € je gefahrenen Kilometer, in > Zeile 74 für die 44 Heimfahrten hingegen die 0,30 € nur je Entfernungskilometer ansetzen kann. Für seine Zweitunterkunft in Montabaur zahlt er monatlich 320 € Miete einschließlich aller Nebenkosten. Die Miete trägt er in > Zeile 79 ein, außerdem die Kosten für das neue Mobiliar. Für teure Gegenstände – Anschaffungskosten über 487,90 € – setzt er nur die Abschreibung an (➤ Rz 734*). So kommt er auf 4.800 €.*

Für die ersten drei Monate trägt Huber die Pauschalen für Verpflegungsmehraufwendungen ein. Weil er an jedem Wochenende nach Hause gefahren ist, berechnet er nur die Wochentage von Montag bis Freitag.

Mehraufwendungen für doppelte Haushaltsführung
Allgemeine Angaben

61 Der doppelte Haushalt wurde aus beruflichem Anlass begründet — 501 am: 01022017

62 Grund: Stellenwechsel

63 Der doppelte Haushalt hat seitdem ununterbrochen bestanden — 502 bis: 3112 2017

64 Beschäftigungsort (PLZ, Ort, Staat – falls im Ausland und abweichend vom Staat, in dem der doppelte Haushalt liegt –): Montabaur

65 Der doppelte Haushalt liegt im Ausland 507 [ ] 1 = Ja — Staat: [ ]

66 Es liegt ein **eigener Hausstand** am Lebensmittelpunkt vor — 503: 1 (1 = Ja, 2 = Nein)
– Wird die Zeile 66 mit „Nein" beantwortet, sind Eintragungen in den Zeilen 67 bis 85 nicht vorzunehmen. –

67 PLZ, Ort des eigenen Hausstandes: 50393 Köln — 504 seit: 01011990

68 Der Begründung des doppelten Haushalts ist eine Auswärtstätigkeit am selben Beschäftigungsort unmittelbar vorausgegangen — 505 [ ] 1 = Ja

69 Anstelle der Mehraufwendungen für doppelte Haushaltsführung werden in den Zeilen 31 bis 39 Fahrtkosten für **mehr** als eine Heimfahrt wöchentlich geltend gemacht — 506 [ ] 1 = Ja
– Wird die Zeile 69 mit „Ja" beantwortet, sind Eintragungen in den Zeilen 70 bis 85 nicht vorzunehmen. –

Fahrtkosten

70 Die Fahrten wurden mit einem **Firmenwagen** oder im Rahmen einer unentgeltlichen **Sammelbeförderung** des Arbeitgebers durchgeführt — 510 [ ] (1 = Ja, insgesamt; 2 = Nein; 3 = Ja, teilweise)
– Soweit die Zeile 70 mit „Ja, insgesamt" beantwortet wird, sind Eintragungen in den Zeilen 71, 72, 74 und 76 nicht vorzunehmen. Bei „Ja, teilweise" sind Eintragungen in diesen Zeilen nur für die mit dem eigenen oder zur Nutzung überlassenen privaten Fahrzeug durchgeführten Fahrten vorzunehmen. –

Erste Fahrt zum Ort der ersten Tätigkeitsstätte und letzte Fahrt zum eigenen Hausstand

71 mit privatem Kfz — 511 gefahrene km: 98 — Kilometersatz bei Einzelnachweis (Berechnung bitte in einer gesonderten Aufstellung) — 512 EUR Ct: 0,30

72 mit privatem Motorrad / Motorroller — 522 gefahrene km: [ ] — Kilometersatz bei Einzelnachweis (Berechnung bitte in einer gesonderten Aufstellung) — 523 EUR Ct: [ ],[ ]

73 mit öffentlichen Verkehrsmitteln oder entgeltlicher Sammelbeförderung — 513 EUR: [ ],—

Wöchentliche Heimfahrten

74 einfache Entfernung (ohne Flugstrecken) — 514 km: 98 — 515 Anzahl: 44

75 Kosten für öffentliche Verkehrsmittel (ohne Flug- und Fährkosten) — 516 EUR: [ ],—

Nur bei Behinderungsgrad von mindestens 70 oder mindestens 50 und Merkzeichen „G"

76 einfache Entfernung (ohne Flugstrecken) 524 km [ ] — davon mit privatem Kfz zurückgelegt 517 km [ ] — 518 Anzahl [ ] — Kilometersatz bei Einzelnachweis (Berechnung bitte in einer gesonderten Aufstellung) 519 EUR Ct [ ],[ ]

77 Kosten für öffentliche Verkehrsmittel (ohne Flug- und Fährkosten) — 520 EUR: [ ],—

78 Flug- und Fährkosten (zu den Zeilen 74 bis 77) oder Kosten für entgeltliche Sammelbeförderung für Heimfahrten — 521: [ ],—

Kosten der Unterkunft am Ort der ersten Tätigkeitsstätte

79 Aufwendungen (z. B. Miete einschließlich Stellplatz- / Garagenkosten, Nebenkosten, Abschreibungen und Ausstattungskosten) — 530: 3520,—

80 Größe der Zweitwohnung des doppelten Haushalts im Ausland — 531: [ ] m^2

Pauschbeträge für Mehraufwendungen für Verpflegung

Die Verpflegungsmehraufwendungen lt. Zeilen 81 bis 84 können nur für einen Zeitraum von 3 Monaten nach Bezug der Unterkunft am Ort der ersten Tätigkeitsstätte geltend gemacht werden; geht der doppelten Haushaltsführung eine Auswärtstätigkeit voraus, ist dieser Zeitraum auf den Dreimonatszeitraum anzurechnen.

Bei einer doppelten Haushaltsführung im Inland:

81 An- und Abreisetage — 541: 26 Anzahl der Tage

82 Abwesenheit von 24 Stunden — 542: 38 Anzahl der Tage

83 Kürzungsbetrag wegen Mahlzeitengestellung (eigene Zuzahlungen sind ggf. gegenzurechnen) — 544 EUR: [ ],—

84 Bei einer doppelten Haushaltsführung im Ausland (Berechnung bitte in einer gesonderten Aufstellung) — 543: [ ],—

Sonstige Aufwendungen (z. B. Kosten für den Umzug, jedoch ohne Kosten der Unterkunft)

85 Einrichtung/Ausstattug der Zweitwohnung lt. Aufstellung — 550: 4800,—

86 Summe der Mehraufwendungen für **weitere** doppelte Haushaltsführungen (Berechnung bitte in einer gesonderten Aufstellung) — 551: [ ],—

87 **Vom Arbeitgeber / von der Agentur für Arbeit insgesamt steuerfrei ersetzt** — 590: [ ],—

2017AnlN033 **2017AnlN033**

Manch einer arbeitet so eifrig
für seinen Lebensabend,
dass er ihn gar nicht mehr erlebt.
(M. Ronner)

885 Zeile 61–87 Formulartücken

1. > Zeile 65: Eigener Hausstand
Nur wenn am bisherigen Wohnort weiterhin ein eigener Hausstand unterhalten wird, besteht Anspruch auf die Steuervergünstigung der doppelten Haushaltsführung. Also ist > Zeile 65 entsprechend auszufüllen.
Zu den Ausnahmen siehe ➤ Rz 872 ff.

2. > Zeile 61–87: Mein Ehegatte hat sich an meinem Beschäftigungsort aufgehalten
Fahrten des Ehegatten zum Beschäftigungsort können wie Heimfahrten des Arbeitnehmers angesetzt werden (BFH v. 28.1.1983 – BStBl 1983 II S. 313). **Aus dem Besuch des Ehegatten ziehen Sie den steuerlichen Vorteil, auch für Samstag und Sonntag die Verpflegungspauschale ansetzen zu können.**
Die Frage wird aber nicht gestellt, um Ihnen einen steuerlichen Vorteil zuzuschanzen. Wäre auch zu drollig. Sie ist vielmehr ein hinterfotziger Fallstrick. Die doppelte Haushaltsführung ist nämlich vermasselt, wenn Ihre bessere Hälfte längere Zeit bei Ihnen bleibt (mehr als ein Jahr laut BFH-Urt. v. 19.11.1989 – BStBl 1990 II S. 308) und dann wieder zurückfährt, wie das bei ausländischen Arbeitnehmern oft vorkommt. Die erneut entstehende doppelte Haushaltsführung ist nicht mehr beruflich, sondern privat veranlasst. Dies bedeutet: Alle steuerlichen Vorteile sind futsch.

Ein Eintrag lohnt sich hier also nur, wenn es sich um einen kurzfristigen Besuch handelt.

3. > Zeile 87: Vom Arbeitgeber steuerfrei ersetzt
Das vom Betrieb evtl. gezahlte Trennungsgeld ist von den Aufwendungen für doppelte Haushaltsführung abzuziehen. Der gezahlte Betrag gehört in > Zeile 87. Auch hier gilt: Schummeln zwecklos, denn der Arbeitgeberersatz erscheint in > Zeile 21 der Lohnsteuerbescheinigung und wird automatisch dem Finanzamt mitgeteilt.

Vergessen ist das Seelenheil.
(Peter von Zahn)

Nackt bin ich, nackt bin ich geboren,
hab weder gewonnen noch verloren.
(Don Quijote)

10 Die Anlage KAP

Einkünfte aus Kapitalvermögen/Abgeltungsteuer 886

Kapitalerträge von Privatpersonen werden so weit wie möglich mit der Abgeltungsteuer von 25 % – unmittelbar an der Quelle – besteuert und die Steuer an den Fiskus abgeführt. Eigentlich sollte die Besteuerung von Kapitalerträgen also einfach sein, doch das Gegenteil ist der Fall. Denn das System der Abgeltungsteuer hat einige Schwachpunkte, die nur im Wege der Veranlagung bereinigt werden können. Daher müssen viele Kapitalanleger eine Anlage KAP abgeben.

Zumindest ist aber das Formular einfach und die Art der Sonderfälle – letztendlich nicht mehr als ein gutes Dutzend (siehe Zusammenstellung unter ➤ Rz 897 ff.) – überschaubar.

Schema zur Berechnung der Einkünfte aus Kapitalvermögen:

1. Dividenden, Zinsen, sonstige Kapitalerträge		
(§ 20 Abs. 1 Nr. 1 und 7 EStG)		.... €
2. Erträge aus Lebensversicherungen		
*(§ 20 Abs. 1 Nr. 6 EStG)**		
Auszahlung nach Ablauf	.... €	
./. entrichtete Beiträge oder Anschaffungskosten	– .... €	
Verbleiben	.... €	> .... €
*./. Sparerpauschbetrag (801/1.602 €)***		– .... €
3. Veräußerungsgewinn/-verlust		
(§ 20 Abs. 2 EStG)		
Veräußerungspreis	.... €	
./. Veräußerungskosten	– .... €	
Verbleiben	.... €	> .... €
Einkünfte aus Kapitalvermögen		.... €

* Vertragsabschluss nach dem 31.12.2004
** Alleinstehende/Ehegatten

Jeder ist der Sohn seiner Taten.
(Don Quijote)

10.1 Das Wichtigste im Überblick

887 Im Grundsatz keine schlechte Idee, ähnlich wie bei der Lohnsteuer auch die Besteuerung der Kapitalerträge unmittelbar – mit abgeltender Wirkung – an der Quelle vorzunehmen. Doch vielfach steckt der Teufel im Detail, wie noch zu zeigen sein wird.

Was bedeutet Abgeltungsteuer?
Abgeltungsteuer ist die umgangssprachliche Bezeichnung für Kapitalertragsteuer nach § 43 ff. EStG. Wenn im Folgenden von Kapitalertragsteuer (KapSt) die Rede ist, so ist die Abgeltungsteuer gemeint.

888 10.1.1 Steuer in Höhe von 25 % auf nahezu alles

Die Abgeltungsteuer greift in den gesamten Depotbestand ein. Verschont wird so gut wie gar nichts. Steuerpflichtig sind nicht nur die laufenden Erträge (§ 20 Abs. 1 EStG), sondern auch die Erträge aus Veräußerungsvorgängen oder ähnlichen Tatbeständen, unabhängig von der Haltedauer (§ 20 Abs. 2 EStG).
Der Schuldner der Kapitalerträge oder die inländische Zahlstelle/depotführende Bank hat von den meisten Kapitalerträgen eine Pauschalsteuer von 25 % zu erheben und monatlich – anonym – an den Fiskus abzuführen. Hinzu kommen der Solidaritätszuschlag und die Kirchensteuer, sofern der Gläubiger/Anleger kirchensteuerpflichtig ist. Damit ist die Steuer auf Kapitalerträge grundsätzlich abgegolten (§ 43 Abs. 5 EStG).
Im Gegensatz zur tariflichen/progressiven Einkommensteuer nach § 32 a EStG – welche in der Bandbreite zwischen 0 und 45 % liegt – ist die Steuerlast auf Kapitalerträge somit nach oben auf 25 % begrenzt.

889 **Vorteile für die Sparer**
Liegt der persönliche Steuersatz über 25 %, ist die Besteuerung mit 25 % abgegolten. Liegt der Satz unter 25 %, kann sich der Anleger, wie bereits gesagt, einen Teil der Abgaben mit der Steuererklärung zurückholen.

Vorteile für die Reichen
Die Reichen lachen sich wegen der Abgeltungsteuer ins Fäustchen, weil sie ihre anderen Einkünfte mit 45 % und mehr versteuern, bei Kapitaler-

trägen aber mit 25 % davonkommen. Zudem wirken sich die Zinserträge nicht mehr bei der Steuerprogression aus. Weshalb wir die Abgeltungsteuer als **»neue Reichensteuer«** bezeichnen. Die **»alte Reichensteuer«** ist bekanntlich der Zuschlag von 3 % auf den Einkommensteuerspitzensatz von 42 %, wenn das Einkommen 256.304/512.608 € übersteigt (Alleinstehende/Ehegatten; ➤ Rz 49).

Steueranrechnung
Im Fall der Veranlagung des Gläubigers der Kapitalerträge werden die Abgeltungsteuer auf Kapitalerträge und auch eine ausländische Quellensteuer auf die veranlagte Einkommensteuer angerechnet (§ 32 d Abs. 1 Satz 2 EStG).

Was mehret
meiner Sorgen Wucht: Eifersucht.
(Don Quijote)

10.1.2 Werbungskosten/Sparerpauschbetrag

Der Abzug der tatsächlichen Werbungskosten ist ausgeschlossen (§ 20 Abs. 9 EStG). Dafür erhält der Steuerzahler bei der Berechnung der Einkünfte einen Sparerpauschbetrag von 801/1.602 € (Alleinstehende/Ehegatten). Schuldzinsen oder Fahrten zur Hauptversammlung erkennt der Fiskus nicht an. Zum Abzug von Kosten bei Veräußerungsgeschäften siehe ➤ Rz 926. **890**

Werbungskosten bei unternehmerischer Beteiligung
In Einzelfällen sind gleichwohl Werbungskosten absetzbar, so insbesondere im Fall einer unternehmerischen Beteiligung. Die Kapitalerträge werden nach dem Teileinkünfteverfahren besteuert, d.h., 40 % sind nach § 3 Nr. 40 EStG steuerfrei und 60 % als Kapitalerträge steuerpflichtig. Dann können 60 % der Aufwendungen z.B. in Form von Schuldzinsen als Werbungskosten geltend gemacht werden. Die so ermittelten Einkünfte werden mit dem allgemeinen (progressiven) Steuersatz besteuert. Dazu mehr unter ➤ Rz 918 f.

10.1.3 Freistellungsauftrag **891**

Mit einem Freistellungsauftrag bis zur Höhe des Sparerpauschbetrags von 801/1.602 € (Alleinstehende/Ehegatten) können Sie verhindern, dass Ihnen die inländische Zahlstelle, z.B. die Bank, Abgeltungsteuer einbehält. Auf diese Weise wird der Sparerpauschbetrag nicht erst bei der Veranlagung berücksichtigt, sondern schon bei der Auszahlung der Kapitalerträge (§ 44a Abs. 2 EStG). Zum Freistellungsauftrag mehr unter ➤ Rz 933.

10.1.4 Nichtveranlagungsbescheinigung (NV-Bescheinigung)

892 Wer z.B. als Rentner, Student oder Auszubildender überhaupt keine Steuern zahlen muss, aber Kapitalerträge hat, kann sie vom Steuerabzug befreien lassen. Das Finanzamt stellt auf Antrag eine NV-Bescheinigung aus, wenn wegen geringer Einkünfte keine Einkommensteuer festgesetzt wird. Legt der Sparer die NV-Bescheinigung seiner Bank vor, sind alle seine Kapitalerträge in voller Höhe steuerfrei (NV-Bescheinigung; § 44 a Abs. 1 Nr. 2 EStG). Dazu mehr unter ➤ Rz 935.

Man soll im Haus des Gehängten
nicht vom Strick reden.
(Don Quijote)

893 10.1.5 Steuerbescheinigung

Für inländische Kapitalerträge, die dem Steuerabzug unterliegen, hat der Schuldner oder die auszahlende Stelle/depotführende Bank nach § 45 a Abs. 2 EStG dem Gläubiger auf Verlangen eine Steuerbescheinigung nach amtlich vorgeschriebenem Muster auszustellen (➤ Rz 936).

894 10.1.6 Sonstige Freistellungen von der Abgeltungsteuer

Das Gesetz sieht eine Reihe von Einkünften vor, auf die keine Abgeltungsteuer erhoben wird, u. a.

1. Gesetzliche Altersrente
Sie gehört zu den sonstigen Einkünften und ist in der Anlage R zu erklären.

2. Erträge aus staatlich geförderten Vorsorgeanlagen (Riester-Rente und Rürup-Rente)
Die späteren Rentenbezüge gehören ebenfalls zu den sonstigen Einkünften und sind deshalb ebenfalls in der Anlage R zu erklären (➤ Rz 978).

3. Erträge aus Kapitallebensversicherungen alten Rechts
Hier bleibt es bei der alten Regelung, dass die gesamten Einnahmen steuerfrei sind und auch nicht der Abgeltungsteuer unterliegen. Unter bestimmten Umständen jedoch sind Leistungen aus Altverträgen steuerpflichtig (Kapitalversicherungen mit Einmalbeitrag, Kapitalwahlrecht

oder Laufzeit unter zwölf Jahren). Dazu und zu den Kapitallebensversicherungen neuen Rechts mehr unter ➤ Rz 916.

4. Private Rentenversicherungen
Wird aus einer privaten Rentenversicherung eine lebenslange Rentenzahlung geleistet, unterliegen die Renten nicht der Abgeltungsteuer, weil es sich nicht um Kapitalerträge handelt. Private Rentenversicherungen sind grundsätzlich mit ihrem Ertragsanteil nach § 22 Nr. 1 EStG mit dem tariflichen (progressiven) Steuersatz zu versteuern (➤ Rz 971).

5. Private Veräußerungsgeschäfte (ohne Kapitalanlagen)
Das sind Grundstücksgeschäfte und Geschäfte mit anderen Wirtschaftsgütern (außer Kapitalanlagen). Auch sie unterliegen nicht der Abgeltungsteuer. Die Erträge gehören zu den Sonstigen Einkünften (§ 23 EStG/ ➤ Rz 1004 ff.).

10.1.7 In welchem Jahr werden Zinsen versteuert? 895

Besteuert wird das Einkommen eines bestimmten Kalenderjahres (§ 25 EStG). Was Kapitalerträge betrifft, so werden sie in dem Kalenderjahr versteuert, in dem sie zugeflossen sind (§ 11 EStG). Zugeflossen ist ein Kapitalertrag, wenn der Steuerzahler nach Gutschrift auf seinem Konto darüber verfügen kann. Für Zinsen gilt eine Besonderheit: Obwohl Zinsen aus Sparbüchern und Festgeldern, wenn sie zum Jahresultimo fällig werden, erst im neuen Jahr auf dem Konto erscheinen, sind sie gleichwohl im alten Jahr zu versteuern (BMF-Schreiben v. 26.10.1992 – BStBl 1992 Teil I S. 693). Sie können sich also nicht dagegen wehren, wenn Ihnen die Bank Zinsen für das alte Jahr bescheinigt und Kapitalertragsteuer einbehält, obwohl Sie erst im neuen Jahr über die Zinsen verfügen konnten.

Im Zaudern sitzt die Gefahr.
(Don Quijote)

10.2 Wann ist die Anlage KAP auszufüllen? – Zeile 4–6

Gleich in den > Zeilen 4–6 wird der Blick auf die drei Hauptgründe gelenkt, wegen denen eine Veranlagung notwendig ist. 896

1. Antrag auf Günstigerprüfung für sämtliche Kapitalerträge – Zeile 4

Trotz der Abgeltungswirkung können Anleger mit einem Steuersatz unter 25 % eine Steuerveranlagung beantragen, damit die Kapitalerträge in die Veranlagung einbezogen werden. Auf diese Weise wird zu viel gezahlte Abgeltungsteuer erstattet (§ 32 d Abs. 6 EStG). Der Antrag auf Veranlagung ist ohne Risiko, weil das Finanzamt eine Vergleichsberechnung durchführt, indem es die für den Anleger günstigere Variante berücksichtigt. Im Rahmen dieses Antrags können Sie auch korrigierte Beträge, die von der Steuerbescheinigung abweichen, eintragen.

2. Antrag auf Überprüfung des Steuereinbehalts für bestimmte Kapitalerträge – Zeile 5

Hier soll auf Antrag speziell überprüft werden,

- ob der Sparerpauschbetrag vollständig ausgeschöpft worden ist (➤ Rz 903),
- ob die Bank die richtige Ersatzbemessungsgrundlage angewandt hat, weil für die Berechnung eines Veräußerungsgewinns die Anschaffungskosten nicht bekannt waren (➤ Rz 904),
- ob Verluste in zutreffender Höhe von der Bank berücksichtigt worden sind (➤ Rz 907).

Der Antrag nach > Zeile 4 (Günstigerprüfung für sämtliche Kapitalerträge) schließt den Antrag nach > Zeile 5 ein. Beide zusammen dürfen nicht angekreuzt werden.

3. Erklärung zur Kirchensteuerpflicht – Zeile 6

Als Kirchenmitglied haben Sie für gezahlte Abgeltungsteuer Kirchensteuer zu berappen. Die an die Abgeltungsteuer gekoppelte Kirchensteuer wird entweder von der Bank – ebenfalls mit abgeltender Wirkung – einbehalten oder später vom Finanzamt bei der Veranlagung festgesetzt. Haben Sie der Bank keinen Auftrag erteilt, die Kirchensteuer auf Kapitalerträge einzubehalten, obwohl Sie kirchensteuerpflichtig sind, wird die Kirchensteuer im Wege der Veranlagung erhoben. Dazu müssen Sie die Anlage KAP abgeben.

*Liebe hat keinen besseren Helfer
als die Gelegenheit.*
(Don Quijote)

2017

1 Name

2 Vorname

3 **Steuernummer**

Anlage KAP
☒ zur Einkommensteuererklärung
☒ zur Erklärung zur Festsetzung der Kirchensteuer auf Kapitalerträge
☒ stpfl. Person / Ehemann / Person A
☒ Ehefrau / Person B

Einkünfte aus Kapitalvermögen, Anrechnung von Steuern

Anträge 54

4	Ich beantrage die Günstigerprüfung für sämtliche Kapitalerträge. (Bei Zusammenveranlagung: Die Anlage KAP meines Ehegatten / Lebenspartners ist beigefügt.)	01	1 = Ja
5	Ich beantrage eine Überprüfung des Steuereinbehalts für bestimmte Kapitalerträge.	02	1 = Ja

Erklärung zur Kirchensteuerpflicht

6	Ich bin kirchensteuerpflichtig und habe Kapitalerträge erzielt, von denen Kapitalertragsteuer, aber keine Kirchensteuer einbehalten wurde.	03	1 = Ja

Kapitalerträge, die dem inländischen Steuerabzug unterlegen haben

			Beträge lt. Steuerbescheinigung(en) EUR		korrigierte Beträge (lt. gesonderter Aufstellung) EUR
7	Kapitalerträge	10	,—	20	,—
8	In Zeile 7 enthaltene Gewinne aus Aktienveräußerungen i. S. d. § 20 Abs. 2 Satz 1 Nr. 1 EStG	12	,—	22	,—
9	Ersatzbemessungsgrundlage i. S. d. § 43a Abs. 2 Satz 7, 10, 13 und 14 EStG (enthalten in Zeile 7)	14	,—	24	,—
10	Nicht ausgeglichene Verluste **ohne** Verluste aus der Veräußerung von Aktien	15	,—	25	,—
11	Nicht ausgeglichene Verluste aus der Veräußerung von Aktien i. S. d. § 20 Abs. 2 Satz 1 Nr. 1 EStG	16	,—	26	,—

Sparer-Pauschbetrag

			EUR
12	In Anspruch genommener Sparer-Pauschbetrag, der auf die in den Zeilen 7 bis 11 und 23 erklärten Kapitalerträge entfällt (ggf. „0")	17	,—
13	Bei Eintragungen in den Zeilen 7 bis 11, 14 bis 20, 23, 33 bis 44, 47, 58 und 60: In Anspruch genommener Sparer-Pauschbetrag, der auf die in der Anlage KAP **nicht** erklärten Kapitalerträge entfällt (ggf. „0")	18	,—

Kapitalerträge, die nicht dem inländischen Steuerabzug unterlegen haben

			EUR
14	Inländische Kapitalerträge (ohne Betrag lt. Zeile 19)	30	,—
15	Ausländische Kapitalerträge (ohne Betrag lt. Zeile 58)	34	,—
16	In den Zeilen 14 und 15 enthaltene Gewinne aus Aktienveräußerungen i. S. d. § 20 Abs. 2 Satz 1 Nr. 1 EStG	32	,—
17	In den Zeilen 14 und 15 enthaltene Verluste **ohne** Verluste aus der Veräußerung von Aktien	35	,—
18	In den Zeilen 14 und 15 enthaltene Verluste aus der Veräußerung von Aktien i. S. d. § 20 Abs. 2 Satz 1 Nr. 1 EStG	36	,—
19	Zinsen, die vom Finanzamt für Steuererstattungen gezahlt wurden	60	,—

Kapitalerträge, die der tariflichen Einkommensteuer unterliegen (nicht in den Zeilen 7, 14, 15, 33 und 38 enthalten)

			EUR
20	Hinzurechnungsbetrag nach § 10 AStG	75	,—
21	Laufende Einkünfte aus sonstigen Kapitalforderungen jeder Art, aus stiller Gesellschaft und partiarischen Darlehen (ohne Betrag lt. Zeile 60)	70	,—
22	Gewinn aus der Veräußerung oder Einlösung von Kapitalanlagen lt. Zeile 21	71	,—
23	Kapitalerträge aus Lebensversicherungen i. S. d. § 20 Abs. 1 Nr. 6 Satz 2 EStG	68	,—
24	Ich beantrage für die Einkünfte lt. Zeile 25 die Anwendung der tariflichen Einkommensteuer – bitte Anleitung beachten –		1 = Ja
25	Laufende Einkünfte aus einer unternehmerischen Beteiligung an einer Kapitalgesellschaft (Gesellschaft, Finanzamt und Steuernummer)	72	,—

Steuerstundungsmodelle

		EUR
26	Einkünfte aus Gesellschaften / Gemeinschaften / ähnlichen Modellen i. S. d. § 15b EStG (lt. gesonderter Aufstellung)	,—

2017AnlKAP051 – Juli 2017 – 2017AnlKAP051

Erträge aus Beteiligungen (lt. gesonderter und einheitlicher Feststellung)

31 1. Beteiligung
Gemeinschaft, Finanzamt und Steuernummer

32 2. Beteiligung
Gemeinschaft, Finanzamt und Steuernummer

Zeile		Kz	EUR
	– mit inländischem Steuerabzug		
33	Kapitalerträge	40	,—
34	In Zeile 33 enthaltene Gewinne aus Aktienveräußerungen i. S. d. § 20 Abs. 2 Satz 1 Nr. 1 EStG	42	,—
35	Ersatzbemessungsgrundlage i. S. d. § 43a Abs. 2 Satz 7, 10, 13 und 14 EStG (enthalten in Zeile 33)	44	,—
36	Nicht ausgeglichene Verluste **ohne** Verluste aus der Veräußerung von Aktien	45	,—
37	Nicht ausgeglichene Verluste aus der Veräußerung von Aktien i. S. d. § 20 Abs. 2 Satz 1 Nr. 1 EStG	46	,—
	– ohne inländischen Steuerabzug		
38	Kapitalerträge (ohne Beträge lt. Zeile 42 und 58)	50	,—
39	In Zeile 38 enthaltene Gewinne aus Aktienveräußerungen i. S. d. § 20 Abs. 2 Satz 1 Nr. 1 EStG	52	,—
40	In Zeile 38 enthaltene Verluste **ohne** Verluste aus der Veräußerung von Aktien	55	,—
41	In Zeile 38 enthaltene Verluste aus der Veräußerung von Aktien i. S. d. § 20 Abs. 2 Satz 1 Nr. 1 EStG	56	,—
42	Gewinn aus der Veräußerung anteiliger Wirtschaftsgüter bei Veräußerung einer unmittelbaren oder mittelbaren Beteiligung an einer Personengesellschaft	61	,—
43	In Zeile 42 enthaltene Gewinne / Verluste aus Aktienveräußerungen	62	,—
	– die der tariflichen Einkommensteuer unterliegen		
44	Hinzurechnungsbetrag nach § 10 AStG	76	,—
45	Laufende Einkünfte aus sonstigen Kapitalforderungen jeder Art, aus stiller Gesellschaft und partiarischen Darlehen (ohne Betrag lt. Zeile 60)	73	,—
46	Gewinn aus der Veräußerung oder Einlösung von Kapitalanlagen lt. Zeile 45	74	,—
47	Kapitalerträge aus Lebensversicherungen i. S. d. § 20 Abs. 1 Nr. 6 Satz 2 EStG	69	,—

Steuerabzugsbeträge zu Erträgen in den Zeilen 7 bis 18 und zu Beteiligungen in den Zeilen 31 bis 43

Zeile		Kz	lt. Bescheinigung(en) EUR, Ct	Kz	aus Beteiligungen EUR, Ct
48	Kapitalertragsteuer	80	,	90	,
49	Solidaritätszuschlag	81	,	91	,
50	Kirchensteuer zur Kapitalertragsteuer	82	,	92	,
51	Angerechnete ausländische Steuern	83	,	93	,
52	Anrechenbare noch nicht angerechnete ausländische Steuern	84	,	94	,
53	Fiktive ausländische Quellensteuern (nicht in den Zeilen 51 und 52 enthalten)	85	,	95	,

Anzurechnende Steuern zu Erträgen in den Zeilen 21 bis 25, 45 bis 47 und aus anderen Einkunftsarten

Zeile		Kz	EUR, Ct	Kz	EUR, Ct
54	Kapitalertragsteuer	86	,	96	,
55	Solidaritätszuschlag	87	,	97	,
56	Kirchensteuer zur Kapitalertragsteuer	88	,	98	,

Beschränkung der Anrechenbarkeit der Kapitalertragsteuer nach § 36a EStG

57 Ich habe Kapitalerträge erzielt, bei denen die Voraussetzungen für eine volle Anrechnung der Kapitalertragsteuer nach § 36a EStG nicht erfüllt sind. 06 1 = Ja

Familienstiftungen nach § 15 AStG (lt. Feststellung)

Einkünfte einer ausländischen Familienstiftung, die **nicht** der tariflichen Einkommensteuer unterliegen

Zeile		Kz	EUR, Ct
58	Bezeichnung, Finanzamt und Steuernummer	38	,—
59	Anzurechnende ausländische Steuern (zu Zeile 58)	08	,
60	Einkünfte einer ausländischen Familienstiftung, die der tariflichen Einkommensteuer unterliegen (siehe Zeile 18 der Anlage AUS)	78	,—

2017AnlKAP052 2017AnlKAP052

Zeile 4 Ich beantrage die Günstigerprüfung für sämtliche Kapitalerträge 897

Der Antrag auf Günstigerprüfung für sämtliche Kapitalerträge ist der umfassendste Antragsgrund.

Sie tragen ein: 1 = Ja

Anträge

4 Ich beantrage die Günstigerprüfung für sämtliche Kapitalerträge.
(Bei Zusammenveranlagung: Die Anlage meines Ehegatten ist beigefügt.) 01 1 = Ja

Sicherlich enthält die Lebenswirklichkeit eine Vielzahl von Gründen, aus denen eine Einbeziehung der Kapitalerträge in die Veranlagung angebracht bzw. notwendig ist. Nur die wichtigsten – 7 an der Zahl – werden im Folgenden behandelt.

1. Der Sparerpauschbetrag von 801 €/1.602 € (Ledige/Verheiratete) wurde beim Steuerabzug nicht vollständig ausgeschöpft – > Zeile 5 und 7–13 (➤ Rz 903),
2. Ersatzbemessungsgrundlage unzutreffend – > Zeile 5 und 9 (➤ Rz 904),
3. Verluste ohne/mit Veräußerung von Aktien wurden nicht ausgeglichen – > Zeile 5, 10 und/oder 11 (➤ Rz 907),
4. Es ist anrechenbare/fiktive ausländische Quellensteuer anzusetzen – > Zeile 5, 54–56 (➤ Rz 910),
5. Kapitalerträge haben nicht dem Steuerabzug unterlegen – > Zeile 14–19 (➤ Rz 913),
6. Kapitalerträge unterliegen der tariflichen (progressiven) Einkommensteuer – > Zeile 20–23 (➤ Rz 915),
7. Antrag auf Anwendung der tariflichen (progressiven) Einkommensteuer – > Zeile 24 und 25 ➤ (Rz 918).

Beträge laut Steuerbescheinigung und korrigierte Beträge
Wenn Beträge laut Steuerbescheinigung korrigiert werden müssen, tragen Sie in das Feld in der > Zeile 4 eine »1«, in die linke Spalte der > Zeilen 7–13 die Werte der betreffenden Steuerbescheinigung und in die rechte Spalte den jeweiligen korrigierten Betrag ein und erläutern diesen auf einem gesonderten Blatt.

Beispiel
Die von der Bank ausgestellte Steuerbescheinigung weist für > Zeile 7–9 einen Gewinn aus Aktienverkäufen von 4.000 € aus. Der Gewinn unterlag der Abgeltungsteuer. Bei der Berechnung des Gewinns fanden Transaktionskosten in Höhe von 500 € keine Berücksichtigung.

Sie tragen ein:

	Kapitalerträge, die dem inländischen Steuerabzug unterlegen haben		Beträge lt. Steuerbescheinigung(en) EUR		korrigierte Beträge (Erläuterungen auf besonderem Blatt) EUR
7	Kapitalerträge	10	4000,–	20	3500,–
8	In Zeile 7 enthaltene Gewinne aus Kapitalerträgen i. S. d. § 20 Abs. 2 EStG	11	4000,–	21	3500,–

898 Zeile 5 Ich beantrage eine Überprüfung des Steuereinbehalts für bestimmte Kapitalerträge

Wenn Sie den Abzug von Kapitalertragsteuer nur für bestimmte Kapitalerträge überprüfen lassen wollen, tragen Sie in > Zeile 5 eine »1« ein (1 = Ja).

5	Ich beantrage eine Überprüfung des Steuereinbehalts für bestimmte Kapitalerträge.	02		1 = Ja

899 Zeile 6 Ich bin kirchensteuerpflichtig und habe Kapitalerträge erzielt, von denen Kapitalertragsteuer, aber keine Kirchensteuer einbehalten wurde

Siehe hierzu ➤ Rz 920.

	Erklärung zur Kirchensteuerpflicht			
6	Ich bin kirchensteuerpflichtig und habe Kapitalerträge erzielt, von denen Kapitalertragsteuer aber keine Kirchensteuer einbehalten wurde.	03		1 = Ja

10.2.1 Ich beantrage die Günstigerprüfung für sämtliche Kapitalerträge – Zeile 4 und 7–13 900

Es empfiehlt sich, **in jeder Anlage KAP die Günstigerprüfung zu beantragen.** Das ist risikolos, kann aber nützlich sein. Der Antrag in > Zeile 4 schließt den Antrag in > Zeile 5 ein (Überprüfung des Steuerabzugs für bestimmte Kapitalerträge).
Ehegatten stellen den Antrag gemeinsam. Hat nur einer der Ehegatten Kapitalerträge, stellen Sie den gemeinsamen Antrag, indem auch der andere Ehegatte eine Anlage KAP abgibt (mit Kapitalerträgen in Höhe von 0.– €), aber mit Antrag auf Günstigerprüfung.
Für die Günstigerprüfung sind sämtliche Kapitalerträge zu erklären. Kapitalerträge, die von einer inländischen Zahlstelle (z.B. Kreditinstitut) gutgeschrieben wurden, entnehmen Sie der Steuerbescheinigung (➤ Rz 893). Haben Sie auch andere Kapitalerträge (z.B. ausländische) erhalten, tragen Sie diese in die > Zeilen 14–19 ein, Erträge aus Beteiligungen in die > Zeilen 31–47. Die entsprechenden Steuerabzugsbeträge gehören in die > Zeilen 48–56.

Günstigerprüfung wegen geringen Einkommens 901
Der häufigste Antragsgrund auf Günstigerprüfung sind geringe Einkünfte, z.B. als Rentner, Schüler oder Azubi oder wenn Verluste, hohe Sonderausgaben oder außergewöhnliche Belastungen das Einkommen gemindert haben. Liegt nämlich die reguläre Einkommensteuer im Grenzbereich unter 25 %, gilt der niedrigere Steuersatz auch für die Besteuerung der Kapitalerträge und es ist mit einer Erstattung von Kapitalertragsteuer zu rechnen.

Günstigerprüfung wegen Altersentlastungsbetrag
Hier besteht in Bezug auf Kapitaleinkünfte eine Besonderheit. Ab einem Alter von 65 zieht das Finanzamt einen Altersentlastungsbetrag ab (§ 24 a EStG). Bezogen auf den Veranlagungszeitraum 2017 hat erstmals Anspruch auf den Altersentlastungsbetrag, wer vor dem 2.1.1953 geboren ist. Der Altersentlastungsbetrag beträgt dann 20,8 % der positiven Summe der Einkünfte (ohne Renten und Versorgungsbezüge), max. aber 988 €, schließt also im Prinzip die Kapitaleinkünfte ein.
Ist die Besteuerung der Kapitalerträge durch die Abgeltungsteuer abgegolten, sind die Kapitalerträge nicht in der positiven Summe der Einkünfte enthalten, haben also auch keine Auswirkung auf den Altersentlastungsbetrag. Werden die Kapitalerträge jedoch bei der Veranlagung erfasst, werden sie auch bei der Berechnung des Altersentlastungsbetrags berücksichtigt.

902 **TIPP** **Wann kann ich mit einer Erstattung rechnen?**

Die Angabe Ihrer Kapitalerträge führt zu einer Erstattung, wenn Ihr persönlicher Grenzsteuersatz unterhalb des pauschalen Abgeltungsteuersatzes von 25 % liegt. Der Grenzsteuersatz zeigt, zu welchem Steuersatz jeder zusätzlich erklärte Euro versteuert werden muss (➤ Rz 44).

Beispiel

Als verheirateter Anleger haben Sie Kapitalerträge in Höhe von 2.000 € bezogen. Ihrer Bank hatten Sie einen Freistellungsauftrag in Höhe des Sparerpauschbetrags von 1.602 € erteilt. Die Bank hat von den Kapitalerträgen oberhalb des Sparerpauschbetrags von (2.000 € – 1.602 € =) 398 € eine Abgeltungsteuer von 99,50 € einbehalten. Ohne die Kapitalerträge beträgt Ihr zu versteuerndes Einkommen etwa 19.000 €, Ihr Grenzsteuersatz somit ca. 15,4 %.

Wenn Sie die Kapitalerträge in der Steuererklärung angeben, erhöht sich Ihr zu versteuerndes Einkommen auf etwa (19.000 € + 398 € =) 19.398 € und Ihr Grenzsteuersatz auf etwa 16 %. Die persönliche (tarifliche) Einkommensteuer im Grenzbereich ist mit 16 % aber erheblich niedriger als die pauschale Abgeltungsteuer von 25 %. Daher können Sie eine Erstattung erwarten, wenn Sie eine Günstigerprüfung beantragen.

Goldener Rat

Nochmals: Wichtig ist, dass Sie in jedem Fall die Günstigerprüfung beantragen, auch wenn Sie noch einen weiteren Grund für die Abgabe der Anlage KAP angeben. Ohne besonderen Antrag könnte das Finanzamt in bestimmten Fällen die Günstigerprüfung unterlassen, was für Sie nachteilig sein könnte.

Nun zu den Antragsfällen im Einzelnen. Es werden nur die wichtigsten aufgezeigt.

903 Zeile 5 und 7–13 Der Sparerpauschbetrag von 801/1.602 € wurde beim Steuerabzug nicht vollständig ausgeschöpft

Haben Sie den Sparerpauschbetrag nicht oder nicht vollständig ausgeschöpft, weil Sie z.B. der Bank keinen oder keinen umfassenden Freistel-

lungsauftrag (➤ Rz 933) erteilt haben, holen Sie sich mit Ihrer Steuererklärung die zu viel einbehaltene Kapitalertragsteuer zurück.
Der in der Steuerbescheinigung ausgewiesene Sparerpauschbetrag bezieht sich nur auf das in der Steuerbescheinigung (➤ Rz 893) genannte Konto/Depot. Haben Sie weitere Einzel- oder Ehegattendepots, für die Sie einen Freistellungsauftrag erteilt haben, geben Sie die Summe der Werte an.

Wenn überhaupt kein Freistellungsauftrag erteilt wurde, schreiben Sie in > Zeile 12 »0«.

Beispiel
Sie haben jährliche Zinserträge von 4.000 € bezogen und Ihrer Bank keinen Freistellungsauftrag erteilt. Die Bank hat deshalb von den gesamten Zinserträgen 25 % Abgeltungsteuer einbehalten. Diese holen Sie sich zum Teil zurück, indem Sie eine Anlage KAP abgeben.
Sie tragen ein:

	Anträge					54
4	Ich beantrage die Günstigerprüfung für sämtliche Kapitalerträge. (Bei Zusammenveranlagung: Die Anlage KAP meines Ehegatten / Lebenspartners ist beigefügt.)	01	1	1 = Ja		
5	Ich beantrage eine Überprüfung des Steuereinbehalts für bestimmte Kapitalerträge.	02		1 = Ja		
	Erklärung zur Kirchensteuerpflicht					
6	Ich bin kirchensteuerpflichtig und habe Kapitalerträge erzielt, von denen Kapitalertragsteuer, aber keine Kirchensteuer einbehalten wurde.	03		1 = Ja		
	Kapitalerträge, die dem inländischen Steuerabzug unterlegen haben		Beträge lt. Steuerbescheinigung(en) EUR		korrigierte Beträge (lt. gesonderter Aufstellung) EUR	
7	Kapitalerträge	10	,—	20	,—	
8	In Zeile 7 enthaltene Gewinne aus Aktienveräußerungen i. S. d. § 20 Abs. 2 Satz 1 Nr. 1 EStG	12	4000,—	22	,—	
9	Ersatzbemessungsgrundlage i. S. d. § 43a Abs. 2 Satz 7, 10, 13 und 14 EStG (enthalten in Zeile 7)	14	,—	24	,—	
10	Nicht ausgeglichene Verluste **ohne** Verluste aus der Veräußerung von Aktien	15	,—	25	,—	
11	Nicht ausgeglichene Verluste aus der Veräußerung von Aktien i. S. d. § 20 Abs. 2 Satz 1 Nr. 1 EStG	16	,—	26	,—	
	Sparer-Pauschbetrag		EUR			
12	In Anspruch genommener Sparer-Pauschbetrag, der auf die in den Zeilen 7 bis 11 und 23 erklärten Kapitalerträge entfällt (ggf. „0")	17	,—			
	Bei Eintragungen in den Zeilen 7 bis 11, 14 bis 20, 23, 33 bis 44, 47, 58 und 60:					
13	In Anspruch genommener Sparer-Pauschbetrag, der auf die in der Anlage KAP **nicht** erklärten Kapitalerträge entfällt (ggf. „0")	18	0,—			
	Kapitalerträge, die nicht dem inländischen Steuerabzug unterlegen haben				EUR	
14	Inländische Kapitalerträge (ohne Betrag lt. Zeile 19)			30	,—	

	Steuerabzugsbeträge zu Erträgen in den Zeilen 7 bis 18 und zu Beteiligungen in den Zeilen 31 bis 43		lt. Bescheinigung(en) EUR Ct		aus Beteiligungen EUR Ct
48	Kapitalertragsteuer	80	1000,00	90	,
49	Solidaritätszuschlag	81	55,00	91	,

Das Finanzamt veranlagt Sie mit Einkünften aus Kapitalvermögen in Höhe von:

Kapitalerträge lt. Steuerbescheinigung	4.000,00 €
./. Sparerpauschbetrag	– 1.602,00 €
Einkünfte aus Kapitalvermögen	2.398,00 €
Darauf Einkommensteuer pauschal 25 % =	599,50 €
./. gezahlte Abgeltungsteuer	– 1.000,00 €
Zu erstattende Abgeltungsteuer	400,50 €

Doppelter Sparerpauschbetrag für Ehegatten
Zusammen veranlagten Ehegatten wird ein Sparerpauschbetrag von 1.602 € gewährt, unabhängig davon, wie hoch die Einkünfte des einzelnen sind (§ 20 Abs. 9 EStG).

Beispiel

	Ehemann		Ehefrau
Dividenden Bank A Kto. Nr. X	2.500,00 €		0,00 €
Zinsen Bank A Kto. Nr. Y	0,00 €		200,00 €
Summe	2.500,00 €		200,00 €
Insgesamt (2.500 € + 200 € =)		2.700,00 €	
./. Ehegatten-Sparerpauschbetrag		– 1.602,00 €	
Einkünfte		1.098,00 €	

904 Zeile 5 und 7–9 Ersatzbemessungsgrundlage unzutreffend

Die Ersatzbemessungsgrundlage wird herangezogen, wenn der Bank/Zahlstelle die Daten zur Ermittlung des genauen Veräußerungsgewinns nicht bekannt sind. In diesem Fall werden 30 % des Veräußerungserlöses **fiktiv** als Veräußerungsgewinn beim Steuerabzug angesetzt und als Ersatzbetrag in der Steuerbescheinigung ausgewiesen (§ 43 a Abs. 2 Satz 7 EStG).

Dies bedeutet: Ist die Ersatzbemessungsgrundlage zu hoch, kann der Anleger einen Antrag auf Veranlagung stellen, indem er den tatsächlichen Veräußerungsgewinn erklärt. Auf diese Weise erhält er zu viel abgezogene Steuer erstattet (§ 32d Abs. 4 EStG). Werbungskosten können Sie auch hier nicht mehr geltend machen, bis auf Bankspesen/Transaktionskosten (Informations-/Beratungskosten).

Berechnung des Veräußerungsgewinns

Veräußerungsgewinn ist grundsätzlich der Unterschiedsbetrag zwischen Anschaffungskosten und Veräußerungserlös (§ 20 Abs. 4 EStG). Banken und Versicherungsgesellschaften können im Normalfall auf der Grundlage ihrer eigenen Daten den Veräußerungsgewinn feststellen und bescheinigen. Dies ist auch nach einem Depotwechsel möglich, zumindest im Inland, weil die übertragende Bank der übernehmenden alle Anschaffungskosten mitteilen muss.

Beispiel für die Anwendung der Ersatzbemessungsgrundlage 905

Sie haben Ihr Aktiendepot von einer ausländischen Bank zu einer inländischen verlegt. Die Anschaffungskosten für die Papiere wurden der inländischen Bank nicht mitgeteilt bzw. durften dieser nicht mitgeteilt werden. Anschließend veräußern Sie Wertpapiere aus dem inländischen Depot.

Bei einem Veräußerungserlös in Höhe von 20.111 € hat die inländische Bank als fiktiven Veräußerungsgewinn eine Ersatzbemessungsgrundlage von 30 % des Veräußerungserlöses = 6.033 € zugrunde gelegt und davon Abgeltungsteuer (25 % von 6.033 € =) 1.508,25 € einbehalten und abgeführt.

Die Steuerbescheinigung enthält den Hinweis für > Zeile 9: Ersatzbemessungsgrundlage im Sinne des § 43 a Abs. 2 EStG 6.033,00 €.

Der tatsächliche Veräußerungsgewinn beträgt indessen:

Der tatsächliche Veräußerungsgewinn beträgt indessen:	
Veräußerungserlös	20.111,00 €
./. Transaktionskosten 1,08 %	– 109,00 €
./. Anschaffungskosten	– 16.050,00 €
Veräußerungsgewinn	3.952,00 €

Die Ersatzbemessungsgrundlage von 6.033 € ist also zu hoch. Sie können sich nach § 32 d Abs. 4 EStG den zu hohen Steuerabzug zurückholen, indem Sie die Anlage KAP abgeben und dem Finanzamt den tatsächlichen Veräußerungsgewinn von 3.952 € mitteilen. Dann wird Ihnen der überzahlte Abgeltungsteuerbetrag erstattet bzw. angerechnet.

ANLAGE KAP
Einkünfte aus Kapitalvermögen **2018**

Kapitalerträge, die dem inländischen Steuerabzug unterlegen haben

Zeile			Beträge lt. Steuerbescheinigung(en) EUR		korrigierte Beträge (lt. gesonderter Aufstellung) EUR
7	Kapitalerträge	10	6033,–	20	3952,–
8	In Zeile 7 enthaltene Gewinne aus Aktienveräußerungen i. S. d. § 20 Abs. 2 Satz 1 Nr. 1 EStG	12	6033,–	22	3952,–
9	Ersatzbemessungsgrundlage i. S. d. § 43a Abs. 2 Satz 7, 10, 13 und 14 EStG (enthalten in Zeile 7)	14	6033,–	24	3952,–
10	Nicht ausgeglichene Verluste **ohne** Verluste aus der Veräußerung von Aktien	15	,–	25	,–
11	Nicht ausgeglichene Verluste aus der Veräußerung von Aktien i. S. d. § 20 Abs. 2 Satz 1 Nr. 1 EStG	16	,–	26	,–

Ob die Zahlstelle/Bank eine Ersatzbemessungsgrundlage angewendet hat, steht in einer besonderen Zeile der Steuerbescheinigung.

906 Die Zwickmühle

»Was muss ich tun, wenn ich feststelle, dass die Ersatzbemessungsgrundlage niedriger ist als der tatsächliche Veräußerungsgewinn? Muss ich dann den tatsächlich höheren Veräußerungsgewinn erklären und versteuern«?

Namhafte Autoren vertreten die Auffassung, dass in diesem Fall die Kapitalerträge, wenn auch nicht in der richtigen Höhe, dem Steuerabzug in zutreffender Art und Weise unterlegen haben. Der Veräußerungsgewinn ist vorschriftsmäßig um die Kapitalertragsteuer gemindert worden. Eine Meldepflicht/Haftung nach § 44 Abs. 5 EStG besteht nicht.

Der umgekehrte Fall

»Wenn nun die Ersatzbemessungsgrundlage mit 30 % niedriger ist als der tatsächliche Veräußerungsgewinn, könnte ich ja den zu verkaufenden Depotbestand vorher in ein Depot ins Ausland übertragen. Bei der Rückübertragung auf meine inländische Bank kennt diese nun die tatsächlichen Anschaffungskosten nicht und legt beim Verkauf die niedrigere Ersatzbemessungsgrundlage zugrunde«.

Nicht schlecht, Herr Specht, aber das scheint missbräuchlich zu sein. Dazu sagt § 42 AO: Durch Gestaltungsmissbrauch kann das Steuergesetz nicht umgangen werden. Dies bedeutet hier konkret: Sie erlangen durch die Übertragung der zu verkaufenden Wertpapiere ins Ausland und deren Rückübertragung ins Inland einen **vom Gesetzgeber nicht gewollten steuerlichen Vorteil**, indem Sie eine niedrigere Steuerschuld erreichen. Also Finger weg.

Leerverkäufe
Verfügt der Kunde über keinen Bestand und hat er einen Verkaufsauftrag erteilt (eigentlicher Leerverkauf), muss der Verkaufsauftrag sofort als Veräußerungsgeschäft abgewickelt werden. Da dem Veräußerungsgeschäft kein Depotbestand und somit auch keine Anschaffungskosten gegenüberstehen, ist der Verkauf mit der Ersatzbemessungsgrundlage abzurechnen (§ 43a Abs. 2 Satz 7 EStG). Die spätere Erfüllung der Lieferpflicht – nach vorherigem Eindeckungsgeschäft (WP-Kassakauf oder Wertpapierleihe) – wird als entgeltlicher Depotübertrag abgewickelt. Dabei wird wiederum die Ersatzbemessungsgrundlage angewendet (je nach Art des Eindeckungsgeschäfts werden entweder konkrete Anschaffungskosten oder Ersatz-Anschaffungskosten gegengerechnet). Die Zuordnung des späteren Eindeckungsgeschäfts zu dem vorangehenden Veräußerungsgeschäft kann zweifelsfrei nur vom Kunden in der Veranlagung vorgenommen werden (BMF-Schreiben v. 13.6.2008 – IV C 1, S 2000/07/0009).

Schenkung als Veräußerungsfiktion
Die Zahlstelle/Bank hat nach § 43 Abs. 1 Satz 4 EStG auch dann Abgeltungsteuer zu erheben, wenn verwahrtes oder verwaltetes Kapitalvermögen i. S. des § 20 Abs. 2 EStG auf einen Dritten unentgeltlich übertragen, sprich verschenkt wird. Die Übertragung/Schenkung gilt als Veräußerung und ist somit wie ein Veräußerungsgeschäft zu behandeln. Nur so könne bei Übertragung von Kapitalforderungen auf andere Gläubiger der Steueranspruch gesichert werden, so die Begründung des Fiskus.

Dies bedeutet: Im Fall der unentgeltlichen Übertragung werden die »stillen Reserven«, die in dem übertragenen Vermögen enthalten sind, aufgedeckt und mit 25 % versteuert.

Wo nichts ist, hat der Kaiser sein Recht verloren.
(Don Quijote)

Zeile 4 oder 5, 10 und/oder 11 Verluste ohne/mit Veräußerung von Aktien wurden nicht ausgeglichen 907

Verluste aus Kapitalvermögen entstehen hauptsächlich in folgenden Fällen:

- gezahlte Stückzinsen bei Erwerb von festverzinslichen Papieren,
- Verluste aus Wertpapierverkäufen,

- Verluste aus Lebensversicherungen,
- Verluste aus Termingeschäften.

Es gibt zwei Wege, Verluste aus Kapitalvermögen auszugleichen:

1. Im Abgeltungsteuerverfahren durch laufende Verrechnung innerhalb der Bank (§ 43 a Abs. 2 und 3 EStG)
2. Im Veranlagungsverfahren durch Abgabe der Anlage KAP (§ 32 d Abs. 4 EStG)

Die Verrechnung von Verlusten aus Kapitalvermögen ist in beiden Verfahren stark eingeschränkt. Es gelten folgende Regeln:
Nach § 20 Abs. 6 EStG dürfen Verluste aus Kapitalvermögen nicht mit Einkünften aus anderen Einkunftsarten ausgeglichen und auch nicht nach § 10 d EStG abgezogen werden. Verluste aus Aktienverkäufen wiederum dürfen nur mit Gewinnen aus Aktienverkäufen ausgeglichen werden (§ 20 Abs. 6 Satz 5 EStG). Ist ein Verlustausgleich innerhalb der Einkünfte aus Kapitalvermögen nicht möglich, kann der Verlust vorgetragen werden (§ 20 Abs. 6 Satz 4 EStG), im Abgeltungsteuerverfahren innerhalb der Bank/Zahlstelle automatisch, im Veranlagungsverfahren vom Finanzamt durch Abgabe der Anlage KAP.

908 **Zu 1. Verrechnung im Abgeltungsteuerverfahren**
Banken und Sparkassen im Inland verrechnen bereits im laufenden Jahr direkt die positiven Kapitalerträge mit den negativen einschließlich gezahlter Stückzinsen (§ 43 a Abs. 3 EStG). Dies führt dazu, dass Veräußerungsverluste bereits im Abgeltungsteuerverfahren berücksichtigt werden. Konnten negative Kapitalerträge (Verluste) nicht ausgeglichen werden, überträgt sie die Bank automatisch in das Verrechnungskonto des nächsten Jahres.

Wird die Kundenbeziehung beendet, **schließt die Bank das Verrechnungskonto** und erstellt automatisch zum Jahresende eine Verlustbescheinigung (§ 43a Abs. 3 Satz 6 EStG). Bei Tod des Kunden oder wenn der Kunde zum Steuerausländer geworden ist, wird entsprechend verfahren.

Wichtig zu wissen:
Sie machen grundsätzlich nichts falsch, wenn Sie die Verlustverrechnung innerhalb der Bank vornehmen lassen. Dazu brauchen Sie keinen besonderen Antrag zu stellen.
Doch aufgepasst: Kapitalerträge im Ausland sind immer gegenüber dem **Finanzamt** zu erklären, da sie ansonsten steuerlich unberücksich-

tigt bleiben. **Dies gilt logischerweise auch für Verluste.** Wollen Sie, dass Ihre ausländischen Verluste berücksichtigt werden, müssen Sie eine Anlage KAP abgeben.

Zu 2. Verrechnung von Verlusten im Veranlagungsverfahren
Auf Verlangen des Kunden hat die Bank über die Höhe eines nicht ausgeglichenen Verlusts eine Bescheinigung nach amtlich vorgeschriebenem Muster zu erteilen (§ 43 a Abs. 3 Satz 4 EStG). **In diesem Fall wird die Bank keinen Verlust in das Verrechnungskonto des nächsten Jahres einbuchen,** weil sie davon ausgeht, dass der Kunde den Ausgleich im Rahmen der Steuerveranlagung vornehmen, also eine Anlage KAP abgeben wird. Der Antrag auf die Bescheinigung ist unwiderruflich und muss bis zum **15. Dezember** des laufenden Jahres der auszahlenden Stelle zugegangen sein (§ 43 a Abs. 3 Satz 5 EStG). Außerdem erhält der Kunde eine Steuerbescheinigung. Es werden also zwei Bescheinigungen ausgestellt.

Den von der Bank bescheinigten Verlust tragen Sie in > Zeile 10 und/ oder 11 ein. In der Verlustbescheinigung ist exakt die Formularzeile angegeben. Sie können im Grunde nichts falsch machen.

Beispiel 909
Bank A hat dem Anleger in 2017 Verluste aus Kapitalvermögen in folgender Höhe bescheinigt:

Verlust aus festverzinslichen Wertpapieren (Saldo aus Zinsen und Veräußerungsverlusten)	für > Zeile 10	4.000 €
Verlust aus Aktienverkäufen	für > Zeile 11	20.000 €
Verlust gesamt		24.000 €

Der Anleger hat die Wahl, die Verluste in das Verrechnungskonto 2017 der Bank A vortragen zu lassen, indem er einfach keine Verlustbescheinigung verlangt. Oder er verlangt eine Verlustbescheinigung, weil er z.B. positive Kapitalerträge über die Bank B bezogen hat, für die eine Steuerbescheinigung vorliegt. Dann muss er die Verluste lt. Bescheinigung der Bank A zusammen mit den positiven Kapitalerträgen lt. Steuerbescheinigung der Bank B in der Anlage KAP geltend machen. Zusätzlich muss er im Hauptvordruck > Zeile 2 ankreuzen: Erklärung zur Feststellung des verbleibenden Verlustvortrags.

910 **Zeile 4 oder 5, 51-53 Es ist anrechenbare/fiktive ausländische Quellensteuer anzusetzen**

Bei jedem ausländischen Kapitalertrag ist die jeweilige ausländische Steuer auf die deutsche Steuer anzurechnen (§ 32 d Abs. 5 EStG). Mit einigen Ländern sehen die Doppelbesteuerungsabkommen (DBA) den Ansatz »fiktiver« Quellensteuer vor, um Anreiz zu geben, in Anleihen solcher Länder zu investieren. Obwohl tatsächlich keine ausländische Steuer erhoben wird, kann der inländische Anleger eine »fiktive« Steuer bei seiner inländischen Veranlagung absetzen (DBA Spanien oder Portugal).

911 • **Ausländische Quellensteuer im Abgeltungsteuerverfahren**
Gemäß § 43a Abs. 3 Satz 1 EStG sind ausländische Steuern auf Kapitalerträge von den Kreditinstituten nach Maßgabe des § 32 d Abs. 5 EStG zu berücksichtigen. Danach haben die Kreditinstitute bei jedem einzelnen ausländischen Kapitalertrag die jeweilige ausländische Steuer auf die deutsche Abgeltungsteuer anzurechnen, wobei ggf. die Anrechnungsregelungen eines DBA zu berücksichtigen sind. Die Anrechnung ist begrenzt auf 25 %.

Beispiel

Ausländische Dividende	100
Steuerberechnung:	
Abgeltungsteuer (25 %)	25
./. anrechenbare ausl. Steuer	– 15
Zu zahlende Abgeltungsteuer	10

• **Ausländische Quellensteuer im Veranlagungsverfahren**
Wurde ausländische Quellensteuer durch Ihre Bank nicht zutreffend bescheinigt, kann sie nach § 34 d Abs. 4 EStG im Rahmen der Anlage KAP in > Zeile 51 bis 53 geltend gemacht werden.

912 ♦ *Musterfall Pettersen (Ausländische Anleihen)*
Hein Pettersen war früher Lotse im Hamburger Hafen. Für sein Altenteil hat er ein paar Festverzinsliche auf der hohen Kante. Die Volksbank Hamburg verwaltet sein Wertpapierkonto.

Erträgnisaufstellung (Beträge in €)

Art der Papiere	**Netto**	**Quellensteuer**	**Brutto**
Niederlande	756,42	15 % = 133,48	889,90
Portugal	688,00	20 % = 172,00	860,00
Brasilien (Petrobas)	4.800,00	20 % = 960,00	4.800,00
Summen	6.244,42	1.265,38	6.549,90

Pettersen weiß, dass die Niederlande, Portugal und Brasilien Steuern auf Kapitalerträge erheben, die der deutschen Einkommensteuer entsprechen. Also wird die einbehaltene Quellensteuer auf seine Einkommensteuer angerechnet. Nach dem DBA mit Brasilien ist bei bestimmten Einkünften nicht die tatsächlich gezahlte, sondern eine fiktive Quellensteuer von 20 % anzurechnen.

Anträge 54

4	Ich beantrage die Günstigerprüfung für sämtliche Kapitalerträge. (Bei Zusammenveranlagung: Die Anlage KAP meines Ehegatten / Lebenspartners ist beigefügt.)	01		1 = Ja
5	Ich beantrage eine Überprüfung des Steuereinbehalts für bestimmte Kapitalerträge.	02		1 = Ja

Erklärung zur Kirchensteuerpflicht

6	Ich bin kirchensteuerpflichtig und habe Kapitalerträge erzielt, von denen Kapitalertragsteuer, aber keine Kirchensteuer einbehalten wurde.	03	1	1 = Ja

Kapitalerträge, die dem inländischen Steuerabzug unterlegen haben

			Beträge lt. Steuerbescheinigung(en) EUR		korrigierte Beträge (lt. gesonderter Aufstellung) EUR
7	Kapitalerträge	10	1000,–	20	,–
8	In Zeile 7 enthaltene Gewinne aus Aktienveräußerungen i. S. d. § 20 Abs. 2 Satz 1 Nr. 1 EStG	12	,–	22	,–

Steuerabzugsbeträge zu Erträgen in den Zeilen 7 bis 18 und zu Beteiligungen in den Zeilen 31 bis 43

			lt. Bescheinigung(en) EUR Ct		aus Beteiligungen EUR Ct
48	Kapitalertragsteuer	80	250,00	90	,
49	Solidaritätszuschlag	81	13,75	91	,

913 Zeile 4 oder 5, 14–19 Kapitalerträge, die nicht dem Steuerabzug unterlegen haben

Für diese Kapitalerträge ist zwingend eine Anlage KAP abzugeben. Hier hilft Ihnen keine Steuerbescheinigung. Sie müssen Ihrer eigenen Erkenntnis folgend die entsprechenden Beträge in > Zeile 14–19 eintragen (§ 32 d Abs. 3 EStG).

Zu den Kapitalerträgen, die nicht dem Steuerabzug unterliegen, gehören insbesondere:

- Kapitaleinkünfte in ausländischen Depots einschließlich Stillhalterprämien
- Zinsen aus Privatdarlehen,
- Veräußerungsgewinne aus GmbH-Anteilen. Beträgt die Beteiligung an der GmbH mehr als 1 %, gehört der Veräußerungsgewinn zu den gewerblichen Einkünften (§ 17 EStG),
- Steuererstattungszinsen (§ 233 a AO).

Diese Kapitalerträge werden im Rahmen der Veranlagung mit dem **pauschalen Abgeltungsteuersatz von 25 %** besteuert (§ 32 d Abs. 3 EStG).

914 **TIPP**

Privatdarlehen mit Steuerkick!

Wer mit seinem Girokonto nicht aus den roten Zahlen kommt oder Geld für Investitionen braucht, geht für gewöhnlich zur Bank. Oft genug zieren sich die Bankbürokraten, zerpflücken Investitionsvorhaben oder lassen sich ihre Darlehen fürstlich verzinsen.
Ein Angehörigen-Darlehen kann da eine gute Alternative sein. Schriftlich schnell verfasst, Verzinsung, Tilgung und regelmäßige Zahlung schnell vereinbart, kann die Sache leicht und schmerzlos über die Bühne gehen.
Und der Clou: Der Zins ist beim Darlehensgeber nur dann steuerpflichtig, wenn der Sparerpauschbetrag von 801 €/1.602€ überschritten wird. Die Beträge lassen sich ideal nutzen, wenn Zinszahlungen in verschiedene Jahre gelegt werden!
Werden die Pauschbeträge gerissen, unterliegen die darüber hinausgehenden Beträge der Abgeltungsteuer von 25 % (> Zeile 5).

Gut zu wissen:
Erwirbt der Darlehensnehmer mit dem Geld aus dem Angehörigen-Darlehen ein Vermietungsobjekt, sind die Zinsen natürlich Werbungskosten und mindern den individuellen Grenzsteuersatz von angenommen 35 %. »Versteuert zu 25 %. Als Werbungskosten steuerwirksam 35 %. So machen es meine Erna und ich. Tolle Steuersenkungsstrategie«, rufen Sie begeistert.

Genau, auch unter Ehegatten klappt der Laden. Voraussetzung ist:

- Die vereinbarten Spielregeln zu Verzinsung, Tilgung und Ratenzahlung werden eingehalten (Fremdvergleich).
- Der Darlehensnehmer steht wirtschaftlich auf eigenen Beinen, heißt: Es besteht kein Beherrschungsverhältnis zwischen Darlehensgeber und -nehmer. Ein Beherrschungsverhältnis liegt z.B. dann nicht vor, wenn auch die Hausbank die Finanzierung übernommen hätte.

(Quelle: BFH-Urt. v. 29.4.2014 – VIII R 9/13)

Zeile 4 oder 5, 20–25 Kapitalerträge, die der tariflichen Einkommensteuer unterliegen 915

Das System der Abgeltungsteuer schützt den Fiskus nicht vor Missbräuchen. Deshalb ist für bestimmte Kapitalerträge statt des pauschalen Steuersatzes von 25 % die tarifliche Einkommensteuer (§ 32 d Abs. 2 Nr. 1 EStG) vorgesehen. Dazu gehören insbesondere:

- **Laufende Einkünfte aus sonstigen Kapitalforderungen jeder Art > Zeile 21**
- **Kapitalerträge, wenn Gläubiger und Schuldner einander nahestehende Personen sind (Verwandtendarlehen)**

Die Besteuerung mit dem tariflichen Steuersatz gilt aber nur, soweit die Aufwendungen beim Schuldner Betriebsausgaben oder Werbungskosten sind.

Beispiel
Ehefrau A hat ihrem Ehemann B für dessen Gewerbebetrieb ein Darlehen von 500.000 € zum Zins von 10 % gewährt. Ohne die Sonderregelung in § 32 d Abs. 2 EStG würde sich eine Steuerersparnis von 10.000 € ergeben:

Berechnung

Ehefrau A

Zinserträge 10 % von 500.000 € =	50.000 €
Steuerbelastung mit pauschalem Steuersatz von 25 % =	12.500 €

Ehemann B

Schuldzinsen 10 % von 500.000 € =	50.000 €
Steuerentlastung bei einem tariflichen Steuersatz von 45 % =	22.500 €
Differenz = Steuerersparnis	10.000 €

Dieses Ergebnis verhindert § 32 Abs. 2 EStG. Die Zinseinnahmen der Ehefrau sind in > Zeile 21 anzugeben und unterliegen damit der tariflichen Besteuerung in Höhe von z.B. 45 % von 50.000 € = 22.500 €.

In gleicher Weise ist zu verfahren bei Darlehen an Kapitalgesellschaften oder Genossenschaften, an denen der Darlehensgeber zu mindestens 10 % beteiligt ist, sowie für sog. Back-to-back-Finanzierungen. Zu einer Back-to-back-Finanzierung zählt man Fälle, bei denen ein Unternehmer bei einer Bank eine Einlage unterhält und die Bank in gleicher Höhe einen privaten Kredit an den Unternehmer oder eine nahestehende Person vergibt und auf die Einlage als Sicherheit zurückgreifen kann. Diese Erträge dürfen nicht in > Zeile 7 und 8 oder 14–19 enthalten sein, um eine doppelte Besteuerung zu vermeiden.

Gut zu wissen: Ein Sparerpauschbetrag wird auf diese Erträge nicht gewährt, dafür können im Gegenzug Werbungskosten abgezogen werden.

916 • **Kapitalerträge aus einer Lebensversicherung > Zeile 23**
Die Erträge aus einer Kapitallebensversicherung können steuerpflichtig sein. Der Umfang der Besteuerung ist abhängig vom Zeitpunkt des Vertragsabschlusses:

Vertragsabschluss vor dem 1.1.2005:
Zu unterscheiden sind Leistungen in einer Summe oder in Form einer Rente.

– Leistungen in einer Summe

Leistungen in einer Summe sind steuerfrei, sofern der Vertrag auf zwölf Jahre abgeschlossen worden ist, mindestens fünf Jahre Beiträge gezahlt worden sind und der Todesfallschutz mindestens 60 % beträgt. Versicherungsleistungen in einer Summe aus diesen Altverträgen haben also in der Steuererklärung nichts zu suchen.

Unter bestimmten Umständen sind sie allerdings steuerpflichtig, z.B. bei Kapitalversicherungen mit Einmalbeitrag, Kapitalwahlrecht oder Laufzeit unter zwölf Jahren. Erträge aus diesen Verträgen unterliegen der Abgeltungsteuer und sind im Veranlagungsfall mit dem pauschalen Tarif von 25 % zu versteuern. Die Versicherungsgesellschaften stellen entsprechende Steuerbescheinigungen aus.

– Leistungen in Form einer Rente

Wird anstelle einer Leistung in einer Summe eine Rente gezahlt, ist diese in Höhe des Ertragsanteils steuerpflichtig. Es handelt sich um sonstige Einkünfte aus Renten, die mit dem Ertragsanteil lt. Tabelle aus § 22 EStG zu versteuern sind (➤ Rz 971).

Vertragsschluss nach dem 31.12.2004:
Zu unterscheiden ist wiederum zwischen einer Leistung in einer Summe oder in Form einer Rente:

– Auszahlung in einer Summe

Besteuert werden nach § 20 Abs. 1 Nr. 6 Satz 1 EStG die Erträge aus folgenden Versicherungen im Erlebensfall oder bei Rückkauf des Vertrags:

1. Rentenversicherungen mit Kapitalwahlrecht, soweit die Leistung in einer Summe erbracht wird,
2. Kapitalversicherungen mit Sparanteil,
3. Unfallversicherungen mit garantierter Beitragsrückzahlung bei Ablauf der Versicherungslaufzeit.

Dasselbe gilt nach § 20 Abs. 1 Nr. 6 Satz 4 EStG für Erträge aus fondsgebundenen Lebensversicherungen, bei Rentenversicherungen ohne Kapitalwahlrecht, sofern keine lebenslange Rentenzahlung vereinbart und erbracht wird, und auf Erträge bei Rückkauf des Vertrags.

Besteuert wird im Erlebensfall oder bei Rückkauf des Vertrages der **Unterschiedsbetrag** zwischen der Versicherungsleistung und den insgesamt entrichteten Beiträgen. Der Unterschiedsbetrag wird mit dem pauschalen Tarif von **25 %** besteuert. Über die Höhe der steuerpflichtigen Versicherungsleistung stellt die Gesellschaft eine Steuerbescheinigung aus. Todesfallleistungen unterliegen nicht der Einkommensteuer.

Hälftige Besteuerung
Anders verhält es sich mit Versicherungsleistungen aus Neuverträgen, bei denen die Auszahlung nach zwölf Jahren Vertragslaufzeit und Vollendung des 60. Lebensjahres des Steuerpflichtigen erfolgt, wenn also die Voraussetzungen für eine **hälftige Besteuerung** nach § 20 Abs. 1 Nr. 6 Satz 2 EStG

gegeben sind. Diese Leistungen sind mit dem individuellen tariflichen Steuersatz steuerpflichtig.

Die Erträge unterliegen nicht der Abgeltungsteuer, weil sie bei einer Besteuerung zur Hälfte nur mit 12,5 % besteuert würden.

Obwohl nur zur Hälfte steuerpflichtig, ist in > Zeile 23 der **Gesamtbetrag (Jahresbrutto-/Unterschiedsbetrag in voller Höhe)** einzutragen. Die Kürzung um 50 % wird programmgesteuert vorgenommen.

Steuerpflichtig sind auch Erträge aus dem Verkauf von Kapitallebensversicherungen, d.h. aus dem Verkauf sog. gebrauchter Lebensversicherungen am Zweitmarkt (§ 20 Abs. 2 Nr. 6 EStG). Insbesondere in den Fällen eines frühzeitigen Rückkaufs des Versicherungsvertrags kann es zu einem negativen Unterschiedsbetrag kommen. Dieser ist hälftig anzusetzen (BMF-Schreiben v. 1.10.2009, Tz 60).

– Auszahlung in Form einer Rente

Bei Auszahlung als Rente sind die Leistungen als sonstige Einkünfte steuerpflichtig und in der Anlage R zu erklären. Steuerpflichtig ist der Ertragsanteil (> Zeile 14–19 der Anlage R, Rententabelle 2, ➤ Rz 971).

917 **TIPP** **Steuerkorrektur bei Auszahlung der Lebensversicherung beantragen**

Wer nach dem Jahr 2004 eine Kapitallebensversicherung oder eine Rentenversicherung mit Kapitalwahlrecht abgeschlossen hat, muss die Differenz zwischen Versicherungsleistung und eingezahlten Beiträgen zur Hälfte mit seinem individuellen Steuersatz versteuern.

Voraussetzung für die Anwendung des halben Steuersatzes ist, dass Sie bei Auszahlung der Versicherung das 60. Lebensjahr vollendet haben und der Vertrag mindestens 12 Jahre bestand. Gerechnet ab dem Jahr 2005 stehen 2017 also die ersten Zahlungen aus diesen Neuverträgen an.

Die Versicherung wird bei der Einmalauszahlung aus den neuen Verträgen zunächst in voller Höhe die 25 %ige Abgeltungsteuer zzgl. Kirchensteuer und Soli-Zuschlag einbehalten.

Sie müssen sodann eine Korrektur über die Steuererklärung (> Zeile 23 der Anlage KAP) beantragen!

Das Finanzamt muss den steuerfreien Anteil (= die eingezahlten Beiträge) berücksichtigen und den Rest mit dem halben persönlichen Steuersatz besteuern.

Nicht gut zu wissen: Nach Verkauf einer Lebensversicherung erhält das Finanzamt eine Kontrollmitteilung des Versicherungsunternehmens.

Zeile 24–25 Antrag auf Anwendung der tariflichen (progressiven) Einkommensteuer 918

Im Einzelfall kann die persönliche Besteuerung günstiger sein als die pauschale mit 25 %, da bei Anwendung der tariflichen Einkommensteuer – im Teileinkünfteverfahren – ein Abzug von Werbungskosten möglich ist, bei Anwendung des pauschalen Steuersatzes hingegen grundsätzlich nicht (§ 32 d Abs. 2 Nr. 3 EStG). Das Wahlrecht wird ausgeübt, indem Sie in > Zeile 24 eine »1« (1 = Ja) und in > Zeile 25 die entsprechenden Kapitalerträge nach Abzug von Werbungskosten eintragen.
Ein Wahlrecht auf Veranlagung ist möglich, wenn der Gläubiger unmittelbar oder mittelbar

- zu mindestens 25 % an einer Kapitalgesellschaft beteiligt oder
- zu mindestens 1 % an einer Kapitalgesellschaft beteiligt und beruflich für diese tätig ist.

Folge: Die Kapitalerträge unterliegen dann der tariflichen Einkommen- 919
steuer im **Teileinkünfteverfahren** nach § 3 Nr. 40 Buchst. a EStG. Dies bedeutet: 60 % der Einnahmen sind steuerpflichtig, 40 % steuerfrei. Als Werbungskosten können 60 % der nachgewiesenen Kosten abgezogen werden, 40 % fallen unter den Tisch, da Ausgaben, die mit steuerfreien Einnahmen im Zusammenhang stehen, nicht als Werbungskosten absetzbar sind (§ 3 c EStG).

Beispiel
Ein Anleger ist mit 25 % an der Stahlhandel-GmbH beteiligt. In 2017 hat er eine Gewinnausschüttung von 80.000 € erhalten und die GmbH hat 25 % Abgeltungsteuer nebst Solidaritätszuschlag einbehalten und abgeführt. Im Zusammenhang mit dem Erwerb der GmbH-Anteile hat er Schuldzinsen von 60.000 € geleistet. Deshalb stellt er den Antrag auf persönliche (tarifliche) Besteuerung.

Im Teileinkünfteverfahren sind nun 60 % der Gewinnausschüttung von 80.000 € = 48.000 € steuerpflichtig, als Werbungskosten sind 60 % der Schuldzinsen in Höhe von 60.000 € = 36.000 € absetzbar. Die Einkünfte aus Kapitalvermögen hieraus betragen somit 12.000 €.

Vorteilsrechnung

Abgeltungsteuer ohne Option 25 % von 80.000 € =		20.000 €
Einkommensteuer mit Option	80.000 €	
Davon 60 %		48.000 €
./. Schuldzinsen	60.000 €	
Davon 60 %		36.000 €
Einkommensteuer 42 % von 12.000 € =		5.040 €
Steuervorteil (20.000 € Abgeltungsteuer ./. 5.040 € Einkommensteuer =)		14.960 €

Der Anleger trägt ein

Anträge 54

4	Ich beantrage die Günstigerprüfung für sämtliche Kapitalerträge. (Bei Zusammenveranlagung: Die Anlage KAP meines Ehegatten / Lebenspartners ist beigefügt.)	01	1	1 = Ja

24	Ich beantrage für die Einkünfte lt. Zeile 25 die Anwendung der tariflichen Einkommensteuer – bitte Anleitung beachten –		1	1 = Ja
	Laufende Einkünfte aus einer unternehmerischen Beteiligung an einer Kapitalgesellschaft Gesellschaft, Finanzamt und Steuernummer		EUR	
25	Stahlhandel GmbH StNr. 123/456/8910	72	12000,–	

Anzurechnende Steuern zu Erträgen in den Zeilen 21 bis 25, 45 bis 47 und aus anderen Einkunftsarten

			EUR, Ct		EUR, Ct
54	Kapitalertragsteuer	86	20000,00	96	,
55	Solidaritätszuschlag	87	1100,00	97	,

Der Antrag auf Anwendung der persönlichen (tariflichen) Einkommensteuer muss gegenüber dem Finanzamt spätestens mit Abgabe der Steuererklärung gestellt werden und gilt, solange er nicht widerrufen wird, auch für die **folgenden vier Veranlagungszeiträume.** Wird der Antrag widerrufen, kann ein erneuter Antrag für diese Beteiligung erst wieder für das sechste Jahr nach erstmaligem Antrag gestellt werden (§ 32d Abs. 2 Satz 1 Nr. 3 Sätze 2–5 EStG). Auf diese Weise will der Fiskus einen kurzfristigen steueroptimierten Wechsel verhindern.

920 10.2.2 Ich habe gegenüber der auszahlenden Stelle keine Angaben zur Kirchensteuerpflicht gemacht – Zeile 6

Die Abzugsfähigkeit der Kirchensteuer als Sonderausgabe wird über eine komplizierte Formel im Abgeltungsteuersatz berücksichtigt. Die Formel lautet nach § 32 d Abs. 1 EStG:

$$\mathbf{E - 4\,Q \div 4 + K}$$

E = Einkünfte, Q = anrechenbare ausländische Steuer, K = maßgebender Kirchensteuersatz.

Am besten, Sie kümmern sich nicht um diese Einzelheiten und merken sich Folgendes: Der Kirchensteuerpflichtige hat die Wahl, die Kirchensteuer auf seine Kapitaleinkünfte von der Bank einbehalten (Variante 1) oder vom für ihn zuständigen Finanzamt veranlagen zu lassen (Variante 2).

Variante 1: Einbehalt der Kirchensteuer durch die Bank 921

Seit 1.1.2015 ist es nicht mehr erforderlich, einen Antrag auf Einbehalt von Kirchensteuer auf abgeltend besteuerte Kapitalerträge zu stellen, da der Einbehalt und die Weiterleitung an die steuererhebende Religionsgemeinschaft automatisch erfolgen.

Alle zum Steuerabzug vom Kapitalertrag verpflichteten Stellen (die sog. Abzugsverpflichteten), z.B. Kreditinstitute, Versicherungen, Kapitalgesellschaften und Genossenschaften, fragen zur Vorbereitung des automatischen Abzugs einmal jährlich beim Bundeszentralamt für Steuern (BZSt) die Religionszugehörigkeit aller Kunden, Versicherten oder Anteilseigner ab. Auf der Basis dieser Informationen behalten sie die auf die Abgeltungsteuer entfallende Kirchensteuer ein und führen sie an das Finanzamt ab.

Beispiel

Zinseinkünfte bei Kirchensteuer von 9 %		1.000,00 €
Kapitalertragsteuer (1.000,00 € ÷ 4,09) =	244,49 €	
Solidaritätszuschlag 5,5 % von 244,49 € =	13,44 €	
Kirchensteuer 9 % von 244,49 € =	22,00 €	
Summe	279,93 €	> – 279,93 €
Gutschrift		720,07 €

Besser Widerspruch gegen den Datenabruf einlegen?

Jeder Bürger kann unter Angabe seiner Steueridentifikationsnummer (IdNr.) schriftlich beim BZSt dem automatisierten Datenabruf seiner Religionszugehörigkeit widersprechen. Dank eines Sperrvermerks werden den Abzugsverpflichteten dann keine Daten zur Religionszugehörigkeit übermittelt. An den kirchensteuerlichen Verpflichtungen ändert der Sperrvermerk jedoch nichts; es unterbleibt lediglich der Abzug direkt an der Quelle. Das BZSt ist außerdem gehalten, in solchen Fällen Namen und Anschrift der anfragenden Kreditinstitute, Banken, Versicherungen etc. an das zuständige Finanzamt des Steuerpflichtigen weiterzureichen. Was dann folgt, ist …

Variante 2: Festsetzung der Kirchensteuer auf Kapitalerträge über die Steuererklärung

Wenn der Kirchensteuerpflichtige die Kirchensteuer nicht von seinem Kreditinstitut einbehalten lässt, setzt das Finanzamt ihre Höhe fest. Dazu hat der Kirchensteuerpflichtige die einbehaltene Kapitalertragsteuer zu erklären und eine entsprechende Bescheinigung der Bank vorzulegen.

	Erklärung zur Kirchensteuerpflicht			
6	Ich bin kirchensteuerpflichtig und habe Kapitalerträge erzielt, von denen Kapitalertragsteuer, aber keine Kirchensteuer einbehalten wurde.	03	1	1 = Ja

Entsprechend der Steuerbescheinigung der Bank sind einzutragen:

	Kapitalerträge, die dem inländischen Steuerabzug unterlegen haben		Beträge lt. Steuerbescheinigung(en) EUR		korrigierte Beträge (lt. gesonderter Aufstellung) EUR
7	Kapitalerträge	10	1000,–	20	,–
8	In Zeile 7 enthaltene Gewinne aus Aktienveräußerungen i. S. d. § 20 Abs. 2 Satz 1 Nr. 1 EStG	12	,–	22	,–

	Steuerabzugsbeträge zu Erträgen in den Zeilen 7 bis 18 und zu Beteiligungen in den Zeilen 31 bis 43		lt. Bescheinigung(en) EUR Ct		aus Beteiligungen EUR Ct
48	Kapitalertragsteuer	80	250,00	90	,
49	Solidaritätszuschlag	81	13,75	91	,
50	Kirchensteuer zur Kapitalertragsteuer	82	,	92	,

Die vom Finanzamt festgesetzte Kirchensteuer kann im Jahr der Zahlung als Sonderausgabe abgesetzt werden.

922 10.3 Wie wird die Anlage KAP ausgefüllt?

In den > Zeilen 4–6 werden zunächst die Weichen gestellt, damit das Finanzamt weiß, aus welchem Grund Sie überhaupt eine Anlage KAP beifügen (➤ Rz 896).

923 10.3.1 Kapitalerträge, die dem Steuerabzug unterlegen haben – Zeile 7–13

Für Kapitalerträge, die dem Steuerabzug unterliegen, erhält der Steuerzahler bei der Zahlstelle, z.B. Kreditinstitut, Bausparkasse, Fondsgesellschaft oder Versicherungsunternehmen, auf Antrag eine Steuerbescheinigung.

Diese Steuerbescheinigung hat drei wichtige Funktionen:

1. Sie dient als **Nachweis über die Höhe der Kapitalerträge.**
2. Sie ist **Beleg für die einbehaltene Abgeltungsteuer.** Die Abgeltungsteuer wird nur dann auf die Einkommensteuer angerechnet, wenn die jeweilige Steuerbescheinigung im Original vorliegt.
3. Die Steuerbescheinigung dient aber auch als **Hilfe zum Ausfüllen der Anlage KAP.** Sie muss nämlich die für die Besteuerung erforderlichen Angaben nach amtlich vorgeschriebenem Muster enthalten (§ 45 a EStG). Nach Inhalt, Aufbau und Reihenfolge darf von diesem Muster nicht abgewichen werden (BMF-Schreiben v. 24.11.2008 – BGBl. I S. 1912). Der Fiskus nimmt die auszahlenden Stellen also an die Kandare und zwingt sie, in den Steuerbescheinigungen nicht nur die ausgezahlten Kapitalerträge und die einbehaltenen Abzugssteuern zu bescheinigen, sondern auch die Zeilen der Anlage KAP anzugeben, in die die Beträge einzutragen sind. Zum Muster siehe ➤ Rz 936.

Füllen Sie die Anlage KAP einfach entsprechend den Angaben in der Steuerbescheinigung aus, fügen Sie die Steuerbescheinigung der Steuererklärung bei – und fertig.

Jeder Ehegatte muss seine Angaben in einer eigenen Anlage KAP machen

Bei Gemeinschaftskonten sind die Kapitalerträge auf beide Ehegatten aufzuteilen. Beträge in ausländischer Währung rechnen Sie nach dem maßgeblichen Kurs zum Zeitpunkt des Zu- oder Abflusses um. Geben Sie Kurs und Zeitpunkt auf einem gesonderten Blatt an.

Zeile 7 Kapitalerträge 924

Ähnlich wie in der Anlage N in > Zeile 6 der gesamte Bruttolohn (in einer Summe) einzutragen ist, unabhängig davon, wie er sich zusammensetzt, tragen Sie hier – den Anweisungen in der Steuerbescheinigung entsprechend – Ihre gesamten Kapitalerträge ein (§ 20 Abs. 1 und 2 EStG). Dazu gehören Zinsen und andere Erträge aus Guthaben und Einlagen, insbesondere Zinsen aus Sparbüchern, Sparverträgen, Termingeldkonten usw., ferner Dividenden und Veräußerungsgewinne.

Bei mehreren Bankverbindungen fertigen Sie zweckmäßigerweise eine Zusammenstellung nach folgendem Muster:

Zusammenstellung der Kapitalerträge gem. Steuerbescheinigungen lt. Bank I bis III

Kapitalerträge	Bank I	Bank II	Bank III	Gesamtbetrag für > Zeile 7
	...... €	+...... €	+...... €	=...... €

925 Zeile 8–11 Gewinne aus Kapitalerträgen i. S. des § 20 Abs. 2 EStG (Veräußerungsgeschäfte)

Zu den Einkünften aus Kapitalvermögen gehören auch Gewinne aus der Veräußerung von Anteilen an einer Kapitalgesellschaft (Aktien). Den Betrag zu > Zeile 8 der Anlage KAP können Sie der Steuerbescheinigung der Bank entnehmen.

8	In Zeile 7 enthaltene Gewinne aus Aktienveräußerungen i. S. d. § 20 Abs. 2 Satz 1 Nr. 1 EStG	12	,—	22	,—
9	Ersatzbemessungsgrundlage i. S. d. § 43a Abs. 2 Satz 7, 10, 13 und 14 EStG (enthalten in Zeile 7)	14	,—	24	,—
10	Nicht ausgeglichene Verluste **ohne** Verluste aus der Veräußerung von Aktien	15	,—	25	,—
11	Nicht ausgeglichene Verluste aus der Veräußerung von Aktien i. S. d. § 20 Abs. 2 Satz 1 Nr. 1 EStG	16	,—	26	,—

Der von der Bank bescheinigte Wert muss vielleicht korrigiert werden!

Es sind Fallgestaltungen denkbar, in denen die in der Steuerbescheinigung ausgewiesenen Kapitalerträge nicht den tatsächlichen Erträgen entsprechen.

Damit diese Fälle steuerlich zutreffend behandelt werden können, sieht die Anlage KAP eine »Korrekturspalte« zu den bescheinigten Kapitalerträgen vor. Gebenenfalls werden in der linken Spalte die bescheinigten Werte und in der rechten Spalte die Korrekturwerte – nicht die Differenzbeträge! – eingetragen. Enthält die Korrekturspalte Angaben, wird für die Steuerberechnung nur auf diese Werte abgestellt.

Die Sache mit der Ersatzbemessungsgrundlage (> Zeile 9)

Die Veräußerung/Einlösung von Kapitalanlagen ist nach § 20 Abs. 2 EStG steuerpflichtig. Entsprechende Veräußerungsgewinne unterliegen dem Kapitalertragsteuerabzug durch die inländische auszahlende Stelle. Bemessungsgrundlage dafür ist der Veräußerungsgewinn. Dieser kann in aller Regel zutreffend ermittelt werden, da die Bank alle Berechnungsgrundlagen kennt:

- die Anschaffungskosten,
- den Anschaffungszeitpunkt,
- den Veräußerungspreis
- und evtl. zu berücksichtigende Veräußerungskosten.

Wenn der Anleger sein Depot (ohne Gläubigerwechsel) von einem Kreditinstitut auf ein anderes überträgt, werden dem neuen Kreditinstitut die notwendigen Daten mitgeteilt, sofern die Depotübertragung nach dem 31.12.2008 erfolgte und es sich um eine Übertragung zwischen inländischen Banken handelt. Das abgebende Institut ist hierzu gesetzlich verpflichtet.
Kennt das Institut aber (ausnahmsweise) nicht alle Anschaffungsdaten, muss beim Verkauf der Wertpapiere die Ersatzbemessungsgrundlage für den Steuerabzug herangezogen werden. Diese beträgt 30 % der Einnahmen aus der Veräußerung oder Einlösung.
Damit kommt es insbesondere bei folgenden Fällen zur Anwendung der Ersatzbemessungsgrundlage:

- Depotübertrag ab 2009 aus dem Ausland, wobei die Anschaffungsdaten nicht nachgewiesen wurden oder nicht nachgewiesen werden durften.
- Depotübertrag bis einschließlich 2008 (Ausnahme: Die Daten wurden freiwillig vom abgebenden inländischen Institut übertragen).

Der Anleger muss aufgrund der ihm vorliegenden Anschaffungsdaten

- im ersten Schritt prüfen, ob der Vorgang überhaupt steuerpflichtig ist, und
- im zweiten Schritt den zutreffenden Veräußerungsgewinn ermitteln (Nachweis durch Vorlage der An- und Verkaufsbelege).

Unter Berücksichtigung der zutreffenden Erträge ist dann die Korrekturspalte der Anlage KAP auszufüllen. Hierbei ist zu beachten, dass sowohl die Kapitalerträge in > Zeile 7 als auch die Veräußerungsgewinne in > Zeile 8 sowie ggf. Aktienveräußerungsgewinne in > Zeile 9 zu erfassen sind.

Beispiel
Heinz Sparsam hat im Jahr 2008 sein Depot von der heimischen Sparkasse auf die Volksbank übertragen. Im Depot war eine unverzinsliche Anleihe (Zero-Bond) enthalten. Diese hat Sparsam in 2005 für 7.000 € erworben und in 2017 für 9.000 € veräußert. Die Sparkasse hat keine Anschaffungsdaten übermittelt.
Die Volksbank hat den Veräußerungsvorgang zutreffend mit der Ersatzbemessungsgrundlage von 2.700 € abgerechnet (9.000 € × 30 %). Der

echte Veräußerungsgewinn beträgt 2.000 €. Damit sind die bescheinigten Kapitalerträge und Veräußerungsgewinne um 700 € zu mindern.

Steuerbescheinigung 2017 (Auszug)	EUR
Kapitalerträge (> Zeile 7 Anlage KAP)	12.000
Veräußerungsgewinne (> Zeile 8 Anlage KAP)	10.000
Ersatzbemessungsgrundlage (> Zeile 9 Anlage KAP)	2.700

Kapitalerträge, die dem inländischen Steuerabzug unterlegen haben

			Beträge lt. Steuerbescheinigung(en) EUR		korrigierte Beträge (lt. gesonderter Aufstellung) EUR
7	Kapitalerträge	10	12000,–	20	11300,–
8	In Zeile 7 enthaltene Gewinne aus Aktienveräußerungen i. S. d. § 20 Abs. 2 Satz 1 Nr. 1 EStG	12	10000,–	22	9300,–
9	Ersatzbemessungsgrundlage i. S. d. § 43a Abs. 2 Satz 7, 10, 13 und 14 EStG (enthalten in Zeile 7)	14	2700,–	24	0,–
10	Nicht ausgeglichene Verluste **ohne** Verluste aus der Veräußerung von Aktien	15	,–	25	,–
11	Nicht ausgeglichene Verluste aus der Veräußerung von Aktien i. S. d. § 20 Abs. 2 Satz 1 Nr. 1 EStG	16	,–	26	,–

926 **TIPP**

Kosten nachträglich geltend machen

Sie haben am 2.1.2017 für 10.000 € Aktien gekauft und am 14.12.2017 für 15.000 € verkauft. Im Zusammenhang mit An- und Verkauf wurden von der Bank Aufwendungen in Höhe von 1.000 € berücksichtigt. Der Gewinn in Höhe von 4.000 € unterlag der Kapitalertragsteuer und wurde in der Steuerbescheinigung ausgewiesen. Keine Berücksichtigung fanden Beratungskosten in Höhe von 500 €.
Tragen Sie in der jeweiligen Zeile in die linke Spalte die Werte aus der Steuerbescheinigung und in die rechte Spalte den korrigierten Betrag ein und erläutern Sie die Eintragungen auf einem gesonderten Blatt.

ANLAGE KAP
Einkünfte aus Kapitalvermögen **2018**

Einkünfte aus Kapitalvermögen, Anrechnung von Steuern — Ehefrau / Person B — 54

Zeile		Kz	Beträge lt. Steuerbescheinigung(en) EUR	Kz	korrigierte Beträge (lt. gesonderter Aufstellung) EUR
	Anträge				
4	Ich beantrage die Günstigerprüfung für sämtliche Kapitalerträge. (Bei Zusammenveranlagung: Die Anlage KAP meines Ehegatten / Lebenspartners ist beigefügt.)	01	1 (1 = Ja)		
5	Ich beantrage eine Überprüfung des Steuereinbehalts für bestimmte Kapitalerträge.	02	1 (1 = Ja)		
	Erklärung zur Kirchensteuerpflicht				
6	Ich bin kirchensteuerpflichtig und habe Kapitalerträge erzielt, von denen Kapitalertragsteuer, aber keine Kirchensteuer einbehalten wurde.	03	(1 = Ja)		
	Kapitalerträge, die dem inländischen Steuerabzug unterlegen haben				
7	Kapitalerträge	10	4000,–	20	3500,–
8	In Zeile 7 enthaltene Gewinne aus Aktienveräußerungen i. S. d. § 20 Abs. 2 Satz 1 Nr. 1 EStG	12	4000,–	22	3500,–
9	Ersatzbemessungsgrundlage i. S. d. § 43a Abs. 2 Satz 7, 10, 13 und 14 EStG (enthalten in Zeile 7)	14	4000,–	24	3500,–
10	Nicht ausgeglichene Verluste **ohne** Verluste aus der Veräußerung von Aktien	15	,–	25	,–
11	Nicht ausgeglichene Verluste aus der Veräußerung von Aktien i. S. d. § 20 Abs. 2 Satz 1 Nr. 1 EStG	16	,–	26	,–
	Sparer-Pauschbetrag		EUR		
12	In Anspruch genommener Sparer-Pauschbetrag, der auf die in den Zeilen 7 bis 11 und 23 erklärten Kapitalerträge entfällt (ggf. „0")	17	0,–		
	Bei Eintragungen in den Zeilen 7 bis 11, 14 bis 20, 23, 33 bis 44, 47, 58 und 60:				
13	In Anspruch genommener Sparer-Pauschbetrag, der auf die in der Anlage KAP **nicht** erklärten Kapitalerträge entfällt (ggf. „0")	18	,–		
	Kapitalerträge, die nicht dem inländischen Steuerabzug unterlegen haben				EUR
14	Inländische Kapitalerträge (ohne Betrag lt. Zeile 19)			30	,–

Zeile 12–13 In Anspruch genommener Sparerpauschbetrag

Diesen Betrag entnehmen Sie ebenfalls der Steuerbescheinigung der Bank. **927**
Der Abzug der tatsächlich geleisteten Werbungskosten ist im Regelfall ausgeschlossen. Dafür gibt es den Sparerpauschbetrag von 801 €/1.602 € (Alleinstehende/Ehegatten).

Der Fiskus greift also erst zu, wenn Zinsen und andere Kapitalerträge den Betrag von 801 €/1.602 € pro Jahr übersteigen. Damit nicht schon zuvor Abgeltungsteuer erhoben wird, müssen die Sparer bei ihrer Bank einen Freistellungsauftrag (➤ Rz 933) stellen.

Für Ehegatten gut zu wissen: Der Sparerpauschbetrag verdoppelt sich auch dann, wenn nur einer der Ehegatten Kapitalerträge bezogen hat.

Beispiel

	Ehemann	Ehefrau
Dividenden	2.500 €	–
Zinsen	–	200 €
Summe	2.500 €	200 €

Insgesamt (2.500 € + 200 € =)	2.700 €
./. Sparerpauschbetrag	– 1.602 €
Einkünfte	1.098 €

Nicht ausgeschöpfte Pauschbeträge fallen sang- und klanglos unter den Tisch.

928 **10.3.2 Steuerabzugsbeträge zu den Erträgen in den > Zeilen 7–11**

Die von den Erträgen der > Zeilen 7–11 einbehaltene Kapitalertragsteuer geben Sie entsprechend der Steuerbescheinigung in > Zeile 48 an. Die einbehaltenen Kirchensteuern und Solidaritätszuschläge zur Kapitalertragsteuer tragen Sie in den > Zeilen 49 und 50 ein.
Nach einigen DBA ist bei ausländischen Einkünften (Dividenden, Zinsen und Lizenzgebühren) auf die deutsche Einkommensteuer nicht die tatsächlich gezahlte, sondern eine fiktive Steuer anzurechnen, deren Höhe im jeweiligen DBA bestimmt ist. Diese fiktive Steuer tragen Sie in > Zeile 53 ein.

929 10.4 Wichtige Hinweise rund um die Abgeltungsteuer

930 **TIPP**

Eine raffinierte zeitliche Verschiebung

Zinseinnahmen können Sie in spätere Jahre verlagern. Dabei bietet sich an, sich die Zinsen bis zur Höhe des Sparerpauschbetrags jährlich steuerfrei auszahlen zu lassen. Dafür müssen Sie der Bank einen Freistellungsauftrag erteilen (➤ Rz 933).
Den Rest versteuern Sie in einem späteren Lebensabschnitt, wenn Sie nur noch geringe (steuerpflichtige) Einkünfte haben. Dazu eignen sich z. B. Bundesschatzbriefe. Bei einer Vermögensanlage von 200.000 € könnten Sie z. B. 40.000 € in Bundesschatzbriefen Typ A (jährlicher Zufluss der Zinsen) anlegen. Die Zinsen daraus übersteigen nicht den Sparerpauschbetrag von 1.602 € (für Ehegatten), sind also praktisch steuerfrei. Die restlichen 160.000 € legen Sie in Bundesschatzbriefen Typ B an. Die Zinserträge aus solchen Wertpapieren oder aus abgezinsten Sparbriefen, Nullkupon-Anleihen etc. bestehen aus dem Unterschied zwischen dem Erwerbs- und dem Einlösungspreis und sind erst zum Zeitpunkt der Einlösung zu versteuern (BFH v. 8.10.1991 – BStBl 1992 II S. 174).
Sind Sie also für den Lebensbedarf nicht unbedingt auf regelmäßige Zinseinnahmen angewiesen und ist Ihr Ruhestand nicht mehr allzu fern, kaufen Sie

besser Bundesschatzbriefe Typ B oder abgezinste Sparbriefe und verlagern die Steuerpflicht der Zinsen in eine Zeit, in der Sie überhaupt keine oder nur wenig Steuern zahlen müssen.

Geld oder Wertpapiere im Schließfach 931

Wer reich ist, lebt nicht von der Hand in den Mund und bringt gern einen Teil seines Geldes auf die ganz sichere Seite, in ein Schließfach seiner Bank. Nicht nur Bargeld, sondern auch bestimmte Wertpapiere, die sog. Tafelpapiere. Man nennt sie Tafelpapiere, weil der Bankkunde sie eigenhändig – gegen Barzahlung versteht sich – über den Schalter (die Tafel) entgegennimmt. Wertpapiere mit angehefteten Kupons gibt es als körperliche Stücke nur noch ganz selten. Zu unpraktisch, und auch der Reiz des Anonymen ist verflogen. Kommt ein Kunde dennoch mit Kupons, werden diese von der Bank **nur zum Inkasso** angenommen, d.h., Zinsen oder Dividenden werden nicht bar ausbezahlt, auch nicht sofort gutgeschrieben, sondern der DWP-Bank in Frankfurt zur Prüfung vorgelegt. Die DWP-Bank wickelt die Auszahlung ab, indem sie Kapitalertragsteuer einbehält und den Nettobetrag an die Hausbank des Kunden überweist. Diese schreibt den Erlös dem Kundenkonto gut.

Nicht gut zu wissen: Die Banken sind verpflichtet, eine **Steuerbescheinigung für Tafelgeschäfte** auszustellen. Zum amtlichen Muster siehe ➤ Rz 936.

TIPP 932

Gratisverwaltung für private Anleger

Weil bei den Steuern – und bei Zinserträgen! – manchmal nicht viel zu reißen ist und dieses Buch sich auf jeden Fall für Sie bezahlt machen soll, hier ein Tipp, Bankgebühren zu sparen: Bundesschatzbriefe, Bundesobligationen, Anleihen von Bund, Post und Bahn, auch Fonds Deutsche Einheit verwaltet die Deutsche Finanzagentur kostenlos. Werden die Papiere hingegen im Bankdepot gelagert, kostet das Geld. Auch die Einlösung der fälligen Papiere ist bei der Deutschen Finanzagentur kostenlos, wohingegen einige Banken auch hierfür Gebühren berechnen. Von eifrigen Bankangestellten wird die Deutsche Finanzagentur den Bankkunden verschwiegen, auch schon mal heftig verleumdet (www.deutsche-finanzagentur.de, Tel. 08 00/2 22 55 10).

Was mehret meiner Sorgen Wucht?
Der Fiskus, der mein Konto sucht.

(Frei nach Don Quijote)

933 10.4.1 Freistellungsauftrag

Die Abgeltungsteuer können Sie – zumindest bis zur Höhe des Sparerpauschbetrages – vermeiden, indem Sie Ihrer Bank oder Ihrer Fondsgesellschaft einen Freistellungsauftrag erteilen (§ 44a Abs. 1 Nr. 1 EStG). Dies muss rechtzeitig geschehen, also noch vor Auszahlung der Kapitalerträge. Auf diese Weise wird der Sparerpauschbetrag nicht erst bei der Veranlagung berücksichtigt, sondern schon bei der Auszahlung der Kapitalerträge.

Der Freistellungsauftrag gilt nur für Erträge aus Konten und Wertpapierdepots, also nicht für Zinsen und Dividenden aus Tafelpapieren. Er darf den Höchstbetrag von 801 €/1.602 € (Alleinstehende/Ehegatten) nicht übersteigen, kann aber auf mehrere Banken aufgeteilt werden. Antragsformulare liegen bei den Banken aus. **Wer mehr als einen Freistellungsauftrag erteilt, sollte über die Verteilung und jede spätere Änderung genau Buch führen, denn Freistellungsaufträge gelten, sofern nicht anders vermerkt, zeitlich unbegrenzt.** Ein Widerruf ist jedoch mit Wirkung von einem Tag auf den anderen möglich.

Freistellungsauftrag als Fangeisen

Mit einem zu hohen Freistellungsauftrag holen Sie sich die Steuerfahnder ins Haus. Denn die Banken haben dem Bundeszentralamt für Steuern mitzuteilen, wem und in welcher Höhe Kapitalerträge steuerfrei ausgezahlt wurden. Der Super-Computer des Bundesamts für Finanzen filtert sodann all diejenigen Steuerzahler heraus, die über die Höchstbeträge hinaus steuerfrei kassiert haben, und informiert die Finanzämter. Schummeln ist also zwecklos. Wer nicht aufpasst und die Höchstbeträge nicht beachtet, macht sich beim Fiskus verdächtig. Dann schützt ihn niemand mehr, und der Fiskus kann nach eigenem Gutdünken die Bank um Auskünfte angehen. Also seien Sie auf der Hut!

Sind Sie längere Zeit arbeitslos, prüft die Agentur für Arbeit routinemäßig, ob Sie für die Arbeitslosenhilfe überhaupt bedürftig sind. Im Zuge dieser Prüfung kann die Agentur sich beim Bundesamt für Finanzen nach den von Ihnen erteilten Freistellungsaufträgen erkundigen. Das Bundesamt für Finanzen hat Amtshilfe nach § 111 AO zu leisten.

Haben Sie Zinsen oder Dividenden aus mehr als einer Bankverbindung, schätzen Sie überschlägig ab, was Sie jeweils erwarten können, und machen eine Aufstellung nach folgendem Muster 934

Geschätzte Zinsen und Dividenden bei	Bank A	Bank B
Zinsen aus Sparguthaben	....	....
Zinsen aus Festgeldern	....	....
Zinsen aus Bundesschatzbriefen	....	....
Zinsen aus Fondsanteilen	....	....
Dividenden aus Aktien	....	....
Dividenden aus Fondsanteilen	....	....
Summe	1.400 €	800 €

Als Verheirateter mit einem Freibetrag von 1.602 € erteilen Sie nun der Bank A einen Freistellungsauftrag über 1.400 € und der Bank B über den Rest von 202 €. Haben Sie sich verkalkuliert, können Sie den Freistellungsauftrag mit Wirkung von einem Tag auf den anderen widerrufen oder ändern.

Bausparzinsen freistellen?

»Und was soll ich als Bausparer oder als Sparer nach dem Vermögensbildungsgesetz machen?«, möchten Sie wissen.

Dafür brauchen Sie keinen Freistellungsauftrag. Denn auf diesen Konten liegen die Zinsen jahrelang auf Eis, Sie bekommen sie also nicht ausbezahlt. Ohne Freistellungsauftrag drückt Ihnen aber die Bausparkasse oder die Bank eine Steuerbescheinigung in die Hand, aus der sich ergibt, dass 25 % Steuer einbehalten worden sind. Die Steuerbescheinigung fügen Sie Ihrer Steuererklärung bei und bekommen auf diese Weise die Abgeltungsteuer (= 25 % Ihrer Zinsen) vorzeitig angerechnet oder erstattet. Da sind Sie baff, oder?
»Doch wird die Bausparkasse leider nur 75 % der Zinsen als Sparleistung bescheinigen«, wenden Sie ein. Das ist richtig, aber Cash in der Hand zählt mehr.

TIPP Geringverdiener beantragen NV-Bescheinigung 935

Wollen Sie mehr, als ein Freistellungsauftrag bewirken kann, nämlich die unbeschränkte steuerfreie Auszahlung von Kapitalerträgen, dann beantragen Sie beim Finanzamt eine Nichtveranlagungsbescheinigung (NV-Bescheinigung; § 44a Abs. 1 Nr. 2 EStG). Voraussetzung für eine solche Bescheinigung ist, dass bei Ihnen eine Veranlagung zur Einkommensteuer nicht in Betracht kommt, weil Ihr zu versteuerndes Einkommen den Grundfreibetrag der Einkommensteuertabelle von 8.820/17.640 € (Alleinstehende/Verheiratete) nicht übersteigt (§ 32a EStG). Dies ist vielfach bei Rentnern und Studenten der Fall. Nach Vorlage der NV-Bescheinigung, deren Geltungsdauer höchstens drei Jahre beträgt, wird die Bank keine Abschlagsteuern mehr einbehalten.

Beispiel
Herbert ist 76 Jahre alt (Jahrgang 1942), verheiratet und Rentner. Er bezieht seit 2005 eine Rente, die in 2017 monatlich 1.600 € betrug. Von der Rente zieht das Finanzamt einen Rentenfreibetrag in Höhe von 9.600 € ab (§ 22 EStG). Aus festverzinslichen Wertpapieren erzielt Herbert 4.500 € Zinsen und aus Aktien 2.500 € Dividende.

Steuern braucht Herbert nicht zu zahlen, also wird ihm sein Finanzamt auf Antrag eine NV-Bescheinigung ausstellen.
Und so rechnet das Finanzamt:

Zinseinnahmen	4.500 €		
Dividenden	2.500 €		
Summe der Kapitalerträge	7.000 €		
./. Sparerpauschbetrag	– 1.602 €		
Kapitaleinkünfte	5.398 €		> 5.398 €
Jahresbetrag der Rente		19.200 €	
./. Rentenfreibetrag =		– 9.600 €	
./. Werbungskostenpauschbetrag		– 102 €	
Renteneinkünfte		9.498 €	> 9.498 €
Summe der Einkünfte			14.896 €
./. Sonderausgabenpauschbetrag			– 72 €
./. Vorsorgeaufwendungen, geschätzt auf 6 % der Rente			– 1.152 €
Zu versteuerndes Einkommen			13.672 €

Die Einkommensteuertabelle für 2017 (§ 32 a EStG) beginnt für Verheiratete ab 17.640 €, so dass für Herbert und seine Frau keine Einkommensteuer anfällt.

936 ## 10.4.2 Steuerbescheinigung

Für Kapitalerträge, die dem Steuerabzug unterliegen, sind der Schuldner oder die auszahlende Stelle (z.B. Bank) nach § 45 a EStG verpflichtet, dem Gläubiger eine Steuerbescheinigung nach amtlich vorgeschriebenem Muster auszustellen, welche die in § 32 d EStG erforderlichen Angaben enthält. Nach Inhalt, Aufbau und Reihenfolge darf vom Muster nicht abgewichen werden.

Seite 22

Muster I

……………………………
……………………………
……………………………
(Bezeichnung der auszahlenden Stelle / des Schuldners der Kapitalerträge)

Adressfeld
……………………
……………………
……………………

Steuerbescheinigung

☐ Bescheinigung für alle Privatkonten und / oder -depots
☐ Verlustbescheinigung im Sinne des § 43a Abs. 3 Satz 4 EStG für alle Privatkonten und / oder -depots

Für

……………………………………………………………………………………………………
(Name und Anschrift der Gläubigerin / des Gläubigers / der Gläubiger der Kapitalerträge)

werden für das Kalenderjahr ………… folgende Angaben bescheinigt:

☐ *Steuerbescheinigung für Treuhand- / Nießbrauch- / Anderkonto /Wohneigentümergemeinschaft / Tafelgeschäfte (Nichtzutreffendes streichen)*

Dem Kontoinhaber / Der Kontoinhaberin werden
☐ *für das Kalenderjahr ……………/ ☐ für den Zahlungstag …………*

folgende Angaben bescheinigt:

Seite 23 Höhe der Kapitalerträge ....
Zeile 7 Anlage KAP
(ohne Erträge aus Lebensversicherungen im Sinne des § 20 Abs. 1 Nr. 6 Satz 2 EStG)

davon: Gewinn aus Kapitalerträgen im Sinne des § 20 Abs. 2 EStG ....
Zeile 8 Anlage KAP

davon: Gewinn aus Aktienveräußerungen im Sinne des
§ 20 Abs. 2 Satz 1 Nr. 1 EStG ....
Zeile 9 Anlage KAP

davon: Stillhalterprämien im Sinne des § 20 Abs. 1 Nr. 11 EStG ....
Zeile 10 Anlage KAP

Höhe der Kapitalerträge aus Lebensversicherungen im Sinne
des § 20 Abs. 1 Nr. 6 Satz 2 EStG ....

Ersatzbemessungsgrundlage im Sinne des § 43a Abs. 2 Satz 7, 10, 13 und 14 EStG ....
Enthalten in den bescheinigten Kapitalerträgen
Zeile 11 Anlage KAP

Höhe des nicht ausgeglichenen Verlustes **ohne** Verlust aus der Veräußerung von Aktien ......
Zeile 12 Anlage KAP

Höhe des nicht ausgeglichenen Verlustes aus der Veräußerung von Aktien im Sinne
des § 20 Abs. 2 Satz 1 Nr. 1 EStG ....
Zeile 13 Anlage KAP

Höhe des in Anspruch genommenen Sparer-Pauschbetrages ....
Zeile 14 oder 15 Anlage KAP

Kapitalertragsteuer ....
Zeile 50 Anlage KAP

Solidaritätszuschlag ....
Zeile 51 Anlage KAP

_ _ Kirchensteuer zur Kapitalertragsteuer ....
Zeile 52 Anlage KAP

Seite 24 Summe der angerechneten ausländischen Steuer
Zeile 53 Anlage KAP ....

Summe der anrechenbaren noch nicht angerechneten ausländischen Steuer
Zeile 54 Anlage KAP ....

Wir weisen Sie darauf hin, dass Sie bei negativem Ausweis verpflichtet sind, die hieraus resultierenden Erträge in Ihrer Einkommensteuererklärung – Zeile 17 der Anlage KAP - gemäß § 32d Absatz 3 EStG anzugeben.

☐ Leistungen aus dem Einlagekonto (§ 27 Abs. 1 – 7 KStG)

☐ Ausländischer thesaurierender Investmentfonds vorhanden
nur nachrichtlich:
Höhe der ausschüttungsgleichen Erträge aus ausländischen thesaurierenden Investmentvermögen und Mehr-/Mindestbeträge aus intransparenten Fonds ....
Zeile 17 Anlage KAP

Hierauf entfallende anrechenbare ausländische Steuer ....
Zeile 54 der Anlage KAP

☐ Im Zeitpunkt der Erstellung dieser Bescheinigung waren nicht alle Erträge der für Sie verwahrten ausländischen thesaurierenden Investmentvermögen bekannt. Wir weisen Sie darauf hin, dass Sie in Ihrer Einkommensteuererklärung in Zeile 17 der Anlage KAP sämtliche Erträge anzugeben haben.

Für folgende Investmentvermögen waren Erträge nicht bekannt:

Fondsbezeichnung	ISIN	Anzahl der Anteile

Bei Veräußerung / Rückgabe von Anteilen
Summe der als zugeflossen geltenden, noch nicht dem Steuerabzug unterworfenen Erträge aus Anteilen an ausländischen Investmentvermögen in Fällen des § 7 Abs. 1 Satz 1 Nr. 3 InvStG ....
(Diese Summe ist in der bescheinigten Höhe der Kapitalerträge enthalten und in der Anlage KAP von der Höhe der Kapitalerträge abzuziehen)

Quelle: BMF-Schreiben vom 20.12.2012, IV C 1 – S 2401/08/10001.

10.5 Woran sich sonst noch denken ließe 937

10.5.1 Nutzen Sie die Freibeträge Ihres Kindes

»Himmel, hilf! Was kann ich bloß tun, die ungerechte Steuer auf Kapitalerträge abzuwenden?«, wollen Sie wissen.
Zunächst ist gut zu wissen: Der Sparerpauschbetrag bewirkt, dass Sie mit einem Kapital von weniger als 40.050 €/80.100 € (Alleinstehende/Verheiratete), das mit 2 % verzinst wird, steuerlich ungeschoren davonkommen (2 % von 40.050 €/80.100 € = 801/1.602 €). Alle Erträge, die 801 €/1.602 € übersteigen, müssen Sie allerdings mit 25 % versteuern. Es sei denn, Sie suchen nach Wegen, die Steuer auszutricksen. Einer davon ist folgender: Übertragen Sie Ihrem Kind Vermögen. Denn Ihr Kind hat hohe Freibeträge, die ansonsten – solange es keine Einkünfte bezieht – Jahr für Jahr ungenutzt bleiben. Und schließlich erbt es ja später doch mal alles. Insgesamt kann Ihr Kind Einkünfte aus Kapitalvermögen in folgender Höhe steuerfrei beziehen:

Grundfreibetrag 2017	8.820 €
Freibetrag bei Zinseinnahmen	801 €
Zusammen	9.621 €

Sie könnten also, eine Verzinsung von 2 % vorausgesetzt, Wertpapiere und Sparguthaben von immerhin 400.000 € übertragen, ohne dass für Ihr Kind Steuer anfällt (9.621 € ÷ 2 × 100 = 481.050 €).
Zugleich bringen Sie das Finanzamt bei einem zukünftigen Erbgang um einen erklecklichen Teil. Denn das Erbschaftsteuergesetz erlaubt alle zehn Jahre die steuerfreie Übertragung von Vermögen auf Kinder in Höhe des gesetzlichen Freibetrags von je 400.000 € (§§ 15 und 16 ErbStG). Es ist aber ein Haken an der Sache: Das übertragene Vermögen muss endgültig in das Eigentum des Kindes übergegangen sein (BFH v. 24.4.1990 – BStBl 1990 II S. 539). Hinsichtlich übertragener Bankguthaben auf ein minderjähriges Kind hat der Bundesfinanzhof ausgeführt: »Richten die Eltern zwar ein Sparkonto auf den Namen des Kindes ein, verwalten dieses Vermögen aber nicht entsprechend den bürgerlichrechtlichen Vorschriften über die elterliche Vermögensfürsorge, sondern wie eigenes Vermögen, sind die Zinsen den Eltern zuzurechnen.«
Auf dem Kontoeröffnungsvordruck der Bank muss also das Kind als Gläubiger des Guthabens vermerkt sein. Daraus ergibt sich, dass die Eltern nur in ihrer Eigenschaft als gesetzliche Vertreter verfügungsberechtigt sind, also nur Anschaffungen für das Kind aus dem Guthaben tätigen dürfen.

Übrigens: Das Finanzamt will erst dann eine Steuererklärung von Ihrem Kind sehen, wenn seine Einkünfte den Betrag von 8.820 € übersteigen (§ 56 EStDV), da ansonsten ja ohnehin keine Steuer zu holen ist.

Vermögen für die Familie sichern
Wenn Sie Ihrem verheirateten Kind Vermögen übertragen, seien Sie klug und behalten Sie sich ein Rückforderungsrecht vor. Das übertragene Vermögen soll an Sie zurückfallen, falls Ihr Kind vor Ihnen sterben sollte. Dadurch verhindern Sie, dass Familienvermögen in den Besitz des Ehegatten Ihres Kindes und in dessen Familie übergeht.

Geldvermögen übertragen: der richtige Weg
Schenken Sie Ihrem Kind Geldvermögen, z.B. Sparguthaben oder Wertpapiere, argwöhnt der Fiskus schnell, die Schenkung sei nicht ernst gemeint. Deshalb müssen Sie mit handfesten Fakten aufwarten, damit überflüssige Erörterungen gar nicht erst aufkommen.

Dazu sollten Sie wissen: Die Zusage Ihrem Kind gegenüber, ihm Geldvermögen zu übertragen, bedarf eigentlich der notariellen Beurkundung (§ 518 Abs. 1 BGB). Wird diese Form nicht eingehalten, weil die Zusage gewöhnlich mündlich erfolgt, so wird der Formmangel durch den Vollzug, also die tatsächliche Übereignung des Geldvermögens, geheilt (§ 518 Abs. 2 BGB). Der Vollzug muss aber eindeutig sein.

Wollen Sie Wertpapiere in Form von Aktien, Anleihen, Pfandbriefen o. Ä. übertragen, wird dies durch Übergabe vollzogen (§§ 929 ff. BGB). Befinden sich die Wertpapiere jedoch im Depot einer Bank, so erfolgt die Übertragung durch die mündliche Einigung und die anschließende Abtretung des Herausgabeanspruchs gegen die Bank als Verwahrer (§§ 929, 931 BGB).

Die Abtretung des Herausgabeanspruchs sollten Sie als Beweis gegen den Fiskus in einem Schriftstück festhalten:

ABTRETUNGSERKLÄRUNG

Ich bin Eigentümer folgender Wertpapiere:

Bezeichnung	Stückzahl	Nennwert	Kurswert
....	....	....	....
....	....	....	....
....	....	....	....
....	....	....	....

in meinem Depot bei der ...... Nr. ......
(Name der Bank/Sparkasse)

```
Hiermit trete ich den Herausgabeanspruch gegen die
.............. (Name der Bank/Sparkasse)
hinsichtlich der oben genannten Wertpapiere ab an:
Herrn/Frau ....... geb. am .......
wohnhaft in .......

..............                ..............
(Ort, Datum)                  (Unterschrift)
```

Mit dieser Abtretungserklärung gehen Sie zu Ihrer Bank und bitten um Übertragung der Wertpapiere auf das neu einzurichtende oder bereits bestehende Depot Ihres Kindes. Hierfür hat die Bank passende Formulare vorrätig. Lassen Sie sich eine Kopie aushändigen, die Sie auf Anfrage dem Finanzamt präsentieren. Wenn Sie so vorgehen, klappt der Laden.
»Alles schön und gut«, sagen Sie. »Aber mir gefällt nicht, mich schon ausziehen, bevor ich schlafen gehe.«

Wovon du nicht sprechen kannst,
darüber musst du schweigen.
(Wittgenstein, Freund der Weisheit)

10.5.2 Schnüffelei nach Inlandskonten 938

Heutzutage noch klammheimlich bei einer Bank irgendwo in Deutschland ein schwarzes Konto zu unterhalten, wird Ihnen niemand mehr guten Gewissens empfehlen. Denn die Finanzämter, aber auch bestimmte andere Behörden, können auf relativ einfachem Weg alle inländischen Konten und Wertpapierdepots ausspionieren.
Zum Glück besteht bei Einkünften, die der Abgeltungsteuer unterliegen, grundsätzlich kein Ermittlungsbedarf mehr, denn die Konteninhaber können anonym bleiben (§ 43 Abs. 5 EStG). Deshalb ist bei Kapitalerträgen nur in dem von § 93 Abs. 7 AO gesetzten Rahmen ein **Kontenabruf zulässig** bei

- **Beantragung einer Einkommensteuerveranlagung** (Günstigerprüfung; § 32 d Abs. 6 EStG),
- Einbeziehung von Kapitalerträgen in andere steuerliche Grenzen, z.B. **Grenzen für Kinderfreibeträge, außergewöhnliche Belastungen** etc. (§ 2 Abs. 5 b EStG),
- Feststellung von **Einkünften aus Kapitalvermögen/Veräußerungsgeschäften bis zum Jahr 2008**.

Doch Vorsicht: Jeder Sachbearbeiter im Finanzamt kann ohne weiteres einen Kontenabruf starten, wenn ihm bei den Einkünften etwas verdächtig erscheint. Denn die Entscheidung über den Kontenabruf lässt sich leicht rechtfertigen.

Der Kontenabruf

Die Finanzbehörden können bei den Kreditinstituten über das Bundeszentralamt für Steuern Daten abrufen, wenn dies zur Festsetzung oder Erhebung von Steuern erforderlich ist und ein Auskunftsersuchen an den Steuerpflichtigen nicht zum Ziel geführt hat oder keinen Erfolg verspricht (§ 93 Abs. 7 i.V. m. § 93 b EStG). So lautet das Gesetz.
Der Betroffene ist zwar zu informieren, jedoch erst, wenn eine Kontoabfrage stattgefunden hat. Zunächst bekommt das Finanzamt lediglich mitgeteilt, ob und wenn ja welche Konten und Depots der Steuerzahler in Deutschland unterhält, aber nicht die Höhe der Kontostände. Dafür sind weitere Nachforschungen erforderlich. Hat der Bankkunde Steuerschulden, wird das Finanzamt das Konto pfänden. Sodann werden die Kontodaten für das Veranlagungsverfahren ausgewertet.
Im ersten Anlauf erhält das Finanzamt nur folgende Daten:

- die **Nummer eines Kontos oder Wertpapierdepots**,
- den **Tag der Einrichtung** und den Tag der **Auflösung des Kontos oder Depots**,
- den **Namen** sowie bei natürlichen Personen das **Geburtsdatum des Inhabers und eines Verfügungsberechtigten**,
- den **Namen** und die **Anschrift eines abweichend wirtschaftlich Berechtigten**.

»Ich verhalte mich ganz unauffällig, dann wird mir schon nichts passieren«, wenden Sie ein.
Wie ich weiß, haben Sie in den letzten Jahren gut verdient, aber in Ihren Steuererklärungen immer angegeben, dass Ihre Kapitalerträge unter dem Sparerpauschbetrag liegen. Eine Immobilie haben Sie auch nicht angeschafft. Der Finanzer könnte sich und bald auch Sie fragen: Wo ist das ganze Geld geblieben? Und wenn ihm Ihre Antwort »Alles verbraten« nicht plausibel erscheint, schwupp, ist ein Kontenabruf fällig. Haben Sie dem Finanzamt eine Bankverbindung verschwiegen, fliegen Sie nun auf. Denn der Finanzer kann nach einem Kontenabruf anhand der von Ihnen beigefügten Steuerbescheinigungen sofort erkennen, ob Sie alle Bankverbindungen offengelegt haben.
»Und wenn ich mein Geld auf dem Konto meiner Mutter gebunkert habe, die Rentnerin ist, ist das unauffällig genug?«, möchten Sie wissen.

Vielleicht, doch bedenken Sie: Ein Kontenabruf ist auch zulässig, um Konten oder Depots zu ermitteln, die nicht auf den Namen des Steuerzahlers lauten, über die er aber Kontovollmacht hat oder wirtschaftlich berechtigt ist, was das auch immer bedeuten mag.

Rechtzeitig das Schließfach räumen und Selbstanzeige erstatten

Doch nun spitzen Sie mal die Ohren: Die Finanzämter dürfen erst dann einen Kontenabruf tätigen, wenn ein Auskunftsersuchen an Sie nicht zum Ziel geführt hat. Allerdings droht auch dann ein Kontenabruf, wenn Sie sich kooperativ gezeigt haben, denn der Bearbeiter kann nach eigenem Gutdünken Ihre Auskünfte als nicht ausreichend einstufen.
Dies bedeutet: Der Finanzer muss Sie zunächst um Auskünfte bitten, bevor er einen Kontenabruf startet. Falls Sie aber Dreck am Stecken haben, ist es höchste Zeit, das Schließfach zu kündigen und zur Vermeidung eines Steuerstrafverfahrens nach § 371 AO ggfs. Selbstanzeige zu erstatten.
Nun könnte der Finanzer angewackelt kommen und behaupten, die Selbstanzeige komme zu spät, die Tat sei bereits entdeckt bzw. Sie hätten bei verständiger Würdigung der Sachlage damit rechnen müssen, dass die Tat entdeckt werde. In einem solchen Fall komme eine Selbstanzeige zu spät (§ 371 Abs. 2 AO). Damit liegt er aber voll daneben. Selbst nachdem ein Kontenabruf gestartet und erfolgreich ausgewertet wurde, ist eine wirksame Selbstanzeige noch möglich. Der Finanzer kann erst dann Ihre Selbstanzeige abschmettern, wenn der erfolgreiche Kontenabruf die Wahrscheinlichkeit beinhaltet, dass Sie eine Steuerhinterziehung begangen haben. Im Stadium des Kontenabrufs ist das aber nur Spekulation, keine Wahrscheinlichkeit.
Die Banken müssen alle Konten und Depots benennen, die in den letzten zehn Jahren – so lange gilt die **Aufbewahrungspflicht** für Kontounterlagen (§ 147 Abs. 3 AO) – geführt wurden. Zwar ist ein Kontenabruf erst ab dem 1.4.2005 zulässig, doch die schlichte Frage nach dem **»Tag der Errichtung«** eines Kontos oder Wertpapierdepots zwingt die Banken, alle Konten und Depots mitzuteilen, auf die sie noch Zugriff haben.

Was passiert nach einem erfolgreichen Kontenabruf?

Hat sich durch einen Kontenabruf herausgestellt, dass Sie nicht alle Konten und Depots angegeben haben, muss das Finanzamt Sie zunächst über das Ergebnis informieren. Es wird Sie also darauf hinweisen, dass es die betreffenden Kreditinstitute um Einzelauskunft (über Kontenstände und -bewegungen) ersuchen kann, wenn die Zweifel durch Ihre Angaben nicht ausgeräumt werden.

Merken Sie nun, wie raffiniert alles eingefädelt ist, um Sie zum gläsernen Steuerzahler zu degradieren? Oder soll ich Ihrer Phantasie noch etwas nachhelfen und Ihnen zeigen, was passieren kann?

Beispiel
Angenommen, Sie sind ins Visier des Finanzamts geraten, weil Sie trotz hoher Einkünfte erklärt haben, Ihre Kapitalerträge seien nicht höher als der Sparerpauschbetrag und Sie hätten keinerlei Spekulationsgewinne getätigt. Das Finanzamt hat daraufhin mit einem Kontenabruf gedroht und kurze Zeit später einen solchen gestartet. Dabei hat sich herausgestellt, dass Sie bei drei Banken Konten unterhalten und bei einer Bank seit 1999 ein Wertpapierdepot.
Das Finanzamt informiert Sie über das Ergebnis des Kontenabrufs und verlangt von Ihnen, die von den Banken erteilten Jahres- und Steuerbescheinigungen der letzten zehn Jahre (§ 44 a EStG) vorzulegen sowie für die letzten zehn Jahre die Zinsen und Erträge zu erklären. Gleichzeitig droht es mit einem Einzelauskunftsersuchen (§ 93 AO) bei den Banken, falls Sie die angeforderten Daten nicht vorlegen. Jetzt haben Sie den Salat.

Was darf ein Bankenprüfer alles aufschreiben?
Der Betriebsprüfer hat Zugang zu allen Bankunterlagen einschließlich der Kundenkonten. Er darf jedoch nicht so ohne weiteres Kontrollmitteilungen anfertigen, wenn es sich um Konten und Depots handelt, bei deren Errichtung eine Legitimationsprüfung vorgenommen worden ist (§ 30a Abs. 3 AO). Das umfasst aber nicht Kreditkonten und Zufallserkenntnisse mit Verdacht auf Steuerverkürzung. Solche Zufallserkenntnisse dürfen dem zuständigen Finanzamt sehr wohl mitgeteilt werden (BFH-Beschluss v. 2.8.2001 – VII B 290/99). Ein Verdacht auf Steuerverkürzung ist z.B. gegeben, wenn der Kunde Tafelgeschäfte außerhalb seiner Konten und Depots durch Bareinzahlungen und -abhebungen abwickelt.

Wird es Schwarzgeld immer geben?
Das jedenfalls behauptet Unternehmer Jochen K. »Andernfalls kann ich nirgendwo mitbieten und ein Schnäppchen machen«, so entschuldigt er sich.
Und wo bringt Jochen sein Schwarzgeld unter?
»Als Bargeld im Schließfach meiner Bank. Den größeren Rest als **Tafelpapiere eines thesaurierenden Rentenfonds in Luxemburg**. Ein thesaurierender Fonds schüttet keine Zinsen aus, sondern legt das Geld gleich wieder an. Das ist pflegeleicht, da brauche ich mich um nichts zu küm-

mern. Ich beobachte immer nur den aktuellen Preis. Kaufe die Papierchen in Luxemburg und lege sie dort in einen Safe.«
Jochen hat sich erkundigt und weiß, dass der Rentenfonds in Luxemburg auf die Zinserträge nur eine Abschlagsteuer (Quellensteuer) einbehält. (Siehe aber auch ➤ Rz 939.)

Das Schwarzgeld und die Erben

Wird ein Erbe dem lieben Anverwandten, der ihm Schwarzgeld hinterlassen hat, durch Selbstanzeige ein Strafverfahren anhängen wollen? Zumal der Erbe dann aus der Erbmasse eine Steuernachzahlung zu berappen hätte? Zu viel verlangt, oder? Obwohl er es nach dem Gesetz eigentlich tun müsste.
Oder: Lässt sich ohne Schwarzgeld ein gutes Schnäppchen machen, Mittelsmänner gut bei Laune halten? Wohl kaum. Selbst ein Weltkonzern wie Siemens musste jahrelang über fingierte Beraterverträge zig Millionen Euro in die Schweiz schmuggeln, um mit diesem Geld richtig ins Geschäft zu kommen.
»Was wollen Sie mir damit sagen?«, fragen Sie erstaunt.
Schwarzgeld wird es immer geben. Doch aufgepasst: Die Staatsbürokratie schreit nach Kohle, und ihr Büttel, der Fiskus, ist hinter Schwarzgeld her wie der Teufel hinter der armen Seele.
Der Fiskus betreibt seine Zinsschnüffelei höchst erfolgreich nicht nur im Inland (Kontenabrufverfahren), sondern dank CRS-Verfahren (CRS = Common Reporting Standard) auch im Ausland (siehe auch ➤ Rz 939).
Und dann gibt es da noch ein weiteres Problem: Irgendwann soll das Geld ja zurück nach Deutschland. Die Nummernkonten, von denen sich lange anonym Geld überweisen ließ, sind abgeschafft, denn Überweisungen hinterlassen Spuren, die das Finanzamt finden kann. Bleibt der Transport von Bargeld über die Grenze. Wer indessen mehr als 10.000 € an der Grenze nicht anmeldet, macht sich strafbar, so die EU-Verordnung 1889/2005. Darüber wachen auf beiden Seiten der Grenze die Zöllner.

Schwarzgeld im Schließfach

Ziemlich sicher aufgehoben ist Schwarzgeld – wie eh und je – im Schließfach einer Bank. Ein Schließfach deutet im Übrigen nicht unbedingt auf Schwarzgeld hin, auch nicht unbedingt auf Tafelpapiere, die im Gegensatz zu Bargeld goldene Eier legen. Es kann ebenso gut ein Aufbewahrungsort für wichtige Unterlagen sein, z.B. für ein Testament, für heikle Korrespondenz, für Münzen, Schmuck etc., ist also ziemlich unverdächtig. Die Bank muss zwar auf Anfrage des Fiskus Auskünfte darüber erteilen, ob der Kunde ein Schließfach unterhält, kann aber nichts über dessen Inhalt sagen.

Droht ein Kontenabruf, ist es aber allemal besser, das Schließfach zu kündigen, zumindest aber Schwarzgeld und Tafelpapiere rauszuräumen.

Was darf der Fiskus, wenn die Steuerfahndung Ihren Fall übernimmt?
Im steuerstrafrechtlichen Ermittlungsverfahren dürfen die Finanzämter für Steuerstrafsachen und Steuerfahndung von Banken ohne jegliche Einschränkungen Auskünfte verlangen. Dies gilt sogar europaweit (BGBl 2005 II S. 661). Die fiskalischen Strafverfolgungsstellen dürfen nach Einleitung eines Strafverfahrens (selbst wenn nur ein Verdacht auf Steuerhinterziehung besteht) Bankkonten inkl. Kontobewegungen und Empfängerkonten in anderen EU-Mitgliedstaaten erfragen. Dazu ist es nicht einmal erforderlich, dem Betroffenen Gelegenheit zu freiwilligen Auskünften zu geben. Bisher haben außer der Bundesrepublik Deutschland 14 weitere EU-Länder das Protokoll umgesetzt, darunter Österreich. Auch Länder außerhalb der EU haben sich zur gegenseitigen Amtshilfe bereit erklärt, z. B. die USA.

Wenn die Steuerfahndung wissen will, welche Konten Sie im Inland unterhalten, kann sie natürlich auch einen schlichten Kontenabruf starten.

Auch andere Strafverfolgungsbehörden können z. B. zur Bekämpfung von Terroristen und Schwerstkriminellen nach § 24 c KWG von Banken Auskünfte anfordern.

939 10.5.3 Schnüffelei nach Auslandskonten

Auch Auslandskonten sind vor dem Fiskus nicht mehr sicher. Denn von ausländischen Kapitalerträgen wird meistens vom ausländischen Staat Abschlagsteuer einbehalten (Quellensteuer genannt) und an den dortigen Fiskus abgeführt. Doch auch der deutsche Fiskus will sein Scherflein abhaben. Schließlich hat der Sparer seinen Wohnsitz in Deutschland und ist hier – prinzipiell mit seinen gesamten Einkünften – unbeschränkt steuerpflichtig. Damit der Sparer nicht doppelt geschröpft wird, vom ausländischen und vom hiesigen Fiskus, greifen sog. Doppelbesteuerungsabkommen (DBA) ein. Dem Namen zum Trotz sind es Abkommen zur Vermeidung einer doppelten Besteuerung.

Nach dem OECD-Musterabkommen hat bei Einkünften aus Kapitalvermögen grundsätzlich der **Wohnsitzstaat das Besteuerungsrecht**. Vielfach wurde aber auch die **Anrechnungsmethode** vereinbart, bei der prinzipiell jedem Staat das Besteuerungsrecht zuerkannt wird, aber die im Ausland gezahlte Steuer ganz oder zum Teil auf die einheimische (deutsche) Einkommensteuer angerechnet wird (§ 34 c EStG).

Der zwischenstaatliche Zinsinformationsaustausch

Die Deutschen sind reich, aber mehr als 500 Milliarden € ihres Vermögens sind unversteuertes Geld, das jenseits der Grenze lagert. In anderen Ländern ist es ähnlich. Deshalb verschärfen die Staaten rund um den Globus ihr Vorgehen gegen Steuersünder.

Mit dem CRS-Verfahren im Rücken wird Zinsschnüffelei in großem Stil betrieben. Dieses Verfahren verfolgt das Ziel, die effektive Besteuerung der Zinserträge von natürlichen Personen im Gebiet der OECD-Staaten sicherzustellen. Rechtliche Grundlage ist das Gesetz zum automatischen Austausch von Informationen über Finanzkonten in Steuersachen (FKAustG).

Quellensteuerabzug

Österreich, Luxemburg und Belgien haben für sich indessen eine Ausnahmeregelung durchgesetzt. Dort bestehen die Regierungen weiterhin auf dem Bankgeheimnis, verschicken auch keine Kontrollmitteilungen. Stattdessen haben sich diese drei Staaten für die von den EU-Partnern eröffnete Möglichkeit entschieden, von den Zinseinkünften der Ausländer eine Quellensteuer von 35 % abzuziehen, die zu 75 % an das Herkunftsland des Anlegers überwiesen wird. Die restlichen 25 % sind »Bearbeitungsgebühren«. Dies trifft weitgehend nur die kleineren Sparer. Wer höhere Beträge z.B. in eine Firma einbringt, entgeht der Quellensteuer.

Die Vernunft verfolgt mich,
doch ich bin schneller.
(Späte Erkenntnis)

Was so alles passiert, wenn Sie das Zeitliche segnen

Nach Ihrem Ableben schützen weder Datenschutz noch Dienst-, Bank- oder Steuergeheimnisse Ihre Erben, denn Ihr Finanzamt wird umfassend informiert: vom Standesamt über Ihr Ableben, was die Erbschaftsteuerstelle interessiert zur Kenntnis nimmt. Diese nimmt auch die Mitteilungen Ihrer Bank über Ihr Vermögen und Ihrer Lebensversicherung über die zur Auszahlung anstehenden Versicherungssummen entgegen. Außerdem meldet der Notar alle früheren Beurkundungen und Anordnungen, soweit sie für die Erbschaftsteuer von Bedeutung sein könnten. Ihre Erben brauchen sich also nicht zu wundern, wenn ihnen eine Erbschaftsteuererklärung ins Haus flattert und außerdem Einkommensteuerformulare für alte Jahre, die sie ausfüllen sollen, wenn nicht alle Zinsen angegeben wurden.

»Dann erfahren die Finanzämter gottlob erst nach meinem Tod, wie ehrlich ich es mit den Zinsen gehalten habe. Doch halt, meine Ersparnisse schlummern als Festverzinsliche und Finanzierungsschätzchen in meinem Schließfach«, sagen Sie.
Selbstverständlich muss die Bank auch Ihr Schließfach melden, aber nur dessen Existenz, nicht den Inhalt. Denn den Inhalt nimmt die Bank auch nach Ihrem Tod nicht zur Kenntnis, egal ob Ihre Erben eine Vollmacht für das Schließfach haben oder mit einem Erbschein kommen (Quelle: §§ 33 und 34 ErbStG).

Ruhig mal egoistisch sein? Zielgenau pleite!
Im Alter bescheiden von den Zinsen leben, diese auch noch gewissenhaft versteuern und dafür den Kindern ein Vermögen hinterlassen? Wenn Ihre Kinder gut versorgt sind, aus eigener Kraft ihr Auskommen haben, wer könnte es Ihnen da verdenken, wenn Sie Ihr Vermögen nach und nach aufzehren? Bei einem Kapital von 100.000 € können Sie mindestens 15 Jahre lang jedes Jahr 8.000 € verprassen, marktübliche Zinsen vorausgesetzt. Nach einem arbeitsreichen Leben zielgenau und behaglich mit dem Tod pleite, auch das ist Lebensplanung.

Der Mensch fürchtet die Zeit.
(Aus Arabien)

11 Die Anlage R

Renten und andere Leistungen 940

Die sonstigen Einkünfte (§ 22 EStG) sind in zwei getrennten Formularen zu erklären, in der Anlage SO (Sonstige Einkünfte) und in der hier behandelten Anlage R (Renten).
In der Anlage R sind anzugeben

- **Einkünfte aus Renten** (§ 22 Nr. 1 EStG, > Zeile 4–20),
- **Leistungen aus Altersvorsorgeverträgen** (§ 22 Nr. 5 EStG, > Zeile 31–51).

Der Fiskus fasst die Rentner immer härter an. In 2005 wurde der Besteuerungsanteil von vormals rd. 27 % auf 50 % angehoben und nimmt seitdem bei jedem neuen Rentnerjahrgang jährlich um 2 % zu. Für 2017 liegt er bei 74 %, im Jahr 2040 werden es 100 % sein. Auch werden künftige Rentenanpassungen in voller Höhe besteuert. Ein ausgeklügeltes Kontrollsystem sorgt außerdem dafür, dass dem Fiskus kein Rentner durch die Lappen geht.

Rasterfahndung 941
Die Meldungen der Rentenkassen laufen durch ein Raster. Wer nur eine Rente hat, ist meist fein raus. Dazu unten mehr. Wer Altersbezüge aus mehr als einer Quelle hat, egal wie hoch, bleibt im Raster hängen und muss damit rechnen, dass man ihn auffordert, eine Steuererklärung abzugeben.
Doch nicht jeder, der zur Abgabe einer Steuererklärung aufgefordert wird, muss tatsächlich Steuern zahlen. Auf vielerlei Art und Weise lässt sich das steuerpflichtige Einkommen drücken.

11.1 Das Wichtigste im Überblick

Was ist von der Rente steuerpflichtig? 942
Renten sind grundsätzlich steuerpflichtig, nur einige Arten sind nach § 3 EStG in vollem Umfang steuerfrei und brauchen nicht angegeben zu werden. Dazu gehören etwa Renten aus der gesetzlichen Unfallversicherung

(z.B. Berufsgenossenschaftsrenten), Kriegs- und Schwerbeschädigtenrenten.
Die steuerpflichtigen Renten teilen sich in **drei Gruppen**:

Gruppe 1 (> Zeile 4–13)

- Leibrenten aus der gesetzlichen Rentenversicherung
- Leibrenten aus landwirtschaftlichen Alterskassen
- Leibrenten aus berufsständischen Versorgungseinrichtungen
- Leibrenten aus kapitalgedeckten Rentenversicherungen mit Laufzeit nach dem 31.12.2005 (sog. Rürup-Renten)

Renten der Gruppe 1 unterliegen nur mit einem bestimmten Anteil der Besteuerung, der sich nach dem Jahr des Rentenbeginns richtet. Bei Beginn der Rente im Jahr 2017 beträgt der Besteuerungsanteil 74 %.

Der Rentenfreibetrag
Wenn von einem gewissen Besteuerungsanteil die Rede ist, so ist das nur die halbe Wahrheit. In Wirklichkeit erhalten die Rentner einen Freibetrag, der lebenslang festgeschrieben wird. Auf diese Weise werden alle künftigen Rentenerhöhungen in voller Höhe steuerpflichtig. Zu diesem Skandal mehr unter ➤ Rz 988.

Gruppe 2 (> Zeile 14–20)

- Sonstige, insbesondere private Leibrenten

Leibrenten, die nicht in > Zeile 4–13 einzutragen sind, werden mit dem Ertragsanteil besteuert (Tabelle 2 und 3 ➤ Rz 971).

Gruppe 3 (> Zeile 31–51)

- Leistungen aus Altersvorsorgeverträgen (sog. Riester-Rente)
- Leistungen aus der betrieblichen Altersversorgung
- Leistungen aus Zusatzversorgungskassen VBL oder ZVK

Diese Leistungen sind in voller Höhe steuerpflichtig. Zu den Ausnahmen siehe ➤ Rz 991.

Berechnungsschema für Renten

Leibrenten (1) laut > Zeile 4		
Rentenbetrag im Jahr 2017	.... €	
./. Rentenfreibetrag (➤ Rz 988)	– .... €	
./. Werbungskosten, mind. Pauschbetrag 102 €	– .... €	
Summe	.... €	> .... €

Leibrenten (2) laut > Zeile 14		
Rentenbetrag im Jahr 2017	.... €	
Davon Ertragsanteil nach Tabelle 2 oder 3 (➤ Rz 971)	.... €	
./. Werbungskosten, mind. Pauschbetrag 102 €	– .... €	
Summe	.... € >	.... €
Renteneinkünfte 2017		.... €

Berechnungsschema für Renten aus Altersvorsorgeverträgen

***Renten** aus Altersvorsorgeverträgen und betrieblicher Altersvorsorge lt. > Zeile 31–51*	.... €
./. Werbungskosten, mind. Pauschbetrag 102 €	– .... €
Einkünfte	.... €

Wenn beide Ehepartner Rente beziehen, muss jeder eine Anlage R abgeben.

Für Otto Normalrentner ist das Ausfüllen der Anlage R ein Klacks!
Wohl kaum jemand hat es gern, im Alter noch von einer Behörde belästigt zu werden, schon gar nicht vom Finanzamt. Denn dessen Absicht ist eindeutig: Es will auch noch von den Altersbezügen einen Teil abhaben. Hinzu kommt der Formularkram. Gottlob ist für Sie als Otto Normalrentner die Abgabe der Anlage R ein Klacks.

Beispiel
Sie haben in 2017 eine Jahresbruttorente (vor Abzug von Beiträgen zur Kranken- und Pflegeversicherung) in Höhe von 11.040 € bezogen. Diesen Betrag entnehmen Sie der Mitteilung über die Rentenanpassung zum 1.7.2017. Im Rentenbetrag sind Rentenanpassungen von 122 € enthalten. Rentenbeginn war am 1.3.2009.

Sie tragen ein in Anlage R Seite 1:

ANLAGE R 2018
Renten und andere Leistungen

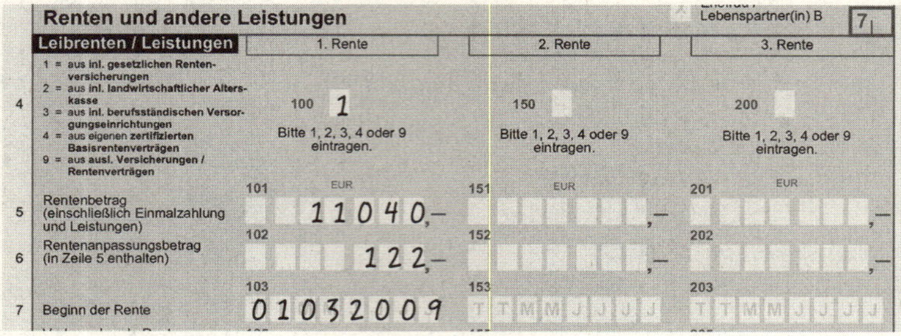
Renten und andere Leistungen — Lebenspartner(in) B — 7

Leibrenten / Leistungen	1. Rente	2. Rente	3. Rente
4 — 1 = aus inl. gesetzlichen Rentenversicherungen; 2 = aus inl. landwirtschaftlicher Alterskasse; 3 = aus inl. berufsständischen Versorgungseinrichtungen; 4 = aus eigenen zertifizierten Basisrentenverträgen; 9 = aus ausl. Versicherungen / Rentenverträgen	100 1 — Bitte 1, 2, 3, 4 oder 9 eintragen.	150 — Bitte 1, 2, 3, 4 oder 9 eintragen.	200 — Bitte 1, 2, 3, 4 oder 9 eintragen.
5 — Rentenbetrag (einschließlich Einmalzahlung und Leistungen)	101 EUR 11040,–	151 EUR ,–	201 EUR ,–
6 — Rentenanpassungsbetrag (in Zeile 5 enthalten)	102 122,–	152 ,–	202 ,–
7 — Beginn der Rente	103 01032009	153 T T M M J J J J	203 T T M M J J J J

Da Sie in 2009 in Rente gegangen sind, erhalten Sie einen Rentenfreibetrag von 42 % (➤ Rz 988), den das Finanzamt auf der Grundlage Ihrer Jahresrente für 2010 festgestellt hat.
Sie versteuern für 2017:

Rentenbetrag > Zeile 5	11.040 €
./. Rentenfreibetrag (Jahresbruttorente – Rentenanpassungen × 42 %)	– 4.906 €
./. Werbungskostenpauschbetrag	– 102 €
Verbleiben als steuerpflichtige Renteneinkünfte	6.032 €

Mit Renteneinkünften in dieser Höhe sind Sie – auch als Alleinstehender – steuerlich voll und ganz aus dem Schneider, sofern nicht andere Einkünfte hinzukommen. Siehe dazu Fälle unter ➤ Rz 949 ff.

2017

Anlage R

Jeder Ehegatte / Lebenspartner mit Renten und Leistungen aus Altersvorsorgeverträgen hat eine eigene Anlage R abzugeben.

Zeile		
1	Name	
2	Vorname	
3	**Steuernummer**	X stpfl. Person / Ehemann Lebenspartner(in) A
		X Ehefrau / Lebenspartner(in) B

Renten und andere Leistungen 7

Zeile	**Leibrenten / Leistungen**	1. Rente	2. Rente	3. Rente
4	1 = **aus inl. gesetzlichen Rentenversicherungen** 2 = **aus inl. landwirtschaftlicher Alterskasse** 3 = **aus inl. berufsständischen Versorgungseinrichtungen** 4 = aus eigenen **zertifizierten Basisrentenverträgen** 9 = **aus ausl. Versicherungen / Rentenverträgen**	100 Bitte 1, 2, 3, 4 oder 9 eintragen.	150 Bitte 1, 2, 3, 4 oder 9 eintragen.	200 Bitte 1, 2, 3, 4 oder 9 eintragen.
5	Rentenbetrag (einschließlich Einmalzahlung und Leistungen)	101 EUR ,–	151 EUR ,–	201 EUR ,–
6	Rentenanpassungsbetrag (in Zeile 5 enthalten)	102 ,–	152 ,–	202 ,–
7	Beginn der Rente	103 TTMMJJJJ	153 TTMMJJJJ	203 TTMMJJJJ
8	Vorhergehende Rente: Beginn der Rente	105 TTMMJJJJ	155 TTMMJJJJ	205 TTMMJJJJ
9	Ende der Rente	106 TTMMJJJJ	156 TTMMJJJJ	206 TTMMJJJJ
10	Nachzahlungen für mehrere vorangegangene Jahre / Kapitalauszahlung (in Zeile 5 enthalten)	111 ,–	161 ,–	211 ,–
	Öffnungsklausel:			
11	Prozentsatz (lt. Bescheinigung Ihres Versorgungsträgers)	112 , %	162 , %	212 , %
12	die Rente erlischt / wird umgewandelt spätestens am	113 TTMMJJJJ	163 TTMMJJJJ	213 TTMMJJJJ
13	bei Einmalzahlung: Betrag	114 ,–	164 ,–	214 ,–

Zeile	**Leibrenten** (ohne Renten lt. Zeile 4)	1. Rente	2. Rente	3. Rente
14	6 = **aus inl. privaten Rentenversicherungen** 7 = **aus inl. privaten Rentenversicherungen** mit zeitlich **befristeter Laufzeit** 8 = **aus sonstigen Verpflichtungsgründen** (z. B. Renten aus Veräußerungsgeschäften) 9 = **aus ausl. Versicherungen**	130 Bitte 6, 7, 8 oder 9 eintragen.	180 Bitte 6, 7, 8 oder 9 eintragen.	230 Bitte 6, 7, 8 oder 9 eintragen.
15	Rentenbetrag	131 EUR ,–	181 EUR ,–	231 EUR ,–
16	Beginn der Rente	132 TTMMJJJJ	182 TTMMJJJJ	232 TTMMJJJJ
17	Geburtsdatum des Erblassers bei Garantiezeitrenten	136 TTMMJJJJ	186 TTMMJJJJ	236 TTMMJJJJ
18	Die Rente erlischt mit dem Tod von			
19	Die Rente erlischt / wird umgewandelt spätestens am	133 TTMMJJJJ	183 TTMMJJJJ	233 TTMMJJJJ
20	Nachzahlungen für mehrere vorangegangene Jahre (in Zeile 15 enthalten)	134 ,–	184 ,–	234 ,–

Steuerstundungsmodelle

Zeile		
	Einkünfte aus Gesellschaften / Gemeinschaften / ähnlichen Modellen i. S. d. § 15b EStG (lt. gesonderter Aufstellung)	EUR
21		,–

2017AnlR121 **2017AnlR121**

ANLAGE R
Renten und andere Leistungen

2018

Leistungen aus Altersvorsorgeverträgen und aus der betrieblichen Altersversorgung

Zeile			1. Rente (EUR)		2. Rente (EUR)
31	Leistungen aus einem Altersvorsorgevertrag, einem Pensionsfonds, einer Pensionskasse oder aus einer Direktversicherung lt. Nummer 1 der Leistungsmitteilung	500	,—	550	,—
32	Leistungen aus einem Pensionsfonds lt. Nummer 2 der Leistungsmitteilung	501	,—	551	,—
33	Bemessungsgrundlage für den Versorgungsfreibetrag	502	,—	552	,—
34	Maßgebendes Kalenderjahr des Versorgungsbeginns	524	JJJJ	574	JJJJ
35	Bei unterjähriger Zahlung: Erster und letzter Monat, für den Versorgungsbezüge gezahlt wurden	522	Monat MM — 523 Monat MM	572	Monat MM — 573 Monat MM
36	Leistungen aus einer betrieblichen Altersversorgung lt. Nummer 3 der Leistungsmitteilung	505	,—	555	,—
37	Beginn der Leistung	506	TTMMJJJJ	556	TTMMJJJJ
38	Beginn der vorhergehenden Leistung	518	TTMMJJJJ	568	TTMMJJJJ
39	Ende der vorhergehenden Leistung	519	TTMMJJJJ	569	TTMMJJJJ
40	Leibrente aus einem Altersvorsorgevertrag oder aus einer betrieblichen Altersversorgung lt. Nummer 4 oder Leistungen wegen schädlicher Verwendung lt. Nummer 8a der Leistungsmitteilung	507	,—	557	,—
41	Beginn der Rente	508	TTMMJJJJ	558	TTMMJJJJ
42	Geburtsdatum des Erblassers bei Rentengarantiezeit	530	TTMMJJJJ	580	TTMMJJJJ
43	Abgekürzte Leibrente aus einem Altersvorsorgevertrag oder aus einer betrieblichen Altersversorgung lt. Nummer 5 oder Leistungen wegen schädlicher Verwendung lt. Nummer 8b der Leistungsmitteilung	509	,—	559	,—
44	Beginn der Rente	510	TTMMJJJJ	560	TTMMJJJJ
45	Die Rente erlischt / wird umgewandelt spätestens am	511	TTMMJJJJ	561	TTMMJJJJ
46	Andere Leistungen lt. den Nummern 6, 7 und 9 oder Leistungen wegen schädlicher Verwendung lt. den Nummern 8c und 8d der Leistungsmitteilung oder der Auflösungsbetrag bei Aufgabe der Selbstnutzung oder der Reinvestitionsabsicht **vor** dem Beginn der Auszahlungsphase oder der Verminderungsbetrag lt. Bescheid der Zentralen Zulagenstelle für Altersvermögen	512	,—	562	,—
47	Auflösungsbetrag bei Wahl der Einmalbesteuerung des Wohnförderkontos lt. Bescheid der Zentralen Zulagenstelle für Altersvermögen	535	,—	585	,—
48	Auflösungsbetrag bei Aufgabe der Selbstnutzung oder der Reinvestitionsabsicht **nach** dem Beginn der Auszahlungsphase lt. Bescheid der Zentralen Zulagenstelle für Altersvermögen	536	,—	586	,—
49	Beginn der Auszahlungsphase	537	TTMMJJJJ	587	TTMMJJJJ
50	Zeitpunkt der Aufgabe der Selbstnutzung oder der Reinvestitionsabsicht	538	TTMMJJJJ	588	TTMMJJJJ
51	Nachzahlungen für mehrere vorangegangene Jahre (lt. Nummer 10 der Leistungsmitteilung)	516	,—	566	,—

Werbungskosten

Zeile			EUR
52	Werbungskosten zu den Zeilen 5 und 15 (Art der Aufwendungen)	800	,—
53	Werbungskosten zu den Zeilen 10 und 20 (Art der Aufwendungen)	801	,—
54	Werbungskosten zu den Zeilen 31 und 46 (Art der Aufwendungen)	802	,—
55	Werbungskosten zu Zeile 32 (Art der Aufwendungen)	803	,—
56	Werbungskosten zu den Zeilen 36, 40 und 43 (Art der Aufwendungen)	806	,—
57	Werbungskosten zu Zeile 47 (Art der Aufwendungen)	808	,—
58	Werbungskosten zu Zeile 48 (Art der Aufwendungen)	809	,—
59	Werbungskosten zu Zeile 51 (Art der Aufwendungen)	805	,—

2017AnlR122

2017AnlR122

11.2 Wann ist eine Anlage R abzugeben?

Streng nach dem Buchstaben des Gesetzes aus § 56 EStDV ist eine Steuererklärung fällig, wenn der Gesamtbetrag der Einkünfte den Betrag von **8.820/17.640 €** (Alleinstehende/Ehegatten) übersteigt. Die Hürde, ab der tatsächlich Steuern anfallen, ist aber wesentlich höher. Ob der Einzelne aus seiner Rente Steuern zu zahlen hat, hängt von vielen unterschiedlichen Faktoren ab. Einfluss nehmen z. B. Familienstand, weitere Einkünfte, Höhe der Versicherungsbeiträge und außergewöhnliche Belastungen. 943

11.2.1 Das Finanzamt schickt Ihnen Steuerformulare ins Haus 944

Mal angenommen, Sie haben gut geerbt und bislang noch keine Steuererklärung abgegeben. Das könnte ein Anlass sein, Ihnen Steuerformulare zuzusenden mit der Aufforderung, die Erklärung bis zu einem bestimmten Termin abzugeben. Oder das Finanzamt hat über die Rentenbezugsmitteilungen ➤ Rz 989 von Ihrer guten Rente erfahren. Jetzt sind Sie dran. **Doch Sie husten ihm was und schreiben:**

An Finanzamt Neuhausen

Ihr Schreiben vom ....

Sehr geehrte Damen und Herren,
ich bitte Sie, mich von der Abgabe der Steuererklärung zu entbinden, die mir altersbedingt sehr viel Mühe macht. Nach dem Gesetz bin ich nicht erklärungspflichtig, weil meine Einkünfte den Betrag von 8.820 € (Alleinstehende)/17.640 € (Verheiratete) nicht übersteigen. Sofern Sie meinem Antrag entsprechen, erübrigt sich ein Bescheid.

Hochachtungsvoll
Walter Knecht

Nun warten Sie ab, was passiert.

Das Beste geben die Götter uns umsonst.
(Ernst Jünger in Marmorklippen)

TIPP Lassen Sie sich eine Ausfüllhilfe von der Rentenkasse schicken! 945

Damit Sie als Rentner nicht erst alle Bescheinigungen der gesetzlichen Rentenversicherung zusammensuchen und dann alles selbst ausrechnen müssen, hilft Ihnen die Deutsche Rentenversicherung Nord mit einer Bescheini-

gung. Deren Zahlen können Sie dann ganz einfach in die Steuererklärung übertragen. In der Bescheinigung ist auch gleich angegeben, in welcher Anlage und Zeile der Steuererklärung die Beiträge einzutragen sind.
Die Bescheinigung können Sie unter anderem am kostenlosen Servicetelefon der Deutschen Rentenversicherung Nord unter 0800 1000 48022 anfordern. Sollten Sie die Bescheinigung schriftlich anfordern, vergessen Sie nicht, Ihre Versicherungsnummer und die vollständige Anschrift anzugeben.
Wichtig: Wer die Bescheinigung schon in den zurückliegenden Jahren angefragt hat, erhält sie in diesem Jahr automatisch zugesandt.

946 **11.2.2 Erklärungspflichten**

Bevor Sie sich an Ihre Steuererklärung machen, sollten Sie wissen: Jeder mit Wohnsitz im Inland muss nach § 56 EStDV von sich aus eine Steuererklärung abgeben, wenn der Gesamtbetrag seiner Einkünfte 8.820 €/17.640 € (Alleinstehende/Ehegatten) übersteigt.
Sie können die Höhe Ihrer Renteneinkünfte nach folgendem Schema berechnen:

Jahresbetrag der Rente	.... €
./. Freibetrag (➤ Rz 988)	– .... €
./. Werbungskostenpauschbetrag	– 102 €
Gesamtbetrag der Einkünfte	.... €

Bei der Berechnung Ihres zu versteuernden Einkommens werden vorab vom Gesamtbetrag der Einkünfte abgezogen:

- 1.500 €/3.000 € für sonstige Vorsorgeaufwendungen (Versicherungsbeiträge),
- 36 €/72 € als Pauschbetrag für Sonderausgaben (§ 10 c EStG),
- weitere Abzüge, wie z.B. als Behinderter, andere außergewöhnliche Belastungen wie Krankheitskosten, haushaltsnahe Dienstleistungen etc.,
- der Grundfreibetrag von 8.820/17.640 € (§ 32 a EStG),
- der Altersentlastungsbetrag (➤ Rz 947) und der Versorgungsfreibetrag (➤ Rz 948).

Altrentner
Wer 2004 oder früher in Rente gegangen ist, bei dem sind 50 % der Rente steuerpflichtig. Berücksichtigt man die o.g. Abzüge, sind Altrentner erst ab einer Rente von ca. 19.000 €/38.000 € (Alleinstehende/Ehegatten) steuerpflichtig. Als Otto Normalrentner bleiben Sie somit von der Steuer verschont.

Neurentner

Für spätere Jahrgänge steigt der steuerpflichtige Anteil an, bis im Jahr 2040 die gesamte Rente zu versteuern ist (➤ Rz 988). Wer z.B. in 2017 in Rente geht, versteuert schon 74 % der Rente und ist somit ab etwa 14.000/28.000 € (Alleinstehende/Ehegatten) steuerpflichtig.

Nebeneinkünfte schön und gut, aber?

Bei Ihren Überlegungen sollten Sie nicht vergessen, Ihre weiteren Einkünfte in die Berechnung einzubeziehen. Mit zusätzlichen Nebeneinkünften z.B. aus

- einer nichtselbständigen Nebentätigkeit auf Lohnsteuerkarte (gilt auch für Beamten- und Betriebspensionen)
- oder Grundbesitz kommen viele auf einen Gesamtbetrag der Einkünfte, der zur Abgabe einer Steuererklärung verpflichtet.

Gut zu wissen:
Lohn aus einem 450-€-Job bleibt außen vor

Viele Rentner verdienen sich nebenbei etwas hinzu. Geschieht dies in einem Minijob bis 450 € im Monat, wird der Lohn pauschal vom Arbeitgeber übernommen, die Besteuerung ist damit abgegolten (§ 40 Abs. 3 EStG). In der Steuererklärung hat also Lohn aus einem Minijob nichts zu suchen, auch nicht in der eines Rentners.

Kapitalerträge bleiben wegen der Abgeltungsteuer ebenfalls außen vor, brauchen also nicht erklärt zu werden (§ 43 Abs. 5 und § 2 Abs.5 b Satz 1 EStG).

Der Altersentlastungsbetrag (§ 24 a EStG) 947

Der Altersentlastungsbetrag steht allen zu, die 65 Jahre und älter sind. Bezogen auf das Jahr 2017, muss der Steuerzahler dazu vor dem 2.1.1953 geboren sein. Dann erhält er erstmalig den Altersentlastungsbetrag in Höhe eines bestimmten Prozentsatzes auf die positive Summe seiner Einkünfte (ohne die Einkünfte aus Renten und Pensionen). Zugleich wird ein Höchstbetrag festgesetzt.

Prozentsatz und Höchstbetrag gelten ab da lebenslang in unveränderter Höhe.

Der Altersentlastungsbetrag wird für jeden Seniorenjahrgang bis zum Jahr 2040 – bis 2020 um 1,6, ab 2021 um 0,8 Prozentpunkte je Jahr – schrittweise abgeschmolzen (siehe Tabelle).

Der Altersentlastungsbetrag steht von Amts wegen zu, braucht also nicht beantragt zu werden. Das Finanzamt berücksichtigt ihn automatisch. Für die Frage, ob Sie eine Steuererklärung abgeben müssen, sollten Sie aber wissen, wie hoch er ist:

Festschreibung im auf die Vollendung des 64. Lebensjahres folgenden Kalenderjahr	Altersentlastungsbetrag in % der Einkünfte	Altersentlastungsbetrag Höchstbetrag in Euro
2005 (Geburtsjahrgang 1940 und früher)	40,0	1.900
2006 (Geburtsjahrgang 1941)	38,4	1.824
2007 (Geburtsjahrgang 1942)	36,8	1.748
2008 (Geburtsjahrgang 1943)	35,2	1.672
2009 (Geburtsjahrgang 1944)	33,6	1.596
2010 (Geburtsjahrgang 1945)	32,0	1.520
2011 (Geburtsjahrgang 1946)	30,4	1.444
2012 (Geburtsjahrgang 1947)	28,8	1.368
2013 (Geburtsjahrgang 1948)	27,2	1.292
2014 (Geburtsjahrgang 1949)	25,6	1.216
2015 (Geburtsjahrgang 1950)	24,0	1.140
2017 (Geburtsjahrgang 1951)	22,4	1.064
2017 (Geburtsjahrgang 1952)	20,8	988
2018 (Geburtsjahrgang 1953)	19,2	912
...	...	...
2040	0,0	0

Beispiel
Rentner Klaus, Geburtsjahrgang 1953, ist in 2017 64 Jahre alt geworden und hat deshalb ab dem Kalenderjahr 2018 Anspruch auf einen Altersentlastungsbetrag in Höhe von 19,2 % der positiven Summe seiner Einkünfte (ohne Renten und Pensionen), max. aber 912 €. Für seine Mieteinkünfte von 3.000 € steht ihm also ein Altersentlastungsbetrag von 19,2 % von 3.000 € = 576 € zu.

948 Der Versorgungsfreibetrag (§ 19 Abs. 2 EStG)

Besteht Ihre Altersversorgung nicht aus einer Rente, sondern aus einer Pension (Staats-, Dienstpension), so haben Sie diese als nachträglichen Arbeitslohn entsprechend Ihrer Steuerklasse zu versteuern. Von der Pension wird Lohnsteuer einbehalten. Steuerfrei bleibt praktisch nur der Versorgungsfreibetrag und der Werbungskostenpauschbetrag von 102 €.

Mehr zum Versorgungsfreibetrag, insbesondere zu dessen Höhe siehe ➤ Rz 666 ff.

11.2.3 Einzelfälle für die Abgabe der Steuererklärung 949

Am besten ist immer noch ein Beispiel aus der Praxis. Hier folgen daher vier exemplarische Fälle. Schauen Sie, ob einer davon auf Sie zutrifft und wie dabei gerechnet wird:

Fall 1 950

Gesetzliche Altersrente plus Witwenrente
Sie sind alleinstehend und beziehen eine Alters- und eine Witwenrente, die jeweils vor 2005 zu laufen begonnen haben. So wird gerechnet:

Gesetzliche Altersrente, Rentenbetrag im Jahr 2017	9.600 €		
./. Rentenfreibetrag 2005, angenommen	– 4.200 €		
Steuerpflichtig	5.400 €	>	5.400 €
Gesetzliche Witwenrente, Rentenbetrag im Jahr 2017	10.800 €		
./. Rentenfreibetrag 2005, angenommen	– 5.100 €		
Steuerpflichtig	5.700 €	>	5.700 €
Gesamt			11.100 €
./. Werbungskostenpauschbetrag			– 102 €
Gesamtbetrag der Einkünfte			10.998 €

Der Gesamtbetrag der Einkünfte übersteigt die kritische Grenze von 8.820 €. Es besteht die Verpflichtung zur Abgabe einer Steuererklärung.

Variante Fall 1 a

Gesetzliche Altersrente plus Privatrente
Angenommen, Sie haben anstelle der Witwenrente eine gleich hohe private Leibrente aus einer Rentenversicherung bezogen. Diese wird **nicht** nach Tabelle 1 (➤ Rz 954) mit mindestens 50 % besteuert, sondern mit dem Ertragsanteil aus Tabelle 2 (➤ Rz 971). Der Ertragsanteil beträgt 18 %, weil Sie mit 65 in Rente gegangen sind. Nunmehr betragen die steuerpflichtigen Einkünfte (18 % von 10.800 € =) 1.944 € abzgl. Werbungskostenpauschbetrag 102 € = 1.842 €. Der Gesamtbetrag der Einkünfte (5.400 € + 1.842 € = 7.242 €) übersteigt nicht die kritische Grenze von 8.820 €. Folge: Sie brauchen keine Steuererklärung abzugeben.

Nun fragen Sie sich vielleicht, warum einmal so und einmal so? Ganz einfach: Steuergesetzen liegt keine Logik zugrunde. Parteien, Gewerkschaften und Interessenverbände kungeln untereinander so lange, bis kaum noch einer das Gesetz versteht.

951 **Fall 2**

Ehepaar mit doppelter Rente
Als Ehepaar bezieht jeder von Ihnen eine eigene Rente. Beide Renten haben vor 2005 zu laufen begonnen. So wird gerechnet:

Rentenbetrag des Mannes im Jahr 2017	16.800 €		
./. Rentenfreibetrag aus 2005, angenommen	– 8.100 €		
./. Werbungskostenpauschbetrag	– 102 €		
Renteneinkünfte	8.598 €		> 8.598 €
Rentenbetrag der Frau im Jahr 2017		10.800 €	
./. Rentenfreibetrag aus 2005, angenommen		– 5.200 €	
./. Werbungskostenpauschbetrag		– 102 €	
Renteneinkünfte		5.498 €	> 5.498 €
Gesamtbetrag der Einkünfte			14.096 €

Der Gesamtbetrag der Einkünfte übersteigt nicht die kritische Grenze von 17.640 €. Sie müssen keine Steuererklärung abgeben.

952 **Fall 3**

Gesetzliche Altersrente plus Werkspension
Sie sind alleinstehend und beziehen neben Ihrer Rente eine Firmenpension auf Steuerkarte. Beide haben in 2005 zu laufen begonnen. Die Firmenpension ist aus Sicht des Fiskus nachträglicher Arbeitslohn. Merkmal ist die laufende Lohnabrechnung durch den ehemaligen Arbeitgeber. So wird gerechnet:

Rentenbetrag im Jahr 2017	9.600 €		
./. Rentenfreibetrag aus 2005, angenommen	– 4.600 €		
./. Werbungskostenpauschbetrag	– 102 €		
Renteneinkünfte	4.898 €		> 4.898 €
Firmenpension in 2017 brutto		4.200 €	
./. Versorgungsfreibetrag (➤ Rz 666) 40 %, max. 3.000 €		– 1.680 €	

./. Zuschlag zum Versorgungsfreibetrag	– 900 €		
./. Werbungskostenpauschbetrag	– 102 €		
Einkünfte aus nichtselbständiger Arbeit	1.518 €	>	1.518 €
Gesamtbetrag der Einkünfte			6.416 €

Der Gesamtbetrag Ihrer Einkünfte übersteigt nicht die kritische Grenze von 8.820 €. Es besteht deshalb zunächst aus § 56 EStDV keine Erklärungspflicht, wohl aber aus § 46 Abs. 2 EStG. Nach dieser Vorschrift müssen Sie eine Steuererklärung abgeben, wenn Sie zusätzlich zu Einkünften aus nichtselbständiger Arbeit Nebeneinkünfte (hier: gesetzliche Rente) von mehr als 410 € bezogen haben.

Variante Fall 3 a
Als Ehepaar bezieht einer von Ihnen eine Beamtenpension und der andere eine gesetzliche Altersrente. In diesem Fall wird ähnlich wie oben gerechnet. Auch wenn Ihre Einkünfte die kritische Grenze von 17.640 € nicht übersteigen, müssen Sie gleichwohl – wegen § 46 Abs. 2 EStG/Nebeneinkünfte mehr als 410 € – eine Steuererklärung abgeben.

Fall 4 953

Gesetzliche Altersrente plus Zinsen und Dividenden
Sie sind verheiratet. Ihre Renteneinkünfte betragen (Rentenbeginn vor 2005):

Rentenbetrag für 2017	16.800 €
./. Rentenfreibetrag aus 2005, angenommen	– 8.200 €
./. Werbungskostenpauschbetrag	– 102 €
Einkünfte	8.498 €

Mit etwas Kapital auf der hohen Kante haben Sie in 2017 Zinsen und Dividenden in Höhe von 3.200 € bezogen. Diese unterliegen der Abgeltungsteuer und bleiben bei der Veranlagung unberücksichtigt.
Der Gesamtbetrag der Einkünfte übersteigt nicht die kritische Grenze von 17.640 €. Erklärungspflicht besteht also nicht. Sie sollten indessen freiwillig eine Steuererklärung abgeben und die Einbeziehung der Zinsen und Dividenden beantragen. Das Finanzamt führt eine Günstigerprüfung durch, die ggf. zur Erstattung von Abgeltungsteuer führt. Dazu mehr unter ➤ Rz 900.

Siehe jeder, wo er bleibe,
und wenn er stehe,
dass er nicht falle.
(Johann Wolfgang von Goethe)

11.3 Wie wird die Anlage R ausgefüllt?

11.3.1 Leibrenten – Zeile 4–13

954 Am unverschämtesten greift der Fiskus bei den gesetzlichen Altersrenten zu. Dazu gehören auch die Renten aus landwirtschaftlichen Alterskassen, berufsständischen Versorgungswerken, aber auch aus privaten kapitalgedeckten Leibrentenversicherungen (»Rürup-Rente«). Die Rürup-Rente ist aus der Sicht des Gesetzgebers die Basisrente für die selbständig Tätigen. Den gesetzlichen Altersrenten gleichgestellt sind die gesetzliche Berufsunfähigkeits- und Erwerbsminderungsrente und die kleine Witwenrente.

Rententabelle 1 aus § 22 Abs. 1 EStG – Besteuerungsanteil

Der Besteuerungsanteil dieser Renten beträgt seit 2005 mindestens 50 % und steigt bis 2040 nach und nach auf 100 % an. Für den Besteuerungsanteil ist das Jahr des Rentenbeginns maßgebend:

Jahr des Rentenbeginns	Besteuerungs-anteil in%	Jahr des Rentenbeginns	Besteuerungs-anteil in%
bis 2005	50	2016	72
2006	52	2017	74
2007	54	2018	76
2008	56	2019	78
2009	58	2020	80
2010	60	2021	82
2011	62	2022	84
2012	64	.....	.....
2013	66	2038	98
2014	68	2039	99
2015	70	2040	100

Sag Ja
zum Wandel!
(Internet-Pionier Jack Ma)

Zeile 4 Art der Altersrente 955

Tragen Sie die Art Ihrer Leibrente (1–4) in das Kästchen ein. Bei berufsständischen Versorgungseinrichtungen handelt es sich um Pflichtversorgungssysteme für bestimmte Berufsgruppen, z.B. Ärzte, Notare und Rechtsanwälte. Zu den Altersrenten gehören auch Berufs- und Erwerbsminderungsrenten.

Nicht gut zu wissen: Der Bauerntrick des Fiskus, Berufsunfähigkeits- und Erwerbsminderungen höher zu besteuern
Diese Renten werden in aller Regel mit Erreichen der entsprechenden Altersgrenze in eine reguläre Altersrente umgewandelt und wurden bis 2004 als sog. abgekürzte Leibrente mit einem besonders günstigen Ertragsanteil von in der Regel nur ein paar Prozent besteuert. Seit 2005 werden alle Renten aus der gesetzlichen Rentenversicherung praktisch gleich hoch besteuert, also auch eine gesetzliche (nicht private) Berufsunfähigkeits- oder Erwerbsminderungsrente (➤ Rz 964).

TIPP Renten für Landwirte begünstigt 956

Auf Sie als Versicherten in der landwirtschaftlichen Alterskasse treffen dieselben Besteuerungsregeln zu, als wenn Sie eine Rente aus der gesetzlichen Rentenversicherung beziehen würden. Die Besonderheit liegt aber darin, dass Sie neben der reinen Altersversorgung evtl. noch andere Leistungen erhalten, die nicht als Rente besteuert werden. Dazu gehören in erster Linie folgende Zahlungen:

- Betriebshilfen nach und während einer Reha-Maßnahme,
- Betriebshilfe wegen Kur,
- Betriebshilfe wegen Tod des Landwirts,
- Überbrückungsgelder an die Witwe des Landwirts.

Zeile 5 Rentenbetrag einschließlich Einmalzahlung 957

Einzutragen ist stets der der Renten(anpassungs)mitteilung zu entnehmende **Jahres(brutto)rentenbetrag,** der in der Regel höher ist als der ausgezahlte Betrag. Anzugeben sind auch Rentennachzahlungen und Einmalzahlungen.

Der bei Auszahlung der Rente einbehaltene Eigenbeitrag zur Kranken- und Pflegeversicherung ist also nicht abzuziehen. Diesen machen Sie in > Zeile 17 und 19 der Anlage Vorsorgeaufwand geltend.

Typischer Fall für Einmalzahlungen:
Sie haben auf Ihren Rentenantrag im Jahr 2016 hin zunächst nur Abschläge erhalten. Erst nach Vorliegen Ihres Rentenbescheids im Jahr 2017 hat Ihnen die Deutsche Rentenversicherung Bund die Restbeträge nachgezahlt.
Obwohl es sich um eine Nachzahlung für 2016 handelt, wird sie in 2017 versteuert, weil sie in 2017 zugeflossen ist (§ 11 EStG/steuerliches Zuflussprinzip).

958 **TIPP**

Eigenbeitrag zum Teil versteuern, zu 100 % absetzen!

Auch als Rentner kommen Sie nicht umhin, sich ausreichend zu versichern. Einen ganz dicken Batzen nimmt die Kranken- und Pflegeversicherung in Anspruch, für die Ihnen Monat für Monat eigene Beiträge von Ihrer Rente abgezogen werden.
Ärgerlich, in > Zeile 5 den ungekürzten Bruttobetrag ansetzen zu müssen. Diese Handhabung gerät Ihnen aber zum Vorteil, weil Sie Ihren Eigenbeitrag zwar versteuern müssen – wenn Sie z. B. 2017 in Rente gegangen sind, mit 74 %, weil Ihnen ein Freibetrag von 26 % zusteht (➤ Rz 954) –, ihn aber zu 100 % in > Zeile 17 und 19 der Anlage Vorsorgeaufwand als Sonderausgaben geltend machen können.

959 **TIPP**

Steuerfreie Renten bleiben außen vor!

Für steuerfreie Renten sehen die Erklärungsvordrucke keine Eintragungsmöglichkeiten vor. Wäre ja noch schöner! Steuerfreie Einnahmen brauchen also nicht erklärt zu werden.

Also aufgepasst: Möglicherweise können Sie vor der Eintragung des Rentenbetrags in > Zeile 5 steuerfreie Teile aus der Bruttorente herausrechnen und brauchen nur den Restbetrag einzutragen.
Steuerfrei sind:

- Renten und Kapitalabfindungen aus der gesetzlichen Unfallversicherung, das sind vor allem die von den Berufsgenossenschaften gezahlten Unfallrenten, Sterbegelder,
- Unfallversicherungsrenten aus der gesetzlichen Rentenversicherung, Renten aus ausländischen gesetzlichen Unfallversicherungen,
- Renten für Wehr- und Zivildienstschäden,

- Kriegsbeschädigtenrenten,
- »echte« Schadenersatzrenten zum Ausgleich vermehrter Bedürfnisse,
- Schmerzensgeldrenten, die nicht als Ersatz für entgangene/entgehende Einnahmen gezahlt werden.

Außerdem unterliegen folgende Leistungen im Zusammenhang mit einer an sich steuerpflichtigen Rente nicht der Besteuerung:

- Sachleistungen und Kinderzuschüsse (§ 3 Nr. 1 Buchst. b EStG). Das gilt aber nur für die gesetzliche Rentenversicherung. Bei Renten aus berufsständischen Versorgungswerken sind diese Leistungen steuerpflichtig;
- Beitragserstattungen an Witwen oder Witwer nach § 107 SGB VI (§ 3 Nr. 3 EStG),
- Zuschüsse zur freiwilligen oder privaten Krankenversicherung (§ 3 Nr. 14 EStG).

◆ *Musterfall Krause (Superrente und Betriebspension)* 960

Karl-Heinz Krause ist seit einigen Jahren Witwer. Am 1.7.2004 ist er im Alter von 65 Jahren in Rente gegangen. Nach der letzten Mitteilung der Rentenversicherung wurde ihm in 2017 ein monatlicher Rentenbetrag – vor Abzug der Eigenanteile zur Kranken- und Pflegeversicherung – von 1.940 € gezahlt. Der Jahresbruttobetrag beläuft sich also auf 23.280 €. Darin ist eine Rentenanpassung von 930 € enthalten. Von seinem früheren Arbeitgeber, den Stadtwerken Köln, erhält er eine Betriebspension von mtl. brutto = netto 321 € und gibt dort regelmäßig seine Lohnsteuerkarte ab. Mit dieser Altersversorgung gerät Karl-Heinz mächtig unter die Steuerpresse.

2017

Anlage R
Jeder Ehegatte / Lebenspartner mit Renten und Leistungen aus Altersvorsorgeverträgen hat eine eigene Anlage R abzugeben.

1 Name: KRAUSE
2 Vorname: KARL-HEINZ
3 Steuernummer: 123 / 4567 / 8901

X stpfl. Person / Ehemann Lebenspartner(in) A
Ehefrau / Lebenspartner(in) B
7

Renten und andere Leistungen

	Leibrenten / Leistungen	1. Rente	2. Rente	3. Rente
4	1 = aus inl. gesetzlichen Rentenversicherungen; 2 = aus inl. landwirtschaftlicher Alterskasse; 3 = aus inl. berufsständischen Versorgungseinrichtungen; 4 = aus eigenen zertifizierten Basisrentenverträgen; 9 = aus ausl. Versicherungen / Rentenverträgen	100 1 Bitte 1, 2, 3, 4 oder 9 eintragen.	150 Bitte 1, 2, 3, 4 oder 9 eintragen.	200 Bitte 1, 2, 3, 4 oder 9 eintragen.
5	Rentenbetrag (einschließlich Einmalzahlung und Leistungen)	101 EUR 23280,–	151 EUR ,–	201 EUR ,–
6	Rentenanpassungsbetrag (in Zeile 5 enthalten)	102 930,–	152 ,–	202 ,–
7	Beginn der Rente	103 01072004	153 T T M M J J J J	203 T T M M J J J J

In > Zeile 6 trägt er die Rentenanpassung von 930 € ein. Die > Zeilen 8–10 betreffen ihn nicht, da er vor seiner Altersrente keine vorangegangene Rente z.B. als Erwerbsminderungsrente bezogen hat, auch hat er keine Nachzahlung erhalten.

Seine Betriebspension trägt Karl-Heinz in Anlage N ein:

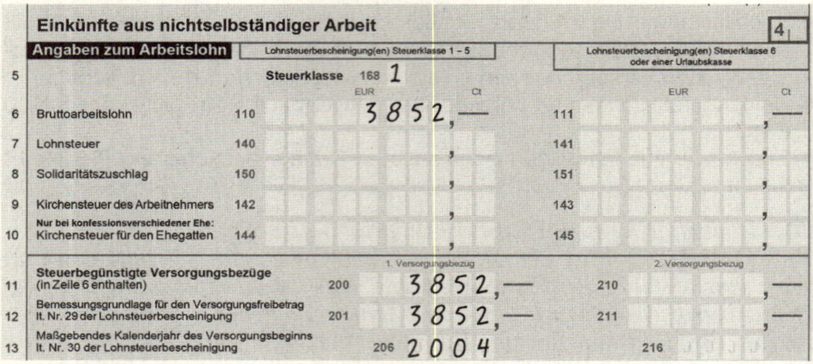

Einkünfte aus nichtselbständiger Arbeit 4

Angaben zum Arbeitslohn

Zeile		Kz	Lohnsteuerbescheinigung(en) Steuerklasse 1 – 5 (EUR, Ct)	Kz	Lohnsteuerbescheinigung(en) Steuerklasse 6 oder einer Urlaubskasse (EUR, Ct)
5	Steuerklasse	168	1		
6	Bruttoarbeitslohn	110	3852,—	111	, —
7	Lohnsteuer	140	,	141	,
8	Solidaritätszuschlag	150	,	151	,
9	Kirchensteuer des Arbeitnehmers	142	,	143	,
10	Nur bei konfessionsverschiedener Ehe: Kirchensteuer für den Ehegatten	144	,	145	,

Zeile		Kz	1. Versorgungsbezug	Kz	2. Versorgungsbezug
11	**Steuerbegünstigte Versorgungsbezüge** (in Zeile 6 enthalten)	200	3852,—	210	, —
12	Bemessungsgrundlage für den Versorgungsfreibetrag lt. Nr. 29 der Lohnsteuerbescheinigung	201	3852,—	211	, —
13	Maßgebendes Kalenderjahr des Versorgungsbeginns lt. Nr. 30 der Lohnsteuerbescheinigung	206	2004	216	JJJJ

An Alterseinkünften hat Karl-Heinz 2017 zu versteuern:

Betriebspension	*3.852 €*		
./. Versorgungsfreibetrag (40 %)	*– 1.541 €*		
./. Zuschlag zum Versorgungsfreibetrag, max.	*– 900 €*		
./. Werbungskostenpauschbetrag	*– 102 €*		
Steuerpflichtige Versorgungsbezüge	*1.309 €*	*>*	*1.309 €*
Renteneinkünfte			
Altersrente brutto	*23.280 €*		
./. Freibetrag (2005)	*– 11.200 €*		
./. Werbungskostenpauschbetrag	*– 102 €*		
Steuerpflichtige Renteneinkünfte	*11.978 €*	*>*	*11.978 €*
Alterseinkünfte 2017			*13.287 €*

961 Zeile 6 Rentenanpassungsbetrag

Hier wird es kniffelig. Einzutragen ist der Betrag, um den die Rente 2017 höher ist als die **erste volle Jahresrente nach Rentenbeginn**. Das bedeutet, dass man regelrecht Buch führen muss, um die angesammelten Erhöhungsbeträge als Rentenanpassungsbetrag eintragen zu können. Den

Rentenanpassungsbetrag können Sie aber auch evtl. der Rentenanpassungsmitteilung entnehmen oder ggf. bei Ihrem Versorgungsträger oder Ihrer Versicherung erfragen.

- Wann ist erstmals nach Rentenbeginn der Rentenanpassungsbetrag einzutragen?

Wie bereits gesagt, ist der Rentenanpassungsbetrag erstmals im Jahr nach der ersten vollen Jahresrente einzutragen.

Beispiel
Sie sind im Jahr 2016 in Rente gegangen. Die > Zeile 6 Rentenanpassungsbetrag lassen Sie in der Anlage R für 2016 und 2017 leer. Erst in der Steuererklärung 2018 tragen Sie die mögliche Rentenerhöhung als Rentenanpassungsbetrag ein. In der Steuererklärung für 2019 ist dann als Rentenanpassungsbetrag die Rentenerhöhung 2018 plus 2019 einzutragen.

- Wie berechne ich den Rentenanpassungsbetrag?

Der Rentenanpassungsbetrag ist die Summe der Rentenerhöhungen, die nach dem ersten vollen Rentenjahr gewährt worden sind. Die Rentenerhöhung des ersten vollen Jahres nach Rentenbeginn bleibt somit als Rentenanpassungsbetrag unberücksichtigt. Denn auf der Grundlage der ersten vollen Jahresrente ist zunächst der feste lebenslange Rentenfreibetrag festzustellen, weil im Rentenbeginnjahr regelmäßig keine vollen 12 Monate zusammenkommen.

Guter Rat: Man merkt sich am besten die Jahresrente im Jahr nach dem Rentenbeginn. Der Rentenpassungsbetrag ist dann jeweils der Betrag, um den die Rente im betreffenden Veranlagungszeitraum höher ist als der gemerkte Betrag. All dies unter der Voraussetzung, dass die Rente sich nur durch die üblichen Rentenerhöhungen geändert hat.

Die Rechnung für den Rentenanpassungsbetrag sieht so aus, wenn die Rente vor 2005 zu laufen begonnen hat:

Rentenbetrag des Jahres 2017	14.874 €
./. Rentenbetrag des Jahres 2005	– 14.400 €
Rentenanpassungsbetrag 2017 für > Zeile 6	474 €

Sie tragen ein:

		102	152	202
6	Rentenanpassungsbetrag (in Zeile 5 enthalten)	474,–	,–	,–

Der einfachste Weg: Beziehen Sie eine gesetzliche Altersrente, bitten Sie telefonisch darum, Ihnen den Rentenanpassungsbetrag mitzuteilen. Die Antwort kommt nur schriftlich, jedoch innerhalb weniger Tage. Sie erreichen die zuständige Stelle unter dem **Service-Telefon der Deutschen Rentenversicherung Bund Nr. 0800 1000 480 70.**

962 **TIPP**

Die Mütterrente wird nur anteilig besteuert

Müttern oder Vätern wird für die Erziehungszeiten ihrer vor 1992 geborenen Kinder die sog. Mütterrente gezahlt. Hierbei handelt es sich um einen Teil der Rente aus der gesetzlichen Rentenversicherung. Die Mütterrente beträgt 2017 je berücksichtigungsfähigem Kind

	mtl.	Jahresbetrag
West	31,03 €	372,36 €
Ost	29,69 €	356,28 €

Hier stellt sich nun die Frage, in welcher Höhe die Mütterrente der Besteuerung unterliegt.
Bei der Rentenerhöhung durch die Mütterrente handelt es sich nicht um eine regelmäßige Rentenanpassung, sondern um eine außerordentliche Neufestsetzung des Jahresbetrags der Rente! Deshalb wird der steuerfreie Teil der Rente neu berechnet. Der bisherige steuerfreie Teil wird um den steuerfreien Teil der Mütterrente erhöht. Diese wird dadurch nicht in vollem Umfang in die Besteuerung mit einbezogen, sondern nur mit dem Besteuerungsanteil, der auch für die übrige Rente gilt. Beziehen Sie Ihre Rente also z. B. bereits seit 2005 oder früher, beträgt der Besteuerungsanteil der Mütterrente lediglich 50 %. Der für die Zukunft festgeschriebene Rentenfreibetrag erhöht sich in diesem Fall um 50 % der Mütterrente des Jahres 2017.

963 Zeile 7-9 Beginn der Rente, Ende der Rente

Der Rentenbeginn ist wichtig für die Höhe des Rentenfreibetrags (➤ Rz 988). Für den Rentnerjahrgang 2016 z. B. beträgt der Rentenfreibetrag 28 % der ersten vollen Jahresrente, also der Rente aus 2017.
Unter Beginn der Rente ist der Zeitpunkt zu verstehen, ab dem die Rente (ggf. nach rückwirkender Zubilligung) tatsächlich bewilligt wird (vgl. ersten Rentenbescheid).

Kniffliger wird es, wenn eine Rente umgewandelt wurde. So gehen Sie vor, wenn einer der folgenden Fälle auf Sie zutrifft:

Fall 1: Erwerbsminderungsrente umgewandelt in reguläre Altersrente 964

Walter hat bis 31.5.2017 eine Erwerbsminderungsrente von mtl. 800 € bezogen, die am 1.4.2004 (also vor 2005) zu laufen begonnen hatte. Zum 1.6.2017 wurde sie in die gesetzliche Altersrente umgewandelt. Diese beträgt 1.200 €.

Walter trägt ein:

Renten und andere Leistungen — Ehefrau / Lebenspartner(in) B — 7

	Leibrenten / Leistungen	1. Rente	2. Rente	3. Rente
4	1 = aus inl. gesetzlichen Rentenversicherungen 2 = aus inl. landwirtschaftlicher Alterskasse 3 = aus inl. berufsständischen Versorgungseinrichtungen 4 = aus eigenen zertifizierten Basisrentenverträgen 9 = aus ausl. Versicherungen / Rentenverträgen	100 1 Bitte 1, 2, 3, 4 oder 9 eintragen.	150 Bitte 1, 2, 3, 4 oder 9 eintragen.	200 Bitte 1, 2, 3, 4 oder 9 eintragen.
5	Rentenbetrag (einschließlich Einmalzahlung und Leistungen)	101 EUR 12400,–	151 EUR ,–	201 EUR ,–
6	Rentenanpassungsbetrag (in Zeile 5 enthalten)	102 496,–	152 ,–	202 ,–
7	Beginn der Rente	103 01062017	153 TTMMJJJJ	203 TTMMJJJJ
	Vorhergehende Rente:			
8	Beginn der Rente	105 01042004	155 TTMMJJJJ	205 TTMMJJJJ
9	Ende der Rente	106 31052017	156 TTMMJJJJ	206 TTMMJJJJ

Walter muss im Formular die Erwerbsminderungsrente und die Altersrente zusammenfassen, da sie beide zu den gesetzlichen Rentenversicherungen gehören und der gesetzliche Rentenbeginn identisch ist (800 € × 5 Monate + 1.200 € × 7 Monate = 12.400 €). Der Freibetrag für die Altersrente beträgt also nicht 26 % (➤ Rz 988), sondern 50 %. Der ursprüngliche Rentenfreibetrag von angenommen 4.200 € wird auf der Basis von 50 % Freibetrag erhöht.

Fall 2: Altersrente plus Witwenrente 965

Paula und ihr im Juli 2017 verstorbener Ehemann Peter bezogen jeder eine eigene Rente (Beginn der Rente für Peter 1.3.2004, für Paula 1.12.2004). Die monatliche Rente von Peter hatte 1.800 € betragen. Seit dem 1.8.2017 bezieht Paula zusätzlich zu ihrer eigenen Altersrente von mtl. 900 € eine Witwenrente von 990 €.

Paula trägt in ihrer Anlage R ein:

Renten und andere Leistungen 7

	Leibrenten	1. Rente	2. Rente	3. Rente
4	1 = aus inl. gesetzlichen Rentenversicherungen 2 = aus inl. landwirtschaftlichen Alterskassen 3 = aus inl. berufsständischen Versorgungseinrichtungen 4 = aus eigenen zertifizierten Basisrentenverträgen 9 = aus ausl. Versicherungen / Rentenverträgen	100 1 Bitte 1, 2, 3, 4 oder 9 eintragen.	150 1 Bitte 1, 2, 3, 4 oder 9 eintragen.	200 Bitte 1, 2, 3, 4 oder 9 eintragen.
5	Rentenbetrag einschließlich Einmalzahlung	101 EUR 10800,–	151 EUR 4950,–	201 EUR ,–
6	Rentenanpassungsbeträge (in Zeile 5 enthalten)	102 432,–	152 ,–	202 ,–
7	Beginn der Rente	103 01122004	153 01032004	203 TTMMJJJJ

Bei einer Witwenrente ist der Beginn der Rente des verstorbenen Ehegatten maßgebend.

Paula weiß, dass sie für ihren verstorbenen Mann eine Anlage R abgeben muss, weil sie beide für das Todesjahr 2017 noch zusammen veranlagt werden.

Paula trägt in die Anlage R ihres verstorbenen Mannes ein:

Renten und andere Leistungen 7

	Leibrenten	1. Rente	2. Rente	3. Rente
4	1 = aus inl. gesetzlichen Rentenversicherungen 2 = aus inl. landwirtschaftlichen Alterskassen 3 = aus inl. berufsständischen Versorgungseinrichtungen 4 = aus eigenen zertifizierten Basisrentenverträgen 9 = aus ausl. Versicherungen / Rentenverträgen	100 1 Bitte 1, 2, 3, 4 oder 9 eintragen.	150 Bitte 1, 2, 3, 4 oder 9 eintragen.	200 Bitte 1, 2, 3, 4 oder 9 eintragen.
5	Rentenbetrag einschließlich Einmalzahlung	101 EUR 12600,–	151 EUR ,–	201 EUR ,–
6	Rentenanpassungsbeträge (in Zeile 5 enthalten)	102 504,–	152 ,–	202 ,–
7	Beginn der Rente	103 01122004	153 TTMMJJJJ	203 TTMMJJJJ

966 Zeile 10 Nachzahlungen für mehrere Jahre

Endlich haben Sie es geschafft, die Rente durchzukriegen, und erhalten nun eine dicke Nachzahlung, weil Sie auf Ihren Rentenantrag hin zunächst nur Abschlagzahlungen bekommen haben. Der Fiskus zeigt sich vernünftig, indem er die Nachzahlung ermäßigt besteuert. Dies ist auch geboten, weil mit der Nachzahlung Ihr Einkommen überproportional steigt und die Steuerprogression angeheizt wird. Die Nachzahlung versteuert der Fiskus nach der sog. Fünftelregelung gem. § 34 Abs. 1 EStG. Dabei wird der Betrag zunächst nur mit einem Fünftel angesetzt und die Steuer, die auf dieses Fünftel entfällt, sodann mit fünf multipliziert. Auf diese Weise wird der Steuerprogression die Spitze gebrochen. Damit das Finanzamt so verfährt, tragen Sie die in > Zeile 5 enthaltene **Nachzahlung** hier in > Zeile 10 zusätzlich ein.

Nachzahlungen, die nur ein Kalenderjahr betreffen, sind nicht begünstigt und deshalb hier nicht einzutragen.

TIPP Kassieren Sie Zinsen aus einer Rentennachzahlung steuerfrei! 967

Haben Sie eine Rentennachzahlung nebst Zinsen erhalten, können Sie diese Zinsen wie Sparzinsen versteuern (BFH-Urt. v. 9.6.2015, Az. VIII R 18/12), so dass lediglich die Abgeltungsteuer von 25 % anfällt. Bleiben die Zinseinnahmen insgesamt unterhalb des Sparerpauschbetrags von 801 €/1.602 €, fällt überhaupt keine Steuer an!

TIPP Kranken- oder Arbeitslosengeld mit Nachzahlung verrechnet? 968

Keiner sollte glauben, dass der Fiskus zu viel kassierte Steuern freiwillig herausrückt. Da hilft nur ein schriftlicher Antrag. Haben Sie in den Vorjahren Kranken- oder Arbeitslosengeld bezogen, könnte dieses mit der Nachzahlung verrechnet worden sein. Die Nachzahlung müssen Sie mit dem vollen Betrag eintragen. Das Kranken- oder Arbeitslosengeld hat aber möglicherweise bereits – indirekt, durch den Progressionsvorbehalt nach § 32 b EStG – der Besteuerung unterlegen. Deshalb müssen im Gegenzug die Steuerbescheide der Vorjahre berichtigt werden. Stellen Sie einen Antrag auf Berichtigung wegen eines rückwirkenden Ereignisses nach § 175 Abs. 1 Nr. 2 AO.

Zeile 11–13 Öffnungsklausel, hin zu weniger Steuern 969

Öffnungsklausel ist so ein nichtssagendes Wort, mit dem sich die Bürokraten untereinander verständigen. Es bedeutet, **aus der regulären Besteuerung auszuscheren.** Die Öffnungsklausel in § 22 Nr. 1 Satz 3 a) bb) Satz 2 EStG bietet Selbständigen, die viele Jahre hohe Beträge in ein berufsständisches Versorgungswerk eingezahlt haben, die Möglichkeit, dass ihre Rente günstiger besteuert wird. Denn im Gegensatz zu Arbeitnehmern sind sie nicht durch einen steuerfreien Arbeitgeberanteil entlastet worden. Auch war der Abzug der Beiträge als Sonderausgaben oft nicht sehr ergiebig. Diese Nachteile gilt es zu korrigieren.

Haben Sie bis zum 31.12.2004 mindestens zehn Jahre lang Beiträge oberhalb des Höchstbeitrags zur gesetzlichen Rentenversicherung geleistet, sind auf Antrag Teile der Leibrenten oder anderer Leistungen nicht mit 50 % oder mehr (Tabelle 1 in § 22 EStG, ➤ Rz 954), sondern mit einem wesentlich geringeren Ertragsanteil (Tabelle 2 in § 22 EStG oder Tabelle 3 in § 55 EStDV; ➤ Rz 971) steuerpflichtig. Ihre Rente wird dazu praktisch in zwei Beträge aufgeteilt. Der Teil, der aus den Beiträgen bis zum jeweiligen Höchstbeitrag stammt, wird mit 50 % oder mehr besteuert, wie bei allen regulären Altersrenten, der restliche Teil mit dem wesentlich günstigeren Ertragsanteil. Der Ertragsanteil beträgt bei einem Rentenbeginn ab Alter 65 nur 18 %.

970 Ihr Versorgungsträger bescheinigt Ihnen auf Wunsch, welcher Prozentsatz der Ertragsanteilsbesteuerung unterliegt. Der Nachweis ist einmalig zu erbringen. Den bescheinigten Prozentsatz tragen Sie in > Zeile 11 ein.

11.3.2 Sonstige Leibrenten – Zeile 14–20

971 Leibrenten, die nicht in > Zeile 4 oder 31–49 einzutragen sind, werden mit einem günstigeren – besonderen – Ertragsanteil aus den unten aufgeführten Tabellen 2 und 3 besteuert. Darunter fallen Renten aus privaten Rentenversicherungen (keine sog. Riester- oder Rürup-Renten), private Renten aus einer Unfall-, Berufs- oder Erwerbsunfähigkeitsversicherung, aber auch Renten aus Veräußerungsgeschäften, z.B. aus dem Verkauf eines Grundstücks auf Rentenbasis, ferner Renten aus Zusatzversorgungseinrichtungen (z.B. Versorgungsanstalt des Bundes und der Länder/VBL oder kommunale Zusatzversorgungskassen/ZVK).

Rententabelle 2 aus § 22 EStG für private Leibrenten

Bei Beginn der Rente vollendetes Lebensjahr des Rentenberechtigten	Ertragsanteil in %	Bei Beginn der Rente vollendetes Lebensjahr des Rentenberechtigten	Ertragsanteil in %
45	34	55–56	26
46–47	33	57	25
48	32	58	24
49	31	59	23
50	30	60–61	22
51–52	29	62	21
53	28	63	20
54	27	64	19
		65–66	18

Erläuterungen
Die Höhe des steuerpflichtigen Ertragsanteils richtet sich nach dem Lebensalter des Rentenberechtigten zu Beginn des Rentenbezugs. Je älter der Rentenempfänger bei Rentenbeginn ist, desto niedriger ist der Ertragsanteil. Der Ertragsanteil bleibt während der gesamten Laufzeit der Rente **unverändert.**

Höhe der Steuer minimal:
Hat eine private Leibrente mit dem 65. Lebensjahr zu laufen begonnen, versteuert sie der Rentner mit einem Ertragsanteil von 18 %. Auf diesen Ertragsanteil ist der persönliche Steuersatz fällig. Bei einem Steuersatz von 25 % beträgt die Steuer auf die Rente lediglich (18 × 25 % =) 4,5 %.

Rententabelle 3 aus § 55 EStDV für zeitlich befristete Leibrenten

Beschränkung der Laufzeit der Rente auf ... Jahre ab Beginn des Rentenbezugs	Ertragsanteil in %
5	5
6	7
7	8
8	9
9	10
10	12
11	13
12	14
13	15
14–15	16
16–17	18
18	19
19	20
20	21

Erläuterungen

Ist die Leibrente befristet, also auf eine bestimmte Laufzeit (Höchstlaufzeit) beschränkt, ist der Ertragsanteil sowohl nach der Lebenserwartung (Tabelle 2) als auch nach der vorgesehenen Höchstlaufzeit zu ermitteln. Auch hier bleibt der Ertragsanteil während der gesamten Laufzeit der Rente unverändert.

Beispiel 1

Ein Steuerzahler bezieht ab dem Alter von 55 aus einer privaten Rentenversicherung eine Berufsunfähigkeitsrente. Die Rente wird höchstens bis zum 65. Lebensjahr gezahlt, ist also auf zehn Jahre befristet. Der Ertragsanteil nach Tabelle 3 beträgt 12 %.

Beispiel 2

Ein Steuerzahler erhält ab dem 65. Lebensjahr eine private Rentenversicherung, die aber höchstens 19 Jahre gezahlt wird. Nach Tabelle 3 beträgt der Ertragsanteil 20 %. Weil der Rentenberechtigte indessen zu

Rentenbeginn bereits 65 war, gilt der niedrigere Ertragsanteil nach Tabelle 2 = 18 %.
»Warum bloß so knifflig?«, fragen Sie.

Hier hilft ein Blick in die Statistik über die Lebenserwartung. Statistisch gesehen haben Männer im Alter von 66 Jahren eine mittlere Lebenserwartung von noch 17,7 Jahren, Frauen von weiteren 20,9 Jahren. Ein Mix daraus ergibt 19,3 Jahre.

Bezogen auf unseren Fall wird Otto Normalrentner in etwa dann das Zeitliche segnen, wenn die Rente laufzeitbedingt nach 19 Jahren zu Ende geht. Somit muss der Ertragsanteil der Tabelle 2 entnommen werden.

Zeile 14–15 Art der Leibrente und Rentenbetrag 972

	Leibrenten (ohne Renten lt. Zeile 4)	1. Rente	2. Rente	3. Rente
14	6 = aus inl. privaten Rentenversicherungen 7 = aus inl. privaten Rentenversicherungen mit zeitlich befristeter Laufzeit 8 = aus sonstigen Verpflichtungsgründen (z. B. Renten aus Veräußerungsgeschäften) 9 = aus ausl. Versicherungen	130 Bitte 6, 7, 8 oder 9 eintragen.	180 Bitte 6, 7, 8 oder 9 eintragen.	230 Bitte 6, 7, 8 oder 9 eintragen.

Leibrenten aus privaten Rentenversicherungen
Darunter fallen vor allem Renten aus einer vor 2005 abgeschlossenen Rentenversicherung oder Renten aus Lebensversicherungen, die die Voraussetzungen für eine Rürup-Rente (> Zeile 4, Rente 4) nicht erfüllen.

Leibrenten aus privaten Rentenversicherungen mit zeitlich befristeter Laufzeit
Das sind z.B. private Berufsunfähigkeits- oder Erwerbsminderungsrenten.

Leibrenten aus sonstigen Verpflichtungsgründen
Dazu gehören z.B.

- Renten aus privaten Unfallversicherungen,
- Renten aus privaten Veräußerungsgeschäften, wenn z.B. eine Immobilie oder andere Wertgegenstände gegen eine laufende Rente verkauft worden sind,
- Versorgungsrenten, die z.B. Kinder an Eltern zahlen, nachdem ihnen Vermögen überschrieben wurde.

In > Zeile 15 tragen Sie den Jahres(brutto)rentenbetrag ein. Ist der Schuldner ein Versicherungsunternehmen, wird Ihnen der Rentenbetrag in der Regel mitgeteilt. Dieser ist je nach Art der Rente nicht mit dem ausgezahlten Betrag identisch. Anzugeben sind auch Rentennachzahlungen.

973 Zeile 16 Beginn der Rente

Unter Beginn der Rente ist der Zeitpunkt zu verstehen, ab dem die Rente (ggf. nach rückwirkender Zubilligung) tatsächlich bewilligt worden ist. Rentenbeginn und Lebensalter sind im Zusammenhang zu sehen. Je älter der Rentenempfänger bei Rentenbeginn ist, desto niedriger der Ertragsanteil. Ihr Lebensalter benötigt der Computer an dieser Stelle nicht, er kennt ja Ihr Geburtsdatum aus den persönlichen Angaben im Hauptvordruck.

974 Zeile 18 Rente erlischt mit dem Tod von …

Es kann im Rentenvertrag vereinbart sein, dass die Rente nicht mit Ihrem Tod erlischt, sondern mit dem Tod einer anderen Person. Wenn die Rente mit Ihrem Tod erlischt, tragen Sie ein: »Mir selbst«.

975 Zeile 19 Rente erlischt/wird umgewandelt spätestens am …

Ist die Laufzeit der Rente zeitlich befristet, richtet sich der Ertragsanteil sowohl nach dem Lebensalter des Berechtigten bei Rentenbeginn als auch nach der vereinbarten Laufzeit. In feinem Beamtendeutsch spricht man von »abgekürzten Leibrenten«. Siehe dazu ➤ Rz 986.

976 Zeile 20 Nachzahlungen für mehrere Jahre

Die in > Zeile 15 enthaltenen Nachzahlungen für mehrere Jahre sind hier zusätzlich einzutragen. Sie werden begünstigt besteuert, ➤ Rz 966.

977 Zeile 21 Steuerstundungsmodelle

Einkünfte aus Gesellschaften/Gemeinschaften/ähnlichen Modellen i. S. d. § 15 b EStG (Steuerstundungsmodelle) tragen Sie ausschließlich hier ein. Weder die Einnahmen noch die Werbungskosten dürfen in den vorangegangenen Zeilen enthalten sein. Weitere Angaben zur Bezeichnung

der Steuerstundungsmodelle, zur Höhe der Einnahmen und der Werbungskosten machen Sie auf einem gesonderten Blatt.
Siehe auch Anlage KAP > Zeile 26.

11.3.3 Leistungen aus Altersvorsorgeverträgen und aus kapitalgedeckter betrieblicher Altersversorgung – Zeile 31–51

Wenn die Fiskalbürokraten einmal überdenken würden, was sie den Bürgern mit ihren Gesetzen alles antun, würden sie für den Rest ihres Lebens in Sack und Asche gehen. Schon allein die Regelungen nach dem Alterseinkünftegesetz und zur betrieblichen Altersversorgung reichen für ein ellenlanges Sündenregister aus. **978**

Die Leistungsmitteilung als Navigator
Zum Glück ist das Ausfüllen der Seite 2 recht einfach, so dass es dafür eigentlich keiner steuerlichen Kenntnisse bedarf. Denn der Gesetzgeber hat die Leistungsträger/Anbieter dazu verdonnert, dem Empfänger auf **amtlich vorgeschriebenem Vordruck** – der »Mitteilung zur Vorlage beim Finanzamt über steuerpflichtige Leistungen aus einem Altersvorsorgevertrag (§ 22 Nr. 5 Satz 7 EStG)« – die Höhe der Rente mitzuteilen und die **verschiedenen Rentenarten mit einer Nummer** zu versehen. In der Anlage R wiederum ist bei den einzelnen Zeilen angegeben, welche Rentenbeträge (z. B. »lt. Nummer 3 der Leistungsmitteilung«) einzutragen sind.
Die Leistungsmitteilung ist also praktisch ein Navigator, ausdrücklich als Hilfe für das Ausfüllen der Anlage R gedacht.

2018

(Bezeichnung und Anschrift des Anbieters)

Datum der Absendung

(Bekanntgabeadressat)

Wichtiger Hinweis:
Diese Mitteilung informiert Sie über die Höhe der steuerpflichtigen Leistungen aus Ihrem Altersvorsorgevertrag oder aus Ihrer betrieblichen Altersversorgung. Die nachstehend mitgeteilten Beträge sind bei der Erstellung der Einkommensteuererklärung auf **Seite 2 der Anlage R** einzutragen.

Mitteilung zur Vorlage beim Finanzamt

über steuerpflichtige Leistungen aus einem Altersvorsorgevertrag oder aus einer betrieblichen Altersversorgung (§ 22 Nr. 5 Satz 7 EStG)

für das Kalenderjahr ....

Name, Vorname	Geburtsdatum (soweit bekannt)
Straße, Hausnummer	
Postleitzahl, Wohnort	
Vertragsnummer (soweit vorhanden)	Sozialversicherungsnummer/ Zulagenummer (soweit vorhanden)
Anbieternummer (soweit vorhanden)	Zertifizierungsnummer (soweit vorhanden)

Grund für die Mitteilung

- ☐ erstmaliger Bezug von Leistungen im Sinne des § 22 Nr. 5 Satz 1, 2 oder 4 Alternative 1 EStG
- ☐ Änderung des Leistungsbetrags gegenüber dem Vorjahr
- ☐ Leistungen im Sinne des § 22 Nr. 5 Satz 3, 4 Alternative 2, 5, 6 oder 9 EStG
- ☐ Berichtigung der für dieses Kalenderjahr erstellten Mitteilung vom ....

Folgende Leistungen aus Ihrem Altersvorsorgevertrag oder aus Ihrer betrieblichen Altersversorgung im Kalenderjahr .... unterliegen der Besteuerung nach § 22 Nr. 5 EStG:

Nr.	**Besteuerung nach**	**Betrag in Euro / Cent**
1	§ 22 Nr. 5 Satz 1 EStG (1)	
2	§ 22 Nr. 5 Satz 1 i.V.m. § 52 Abs. 34c EStG (2) (in Nr. 1 nicht enthalten)	
3	§ 22 Nr. 5 Satz 2 Buchst. a i.V.m. § 22 Nr. 1 Satz 3 Buchst. a Doppelbuchst. aa EStG (3)	
4	§ 22 Nr. 5 Satz 2 Buchst. a i.V.m. § 22 Nr. 1 Satz 3 Buchst. a Doppelbuchst. bb EStG ggf. i.V.m. § 55 Abs. 1 Nr. 1 EStDV (4)	
5	§ 22 Nr. 5 Satz 2 Buchst. a i.V.m. § 22 Nr. 1 Satz 3 Buchst. a Doppelbuchst. bb Satz 5 EStG i.V.m. § 55 Abs. 2 EStDV ggf. i.V.m. § 55 Abs. 1 Nr. 1 EStDV (5)	
6	§ 22 Nr. 5 Satz 2 Buchst. b i.V.m. § 20 Abs. 1 Nr. 6 EStG ggf. i.V.m. § 52 Abs. 36 Satz 5 EStG (6)	
7	§ 22 Nr. 5 Satz 2 Buchst. c EStG (7)	
8a	§ 22 Nr. 5 Satz 3 i.V.m. Satz 2 Buchst. a i.V.m. § 22 Nr. 1 Satz 3 Buchst. a Doppelbuchst. bb EStG ggf. i.V.m. § 55 Abs. 1 Nr. 1 EStDV (8)	
8b	§ 22 Nr. 5 Satz 3 i.V.m. Satz 2 Buchst. a i.V.m. § 22 Nr. 1 Satz 3 Buchst. a Doppelbuchst. bb Satz 5 EStG i.V.m. § 55 Abs. 2 EStDV ggf. i.V.m. § 55 Abs. 1 Nr. 1 EStDV (8)	
8c	§ 22 Nr. 5 Satz 3 i.V.m. Satz 2 Buchst. b i.V.m. § 20 Abs. 1 Nr. 6 EStG ggf. i.V.m. § 52 Abs. 36 Satz 5 EStG (8)	
8d	§ 22 Nr. 5 Satz 3 i.V.m. Satz 2 Buchst. c EStG (8)	

9	§ 22 Nr. 5 Satz 4 EStG i.V.m. § 92a Abs. 2 Satz 5 EStG (9)	
10	§ 22 Nr. 5 Satz 4 EStG i.V.m. § 92a Abs. 3 Satz 5 EStG (10)	
11	§ 22 Nr. 5 Satz 5 EStG (11)	
12	§ 22 Nr. 5 Satz 6 EStG (12)	
13	§ 22 Nr. 5 Satz 9 EStG (13)	
14	In der Nr. ...... enthaltene Nachzahlungen für mehrere Jahre (14)	
Bei den Leistungen der Nummer(n) .... handelt es sich um Leistungen an den Rechtsnachfolger bei vereinbarter Rentengarantiezeit. (15)		

Diese Bescheinigung ist maschinell erstellt und daher nicht unterschrieben. Die bescheinigten Leistungen werden gemäß § 22a EStG auch der zentralen Stelle (§ 81 EStG) zur Übermittlung an die Landesfinanzbehörden mitgeteilt (Rentenbezugsmitteilungsverfahren).

Gehören Sie zu den wenigen, die bereits eine Riester-Rente beziehen, übertragen Sie die bescheinigten Leistungen sowie den Leistungsbeginn und das Leistungsende einfach nur in die entsprechenden Zeilen (> Zeile 31–51) – und fertig. Aber nicht vergessen, der Steuererklärung die Leistungsmitteilung beizufügen.
Gleichwohl wollen wir nicht versäumen, das Grundsätzliche aufzuzeigen. Das Gesetz unterscheidet:

a) Leistungen/Einnahmen aus einem privaten Altersvorsorgevertrag (Riester-Sparvertrag)

Das sind Einnahmen aus einer privaten Rentenversicherung, einem Bank- oder einem Fondssparplan (Riester-Rente). Die Leistungen sind zu **100 % steuerpflichtig** (§ 22 Nr. 5 EStG; § 82 Abs. 1 EStG).

b) Leistungen/Einnahmen aus einer betrieblichen Altersversorgung

Für die betriebliche Altersversorgung stehen fünf Durchführungswege zur Verfügung, zwischen denen der Arbeitgeber frei wählen kann. **Drei davon führen zu sonstigen Einkünften**, wenn ein Altersvorsorgevertrag (Riester-Sparvertrag) abgeschlossen wurde (§ 22 Nr. 5 EStG; § 82 Abs. 2 EStG):

- Pensionsfonds,
- Pensionskasse
- oder Direktversicherung.

Leistungen aus **betrieblicher Altersversorgung** sind in voller Höhe steuerpflichtig. Wenn die Beiträge allerdings pauschal versteuert wurden (z.B. im Fall der Direktversicherung), sind die Leistungen nur mit dem Ertragsanteil gem. Tabelle 2 ➤ Rz 971 steuerpflichtig (§ 22 Nr. 5 i.V. mit § 20 Abs.1 Nr. 6 EStG).
Ein Riester-Sparvertrag kommt indessen als betriebliche Altersversorgung nur als Ausnahme in Betracht, da die Förderung über die Steuer lukrativer ist. Somit erscheint es vertretbar, an dieser Stelle nicht näher auf die betriebliche Altersversorgung einzugehen.

11.3.4 Werbungskosten – Zeile 52–59

Sofern Sie keine höheren Werbungskosten haben, berücksichtigt das **979**
Finanzamt einen Pauschbetrag von 102 €.

Zeile 52 Werbungskosten zu den Zeilen 5 und 15 (Leibrenten) **980**

Hier geht es um Kosten, die Ihnen im Zusammenhang mit Leibrenten entstanden sind, z.B.

- Beratungs-, Rechtsanwalts- oder Sozialgerichtskosten bei Durchsetzung des Rentenanspruchs (BMF-Schreiben v. 20.11.1997 – BStBl 1998 I S. 126); dazu gehören auch Reisekosten,
- Zinsen für einen Kredit, der zur freiwilligen Nachzahlung von Rentenversicherungsbeiträgen verwendet wurde (BFH-Urt. v. 21.7.1981 – BStBl 1982 II S. 41),
- Fahrtkosten, Kosten für Fachliteratur,
- Aufwendungen für die Beschaffung notwendiger Nachweise.

Werbungskosten, die Sie hier eintragen, wirken sich in voller Höhe steuerlich aus.

TIPP Vorweggenommene Werbungskosten – Versorgungsausgleich **981**

Mussten Sie vor Rentenbezug für Ihre Rente kämpfen? Die entstandenen Kosten machen Sie hier in > Zeile 52 oder 53 als Werbungskosten geltend.

Nur so kann Ihnen der behördliche Rechner einen Rentenverlust ausweisen, der sodann mit anderen steuerpflichtigen Einkünften ausgeglichen, sprich verrechnet wird. Vorweggenommene Werbungskosten sind z. B. auch Schuldzinsen für ein Darlehen, mit dem im Scheidungsfall der Versorgungsausgleich finanziert wurde (BFH-Urt. v. 5.5.1993 – BStBl 1993 II S. 867).

982 Zeile 53 Werbungskosten zu den Zeilen 10 und 20 (Nachzahlungen)

Nachzahlungen werden ermäßigt besteuert. Da für sie ein besonderer Steuersatz gilt, sind auch die Werbungskosten nur zum Teil absetzbar. Deshalb müssen die entsprechenden Werbungskosten den Nachzahlungen zugeordnet werden. Als Kosten kommen hier insbesondere Beratungs- und Gerichtskosten in Betracht.

983 Zeile 54 Werbungskosten zu den Zeilen 31 und 46 (Altersvorsorgeverträge, betriebliche Altersversorgung)

Einnahmen aus Altersvorsorgeverträgen und aus betrieblicher Altersversorgung sind in voller Höhe steuerpflichtig. Daher sind auch die entsprechenden Werbungskosten in voller Höhe absetzbar.

984 11.4 Die Besteuerung der Alterseinkünfte – Gesetze mit Haken und Ösen

Warum die Rentner angesichts meist magerer Einkünfte und steigender Inflation auch noch vom Fiskus so brutal geschröpft werden, kann man eigentlich nicht nachvollziehen.

Das Alterseinkünftegesetz

Dass die Rentner vom Fiskus so krass zur Kasse gebeten werden, daran ist ein bestimmter Pensionär nicht ganz unbeteiligt. Der streitbare Mann war bis vor das Bundesverfassungsgericht gezogen, um feststellen zu lassen, dass seine Pension höher besteuert wird als eine vergleichbare Rente. Das Verfassungsgericht musste ihm beipflichten und verdonnerte den Gesetzgeber im Urteil vom 9.4.2002 dazu, schleunigst Abhilfe zu schaffen. Anstatt nun aber die Pensionen niedriger zu besteuern und so den Ausgleich zu schaffen, nutzte der Gesetzgeber die Gelegenheit, die Rentner ordentlich zu schröpfen (➤ Rz 988).

Im Gegenzug erhöhen sich zwar die als Sonderausgaben absetzbaren Altersversorgeaufwendungen (Anlage Vorsorgeaufwand), das nützt den jetzigen Rentner aber gar nichts.

Was ist eine Leibrente? 985

Hier einen Überblick zu gewinnen ist nicht einfach, gilt es doch, schon im Formular zwischen acht verschiedenen Leibrenten zu unterscheiden. Wichtig ist zunächst die Unterscheidung zwischen den gesetzlichen Altersrenten (> Zeile 4) und den sonstigen Leibrenten (> Zeile 14), denn sie werden unterschiedlich hoch besteuert.

Im Grundsatz sind Leibrenten lebenslange Renten. Denn wer zur Zahlung einer Leibrente verpflichtet ist, hat die Rente im Zweifel für die Lebensdauer des Gläubigers zu entrichten, so bestimmt es § 759 BGB. Leibrenten sind also an das Leben der rentenberechtigten Person gebunden, können aber unterschiedlich ausgestaltet sein.

a) Gesetzliche Altersrenten (> Zeile 4)

Die unter > Zeile 4 einzutragenden Altersrenten Nr. 1 bis 4 werden nach Tabelle 1 besteuert (➤ Rz 954).

b) Sonstige Leibrenten (> Zeile 14)

Die unter > Zeile 14 einzutragenden Leibrenten aus einer privaten Rentenversicherung (Nr. 6) oder aus sonstigen Verpflichtungsgründen (private Veräußerungsrente, Nr. 8) werden nach Tabelle 2 besteuert (➤ Rz 971).

c) Leibrenten mit zeitlich befristeter Laufzeit (Nr. 7) 986

Manchmal ist die Laufzeit einer Leibrente **befristet.** Die Rente wird nur für eine bestimmte Dauer (Frist) bezahlt, erlischt aber spätestens mit dem Tod des Berechtigten. Zu den befristeten Leibrenten gehören:

Private Rentenversicherungen

Die Rente aus einer privaten (nicht gesetzlichen) Unfall-, Berufsunfähigkeits- oder Erwerbsunfähigkeitsversicherung ist eine befristete Leibrente. Sie wird meistens nur bis zum 65. Lebensjahr gezahlt.

Witwen-/Witwerrente

Eine Witwen-/Witwerrente ist eine befristete Leibrente, wenn sie vor dem 45. Lebensjahr des Rentenberechtigten zu laufen begonnen hat. Sie wird höchstens bis zum 45. Lebensjahr gezahlt. Danach wird sie in eine lebenslange (große) Witwen-/Witwerrente umgewandelt.

987 11.4.1 Die Besteuerung der gesetzlichen Altersrenten – Zeile 4

Skandal hin oder her, wir müssen uns mit dem abfinden, was die Obrigkeit uns auferlegt. Die am häufigsten vorkommenden Renten in Deutschland werden am höchsten besteuert: die Renten aus der gesetzlichen Rentenversicherung, der landwirtschaftlichen Alterskasse und den berufsständischen Versorgungseinrichtungen. Auch die sog. Rürup-Rente, die als »Basis-Altersrente« der selbständig Tätigen gilt, gehört dazu.

988 **Der Rentenfreibetrag**

Wie brutal, aber auch mit List und Tücke die Rentner geschröpft werden, zeigt die Berechnung im Einzelnen. Vordergründig gesehen erhält der Rentner einen Freibetrag in Höhe des Unterschieds zwischen dem Jahresbetrag der Rente und dem steuerpflichtigen Anteil, so steht es im Gesetz. Aus dem Kleingedruckten ergibt sich aber: Steuerfrei bleibt nicht ein bestimmter Prozentsatz der Rente, sondern ein einmal festgeschriebener Betrag. Dieser wird vom Finanzamt im ersten vollen Rentenjahr auf der Basis eines bestimmten Prozentsatzes ermittelt und dann als **Festbetrag in Euro** »eingefroren«. Er gilt in dieser Höhe für die gesamte Laufzeit der Rente, bei Altersrenten somit lebenslang. Durch diesen gesetzgeberischen Bauerntrick hat es der Gesetzgeber erreicht, dass alle **in Zukunft anfallenden Rentenerhöhungen in voller Höhe steuerpflichtig** sind.

Mit anderen Worten: Für die Ermittlung des steuerpflichtigen Rententeils ist das Jahr maßgebend, das auf das Jahr des Rentenbeginns folgt. Denn im Rentenbeginnjahr kommen meist keine vollen zwölf Monate zusammen.

Beispiel

Alfred ist im November 2016 in Rente gegangen. Sein Rentenfreibetrag wurde auf der Basis seiner Rente im Jahr 2017 festgeschrieben. Bis Juni 2017 bezog Alfred eine Rente von monatlich 1.100 €, ab 1.7.2017 erhielt er 1.120 €. Zum 1.7.2018 erhöht sich seine Rente auf 1.150 €.

Berechnung für	**2016**	**2017**	**2018**
Jahresbetrag der Rente	2.200 €	13.320 €	13.620 €
Besteuerungsanteil 72 %	1.548 €	9.590 €	
./. Rentenfreibetrag 28 % von 13.320 €			– 3.730 €
./. Werbungskostenpauschbetrag	– 102 €	– 102 €	– 102 €
Zu versteuern	1.446 €	9.488 €	9.788 €

Langfristig geht es mit dem Rentenfreibetrag nur abwärts:
Rentenfreibetrag in Prozent, abgeleitet aus Tabelle 1 in § 22 EStG (➤ Rz 954)
Für die Rentnerjahrgänge bis 2005 beträgt der Rentenfreibetrag 50 % der Bruttorente. Jeder Rentnerjahrgang danach erhält Jahr für Jahr einen niedrigeren Rentenfreibetrag.

Rentner-jahrgang	**bis 2005**	**ab 2006**	**ab 2007**	**ab 2008**	**ab 2009**	**ab 2010**	**ab 2011**	**ab 2012**	**ab 2013**	**ab 2014**
Rentenfrei betrag in %	50	48	46	44	42	40	38	36	34	32
Rentner-jahrgang	**ab 2015**	**ab 2016**	**ab 2017**	**ab 2018**	**ab 2019**	**ab 2020**	**ab 2021**	**ab 2022**	**ab 2023**	**ab 2024**
Rentenfrei betrag in %	30	28	26	24	22	20	19	18	17	16

Am Generationenbeispiel wird deutlich, wie die Besteuerung künftig vonstattengeht: Alfred ist seit 2010 Rentner. Sein Sohn Peter wird 2030 in Rente gehen und sein Enkel Robert im Jahr 2050.

	Alfred	**Sohn Peter**	**Enkel Robert**
Besteuerungsanteil der Rente	60 %	90 %	100 %
Rentenfreibetrag	40 %	10 %	0 %

Was immer du tust,
du wirst es bereuen.
(Sokrates)

Das Kontrollsystem des Fiskus: Rentenbezugsmitteilungen 989

Auch der Fiskus setzt immer mehr auf elektronische Datenübertragung, und die bringt uns den totalen Überwachungsstaat. Bei den Kapitaleinkünften ist die Schlinge schon zu (➤ Rz 938 f.), dasselbe gilt durch den Datenaustausch zwischen Arbeitgebern und Betriebsfinanzamt bei Arbeitslöhnen.

Seit 2005 sind nun auch die Rentenversicherungsträger dazu verdonnert, den Fiskus umfassend über Rentenleistungen zu informieren. Nach § 22 a EStG müssen sie den Steuerbehörden in einer **Rentenbezugsmitteilung** – mittels Datenübertragung, versteht sich – bis zum **1. März** des folgenden Jahres folgende Daten übermitteln:

1. Identifikationsnummer (§ 139 b AO),
2. den **Betrag der Rente** und anderer Leistungen im Sinne des § 22 EStG. Der darin enthaltene Teil, der ausschließlich auf einer Anpassung der Rente beruht, ist gesondert mitzuteilen.
3. den Zeitpunkt des Beginns und des Endes des jeweiligen Leistungsbezugs.

Wer könnte ein Steuersünder sein?
Nicht nur Steuerflüchtlingen, die ihr Geld ins Ausland tragen, geht es an den Kragen. Mit der neuen Identifikationsnummer hat der Fiskus auch Zugriff auf alle Renten, Pensionen und Kapitalauszahlungen ab dem Jahr 2005. Wenn Sie nun bisher keine Steuererklärung eingereicht hatten, weil sie dachten, Sie bräuchten als Rentner keine Steuern zu zahlen, darf man Sie nicht der Steuerhinterziehung bezichtigen, weil Sie ja kein Steuerexperte sind und somit nicht vorsätzlich gehandelt haben. Aus diesem Grund darf das Finanzamt auch nur für höchstens vier Jahre Steuern nachfordern statt wie sonst (bei Vorsatz) für zehn Jahre.
Mit einer Nachzahlung muss aber nur ein Teil der Rentner rechnen, Otto Normalrentner bleibt verschont.

990 **11.4.2 Die Besteuerung der sonstigen Leibrenten – Zeile 14**

Diese werden weiterhin mit dem günstigeren – besonderen – Ertragsanteil aus den Tabellen 2 und 3 (➤ Rz 971) besteuert. Tabelle 2 enthält die Ertragsanteile für lebenslange Leibrenten, Tabelle 3 die für befristete Leibrenten.
Zu den niedrig besteuerten Renten gehören die aus **privaten Rentenversicherungen** (aber nicht die Riester- oder Rürup-Renten), private Renten aus einer Unfall-, Berufs- oder Erwerbsunfähigkeitsversicherung, aber auch Renten aus Veräußerungsgeschäften, z.B. aus dem Verkauf eines Grundstücks auf Rentenbasis.
Renten aus der **gesetzlichen Unfallversicherung** (z.B. Berufsgenossenschaftsrenten) sowie Kriegs- und Schwerbeschädigtenrenten sind übrigens steuerfrei.

991 **11.4.3 Die Besteuerung der Leistungen aus Altersvorsorgeverträgen und betrieblicher Altersversorgung – Zeile 31 ff.**

Renten aus Altersvorsorgeverträgen (Riester) und aus betrieblicher Altersversorgung werden in **voller Höhe** besteuert.

Ausnahmen:

- Wenn Beiträge zur betrieblichen Altersversorgung pauschal versteuert wurden (z.B. bei einer Direktversicherung), sind die Renten (nur) mit dem Ertragsanteil gem. Tabelle 2 ➤ Rz 971 steuerpflichtig.
- Wurde der Riester-Vertrag vor dem 1.1.2005 abgeschlossen, ist die spätere Rente ebenfalls nur mit dem Ertragsanteil steuerpflichtig.

Maßgebend sind die Angaben und Hinweise in der Leistungsmitteilung des Anbieters.

11.5 Hinzuverdienstgrenze, Sozialversicherungswerte

Viele Werktätige scheiden vorzeitig aus dem Arbeitsleben aus, weil sie nicht mehr das volle Pensum schaffen. Auch Ihnen ist es so ergangen. Sie möchten sich jedoch nicht ganz aus dem Erwerbsleben zurückziehen, eine Halbtagsbeschäftigung wäre optimal. Sie fragen sich indessen, in welcher Höhe ein Hinzuverdienst möglich ist, ohne dass die Rente gefährdet wird, wenn die Rentenkasse davon erfährt, z.B. durch eine Betriebsprüfung bei Ihrem Arbeitgeber. **992**

11.5.1 Hinzuverdienstgrenze **993**

Wer wie viel zu seiner Rente hinzuverdienen darf, ohne seinen Rentenanspruch zu gefährden, hängt grundsätzlich vom Lebensalter ab.

1. Rentner über der Regelaltersgrenze
Ab der Regelaltersgrenze (65 Jahre für vor dem 1.1.1947 Geborene, schrittweise höher für nach dem 31.12.1946 Geborene) darf ein Rentner unbegrenzt hinzuverdienen und muss auch nichts angeben. Wer sich dafür entscheidet, regulär weiterzuarbeiten, erwirbt zusätzliche Rentenansprüche und darüber hinaus einen Zuschlag von 0,5 % für jeden Monat, in dem die Rente nicht in Anspruch genommen wird.

2. Rentner unter der Regelaltersgrenze
Wer die Regelaltersgrenze noch nicht erreicht hat und Rente bezieht, darf nur bis 450 € im Monat hinzuverdienen. Allerdings kann zweimal im Jahr (gedacht zum Urlaub oder zu Weihnachten) der Verdienst auf das Doppelte = 900 € steigen, was eigentlich recht großzügig erscheint. Doch aufgepasst: Schon bei geringfügigem Überschreiten der Grenze von 450 €/900 € kommt es zu einer Kürzung der Rente. Sie müssen damit rechnen, dass der Rentenversicherungsträger und die Kontrollstelle für Minijobs (Knappschaft Bahn See) sich untereinander austauschen und die Daten abgleichen. Schon hat man Sie am Kanthaken.

Guter Rat: Hinzuverdienstgrenze ausschöpfen
Der Betrag von 450 € kommt Ihnen bekannt vor? Richtig, er ist der Grenzbetrag für Minijobs, und es gelten deren Regeln, ohne dass allerdings für den Arbeitgeber Abgaben zur Kranken- und Rentenversicherung anfallen, weil Sie ja als Rentner ohnehin versichert sind. Dies bedeutet, dass auch Ihr Arbeitgeber in die Klemme kommt, wenn der Betrag von 450 € überschritten wird.

450 € sind nicht das Ende der Fahnenstange, denn Zugaben sind erlaubt. Sprechen Sie Ihren Arbeitgeber auf Berufskleidung, ein kostenfreies Handy oder Fahrtkostenersatz an.

Die Hinzuverdienstregelung ist ein Skandal, weil hierdurch Zigtausenden von leistungswilligen Menschen, die Rente beziehen, völlig unnötig bürokratische Fesseln angelegt werden. Zudem werden der deutschen Wirtschaft wertvolle Arbeitskräfte entzogen. Völlig unverständlich ist auch die starre Regelung der Grenzwerte. Was denkt sich die Bürokratie überhaupt dabei, einen Frührentner, der als leitender Angestellter mehrere tausend Euro im Monat verdient hat, auf eine Grenze von 450 € zu setzen? Dafür kann er höchstens die Post aus dem Briefkasten holen.
Ist der Hinzuverdienst zu hoch, zahlt die Rentenversicherung nur noch eine Zweidrittel-, Einhalb- oder Eindrittelrente. Wie hoch der Hinzuverdienst für diese verschiedenen Teilrenten sein darf, wird individuell berechnet. Es kommt auf den Beschäftigungsort an (West oder Ost) und auf den Lohn der letzten drei Kalenderjahre vor Beginn der Rente.

Restgehalt zinslos stunden
Sind 450 € im Monat nicht etwas wenig für die vielen Stunden, die Sie arbeiten?
»Na klar, bin doch kein Lehrling mehr. Mein reguläres Gehalt beträgt 1.000 € im Monat. Weil ich aber bis zu meinem 65. nur 450 € hinzuverdienen darf, wird der Rest später – nach meinem 65. – in einer Summe nachbezahlt. Den nicht ausbezahlten Teil meines Gehalts stunde ich dem Boss, weil er derzeit knapp bei Kasse ist. So die offizielle Version. Das habe ich sogar schriftlich«, sagen Sie.
Gratuliere, die Nachzahlung ist später steuerbegünstigt.

Bestehen ohne Eitelkeit.
(Sabine Sinjen)

Wichtig zu wissen: Solarstrom kann Rente zum Schmelzen bringen! Sind Sie als Frührentner stolzer Besitzer einer Photovoltaikanlage? Ihre Freude über zusätzliche Einnahmen aus verkauftem Strom könnte getrübt werden, wenn diese 450 € im Monat übersteigen. In diesem Fall droht eine Rentenkürzung! 994

11.5.2 Beitrags- und Entgeltgrenzen für die Sozialversicherung 2016/2017

995

	Westdeutschland		Ostdeutschland	
	2016	2017	2016	2017
Beitrag vom Arbeitsentgelt	%	%	%	%
Rentenversicherung	18,7	18,7	18,7	18,7
Arbeitslosenversicherung	3,0	3,0	3,0	3,0
Krankenversicherung	14,6	14,6	14,6	14,6
Zusatzbeitrag Krankenversicherung[1)]	1,1	1,1	1,1	1,1
Pflegeversicherung[2)]	2,35	2,55	2,35	2,55
Beitragsbemessungsgrenzen monatlich	€	€	€	€
Rentenversicherung	6.200,–	6.350,–	5.400,–	5.700,–
Arbeitslosenversicherung	6.200,–	6.350,–	5.400,–	5.700,–
Krankenversicherung	4.687,50	4.800,-	4.687,50	4.800,-
Pflegeversicherung[2)]	4.687,50	4.800,-	4.687,50	4.800,-
Beitragsbemessungsgrenzen jährlich	€	€	€	€
Rentenversicherung	74.400,–	76.200,–	64.800,–	68.400,–
Arbeitslosenversicherung	74.400,–	76.200,–	64.800,–	68.400,–
Krankenversicherung	56.250,–	57.600,–	56.250,–	57.600,–
Pflegeversicherung[2)]	56.250,–	57.600,–	56.250,–	57.600,–

1) Den kassenindividuellen Zusatzbeitrag (durchschnittlich1,1 %) trägt allein der Arbeitnehmer.

2) Kinderlose Arbeitnehmer zahlen einen Zuschlag zur Pflegeversicherung in Höhe von 0,25 % des Arbeitslohns.

12 Die Anlage SO

Sonstige Einkünfte (ohne Renten) 996

Berechnungsschema für »Sonstige Einkünfte«		
Wiederkehrende Bezüge > Zeile 4	.... €	
Versorgungsausgleich > Zeile 5	.... €	
Unterhaltsleistungen > Zeile 6	.... €	
Summe	.... €	
./. Werbungskosten, mind. Pauschbetrag 102 €	– .... €	
Verbleiben	.... €	> .... €
Einnahmen aus Leistungen > Zeile 8–9	.... €	
Abgeordnetenbezüge > Zeile 14–22	.... €	
Private Veräußerungsgeschäfte	.... €	
Summe	.... €	
./. Werbungskosten, mind. Pauschbetrag 102 €	– .... €	
Verbleiben	.... €	> .... €
Sonstige Einkünfte (ohne Renten)		.... €

12.1 Wann ist eine Anlage SO abzugeben?

Unter die Einkünfte, die in der Anlage SO zu erklären sind, fallen insbesondere Einkünfte aus 997

- **Ausgleichsleistungen zur Vermeidung des Versorgungsausgleichs** (siehe dazu ➤ Rz 121),
- **Unterhaltsleistungen**, soweit sie beim Geber als Sonderausgaben abziehbar sind (§ 22 Nr. 1a EStG/➤ Rz 1000),
- **Leistungen**, soweit sie mindestens 256 € im Kalenderjahr betragen. Hierunter fallen insbesondere Bestechungsgelder, Schmiergelder, Mitnahmegebühr für die Fahrt zur Arbeit und Einnahmen aus der Vermietung beweglicher Gegenstände (§ 22 Nr. 3 EStG/➤ Rz 1001),
- **privaten Veräußerungsgeschäften** (§ 22 Nr. 2 EStG/➤ Rz 1004).

2017

Zeile			
1	Name / Gemeinschaft		**Anlage SO**
2	Vorname		zur Einkommensteuererklärung
3	**Steuernummer**		zur Feststellungserklärung

Sonstige Einkünfte (ohne Renten und ohne Leistungen aus Altersvorsorgeverträgen)

55

Zeile			stpfl. Person / Ehemann / Lebenspartner(in) A / Gemeinschaft EUR		Ehefrau / Lebenspartner(in) B EUR
	Wiederkehrende Bezüge				
4	Einnahmen aus	158	,—	159	,—
	Ausgleichsleistungen zur Vermeidung des Versorgungsausgleichs		EUR		EUR
5	soweit sie vom Geber als Sonderausgaben abgezogen werden können	144	,—	145	,—
	Unterhaltsleistungen		EUR		EUR
6	soweit sie vom Geber als Sonderausgaben abgezogen werden können	146	,—	147	,—
	Werbungskosten		EUR		EUR
7	zu den Zeilen 4 bis 6	160	,—	161	,—
	Leistungen		EUR		EUR
8	Einnahmen aus		,—		,—
9	Einnahmen aus	+	,—	+	,—
10	Summe der Zeilen 8 und 9	164	,—	165	,—
11	Werbungskosten zu den Zeilen 8 und 9	176 –	,—	177 –	,—
12	Einkünfte	=	,—	=	,—
13	Die 2016 nach Maßgabe des § 10d Abs. 1 EStG vorzunehmende Verrechnung nicht ausgeglichener negativer Einkünfte 2017 aus Leistungen (Zeile 12) soll wie folgt begrenzt werden		,—		,—
	Abgeordnetenbezüge		EUR		EUR
14	Steuerpflichtige Einnahmen ohne Vergütung für mehrere Jahre	200	,—	201	,—
15	In Zeile 14 enthaltene Versorgungsbezüge	202	,—	203	,—
16	Bemessungsgrundlage für den Versorgungsfreibetrag	204	,—	205	,—
17	Maßgebendes Kalenderjahr des Versorgungsbeginns	216	J J J J	217	J J J J
18	**Bei unterjähriger Zahlung:** Erster und letzter Monat, für den Versorgungsbezüge gezahlt wurden	206	Monat M M – 208 Monat M M	207	Monat M M – 209 Monat M M
19	Sterbegeld, Kapitalauszahlungen / Abfindungen und Nachzahlungen von Versorgungsbezügen (in Zeile 14 enthalten)	210	,—	211	,—
20	In Zeile 14 **nicht** enthaltene Vergütungen für mehrere Jahre (lt. gesonderter Aufstellung)	212	,—	213	,—
21	In Zeile 20 enthaltene Versorgungsbezüge	214	,—	215	,—
22	Aufgrund der vorgenannten Tätigkeit als Abgeordnete(r) bestand eine Anwartschaft auf Altersversorgung ganz oder teilweise ohne eigene Beitragsleistung	242	1 = Ja 2 = Nein	243	1 = Ja 2 = Nein
	Steuerstundungsmodelle		EUR		EUR
23	Einkünfte aus Gesellschaften / Gemeinschaften / ähnlichen Modellen i. S. d. § 15b EStG (lt. gesonderter Aufstellung)		,—		,—

2017AnlSO131

2017AnlSO131

Private Veräußerungsgeschäfte

Grundstücke und grundstücksgleiche Rechte (z. B. Erbbaurecht) In den Zeilen 34 bis 40 bitte nur den steuerpflichtigen Anteil erklären.

Bezeichnung des Grundstücks (Lage) / des Rechts

31

32 Zeitpunkt der Anschaffung (z. B. Datum des Kaufvertrags, Zeitpunkt der Entnahme aus dem Betriebsvermögen) T T M M J J — Zeitpunkt der Veräußerung (z. B. Datum des Kaufvertrags, auch nach vorheriger Einlage ins Betriebsvermögen) T T M M J J

Nutzung des Grundstücks bis zur Veräußerung

33 X zu eigenen Wohnzwecken vom – bis m² — X zu anderen Zwecken (z. B. als Arbeitszimmer, zur Vermietung) vom – bis m²

			EUR
34	Veräußerungspreis oder an dessen Stelle tretender Wert (z. B. Teilwert, gemeiner Wert)		,–
35	Anschaffungs- / Herstellungskosten oder an deren Stelle tretender Wert (z. B. Teilwert, gemeiner Wert) ggf. zzgl. nachträglicher Anschaffungs- / Herstellungskosten	–	,–
36	Absetzungen für Abnutzung / Erhöhte Absetzungen / Sonderabschreibungen	+	,–
37	Werbungskosten im Zusammenhang mit dem Veräußerungsgeschäft	–	,–
38	Gewinn / Verlust (zu übertragen nach Zeile 39)	=	,–

		stpfl. Person / Ehemann / Lebenspartner(in) A / Gemeinschaft EUR	Ehefrau / Lebenspartner(in) B EUR
39	**Zurechnung des Betrags aus Zeile 38**	110 ,–	111 ,–
40	Gewinne / Verluste aus weiteren Veräußerungen von Grundstücken und grundstücksgleichen Rechten (lt. gesonderter Aufstellung)	112 ,–	113 ,–

Andere Wirtschaftsgüter (Veräußerungen von Gegenständen des täglichen Gebrauchs sind ausgenommen)

Art des Wirtschaftsguts

41

42 Zeitpunkt der Anschaffung (z. B. Datum des Kaufvertrags) T T M M J J — Zeitpunkt der Veräußerung (z. B. Datum des Kaufvertrags) T T M M J J

			EUR
43	Veräußerungspreis oder an dessen Stelle tretender Wert (z. B. gemeiner Wert)		,–
44	Anschaffungskosten (ggf. gemindert um Absetzung für Abnutzung) oder an deren Stelle tretender Wert (z. B. Teilwert, gemeiner Wert)	–	,–
45	Werbungskosten im Zusammenhang mit dem Veräußerungsgeschäft	–	,–
46	Gewinn / Verlust (zu übertragen nach Zeile 47)	=	,–

		stpfl. Person / Ehemann / Lebenspartner(in) A / Gemeinschaft EUR	Ehefrau / Lebenspartner(in) B EUR
47	**Zurechnung des Betrags aus Zeile 46**	114 ,–	115 ,–
48	Gewinne / Verluste aus weiteren Veräußerungen von anderen Wirtschaftsgütern (lt. gesonderter Aufstellung)	116 ,–	117 ,–

Anteile an Einkünften

Gemeinschaft, Finanzamt und Steuernummer

49

		EUR	EUR
50	Anteil am Gewinn / Verlust	134 ,–	135 ,–
51	Die 2016 nach Maßgabe des § 10d Abs. 1 EStG vorzunehmende Verrechnung nicht ausgeglichener negativer Einkünfte 2017 aus privaten Veräußerungsgeschäften soll wie folgt begrenzt werden	,–	,–

2017AnlSO132 2017AnlSO132

12.2 Wie wird die Anlage SO ausgefüllt?

998 Gehen Sie nach den Vorgaben im Formular vor.

12.2.1 Wiederkehrende Bezüge – Zeile 4

Wiederkehrende Bezüge sind als sonstige Einkünfte nach § 22 Nr. 1 EStG zu erfassen, wenn sie nicht zu anderen Einkunftsarten gehören. In Betracht kommen hier nur zwei Arten von wiederkehrenden Bezügen, die steuerpflichtig sind: bestimmte Zeitrenten und regelmäßige Einnahmen aus Vermögensübertragungen bei vorweggenommener Erbfolge.

Achtung: Wiederkehrende Bezüge sind voll steuerpflichtig.

Zeitrenten als wiederkehrende Bezüge
Unter wiederkehrenden Bezügen sind insbesondere die Renten versammelt, bei denen zwischen Leibrenten und Zeitrenten unterschieden wird. Leibrenten gehören in die Anlage R, Zeitrenten in die Anlage SO. Anders als bei Leibrenten wird eine Zeitrente über eine feste Zeitspanne vereinbart. Stirbt der Rentenberechtigte vorher, wird die Rente bis zum Zeitablauf weitergezahlt, meistens an die Erben.

Zeitrente aus einem Versicherungsvertrag
In nur einem Fall hat der BFH entschieden, dass eine Zeitrente steuerpflichtig ist. Die durch den Tod des Versicherungsnehmers ausgelöste Rente, die unabhängig von der Lebenszeit eines Menschen auf eine **bestimmte Zeit** befristet an die Erben gezahlt wird, sei keine Leibrente und deshalb als sog. wiederkehrender Bezug nach § 22 Abs. 1 Nr. 1 Satz 1 EStG **in voller Höhe einkommensteuerpflichtig** (Urt. v. 25.11.1980 – BStBl 1981 II S. 358).

> **Gut zu wissen: Zeitrente aus einem Grundstücksverkauf nicht voll steuerpflichtig**
> Solche Zeitrenten sind als Kaufpreisraten zu werten (BFH, zuletzt im Urt. v. 29.10.1974 – BStBl 1975 II S. 173). Die einzelnen Rentenzahlungen sind in einen Zins- und Tilgungsanteil zu zerlegen. Der Zinsanteil ist als Einnahme aus Kapitalvermögen zu versteuern, gehört also in > Zeile 14 der Anlage KAP.

Vermögensübertragungen als wiederkehrende Bezüge
Hier zeigt sich die Kehrseite eines gewieften Steuersparmodells. Wiederkehrende Leistungen aus Vermögensübertragungen können als Leib-

rente oder als dauernde Last ausgestaltet sein. Was der Leistende als Sonderausgaben absetzen kann, muss der Empfänger im Gegenzug versteuern. Ist die Vermögensübertragung als Leibrente ausgestaltet, ist der Betrag beim Leistenden mit dem Ertragsanteil absetzbar und beim Empfänger mit dem Ertragsanteil zu versteuern, zu erklären in der Anlage R (➤ Rz 971 ff.).

Anders hingegen, wenn die Vermögensübertragung als dauernde Last ausgestaltet ist. Dann ist der Betrag beim Leistenden in voller Höhe absetzbar, beim Empfänger aber auch in voller Höhe steuerpflichtig, einzutragen hier in der Anlage SO > Zeile 4. Sofern Sie also wiederkehrende Bezüge aus dauernden Lasten bezogen haben, sind diese hier anzusetzen.

Freigrenze (Bagatellgrenze)
Schon mal erfreulich: Mit Einkünften aus Leistungen von weniger als **256 €** möchte sich der Fiskus nicht befassen. Einkünfte von mindestens 256 € greift er aber auf und will dann vom Gesamtbetrag die Steuer haben, also auch von den ersten 256 €.

12.2.2 Ausgleichsleistungen zur Vermeidung des Versorgungsausgleichs – Zeile 5 999

Der zahlungsverpflichtete Ehegatte/Lebenspartner (Geber) kann seine Ausgleichsleistungen zur Vermeidung des Versorgungsausgleichs an den geschiedenen Ehegatten bzw. den Lebenspartner einer aufgehobenen Lebenspartnerschaft oder den dauernd getrennt lebenden Ehegatten/Lebenspartner (Empfänger) als Sonderausgaben abziehen, wenn

- er dies ausdrücklich beantragt,
- der Empfänger diesem Antrag zustimmt und
- beide unbeschränkt steuerpflichtig sind.

Stimmt der Empfänger dem Antrag zu, werden ihm die Ausgleichsleistungen als sonstige Einkünfte zugerechnet und zusammen mit seinen anderen Einkünften der Einkommensbesteuerung unterworfen.

Gut zu wissen: Durch die steuerliche Zurechnung dieser Einkünfte kann nicht nur eine Einkommensteuerbelastung entstehen; sie kann auch zum Verlust von staatlichen Förderungsleistungen führen, z. B. der Wohnungsbauprämie, der Arbeitnehmer-Sparzulage für vermögenswirksame Leistungen, der Gewährung von Waisen-, Eltern- und Ausgleichsrenten nach dem Bundesversorgungsgesetz sowie von Leistungen nach dem Bundesausbildungsförderungsgesetz (BAföG). Nachteile können ferner bei Stipendien und bei Darlehensrückzahlungen nach dem Graduiertenförderungsgesetz eintreten, selbst wenn die Einkünfte nicht dem Stipendiaten selbst, sondern seinem Ehegatten/Lebenspartner zugerechnet werden.

Gleicht der Geber die Nachteile durch zusätzliche Zahlungen an den Empfänger aus, sind diese Mehrleistungen Unterhaltsleistungen (> Zeile 6). Durch die Zurechnung dieser Mehrbeträge können sich weitere Nachteile ergeben.

1000 **12.2.3 Unterhaltsleistungen – Zeile 6**

Als Sie die Anlage U unterschrieben haben, war Ihnen doch hoffentlich klar, dass Sie die Unterhaltsleistungen, die Sie von Ihrem geschiedenen oder getrennt lebenden Ex erhalten, versteuern müssen.
Einzutragen sind die Unterhaltsleistungen, soweit Ihr Ex sie als Sonderausgaben abzieht (Anlage U und die Erläuterungen hierzu). Die Betonung liegt hier auf dem Wörtchen »soweit«. Zu versteuern sind also nur die Unterhaltsleistungen, die der Verpflichtete abziehen kann – und das sind max. 13.805 € im Jahr. Zahlt Ihr Ex mehr, sind trotzdem nur 13.805 € zu versteuern.

Von den Unterhaltszahlungen geht der Werbungskostenpauschbetrag von 102 € runter. Haben Sie höhere Rechtsberatungs-, Mahn-, Gerichts- oder sonstige Kosten im Zusammenhang mit den Unterhaltsleistungen, tragen Sie diese in > Zeile 7 ein.

Sonderausgabenabzug nicht vergessen!
Die vom Geber geleisteten Beiträge zu einer Basis-Kranken- und einer gesetzlichen Pflegeversicherung können vom Empfänger als Sonderausgaben abgezogen werden!

TIPP Bei Luxusunterhalt aufpassen

Vielleicht haben Sie sich wegen der Höhe des einzutragenden Betrags keine großen Gedanken gemacht, weil Ihr Ex ja die darauf entfallenden Steuern erstatten muss. Doch aufgepasst: Der Ex will Ihren Steuerbescheid sehen, und wenn dort als Unterhaltsleistungen 24.000 € ausgewiesen sind, kann er zu Recht die Erstattung der Steuern zunächst ablehnen und um eine neue Berechnung bitten, da er ja max. 13.805 € absetzen kann. Dieser Betrag gilt auch für Sie als Obergrenze.

Um zu erfahren, was Ihr Ex Ihnen an Steuern erstatten muss, müssen Sie nicht unbedingt einen Steuerberater aufsuchen. Das können Sie gut und gern selbst berechnen. Haben Sie neben den Unterhaltsbezügen noch andere Einkünfte bezogen, wie z. B. Arbeitslohn, stellen Sie zur Berechnung der auf die Unterhaltsbezüge entfallenden Steuern die Einkünfte ins Verhältnis.

Beispiel

Unterhaltsbezüge im Kalenderjahr	13.805 €
Arbeitslohn brutto	9.600 €

So wird gerechnet:	Sonstige Einkünfte	Einkünfte aus nichtselbständiger Arbeit	Insgesamt
Einnahmen	13.805,00 €	9.600,00 €	
./. Werbungskosten-pauschbetrag	−102,00 €	−1.000,00 €	
Einkünfte	13.703,00 €	8.600,00 €	22.303,00 €
Verhältnis	61,44 %	38,56 %	100,00 %
Einkommensteuer lt. Steuerbescheid (angenommen)			2.853,00 €
Auf die Unterhaltsbezüge entfallen 61,44 % =			1.752,88 €

Diesen Betrag muss Ihr Ex erstatten zzgl. des anteiligen Soli-Zuschlags von 61,44 % des Gesamt-Soli.

»Moment einmal, meine Ex rechnet aber ganz anders. Ohne Unterhalt würde keine Steuer anfallen (aufgrund des Grundfreibetrags von 8.820 €). Ihr Nachteil betrage daher die vollen 2.853 €.«

Ist wohl nicht so ganz von der Hand zu weisen. Hier geht es um den sog. »Nachteilsausgleich«, und ihr Nachteil beläuft sich in diesem Fall wohl tatsächlich auf die volle Steuerbelastung.

Ich rate Ihnen, Ihrer Ex zunächst die erste Berechnung zu präsentieren, denn auf den Arbeitslohn entfällt schließlich auch eine Steuer. Stellt sie sich quer, können Sie noch immer verhandeln …

Manchmal ist schnell Schluss

Sobald die Ex sich wiederverheiratet, erlischt der Unterhaltsanspruch nach § 1586 I BGB. Dann ist auch das finanzielle Band zerrissen. Lediglich für das Jahr der Eheschließung ergibt sich noch ein Problem. Die Ex wird schon in diesem Jahr mit dem neuen Partner zusammen veranlagt, zugleich sind aber bis zur Eheschließung Unterhaltsleistungen geflossen, die bei der Steuer zu berücksichtigen sind. Rechnen Sie aber auch hier genau so wie in dem Beispiel oben.

1001 **12.2.4 Leistungen – Zeile 8–13**

Wenn es nach dem Fiskus ginge, würde für jedwede Leistung, die Geld bringt, auch der Staatssäckel klingeln. Dem ist aber nicht so. Der Katalog der steuerpflichtigen Einnahmen aus Leistungen ist begrenzt. Steuerpflichtig sind Einkünfte aus gelegentlichen Vermittlungen und aus der Vermietung beweglicher Gegenstände (§ 22 Nr. 3 EStG).

Zeile 8-12 Leistungen

Was schon mal vorkommt: Ein Arbeitnehmer im Innendienst einer Versicherungsgesellschaft hat für die Vermittlung von Versicherungsgeschäften eine Provision erhalten. Diese Provision ist als sonstige Einkünfte aus gelegentlichen Vermittlungen zu versteuern (BFH-Urt. v. 7.10.1954 – IV 405/53 U). Ja sogar ein »werthaltiger Tipp« soll steuerpflichtig sein (BFH-Urt. v. 26.10.2004 – BStBl 2005 II S. 167).

Was außerdem alles steuerpflichtig sein soll:

- einmalige Bürgschaftsprovision (BFH v. 22.1.1965 – BStBl III S. 313),
- Entgelt für eine Beschränkung der Grundstücksnutzung (BFH v. 9.4.1965 – BStBl III S. 361),
- Entgelt für die Einräumung eines Vorkaufsrechts (BFH-Urt. v. 10.12.1985 – BStBl 1986 II S. 340); bei späterer Anrechnung des Entgelts auf den Kaufpreis entfällt der Tatbestand des § 22 Nr. 3 EStG rückwirkend,
- Entgelt für den Verzicht auf Einhaltung des gesetzlich vorgeschriebenen Grenzabstands eines auf dem Nachbargrundstück errichteten Gebäudes (BFH-Urt. v. 5.8.1976 – BStBl 1977 II S. 26),
- Entgelt für ein vereinbartes Wettbewerbsverbot (BFH-Urt. v. 12.6.1996 – BStBl 1996 II S. 516),
- Entgelt für die regelmäßige Mitnahme eines Arbeitskollegen auf der Fahrt zwischen Wohnung und Arbeitsstätte (BFH-Urt. v. 15.3.1994 – BStBl 1994 II S. 516),
- Entgelt an einen benachbarten Wohnungseigentümer für die Duldung eines Spielsalons (BFH-Urt. v. 21.11.1997 – BStBl 1998 II S. 133),

- Entgelt für die zeitweise Vermietung eines Wohnmobils an wechselnde Mieter (BFH v. 12.11.1997 – BStBl 1998 II S. 774), sofern die Vermietung nicht gewerblich ausgeübt wird,
- Bestechungsgelder, die einem Arbeitnehmer von Dritten gezahlt wurden (BFH-Urt. v. 26.1.2000 – BStBl 2000 II S. 396).

»Ach du meine Güte, wer soll das denn alles wissen?«, rufen Sie empört. Richtig. Doch das komplizierte Steuerrecht hat auch seine guten Seiten. Wer Einnahmen dieser Art versehentlich nicht angegeben hat, dem kann der Fiskus keine Steuerhinterziehung anhängen, denn Steuerhinterziehung setzt vorsätzliches Handeln oder zumindest grobe Fahrlässigkeit voraus. Und es ist nicht grob fahrlässig, von diesen exotischen Urteilen nichts gewusst zu haben.

Lesen Sie dazu den Tipp unter ➤ Rz 1137.

Nicht steuerpflichtig sind:

- eine Abfindung, die der Mieter einer Wohnung für eine Einschränkung seiner Mietposition erhalten hat (BFH-Urt. v. 5.8.1976 – BStBl 1976 II S. 27),
- Streikunterstützungen (BFH-Urt. v. 24.10.1990 – BStBl 1991 II S. 337),
- Zahlungen eines pflegebedürftigen Angehörigen für seine Pflege im Rahmen des familiären Zusammenlebens (BFH-Urt. v. 14.9.1999 – BStBl 1999 II S. 776).

Zeile 13 und 51 Begrenzung negativer Leistungen (Verlustabzug)

Verluste sind wahrlich kein Grund zum Jubeln, es sei denn, sie stehen nur auf dem Papier. Hier kommt es aber noch schlimmer. Verluste aus Leistungen dürfen nur mit Gewinnen aus Leistungen verrechnet werden, nicht aber mit anderen Einkünften (§ 22 Nr. 3 EStG). Verluste, die mangels Gewinnen im selben Jahr nicht verrechnet werden können, sind nach § 10 d EStG rück- bzw. vortragsfähig. Vorrangig mindern sie den Gewinn des Vorjahres (durch Rücktrag). Dann wird der Steuerbescheid des Vorjahres berichtigt und zu viel gezahlte Steuer erstattet.

Falls Sie die Verrechnung nach Maßgabe des § 10d Abs. 1 EStG (Verlustrücktrag) begrenzen möchten, tragen Sie den gewünschten Betrag hier ein. Der »Restverlust« kann in künftige Jahre vorgetragen werden.

1002 ## 12.2.5 Abgeordnetenbezüge – Zeile 14–22

Abgeordnete des Bundestags und der Länderparlamente erhalten Bezüge unterschiedlichster Art, auf die hier nicht im Einzelnen eingegangen werden kann. Ausführlich befasst sich mit den Abgeordnetenbezügen der Erlass FinMin Sachsen vom 28.8.2000 (Az 32 - S 2257a - 2/20-42030).

1003 ## 12.2.6 Steuerstundungsmodelle – Zeile 23

Schiffsbeteiligungen, Medienfonds, geschlossene Immobilienfonds, aber auch die sog. New Energy Fonds (Windkraft, Solar, Biomasse, Biogas) sind dem Fiskus ein Dorn im Auge, weil sie dem Anleger anfangs Verluste bescheren. Diesen stehen indessen prinzipiell spätere Gewinne/Überschüsse gegenüber. Der Fiskus bezeichnet die Beteiligungen deswegen als »Steuerstundungsmodelle«, was besagen will: Aufgeschoben ist nicht aufgehoben. Steuerstundungsmodelle kommen in verschiedener Ausgestaltung vor. Im privaten Vermögensbereich ergeben sich daraus sonstige Einkünfte i. S. von § 22 Nr. 1 Satz 1 EStG (§ 15 b EStG), die hier in > Zeile 23 einzutragen sind.

Weitere Angaben zur Bezeichnung der Steuerstundungsmodelle, zur Höhe der Einnahmen und der Werbungskosten machen Sie auf einem gesonderten Blatt.

Ich kann alles hingeben,
nur nicht meine Würde.
(Wolfgang Amadeus Mozart)

1004 ## 12.2.7 Private Veräußerungsgeschäfte – Zeile 31–51

Private Veräußerungsgewinne, die innerhalb einer bestimmten Frist erzielt werden, werden umfassend besteuert (§ 23 EStG). Zu Veräußerungsgeschäften aus Kapitalanlagen mehr unter ➤ Rz 925 ff.

Was wird besteuert?
Die Spekulationssteuer zielt auf Gewinne aus der Veräußerung aller möglichen Güter: Grundstücke, Kunstgegenstände, Schmuck, Edelmetalle, Briefmarken, Münzen, Fremdwährungen, Antiquitäten, Fahrzeuge – insbesondere Oldtimer –, Motorboote … Gewinne aus dem Verkauf von Wirtschaftsgütern des täglichen Bedarfs sowie eines bislang selbst genutzten Eigenheims werden hingegen nicht besteuert.
Gewinne aus dem Verkauf von Aktien, anderen Wertpapieren wie Anleihen oder aus Termingeschäften zählen, seit sie der Abgeltungsteuer

(➤ Rz 886 ff.) unterworfen sind, nicht mehr zu den sonstigen Einkünften, wodurch das Thema »Private Veräußerungsgeschäfte« erheblich an Bedeutung verloren hat.

Freigrenze (Bagatellgrenze)
Eine Freigrenze, sprich Bagatellgrenze, deutet immer darauf hin, dass dem Fiskus die Arbeit an einem Sachverhalt teurer kommt, als die Steuer daraus einbringt. So will er sich mit privaten Veräußerungsgewinnen von weniger als 600 € nicht befassen. Einen Veräußerungsgewinn von mindestens 600 € greift er aber auf und will dann vom Gesamtbetrag die Steuer haben.

Fristen nach § 23 Abs. 1 Nr. 1 EStG
Bei privaten Veräußerungsgeschäften sind drei Fristen bedeutsam: Eine Zehnjahres-, eine Zweijahres- und eine Jahresfrist. Damit ein Veräußerungsgeschäft steuerfrei bleibt, muss die Frist mindestens einen Tag überschritten sein.

Fristen bei privaten Veräußerungsgeschäften

Grundstücke, grundstücksgleiche Rechte (z.B. Erbbaurechte)*	10 Jahre
Andere Wirtschaftsgüter jeglicher Art (z.B. Anteile, Kraftfahrzeuge, Computer etc.)	1 Jahr

*Mit Ausnahme von Grundstücken, die zu eigenen Wohnzwecken genutzt wurden.

Beispiel
Sie haben am 10.6.2008 einen Bauplatz gekauft. Die Zehnjahresfrist nach BGB beginnt am 11.6.2008 um 0 Uhr und endet am 10.6.2018 um 24 Uhr. Sie können also den Bauplatz frühestens am 11.6.2018 steuerfrei verkaufen. Für die Berechnung des Zeitraums zwischen Anschaffung und Veräußerung ist grundsätzlich das obligatorische Geschäft maßgebend, das der Anschaffung oder der Veräußerung zugrunde liegt. Bei Grundstücken ist das der Kaufvertrag vor dem Notar, bei anderen Wirtschaftsgütern der Vertragsabschluss, auch der per Handschlag.

Berechnung des Veräußerungsgewinns
Gewinn oder Verlust aus Veräußerungsgeschäften ist der Unterschied zwischen Veräußerungspreis einerseits und den Anschaffungs- oder Herstellungskosten und den Werbungskosten andererseits, so § 23 Abs. 3 EStG. Der ist leichter gesagt als berechnet.
Für die Berechnung bei Grundstücksgeschäften können Sie sich an den Musterfall Huber (➤ Rz 1010) halten.

1005 Zeile 31–40 Grundstücke und grundstücksgleiche Rechte

In > Zeile 38 ist der Gewinn oder Verlust aus einem privaten Grundstücksgeschäft zu erklären, bei dem der Zeitraum zwischen Anschaffung und Veräußerung nicht mehr als zehn Jahre beträgt. Dazu sind Angaben in den > Zeilen 31–37 zu machen. Schummeln ist zwecklos, denn die Notare melden den Finanzämtern alle beurkundeten Kaufverträge. Da ist es schon besser, langfristig zu planen und erst nach Ablauf der Spekulationsfrist zu verkaufen.

Gut zu wissen: Wenn anderswo ein neuer Job winkt
Eine Ausnahme von der Spekulationssteuer macht der Fiskus, wenn das Haus über einen bestimmten Zeitraum (siehe ➤ Rz 1008) zu eigenen Wohnzwecken genutzt wurde.
Nun will der Fiskus aber die Mobilität der Arbeitnehmer nicht unnötig behindern, die ja im Beruf so wichtig sein kann. Wenn es nicht gelingt, das Haus nach einem Wohnortwechsel sofort zu verkaufen, werden die Leerstandszeiten der Nutzung zu eigenen Wohnzwecken zugerechnet.

Beispiel
Sie sind wegen Arbeitsplatzwechsel aus Ihrer Eigentumswohnung ausgezogen. Erst vier Monate später konnten Sie die Wohnung verkaufen. Der Leerstand dieser vier Monate ist unschädlich (BMF-Schreiben v. 5.10.2000).
Als Nutzung zu eigenen Wohnzwecken gilt auch, wenn ein Haus einem nahen Angehörigen kostenlos überlassen wurde.

Anschaffung durch Erbschaft oder Schenkung
Bei einem Grundstück, das durch Erbschaft erworben wurde, ist die entgeltliche Anschaffung durch den Verstorbenen steuerlich dem Erben zuzurechnen. Somit fällt bei einem Verkauf Spekulationssteuer an, wenn das Grundstück nicht insgesamt zehn Jahre im Besitz des Erblassers und des Erben war, d.h.:

- Erben Sie ein Grundstück, das der Erblasser z.B. vor elf Jahren gekauft hatte, können Sie es sofort verkaufen, ohne dass Spekulationssteuer anfällt.
- Erben Sie ein Grundstück, das der Erblasser vor fünf Jahren gekauft hatte, müssen Sie mit dem Verkauf fünf Jahre warten, damit keine Spekulationssteuer anfällt.

Gleiches gilt für Schenkung, Vermächtnis oder Pflichtteil.
Entgeltlich angeschafft ist auch ein Grundstück, das nach einer Scheidung im Rahmen des Zugewinnausgleichs erworben wurde. Folge: Bei Verkauf innerhalb von zehn Jahren hält der Fiskus über die Spekulationssteuer die Hand auf.

Zeile 32 Zeitpunkt der Anschaffung/ Veräußerung 1006

Tragen Sie die entsprechenden Daten aus dem notariellen Kaufvertrag ein. Als Anschaffung gilt nach § 23 Abs. 1 EStG auch die Überführung des Grundstücks aus dem Betriebsvermögen in das Privatvermögen durch Entnahme.
Als Veräußerung eines Grundstücks gilt auch eine Einlage in das Betriebsvermögen, wenn die Veräußerung aus dem Betriebsvermögen innerhalb von zehn Jahren seit Anschaffung des Grundstücks oder grundstücksgleichen Rechts erfolgt. Die Gewinne oder Verluste sind in diesen Fällen jedoch erst in dem Kalenderjahr zu erfassen, in dem der Preis für die Veräußerung aus dem Betriebsvermögen zugeflossen ist.

TIPP 1007

Beginn der Frist bei einem Neubau

Für den Beginn der Zehnjahresfrist ist die Anschaffung des Grund und Bodens maßgebend, auch wenn erst danach gebaut wurde.
»Dazu sollten Sie mir ein Beispiel geben«, sagen Sie interessiert.
Angenommen, Sie haben am 1.7.2009 einen Bauplatz gekauft und im Jahr 2013 darauf ein Doppelhaus errichtet, das vermietet wird. Die Zehnjahresfrist beginnt mit dem Kauf des Bauplatzes – nicht mit der Bebauung –, also am 2.7.2009 0 Uhr und endet am 1.7.2019 24 Uhr. Sie könnten das bebaute Grundstück somit am 2.7.2019 steuerfrei verkaufen (BMF-Schreiben v. 5.10.2000). Ist also der Veräußerungsgewinn für den Grund und Boden wegen Fristablaufs steuerfrei, ist auch der auf das errichtete Gebäude entfallende Gewinn steuerfrei, da mit der Fertigstellung des Gebäudes keine neue Zehnjahresfrist zu laufen beginnt.
Im Rückschluss heißt das: Wird das Grundstück innerhalb der Spekulationsfrist verkauft, ist auch die Wertsteigerung des darauf errichteten Gebäudes steuerpflichtig.

Weltlich ausgerichtete Menschen
sollten sich nicht fundamental gebärden.
(Marjane Satrapi, Cartoonistin)

1008 **Zeile 33–34 Nutzung des Grundstücks, Veräußerungspreis, Schwarzgeld**

Nutzung zu eigenen Wohnzwecken
Nicht besteuert wird der Verkauf einer Immobilie – auch innerhalb von 10 Jahren nach Errichtung oder Erwerb –, soweit sie

- im Zeitraum zwischen Anschaffung und Veräußerung oder
- im Jahr der Veräußerung und in den beiden vorangegangenen Jahren

ausschließlich zu eigenen Wohnzwecken genutzt wurde.

Gut zu wissen:
Als Nutzung zu eigenen Wohnzwecken gilt auch die (unentgeltliche) Nutzung durch Kinder, für die Sie Kindergeld oder einen Kinderfreibetrag erhalten.

Nicht eigenen Wohnzwecken dient aber z.B. ein häusliches Arbeitszimmer, selbst wenn der Abzug der Aufwendungen als Werbungskosten ausgeschlossen oder eingeschränkt ist.
Haben Sie ein Grundstück veräußert, bei dem nur ein Teil der Besteuerung unterliegt (z.B. häusliches Arbeitszimmer, fremd vermietete Räume), machen Sie in den > Zeilen 34–39 nur Angaben zum steuerpflichtigen Teil.

Veräußerungspreis, Schwarzgeld
Der Anlage SO ist der vom Notar beurkundete Vertrag beizufügen, aus dem sich der Veräußerungspreis ergibt. Dennoch betrachtet der Fiskus den Veräußerungspreis durchaus skeptisch, ist ihm doch bekannt, dass vielfach Schwarzgeld gezahlt wird. Die Motive für Schwarzgeldzahlungen sind unterschiedlich. Für den Käufer kann interessant sein, Schwarzgeld unterzubringen, der Verkäufer sieht eine Möglichkeit, den offiziellen Kaufpreis zu drücken, um der Spekulationssteuer zu entgehen oder sie zumindest deutlich zu senken.

Nervenkitzel
Mit Schwarzgeld betrügen Sie nicht nur den Notar um einen Teil seines Honorars, sondern auch den Fiskus um einen Teil der Grunderwerbsteuer und möglicherweise um Spekulationssteuer. Auch ist ein solches Geschäft nicht ohne Risiko. Wird das Schwarzgeld vor Abschluss/Beurkundung

des Vertrags gezahlt, könnte der Verkäufer vom Verkauf Abstand nehmen und das Schwarzgeld einfach behalten. Soll das Schwarzgeld hingegen erst hinterher fließen, könnte sich der Käufer auf den im Vertrag beurkundeten Kaufpreis berufen und die Zahlung des Schwarzgelds, obwohl vorher versprochen, verweigern.
Gewiefte Leute finden aber immer einen Weg, der vielfach darin besteht, dass eine unauffällige Aktentasche, in der sich das Schwarzgeld befindet, unter dem Tisch des Notars den Eigentümer wechselt, aus der Hand des Käufers in die Hand des Verkäufers. Ist der Notar informiert, verlässt er für einen Moment das Zimmer. Wer so handelt, handelt betrügerisch, das ist doch wohl klar?

Verkauf weit unter Preis
Der Spekulationssteuer können Sie nicht dadurch entgehen, dass Sie weit unter Preis verkaufen, denn die Differenz zum Verkehrswert fällt unter »Schenkung«. Folge: Der Bearbeiter stuft den Vorgang als gemischte Schenkung ein, und neben Einkommen- und Grunderwerbsteuer kommt dann auch noch die Schenkungsteuer ins Spiel. Sie können sich also drehen, wie Sie wollen, der Fiskus holt sich immer seinen Teil.

Beispiel
Hans-Peter will eine kleine Eigentumswohnung verkaufen, weil er Geld braucht. Damit die Wohnung in der Familie bleibt, bietet er sie seiner Schwester Julia zum **Sonderpreis** von 36.600 € an, um den Freibetrag der Schenkungsteuer mitzunehmen.

Folgende Angaben zum Sachverhalt mögen genügen:
Anschaffung der Wohnung (52 qm, Baujahr 1970) in 2012 für 55.000 €
Verkehrswert der Wohnung in 2017:

Anschaffungskosten in 2012:	55.000 €	
./. Abschreibung vom Gebäudewert (80 % der Anschaffungskosten) 44.000 € × 2 % × 5 Jahre =	– 4.400 €	
	51.600 €	> 51.600 €

Verkauf der Wohnung an Julia in 2017 für 36.600 €
Wie rechnet der Fiskus?

1. Spekulationsgewinn

Veräußerungserlös	36.600 €	
Wert der Schenkung (51.600 € – 36.600 € =)	15.000 €	
Erlös insgesamt	51.600 €	> – 51.600 €
Spekulationsgewinn		0 €

2. Grunderwerbsteuer

Steuersatz z.B. 6,5 % × Kaufpreis 36.600 € =			2.379 €

3. Schenkungsteuer

Grundbesitzwert/gemeiner Wert (siehe oben)	51.600 €		
Davon 10 % steuerfrei, da zu Wohnzwecken vermietet (§ 13c ErbStG)	– 5.160 €		46.400 €
Davon anteilig 15,0/51,6 (15.000 € zu 51.600 €) als Wert der Schenkung	13.500 €	>	13.500 €
./. Freibetrag Steuerklasse II			– 20.000 €
Verbleiben			0 €

»Ich verstehe, bei einem Geschäft mit Angehörigen lässt sich leichter ein Spekulationsgewinn vermeiden«, sagen Sie.

1009 Zeile 35 – 36 Anschaffungs-/Herstellungskosten, Absetzung für Abnutzung

Vom Veräußerungspreis sind die Gestehungskosten abzusetzen. So ergibt sich der Gewinn/Verlust für die > Zeile 38.
Ausgangswert sind zunächst die Anschaffungs-/Herstellungskosten, einzutragen in > Zeile 35. In > Zeile 36 kommt das Elefantengedächtnis des Fiskus zum Ausdruck, der nicht vergessen kann, dass Sie bei Ihren bisherigen Einkünften aus Vermietung und Verpachtung des verkauften Grundstücks Abschreibungen/erhöhte Absetzungen auf das Gebäude vorgenommen haben, die Sie daher hier eintragen müssen.

1010 ♦ *Musterfall Huber (Privates Veräußerungsgeschäft – Grundstück)*
Heribert Huber hatte im Jahr 2013 einiges an Geldvermögen geerbt und es sofort in einer Immobilie angelegt. Am 1.7.2013 erwarb er für 80.000 € ein unbebautes Grundstück und errichtete darauf ein kleines Mietwohnhaus. Die Bebauung war am 1.3.2015 abgeschlossen. Die Herstellungskosten beliefen sich auf 550.000 €. Mit Vertrag vom 1.7.2017 verkaufte Huber das bebaute Grundstück zu einem Preis von 650.000 €.
Bevor Huber die Anlage SO auszufüllen beginnt, rechnet er sich schon mal aus, was er als Spekulationsgewinn versteuern muss.
Er weiß, dass die von ihm als Werbungskosten in Anspruch genommene Abschreibung den Veräußerungsgewinn erhöht. Durch diese Regelung sollen Steuervorteile rückgängig gemacht werden, wenn sich Investoren kurzfristig von einem Mietobjekt trennen.

Veräußerungspreis			*650.000 €*
Anschaffungskosten			
Grundstück		*80.000 €*	
Gebäude	*550.000 €*		
./. Abschreibung			
550.000 € × 2 % × $^{28}/_{12}$	*– 25.667 €*		
Restwert Gebäude	*524.333 €*	*> 524.333 €*	
Summe		*604.333 €*	*> – 604.333 €*
Spekulationsgewinn 2017			*45.667 €*

In die Anlage SO trägt Huber ein:

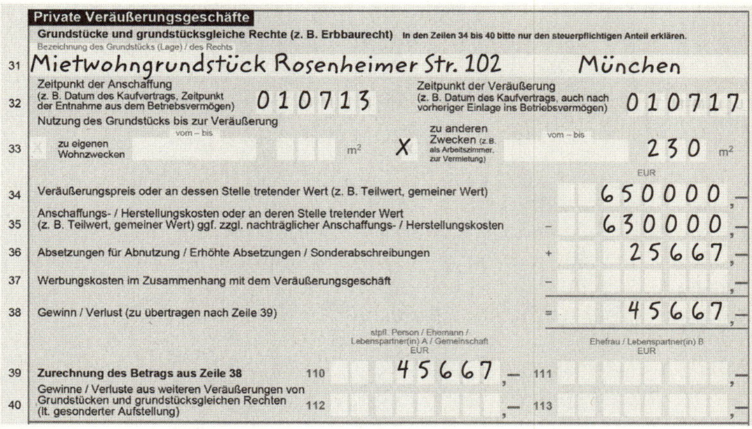

Private Veräußerungsgeschäfte

Grundstücke und grundstücksgleiche Rechte (z. B. Erbbaurecht) In den Zeilen 34 bis 40 bitte nur den steuerpflichtigen Anteil erklären.

Zeile			
31	Bezeichnung des Grundstücks (Lage) / des Rechts	Mietwohngrundstück Rosenheimer Str. 102 München	
32	Zeitpunkt der Anschaffung (z. B. Datum des Kaufvertrags, Zeitpunkt der Entnahme aus dem Betriebsvermögen): 010713	Zeitpunkt der Veräußerung (z. B. Datum des Kaufvertrags, auch nach vorheriger Einlage ins Betriebsvermögen): 010717	
33	Nutzung des Grundstücks bis zur Veräußerung: zu eigenen Wohnzwecken vom – bis m²	X zu anderen Zwecken (z. B. als Arbeitszimmer, zur Vermietung) vom – bis	230 m²
			EUR
34	Veräußerungspreis oder an dessen Stelle tretender Wert (z. B. Teilwert, gemeiner Wert)		650000,–
35	Anschaffungs- / Herstellungskosten oder an deren Stelle tretender Wert (z. B. Teilwert, gemeiner Wert) ggf. zzgl. nachträglicher Anschaffungs- / Herstellungskosten	–	630000,–
36	Absetzungen für Abnutzung / Erhöhte Absetzungen / Sonderabschreibungen	+	25667,–
37	Werbungskosten im Zusammenhang mit dem Veräußerungsgeschäft	–	,–
38	Gewinn / Verlust (zu übertragen nach Zeile 39)	=	45667,–

Zeile		stpfl. Person / Ehemann / Lebenspartner(in) A / Gemeinschaft EUR	Ehefrau / Lebenspartner(in) B EUR
39	**Zurechnung des Betrags aus Zeile 38**	110 45667,–	111 ,–
40	Gewinne / Verluste aus weiteren Veräußerungen von Grundstücken und grundstücksgleichen Rechten (lt. gesonderter Aufstellung)	112 ,–	113 ,–

Zeile 37 Werbungskosten 1011

Notarkosten, Kosten der Umschreibung im Grundbuch, Fahrtkosten tragen Sie hier ein.

Zeile 41–50 Andere Wirtschaftsgüter 1012

In > Zeile 41–50 sind Veräußerungen von Wirtschaftsgütern zu erklären, die nicht Grundstücke sind und bei denen der Zeitraum zwischen Anschaffung und Veräußerung nicht mehr als ein Jahr betrug. Siehe hierzu ➤ Rz 1004.

Wird das veräußerte Wirtschaftsgut allerdings zur Einkunftserzielung eingesetzt (z.B. Vermietung eines Flugzeugs, Motorboots), verlängert sich die Frist auf zehn Jahre (§ 23 Abs. 1 Nr. 2 Satz 2 EStG). Diese Verlängerung gilt für alle Gegenstände, die auf der Basis eines nach dem 31.12.2008 abgeschlossenen Vertrags angeschafft werden (§ 52a Abs.11 Satz 3 EStG n.F.).

Erhalten ist mühsamer
als erwerben.
(Spruch)

13 Die Anlage V

Einkünfte aus Vermietung und Verpachtung 1013

Bauen ist süßes Armmachen, sagt ein Sprichwort, und da ist was Wahres dran. Bauen macht zwar Spaß, doch die Rendite ist oft erbärmlich, schlappe 2 bis 3 %. Andererseits gilt eine Immobilie in guter Lage als sichere Investition. Dies zeigte sich besonders in der letzten Finanzkrise, in der sich Immobilien als sichere Wertanlage entpuppten. Und wer gewitzt genug ist, kann mit einer Immobilie sogar Steuern sparen.

Die Einkünfte aus Vermietung und Verpachtung werden nach folgendem Schema berechnet:

Einnahmen	.... €
./. Werbungskosten	– .... €
Einkünfte	.... €

Für jedes vermietete Haus, jede vermietete Eigentumswohnung ist eine gesonderte Anlage V abzugeben.

13.1 Das Wichtigste im Überblick

13.1.1 Verluste verrechnen, Wertsteigerungen steuerfrei kassieren 1014

Besteuert wird der Überschuss der Mieteinnahmen über die Werbungskosten. Sind die Werbungskosten höher als die Mieteinnahmen, ergibt sich ein Verlust, der mit anderen Einkünften verrechnet wird und so das zu versteuernde Einkommen mindert. Ein Verlust ergibt sich insbesondere durch hohe **Schuldzinsen (Finanzierungskosten) oder Reparaturen (Erhaltungsaufwand).** Steuerlich vorteilhaft ist bei privatem Grundbesitz, dass ein Gewinn aus dem Verkauf eines Mietobjekts grundsätzlich nicht der Einkommensteuer unterliegt – es sei denn, Anschaffung und Verkauf erfolgen innerhalb der **Spekulationsfrist von zehn Jahren** (➤ Rz 1004 ff.).

ANLAGE V
Einkünfte aus Vermietung und Verpachtung

2018

2017

1 Name / Gemeinschaft / Körperschaft

Anlage V

2 Vorname

zur Einkommensteuererklärung

3 **Steuernummer** lfd. Nr. der Anlage

zur Körperschaftsteuererklärung

zur Feststellungserklärung

Einkünfte aus Vermietung und Verpachtung
(Bei ausländischen Einkünften: Anlage AUS beachten)

Einkünfte aus dem bebauten Grundstück 25

Lage des Grundstücks / der Eigentumswohnung

4 Straße, Hausnummer — Angeschafft am T T M M J J J J

5 Postleitzahl — Ort — Fertig gestellt am T T M M J J J J

6 00 Einheitswert-Aktenzeichen — 53 Veräußert / Übertragen am T T M M J J J J

7 Das in Zeile 4 bezeichnete Objekt wird ganz oder teilweise als Ferienwohnung genutzt 61 (1 = Ja, 2 = Nein) — ganz oder teilweise an Angehörige zu Wohnzwecken vermietet 62 (1 = Ja, 2 = Nein)

8 Gesamt-wohn-fläche 54 m² — davon eigengenutzter oder unentgeltlich an Dritte überlassener Wohnraum 55 m² — davon als Ferienwohnung genutzter Wohnraum 56 m²

		Erdgeschoss	1. Obergeschoss	2. Obergeschoss	weitere Geschosse		EUR
9	**Mieteinnahmen für Wohnungen** (ohne Umlagen)	€	€	€	€	01	,–
10		Anzahl / Wohnfläche m²	Anzahl / Wohnfläche m²	Anzahl / Wohnfläche m²	Anzahl / Wohnfläche m²		
11	**für andere Räume** (ohne Umlagen / Umsatzsteuer)	€	€	€	€	02	,–
12	**Einnahmen für an Angehörige vermietete Wohnungen** (ohne Umlagen)				Anzahl / Wohnfläche m²	03	,–

Umlagen, verrechnet mit Erstattungen (z. B. Wassergeld, Flur- u. Kellerbeleuchtung, Müllabfuhr, Zentralheizung usw.)

13	auf die Zeilen 9 und 11 entfallen	04	,–
14	auf die Zeile 12 entfallen	05	,–
15	Vereinnahmte Mieten für frühere Jahre / verrechnete Mietkautionen / auf das Kalenderjahr entfallende Mietvorauszahlungen aus Baukostenzuschüssen	06	,–
16	Einnahmen aus Vermietung von Garagen, Werbeflächen, Grund und Boden für Kioske usw.	07	,–
17	Vereinnahmte Umsatzsteuer	09	,–
18	Vom Finanzamt erstattete und ggf. verrechnete Umsatzsteuer	10	,–
19	Öffentliche Zuschüsse nach dem Wohnraumförderungsgesetz oder zu Erhaltungsaufwendungen, Aufwendungszuschüsse, Guthabenzinsen aus Bausparverträgen und sonstige Einnahmen — Gesamtbetrag €		
20	davon entfallen auf eigengenutzte oder unentgeltlich an Dritte überlassene Wohnungen lt. Zeile 8 – €	= 08	,–
21	**Summe der Einnahmen**		,–
22	**Summe der Werbungskosten** (Übertrag aus Zeile 50)	–	,–
23	**Überschuss** (zu übertragen nach Zeile 24)	=	,–

		stpfl. Person / Ehemann / Lebenspartner(in) A / Gesellschaft EUR		Ehefrau / Lebenspartner(in) B EUR
24	**Zurechnung des Betrags aus Zeile 23**	20 ,–	21	,–

Die Eintragungen in den Zeilen 25 bis 32 sind nur in der ersten Anlage V vorzunehmen.

Anteile an Einkünften aus
(Gemeinschaft, Finanzamt und Steuernummer)

			stpfl. Person / Ehemann / Lebenspartner(in) A / Gesellschaft EUR		Ehefrau / Lebenspartner(in) B EUR
25	1. Grundstücksgemeinschaft	856	,–	857	,–
26	2. Grundstücksgemeinschaft	858	,–	859	,–
27	allen weiteren Grundstücksgemeinschaften	854	,–	855	,–
28	geschlossenen Immobilienfonds	874	,–	875	,–
29	Gesellschaften / Gemeinschaften / ähnlichen Modellen i. S. d. § 15b EStG		,–		,–

2017AnlV101 2017AnlV101

Andere Einkünfte

Zeile			stpfl. Person / Ehemann / Lebenspartner(in) A / Gesellschaft EUR		Ehefrau / Lebenspartner(in) B EUR
31	**Einkünfte aus Untervermietung von gemieteten Räumen** (Berechnung lt. gesonderter Aufstellung)	866	,—	867	,—
32	**Einkünfte aus Vermietung und Verpachtung unbebauter Grundstücke**, von anderem **unbeweglichen Vermögen**, von **Sachinbegriffen** sowie aus **Überlassung von Rechten** (lt. gesonderter Aufstellung)	852	,—	853	,—

Werbungskosten

aus dem bebauten Grundstück in den Zeilen 4 und 5

Nur ausfüllen, wenn die Aufwendungen für das Gebäude nur teilweise Werbungskosten sind (siehe Anleitung zu den Zeilen 33 bis 49)

Zeile		Gesamtbetrag EUR (1)	Ausgaben, die nicht mit Vermietungseinkünften zusammenhängen, wurden durch direkte Zuordnung ermittelt (2)	verhältnismäßig ermittelt (3)		Abzugsfähige Werbungskosten EUR (4)
	Absetzung für Abnutzung für Gebäude (ohne Beträge in Zeile 34)			%		
33	X linear X degressiv , % X wie 2016 X lt.ges. Erlig.		X		30	,—
34	Erhöhte Absetzungen nach den §§ 7h, 7i EStG, Schutzbaugesetz X wie 2016 X lt.ges. Erlig.		X		31	,—
35	Absetzung für Abnutzung für bewegliche Wirtschaftsgüter X wie 2016 X lt.ges. Erlig.		X		60	,—
36	Schuldzinsen (ohne Tilgungsbeträge)		X		33	,—
37	Geldbeschaffungskosten (z. B. Schätz-, Notar-, Grundbuchgebühren)		X		34	,—
38	Renten, dauernde Lasten (lt. gesonderter Einzelaufstellung)		X		35	,—
	2017 voll abzuziehende Erhaltungsaufwendungen, die					
39	direkt zugeordnet werden können		✕		36	,—
40	verhältnismäßig zugeordnet werden				37	,—
	Auf bis zu 5 Jahre zu verteilende Erhaltungsaufwendungen (§§ 11a, 11b EStG, § 82b EStDV)					
41	Gesamtaufwand 2017 EUR 57 ,— davon 2017 abzuziehen		X		38	,—
42	zu berücksichtigender Anteil aus 2013		X		39	,—
43	aus 2014		X		40	,—
44	aus 2015		X		41	,—
45	aus 2016		X		42	,—
46	Grundsteuer, Straßenreinigung, Müllabfuhr, Wasserversorgung, Entwässerung, Hausbeleuchtung, Heizung, Warmwasser, Schornsteinreinigung, Hausversicherungen, Hauswart, Treppenreinigung, Fahrstuhl		X		52	,—
47	Verwaltungskosten		X		48	,—
48	Nur bei umsatzsteuerpflichtiger Vermietung: an das Finanzamt gezahlte und ggf. verrechnete Umsatzsteuer		✕		58	,—
49	Sonstiges		X		49	,—
50	**Summe der Werbungskosten** (zu übertragen nach Zeile 22)					,—
51	Nur bei umsatzsteuerpflichtiger Vermietung: in Zeile 50 enthaltene abziehbare Vorsteuerbeträge				59	,—

Zusätzliche Angaben

Zeile		stpfl. Person / Ehemann / Lebenspartner(in) A	Ehefrau / Lebenspartner(in) B
52	2017 vereinnahmte oder bewilligte Zuschüsse aus öffentlichen Mitteln zu den Anschaffungs- / Herstellungskosten (lt. gesonderter Aufstellung)	€	€

2017AnlV102 2017AnlV102

1015 **13.1.2 Liebhaberei abstreiten**

Passen Sie auf, dass man Ihnen keine Liebhaberei anhängt! Worum geht es dabei?
Kein vernünftiger Mensch mag Verluste, es sei denn, sie stehen nur auf dem Papier. Solche Verluste wiederum mag der Fiskus nicht. Dann kommt er schnell mit § 42 Abgabenordnung angewackelt, der es verbietet, durch Missbrauch von Gestaltungsmöglichkeiten das Steuerrecht zu umgehen.
Zu diesen Gestaltungsmöglichkeiten zählt auch die Liebhaberei, bei der es zu Verlusten kommt, weil der Steuerzahler seine Tätigkeit mehr als Hobby betrachtet und deswegen keine Überschüsse anstrebt. Folge: Verluste werden vom Fiskus nicht anerkannt. Gottlob ist die Absicht, einen Überschuss zu erzielen, ein innerer/gedanklicher Vorgang, der sich einer Überprüfung durch Dritte entzieht (FG Köln, Urt. v. 28.4.2009 – 8 K 1214/07). Deshalb stützt sich der Fiskus bei seinen Streichgelüsten gern auf äußere Merkmale, sog. Hilfstatsachen, aus denen er dann versucht, dem Steuerzahler einen Strick zu drehen.

Als Anzeichen für Liebhaberei gelten:

Vermietung einer Ferienwohnung mit Verlust
Bei Vermietung einer Ferienwohnung können sich leicht dauerhafte Verluste einstellen. Dies ruft den Fiskus auf den Plan. Dazu ➤ Rz 1020 ff.

1. **Verbilligte Überlassung einer Wohnung an nahe Angehörige**
   Beträgt die vereinbarte Miete weniger als 66 % der ortsüblichen Marktmiete, sind die Kosten nur anteilig absetzbar (§ 21 Abs. 2 EStG). Dies bedeutet im Umkehrschluss: Ist die vereinbarte Miete höher als 66 %, sind die Kosten für die Wohnung in voller Höhe absetzbar. Dazu ➤ Rz 1025 ff.

2. **Nicht auf Dauer angelegte Vermietungstätigkeit**
   Wer ein vermietetes Haus oder eine vermietete Wohnung kauft und innerhalb von fünf Jahren dort selbst einzieht und zwischenzeitlich nur Verluste macht, kann die Verluste steuerlich nicht geltend machen (BFH v. 9.7.2002 – BStBl 2003 II S. 695).
   Andersherum machen Sie einen Schuh daraus: Bevor Sie selbst einziehen, vermieten Sie das Haus mindestens fünf Jahre. Als Vermieter können Sie sämtliche Hausunkosten einschließlich der Finanzierungskosten in der Steuererklärung unterbringen. Außerdem können Sie den Fiskus zur Kasse bitten, indem Sie das Haus gründlich aufmöbeln. Denn auch sämtliche Renovierungskosten vor Einzug sind als Werbungskosten absetzbar – selbst wenn sie über 15 % der Anschaffungskosten für das Gebäude hinausgehen, weil der bedenkliche Dreijah-

reszeitraum bereits abgelaufen ist. Zur 15-%-Grenze und zum Dreijahreszeitraum mehr unter ➤ Rz 1076.

3. **Leerstehende Immobilie**
   Als Beweisanzeichen für Liebhaberei wertet der Fiskus den Umstand, dass sich der Steuerzahler nach dem Kauf nicht entscheiden kann, ob er die Immobilie wieder verkaufen, selbst nutzen oder dauerhaft vermieten will. Verluste werden dann nicht anerkannt. Wenn sich der Steuerzahler indessen ernsthaft um eine Vermietung bemüht und dies nachweisen kann, sind die Aufwendungen trotz längeren Leerstands als Werbungskosten absetzbar (BFH v. 9.7.2003 – BStBl 2003 Teil II S. 940). Also: regelmäßig inserieren.

In seinem Urteil vom 11.8.2010 hat der BFH erneut zur Liebhaberei Stellung genommen (Az IX R 3/10). Aufwendungen für eine leerstehende Wohnung können als vorab entstandene Werbungskosten abziehbar sein, wenn der Steuerzahler sich endgültig entschlossen hat, Einnahmen zu erzielen, und diese Entscheidung später nicht wieder aufgegeben hat. Der endgültige Entschluss zu vermieten – die Einkünfteerzielungsabsicht – sei eine innere Tatsache, die wie alle inneren Vorgänge aber nur anhand äußerlicher Merkmale beurteilt werden könne. Für eine Einkünfteerzielungsabsicht können der zeitliche Zusammenhang zwischen Aufwendungen und späterer Vermietung, die Dauer der Renovierung oder auch die (fehlende) Absehbarkeit, ob und ggf. wann die Räume vermietet werden sollen, als Indizien herangezogen werden.

13.2 Wann ist eine Anlage V abzugeben?

Zu erklären sind Einkünfte aus 1016

- einem bebauten Grundstück, z.B. vermietetes Haus, vermietete Eigentumswohnung (> Zeile 4–24),
- einer selbstgenutzten Immobilie, wenn einzelne Räume vermietet werden (> Zeile 4–24),
- Beteiligungen, z.B. Grundstücks- oder Erbengemeinschaften (> Zeilen 25–29),
- Untervermietung von gemieteten Räumen (> Zeile 31),
- unbebauten Grundstücken (z.B. Parkplatz), anderem unbeweglichem Vermögen (z.B. Schiffe) und Sachinbegriffen (z.B. Geschäftseinrichtung) sowie aus Überlassung von Rechten, z.B. Erbbaurechte, Urheberrechte, Kiesausbeuterechte (> Zeile 32).

Für ausschließlich zu eigenen Wohnzwecken bzw. eigenen gewerblichen/beruflichen Zwecken genutzte Gebäude und Gebäudeteile ist also mangels Einkünfte **keine Anlage V** auszufüllen.

Haben Sie ein vermietetes Grundstück im Ausland, geben Sie zusätzlich die Anlage AUS ab.

Gut zu wissen: Außenprüfung nicht zu erwarten

Vermietungseinkünfte werden nur vom Innendienst geprüft, und dies auch nur gelegentlich. Sie brauchen also nicht zu befürchten, dass Ihnen später ein Steuerprüfer ins Haus kommt. Allerdings wird gelegentlich von höherer Warte angeordnet, bei der Veranlagung besondere Sachverhalte schwerpunktmäßig zu überprüfen. Dazu können auch die Einkünfte aus Vermietung und Verpachtung gehören. Dann sind Mietverträge, Kontoauszüge, Unterlagen über Mietstreitigkeiten/Mietausfälle etc. vorzulegen. Solange Sie dazu aber nicht aufgefordert werden, können Sie davon ausgehen, dass die Angaben in der Anlage V ungeprüft übernommen werden.

»Eingeklagte Mietausfälle sind bei mir schon mal auf ein Fremdkonto gegangen und nicht versteuert worden. Muss ich das nachmelden?«, so fragen Sie.

Selbstverständlich müssen Sie diese Mieteinnahmen nachmelden, und zwar in > Zeile 15.

1017 13.3 Wie wird die Anlage V ausgefüllt?

Wer mehrere Grundstücke vermietet hat, muss für jedes Grundstück eine gesonderte Anlage V abgeben.

1018 13.3.1 Einkünfte aus dem bebauten Grundstück – Zeile 4–24

Zeile 4-6 Lage des Grundstücks

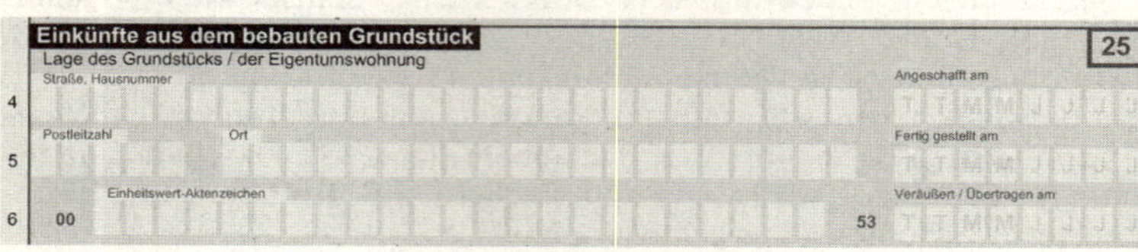
Einkünfte aus dem bebauten Grundstück
25
Lage des Grundstücks / der Eigentumswohnung
4 Straße, Hausnummer — Angeschafft am T T M M J J J J
5 Postleitzahl — Ort — Fertig gestellt am T T M M J J J J
6 00 Einheitswert-Aktenzeichen 53 — Veräußert / Übertragen am T T M M J J J J

Das Einheitswert-Aktenzeichen können Sie dem Einheitswert- oder dem Grundsteuermessbescheid entnehmen.
In wie feinem Deutsch sich die Fiskalbürokraten untereinander verständigen, offenbart die Verfügung der OFD Chemnitz vom 9.1.2007 (S 2532 – 114/8 – St 21). Dort heißt es: »Als Zuordnungskriterium für ein Risikomanagementsystem dient das Einheitswert-Aktenzeichen, für das eine Eintragungsmöglichkeit in Zeile 6 geschaffen wurde. Die Anlage wurde verkennziffert.«
Ach du meine Güte, was mag das bloß bedeuten?

Zeile 7-8 Wohnfläche teilweise eigengenutzt oder unentgeltlich an Dritte überlassen 1019

	Das in Zeile 4 bezeichnete Objekt wird							
7	ganz oder teilweise als Ferienwohnung genutzt	61	1 = Ja 2 = Nein	ganz oder teilweise an Angehörige zu Wohnzwecken vermietet	62	1 = Ja 2 = Nein		
8	Gesamt-wohn-fläche	54	m²	davon eigengenutzter oder unentgeltlich an Dritte überlassener Wohnraum	55	m²	davon als Ferienwohnung genutzter Wohnraum	56 m²

Die Eintragung in > Zeile 8 Kästchen 2 ist nur von Belang, wenn ein vermietetes Haus teilweise eigengenutzt oder unentgeltlich an Dritte überlassen wurde. Man spricht dann von **»gemischter Nutzung«.**
Anhand der unterschiedlichen prozentualen Nutzung stellt der Bearbeiter fest, in welchem Umfang die Hauskosten auf die vermietete Wohnfläche entfallen, somit absetzbar sind, und in welchem Umfang auf die eigengenutzte oder die unentgeltlich überlassene Wohnfläche und daher nicht absetzbar sind.

Einkünfte aus dem bebauten Grundstück 25

	Lage des Grundstücks / der Eigentumswohnung	
4	Straße, Hausnummer: Heidestr. 12	Angeschafft am: 01032013
5	Postleitzahl: 21335 Ort: LÜNEBURG	Fertig gestellt am: 30062007
6	Einheitswert-Aktenzeichen: 00 213 / 028-3-01236.2	53 Veräußert / Übertragen am: TTMMJJJJ

	Das in Zeile 4 bezeichnete Objekt wird							
7	ganz oder teilweise als Ferienwohnung genutzt	61	1 = Ja 2 = Nein	ganz oder teilweise an Angehörige zu Wohnzwecken vermietet	62	1 = Ja 2 = Nein		
8	Gesamt-wohn-fläche	54	190 m²	davon eigengenutzter oder unentgeltlich an Dritte überlassener Wohnraum	55	110 m²	davon als Ferienwohnung genutzter Wohnraum	56 m²

		Erdgeschoss	1. Obergeschoss	2. Obergeschoss	weitere Geschosse		EUR
9	Mieteinnahmen für Wohnungen (ohne Umlagen)	€	4800 €	€	€	01	4800,–
10		Anzahl / Wohnfläche m²	Anzahl 1 / Wohnfläche 80 m²	Anzahl / Wohnfläche m²	Anzahl / Wohnfläche m²		
11	für andere Räume (ohne Umlagen / Umsatzsteuer)	€	€	€	€	02	,–
12	Einnahmen für an Angehörige vermietete Wohnungen (ohne Umlagen)				Anzahl / Wohnfläche m²	03	,–

Beispiel
Ein Zweifamilienhaus hat eine Gesamtwohnfläche von 190 qm. Davon entfallen auf die eigengenutzte Wohnung 110 qm, also sind 80 qm vermietet. Die Mieteinnahmen ohne Umlagen haben 4.800 € betragen.
Der Bearbeiter rechnet blitzschnell: 80 qm ÷ 190 qm × 100 = 42,1 %. Es sind nur 42,1 % der Kosten, die auf das gesamte Haus entfallen (Grundsteuer, Versicherung, Abschreibung, Fassadenanstrich oder Dachreparatur), absetzbar.
Aufwendungen, die unmittelbar den vermieteten Teil betreffen (z.B. Reparatur der Dusche), sind in voller Höhe absetzbar.
Haben Sie die Wohnung einem Angehörigen **unentgeltlich überlassen,** sind, wie gesagt, die anteiligen Aufwendungen ebenfalls nicht absetzbar. Überlassen Sie aber einer in Ihrem Haushalt oder Ihrem Betrieb beschäftigten Person eine Wohnung unentgeltlich, ist der Mietwert ein Teil des Arbeitslohns (steuerpflichtiger Sachbezug). Sie müssen den als Lohn verrechneten Mietwert als Mieteinnahme in > Zeile 9 angeben und können ihn als Betriebsausgabe absetzen oder als Ausgabe für eine Haushaltshilfe, sofern die Voraussetzungen dafür vorliegen. Die anteiligen Hausunkosten sind **in voller Höhe** absetzbar.

Guter Rat:

1. **Wohnfläche genau vermessen (Wohnflächenverordnung vom 25.11.2003).**
   Wer die eigengenutzte oder unentgeltlich an Angehörige überlassene Wohnung zu großzügig bemisst, schadet sich selbst. Zur Wohnflächenberechnung mehr unter ➤ Rz 1021.
2. **Hauskosten steuergünstig zuordnen**
   Ordnen Sie die Kosten so weit als möglich dem vermieteten Teil zu, um sie zu 100 % abziehen zu können, was Ihre Steuerlast entscheidend mindert. Zur Aufteilung und Zuordnung der Kosten mehr unter ➤ Rz 1045 ff.

1020 Zeile 7–8 Als Ferienwohnung genutzter Wohnraum

Wenn Sie Ihre Ferienwohnung nicht nur vermieten, sondern auch selbst darin wohnen, können Sie nur die Kosten absetzen, die anteilig mit der Vermietung zusammenhängen. Der Steuererklärung ist auf gesondertem Blatt eine Aufstellung beizufügen, an wie vielen Kalendertagen die Woh-

nung vermietet, eigengenutzt, unentgeltlich an Dritte überlassen wurde oder leer stand. Da haben Sie den Salat.
Streitpunkt ist vielfach, in welchem Verhältnis die Werbungskosten infolge der gemischten Nutzung aufzuteilen sind. Nach der Rechtsprechung des BFH im Urteil vom 5.11.2002 (BStBl 2003 II S. 914) gilt dabei:

1. Wer seine Ferienwohnung nicht selbst nutzt, sondern ausschließlich an Feriengäste vermietet und in der übrigen Zeit hierfür bereithält, kann sämtliche Kosten absetzen, auch wenn sich jahrelang Verluste ergeben sollten.
2. Wird die Ferienwohnung gemischt genutzt, wird das Finanzamt bei langjährigen Verlusten prüfen, ob der Steuerzahler die Absicht hat, einen Überschuss zu erzielen. Hierzu kann das Finanzamt eine Prognose erstellen, ob dies in einem Zeitraum von 30 Jahren gelingen kann

Beispiel einer Überschussprognose:

Einnahmen und Ausgaben der letzten fünf Jahre (laut Anlage V)		
Jahr	Einnahmen	Werbungskosten (50 % der gesamten Kosten, einschließlich 2 % Abschreibung)
2017	5.100 €	5.150 €
2016	3.800 €	4.800 €
2015	4.200 €	4.900 €
2014	2.900 €	5.100 €
2013	3.400 €	5.200 €
Durchschnitt	3.880 €	5.030 €
Hochrechnung auf 30 Jahre	116.400 €	150.900 €
Sicherheitszuschlag 10 %	11.640 €	
Sicherheitsabschlag 10 %		– 15.090 €
Einnahmen/Ausgaben geschätzt	128.040 €	135.810 €
Ergibt einen voraussichtlichen Verlust in Höhe von		7.770 €

Die Prognose sieht nicht gut aus. Vielleicht können Sie aber glaubhaft machen, dass in Zukunft Ihre Einnahmen höher sein werden oder die

Hausunkosten niedriger. So kann sich rechnerisch ein Überschuss ergeben, und Sie sind aus dem Schneider.
Gern setzen die Finanzämter auch geschätzte Erhaltungsaufwendungen von 15,60 bis 19,50 € pro qm und Jahr an (§ 28 der II. Berechnungsverordnung), die bei Ihnen zu einem völlig falschen Ergebnis führen, weil Sie in eigener Regie viel kostengünstiger renovieren. Hier können Sie einhaken.

3. Die auf Leerstandszeiten entfallenden Kosten sind entsprechend dem zeitlichen Verhältnis der tatsächlichen Selbstnutzung zur tatsächlichen Vermietung aufzuteilen.
4. Kurzfristige Aufenthalte des Eigentümers zur Reinigung, für (Schönheits-)Reparaturen, Schlüsselübergabe, Wartungsarbeiten, allgemeine Kontrolle oder Teilnahme an Eigentümerversammlungen zählen nicht als Selbstnutzung, sondern sind den Vermietungszeiten zuzurechnen und erhöhen die absetzbare Quote. Bei Schönheitsreparaturen müssen Sie dem Fiskus aber nachweisen können, dass der Aufenthalt während der üblichen Arbeitszeit vollständig mit Arbeiten für die Wohnung ausgefüllt war (BFH v. 25.11.1993 – BStBl 1994 II S. 350). Dazu sind Aufzeichnungen notwendig, was Sie den ganzen Tag über für die Wohnung getan haben. Nun können Sie zusätzlich zu den Kosten für Reparatur und Reinigungsmaterial auch noch die Fahrtkosten und den Mehraufwand für Verpflegung absetzen.

Lässt sich nicht genau feststellen, in welchem Umfang Sie die Ferienwohnung selbst nutzen, so sind die nicht auf die Vermietung entfallenden Kosten zu jeweils 50 % der Selbstnutzung und der Vermietung zuzurechnen.

Gut zu wissen: Wer am selben Ort über zwei vergleichbare Ferienwohnungen verfügt, braucht eine Aufteilung der Werbungskosten nur für die am meisten selbstgenutzte Wohnung vorzunehmen (FG Münster v. 16.11.2000 – EFG 2002 S. 128).

1021 Zeile 9–12 und 16–18 Mieteinnahmen, Umsatzsteuer

Bei einem Gebäude mit mehreren Geschossen tragen Sie die Mieteinnahmen entsprechend den Vorgaben im Formular ein. Die neben der Miete erhobenen **Umlagen** sind stets in > Zeile 13–14 einzutragen.

Geben Sie in > Zeile 10 außerdem die Anzahl der Wohnungen und für jedes Geschoss die Wohnfläche an. Die Angaben zur Wohnfläche bieten dem Bearbeiter Anhaltspunkte, ob möglicherweise unter Marktwert vermietet wird. Dies eröffnet ihm die Handhabe, die Hauskosten nur anteilig zu berücksichtigen (➤ Rz 1019 und ➤ Rz 1045).

		Erdgeschoss		1. Obergeschoss		2. Obergeschoss		weitere Geschosse			EUR
9	**Mieteinnahmen für Wohnungen** (ohne Umlagen)	€		€		€		€		01	, –
10		Anzahl	Wohnfläche m²	Anzahl	Wohnfläche m²	Anzahl	Wohnfläche m²	Anzahl	Wohnfläche m²		
11	**für andere Räume** (ohne Umlagen / Umsatzsteuer)	€		€		€		€		02	, –
12	**Einnahmen für an Angehörige vermietete Wohnungen** (ohne Umlagen)							Anzahl	Wohnfläche m²	03	, –
	Umlagen, verrechnet mit Erstattungen (z. B. Wassergeld, Flur- u. Kellerbeleuchtung, Müllabfuhr, Zentralheizung usw.)										
13	auf die Zeilen 9 und 11 entfallen									04	, –
14	auf die Zeile 12 entfallen									05	, –
15	Vereinnahmte Mieten für frühere Jahre / auf das Kalenderjahr entfallende Mietvorauszahlungen aus Baukostenzuschüssen									06	, –
16	Einnahmen aus Vermietung von Garagen, Werbeflächen, Grund und Boden für Kioske usw.									07	, –
17	Vereinnahmte Umsatzsteuer									09	, –
18	Vom Finanzamt erstattete und ggf. verrechnete Umsatzsteuer									10	–

Wohnflächenberechnung

Die Wohnflächenverordnung vom 25.11.2003 beinhaltet die gesetzliche Definition der Wohnfläche. Zubehörräume, z.B. Keller, Dachböden, Schuppen und Garagen, sind nicht zu berücksichtigen. Gemessen wird nach lichten Maßen. Raumteile mit einer lichten Höhe zwischen ein und zwei Metern sowie die Fläche von Balkonen, Loggien, Dachgärten und nicht beheizbaren Wintergärten können bis zur Hälfte angesetzt werden. Enthält das Gebäude mehr als zwei Geschosse, machen Sie die Angaben dazu auf einem Extrablatt.

Mieteinnahmen für andere Räume, Umsatzsteuer

In > Zeile 11 geben Sie die Einnahmen aus der Vermietung von Räumen an, die nicht Wohnzwecken, sondern gewerblichen, freiberuflichen oder anderen Zwecken dienen. Die Umlagen für diese Räume sind ebenfalls stets in die > Zeile 13 einzutragen.

Bei umsatzsteuerpflichtiger Vermietung ist die an das Finanzamt gezahlte (bzw. vom Finanzamt verrechnete) Umsatzsteuer als Werbungskosten in > Zeile 48 einzutragen.

48	Nur bei umsatzsteuerpflichtiger Vermietung: an das Finanzamt gezahlte und ggf. verrechnete Umsatzsteuer		X	58	, –

TIPP Verzicht auf Umsatzsteuerbefreiung/Option zur Umsatzsteuer

An dieser Stelle ist ein kleiner Ausflug in das Umsatzsteuerrecht fällig. Die Vermietung eines Gebäudes ist immer eine unternehmerische Tätigkeit, weil sie nachhaltig erfolgt (§ 2 UStG). Sie ist allerdings nach § 4 Nr. 12 a UStG grundsätzlich umsatzsteuerfrei. Unter bestimmten Voraussetzungen kann der Vermieter aber auf die Steuerfreiheit verzichten. Das nennt man Optieren zur Umsatzsteuer (§ 9 UStG). Voraussetzung ist u. a., dass der Mieter selbst ein Unternehmer (Gewerbetreibender oder Freiberufler) ist. Bei Vermietung zu Wohnzwecken ist also eine Option zur Umsatzsteuer nicht möglich. Bei umsatzsteuerpflichtiger Vermietung steht ein Vorsteuerabzug zu. Dies bedeutet: Sie als Vermieter müssen zwar die Mieteinnahmen mit 19 % versteuern, erhalten aber die bei der Herstellung des Gebäudes gezahlten Vorsteuerbeträge sofort erstattet.
Bei umsatzsteuerpflichtiger Vermietung gehören die den Mietern in Rechnung gestellten Umsatzsteuerbeträge zu den Mieteinnahmen (> Zeile 17). Die vom Finanzamt erstattete Vorsteuer gehört in > Zeile 18. Die mit den Rechnungen gezahlte Vorsteuer tragen Sie **zusätzlich** in > Zeile 51 ein.

51	Nur bei umsatzsteuerpflichtiger Vermietung: in Zeile 50 enthaltene Vorsteuerbeträge	59	,–

Geben ist seliger denn nehmen.
(Boxerprinzip)

1022 Zeile 9 Keine Mieteinnahmen

Konnte das Haus nicht vermietet werden, oder war der Mieter schlecht bei Kasse und hat keine Miete gezahlt, oder war das Haus im Veranlagungsjahr noch nicht bezugsfertig? Dann tragen Sie in > Zeile 9 eine Null ein. Dies darf Sie aber nicht daran hindern, die Ausgaben für das Haus auf Seite 2 der Anlage V als Werbungskosten anzusetzen. So ergibt sich ein Verlust, der Ihnen eine Steuererstattung beschert.
Kommt der Fiskalvertreter mit Liebhaberei angewackelt, lesen Sie ➤ Rz 1015, Punkt 4.

1023 TIPP Mieteinnahmen den Kindern zuschanzen

Solange Kinder keine eigenen Einkünfte haben, gehen Jahr für Jahr deren steuerliche Freibeträge verloren. Das sind pro Kind:

ANLAGE V
Einkünfte aus Vermietung und Verpachtung **2018**

Grundfreibetrag	8.820 €
Sonderausgabenpauschbetrag	36 €
Insgesamt	8.856 €

Sie könnten also Ihrem Kind jedes Jahr Mieteinkünfte bis zu 8.856 € steuerfrei zuschanzen. Ihre Einkünfte würden sich entsprechend verringern.
Vielleicht merken Sie schon, worauf ich hinauswill: Es geht um die Übertragung von Grundbesitz auf Ihre Kinder. Die formelle Übertragung erfordert entsprechende Verträge, bei volljährigen Kindern kein Problem. Bei minderjährigen Kindern muss aber ein **Ergänzungspfleger** den Vertrag mit unterschreiben, weil eine Grundstücksübertragung nicht immer vorteilhaft sein muss (§ 107 BGB). Den Ergänzungspfleger können Sie aus Ihrem Bekanntenkreis selbst bestimmen.

Gut zu wissen:

- Grundstückserwerbe unter Verwandten in gerader Linie (Großeltern, Eltern, Kinder) sind grunderwerbsteuerfrei (§ 8 Nr. 6 GrEStG).
- Bei Schenkungen an leibliche Kinder wird ein Freibetrag von 400.000 € berücksichtigt (§ 16 ErbStG).

TIPP Nießbrauch einräumen 1024

Sie können auch ohne Übertragung des Grundstücks Ihrem Kind Mieteinkünfte zuschanzen, indem Sie ihm ein Nießbrauchsrecht einräumen. Dann behalten Sie das Haus, das Kind erhält und versteuert die Mieten. Niemand kann auf das Grundstück zugreifen, wenn Ihr Kind mal in eine finanzielle Klemme geraten sollte. Den Nießbrauch können Sie sogar zeitlich begrenzen. Dem Kind als Nießbraucher sind die Mieteinkünfte steuerlich zuzurechnen. Auch hier der Pferdefuß wie oben: Das Kindergeld könnte gefährdet sein. Es kommt außerdem hinzu, dass der Nießbraucher nicht berechtigt ist, die Abschreibung für das vermietete Gebäude in Anspruch zu nehmen. Dies kann nur der Eigentümer, weil er die Abnutzung wirtschaftlich zu tragen hat – theoretisch. Praktisch kann er die Abschreibung nicht geltend machen, weil er aus dem Grundstück keine Einnahmen bezieht. Ist die Abschreibungssumme relativ gering, ist dieser Nachteil zu vernachlässigen.
Grundlage für die steuerliche Behandlung von Nießbrauchsverträgen ist der sog. Nießbrauchserlass vom 15.11.1984 (BStBl 1984 I S. 561) und die Rechtsprechung des BFH (insbesondere im Urt. v. 13.5.1980 – BStBl 1980 II

S. 297). Nießbrauch zwischen Eltern und Kindern bezeichnen die Fiskalbürokraten als »Zuwendungsnießbrauch«, weil die Eltern dem Kind etwas – ohne Gegenleistung – »zuwenden«.

Der Zuwendungsnießbrauch wird steuerlich nur anerkannt, wenn er im Grundbuch eingetragen ist. Außerdem ist der Nießbrauch vertragsgemäß durchzuführen. Dies bedeutet insbesondere, dass die Mietverträge auf den Nießbraucher umgestellt und die Mieten an ihn gezahlt werden müssen (BFH-Urt. v. 19.9.1978 – BStBl 1979 II S. 42).

Wie bei der Grundstücksübertragung zugunsten eines minderjährigen Kindes muss auch hier ein Ergänzungspfleger den Vertrag mit unterschreiben, denn ein Nießbrauchsrecht bringt auch Verpflichtungen mit sich, wie z. B. die aus dem Grundbesitz sich ergebenden Lasten (§ 107 BGB).

Jeder muss für sich selber sorgen und sehen,
was er sich leisten kann.
(Heinrich von Pierer, Siemens)

1025 Zeile 7 - 12 Einnahmen für an Angehörige vermietete Wohnungen

Ist in > Zeile 12 etwas eingetragen, wittert der Bearbeiter sogleich Mauschelei.

12	**Einnahmen für an Angehörige vermietete Wohnungen** (ohne Umlagen)	m^2 03	. . ,–

Allerdings muss er es gelten lassen, wenn Sie einem Angehörigen die Wohnung unter Preis vermieten. Sofern Sie mindestens 66 % der ortsüblichen Miete nehmen, liegt das im gesetzlichen Rahmen, und die Werbungskosten, die auf diese Wohnung entfallen, sind zu 100 % absetzbar (§ 21 Abs. 2 Satz 2 EStG). So ergeben sich oft Verluste, die mit Überschüssen verrechnet werden können. Eine Überschussprognose wird hier nicht vorgenommen.
Zur steuerlichen Anerkennung von Mietverträgen zwischen nahen Angehörigen haben sich die Fiskalbürokraten untereinander ganz penibel abgestimmt, so im soeben zitierten BMF-Schreiben, aber auch in Verfügungen der Oberfinanzdirektionen, wie OFD Frankfurt vom 29.9.2006 (S 2253 A – 46 – St 214). Damit Sie ausreichend informiert sind, kann ich Ihnen einige Ausführungen zu diesem Thema leider nicht ersparen:

Anerkennung von Verträgen zwischen nahen Angehörigen
Voraussetzung ist, dass

1. der Mietvertrag bürgerlich-rechtlich wirksam geschlossen wurde und
2. das Mietverhältnis ernsthaft vereinbart und die Vereinbarung tatsächlich durchgeführt wird.

Entsprechen der Mietvertrag und seine Durchführung nicht den üblichen Gepflogenheiten wie unter Dritten, wird ihn der Fiskus nicht anerkennen. Dies bedeutet aber nicht, dass jede geringfügige Abweichung vom Üblichen sofort die steuerliche Nichtanerkennung zur Folge hätte. Dies gilt insbesondere, wenn die geringfügige Abweichung durch geschäftliche Unerfahrenheit der Beteiligten verursacht ist. Entscheidend ist vielmehr, dass im Rahmen einer Gesamtwürdigung die ernsthafte Vereinbarung und die tatsächliche Durchführung des Mietvertrags mit hinreichender Sicherheit feststeht.
Mietverträge können grundsätzlich formlos geschlossen werden, was jedoch unüblich ist und bei Vermietung an nahe Angehörige im Rahmen der Gesamtbetrachtung zu einer Nichtanerkennung beitragen kann. Der Steuerzahler trägt die Beweislast für die Inhalte des Vertrags (vgl. FG Bremen 3.9.1993, EFG 1994 S. 888). Beim Abschluss von Mietverträgen mit **Minderjährigen** ist die Bestellung und Mitwirkung eines Ergänzungspflegers zwingend erforderlich. Ansonsten ist der Vertrag nichtig oder schwebend unwirksam und damit auch steuerrechtlich nicht anzuerkennen (vgl. §§ 181, 1909 BGB, BFH v. 13.5.1980 – BStBl 1981 II S. 297).

Ernsthafte Vereinbarung und tatsächliche Durchführung
Damit das Mietverhältnis ernsthaft vereinbart ist, muss der Mietvertrag in jedem Fall die Höhe des Mietzinses und die Mietsache bezeichnen (§ 535 BGB). Fehlt eine Vereinbarung über Nebenkosten, ist das kein Beinbruch, kann aber im Rahmen der Gesamtbetrachtung ein weiteres Beweisanzeichen sein, dass das Mietverhältnis nicht ernst gemeint ist (BFH-Urt. v. 17.2.1998 – BStBl 1998 II S. 349).

Dies sind die Knackpunkte, auf die der Fiskus achtet:

1. Wurde überhaupt Miete gezahlt?
2. Wurde die Miete pünktlich (monatlich) gezahlt?
3. Handelt es sich um eine nicht abgeschlossene Wohnung im Haus der Eltern, die an unterhaltsberechtigte Kinder vermietet ist?

Besonders heikel ist, wenn Angehörige wechselseitig vermieten (BFH v. 25.1.1994 – BStBl 1994 II S. 738). Kein Problem ist es allerdings, wenn ein Kind den Eltern eine Wohnung vermietet und gleichzeitig unentgeltlich in einem Haus der Eltern wohnt (vgl. BFH v. 14.1.2003 – BStBl 2003 II S. 509).

Der Fiskus darf nicht beanstanden, wenn die Miete

1. in bar ohne Quittung bezahlt wird,
2. mit dem Unterhaltsanspruch des Kindes verrechnet wird (vgl. BFH-Urt. v. 19.9.1999, BStBl 2000 II S. 223),
3. bei Vermietung durch die Eltern mit deren Unterhaltsleistungen oder anderen Geldschenkungen gezahlt wird (vgl. BFH v. 28.1.1997 – BStBl 1997 II S. 599).

Je mehr Unüblichkeiten aber zusammentreffen, desto eher ist die steuerliche Anerkennung im Rahmen der Gesamtbetrachtung in Gefahr.

1026 **TIPP** **Vermietungsverlust plus Werbungskosten wegen doppelter Haushaltsführung**

Sie mögen es glauben oder nicht, aber die Richter beim BFH sehen keinen Missbrauch rechtlicher Gestaltungsmöglichkeiten (§ 42 AO), wenn die Ehefrau eine Wohnung in einer fremden Stadt kauft, sie unter Preis an ihren Mann vermietet und dieser dann auch noch doppelte Haushaltsführung beantragt (BFH-Urt. v. 11.3.2003 – BStBl II 2003 II S. 627).

Zum Sachverhalt: 1994 erwarb die Ehefrau eine Eigentumswohnung unweit des Arbeitsorts des Ehemannes. Zur Finanzierung des Kaufpreises der 63,31 qm großen Wohnung (215.000 DM) nahm sie zwei Darlehen auf, gesichert durch eine **Grundschuld** (auf die erworbene Wohnung) sowie durch eine **Bürgschaft** des Ehemannes. Ab dem 1.4.1994 vermietete sie die Eigentumswohnung an den Ehemann. Die monatliche Miete von 12 DM/qm überwies dieser vereinbarungsgemäß auf das Konto seiner Ehefrau.

Im Rahmen der gemeinsamen Einkommensteuererklärungen für die Streitjahre (1994 und 1995) machte die Ehefrau Werbungskostenüberschüsse **(das sind Verluste!!)** aus der Vermietung der Wohnung an ihren Ehemann geltend, und zwar 19.847 DM (1994), 6.573 DM (1995) und 5.113 DM (1996). Und der Ehemann begehrte den Abzug der Mieten in den Veranlagungszeiträumen 1994 und 1995 als Aufwendungen für doppelte Haushaltsführung!

Für den BFH ein klarer Fall: Anhaltspunkte, die für Missbrauch sprechen, liegen hier nicht vor. Der Mietvertrag wurde unter Bedingungen abgeschlossen, die einem Fremdvergleich standhalten. Nach den Feststellungen des Finanzgerichts, die den BFH nach § 118 Abs. 2 FGO binden, wurde der Vertrag außerdem wie vereinbart durchgeführt. Auch der Um-

stand, dass der Ehemann selbst eine Bürgschaft zur Sicherung der von seiner Frau abgeschlossenen Darlehen eingesetzt hat, spricht nicht gegen die steuerrechtliche Veranlassung der Vermietungstätigkeit (BFH-Urt. v. 15.10.2002 – BStBl 2003 II S. 243).
Zur geflissentlichen Nachahmung empfohlen!!

TIPP Berechnung der 66-%-Grenze 1027

Angenommen, Sie haben Ihrer Tochter in Ihrem Zweifamilienhaus eine nette Wohnung eingerichtet. Ihre Tochter zahlt lt. Mietvertrag 350 € kalt und 72 € pauschal als Umlagen. Die ortsübliche Kaltmiete beträgt 500 €, die umlagefähigen Kosten 120 €. So wird gerechnet: 422 € × 100 ÷ 620 € = 68 %. Die Grenze von mindestens 66 % ist eingehalten. Folge: Es werden 472 € Mieteinnahmen versteuert. Die Werbungskosten einschließlich der umlagefähigen Kosten sind in voller Höhe absetzbar.

TIPP Studentenbude für den Nachwuchs kaufen 1028

In Großstädten sind Appartements eine sichere und lukrative Kapitalanlage. Hat sich Ihr Kind für ein Studium an einer Großstadt-Uni entschieden, können Sie vielleicht, statt ein Appartement anzumieten, besser eines kaufen und es Ihrem Kind unter Preis vermieten. Dadurch produzieren Sie Verluste, die mit Ihren anderen Einkünften verrechnet werden. Doch kommt der Fiskus schnell mit § 42 der Abgabenordnung angewackelt, was bedeutet: Gestaltungsmissbrauch. Wegen der begrenzten Mietdauer würden offensichtlich Renditeüberlegungen keine Rolle spielen, so lautet meistens die Begründung (FG Saarland v. 14.6.1995 – EFG 1995 S. 837). Wenn Sie indessen das Studentenappartement als dauerhafte Investition betrachten und es nach dem Studium Ihres Nachwuchses behalten und weitervermieten, klappt der Laden.

TIPP Wenn Ihr Lebenspartner bei Ihnen wohnt 1029

Ihr Lebenspartner hat seine eigene Wohnung aufgegeben und wohnt nun bei Ihnen? Wer den Nerv dazu hat, kann den Fiskus an den Kosten der Wohnung beteiligen. Damit das klappt, müssen Sie einen Raum Ihrer Wohnung dem Partner zur ausschließlichen Eigennutzung vermieten. Sie selbst dürfen diesen Raum also nicht mitbenutzen, müssten eigentlich bitte schön jedes Mal anklopfen, bevor Sie ihn betreten. Wer das kontrolliert? Keiner!

Wie so ein Mietvertrag mit Ihrem Partner aussehen könnte, hat der BFH im Urteil vom 8.8.1990 (BStBl 1991 II S. 171) vorgezeichnet:

Untermietvertrag

Zwischen . . . . (Vermieter)

und . . . . (Mieter)

Vermietet wird ein möbliertes Zimmer, 30 qm. Die Warmmiete einschließlich aller Nebenkosten beträgt 80% der ortsüblichen Vergleichsmiete zzgl. Umlagen = 40 €. Bei Änderung des Mietspiegels der Gemeinde ändert sich die Miete prozentual. Das Zimmer wird dem Mieter zur ausschließlichen Eigennutzung überlassen. Die Kündigungsfristen und die dem Vermieter zustehenden Rechte und Pflichten bestimmen sich nach den §§ 535 ff. BGB.

Wichtig zu wissen: Den Untermietvertrag wird das Finanzamt nur anerkennen, wenn die Mieten nachweisbar gezahlt werden. Einen solchen Nachweis können Sie nur durch Vorlage von Kontoauszügen erbringen. Also Barzahlung vermeiden! Wenn Ihnen die Wohnung nicht gehört, seien Sie gewitzt und melden das Untermietverhältnis Ihrem Vermieter. So bekunden Sie die Ernsthaftigkeit des Vertrags.
Steuerliches Ergebnis: Sie geben die Einkünfte (Einnahmen abzgl. Werbungskosten) in > Zeile 31 an. Die anteiligen Kosten für das Zimmer setzen Sie als Werbungskosten ab, außerdem die Abschreibung für die Zimmereinrichtung. Daraus ergibt sich meistens ein Verlust und eine Steuerrückerstattung.

1030 **TIPP**

Dem Lebenspartner zu Einkünften verhelfen

Jedes Paar mit Trauschein kann sich über die Segnungen des Splittingtarifs freuen. Ihnen aber fehlt der Trauschein, und Sie sind deswegen zum Grundtarif verdonnert. Nicht einmal der Unterhalt für Ihren Lebenspartner ist abziehbar, weil der etwas nebenbei verdient. Klar, dass Sie das maßlos ärgert. Doch ich habe einen Kniff, gegen den beim Fiskus kein Kraut gewachsen ist.
Sie besitzen Eigentumswohnungen, die vermietet sind. Sobald eine frei wird, vermieten Sie diese an Ihren Lebenspartner für 1 € pro Monat mit dem Zugeständnis, die Wohnung zu beliebigen Konditionen weitervermieten zu dürfen. Sicherheitshalber begrenzen Sie den Mietvertrag mit Ihrem Lebenspartner

auf ein Jahr, danach ist jeweils Kündigung zum Quartalsende (nach BGB) möglich.
Ihr Lebenspartner vermietet die Wohnung anschließend zu 600 € pro Monat an einen Dritten. Daraus hat er zwar steuerpflichtige Vermietungseinkünfte, die aber wegen der Grundfreibeträge bei ihm nicht zu einer Steuerfestsetzung führen.
Sie selbst tragen in > Zeile 12 der Anlage V für die vermietete Wohnung 12 € Mieteinnahmen ein, machen aber keine Werbungskosten geltend. Der Pferdefuß ist, dass sich die Abschreibung nicht als Werbungskosten auswirken kann. Alle übrigen Ausgaben sind umlagefähig. Sie erklären also in > Zeile 23 einen Jahresüberschuss von 12 €.
Der Fiskalritter ist verdutzt, spitzt den Rotstift und setzt 66 % der üblichen Jahresmiete = 4.752 € als Mieteinnahmen an unter Hinweis auf § 21 Abs. 2 EStG in Verbindung mit dem BFH-Urteil vom 5.11.2002 (XI R 48/01). Danach müsse der Vermieter mindestens 66 % der Marktmiete nehmen, wenn er Angehörigen Wohnraum überlasse.
Sie entgegnen: »Dieser Einwand ist nicht einschlägig, weil nach § 21 Abs. 2 EStG bei weniger als 66 % lediglich die Werbungskosten gekürzt werden. Ich habe aber überhaupt keine Werbungskosten geltend gemacht.« Nach einiger Überlegung akzeptiert der Fiskalritter Ihr Argument, holt aber gleich zu einem neuen Schlag aus: Die Vermietung zum Spottpreis von 1 € sei eine unentgeltliche Zuwendung, die schenkungsteuerpflichtig sei. Schon nach ca. 18 Monaten sei der Freibetrag nach § 16 ErbStG von 5.200 € aufgezehrt. Dann seien 17 % als Schenkungsteuer fällig. Auf dieses Argument haben Sie aber nur gewartet und sagen gelassen: »Herr Oberinspektor, würden Sie mal so freundlich sein und einen Blick in § 13 Abs.1 Nr. 4 a ErbStG werfen. Nach dieser Vorschrift sind Zuwendungen unter Lebenspartnern zum Zweck des Unterhalts von der Schenkungsteuer befreit.«
Der Fiskalritter springt vor Zorn im Quadrat, kann aber nichts machen.

Der Wille macht gesund.
(Alte Weisheit)

Zeile 13–14 Umlagen, verrechnet mit Erstattungen 1031

Der Fiskus praktiziert ein umständliches Verfahren, die Einkünfte aus Vermietung und Verpachtung zu berechnen, indem er auch durchlaufende Posten, sprich Umlagen/Mietnebenkosten/Betriebskosten, den Einnahmen hinzurechnet. Diese Kosten sind in > Zeile 13–14 einzutragen. Die Umlagen sind in dem Kalenderjahr zu erfassen, in dem sie dem

Vermieter zugeflossen sind. Im Gegenzug sind die vom Vermieter getragenen umlagefähigen Betriebskosten im Kalenderjahr der Zahlung als Werbungskosten abziehbar (> Zeile 46). Nun ergibt sich aus der Nebenkostenabrechnung in aller Regel eine Nachzahlung oder eine Erstattung. Der vom Mieter nachgezahlte Betrag gehört mit in den Gesamtbetrag in > Zeile 13–14. Erstattungen an den Mieter für Umlagen des Vorjahres sind abzuziehen.

	Umlagen, verrechnet mit Erstattungen (z. B. Wassergeld, Flur- u. Kellerbeleuchtung, Müllabfuhr, Zentralheizung usw.)		
13	auf die Zeilen 9 und 11 entfallen	04	, –
14	auf die Zeile 12 entfallen	05	, –

Zu den umlagefähigen Betriebskosten gehören Frischwasser/Abwasser, Straßenreinigung, Müllabfuhr, Grundsteuer, Sach- und Haftpflichtversicherung, Kaminkehrer, Hausbeleuchtung, Wartungskosten für Heizung und Fahrstuhl, Hausmeister, Schneebeseitigung, Gartenpflege, Gemeinschaftsantenne, Satellitenschüssel, Kabelfernsehen (Betriebskostenverordnung v. 25.11.2003 – BGBl Teil I 2003 S. 2346).

1032 **TIPP**

Nicht umlagefähig, aber steuerlich absetzbar

Die Nebenkosten sind inzwischen so hoch, dass man schon von einer zweiten Miete spricht. Was alles umlagefähig ist und was nicht, kann jeder Mieter lang und breit im Internet nachlesen. Für Sie als Vermieter ist wichtig, hier nicht auf dem falschen Fuß erwischt zu werden.
Nicht umlagefähig sind:

- Kosten der Hausverwaltung, z. B. Bürokosten, Lohn, Porto, Telefon,
- Reparaturkosten; vielfach erscheinen sie versteckt auf einer Rechnung über Wartungskosten für Heizung, Fahrstuhl etc. Das kann ins Auge gehen.
- Anteilige Betriebskosten für leerstehende Wohnungen. Sie müssen nicht von den anderen Mietern getragen werden.
- Neuanlage des Vorgartens. Nur die Kosten für Gartenpflege zählen zu den Betriebskosten.

1033 **TIPP**

Nebenkostenabrechnung leicht gemacht

Viele, die zum ersten Mal eine Nebenkostenabrechnung erstellen müssen, tun sich schwer damit. Hier einige Grundregeln:

1. Heizkosten werden am besten über einen Dienstleister abgerechnet.
2. Wasserverbrauch, Müllabfuhr, Strom im Treppenhaus werden anteilig personenbezogen abgerechnet.

3. Hausversicherungen, Grundsteuer werden anteilig nach Größe der Wohnfläche abgerechnet.

Beispiel

Mehrfamilienhaus, Wohnfläche 446 qm, sechs Mietparteien mit insgesamt 14 Personen.

Nebenkostenabrechnung

Mieter Heckel, Wohnfläche 81 qm, 1 Person, Abschlagzahlung auf Umlagen mtl. 120 €.

1. Heizkosten lt. Abrechnung durch Fa. Kalorimeta	869,03 €
2. Wasser, Müll, Strom Treppenhaus insgesamt = 2.689,18 €	
Abrechnungseinheiten (14 Personen × 12 Monate =) 168	
Anteil Mieter Heckel $^{12}/_{168}$ =	192,08 €
3. Hausversicherungen, Grundsteuer insgesamt = 1.728,82 €	
Abrechnungseinheiten (Gesamtwohnfläche) 446 qm	
Anteil Mieter Heckel $^{81}/_{446}$ =	313,97 €
Gesamtkosten Wohnung Heckel	1.375,08 €
./. geleistete Abschlagzahlungen 12 × 120,00 € =	– 1.440,00 €
Guthaben von Mieter Heckel	64,92 €

Die Erstattung an Mieter Heckel von 64,92 € mindert den in > Zeile 13 einzutragenden Gesamtbetrag.

Streitthema Betriebskosten

Abrechnung zu spät? Verjährung droht!

Die Betriebskostenabrechnung muss spätestens zwölf Monate nach Ende des Abrechnungszeitraums beim Mieter sein, andernfalls ist die Forderung verjährt. Kommt sie auch nur einen Tag zu spät, braucht der Mieter nichts nachzuzahlen (§ 556 Abs. 2 BGB).

Allerdings ist der maßgebliche Abrechnungszeitraum das Kalenderjahr. Wenn nun das Mietverhältnis im Lauf des Kalenderjahres beendet wird, z.B. zum 31.5.2017, braucht die Betriebskostenabrechnung erst bis Ende 2017 vorzuliegen (§ 556 Abs. 3 Satz 2 BGB).

Zeitliche Abweichungen unvermeidlich

Der BGH hatte darüber zu befinden, ob es rechtens ist, wenn die Heizkosten über die typische Heizkostenperiode 1. August bis 31. Juli abgerechnet werden, die anderen Betriebskosten aber über das Kalenderjahr. Der BGH entschied, der Vermieter habe zu Recht die Heizkostenabrech-

nung komplett in die kalendermäßige Betriebskostenabrechnung eingestellt. Entscheidend sei, dass die geleisteten Vorauszahlungen für einen Jahreszeitraum abgerechnet werden (BGH VIII ZR 240/07).
Zieht der Mieter im Lauf eines Abrechnungszeitraums ein, so ist sein persönlicher Kostenteil nur zeitanteilig in Rechnung zu stellen.

Zahlen nach zwei Jahrzehnten

Sofern im Mietvertrag eine monatliche Pauschale vereinbart wurde, darf der Vermieter über die Kosten abrechnen. Dies gilt auch für den Fall, dass der Vermieter 20 Jahre lang keine Jahresabrechnung über die Betriebskosten angefertigt hat. Dass die Abrechnung über einen langen Zeitraum nicht erfolgt sei, hat nicht zur Folge, dass das Recht darauf sich stillschweigend ändere (BGH-Urt., Az. VIII ZR 14/06).

Abrechnung überprüfen

Der Mieter darf die Originalunterlagen in Ihren Geschäftsräumen einsehen. Er kann aber auch verlangen, dass Sie ihm Kopien zusenden, sofern sich Ihre Geschäftsräume in einer anderen Stadt befinden (BGH, Az. VIII ZR 78/05).

Keine Pflicht zum Check

Wartungskosten sind zwar umlagefähig, Wartung gehört aber nicht zum Pflichtprogramm. Der Vermieter sei nicht zur regelmäßigen Kontrolle der Elektroinstallation verpflichtet, so der Bundesgerichtshof in einem Urteil vom 15.10.2008 (Az. VIII ZR 321/07). Ohne konkreten Anlass oder Hinweise auf Mängel bestehe keine regelmäßige Überprüfungspflicht. Anlass war eine Klage auf Schadenersatz des Mieters wegen defekter Elektroanlage.

Endabrechnung

Nach dem Auszug erhält der Mieter eine zeitanteilige Endabrechnung der Betriebskosten. Zusätzlich kann Renovierungsaufwand in Rechnung gestellt werden.
So darf der Vermieter nach Auszug eine farblich neutrale Gestaltung der Wohnung verlangen. Am 22.10.2008 billigte der Bundesgerichtshof eine Mietklausel, nach der gestrichene Holzteile »in Weiß oder in hellen Farbtönen« zurückgegeben werden müssen (Az. VIII ZR 283/07), damit der Vermieter leichter einen Nachmieter finden kann. Auch ohne Vorgabe im Mietvertrag muss der Mieter die Wohnung in einem farblich neutralen Zustand zurückgeben, entschieden mehrere Gerichte.

Zeile 15–16 Vereinnahmte Mieten für frühere Jahre, Vermietung von Garagen, Werbeflächen – erstattete Umsatzsteuer 1034

Mietausfälle gibt es immer wieder. Kommt nach einem Prozess das Geld rein, tragen Sie den Betrag in > Zeile 15 ein.

15	Vereinnahmte Mieten für frühere Jahre / auf das Kalenderjahr entfallende Mietvorauszahlungen aus Baukostenzuschüssen	06	,–
16	Einnahmen aus Vermietung von Garagen, Werbeflächen, Grund und Boden für Kioske usw.	07	,–

Einnahmen aus der Vermietung von Garagen etc. tragen Sie in > Zeile 16 ein. Hierher gehören auch Einnahmen aus der Vermietung von Grundstücksteilen für Mobilfunkantennen, Windkraftanlagen und WLAN-Hotspots. Zur Umsatzsteuer mehr unter ➤ Rz 1021.

Zeile 19–20 Öffentliche Zuschüsse, Bausparzinsen 1035

		Gesamtbetrag		
19	Öffentliche Zuschüsse nach dem Wohnraumförderungsgesetz oder zu Erhaltungsaufwendungen, Aufwendungszuschüsse, Guthabenzinsen aus Bausparverträgen und sonstige Einnahmen	€		
20	davon entfallen auf eigengenutzte oder unentgeltlich an Dritte überlassene Wohnungen lt. Zeile 8	– €	= 08	,–

Zuschüsse aus öffentlichen Mitteln zur Finanzierung von Erhaltungsaufwendungen sowie Aufwendungszuschüsse, z. B. zur Minderung der Zins- und Mietbelastungen, sind im Jahr des Zuflusses als Einnahmen in > Zeile 19–20 einzutragen. Zuschüsse, die eine Gegenleistung für eine Mietpreisbindung oder Nutzung durch einen bestimmten Personenkreis darstellen (z. B. Zuschüsse nach dem WoFG), können auf die Jahre des Bindungszeitraums verteilt werden, höchstens jedoch auf zehn Jahre (machen Sie Angaben hierzu auf einem eigenen Blatt). Zuschüsse zur Finanzierung von Anschaffungs- oder Herstellungskosten sind in > Zeile 52 einzutragen und von der Bemessungsgrundlage für die Abschreibungen abzuziehen.

	Zusätzliche Angaben	stpfl. Person / Ehemann / Lebenspartner(in) A	Ehefrau / Lebenspartner(in) B
52	2016 vereinnahmte oder bewilligte Zuschüsse aus öffentlichen Mitteln zu den Anschaffungs- / Herstellungskosten (lt. gesonderter Aufstellung)	€	€

Guthabenzinsen aus Bausparverträgen gehören z. B. zu den Einnahmen aus Vermietung und Verpachtung, wenn der Bausparvertrag in engem Zusammenhang mit der Anschaffung, Herstellung oder Erhaltung dieses Gebäudes steht.

2017

Zeile			
1	Name / Gemeinschaft / Körperschaft: VOGT		**Anlage V**
2	Vorname: DIETER		X zur Einkommensteuererklärung
3	**Steuernummer** 234/5678/9012	lfd. Nr. der Anlage 1	zur Körperschaftsteuererklärung
	Einkünfte aus Vermietung und Verpachtung (Bei ausländischen Einkünften: Anlage AUS beachten)		zur Feststellungserklärung
	Einkünfte aus dem bebauten Grundstück Lage des Grundstücks / der Eigentumswohnung		25
4	Straße, Hausnummer: BURGSTR. 36		Angeschafft am 01022013
5	Postleitzahl 41569 Ort NETTESHEIM		Fertig gestellt am 01051982
6	00 Einheitswert-Aktenzeichen 353/037-4-7510.4	53	Veräußert / Übertragen am TTMMJJJJ
7	Das in Zeile 4 bezeichnete Objekt wird ganz oder teilweise als Ferienwohnung genutzt 61 (1 = Ja, 2 = Nein)	ganz oder teilweise an Angehörige zu Wohnzwecken vermietet 62 (1 = Ja, 2 = Nein)	
8	Gesamtwohnfläche 54 m²	davon eigengenutzter oder unentgeltlich an Dritte überlassener Wohnraum 55 m²	davon als Ferienwohnung genutzter Wohnraum 56 m²

Zeile		Erdgeschoss	1. Obergeschoss	2. Obergeschoss	weitere Geschosse		EUR
9	**Mieteinnahmen für Wohnungen** (ohne Umlagen)	€	€	€	€	01	,–
10		Anzahl / Wohnfläche m²	Anzahl / Wohnfläche m²	Anzahl / Wohnfläche m²	Anzahl / Wohnfläche m²		
11	**für andere Räume** (ohne Umlagen / Umsatzsteuer)	€	€	€	€	02	,–
12	**Einnahmen für an Angehörige vermietete Wohnungen** (ohne Umlagen)				Anzahl 1 Wohnfläche 60 m²	03	3218,–
	Umlagen, verrechnet mit Erstattungen (z. B. Wassergeld, Flur- u. Kellerbeleuchtung, Müllabfuhr, Zentralheizung usw.)						
13	auf die Zeilen 9 und 11 entfallen					04	,–
14	auf die Zeile 12 entfallen					05	644,–
15	Vereinnahmte Mieten für frühere Jahre / verrechnete Mietkautionen / auf das Kalenderjahr entfallende Mietvorauszahlungen aus Baukostenzuschüssen					06	,–
16	Einnahmen aus Vermietung von Garagen, Werbeflächen, Grund und Boden für Kioske usw.					07	,–
17	Vereinnahmte Umsatzsteuer					09	,–
18	Vom Finanzamt erstattete und ggf. verrechnete Umsatzsteuer					10	,–
19	Öffentliche Zuschüsse nach dem Wohnraumförderungsgesetz oder zu Erhaltungsaufwendungen, Aufwendungszuschüsse, Guthabenzinsen aus Bausparverträgen und sonstige Einnahmen				Gesamtbetrag €		
20	davon entfallen auf eigengenutzte oder unentgeltlich an Dritte überlassene Wohnungen lt. Zeile 8				– €	= 08	,–
21	**Summe der Einnahmen**						3862,–

1036 ◆ *Musterfall Familie Vogt (Teilweise vermietetes Zweifamilienhaus)*

Dieter Vogt denkt wirtschaftlich. Er hatte sich im Jahr 2013 für den Kauf eines älteren Zweifamilienhauses entschieden. Die Wohnung im Erdgeschoss (135 qm) bewohnt er selbst. Die Einliegerwohnung hat er an seine Schwiegermutter Käthe vermietet. Vogt weiß, dass er mindestens 66 % der ortsüblichen Miete nehmen muss. Er hat mit seiner Schwiegermutter mietvertraglich eine Miete in Höhe von 75 % der ortsüblichen Miete vereinbart und hält damit die 66 %-Grenze mehr als notwendig ein. Das sind 4,47 € je qm, bei 60 qm Wohnfläche aufs Jahr gerechnet 3.218 €. Diesen Betrag trägt er in > Zeile 12 ein. Für die Nebenkosten berechnet Vogt pauschal 20 % der Kaltmiete. Macht im Jahr 644 €, einzutragen in > Zeile 14.

Lieben und leben lassen.
(Peter von Zahn)

13.3.2 Anteile an Einkünften – Zeile 25–29 1037

Grundstücksgemeinschaften entstehen selten freiwillig, meistens als Erbengemeinschaft. Kaum jemand denkt daran, dass sich damit auch Steuern sparen lassen.

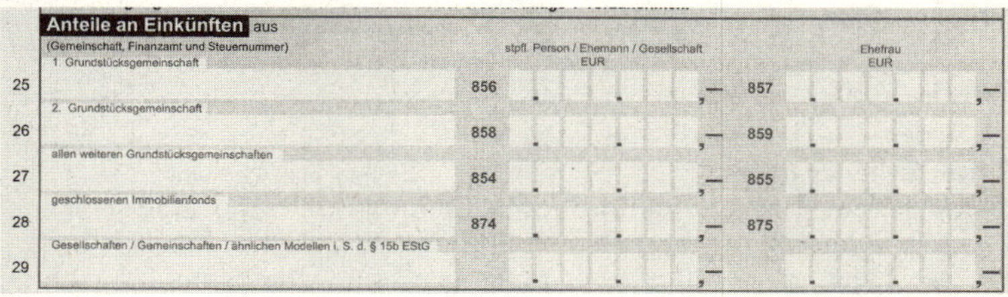

	Anteile an Einkünften aus (Gemeinschaft, Finanzamt und Steuernummer)		stpfl. Person / Ehemann / Gesellschaft EUR		Ehefrau EUR
25	1. Grundstücksgemeinschaft	856	. . ,—	857	. . ,—
26	2. Grundstücksgemeinschaft	858	. . ,—	859	. . ,—
27	allen weiteren Grundstücksgemeinschaften	854	. . ,—	855	. . ,—
28	geschlossenen Immobilienfonds	874	. . ,—	875	. . ,—
29	Gesellschaften / Gemeinschaften / ähnlichen Modellen i. S. d. § 15b EStG		. . ,—		. . ,—

TIPP Mit einer Grundstücksgemeinschaft Steuern sparen 1038

Warum beteiligen Sie Ihre beiden Kinder nicht zu je einem Viertel an Ihrem Mietshaus und drücken damit Ihre Steuerlast? Die Kinder erben später ohnehin alles. Und Sie vermindern die Einkünfte aus dem Mietshaus um die Hälfte. Die Übertragung der Anteile ist übrigens grunderwerbsteuerfrei.

Und so wird gerechnet:

	Eltern	1. Tochter	2. Tochter	Gesamt
Mieteinnahmen	30.000 €	15.000 €	15.000 €	60.000 €
./. Abschreibung	– 5.000 €	– 2.500 €	– 2.500 €	– 10.000 €
./. lfd. Hauskosten	– 8.000 €	– 4.000 €	– 4.000 €	– 16.000 €
Verteilung der Einkünfte	17.000 €	8.500 €	8.500 €	34.000 €

Weil Sie weniger zu versteuern haben, brechen Sie der Steuerprogression die Spitze. Das Geld bleibt trotzdem in der Familie.

Denken Sie an den notariellen Übertragungsvertrag, die Umstellung der Mietverträge auf die Gemeinschaft und die Einreichung einer sog. Feststellungserklärung beim Finanzamt. Die Gesellschafter erhalten anschließend vom Finanzamt einen Feststellungsbescheid, aus dem sich die Einkünfte ergeben, die Sie und Ihre Töchter jeweils in > Zeile 25 eintragen. So einfach ist das.

1039 13.3.3 Andere Einkünfte – Zeile 31 – 32

Vor > Zeile 31 – 32 setzt der Fiskus im Formular einen dicken Balken, d. h., er schlägt ein neues Kapitel auf. Das ist immer verdächtig.

	Andere Einkünfte		EUR		EUR
31	**Einkünfte aus Untervermietung von gemieteten Räumen** (Berechnung auf besonderem Blatt)	866	,–	867	,–
32	**Einkünfte aus Vermietung und Verpachtung unbebauter Grundstücke**, von anderem **unbeweglichen Vermögen**, von **Sachinbegriffen** sowie aus **Überlassung von Rechten** (Erläuterung auf besonderem Blatt)	852	,–	853	,–

Gewerbesteuer droht
Einkünfte aus Vermietung und Verpachtung hat nur, wer eine schlichte **Vermögensverwaltung** betreibt, ohne Zusatzleistungen. Folglich unterhält ein Hotelier, der Betreiber eines privaten Altenheims oder eines Wohnheims für Arbeiter oder Aussiedler/Asylanten **einen Gewerbebetrieb.** Desgleichen der Inhaber eines Parkhauses oder eines entgeltpflichtigen Parkplatzes für Kurzparker. Dasselbe kommt bei hotelmäßiger oder kurzfristiger Vermietung von Ferienwohnungen über die Vermittlung entsprechender Organisationen in Betracht. In diesen Fall müssen Sie eine Überschussrechnung erstellen und gewerbliche Einkünfte erklären.

1040 Zeile 31 Untervermietung von gemieteten Räumen

Hier gibt es eine Bagatellgrenze von 520 €. Betragen die **Einnahmen** aus Untervermietung im Jahr weniger als 520 €, ist nichts zu erklären (EStR 21.2).

Bei Mieteinnahmen von 520 € und mehr bittet der Fiskus um eine Berechnung auf gesondertem Blatt.

Berechnungsschema:

Mieteinnahmen aus Untervermietung (mind. 520 €)	.....€
./. Werbungskosten (anteilige gezahlte Miete)	–.....€
./. weitere Werbungskosten*	–.....€
Einkünfte	.....€

*Schätzbeträge für Licht, Heizung, Reinigung etc.

Die Sachverhalte bei Untervermietung sind so vielgestaltig – z.B. Untervermietung möblierter Zimmer an Studenten, an Einzelpersonen bei Messeveranstaltungen, Untervermietung an obdachlose Suchtkranke zur Vorbereitung auf selbständiges Wohnen, Zwischenvermietung von Altenwohnungen u.a.m. –, dass auf Einzelheiten hier nicht eingegangen werden kann.

Zeile 32 Vermietung von unbebauten Grundstücken, anderem unbeweglichem Vermögen, Sachinbegriffen 1041

Eintragungen in > Zeile 32 sind nur auf der ersten Anlage V möglich. Auch hier erwartet der Fiskus eine **Berechnung auf einem eigenen Blatt.** »Anderes unbewegliches Vermögen« sind grundstückgleiche Rechte wie ein Erbbau- oder ein Nießbrauchsrecht. Ein Sachinbegriff ist z.B. ein Flugzeug. Wird ein Flugzeug vermietet, das in die Luftfahrzeugrolle eingetragen ist, so ist dies, wenn keine Sonderleistungen erbracht werden, keine gewerbliche Tätigkeit und führt somit zu Einkünften aus Vermietung und Verpachtung im Sinne des § 21 Abs. 1 Nr. 1 EStG (BFH-Urt. v. 2.5.2000 – BStBl 2000 II S. 467).

Ein lieber Chef ist kein guter Chef.
(Peter Merseburger, Journalist)

13.3.4 Werbungskosten – Zeile 33–51 1042

Sind die Werbungskosten höher als die Mieteinnahmen, haben Sie Verluste, die sich steuermindernd auf Ihr Einkommen auswirken. Aber wie kommen Sie an hohe Werbungskosten, ohne dass Sie sich finanziell arg strapazieren? Das ist die Frage überhaupt.
Was alles absetzbar ist, geht weit über die Auflistung in > Zeile 33–51 hinaus.

Werbungskosten bei Vermietung und Verpachtung sind prinzipiell alle Aufwendungen, die in wirtschaftlichem Zusammenhang mit derzeitigen oder künftigen Mieteinnahmen stehen (§ 9 EStG).

Die wichtigsten Werbungskosten sind

- **Abschreibungen**
Hier kommt es auf die höchstmögliche Abschreibungsgrundlage und den günstigsten Abschreibungssatz an (➤ Rz 1046 ff.).
- **Schuldzinsen**
Wichtig ist, bei gemischter Nutzung die Finanzierungskosten richtig zu verteilen, sie möglichst ausschließlich dem vermieteten Teil zuzuordnen (➤ Rz 1061 ff.).
- **Erhaltungsaufwendungen**
Hier geht es darum, den Erhaltungsaufwand vom Herstellungsaufwand abzugrenzen und bei gemischter Nutzung die Aufwendungen möglichst dem vermieteten Teil zuzuordnen (➤ Rz 1072 ff.).

Guter Rat: Folgen Sie Ihrem gesunden Rechtsempfinden
»Was ich nicht weiß, macht mich nicht heiß«, so lautet ein Sprichwort. Wer nach dieser Erkenntnis handelt, setzt frechweg alle Ausgaben an, die nach seinem gesunden Rechtsempfinden absetzbar sind. Das Wort »Steuerverkürzung« oder »Steuerhinterziehung« sollte dabei nicht schrecken, solange fein säuberlich alles vorgelegt wird. Denn der Fiskalritter kann ja entscheiden, ob er die »Steuerverkürzung« anerkennt oder nicht. Zückt er den Rotstift, muss er seinen Bescheid stichhaltig begründen. Überzeugt die Begründung nicht, legen Sie Einspruch ein und bitten um nähere Erläuterung. So gewinnen Sie Klarheit über das, was als Werbungskosten absetzbar ist oder nicht.

1043 **TIPP**

Vorschuss am Jahresende: ein ganz legaler Steuertrick

Mit einer größeren Geldausgabe am Jahresende noch schnell der Steuerprogression die Spitze zu brechen ist ein ganz legaler Steuertrick, der sich auf § 11 EStG stützt. Nach dieser Vorschrift sind die Ausgaben »für das Kalenderjahr abzusetzen, in dem sie geleistet worden sind«. Wie wär's denn, wenn Sie für die ohnehin anstehende größere Reparatur dem Handwerker noch schnell am Jahresende einen Vorschuss zahlen? Ein Vorschuss von 10.000 € drückt Ihre Steuerlast von angenommen 40 % in der Spitze um 4.000 €. Es gilt zwar:

»Erst die Leistung, dann das Geld«, aber wenn Sie den Handwerker schon lange kennen, ist die Steuerersparnis ein kleines Risiko wert.

TIPP Bei Eigenbedarf den Fiskus leimen 1044

Wer nach längerer Vermietungszeit wegen Eigenbedarfs kündigt, wird oft von einem hohen Renovierungsbedarf überrascht. Zudem besteht die Gefahr, dass der Fiskus den Abzug der Renovierungskosten streicht. Begründung: Ohne Mieteinnahme kein Abzug als Werbungskosten (Urteile des FG Hessen v. 1.3.1991, EFG 1991 S. 471 und des FG Saarland v. 11.12.1997 - 2 K 29 197).

Deshalb gilt: Noch bevor Sie kündigen, vorausschauend all das renovieren, was richtig ins Geld geht: Badezimmer, Fenster, Türen, Heizung, Gasthermen, Bodenbeläge. Denn solange Sie Mieteinnahmen erklären, unterstellt der Fiskus, dass die Renovierung wegen der laufenden Vermietung erfolgt, und wird die Renovierungskosten anerkennen.

Es ist sehr schwer, etwas wiederzusehen,
das man für sich abgeschlossen hat.
(Nicolas Roeg, Regisseur)

Zeile 33-49 Werbungskosten bei gemischter Nutzung 1045

Bei gemischter Nutzung des Gebäudes wittert der Fiskalritter Morgenluft, weil sich da was deichseln lässt. Also aufgepasst! Zur Erinnerung: Gemischte Nutzung liegt vor, wenn ein Teil des Gebäudes vermietet ist und der andere Teil zu eigenen Wohnzwecken oder eigenen gewerblichen/freiberuflichen Zwecken genutzt wird. In diesen Fällen sind die Werbungskosten nur **anteilig** absetzbar.

Guter Rat:
Ordnen Sie die Kosten so weit als möglich dem vermieteten Teil zu, denn nur Kosten, die den vermieteten Teil betreffen, wirken sich steuerlich aus. **Aufgepasst:** Der Fiskus fragt gezielt nach den Ausgaben, die **nicht** mit Vermietungseinkünften zusammenhängen! Ganz schön hinterhältig, oder?

Die Spalten 1 (Gesamtbetrag) und 4 (abzugsfähige Werbungskosten) sind in jedem Fall auszufüllen. Nun unterscheiden Sie:

Direkte Zuordnung (Spalte 2) = zu 100 % absetzbar
Kosten, die nur den vermieteten Teil betreffen, wie Erneuerung der Fenster oder der Heizkörper, Badinstallation und dergleichen, sind durch direkte Zuordnung zu 100 % absetzbar.

Andere Einkunftsart:
Ebenso zu 100 % absetzbar sind Ausgaben, die im Zusammenhang mit Räumen stehen, die zu **eigenen gewerblichen/freiberuflichen Zwecken** genutzt werden. Nur sind die Ausgaben nicht hier als Werbungskosten bei den Einkünften aus Vermietung und Verpachtung geltend zu machen, sondern als Betriebsausgaben in der Anlage G oder S.

Verhältnismäßig ermittelt (Spalte 3) = anteilig absetzbar!
Kosten, die auf das gesamte Haus entfallen, wie Absetzung für Abnutzung, Schuldzinsen, Grundsteuer oder Versicherungen, sind prozentual nach dem Verhältnis der vermieteten zu den eigengenutzten Wohnflächen aufzuteilen. Das gilt ebenso für Wartungskosten und Erhaltungsaufwendungen, die das ganze Haus betreffen, wie z. B. an der gemeinschaftlichen Heizungsanlage, am Dach oder an der Hausfassade.

Einzutragen sind:
In Spalte 1 der Gesamtbetrag der Aufwendungen und

- entweder in Spalte 2 ein Kreuzchen, dass Sie den abziehbaren Anteil durch direkte Zuordnung ermittelt haben, sowie in Spalte 4 der entsprechende Betrag
- oder in Spalte 3 der Prozentsatz des nicht absetzbaren Anteils der Kosten und in Spalte 4 der absetzbare Betrag.

Erläutern Sie einen **erstmalig** verwendeten Aufteilungsmaßstab und die Zuordnung auf einem gesonderten Blatt.

Beispiel
Ein Gebäude hat eine Nutzfläche von 250 qm. Davon werden 180 qm = 72 % eigengewerblich genutzt. Eine Wohnung mit 70 qm Wohnfläche = 28 % ist vermietet. Die vermietete Wohnung hat für 1.500 € einen neuen Fußbodenbelag und das gesamte Gebäude für 7.000 € einen neuen Außenanstrich erhalten.

Den Fußbodenbelag können Sie zu 100 %, den Außenanstrich zu 28 % hier absetzen. Die restlichen Aufwendungen für den Außenanstrich (72 %) sind als **Betriebsausgaben** absetzbar.

Zeile 33-35 Absetzung für Abnutzung (AfA) bei Gebäuden

Durch die Absetzung für Abnutzung (AfA) verteilen Sie die Anschaffungs- oder Herstellungskosten des Gebäudes auf dessen Nutzungsdauer (§ 7 Abs. 4, § 9 Abs.1 Nr. 7 EStG). Nutzungsdauer ist der Zeitraum, in dem das Gebäude voraussichtlich Miete abwerfen wird. 1046

	Werbungskosten aus dem bebauten Grundstück in den Zeilen 4 und 5	Nur ausfüllen, wenn die Aufwendungen für das Gebäude nur teilweise Werbungskosten sind (siehe Anleitung zu den Zeilen 33 bis 49) – Gesamtbetrag EUR	Ausgaben, die **nicht** mit Vermietungseinkünften zusammenhängen, wurden durch direkte Zuordnung ermittelt	verhältnismäßig ermittelt	Abzugsfähige Werbungskosten EUR
	Absetzung für Abnutzung für Gebäude (ohne Beträge in Zeile 34)	1	2	3	4
				%	
33	X linear X degressiv , % X wie 2015 X lt.ges. Erltg.		X		30 ,—
34	Erhöhte Absetzungen nach den §§ 7h, 7i EStG, Schutzbaugesetz X wie 2015 X lt.ges. Erltg.		X		31 ,—
35	Absetzung für Abnutzung für bewegliche Wirtschaftsgüter X wie 2015 X lt.ges. Erltg.		X		60 ,—

Gut zu wissen: Abschreibungen sind Verluste auf dem Papier
Die Abschreibung, im Fiskaldeutsch eben Absetzung für Abnutzung genannt, kostet Sie momentan nichts, strapaziert also nicht Ihr Bares. Wenn sich Mieten und laufende Kosten die Waage halten, beschert sie Ihnen einen steuerlichen Verlust und damit eine Steuerersparnis.

Beispiel

Mieteinnahmen einschl. Umlagen	12.000 €
./. laufende Kosten wie Schuldzinsen, Versicherungen, Steuern und Gebühren, Reparaturen, Betriebskosten usw.	– 12.000 €
Verbleiben	0 €
./. Abschreibung z. B. 2 % von 190.000 € Herstellungskosten für das Gebäude =	– 3.800 €
Verbleiben als Verlust aus Vermietung und Verpachtung	– 3.800 €
Steuerersparnis bei 35 %	1.330 €

Es gibt vier **verschiedene Absetzungsmethoden**, die sich unterschiedlich auswirken. Dabei haben Sie zu Beginn ein **Wahlrecht**, das Sie sorgfältig ausüben sollten, denn ein Wechsel der Abschreibungsmethode ist nicht zulässig.

1. Lineare AfA (> Zeile 33)

Bei linearer Absetzung werden die Anschaffungs- oder Herstellungskosten des Gebäudes **gleichmäßig** auf die Nutzungsdauer verteilt (AfA in gleichen Jahresbeträgen/§ 7 Abs. 4 EStG). Für die Steuer wird bei Gebäuden nicht die tatsächliche Nutzungsdauer von meistens 100 Jahren zugrunde gelegt, sondern eine fiktive Nutzungsdauer von höchstens 50 Jahren. Das führt zu einem typisierten **AfA-Satz von 2 %**. Siehe Übersicht ➤ Rz 1047, Nr. 1a.

Höheren AfA-Satz geltend machen

Haben Sie eine gebrauchte Immobilie erworben, können Sie entweder die Abschreibung mit dem typisierten AfA-Satz von 2 % vornehmen oder im Schätzungsweg eine kürzere Nutzungsdauer zugrunde legen. Dabei darf das Finanzamt die kürzere Nutzungsdauer nur beanstanden, wenn sie eindeutig außerhalb eines angemessenen Schätzungsrahmens liegt.
Bei Massivbauten ist aus technisch-wirtschaftlicher Sicht von einer tatsächlichen Gesamtnutzungsdauer von 60 Jahren auszugehen. Eine längere Nutzungsdauer von bis zu 100 Jahren wäre denkbar, erfordert indessen einen sehr hohen Modernisierungsaufwand, der nicht eingeplant zu werden braucht.
Deshalb kann z.B. die Restnutzungsdauer eines gebraucht erworbenen 30 Jahre alten Gebäudes aus wirtschaftlicher Sicht auf nur weitere 30 Jahre geschätzt werden. Daraus ergibt sich ein AfA-Satz von 3,33 % (FG Köln v. 23.1.2001 rechtskräftig – EFG 2001 S. 675). Im Urteilsfall hat der Kläger die Restnutzungsdauer von 30 Jahren durch ein Gutachten nachgewiesen.

Nachträgliche Herstellungskosten bei einem bestehenden Gebäude

Sind nachträgliche Herstellungskosten angefallen, wird die weitere AfA aus der erhöhten Bemessungsgrundlage – aus Vereinfachungsgründen – mit dem bisher angewandten Prozentsatz bemessen. Die nachträglichen Herstellungskosten werden also auf die bisherigen Herstellungs- oder Anschaffungskosten draufgeschlagen, und von der erhöhten Bemessungsgrundlage wird dann abgeschrieben wie bisher (Richtlinie 7.4 Abs. 9 EStR).

2. Degressive AfA (> Zeile 33)

Bei der degressiven Abschreibung (§ 7 Abs. 5 EStG) sind die Prozentsätze anfangs höher und verringern sich in Stufen (siehe ➤ Rz 1047 Nr. 2 und Nr. 5). Eine degressive Abschreibung ist nur bei Neubauten zulässig. Die Anwendung höherer oder niedrigerer Prozentsätze ist ausgeschlossen. Die degressive Gebäude-AfA ist aber ein Auslaufmodell (➤ Rz 1049).

3. Erhöhte AfA (> Zeile 34)

In Sonderfällen kann der Steuerzahler anstelle der linearen eine erhöhte Abschreibung vornehmen. Siehe dazu ➤ Rz 1047 Nr. 3 und 4 und ➤ Rz 1051.

4. Absetzung für Abnutzung für bewegliche Wirtschaftsgüter (> Zeile 35)

Betragen die Anschaffungskosten für Zubehör wie Mülltonne, Waschmaschine, Trockner nicht mehr als 410 € netto zzgl. Mehrwertsteuer = 487,90 € brutto – ab 2018: 800 € netto bzw. 952 € brutto –, können Sie die Aufwendungen im Jahr der Anschaffung in voller Höhe als Werbungskosten absetzen (§ 9 Abs. 1 Nr. 7 i.V. mit § 6 Abs.2 EStG). Dazu mehr unter ➤ Rz 1056.

1047

Schematische Übersicht zur Absetzung für Abnutzung (AfA) bei Gebäuden				
	Gebäude	ND	AfA-Satz	Quelle (EStG)
1.	**Lineare Absetzungen (> Zeile 33 der Anlage V)**			
	a) Typisierte AfA-Sätze			
	Baujahr nach dem 31.12.1924	50 J.	2 %	§ 7 Abs. 4
	Baujahr vor dem 1.1.1925	40 J.	2,5 %	§ 7 Abs. 4
	b) Höhere AfA-Sätze			
	Je nach Restnutzungsdauer z. B.	30 J.	3,33 %	§ 7 Abs. 4
2.	**Degressive Absetzungen (> Zeile 33 der Anlage V)** für selbsterrichtete Wohngebäude			
	a) Bauantrag zwischen 28.2.1989 und 31.12.1995	40 J.	4 J. 7,00 % 6 J. 5,00 % 6 J. 2,00 % 24 J. 1,25 %	§ 7 Abs. 5 Nr. 3a
	b) Bauantrag nach dem 31.12.1995 und vor dem 1.1.2004	50 J.	8 J. 5,00 % 6 J. 2,50 % 36 J. 1,25 %	§ 7 Abs. 5 Nr. 3b
	c) Bauantrag nach dem 31.12.2003 und vor dem 1.1.2006	50 J.	10 J. 4,00 % 8 J. 2,50 % 32 J. 1,25 %	§ 7 Abs. 5 Nr. 3c
	Bei Bauantrag/Erwerb nach 2005 ist nur noch die lineare AfA von 2 % möglich.			
3.	**Erhöhte Absetzungen (> Zeile 34 der Anlage V)** Sanierung in städtebaulichen Entwicklungsgebieten	10 J.	10 J. 10 %	§ 7h
	Bei Beginn der Modernisierungs- und Instandsetzungsarbeiten nach dem 31.12.2003	12 J.	8 J. 9 % 4 J. 7 %	

Schematische Übersicht zur Absetzung für Abnutzung (AfA) bei Gebäuden				
	Gebäude	ND	AfA-Satz	Quelle (EStG)
4.	**Erhöhte Absetzungen** **(> Zeile 34 der Anlage V)** Sanierung bei Baudenkmälern	10 J.	10 J. 10 %	§ 7i
	Bei Beginn der Baumaßnahme nach dem 31.12.2003	12 J.	8 J. 9 % 4 J. 7 %	

1048 Zeile 33 Lineare Absetzung für Abnutzung

Durch die lineare Absetzung für Abnutzung verteilen Sie die Anschaffungs- oder Herstellungskosten des Gebäudes gleichmäßig auf dessen Nutzungsdauer. Es wird also ein immer **gleichbleibender Prozentsatz** angewendet (➤ Rz 1047 Nr. 1).

1. Haus gekauft?

Beispiel
Mietwohnhaus Baujahr 1976, angeschafft im Juli 2017, Anschaffungskosten 800.000 €. Die bisherige Nutzungsdauer des Gebäudes beträgt 40 Jahre. Ausgehend von einer Gesamtnutzungsdauer von 60 Jahren erscheint eine Restnutzungsdauer von max. 30 Jahren angebracht. Die AfA beträgt somit 3,33 %.

Anschaffungskosten	800.000 €
./. Anteil Grund und Boden 20 %	– 160.000 €
Gebäudeanteil	640.000 €
Abschreibung für ein Jahr $3\frac{1}{3}$ %	21.312 €
Abschreibung für 2017 zeitanteilig $\frac{6}{12}$ =	10.656 €

Auf einem Extrablatt machen Sie eine Aufstellung, wie sich die Anschaffungskosten von 800.000 € zusammensetzen (➤ Rz 1058 f.), und geben Anhaltspunkte für den Wert des Grund und Bodens. Aus Vereinfachungsgründen ist der Fiskus meistens mit einem Anteil von **20 %** am Gesamtkaufpreis einverstanden. Außerdem teilen Sie zur Vermeidung von Nachfragen mit, wie Sie die Anschaffung finanziert haben.

2. Haus gebaut?
Abgeschrieben wird von den Herstellungskosten (➤ Rz 1053 ff.).

3. Haus geerbt?
Haben Sie ein Haus geerbt, schreiben Sie so ab wie der Vorbesitzer. Die Vorschrift dazu aus § 11 d EStDV lautet: Soweit ein Gebäude oder eine Eigentumswohnung unentgeltlich erworben wurde, ist die Absetzung für Abnutzung nach dem Prozentsatz vorzunehmen, der für den Rechtsvorgänger maßgebend war.

4. Haus erhöht abgeschrieben? – Restwert-AfA § 7 b EStG
(alte Fassung)
Zu der in > Zeile 33 einzutragenden AfA gehört auch die Restwert-AfA nach § 7 b Abs. 1 EStG (alte Fassung) und §§ 14 a und 14 d BerlinFG. Hier geht es um die Restwert-AfA für Gebäude, die gem. dieser Paragraphen vor vielen (vielleicht 20) Jahren erhöht abgeschrieben wurden. Nach Ablauf des Zeitraums mit erhöhter AfA sind bis zur vollen Absetzung (auf 0 €) grundsätzlich jährlich 2,5 % des Restwerts abzuziehen. Restwert ist der Betrag, der nach Abzug aller im Begünstigungszeitraum bei dem Gebäude vorgenommenen Absetzungen verbleibt.

Der Fiskus hat für solche alten Kamellen ein Elefantengedächtnis, Abschreibungs-Vorblatt genannt. Wenn Ihnen Daten fehlen, sprechen Sie den Bearbeiter in Ihrem Veranlagungsbezirk an.

Zeile 33 Degressive Absetzung für Abnutzung 1049

Die degressive Abschreibung für Neubauten in Privatvermögen ist am 31.12.2005 ausgelaufen. Für Neubauten mit Bauantrag nach dem 31.12.2005 kommt seitdem nur noch die lineare Abschreibung in Betracht.

Wie Gebäude mit Bauantrag vor dem 1.1.2006 degressiv abgeschrieben 1050
werden, entnehmen Sie ➤ Rz 1047 Nr. 2.

Zeile 34 Erhöhte Absetzung für Abnutzung 1051

Nach § 7 h EStG können Sie für Maßnahmen i. S. d. § 177 des Baugesetzbuchs, die an Gebäuden in einem förmlich festgelegten Sanierungsgebiet oder städtebaulichen Entwicklungsbereich durchgeführt wurden, anstelle der AfA nach § 7 Abs. 4 und 5 EStG erhöhte Absetzungen vornehmen. Siehe ➤ Rz 1047 Nr. 3.

Entsprechendes gilt für Maßnahmen, die der Erhaltung, Erneuerung und funktionsgerechten Verwendung eines Gebäudes dienen, das wegen seiner geschichtlichen, künstlerischen oder städtebaulichen Bedeutung erhalten bleiben soll, und zu deren Durchführung sich der Eigentümer neben bestimmten Modernisierungsmaßnahmen gegenüber der Gemeinde verpflichtet hat. Voraussetzung ist der Nachweis durch eine Bescheinigung der zuständigen Gemeindebehörde, dass Sie Baumaßnahmen in dem genannten Sinn durchgeführt und die Aufwendungen hierfür selbst getragen haben.

Nach § 7 i EStG können Sie für bestimmte Baumaßnahmen bei Baudenkmalen anstelle der AfA nach § 7 Abs. 4 und 5 EStG erhöhte Absetzungen vornehmen, wenn die Voraussetzungen durch eine amtliche Bescheinigung nachgewiesen werden. Siehe ➤ Rz 1047 Nr. 4.

1052 **TIPP**

Wenn Ihr Haus ein Denkmal ist

Dann können Sie sogar die Kosten für einen neuen Wintergarten mit 9 % absetzen. Diese Überraschung erlebten Steuerzahler, denen die zuständige Denkmalbehörde zuvor bescheinigt hatte, dass ihr vermietetes Wohnhaus ein Baudenkmal ist. Die Instandsetzungsarbeiten einschließlich der Aufwendungen für den Wintergarten sind steuerbegünstigt, denn die Bescheinigung der Denkmalbehörde ist für den Fiskus bindend (BFH-Urt. v. 5.11.1996 – BStBl 1997 II S. 244).

Gut zu wissen: Um die Sonderabschreibung einzustreichen, müssen Sie das Baudenkmal nicht einmal vermieten. Auch bei Selbstnutzung können Sie 9 % – und zwar als Sonderausgabe – absetzen (Quelle: § 10f EStG).

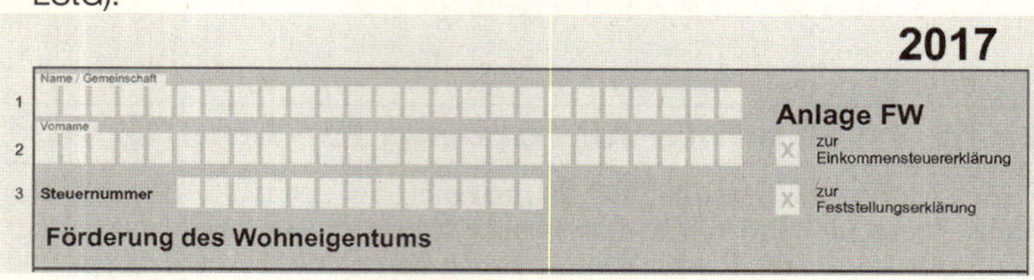
2017
1 Name / Gemeinschaft
2 Vorname
3 Steuernummer
Förderung des Wohneigentums
Anlage FW
X zur Einkommensteuererklärung
X zur Feststellungserklärung

ANLAGE V 2018
Einkünfte aus Vermietung und Verpachtung

Abzugsbetrag nach § 10f EStG					46
		Fertig gestellt 2017			EUR
11 Bei Bauantrag / Einreichung der Bauunterlagen vor dem 1.1.2004: Aufwendungen	X wie Vorjahr		€	Abzugsbetrag bis zu 10 % =	71
		Fertig gestellt 2017			
12 Bei Bauantrag / Einreichung der Bauunterlagen nach dem 31.12.2003: Aufwendungen	X wie Vorjahr		€	Abzugsbetrag bis zu 9 % =	69

Zeile 33–35 Abschreibungsgrundlagen 1053

Grundlage für die AfA sind die **Herstellungs- oder die Anschaffungskosten des Gebäudes** oder der an deren Stelle tretende Wert, auch Bemessungsgrundlage genannt. Die Anschaffungskosten für **Grund und Boden** gehören **nicht** dazu.

Wird ein teilfertiges Gebäude erworben und anschließend fertiggestellt, gehören zu den Herstellungskosten die Kosten zur Anschaffung des teilfertigen Gebäudes und die zu dessen Fertigstellung.

Zeile 33–35 Herstellungskosten für das Gebäude 1054

Grundsätzlich sind die Herstellungskosten als Abschreibung auf die Dauer der Nutzung des Gebäudes abzusetzen (§ 7 Abs. 4 EStG).

Herstellungskosten sind alle Aufwendungen, die erforderlich waren, um das Gebäude zu errichten und für den vorgesehenen Zweck nutzbar zu machen (§ 255 Abs. 2 und 3 HGB). **Gebäude** und **Außenanlagen** werden getrennt voneinander abgeschrieben. Davon sind abzugrenzen die **laufenden Hauskosten**. Sie sind im Jahr der Bezahlung in voller Höhe absetzbar.

> **Guter Rat:** Sortieren Sie die Baurechnungen nach Kostenarten in vier Gruppen und heften diese getrennt ab. Bilden Sie für jede Gruppe eine Gesamtsumme. Damit haben Sie für Ihre Steuererklärung schon viel gewonnen.

Art der Kosten	Steuerliche Behandlung
1 = Anschaffungskosten für Grund und Boden	nicht absetzbar

2 = Herstellungskosten für das Gebäude	als Gebäude-AfA absetzbar
3 = Herstellungskosten für Außenanlagen	als AfA mit 10 % absetzbar
4 = laufende Hausunkosten	im Jahr der Zahlung voll absetzbar

Übersicht zur Zuordnung

		Gruppe
1.	Baugrundstück (Kaufpreis)	1
2.	Makler (Vermittlung des Grundstücks)	1
3.	Notar (Kaufvertrag)	1
4.	Finanzamt (Grunderwerbsteuer)	1
5.	Amtsgericht (Grundbuch/Eigentumswechsel)	1
6.	Erschließungsbeiträge an die Kommune	1
7.	Vermessungsbüro (Grundstück)	1
8.	Handwerker, Architekt, Bauämter, Schornsteinfeger (auch Baugrube, Kachelofen, Trinkgelder, Richtfest, Bauschutt, Rodung, Hangabtragung, Zubehör: Mülltonne, Rasenmäher, Waschmaschine, Außen- und Flurbeleuchtung, Schrank- und Trennwände, die als Raumteiler dienen – EFG 1995 S. 103)	2
9.	Vermessungsbüro (Gebäudeeinmessung)	2
10.	Fußbodenbelag, auch Teppichboden auf Estrich	2
11.	Abwasseranschluss (Tiefbauunternehmer)	2
12.	Anschlusskosten (Strom, Gas, Wasser, Wärme)	2
13.	Umzäunung, auch grüne; Einbaumöbel	2
14.	Nacharbeiten wegen Baumängeln	2
15.	Hofbefestigungen, Wege, Terrassen, Grünanlagen	3
16.	Notar (Grundschuld)	4
17.	Finanzamt (Grundsteuer)	4
18.	Versicherung (Bauzeit + fertiges Gebäude)	4
19.	Amtsgericht (Grundbuch/Grundschuld)	4
20.	Fahrten zu 3. =	1
	Fahrten zu 8. =	2
	Fahrten zu 16. =	4

Bagatellgrenze
Ist nach Fertigstellung des Gebäudes weiterer Herstellungsaufwand angefallen, kann dieser sofort als Erhaltungsaufwand abgesetzt werden, wenn er pro Baumaßnahme im Kalenderjahr nicht mehr als **4.000 €** (Rechnungsbetrag ohne Umsatzsteuer) beträgt (R 21.1 Abs. 1 S. 2 EStR). Wie nachträglicher Herstellungsaufwand von mehr als 4.000 € steuerlich zu behandeln ist, dazu mehr in ➤ Rz 1047 Nr. 1.

Vorsicht: Grunderwerbsteuer plus Mehrwertsteuer auf das Haus
Bei bebauten Grundstücken wird die Grunderwerbsteuer von (zumeist) 6,5 % nicht nur auf den Wert des Grundstücks, sondern auch auf den Wert des darauf stehenden Hauses fällig. Gleiches gilt, wenn ein unbebautes Grundstück und noch ausstehende Bauleistungen in einem »einheitlichen Vertragswerk« vereinbart werden. Obwohl für die Bauleistungen Mehrwertsteuer zu zahlen ist, führt die Grunderwerbsteuer nicht zu einer rechtswidrigen Doppelbesteuerung, weil die Grunderwerbsteuer nicht der Mehrwertsteuer entspreche (EuGH v. 8.1.2009 – Az. C–C 156/08).

TIPP Vergessen Sie die Nebenkosten nicht 1055

Kleinvieh macht auch Mist. Während der Bauzeit wird leicht vergessen, die Nebenkosten für die Herstellung des Gebäudes zu notieren. Nebenkosten sind hauptsächlich Fahrtkosten für Fahrten zur Baustelle, zum Architekten, zum Bauamt (Terminkalender mit entsprechenden Eintragungen aufbewahren). Auch Telefon- und Portokosten gehören dazu, desgleichen Kosten für Speisen und Getränke zur Verpflegung der Bauhandwerker (BFH-Urt. v. 10.5.1995 – BStBl 1995 II S. 713).

Fügen Sie der Steuererklärung eine detaillierte Nebenkostenaufstellung bei; der Fiskalritter muss sie akzeptieren, denn er ist ja nicht dabei gewesen.

Aufstellung über Baunebenkosten

62 Fahrten zur Baustelle			
à 38 km	2.356 km		
4 Fahrten zum Architekten			
à 18 km	72 km		
Insgesamt	2.428 km	× 0,30 €	729 €
Telefonkosten geschätzt			250 €
Portokosten geschätzt			60 €

Speisen und Getränke während der Bauzeit für mitarbeitende Verwandte und Bekannte (Belege anbei)	645 €	
Davon Eigenanteil Bauherr	100 €	
Verbleiben	545 €	> 545 €
+ Richtfest (nur für Bauarbeiter)		480 €
Baunebenkosten insgesamt		2.045 €

1056 **TIPP**

Außenanlagen gehören zum Gebäudewert

Die Außenanlagen wie Garagenzufahrt, Zugang zur Haustür, Terrasse (Plattierung) und Einfriedung des Grundstücks (Mauer oder Hecke) gehören zum Gebäudewert (BFH-Urt. v. 15.12.1977 – BStBl 1978 II S. 210).
Aber: Grünanlagen und Vorgärten gehören weder zum Gebäude noch zu Grund und Boden, sondern sind selbständige Wirtschaftsgüter. Die Kosten dafür sind über die Nutzungsdauer von **zehn Jahren** zu verteilen. Die jährliche AfA beträgt also 10 % (BFH-Urt. v. 15.10.1965 – BStBl 1966 III S. 12).
Zubehör: Bei einer für die Mieter angeschafften Waschmaschine nebst Trockner, Rasenmäher, Mülltonne etc. beträgt die Nutzungsdauer **fünf Jahre,** die jährliche Abschreibung also 20 % (BFH-Urt. v. 30.10.1970 – BStBl 1971 II S. 95). Jedoch sind ggf. die Vorschriften über **geringwertige Wirtschaftsgüter** gem. § 6 Abs.2 EStG (410 € + 19 % MwSt. =) 488 € anzuwenden. Also: Liegt der Kaufpreis unter 488 €, dann sofort komplett absetzen!!

Guter Rat: Werkzeug für den Hobbykeller
Zu den Herstellungskosten des Gebäudes gehört auch geschenktes Baumaterial, anzusetzen zum Marktpreis, ferner die Anschaffungskosten für Baumaschinen und die Raten für geleaste Maschinen. Außerdem alles andere an Werkzeug (Bohrmaschine, Stichsäge, Flex, Schweißapparat). Was später, wenn der Bau steht, davon noch zu gebrauchen ist, wandert sang- und klanglos in Ihren Hobbykeller, das ist doch wohl klar.

1057 **TIPP**

Der Fiskus kürzt die Baukosten. Was tun?

Der Fiskaljünger hat sich doch tatsächlich aus der Baukostenaufstellung einige Beträge herausgepickt, die er nicht anerkennen will. Er hat gestrichen:

ANLAGE V
Einkünfte aus Vermietung und Verpachtung **2018**

1. Vergütungen an Ihre Freunde und Bekannten, die als Nichtunternehmer handwerkliche Arbeiten geleistet haben	3.500 €
2. Drei Einbauschränke der Schreinerei Holzwurm	1.800 €
3. Getränke für die Bauarbeiter	350 €
4. Einfriedung (Zaun)	1.820 €
5. Teppichboden	2.900 €
Summe	10.370 €

In einem Telefonat stellt sich der Fiskaljünger stur und beharrt auf seiner Streichliste. Die Mitarbeit von Freunden und Bekannten nennt er Schwarzarbeit. Die Finanzämter sind verpflichtet, zur Bekämpfung der illegalen Beschäftigung und des Leistungsmissbrauchs beizutragen (§ 31 a Abs. 2 AO). In Verdachtsfällen müssen sie die ansonsten geschützten Steuerverhältnisse den Leistungsbehörden melden. Den Betrag von 3.500 € will der Fiskaljünger nur akzeptieren, wenn Sie zusätzlich Lohnsteuer und Sozialabgaben entrichten.

Sie setzen dagegen: Die Mitarbeit von Freunden und Bekannten ist keine Schwarzarbeit. Also husten Sie ihm was und schreiben:

An Finanzamt Schönhausen

Betrifft: Beanstandete Baukosten; Ihr Schreiben vom …

Sehr geehrte Damen und Herren,

ich muss darauf bestehen, dass Sie die Beträge als Herstellungskosten berücksichtigen, und bitte, dieses Schreiben als Einspruch zu betrachten.

Zu 1. Mitarbeit von Freunden und Bekannten
Die bei mir am Bau tätigen Personen waren selbständig und keineswegs als Arbeitnehmer tätig, denn sie waren nicht meinen Weisungen unterworfen. Ihre Arbeitszeit konnten sie selbst bestimmen. Sie arbeiteten je nachdem, wie es ihre Zeit erlaubte. Als Beweis dafür dienen die von ihnen ausgestellten Quittungen, denen zu entnehmen ist, dass

sie eine pauschale Tätigkeitsvergütung und keinen Lohn erhalten haben. Auch hatten sie, wie es bei Arbeitnehmern üblich wäre, keinen bezahlten Urlaubsanspruch. Der BFH sagt im Übrigen dazu: »Gegen die Unselbständigkeit spricht es, wenn jemandem zugestanden wird, die übernommene Arbeit auch durch eine andere Person ausführen zu lassen. Denn ein Arbeitnehmer muss in der Regel persönlich tätig werden.« (Urteile des Bundesfinanzhofs V 86/55 U v. 12.1.1956 – BStBl 1956 III S. 119 und v. 11.3.1960 – BStBl 1960 III S. 215, BFH v. 24.11.1961 – BStBl 1962 III 37). Das ist durch die Vielzahl meiner kurzfristigen Helfer eindeutig bestätigt. Und selbst wenn die Zeiteinteilung mit mir abgesprochen war, konnte ich meine Helfer nie zwingen, zu diesen Zeiten tatsächlich zu erscheinen.
Zudem ist weder das Kriterium der Schwarzarbeit noch das der Scheinselbständigkeit erfüllt, weil die tätigen Personen Fachleute waren (Handwerker mit Gesellenprüfung). Wohingegen erst unselbständige Schwarzarbeit zu prüfen ist, wenn die tätigen Personen Hilfsarbeiter sind.

Zu 2. Einbauschränke
Beachten Sie bitte diesbezüglich die Hinweise 6.4 EStH. Dort heißt es: Aufwendungen für Einbauten als unselbständige Gebäudeteile gehören zu den Herstellungskosten des Gebäudes (BFH v. 26.11.1973 – BStBl 1974 II S. 132).
Eingebaut wurde nicht etwa eine Schranktrennwand, die mehr die Funktion einer Wohnungseinrichtung erfüllt, sondern Einbauteile unter Schrägen, eine Nischenverkleidung mit Tür als Garderobe und Holzverkleidung von Armaturen/Stromzählern.

Zu 3. Getränke für die Bauarbeiter
Was den fehlenden Nachweis über die Getränke betrifft, die ich im Lauf der Bauzeit für die Bauarbeiter ausgeben musste, ist Folgendes zu sagen: Nach der allgemeinen Lebenserfahrung (ein Begriff, den Sie ja selbst so gern und oft anführen, wenn es darum geht, etwas abzulehnen) ist ein Betrag von 350 € eher zu niedrig als zu hoch für das Trinkvermögen von Bauarbeitern zu erachten.

Zu 4. Einfriedung (Zaun)
Ich bin damit einverstanden, wenn Sie den Zaun zu den Außenanlagen rechnen und ihn mit 10% abschreiben. Allerdings heißt es in den amtlichen Hinweisen 6.4 EStH, an die Sie gebunden sind: »Aufwendungen für die Umzäunung eines Mietwohngrundstücks (z.B. Maschendrahtzaun) können in einem einheitlichen Nutzungs- und Funktionszusammenhang mit dem Gebäude stehen und gehören daher in der Regel zu den Gebäudeherstellungskosten (BFH v. 15.12.1977 – BStBl 1978 II S. 210). Diese Grundsätze gelten auch für angemessene Aufwendungen für das Anpflanzen von Hecken, Büschen und Bäumen an den Grundstücksgrenzen (lebende Umzäunung).«

Zu 5. Teppichboden
Hinsichtlich des Teppichbodens weise ich darauf hin, dass er auf Estrich verlegt und zudem mit dem Untergrund fest verbunden wurde. Ohne Teppichboden ist das Gebäude nicht bezugsfertig. Deshalb gehört der Bodenbelag zum Gebäude.

Mit freundlichen Grüßen

Walter Knecht

Nun warten Sie ab, was passiert.

Zeile 33-35 Anschaffungskosten für das Gebäude 1058

Der Kaufpreis für ein bebautes Grundstück schließt üblicherweise den Erwerb des Grund und Bodens mit ein. Weil nur der Gebäudeanteil abgeschrieben werden kann, müssen zunächst die gesamten Anschaffungskosten zusammengestellt und sodann aufgeteilt werden.
Zu den Anschaffungskosten eines Gebäudes gehören alle Aufwendungen, die erforderlich waren, das Grundstück zu erwerben und seine Betriebsbereitschaft, sprich Bezugsfertigkeit, herzustellen (§ 255 Abs. 1 HGB). Ein Gebäude ist betriebsbereit/bezugsfertig, wenn es entsprechend seiner Zweckbestimmung genutzt werden kann. Die Betriebsbereitschaft ist für jeden Teil des Gebäudes gesondert zu untersuchen. Dies ist in der Regel jede einzelne Wohnung, auch wenn nachträglich sämtliche Wohnungen ein einheitliches Gebäude bilden. Zu den Anschaffungskosten können auch nachträgliche Instandhaltungskosten gehören. Dazu ➤ Rz 1072 ff.

Aufteilung in Gebäudewert und Wert für Grund und Boden
Im Normalfall ist ein Grund- und Bodenanteil von 20 % der gesamten Anschaffungskosten zutreffend. Also könnten Sie folgende Rechnung aufmachen:

Kaufpreis für ein Doppelhaus lt. notariellem Vertrag	600.000 €
Grunderwerbsteuer, z.B. 6,5 % von 600.000 € =	39.000 €
Notargebühren und Grundbuchkosten (ca. 1,5 %)	9.000 €
Maklergebühren	5.355 €
Anschaffungskosten insgesamt	653.355 €
./. Anteil Grund und Boden 20 %	– 130.671 €
Gebäudeanteil	522.684 €

Gebäudeabschreibung für > Zeile 33 linear 2 % jährlich = 10.454 €

Gut zu wissen: So teilt das Finanzamt zwischen Gebäude- und Bodenanteil auf. Bei der Aufteilung von Anschaffungskosten in einen Gebäude- und einen Bodenanteil werden die Weichen für viele Jahre gestellt. Je höher der Gebäudeanteil ausfällt, desto höher sind Abschreibung und Werbungskosten in den folgenden Jahren. Dumm wäre es also, den Bodenanteil zu großzügig zu bemessen.

Auf der Internetseite des Bundesfinanzministeriums (www.bundesfinanzministerium.de) können Sie eine Probeberechnung durchführen. Unter »Arbeitshilfe zur Aufteilung eines Gesamtkaufpreises für ein bebautes Grundstück (Kaufpreisaufteilung)« können Sie die Daten für Ihr Haus eintragen und sich ausrechnen lassen, welchen Bodenwert sich die Fiskalbürokraten in Ihrem Fall so vorstellen.

1059 TIPP Wert für Grund und Boden: Wenn der Fiskalritter nicht mitmacht

Will der Bearbeiter die pauschale Aufteilung des Gesamtkaufpreises von 653.355 € (siehe oben) im Verhältnis 80 % für das Gebäude und 20 % für Grund und Boden nicht akzeptieren und orientiert sich an ominösen Richtwertkarten und am Baupreisindex, behalten Sie ruhig Blut.

Der Fiskaljünger macht folgende Rechnung auf:

Fiktiver Wert Grund und Boden lt. Richtwertkarten:	
800 qm × 200 € =	160.000 €
Fiktiver Gebäudewert lt. Baupreisindex:	
150 qm × 2.500 € =	375.000 €
Fiktiver Gesamtwert	535.000 €
Anteil von Grund und Boden am Gesamtwert:	
160.000 € ÷ 535.000 € =	29,9 %

Anteil des Gebäudes am Gesamtwert:	
375.000 € ÷ 535.000 € =	70,1 %
Und so rechnet er weiter:	
Tatsächlicher Wert für Grund und Boden:	
29,9 % von 653.355 € =	195.353 €
Tatsächlicher Gebäudewert: 70,1 % von 653.355 € =	458.002 €

Richtwertkarten

Die Richtwertkarten werden von einem Gutachterausschuss erstellt, der nach getätigten Verkäufen in einer Gegend den dort gültigen Wert für unbebaute baureife Grundstücke in €/qm festlegt. Es ist zunächst bedenklich, für den Wert von Grund und Boden eines bebauten Grundstücks schlichtweg aus Richtwertkarten denselben Wert anzusetzen wie für unbebaute. Bebauter Grund ist weniger wert als unbebauter (BFH-Urt. v. 15.1.1985 – BStBl 1985 II S. 252). Wenn sich der Bearbeiter nach der Richtwertkarte für Bauland orientiert, muss er einen Abschlag für die bereits durchgeführte Bebauung vornehmen.

Auch ist es bedenklich, den Gebäudewert (vereinfacht) mit Wohnfläche × Baupreisindex festzustellen. Der Baupreisindex ist typisiert durch Verordnungen geregelt und wird unter Berücksichtigung üblicher Herstellungskosten (Stand 1913) und Preissteigerungen ermittelt.

Was jetzt? Lassen Sie sich als Erstes die Richtwertkarte zeigen. Vielleicht liegt Ihr Grundstück am Rand der 200-€/qm-Zone, gleich neben der 150-€/qm-Zone, so dass Sie den Bearbeiter schon mal auf 170-€/qm runterhandeln können. Außerdem ist Ihr Grundstück ja bebaut und somit weniger wert, als wenn es unbebaut wäre. Ungünstige Lage, Eckgrundstück, schlechter Zuschnitt rechtfertigen einen weiteren Abschlag von 50 €/qm auf 120 €/qm.

Sie machen also folgende Gegenrechnung auf:

Fiktiver Wert Grund und Boden lt. Richtwertkarten:	
800 qm × 120 € =	96.000 €
Fiktiver Gebäudewert: 150 qm × 2.500 € =	375.000 €
Fiktiver Gesamtwert	471.000 €
Daraus ergibt sich ein Verhältnis von 20,4 % zu 79,6 %.	
Tatsächlicher Wert für Grund und Boden:	
20,4 % von 653.355 € =	133.284 €
Tatsächlicher Gebäudewert: 79,6 % von 653.355 € =	520.071 €

Nun warten Sie ab, was passiert. Meistens kommt es zum Vergleich.

1060 Zeile 35 Abschreibung beweglicher Wirtschaftsgüter

Vermieten Sie zugleich Einrichtungsgegenstände oder sonstiges Zubehör, können Sie auch diese Anschaffungskosten im Wege der Abschreibung steuerlich geltend machen.

Einbauküche über 10 Jahre gesondert abschreiben
Der Bundesfinanzhof hat mit Urteil vom 3.8.2016 (Az. IX R 14/15) beispielsweise entschieden, dass Aufwendungen für die vollständige Erneuerung einer Einbauküche (Spüle, Herd, Einbaumöbel und Elektrogeräte) in einem vermieteten Immobilienobjekt auf zehn Jahre abzuschreiben sind.

1061 Zeile 36 Schuldzinsen

Schuldzinsen für das selbstbewohnte Haus können Sie nicht absetzen, das ist klar. Auf Ihrem Mietshaus sind Ihre Bauschulden schon besser aufgehoben. Und hier verschenken Sie keinen Cent: Sie setzen an die laufenden **Zinsen** lt. Zinsplan der Bank und die Zinsen aus der Zinsbescheinigung der Bausparkasse nebst Verwaltungskosten und Kontoführungsgebühren. Auch ein **Disagio** gehört dazu. Und wenn Ihr Haus auf einem Erbbaugrundstück steht, dann setzen Sie hier die **Erbbauzinsen** an.

36 Schuldzinsen (ohne Tilgungsbeträge) X 33 ,—

Immobilie im Erbbaurecht
Man erwirbt nur das Gebäude, nicht aber das Grundstück. Für das Grundstück bezahlt man ein monatliches Entgelt, den sog. Erbbauzins. Der Erbbauzins und die Laufzeit des Erbbaurechts werden vertraglich vereinbart. Der übliche Erbbauzins beträgt ca. 4 %, bezogen auf den Verkehrswert des Grund und Bodens. Als Laufzeit des Erbbaurechts sind höchstens 99 Jahre möglich. Bei längerer Laufzeit würde danach der Grund und Boden in das Eigentum des Erbbauberechtigten übergehen. Erlischt das Erbbaurecht durch Zeitablauf, so hat der Grundstückseigentümer dem Erbbauberechtigten eine Entschädigung für das Bauwerk zu leisten (§ 27 Erbbaurechtsgesetz).

Was selbstverständlich erscheint, aber erwähnt werden sollte: **Tilgungsbeiträge** sind keine Zinsen, somit nicht absetzbar. Wie Sie Zinsen bei gemischter Nutzung richtig zuordnen, dazu ➤ Rz 1064 ff.

Das Disagio-Steuersparmodell

Die Bank hat einen Trick parat, um die Einkommensteuer zu drücken. Indem Sie einen Teil der künftigen Schuldzinsen im Voraus leisten. Dafür fließt de facto kein bares Geld, vielmehr geschieht dies dadurch, dass die Bank das Darlehen nicht in voller Höhe auszahlt, sondern einen Abschlag, sprich Disagio, vornimmt. Das Disagio ist im Jahr der Auszahlung des – gekürzten – Darlehens absetzbar.

Ein Disagio entsteht – banktechnisch bedingt – in der Regel bei der Feinregulierung des Zinssatzes. Es kann aber ein höheres Disagio vereinbart werden als banktechnisch geboten. Dies kommt dann einer Zinsvorauszahlung gleich. Das höhere Disagio bewirkt eine geringere Zinslast in den folgenden Jahren.

Steuerzahler mit hohem Einkommen hätten es natürlich am liebsten, die künftigen Schuldzinsen gleich durch einen dicken Abschlag bezahlen zu können. Dies drückt sofort die Steuerlast. Doch da spielt der Fiskus nicht mit. Ein Disagio kann zum Zeitpunkt der Zahlung nur insoweit abgezogen werden, als es marktüblich ist. Von der Marktüblichkeit ist auszugehen, wenn der **Zinsfestschreibungszeitraum nicht mehr als fünf Jahre und das Disagio nicht mehr als 5 %** beträgt. Trifft dies nicht zu, sind die Aufwendungen gleichmäßig auf die Dauer des Zinsfestschreibungszeitraums zu verteilen. Wurde kein Zinsfestschreibungszeitraum vereinbart, ist die Verteilung auf die Laufzeit des Darlehens vorzunehmen.

Und so wird gerechnet:

Nennwert eines Darlehens, festgeschrieben auf 10 Jahre	100.000 €
Auszahlung zu 90 % =	90.000 €
Disagio 10 % =	10.000 €
Davon sofort abziehbar max. 5 % von 100.0.000 € =	5.000 €
Rest 5.000 € zu verteilen auf die folgenden 9 Jahre mit jährlich	555 €

Bauplatz auf Pump gekauft?

Die Zinsen vor Fertigstellung des Hauses können Sie im Jahr der Zahlung 1062
als – **vorweggenommene** – Werbungskosten hier absetzen, desgleichen die Zinsen für ein Darlehen zum Kauf eines Bauplatzes. Ihnen erscheint dies zunächst selbstverständlich. Der Fiskus argwöhnt aber leicht, Sie könnten vielleicht gar keine Bauabsichten haben und nur auf einen steu-

erfreien Spekulationsgewinn kalkulieren. In so einem Fall sind Schuldzinsen nicht absetzbar, weil sie mit steuerfreien Einkünften in Zusammenhang stehen. Mindestens zehn Jahre können Sie sich aber Zeit lassen, bevor das Finanzamt beginnt, den Rotstift anzusetzen. Ein Finanzamt in Baden-Württemberg hat sogar in einem Fall 15 Jahre lang Zinsen anerkannt (EFG 1995 S. 880).

Entsprechendes gilt bei Erwerb von Bauerwartungsland
Bis der Bebauungsplan in Kraft getreten ist und das Haus steht, können viele Jahre vergehen. Vergessen Sie nun aber nicht, sogleich ab Erwerb Schuldzinsen abzusetzen. Mieteinnahmen benötigen Sie dafür nicht (BFH-Urt. v. 4.6.1991 – BStBl 1991 II S. 761).

1063 **TIPP Schuldzinsen auch nach Verkauf des Hauses geltend machen!**

Sie haben Ihr Haus verkauft und sind auf einem Teil der Kredite sitzengeblieben. Der kleinlichen Regelung des Fiskus, dass es mit dem Verkauf des Hauses auch mit dem Abzug Ihrer Schuldzinsen vorbei sein soll, hat der BFH den Garaus gemacht (BFH v. 20.6.2012 – BStBl 2013 S. 275). Diesem ersten Aufschlag ist der Fiskus inzwischen teilweise gefolgt und lässt unter folgenden Voraussetzungen Ihre nachträglich gezahlten Zinsen als Werbungskosten zu (BMF v. 28.3.2013 – BStBl 2013 I S. 508):

- Die Immobilie wurde steuerpflichtig innerhalb von 10 Jahren nach dem ursprünglichen Kauf verkauft.
- Der Veräußerungserlös reicht nicht aus, um die Darlehensverbindlichkeit zu tilgen.
- Bis zur Veräußerung bestand unverändert die Absicht, aus der Vermietung der Immobilie Einkünfte zu erzielen.

Ihre Streichgelüste lebten die Fiskalritter nun vor allem dann aus, wenn der Verkauf erst nach mehr als 10 Jahren erfolgte oder der Verkaufserlös statt zur Kredittilgung für andere Zwecke eingesetzt wurde.

Noch weiter ging der BFH in seinem zweiten Aufschlag (BFH v. 8.4.2014 – IX R 45/13, DStR 2014 S. 996). Demnach gibt es den nachträglichen Schuldzinsenabzug selbst dann, wenn Sie Ihre Immobilie nach der 10-Jahresfrist verkauft haben. Auch eine zwischenzeitliche Umfinanzierung verhindert den Schuldzinsenabzug nicht. Allerdings verlangt auch der BFH, dass Sie die Immobilie bis zur Veräußerung zur Erzielung von Einkünften aus Vermietung und Verpachtung genutzt haben oder zumindest die eindeutig belegbare Absicht dazu hatten.

Gut zu wissen: Wurde indessen das Darlehen zur Finanzierung von sofort abziehbaren Werbungskosten der Schrottimmobilie aufgenommen, beispielsweise für Instandhaltungsaufwendungen, können die Schuldzinsen auch nach dem Verkauf der Immobilie als **nachträgliche Werbungskosten** geltend gemacht werden, so der BFH (Urt. v. 16.9.1999 – BStBl 2001 II S. 528). Der Bundesfinanzminister hat dieses Urteil abgesegnet (BMF-Schreiben v. 3.5.2006 – BStBl 2006 I S. 363).

Schuldzinsen richtig zuordnen und so Steuern sparen

Wer in Immobilien investiert, braucht meistens auch Fremdkapital. Die **1064** dafür gezahlten Schuldzinsen sind als Werbungskosten absetzbar. Wird die Immobilie indessen teils zu eigenen Wohnzwecken genutzt, sind die Schuldzinsen entsprechend aufzuteilen.

Der Kniff, hier Steuern zu sparen, besteht darin: Ihr Eigenkapital setzen Sie für die eigengenutzte Wohnung ein, den vermieteten Teil finanzieren Sie voll über Kredit. So sind die Schuldzinsen zu 100 % absetzbar.

Aber Achtung: Sind Eigenkapital und Fremdkapital erst einmal auf ein und demselben Konto gelandet, liegt das Kind im Brunnen. Dann werden die Bauzinsen **prozentual** der vermieteten und der eigengenutzten Wohnung zugeordnet, und Sie finanzieren steuerlich gesehen ungewollt eine vermietete Wohnung zum Teil mit Eigenmitteln. Und die eigengenutzte Wohnung zum Teil mit Fremdkapital, wodurch die Zinsen wirkungslos verpuffen.

Die Häme der Fiskalritter schmerzt zusätzlich: »Wer eigenes und fremdes Getreide in einen Sack schüttet, der weiß hinterher nicht mehr, welche Körner von ihm stammen und welche vom Nachbarn. Denn alle sehen gleich aus. So ist das auch mit eigenem Geld und mit fremdem Geld.«

Es gelten folgende Regeln: **1065**

1. Zinszuordnung bei Eigentumswohnungen

Bei Erwerb eines Hauses mit Eigentumswohnungen lassen sich die Zinsen besonders einfach in den steuerwirksamen Bereich verlagern: Die vermieteten Wohnungen finanzieren Sie so weit wie möglich mit Fremdkapital, und für die eigene Wohnung setzen Sie möglichst Eigenkapital ein. Wichtig ist, für jede vermietete Wohnung einen gesonderten Darlehensvertrag abzuschließen und den Erwerb der Wohnung punktgenau mit dem entsprechenden Darlehen zu finanzieren.

1066 **2. Zinszuordnung bei Herstellung eines Gebäudes**

Um die Bauzinsen später voll bei der vermieteten Wohnung ansetzen zu können, sollten Sie dafür sorgen, dass deren Herstellung ausschließlich mit Fremdkapital finanziert wird. Dazu gehen Sie wie folgt vor:

- Sie lassen sich bei der finanzierenden Bank zwei Baukonten einrichten. **Konto 1** bedienen Sie mit **Fremdkapital** (Baudarlehen) und **Konto 2** mit **Eigenkapital.**
- Von den Handwerkern lassen Sie sich für alle Arbeiten, die ausschließlich eine bestimmte Wohnung betreffen, getrennte Rechnungen schreiben (z.B. für Türen, Bodenbeläge, Decken, Badezimmer, Elektroinstallationen, Malerarbeiten). Für Leistungen, für die Sie keine gesonderte Rechnung haben, können Sie die Aufteilung durch eine eigene Aufstellung ergänzen, in der Sie die einzelnen Rechnungspositionen der jeweiligen Wohnung zuordnen.
- Herstellungskosten, die das gesamte Gebäude betreffen, werden im Verhältnis der Wohnflächen aufgeteilt (z.B. der Kaufpreis für das Grundstück, die Kosten für Bodenaushub, Mauerwerk, Dachstuhl, Dacheindeckung, Treppenhaus, Gemeinschaftsräume, Heizungsanlage, Anschlussleitungen, Entwässerung etc.).

1067 **Wenn Sie so vorgehen, haben Sie nun für jede Wohnung getrennte Rechnungen.**

Bei der Bezahlung gehen Sie wie folgt vor:

1. Rechnungsbeträge, die auf Ihre später selbst genutzte Wohnung entfallen, überweisen Sie von dem Baukonto mit Eigenkapital (Konto 2). Bei der Überweisung machen Sie das deutlich, indem Sie als Verwendungszweck neben der Rechnungsnummer z.B. ergänzen: »Teilbetrag für Wohnung Erdgeschoss«.
2. Rechnungsbeträge, die auf die später vermietete Wohnung entfallen, überweisen Sie nur von dem Baukonto, auf dem die Baudarlehen gelandet sind (Konto 1). Auch hier machen Sie bei der Überweisung die Zuordnung deutlich, z.B.: »Teilbetrag für Einliegerwohnung 1. OG«.
3. Rechnungsbeträge, die das gesamte Gebäude betreffen, bezahlen Sie vom jeweiligen Konto im Verhältnis der Wohnflächen.

1068 **3. Zinszuordnung bei Kauf eines Hauses**

Beim Kauf eines Hauses brauchen Sie die Wohnungen nicht unbedingt vorher in Eigentumswohnungen aufzuteilen, um das Fremdkapital und Ihr Eigenkapital entsprechend zuzuordnen. Sie können im Prinzip dasselbe Strickmuster anwenden wie bei der Herstellung eines Gebäudes. Und so gehen Sie vor:

- **Bereits im Notarvertrag** wird der insgesamt vereinbarte Kaufpreis rechnerisch auf die selbstgenutzte Wohnung und den vermieteten Teil der Immobilie aufgeteilt. Wenn dabei nicht gerade völlig unrealistische Maßstäbe angelegt werden, wird das Finanzamt dieser Aufteilung folgen.
- Die Bezahlung erfolgt dann wieder in zwei Teilbeträgen: Den Anteil für die vermietete Wohnung überweisen Sie mit dem Verwendungszweck *»Teilkaufpreis Wohnung I. OG«* von Ihrem Fremdmittelkonto, den Anteil für die selbstgenutzte Wohnung von Ihrem Eigenmittelkonto und einen evtl. Restbetrag vom Darlehenskonto – jeweils mit dem Verwendungszweck *»Teilkaufpreis Wohnung Erdgeschoss«*.

Vielfach wird ein Notaranderkonto zwischengeschaltet. Dann verfahren Sie entsprechend. Dass der Notar später dem Verkäufer den gesamten Kaufpreis von seinem Notaranderkonto in einer Summe überweist, ist für Ihre Zuordnung nicht schädlich.

Wie Sie Ihre Immobilie steuergünstig mittels Privatdarlehen finanzieren, 1069
lesen Sie unter ➤ Rz 914.

Zeile 37 Geldbeschaffungskosten 1070

37 Geldbeschaffungskosten (z. B. Schätz-, Notar-, Grundbuchgebühren) 34 ,—

Zu den Geldbeschaffungskosten zählen alle Aufwendungen, das Bankdarlehen zu erhalten oder bereitstellen zu lassen: Abschlussgebühr für Bausparvertrag, Gutachten über den Wert der Immobilie, Gebühr für Notar und Amtsgericht für die Eintragung der Hypothek im Grundbuch, Honorar für den Finanzierungsmakler sowie Fahrt- und Telefonkosten.

Zeile 38 Renten und dauernde Lasten 1071

Grundbesitz kann im Alter zu einer Last werden. Um finanziell abgesichert zu sein, wird dann vielfach auf Rentenbasis verkauft. Haben Sie auf diese Weise ein Haus erworben, können Sie die in den Rentenzahlungen enthaltenen Zinsanteile als Hauskosten absetzen. Das gilt ebenso für dauernde Lasten. Auch bei diesen Aufwendungen ist also nur der Zinsanteil absetzbar (BFH-Urt. v. 9.2.1994 – BStBl 1995 II S. 47).

Beispiel
Sie haben von einem 65 Jahre alten Verkäufer ein Mietshaus gegen Zahlung einer lebenslänglichen Rente von monatlich 2.000 € erworben.

In Höhe des Barwerts der Rente haben Sie Anschaffungskosten, die – soweit sie auf das Gebäude entfallen – nach § 7 EStG abgeschrieben werden. Als weitere Werbungskosten sind die in den Rentenzahlungen enthaltenen Ertragsanteile (Tabelle 2 zu § 22 EStG, ➤ Rz 971) von jährlich 18 % von 24.000 € = 4.320 € absetzbar. Im Gegenzug muss der Verkäufer die Ertragsanteile als sonstige Einkünfte versteuern.

◆ *Musterfall Familie Vogt (Teilweise vermietetes Zweifamilienhaus – Fortsetzung von ➤ Rz 1036)*

Auf *Seite 2 der Anlage V bestätigt sich für Vogt, dass es richtig war, ein Zweifamilienhaus zu kaufen. Weil er die Einliegerwohnung vermietet hat, kann er einen Teil der Hauskosten als Werbungskosten absetzen: entsprechend dem Verhältnis der Wohnflächen (eigengenutzt = 135 qm zu vermietet = 60 qm) 31 %.*

Die lineare Abschreibung für > Zeile 33 beträgt 2 % der Anschaffungskosten für das Gebäude von 380.000 € = 7.600 €, davon 31 % = 2.356 €.

Auch kann er 31 % der Schuldzinsen von insgesamt 9.699 € = 3.007 € als Werbungskosten in > Zeile 36 unterbringen. Von den Kosten für die Fassadenerneuerung von insgesamt 19.960 € trägt er prozentual 31 % = 6.188 € in > Zeile 40 ein.

Für die Renovierung der vermieteten Wohnung sind Aufwendungen von 2.720 € angefallen, die er der vermieteten Wohnung in > Zeile 39 direkt (zu 100 %) zuordnet.

Auch von den umlagefähigen Kosten (> Zeile 46) setzt er jeweils 31 % an. Für verschiedene Kosten (Fahrten, Telefon, Porto) setzt er in > Zeile 47 pauschal 250 € an. Dafür hat er einige Ausgabenbelege in petto, die er dem Finanzamt notfalls präsentieren kann. Auch davon sind 31 % = 78 € absetzbar.

ANLAGE V
Einkünfte aus Vermietung und Verpachtung **2018**

	Andere Einkünfte	stpfl. Person / Ehemann / Lebenspartner(in) A / Gesellschaft EUR	Ehefrau / Lebenspartner(in) B EUR
31	**Einkünfte aus Untervermietung von gemieteten Räumen** (Berechnung lt. gesonderter Aufstellung)	866 ,—	867 ,—
32	**Einkünfte aus Vermietung und Verpachtung unbebauter Grundstücke**, von anderem **unbeweglichen Vermögen**, von **Sachinbegriffen** sowie aus **Überlassung von Rechten** (lt. gesonderter Aufstellung)	852 ,—	853 ,—

	Werbungskosten aus dem bebauten Grundstück in den Zeilen 4 und 5	Nur ausfüllen, wenn die Aufwendungen für das Gebäude nur teilweise Werbungskosten sind (siehe Anleitung zu den Zeilen 33 bis 49): Gesamtbetrag EUR	Ausgaben, die **nicht** mit Vermietungseinkünften zusammenhängen, wurden: durch direkte Zuordnung ermittelt	verhältnismäßig ermittelt	Abzugsfähige Werbungskosten EUR
		1	2	3	4
33	Absetzung für Abnutzung für Gebäude (ohne Beträge in Zeile 34): X linear / degressiv 2,00 % X wie 2016 / lt.ges. Erläut.	7.600		69 %	30 2356,—
34	Erhöhte Absetzungen nach den §§ 7h, 7i EStG, Schutzbaugesetz (wie 2016 / lt.ges. Erläut.)				31 ,—
35	Absetzung für Abnutzung für bewegliche Wirtschaftsgüter (wie 2016 / lt.ges. Erläut.)				60 ,—
36	Schuldzinsen (ohne Tilgungsbeträge)				33 ,—
37	Geldbeschaffungskosten (z. B. Schätz-, Notar-, Grundbuchgebühren): Hypothek (5.762)/Bausparkasse (3.937)	9.699		69	34 3007,—
38	Renten, dauernde Lasten (lt. gesonderter Einzelaufstellung)				35 ,—
39	2017 voll abzuziehende Erhaltungsaufwendungen, die direkt zugeordnet werden können	2.720	×		36 2720,—
40	verhältnismäßig zugeordnet werden	19.960		69	37 6188,—
41	Auf bis zu 5 Jahre zu verteilende Erhaltungsaufwendungen (§§ 11a, 11b EStG, § 82b EStDV) Gesamtaufwand 2017 EUR 57 ,— davon 2017 abzuziehen				38 ,—
42	zu berücksichtigender Anteil aus 2013				39 ,—
43	aus 2014				40 ,—
44	aus 2015				41 ,—
45	aus 2016				42 ,—
46	Grundsteuer, Straßenreinigung, Müllabfuhr, Wasserversorgung, Entwässerung, Hausbeleuchtung, Heizung, Warmwasser, Schornsteinreinigung, Hausversicherungen, Hauswart, Treppenreinigung, Fahrstuhl: lt. Aufstellung	2.875		69	52 892,—
47	Verwaltungskosten	250		69	48 78,—
48	Nur bei umsatzsteuerpflichtiger Vermietung: an das Finanzamt gezahlte und ggf. verrechnete Umsatzsteuer		×		58 ,—
49	Sonstiges				49 ,—
50	**Summe der Werbungskosten** (zu übertragen nach Zeile 22)				15241,—
51	Nur bei umsatzsteuerpflichtiger Vermietung: in Zeile 50 enthaltene abziehbare Vorsteuerbeträge				59 —

Auf Formularseite 1 der Anlage V erhält Vogt durch diese Eintragungen bescheinigt: Er hat einen Verlust aus Vermietung und Verpachtung in Höhe von 11.379 €, der ihm bei einem Steuersatz von 35 % eine Steuererstattung von 3.983 € beschert.

21	**Summe der Einnahmen**			3862,–
22	**Summe der Werbungskosten** (Übertrag aus Zeile 50)		–	15241,–
23	**Überschuss** (zu übertragen nach Zeile 24)	stpfl. Person / Ehemann / Lebenspartner(in) A / Gesellschaft EUR	=	−11379,– Ehefrau / Lebenspartner(in) B EUR
24	**Zurechnung des Betrags aus Zeile 23**	20 −11379,–		21 ,–

1072 Zeile 39-40 Erhaltungsaufwendungen

Die Kosten für die laufende Instandhaltung des Gebäudes können Sie in voller Höhe im Jahr der Zahlung absetzen. Bei Erhaltungsaufwendungen bis 10.000 € (je Gebäude) genügt dem Fiskus zunächst eine Einzelaufstellung, in der neben dem Rechnungsbetrag das Rechnungsdatum, der Gegenstand der Leistung sowie das ausführende Unternehmen angegeben sind. Absetzbar sind alle Aufwendungen für Renovierung, Pflege, Wartung, unabhängig davon, ob die Maßnahmen aus technischen, wirtschaftlichen oder rechtlichen Gründen veranlasst waren.
Für einen späteren Nachweis reichen notfalls auch Kassenbons aus (Urt. des FG Niedersachsen v. 26.10.89 – VI 164/88; nv).

39	2016 voll abzuziehende Erhaltungsaufwendungen, die direkt zugeordnet werden können		X	36 ,–
40	verhältnismäßig zugeordnet werden			37 ,–

Erhaltungsaufwand oder Herstellungsaufwand?

Der Fiskalvertreter kann sich drehen und wenden, wie er will, letztendlich ist jeder Euro, den Sie in Ihr Mietshaus investieren, als Werbungskosten absetzbar. Fragt sich nur, in welchem Jahr. Dabei gilt Folgendes:
Erhaltungsaufwendungen sind im Jahr der Zahlung in voller Höhe absetzbar (§ 11 EStG). Wahlweise können größere Erhaltungsaufwendungen auf zwei bis fünf Jahre verteilt werden (§ 82 b EStDV). Dazu mehr unter ➤ Rz 1078.
Anschaffungs- und Herstellungskosten sind nur über die AfA absetzbar (➤ Rz 1046 f.). Bei einem Altbau ist (nachträglicher) Herstellungsaufwand anzunehmen bei

1. Ausbau oder Anbau/Erweiterung,
2. grundlegender Modernisierung,
3. Erhaltungsaufwendungen innerhalb von drei Jahren nach Erwerb.

1. Herstellungsaufwand durch Ausbau oder Anbau/Erweiterung
Unter Ausbau versteht man die wesentliche Umwandlung von Räumen, die bisher anderen Zwecken dienten, z.B. den Ausbau eines leeren Dachgeschosses oder die Umwandlung von Kellerräumen. Der Bauaufwand für einen Ausbau kann in der Regel als wesentlich angesehen werden, wenn die Kosten hierfür etwa ein Drittel des für eine vergleichbare Neubauwohnung erforderlichen Bauaufwands erreichen. Dabei ist nach Auffassung der Finanzverwaltung der Wert der Eigenleistungen zu berücksichtigen, auch wenn diese mangels Aufwendungen nicht zu den Herstellungskosten gehören.
Unter Anbau/Erweiterung versteht man das Schaffen neuer Räume durch Aufstocken des Gebäudes oder eben durch Anbau (➤ Rz 1074).

2. Herstellungsaufwand durch grundlegende Modernisierung
Aufwendungen, um eine Wohnung oder ein Gebäude auf einen höheren Standard zu bringen, zählen zu den Herstellungs- oder Anschaffungskosten. Für den Standard eines Wohngebäudes sind vor allem die Ausstattung und die Qualität der Heizungs-, Sanitär- und Elektroinstallationen sowie der Fenster ausschlaggebend (➤ Rz 1075).

3. Erhaltungsaufwendungen innerhalb von drei Jahren nach Erwerb 1073
Zu den Herstellungskosten gehören Aufwendungen für Instandsetzungs- und Modernisierungsmaßnahmen, die innerhalb von drei Jahren nach der Anschaffung des Gebäudes durchgeführt werden, wenn sie (ohne Umsatzsteuer) 15 % der Anschaffungskosten des Gebäudes übersteigen (anschaffungsnahe Herstellungskosten). Siehe dazu auch ➤ Rz 1076.
Anschaffungskosten sind auch, wenn funktionsuntüchtige Teile wiederhergestellt werden, die für die Nutzung unerlässlich sind (z.B. eine defekte Heizung), oder wenn Wasser- oder Brandschäden behoben werden, die das Gebäude unbewohnbar machen. Auch Aufwendungen für eine Nutzungsänderung sind den Anschaffungskosten zuzurechnen, soweit sie vor der erstmaligen Nutzung entstanden sind (z.B. Umbau einer Wohnung in ein Büro).

TIPP 1074
Dachgeschoss: Ausbau, Umbau oder Erweiterung?

Bei Baumaßnahmen im Dachgeschoss eines bestehenden Gebäudes wird unterschieden zwischen:

- dem erstmaligen Ausbau eines Dachgeschosses,
- der Aufstockung eines Gebäudes,
- dem Umbau eines bereits ausgebauten Dachgeschosses.

Aufwendungen für den **erstmaligen Ausbau** eines Dachgeschosses und die **Aufstockung** eines Gebäudes führen zu nachträglichen Herstellungskosten, die Sie den ursprünglichen Anschaffungs- und Herstellungskosten zuschlagen und mit der üblichen AfA von 2 % jährlich abschreiben.

Der **Umbau** eines bereits ausgebauten Dachgeschosses fällt in der Regel unter Erhaltungsaufwand, den Sie somit sofort im Jahr der Zahlung absetzen können. Etwas anderes gilt indessen bei besonders hohen Baukosten. Übersteigen sie den Verkehrswert des Dachgeschosses vor Umbau, nimmt der Fiskus nachträgliche Herstellungskosten an, die Sie wieder mit nur 2 % jährlich abschreiben können.

1075 **TIPP**

Gebäudesanierung fällig? Jetzt aber aufgepasst!

Ist für Ihr älteres Mietshaus eine grundlegende Sanierung fällig, laufen Sie Gefahr, dass der Fiskus die Aufwendungen als nachträgliche Herstellungskosten einstuft, die nur über die magere Abschreibung von jährlich 2 % absetzbar sind.

Wenn Sie aber **nach jahrelanger Nutzung** Ihr Gebäude grundlegend sanieren, sind die Instandsetzungs- und Modernisierungsaufwendungen sofort absetzbar (BMF-Schreiben v. 18.7.2003, BStBl Teil I S. 386).

Entscheidend ist: Führt ein Bündel von Baumaßnahmen bei mindestens drei der vier zentralen Ausstattungsmerkmale (Heizung, Sanitär- und Elektroinstallation, Fenster) zu einer Erhöhung und Erweiterung des Gebrauchswerts, hebt sich der Standard eines Gebäudes. Dann sind die Aufwendungen als nachträgliche Herstellungskosten zu behandeln.

Beim Gebäudestandard wird unterschieden:

Einfacher Standard: Ausstattung nur in nötigem Umfang, in sparsamer Ausführung und technisch überholtem Zustand.

Mittlerer Standard: Umfang und Ausführung werden durchschnittlichen bis höheren Ansprüchen gerecht.
Gehobener Standard: Nicht nur das Zweckmäßige ist vorhanden, sondern das technisch und optisch Mögliche und Machbare in hochwertiger Ausführung.

Beispiel 1
Ein Gebäude, im Jahr 1972 in mittlerem Standard gebaut, hatte nach heutigen Kriterien nur noch einfachen Standard. Der Steuerzahler hat im Jahr 2012 durch Renovierung – den nach heutigem Maßstab – mittleren Standard wie-

derhergestellt. Die Renovierungskosten sind sofort abziehbar. Vergleichsmaßstab ist also der ursprünglich mittlere Standard, nicht der zeitnahe (einfache) Zustand.

Beispiel 2
Ein Steuerzahler hat sein Mietshaus, das 1972 in einfachem Standard gebaut wurde, modernisiert, indem er die Fenster und die Heizungsanlage in mittlerem Standard erneuert hat. Die Kosten sind sofort abziehbar, da nur zwei der vier zentralen Ausstattungsmerkmale einen höheren Standard als zuvor aufweisen.

Das Fazit lautet also: Beim Renovieren entweder den ursprünglichen Standard beibehalten (Beispiel 1) oder nicht mehr als zwei Kriterien verbessern (Beispiel 2).

TIPP Bruchbude gekauft und flott über die Steuer saniert 1076

Die kürzlich erworbene Bruchbude von Grund auf sanieren und durch Sofortabzug der Sanierungskosten eine dicke Steuererstattung einstreichen, da kommt Freude auf. Doch der Fiskus kommt mit dem Argument: Sie als Käufer haben den Sanierungsaufwand gedanklich dem Kaufpreis zugeschlagen. Deshalb sind die Sanierungskosten den Anschaffungskosten des Gebäudes hinzuzurechnen und nur über die Abschreibung absetzbar.
Dies gilt aber nur, wenn die Sanierungsmaßnahmen innerhalb von **drei Jahren** seit der Anschaffung durchgeführt werden und 15 % der Gebäudeanschaffungskosten (ohne die in Rechnung gestellte Umsatzsteuer) übersteigen (§ 6 Abs. 1 Nr. 1a EStG). Nicht in die **15-%-Grenze** werden einbezogen Aufwendungen für Erweiterungen (§ 255 Abs.2 HGB) des Gebäudes (solche Aufwendungen sind ohnehin nur über die AfA absetzbar) und für die jährlich üblicherweise anfallenden Erhaltungsarbeiten, die für sich gesehen sofort absetzbare Werbungskosten sind, insbesondere Schönheitsreparaturen und Wartungsarbeiten. Damit werden vor allem folgende Kosten ausgeklammert, die ohne besondere Prüfung sofort als Werbungskosten absetzbar sind:

- Streichen und Tapezieren von Decken und Wänden,
- Streichen von Fußböden, von Fenstern und Türen von innen, von Heizkörpern und Heizungsrohren,
- jährliche Inspektion der Heizung.

Zu den 15 % gehören allerdings alle Putz- und Maurerarbeiten, der Austausch von Fenstern, Türen etc. oder der Außenanstrich des Gebäudes.

Was tun? Wird die Grenze von 15 % voraussichtlich überschritten, dann lassen Sie nach der Anschaffung zunächst drei Jahre verstreichen. Danach können Sie unbesorgt sanieren und die Kosten dem Fiskus sogleich in voller Höhe aufs Auge drücken.

Oder Sie machen es anders:

1077 **TIPP** **Nach und nach renovieren**

Wichtig ist, wie Sie wissen, in den ersten drei Jahren mit den Renovierungskosten insgesamt unter 15 % zu bleiben. Dies kann gelingen, wenn Sie zunächst z.B. nur eine Wohnung renovieren. Denn die 15-%-Grenze bezieht sich immer auf das gesamte Gebäude.
Anders sieht es bei einer Eigentumswohnung aus. Da das Gesetz den Erwerb einer Eigentumswohnung mit dem Erwerb eines Gebäudes gleichstellt, ist die 15-%-Grenze auf die einzelne Wohnung anzuwenden.

1078 Zeile 41–45 Auf bis zu 5 Jahre zu verteilende Erhaltungsaufwendungen

Erhaltungsaufwendungen werden im Jahr der Zahlung in voller Höhe als Werbungskosten abgezogen (§ 11 Abs. 2 EStG). Davon gibt es Ausnahmen.
Größere Aufwendungen können gleichmäßig auf zwei bis fünf Jahre verteilt werden (§ 82 b EStDV). Voraussetzung ist, dass die Grundfläche der Räume des Gebäudes, die Wohnzwecken dienen, mehr als die Hälfte der gesamten Nutzfläche beträgt. Unabhängig von der Art der Nutzung können größere Aufwendungen zur Erhaltung eines Gebäudes ebenfalls auf zwei bis fünf Jahre verteilt werden, wenn es sich um Aufwendungen handelt

- für Maßnahmen aufgrund eines Modernisierungs- und Instandsetzungsgebots der Gemeinden im Sinne des § 177 des Baugesetzbuchs (§ 11 a EStG),
- für Maßnahmen, die der Erhaltung, Erneuerung und funktionsgerechten Verwendung eines Gebäudes dienen, das wegen seiner geschichtlichen, künstlerischen oder städtebaulichen Bedeutung erhalten bleiben soll, und zu deren Durchführung sich der Eigentümer neben bestimmten Modernisierungsmaßnahmen gegenüber der Gemeinde verpflichtet hat (§ 11 a EStG),
- zur Erhaltung von Baudenkmalen (§ 11 b EStG).

Auf bis zu 5 Jahre zu verteilende Erhaltungsaufwendungen (§§ 11a, 11b EStG, § 82b EStDV)

	Gesamtaufwand 2016 EUR				
41	57 ,—	davon 2016 abzuziehen		38	,—
42	zu berücksichtigender Anteil	aus 2012		39	,—
43		aus 2013		40	,—
44		aus 2014		41	,—
45		aus 2015		42	,—

♦ *Musterfall Familie Vogt (Teilweise vermietetes Zweifamilienhaus – Fortsetzung von ➤ Rz 1071)* 1079

Dieter Vogt hat im Jahr 2017 für 19.960 € die Fassade seines Zweifamilienhauses erneuern lassen. Auf die vermietete Einliegerwohnung entfallen 31 % = 6.188 €. Nur dieser Anteil ist absetzbar. Vogt will wissen, was ihm die Verteilung der Kosten auf fünf Jahre steuerlich bringen würde. Dabei nehmen wir an, Vogt hat ein unverändert zu versteuerndes Einkommen (ohne Abzug der Erhaltungsaufwendungen) von 75.000 €. Sein Grenzsteuersatz liegt damit bei rd. 35 %.

1. Sofortabzug	
Einkommensteuer auf 75.000 €	*15.888 €*
Einkommensteuer auf (75.000 € – 6.188 € =) 68.812 €	*– 13.784 €*
Steuerminderung bei Sofortabzug	*2.104 €*
2. Verteilung über fünf Jahre	
Einkommensteuer auf 75.000 €	*15.888 €*
Einkommensteuer auf (75.000 € – 1.238 € =) 73.762 €	*– 15.460 €*
Steuerminderung pro Jahr	*428 €*
Steuerminderung über fünf Jahre (428 € × 5 Jahre =)	*2.140 €*

Wie Sie sehen, schlägt die Verteilung auf fünf Jahre mit 2.140 € zu Buche. Das sind nur 36 € mehr gegenüber dem Sofortabzug, eine Steuerersparnis, für die sich der Arbeitsaufwand nicht lohnt.

Zeile 46 Betriebskosten 1080

Die Betriebskosten entsprechen prinzipiell den vereinnahmten Umlagen, wenn man von den Nachzahlungen bzw. Erstattungen absieht, die sich durch die Jahresabrechnung mit den Mietern ergeben (➤ Rz 1031 ff.). Noch einfacher ist die Sache, wenn Sie eine Eigentumswohnung besitzen. Dann haben Sie alle Zahlen aus der Verwalterabrechnung parat.

46 Grundsteuer, Straßenreinigung, Müllabfuhr, Wasserversorgung, Entwässerung, Hausbeleuchtung, Heizung, Warmwasser, Schornsteinreinigung, Hausversicherungen, Hauswart, Treppenreinigung, Fahrstuhl | 52 | ,–
Verwaltungskosten

Beiträge zur **Instandhaltungsrücklage** der Gemeinschaft der Wohnungseigentümer sind nicht bereits zum Zeitpunkt der Abführung als Werbungskosten abziehbar, sondern erst, wenn sie tatsächlich für Erhaltungsmaßnahmen verwendet wurden (siehe auch ➤ Rz 1089).

Fügen Sie bitte die Abrechnung der Eigentümergemeinschaft bei.

1081 Zeile 47 Verwaltungskosten

Gesondert aufgeführt werden die **Verwaltungskosten,** die nach der Betriebskostenverordnung vom 25.11.2003 (BGBl Teil I 2003 S. 2346) **nicht umlagefähig** sind.

47 Verwaltungskosten | 48 | ,–

1082 TIPP Setzen Sie als Pensionär oder Rentner Ihre vollen Arbeitszimmerkosten ab

Sie als Rentner oder Pensionär haben in aktiven Zeiten mit dem Kauf einiger Immobilien Ihre Altersversorgung gesichert. Natürlich verwalten sich die Häuser nicht von allein. Um dem ganzen Papierkram Herr zu werden, haben Sie sich in Ihrem eigenen Haus ein schickes 25 qm großes Arbeitszimmer eingerichtet. Da Sie für die Immobilienverwaltung keinen anderen Arbeitsplatz haben, können Sie von Ihren Arbeitszimmerkosten mindestens 1.250 € im Jahr als Werbungskosten bei Ihren Vermietungseinkünften abziehen.
Wenn Sie neben Ihren Mieteinkünften nur Ihre Pension oder Rente beziehen, kracht es bei Ihren Arbeitszimmerkosten so richtig. Dann geht nämlich Ihr Arbeitszimmer als Mittelpunkt Ihrer gesamten Einkünfteerzielung durch. Das führt dazu, dass die Begrenzung auf 1.250 € im Jahr nicht gilt. Sie setzen in so einem Fall also jeden roten Heller, der für Ihr Arbeitszimmer anfällt, als Werbungskosten ab. Argumentiert ein übereifriger Fiskalritter, der Vollabzug der Arbeitszimmerkosten scheitere daran, dass Sie ja noch Renteneinkünfte hätten, weshalb das Arbeitszimmer nicht Mittelpunkt der Einkünfteerzielung sei, tragen Sie mal wieder zur Weiterbildung des Sachbearbeiters bei. Bei der Beurteilung des Mittelpunkts der gesamten betrieblichen und beruflichen Betätigung sind nämlich nur Einkunftsarten einzubeziehen, die eine aktive Tätig-

keit erfordern. Deshalb bleiben vor allem Pensionen oder Renten außer Betracht. Dass diese letztlich aus einer früher einmal aktiven Tätigkeit resultieren, spielt keine Rolle (Niedersächsisches Finanzgericht v. 8.11.2011 - 12 K 264/09).

An das Finanzamt gezahlte und ggf. verrechnete Umsatzsteuer – Zeile 48 1083
Siehe hierzu ➤ Rz 1021.

Zeile 49 Sonstiges 1084

Hier ist so allerhand unterzubringen, als da sind:

1. Prozesskosten 1085
Prozesskosten sind fiskalisch gesehen Folgekosten, und was das bedeutet, hat der BFH einem Finanzgericht ins Gebetbuch geschrieben. Das Finanzgericht hatte Prozesskosten im Zusammenhang mit Baumängeln in einem Neubau für abziehbar erklärt. Nichts da, so der BFH. Die Bemühungen des Vermieters, die Baumängel vom Bauunternehmer beseitigen zu lassen, fallen in den Bereich der Herstellung, gehören somit zu den Herstellungskosten und sind daher nur über die Abschreibung abziehbar (Urt. v. 1.12.1987 – IX R 134/83).
Klagt der Vermieter indessen im Zusammenhang mit abziehbaren Sanierungskosten, sind die Prozesskosten infolgedessen als Werbungskosten absetzbar.

2. Zahlung wegen Rücktritt vom Vertrag 1086
Besser ein Ende mit Schrecken als ein Schrecken ohne Ende, dachte wohl ein Investor, der einen Vertrag zum Kauf einer noch zu errichtenden Eigentumswohnung abgeschlossen hatte, und zahlte an den Bauträger 30.000 € für den Rücktritt vom Kaufvertrag. Den Vergleich hatte ein Anwalt ausgehandelt, der dafür 3.100 € Gebühren in Rechnung stellte.
Finanzamt und Finanzgericht wollten die 33.100 € nicht als Werbungskosten anerkennen. Ohne Einnahmen keine Werbungskosten, so deren schlichte Überlegung. Doch weit gefehlt! Der Investor habe zumindest die Absicht gehabt, Mieteinnahmen zu erzielen, so der BFH. Dies ergebe sich schon daraus, dass er einen Kaufvertrag abgeschlossen habe. Wenn er nun seine Absicht aufgegeben und sich anders orientiert habe, seien die entstandenen Aufwendungen als – vergebliche – Werbungskosten abziehbar (Urt. v. 15.11.2005 – IX R 3/04).

1087 **3. Vergessen Sie nicht die Umzugskosten!**
Geben Sie eine bisher selbstgenutzte Wohnung auf, um sie zu vermieten, setzen Sie Ihre Umzugskosten in > Zeile 49 an. Schließlich machen Sie ja die Wohnung frei, um durch ihre Vermietung Einkünfte zu erzielen. Andere, mehr private Gründe, die bei dem Umzug vielleicht eine Rolle spielen (Finanzen, Ehe, Gesundheit, Ausbildung der Kinder usw.), brauchen Sie nicht anzugeben (FG des Saarlands v. 25.2.1993 – nv).

1088 **4. Arbeitszimmer geltend machen!**
Unter ➤ Rz 752 ff. haben Sie gesehen, dass Arbeitnehmer kaum noch Chancen haben, ihr häusliches Arbeitszimmer von der Steuer abzusetzen. Als Vermieter haben Sie allerdings gute Karten – vorausgesetzt, Sie nutzen den Raum nahezu ausschließlich für die Verwaltung Ihres Mietshauses, was sich ja einrichten lässt.

1089 **5. Instandhaltungsrückstellung?**
Die Einkünfte aus V+V sind durch **Überschussrechnung** zu ermitteln. Hierbei können leider **keine** Instandhaltungsrückstellungen als Werbungskosten berücksichtigt werden (BFH-Urt. v. 14.10.1980 – VIII R 22/76).
Das gilt auch für vermietete Eigentumswohnungen. Der Wohnungseigentümer ist zwar verpflichtet, die vom Verwalter nach § 28 des Gesetzes über Wohneigentum eingeforderten Beträge für die Bildung einer Instandhaltungsrücklage zu leisten. Diese Beiträge können beim einzelnen Wohnungseigentümer aber erst dann als Werbungskosten abgezogen werden, wenn der Verwalter sie tatsächlich für die Erhaltung des gemeinschaftlichen Eigentums aufgewendet hat.

Nicht gut zu wissen: Daher sind Wohngeldzahlungen bei vermieteten Eigentumswohnungen um die Beiträge zur Instandhaltungsrücklage zu kürzen.

1090 **6. Kontoführungsgebühren**
Bankgebühren gehören in > Zeile 49. Wenn es sich um ein echtes Mietekonto handelt, sind die Gebühren in voller Höhe als Werbungskosten absetzbar, bei mehreren Mietobjekten ggf. anteilig. Wird das Konto auch privat genutzt, sind die Gebühren nach dem Verhältnis von mietbezogenen und privat veranlassten Kontenbewegungen aufzuteilen (BFH v. 9.5.1984 – BStBl 1984 II S. 560).

1091 **7. Kleinkram – doch jeder Cent zählt**
Reisekosten gehören in die > Zeile 49, als da sind Fahrten zum Abschluss eines Mietvertrags in der Wohnung des künftigen Mieters. Eine solche Fahrt lohnt: Notfalls können Sie immer noch vom Vertrag Abstand neh-

men, wenn Ihnen der Mieter nicht gefällt, sprich »Saustall angetroffen«. Fahrten mit Pkw setzen Sie mit **0,30 €** je km ab.
Vergessen Sie **Kosten für Porto und Telefon** nicht. Jedes Telefonat in Hausangelegenheiten mit geschätztem Betrag festhalten und die Kosten notieren.

13.3.5 Woran Sie als Vermieter sonst noch denken sollten 1092

Nur wenn die Rendite stimmt, kommt Freude auf
Die Kaufpreise für vermietete Immobilien schwanken etwa zwischen dem Zehn- und dem 25-Fachen der Jahresmiete. So ist eine Altbauwohnung im Plattenbau oft schon für das Zehnfache der Jahresmiete zu haben, eine gute Neubauwohnung in der Nähe einer Großstadt sicherlich nicht unter dem 25-Fachen. Windige Immobilienmakler versuchen aber immer wieder, ihren Kunden Wohnungen mit Preisen von 30 bis 40 % über dem Marktniveau aufzuschwatzen. Dabei stellen sie auch noch kurzfristige Wertsteigerungen in Aussicht. Ein Gipfel der Unverfrorenheit. Man muss kein guter Rechner sein, um schnell zu erkennen, ob ein Angebot etwas taugt: Miete 6,20 € × 130 qm Wohnfläche × 12 Monate führt zu einer jährlichen Miete von 9.672 €. Beträgt der Kaufpreis einschließlich der Nebenkosten 320.000 €, sind das 33 Jahresmieten. Und wer 100 durch 33 teilt, sieht sofort, dass die Verzinsung bei 3 % je Jahr liegt. So ein Angebot gehört in den Papierkorb, denn …

TIPP 1093

Teuer kaufen, das kann jeder …

So motiviert sich Jochen K., wenn er mal wieder Geld anlegen will. Beim Kauf einer Mietwohnung muss bei ihm auf jeden Fall die Rendite stimmen, und da peilt er 5 % an. Der Kaufpreis darf also nicht mehr als das 20-Fache der Jahresmiete betragen. Eines der Angebote, die er prüft, lautet:

Kaufpreis der Wohnung einschl. Nebenkosten	215.000 €
Jahresmiete	7.200 €

Sein Taschenrechner zeigt ihm: Der Kaufpreis entspricht dem (215.000 € ÷ 7.200 € =) 29,86-Fachen der Jahresmiete, was einer Rendite von 3,3 % entspricht, für ihn viel zu wenig. Das Objekt ist offensichtlich überteuert, aber die Wohnlage ist gut. Also macht er mit dem Makler einen Termin, um zu verhandeln.

Der Makler preist die einmalige Lage an und stellt Wertsteigerungen von 2 bis 3 % jährlich in Aussicht. »Wie kann es denn Wertsteigerungen geben, wenn der Kaufpreis überteuert ist?«, wendet Jochen K. ein.

Zugegeben, der Kaufpreis sei zwar kein Schnäppchen, aber die Immobilie trage sich selbst, so der Makler. Bei nur 15.000 € Eigenkapital, 200.000 € Kredit mit 5,7 % auf zehn Jahre fest und einem Steuersatz von 40 % sei die Wohnung ein Selbstläufer.

Das will Jochen K. nun doch genau wissen und greift wieder zum Taschenrechner:

Steuerersparnis:		
Jahresmiete		7.200 €
Schuldzinsen 5,7 % von 200.000 € =	11.400 €	
AfA 2 % vom Gebäudewert 180.000 € =	3.600 €	
Summe	15.000 € >	– 15.000 €
Steuerlicher Verlust aus Vermietung und Verpachtung		– 7.800 €
Steuerersparnis bei 40 % Steuersatz		3.120 €
Aufzubringen sind:		
Einnahme Jahresmiete		7.200 €
Steuerersparnis		3.120 €
Summe		10.320 €
./. Schuldzinsen	11.400 €	
./. Fiktiver Zinsverlust 4 % vom Eigenkapital	600 €	
Summe	12.000 € >	– 12.000 €
Jährlicher Zuschuss		1.680 €

Das Angebot gehört in den Papierkorb. Weder ist eine Wertsteigerung zu erwarten, noch ist die Wohnung ein Selbstläufer. Jochen K. müsste jährlich 1.680 € zuschießen. Deshalb sagt er nein, denn teuer kaufen, das kann jeder.

1094 **Guter Rat: Alles Geld in die Rückzahlung der Hypothek stecken**

Eine Immobilie lastenfrei anzusparen für eine Miete im Alter, das ist oft ein Geschäft mit Haken und Ösen. Der übliche Fehler: Die Bank empfiehlt, die Tilgung der Hypothek auszusetzen und später in einer Summe zu tilgen. Dafür wird ein Spartopf angelegt, z. B. in Form eines Banksparplans oder gar einer Lebensversicherung. Bis zu deren Fälligkeit wird die Hypothek lediglich verzinst. Wenn nun aber die Hypothek 6 % an Zinsen kostet und der Spartopf nur 4 % bringt (jeweils vor Steuern), ist es doch offensichtlich vorteilhafter, alles Geld in die Rückzahlung der Hypothek statt in einen Spartopf anzulegen, also die Hypothek schnellstens auf direktem Weg zu tilgen.

Gewerblicher Grundstückshandel 1095

Gutsituierte Immobilienbesitzer stellen sich gern als Privatier vor. Doch das ist nur so lange richtig, bis ihnen der Fiskus offenbart, dass sie ja eigentlich Gewerbetreibende sind. Wie denn das?
Die Begründung lautet: »Sie haben innerhalb der letzten fünf Jahre mehr als drei Immobilienobjekte veräußert. Das sehen wir als nachhaltige gewerbliche Tätigkeit an und versteuern Ihre Gewinne, auch den aus dem Verkauf ihres selbstgenutzten Hauses.« Dann haben Sie den Salat.

Beherzigen Sie folgende Regeln:

1. Verkaufen Sie möglichst nicht mehr als drei Objekte. Übertragen Sie notfalls Grundstücke auf Familienangehörige und wickeln die Verkäufe dann über sie ab.
2. Zu den kritischen Grundstücksgeschäften zählt jedes Geschäft, bei dem zwischen An- und Verkauf nicht mehr als fünf Jahre gelegen haben (BFH-Urt. v. 23.10.1987 BStBl II 1988, 293). Lassen Sie zwischen An- und Verkauf am besten zehn Jahre verstreichen, dann droht weder gewerblicher Grundstückshandel noch ein privates Veräußerungsgeschäft (➤ Rz 1004).
3. Bei der Drei-Objekte-Grenze zählt jedes Haus, jede Wohnung, sogar ein unbebautes Grundstück. Haben Sie die Absicht, Ihr Mietshaus zu verkaufen, vermeiden Sie eine vorherige Aufteilung in Eigentumswohnungen, sonst hängen Ihnen die Fiskalritter Ihren Verkaufsgewinn als gewerbliche Einkünfte ans Bein. Ein Getränkehändler konnte mit Erfolg vorbringen, er habe die Wohnungen in seinem Mehrfamilienhaus nicht von vornherein verkaufen, sondern vermieten wollen. Deshalb liege kein Gewerbe vor (BFH v. 28.9.1987 – BStBl 1988 II S. 65).

Fehler dürfen Sie sich nicht leisten, denn als Immobilienbesitzer können Sie beim Fiskus kein Nachsehen erwarten. Sie gelten als profitable Melkkuh. Also keine Aufteilung vornehmen (s. o.), Garagen nicht gesondert abrechnen, darauf achten, dass keine gewerbliche Nutzung der Gebäude vorliegt, etc. Denn ansonsten unterstellt das Finanzamt schnell gewerbliche Tätigkeit statt der steuerlich unbeachtlichen **Vermögensverwaltung**, die Privatsache ist. Indiz für gewerbliche Tätigkeit ist auch die kurzfristige Überlassung/Vermietung von Immobilien an wechselnde Kunden.

1096 **TIPP** **Mit Schrottimmobilien Pech gehabt?**

Dann machen Sie sich die rigide fiskalische Handhabung zunutze und schalten Sie um: Haben Ihnen die Grundstücksgeschäfte nichts als Verluste eingebracht, beantragen Sie beim Finanzamt eine Betriebsprüfung. Bei dieser rücken Sie damit heraus, Sie hätten einen heimlichen Gewerbebetrieb gehabt und man möge die Verluste daraus von Ihren Einkünften absetzen ... (BFH-Urt. – BStBl 1972 II S. 279, 291 u. 1973 II S. 661).

1097 **Höhere Miete durch Modernisierung**

Der Weg zu Mieterhöhungen bei Wohnraum ist gesetzlich vorgeschrieben, wobei es mehrere Arten von Mieterhöhungen gibt, so z.B. wegen Modernisierung (§ 559 BGB). Dabei beteiligt sich der Mieter an Kosten.

1098 **TIPP** **Steuern runter, Mieten rauf**

Haben Sie in einem älteren Mietshaus bauliche Änderungen durchgeführt, die den Gebrauchswert der Wohnungen nachhaltig erhöhen, die allgemeinen Wohnverhältnisse auf Dauer verbessern oder nachhaltig Einsparungen von Heizenergie oder Wasser bewirken, können Sie die aufgewendeten Kosten als Werbungskosten absetzen und außerdem die Jahresmiete um 11 % der aufgewendeten Kosten erhöhen (§ 559 BGB).

Dabei können Sie auch schrittweise vorgehen und sich eine Wohnung nach der anderen vornehmen.

Für die Anhebung der Mieten ist aber wichtig, dass Sie bestimmte Vorschriften beachten. Sie müssen Ihrem Mieter spätestens zwei Monate vor Beginn der baulichen Maßnahmen deren Art, Umfang, Beginn und voraussichtliche Dauer sowie die zu erwartende Erhöhung des Mietzinses mitteilen. Der Mieter ist sodann berechtigt, kurzfristig zu kündigen (§ 561 BGB).

Beispiel

Sie erneuern Fenster, Eingangs- und Balkontüren, Bäder/Toiletten und lassen die Elektroinstallation verstärken. Kostenpunkt pro Wohnung 11.500 €. Die Erhöhung der Jahresmiete aufgrund dieser Maßnahmen beträgt (11 % von 11.500 € =) 1.265 €. Die laufende Mietanpassung nach dem Mietspiegel geht extra, versteht sich. Pro Wohnung können Sie 11.500 € in > Zeile 39 als Werbungskosten absetzen.

»Das rechnet sich gut«, sagen Sie.

Dabei ist aber zu bedenken, dass der Wert des Hauses kaum um denselben Absolutbetrag wächst, der für die baulichen Änderungen eingesetzt wird. Die Wertsteigerung beträgt vielfach nur 70 % der Aufwendungen. Erst die Mischung aus dem umlegbaren Anteil, den die Mieter zu tragen haben, und den steuerlichen Möglichkeiten führt zu einer wirtschaftlich sinnvollen Investition.

TIPP Zum Ersten, zum Zweiten und … zum Dritten 1099

So lauten ungefähr 40.000-mal jährlich in Deutschland die letzten Worte im Versteigerungsgericht, bevor de facto Grundeigentum in andere Hände übergeht, meistens rund 20 % unter dem Verkehrswert.
Wer bei einer Versteigerung letztlich der Leidtragende ist, stellt sich oft erst später heraus. Wenn hohe Folgekosten z. B. in Form unumgänglicher Reparaturen offenbar werden.

Wollen Sie Ihr Risiko möglichst gering halten, gehen Sie am besten wie folgt vor:

- Objekt von außen und (wenn möglich) von innen besichtigen, Informationen beim Amtsgericht beschaffen (gerichtliches Verkehrswertgutachten und Grundbuchauszug einsehen), ggf. mit Verwalter und Mieter des Objekts sprechen,
- Kontakt mit Gläubiger aufnehmen (da dieser Einfluss nehmen kann, zu welchem Gebot der Zuschlag erteilt wird),
- Finanzierung sicherstellen,
- Teilnahme an Versteigerungsterminen (zur Probe),
- Versteigerungstermin vorbereiten (Ausweis bereitlegen, Daten des Objekts notieren, Bietstrategie – Limit – festlegen, Sicherheitsleistung beschaffen – rd. 10 % des Verkehrswerts).

Zugreifen, notfalls auf Pump 1100

Für die Altersversorgung ist Grundbesitz die sicherste Kapitalanlage. Nun gibt es viele, die sich jahrelang mit der Frage herumschlagen, was wohl besser wäre, möglichst früh ein Grundstück zu kaufen, notfalls auf Pump, oder erst das nötige Geld voll anzusparen und unter Umständen bis zum Ruhestand mit dem Kauf zu warten.
Spitz gerechnet ist es natürlich vorteilhafter, den Kaufpreis anzusparen, das Geld zwischenzeitlich gut anzulegen und später ohne Kredit zu kaufen. Doch mein Rat lautet anders: Haben Sie in jungen Jahren das richtige

Haus gefunden, sollten Sie sofort zugreifen, auch wenn Ihr Geld nicht ganz reicht. Der Grund ist einfach: Sie stehen dann in der vergleichsweise angenehmen Pflicht, den Kredit tilgen zu müssen, hinter dem aber ein Sachwert steht, der Ihnen Monat für Monat zuwächst. Dies mag sich zunächst merkwürdig anhören, doch der Druck, einen Kredit tilgen zu müssen, schützt Sie vor der Versuchung, Ihr Geld anderweitig zu verbraten. Eine Versuchung, der vor allem Menschen unterliegen, die gut verdienen und deswegen auf großem Fuß leben.

Das richtige Händchen und Glück gehabt

Ich kenne einen Spitzenverdiener in Weiß, der es richtig macht. Anstatt sein gutes Geld einem fremden Bauträger oder einem Immobilienfonds anzuvertrauen, legt er sich ältere Mietshäuser zu, immer eins nach dem anderen, so, wie gerade Bargeld da ist. Ein Immobilienmakler macht die Hausverwaltung. Für Reparaturen und die sonstige Pflege beschäftigt er einen Allround-Handwerker, dem er eine fahrbare Werkstatt (einen mit Werkzeug und Ersatzmaterial gut bestückten Transporter) an die Hand gegeben hat. Inzwischen hat er sich 340 Wohnungen zugelegt und ist vielfacher Millionär. Aber das ist wirklich ein Ausnahmefall.

Otto Normalbürger genügt oft schon ein Selbstläufer: eine vermietete Eigentumswohnung, die vernünftig finanziert ist. Mieten und Kosten halten sich dann die Waage, und den Kleinkram erledigt der Hausverwalter. Die Abschreibung von 2 % führt zu einem Verlust und damit zu einer Steuerersparnis. Sofern die Vermietung auf Dauer angelegt ist, werden Dauerverluste ohne Wenn und Aber anerkannt (BMF-Schreiben v. 8.10.2004, BStBl 2004 I S. 933). Die Wertsteigerung ist zudem steuerfrei.

1101 **TIPP Alle erforderlichen Zahlen auf einem Blatt**

Eigentum verpflichtet, und das nicht zu knapp: Als Vermieter sind Sie nach dem Einkommensteuergesetz verpflichtet, Ihrer Steuererklärung eine Anlage V beizufügen. Außerdem verpflichtet Sie die Betriebskostenverordnung, Ihrem Mieter zeitnah die Nebenkosten anzuzeigen und mit ihm abzurechnen. Zugleich treibt Sie Ihre Neugier, ob Sie mit Ihrer Liegenschaft schwarze Zahlen schreiben.

Hier haben Sie eine bewährte Vorlage, sprich Muster, das Ihnen für alle drei Erfordernisse die nötigen Zahlen liefert und Ihnen zugleich Übersicht verschafft.

Arbeitspapier

für die Anlage V, für die Abrechnung der Nebenkosten und für die Nachkalkulation

Liegenschaft: Doppelhaushälfte in ……

Baujahr 1995, Wohnungsgröße (vier Zimmer, Küche, Bad, Abstellraum, Garage) 105 qm	
Herstellungskosten 1995 (umgerechnet in €)	108.000 €
Steuerliche Abschreibung degressiv nach § 7 Abs. 5 Nr. 1 EStG	
Bemessungsgrundlage =	108.000 €
Davon 4 Jahre (1995 bis 1998) = jrl. 7 %	14.786 DM/7.560 €
6 Jahre (1999 bis 2004) = jrl. 5 % =	10.562 DM/5.400 €
6 Jahre (2005 bis 2010) = jrl. 2 % =	2.160 €
24 Jahre ab 2011 = jrl. 1,25 % =	1.350 €

Nutzung
Vermietet an … lt. Mietvertrag vom 27.12.2000 ab 1.4.2001
Kaution: keine

1. Vereinnahmte Mieterträge	**2015**	**2016**	**2017**
Nettomiete (> Zeile 9)	7.331,00 €	7.331,00 €	7.697,00 €
Umlage/Nebenkosten			
Pauschale Zahlungen	920,00 €	1.040,00 €	1.040,00 €
Nach-/Rückzahlung	+ 95,45 €	+ 267,45 €	+ 128,49 €
Umlage gesamt (> Zeile 13)	1.015,45 €	1.307,45 €	1.168,49 €
2. Werbungskosten			
Abschreibung (> Zeile 33)	1.350,00 €	1.350,00 €	1.350,00 €
Aufwendungen			
Schuldzinsen (> Zeile 36)	736,11 €	699,12 €	653,42 €
Erhaltungsaufwand (> Zeile 39)	93,00 €	–	–
Bankgebühren anteilig (> Zeile 49)	24,67 €	36,44 €	29,88 €
Summe	853,78 €	735,56 €	683,30 €
Umlagefähige Kosten/Nebenkosten			
Grundsteuer (> Zeile 46)	200,07 €	200,07 €	200,07 €
Müllabfuhr (> Zeile 46)	194,00 €	216,10 €	224,55 €
Wasserver-/-entsorgung (> Zeile 46)	458,20 €	468,44 €	487,45 €
Heizungsanlage/Wartung (> Zeile 46)	51,30 €	–	66,68 €
Gebäudeversicherung (> Zeile 46)	152,82 €	152,82 €	159,33 €
Grundstückshaftpflicht (> Zeile 46)	77,64 €	77,64 €	81,23 €
Schornsteinfeger (> Zeile 46)	53,42 €	53,42 €	59,46 €
Summe	1.187,45 €	1.168,49 €	1.278,77 €
3. Kalkulation			
Nettomiete	7.331,00 €	7.331,00 €	7.697,00 €
Umlagen	1.015,45 €	1.307,45 €	1.168,49 €
Summe	8.346,45 €	8.638,45 €	8.865,49 €
./. Aufwendungen (ohne Abschreibung)	– 853,78 €	– 735,56 €	– 683,30 €
Umlagefähige Kosten	– 1.187,45 €	– 1.168,49 €	– 1.278,77 €
Überschuss (cash flow)	6.305,22 €	6.734,40 €	6.903,42 €

»Irgendwie fehlt mir noch der Durchblick bei den Umlagen. Die Zahlen passen nicht zusammen«, so sagen Sie.
Die Steuergesetze schreiben vor, dass die Mieteinnahmen einschließlich Umlagen in dem Kalenderjahr anzusetzen sind, in dem sie auf Ihrem Konto eingegangen sind. Das Gesetz spricht hier von Zuflussprinzip. Die Hausabrechnung für die Mieter ergeht indessen immer um ein Jahr zeitversetzt. Die Nachzahlung des Mieters für 2016 ist also als Einnahme des Jahres 2017 anzusetzen, die Nachzahlung für 2017 in 2018.

Wo Sie sich schon mal die Arbeit gemacht haben, die Zahlen gleich für mehrere Jahre übersichtlich zusammenzustellen, fügen Sie das Arbeitspapier der Anlage V bei und zeigen dem Fiskalvertreter damit, dass bei Ihnen alles bestens geregelt ist. Umso eher wendet er sich von Ihnen ab und anderen Fällen zu.

14 Freibetrag beim Lohnsteuerabzug

Freuen Sie sich immer, wenn Sie vom Finanzamt eine dicke Erstattung 1102
erhalten? Nun überlegen Sie aber mal andersherum: Haben Sie dem Fiskus nicht eigentlich einen zinslosen Kredit eingeräumt? Würden Sie Ihr Geld auf der Bank liegen lassen, ohne Zinsen zu verlangen? Wohl kaum! Also rechnen Sie nach, ob Ihnen ein Freibetrag auf der Lohnsteuerkarte zusteht. Denn mit einem Freibetrag bleibt Ihnen jeden Monat mehr vom Bruttolohn übrig. Und mit der Abgabe der Steuererklärung können Sie sich Zeit lassen, besonders wenn der Freibetrag zu hoch war und Sie nachzahlen müssen. Dann haben Sie den zinslosen Kredit erhalten und nicht der Fiskus.

Außerdem haben Sie einen dicken Vorteil in allen Fällen, in denen der Nettolohn möglichst hoch sein sollte, z. B. bei allen Lohnersatzleistungen wie Mutterschafts-, Kranken- oder Arbeitslosengeld. Hier gelten dieselben Überlegungen wie beim Wechsel der Steuerklasse (➤ Rz 527). Soll der Nettolohn hingegen besonders niedrig sein, weil Sie z. B. Unterhalt zahlen müssen, lassen Sie natürlich die Finger von Freibeträgen.

Sie können den Freibetrag für zwei Jahre im Voraus beantragen.
Ändert sich Ihr Freibetrag von Jahr zu Jahr nicht, können Sie ihn z. B. für 2018 *und* 2019 eintragen lassen. Das Finanzamt speichert ihn dann im elektronischen Lohnsteuerkartendatensatz, der automatisch an Ihren Arbeitgeber übermittelt wird. Das nächste Mal müssen Sie erst wieder für das Jahr 2020 zum Finanzamt, es sei denn, an Ihren Aufwendungen ändert sich zwischenzeitlich etwas.

Elektronische Lohnsteuerkarte
Die für den korrekten Abzug der Lohnsteuer relevanten Merkmale wie

- Steuerklasse,
- Zahl der Kinderfreibeträge,
- Religionszugehörigkeit/Kirchensteuerabzugsmerkmal,
- Freibetrag auf der Steuerkarte,
- Minderungsfaktor bei Steuerklasse IV/IV oder
- Hinzurechnungsbetrag wegen Freibetragseintragung bei Steuerklasse VI

sind in einer Datenbank beim Bundeszentralamt für Steuern gespeichert und werden vom Arbeitgeber bei Bedarf dort elektronisch abgerufen.

Sobald jemand eine Arbeitsstelle antritt und lohnsteuerpflichtig ist, teilt er seinem Arbeitgeber sein Geburtsdatum und seine Identifikationsnummer mit, ebenso einen evtl. beantragten Freibetrag oder einen Hinzurechnungsbetrag im Ermäßigungsverfahren, den der Arbeitgeber abrufen und beim Lohnsteuerabzug berücksichtigen soll.

Änderungen im Lohnsteuerabzug sind ausschließlich beim Finanzamt zu beantragen. Ihr Sachbearbeiter

- trägt Freibeträge ein,
- sorgt dafür, dass Kinder beim Steuerabzug berücksichtigt werden oder
- notiert Änderungen hinsichtlich der Steuerklasse.

Die Meldebehörden (Städte und Gemeinden) bleiben weiterhin für die melderechtlichen Daten zuständig (z.B. Geburt eines Kindes, Kirchenaustritt, Heirat).

Ein Freibetrag auf der Lohnsteuerkarte bringt natürlich nichts, wenn Sie sowieso keine Lohnsteuern zu zahlen haben. Siehe hierzu ➤ Rz 54.

Das Schöne gehört jedem,
der es empfinden kann.
(Heinrich von Kleist)

14.1 Vereinfachter Antrag

1103 Wurde im Vorjahr bereits ein Freibetrag beim Lohnsteuerabzug berücksichtigt, können Sie einen »Vereinfachten Antrag« stellen, in dem Sie nur ein paar Kreuzchen machen müssen. Und schon zückt der Bearbeiter sein Schreibzeug und übernimmt den Freibetrag auch für das Jahr 2018.

1104 ♦ *Musterfall Steuerkötter (Freibetrag Lohnsteuerabzug)*
Michael Steuerkötter wird beim Finanzamt Münster-Außenstadt unter der Steuernummer 336/2012/0937 geführt. Beim Bundeszentralamt ist für ihn die Steuerklasse III gespeichert, zudem werden ihm zwei Kinder unter 18 Jahren bescheinigt. Im Vorjahr, 2017, hatte ihm das Finanzamt einen Freibetrag im Lohnsteuerabzug in Höhe von 2.352 € eingetragen (Grund: Auswärtstätigkeit). Diesen Freibetrag beantragt er auch für 2018.

Steuernummer

336/2012/0937

2017

Identifikationsnummer (soweit erhalten) - Antragsteller/in

1 2 | 3 4 5 | 6 7 8 | 9 0 1

Identifikationsnummer (soweit erhalten) - Ehegatte

2 3 | 4 5 6 | 7 8 9 | 0 1 2

Vereinfachter Antrag auf Lohnsteuer-Ermäßigung

Weiße Felder bitte ausfüllen oder [X] ankreuzen

Zur Beachtung:

Verwenden Sie diesen Vordruck bitte nur, wenn Sie - und ggf. Ihr Ehegatte - höchstens dieselbe Lohnsteuer-Ermäßigung (Kinderfreibeträge, Steuerfreibetrag) beantragen wollen wie für 2016 und die maßgebenden Verhältnisse sich nicht wesentlich geändert haben oder wenn nur die Zahl der Kinderfreibeträge - bitte Rückseite (Abschnitte C) ausfüllen - und/oder die Steuerklasse I in II geändert werden sollen. Die Freibeträge und alle weiteren Änderungen der Besteuerungsmerkmale werden als elektronische Lohnsteuerabzugsmerkmale (ELStAM) gespeichert und den Arbeitgebern in einem elektronischen Abrufverfahren bereitgestellt.

! Wenn Sie einen höheren Freibetrag als für 2016 oder das Faktorverfahren bei Ehegatten beantragen oder nicht nur die Zahl der Kinderfreibeträge (und ggf. die Steuerklasse) geändert werden sollen, verwenden Sie bitte anstelle dieses Vordrucks den sechsseitigen „Antrag auf Lohnsteuer-Ermäßigung 2017".

Der Antrag kann vom 1. Oktober 2016 bis zum 30. November 2017 gestellt werden. Nach diesem Zeitpunkt kann ein Antrag auf Steuerermäßigung nur noch bei einer Veranlagung zur Einkommensteuer für 2017 berücksichtigt werden.

Wird Ihnen auf Grund dieses Antrags ein Steuerfreibetrag gewährt - ausgenommen Behinderten-/Hinterbliebenen-Pauschbetrag, Erhöhungsbetrag für Alleinerziehende oder Änderungen bei der Zahl der Kinderfreibeträge - und übersteigt der im Kalenderjahr insgesamt erzielte Arbeitslohn 11.000 €, bei zusammenveranlagten Ehegatten der von den Ehegatten insgesamt erzielte Arbeitslohn 20.900 €, sind Sie nach § 46 Abs. 2 Nr. 4 des Einkommensteuergesetzes verpflichtet, für das Kalenderjahr 2017 eine Einkommensteuererklärung abzugeben.

Ändern sich im Laufe des Kalenderjahres die für den Freibetrag/die Steuerklasse maßgebenden Verhältnisse zu Ihren Ungunsten, sind Sie verpflichtet, dies dem Finanzamt anzuzeigen.

Nach den Vorschriften der Datenschutzgesetze wird darauf hingewiesen, dass die Angabe der Telefonnummer freiwillig im Sinne dieser Gesetze ist und im Übrigen die mit diesem Antrag angeforderten Daten auf Grund der §§ 149, 150 der Abgabenordnung und der §§ 38b Abs. 2, 39 Abs. 6 und 39a Abs. 2 des Einkommensteuergesetzes erhoben werden.

(A) Angaben zur Person

Die Eintragungsmöglichkeiten für Ehegatten gelten für Lebenspartner nach dem Lebenspartnerschaftsgesetz entsprechend.

Antragstellende Person	Ehegatte
Antragstellende Person/Name, Vorname: Steuerkötter, Heinz	Ehegatte/Name, Vorname: Steuerkötter, Helga
Straße und Hausnummer: Zur Walbeke 23	Straße und Hausnummer (falls abweichend)
Postleitzahl, Wohnort: 48167 Münster	Postleitzahl, Wohnort (falls abweichend)
Geburtsdatum – Tag Monat Jahr: 18 07 67 – Religion: rk	Geburtsdatum – Tag Monat Jahr: 05 08 69 – Religion: rk

Verheiratet seit	Verwitwet seit	Geschieden seit	Dauernd getrennt lebend seit	Telefonische Rückfragen unter Nr.	Ausdruck der ELStAM gewünscht
13.05.1994					[ ]

(B) Lohnsteuer-Ermäßigung im vereinfachten Verfahren

Auf Grund des letzten Lohnsteuer-Ermäßigungsantrags 2016 hatte das Finanzamt Münster-Außenstadt, Steuernummer 336/2012/0937, folgende Lohnsteuerabzugsmerkmale berücksichtigt

	Zahl der Kinderfreibeträge	steuerfreier Jahresbetrag	Hinzurechnungsbetrag
bei der antragstellenden Person	2,0	2.352 €	€
beim Ehegatten		€	€

Die Verhältnisse haben sich gegenüber 2016 nicht wesentlich geändert.

Es wird beantragt, folgende ELStAM zu berücksichtigen:

[ ] Zahl der Kinderfreibeträge	[ ] wie 2016	[ ] weniger als 2016 und zwar nur	Zahl der Kinderfreibeträge: — Bitte Abschnitt C ausfüllen!
[ ] steuerfreier Jahresbetrag	[ ] wie 2016	[ ] weniger als 2016 und zwar nur	Antragsteller: € — Ehegatte: €
[ ] Hinzurechnungsbetrag	[ ] wie 2016	[ ] weniger als 2016 und zwar nur	Antragsteller: € — Ehegatte: €

Ich beantrage, den Freibetrag bis zum 31.12.2018 zu berücksichtigen. [ ]
(Freibeträge für behinderte Menschen und Hinterbliebene bleiben hiervon unberührt.)

Bei der Ausfertigung dieses Antrags hat mitgewirkt:
Herr/Frau/Firma, Adresse, Telefonnummer

(Datum) (Unterschrift der antragstellenden Person) (Unterschrift des Ehegatten)

6.16

14.2 Normaler Antrag

1105 Hierfür benötigen Sie das Formular »Antrag auf Lohnsteuer-Ermäßigung«. Das Formular ist in fünf Abschnitte gegliedert:

- Abschnitt A: Angaben zur Person
- Abschnitt B: Angabe zu Kindern
- Abschnitt C: Unbeschränkt antragsfähige Ermäßigungsgründe
- Abschnitt D: Beschränkt antragsfähige Ermäßigungsgründe
- Abschnitt E: Übertragung Freibetrag/Hinzurechnungsbetrag
- Abschnitt F: Faktorverfahren für Ehegatten

1106 **1. Kinder auf der Lohnsteuerkarte**

Kinder unter 18 Jahren bescheinigt die Gemeinde. Für Kinder über 18 bleibt Ihnen der Weg zum Finanzamt nicht erspart. Gottlob ist das Formular ähnlich aufgebaut wie die Anlage Kind. Lesen Sie dort nach, wenn Sie Fragen haben (➤ Rz 434 ff.).

1107 **2. Unbeschränkt antragsfähige Ermäßigungsgründe**

- **Behindertenpauschbetrag**

Wenn Sie ihn einmal haben eintragen lassen, druckt ihn die Gemeinde in den Folgejahren auf Anweisung des Finanzamts automatisch in die neu ausgestellte Lohnsteuerkarte ein, so wenigstens, wenn Sie in einer größeren Stadt wohnen.

- **Freibetrag für haushaltsnahe Beschäftigungsverhältnisse/Dienstleistungen/Handwerkerleistungen**

Für haushaltsnahe Beschäftigungsverhältnisse, Dienst- oder Handwerkerleistungen können Sie einen Ermäßigungsbetrag von bis zu 200 € direkt von Ihrer Steuer abziehen. Gleiches gilt für Pflege- und Betreuungsleistungen. Da vorher aber nicht absehbar ist, wie hoch Ihre Jahressteuer endgültig sein wird, trägt das Finanzamt hier erst einmal das Vierfache der zu erwartenden Steuerermäßigung ein.
Bei Beschäftigung einer Haushaltshilfe auf 450-€-Basis sind das (510 € Steuerermäßigung × 4 =) 2.040 €.

1108 **3. Beschränkt antragsfähige Ermäßigungsgründe**

Ab hier wird der Antrag kniffelig. Damit sich die Antragsarbeit lohnt, müssen Sie Ausgaben von mehr als 600 € nachweisen, denn das ist in etwa die Grenze, ab der ein Freibetrag eingetragen wird.

- **Werbungskosten**

Berufliche Ausgaben zählen dabei nur, soweit sie über dem Werbungskostenpauschbetrag von 1.000 € liegen. Sie sind beispielsweise mit von der Partie, wenn Sie an 230 Arbeitstagen mit dem Pkw 24 km (einfache Wegstrecke) zur Arbeit fahren: 230 Tage × 24 km × 0,30 € = 1.656 €.
Das Formular ist diesbezüglich identisch mit Seite 2 der Anlage N zur Einkommensteuererklärung (➤ Rz 688 ff.).

- **Sonderausgaben**

Vorsorgeaufwendungen, also private Versicherungen, können Sie vergessen, weil es dafür im Lohnsteuerverfahren die Vorsorgepauschale gibt. Also können Sie hier nur die »übrigen Sonderausgaben« unterbringen. Das Formular entspricht hier der Seite 3 des Hauptformulars der Einkommensteuererklärung (➤ Rz 110 ff.).

- **Außergewöhnliche Belastungen**

Auch hier ist formularmäßig alles identisch (➤ Rz 180 ff.).

Schema zum Prüfen der Antragsgrenze

Werbungskosten	.... €		
./. Werbungskostenpauschbetrag	– 1.000 €		
Verbleiben	..... €	>	..... €
Sonderausgaben			..... €
Außergewöhnliche Belastungen			..... €
Summe			..... €

Liegen Sie über der Antragsgrenze von 600 €? Glückwunsch! Sie haben die Hürde genommen und dürfen einen Antrag stellen. Ob sich der Antrag aber überhaupt lohnt, zeigt Ihnen folgende

Übersicht zur monatlichen Steuerersparnis bei Berücksichtigung eines Freibetrags beim Lohnsteuerabzug*

Arbeitslohn mtl.		Lohnsteuerersparnis bei					
	Steuerklasse	I bzw. IV		II		III	
	Freibetrag	100	500	100	500	100	500
€		€	€	€	€	€	€
1.500		23	85	19	49	0	0
2.000		26	126	25	119	14	16
2.500		28	137	27	133	20	89
3.000		31	149	30	145	24	115
3.500		33	161	32	156	25	125
4.000		35	175	34	168	26	130
4.500		38	184	37	180	27	136

*Werte näherungsweise ermittelt

Auf der folgenden Seite sehen Sie einen Auszug aus dem verflixten Formular.

Weitere nützliche Hinweise zum Verfahren sowie aktuelle Formulare finden Sie im Internet unter www.elster.de –> Arbeitnehmer –> elektronische Lohnsteuerkarte.

Steuernummer

Identifikationsnummer (IdNr.)- Antragsteller/in

Identifikationsnummer (IdNr.) - Ehegatte

2017

Antrag auf Lohnsteuer-Ermäßigung

Weiße Felder bitte ausfüllen oder [X] ankreuzen

! Verwenden Sie diesen Vordruck bitte nur, wenn Sie - und ggf. Ihr Ehegatte - **erstmals** einen **Steuerfreibetrag** oder einen **höheren** Freibetrag als für 2016 beantragen. Wenn nur die Zahl der Kinderfreibeträge und/oder die Steuerklasse I in II geändert werden soll oder kein höherer Freibetrag als für 2016 beantragt wird, verwenden Sie bitte anstelle dieses Vordrucks den „Vereinfachten Antrag auf Lohnsteuer-Ermäßigung 2017". Die Freibeträge und alle weiteren Änderungen der Besteuerungsmerkmale werden als **elektronische Lohnsteuerabzugsmerkmale (ELStAM)** gespeichert und den Arbeitgebern in einem elektronischen Abrufverfahren bereitgestellt. Der Antrag kann vom 1. Oktober 2016 bis zum **30. November 2017** gestellt werden. Danach kann ein Antrag auf Steuerermäßigung nur noch bei einer Veranlagung zur Einkommensteuer für 2017 berücksichtigt werden.

Aus **Abschnitt D** ergeben sich die Antragsgründe, für die ein Antrag nur dann zulässig ist, wenn die Aufwendungen und Beträge in 2017 insgesamt höher sind als **600 €**. Bei der Berechnung dieser Antragsgrenze zählen Werbungskosten grundsätzlich nur mit, soweit sie **1.000 €** (bei Versorgungsbezügen 102 €) übersteigen.

Ehegatten können in **Abschnitt F** anstelle der Steuerklassenkombination III/V oder IV/IV die Eintragung der Steuerklassen IV in Verbindung mit einem **Faktor** beantragen. Dies hat zur Folge, dass die einzubehaltende Lohnsteuer in Anlehnung an das Splittingverfahren ermittelt wird. Freibeträge werden in die Berechnung des Faktors einbezogen.
Wird Ihnen auf Grund dieses Antrags ein Steuerfreibetrag gewährt - ausgenommen Behinderten-/Hinterbliebenen-Pauschbetrag, Erhöhungsbetrag für Alleinerziehende oder Änderungen bei der Zahl der Kinderfreibeträge - und übersteigt der im Kalenderjahr insgesamt erzielte Arbeitslohn 11.000 €, bei zusammenveranlagten Ehegatten der von den Ehegatten insgesamt erzielte Arbeitslohn 20.900 €, oder wird ein Faktor eingetragen, sind Sie nach § 46 Abs. 2 Nr. 3a oder 4 des Einkommensteuergesetzes verpflichtet, für das Kalenderjahr 2017 eine **Einkommensteuererklärung abzugeben.**

Ändern sich im Laufe des Kalenderjahres die für den Freibetrag/die Steuerklasse maßgebenden Verhältnisse zu Ihren Ungunsten, sind Sie verpflichtet, dies dem Finanzamt umgehend anzuzeigen.

Nach den Vorschriften der Datenschutzgesetze wird darauf hingewiesen, dass die Angabe der Telefonnummer freiwillig im Sinne dieser Gesetze ist und im Übrigen die mit diesem Antrag angeforderten Daten auf Grund der §§ 149, 150 der Abgabenordnung und der §§ 38b Abs. 2, 39 Abs. 6, 39a Abs. 2, 39f des Einkommensteuergesetzes erhoben werden.

Die Eintragungsmöglichkeiten für Ehegatten gelten für Lebenspartner nach dem Lebenspartnerschaftsgesetz entsprechend.

(A) Angaben zur Person

Die Angaben für den Ehegatten bitte immer ausfüllen!

Antragstellende Person/Name		Ehegatte/Name	
Vorname	Ausgeübter Beruf	Vorname	Ausgeübter Beruf
Straße und Hausnummer		Straße und Hausnummer (falls abweichend)	
Postleitzahl, Wohnort		Postleitzahl, Wohnort (falls abweichend)	
Geburtsdatum	Tag Monat Jahr Religion	Geburtsdatum	Tag Monat Jahr Religion

Verheiratet seit	Verwitwet seit	Geschieden seit	Dauernd getrennt lebend seit	Telefonische Rückfragen unter Nr.	Ausdruck der ELStAM gewünscht

Voraussichtlicher Bruttoarbeitslohn 2017 (erstes Dienstverhältnis)	(einschl. Sachbezüge, Gratifikationen, Tantiemen usw.)	€	(einschl. Sachbezüge, Gratifikationen, Tantiemen usw.)	€
	darin enthaltene Versorgungsbezüge	€	darin enthaltene Versorgungsbezüge	€
Voraussichtliche andere Einkünfte 2017 (einschließl. weiterer Dienstverhältnisse)	Einkunftsart		Einkunftsart	
	Höhe	€	Höhe	€

Ich werde/wir werden zur Einkommensteuer veranlagt	Nein	Ja, beim Finanzamt	Steuernummer

Ich beantrage, den Freibetrag **bis zum 31.12.2018** zu berücksichtigen. ☐
(Freibeträge für behinderte Menschen und Hinterbliebene bleiben hiervon unberührt)

Bei der Ausfertigung des Antrags hat mitgewirkt
Herr/Frau/Firma, Adresse, Telefonnummer

(Datum) | (Unterschrift der antragstellenden Person) | (Unterschriftdes Ehegatten)

2

(B) Angaben zu Kindern

Leibliche Kinder sind nicht anzugeben, wenn vor dem 01.01.2017 das Verwandtschaftsverhältnis durch Adoption erloschen ist oder ein Pflegekindschaftsverhältnis zu einer anderen Person begründet wurde.

Vorname des Kindes (ggf. auch abweichender Familienname)	Geburtsdatum	Wohnort im Inland: **IdNr.** des Kindes / Wohnort im Ausland: Staat eintragen	Kindschaftsverhältnis zur antragstellenden Person: leibliches Kind/Adoptivkind	Pflegekind	Kindschaftsverhältnis zum Ehegatten: leibliches Kind/Adoptivkind	Pflegekind
1			☐	☐	☐	☐
2			☐	☐	☐	☐
3			☐	☐	☐	☐

Bei Kindern unter 18 Jahren
Das unter Nr. ____ eingetragene Kind ist in den ELStAM noch zu berücksichtigen (Bitte Nachweis beifügen, z.B. Geburtsurkunde).

Bei Kindern über 18 Jahre [in den Fällen b) bis f): Nach Abschluss einer erstmaligen Berufsausbildung oder eines Erststudiums werden Kinder nur berücksichtigt, wenn sie keiner Erwerbstätigkeit nachgehen (Ausnahme z.B. Minijob).]

Die Berücksichtigung in den ELStAM (ggf. für mehrere Jahre) wird beantragt, weil das Kind

a) ohne Beschäftigung und bei einer Agentur für Arbeit als arbeitsuchend gemeldet ist [1) 3)]
b) in Berufsausbildung steht (ggf. Angabe der Schule, der Ausbildungsstelle usw.)[2) 3)]
c) sich in einer Übergangszeit von höchstens 4 Monaten zwischen zwei Ausbildungsabschnitten oder zwischen einem Ausbildungsabschnitt und der Ableistung eines freiwilligen Dienstes (Buchstabe e) oder des freiwilligen Wehrdienstes nach § 58b des Soldatengesetzes befindet [2) 3)]
d) eine Berufsausbildung mangels Ausbildungsplatzes nicht beginnen oder fortsetzen kann [2)]
e) ein freiwilliges soziales oder ökologisches Jahr (Jugendfreiwilligendienstegesetz), einen europäischen/entwicklungspolitischen Freiwilligendienst, einen Freiwilligendienst aller Generationen (§ 2 Abs. 1a SGB VII), einen Bundesfreiwilligendienst, einen Int. Jugendfreiwilligendienst oder einen Anderen Dienst im Ausland (§ 5 Bundesfreiwilligendienstgesetz) leistet [2)]
f) sich wegen einer vor dem 25. Lebensjahr eingetretenen körperlichen, geistigen oder seelischen Behinderung nicht selbst finanziell unterhalten kann [4)]

zu Nr.	Antragsgrund		Monat	Jahr		Monat	Jahr
		Berücksichtigung vom			bis		
		Berücksichtigung vom			bis		

Kindschaftsverhältnis der unter Nr. 1 bis 3 genannten Kinder zu weiteren Personen

zu Nr.	ist durch Tod des anderen Elternteils erloschen am:	besteht/hat bestanden zu: Name, Geburtsdatum und letztbekannte Anschrift dieser Personen, Art des Kindschaftsverhältnisses (einschließlich Pflegekindschaftsverhältnis)

Angaben entfallen für Kinder nicht dauernd getrennt lebender Ehegatten, für die bei jedem Ehegatten dasselbe Kindschaftsverhältnis angekreuzt ist.

Ich beantrage den vollen/halben Kinderfreibetrag, - weil der andere/leibliche Elternteil des Kindes

seine Unterhaltsverpflichtung nicht mindestens zu 75 % erfüllt und ich keinen Unterhaltsvorschuss erhalte	wegen mangelnder finanzieller Leistungsfähigkeit nicht unterhaltspflichtig ist und ich keinen Unterhaltsvorschuss erhalte	im Ausland lebt	der Übertragung lt. Anlage K auf den Stief-/Großelternteil zugestimmt hat	**Nur bei Stief-/Großeltern:** - weil ich das Kind in meinem Haushalt aufgenommen habe oder ich als Großelternteil gegenüber dem Kind unterhaltspflichtig bin
Kind(er) zu Nr.	Kind(er) zu Nr.	Kind(er) zu Nr.	Kind(er) zu Nr.	Kind(er) zu Nr.

Entlastungsbetrag für Alleinerziehende (Steuerklasse II/Freibetrag bei Verwitweten), Erhöhungsbetrag als Freibetrag
(Sofern die Eintragungsmöglichkeiten nicht ausreichend oder für einzelne Kinder kein Erhöhungsbetrag als Freibetrag berücksichtigt werden soll, reichen Sie bitte ein gesondertes Blatt ein.)

Das Kind/Die Kinder zu Nr.		ist/sind mit mir in der gemeinsamen Wohnung gemeldet	vom - bis	Für das Kind/die Kinder erhalte ich Kindergeld	vom - bis

			vom - bis
Außer mir ist/sind in der gemeinsamen Wohnung eine/mehrere volljährige Person(en) gemeldet, die nicht als Kind(er) in **Abschnitt B** genannt ist/sind.	☐ Nein	☐ Ja	
Es besteht eine Haushaltsgemeinschaft mit mindestens einer weiteren volljährigen Person, die nicht als Kind in **Abschnitt B** genannt ist.	☐ Nein	☐ Ja	

Name, Vorname (weitere Personen bitte auf gesondertem Blatt angeben)	Verwandtschaftsverhältnis	Beschäftigung/Tätigkeit

(C) Unbeschränkt antragsfähige Ermäßigungsgründe

I. Behinderte Menschen und Hinterbliebene
(Bei Kindern auch **Abschnitt B** ausfüllen)

Nachweis ☐ ist beigefügt ☐ hat bereits vorgelegen

Name	Ausweis/Rentenbescheid/Bescheinigung ausgestellt am	unbefristet gültig	gültig bis	hinterblieben	behindert	blind/ständig hilflos	geh- und steh-behindert	Grad der Behinderung
		☐		☐	☐	☐	☐	
		☐		☐	☐	☐	☐	

II. Freibetrag wegen Förderung des Wohneigentums, Verlusten aus anderen Einkünften oder eines Verlustvortrags	☐ wie im Vorjahr ☐ Erstmaliger Antrag oder Änderung gegenüber dem Vorjahr (Ermittlung bitte auf gesondertem Blatt erläutern)	EUR

1) Die Kinder werden nur bis zum 21. Lebensjahr berücksichtigt.
2) Die Kinder werden nur bis zum 25. Lebensjahr berücksichtigt.
3) Bei Kindern, die Grundwehrdienst, Zivildienst oder befreienden Dienst geleistet haben, verlängert sich der Zeitraum der Berücksichtigung um die Dauer des Dienstes.
4) Berücksichtigt werden auch Kinder mit einer vor 2007 und vor dem 27. Lebensjahr eingetretenen Behinderung

Bitte Belege beifügen !

3

III. Freibetrag für haushaltsnahe Beschäftigungsverhältnisse, Dienst- und Handwerkerleistungen

			Höhe
Aufwendungen für geringfügige Beschäftigungen im Privathaushalt (sog. Minijobs)			
Art der Tätigkeit			€
Aufwendungen für sozialversicherungspflichtige Beschäftigungen im Privathaushalt			
Art der Tätigkeit			€
Art der haushaltsnahen Dienstleistung(en), Hilfe im eigenen Haushalt	Name und Anschrift des Leistenden	Aufwendungen €	Erstattungen €
Art der Pflege- und Betreuungsleistung(en), Heimunterbringung		€	€
Art der Handwerkerleistung(en) im eigenen Haushalt		€	€

Nur bei Alleinstehenden: Es besteht ganzjährig ein gemeinsamer Haushalt mit einer anderen alleinstehenden Person (Name, Vorname, Geburtsdatum)

(D) Beschränkt antragsfähige Ermäßigungsgründe

Erläuterungen

I. Werbungskosten der antragstellenden Person

1. Wege zwischen Wohnung und erster Tätigkeitsstätte (Entfernungspauschale)

Fahrtkostenersatz des Arbeitgebers [5] €

Die Wege werden ganz oder teilweise zurückgelegt mit einem eigenen oder zur Nutzung überlassenen ☐ privaten Kfz ☐ Firmenwagen

erste Tätigkeitsstätte in (Ort und Straße) - ggf. nach gesonderter Aufstellung -	Arbeitstage je Woche	Urlaubs- und Krankheitstage	Behinderungsgrad mind. 70 oder mind. 50 und Merkzeichen „G"
1.			
2.			☐ Ja

Tätigkeits-stätte Nr.	aufgesucht an Tagen	einfache Entfernung (km)	davon zurückgelegte km mit: eigenem oder zur Nutzung überlassenen Pkw [6) 7)]	Sammelbeförderung des Arbeitgebers	öffentl. Verkehrsmitteln, Motorrad, Fahrrad o.ä., als Fußgänger, als Mitfahrer einer Fahrgemeinschaft [6)]	Aufwendungen für öffentl. Verkehrsmittel [8)]	EUR

2. Beiträge zu Berufsverbänden (Bezeichnung der Verbände)

3. Aufwendungen für Arbeitsmittel (Art der Arbeitsmittel) [9)] - soweit nicht steuerfrei ersetzt -

4. Weitere Werbungskosten (z.B. Fortbildungskosten, Fahrt-/Übernachtungskosten bei Auswärtstätigkeit) [9)] - soweit nicht steuerfrei ersetzt -

5. Pauschbeträge für Mehraufwendungen für Verpflegung bei Auswärtstätigkeit [11)]

Abwesenheitsdauer mehr als 8 Std. Zahl der Tage x 12 € 0,00

An-/Abreisetag (bei auswärtiger Übernachtung) Zahl der Tage x 12 € 0,00 | Abwesenheitsdauer 24 Std. Zahl der Tage x 24 € 0,00 | steuerfreier Arbeitgeberersatz - € = 0,00

6. Mehraufwendungen für doppelte Haushaltsführung
Der doppelte Haushalt ist aus beruflichem Anlass begründet worden

Tätigkeitsort

Grund [9)] | am | besteht voraussichtlich bis

Eigener Hausstand am Lebensmittelpunkt: ☐ Nein ☐ Ja, in | seit

Kosten der ersten Fahrt zum Tätigkeitsort und der letzten Fahrt zum eigenen Hausstand
☐ mit öffentlichen Verkehrsmitteln ☐ mit privatem Kfz Entfernung km x € = 0,00 € | steuerfreier Arbeitgeberersatz - € = 0,00

Fahrtkosten für Heimfahrten (nicht bei Firmenwagennutzung) [7) 8) 10)]
☐ einfache Entfernung ohne Flugstrecken km x Anzahl x 0,30 € = 0,00 € - € = 0,00

☐ mit öffentlichen Verkehrsmitteln = € - € = 0,00

Kosten der Unterkunft am Tätigkeitsort (lt. Nachweis) höchstens 1.000 € im Monat € - € = 0,00

Mehraufwendungen für Verpflegung [9) 11)] Zahl der Tage
täglich € x = 0,00 € - € = 0,00

Summe

Erläuterungen:

5) Nur Fahrtkostenersatz eintragen, der pauschal besteuert oder steuerfrei gewährt wird

6) Die Entfernungspauschale beträgt 0,30 € je Entfernungskilometer; bei anderen Verkehrsmitteln als eigenem oder zur Nutzung überlassenen Pkw höchstens 4.500 €.

7) Erhöhter Kilometersatz wegen Behinderung: 0,60 € je Entfernungskilometer

8) Die tatsächlichen Aufwendungen für öffentliche Verkehrsmittel (ohne Flug- und Fährkosten) werden nur angesetzt, wenn sie höher sind als die Entfernungspauschale.

9) Ggf. auf gesondertem Blatt erläutern

10) Die Aufwendungen für Heimflüge oder die anstelle der Aufwendungen für Heimfahrten entstehenden Telefonkosten bitte auf gesondertem Blatt erläutern

11) Nur für die ersten drei Monate an der selben Tätigkeitsstätte/demselben Tätigkeitsort

Vermerke des Finanzamts

Summe €
- 1.000 €
- 102 €

Se: €

Übertragen in Vfg.

Bitte Belege beifügen!

4. Eintragung eines Freibetrags für ein weiteres Dienstverhältnis (Hinzurechnungsbetrag) 1109

Als Minijobber ist es oft günstiger, eine Lohnsteuerkarte vorzulegen, weil dann oftmals überhaupt keine Steuer anfällt (➤ Rz 611), während ohne Steuerkarte eine Pauschalsteuer von 2 % erhoben wird.

»Ich habe zwei Minijobs. Der Steuerabzug über die zweite Steuerkarte mit Steuerklasse VI ist viel zu hoch. Was soll ich tun?«

Ganz einfach, verteilen Sie Ihren Grundfreibetrag auf beide Steuerkarten, und kassieren Sie auf diese Weise den Lohn aus beiden Minijobs steuergünstig.

Beispiel

Bei der Steuerklasse I bleibt im Jahr 2017 ein Jahresarbeitslohn von bis zu 12.072 € steuerfrei (siehe ➤ Rz 54). Da Sie im ersten Arbeitsverhältnis (Steuerklasse I) jedoch nur 665 € monatlich verdienen, benötigen Sie nur einen Freibetrag von (665 € × 12 Monate =) 7.980 €. Den restlichen Betrag von 4.092 € verwenden Sie für Ihren zweiten Minijob mit z.B. 240 € monatlich (Steuerklasse VI) und haben somit keinen Steuerabzug.

Steuerklasse	I	VI
Jahresfreibetrag		2.880 €
Hinzurechnungsbetrag	2.880 €	
Ohne Steuerabzug bleiben damit pro Jahr	12.072 €	
	– 2.880 €	
	9.192 €	2.880 €
entspricht monatlich	766 €	240 €

Für die Aufteilung der Freibeträge benötigen Sie einen »Antrag auf Lohnsteuer-Ermäßigung«. 1110

1111

6

Ⓔ **Übertragung Freibetrag/Hinzurechnungsbetrag für** ☐ die antragstellende Person ☐ den Ehegatten

Der Jahresarbeitslohn aus meinem ersten Dienstverhältnis beträgt voraussichtlich nicht mehr als (bei sozialversicherungspflichtigen Arbeitnehmern) mit

☐ Steuerklasse I oder IV: 11.876 € ☐ Steuerklasse II: 14.213 € ☐ Steuerklasse III: 22.483 € ☐ Steuerklasse V: 1.278 €

(bei Empfängern von Betriebsrenten und Versorgungsempfängern) mit

☐ Steuerklasse I oder IV: 14.429 € ☐ Steuerklasse II: 16.505 € ☐ Steuerklasse III: 24.270 € ☐ Steuerklasse V: 2.179 €

Bitte berücksichtigen Sie in meinen ELStAM für mein zweites Dienstverhältnis oder meine weiteren Dienstverhältnisse einen Freibetrag in Höhe von ______ € und einen entsprechenden Hinzurechnungsbetrag für das erste Dientsverhältnis.
(Hinweis für den Antragsteller: Der Freibetrag kann von Ihrem zweiter oder weiteren Arbeitgeber nur berücksichtigt werden, wenn Sie ihm die Höhe des Freibetrags mitteilen.)

1112 **TIPP** **Zahlen Sie bei zwei Jobs bloß nicht zu viel Sozialversicherung!**

Aufgepasst, wenn Sie neben Ihrem Hauptberuf noch einen Nebenjob ausüben. Für die Sozialversicherung gelten schließlich Beitragsbemessungsgrenzen und damit Höchstbeiträge unabhängig davon, ob Sie ein oder mehrere Arbeitsverhältnisse haben. 2017 zahlen Sie Sozialversicherungsbeiträge höchstens bis zu folgenden monatlichen Arbeitslöhnen:

Kranken-/Pflegeversicherung	4.800 €	(West + Ost)
Renten-/Arbeitslosenversicherung	6.350/5.700 €	(West/Ost)

Für den Teil des Arbeitslohns, der darüber liegt, müssen Sie keine Beiträge zahlen. Angenommen, Sie verdienen im Hauptberuf 4.350 € im Monat und haben einen Nebenjob, der Ihnen 900 € im Monat einbringt. An sich müssten Sie Kranken- und Pflegeversicherung von insgesamt nur 4.800 € zahlen. Wenn Ihre beiden Arbeitgeber aber nichts voneinander wissen, werden sie jeweils die vollen Kranken- (14,6 %) und Pflegeversicherungsbeiträge (2,55 %) abführen. 50 % davon tragen Sie und 50 % Ihre Arbeitgeber. Zusätzlich tragen Sie allein den Sonderbeitrag zur Krankenkasse (2017 im Bundesdurchschnitt 1,1 %).

Sie zahlen also 50 % von 17,15 % von 5.250 € =	450,19 €	
Sonderbeitrag von 1,1 % von 5.250 € =	57,75 €	
	507,94 €	> 507,94 €
Korrekt wären 50 % von 17,15 % von 4.800 € =	411,60 €	
Sonderbeitrag von 1,1 % von 4.800 € =	52,80 €	
	464,40 €	> – 464,40 €
Mithin jeden Monat zu viel		43,54 €
Macht im Jahr		522,48 €

Sie sollten also Ihre beiden Brötchengeber über den jeweils anderen Job informieren. Die Beiträge werden dann nur anteilig erhoben:

Arbeitgeber 1:

Bemessungsgröße für die Kranken- und Pflegeversicherung

$$\frac{4.350\ €}{5.250\ €} \times 4.800 = 3.984\ € \times 17{,}15\ \% \times 50\ \% = 341{,}63\ €$$

zzgl. Sonderbeitrag zur KV (3.984 € × 1,1 % =) 43,82 € = 385,45 €

Arbeitgeber 2:

Bemessungsgröße für die Kranken- und Pflegeversicherung

$$\frac{900\ €}{5.250\ €} \times 4.800 = 816\ € \times 17{,}15\ \% \times 50\ \% = 69{,}97\ €$$

zzgl. Sonderbeitrag zur KV (816 € × 1,1 % =) 8,98 € = 78,95 €

Ihr Gesamtbeitrag zur Kranken- und Pflegeversicherung beläuft sich nun wieder auf 464,40 €.

Wenn das Kind schon in den Brunnen gefallen ist, können Sie eine Erstattung der zu viel gezahlten Beiträge bei Ihrer Krankenkasse beantragen.

Legst du nicht aus,
so legst du unter.
(Juristenweisheit)

15 Umgang mit dem Finanzamt

15.1 Die Abgabe der Steuererklärung

Dieses Buch behandelt den Kampf zwischen zwei ungleichen Gegnern: dem überaus mächtigen und rücksichtslosen Staat auf der einen Seite und den Steuerzahlern auf der anderen. Die Steuerzahler wollen nichts anderes, als das Geld behalten, das sie sich erarbeitet haben. Auf genau dieses Geld hat der Staat es abgesehen, und er greift mit äußerst plumpen, aber wirkungsvollen Mitteln an. **1113**

Unter furchteinflößenden Drohungen verlangt der Staat, dass die Steuerzahler jährlich eine Steuererklärung abgeben und sich dadurch quasi damit einverstanden erklären, einen mehr oder weniger großen Teil ihres erarbeiteten Gelds an den Staat herauszugeben.

Sind Sie erst einmal beim Finanzamt als **Einkommensteuerzahler** erfasst – Kennzeichen ist die Vergabe einer Steuernummer –, zollen Sie fortan Jahr für Jahr der Steuerbürokratie Ihren Tribut durch Abgabe einer Einkommensteuererklärung. Diese Erklärung fordert von Ihnen mehr an Mühen, Nervenkraft und Zeitaufwand als irgendeine andere behördliche Auflage. Ist die Erklärung endlich fertig und abgegeben, müssen Sie meistens noch mit ergänzenden Nachweisen aufwarten. Am Schluss des Verfahrens werden Sie – per Nachzahlungsbescheid – über Ihren fiskalischen Obolus aufgeklärt. **Die Lohnsteuerzahler** zollen der Bürokratie denselben Tribut, wenn sie zu viel Lohnsteuer gezahlt haben und deshalb eine Steuererklärung abgeben, damit das Finanzamt eine Ausgleichsveranlagung durchführt.

Viele Steuerzahler fragen sich, ob das denn nicht etwas einfacher geht. Nein, lieber Leser, es geht nicht einfacher. **Denn der bürokratische Ungeist hat bei uns im Lauf von Jahrzehnten ein wirres und verrücktes Steuersystem geschaffen, das sich zwangsläufig in den Steuerformularen widerspiegelt.**

Hinzu kommen das unverständliche Beamtendeutsch und die umständliche Gestaltung. Von Logik keine Spur, da geht es wie Kraut und Rüben durcheinander.

Dazu sollten Sie wissen: Die Ausschüsse in den Ministerien zur Gestaltung der Steuerformulare arbeiten mit Scheuklappen. Sie haben ausschließlich den reibungslosen Ablauf der Bearbeitung in den Finanzämtern im Sinn. Und die Steuerberater und Lohnsteuerhilfevereine sollen sich gefälligst Mühe geben, mit den Steuerformularen fertig zu werden. Doch was ist mit den vielen Steuerzahlern, die es allein machen?

Sie schenken dem Finanzminister jährlich mehr als 400 Mio. €, weil sie die Vordrucke nicht verstehen und darum unvollständig oder falsch ausfüllen. Ein Lump, wer sich dabei Übles denkt?

1114 **Wovon ich nichts weiß**

In bestimmten Fällen müssen Sie von sich aus, also ohne besondere Aufforderung des Finanzamts, eine Steuererklärung abgeben. Sie können ja mal nachfragen, ob das auf Sie zutrifft. Wenn ja, bekommen Sie fortan die Formulare automatisch zugeschickt. Bei diesem Service erwartet das Finanzamt allerdings auch Ihre Rückantwort und vor allem: Ihr Geld!

1115 **TIPP »Gehe nicht zu deinem Fürst, wenn du nicht gerufen wirst!«**

Dieses alte deutsche Sprichwort trifft ebenso auf das Finanzamt zu. Wollen Sie womöglich mit Ihrer Steuererklärung persönlich im Amt vorsprechen? Dann lassen Sie sich gesagt sein, dass dort Ihr Fiskalritter der Hausherr ist – und entsprechend nicht aus der Ruhe zu bringen. Vielleicht möchte er von Ihnen genau den Beleg sehen, den Sie nicht mithaben, und schon fangen Sie an zu schwitzen. Das nutzt er dann weidlich aus. Oder er erklärt Ihnen ausführlichst, warum er diese oder jene Ausgabe streicht, nebelt Sie dabei mit Einzelheiten ein und wirft mit Paragraphen und Richtlinien nur so um sich. Ob Sie das hinterher noch alles nachvollziehen können, ist eine weitere Frage. Später heißt es dann: »Die Änderungen wurden Ihnen an Amtsstelle mitgeteilt.« Da haben Sie den Salat!

Dasselbe gilt, wenn Sie der Fiskalero in der Arbeit oder zu Hause anruft. Bestehen Sie daher stets darauf, dass er Ihnen schriftlich die Abweichungen von Ihrer Erklärung zusammenstellt, damit Sie ggf. per Einspruch doch noch einiges durchdrücken können.

1116 **Reichen Sie die Steuererklärung hingegen nicht persönlich ein, müssen Sie über etwaige Abweichungen in Kenntnis gesetzt werden. Auf ein solches »rechtliches Gehör« haben Sie einen gesetzlichen Anspruch!**

Wird er verletzt und Sie verpassen deshalb die Einspruchsfrist, sagen Sie das Zauberwort »Wiedereinsetzung in den vorigen Stand«, und schon sind Sie mit Ihrem Einspruch wieder im Rennen (Quelle: § 91 AO – Recht auf Gehör – § 110 AO – Wiedereinsetzung).

Erfolge bedürfen des Schmerzes.

(Aus China)

1117 **TIPP Bringen Sie mit einer Petition das Finanzamt zur Räson**

Eine begründete Petition an den Landtag (Artikel 17 Grundgesetz) ist ein Kaliber, das dem Finanzamt Respekt abnötigt. Schon die Ankündigung Ihrerseits, von Ihrem Petitionsrecht Gebrauch machen zu wollen, kann

das Finanzamt zur Räson bringen. Denn eine Petition macht ihm eine Heidenarbeit.
Zunächst fordert der Petitionsausschuss im Landtag vom Finanzminister einen ausführlichen Bericht. Der wiederum fordert die zuständige Oberfinanzdirektion zum Bericht auf und die Oberfinanzdirektion ihrerseits das betroffene Finanzamt.
Sodann zurück marsch, marsch: Das Finanzamt berichtet der Oberfinanzdirektion. Die Oberfinanzdirektion berichtet dem Finanzminister. Der Finanzminister berichtet dem Petitionsausschuss, der sodann über die Petition befindet.
Den Schwarzen Peter hat das Finanzamt, das den Zauber ausgelöst hat. Und Sie können mir glauben, dass dort alles Erdenkliche getan wird, es gar nicht erst so weit kommen zu lassen. Das ist Ihre Chance.

Nur wer sich isoliert, kann überleben.
(Gerd Binnig)

15.2 Abgabefrist für die Steuererklärung

Rechnen Sie mit einer Erstattung an Einkommensteuer, werden Sie nicht 1118
lange mit der Abgabe der Steuererklärung warten. **Im Fall einer zu erwartenden Nachzahlung sollten Sie sich aber bis zum letzten Moment Zeit lassen.**

Der Abgabetermin 31. Mai: Wunschdenken vom Allerfeinsten
Schon Anfang Mai eines jeden Jahres wird in den Medien auf die Abgabefrist für die Steuererklärung zum 31. Mai hingewiesen. Dieses Vorgehen bringt viele unnötig in Stress, weil sie denken, das Finanzamt könnte Verspätungszuschläge erheben, wenn nicht bis dahin abgegeben wird. Nun ist zwar nach § 149 Abs. 2 AO die Steuererklärung spätestens fünf Monate nach Ende des Veranlagungszeitraums abzugeben. Das wäre bis zum 31. Mai. Weil aber Steuerberater und Lohnsteuerhilfevereine die Steuererklärungen für alle ihre Mandanten bis dahin rein arbeitsmäßig nicht erstellen können, steht ihnen eine allgemeine Fristverlängerung bis zum 31. Dezember zu (gleich lautende Erlasse der obersten Finanzbehörden der Länder). Diese Fristverlängerung gilt gerechterweise für alle Steuerzahler. **Dies bedeutet: Trotz des gesetzlichen Abgabetermins 31. Mai darf das Finanzamt keinen Verspätungszuschlag erheben, wenn jemand danach, aber vor dem 31. Dezember, abgegeben hat. In einigen Bundesländern läuft die Frist sogar bis zum 28. 2. des übernächsten Jahres.**
Damit der Fortgang der Veranlagungsarbeiten und der zeitgerechte Abschluss der Veranlagung nicht in Gefahr gerät, können die Finanzämter indessen Erklärungen für einen Zeitpunkt vor dem 31. Dezember anfor-

dern. Erst wenn Sie diesen Termin nicht einhalten, laufen Sie Gefahr, dass Ihnen das Finanzamt einen Verspätungszuschlag aufbrummt.
Bevorzugt werden Steuererklärungen angefordert

- bei gewichtigen Steuerfällen,
- bei Steuerpflichtigen, die ihre Steuererklärungen in den Vorjahren erheblich verspätet oder überhaupt nicht abgegeben haben.

Sogar der 31. Dezember ist noch nicht das Ende der Fahnenstange.
Aufgrund eines begründeten Antrags (Arbeitsüberlastung, gesundheitliche Probleme, fehlende Unterlagen) muss das Finanzamt die Abgabefrist sogar bis zum 28. Februar des darauffolgenden Jahres verlängern – wie es das auch Steuerberatern auf besonderen Antrag gewährt. Logisch, dass Ihnen, der Sie nicht steuerlich beraten werden, das Recht auf diese Fristverlängerung ebenfalls zusteht. Eine weitergehende Fristverlängerung lehnen die Finanzämter aber grundsätzlich ab (BMF-Schreiben v. 23.2.2006).

Also schreiben Sie dem Finanzamt Ende Dezember z.B.:

> Fristverlängerung für Einkommensteuererklärung 2017;
> Steuer-Nr. 123/456/7890
> Datum: 30.12.2017
>
> Sehr geehrte Damen und Herren,
> ich bitte für meine ESt-Erklärung 2017 um Fristverlängerung bis Ende Februar 2018. Aus gesundheitlichen Gründen war ich bislang leider nicht in der Lage, die Steuererklärung fertigzustellen. Ich werde mich bemühen, die Erklärung früher als Ende Februar abzugeben. Ob das gelingt, kann ich aber jetzt noch nicht übersehen. Sofern Sie meiner Bitte entsprechen, erübrigt sich ein schriftlicher Bescheid. Vielen Dank im Voraus.
>
> Mit freundlichen Grüßen
> Walter Knecht

1119 **Ab der Steuererklärung 2018 gilt: Abgabe bis Ende Juli des folgenden Jahres!**
Mit dem Steuerjahr 2018 treten eine Reihe von Neuerungen in Kraft. Eine davon regelt, dass Steuererklärungen künftig bis Ende Juli des folgenden Jahres eingereicht werden müssen statt bis Ende Mai. Einige Bundesländer haben diese Änderung bereits in den letzten Jahren praktiziert, allerdings nur für diejenigen, die ihre Steuerklärung online eingereicht haben.

Die Drohgebärden des Fiskus

Haben Sie die Steuererklärung bis Ende Februar des übernächsten Jahres nicht abgegeben, mahnt sie das Finanzamt an und droht auch gleich mit Zwangsmitteln: 1120

- **Erste Mahnung,** innerhalb von vier Wochen die ausstehende Erklärung abzugeben; Hinweis auf Festsetzung eines **Verspätungszuschlags** nach § 152 AO.
- **Zweite Mahnung,** die Erklärung innerhalb von vier Wochen einzureichen; es wird angedroht, andernfalls ein **Zwangsgeld** nach § 328 AO festzusetzen.
- **Dritte Mahnung,** die Erklärung innerhalb von vier Wochen einzureichen; zugleich wird das zuvor angedrohte Zwangsgeld festgesetzt und ein weiteres angedroht (meistens in doppelter Höhe wie vorher).
- **Vierte Mahnung,** die Erklärung innerhalb von vier Wochen einzureichen; zugleich wird das zweite zuvor angedrohte Zwangsgeld festgesetzt; außerdem wird darauf hingewiesen, andernfalls die Besteuerungsgrundlagen nach § 162 AO frei zu schätzen.
- Es ergeht ein **Schätzungsbescheid** mit einer horrenden Steuerforderung und Verspätungszuschlägen.

Gegen den Schätzungsbescheid werden Sie innerhalb eines Monats Einspruch einlegen, damit die Steuerforderung nicht bestandskräftig und damit vollstreckbar wird. Den Einspruch können Sie nur durch **Abgabe der ausstehenden Steuererklärung wirksam begründen.**

Zum Zwangsgeld sollten Sie wissen: Haben Sie die angemahnte Steuererklärung eingereicht, ist damit das Zwangsverfahren beendet, d.h., Sie müssen das festgesetzte Zwangsgeld nicht berappen. Dumm ist nur, wenn Sie es bereits gezahlt haben, denn zurück bekommen Sie es nicht. Also merken Sie sich: Wer sofort zahlt, den bestraft St. Fiskus!

Zum Verspätungszuschlag beachten Sie bitte: Er kann 10 % der **festgesetzten** Steuer betragen, also nicht etwa der Nachzahlung. Er ist der Höhe nach auf 25.000 € begrenzt. Die Finanzämter sind angewiesen, erst dann einen Verspätungszuschlag festzusetzen, wenn die Steuererklärung **wiederholt** nicht pünktlich abgegeben wurde (OFD Frankfurt/M. v. 10.10.1988 – S 0062 A).

Setzt das Finanzamt einen Verspätungszuschlag fest, gehen Sie dagegen mit einem Einspruch an. Der Einspruch ist für Sie kostenfrei. 1121

```
An das Finanzamt Neuhausen
Datum: 3.3.2019

Einkommensteuerbescheid für das Kj. 2017 vom . . . 2018;
St-Nr. . . . .
hier: Einspruch gegen die Festsetzung des Verspätungs-
zuschlags in Höhe von . . . . . . €
Sehr geehrte Damen und Herren,
gegen die Festsetzung des Verspätungszuschlags lege ich
Einspruch ein.
Begründung: Die verspätete Abgabe der Erklärung hat of-
fensichtlich den Gang der Veranlagung in Ihrer Behörde
nicht beeinträchtigt, da ich den Steuerbescheid erst
zwei Monate danach erhalten habe. Es waren also noch
zahlreiche andere Veranlagungen durchzuführen, so dass
ein Verspätungszuschlag nicht gerechtfertigt ist.
Sofern Sie meinem Einspruch nicht abhelfen und den Zu-
schlag nicht zurücknehmen, bitte ich um formelle Ent-
scheidung.

Mit freundlichen Grüßen
Walter Knecht
```

Übrigens: Die Finanzämter müssen bei der Festsetzung von Verspätungszuschlägen von sich aus prüfen, ob die verspätete Abgabe der Erklärung entschuldbar erscheint. Also geben Sie gleich den Grund mit an, wenn Sie mit Ihrer Steuererklärung zu spät dran sind:

- Infolge hoher Arbeitsbelastung ist die Abgabe der Erklärung in Vergessenheit geraten.
- Längere Krankheit.
- Die Beschaffung von Unterlagen für die Erklärung hat sich verzögert.

Waren Sie der Meinung, die Steuererklärung sei erst nach besonderer Aufforderung des Finanzamts abzugeben, geben Sie dies unbedingt als Entschuldigungsgrund an. Er reicht nämlich aus, falls Sie steuerlich noch unerfahren sind.

»Nun sag doch mal ehrlich, wer so viel Theater mit seiner Steuererklärung macht, der ist doch beim Finanzamt ein für alle Mal unten durch?«, fragen Sie.

Wieso denn? Alle paar Jahre können Sie ruhig mal Theater machen. Außerdem können Sie sich ja auch von Ihrer netten Seite zeigen und sich mit der Halbierung des Verspätungszuschlags einverstanden erklären. Da treffen Sie sich in der Mitte, und alle sind zufrieden!

Automatisierter Verspätungszuschlag ab dem Steuerjahr 2018!
Wer die Steuererklärung 2018 verspätet einreicht, muss mit der automatischen Festsetzung eines Verspätungszuschlags von mindestens 25 € je Monat der Verspätung rechnen.

Der Reichtum der Menschen
liegt nicht in der Erde vergraben,
sondern in ihren Gehirnen.
(Bankier Steinhart)

Antrag auf Fristverlängerung, zumal eine größere Nachzahlung droht 1122
»Letztes Jahr habe ich doch tatsächlich vergessen, meine Steuererklärung abzugeben«, sagen Sie. Na so was, aber das kann passieren. Wer denkt schon gern an seine Steuererklärung, besonders wenn eine höhere Nachzahlung droht. So etwas belastet, und belastende Dinge werden gern verdrängt, damit unser Wohlbefinden erhalten bleibt.

»Na schön, doch Anfang März wollte das Finanzamt innerhalb von vier Wochen die Steuererklärung haben. Das ist mir schwergefallen, weil ich damals krank war«, sagen Sie weiter. »Aber mir blieb ja nichts anderes übrig.«

Sie hätten Fristverlängerung beantragen sollen.

An das Finanzamt Neuhausen
Datum: 1.4.2019
Steuererklärung für das Kj. 2017; St-Nr. 231/222/1411
hier: Fristverlängerung

Sehr geehrte Damen und Herren,
die mit Schreiben vom . . . . angemahnte Einkommensteuererklärung für das Kj. 2017 kann ich leider nicht bis zu dem von Ihnen gesetzten Termin 10.4.2019 abgeben, weil ich mit einer fiebrigen Grippe zu Bett liege. Ich bitte um Fristverlängerung bis zum 31.5.2019. Sofern Sie meiner Bitte entsprechen, erübrigt sich ein schriftlicher Bescheid. Vielen Dank im Voraus.

Mit freundlichen Grüßen
Walter Knecht

Die Finanzämter akzeptieren außerdem folgende Antragsgründe:
- Ein längerer Erholungsurlaub steht kurz bevor.
- Es fehlen noch Unterlagen, die kurzfristig nicht zu beschaffen sind.

1123 **TIPP**

Antrag auf Nachfrist für die Steuererklärung

Kurz vor Ablauf der – ggf. stillschweigend gewährten – Fristverlängerung beantragen Sie eine Nachfrist von 14 Tagen, wenn Ihnen die Abgabe der Erklärung noch immer nicht möglich ist.

1124 **TIPP**

Einspruch

Lehnt das Finanzamt die Nachfrist oder überhaupt eine Fristverlängerung ab, legen Sie dagegen Einspruch ein.

An das Finanzamt Neuhausen
Datum: 15.4.2019

Fristverlängerung für die Abgabe der Einkommensteuererklärung für das Kj. 2017; StNr.231/222/1411
hier: Ihr ablehnender Bescheid vom . . . .

Sehr geehrte Damen und Herren,
gegen Ihren ablehnenden Bescheid vom . . . . betr. Fristverlängerung zur Abgabe der Einkommensteuererklärung für das Kj. 2017 lege ich hiermit Einspruch ein. Die Einspruchsgründe ergeben sich aus meinem Antrag auf Fristverlängerung.
Sofern Sie dem Einspruch nicht abhelfen und keine Fristverlängerung gewähren, bitte ich um formelle Entscheidung.

Mit freundlichen Grüßen
Walter Knecht

Übrigens: Das Einspruchsverfahren ist für Sie kostenfrei. Die Finanzämter sind bestrebt, formelle Verfahren zu vermeiden, weil diese ihre Rechtsbehelfsstellen unnötig belasten. Da geben sie lieber nach und gewähren Fristverlängerung. Sie haben also eine gute Chance, doch noch eine Fristverlängerung zu erhalten.

1125 »Wenn das Finanzamt jetzt unbedingt meine Steuererklärung haben will, dann soll es doch, verdammt noch mal, die Steuererklärung bekommen. Ich trage einfach geschätzte Beträge ein«, sagen Sie. »Später, wenn ich alles zusammenhabe, kann ich die Erklärung ja berichtigen.«
Verspätungszuschläge haben Sie dann nicht zu befürchten, das ist klar,

denn Sie haben die Steuererklärung ja fristgemäß abgegeben. **Man könnte Ihnen allerdings Steuerhinterziehung anhängen, wenn die zunächst erklärten Einkünfte zu niedrig sind. Die berichtigte Steuererklärung ist indessen als eine Selbstanzeige nach § 371 AO zu werten, die strafbefreiende Wirkung hat. Also kann Ihnen auch steuerstrafrechtlich nichts passieren.**

Aber so ein Spielchen sollten Sie, wenn überhaupt, nur ein Mal machen. Denn es könnte Ihnen passieren, dass das Finanzamt im nächsten Jahr gleich nach Eingang Ihrer ersten Steuererklärung eine Kurzprüfung anordnet. Dann käme Ihre Selbstanzeige in Form einer berichtigten Steuererklärung zu spät, denn sie wird nur dann als strafbefreiend gewertet, wenn das Finanzamt nicht vorher Kenntnis von der Unrichtigkeit der ersten Steuererklärung erlangt hat oder – und das ist wichtig zu wissen – die Erlangung der Kenntnis nicht unmittelbar bevorsteht, z.B. durch eine Kurzprüfung.

»Aha, sollte ich dann nicht besser in der Steuererklärung darauf hinweisen, dass ich geschätzte Beträge angebe?«, möchten Sie weiter wissen.

Nein, denn Sie tragen ja Beträge ein, die nach Ihrer Einschätzung den tatsächlichen Einkünften entsprechen. Wenn sich später herausstellt, dass die angegebenen Beträge falsch sind, geben Sie pflichtgemäß unverzüglich eine berichtigte Steuererklärung ab.

Nicht gut zu wissen: Das Finanzamt hat bei einer unzureichenden Steuererklärung einen Ermessensspielraum, die Erklärung als abgegeben anzusehen oder nicht. Bei Abgabe einer lückenhaften Erklärung wird das Finanzamt nach den Einzelumständen entscheiden, ob dies mit der Nichtabgabe der Steuererklärung gleichzusetzen ist: Es kommt lt. BFH entscheidend darauf an, ob die Angaben in der Steuererklärung ausreichen, ein ordnungsgemäßes Veranlagungsverfahren in Gang zu setzen: »Nur die Einreichung einer völlig unzureichenden Steuererklärung könnte der Nichteinreichung der Steuererklärung gleichstehen« (BFH-Urt. v. 6.11.1969, IV 249/64 – BStBl 1970 II S. 168). Eine »vorläufige« Erklärung steht nicht von vornherein einer Nichtabgabe gleich. Enthält sie allerdings nur geschätzte Zahlen oder weist sie in mehreren wesentlichen Punkten Lücken auf, ist von einer Nichtabgabe auszugehen. **Die fehlende Unterschrift ist kein so schwerwiegender Mangel, dass eine Nichtabgabe anzunehmen wäre. Dies gilt zumindest dann, wenn die Unterschrift zeitnah nachgeholt wird (LfSt Bayern, 25.2.2008, S 0323 – 7 St 41 M v. 25.2.2008).**

1126 **TIPP Veranlagungsverzug wegen fehlender Unterschrift**

»Habe ich doch letztes Jahr glatt vergessen, die Steuererklärung von meiner Frau unterschreiben zu lassen«, sagen Sie. »Ungefähr drei Wochen später kam die Erklärung vom Finanzamt zurück mit der Bitte, die fehlende Unterschrift nachzuholen.«

Das kann schon mal passieren. Dadurch haben Sie das Veranlagungsverfahren natürlich nicht unerheblich verzögert. Ihr Vorteil: Der erste Eingangsstempel des Finanzamts auf der Steuererklärung ist maßgebend dafür, wann sie abgegeben wurde. Alle Verzögerungen, die danach eintreten, rechtfertigen keinen Verspätungszuschlag, denn das Finanzamt konnte das Veranlagungsverfahren ja in Gang setzen.

1127 **TIPP Veranlagungsverzug wegen fehlender Belege**

Soll Ihnen das Finanzamt möglichst bald die Steuererstattung überweisen, vergessen Sie bloß nicht, der Erklärung alle wichtigen Belege beizufügen, wie z.B. die Lohnsteuerkarte oder den Kontoauszug der Bausparkasse. Denn wenn der Fiskalritter sich Ihre Erklärung zur Brust nimmt und sieht, dass wichtige Belege fehlen, dann fordert er diese erst einmal schriftlich bei Ihnen an, mit Frist von 14 Tagen. Ihre Erklärung schiebt er erst einmal beiseite. Sie warten natürlich keine 14 Tage, sondern bringen ihm die fehlenden Belege sofort vorbei. Aber vielleicht ist er dann gerade für drei Wochen in Urlaub, und so verschimmelt Ihr schönes Geld beim Finanzamt.

»Wenn ich aber nachzahlen muss, ist das mein Vorteil«, sagen Sie.

15.3 Abgabefrist für die Antrags- bzw. Ausgleichsveranlagung

1128 Um zu viel gezahlte Lohnsteuer zurückzubekommen, müssen Sie einen »Antrag auf Veranlagung« stellen, indem Sie eine ganz normale Einkommensteuererklärung abgeben. Aufgrund dieser Erklärung führt das Finanzamt eine sog. Ausgleichsveranlagung durch.
Für den Antrag haben Sie **zwei Jahre Zeit: bis zum 31. 12. des zweiten auf das Ausgleichsjahr folgenden Jahres.** Die Frist ist deshalb so großzügig bemessen, damit Sie den Antrag möglichst spät einreichen, weil Sie dadurch dem Fiskus ein zinsloses Darlehen in Höhe Ihres Erstattungsanspruchs gewähren. Und insgeheim hofft der Fiskus, Sie könnten in der langen Zeit den Antrag völlig vergessen; das passiert häufiger, als man denkt. Für viele Lohnsteuerzahler ist die Abgabe einer Steuererklärung

auch zu schwierig, und sie lassen es gleich ganz bleiben. So bleiben dem Staatssäckel Milliarden erhalten.
Sie aber werden Ihre Mäuse weder beim Finanzamt verschimmeln lassen noch sie ganz vergessen, vielmehr möglichst bald nach Ablauf des Ausgleichsjahrs den Erstattungsantrag stellen.

Antragsfrist verpasst?
Kein Problem, geben Sie Ihre Steuererklärung trotzdem ab, und beantragen Sie »Wiedereinsetzung in den vorigen Stand«. Bei diesem Steuerchaos blickt kaum einer mehr richtig durch. Darum darf es Ihnen nicht verübelt werden, wenn Sie von der Frist nichts wussten (FG Niedersachsen v. 10.12.2003, Az 4 K 508/01).

TIPP Schneller an die Erstattung vom Finanzamt kommen 1129

Normalerweise warten die Lohnsteuerzahler geduldig auf die Erstattung aus der Ausgleichsveranlagung.

Schneller an die Steuererstattung gelangen Sie, wenn Sie das Finanzamt über Ihre direkt bevorstehende Auswanderung informieren. Sie werden staunen, wie schnell eine Behörde da auf einmal arbeiten kann.

Es gibt aber noch eine andere Möglichkeit, schneller an Ihr Geld zu kommen:

Lassen Sie sich gegen Jahresende einen **Freibetrag als Lohnsteuerabzugsmerkmal** eintragen, indem Sie einen Antrag auf Lohnsteuerermäßigung stellen. Letzter Termin dafür ist der 30. 11. Zu dieser Zeit können Sie schon fast alle Jahresausgaben belegen, da ja nur noch die vom Dezember fehlen. Der Jahresfreibetrag, den Ihnen das Finanzamt bescheinigt, wird von der Firma beim internen Jahresausgleich in der Dezemberabrechnung berücksichtigt. So haben Sie als Erster die Steuer zurück – zumindest den größten Teil.

Bei Berücksichtigung eines Freibetrags beim monatlichen Lohnsteuerabzug sind Sie zur Abgabe einer Steuererklärung verpflichtet, weil das Finanzamt die Höhe des Freibetrags im Veranlagungswege überprüfen will (§ 46 Abs. 2 Nr. 4 EStG). Dies kommt Ihnen entgegen. **Denn gerade der Freibetrag als Lohnsteuerabzugsmerkmal führt dazu, dass die einbehaltene Jahreslohnsteuer – trotz vorangegangenen Ausgleichs durch die Firma – zu hoch ist**, weil Ihnen durch den Freibetrag die Vorsorgepauschale evtl. nicht in voller Höhe zugutekommt. Denn diese wird nach dem steuerpflichtigen Arbeitslohn berechnet, also nach Abzug steuerfreier Beträge.

Mit einer Erstattung kann rechnen: 1130

- Wer im Jahr nicht ununterbrochen gearbeitet hat, also z.B. Arbeitslose, Studenten, Wehrpflichtige, Berufsanfänger, Neurentner oder Saisonarbeiter.

- Wessen Arbeitslohn im Jahr stark geschwankt hat, ohne dass der Betrieb einen internen Jahresausgleich gemacht hat. Das sind insbesondere Werktätige im Akkord und Auszubildende, die ihre Prüfung bestanden haben und danach voll entlohnt werden.
- Wer einen Freibetrag als Lohnsteuerabzugsmerkmal hatte. Dadurch wird die Vorsorgepauschale zu niedrig berechnet. Haben Sie jedoch die Eintragung des Freibetrags beantragt, müssen Sie sowieso eine Erklärung einreichen.
- Bei höheren Werbungskosten als dem Arbeitnehmerpauschbetrag von 1.000 €, höheren Sonderausgaben als dem Sonderausgabenpauschbetrag von 36/72 € (Alleinstehende/Verheiratete) und der Vorsorgepauschale oder bei außergewöhnlichen Belastungen, ferner bei Geburt eines Kindes oder nach Eheschließung.

15.4 Eine Ausgabe oder eine Steuervergünstigung nachträglich geltend machen

1131 Haben Sie bei der Abgabe Ihrer Steuererklärung eine Vergünstigung vergessen, reichen Sie einfach eine berichtigte Erklärung nach. Damit eilt es nicht, solange Sie noch keinen Steuerbescheid erhalten haben.

Doch aufgepasst: Halten Sie den Bescheid bereits in Händen, ist Eile geboten, denn vom Tag der Zustellung an haben Sie nur einen Monat Zeit, Änderungen zu reklamieren.
Danach haben Sie nur noch eine Chance, wenn Ihrerseits kein grobes Verschulden vorliegt (➤ Rz 1137).

Jede Wirkungseinheit muss sich
durch Abgrenzung schützen.
(Gerd Binnig)

15.5 Der Steuerbescheid

1132 Eines der größten Rechte im Grundgesetz garantiert jedem Menschen, der »von der öffentlichen Gewalt in seinen Rechten verletzt« wird, dass ihm »der Rechtsweg offen« steht (Art. 19 GG). Das gilt auch für falsche Steuerbescheide.
Und, da beißt keine Maus den Faden ab: Fast jeder zweite Steuerbescheid ist falsch! Deshalb ist es wichtig, den Bescheid genauestens unter die Lupe zu nehmen. Da Steuerbescheide zu 99 % maschinell gefertigt werden, kommen formelle Mängel kaum vor. Dafür müssen Sie umso mehr mit inhaltlichen (materiellen) Mängeln rechnen.

1133 **Gehen Sie den Bescheid kritisch durch:** Lesen Sie zuerst die **Erläuterungen**. Ist das Finanzamt von der Steuererklärung abgewichen, muss es das im Steuerbescheid erläutern, z.B. Kürzung von außergewöhnlichen Belastungen, Kfz-Kosten usw. Teilt das Finanzamt nichts mit, bedeutet dies, dass es die Angaben in der Steuererklärung unverändert übernommen oder aber vergessen hat, Ihnen die Änderungen zu erläutern.

Gut zu wissen: Ist das Finanzamt von der Steuererklärung abgewichen, ohne Sie darüber zu informieren, wird der Steuerbescheid nicht bestandskräftig. Sie können dann auch nach Jahren »Wiedereinsetzung in den vorigen Stand« beantragen.

Ein starker Abgang krönt die Übung.
(Turnerweisheit)

Einspruch gegen fehlerhaften Steuerbescheid

Sind Sie nicht sicher, ob alles rechtens ist, dann legen Sie Einspruch gegen 1134
den Bescheid ein. Zugleich beantragen Sie Aussetzung der Vollziehung, sonst müssen Sie trotzdem zahlen.

```
An das
Finanzamt . . . . . . . . . . .,

Datum: 4.4.2018
Einkommensteuerbescheid für . . . . . . . . . . vom
. . . . . ., Steuernummer 123/456/7890

Sehr geehrte Damen und Herren,
gegen den obigen Bescheid lege ich Einspruch ein.
Begründung:
Der Bescheid ist unrichtig, weil . . . . . . .
Gleichzeitig beantrage ich Aussetzung der Vollziehung
des Bescheids, weil ernstliche Zweifel an seiner Recht-
mäßigkeit bestehen, wie die obige Begründung zeigt.

Mit freundlichen Grüßen
Walter Knecht
```

Der Einspruch muss innerhalb der Rechtsmittelfrist von vier Wochen eingelegt werden, denn danach ist der Bescheid rechtskräftig und somit im Prinzip nicht mehr änderbar. Beginnt die Frist mit einem Ereignis, hier dem Tag der Bekanntgabe, dann zählt der Tag des Ereignisses nicht mit, d.h., die Frist beginnt mit dem darauffolgenden Tag zu laufen.

Die Rechtsmittelfrist beginnt bei Zustellung des Steuerbescheids mit einfachem Brief – das ist der Normalfall – drei volle Tage nach Aufgabe zur Post durch das Finanzamt.

Beispiel
Poststempel 14. 11. plus drei Tage = 17. 11.; Beginn der Rechtsmittelfrist ist also der 18. 11., null Uhr; Ende der Rechtsmittelfrist 17. 12., 24 Uhr. Das Einspruchsschreiben muss also spätestens am 18. 12. im Finanzamt sein.

Beachten Sie:
Enthält der Steuerbescheid eine Zahlungsaufforderung, so entspricht die Fälligkeit der Abschlusszahlung in der Regel dem Ende der Einspruchsfrist! So sparen Sie sich die Rechnerei.

Durch den Einspruch haben Sie nun Zeit gewonnen, in Ruhe den Bescheid zu überprüfen. Sie können im Einspruchsverfahren auch noch vergessene Abzüge geltend machen.
Gut zu wissen: Man muss nicht unbedingt Hase heißen, damit ein Steuerbescheid auch noch nach dessen Rechtskraft geändert werden kann. Dazu ➤ Rz 1137.

1135 **TIPP** **Null Euro Säumniszuschläge durch Aussetzung der Vollziehung**

Der Einspruch gegen den Steuerbescheid bewahrt Sie nicht davor, den angeforderten Betrag zum Fälligkeitszeitpunkt zahlen zu müssen. Wenn nicht pünktlich gezahlt wird, entstehen Säumniszuschläge in Höhe von 1 % des geschuldeten Betrags für jeden angefangenen Monat (§ 240 AO).
Wollen Sie nicht zahlen und auch Säumniszuschläge vermeiden, hilft nur ein Antrag auf Aussetzung der Vollziehung (§ 361 AO), den Sie damit begründen, dass »ernstliche Zweifel an der Richtigkeit des angefochtenen Steuerbescheids« bestehen. Am besten kombinieren Sie den Antrag auf Aussetzung der Vollziehung mit dem Einspruch wie oben.

1136 **Einspruchsfrist verpasst? Beantragen Sie Wiedereinsetzung!**
Ist der Steuerbescheid rechtskräftig, sollte man meinen, da ist nichts mehr zu machen. Doch mitnichten. Auch bestandskräftige Steuerbescheide muss das Finanzamt zu Ihren Gunsten ändern, wenn Sie nachträglich neue Tatsachen und Beweismittel vorbringen und Sie kein grobes Verschulden daran trifft, die Einspruchsfrist nicht eingehalten zu haben. Dann können Sie »Wiedereinsetzung in den vorigen Stand« beantragen (§ 110 AO). **Die Wiedereinsetzung in den vorigen Stand führt dazu, dass Sie so gestellt werden, als ob Sie die Frist nicht versäumt hätten.**

Die Tatsachen und Beweismittel können unterschiedlichster Art sein. In den folgenden Fällen haben Sie einen Rechtsanspruch auf Wiedereinsetzung:

- **Abwesenheit von der Wohnung (bis zu sechs Wochen).** Wer länger wegbleibt, muss einen Dritten beauftragen, seine steuerlichen Angelegenheiten zu regeln.
- **Plötzliche schwere Erkrankung oder Unfall.** In so einer Situation denkt niemand an die Steuer, schon gar nicht daran, seinen Steuerbescheid zu prüfen und Einspruch einzulegen.
- **Andere Schicksalsschläge.** Ehegatte weggelaufen, Wasserrohrbruch oder ähnliche Fälle höherer Gewalt.
- **Nicht erhaltenen Steuerbescheid.** Wenn Sie überhaupt keinen Steuerbescheid erhalten haben, was ja vorkommen kann, wenn er auf dem Postwege verloren gegangen ist, konnten Sie auch keinen Einspruch einlegen, das ist klar (§ 122 AO; BFH, BStBl 1967 III S. 99, BStBl 1975 II S. 286). Aber jetzt spitzen Sie mal die Ohren. Der Fiskus urteilt nach dem Motto: Nur wer einen Steuerbescheid erhalten hat, reagiert auf eine Mahnung, und dreht Ihnen einen Strick daraus, wenn Sie nach Mahnung sogleich zahlen. Vorbei ist es dann mit der Wiedereinsetzung. Also werden Sie nach Eingang des Mahnbescheids zunächst einen Steuerbescheid anfordern und zugleich Wiedereinsetzung und den Erlass der im Mahnbescheid ausgewiesenen Säumniszuschläge beantragen.
- **Fehlende Begründung bei Abweichungen.** Ist das Finanzamt bei der Veranlagung von der Erklärung abgewichen, muss es dies im Steuerbescheid begründen. Andernfalls trägt das Finanzamt eine Mitschuld daran, dass Ihnen die Abweichung nicht gleich aufgefallen ist (§ 126 Abs. 3 AO) und Sie können Wiedereinsetzung beantragen, auch noch nach Jahren.

TIPP »Mein Name ist Hase, ich weiß nicht Bescheid …« 1137

Plötzlich stellt sich eine Ahnung ein: Habe ich eigentlich die Unfallkosten für die Autoreparatur in der letzten Steuererklärung angegeben? Wenn eine solche Ahnung sich bestätigt, nachdem die Einspruchsfrist abgelaufen ist, sollten Sie gleichwohl dies dem Finanzamt mitteilen und sich wegen der Verspätung auf Unwissenheit berufen. Sie können die Aufwendungen nachträglich geltend machen, sofern Sie kein grobes Verschulden trifft (§ 173 AO).

Sie beantragen Wiedereinsetzung in den vorigen Stand und erklären schlichtweg: »Wegen der vielen Gesetzesänderungen … (z. B. Pendlerpauschale) habe ich den Überblick verloren und erst jetzt von der Steuervergünstigung erfahren.« (BFH-Urt. v. 10.8.1988 – BStBl 1989 II S. 131 und v. 21.7.1989 – BStBl 1989 II S. 960). Das FG Saarland hat nicht einmal einem Volljuristen grobes Verschulden unterstellt, der vergessen hatte, die Kosten

für sein häusliches Arbeitszimmer abzusetzen (Urt. v. 25.10.1989 – EFG 1990 S. 147). Selbst ein Fachanwalt für Steuerrecht, der die Bauspargebühr – Werbungskosten bei Vermietung und Verpachtung – auf dem Kontoauszug übersehen hatte, bekam Rückendeckung vom Finanzgericht (FG Baden-Württemberg mit Urt. v. 17.10.1996 – EFG 1997 Nr. 97). Auch vergessene Scheidungskosten können Sie nachträglich geltend machen (FG Baden-Württemberg, Az 14 K 265/03).
Sie können auch einzelne Werbungskosten nachschieben, z.B. Kosten für Arbeitsmittel (Fachbuch, Schreibtischlampe, Aktentasche). Das Finanzgericht Baden-Württemberg jedenfalls haben Sie auf Ihrer Seite, denn dessen Richter haben erkannt: »Niemand ist perfekt«, und jeder kann einmal etwas vergessen oder einen Beleg übersehen (BFH-Urt. v. 10.2.2015, Az. IX R 18/14). Recht so!
Schreiben Sie also höflich: »Hiermit beantrage ich die Änderung des Steuerbescheids vom .... Leider habe ich erst jetzt davon erfahren, dass meine Körperbehinderung steuerlich absetzbar ist.«

1138 TIPP Säumniszuschläge? Spät zahlen und doch ohne Folgen

Bei Zahlungsverzug ist mit dem Fiskus nicht zu spaßen. Wer nicht pünktlich zahlt, bekommt Säumniszuschläge aufgebrummt, und die sind nicht von Pappe: 1 % des ausstehenden Betrags pro angefangenen Monat (§ 240 AO).

Schonfrist ausnutzen

Sie können einen Zahlungsaufschub von drei Tagen erreichen, indem Sie die sog. Schonfrist ausnutzen. Erst danach ist mit Säumniszuschlägen zu rechnen (§ 240 AO). Aufgepasst: Bei der Überweisung des Steuerbetrags müssen Sie drei bis vier Tage zeitlichen Vorlauf berücksichtigen, so dass der Überweisungsauftrag spätestens am Fälligkeitstage erteilt werden muss.

1139 TIPP Auf geschickte Weise Stundung beantragen

Einen längeren Zahlungsaufschub können Sie durch Stundung erreichen, doch große Hoffnungen kann ich Ihnen nicht machen. Chancen auf Stundung haben Sie nur, wenn sich Steuernachzahlungen für mehrere Jahre zusammenballen (z.B. hohe Abschlusszahlung mit höheren Vorauszahlungen für das Vorjahr und für das laufende Jahr) oder unverschuldet geschäftliche Verluste eingetreten sind, z.B. durch Konjunktureinbruch, Krankheit.
Quelle: § 222 AO

Stundung auf kaltem Wege

Der Fiskus lehnt die meisten Stundungsanträge ab, mit der Begründung, Sie könnten sich von Ihrer Bank einen Kredit für die Steuerzahlung geben lassen. Weil Sie das wissen, haben Sie mit Ihrem Stundungsantrag lange gezögert, und das war gut so. Jetzt geht Ihr Stundungsantrag erst kurz vor dem Zahlungstermin im Finanzamt ein, und der Bearbeiter ist rein zeitlich nicht mehr in der Lage, den Antrag rechtzeitig, also vor Ihrem Zahlungstermin, abzulehnen. In dem ablehnenden Stundungsbescheid muss er Ihnen daher einen neuen Zahlungstermin geben – und der muss mindestens eine Woche nach Zugang des ablehnenden Stundungsbescheids liegen. Da wir alle wissen, wie langsam behördliche Mühlen mahlen, können Wochen verstreichen, bis der ablehnende Stundungsbescheid in Ihrem Briefkasten liegt, und Sie haben so – auf kaltem Wege – einen längeren Zahlungsaufschub erreicht.

Sie müssen aber damit rechnen, dass Ihnen der behördliche Computer erst einmal Säumniszuschläge berechnet, weil er zum Fälligkeitstermin Ihre Steuerzahlung vermisst und von Ihrem Stundungsantrag ja noch nichts weiß. Stellen Sie dann sofort einen Antrag auf Erlass der Säumniszuschläge mit der Begründung: »Ich habe vor Fälligkeit einen Stundungsantrag gestellt, und dieser wurde nach Fälligkeit abgelehnt. Die neue Zahlungsfrist habe ich eingehalten.« In diesem Fall werden Ihnen die Säumniszuschläge erlassen, abgesegnet durch das Finanzministerium NRW vom 2.1.1984 (S 0480 – I VA 1).

Nur dein Glaube
ist seine Macht.
(Aus Hoffmanns Erzählungen)

TIPP Erlass von Säumniszuschlägen 1140

Hat das Finanzamt wegen verspäteter Zahlung Säumniszuschläge festgesetzt, hilft nur noch ein Antrag auf Erlass (§ 227 AO). Säumniszuschläge müssen erlassen werden, wenn

- Sie wegen plötzlicher Erkrankung an der pünktlichen Zahlung gehindert waren und es nicht möglich war, einen Vertreter mit der Zahlung zu beauftragen;
- Sie als bisher pünktlicher Steuerzahler aus offenbarem Versehen nicht gezahlt haben (BFH-Urt. v. 15.5.1990 – BStBl II, S. 1007).
- Ihnen die rechtzeitige Zahlung der Steuern wegen Zahlungsunfähigkeit und Überschuldung nicht möglich war (BFH-Urt. v. 8.3.1984 – BStBl II, S. 415). Zu erlassen ist regelmäßig die Hälfte der Säumniszuschläge (BFH-Urt. v. 16.7.1997 – BStBl 1998 II, S. 7).
- Ihnen die Hauptschuld erlassen oder zinslos gestundet worden ist (§ 222 AO/BFH-Urt. v. 2351985 V R 124/79 – BStBl II, S. 489).

1141 **TIPP**

Sich in einen Musterprozess einklinken

Immer wieder werden Steuergesetze von den oberen Gerichten einkassiert. Von den Urteilen profitieren aber nur diejenigen, die entweder selbst vor Gericht gezogen sind oder sich in ein laufendes Verfahren eingeklinkt haben. Letzteres ist der einfachere Weg. Auf diese Weise müssen Sie nicht selbst klagen und Ihr Steuerbescheid bleibt offen. Entscheiden die Richter im Musterprozess zugunsten des Klägers, erhalten auch Sie zu Unrecht bezahlte Steuern zurück. Alle anderen, die ihre Steuerbescheide haben rechtskräftig werden lassen, gehen leer aus.

- **Der Weg durch die Instanzen**

In der Finanzgerichtsbarkeit gibt es nur zwei Instanzen. Da sind zunächst als erste Instanz die Finanzgerichte, die auf Länderebene angesiedelt sind, und als zweite Instanz der Bundesfinanzhof in München. Das Einspruchsverfahren ist keine Instanz, weil das Finanzamt in eigener Sache entscheidet.

Bei einem Musterprozess gilt es zu unterscheiden:

1. Musterprozess vor dem Bundesfinanzhof

Finden Sie heraus, ob in Ihrer Sache schon ein Musterprozess vor dem BFH anhängig ist. Wenn ja, legen Sie unter Hinweis auf diesen Musterprozess gegen Ihren Steuerbescheid Einspruch ein und beantragen Ruhen des Verfahrens.

2. Musterprozess vor dem EuGH oder dem BVerfG etc.

Entsprechend gehen Sie vor, wenn das Verfahren beim Europäischen Gerichtshof oder beim Bundesverfassungsgericht gelandet ist. Dort geht es um Fragen der Vereinbarkeit einer steuerlichen Vorschrift mit europäischem Recht oder mit dem deutschen Grundgesetz (§ 165 Abs. 1 Satz 2 Nr. 3 AO).

- **Steuerbescheid für vorläufig erklären**

Der Fiskus kann aber auch von sich aus Steuerbescheide, die beim BFH, beim EuGH oder beim BVerfG gelandet sind, von Amts wegen (maschinell) für vorläufig erklären und so die Flut der Einsprüche eindämmen.

- **Abwarten bis zur Entscheidung**

Hat ein Musterverfahren noch nicht den BFH, den EuGH oder das BVerfG erreicht, liegt es also noch beim Finanzgericht, darf das Finanzamt Ihren Einspruch nicht ruhen lassen, sondern muss darüber entscheiden. Sie können aber beantragen, mit der Entscheidung so lange zu warten, bis das Finanzgericht entschieden hat und feststeht, ob dieses Verfahren bis zum BFH, zum EuGH oder zum BVerfG gelangt.

- **Der Antrag**

Das Ruhen Ihres Verfahrens nach § 363 AO und/oder das Verschieben einer Entscheidung beantragen Sie, indem Sie schreiben:

```
An das Finanzamt Geldhausen                Datum: 5.10.2018

Einkommensteuerbescheid 2017
vom . . . . . . . . . Steuer-Nr. 123/456/7890
hier: Einspruch und Aussetzung der Vollziehung

Sehr geehrte Damen und Herren,
gegen den obigen Bescheid lege ich in folgendem Punkt
Einspruch ein und beantrage bis zur rechtlichen Klärung
das Ruhen des Verfahrens nach § 363 Abs. 2 AO: Für meine
Werbungskosten aus nichtselbständiger Arbeit (Fahrt-
kosten) beantrage ich den Abzug in Höhe von . . ., weil
es dazu ein Musterverfahren (Aktenzeichen . . . . .) beim
Bundesfinanzhof gibt. Kostenaufstellung als Anlage.
Außerdem beantrage ich zusätzliche Werbungskosten aus
Vermietung und Verpachtung (Schuldzinsen) in Höhe von
. . . . In einem gleich gelagerten Fall läuft ein Muster-
verfahren beim Finanzgericht . . . . . (Az . . . . . .).
Ich bitte, mit Ihrer Einspruchsentscheidung so lange zu
warten, bis das Finanzgericht entschieden hat. Gleich-
zeitig beantrage ich Aussetzung der Vollziehung des Be-
scheides, weil ernstliche Zweifel an dessen Rechtmäßig-
keit bestehen.

Mit freundlichen Grüßen
Walter Knecht
```

TIPP Ihre Kosten für den Steuerberater zahlt der Fiskus, die Amtshaftung macht's möglich 1142

Ihr Steuerbescheid war fehlerhaft, und nur unter Mitwirkung eines versierten Steuerberaters konnten Sie das Finanzamt im Einspruchsverfahren davon überzeugen. Sie fragen sich nun zu Recht, ob Sie auf den Kosten für den Steuerberater sitzenbleiben sollen, obwohl diese doch durch den Fehler des Finanzamts verursacht wurden.

»Amtshaftung« heißt hier das Zauberwort, mit dem Sie vom Finanzamt den Ersatz Ihrer Steuerberatungskosten verlangen können. Ein Amtshaftungsanspruch liegt vor, wenn jemand in Ausübung eines ihm anvertrauten öffentlichen Amts die ihm obliegende Amtspflicht einem Dritten gegenüber schuldhaft verletzt, dadurch einen Schaden verursacht und kein Haftungsausschlussgrund vorliegt (§ 839 BGB).

Als Verletzung der Amtspflicht kommt insbesondere in Betracht, wenn

- das Finanzamt die Regeln des Verwaltungsrechts missachtet, z. B. bei Erteilung einer unrichtigen oder unvollständigen Auskunft oder Verletzung der Pflicht zur sorgfältigen Sachverhaltsermittlung;
- der Finanzbeamte ohne ersichtlichen Grund gegen die Spruchpraxis eines Obersten Gerichts verstößt, also von der Rechtsprechung des Bundesfinanzhofs abweicht. Gleiches gilt, wenn er Verwaltungsvorschriften wie z. B. Richtlinien oder BMF-Schreiben missachtet.
- Auf diese Urteile können Sie sich berufen:
- BFH-Urteil nicht angewandt: OLG Koblenz vom 17.7.2002, Az 1 U 1588/01
- Eingabe der Werbungskosten vergessen: LG Duisburg vom 13.3.1992, 10 O 371/91.

1143 **Ein Wort zum Schluss**

Ich hoffe sehr, dieses Buch hat sich für alle Leser bezahlt gemacht.

Und wenn steuerlich nicht allzu viel herauszuholen war, so hat es bei vielen vielleicht in anderer Beziehung den Blick weiten und sie dazu veranlassen können, besser Vorsorge zu treffen für das, was noch auf uns zukommt.

Denn es ist ja nicht abzusehen, was den hohen Herren dort oben, die sich da gegenseitig die Taschen füllen, noch alles einfällt, um uns zu schröpfen. Auch erfüllt uns mit Abscheu, wie sich der Fiskus mit aller Macht an uns klammert und uns keinen Ausweg lassen will, der Steuerpflicht zu entgehen. Wenn der kleine Mann diesem Treiben schon ohnmächtig zusehen muss, dann soll er sich zumindest das bisschen Recht, das die Gesetze ihm zubilligen, nicht von unwissenden Beamten nehmen lassen.

16 Die Einkommensteuertabellen für 2017

Die folgenden Einkommensteuertabellen sind auf das zu versteuernde Einkommen anzuwenden. Dessen Berechnung erfolgt nach dem Veranlagungsschema unter ➤ Rz 47. 1144

Bei den Einkommensteuertabellen ist zwischen der Grundtabelle und der Splittingtabelle zu unterscheiden. Letztere ist wesentlich günstiger als die Grundtabelle. Zur Steuerprogression und zum Splittingtarif mehr unter ➤ Rz 51, Rz 91.

Die Splittingtabelle gilt für die Zusammenveranlagung von Eheleuten, ferner für Verwitwete, jedoch nur für das Todesjahr des Ehegatten und für das darauffolgende erste volle Witwenjahr (Witwensplitting). Die Splittingtabelle ist auch maßgebend für solche Personen, deren Ehe im Veranlagungsjahr durch Scheidung aufgelöst worden ist, sofern sie zu Beginn des Jahres noch nicht dauernd getrennt gelebt haben. Hat im Jahr der Scheidung einer der Ehegatten wieder geheiratet, so erhält er bereits in diesem Jahr mit seinem neuen Ehepartner die Splittingtabelle, sofern die Neuvermählten die Zusammenveranlagung wählen. Der andere Ehegatte, der nicht wieder geheiratet hat, erhält ebenfalls die Splittingtabelle, obwohl er einzeln veranlagt wird (Gnadensplitting).

In allen anderen Fällen richtet sich die Einkommensteuer nach der Grundtabelle.

zu versteuerndes Einkommen €	Einkommensteuer Grundtabelle €	Einkommensteuer Splittingtabelle €	zu versteuerndes Einkommen €	Einkommensteuer Grundtabelle €	Einkommensteuer Splittingtabelle €	zu versteuerndes Einkommen €	Einkommensteuer Grundtabelle €	Einkommensteuer Splittingtabelle €
7.400	0	0	8.650	0	0	9.900	162	0
7.425	0	0	8.675	0	0	9.925	166	0
7.450	0	0	8.700	0	0	9.950	171	0
7.475	0	0	8.725	0	0	9.975	175	0
7.500	0	0	8.750	0	0	10.000	179	0
7.525	0	0	8.775	0	0	10.025	183	0
7.550	0	0	8.800	0	0	10.050	187	0
7.575	0	0	8.825	0	0	10.075	191	0
7.600	0	0	8.850	4	0	10.100	195	0
7.625	0	0	8.875	7	0	10.125	199	0
7.650	0	0	8.900	11	0	10.150	204	0
7.675	0	0	8.925	14	0	10.175	208	0
7.700	0	0	8.950	18	0	10.200	212	0
7.725	0	0	8.975	21	0	10.225	216	0
7.750	0	0	9.000	25	0	10.250	220	0
7.775	0	0	9.025	29	0	10.275	225	0
7.800	0	0	9.050	32	0	10.300	229	0
7.825	0	0	9.075	36	0	10.325	233	0
7.850	0	0	9.100	39	0	10.350	237	0
7.875	0	0	9.125	43	0	10.375	242	0
7.900	0	0	9.150	47	0	10.400	246	0
7.925	0	0	9.175	50	0	10.425	250	0
7.950	0	0	9.200	54	0	10.450	254	0
7.975	0	0	9.225	58	0	10.475	259	0
8.000	0	0	9.250	62	0	10.500	263	0
8.025	0	0	9.275	65	0	10.525	267	0
8.050	0	0	9.300	69	0	10.550	272	0
8.075	0	0	9.325	73	0	10.575	276	0
8.100	0	0	9.350	77	0	10.600	281	0
8.125	0	0	9.375	80	0	10.625	285	0
8.150	0	0	9.400	84	0	10.650	289	0
8.175	0	0	9.425	88	0	10.675	294	0
8.200	0	0	9.450	92	0	10.700	298	0
8.225	0	0	9.475	96	0	10.725	303	0
8.250	0	0	9.500	99	0	10.750	307	0
8.275	0	0	9.525	103	0	10.775	312	0
8.300	0	0	9.550	107	0	10.800	316	0
8.325	0	0	9.575	111	0	10.825	321	0
8.350	0	0	9.600	115	0	10.850	325	0
8.375	0	0	9.625	119	0	10.875	330	0
8.400	0	0	9.650	123	0	10.900	334	0
8.425	0	0	9.675	127	0	10.925	339	0
8.450	0	0	9.700	131	0	10.950	343	0
8.475	0	0	9.725	134	0	10.975	348	0
8.500	0	0	9.750	138	0	11.000	353	0
8.525	0	0	9.775	142	0	11.025	357	0
8.550	0	0	9.800	146	0	11.050	362	0
8.575	0	0	9.825	150	0	11.075	366	0
8.600	0	0	9.850	154	0	11.100	371	0
8.625	0	0	9.875	158	0	11.125	376	0

Einkommensteuergrund- und Splittingtabellen für 2017

zu versteuerndes Einkommen €	Einkommensteuer Grundtabelle €	Einkommensteuer Splittingtabelle €	zu versteuerndes Einkommen €	Einkommensteuer Grundtabelle €	Einkommensteuer Splittingtabelle €	zu versteuerndes Einkommen €	Einkommensteuer Grundtabelle €	Einkommensteuer Splittingtabelle €
11.150	380	0	12.400	630	0	13.650	911	0
11.175	385	0	12.425	635	0	13.675	917	0
11.200	390	0	12.450	640	0	13.700	923	0
11.225	394	0	12.475	646	0	13.725	929	0
11.250	399	0	12.500	651	0	13.750	935	0
11.275	404	0	12.525	656	0	13.775	941	0
11.300	409	0	12.550	662	0	13.800	947	0
11.325	413	0	12.575	667	0	13.825	953	0
11.350	418	0	12.600	673	0	13.850	959	0
11.375	423	0	12.625	678	0	13.875	965	0
11.400	428	0	12.650	683	0	13.900	971	0
11.425	433	0	12.675	689	0	13.925	977	0
11.450	437	0	12.700	694	0	13.950	983	0
11.475	442	0	12.725	700	0	13.975	989	0
11.500	447	0	12.750	705	0	14.000	995	0
11.525	452	0	12.775	711	0	14.025	1.001	0
11.550	457	0	12.800	716	0	14.050	1.007	0
11.575	462	0	12.825	722	0	14.075	1.013	0
11.600	467	0	12.850	727	0	14.100	1.019	0
11.625	471	0	12.875	733	0	14.125	1.025	0
11.650	476	0	12.900	738	0	14.150	1.031	0
11.675	481	0	12.925	744	0	14.175	1.037	0
11.700	486	0	12.950	750	0	14.200	1.043	0
11.725	491	0	12.975	755	0	14.225	1.049	0
11.750	496	0	13.000	761	0	14.250	1.055	0
11.775	501	0	13.025	766	0	14.275	1.061	0
11.800	506	0	13.050	772	0	14.300	1.067	0
11.825	511	0	13.075	778	0	14.325	1.073	0
11.850	516	0	13.100	783	0	14.350	1.079	0
11.875	521	0	13.125	789	0	14.375	1.085	0
11.900	526	0	13.150	795	0	14.400	1.091	0
11.925	531	0	13.175	800	0	14.425	1.097	0
11.950	536	0	13.200	806	0	14.450	1.103	0
11.975	541	0	13.225	812	0	14.475	1.109	0
12.000	547	0	13.250	817	0	14.500	1.115	0
12.025	552	0	13.275	823	0	14.525	1.122	0
12.050	557	0	13.300	829	0	14.550	1.128	0
12.075	562	0	13.325	835	0	14.575	1.134	0
12.100	567	0	13.350	840	0	14.600	1.140	0
12.125	572	0	13.375	846	0	14.625	1.146	0
12.150	577	0	13.400	852	0	14.650	1.152	0
12.175	583	0	13.425	858	0	14.675	1.158	0
12.200	588	0	13.450	864	0	14.700	1.164	0
12.225	593	0	13.475	869	0	14.725	1.170	0
12.250	598	0	13.500	875	0	14.750	1.176	0
12.275	603	0	13.525	881	0	14.775	1.182	0
12.300	609	0	13.550	887	0	14.800	1.189	0
12.325	614	0	13.575	893	0	14.825	1.195	0
12.350	619	0	13.600	899	0	14.850	1.201	0
12.375	624	0	13.625	905	0	14.875	1.207	0

Einkommensteuergrund- und Splittingtabellen für 2017

zu versteuerndes Einkommen €	Einkommensteuer Grundtabelle €	Einkommensteuer Splittingtabelle €	zu versteuerndes Einkommen €	Einkommensteuer Grundtabelle €	Einkommensteuer Splittingtabelle €	zu versteuerndes Einkommen €	Einkommensteuer Grundtabelle €	Einkommensteuer Splittingtabelle €
14.900	1.213	0	16.150	1.522	0	17.400	1.839	0
14.925	1.219	0	16.175	1.529	0	17.425	1.845	0
14.950	1.225	0	16.200	1.535	0	17.450	1.852	0
14.975	1.231	0	16.225	1.541	0	17.475	1.858	0
15.000	1.238	0	16.250	1.548	0	17.500	1.865	0
15.025	1.244	0	16.275	1.554	0	17.525	1.871	0
15.050	1.250	0	16.300	1.560	0	17.550	1.877	0
15.075	1.256	0	16.325	1.566	0	17.575	1.884	0
15.100	1.262	0	16.350	1.573	0	17.600	1.890	0
15.125	1.268	0	16.375	1.579	0	17.625	1.897	0
15.150	1.274	0	16.400	1.585	0	17.650	1.903	0
15.175	1.281	0	16.425	1.591	0	17.675	1.909	4
15.200	1.287	0	16.450	1.598	0	17.700	1.916	8
15.225	1.293	0	16.475	1.604	0	17.725	1.922	10
15.250	1.299	0	16.500	1.610	0	17.750	1.929	14
15.275	1.305	0	16.525	1.617	0	17.775	1.935	18
15.300	1.311	0	16.550	1.623	0	17.800	1.942	22
15.325	1.317	0	16.575	1.629	0	17.825	1.948	24
15.350	1.324	0	16.600	1.636	0	17.850	1.955	28
15.375	1.330	0	16.625	1.642	0	17.875	1.961	32
15.400	1.336	0	16.650	1.648	0	17.900	1.967	36
15.425	1.342	0	16.675	1.655	0	17.925	1.974	40
15.450	1.348	0	16.700	1.661	0	17.950	1.980	42
15.475	1.355	0	16.725	1.667	0	17.975	1.987	46
15.500	1.361	0	16.750	1.673	0	18.000	1.993	50
15.525	1.367	0	16.775	1.680	0	18.025	2.000	54
15.550	1.373	0	16.800	1.686	0	18.050	2.006	58
15.575	1.379	0	16.825	1.692	0	18.075	2.013	60
15.600	1.385	0	16.850	1.699	0	18.100	2.019	64
15.625	1.392	0	16.875	1.705	0	18.125	2.026	68
15.650	1.398	0	16.900	1.712	0	18.150	2.032	72
15.675	1.404	0	16.925	1.718	0	18.175	2.039	76
15.700	1.410	0	16.950	1.724	0	18.200	2.045	78
15.725	1.416	0	16.975	1.731	0	18.225	2.052	82
15.750	1.423	0	17.000	1.737	0	18.250	2.058	86
15.775	1.429	0	17.025	1.743	0	18.275	2.065	90
15.800	1.435	0	17.050	1.750	0	18.300	2.071	94
15.825	1.441	0	17.075	1.756	0	18.325	2.078	98
15.850	1.448	0	17.100	1.762	0	18.350	2.084	100
15.875	1.454	0	17.125	1.769	0	18.375	2.091	104
15.900	1.460	0	17.150	1.775	0	18.400	2.097	108
15.925	1.466	0	17.175	1.781	0	18.425	2.104	112
15.950	1.472	0	17.200	1.788	0	18.450	2.110	116
15.975	1.479	0	17.225	1.794	0	18.475	2.117	120
16.000	1.485	0	17.250	1.801	0	18.500	2.123	124
16.025	1.491	0	17.275	1.807	0	18.525	2.130	126
16.050	1.497	0	17.300	1.813	0	18.550	2.136	130
16.075	1.504	0	17.325	1.820	0	18.575	2.143	134
16.100	1.510	0	17.350	1.826	0	18.600	2.149	138
16.125	1.516	0	17.375	1.833	0	18.625	2.156	142

Einkommensteuergrund- und Splittingtabellen für 2017

zu versteuerndes Einkommen €	Einkommensteuer Grundtabelle €	Einkommensteuer Splittingtabelle €	zu versteuerndes Einkommen €	Einkommensteuer Grundtabelle €	Einkommensteuer Splittingtabelle €	zu versteuerndes Einkommen €	Einkommensteuer Grundtabelle €	Einkommensteuer Splittingtabelle €
18.650	2.162	146	19.900	2.493	342	21.150	2.830	552
18.675	2.169	150	19.925	2.499	346	21.175	2.837	556
18.700	2.175	154	19.950	2.506	350	21.200	2.844	562
18.725	2.182	156	19.975	2.513	354	21.225	2.851	566
18.750	2.189	160	20.000	2.520	358	21.250	2.857	570
18.775	2.195	164	20.025	2.526	362	21.275	2.864	574
18.800	2.202	168	20.050	2.533	366	21.300	2.871	578
18.825	2.208	172	20.075	2.540	370	21.325	2.878	584
18.850	2.215	176	20.100	2.546	374	21.350	2.885	588
18.875	2.221	180	20.125	2.553	378	21.375	2.892	592
18.900	2.228	184	20.150	2.560	382	21.400	2.899	596
18.925	2.234	188	20.175	2.566	386	21.425	2.905	600
18.950	2.241	192	20.200	2.573	390	21.450	2.912	606
18.975	2.248	194	20.225	2.580	394	21.475	2.919	610
19.000	2.254	198	20.250	2.587	398	21.500	2.926	614
19.025	2.261	202	20.275	2.593	402	21.525	2.933	618
19.050	2.267	206	20.300	2.600	408	21.550	2.940	624
19.075	2.274	210	20.325	2.607	412	21.575	2.947	628
19.100	2.281	214	20.350	2.613	416	21.600	2.953	632
19.125	2.287	218	20.375	2.620	420	21.625	2.960	636
19.150	2.294	222	20.400	2.627	424	21.650	2.967	642
19.175	2.300	226	20.425	2.634	428	21.675	2.974	646
19.200	2.307	230	20.450	2.640	432	21.700	2.981	650
19.225	2.313	234	20.475	2.647	436	21.725	2.988	654
19.250	2.320	238	20.500	2.654	440	21.750	2.995	660
19.275	2.327	242	20.525	2.661	444	21.775	3.002	664
19.300	2.333	246	20.550	2.667	450	21.800	3.008	668
19.325	2.340	250	20.575	2.674	454	21.825	3.015	672
19.350	2.347	254	20.600	2.681	458	21.850	3.022	678
19.375	2.353	256	20.625	2.688	462	21.875	3.029	682
19.400	2.360	262	20.650	2.694	466	21.900	3.036	686
19.425	2.366	264	20.675	2.701	470	21.925	3.043	692
19.450	2.373	268	20.700	2.708	474	21.950	3.050	696
19.475	2.380	272	20.725	2.715	478	21.975	3.057	700
19.500	2.386	276	20.750	2.721	484	22.000	3.064	706
19.525	2.393	280	20.775	2.728	488	22.025	3.071	710
19.550	2.400	284	20.800	2.735	492	22.050	3.077	714
19.575	2.406	288	20.825	2.742	496	22.075	3.084	718
19.600	2.413	292	20.850	2.749	500	22.100	3.091	724
19.625	2.419	296	20.875	2.755	504	22.125	3.098	728
19.650	2.426	300	20.900	2.762	508	22.150	3.105	732
19.675	2.433	304	20.925	2.769	514	22.175	3.112	738
19.700	2.439	308	20.950	2.776	518	22.200	3.119	742
19.725	2.446	312	20.975	2.783	522	22.225	3.126	746
19.750	2.453	316	21.000	2.789	526	22.250	3.133	752
19.775	2.459	320	21.025	2.796	530	22.275	3.140	756
19.800	2.466	324	21.050	2.803	534	22.300	3.147	760
19.825	2.473	328	21.075	2.810	540	22.325	3.154	766
19.850	2.479	332	21.100	2.817	544	22.350	3.161	770
19.875	2.486	336	21.125	2.823	548	22.375	3.168	774

Einkommensteuergrund- und Splittingtabellen für 2017

zu versteuerndes Einkommen €	Einkommensteuer Grundtabelle €	Einkommensteuer Splittingtabelle €	zu versteuerndes Einkommen €	Einkommensteuer Grundtabelle €	Einkommensteuer Splittingtabelle €	zu versteuerndes Einkommen €	Einkommensteuer Grundtabelle €	Einkommensteuer Splittingtabelle €
22.400	3.175	780	23.650	3.526	1.022	24.900	3.884	1.280
22.425	3.182	784	23.675	3.533	1.028	24.925	3.892	1.286
22.450	3.189	788	23.700	3.540	1.032	24.950	3.899	1.292
22.475	3.195	794	23.725	3.547	1.038	24.975	3.906	1.296
22.500	3.202	798	23.750	3.554	1.042	25.000	3.913	1.302
22.525	3.209	802	23.775	3.562	1.048	25.025	3.921	1.308
22.550	3.216	808	23.800	3.569	1.052	25.050	3.928	1.312
22.575	3.223	812	23.825	3.576	1.058	25.075	3.935	1.318
22.600	3.230	818	23.850	3.583	1.062	25.100	3.942	1.324
22.625	3.237	822	23.875	3.590	1.068	25.125	3.950	1.328
22.650	3.244	826	23.900	3.597	1.072	25.150	3.957	1.334
22.675	3.251	832	23.925	3.604	1.078	25.175	3.964	1.340
22.700	3.258	836	23.950	3.611	1.082	25.200	3.971	1.346
22.725	3.265	840	23.975	3.619	1.088	25.225	3.979	1.350
22.750	3.272	846	24.000	3.626	1.094	25.250	3.986	1.356
22.775	3.279	850	24.025	3.633	1.098	25.275	3.993	1.362
22.800	3.286	856	24.050	3.640	1.104	25.300	4.001	1.366
22.825	3.293	860	24.075	3.647	1.108	25.325	4.008	1.372
22.850	3.300	866	24.100	3.654	1.114	25.350	4.015	1.378
22.875	3.307	870	24.125	3.661	1.118	25.375	4.022	1.384
22.900	3.314	874	24.150	3.669	1.124	25.400	4.030	1.388
22.925	3.321	880	24.175	3.676	1.128	25.425	4.037	1.394
22.950	3.328	884	24.200	3.683	1.134	25.450	4.044	1.400
22.975	3.335	890	24.225	3.690	1.140	25.475	4.052	1.404
23.000	3.342	894	24.250	3.697	1.144	25.500	4.059	1.410
23.025	3.349	898	24.275	3.704	1.150	25.525	4.066	1.416
23.050	3.356	904	24.300	3.712	1.154	25.550	4.074	1.422
23.075	3.363	908	24.325	3.719	1.160	25.575	4.081	1.426
23.100	3.371	914	24.350	3.726	1.166	25.600	4.088	1.432
23.125	3.378	918	24.375	3.733	1.170	25.625	4.095	1.438
23.150	3.385	924	24.400	3.740	1.176	25.650	4.103	1.444
23.175	3.392	928	24.425	3.747	1.180	25.675	4.110	1.448
23.200	3.399	934	24.450	3.755	1.186	25.700	4.117	1.454
23.225	3.406	938	24.475	3.762	1.190	25.725	4.125	1.460
23.250	3.413	942	24.500	3.769	1.196	25.750	4.132	1.466
23.275	3.420	948	24.525	3.776	1.202	25.775	4.139	1.470
23.300	3.427	952	24.550	3.783	1.206	25.800	4.147	1.476
23.325	3.434	958	24.575	3.791	1.212	25.825	4.154	1.482
23.350	3.441	962	24.600	3.798	1.218	25.850	4.161	1.488
23.375	3.448	968	24.625	3.805	1.222	25.875	4.169	1.494
23.400	3.455	972	24.650	3.812	1.228	25.900	4.176	1.500
23.425	3.462	978	24.675	3.819	1.232	25.925	4.184	1.504
23.450	3.469	982	24.700	3.827	1.238	25.950	4.191	1.510
23.475	3.476	988	24.725	3.834	1.244	25.975	4.198	1.516
23.500	3.483	992	24.750	3.841	1.248	26.000	4.206	1.522
23.525	3.491	998	24.775	3.848	1.254	26.025	4.213	1.526
23.550	3.498	1.002	24.800	3.855	1.260	26.050	4.220	1.532
23.575	3.505	1.008	24.825	3.863	1.264	26.075	4.228	1.538
23.600	3.512	1.012	24.850	3.870	1.270	26.100	4.235	1.544
23.625	3.519	1.018	24.875	3.877	1.276	26.125	4.242	1.550

Einkommensteuergrund- und Splittingtabellen für 2017

zu versteuerndes Einkommen €	Einkommensteuer Grundtabelle €	Einkommensteuer Splittingtabelle €	zu versteuerndes Einkommen €	Einkommensteuer Grundtabelle €	Einkommensteuer Splittingtabelle €	zu versteuerndes Einkommen €	Einkommensteuer Grundtabelle €	Einkommensteuer Splittingtabelle €
26.150	4.250	1.556	27.400	4.622	1.846	28.650	5.002	2.146
26.175	4.257	1.560	27.425	4.630	1.850	28.675	5.009	2.152
26.200	4.265	1.566	27.450	4.637	1.858	28.700	5.017	2.158
26.225	4.272	1.572	27.475	4.645	1.862	28.725	5.025	2.164
26.250	4.279	1.578	27.500	4.652	1.870	28.750	5.032	2.170
26.275	4.287	1.584	27.525	4.660	1.874	28.775	5.040	2.176
26.300	4.294	1.590	27.550	4.667	1.882	28.800	5.048	2.182
26.325	4.302	1.594	27.575	4.675	1.886	28.825	5.055	2.188
26.350	4.309	1.600	27.600	4.682	1.894	28.850	5.063	2.194
26.375	4.316	1.606	27.625	4.690	1.898	28.875	5.071	2.200
26.400	4.324	1.612	27.650	4.697	1.906	28.900	5.078	2.206
26.425	4.331	1.618	27.675	4.705	1.910	28.925	5.086	2.212
26.450	4.339	1.624	27.700	4.713	1.918	28.950	5.094	2.218
26.475	4.346	1.628	27.725	4.720	1.922	28.975	5.101	2.224
26.500	4.353	1.634	27.750	4.728	1.930	29.000	5.109	2.230
26.525	4.361	1.640	27.775	4.735	1.934	29.025	5.117	2.236
26.550	4.368	1.646	27.800	4.743	1.942	29.050	5.124	2.244
26.575	4.376	1.652	27.825	4.750	1.946	29.075	5.132	2.248
26.600	4.383	1.658	27.850	4.758	1.954	29.100	5.140	2.256
26.625	4.390	1.664	27.875	4.766	1.958	29.125	5.148	2.262
26.650	4.398	1.670	27.900	4.773	1.966	29.150	5.155	2.268
26.675	4.405	1.674	27.925	4.781	1.970	29.175	5.163	2.274
26.700	4.413	1.680	27.950	4.788	1.978	29.200	5.171	2.280
26.725	4.420	1.686	27.975	4.796	1.982	29.225	5.178	2.286
26.750	4.428	1.692	28.000	4.803	1.990	29.250	5.186	2.292
26.775	4.435	1.698	28.025	4.811	1.994	29.275	5.194	2.298
26.800	4.443	1.704	28.050	4.819	2.002	29.300	5.202	2.304
26.825	4.450	1.710	28.075	4.826	2.006	29.325	5.209	2.310
26.850	4.457	1.716	28.100	4.834	2.014	29.350	5.217	2.316
26.875	4.465	1.722	28.125	4.841	2.018	29.375	5.225	2.322
26.900	4.472	1.728	28.150	4.849	2.026	29.400	5.233	2.328
26.925	4.480	1.732	28.175	4.857	2.032	29.425	5.240	2.334
26.950	4.487	1.738	28.200	4.864	2.038	29.450	5.248	2.340
26.975	4.495	1.744	28.225	4.872	2.044	29.475	5.256	2.346
27.000	4.502	1.750	28.250	4.879	2.050	29.500	5.264	2.352
27.025	4.510	1.756	28.275	4.887	2.056	29.525	5.271	2.358
27.050	4.517	1.762	28.300	4.895	2.062	29.550	5.279	2.364
27.075	4.525	1.768	28.325	4.902	2.068	29.575	5.287	2.370
27.100	4.532	1.774	28.350	4.910	2.074	29.600	5.295	2.378
27.125	4.540	1.780	28.375	4.917	2.080	29.625	5.302	2.384
27.150	4.547	1.786	28.400	4.925	2.086	29.650	5.310	2.390
27.175	4.555	1.792	28.425	4.933	2.092	29.675	5.318	2.396
27.200	4.562	1.798	28.450	4.940	2.098	29.700	5.326	2.402
27.225	4.570	1.804	28.475	4.948	2.104	29.725	5.333	2.408
27.250	4.577	1.810	28.500	4.956	2.110	29.750	5.341	2.414
27.275	4.585	1.816	28.525	4.963	2.116	29.775	5.349	2.420
27.300	4.592	1.822	28.550	4.971	2.122	29.800	5.357	2.426
27.325	4.600	1.828	28.575	4.979	2.128	29.825	5.365	2.432
27.350	4.607	1.834	28.600	4.986	2.134	29.850	5.372	2.438
27.375	4.615	1.838	28.625	4.994	2.140	29.875	5.380	2.444

Einkommensteuergrund- und Splittingtabellen für 2017

zu versteuerndes Einkommen €	Einkommensteuer Grundtabelle €	Einkommensteuer Splittingtabelle €	zu versteuerndes Einkommen €	Einkommensteuer Grundtabelle €	Einkommensteuer Splittingtabelle €	zu versteuerndes Einkommen €	Einkommensteuer Grundtabelle €	Einkommensteuer Splittingtabelle €
29.900	5.388	2.450	31.150	5.781	2.758	32.400	6.182	3.070
29.925	5.396	2.456	31.175	5.789	2.764	32.425	6.190	3.076
29.950	5.404	2.462	31.200	5.797	2.770	32.450	6.198	3.082
29.975	5.411	2.468	31.225	5.805	2.776	32.475	6.206	3.088
30.000	5.419	2.476	31.250	5.813	2.784	32.500	6.214	3.096
30.025	5.427	2.480	31.275	5.821	2.790	32.525	6.222	3.102
30.050	5.435	2.488	31.300	5.829	2.796	32.550	6.230	3.108
30.075	5.443	2.494	31.325	5.837	2.802	32.575	6.238	3.114
30.100	5.450	2.500	31.350	5.845	2.808	32.600	6.246	3.120
30.125	5.458	2.506	31.375	5.853	2.814	32.625	6.254	3.126
30.150	5.466	2.512	31.400	5.861	2.820	32.650	6.263	3.132
30.175	5.474	2.518	31.425	5.869	2.826	32.675	6.271	3.138
30.200	5.482	2.524	31.450	5.877	2.832	32.700	6.279	3.146
30.225	5.490	2.530	31.475	5.885	2.838	32.725	6.287	3.152
30.250	5.497	2.536	31.500	5.893	2.846	32.750	6.295	3.158
30.275	5.505	2.542	31.525	5.901	2.852	32.775	6.303	3.164
30.300	5.513	2.548	31.550	5.909	2.858	32.800	6.311	3.170
30.325	5.521	2.554	31.575	5.917	2.864	32.825	6.319	3.176
30.350	5.529	2.562	31.600	5.925	2.870	32.850	6.327	3.182
30.375	5.537	2.566	31.625	5.933	2.876	32.875	6.336	3.190
30.400	5.544	2.574	31.650	5.941	2.882	32.900	6.344	3.196
30.425	5.552	2.580	31.675	5.949	2.888	32.925	6.352	3.202
30.450	5.560	2.586	31.700	5.957	2.896	32.950	6.360	3.208
30.475	5.568	2.592	31.725	5.965	2.902	32.975	6.368	3.214
30.500	5.576	2.598	31.750	5.973	2.908	33.000	6.376	3.220
30.525	5.584	2.604	31.775	5.981	2.914	33.025	6.384	3.226
30.550	5.592	2.610	31.800	5.989	2.920	33.050	6.393	3.234
30.575	5.599	2.616	31.825	5.997	2.926	33.075	6.401	3.240
30.600	5.607	2.622	31.850	6.005	2.932	33.100	6.409	3.246
30.625	5.615	2.628	31.875	6.013	2.938	33.125	6.417	3.252
30.650	5.623	2.634	31.900	6.021	2.944	33.150	6.425	3.258
30.675	5.631	2.640	31.925	6.029	2.950	33.175	6.433	3.264
30.700	5.639	2.648	31.950	6.037	2.958	33.200	6.442	3.272
30.725	5.647	2.654	31.975	6.045	2.964	33.225	6.450	3.278
30.750	5.655	2.660	32.000	6.053	2.970	33.250	6.458	3.284
30.775	5.663	2.666	32.025	6.061	2.976	33.275	6.466	3.290
30.800	5.670	2.672	32.050	6.069	2.982	33.300	6.474	3.296
30.825	5.678	2.678	32.075	6.077	2.988	33.325	6.482	3.302
30.850	5.686	2.684	32.100	6.085	2.994	33.350	6.491	3.310
30.875	5.694	2.690	32.125	6.093	3.000	33.375	6.499	3.316
30.900	5.702	2.696	32.150	6.101	3.008	33.400	6.507	3.322
30.925	5.710	2.702	32.175	6.109	3.014	33.425	6.515	3.328
30.950	5.718	2.710	32.200	6.117	3.020	33.450	6.523	3.334
30.975	5.726	2.714	32.225	6.125	3.026	33.475	6.532	3.340
31.000	5.734	2.722	32.250	6.133	3.032	33.500	6.540	3.346
31.025	5.742	2.728	32.275	6.141	3.038	33.525	6.548	3.354
31.050	5.750	2.734	32.300	6.149	3.044	33.550	6.556	3.360
31.075	5.757	2.740	32.325	6.157	3.050	33.575	6.564	3.366
31.100	5.765	2.746	32.350	6.165	3.058	33.600	6.573	3.372
31.125	5.773	2.752	32.375	6.174	3.064	33.625	6.581	3.378

Einkommensteuergrund- und Splittingtabellen für 2017

zu versteuerndes Einkommen	Einkommensteuer		zu versteuerndes Einkommen	Einkommensteuer		zu versteuerndes Einkommen	Einkommensteuer	
	Grundtabelle	Splittingtabelle		Grundtabelle	Splittingtabelle		Grundtabelle	Splittingtabelle
€	€	€	€	€	€	€	€	€
33.650	6.589	3.384	34.900	7.003	3.704	36.150	7.425	4.026
33.675	6.597	3.392	34.925	7.012	3.710	36.175	7.433	4.032
33.700	6.605	3.398	34.950	7.020	3.716	36.200	7.442	4.038
33.725	6.614	3.404	34.975	7.028	3.722	36.225	7.450	4.044
33.750	6.622	3.410	35.000	7.037	3.730	36.250	7.459	4.052
33.775	6.630	3.416	35.025	7.045	3.736	36.275	7.467	4.058
33.800	6.638	3.424	35.050	7.053	3.742	36.300	7.476	4.064
33.825	6.647	3.430	35.075	7.062	3.748	36.325	7.484	4.070
33.850	6.655	3.436	35.100	7.070	3.754	36.350	7.493	4.078
33.875	6.663	3.442	35.125	7.079	3.760	36.375	7.501	4.084
33.900	6.671	3.448	35.150	7.087	3.768	36.400	7.510	4.090
33.925	6.680	3.454	35.175	7.095	3.774	36.425	7.518	4.096
33.950	6.688	3.462	35.200	7.104	3.780	36.450	7.527	4.104
33.975	6.696	3.468	35.225	7.112	3.786	36.475	7.535	4.110
34.000	6.704	3.474	35.250	7.121	3.794	36.500	7.544	4.116
34.025	6.713	3.480	35.275	7.129	3.800	36.525	7.552	4.122
34.050	6.721	3.486	35.300	7.137	3.806	36.550	7.561	4.130
34.075	6.729	3.492	35.325	7.146	3.812	36.575	7.569	4.136
34.100	6.737	3.500	35.350	7.154	3.818	36.600	7.578	4.142
34.125	6.746	3.506	35.375	7.163	3.826	36.625	7.587	4.148
34.150	6.754	3.512	35.400	7.171	3.832	36.650	7.595	4.156
34.175	6.762	3.518	35.425	7.179	3.838	36.675	7.604	4.162
34.200	6.770	3.524	35.450	7.188	3.844	36.700	7.612	4.168
34.225	6.779	3.530	35.475	7.196	3.850	36.725	7.621	4.174
34.250	6.787	3.538	35.500	7.205	3.858	36.750	7.629	4.182
34.275	6.795	3.544	35.525	7.213	3.864	36.775	7.638	4.188
34.300	6.804	3.550	35.550	7.222	3.870	36.800	7.646	4.194
34.325	6.812	3.556	35.575	7.230	3.876	36.825	7.655	4.200
34.350	6.820	3.562	35.600	7.238	3.884	36.850	7.664	4.208
34.375	6.828	3.570	35.625	7.247	3.890	36.875	7.672	4.214
34.400	6.837	3.576	35.650	7.255	3.896	36.900	7.681	4.220
34.425	6.845	3.582	35.675	7.264	3.902	36.925	7.689	4.226
34.450	6.853	3.588	35.700	7.272	3.910	36.950	7.698	4.234
34.475	6.862	3.594	35.725	7.281	3.916	36.975	7.707	4.240
34.500	6.870	3.602	35.750	7.289	3.922	37.000	7.715	4.246
34.525	6.878	3.608	35.775	7.297	3.928	37.025	7.724	4.252
34.550	6.887	3.614	35.800	7.306	3.934	37.050	7.732	4.260
34.575	6.895	3.620	35.825	7.314	3.942	37.075	7.741	4.266
34.600	6.903	3.626	35.850	7.323	3.948	37.100	7.750	4.272
34.625	6.912	3.632	35.875	7.331	3.954	37.125	7.758	4.278
34.650	6.920	3.640	35.900	7.340	3.960	37.150	7.767	4.286
34.675	6.928	3.646	35.925	7.348	3.966	37.175	7.775	4.292
34.700	6.937	3.652	35.950	7.357	3.974	37.200	7.784	4.298
34.725	6.945	3.658	35.975	7.365	3.980	37.225	7.793	4.304
34.750	6.953	3.666	36.000	7.374	3.986	37.250	7.801	4.312
34.775	6.962	3.672	36.025	7.382	3.992	37.275	7.810	4.318
34.800	6.970	3.678	36.050	7.391	4.000	37.300	7.818	4.324
34.825	6.978	3.684	36.075	7.399	4.006	37.325	7.827	4.330
34.850	6.987	3.690	36.100	7.408	4.012	37.350	7.836	4.338
34.875	6.995	3.696	36.125	7.416	4.018	37.375	7.844	4.344

Einkommensteuergrund- und Splittingtabellen für 2017

zu versteuerndes Einkommen €	Einkommensteuer Grundtabelle €	Einkommensteuer Splittingtabelle €	zu versteuerndes Einkommen €	Einkommensteuer Grundtabelle €	Einkommensteuer Splittingtabelle €	zu versteuerndes Einkommen €	Einkommensteuer Grundtabelle €	Einkommensteuer Splittingtabelle €
37.400	7.853	4.350	38.650	8.288	4.680	39.900	8.731	5.012
37.425	7.862	4.358	38.675	8.297	4.686	39.925	8.739	5.018
37.450	7.870	4.364	38.700	8.306	4.694	39.950	8.748	5.026
37.475	7.879	4.370	38.725	8.315	4.700	39.975	8.757	5.032
37.500	7.888	4.378	38.750	8.323	4.706	40.000	8.766	5.040
37.525	7.896	4.384	38.775	8.332	4.712	40.025	8.775	5.046
37.550	7.905	4.390	38.800	8.341	4.720	40.050	8.784	5.052
37.575	7.913	4.396	38.825	8.350	4.726	40.075	8.793	5.058
37.600	7.922	4.404	38.850	8.359	4.732	40.100	8.802	5.066
37.625	7.931	4.410	38.875	8.367	4.740	40.125	8.811	5.072
37.650	7.939	4.416	38.900	8.376	4.746	40.150	8.820	5.080
37.675	7.948	4.422	38.925	8.385	4.752	40.175	8.829	5.086
37.700	7.957	4.430	38.950	8.394	4.760	40.200	8.838	5.092
37.725	7.965	4.436	38.975	8.403	4.766	40.225	8.847	5.100
37.750	7.974	4.442	39.000	8.411	4.772	40.250	8.856	5.106
37.775	7.983	4.448	39.025	8.420	4.778	40.275	8.865	5.112
37.800	7.991	4.456	39.050	8.429	4.786	40.300	8.874	5.120
37.825	8.000	4.462	39.075	8.438	4.792	40.325	8.883	5.126
37.850	8.009	4.468	39.100	8.447	4.800	40.350	8.892	5.132
37.875	8.018	4.476	39.125	8.456	4.806	40.375	8.900	5.140
37.900	8.026	4.482	39.150	8.464	4.812	40.400	8.909	5.146
37.925	8.035	4.488	39.175	8.473	4.818	40.425	8.918	5.152
37.950	8.044	4.496	39.200	8.482	4.826	40.450	8.927	5.160
37.975	8.052	4.502	39.225	8.491	4.832	40.475	8.936	5.166
38.000	8.061	4.508	39.250	8.500	4.838	40.500	8.945	5.174
38.025	8.070	4.514	39.275	8.509	4.846	40.525	8.954	5.180
38.050	8.078	4.522	39.300	8.517	4.852	40.550	8.963	5.186
38.075	8.087	4.528	39.325	8.526	4.858	40.575	8.972	5.192
38.100	8.096	4.534	39.350	8.535	4.866	40.600	8.981	5.200
38.125	8.105	4.540	39.375	8.544	4.872	40.625	8.990	5.206
38.150	8.113	4.548	39.400	8.553	4.878	40.650	8.999	5.214
38.175	8.122	4.554	39.425	8.562	4.886	40.675	9.008	5.220
38.200	8.131	4.562	39.450	8.571	4.892	40.700	9.017	5.226
38.225	8.139	4.568	39.475	8.579	4.898	40.725	9.026	5.234
38.250	8.148	4.574	39.500	8.588	4.906	40.750	9.035	5.240
38.275	8.157	4.580	39.525	8.597	4.912	40.775	9.044	5.246
38.300	8.166	4.588	39.550	8.606	4.918	40.800	9.053	5.254
38.325	8.174	4.594	39.575	8.615	4.926	40.825	9.062	5.260
38.350	8.183	4.600	39.600	8.624	4.932	40.850	9.071	5.268
38.375	8.192	4.606	39.625	8.633	4.938	40.875	9.080	5.274
38.400	8.201	4.614	39.650	8.642	4.946	40.900	9.089	5.280
38.425	8.209	4.620	39.675	8.650	4.952	40.925	9.098	5.288
38.450	8.218	4.626	39.700	8.659	4.958	40.950	9.108	5.294
38.475	8.227	4.634	39.725	8.668	4.966	40.975	9.117	5.300
38.500	8.236	4.640	39.750	8.677	4.972	41.000	9.126	5.308
38.525	8.244	4.646	39.775	8.686	4.978	41.025	9.135	5.314
38.550	8.253	4.654	39.800	8.695	4.986	41.050	9.144	5.322
38.575	8.262	4.660	39.825	8.704	4.992	41.075	9.153	5.328
38.600	8.271	4.666	39.850	8.713	4.998	41.100	9.162	5.334
38.625	8.279	4.672	39.875	8.722	5.006	41.125	9.171	5.342

Einkommensteuergrund- und Splittingtabellen für 2017

zu versteuerndes Einkommen €	Einkommensteuer Grundtabelle €	Einkommensteuer Splittingtabelle €	zu versteuerndes Einkommen €	Einkommensteuer Grundtabelle €	Einkommensteuer Splittingtabelle €	zu versteuerndes Einkommen €	Einkommensteuer Grundtabelle €	Einkommensteuer Splittingtabelle €
41.150	9.180	5.348	42.400	9.636	5.688	43.650	10.099	6.030
41.175	9.189	5.354	42.425	9.645	5.694	43.675	10.109	6.038
41.200	9.198	5.362	42.450	9.655	5.702	43.700	10.118	6.044
41.225	9.207	5.368	42.475	9.664	5.708	43.725	10.127	6.052
41.250	9.216	5.376	42.500	9.673	5.714	43.750	10.137	6.058
41.275	9.225	5.382	42.525	9.682	5.722	43.775	10.146	6.064
41.300	9.234	5.388	42.550	9.691	5.728	43.800	10.156	6.072
41.325	9.243	5.396	42.575	9.701	5.736	43.825	10.165	6.078
41.350	9.252	5.402	42.600	9.710	5.742	43.850	10.174	6.086
41.375	9.261	5.408	42.625	9.719	5.748	43.875	10.184	6.092
41.400	9.271	5.416	42.650	9.728	5.756	43.900	10.193	6.100
41.425	9.280	5.422	42.675	9.737	5.762	43.925	10.202	6.106
41.450	9.289	5.430	42.700	9.747	5.770	43.950	10.212	6.114
41.475	9.298	5.436	42.725	9.756	5.776	43.975	10.221	6.120
41.500	9.307	5.442	42.750	9.765	5.784	44.000	10.230	6.128
41.525	9.316	5.450	42.775	9.774	5.790	44.025	10.240	6.134
41.550	9.325	5.456	42.800	9.784	5.798	44.050	10.249	6.142
41.575	9.334	5.462	42.825	9.793	5.804	44.075	10.259	6.148
41.600	9.343	5.470	42.850	9.802	5.810	44.100	10.268	6.154
41.625	9.352	5.476	42.875	9.811	5.818	44.125	10.277	6.162
41.650	9.362	5.484	42.900	9.821	5.824	44.150	10.287	6.168
41.675	9.371	5.490	42.925	9.830	5.832	44.175	10.296	6.176
41.700	9.380	5.498	42.950	9.839	5.838	44.200	10.306	6.182
41.725	9.389	5.504	42.975	9.848	5.844	44.225	10.315	6.190
41.750	9.398	5.510	43.000	9.858	5.852	44.250	10.324	6.196
41.775	9.407	5.518	43.025	9.867	5.858	44.275	10.334	6.204
41.800	9.416	5.524	43.050	9.876	5.866	44.300	10.343	6.210
41.825	9.425	5.530	43.075	9.885	5.872	44.325	10.353	6.216
41.850	9.435	5.538	43.100	9.895	5.880	44.350	10.362	6.224
41.875	9.444	5.544	43.125	9.904	5.886	44.375	10.371	6.230
41.900	9.453	5.552	43.150	9.913	5.894	44.400	10.381	6.238
41.925	9.462	5.558	43.175	9.923	5.900	44.425	10.390	6.244
41.950	9.471	5.566	43.200	9.932	5.906	44.450	10.400	6.252
41.975	9.480	5.572	43.225	9.941	5.914	44.475	10.409	6.258
42.000	9.489	5.578	43.250	9.950	5.920	44.500	10.418	6.266
42.025	9.499	5.586	43.275	9.960	5.928	44.525	10.428	6.272
42.050	9.508	5.592	43.300	9.969	5.934	44.550	10.437	6.280
42.075	9.517	5.598	43.325	9.978	5.940	44.575	10.447	6.286
42.100	9.526	5.606	43.350	9.988	5.948	44.600	10.456	6.294
42.125	9.535	5.612	43.375	9.997	5.954	44.625	10.466	6.300
42.150	9.544	5.620	43.400	10.006	5.962	44.650	10.475	6.308
42.175	9.554	5.626	43.425	10.016	5.968	44.675	10.485	6.314
42.200	9.563	5.634	43.450	10.025	5.976	44.700	10.494	6.322
42.225	9.572	5.640	43.475	10.034	5.982	44.725	10.503	6.328
42.250	9.581	5.646	43.500	10.043	5.990	44.750	10.513	6.336
42.275	9.590	5.654	43.525	10.053	5.996	44.775	10.522	6.342
42.300	9.599	5.660	43.550	10.062	6.004	44.800	10.532	6.350
42.325	9.609	5.666	43.575	10.071	6.010	44.825	10.541	6.356
42.350	9.618	5.674	43.600	10.081	6.016	44.850	10.551	6.364
42.375	9.627	5.680	43.625	10.090	6.024	44.875	10.560	6.370

Einkommensteuergrund- und Splittingtabellen für 2017

zu versteuerndes Einkommen €	Einkommensteuer Grundtabelle €	Einkommensteuer Splittingtabelle €	zu versteuerndes Einkommen €	Einkommensteuer Grundtabelle €	Einkommensteuer Splittingtabelle €	zu versteuerndes Einkommen €	Einkommensteuer Grundtabelle €	Einkommensteuer Splittingtabelle €
44.900	10.570	6.378	46.150	11.047	6.726	47.400	11.531	7.080
44.925	10.579	6.384	46.175	11.057	6.734	47.425	11.541	7.088
44.950	10.589	6.390	46.200	11.066	6.742	47.450	11.551	7.094
44.975	10.598	6.398	46.225	11.076	6.748	47.475	11.561	7.102
45.000	10.608	6.404	46.250	11.085	6.756	47.500	11.570	7.108
45.025	10.617	6.412	46.275	11.095	6.762	47.525	11.580	7.116
45.050	10.627	6.418	46.300	11.105	6.770	47.550	11.590	7.124
45.075	10.636	6.426	46.325	11.114	6.776	47.575	11.600	7.130
45.100	10.646	6.432	46.350	11.124	6.784	47.600	11.609	7.138
45.125	10.655	6.440	46.375	11.134	6.790	47.625	11.619	7.144
45.150	10.665	6.446	46.400	11.143	6.798	47.650	11.629	7.152
45.175	10.674	6.454	46.425	11.153	6.804	47.675	11.639	7.158
45.200	10.684	6.460	46.450	11.163	6.812	47.700	11.649	7.166
45.225	10.693	6.468	46.475	11.172	6.818	47.725	11.658	7.172
45.250	10.703	6.474	46.500	11.182	6.826	47.750	11.668	7.180
45.275	10.712	6.482	46.525	11.192	6.832	47.775	11.678	7.186
45.300	10.722	6.488	46.550	11.201	6.840	47.800	11.688	7.194
45.325	10.731	6.496	46.575	11.211	6.846	47.825	11.697	7.202
45.350	10.741	6.502	46.600	11.221	6.854	47.850	11.707	7.208
45.375	10.750	6.510	46.625	11.230	6.860	47.875	11.717	7.216
45.400	10.760	6.516	46.650	11.240	6.868	47.900	11.727	7.222
45.425	10.769	6.524	46.675	11.250	6.874	47.925	11.737	7.230
45.450	10.779	6.530	46.700	11.259	6.882	47.950	11.747	7.238
45.475	10.788	6.538	46.725	11.269	6.888	47.975	11.756	7.244
45.500	10.798	6.544	46.750	11.279	6.896	48.000	11.766	7.252
45.525	10.807	6.552	46.775	11.288	6.902	48.025	11.776	7.258
45.550	10.817	6.558	46.800	11.298	6.910	48.050	11.786	7.266
45.575	10.827	6.566	46.825	11.308	6.918	48.075	11.796	7.272
45.600	10.836	6.572	46.850	11.317	6.924	48.100	11.805	7.280
45.625	10.846	6.580	46.875	11.327	6.932	48.125	11.815	7.286
45.650	10.855	6.586	46.900	11.337	6.938	48.150	11.825	7.294
45.675	10.865	6.594	46.925	11.346	6.946	48.175	11.835	7.302
45.700	10.874	6.600	46.950	11.356	6.952	48.200	11.845	7.308
45.725	10.884	6.608	46.975	11.366	6.960	48.225	11.855	7.316
45.750	10.893	6.614	47.000	11.376	6.966	48.250	11.865	7.322
45.775	10.903	6.622	47.025	11.385	6.974	48.275	11.874	7.330
45.800	10.913	6.628	47.050	11.395	6.982	48.300	11.884	7.338
45.825	10.922	6.636	47.075	11.405	6.988	48.325	11.894	7.344
45.850	10.932	6.642	47.100	11.414	6.996	48.350	11.904	7.352
45.875	10.941	6.650	47.125	11.424	7.002	48.375	11.914	7.358
45.900	10.951	6.656	47.150	11.434	7.010	48.400	11.924	7.366
45.925	10.961	6.664	47.175	11.444	7.016	48.425	11.934	7.372
45.950	10.970	6.670	47.200	11.453	7.024	48.450	11.943	7.380
45.975	10.980	6.678	47.225	11.463	7.030	48.475	11.953	7.386
46.000	10.989	6.684	47.250	11.473	7.038	48.500	11.963	7.394
46.025	10.999	6.692	47.275	11.483	7.044	48.525	11.973	7.402
46.050	11.009	6.698	47.300	11.492	7.052	48.550	11.983	7.408
46.075	11.018	6.706	47.325	11.502	7.058	48.575	11.993	7.416
46.100	11.028	6.712	47.350	11.512	7.066	48.600	12.003	7.424
46.125	11.037	6.720	47.375	11.521	7.074	48.625	12.013	7.430

Einkommensteuergrund- und Splittingtabellen für 2017

zu versteuerndes Einkommen €	Einkommensteuer Grundtabelle €	Einkommensteuer Splittingtabelle €	zu versteuerndes Einkommen €	Einkommensteuer Grundtabelle €	Einkommensteuer Splittingtabelle €	zu versteuerndes Einkommen €	Einkommensteuer Grundtabelle €	Einkommensteuer Splittingtabelle €
48.650	12.022	7.438	49.900	12.521	7.798	51.150	13.026	8.162
48.675	12.032	7.444	49.925	12.531	7.804	51.175	13.036	8.168
48.700	12.042	7.452	49.950	12.541	7.812	51.200	13.046	8.176
48.725	12.052	7.458	49.975	12.551	7.820	51.225	13.057	8.184
48.750	12.062	7.466	50.000	12.561	7.826	51.250	13.067	8.190
48.775	12.072	7.472	50.025	12.571	7.834	51.275	13.077	8.198
48.800	12.082	7.480	50.050	12.581	7.842	51.300	13.087	8.206
48.825	12.092	7.488	50.075	12.591	7.848	51.325	13.097	8.212
48.850	12.102	7.494	50.100	12.601	7.856	51.350	13.107	8.220
48.875	12.112	7.502	50.125	12.611	7.862	51.375	13.118	8.228
48.900	12.122	7.510	50.150	12.621	7.870	51.400	13.128	8.234
48.925	12.132	7.516	50.175	12.631	7.878	51.425	13.138	8.242
48.950	12.141	7.524	50.200	12.641	7.884	51.450	13.148	8.250
48.975	12.151	7.530	50.225	12.651	7.892	51.475	13.158	8.256
49.000	12.161	7.538	50.250	12.662	7.900	51.500	13.169	8.264
49.025	12.171	7.544	50.275	12.672	7.906	51.525	13.179	8.272
49.050	12.181	7.552	50.300	12.682	7.914	51.550	13.189	8.278
49.075	12.191	7.560	50.325	12.692	7.920	51.575	13.199	8.286
49.100	12.201	7.566	50.350	12.702	7.928	51.600	13.210	8.294
49.125	12.211	7.574	50.375	12.712	7.936	51.625	13.220	8.300
49.150	12.221	7.582	50.400	12.722	7.942	51.650	13.230	8.308
49.175	12.231	7.588	50.425	12.732	7.950	51.675	13.240	8.316
49.200	12.241	7.596	50.450	12.742	7.958	51.700	13.251	8.322
49.225	12.251	7.602	50.475	12.752	7.964	51.725	13.261	8.330
49.250	12.261	7.610	50.500	12.762	7.972	51.750	13.271	8.338
49.275	12.271	7.616	50.525	12.772	7.980	51.775	13.281	8.344
49.300	12.281	7.624	50.550	12.783	7.986	51.800	13.291	8.352
49.325	12.291	7.632	50.575	12.793	7.994	51.825	13.302	8.360
49.350	12.301	7.638	50.600	12.803	8.002	51.850	13.312	8.368
49.375	12.311	7.646	50.625	12.813	8.008	51.875	13.322	8.374
49.400	12.321	7.654	50.650	12.823	8.016	51.900	13.332	8.382
49.425	12.331	7.660	50.675	12.833	8.022	51.925	13.343	8.388
49.450	12.341	7.668	50.700	12.843	8.030	51.950	13.353	8.396
49.475	12.351	7.674	50.725	12.853	8.038	51.975	13.363	8.404
49.500	12.361	7.682	50.750	12.864	8.044	52.000	13.374	8.412
49.525	12.371	7.688	50.775	12.874	8.052	52.025	13.384	8.418
49.550	12.381	7.696	50.800	12.884	8.060	52.050	13.394	8.426
49.575	12.391	7.704	50.825	12.894	8.066	52.075	13.404	8.432
49.600	12.401	7.710	50.850	12.904	8.074	52.100	13.415	8.440
49.625	12.411	7.718	50.875	12.914	8.082	52.125	13.425	8.448
49.650	12.421	7.726	50.900	12.924	8.088	52.150	13.435	8.456
49.675	12.431	7.732	50.925	12.935	8.096	52.175	13.445	8.462
49.700	12.441	7.740	50.950	12.945	8.104	52.200	13.456	8.470
49.725	12.451	7.746	50.975	12.955	8.110	52.225	13.466	8.478
49.750	12.461	7.754	51.000	12.965	8.118	52.250	13.476	8.484
49.775	12.471	7.762	51.025	12.975	8.124	52.275	13.487	8.492
49.800	12.481	7.768	51.050	12.985	8.132	52.300	13.497	8.500
49.825	12.491	7.776	51.075	12.995	8.140	52.325	13.507	8.506
49.850	12.501	7.784	51.100	13.006	8.148	52.350	13.518	8.514
49.875	12.511	7.790	51.125	13.016	8.154	52.375	13.528	8.522

Einkommensteuergrund- und Splittingtabellen für 2017

zu versteuerndes Einkommen	Einkommensteuer		zu versteuerndes Einkommen	Einkommensteuer		zu versteuerndes Einkommen	Einkommensteuer	
€	Grundtabelle €	Splittingtabelle €	€	Grundtabelle €	Splittingtabelle €	€	Grundtabelle €	Splittingtabelle €
52.400	13.538	8.530	53.650	14.057	8.900	54.900	14.582	9.274
52.425	13.549	8.536	53.675	14.068	8.908	54.925	14.593	9.282
52.450	13.559	8.544	53.700	14.078	8.914	54.950	14.603	9.290
52.475	13.569	8.550	53.725	14.089	8.922	54.975	14.614	9.296
52.500	13.579	8.558	53.750	14.099	8.930	55.000	14.624	9.304
52.525	13.590	8.566	53.775	14.110	8.938	55.025	14.635	9.312
52.550	13.600	8.574	53.800	14.120	8.944	55.050	14.645	9.320
52.575	13.610	8.580	53.825	14.131	8.952	55.075	14.656	9.326
52.600	13.621	8.588	53.850	14.141	8.960	55.100	14.666	9.334
52.625	13.631	8.596	53.875	14.152	8.966	55.125	14.677	9.342
52.650	13.641	8.604	53.900	14.162	8.974	55.150	14.687	9.350
52.675	13.652	8.610	53.925	14.173	8.982	55.175	14.698	9.356
52.700	13.662	8.618	53.950	14.183	8.990	55.200	14.708	9.364
52.725	13.673	8.624	53.975	14.194	8.996	55.225	14.719	9.372
52.750	13.683	8.632	54.000	14.204	9.004	55.250	14.729	9.380
52.775	13.693	8.640	54.025	14.215	9.012	55.275	14.740	9.388
52.800	13.704	8.648	54.050	14.225	9.020	55.300	14.750	9.394
52.825	13.714	8.654	54.075	14.236	9.026	55.325	14.761	9.402
52.850	13.724	8.662	54.100	14.246	9.034	55.350	14.771	9.410
52.875	13.735	8.670	54.125	14.257	9.042	55.375	14.782	9.418
52.900	13.745	8.678	54.150	14.267	9.050	55.400	14.792	9.426
52.925	13.755	8.684	54.175	14.278	9.056	55.425	14.803	9.432
52.950	13.766	8.692	54.200	14.288	9.064	55.450	14.813	9.440
52.975	13.776	8.700	54.225	14.299	9.072	55.475	14.824	9.448
53.000	13.787	8.706	54.250	14.309	9.080	55.500	14.834	9.456
53.025	13.797	8.714	54.275	14.320	9.086	55.525	14.845	9.462
53.050	13.807	8.722	54.300	14.330	9.094	55.550	14.855	9.470
53.075	13.818	8.728	54.325	14.341	9.102	55.575	14.866	9.478
53.100	13.828	8.736	54.350	14.351	9.110	55.600	14.876	9.486
53.125	13.839	8.744	54.375	14.362	9.116	55.625	14.887	9.492
53.150	13.849	8.752	54.400	14.372	9.124	55.650	14.897	9.500
53.175	13.859	8.758	54.425	14.383	9.132	55.675	14.908	9.508
53.200	13.870	8.766	54.450	14.393	9.140	55.700	14.918	9.516
53.225	13.880	8.774	54.475	14.404	9.146	55.725	14.929	9.524
53.250	13.891	8.780	54.500	14.414	9.154	55.750	14.939	9.532
53.275	13.901	8.788	54.525	14.425	9.162	55.775	14.950	9.538
53.300	13.911	8.796	54.550	14.435	9.170	55.800	14.960	9.546
53.325	13.922	8.802	54.575	14.446	9.176	55.825	14.971	9.554
53.350	13.932	8.810	54.600	14.456	9.184	55.850	14.981	9.562
53.375	13.943	8.818	54.625	14.467	9.192	55.875	14.992	9.568
53.400	13.953	8.826	54.650	14.477	9.200	55.900	15.002	9.576
53.425	13.963	8.832	54.675	14.488	9.206	55.925	15.013	9.584
53.450	13.974	8.840	54.700	14.498	9.214	55.950	15.023	9.592
53.475	13.984	8.848	54.725	14.509	9.222	55.975	15.034	9.598
53.500	13.995	8.856	54.750	14.519	9.230	56.000	15.044	9.606
53.525	14.005	8.862	54.775	14.530	9.236	56.025	15.055	9.614
53.550	14.016	8.870	54.800	14.540	9.244	56.050	15.065	9.622
53.575	14.026	8.878	54.825	14.551	9.252	56.075	15.076	9.630
53.600	14.037	8.886	54.850	14.561	9.260	56.100	15.086	9.638
53.625	14.047	8.892	54.875	14.572	9.266	56.125	15.097	9.644

Einkommensteuergrund- und Splittingtabellen für 2017

zu versteuerndes Einkommen €	Einkommensteuer Grundtabelle €	Einkommensteuer Splittingtabelle €	zu versteuerndes Einkommen €	Einkommensteuer Grundtabelle €	Einkommensteuer Splittingtabelle €	zu versteuerndes Einkommen €	Einkommensteuer Grundtabelle €	Einkommensteuer Splittingtabelle €
56.150	15.107	9.652	57.400	15.632	10.034	58.650	16.157	10.418
56.175	15.118	9.660	57.425	15.643	10.042	58.675	16.168	10.426
56.200	15.128	9.668	57.450	15.653	10.050	58.700	16.178	10.434
56.225	15.139	9.674	57.475	15.664	10.056	58.725	16.189	10.442
56.250	15.149	9.682	57.500	15.674	10.064	58.750	16.199	10.450
56.275	15.160	9.690	57.525	15.685	10.072	58.775	16.210	10.458
56.300	15.170	9.698	57.550	15.695	10.080	58.800	16.220	10.466
56.325	15.181	9.706	57.575	15.706	10.088	58.825	16.231	10.472
56.350	15.191	9.714	57.600	15.716	10.096	58.850	16.241	10.480
56.375	15.202	9.720	57.625	15.727	10.102	58.875	16.252	10.488
56.400	15.212	9.728	57.650	15.737	10.110	58.900	16.262	10.496
56.425	15.223	9.736	57.675	15.748	10.118	58.925	16.273	10.504
56.450	15.233	9.744	57.700	15.758	10.126	58.950	16.283	10.512
56.475	15.244	9.750	57.725	15.769	10.134	58.975	16.294	10.518
56.500	15.254	9.758	57.750	15.779	10.142	59.000	16.304	10.528
56.525	15.265	9.766	57.775	15.790	10.148	59.025	16.315	10.534
56.550	15.275	9.774	57.800	15.800	10.156	59.050	16.325	10.542
56.575	15.286	9.782	57.825	15.811	10.164	59.075	16.336	10.550
56.600	15.296	9.790	57.850	15.821	10.172	59.100	16.346	10.558
56.625	15.307	9.796	57.875	15.832	10.180	59.125	16.357	10.566
56.650	15.317	9.804	57.900	15.842	10.188	59.150	16.367	10.574
56.675	15.328	9.812	57.925	15.853	10.194	59.175	16.378	10.582
56.700	15.338	9.820	57.950	15.863	10.202	59.200	16.388	10.590
56.725	15.349	9.828	57.975	15.874	10.210	59.225	16.399	10.596
56.750	15.359	9.834	58.000	15.884	10.218	59.250	16.409	10.604
56.775	15.370	9.842	58.025	15.895	10.226	59.275	16.420	10.612
56.800	15.380	9.850	58.050	15.905	10.234	59.300	16.430	10.620
56.825	15.391	9.858	58.075	15.916	10.240	59.325	16.441	10.628
56.850	15.401	9.866	58.100	15.926	10.248	59.350	16.451	10.636
56.875	15.412	9.872	58.125	15.937	10.256	59.375	16.462	10.644
56.900	15.422	9.880	58.150	15.947	10.264	59.400	16.472	10.652
56.925	15.433	9.888	58.175	15.958	10.272	59.425	16.483	10.658
56.950	15.443	9.896	58.200	15.968	10.280	59.450	16.493	10.666
56.975	15.454	9.904	58.225	15.979	10.288	59.475	16.504	10.674
57.000	15.464	9.912	58.250	15.989	10.296	59.500	16.514	10.682
57.025	15.475	9.918	58.275	16.000	10.302	59.525	16.525	10.690
57.050	15.485	9.926	58.300	16.010	10.310	59.550	16.535	10.698
57.075	15.496	9.934	58.325	16.021	10.318	59.575	16.546	10.706
57.100	15.506	9.942	58.350	16.031	10.326	59.600	16.556	10.714
57.125	15.517	9.950	58.375	16.042	10.334	59.625	16.567	10.720
57.150	15.527	9.958	58.400	16.052	10.342	59.650	16.577	10.730
57.175	15.538	9.964	58.425	16.063	10.348	59.675	16.588	10.736
57.200	15.548	9.972	58.450	16.073	10.356	59.700	16.598	10.744
57.225	15.559	9.980	58.475	16.084	10.364	59.725	16.609	10.752
57.250	15.569	9.988	58.500	16.094	10.372	59.750	16.619	10.760
57.275	15.580	9.996	58.525	16.105	10.380	59.775	16.630	10.768
57.300	15.590	10.004	58.550	16.115	10.388	59.800	16.640	10.776
57.325	15.601	10.010	58.575	16.126	10.396	59.825	16.651	10.784
57.350	15.611	10.018	58.600	16.136	10.404	59.850	16.661	10.792
57.375	15.622	10.026	58.625	16.147	10.410	59.875	16.672	10.798

Einkommensteuergrund- und Splittingtabellen für 2017

zu versteuerndes Einkommen €	Einkommensteuer Grundtabelle €	Einkommensteuer Splittingtabelle €	zu versteuerndes Einkommen €	Einkommensteuer Grundtabelle €	Einkommensteuer Splittingtabelle €	zu versteuerndes Einkommen €	Einkommensteuer Grundtabelle €	Einkommensteuer Splittingtabelle €
59.900	16.682	10.808	61.150	17.207	11.198	62.400	17.732	11.594
59.925	16.693	10.814	61.175	17.218	11.206	62.425	17.743	11.602
59.950	16.703	10.822	61.200	17.228	11.214	62.450	17.753	11.610
59.975	16.714	10.830	61.225	17.239	11.222	62.475	17.764	11.618
60.000	16.724	10.838	61.250	17.249	11.230	62.500	17.774	11.626
60.025	16.735	10.846	61.275	17.260	11.238	62.525	17.785	11.634
60.050	16.745	10.854	61.300	17.270	11.246	62.550	17.795	11.642
60.075	16.756	10.862	61.325	17.281	11.254	62.575	17.806	11.650
60.100	16.766	10.870	61.350	17.291	11.262	62.600	17.816	11.658
60.125	16.777	10.876	61.375	17.302	11.270	62.625	17.827	11.666
60.150	16.787	10.886	61.400	17.312	11.278	62.650	17.837	11.674
60.175	16.798	10.892	61.425	17.323	11.286	62.675	17.848	11.682
60.200	16.808	10.900	61.450	17.333	11.294	62.700	17.858	11.690
60.225	16.819	10.908	61.475	17.344	11.302	62.725	17.869	11.698
60.250	16.829	10.916	61.500	17.354	11.310	62.750	17.879	11.706
60.275	16.840	10.924	61.525	17.365	11.316	62.775	17.890	11.714
60.300	16.850	10.932	61.550	17.375	11.326	62.800	17.900	11.722
60.325	16.861	10.940	61.575	17.386	11.332	62.825	17.911	11.730
60.350	16.871	10.948	61.600	17.396	11.340	62.850	17.921	11.738
60.375	16.882	10.956	61.625	17.407	11.348	62.875	17.932	11.746
60.400	16.892	10.964	61.650	17.417	11.356	62.900	17.942	11.754
60.425	16.903	10.970	61.675	17.428	11.364	62.925	17.953	11.762
60.450	16.913	10.980	61.700	17.438	11.372	62.950	17.963	11.770
60.475	16.924	10.986	61.725	17.449	11.380	62.975	17.974	11.778
60.500	16.934	10.994	61.750	17.459	11.388	63.000	17.984	11.786
60.525	16.945	11.002	61.775	17.470	11.396	63.025	17.995	11.792
60.550	16.955	11.010	61.800	17.480	11.404	63.050	18.005	11.802
60.575	16.966	11.018	61.825	17.491	11.412	63.075	18.016	11.808
60.600	16.976	11.026	61.850	17.501	11.420	63.100	18.026	11.818
60.625	16.987	11.034	61.875	17.512	11.428	63.125	18.037	11.824
60.650	16.997	11.042	61.900	17.522	11.436	63.150	18.047	11.834
60.675	17.008	11.050	61.925	17.533	11.444	63.175	18.058	11.840
60.700	17.018	11.058	61.950	17.543	11.452	63.200	18.068	11.850
60.725	17.029	11.064	61.975	17.554	11.460	63.225	18.079	11.856
60.750	17.039	11.074	62.000	17.564	11.468	63.250	18.089	11.866
60.775	17.050	11.080	62.025	17.575	11.476	63.275	18.100	11.872
60.800	17.060	11.088	62.050	17.585	11.484	63.300	18.110	11.882
60.825	17.071	11.096	62.075	17.596	11.490	63.325	18.121	11.888
60.850	17.081	11.104	62.100	17.606	11.500	63.350	18.131	11.898
60.875	17.092	11.112	62.125	17.617	11.506	63.375	18.142	11.904
60.900	17.102	11.120	62.150	17.627	11.514	63.400	18.152	11.914
60.925	17.113	11.128	62.175	17.638	11.522	63.425	18.163	11.920
60.950	17.123	11.136	62.200	17.648	11.530	63.450	18.173	11.930
60.975	17.134	11.144	62.225	17.659	11.538	63.475	18.184	11.936
61.000	17.144	11.152	62.250	17.669	11.546	63.500	18.194	11.946
61.025	17.155	11.160	62.275	17.680	11.554	63.525	18.205	11.952
61.050	17.165	11.168	62.300	17.690	11.562	63.550	18.215	11.962
61.075	17.176	11.174	62.325	17.701	11.570	63.575	18.226	11.968
61.100	17.186	11.184	62.350	17.711	11.578	63.600	18.236	11.978
61.125	17.197	11.190	62.375	17.722	11.586	63.625	18.247	11.984

Einkommensteuergrund- und Splittingtabellen für 2017

zu versteuerndes Einkommen €	Einkommensteuer Grundtabelle €	Einkommensteuer Splittingtabelle €	zu versteuerndes Einkommen €	Einkommensteuer Grundtabelle €	Einkommensteuer Splittingtabelle €	zu versteuerndes Einkommen €	Einkommensteuer Grundtabelle €	Einkommensteuer Splittingtabelle €
63.650	18.257	11.994	64.900	18.782	12.396	66.150	19.307	12.802
63.675	18.268	12.000	64.925	18.793	12.404	66.175	19.318	12.810
63.700	18.278	12.010	64.950	18.803	12.412	66.200	19.328	12.818
63.725	18.289	12.016	64.975	18.814	12.420	66.225	19.339	12.826
63.750	18.299	12.026	65.000	18.824	12.428	66.250	19.349	12.834
63.775	18.310	12.032	65.025	18.835	12.436	66.275	19.360	12.842
63.800	18.320	12.042	65.050	18.845	12.444	66.300	19.370	12.850
63.825	18.331	12.048	65.075	18.856	12.452	66.325	19.381	12.858
63.850	18.341	12.058	65.100	18.866	12.460	66.350	19.391	12.866
63.875	18.352	12.066	65.125	18.877	12.468	66.375	19.402	12.874
63.900	18.362	12.074	65.150	18.887	12.476	66.400	19.412	12.884
63.925	18.373	12.082	65.175	18.898	12.484	66.425	19.423	12.890
63.950	18.383	12.090	65.200	18.908	12.492	66.450	19.433	12.900
63.975	18.394	12.098	65.225	18.919	12.500	66.475	19.444	12.908
64.000	18.404	12.106	65.250	18.929	12.508	66.500	19.454	12.916
64.025	18.415	12.114	65.275	18.940	12.516	66.525	19.465	12.924
64.050	18.425	12.122	65.300	18.950	12.526	66.550	19.475	12.932
64.075	18.436	12.130	65.325	18.961	12.532	66.575	19.486	12.940
64.100	18.446	12.138	65.350	18.971	12.542	66.600	19.496	12.948
64.125	18.457	12.146	65.375	18.982	12.550	66.625	19.507	12.956
64.150	18.467	12.154	65.400	18.992	12.558	66.650	19.517	12.964
64.175	18.478	12.162	65.425	19.003	12.566	66.675	19.528	12.972
64.200	18.488	12.170	65.450	19.013	12.574	66.700	19.538	12.982
64.225	18.499	12.178	65.475	19.024	12.582	66.725	19.549	12.988
64.250	18.509	12.186	65.500	19.034	12.590	66.750	19.559	12.998
64.275	18.520	12.194	65.525	19.045	12.598	66.775	19.570	13.006
64.300	18.530	12.202	65.550	19.055	12.606	66.800	19.580	13.014
64.325	18.541	12.210	65.575	19.066	12.614	66.825	19.591	13.022
64.350	18.551	12.218	65.600	19.076	12.622	66.850	19.601	13.030
64.375	18.562	12.226	65.625	19.087	12.630	66.875	19.612	13.038
64.400	18.572	12.234	65.650	19.097	12.638	66.900	19.622	13.046
64.425	18.583	12.242	65.675	19.108	12.646	66.925	19.633	13.054
64.450	18.593	12.250	65.700	19.118	12.654	66.950	19.643	13.064
64.475	18.604	12.258	65.725	19.129	12.662	66.975	19.654	13.070
64.500	18.614	12.266	65.750	19.139	12.672	67.000	19.664	13.080
64.525	18.625	12.274	65.775	19.150	12.678	67.025	19.675	13.088
64.550	18.635	12.282	65.800	19.160	12.688	67.050	19.685	13.096
64.575	18.646	12.290	65.825	19.171	12.696	67.075	19.696	13.104
64.600	18.656	12.298	65.850	19.181	12.704	67.100	19.706	13.112
64.625	18.667	12.306	65.875	19.192	12.712	67.125	19.717	13.120
64.650	18.677	12.314	65.900	19.202	12.720	67.150	19.727	13.128
64.675	18.688	12.322	65.925	19.213	12.728	67.175	19.738	13.136
64.700	18.698	12.330	65.950	19.223	12.736	67.200	19.748	13.146
64.725	18.709	12.338	65.975	19.234	12.744	67.225	19.759	13.152
64.750	18.719	12.348	66.000	19.244	12.752	67.250	19.769	13.162
64.775	18.730	12.354	66.025	19.255	12.760	67.275	19.780	13.170
64.800	18.740	12.364	66.050	19.265	12.768	67.300	19.790	13.178
64.825	18.751	12.372	66.075	19.276	12.776	67.325	19.801	13.186
64.850	18.761	12.380	66.100	19.286	12.786	67.350	19.811	13.194
64.875	18.772	12.388	66.125	19.297	12.792	67.375	19.822	13.202

Einkommensteuergrund- und Splittingtabellen für 2017

zu versteuerndes Einkommen €	Einkommensteuer Grundtabelle €	Einkommensteuer Splittingtabelle €	zu versteuerndes Einkommen €	Einkommensteuer Grundtabelle €	Einkommensteuer Splittingtabelle €	zu versteuerndes Einkommen €	Einkommensteuer Grundtabelle €	Einkommensteuer Splittingtabelle €
67.400	19.832	13.210	68.650	20.357	13.624	69.900	20.882	14.040
67.425	19.843	13.218	68.675	20.368	13.632	69.925	20.893	14.048
67.450	19.853	13.228	68.700	20.378	13.640	69.950	20.903	14.056
67.475	19.864	13.236	68.725	20.389	13.648	69.975	20.914	14.064
67.500	19.874	13.244	68.750	20.399	13.656	70.000	20.924	14.074
67.525	19.885	13.252	68.775	20.410	13.664	70.025	20.935	14.082
67.550	19.895	13.260	68.800	20.420	13.674	70.050	20.945	14.090
67.575	19.906	13.268	68.825	20.431	13.682	70.075	20.956	14.098
67.600	19.916	13.276	68.850	20.441	13.690	70.100	20.966	14.106
67.625	19.927	13.284	68.875	20.452	13.698	70.125	20.977	14.116
67.650	19.937	13.294	68.900	20.462	13.706	70.150	20.987	14.124
67.675	19.948	13.302	68.925	20.473	13.714	70.175	20.998	14.132
67.700	19.958	13.310	68.950	20.483	13.724	70.200	21.008	14.140
67.725	19.969	13.318	68.975	20.494	13.732	70.225	21.019	14.148
67.750	19.979	13.326	69.000	20.504	13.740	70.250	21.029	14.158
67.775	19.990	13.334	69.025	20.515	13.748	70.275	21.040	14.166
67.800	20.000	13.342	69.050	20.525	13.756	70.300	21.050	14.174
67.825	20.011	13.350	69.075	20.536	13.764	70.325	21.061	14.182
67.850	20.021	13.360	69.100	20.546	13.774	70.350	21.071	14.190
67.875	20.032	13.366	69.125	20.557	13.782	70.375	21.082	14.198
67.900	20.042	13.376	69.150	20.567	13.790	70.400	21.092	14.208
67.925	20.053	13.384	69.175	20.578	13.798	70.425	21.103	14.216
67.950	20.063	13.392	69.200	20.588	13.806	70.450	21.113	14.224
67.975	20.074	13.400	69.225	20.599	13.814	70.475	21.124	14.232
68.000	20.084	13.408	69.250	20.609	13.824	70.500	21.134	14.242
68.025	20.095	13.416	69.275	20.620	13.832	70.525	21.145	14.250
68.050	20.105	13.426	69.300	20.630	13.840	70.550	21.155	14.258
68.075	20.116	13.432	69.325	20.641	13.848	70.575	21.166	14.266
68.100	20.126	13.442	69.350	20.651	13.856	70.600	21.176	14.274
68.125	20.137	13.450	69.375	20.662	13.864	70.625	21.187	14.282
68.150	20.147	13.458	69.400	20.672	13.874	70.650	21.197	14.292
68.175	20.158	13.466	69.425	20.683	13.882	70.675	21.208	14.300
68.200	20.168	13.474	69.450	20.693	13.890	70.700	21.218	14.308
68.225	20.179	13.482	69.475	20.704	13.898	70.725	21.229	14.316
68.250	20.189	13.492	69.500	20.714	13.906	70.750	21.239	14.326
68.275	20.200	13.500	69.525	20.725	13.914	70.775	21.250	14.334
68.300	20.210	13.508	69.550	20.735	13.924	70.800	21.260	14.342
68.325	20.221	13.516	69.575	20.746	13.932	70.825	21.271	14.350
68.350	20.231	13.524	69.600	20.756	13.940	70.850	21.281	14.358
68.375	20.242	13.532	69.625	20.767	13.948	70.875	21.292	14.366
68.400	20.252	13.540	69.650	20.777	13.956	70.900	21.302	14.376
68.425	20.263	13.548	69.675	20.788	13.964	70.925	21.313	14.384
68.450	20.273	13.558	69.700	20.798	13.974	70.950	21.323	14.392
68.475	20.284	13.566	69.725	20.809	13.982	70.975	21.334	14.400
68.500	20.294	13.574	69.750	20.819	13.990	71.000	21.344	14.410
68.525	20.305	13.582	69.775	20.830	13.998	71.025	21.355	14.418
68.550	20.315	13.590	69.800	20.840	14.006	71.050	21.365	14.426
68.575	20.326	13.598	69.825	20.851	14.014	71.075	21.376	14.434
68.600	20.336	13.608	69.850	20.861	14.024	71.100	21.386	14.444
68.625	20.347	13.616	69.875	20.872	14.032	71.125	21.397	14.452

Einkommensteuergrund- und Splittingtabellen für 2017

zu versteuerndes Einkommen €	Einkommensteuer Grundtabelle €	Einkommensteuer Splittingtabelle €	zu versteuerndes Einkommen €	Einkommensteuer Grundtabelle €	Einkommensteuer Splittingtabelle €	zu versteuerndes Einkommen €	Einkommensteuer Grundtabelle €	Einkommensteuer Splittingtabelle €
71.150	21.407	14.460	72.400	21.932	14.884	73.650	22.457	15.310
71.175	21.418	14.468	72.425	21.943	14.892	73.675	22.468	15.318
71.200	21.428	14.476	72.450	21.953	14.900	73.700	22.478	15.328
71.225	21.439	14.484	72.475	21.964	14.908	73.725	22.489	15.336
71.250	21.449	14.494	72.500	21.974	14.918	73.750	22.499	15.344
71.275	21.460	14.502	72.525	21.985	14.926	73.775	22.510	15.352
71.300	21.470	14.510	72.550	21.995	14.934	73.800	22.520	15.362
71.325	21.481	14.518	72.575	22.006	14.942	73.825	22.531	15.370
71.350	21.491	14.528	72.600	22.016	14.952	73.850	22.541	15.378
71.375	21.502	14.536	72.625	22.027	14.960	73.875	22.552	15.386
71.400	21.512	14.544	72.650	22.037	14.968	73.900	22.562	15.396
71.425	21.523	14.552	72.675	22.048	14.976	73.925	22.573	15.404
71.450	21.533	14.562	72.700	22.058	14.986	73.950	22.583	15.414
71.475	21.544	14.570	72.725	22.069	14.994	73.975	22.594	15.422
71.500	21.554	14.578	72.750	22.079	15.002	74.000	22.604	15.430
71.525	21.565	14.586	72.775	22.090	15.010	74.025	22.615	15.438
71.550	21.575	14.594	72.800	22.100	15.020	74.050	22.625	15.448
71.575	21.586	14.604	72.825	22.111	15.028	74.075	22.636	15.456
71.600	21.596	14.612	72.850	22.121	15.036	74.100	22.646	15.464
71.625	21.607	14.620	72.875	22.132	15.044	74.125	22.657	15.472
71.650	21.617	14.628	72.900	22.142	15.054	74.150	22.667	15.482
71.675	21.628	14.636	72.925	22.153	15.062	74.175	22.678	15.490
71.700	21.638	14.646	72.950	22.163	15.070	74.200	22.688	15.500
71.725	21.649	14.654	72.975	22.174	15.078	74.225	22.699	15.508
71.750	21.659	14.662	73.000	22.184	15.088	74.250	22.709	15.516
71.775	21.670	14.670	73.025	22.195	15.096	74.275	22.720	15.524
71.800	21.680	14.680	73.050	22.205	15.104	74.300	22.730	15.534
71.825	21.691	14.688	73.075	22.216	15.112	74.325	22.741	15.542
71.850	21.701	14.696	73.100	22.226	15.122	74.350	22.751	15.550
71.875	21.712	14.704	73.125	22.237	15.130	74.375	22.762	15.558
71.900	21.722	14.714	73.150	22.247	15.138	74.400	22.772	15.568
71.925	21.733	14.722	73.175	22.258	15.148	74.425	22.783	15.576
71.950	21.743	14.730	73.200	22.268	15.156	74.450	22.793	15.586
71.975	21.754	14.738	73.225	22.279	15.164	74.475	22.804	15.594
72.000	21.764	14.748	73.250	22.289	15.174	74.500	22.814	15.602
72.025	21.775	14.756	73.275	22.300	15.182	74.525	22.825	15.610
72.050	21.785	14.764	73.300	22.310	15.190	74.550	22.835	15.620
72.075	21.796	14.772	73.325	22.321	15.198	74.575	22.846	15.628
72.100	21.806	14.782	73.350	22.331	15.208	74.600	22.856	15.636
72.125	21.817	14.790	73.375	22.342	15.216	74.625	22.867	15.646
72.150	21.827	14.798	73.400	22.352	15.224	74.650	22.877	15.654
72.175	21.838	14.806	73.425	22.363	15.232	74.675	22.888	15.662
72.200	21.848	14.816	73.450	22.373	15.242	74.700	22.898	15.672
72.225	21.859	14.824	73.475	22.384	15.250	74.725	22.909	15.680
72.250	21.869	14.832	73.500	22.394	15.258	74.750	22.919	15.688
72.275	21.880	14.840	73.525	22.405	15.266	74.775	22.930	15.696
72.300	21.890	14.850	73.550	22.415	15.276	74.800	22.940	15.706
72.325	21.901	14.858	73.575	22.426	15.284	74.825	22.951	15.714
72.350	21.911	14.866	73.600	22.436	15.292	74.850	22.961	15.724
72.375	21.922	14.874	73.625	22.447	15.302	74.875	22.972	15.732

Einkommensteuergrund- und Splittingtabellen für 2017

zu versteuerndes Einkommen €	Einkommensteuer Grundtabelle €	Einkommensteuer Splittingtabelle €	zu versteuerndes Einkommen €	Einkommensteuer Grundtabelle €	Einkommensteuer Splittingtabelle €	zu versteuerndes Einkommen €	Einkommensteuer Grundtabelle €	Einkommensteuer Splittingtabelle €
74.900	22.982	15.740	76.150	23.507	16.174	77.400	24.032	16.612
74.925	22.993	15.748	76.175	23.518	16.182	77.425	24.043	16.620
74.950	23.003	15.758	76.200	23.528	16.192	77.450	24.053	16.630
74.975	23.014	15.766	76.225	23.539	16.200	77.475	24.064	16.638
75.000	23.024	15.776	76.250	23.549	16.210	77.500	24.074	16.646
75.025	23.035	15.784	76.275	23.560	16.218	77.525	24.085	16.656
75.050	23.045	15.792	76.300	23.570	16.226	77.550	24.095	16.664
75.075	23.056	15.800	76.325	23.581	16.234	77.575	24.106	16.672
75.100	23.066	15.810	76.350	23.591	16.244	77.600	24.116	16.682
75.125	23.077	15.818	76.375	23.602	16.252	77.625	24.127	16.690
75.150	23.087	15.826	76.400	23.612	16.262	77.650	24.137	16.700
75.175	23.098	15.836	76.425	23.623	16.270	77.675	24.148	16.708
75.200	23.108	15.844	76.450	23.633	16.278	77.700	24.158	16.718
75.225	23.119	15.852	76.475	23.644	16.288	77.725	24.169	16.726
75.250	23.129	15.862	76.500	23.654	16.296	77.750	24.179	16.734
75.275	23.140	15.870	76.525	23.665	16.304	77.775	24.190	16.744
75.300	23.150	15.878	76.550	23.675	16.314	77.800	24.200	16.752
75.325	23.161	15.888	76.575	23.686	16.322	77.825	24.211	16.760
75.350	23.171	15.896	76.600	23.696	16.332	77.850	24.221	16.770
75.375	23.182	15.904	76.625	23.707	16.340	77.875	24.232	16.778
75.400	23.192	15.914	76.650	23.717	16.348	77.900	24.242	16.788
75.425	23.203	15.922	76.675	23.728	16.358	77.925	24.253	16.796
75.450	23.213	15.930	76.700	23.738	16.366	77.950	24.263	16.806
75.475	23.224	15.940	76.725	23.749	16.374	77.975	24.274	16.814
75.500	23.234	15.948	76.750	23.759	16.384	78.000	24.284	16.822
75.525	23.245	15.956	76.775	23.770	16.392	78.025	24.295	16.832
75.550	23.255	15.966	76.800	23.780	16.402	78.050	24.305	16.840
75.575	23.266	15.974	76.825	23.791	16.410	78.075	24.316	16.848
75.600	23.276	15.982	76.850	23.801	16.418	78.100	24.326	16.858
75.625	23.287	15.992	76.875	23.812	16.428	78.125	24.337	16.866
75.650	23.297	16.000	76.900	23.822	16.436	78.150	24.347	16.876
75.675	23.308	16.008	76.925	23.833	16.444	78.175	24.358	16.884
75.700	23.318	16.018	76.950	23.843	16.454	78.200	24.368	16.894
75.725	23.329	16.026	76.975	23.854	16.462	78.225	24.379	16.902
75.750	23.339	16.036	77.000	23.864	16.472	78.250	24.389	16.912
75.775	23.350	16.044	77.025	23.875	16.480	78.275	24.400	16.920
75.800	23.360	16.052	77.050	23.885	16.488	78.300	24.410	16.928
75.825	23.371	16.060	77.075	23.896	16.498	78.325	24.421	16.938
75.850	23.381	16.070	77.100	23.906	16.506	78.350	24.431	16.946
75.875	23.392	16.078	77.125	23.917	16.514	78.375	24.442	16.954
75.900	23.402	16.088	77.150	23.927	16.524	78.400	24.452	16.964
75.925	23.413	16.096	77.175	23.938	16.532	78.425	24.463	16.972
75.950	23.423	16.104	77.200	23.948	16.542	78.450	24.473	16.982
75.975	23.434	16.114	77.225	23.959	16.550	78.475	24.484	16.990
76.000	23.444	16.122	77.250	23.969	16.558	78.500	24.494	17.000
76.025	23.455	16.130	77.275	23.980	16.568	78.525	24.505	17.008
76.050	23.465	16.140	77.300	23.990	16.576	78.550	24.515	17.018
76.075	23.476	16.148	77.325	24.001	16.584	78.575	24.526	17.026
76.100	23.486	16.156	77.350	24.011	16.594	78.600	24.536	17.034
76.125	23.497	16.166	77.375	24.022	16.602	78.625	24.547	17.044

Einkommensteuergrund- und Splittingtabellen für 2017

zu versteuerndes Einkommen €	Einkommensteuer Grundtabelle €	Einkommensteuer Splittingtabelle €	zu versteuerndes Einkommen €	Einkommensteuer Grundtabelle €	Einkommensteuer Splittingtabelle €	zu versteuerndes Einkommen €	Einkommensteuer Grundtabelle €	Einkommensteuer Splittingtabelle €
78.650	24.557	17.052	79.900	25.082	17.496	81.150	25.607	17.944
78.675	24.568	17.060	79.925	25.093	17.506	81.175	25.618	17.954
78.700	24.578	17.070	79.950	25.103	17.514	81.200	25.628	17.962
78.725	24.589	17.078	79.975	25.114	17.524	81.225	25.639	17.972
78.750	24.599	17.088	80.000	25.124	17.532	81.250	25.649	17.980
78.775	24.610	17.096	80.025	25.135	17.542	81.275	25.660	17.990
78.800	24.620	17.106	80.050	25.145	17.550	81.300	25.670	17.998
78.825	24.631	17.114	80.075	25.156	17.558	81.325	25.681	18.008
78.850	24.641	17.124	80.100	25.166	17.568	81.350	25.691	18.016
78.875	24.652	17.132	80.125	25.177	17.576	81.375	25.702	18.026
78.900	24.662	17.142	80.150	25.187	17.586	81.400	25.712	18.034
78.925	24.673	17.150	80.175	25.198	17.594	81.425	25.723	18.044
78.950	24.683	17.158	80.200	25.208	17.604	81.450	25.733	18.052
78.975	24.694	17.168	80.225	25.219	17.612	81.475	25.744	18.062
79.000	24.704	17.176	80.250	25.229	17.622	81.500	25.754	18.070
79.025	24.715	17.186	80.275	25.240	17.630	81.525	25.765	18.080
79.050	24.725	17.194	80.300	25.250	17.640	81.550	25.775	18.088
79.075	24.736	17.202	80.325	25.261	17.648	81.575	25.786	18.098
79.100	24.746	17.212	80.350	25.271	17.658	81.600	25.796	18.106
79.125	24.757	17.220	80.375	25.282	17.666	81.625	25.807	18.116
79.150	24.767	17.230	80.400	25.292	17.676	81.650	25.817	18.124
79.175	24.778	17.238	80.425	25.303	17.684	81.675	25.828	18.134
79.200	24.788	17.248	80.450	25.313	17.694	81.700	25.838	18.142
79.225	24.799	17.256	80.475	25.324	17.702	81.725	25.849	18.152
79.250	24.809	17.266	80.500	25.334	17.712	81.750	25.859	18.160
79.275	24.820	17.274	80.525	25.345	17.720	81.775	25.870	18.170
79.300	24.830	17.284	80.550	25.355	17.730	81.800	25.880	18.178
79.325	24.841	17.292	80.575	25.366	17.738	81.825	25.891	18.188
79.350	24.851	17.300	80.600	25.376	17.748	81.850	25.901	18.196
79.375	24.862	17.310	80.625	25.387	17.756	81.875	25.912	18.206
79.400	24.872	17.318	80.650	25.397	17.766	81.900	25.922	18.216
79.425	24.883	17.328	80.675	25.408	17.774	81.925	25.933	18.224
79.450	24.893	17.336	80.700	25.418	17.784	81.950	25.943	18.234
79.475	24.904	17.344	80.725	25.429	17.792	81.975	25.954	18.242
79.500	24.914	17.354	80.750	25.439	17.800	82.000	25.964	18.252
79.525	24.925	17.362	80.775	25.450	17.810	82.025	25.975	18.260
79.550	24.935	17.372	80.800	25.460	17.818	82.050	25.985	18.270
79.575	24.946	17.380	80.825	25.471	17.828	82.075	25.996	18.278
79.600	24.956	17.390	80.850	25.481	17.836	82.100	26.006	18.288
79.625	24.967	17.398	80.875	25.492	17.846	82.125	26.017	18.296
79.650	24.977	17.408	80.900	25.502	17.854	82.150	26.027	18.306
79.675	24.988	17.416	80.925	25.513	17.864	82.175	26.038	18.314
79.700	24.998	17.426	80.950	25.523	17.872	82.200	26.048	18.324
79.725	25.009	17.434	80.975	25.534	17.882	82.225	26.059	18.332
79.750	25.019	17.444	81.000	25.544	17.890	82.250	26.069	18.342
79.775	25.030	17.452	81.025	25.555	17.900	82.275	26.080	18.350
79.800	25.040	17.462	81.050	25.565	17.908	82.300	26.090	18.360
79.825	25.051	17.470	81.075	25.576	17.918	82.325	26.101	18.368
79.850	25.061	17.478	81.100	25.586	17.926	82.350	26.111	18.378
79.875	25.072	17.488	81.125	25.597	17.936	82.375	26.122	18.386

Einkommensteuergrund- und Splittingtabellen für 2017

zu versteuerndes Einkommen	Einkommensteuer		zu versteuerndes Einkommen	Einkommensteuer		zu versteuerndes Einkommen	Einkommensteuer	
	Grundtabelle	Splittingtabelle		Grundtabelle	Splittingtabelle		Grundtabelle	Splittingtabelle
€	€	€	€	€	€	€	€	€
82.400	26.132	18.396	83.650	26.657	18.850	84.900	27.182	19.310
82.425	26.143	18.404	83.675	26.668	18.860	84.925	27.193	19.318
82.450	26.153	18.414	83.700	26.678	18.870	84.950	27.203	19.328
82.475	26.164	18.422	83.725	26.689	18.878	84.975	27.214	19.336
82.500	26.174	18.432	83.750	26.699	18.888	85.000	27.224	19.346
82.525	26.185	18.440	83.775	26.710	18.896	85.025	27.235	19.354
82.550	26.195	18.450	83.800	26.720	18.906	85.050	27.245	19.364
82.575	26.206	18.460	83.825	26.731	18.914	85.075	27.256	19.374
82.600	26.216	18.468	83.850	26.741	18.924	85.100	27.266	19.382
82.625	26.227	18.478	83.875	26.752	18.932	85.125	27.277	19.392
82.650	26.237	18.486	83.900	26.762	18.942	85.150	27.287	19.402
82.675	26.248	18.496	83.925	26.773	18.950	85.175	27.298	19.410
82.700	26.258	18.504	83.950	26.783	18.960	85.200	27.308	19.420
82.725	26.269	18.514	83.975	26.794	18.970	85.225	27.319	19.428
82.750	26.279	18.522	84.000	26.804	18.978	85.250	27.329	19.438
82.775	26.290	18.532	84.025	26.815	18.988	85.275	27.340	19.446
82.800	26.300	18.542	84.050	26.825	18.998	85.300	27.350	19.456
82.825	26.311	18.550	84.075	26.836	19.006	85.325	27.361	19.466
82.850	26.321	18.560	84.100	26.846	19.016	85.350	27.371	19.474
82.875	26.332	18.568	84.125	26.857	19.024	85.375	27.382	19.484
82.900	26.342	18.578	84.150	26.867	19.034	85.400	27.392	19.494
82.925	26.353	18.586	84.175	26.878	19.042	85.425	27.403	19.502
82.950	26.363	18.596	84.200	26.888	19.052	85.450	27.413	19.512
82.975	26.374	18.604	84.225	26.899	19.060	85.475	27.424	19.520
83.000	26.384	18.614	84.250	26.909	19.070	85.500	27.434	19.530
83.025	26.395	18.622	84.275	26.920	19.080	85.525	27.445	19.540
83.050	26.405	18.632	84.300	26.930	19.088	85.550	27.455	19.548
83.075	26.416	18.640	84.325	26.941	19.098	85.575	27.466	19.558
83.100	26.426	18.650	84.350	26.951	19.108	85.600	27.476	19.568
83.125	26.437	18.658	84.375	26.962	19.116	85.625	27.487	19.576
83.150	26.447	18.668	84.400	26.972	19.126	85.650	27.497	19.586
83.175	26.458	18.678	84.425	26.983	19.134	85.675	27.508	19.594
83.200	26.468	18.686	84.450	26.993	19.144	85.700	27.518	19.604
83.225	26.479	18.696	84.475	27.004	19.152	85.725	27.529	19.614
83.250	26.489	18.704	84.500	27.014	19.162	85.750	27.539	19.622
83.275	26.500	18.714	84.525	27.025	19.170	85.775	27.550	19.632
83.300	26.510	18.724	84.550	27.035	19.180	85.800	27.560	19.642
83.325	26.521	18.732	84.575	27.046	19.190	85.825	27.571	19.650
83.350	26.531	18.742	84.600	27.056	19.198	85.850	27.581	19.660
83.375	26.542	18.750	84.625	27.067	19.208	85.875	27.592	19.668
83.400	26.552	18.760	84.650	27.077	19.218	85.900	27.602	19.678
83.425	26.563	18.768	84.675	27.088	19.226	85.925	27.613	19.688
83.450	26.573	18.778	84.700	27.098	19.236	85.950	27.623	19.696
83.475	26.584	18.786	84.725	27.109	19.244	85.975	27.634	19.706
83.500	26.594	18.796	84.750	27.119	19.254	86.000	27.644	19.716
83.525	26.605	18.804	84.775	27.130	19.262	86.025	27.655	19.724
83.550	26.615	18.814	84.800	27.140	19.272	86.050	27.665	19.734
83.575	26.626	18.824	84.825	27.151	19.282	86.075	27.676	19.742
83.600	26.636	18.832	84.850	27.161	19.290	86.100	27.686	19.752
83.625	26.647	18.842	84.875	27.172	19.300	86.125	27.697	19.762

Einkommensteuergrund- und Splittingtabellen für 2017

zu versteuerndes Einkommen €	Einkommensteuer Grundtabelle €	Einkommensteuer Splittingtabelle €	zu versteuerndes Einkommen €	Einkommensteuer Grundtabelle €	Einkommensteuer Splittingtabelle €	zu versteuerndes Einkommen €	Einkommensteuer Grundtabelle €	Einkommensteuer Splittingtabelle €
86.150	27.707	19.770	87.400	28.232	20.236	88.650	28.757	20.706
86.175	27.718	19.780	87.425	28.243	20.246	88.675	28.768	20.714
86.200	27.728	19.790	87.450	28.253	20.254	88.700	28.778	20.724
86.225	27.739	19.798	87.475	28.264	20.264	88.725	28.789	20.732
86.250	27.749	19.808	87.500	28.274	20.274	88.750	28.799	20.742
86.275	27.760	19.816	87.525	28.285	20.282	88.775	28.810	20.752
86.300	27.770	19.826	87.550	28.295	20.292	88.800	28.820	20.762
86.325	27.781	19.836	87.575	28.306	20.302	88.825	28.831	20.770
86.350	27.791	19.846	87.600	28.316	20.312	88.850	28.841	20.780
86.375	27.802	19.854	87.625	28.327	20.320	88.875	28.852	20.790
86.400	27.812	19.864	87.650	28.337	20.330	88.900	28.862	20.800
86.425	27.823	19.872	87.675	28.348	20.338	88.925	28.873	20.808
86.450	27.833	19.882	87.700	28.358	20.348	88.950	28.883	20.818
86.475	27.844	19.892	87.725	28.369	20.358	88.975	28.894	20.828
86.500	27.854	19.900	87.750	28.379	20.368	89.000	28.904	20.836
86.525	27.865	19.910	87.775	28.390	20.376	89.025	28.915	20.846
86.550	27.875	19.920	87.800	28.400	20.386	89.050	28.925	20.856
86.575	27.886	19.928	87.825	28.411	20.394	89.075	28.936	20.864
86.600	27.896	19.938	87.850	28.421	20.404	89.100	28.946	20.874
86.625	27.907	19.946	87.875	28.432	20.414	89.125	28.957	20.884
86.650	27.917	19.956	87.900	28.442	20.424	89.150	28.967	20.894
86.675	27.928	19.966	87.925	28.453	20.432	89.175	28.978	20.902
86.700	27.938	19.976	87.950	28.463	20.442	89.200	28.988	20.912
86.725	27.949	19.984	87.975	28.474	20.452	89.225	28.999	20.922
86.750	27.959	19.994	88.000	28.484	20.460	89.250	29.009	20.932
86.775	27.970	20.002	88.025	28.495	20.470	89.275	29.020	20.940
86.800	27.980	20.012	88.050	28.505	20.480	89.300	29.030	20.950
86.825	27.991	20.022	88.075	28.516	20.488	89.325	29.041	20.960
86.850	28.001	20.032	88.100	28.526	20.498	89.350	29.051	20.970
86.875	28.012	20.040	88.125	28.537	20.508	89.375	29.062	20.978
86.900	28.022	20.050	88.150	28.547	20.518	89.400	29.072	20.988
86.925	28.033	20.058	88.175	28.558	20.526	89.425	29.083	20.998
86.950	28.043	20.068	88.200	28.568	20.536	89.450	29.093	21.006
86.975	28.054	20.078	88.225	28.579	20.544	89.475	29.104	21.016
87.000	28.064	20.086	88.250	28.589	20.554	89.500	29.114	21.026
87.025	28.075	20.096	88.275	28.600	20.564	89.525	29.125	21.034
87.050	28.085	20.106	88.300	28.610	20.574	89.550	29.135	21.044
87.075	28.096	20.114	88.325	28.621	20.582	89.575	29.146	21.054
87.100	28.106	20.124	88.350	28.631	20.592	89.600	29.156	21.064
87.125	28.117	20.134	88.375	28.642	20.602	89.625	29.167	21.072
87.150	28.127	20.142	88.400	28.652	20.612	89.650	29.177	21.082
87.175	28.138	20.152	88.425	28.663	20.620	89.675	29.188	21.092
87.200	28.148	20.162	88.450	28.673	20.630	89.700	29.198	21.102
87.225	28.159	20.170	88.475	28.684	20.638	89.725	29.209	21.110
87.250	28.169	20.180	88.500	28.694	20.648	89.750	29.219	21.120
87.275	28.180	20.190	88.525	28.705	20.658	89.775	29.230	21.130
87.300	28.190	20.198	88.550	28.715	20.668	89.800	29.240	21.140
87.325	28.201	20.208	88.575	28.726	20.676	89.825	29.251	21.148
87.350	28.211	20.218	88.600	28.736	20.686	89.850	29.261	21.158
87.375	28.222	20.226	88.625	28.747	20.696	89.875	29.272	21.168

Einkommensteuergrund- und Splittingtabellen für 2017

zu versteuerndes Einkommen €	Einkommensteuer Grundtabelle €	Einkommensteuer Splittingtabelle €	zu versteuerndes Einkommen €	Einkommensteuer Grundtabelle €	Einkommensteuer Splittingtabelle €	zu versteuerndes Einkommen €	Einkommensteuer Grundtabelle €	Einkommensteuer Splittingtabelle €
89.900	29.282	21.178	91.150	29.807	21.654	92.400	30.332	22.132
89.925	29.293	21.186	91.175	29.818	21.662	92.425	30.343	22.142
89.950	29.303	21.196	91.200	29.828	21.672	92.450	30.353	22.152
89.975	29.314	21.206	91.225	29.839	21.682	92.475	30.364	22.160
90.000	29.324	21.216	91.250	29.849	21.692	92.500	30.374	22.170
90.025	29.335	21.224	91.275	29.860	21.700	92.525	30.385	22.180
90.050	29.345	21.234	91.300	29.870	21.710	92.550	30.395	22.190
90.075	29.356	21.244	91.325	29.881	21.720	92.575	30.406	22.200
90.100	29.366	21.254	91.350	29.891	21.730	92.600	30.416	22.210
90.125	29.377	21.262	91.375	29.902	21.738	92.625	30.427	25.312
90.150	29.387	21.272	91.400	29.912	21.748	92.650	30.437	22.228
90.175	29.398	21.282	91.425	29.923	21.758	92.675	30.448	22.238
90.200	29.408	21.292	91.450	29.933	21.768	92.700	30.458	22.248
90.225	29.419	21.300	91.475	29.944	21.778	92.725	30.469	22.258
90.250	29.429	21.310	91.500	29.954	21.786	92.750	30.479	22.268
90.275	29.440	21.320	91.525	29.965	21.796	92.775	30.490	22.276
90.300	29.450	21.330	91.550	29.975	21.806	92.800	30.500	22.286
90.325	29.461	21.338	91.575	29.986	21.816	92.825	30.511	22.296
90.350	29.471	21.348	91.600	29.996	21.826	92.850	30.521	22.306
90.375	29.482	21.358	91.625	30.007	21.834	92.875	30.532	22.316
90.400	29.492	21.368	91.650	30.017	21.844	92.900	30.542	22.326
90.425	29.503	21.376	91.675	30.028	21.854	92.925	30.553	22.334
90.450	29.513	21.386	91.700	30.038	21.864	92.950	30.563	22.344
90.475	29.524	21.396	91.725	30.049	21.872	92.975	30.574	22.354
90.500	29.534	21.406	91.750	30.059	21.882	93.000	30.584	22.364
90.525	29.545	21.414	91.775	30.070	21.892	93.025	30.595	22.374
90.550	29.555	21.424	91.800	30.080	21.902	93.050	30.605	22.384
90.575	29.566	21.434	91.825	30.091	21.912	93.075	30.616	22.392
90.600	29.576	21.444	91.850	30.101	21.922	93.100	30.626	22.402
90.625	29.587	21.452	91.875	30.112	21.930	93.125	30.637	22.412
90.650	29.597	21.462	91.900	30.122	21.940	93.150	30.647	22.422
90.675	29.608	21.472	91.925	30.133	21.950	93.175	30.658	22.430
90.700	29.618	21.482	91.950	30.143	21.960	93.200	30.668	22.442
90.725	29.629	21.490	91.975	30.154	21.968	93.225	30.679	22.450
90.750	29.639	21.500	92.000	30.164	21.978	93.250	30.689	22.460
90.775	29.650	21.510	92.025	30.175	21.988	93.275	30.700	22.470
90.800	29.660	21.520	92.050	30.185	21.998	93.300	30.710	22.480
90.825	29.671	21.528	92.075	30.196	22.008	93.325	30.721	22.488
90.850	29.681	21.538	92.100	30.206	22.018	93.350	30.731	22.500
90.875	29.692	21.548	92.125	30.217	22.026	93.375	30.742	22.508
90.900	29.702	21.558	92.150	30.227	22.036	93.400	30.752	22.518
90.925	29.713	21.566	92.175	30.238	22.046	93.425	30.763	22.528
90.950	29.723	21.576	92.200	30.248	22.056	93.450	30.773	22.538
90.975	29.734	21.586	92.225	30.259	22.064	93.475	30.784	22.548
91.000	29.744	21.596	92.250	30.269	22.074	93.500	30.794	22.558
91.025	29.755	21.606	92.275	30.280	22.084	93.525	30.805	22.566
91.050	29.765	21.614	92.300	30.290	22.094	93.550	30.815	22.576
91.075	29.776	21.624	92.325	30.301	22.104	93.575	30.826	22.586
91.100	29.786	21.634	92.350	30.311	22.114	93.600	30.836	22.596
91.125	29.797	21.644	92.375	30.322	22.122	93.625	30.847	22.606

Einkommensteuergrund- und Splittingtabellen für 2017

zu versteuerndes Einkommen	Einkommensteuer		zu versteuerndes Einkommen	Einkommensteuer		zu versteuerndes Einkommen	Einkommensteuer	
	Grundtabelle	Splittingtabelle		Grundtabelle	Splittingtabelle		Grundtabelle	Splittingtabelle
€	€	€	€	€	€	€	€	€
93.650	30.857	22.616	94.900	31.382	23.102	96.150	31.907	23.592
93.675	30.868	22.624	94.925	31.393	23.110	96.175	31.918	23.600
93.700	30.878	22.634	94.950	31.403	23.122	96.200	31.928	23.610
93.725	30.889	22.644	94.975	31.414	23.130	96.225	31.939	23.620
93.750	30.899	22.654	95.000	31.424	23.140	96.250	31.949	23.630
93.775	30.910	22.664	95.025	31.435	23.150	96.275	31.960	23.640
93.800	30.920	22.674	95.050	31.445	23.160	96.300	31.970	23.650
93.825	30.931	22.682	95.075	31.456	23.170	96.325	31.981	23.660
93.850	30.941	22.692	95.100	31.466	23.180	96.350	31.991	23.670
93.875	30.952	22.702	95.125	31.477	23.190	96.375	32.002	23.680
93.900	30.962	22.712	95.150	31.487	23.200	96.400	32.012	23.690
93.925	30.973	22.722	95.175	31.498	23.208	96.425	32.023	23.700
93.950	30.983	22.732	95.200	31.508	23.218	96.450	32.033	23.710
93.975	30.994	22.740	95.225	31.519	23.228	96.475	32.044	23.718
94.000	31.004	22.752	95.250	31.529	23.238	96.500	32.054	23.730
94.025	31.015	22.760	95.275	31.540	23.248	96.525	32.065	23.738
94.050	31.025	22.770	95.300	31.550	23.258	96.550	32.075	23.748
94.075	31.036	22.780	95.325	31.561	23.268	96.575	32.086	23.758
94.100	31.046	22.790	95.350	31.571	23.278	96.600	32.096	23.768
94.125	31.057	22.800	95.375	31.582	23.286	96.625	32.107	23.778
94.150	31.067	22.810	95.400	31.592	23.298	96.650	32.117	23.788
94.175	31.078	22.818	95.425	31.603	23.306	96.675	32.128	23.798
94.200	31.088	22.828	95.450	31.613	23.316	96.700	32.138	23.808
94.225	31.099	22.838	95.475	31.624	23.326	96.725	32.149	23.818
94.250	31.109	22.848	95.500	31.634	23.336	96.750	32.159	23.828
94.275	31.120	22.858	95.525	31.645	23.346	96.775	32.170	23.838
94.300	31.130	22.868	95.550	31.655	23.356	96.800	32.180	23.848
94.325	31.141	22.878	95.575	31.666	23.366	96.825	32.191	23.856
94.350	31.151	22.888	95.600	31.676	23.376	96.850	32.201	23.868
94.375	31.162	22.896	95.625	31.687	23.384	96.875	32.212	23.876
94.400	31.172	22.906	95.650	31.697	23.394	96.900	32.222	23.886
94.425	31.183	22.916	95.675	31.708	23.404	96.925	32.233	23.896
94.450	31.193	22.926	95.700	31.718	23.414	96.950	32.243	23.906
94.475	31.204	22.936	95.725	31.729	23.424	96.975	32.254	23.916
94.500	31.214	22.946	95.750	31.739	23.434	97.000	32.264	23.926
94.525	31.225	22.954	95.775	31.750	23.444	97.025	32.275	23.936
94.550	31.235	22.966	95.800	31.760	23.454	97.050	32.285	23.946
94.575	31.246	22.974	95.825	31.771	23.464	97.075	32.296	23.956
94.600	31.256	22.984	95.850	31.781	23.474	97.100	32.306	23.966
94.625	31.267	22.994	95.875	31.792	23.482	97.125	32.317	23.976
94.650	31.277	23.004	95.900	31.802	23.494	97.150	32.327	23.986
94.675	31.288	23.014	95.925	31.813	23.502	97.175	32.338	23.996
94.700	31.298	23.024	95.950	31.823	23.512	97.200	32.348	24.006
94.725	31.309	23.032	95.975	31.834	23.522	97.225	32.359	24.014
94.750	31.319	23.042	96.000	31.844	23.532	97.250	32.369	24.026
94.775	31.330	23.052	96.025	31.855	23.542	97.275	32.380	24.034
94.800	31.340	23.062	96.050	31.865	23.552	97.300	32.390	24.044
94.825	31.351	23.072	96.075	31.876	23.562	97.325	32.401	24.054
94.850	31.361	23.082	96.100	31.886	23.572	97.350	32.411	24.064
94.875	31.372	23.092	96.125	31.897	23.582	97.375	32.422	24.074

Einkommensteuergrund- und Splittingtabellen für 2017

zu versteuerndes Einkommen	Einkommensteuer		zu versteuerndes Einkommen	Einkommensteuer		zu versteuerndes Einkommen	Einkommensteuer	
	Grundtabelle	Splittingtabelle		Grundtabelle	Splittingtabelle		Grundtabelle	Splittingtabelle
€	€	€	€	€	€	€	€	€
97.400	32.432	24.084	98.650	32.957	24.582	99.900	33.482	25.082
97.425	32.443	24.094	98.675	32.968	24.590	99.925	33.493	25.092
97.450	32.453	24.104	98.700	32.978	24.602	99.950	33.503	25.102
97.475	32.464	24.114	98.725	32.989	24.610	99.975	33.514	25.112
97.500	32.474	24.124	98.750	32.999	24.622	100.000	33.524	25.122
97.525	32.485	24.134	98.775	33.010	24.630	100.025	33.535	25.132
97.550	32.495	24.144	98.800	33.020	24.642	100.050	33.545	25.142
97.575	32.506	24.154	98.825	33.031	24.650	100.075	33.556	25.152
97.600	32.516	24.164	98.850	33.041	24.662	100.100	33.566	25.162
97.625	32.527	24.174	98.875	33.052	24.670	100.125	33.577	25.172
97.650	32.537	24.184	98.900	33.062	24.682	100.150	33.587	25.182
97.675	32.548	24.194	98.925	33.073	24.690	100.175	33.598	25.192
97.700	32.558	24.204	98.950	33.083	24.702	100.200	33.608	25.202
97.725	32.569	24.214	98.975	33.094	24.710	100.225	33.619	25.212
97.750	32.579	24.224	99.000	33.104	24.722	100.250	33.629	25.222
97.775	32.590	24.232	99.025	33.115	24.730	100.275	33.640	25.232
97.800	32.600	24.244	99.050	33.125	24.742	100.300	33.650	25.242
97.825	32.611	24.252	99.075	33.136	24.750	100.325	33.661	25.252
97.850	32.621	24.264	99.100	33.146	24.762	100.350	33.671	25.262
97.875	32.632	24.272	99.125	33.157	24.770	100.375	33.682	25.272
97.900	32.642	24.282	99.150	33.167	24.782	100.400	33.692	25.282
97.925	32.653	24.292	99.175	33.178	24.790	100.425	33.703	25.292
97.950	32.663	24.302	99.200	33.188	24.802	100.450	33.713	25.302
97.975	32.674	24.312	99.225	33.199	24.810	100.475	33.724	25.312
98.000	32.684	24.322	99.250	33.209	24.822	100.500	33.734	25.324
98.025	32.695	24.332	99.275	33.220	24.830	100.525	33.745	25.332
98.050	32.705	24.342	99.300	33.230	24.842	100.550	33.755	25.344
98.075	32.716	24.352	99.325	33.241	24.850	100.575	33.766	25.352
98.100	32.726	24.362	99.350	33.251	24.862	100.600	33.776	25.364
98.125	32.737	24.372	99.375	33.262	24.870	100.625	33.787	25.372
98.150	32.747	24.382	99.400	33.272	24.882	100.650	33.797	25.384
98.175	32.758	24.392	99.425	33.283	24.890	100.675	33.808	25.394
98.200	32.768	24.402	99.450	33.293	24.902	100.700	33.818	25.404
98.225	32.779	24.412	99.475	33.304	24.910	100.725	33.829	25.414
98.250	32.789	24.422	99.500	33.314	24.922	100.750	33.839	25.424
98.275	32.800	24.432	99.525	33.325	24.930	100.775	33.850	25.434
98.300	32.810	24.442	99.550	33.335	24.942	100.800	33.860	25.444
98.325	32.821	24.452	99.575	33.346	24.950	100.825	33.871	25.454
98.350	32.831	24.462	99.600	33.356	24.962	100.850	33.881	25.464
98.375	32.842	24.472	99.625	33.367	24.970	100.875	33.892	25.474
98.400	32.852	24.482	99.650	33.377	24.982	100.900	33.902	25.484
98.425	32.863	24.492	99.675	33.388	24.990	100.925	33.913	25.494
98.450	32.873	24.502	99.700	33.398	25.002	100.950	33.923	25.504
98.475	32.884	24.512	99.725	33.409	25.010	100.975	33.934	25.514
98.500	32.894	24.522	99.750	33.419	25.022	101.000	33.944	25.524
98.525	32.905	24.532	99.775	33.430	25.032	101.025	33.955	25.534
98.550	32.915	24.542	99.800	33.440	25.042	101.050	33.965	25.544
98.575	32.926	24.552	99.825	33.451	25.052	101.075	33.976	25.554
98.600	32.936	24.562	99.850	33.461	25.062	101.100	33.986	25.566
98.625	32.947	24.570	99.875	33.472	25.072	101.125	33.997	25.574

Einkommensteuergrund- und Splittingtabellen für 2017

zu versteuerndes Einkommen	Einkommensteuer		zu versteuerndes Einkommen	Einkommensteuer		zu versteuerndes Einkommen	Einkommensteuer	
	Grundtabelle	Splittingtabelle		Grundtabelle	Splittingtabelle		Grundtabelle	Splittingtabelle
€	€	€	€	€	€	€	€	€
101.150	34.007	25.586	102.400	34.532	26.092	103.650	35.057	26.604
101.175	34.018	25.596	102.425	34.543	26.102	103.675	35.068	26.614
101.200	34.028	25.606	102.450	34.553	26.114	103.700	35.078	26.624
101.225	34.039	25.616	102.475	34.564	26.122	103.725	35.089	26.634
101.250	34.049	25.626	102.500	34.574	26.134	103.750	35.099	26.644
101.275	34.060	25.636	102.525	34.585	26.144	103.775	35.110	26.654
101.300	34.070	25.646	102.550	34.595	26.154	103.800	35.120	26.664
101.325	34.081	25.656	102.575	34.606	26.164	103.825	35.131	26.674
101.350	34.091	25.666	102.600	34.616	26.174	103.850	35.141	26.686
101.375	34.102	25.676	102.625	34.627	26.184	103.875	35.152	26.696
101.400	34.112	25.686	102.650	34.637	26.194	103.900	35.162	26.706
101.425	34.123	25.696	102.675	34.648	26.204	103.925	35.173	26.716
101.450	34.133	25.706	102.700	34.658	26.214	103.950	35.183	26.726
101.475	34.144	25.716	102.725	34.669	26.224	103.975	35.194	26.736
101.500	34.154	25.728	102.750	34.679	26.236	104.000	35.204	26.748
101.525	34.165	25.736	102.775	34.690	26.246	104.025	35.215	26.756
101.550	34.175	25.748	102.800	34.700	26.256	104.050	35.225	26.768
101.575	34.186	25.758	102.825	34.711	26.266	104.075	35.236	26.778
101.600	34.196	25.768	102.850	34.721	26.276	104.100	35.246	26.788
101.625	34.207	25.778	102.875	34.732	26.286	104.125	35.257	26.798
101.650	34.217	25.788	102.900	34.742	26.296	104.150	35.267	26.808
101.675	34.228	25.798	102.925	34.753	26.306	104.175	35.278	26.818
101.700	34.238	25.808	102.950	34.763	26.316	104.200	35.288	26.830
101.725	34.249	25.818	102.975	34.774	26.326	104.225	35.299	26.840
101.750	34.259	25.828	103.000	34.784	26.338	104.250	35.309	26.850
101.775	34.270	25.838	103.025	34.795	26.348	104.275	35.320	26.860
101.800	34.280	25.848	103.050	34.805	26.358	104.300	35.330	26.870
101.825	34.291	25.858	103.075	34.816	26.368	104.325	35.341	26.880
101.850	34.301	25.870	103.100	34.826	26.378	104.350	35.351	26.890
101.875	34.312	25.878	103.125	34.837	26.388	104.375	35.362	26.900
101.900	34.322	25.890	103.150	34.847	26.398	104.400	35.372	26.912
101.925	34.333	25.900	103.175	34.858	26.408	104.425	35.383	26.922
101.950	34.343	25.910	103.200	34.868	26.420	104.450	35.393	26.932
101.975	34.354	25.920	103.225	34.879	26.428	104.475	35.404	26.942
102.000	34.364	25.930	103.250	34.889	26.440	104.500	35.414	26.952
102.025	34.375	25.940	103.275	34.900	26.450	104.525	35.425	26.962
102.050	34.385	25.950	103.300	34.910	26.460	104.550	35.435	26.974
102.075	34.396	25.960	103.325	34.921	26.470	104.575	35.446	26.984
102.100	34.406	25.970	103.350	34.931	26.480	104.600	35.456	26.994
102.125	34.417	25.980	103.375	34.942	26.490	104.625	35.467	27.004
102.150	34.427	25.990	103.400	34.952	26.502	104.650	35.477	27.014
102.175	34.438	26.000	103.425	34.963	26.510	104.675	35.488	27.024
102.200	34.448	26.012	103.450	34.973	26.522	104.700	35.498	27.036
102.225	34.459	26.022	103.475	35.220	26.986	104.725	35.509	27.046
102.250	34.469	26.032	103.500	34.994	26.542	104.750	35.519	27.056
102.275	34.480	26.042	103.525	35.005	26.552	104.775	35.530	27.066
102.300	34.490	26.052	103.550	35.015	26.562	104.800	35.540	27.076
102.325	34.501	26.062	103.575	35.026	26.572	104.825	35.551	27.086
102.350	34.511	26.072	103.600	35.036	26.582	104.850	35.561	27.098
102.375	34.522	26.082	103.625	35.047	26.592	104.875	35.572	27.106

Einkommensteuergrund- und Splittingtabellen für 2017

zu versteuerndes Einkommen €	Einkommensteuer Grundtabelle €	Einkommensteuer Splittingtabelle €	zu versteuerndes Einkommen €	Einkommensteuer Grundtabelle €	Einkommensteuer Splittingtabelle €	zu versteuerndes Einkommen €	Einkommensteuer Grundtabelle €	Einkommensteuer Splittingtabelle €
104.900	35.582	27.118	106.150	36.107	27.636	107.400	36.632	28.156
104.925	35.593	27.128	106.175	36.118	27.646	107.425	36.643	28.166
104.950	35.603	27.138	106.200	36.128	27.656	107.450	36.653	28.178
104.975	35.614	27.148	106.225	36.139	27.666	107.475	36.664	28.188
105.000	35.624	27.158	106.250	36.149	27.678	107.500	36.674	28.198
105.025	35.635	27.168	106.275	36.160	27.688	107.525	36.685	28.208
105.050	35.645	27.180	106.300	36.170	27.698	107.550	36.695	28.220
105.075	35.656	27.190	106.325	36.181	27.708	107.575	36.706	28.230
105.100	35.666	27.200	106.350	36.191	27.718	107.600	36.716	28.240
105.125	35.677	27.210	106.375	36.202	27.728	107.625	36.727	28.250
105.150	35.687	27.220	106.400	36.212	27.740	107.650	36.737	28.262
105.175	35.698	27.230	106.425	36.223	27.750	107.675	36.748	28.272
105.200	35.708	27.242	106.450	36.233	27.760	107.700	36.758	28.282
105.225	35.719	27.252	106.475	36.244	27.770	107.725	36.769	28.292
105.250	35.729	27.262	106.500	36.254	27.782	107.750	36.779	28.304
105.275	35.740	27.272	106.525	36.265	27.792	107.775	36.790	28.314
105.300	35.750	27.282	106.550	36.275	27.802	107.800	36.800	28.324
105.325	35.761	27.292	106.575	36.286	27.812	107.825	36.811	28.334
105.350	35.771	27.304	106.600	36.296	27.822	107.850	36.821	28.346
105.375	35.782	27.314	106.625	36.307	27.832	107.875	36.832	28.356
105.400	35.792	27.324	106.650	36.317	27.844	107.900	36.842	28.366
105.425	35.803	27.334	106.675	36.328	27.854	107.925	36.853	28.376
105.450	35.813	27.346	106.700	36.338	27.864	107.950	36.863	28.388
105.475	35.824	27.356	106.725	36.349	27.874	107.975	36.874	28.398
105.500	35.834	27.366	106.750	36.359	27.886	108.000	36.884	28.408
105.525	35.845	27.376	106.775	36.370	27.896	108.025	36.895	28.418
105.550	35.855	27.386	106.800	36.380	27.906	108.050	36.905	28.430
105.575	35.866	27.396	106.825	36.391	27.916	108.075	36.916	28.440
105.600	35.876	27.408	106.850	36.401	27.926	108.100	36.926	28.450
105.625	35.887	27.418	106.875	36.412	27.936	108.125	36.937	28.460
105.650	35.897	27.428	106.900	36.422	27.948	108.150	36.947	28.472
105.675	35.908	27.438	106.925	36.433	27.958	108.175	36.958	28.482
105.700	35.918	27.448	106.950	36.443	27.968	108.200	36.968	28.492
105.725	35.929	27.458	106.975	36.454	27.978	108.225	36.979	28.502
105.750	35.939	27.470	107.000	36.464	27.990	108.250	36.989	28.514
105.775	35.950	27.480	107.025	36.475	28.000	108.275	37.000	28.524
105.800	35.960	27.490	107.050	36.485	28.010	108.300	37.010	28.534
105.825	35.971	27.500	107.075	36.496	28.020	108.325	37.021	28.544
105.850	35.981	27.510	107.100	36.506	28.032	108.350	37.031	28.556
105.875	35.992	27.520	107.125	36.517	28.042	108.375	37.042	28.566
105.900	36.002	27.532	107.150	36.527	28.052	108.400	37.052	28.576
105.925	36.013	27.542	107.175	36.538	28.062	108.425	37.063	28.586
105.950	36.023	27.552	107.200	36.548	28.074	108.450	37.073	28.598
105.975	36.034	27.562	107.225	36.559	28.084	108.475	37.084	28.608
106.000	36.044	27.574	107.250	36.569	28.094	108.500	37.094	28.618
106.025	36.055	27.584	107.275	36.580	28.104	108.525	37.105	28.628
106.050	36.065	27.594	107.300	36.590	28.114	108.550	37.115	28.640
106.075	36.076	27.604	107.325	36.601	28.124	108.575	37.126	28.650
106.100	36.086	27.614	107.350	36.611	28.136	108.600	37.136	28.660
106.125	36.097	27.624	107.375	36.622	28.146	108.625	37.147	28.670

Einkommensteuergrund- und Splittingtabellen für 2017

zu versteuerndes Einkommen €	Einkommensteuer Grundtabelle €	Einkommensteuer Splittingtabelle €	zu versteuerndes Einkommen €	Einkommensteuer Grundtabelle €	Einkommensteuer Splittingtabelle €	zu versteuerndes Einkommen €	Einkommensteuer Grundtabelle €	Einkommensteuer Splittingtabelle €
108.650	37.157	28.682	109.900	37.682	29.206	111.150	38.207	29.732
108.675	37.168	28.692	109.925	37.693	29.216	111.175	38.218	29.742
108.700	37.178	28.702	109.950	37.703	29.228	111.200	38.228	29.752
108.725	37.189	28.712	109.975	37.714	29.238	111.225	38.239	29.762
108.750	37.199	28.724	110.000	37.724	29.248	111.250	38.249	29.774
108.775	37.210	28.734	110.025	37.735	29.258	111.275	38.260	29.784
108.800	37.220	28.744	110.050	37.745	29.270	111.300	38.270	29.794
108.825	37.231	28.754	110.075	37.756	29.280	111.325	38.281	29.804
108.850	37.241	28.766	110.100	37.766	29.290	111.350	38.291	29.816
108.875	37.252	28.776	110.125	37.777	29.300	111.375	38.302	29.826
108.900	37.262	28.786	110.150	37.787	29.312	111.400	38.312	29.836
108.925	37.273	28.796	110.175	37.798	29.322	111.425	38.323	29.846
108.950	37.283	28.808	110.200	37.808	29.332	111.450	38.333	29.858
108.975	37.294	28.818	110.225	37.819	29.342	111.475	38.344	29.868
109.000	37.304	28.828	110.250	37.829	29.354	111.500	38.354	29.878
109.025	37.315	28.838	110.275	37.840	29.364	111.525	38.365	29.888
109.050	37.325	28.850	110.300	37.850	29.374	111.550	38.375	29.900
109.075	37.336	28.860	110.325	37.861	29.384	111.575	38.386	29.910
109.100	37.346	28.870	110.350	37.871	29.396	111.600	38.396	29.920
109.125	37.357	28.880	110.375	37.882	29.406	111.625	38.407	29.930
109.150	37.367	28.892	110.400	37.892	29.416	111.650	38.417	29.942
109.175	37.378	28.902	110.425	37.903	29.426	111.675	38.428	29.952
109.200	37.388	28.912	110.450	37.913	29.438	111.700	38.438	29.962
109.225	37.399	28.922	110.475	37.924	29.448	111.725	38.449	29.972
109.250	37.409	28.934	110.500	37.934	29.458	111.750	38.459	29.984
109.275	37.420	28.944	110.525	37.945	29.468	111.775	38.470	29.994
109.300	37.430	28.954	110.550	37.955	29.480	111.800	38.480	30.004
109.325	37.441	28.964	110.575	37.966	29.490	111.825	38.491	30.014
109.350	37.451	28.976	110.600	37.976	29.500	111.850	38.501	30.026
109.375	37.462	28.986	110.625	37.987	29.510	111.875	38.512	30.036
109.400	37.472	28.996	110.650	37.997	29.522	111.900	38.522	30.046
109.425	37.483	29.006	110.675	38.008	29.532	111.925	38.533	30.056
109.450	37.493	29.018	110.700	38.018	29.542	111.950	38.543	30.068
109.475	37.504	29.028	110.725	38.029	29.552	111.975	38.554	30.078
109.500	37.514	29.038	110.750	38.039	29.564	112.000	38.564	30.088
109.525	37.525	29.048	110.775	38.050	29.574	112.025	38.575	30.098
109.550	37.535	29.060	110.800	38.060	29.584	112.050	38.585	30.110
109.575	37.546	29.070	110.825	38.071	29.594	112.075	38.596	30.120
109.600	37.556	29.080	110.850	38.081	29.606	112.100	38.606	30.130
109.625	37.567	29.090	110.875	38.092	29.616	112.125	38.617	30.140
109.650	37.577	29.102	110.900	38.102	29.626	112.150	38.627	30.152
109.675	37.588	29.112	110.925	38.113	29.636	112.175	38.638	30.162
109.700	37.598	29.122	110.950	38.123	29.648	112.200	38.648	30.172
109.725	37.609	29.132	110.975	38.134	29.658	112.225	38.659	30.182
109.750	37.619	29.144	111.000	38.144	29.668	112.250	38.669	30.194
109.775	37.630	29.154	111.025	38.155	29.678	112.275	38.680	30.204
109.800	37.640	29.164	111.050	38.165	29.690	112.300	38.690	30.214
109.825	37.651	29.174	111.075	38.176	29.700	112.325	38.701	30.224
109.850	37.661	29.186	111.100	38.186	29.710	112.350	38.711	30.236
109.875	37.672	29.196	111.125	38.197	29.720	112.375	38.722	30.246

Einkommensteuergrund- und Splittingtabellen für 2017

zu versteuerndes Einkommen €	Einkommensteuer Grundtabelle €	Einkommensteuer Splittingtabelle €	zu versteuerndes Einkommen €	Einkommensteuer Grundtabelle €	Einkommensteuer Splittingtabelle €	zu versteuerndes Einkommen €	Einkommensteuer Grundtabelle €	Einkommensteuer Splittingtabelle €
112.400	38.732	30.256	113.650	39.257	30.782	114.900	39.782	31.306
112.425	38.743	30.266	113.675	39.268	30.792	114.925	39.793	31.316
112.450	38.753	30.278	113.700	39.278	30.802	114.950	39.803	31.328
112.475	38.764	30.288	113.725	39.289	30.812	114.975	39.814	31.338
112.500	38.774	30.298	113.750	39.299	30.824	115.000	39.824	31.348
112.525	38.785	30.308	113.775	39.310	30.834	115.025	39.835	31.358
112.550	38.795	30.320	113.800	39.320	30.844	115.050	39.845	31.370
112.575	38.806	30.330	113.825	39.331	30.854	115.075	39.856	31.380
112.600	38.816	30.340	113.850	39.341	30.866	115.100	39.866	31.390
112.625	38.827	30.350	113.875	39.352	30.876	115.125	39.877	31.400
112.650	38.837	30.362	113.900	39.362	30.886	115.150	39.887	31.412
112.675	38.848	30.372	113.925	39.373	30.896	115.175	39.898	31.422
112.700	38.858	30.382	113.950	39.383	30.908	115.200	39.908	31.432
112.725	38.869	30.392	113.975	39.394	30.918	115.225	39.919	31.442
112.750	38.879	30.404	114.000	39.404	30.928	115.250	39.929	31.454
112.775	38.890	30.414	114.025	39.415	30.938	115.275	39.940	31.464
112.800	38.900	30.424	114.050	39.425	30.950	115.300	39.950	31.474
112.825	38.911	30.434	114.075	39.436	30.960	115.325	39.961	31.484
112.850	38.921	30.446	114.100	39.446	30.970	115.350	39.971	31.496
112.875	38.932	30.456	114.125	39.457	30.980	115.375	39.982	31.506
112.900	38.942	30.466	114.150	39.467	30.992	115.400	39.992	31.516
112.925	38.953	30.476	114.175	39.478	31.002	115.425	40.003	31.526
112.950	38.963	30.488	114.200	39.488	31.012	115.450	40.013	31.538
112.975	38.974	30.498	114.225	39.499	31.022	115.475	40.024	31.548
113.000	38.984	30.508	114.250	39.509	31.034	115.500	40.034	31.558
113.025	38.995	30.518	114.275	39.520	31.044	115.525	40.045	31.568
113.050	39.005	30.530	114.300	39.530	31.054	115.550	40.055	31.580
113.075	39.016	30.540	114.325	39.541	31.064	115.575	40.066	31.590
113.100	39.026	30.550	114.350	39.551	31.076	115.600	40.076	31.600
113.125	39.037	30.560	114.375	39.562	31.086	115.625	40.087	31.610
113.150	39.047	30.572	114.400	39.572	31.096	115.650	40.097	31.622
113.175	39.058	30.582	114.425	39.583	31.106	115.675	40.108	31.632
113.200	39.068	30.592	114.450	39.593	31.118	115.700	40.118	31.642
113.225	39.079	30.602	114.475	39.604	31.128	115.725	40.129	31.652
113.250	39.089	30.614	114.500	39.614	31.138	115.750	40.139	31.664
113.275	39.100	30.624	114.525	39.625	31.148	115.775	40.150	31.674
113.300	39.110	30.634	114.550	39.635	31.160	115.800	40.160	31.684
113.325	39.121	30.644	114.575	39.646	31.170	115.825	40.171	31.694
113.350	39.131	30.656	114.600	39.656	31.180	115.850	40.181	31.706
113.375	39.142	30.666	114.625	39.667	31.190	115.875	40.192	31.716
113.400	39.152	30.676	114.650	39.677	31.202	115.900	40.202	31.726
113.425	39.163	30.686	114.675	39.688	31.212	115.925	40.213	31.736
113.450	39.173	30.698	114.700	39.698	31.222	115.950	40.223	31.748
113.475	39.184	30.708	114.725	39.709	31.232	115.975	40.234	31.758
113.500	39.194	30.718	114.750	39.719	31.244	116.000	40.244	31.768
113.525	39.205	30.728	114.775	39.730	31.254	116.025	40.255	31.778
113.550	39.215	30.740	114.800	39.740	31.264	116.050	40.265	31.790
113.575	39.226	30.750	114.825	39.751	31.274	116.075	40.276	31.800
113.600	39.236	30.760	114.850	39.761	31.286	116.100	40.286	31.810
113.625	39.247	30.770	114.875	39.772	31.296	116.125	40.297	31.820

Einkommensteuergrund- und Splittingtabellen für 2017

zu versteuerndes Einkommen €	Einkommensteuer Grundtabelle €	Einkommensteuer Splittingtabelle €	zu versteuerndes Einkommen €	Einkommensteuer Grundtabelle €	Einkommensteuer Splittingtabelle €	zu versteuerndes Einkommen €	Einkommensteuer Grundtabelle €	Einkommensteuer Splittingtabelle €
116.150	40.307	31.832	117.400	40.832	32.356	118.650	41.357	32.882
116.175	40.318	31.842	117.425	40.843	32.366	118.675	41.368	32.892
116.200	40.328	31.852	117.450	40.853	32.378	118.700	41.378	32.902
116.225	40.339	31.862	117.475	40.864	32.388	118.725	41.389	32.912
116.250	40.349	31.874	117.500	40.874	32.398	118.750	41.399	32.924
116.275	40.360	31.884	117.525	40.885	32.408	118.775	41.410	32.934
116.300	40.370	31.894	117.550	40.895	32.420	118.800	41.420	32.944
116.325	40.381	31.904	117.575	40.906	32.430	118.825	41.431	32.954
116.350	40.391	31.916	117.600	40.916	32.440	118.850	41.441	32.966
116.375	40.402	31.926	117.625	40.927	32.450	118.875	41.452	32.976
116.400	40.412	31.936	117.650	40.937	32.462	118.900	41.462	32.986
116.425	40.423	31.946	117.675	40.948	32.472	118.925	41.473	32.996
116.450	40.433	31.958	117.700	40.958	32.482	118.950	41.483	33.008
116.475	40.444	31.968	117.725	40.969	32.492	118.975	41.494	33.018
116.500	40.454	31.978	117.750	40.979	32.504	119.000	41.504	33.028
116.525	40.465	31.988	117.775	40.990	32.514	119.025	41.515	33.038
116.550	40.475	32.000	117.800	41.000	32.524	119.050	41.525	33.050
116.575	40.486	32.010	117.825	41.011	32.534	119.075	41.536	33.060
116.600	40.496	32.020	117.850	41.021	32.546	119.100	41.546	33.070
116.625	40.507	32.030	117.875	41.032	32.556	119.125	41.557	33.080
116.650	40.517	32.042	117.900	41.042	32.566	119.150	41.567	33.092
116.675	40.528	32.052	117.925	41.053	32.576	119.175	41.578	33.102
116.700	40.538	32.062	117.950	41.063	32.588	119.200	41.588	33.112
116.725	40.549	32.072	117.975	41.074	32.598	119.225	41.599	33.122
116.750	40.559	32.084	118.000	41.084	32.608	119.250	41.609	33.134
116.775	40.570	32.094	118.025	41.095	32.618	119.275	41.620	33.144
116.800	40.580	32.104	118.050	41.105	32.630	119.300	41.630	33.154
116.825	40.591	32.114	118.075	41.116	32.640	119.325	41.641	33.164
116.850	40.601	32.126	118.100	41.126	32.650	119.350	41.651	33.176
116.875	40.612	32.136	118.125	41.137	32.660	119.375	41.662	33.186
116.900	40.622	32.146	118.150	41.147	32.672	119.400	41.672	33.196
116.925	40.633	32.156	118.175	41.158	32.682	119.425	41.683	33.206
116.950	40.643	32.168	118.200	41.168	32.692	119.450	41.693	33.218
116.975	40.654	32.178	118.225	41.179	32.702	119.475	41.704	33.228
117.000	40.664	32.188	118.250	41.189	32.714	119.500	41.714	33.238
117.025	40.675	32.198	118.275	41.200	32.724	119.525	41.725	33.248
117.050	40.685	32.210	118.300	41.210	32.734	119.550	41.735	33.260
117.075	40.696	32.220	118.325	41.221	32.744	119.575	41.746	33.270
117.100	40.706	32.230	118.350	41.231	32.756	119.600	41.756	33.280
117.125	40.717	32.240	118.375	41.242	32.766	119.625	41.767	33.290
117.150	40.727	32.252	118.400	41.252	32.776	119.650	41.777	33.302
117.175	40.738	32.262	118.425	41.263	32.786	119.675	41.788	33.312
117.200	40.748	32.272	118.450	41.273	32.798	119.700	41.798	33.322
117.225	40.759	32.282	118.475	41.284	32.808	119.725	41.809	33.332
117.250	40.769	32.294	118.500	41.294	32.818	119.750	41.819	33.344
117.275	40.780	32.304	118.525	41.305	32.828	119.775	41.830	33.354
117.300	40.790	32.314	118.550	41.315	32.840	119.800	41.840	33.364
117.325	40.801	32.324	118.575	41.326	32.850	119.825	41.851	33.374
117.350	40.811	32.336	118.600	41.336	32.860	119.850	41.861	33.386
117.375	40.822	32.346	118.625	41.347	32.870	119.875	41.872	33.396

Einkommensteuergrund- und Splittingtabellen für 2017

zu versteuerndes Einkommen €	Einkommensteuer Grundtabelle €	Einkommensteuer Splittingtabelle €	zu versteuerndes Einkommen €	Einkommensteuer Grundtabelle €	Einkommensteuer Splittingtabelle €	zu versteuerndes Einkommen €	Einkommensteuer Grundtabelle €	Einkommensteuer Splittingtabelle €
119.900	41.882	33.406	121.150	42.407	33.932	122.400	42.932	34.456
119.925	41.893	33.416	121.175	42.418	33.942	122.425	42.943	34.466
119.950	41.903	33.428	121.200	42.428	33.952	122.450	42.953	34.478
119.975	41.914	33.438	121.225	42.439	33.962	122.475	42.964	34.488
120.000	41.924	33.448	121.250	42.449	33.974	122.500	42.974	34.498
120.025	41.935	33.458	121.275	42.460	33.984	122.525	42.985	34.508
120.050	41.945	33.470	121.300	42.470	33.994	122.550	42.995	34.520
120.075	41.956	33.480	121.325	42.481	34.004	122.575	43.006	34.530
120.100	41.966	33.490	121.350	42.491	34.016	122.600	43.016	34.540
120.125	41.977	33.500	121.375	42.502	34.026	122.625	43.027	34.550
120.150	41.987	33.512	121.400	42.512	34.036	122.650	43.037	34.562
120.175	41.998	33.522	121.425	42.523	34.046	122.675	43.048	34.572
120.200	42.008	33.532	121.450	42.533	34.058	122.700	43.058	34.582
120.225	42.019	33.542	121.475	42.544	34.068	122.725	43.069	34.592
120.250	42.029	33.554	121.500	42.554	34.078	122.750	43.079	34.604
120.275	42.040	33.564	121.525	42.565	34.088	122.775	43.090	34.614
120.300	42.050	33.574	121.550	42.575	34.100	122.800	43.100	34.624
120.325	42.061	33.584	121.575	42.586	34.110	122.825	43.111	34.634
120.350	42.071	33.596	121.600	42.596	34.120	122.850	43.121	34.646
120.375	42.082	33.606	121.625	42.607	34.130	122.875	43.132	34.656
120.400	42.092	33.616	121.650	42.617	34.142	122.900	43.142	34.666
120.425	42.103	33.626	121.675	42.628	34.152	122.925	43.153	34.676
120.450	42.113	33.638	121.700	42.638	34.162	122.950	43.163	34.688
120.475	42.124	33.648	121.725	42.649	34.172	122.975	43.174	34.698
120.500	42.134	33.658	121.750	42.659	34.184	123.000	43.184	34.708
120.525	42.145	33.668	121.775	42.670	34.194	123.025	43.195	34.718
120.550	42.155	33.680	121.800	42.680	34.204	123.050	43.205	34.730
120.575	42.166	33.690	121.825	42.691	34.214	123.075	43.216	34.740
120.600	42.176	33.700	121.850	42.701	34.226	123.100	43.226	34.750
120.625	42.187	33.710	121.875	42.712	34.236	123.125	43.237	34.760
120.650	42.197	33.722	121.900	42.722	34.246	123.150	43.247	34.772
120.675	42.208	33.732	121.925	42.733	34.256	123.175	43.258	34.782
120.700	42.218	33.742	121.950	42.743	34.268	123.200	43.268	34.792
120.725	42.229	33.752	121.975	42.754	34.278	123.225	43.279	34.802
120.750	42.239	33.764	122.000	42.764	34.288	123.250	43.289	34.814
120.775	42.250	33.774	122.025	42.775	34.298	123.275	43.300	34.824
120.800	42.260	33.784	122.050	42.785	34.310	123.300	43.310	34.834
120.825	42.271	33.794	122.075	42.796	34.320	123.325	43.321	34.844
120.850	42.281	33.806	122.100	42.806	34.330	123.350	43.331	34.856
120.875	42.292	33.816	122.125	42.817	34.340	123.375	43.342	34.866
120.900	42.302	33.826	122.150	42.827	34.352	123.400	43.352	34.876
120.925	42.313	33.836	122.175	42.838	34.362	123.425	43.363	34.886
120.950	42.323	33.848	122.200	42.848	34.372	123.450	43.373	34.898
120.975	42.334	33.858	122.225	42.859	34.382	123.475	43.384	34.908
121.000	42.344	33.868	122.250	42.869	34.394	123.500	43.394	34.918
121.025	42.355	33.878	122.275	42.880	34.404	123.525	43.405	34.928
121.050	42.365	33.890	122.300	42.890	34.414	123.550	43.415	34.940
121.075	42.376	33.900	122.325	42.901	34.424	123.575	43.426	34.950
121.100	42.386	33.910	122.350	42.911	34.436	123.600	43.436	34.960
121.125	42.397	33.920	122.375	42.922	34.446	123.625	43.447	34.970

Einkommensteuergrund- und Splittingtabellen für 2017

zu versteuerndes Einkommen €	Einkommensteuer Grundtabelle €	Einkommensteuer Splittingtabelle €	zu versteuerndes Einkommen €	Einkommensteuer Grundtabelle €	Einkommensteuer Splittingtabelle €	zu versteuerndes Einkommen €	Einkommensteuer Grundtabelle €	Einkommensteuer Splittingtabelle €
123.650	43.457	34.982	124.900	43.982	35.506	126.150	44.507	36.032
123.675	43.468	34.992	124.925	43.993	35.516	126.175	44.518	36.042
123.700	43.478	35.002	124.950	44.003	35.528	126.200	44.528	36.052
123.725	43.489	35.012	124.975	44.014	35.538	126.225	44.539	36.062
123.750	43.499	35.024	125.000	44.024	35.548	126.250	44.549	36.074
123.775	43.510	35.034	125.025	44.035	35.558	126.275	44.560	36.084
123.800	43.520	35.044	125.050	44.045	35.570	126.300	44.570	36.094
123.825	43.531	35.054	125.075	44.056	35.580	126.325	44.581	36.104
123.850	43.541	35.066	125.100	44.066	35.590	126.350	44.591	36.116
123.875	43.552	35.076	125.125	44.077	35.600	126.375	44.602	36.126
123.900	43.562	35.086	125.150	44.087	35.612	126.400	44.612	36.136
123.925	43.573	35.096	125.175	44.098	35.622	126.425	44.623	36.146
123.950	43.583	35.108	125.200	44.108	35.632	126.450	44.633	36.158
123.975	43.594	35.118	125.225	44.119	35.642	126.475	44.644	36.168
124.000	43.604	35.128	125.250	44.129	35.654	126.500	44.654	36.178
124.025	43.615	35.138	125.275	44.140	35.664	126.525	44.665	36.188
124.050	43.625	35.150	125.300	44.150	35.674	126.550	44.675	36.200
124.075	43.636	35.160	125.325	44.161	35.684	126.575	44.686	36.210
124.100	43.646	35.170	125.350	44.171	35.696	126.600	44.696	36.220
124.125	43.657	35.180	125.375	44.182	35.706	126.625	44.707	36.230
124.150	43.667	35.192	125.400	44.192	35.716	126.650	44.717	36.242
124.175	43.678	35.202	125.425	44.203	35.726	126.675	44.728	36.252
124.200	43.688	35.212	125.450	44.213	35.738	126.700	44.738	36.262
124.225	43.699	35.222	125.475	44.224	35.748	126.725	44.749	36.272
124.250	43.709	35.234	125.500	44.234	35.758	126.750	44.759	36.284
124.275	43.720	35.244	125.525	44.245	35.768	126.775	44.770	36.294
124.300	43.730	35.254	125.550	44.255	35.780	126.800	44.780	36.304
124.325	43.741	35.264	125.575	44.266	35.790	126.825	44.791	36.314
124.350	43.751	35.276	125.600	44.276	35.800	126.850	44.801	36.326
124.375	43.762	35.286	125.625	44.287	35.810	126.875	44.812	36.336
124.400	43.772	35.296	125.650	44.297	35.822	126.900	44.822	36.346
124.425	43.783	35.306	125.675	44.308	35.832	126.925	44.833	36.356
124.450	43.793	35.318	125.700	44.318	35.842	126.950	44.843	36.368
124.475	43.804	35.328	125.725	44.329	35.852	126.975	44.854	36.378
124.500	43.814	35.338	125.750	44.339	35.864	127.000	44.864	36.388
124.525	43.825	35.348	125.775	44.350	35.874	127.025	44.875	36.398
124.550	43.835	35.360	125.800	44.360	35.884	127.050	44.885	36.410
124.575	43.846	35.370	125.825	44.371	35.894	127.075	44.896	36.420
124.600	43.856	35.380	125.850	44.381	35.906	127.100	44.906	36.430
124.625	43.867	35.390	125.875	44.392	35.916	127.125	44.917	36.440
124.650	43.877	35.402	125.900	44.402	35.926	127.150	44.927	36.452
124.675	43.888	35.412	125.925	44.413	35.936	127.175	44.938	36.462
124.700	43.898	35.422	125.950	44.423	35.948	127.200	44.948	36.472
124.725	43.909	35.432	125.975	44.434	35.958	127.225	44.959	36.482
124.750	43.919	35.444	126.000	44.444	35.968	127.250	44.969	36.494
124.775	43.930	35.454	126.025	44.455	35.978	127.275	44.980	36.504
124.800	43.940	35.464	126.050	44.465	35.990	127.300	44.990	36.514
124.825	43.951	35.474	126.075	44.476	36.000	127.325	45.001	36.524
124.850	43.961	35.486	126.100	44.486	36.010	127.350	45.011	36.536
124.875	43.972	35.496	126.125	44.497	36.020	127.375	45.022	36.546

Einkommensteuergrund- und Splittingtabellen für 2017

zu versteuerndes Einkommen	Einkommensteuer		zu versteuerndes Einkommen	Einkommensteuer		zu versteuerndes Einkommen	Einkommensteuer	
	Grundtabelle	Splittingtabelle		Grundtabelle	Splittingtabelle		Grundtabelle	Splittingtabelle
€	€	€	€	€	€	€	€	€
127.400	45.032	36.556	128.400	45.452	36.976	129.400	45.872	37.396
127.425	45.043	36.566	128.425	45.463	36.986	129.425	45.883	37.406
127.450	45.053	36.578	128.450	45.473	36.998	129.450	45.893	37.418
127.475	45.064	36.588	128.475	45.484	37.008	129.475	45.904	37.428
127.500	45.074	36.598	128.500	45.494	37.018	129.500	45.914	37.438
127.525	45.085	36.608	128.525	45.505	37.028	129.525	45.925	37.448
127.550	45.095	36.620	128.550	45.515	37.040	129.550	45.935	37.460
127.575	45.106	36.630	128.575	45.526	37.050	129.575	45.946	37.470
127.600	45.116	36.640	128.600	45.536	37.060	129.600	45.956	37.480
127.625	45.127	36.650	128.625	45.547	37.070	129.625	45.967	37.490
127.650	45.137	36.662	128.650	45.557	37.082	129.650	45.977	37.502
127.675	45.148	36.672	128.675	45.568	37.092	129.675	45.988	37.512
127.700	45.158	36.682	128.700	45.578	37.102	129.700	45.998	37.522
127.725	45.169	36.692	128.725	45.589	37.112	129.725	46.009	37.532
127.750	45.179	36.704	128.750	45.599	37.124	129.750	46.019	37.544
127.775	45.190	36.714	128.775	45.610	37.134	129.775	46.030	37.554
127.800	45.200	36.724	128.800	45.620	37.144	129.800	46.040	37.564
127.825	45.211	36.734	128.825	45.631	37.154	129.825	46.051	37.574
127.850	45.221	36.746	128.850	45.641	37.166	129.850	46.061	37.586
127.875	45.232	36.756	128.875	45.652	37.176	129.875	46.072	37.596
127.900	45.242	36.766	128.900	45.662	37.186	129.900	46.082	37.606
127.925	45.253	36.776	128.925	45.673	37.196	129.925	46.093	37.616
127.950	45.263	36.788	128.950	45.683	37.208	129.950	46.103	37.628
127.975	45.274	36.798	128.975	45.694	37.218	129.975	46.114	37.638
128.000	45.284	36.808	129.000	45.704	37.228	130.000	46.124	37.648
128.025	45.295	36.818	129.025	45.715	37.238			
128.050	45.305	36.830	129.050	45.725	37.250			
128.075	45.316	36.840	129.075	45.736	37.260			
128.100	45.326	36.850	129.100	45.746	37.270			
128.125	45.337	36.860	129.125	45.757	37.280			
128.150	45.347	36.872	129.150	45.767	37.292			
128.175	45.358	36.882	129.175	45.778	37.302			
128.200	45.368	36.892	129.200	45.788	37.312			
128.225	45.379	36.902	129.225	45.799	37.322			
128.250	45.389	36.914	129.250	45.809	37.334			
128.275	45.400	36.924	129.275	45.820	37.344			
128.300	45.410	36.934	129.300	45.830	37.354			
128.325	45.421	36.944	129.325	45.841	37.364			
128.350	45.431	36.956	129.350	45.851	37.376			
128.375	45.442	36.966	129.375	45.862	37.386			

Register

Die Zahlen bezeichnen die Randziffern (➤ Rz). Halbfette Ziffern zeigen die Absätze an, in denen der betreffende Sachverhalt hauptsächlich dargestellt wird.

B

E

G

H

I

L

S

T

U

W